北京大学中文系建系110周年纪念论文集·语言与人类复杂系统研究卷

斯文在兹

袁行霈 题

北京大学中文系 编

# 编辑委员会

主　　编：陈晓明
执行主编：杜晓勤　贺桂梅

**编辑委员会(按姓氏笔画排序)：**

杜晓勤　吴晓东　宋亚云
陈保亚　陈晓明　张　辉
贺桂梅　钱志熙　廖可斌

主编助理：李子鹤　李国华　程苏东

# 目　录

序言 ············· 陈保亚(1)

## 现代汉语

绍兴方言中的拟声词 ············· 王福堂(3)
慎言修订《汉语拼音方案》 ············· 苏培成(12)
由指人的名词自相组合造成的偏正结构 ············· 陆俭明(28)
词的语义范畴 ············· 符淮青(47)
说"反而" ············· 马　真(60)
概念驱动和句法制导的语句构成和意义识解
　　——以"白、白白(地)"句的语义解释为例 ············· 袁毓林(69)
汉语谓词性成分的时间参照及其句法后果 ············· 郭　锐(95)
汉语方言里的寻找义动词 ············· 项梦冰(116)
重音和韵律对北京话连上变调的作用 ········ 王韫佳　于梦晓　吴　倩(132)
汉语切割类动词词化模式分析 ············· 万艺玲(149)
基于大规模中文树库的汉语句法知识获取研究 ············· 詹卫东(175)
意象图式与多义体系的范畴化
　　——现代汉语动词"赶"的多义研究 ············· 朱　彦(200)
闽南方言连读变调新探 ············· 陈宝贤　李小凡(216)
汉语韵律语法研究中的轻重象似、松紧象似和多少象似 ········ 周　韧(229)

"差一点"的语义特征及其句法后果
　　——兼谈否定、反预期、时体的关联 ················· 范晓蕾(256)

# 古代汉语

上古汉语有五声说
　　——从《诗经》用韵看上古的声调 ················· 唐作藩(299)
《汉字古音表稿》序 ································· 郭锡良(330)
也谈文言和白话 ··································· 蒋绍愚(343)
古代专书词汇研究的几点体会 ·························· 张双棣(366)
对上古至中古时期"来+VP"结构的初步考察 ··············· 张联荣(382)
学术呈螺旋式发展的一个案例
　　——从名物化到指称化 ························· 宋绍年(398)
古音研究中的审音方法 ······························· 耿振生(405)
上古汉语结果自足动词的语义句法特征 ··················· 杨荣祥(430)
从谐声层级和声符异读看百年来的上古复辅音构拟 ············ 孙玉文(446)
两类事件结构
　　——位移事件和作为事件 ······················· 胡敕瑞(469)
从《左传》和《史记》看上古汉语的双宾语结构及其发展 ········ 邵永海(489)
论慧琳上下字异调同韵类的反切特点、类型、研究价值
　　及其对《群经音辨》和《集韵》改良反切的影响 ······· 张渭毅(510)
《汉语大字典》等工具书音义注释辨误
　　——从唐诗一字平仄两读字例说起 ················· 刘子瑜(532)
说"无"与"毋"及相关的古音问题 ······················ 赵　彤(577)
上古汉语性质形容词的词类地位及其鉴别标准 ··············· 宋亚云(586)

## 语言学

新加坡华人的语言态度及其对语言能力和语言使用的影响 …… 陈松岑（609）

索绪尔的语言共时描写理论 ……………………………… 索振羽（621）

汉语的特点与语言的普遍性
　　——从语言研究的立足点看中西音系理论的发展 ………… 王洪君（634）

ON STRATIFYING SOUND CORRESPONDENCE ………… 陈保亚（644）

A DYNAMIC GLOTTAL MODEL THROUGH HIGH
　　SPEED IMAGING ………………………………………… 孔江平（653）

试论译借词的判定标准 …………………………………… 王超贤（678）

汉语语义范畴的层级结构和构词的语义问题 …………… 叶文曦（698）

瓦罗与许慎的语源观念比较 ……………………………… 李　娟（712）

汉语动词双音化过程中的形式选择和功能表现 ………… 董秀芳（724）

茶堡嘉戎语大藏方言的音系分析
　　——兼论方言特殊元音比较 ………………………… 林幼菁（741）

VARIATIONS OF LARYNGEAL FEATURES IN
　　JIANCHUAN BAI …………………………………… 汪　锋（767）

CONTROL STRATEGY OF PHYSIOLOGICAL ARTICULATORY
　　MODEL FOR SPEECH PRODUCTION ………… 吴西愉　党建武（785）

THE ORIGIN AND EVOLUTION OF RETROFLEX FINALS
　　IN NAISH LANGUAGES …………………………… 李子鹤（813）

# 序　言

陈保亚

本论文集所选文章,从题目看可能会给人留下比较保守的印象,新理论的接受比较滞后。这也是我们经常听到兄弟院校对北大语言学的一种评价。但这种所谓的保守与滞后正是一种贯穿北大老师教学和科研中的实证研究精神,这种精神可以追溯到二十世纪初。

## 音律的实证:实验语音学的兴起

北大语言学实证精神兴起首先体现在语言实验建立过程中。

二十世纪二十年代,刘半农(刘复)写词、赵元任作曲的《叫我如何不想她》,徐志摩的《再别康桥》,都是在语音乐律中展开诗句的典范,广为传诵。但是,如果我们仔细来分析这里的语音乐律审美规律在哪里,却是一个很难回答的问题,也是中国诗歌理论中长期没有解决的问题。唐诗宋词把人类的诗歌意境推向顶峰,很大程度上依赖了语音乐律的组配,但唐诗宋词的语音乐律审美依据也仍然没有得到解释。南朝梁代文学家、诗律学家沈约说:"夫五色相宣,八音协畅,由乎玄黄律吕,各适物宜。欲使宫羽相变,低昂互节,若前有浮声,则后须切响。一简之内,音韵尽殊;两句之中,轻重悉异。妙达此旨,始可言文。"(《宋书·谢灵运传》)他的这种解释代表了中国诗律理论的解释方式,主要是解释了字音以不同方式组配的事实,但是为什么这种组配方式有美感,仍然没有得到解释。

作为诗人,刘半农也在追问这样的问题,他认为回答语音乐律的美感问题必须要对母语的语音做实验研究和田野调查研究,从声学和听感上给以解释。

这种思路使他后来走上语音实验和田野调查两个方向,他的开创性工作深刻地影响了北大中文系语言学研究。语音实验是沈约那个时代没法做的,从这种意义上说,刘半农从汉语语音实验入手来研究语音乐律,不仅是汉语语音学上的一次重大转折,也是诗歌审美理论上的一次重大转折。

1925年,刘半农在法国语言学家Passy指导下完成博士论文。参加博士论文答辩的有著名语言学家梅耶、伯希和、马士贝等教授。刘半农获得法国巴黎大学文学博士学位,他的博士论文题目是Etude expérimentale sur les tons du Chinois(《汉语声调实验研究》),这是一篇获得很高评价的博士论文,获得"光荣之考语"。因为这篇高水平的博士论文,刘半农因此被巴黎语言学会推为会员,并获伏尔纳语言学专奖。

稍早几年,赵元任曾于1922年在《科学》第七卷第九期上发表过《中国言语字调底实验研究法》[①],开始从实验的角度考虑汉语的字调。刘半农的《汉语声调实验研究》(1925)则是全面系统的研究。王力先生认为刘半农法文版的《汉语声调实验研究》[②]是关于中国声调的空前巨著。刘半农在他的博士论文中也认为前人对于中国声调没有科学的研究,这种说法不过分,刘半农真正把汉语声调引向了科学实验研究的道路。

正是刘半农的开创性工作,北大中文系于1925年建立了"北京大学语音乐律实验室",即现在语言学实验室的前身,实验室工作由刘半农主持,并提出"鉴于研究中国语音,并解决中国语言中一切与语音有关系之问题,非纯用科学的试验方法不可"[③]的实验室宗旨。刘半农《四声实验录》(1924)在国际上首次提出和证实了基频是声调的声学基础,标志着北大中文系语言研究进入了实证科学层面。

实验室至今已有九十多年的历史,是中国成立最早的语音学实验室,在语音实验研究中造就了一批著名的教授和学者。刘半农于1934年去世,其后罗常培、林焘、沈炯、孔江平先后担任实验室领导工作。实验室的目的是建立一个以语言学为基础理论,以科学的方法为研究手段,以培养语言学交叉学科研究生为目的的现代化实验室。目前北京大学中文系语言学实验室主要进行语音学、口传文化和中国传统乐律的教学和研究。

近年来孔江平带领实验室老师努力扩充设备,实验室已经有了良好的基础设施和仪器,如,符合国际研究标准的录音录像室、录音录像设备、脑电仪(ERP)、眼动仪(Eye Tracker)、电子声门仪(EGG)、气流气压计、鼻流鼻压计、动态电子颚位仪(EPG)、肌电脑电仪(EMG)、计算机数字语图仪(CSL)、语音分析合成软件(ASL)、声门阻抗分析软件(EGG Program)、多维嗓音软件(MDVP)、嗓音音域分析仪(VRP)等。

实验室主要开设的本科生基础课程有:"实验语音学基础""文学作品的量化""中国有声语言和口传文化"等。主要的研究生课程有:"现代语音学研究方法""语音分析与编程""语音田野调查的理论与方法""语言形态调查的理论与方法""病理语言学""汉藏语语音声学分析"等。

刘复时期主要是机械声学仪器,这一时期的代表性研究成果是《四声实验录》。二十世纪七十年代到二十世纪末主要使用电子声学仪器,林焘先生等的《北京语音实验录》和沈炯关于声调的研究,是那个时期的主要代表作。从二十一世纪开始,实验室主要采用医学生理设备和仪器,包括X光声道成像、声带高速数字成像、磁共振成像等,研究并建立了"汉语普通话声道发音模型""声带振动的高速数字成像模型""普通话动态唇形模型"等。这个时期的代表作是"Laryngeal Dynamics and Physiological Model"和"The Physiological Aspects of Phonetics",实验室的最终目标是构建基于生理的"中华虚拟发音人"。

目前实验室正在进行的研究有"中国语言的语音多模态研究""中华传统有声文化:音律、格律、曲律和乐律的研究""中国文学史教学与研究平台""语音病理自动检测与康复平台研究"等。孔江平曾获得王力语言学奖,并两次获高等学校科学研究优秀成果奖。本文集所选的实验室老师孔江平、吴西愉的文章(放在语言学部分),体现了如何用现代科技手段建立语音模型的方法,有较强的实证性,也显示了国际化的程度。

## 材料的实证:田野调查的兴起

北大语言学实证精神还体现在对田野调查的重视。

在建立北京大学语音乐律实验室的基础上,刘半农的另一项开创性工作是展开俗文学整理和田野调查。刘半农是我国系统收集整理近代民间歌谣的第一人。早在1918年,他就起草了《北京大学征集全国近世歌谣简章》④,这说明他很早已经认识到,要回答语音乐律审美功能,不能只是在实验室里做实验设计来调查发音人的语音乐律感知和审美,而应该在实验室的平台上,收集方言、民俗以及各种和语音乐律有关的艺术活动材料,然后进一步回答语音乐律的审美机制。刘半农1926年出版的《瓦釜集》是研究民歌的代表作。

刘半农先生博学多才,他的开创性工作是多方面的,但都有明确的线路。仔细回顾刘半农所做的工作,都是围绕语音乐律展开的。提倡俗文学整理和田野调查是刘半农围绕语音乐律展开的重要工作。刘半农自1928年被聘为中央研究院历史语言研究所研究员兼民间文艺组主任后,俗曲收集工作得到了进一步推动。

提倡科学与民主,是五四时期的口号,这在中国近代史上具有重要意义,但否定传统文化,则显示当时的很多人对传统文化与科学、民主的关系并不清楚,尤其是唐诗宋词的重要性未被人们充分认识。刘半农几年的国外留学经验,使他从理性的高度看到了中国文化的价值。《敦煌掇琐(上中下辑)》是刘半农重视传统文化价值的体现。这些传统文化包含了民俗,包含了母语写作的规律,因此也包含语音乐律审美的机理。

刘半农田野调查的实证方法推动了北京大学方言调查会(1924)的工作,也深刻地影响了后来的汉语方言研究和民间文学研究,王福堂教授的《汉语方言字汇》《汉语方言词汇》都体现了田野调查的实证精神,这两部著作多次重印、再版,是方言研究乃至语言研究的必备著作,也为王士元教授提出"词汇扩散理论"提供了条件。本文集所选的关于方言方面的文章都列在现代汉语部分,有王福堂、项梦冰和陈宝贤三篇文章,是方言实证描写的代表作。

## 古代汉语研究:扎实稳妥的学风

北大语言学的实证精神在古代汉语研究中一直有很深的传统,只是没有机构化。从1910年京师大学堂中国文学门创办以来,基于小学传统的研究和教学就有很强的实证精神,比如黄侃、马裕藻、沈兼士、钱玄同等在教学与研究中贯穿的朴学精神,力求精准、严谨,具有高度的实证性。1925年国文系课程调整,语言、文学、文献三个方向的格局开始形成,为语言研究专门化提供了平台,语言方向的实证方法更为突出。

1952年院系合并,清华大学中国文学系和燕京大学中国文学系、新闻系合并到北大中文系,极大地丰富了语言学师资。1954年,中山大学语言学系并入北大,王力也从中山大学调入北大,从此长期担任汉语教研室主任,起草了汉语教学计划,首开"汉语史"课,并先后出版了三卷本《汉语史稿》和四卷本《古代汉语》教材,在国内外影响很大;二十世纪六十年代初,王力又开设"中国语言学史"课,初步形成了共时的"古代汉语"课、历时的"汉语史"课和汉语语言学学术史课相结合的古代汉语专业课程教学体系,同时也形成了一支以科研为主导的、全能型的古代汉语教师队伍,他们当中的王力、魏建功、杨伯峻和周祖谟等在二十世纪中国语言学史上占有重要地位。

实证精神一直贯穿在他们的研究和教学过程中。以上古汉语韵部构拟为例。《诗经》的押韵是上古汉语实证性最强的内部证据,构拟上古音的时候,不应该违背押韵的原则。但是,上古同一韵部的字,高本汉(B. Karlgren)构拟成不同的元音,他认为这些元音相似就行。他这样做的目的是想解释上古韵部到中古的语音分化条件。问题是元音相似不容易找到实证原则,相似到什么程度才可以押韵并不清楚。李方桂《〈切韵〉a的来源》(1931)主张同一韵部的字只有主要元音都相同,押韵才有可能。王力《上古韵母系统研究》(1937)也提出了一个韵部只有一个主要元音的主张,并在《汉语史稿》中作了进一步论证。王力认为:

> 高本汉把上古韵部看做和中古韵摄相似的东西,那也是不合理的。例如《诗经·关雎》以"采""友"为韵,高本汉把它们拟成ts'eg,giŭg,我们古代的诗人用韵会不会这样不谐和呢?《邶风·击鼓》以"手""老"为韵,高本汉把它们拟成çiôg,lôg,为什么"友"字不能和读音较近的"手"字押韵,反而经常和读音较远的"采"字等押韵呢?应该肯定:《诗经》的用韵是十分和谐的,因此,它的韵脚是严格的,决不是高本汉所拟测的那样。⑤

李方桂、王力先生提出一个韵部只有一个主要元音的主张基于押韵这个实证标准。近些年来我们一直在调查汉语和民族语言的押韵现象。从现代汉语各地方言的民歌看,押韵基本上都要求主要元音相同、韵尾相同,如果出现例外,往往有语言接触方面的原因。《诗经》韵部是按照押韵归纳出来的,韵部的构拟必须要反映押韵的规律,高本汉的构拟方法不反映押韵的规律。押韵是可观察事实,具有实证性。

这种实证精神,一直贯穿在后来古代汉语教研室的教学和研究中。近些年来,各种新理论层出不穷,兄弟院校老师有人认为北大古代汉语教研室老师吸收这些新理论比较少,其实北大古代汉语老师不少人认为这些新理论缺乏实证性,或者只是术语的翻新,所以他们吸收新理论是非常谨慎的。由于这种实证态度,古代汉语教研室老师的成果尤以扎实著称。据不完全统计,从1985年到现在,先后有19位教师在古代汉语教研室工作,共获得各类科研项目65项,发表学术专著(含教材)超过70部,学术论文600多篇,其中获得省部级以上奖励的有40多项。其中,王力的汉语史系列论著,唐作藩的音韵学系列论著,郭锡良的上古汉语系列论著,何九盈的中国语言学学术史系列论著、蒋绍愚的古汉语词汇研究等,在学术界有重要的影响。

古汉语教研室的成果获得过多项重要奖项。耿振生《明清等韵学通论》获第五届北京大学王力语言学三等奖(1993),张双棣《吕氏春秋词典》获北京市第三届哲学社会科学优秀成果二等奖(1994),蒋绍愚、宋绍年参加编写的《古汉语常用字字典》获得中华人民共和国新闻出版署首届"中国辞书奖一等奖"(1995),朱庆之《佛典与中古汉语研究》获首届全国高等学校人文社会科学优秀成果二等奖(1995),蒋绍愚《近代汉语研究概况》获北京市第四届哲学社会科学优秀成果二等奖(1996),张双棣《淮南子校释》获北京市第五届哲学社会科学优秀成果一等奖(1998),孙玉文《汉语变调构词研究》被评为1999年全国优秀博士学位论文,杨荣祥《近代汉语研究》入选商务印书馆"中青年语言学者丛书"(2003),刘子瑜《〈朱子语类〉动补结构研究》入选商务印书馆"中青年语言学者丛书"(2003),张渭毅《魏晋至元代重纽的南北区别和标准音的转变》获中国社会科学院青年语言学家奖金(2004),胡敕瑞《〈论衡〉与东汉佛典词语比较研究》获北京市第八届哲学社会科学优秀成果奖二等奖(2005),孙玉文《汉语变调构词考辨》获"王力语言学奖"(2015),等等。这些富有特色和创新的研究,都以扎实著称,有力地促进了古代汉语专业教学工作的开展,为系列课程的建设打下了坚实的基础。

教学方面,古代汉语的课程建设在几个教研室中用力最勤,内容系统全面,知识结构完整,尤以丰富扎实在学生中有很高的口碑。自二十世纪九十年代中期以来,古代汉语教研室面向本专业学生和其他专业学生共开出古代汉语类的基础课、选修课近50门,将学科的基础与前沿有机地结合起来。"古代汉语系列课程建设的新开拓"获得北京教学成果奖一等奖(2004)、国家教学成果奖一等奖(2005),"古代汉语"课程获得国家精品课称号。

经过长期的努力和积累,古汉语课程初步形成了一个共时和历时交错的课程体系网络,可供各类学生按照教学计划和个人兴趣进行选择。这个课程体系由三个部分组成:

**第一,古代汉语(共时语言)课程系列。**

按照古代汉语学习和研究的不同层次,讲授各类以共时描写为主的基础课程。初级课程为大学本科"古代汉语"和"古代专书研读",如"《论语》研读""《左传》研读""《孟子》研读""《韩非子》研读""《战国策》研读""《庄子》研读""《吕氏春秋》研读""《淮南子》研读"等。辅以三个系列的中高级课程,一是第一层次的"汉语音韵学""训诂学""文字学"和第二层次的"《集韵》研究""《中原音韵》研究""古音学""《尔雅》研读""《广雅疏证》研究""《说文解字》研读""古文字学""战国出土文字研究""古汉语词汇研究"等;二是专书语言研究,如"《世说新语》语言研究""《祖堂集》语言研究"等;三是专题语言研究,如"唐诗语言研究""佛典语言研究"等。

**第二,汉语史课程系列。**

本系列课程系统讲授汉语语音、语法和词汇的历史变化,探讨汉语演化的机制和规律。在此基础上,通过断代系列和专题系列的课程,使学生对汉语史研究各分支领域的研究有全面深入的了解和把握。本系列课程以"汉语史"为基础,延伸课程包括汉语断代史和汉语史专题两个分支,前者如"上古汉语研究概况""中古汉语研究概况"和"近代汉语研究概况";后者如"上古音研究""中古音研究""近代汉语语音研究""语音史研究专题""汉语语法史研究专题""古汉语词汇史专题"等。

**第三,学术史和方法论课程系列。**

本系列课程旨在为研究生提供学术史和方法论的训练。开出的课程有"中国古代语言学史""中国现代语言学史""历代语言学名著选读""古音学研究方法论""《马氏文通》研读""佛教汉语语料学"等。此外,像蒋绍愚的"近代汉语研究概况",既属于断代史的范围,又具有学术史的性质。

本文集所选古汉语教研室的文章,比较充分地体现了扎实稳妥的学风。

# 从理论到材料:北大结构语言学

材料往往需要理论来照亮。实证并不是材料的堆积,必须有严密的方法论,材料才能成为证据。实证精神包括坚实的材料和严密的逻辑。中国语言学普遍存在的一个问题就是低估了逻辑的力量,喜欢堆积材料、掉书袋,常常答非所问,这是很危险的学风。刘半农、王力、袁家骅、岑麒祥、高名凯等都有留学经历,受过比较严格的方法论训练,掌握了一些普通语言学理论,观察和分析材料的角度更具有实证性、科学性,所以能够发现很多隐藏在材料背后的规律。这种坚持严密逻辑的实证传统一直影响着北大语言学研究。

1952年,朱德熙由清华调入北大中文系,一直负责现代汉语的教学和研究工作,现代汉语教研室成立后又担任室主任,直到逝世。

朱德熙是北大最具实证精神的学者之一。尽管他未曾出国留学,但却是真正掌握了美国结构语言学理论精华的少数学者之一,对 Bloomfield 和 Harris 的理论尤其熟悉。他到北大后发表的《现代汉语形容词研究》《说"差一点"》《关于划分词类的根据》《说"的"》《论句法结构》等论文发表后,在国内外引起了极大的震动。其观察材料之细致,目光之敏锐,结构语言学理论涵养之深厚,少有人能出其右。他接下来的一系列研究,把语言学中的实证精神推向了一个高峰,并引来了中国结构语言学的思潮。

朱德熙的实证精神可拿他的《说"差一点"》(1959.9)来说明。语言学中谈语义、语用分析成为一种时髦,但往往容易缺少实证性,研究者很容易走向修辞或作文技巧的路子上去。而朱德熙对"差点儿没"的研究使语用分析进入了实证层面。"差点儿没"有两种相反的意思。

| 肯定意义 | 否定意义 |
| --- | --- |
| 差点儿没买着。(买着了) | 差点儿没摔死。(没摔死) |
| 差点儿没考上大学。(考上了) | 差点儿没掉进水里。(没掉进水里) |
| 差点儿没修好。(修好了) | 差点儿没输了。(没输) |

仅仅说明"差点儿没"有两种相反的意思是不够的,需要给出语用规则。在很长一段时间,人们对"差点儿没"都没有合理的解释。外国人学习汉语、机器理解汉语都会在这一点上遇到困难。朱德熙用说话者是否期望发生的规则解释了这个问题。在上面的例子中,凡是说话者企望发生的,"差点儿没"都表示肯定,凡是说话者不企望发生的,都表示否定。这种关系可以概括如下:

| 企望发生 | 差点儿没考上 | 肯定,考上了 |
| --- | --- | --- |
| 不企望发生 | 差点儿没打碎 | 否定,没打碎 |

在语用环境中,如果说话者的企望信息还不确定,那么上述所有例子都有歧义。

这种实证的研究开一代风气,形成了北大结构语言学的传统,后来陆俭明的现代汉语语法研究团队充分地发扬了朱德熙语法分析的实证精神,其研究思路对全国的现代汉语描写研究都产生了方法论的影响。沿着这种思路的语言描写出的材料和规则,一直是现在很多新理论所依赖的基础。

这种影响同时体现在研究和教学中,尤其是现代汉语的教学和研究中。二十世纪五十年代朱德熙、周祖谟、林焘、袁家骅等先生分别开设了现代汉语语法、词汇、语音和汉语方言等课程,并集体编写出版了《现代汉语》教材,奠定了本学科的地位。60多年来本学科教学和科研始终处于全国的领先水平,在世界上也享有极高的声誉。本学科是全国首批硕士和博士学位授予点,是2002年重新评定的全国重点学科"汉语言文字学"的主体研究方向,是北大中文系博士后流动站的主要学科之一,同时也是教育部2000年批准设立的全国人文社会科学重点研究基地之一的北京大学汉语语言学研究中心(后更名为

"北京大学中国语言学研究中心")的主体学科。

北大现代汉语更重视科学地、实证地分析语言的结构规律,而不是组词造句的技能,课程设置也体现出这种精神:本科生阶段有全系必修的现代汉语基础课,还安排了现代汉语语音、词汇、语法、文字、修辞等方向的专业基础课和虚词研究、语音实验、方言调查等选修课。研究生阶段有语法分析、语音研究、词汇词义研究、方言研究、专著选读等必修课,同时开设了语音、词汇、语法、语义和计算语言学等方向的一些专题课程。"现代汉语系列化课程的建设与实践"先后于1996年和1997年获北京市和国家级教学成果一等奖;主干基础课"现代汉语"2002年被评为首批"国家精品课"。"汉语方言调查"2013年获北京市教学成果奖一等奖,自二十世纪八十年代以来,"汉语方言调查"课曾先后36次组织学生到多个省份进行方言调查实习。教材建设千锤百炼、不断出新:修订版《现代汉语》于1995年获全国高校优秀教材评选一等奖。朱德熙《语法讲义》在国内外汉语语法研究文献中被大量引用,还在日本翻译出版。林焘、王理嘉《语音学教程》在台湾地区翻印出版。马真《简明实用汉语语法教程》被国内外许多高校采用,并在法国、日本翻译出版。陆俭明《现代汉语语法研究教程》、王理嘉《音系学基础》、符淮青《现代汉语词汇》、吴竞存、侯学超《现代汉语句法分析》、苏培成《现代汉字学纲要》、陆俭明、沈阳《汉语和汉语研究十五讲》、李小凡、项梦冰编写的《汉语方言学基础教程》等也有较大影响。几十年来学科培养了大批优秀学生,包括来自十几个国家的留学生。截至2016年7月,已毕业硕士研究生180多人,博士研究生60余人,其中许多博士学位获得者已成为所在单位教学科研的骨干,有的还走上高等学校领导岗位。

学科在科研方面也取得令人瞩目的成果。朱德熙《现代汉语语法研究》《语法丛稿》和《语法答问》,袁家骅主编《汉语方言概要》,林焘《语音探索集稿》,陆俭明《现代汉语句法论》和《80年代中国语法研究》,陆俭明、马真《现代汉语虚词散论》,马真《现代汉语虚词研究》,符淮青《词义的分析与描写》等著作,代表了现代汉语各方向研究的极高水平。二十世纪五十年代集体编纂后于1982年出版的《现代汉语虚词例释》至今仍是现代汉语教学与研究的必备参考书。六十年代集体编纂(王福堂负责)后于1989年和1995年修订再版的《汉语方言字汇》和《汉语方言词汇》在方言研究方面有重要地位,获全国高校人文社会科学研究优秀成果奖。林焘"北京官话溯源"、沈炯"北京话合口呼零声母的语音分歧"等系列成果在同领域语音研究中极具代表性。近年本学科中青年学者也取得了突出的成绩:袁毓林《现代汉语名词的配价研究》《汉语语法研究的认知视野》,沈阳《现代汉语空语类研究》《生成语法理论与汉语语法研究》,郭锐《现代汉语词类研究》,项梦冰《连城客家话语法研究》《汉语方言地理学——入门与实践》,詹卫东《面向中文信息处理的现代汉语短语结构规则研究》等专著和一批高质量论文在出版和发表后得到学术界好评,不少作品获国家、北京市奖项和本专业奖,其中有三人获得过王力语言学奖。

学科近年来还承担了多项国家和教育部研究课题,其中包括朱德熙主持的国家"七五"重点项目"现代汉语词类研究",陆俭明主持的国家"九五"重点项目"现代汉语语义学",袁毓林承担"教育部跨世纪人才培养项目",郭锐、詹卫东先后承担"教育部新世纪人才支持项目",詹卫东承担教育部人文社科重点研究基地重大项目等。

本文集所选的现代汉语方面的文章,体现了比较强的实证风格,也体现了从理论到材料的思路。

## 从材料到理论:方法论探索

材料需要理论来照亮,但理论也必须由材料来建构。现在有些新理论,有的适合汉语的分析,有些并不适合。有人认为北大语言学在接受新理论方面有时候显得滞后,换个说法就是谨慎。本文集所收录的王洪君的论文《汉语的特点与语言的普遍性——从语言研究的立足点看中西音系理论的发展》,体现了很多北大老师看待西方理论的一种态度。

在实证研究的基础上,北大语言学老师逐渐注意到西方语言学理论还不能完全解释中国的语言,于是开始探索解释中国语言现象的理论问题。这些工作一部分体现在现代汉语教研室老师的研究中,比如朱德熙《关于向心结构的定义》(1984)引入语义限制,《变换分析中的平行性原则》(1986)引入平行原则,等等,包括后来现代汉语教研室老师在具体分析中总结的一些方法。

另一部分理论思考体现在语言学教研室老师的研究中。

北京大学中文系语言学教研室成立于1952年,首任主任高名凯先生基于他在二十世纪三十年代的研究积淀,结合新的调查和思考,出版了包括《普通语言学》《语法理论》《语言论》在内的多本语言学专著和几十篇论文,这些著作奠定了语言学教研室理论结合中国语言实际的学术独立风格,绵延至今。

语言学教研室包括普通语言学、历史比较语言学和汉语方言学、语言学史、语音学等学科方向,"文革"前在语言学教研室从事过语言学研究教学的教员有高名凯、岑麒祥、袁家骅、甘世福、石安石、殷德厚、徐通锵、王福堂、武彦选、何耿丰、叶蜚声、贾彦德、陈松岑、索振羽。1976年,语言学教研室的汉语方言方向(袁家骅、王福堂等)改归1972年起由汉语教研室分出的现代汉语教研室。1977年起至今,徐通锵、王洪君、陈保亚、汪锋先后担任语言学教研室主任。1981年第一批获得硕士授予权,1986年获准设立全国第一个语言学博士点。语言学教研室与本系语言学实验室、本校海外汉语教育学院同属语言学及应用语言学二级学科,并与本校计算语言所、外语学院语言学方向、心理系脑与语言认知实验室、哲学系逻辑学教研室等相关学科有较密切的学术联系。

自语言学教研室成立以来,科研方面取得了一系列重要成果。老一辈学者除了前面提到的高名凯的论著,还有袁家骅的《汉语方言概要》、岑麒祥的《语言学史概要》等专著;高名凯译索绪尔《普通语言学教程》,袁家骅等译布龙菲尔德的《语言论》,岑麒祥译梅耶的《历史比较语言学中的比较方法》,索振羽译霍凯特《现代语言学教程》等译著,对我国现代语言学的发展发挥了重要的作用。后来,教研室多位教师继续在历史学领域开拓:如徐通锵《历史语言学》,王洪君《历史语言学方法论与汉语方言音韵史个案研究》,陈保亚《论语言接触与语言联盟》,董秀芳《词汇化:汉语双音词的衍生和发展》,汪锋《语言接触与语言比较》《汉藏语言比较的方法与实践》等。同时,其他方面的研究也蓬勃展开:如徐通锵《语言论》,王洪君《汉语非线性音系学》《基于单字的现代汉语词法研究》,陈保亚《当代语言学》《20世纪中国语言学方法论研究》,叶文曦《汉语字组的语义结构》,董秀芳《汉语的词库与词法》等,努力的方向是普遍语言学理论与汉语语言事实的互动。

语言学教研室近几十年来的研究致力于从具体语言事实中抽象语言的共时和历史规律,构建新的语言理论模型,而不是简单地介绍、评介西方语言理论。迄今,由教研室教员提出并经较深入讨论的历时研究方面理论方法有:方言接触的"叠置式音变"理论(徐通锵、王洪君)和析层拟测法(王洪君),音变原因的结构协和说(陈保亚),语言接触的有阶无界理论和鉴别同源关系的"阶曲线"模型(陈保亚),词汇化理论(董秀芳),历史比较中的还原比较法和不可释原则(汪锋)等;在共时方面也有实质性的理论贡献,比如汉语结构的"字本位"模型(徐通锵)、基于字的语法韵律关联模型(王洪君),单位与规则还原模型(陈保亚),词库构词模型(董秀芳),基于字的语义关联模型(叶文曦)等。这些理论模型不仅已在国内外语言学界产生了较大影响,而且不少已在汉语信息处理、对外汉语教学等领域得到应用。有一位老师获得过胡绳奖,一位老师获得过李方桂语言学著作特优奖,有两位老师获得过王力语言学奖,有两位老师获得过高等学校科学研究优秀成果奖一等奖,有两位老师获得过北京市哲学社会科学优秀成果奖一等奖,有四位老师多次获得过高等学校科学研究优秀成果奖二等奖,有两位老师获得过北京市哲学社会科学优秀成果奖二等奖,还有多位老师获得过多项其他省部级奖项。

多年来,本教研室一直重视教研人才的培养,根据语言学发展的潮流来调整课程体系,更新和发展新的课程及教材。教研室老师提出并实施的教学、实践和科研相结合的"三一"教学模式获得北京市教学成果奖一等奖(2018)、国家教学成果奖一等奖(2018),"理论语言学"系列课程得到普遍认可,获得北京市教学成果奖一等奖(2004)和国家精品课程、国家资源共享课等荣誉;"历史语言学"系列课程先后获得北京市教学成果奖二等奖(2008)。"语言学概论"在慕课平台得到广泛好评。教材一直享有盛誉,徐通锵、叶蜚声《语言学纲要》(王洪君、李娟修订),徐通锵《语言学是什么》《基础语言学教程》,索振羽《语用学教程》,陈保亚《20世纪中国语言学方法论》,叶文曦《语义学教程》等深受学界欢迎。教研室二十世纪所培养的学生,汪锋、咸蔓雪获王力语言学奖,宋作艳获吕叔湘语言学奖,汪锋获李方桂语言学奖,李子鹤获罗常培语言学奖,汪锋、咸蔓雪、宋作艳四人次获高等学校科学研究成果奖,汪锋获北京市哲学社会科学优秀成果奖,咸蔓雪获全国优秀博士论文提名。

本文集所选的语言学教研室的文章,不同程度地体现了从材料到理论的研究角度,并不空谈理论,都有很强的实证性。

## 跨学科实证:语言与人类复杂系统

1934年7月刘半农因为赴包头做方言调查被蚊虫叮咬感染上回归热而离开人世,那年他才43岁,却已经做了如此多的开创性工作。赵元任沉痛地写了一首诀别挽联:

> 十载奏双簧,无词今后难成曲
> 数人弱一个,叫我如何不想他

这首伤感的挽联显示了赵元任对刘半农诗中语音乐律的极高评价,也流露出了赵元任在心灵深处对刘半农的一片怀念之情。"无词今后难成曲"隐喻了刘半农和赵元任创作上词与曲跨学科的终止。

如果刘半农不是过早去世,他会在中国诗歌语音乐律研究和实验语音学研究方面做出更多的贡献。

诗歌语音乐律和实验语音学结合,刘半农的实证性工作是高度跨学科的。

北大语言专业后来的分科越来越细,到目前为止有现代汉语、古代汉语、理论语言学、计算语言学、语言学实验室,划分过细后有些问题是否能够得到实证,引发了大家的思考。朱德熙曾经也注意到了这个问题,提出语言研究不能"画地为牢"。

本文集的论文基本体现了学科细分的特点。从前面提到的各教研室的研究成果和教学课程看,学科细分的特点也占绝对主流。但是,随着问题的深入,过细的划分可能不利于有些重要问题实证。比如,如果我们不能清楚语言接触的机制,我们就很难判定汉语和侗台语族中大量共同的词汇是同源分化的结果,还是接触的结果,可见历史比较语言学需要考虑语言接触研究的成果。再比如,如果我们不知道汉族内部的基因存在很大差异,我们就不知道实际上说汉语的人是多个族群融合的结果,语言接触需要考虑基因研究的成果。在很多重要问题上,实证有赖于跨学科的研究。

朱德熙在世时就曾和计算机系合作建立了计算语言学所,并担任所长。

2000年1月北京大学成立了北京大学汉语语言学研究中心,这个中心实际具有跨学科的性质,古代汉语、现代汉语和语言学三个教研室师资力量开始汇集到一起。2000年9月,中心被教育部批准为全国普通高等学校人文社会科学重点研究基地,也可看出教育部对跨学科的重视。中心开始统一设计项目,规划经费使用。中心前任主任先后为陆俭明、蒋绍愚、王洪君。从2012年11月起,陈保亚担任主任,郭锐担任常务副主任,中心更名为中国语言学研究中心,进一步强调汉语研究需要和其他民族语言研究结合起来。中心设现代汉语、近代汉语、古代汉语、汉语方言和历史比较语言学5个研究室和1个语音乐律实验室、1个《语言学论丛》编辑部、1个中心资料室,但这些研究室并没有严格的分工,中心按研究课题聘任研究员,每年聘请一批国内外的知名学者为基地的专兼职研究员,联合进行课题研究和相关学术交流活动。

《语言学论丛》是中心的升级刊物,前身是创办于1957年的《语言学论丛》。前任主编先后为王力、高名凯、林焘、陆俭明。现任主编为王洪君,副主编为陈保亚、郭锐,编辑部主任为汪锋,副主任为宋亚云。

《语言学论丛》办刊理念也是基于实证精神,提倡具体语言研究与理论探索相结合,汉语的本体研究与应用研究相结合,汉语的共时研究与历时研究相结合、标准语研究与方言研究相结合,汉语与少数民族语研究相结合,以此来推进二十一世纪中国语言学的发展,使中国语言学在国际学术界具有更大的影响。本刊常设栏目有:语言学理论、现代汉语、汉语史、汉语方言、语音学、民族语言文字学等。《语言学论丛》恪守学术自由的原则,鼓励学术争鸣。本刊严格执行双向匿名审稿制度,一贯秉持其学术严肃性和刊用论文学术性,在学界拥有很高的影响力,饮誉海内外。

《语言学论丛》距今已60多年的历史,出版54辑。自创刊以来,王力、魏建功、袁家骅、岑麒祥、高名凯、周祖谟、朱德熙、林焘、徐通锵、祝敏彻、唐作藩、郭锡良、王福堂、陆俭明、蒋绍愚和李方桂、乔姆斯基、王士元、丁邦新、梅祖麟、贝罗贝、平山久雄、古屋昭弘等海内外著名语言学家均在《语言学论丛》发表过文章。作者涵盖中国、美国、俄罗斯、法国、荷兰、日本、韩国、新加坡等国家,其中也有跨学科的文章。

《语言学论丛》已被万方数据库收录。现为南京大学CSSCI来源集刊。根据 Communications（欧洲科学基金期刊）44 期报道，欧洲科学基金人文科学标准委员会（Standing Committee for the Humanities，European Science Foundation）确定的人文科学科研工作通用索引标准《欧洲人文科学标准委员会语言学刊物名录》中，在世界范围内收录的三种中文语言学刊物中就包含了《语言学论丛》。这充分说明了《语言学论丛》在海内外的学术声誉和学术影响力。

在 2016 年全国 16 个语言文学文献的基地评估中，中国语言学研究中心唯一被评为优秀。自世界 QS 排名出现以来，北大语言学和现代语言学一直排在前 22 名以内，语言学最高排名第 10，现代语言学最高排名第 5。北大语言学基于实证的研究得到了国内外的认可。当然，这里的 QS 排名也有相关学科的贡献。

在中国语言学中心和《语言学论丛》两个平台的支持下，语言学与应用语言学方向举办了多次跨学科研讨会，发表了一系列文章。

依托中国语言学研究中心，北京大学与台湾联合大学系统、香港中文大学三方，于 2013 年签署协议，共建"语言与人类复杂系统联合研究中心"（Joint Center for Language and Human Complexity），三方参与人员除了语言学者外，还有来自考古系、数学系、心理系、医学部、电子工程系、系统工程与工程管理系、生物医学院等领域的专业人员。语言与人类复杂系统联合研究中心三方紧密合作，轮流召开中心年会，以与国际学界建立良好的对话交流渠道。2014 年联合研究中心组织了"语言与人类复杂系统国际研讨会"，主题为"语言变化"，从 8 个不同的维度展示了语言作为复杂适应系统的特性，成果汇集为《语言与人类复杂系统》（2017）；2015 年联合研究中心组织了语言学与其他学科的国际学者"簧门对话"，包括五场：第一场是语言学家王士元和基因学家曾长青的对话，主题是"单源还是多源？"第二场是语言学家聂鸿音和心理学家曾志朗的对话，主题是"文字认知与神经系统的演化"；第三场是语言学家陈保亚和考古学家雷兴山的对话，主题是"语言接触与考古背景"；第四场是语言学家沈钟伟和历史人类学家王明珂的对话，主题"语言接触的社会历史边界"；第五场是语言学家孔江平和数学家姚远的对话，主题是"语言演化与接触的数学模型"。成果汇集为《簧门对话——以语言接触与语言演化为中心的跨学科视野》（2017）。

二十世纪以来,北大中文系语言专业的多个研究方向都呈现出跨学科的特点,比如陈保亚、汪锋语言变异和接触研究团队,已经多次和复旦大学联合展开基因调查,并和北大数学系联合展开语言演化的数学建模;孔江平的实验室团队,正在和国内外医学、心理学、考古学界等联合,研究人类声道演化的机制;袁毓林、詹卫东的计算语言学团队,和计算语言所有长期的合作;郭锐、王洪君的北京研究团队,开始关注近代历史问题;项梦冰的方言团队,结合地理学展开词汇的地域传播研究。詹卫东所主持的应用语言学,生源来自理科,更是语言学和计算机科学相结合的学科。

为了更有效地展开跨学科研究,在陈晓明主任领导的这一届中文系党政班子的倡导下,语言学各教研室相互携手,联合中国语言学研究中心,建立了"语言与人类复杂系统研究平台",这对推进语言学实证研究是很有必要的。语言专业的老师经过几次讨论,逐渐达成了一些共识,将来应该立足语言本体分析,展开跨学科研究,重点弄清语言复杂系统的机制,尤其是语言系统规则(共时)和语言演化规则(历时)的关系,争取在本体研究的基础上对语言人工智能等应用研究有推进,做出世界一流的代表性成果。

语言与人类复杂系统的关键在于有序异质性。异质指自然语言符号系统是一种存在丰富变异的符号系统,这一点不同于其他人工符号系统。有序指自然语言符号系统在共时和历时层面都是有规则的。语言与人类复杂系统研究平台将在丰富的语言变异中研究语言的有序性和规则,即语言的机制。语言系统机制包括语言运转机制和演变机制两个方面。

实际上语言系统总是异质的,和时间、语义、外部社会、心理因素、个人变异等有着复杂的关系,同质只是理想化状态。纯粹基于共时的、个人的、内部的语言系统是不存在的,认知语言学、计算语言学等也不可能把研究基础建立在同质语言系统上而获取成功。语言系统和时间的关系、和社会的关系、和大脑的认知关系,以及语言系统之间的关系,都是语言系统本身的属性。但语言系统又是有序的、有规则的,这是人类能在错综复杂的异质环境中掌握语言规律并展开交流和思维的基础。同质语言系统的研究是有价值的,但不充分。要实现语言机制研究的充分性,异质语言系统是语言本体研究的必要对象。只有展开语言异质系统研究,语言系统的运转机制和变化机制才能充分显现出来。

自2019年4月语言与人类复杂系统研究平台成立以来,平台拟定了主攻方向,分为三个大的部分:

第一个部分从田野调查分析入手,由"语言变异和接触机制研究"及"基于语音多模态的语言本体研究"两个课题组成,重点观察活生生的语言系统变异,从微观的角度研究系统机制。

第二个部分从文本调查分析入手,由"现代汉语共同语历史研究"和"基于上古汉语语义知识库的历史语法与词汇研究"两个课题组成,重点观察已经完成的演变和结构的关系。"现代汉语共同语历史研究"从时间距离比较近的角度研究语言系统变异和规则的关系。"基于上古汉语语义知识库的历史语法与词汇研究"从时间跨度较大的角度研究语言系统变异和规则的关系。

第三个部分从大数据库分析入手,由"汉语意合语法框架下的词汇语义知识表示及其计算系统研究"一个课题构成,从形式和语义的异质关系入手研究词汇语义知识及其计算。

平台已经陆续启动了以下几个模块的互动研究:

**1. 语言变异和接触机制研究**

该模块重点观察正在进行的活的语言现象,从微观的和动态的异质有序过程中认识语言系统机制。从中国语言和方言丰富多样的变异类型以及接触类型出发,全面系统地收集语言横向传递的数据,展开语言变异和接触机制的深入探讨,同时结合其他领域研究成果和方法进行跨学科研究,充分厘清中国语言中纵向传递和横向传递交织的途径和复杂机制。模块包括内源性语言变异研究和外源性语言变异研究。内源性语言变异研究主要研究中国语言及方言内部的发展变化,包括语音系统、词汇系统和句法系统的自组织运转,其中新的成分如何产生,并如何逐步替代旧的成分。外源性语言变异研究主要从中国语言及方言丰富多样的接触类型出发,全面系统地收集语言横向传递的数据,展开语言接触机制的深入探讨。

**2. 基于语音多模态的语言本体研究**

该模块也重点观察活的语言现象,从语音的异质性即多模态入手认识语音的运转机制和演变机制。主要从实验语音学的角度进一步弄清语音变化的机制。模块由三个子课题组成:1)"中国境内语言的语音基础理论研究",包括语言和口传文化的发音机制研究和类型研究;2)"北京大学普通话自然口语语料库及研究",包括建立一个汉语普通话自然口语篇章语料库和普通话自然口语篇章的基础理论研究;3)"基于发声和调音参数的汉语普通话语音合成系统研究",包括汉语普通话参数合成系统和语音韵律知识库及其规则的基础理论研究。

### 3. 现代汉语共同语历史研究

该模块重点观察历史上近距离的语言演变现象,从中观的或较短时间范围的角度观察语言的异质有序性,弄清汉语共同语的系统运转机制和演变机制。模块以共同语的形成机制为个案,通过考察晚清、民国时期北京官话和南京官话的语音、词汇、语法,并与当代普通话进行对比,从而勾勒出汉语共同语自晚清以来的发展变化,梳理普通话词汇、语法与晚清北京官话、南京官话的对应关系,说明普通话语音、词汇、语法的演变过程和普通话词汇、语法的来源。

### 4. 基于上古汉语语义知识库的历史语法与词汇研究

该模块重点观察历史上较长时间距离的语言演变现象,重点从历史语义变化入手来研究异质有序性,弄清语法与词汇的运转机制与演变机制。具体地说是从语义知识库出发解释语法、词汇演变规律。语义知识库的建设以实词的语义分析和描写为核心。建立一种深度合理的、与句法描写能够形成有价值的相互参照关系的描写框架,利用该框架对春秋战国时期的字词作全面、细致的语义分析。语义知识库最终展现这一时期的词汇系统面貌、词汇分类语义描写结果,以及该时期重要文献的语义句法面貌。

### 5. 汉语意合语法框架下的词汇语义知识表示及其计算系统研究

该模块以人工智能为主要目标,从语义的异质有序性角度展开词汇、语义的知识表示级计算系统研究。汉语语法缺少形态、注重意合,在语义上体现出很复杂的异质性。该模块在原来已经初步建立起来的汉语意合语法理论框架下,采用"大词库、小语法"的策略,构建一种面向汉语计算处理的"词库－构式"互动的语法描写模型,来刻画汉语语法的意合机制,组织相应的词汇—语法知识;尽可能把语法组合和语法结构方面的选择限制信息落实到众多的词语和少数的构式上。使用分词类、分层面的描述方式:在词库的较低平面上,建构和描述词语(特别是名词)的物性结构等基本的概念结构;通过对谓词的论元结构和配位方式的描写来部分地揭示汉语语法的意合机制。

如果能够做好上面的跨学科研究,语言学中的很多重要问题或许能够得到答案,下一个论文集可能不只是划分学科的实证研究成果了,应该会有一些解决难题的跨学科论文。到那个时候,我们会更多地理解刘半农在中国诗歌语音乐律和实验语音学之间展开实证研究的价值,或许还能够从实证的角度回答他所关心的关于诗歌审美的一些问题。

当然,这种跨学科的研究必须建立在实证的基础上。

## 致谢

本序言在写作过程中参考引用了孔江平、胡敕瑞、詹卫东、汪锋、李子鹤提供的一些材料,特此感谢!

**注　释**

① 见王力《从元音的性质说到中国语的声调》,《清华学报》1935 年第 10 卷第 1 期。
② 王力译为《汉语字声实验录》,见王力《从元音的性质说到中国语的声调》。
③ 刘复《提议创设中国语音学实验室计划书》,《北京大学日刊》1921 年 11 月 16 日。
④ 《北京大学日刊》1918 年 2 月 1 日。
⑤ 王力《汉语史稿》,中华书局,1980 年,64 页。

现代汉语

# 绍兴方言中的拟声词

## 王福堂

## 一

绍兴方言中的拟声词有重要的修辞作用,应用广泛。范寅曾在《越谚》中列出众多的拟声词,包括卷上"哩字之谚第十四""翻译禽音之谚第十五"和"孩语孺歌之谚第十七"共50余个,卷下"声音音乐"85个,以及其他若干零星的分布。[①]这些拟声词有一些目前已经不再使用,但又有不少新词产生出来。拟声词的应用为绍兴方言增添了生动的语言成分。

绍兴方言的声调情况应称复杂。本调共八个:阴平52,阳平231,阴上335,阳上113,阴去33,阳去11,阴入45,阳入23。还有因语素间同化异化等作用而有的成词不成词变调。[②]但拟声词的声调有另一种类型。它按声母的清浊用阴阳调域边际两侧的音高成分念成高调或低调:清声母阴调舒声字一律为高平调55,入声字为55,浊声母阳调舒声字一律为低平调11,入声字为11。如:(为方便起见,入声字调值尽可能简化,并取消了横线,下同。)

|   | 平 | 上 | 去 | 入 |
|---|---|---|---|---|
| 清声母 | □⁵⁵ | □⁵⁵ | □⁵⁵ | □⁵ |
| 浊声母 | □¹¹ | □¹¹ | □¹¹ | □¹ |

即清声母起头的词读高调,浊声母起头的词读低调。也就是说,模拟对象高声的,拟声词属高调;模拟对象低声的,拟声词属低调。可以说,拟声词实际上是一种边际调。也因此,拟声词用同音字标写很难做到字调完全合适,有不少只是近音字。不过绍兴方言的拟声词有时因用字比较固定,或因常用而词汇化

的缘故，个别情况下也可以读成该字的本调或变调，不同声调的念法在拟声上并无区别。

下面列出若干单音节和多音节的拟声词，标写出高低调、本调和变调，近音字不另加说明。（音标右上角的数字是高低调、本调或变调，右下角的数字是变调，下同。）如：

平*（打枪）—— biŋ$^{11}$，biŋ$^{231}$

拍*（打蚊子）—— pʰaʔ$^5$

督*（轻敲）—— toʔ$^5$

故*嘟*（喝水）—— ku$^{55}$tu$^{55}$，gu$^{11}$du$^{11}$

订*冻*（小件金属碰撞）—— tiŋ$^{55}$toŋ$^{55}$，tiŋ$^{33}$toŋ$^{55}$

定*髬*（家具倒地）—— diŋ$^{11}$baŋ$^{11}$

劈*拍*（火星爆裂）—— pʰieʔ$^5$pʰaʔ$^5$，pʰieʔ$^3$pʰaʔ$^5$

的*搭*（钟表走动）—— tieʔ$^5$tæʔ$^5$，tieʔ$^3$tæʔ$^5$

白*□（摔跤）—— baʔ$^1$daʔ$^1$

薄*毒*（重物掉在地上或走路时摔在地上）—— boʔ$^1$doʔ$^1$

狭*秋*（打喷嚏）—— ɦæʔ$^1$tɕʰiɤ$^{11}$，ɦæʔ$^{23}_{25}$tɕʰiɤ$^{52}$

哥*哥*荷*（鸡啼）—— ko$^{55}$ko$^{55}$ɦo$^{55}$，ko$^{52}_{33}$ko$^{52}_{55}$ɦo$^{231}_{52}$，ko$^{52}_{33}$ko$^{52}_{55}$ɦo$^{231}$

各词均属拟声词调型。其中"平*"又作本调，"订*冻*"、"劈*拍*"、"的*搭*"又按成词两字规律变调，"狭*秋*"又按主谓结构变调，"哥*哥*荷*"又按成词三字或形容词AAB式变调。

## 二

拟声词有两种构词方式。

一、拟声词的构词主要使用重叠方式。③

单音节词以重叠方式构成多音节词，比如二、三、四各个不同的音节，成为AA、AAA、AAAA等格式。如：

AA 呼*呼*，胡*胡*（刮风）—— hu$^{55}$hu$^{55}$，hu$^{52}$hu$^{52}$；ɦu$^{11}$ɦu$^{11}$，ɦu$^{231}$ɦu$^{231}$

平\*平\*（打枪）——biŋ¹¹biŋ¹¹,biŋ²³¹biŋ²³¹

笃\*笃\*（轻敲）——toʔ⁵toʔ⁵

拍\*拍\*（拍手）——pʰaʔ⁵pʰaʔ⁵

AAA 平\*平\*平\*（到处打枪）——biŋ¹¹biŋ¹¹biŋ¹¹,biŋ²³¹biŋ²³¹biŋ²³¹

冻\*冻\*冻\*（敲小鼓）——toŋ⁵⁵toŋ⁵⁵toŋ⁵⁵

笃\*笃\*笃\*（敲竹梆子）——toʔ⁵toʔ⁵toʔ⁵

塌\*塌\*塌\*（轻快地走路）——tʰæʔ⁵tʰæʔ⁵tʰæʔ⁵

AAAA 锵\*锵\*锵\*锵\*（打锣）——tʰaŋ⁵⁵tʰaŋ⁵⁵tʰaŋ⁵⁵tʰaŋ⁵⁵

棚\*棚\*棚\*棚\*（使劲敲门）——baŋ¹¹baŋ¹¹baŋ¹¹baŋ¹¹,baŋ²³¹baŋ²³¹baŋ²³¹baŋ²³¹

笃\*笃\*笃\*笃\*（敲竹梆子）——toʔ⁵toʔ⁵toʔ⁵toʔ⁵

踏\*踏\*踏\*踏\*（使劲快走）——dæʔ¹dæʔ¹dæʔ¹dæʔ¹

双音节的拟声词则可以重叠构成四字格。第一种方式是拟声词的语素分别重叠，构成 AABB 式。如：

AABB 际\*际\*债\*债\*（女孩边说边笑）——tɕi⁵⁵tɕi⁵⁵tsa⁵⁵tsa⁵⁵

订\*订\*冻\*冻\*（金属棒磕碰声）——tiŋ⁵⁵tiŋ⁵⁵toŋ⁵⁵toŋ⁵⁵,tiŋ³³tiŋ⁵⁵toŋ⁵⁵toŋ⁵²

的\*的\*笃\*笃\*（打算盘）——tieʔ⁵tieʔ⁵toʔ⁵toʔ⁵,tieʔ³tieʔ⁵toʔ⁵toʔ⁵⁴

第二种方式是双音节词自身重叠，构成 ABAB 式。如：

ABAB 故\*嘟\*故\*嘟\*（大口喝水）——ku⁵⁵tu⁵⁵ku⁵⁵tu⁵⁵,gu¹¹du¹¹gu¹¹du¹¹

订\*冻\*订\*冻\*（金属棒敲击声）——tiŋ⁵⁵toŋ⁵⁵tiŋ⁵⁵toŋ⁵⁵

共\*弄\*共\*弄\*（遍地炮火）——guoŋ¹¹loŋ¹¹guoŋ¹¹loŋ¹¹

敌\*薄\*敌\*薄\*（水果不断掉在地上）——dieʔ¹boʔ¹dieʔ¹boʔ¹

双音节的拟声词还可以只由前面的音节重叠，构成三音节的 AAB 式。如：

AAB 寝\*寝\*撑\*（震动金属片）——tɕʰiŋ⁵⁵tɕʰiŋ⁵⁵tsʰaŋ⁵⁵,tɕʰiŋ³³tɕʰiŋ³³tsʰaŋ⁵⁵

劈ᵃ劈ᵃ拍ᵃ（鼓掌）——— pʰieʔ⁵pʰieʔ⁵pʰaʔ⁵，pʰieʔ³pʰieʔ³pʰaʔ⁵

敌ᵃ敌ᵃ薄ᵃ（水果不断掉在地上）——— dieʔ¹dieʔ¹boʔ¹，dieʔ¹dieʔ¹boʔ⁵

二、拟声词还可以和以 l 声母起头的音节以衍生方式组合成词。

单音节拟声词和 l 音节叠韵。它们可以组成复合词 AL 式。如：

故ᵃ ku⁵⁵ ——— 故ᵃ噜ᵃ ku⁵⁵lu⁵⁵（因饥饿腹鸣）

共ᵃ guoŋ¹¹ ——— 共ᵃ弄ᵃ guoŋ¹¹loŋ¹¹（打雷）

AL 式也可以自身重叠，构成 ALAL 式。如：

故ᵃ噜ᵃ故ᵃ噜ᵃ（因饥饿腹鸣）——— ku⁵⁵lu⁵⁵ku⁵⁵lu⁵⁵

共ᵃ弄ᵃ共ᵃ弄ᵃ（打雷）——— guoŋ¹¹loŋ¹¹guoŋ¹¹loŋ¹¹

AL 式还可以单由后面的 l 音节重叠，构成 ABB 式。如：

ABB 撑ᵃ冷ᵃ冷ᵃ（震动金属片）——— tsʰaŋ⁵⁵laŋ⁵⁵laŋ⁵⁵

共ᵃ弄ᵃ弄ᵃ（打雷）——— guoŋ¹¹loŋ¹¹loŋ¹¹

各ᵃ落ᵃ落ᵃ（圆物滚动）——— koʔ⁵loʔ⁵loʔ⁵

双音节拟声词则可以和 l 音节组合成四字格：ALBL 式。在这种格式中，拟声词占一、三音节，互为双声（或早期曾为双声，如下例"寄"和"故"声母同为见母 k，"寝"和"撑"声母同为清彻母 tsʰ），l 声母音节占二、四音节，分别与一、三音节叠韵。如：

寄ᵃ故ᵃ tɕi⁵⁵ku⁵⁵ ——— 寄ᵃ哩ᵃ故ᵃ卢ᵃ tɕi⁵⁵li⁵⁵ku⁵⁵lu⁵⁵

寝ᵃ撑ᵃ tɕʰiŋ⁵⁵tsʰaŋ⁵⁵ ——— 寝ᵃ另ᵃ撑ᵃ冷ᵃ tɕʰiŋ⁵⁵liŋ⁵⁵tsʰaŋ⁵⁵laŋ⁵⁵

这类 ALBL 式在绍兴方言中使用颇多，其他汉语方言也很常见。如：

寄ᵃ哩ᵃ故ᵃ卢ᵃ（小声说话）——— tɕi⁵⁵li⁵⁵ku⁵⁵lu⁵⁵

订ᵃ另ᵃ冻ᵃ弄ᵃ（风铃吹动）——— tiŋ⁵⁵liŋ⁵⁵toŋ⁵⁵loŋ⁵⁵

寝ᵃ另ᵃ撑ᵃ冷ᵃ（戏曲乐队演奏）——— tɕʰiŋ⁵⁵liŋ⁵⁵tsʰaŋ⁵⁵laŋ⁵⁵

劈ᵃ列ᵃ拍ᵃ嘞（柴火火星迸裂）——— pʰieʔ⁵lieʔ⁵pʰaʔ⁵laʔ⁵，pʰieʔ³lieʔ⁵pʰaʔ⁵laʔ⁵⁴

的\*历\*笃\*落\*（打算盘）—— tieʔ⁵lieʔ⁵toʔ⁵loʔ⁵, tieʔ³lieʔ⁵toʔ⁵loʔ⁵⁴

悉\*列\*索\*落\*（虫子在草丛中爬动）—— çieʔ⁵lieʔ⁵soʔ⁵loʔ⁵, çieʔ³lieʔ⁵soʔ⁵loʔ⁵⁴

这类四字格 ALBL 式中 AB 的生成，还不能确定阴声韵、阳声韵、入声韵中是由哪一个起头发展而成的。如：

屁\*哩\*破\*拉\* pʰi⁵⁵li⁵⁵pʰa⁵⁵la⁵⁵—— 聘\*另\*碰\*冷\* pʰiŋ⁵⁵liŋ⁵⁵pʰaŋ⁵⁵laŋ⁵⁵—— 劈\*列\*拍\*嘞 pʰieʔ⁵lieʔ⁵pʰaʔ⁵laʔ⁵, pʰieʔ³lieʔ⁵pʰaʔ⁵laʔ⁵⁴

避\*里\*败\*拉\* bi¹¹li¹¹ba¹¹la¹¹—— 并\*另\*碰\*冷\* biŋ¹¹liŋ¹¹baŋ¹¹laŋ¹¹—— 别\*历\*白\*嘞 bieʔ¹lieʔ¹baʔ¹laʔ¹, bieʔ¹lieʔ⁵baʔ⁵laʔ⁵⁴

此外，还有一种四字格第二音节改用"出\*"字，一、三音节也并非双声的格式。这种格式较为少见。如：

地\*出\*部\*溜\*（大汗淋漓）—— di¹¹tsʰeʔ¹buʔ¹lix¹¹

定\*出\*甏\*冷\*（居室扰动不安）—— diŋ¹¹tsʰeʔ¹baŋ¹¹laŋ¹¹

敌\*出\*白\*嘞（匆忙作准备）—— dieʔ¹tsʰeʔ¹baʔ¹laʔ¹, dieʔ¹tsʰeʔ⁵baʔ⁵laʔ⁵⁴

要补充说明的是，绍兴方言的拟声词虽然按清浊声母分别读入高调和低调，但首字的音高还决定后字声调为高调或是低调，后字声母本身不再按清浊区分高低，而是和首字保持一致。比如前述"撑\*冷\*冷\*"中的"冷\*"，"寝\*另\*撑\*冷\*"中的"另\*"和"冷\*"都不读低平，而和首字阴调的"撑\*"和"寝\*"保持一致读为高调(高平)，"定\*出\*甏\*冷\*"中的"出\*"不读上入，而和首字"定\*"保持一致读为低调(下入)。

前字入声的两音节拟声词还可以和 ℓ 音节衍生组合成三音节的 ALB 式。ℓ 音节插在中间，与后一音节叠韵。如：

扑\*痛\* pʰoʔ⁵tʰoŋ⁵⁵, pʰoʔ³tʰoŋ⁵⁵—— 扑\*弄\*痛\* pʰoʔ⁵loŋ⁵⁵tʰoŋ⁵⁵, pʰoʔ³loŋ³³tʰoŋ⁵⁵

这种格式在吴方言中很多见，但很少见于其他方言。如：

拍*冷*淌*（碗摔碎了）—— pʰaʔ⁵laŋ⁵⁵tʰaŋ⁵⁵，pʰaʔ³laŋ³³tʰaŋ⁵⁵

白*冷*宕*（重物投入水中）—— baʔ¹laŋ¹¹daŋ¹¹，baʔ¹laŋ¹¹daŋ⁵⁵

拍*嘞□（小物摔在地上）—— pʰaʔ⁵laʔ⁵tʰaʔ⁵，pʰaʔ³laʔ³tʰaʔ⁵

白*嘞□（重物摔在地上）—— baʔ¹laʔ¹daʔ¹，baʔ¹laʔ¹daʔ⁵

扑*弄*痛*（轻物投入水中）—— pʰoʔ⁵loŋ⁵⁵tʰoŋ⁵⁵，pʰoʔ³loŋ³³tʰoŋ⁵⁵

勃*弄*洞*（重物投入水中）—— boʔ¹loŋ¹¹doŋ¹¹，boʔ¹loŋ¹¹doŋ⁵⁵

扑*落*托*（轻物掉在地上）—— pʰoʔ⁵loʔ⁵tʰoʔ⁵，pʰoʔ³loʔ³tʰoʔ⁵

勃*落*毒*（重物掉在地上）—— boʔ¹loʔ¹doʔ¹，boʔ¹loʔ¹doʔ⁵

葛*棱*瞪*（孤零零的样子：一颗星，~，两颗星，挂油瓶，……）—— kəʔ⁵ləŋ⁵⁵təŋ⁵⁵，kəʔ³ləŋ³³təŋ⁵⁵

搁*落*笃*（很利索地掉下去了）——koʔ⁵loʔ⁵toʔ⁵，goʔ¹loʔ¹doʔ¹，goʔ¹loʔ¹doʔ⁵

ALB 式中的 B 只有阳声韵和入声韵，没有阴声韵，相互生成的脉络也不是很清楚。如：

白*冷*宕* baʔ¹laŋ¹¹daŋ¹¹，baʔ¹laŋ¹¹daŋ⁵⁵ —— 白*嘞□ baʔ¹laʔ¹daʔ¹，baʔ¹laʔ¹daʔ⁵

## 三

绍兴方言较多使用拟声词以模拟自然的声音对象。如前所说，拟声词的高低调和模拟对象有关。不仅如此，拟声词声母韵母的音色也和模拟对象比较接近。比如，拟声词以高调、清声母模拟清脆的声音，以低调、浊声母模拟沉重的声音。如：

寄*哩*故*卢*（小声说话）—— tɕi⁵⁵li⁵⁵ku⁵⁵lu⁵⁵

忌*利*跍*路*（钝物摩擦）—— dʑi¹¹li¹¹gu¹¹lu¹¹

的*伯*的*伯*（柴火火星迸裂）—— tieʔ⁵paʔ⁵tieʔ⁵paʔ⁵，tieʔ³paʔ⁵tieʔ⁵paʔ⁵⁴

敌*白*敌*白*（杂乱的脚步声）—— dieʔ¹baʔ¹dieʔ¹baʔ¹

或兼以清声母送气音或 -ŋ 尾阳声韵模拟连串的声音或回声,以浊声母或 -ŋ 尾阳声韵或入声韵模拟闷哑的声音。如:

刺*刺*刺*(放鞭炮时点燃药线)—— $tsʰ\gamma^{55}tsʰ\gamma^{55}tsʰ\gamma^{55}$

滞*滞*滞*(烙铁烫到木头)—— $dz\gamma^{11}dz\gamma^{11}dz\gamma^{11}$

乒*乒*乒*(轻声敲门)—— $pʰaŋ^{55}pʰaŋ^{55}pʰaŋ^{55},pʰaŋ^{52}pʰaŋ^{52}pʰaŋ^{52}$

棚*棚*棚*(重重地敲门)—— $baŋ^{11}baŋ^{11}baŋ^{11},baŋ^{231}baŋ^{231}baŋ^{231}$

扑*弄*痛*(轻物投入水中)—— $pʰoʔ^{5}loŋ^{55}tʰoŋ^{55},pʰoʔ^{3}loŋ^{33}tʰoŋ^{55}$

勃*弄*洞*(重物投入水中)—— $boʔ^{1}loŋ^{11}doŋ^{11},boʔ^{1}loŋ^{11}doŋ^{55}$

塌*塌*塌*(轻快地走)—— $tʰæʔ^{5}tʰæʔ^{5}tʰæʔ^{5}$

达*达*达*(重步快跑)—— $dæʔ^{1}dæʔ^{1}dæʔ^{1}$

拟声词在音值上尽量接近模拟的事物,这原是语言的内在要求。绍兴方言属吴方言,音系中的声调本来就有阴高阳低之别,又加声母区分清浊,韵母区分阴阳和舒入,声韵调都有类的区别,因此拟声词在模拟事物时比其他汉语方言有了更多的手段,能更好地满足语言中接近真实的要求。

# 四

汉语方言对拟声词的研究还比较薄弱。吴方言是研究拟声词较多的,有人对某些现象做过描写,还归纳过构词。[④]如对上海方言的描写:[⑤]

拍 $pʰaʔ^{5}$

碰 $baŋ^{23}_{21}$

乒乒 $pʰaŋ^{42}pʰaŋ^{42}$

塌塌塌 $tʰaʔ^{5}tʰaʔ^{5}tʰaʔ^{5}$

叽叽咕咕 $tɕi^{42}_{55}tɕi^{42}_{33}ku^{42}_{33}ku^{42}_{21}$

轧辣轧辣 $gaʔ^{12}_{2}laʔ^{12}_{5}gaʔ^{12}_{3}laʔ^{12}_{21}$

叮叮打 $tiŋ^{42}_{55}tiŋ^{42}_{33}taŋ^{42}_{21}$

的铃铃 $tiʔ^{5}_{3}liŋ^{23}_{55}liŋ^{23}_{33}$

乒令乒冷 $pʰiŋ^{42}_{55}liŋ^{23}_{33}pʰaŋ^{42}_{33}laŋ^{23}_{21}$

别历白辣 biɿʔ$_2^{12}$liɿʔ$_5^{12}$baʔ$_3^{12}$laʔ$_{21}^{12}$

扑龙通 pʰoʔ$_3^5$loŋ$_{33}^{23}$tʰoŋ$^{42}$

踢力托 tʰiɿʔ$_3^5$liɿʔ$_4^{12}$tʰoʔ$^5$

其中记叙了拟声词单双音节的重叠式、前后字的重叠式以及和 ℓ 音节的衍生式,声调则有高低调和本调、变调等。所记拟声词虽未区分条理,但和绍兴方言情况相近,显然和二者同属吴方言有关。

其他方言中的拟声词也缺乏系统的整理。闽方言仅有若干描写。⑥如海丰汕尾方言的 ALBL 式:

□□□□ piŋ$^{55}$liŋ$^{55}$paŋ$^{55}$laŋ$^{55}$(瓷器碰撞、打碎)

piŋ$^{21}$liŋ$^{21}$paŋ$^{21}$laŋ$^{21}$(大型木器碰撞)

□□□□ kʰik$^{42}$lik$^{42}$kʰuak$^{42}$luak$^{42}$(短促而声音稍高者)

kʰik$^2$lik$^2$kʰuak$^2$luak$^2$(短促而声音较低者)

海丰方言和绍兴方言一样也有高低调,即以高音域的声调表示稍高的声音,以低音域的声调表示较低的声音。海丰方言有八个本调(阴平 33、阳平 55、阴上 51、阳上 24、阴去 213、阳去 21、阴入 2、阳入 42),变调情况也很复杂,总的来说声调的繁复程度和绍兴方言相近。不过拟声词的音高和声母并没有确定的关系,因为方言中的古浊声母已经清化,拟声词和古清浊声母已经失去联系,只和模拟声音的高低有关。

潮阳方言还有单音节拟声词的重叠式,和"叫"连用。⑦如:

□□叫 mẽʔ$^5$mẽʔ$^5$kio$^{31}$(羊叫)

□□叫 ka$^{11}$ka$^{11}$kio$^{31}$(下雨)

□□叫 ip$^1$ip$^1$kio$^{31}$(形容伤口隐隐作痛)

此外,还有人提到过北京方言的拟声词。如:

□xua$^{55}$(水流动)

□□ pa$^{55}$la$^{55}$(打算盘)

□□ pʰi$^{55}$pʰa$^{55}$(打枪,放爆竹,打算盘)

□□□□ pʰi$^{55}$li$^{55}$pʰa$^{55}$la$^{55}$(同上)

□□□ tʰi⁵⁵li⁵⁵tʰu⁵⁵lu⁵⁵（吸食面条）
□□□ tiŋ⁵⁵liŋ⁵⁵taŋ⁵⁵laŋ⁵⁵（撞击金属片）
□□□ tɕʰiŋ⁵⁵liŋ⁵⁵kʰuaŋ⁵⁵laŋ⁵⁵（同上）

北京方言的拟声词只有高调，没有低调。这和前述方言中拟声词兼有高低调的情况不同，也许是因为北京方言本调就比较少的缘故。⑧

目前还未能确切了解汉语方言拟声词的共同规律。但从已有的材料中可见，拟声词都有边际调，即高低调或高调，构成不同于本调和变调的另一种声调类型，又都能利用舒入声和鼻尾韵等表示清脆的声音或回声等现象。只是某些方言的古浊声母已经清化，高低调和清浊声母之间并无联系。不过，既然它们有共同而特殊的声调类型，又有共同的形成机理，仍然值得进一步深入研究。⑨

原载于《语言学论丛（第四十九辑）》，商务印书馆2014年。

**注　释**

① 范寅《越谚》，谷应山房刊本，1882年，上海文艺出版社，1986年。
② 参王福堂《绍兴话记音》，《语言学论丛（第三辑）》，上海教育出版社，1959年；吴子慧《吴越文化视野中的绍兴方言研究》，浙江大学出版社，2007年。
③ 李小凡《重叠构词法：语序规则、音韵规则、响度规则——以苏州话为例》，《语言学论丛（第34辑）》，商务印书馆，2006年。
④ 胡明扬《海盐方言志》，浙江人民出版社，1992年。
⑤ 许宝华、汤珍珠《上海市区方言志》，上海教育出版社，1988年。
⑥ 杨必胜、陈建民《海丰话语句中的声调问题》，《语言学论丛（第七辑）》，商务印书馆，1981年。
⑦ 张盛裕《潮阳方言的重叠式》，《中国语文》1979年第2期。
⑧ 朱德熙《潮阳话和北京话重叠式象声词的构造》，《方言》1982年第3期。
⑨ 王洪君《汉语非线性音系学（增订版）》，北京大学出版社，2008年。

# 慎言修订《汉语拼音方案》

## 苏培成

2008年是《汉语拼音方案》颁布50周年。为了纪念这个年份，近两年来，语文学界发表了多篇有关汉语拼音的论文，这些论文对《汉语拼音方案》的制订、推行、教学、应用和修订进行了探讨。本文是我读了这些论文提出的修订《方案》意见后产生的一点看法，敬请读者指正。

这些讨论修订《汉语拼音方案》的文章，都肯定了《汉语拼音方案》取得的重大成就。例如，安华林说："《汉语拼音方案》推行50年，成就巨大，是公认的最佳拼音方案。"[①]丁迪蒙说："《汉语拼音方案》使用至今已经有四十多年了。在注音、拼音方面具有极大的实用性，受到各方面的好评，在推广普通话和汉字简化等工作上功不可没。"[②]王立说："1958年2月公布施行的《汉语拼音方案》是中国语文现代化进程中的一个里程碑。《汉语拼音方案》是拼写汉民族共同语的拼音方案。它的成功推广，对推动中国的文化教育事业、经济建设，以至整个社会的发展起了巨大的作用。"[③]

修订《汉语拼音方案》涉及两个层面，一个是学术层面，一个是行政层面。学术层面要解决的是要不要修订，怎么修订。行政层面，从国内来说，《汉语拼音方案》是全国人民代表大会批准的，要修订必须经过全国人大同意。从国际来说，1977年联合国地名标准化会议通过决议，建议：采用汉语拼音作为中国地名罗马字母拼法的国际标准；1982年8月1日国际标准化组织发出ISO 7098号文件，宣布《汉语拼音方案》成为世界文献工作中拼写有关中国的专门名词和词语的国际标准。修订《汉语拼音方案》要经过这两个国际组织的同意。

# 一 与修订《汉语拼音方案》有关的几个问题

## （一）如何理解"在实践过程中继续求得方案的进一步完善"

1958年2月11日第一届全国人大第五次会议通过的《关于〈汉语拼音方案〉的决议》指出："汉语拼音方案作为帮助学习汉字和推广普通话的工具，应该首先在师范、中、小学校进行教学，积累教学经验，同时在出版等方面逐步推行，并且在实践过程中继续求得方案的进一步完善。"如何理解"求得方案的进一步完善"，学者们的认识并不完全一致。当年领导制订《汉语拼音方案》的胡乔木同志对这个问题发表过看法。胡乔木说："《汉语拼音方案》除了使用上有许多问题需要解决以外，作为拼音方案本身，它并没有发生什么问题。"④胡乔木还说："希望文字改革委员会能尽快地把《汉语拼音方案》进一步完善化，在日常应用中规范化。例如拼写要标调，要正词（规定词的区分的统一规则）。否则不但不便使用，而且会使人认为这是一个不完善的粗制滥造的方案。"⑤这些意见具有指导意义，值得重视。

过去的50年里，中国政府与语文工作有关的部门，在"进一步完善"《汉语拼音方案》方面做了许多工作。主要的有：(1)1982年8月17日，国家标准局和中国文字改革委员会发布《汉语拼音字母名称读音对照表》。(2)1996年1月22日，国家技术监督局批准发布《汉语拼音正词法基本规则》。(3)2001年2月23日，国家语言文字工作委员会发布《汉语拼音方案的通用键盘表示规范》。

## （二）《汉语拼音方案》不是拼音教学方案

汉语拼音教学，不论是对本国学生的教学还是对外国学生的教学，都要根据教学的对象、培养目标、条件等，制订教学方案组织实施，不能机械地死搬《汉语拼音方案》。《汉语拼音方案》只有一个，而拼音教学方案可以有多个。《汉语拼音方案》的修订有很高的门槛，而汉语拼音教学方案的修订，不必通过国家的立法机构。修订汉语拼音教学方案与修订《汉语拼音方案》是不同的两件事，修改拼音教学方案不等于要修改《汉语拼音方案》。拼音教学中出现的问题，有的与《汉语拼音方案》有关，有的与《汉语拼音方案》无关。不要把教学中遇到的所有问题,都归结为《汉语拼音方案》本身存在问题。例如,丁迪蒙说:在对外汉语教学中,有的学生把 zh 类和 z 类声母后面的 -i 读成 i,把"知道"读成"鸡到",把"日本"读成"力本",并且说这是"由于《方案》考虑不周而引起的语音误导"。我们认为这种意见是不能成立的。

### (三)《汉语拼音方案》用于人机界面

1958 年全国人大批准《汉语拼音方案》时,中文信息处理还没有起步,当时考虑问题只是在人际界面。随着计算机用于汉语语言文字处理的发展,《汉语拼音方案》扩大了使用范围。由人际界面扩大到人机界面,随之也出现了许多新的问题。例如,声调符号和带两点的 ü 如何输入计算机。根据人机界面的需要,可以制订在人机界面如何使用汉语拼音的规定,国家语委发布的《汉语拼音方案的通用键盘表示规范》就属于这种类型。这并不需要修订《汉语拼音方案》。

### (四)修订和重订不同

如果是重订《汉语拼音方案》,可以重新拟订架构,要根据需要确定内容;而修订则不同,要基本保留原有的架构,要尽量减少改动。《汉语拼音方案》是有重大影响的十分成功的文献,修订时一定要十分慎重,对那些可以改动也可以不改动的地方就不要改动。例如,《方案》规定:"在给汉字注音的时候,为了使拼式简短,zh ch sh 可以省作 ẑ ĉ ŝ。""在给汉字注音的时候,为了使拼式简短,ng 可以省作 ŋ。"50 年来,很少有人使用这种省写的规定,因此有人提出应该把这样的规定删去。如果是重订《方案》自然应该删去,如果是修订,还是保留为好,因为《方案》只说"可以省作",没有说"必须省作"。

另外,汉语拼音中有些约定俗成的东西可以继续使用,不一定都要补充到《方案》里去。例如,字母 ü 如何大写,《方案》中并没有规定,在实际使用中人们用在大写的 U 上加两点来表示。又如,iu、ui 的调号标在哪个字母上,《方案》也没有规定,多年来人们已经习惯标在后一个元音字母上,如"纠"拼成 jiū,"灰"拼成 huī。关于隔音符号的使用,《方案》规定:"a,o,e 开头的音节连接在其他音节后面的时候,如果音节的界限发生混淆,用隔音符号(')隔开,例如:pi'ao(皮袄)。"多年来人们使用的习惯是,不论这些音节的界限是否发生混淆,一律用隔音符号隔开。要不要为补充这些规则而修订《方案》呢? 不必了,因为它并不违背整个《方案》的精神,把这些意见写在拼音教材里面就可以了。

### (五)用什么样的字母代表什么样的音素是任意的吗

梁驰华说:"从根本上说,字母符号与它所代表的音素是两码事,用什么样的字母代表什么样的音素是任意的。"⑥这种意见值得商榷。如果是自创的字母也许可以这样说,但是对于广泛用于全世界的罗马字母恐怕不能这样说。当今的世界,地球变成了地球村,各民族的来往日益密切。"语言求通,文字尚同",是世界语文发展的规律,汉语拼音不能孤立于字母大家庭之外。用什么字母代表什么音素,罗马字母的使用已经形成了大致的国际传统。拟订拼音方案当然要考虑所拼写的语言的语音特点和民族传统,但是对那些可以采用罗马字母国际音域的地方,就不要标新立异。在《汉语拼音方案》产生以前,使用罗马字母的"国罗"和"北拉"在社会上有一定的影响,"国罗"和"北拉"的设计也比较重视罗马字母的国际传统。如果《汉语拼音方案》完全抛开了这种传统,群众就会感到不习惯,同时也不利于民族间的文化交流。所以我们说,用什么样的字母代表什么样的音素,不完全是任意的,必须全面权衡然后做出决定。

### (六)汉语拼音是简好还是繁好?

刘建明说:"汉语拼音越是简明易学,它的作用就越能得到更好的发挥。"⑦这种看法有片面性。《汉语拼音方案》首先要有很高的科学性。这就是说它必须能准确地拼写普通话的语音系统,不能有错讹疏漏。作为拼写普通话语音的法定方案,简明易学不是方案追求的首要目标。如果不问实际情况一味求简,结果可能因简而陋,就不能承担预期的重任。反之,《汉语拼音方案》也不能过繁,不能把教学方案里要说的话都写到里面去。理想的状态是繁简适当,繁而不乱,简而不陋。我们认为《汉语拼音方案》基本达到了这样的要求,修订《方案》应当保持现有的繁简状态。

## 二 无须采纳的意见

在我读到的修订《汉语拼音方案》的意见中,有些意见可能不是很合适的。

这有几种情况:有的依据的事实不符合实际,有的所用的概念不够明确,有的观点与语言文字学的基本原理有相悖之处。在修订《方案》时,这些意见无须采纳。下面举出几个实例来,稍加辨析。

### (一)拼音字母的名称是疑案吗

李蓝说:"《汉语拼音方案》字母的读音从公布之初就有争议。到现在已成了一桩疑案,包括当年《方案》的制定者在内,好像没有人能说清楚当时为什么要制定这样一套读音。"[⑧]按:这与事实不符。汉语拼音字母的名称问题不是什么疑案。早在二十世纪《汉语拼音方案》制订并公布的时候,就有多位学者对字母的名称问题作了研究和详细的说明。例如,周有光发表了《拼音字母的名称问题》(载《拼音》1957年第5期)。这篇文章经过修改补充改名为《字母名称的来源》,收入《拼音化问题》论文集(文字改革出版社,1980年)。周先生在文章里讲解了字母名称的来源和演变,还介绍了现代各国的拉丁字母的名称。周先生还发表了《字母名称和拼音教学——拼音字母教学法问题讨论》(载《文字改革》1959年第9期),分析了"拼音字母名称是根据什么原则规定的?""为什么不沿用旧的注音字母名称?""为什么不借用英文字母名称?"等问题。叶籁士发表了《汉语拼音方案问答》(文字改革出版社,1958年),回答了"为什么要规定字母的名称?""字母名称是怎样规定的?"曹伯韩在《汉语拼音方案和注音字母的比较》(载《怎样学习汉语拼音方案》,文字改革出版社,1958年)里也讨论了汉语拼音字母的名称问题。

### (二)注音字母是推行不久就被拼音字母取代了的吗

解植永、李开拓说:"注音字母在给汉字注音和推广'国语'方面曾经起到一定的作用,但是,由于存在记音不精确、不便于学习等问题,推行不久就被拼音字母取代了。"[⑨]按:注音字母是1913年制订、1918年公布施行的。公布后不久就进入了小学课堂,在大陆一直使用到1958年,推行时间长达40年。在台湾直到今天仍在使用。说"推行不久就被拼音字母取代了",与事实不符。注音字母存在的主要问题是采用了汉字笔画式的字母,而不是"记音不精确、不便于学习"。汉字笔画式的字母虽然可以用来注音,可是不便于用来拼写,也不便于国际文化交流。

### (三)是各类词典都没有使用字母ê吗

吴登堂说:"韵母表后文字说明的第三条:'韵母ㄝ单用的时候写成ê',但在实践中,没有人把'ㄝ'写成'ê',包括各类词典。"⑩按:这与事实不符。请看"诶""欸"的注音,发行量很大的《新华字典》和《现代汉语词典》都把这两个字的读音"ㄝ"写成"ê",《汉语大字典》也同样把"ㄝ"写成"ê"。怎么能说"没有"呢!

### (四)汉语拼音用的是什么字母

黎传绪说:"《汉语拼音方案》是采用国际通用的拉丁字母制订的。"⑪可是他接着又说:"'字母表'中采用的26个字母全部来源于英文字母。"试问:汉语拼音字母采用的到底是拉丁字母还是英文字母?其实,汉语拼音字母和英文字母都是来自拉丁字母,也叫罗马字母,说汉语拼音字母来源于英文字母是不对的。

### (五)《汉语拼音方案》保留了旧有的注音字母的读音吗

黎传绪说:"其中声母表、韵母表和声调符号基本上保留旧有的注音字母的读音。"按:这话很费解。《汉语拼音方案》的"声母表"和"韵母表"列出了普通话的声母和韵母,用注音字母标明它们的普通话读音,而不是"保留旧有的注音字母的读音"。"声调符号"部分根本就没有注音字母,更说不上"保留旧有的注音字母的读音"。

### (六)在字母表中是把注音字母定位为"名称"吗

熊一民说:"在字母表中把注音字母定位为'名称',也是不够妥当的。所谓'名称'应指事物的名字,注音字母在字母表中并不是汉语拼音字母的名字,而代表着字母的读音。"⑫按:这位作者没有读懂《汉语拼音方案》的"字母表",字母表的第一行是拼音字母的体式和顺序,第二行用注音字母标明的是汉语拼音字母的名称,而不是"把注音字母定位为'名称'"。汉语拼音字母和其他拼音字母一样可以有"名称"。我们不知道作者说的"字母的读音"指的是什么。如果指的是拼音字母的名称,上面说了,注音字母标明的是拼音字母的名称;如果指的是《汉语拼音方案》中字母的音值,字母表并没有这样的功能,要到声母表和韵母表里去找。

### (七)韵母表是没有全面、明确地显示韵母的发音吗

熊一民说:"《方案》的声母表的横行和竖行实际上标明了不同发音部位和发音方法的声母的区别,而韵母表中则没有全面、明确地显示这一点。"按:声母是由辅音构成的,我们可以从发音部位和发音方法两个方面确定辅音的发音,也就是声母的发音。《方案》的声母表只是沿用了注音字母里面声母的排法,按照发音部位把声母分为六组,谈不上"标明了不同发音部位和发音方法的声母的区别"。韵母主要是由元音构成的,舌面元音的发音要从开口度的大小、舌位的前后和嘴唇的圆展三个方面来说明。韵母的发音不能用发音部位和发音方法来说明。《汉语拼音方案》的韵母表全面、明确地列出了普通话里的35个韵母,横行按单韵母、复韵母和鼻韵母的次序排列,直行按开齐合撮四呼的次序排列,科学合理,一目了然,没有什么可以批评的。

### (八)字母表里是存在着本音、呼读音、名称音使用混乱吗

解植永、李开拓说:"'字母表'本音、呼读音、名称音使用混乱。《汉语拼音方案》对这几类读音没有作明确说明,大部分人在读拼音字母时用的是呼读音,相当多的人误认为呼读音就是字母的本音。"按:《汉语拼音方案》字母表用注音字母标明的是拼音字母的名称,并没有标明拼音字母的本音。本音指字母表示的音值,拼音字母的音值在声母表和韵母表里有明确的规定。所谓呼读音是注音字母的名称音,字母表里根本没有出现,也不应该出现。谈不上"'字母表'本音、呼读音、名称音使用混乱"。至于有人用注音字母的呼读音来称说汉语拼音字母的名称,字母表里并没有这样的规定,也不能因此批评"《汉语拼音方案》对这几类读音没有作明确说明"。

## 三 不宜采纳的意见

讨论修订《汉语拼音方案》的论文中提出的另外一些问题,虽然谈不上有什么理论上的错误,但是从制订《方案》的整体考虑不宜采用。下面也举出几个实例来,稍加辨析。

(一)李蓝说:《汉语拼音方案》中三表(字母表、声母表、韵母表)存在不统一的问题。"原《汉语拼音方案》的字母表中有一个'v',但这个v既不见于声

母表,也不见于韵母表,就汉语拼音的拼写对象北京话来说,这实际上是一个无用的符号。但在韵母表中,却又出现了一个不见于字母表的'ü'。"作者认为:"由于字母表里没有'ü'('ü'只出现在韵母表里),这就直接导致了两个问题:一是'ü'没有规定的字母读音(只有'呼读音'),二是'ü'没有规定的大写形式。"

我们认为,作者为了突出自己所拟的《新方案》,竟然把全国人大批准的《汉语拼音方案》称作"原方案",是十分不妥的,因为《汉语拼音方案》并没有被废止,也没有被取代,怎么能说是"原"呢?

《汉语拼音方案》的字母表里保留了拼写普通话没有使用的字母 v,又没有补入加符字母 ü。这不是什么失误,而是制订《方案》时的有意为之。这样处理的好处是保持国际通用的罗马字母表不变,既便于国际文化交流,也便于信息处理和字词检索。如果在字母表里增加了 ü,去掉了 v,改变了国际通用的罗马字母表的内容,就会对字母的使用带来极大的不便。研究拼音方案问题要从实际的应用出发,而不是从假想出发,对这一点要有清醒的认识。《汉语拼音方案》的五个部分(字母表、声母表、韵母表、声调符号、隔音符号)既有分工又互相补充,构成了一个整体,这是《汉语拼音方案》的创造,不存在什么"不统一的问题"。字母 ü 没有列入字母表,并没有产生什么问题。ü 是元音,元音的音值也就是它的名称,不能说《汉语拼音方案》没有规定它的读音。ü 的构成是在字母 u 上加两点,ü 的大写就是在大写字母 U 上加两点,这个问题在实际应用中早已解决,并没有什么困难。

(二)黎传绪说:"ü 是中国汉语拼音中特有的一个字母,所以在输入汉语拼音时就无法正常输入。""解决字母 ü 的问题,最简单、最科学的办法就是:用字母'v'代替字母'ü'。"按:在人机界面上,可以用 v 代替 ü,但是在人际界面上不能这样处理。罗马字母的使用有国际习惯,元音字母和辅音字母的区分不宜随意改动。v 是辅音字母,不宜用来表示元音。v 并不是完全没有用处的字母。《汉语拼音方案》规定"v 只用来拼写外来语、少数民族语言和方言",这是很正确的。佤族的"佤"拼作 Va,无可替代。早在 1958 年,北京大学袁家骅教授就写文章呼吁"坚持字母的汇通原则"。袁先生说:"所谓汇通,根据我的了解,就是同样的字母代表同样的或相当的音位或音素。汇通的目的和作用是便利于互相学习。""关于元音符号,汉语拼音方案中的规定大致符合拉丁字母发音的传统,也符合国际音标的系统,不会引起多大困难问题。"⑬在我们讨论 ü 是不是改为 v 的时候,重温袁先生的意见是有益的。如果只考虑汉语的拼写,用 v 取代 ü 可能是个不错的设计;如果放远了眼光,从国际文字交流看,就是不宜采用的办法。周有光说:"有人建议用'v'代表'迂',经过研究,弊多而利少。"⑭

(三)解植永、李开拓说:"ê 的利用率低。《汉语拼音方案》规定 ê 记录[ɛ]音,单用时写作 ê,与 i、ü 结合时省去其上的符号。ê 单用时记录的音节只有一个,只对应一个'欸'字,所以,ê 的出现频率极低;同时,拉丁字母基础上加符的形式不便于计算机输入,所以,ê 字符的存在价值不大。"他们主张:"ê 摘帽","完全可以用 e 代替它"。

我们认为,e 与 ê 读音不同,又都可以单独使用,不宜用 e 代替 ê。如果给 ê 摘帽,"阿、屙、婀、讹、俄、莪、哦、峨、娥、鹅、蛾、额、恶、厄、扼、莪、哦、轭、饿、鄂、谔、蕚、愕、腭、鹗、锷、颚、鳄、遏、噩"等读 e 的字,就与读 ê 的"欸"拼音形式相同,无法区分。不能因为 ê 的出现率极低,就否定它的存在。至于 ê 输入电脑的困难,《汉语拼音方案的通用键盘表示规范》规定:"韵母 ê 在通用键盘上用 E 加 A 组合键位替代表示。"问题已经解决,无须为此修订《汉语拼音方案》。

(四)何坦野说:"现行的《方案》中有三个双(字母)声母(zh、ch、sh)和一个双(字母)尾辅音(ng),在人们使用中,因拼写笔画繁多,出现的频率又较高,势必造成不少物力和人力的浪费。为了经济和书写的实用性、有效性,我认为目前不仅有必要,而且应及时改变这种不合理的状况。"⑮为了解决这个问题,作者主张另造新字母,就是在 z、c、s 的中间平添一横,代替 zh、ch、sh,用 g 中腰加一横代替 ng。按:我们还记得,为了严格实行"一音一符",在 1956 年 2 月发表的《汉语拼音方案(草案)》(原草案)里有 6 个新字母。但是在随后进行的群众讨论中,这 6 个新字母遭到了否定。因为"新造出来的字母不容易造得很好,在国际间总是未经约定俗成的生面孔,在印刷、打字、电报等等机器没有按照新字母重新设计并大量生产的时候,有实用上的困难"。⑯已经被否定的路就不要再走了。

（五）解植永、李开拓说："表示舌尖后音的声母 zh、ch、sh 设计不科学。舌尖后音采用字母 z、c、s 后加 h 的形式，即用两个字母记录一个音素。而 h 单用时是舌根音字母，同时，在国际音标中也用作送气符号，那么，zh、ch、sh 的形式在对外汉语教学中容易引起留学生的误解，初学者经常会用 z 和 h 相加的办法拼读 zh，造成误读（读成：z、h 连读或 z$^h$）。另外，4 个卷舌音 zh、ch、sh、r 在形式上也不一致。"他们主张："用 zr、cr、sr 取代 zh、ch、sh。"对此，我们提出几点看法，与他们商榷：第一，zh、ch、sh 这样的双字母组合在西文中很常见。汉语中没有复辅音，zh、ch、sh 表示一个音位，而不是前后两个辅音相拼，道理容易理解，教学没有困难。第二，zh、ch、sh 和 z、c、s 配合整齐就够了，普通话里没有 rh 和 r 的对立，也就用不着把"日"写成 rh。第三，把 zh、ch、sh 写成 zr、cr、sr，或者 dr、tr、sr，这样比较符合语音原理，但是跟习惯不合，所以也不宜采用。

（六）张乃书、张雅静主张对《汉语拼音方案》的标调方法进行修订。理由是："按照规定，声调符号应注在哪个字母上，实际操作起来相当麻烦。这些规定在今天的信息社会里已经明显落伍。由于现行方案在拼音中声调符号过多，不仅书写、印刷不甚［不］方）便，而且有时为了注明声调，往往让连写中断，因此达不到速写速记的目的。使用《汉语拼音方案》的人，有时为追求字形美观，常不注声调，这在事实上又使《汉语拼音方案》回到北方话拉丁化新文字无法独立使用的'怪圈'里。"⑰作者认为：要"打破字母大小写的惯例"，"用字母大小写精确标出声调，则是积极而稳妥的方法"。"以 e 为例，各声调分别表示为 EE，eE，ee，Ee，e。"

我们认为，汉语声调的几种表示方法，如符号标调、字母标调、数字标调等各有利弊。《汉语拼音方案》沿用注音字母的符号标调，符合传统，便于推行。如何解决由此带来的某些不便，学者们可以继续探讨提出对策，张乃书、张雅静两位先生提出的办法恐怕是弊多利少。罗马字母分为大写和小写，在使用上有明确的分工，已经成为传统。如果打破这个传统，用大小写来表示声调，那么原来靠大小写传递的信息就难于传递。依照传统，我们用汉语拼音拼写句子时，句子开头的首字母要大写，专有名词的首字母要大写等，如果打破字母大小写的惯例就都无法表示。遇到需要一律使用大写字母的时候，如文章的标题,又该怎么办呢?而且按照这种设计,大写字母的使用频率会大幅度增加,拼音文本的面貌要大变,人们能够接受这种变化吗?

(七)解植永、李开拓认为:"ao、iao、ong、iong 4 个韵母的构形与实际音值不一致。ao、iao、ong、iong 四韵母的实际读音为[au][iau][uŋ][yŋ],应该记为 au、iau、ung、üng。《汉语拼音方案》为避免手写体 u 与 n 相混,采用 ao、iao,而不采用 au、iau 的形式;为避免手写体 u 与 a 相混,采用 ong、iong,而不采用 ung、üng 的形式。虽然这样的处理一定程度上起到了使字形清晰的作用,但是,给教学带来了麻烦,学生在学习过程中会误认为存在元音 o[o]韵尾,对于 ong、iong 分属合口呼与撮口呼也不理解。"他们主张:"用 au、iau、ung、vng……代替原来的 ao、iao、ong、iong 4 个韵母。"

这是一个如何权衡利弊的问题。ao、iao 里面韵尾 o 的发音,是介乎 o 和 u 之间,因此,写成 o 或者 u 都是合理的。国语罗马字写作 au、iau,威妥玛式和北拉写作 ao、iao,两者各有利弊。同理,把 ung、üng 写作 ong 和 iong,会使阅读醒目的 o 时时出现。赵元任在《国语罗马字的研究》里提出了"文字尚形"的原则。他说:"罗马字的好处不是在拼音的准确,是在有极少数的字母可以拼出种种面孔的词形。只有小孩子几年学话认字的时候,或不懂官话的人练音练字母的时候,才见拼音文字的拼音性的便利,等到学会了实用起来的便利并不是拼音文字底拼音性的便利,乃是字母文字底字母性的便利,就是好写、好认、好打字、好排印、好作书目、字典、索引、……等等便利。"[⑱]文字尚形,不同于音标。为了便于读写,文字的拼式可以与实际的读音保留一点距离。这是文字的通例。《方案》规定的写法已经成为习惯,不宜更改。

(八)解植永、李开拓认为:"省写的规定带来误解。主要是 iou、uei、uen 前面加声母时,写成 iu、ui、un 的规定。这条规定给教学带来很大麻烦……制定省写规定的主要目的是减少字母用量、缩短音节结构,依据是 iou、uei、uen 中间的主要元音在拼读时会弱化。……为缩短音节结构而省写的必要性不是很大。"他们主张 iou、uei、uen 不省写。

我们认为,韵母表里列出的 iou、uei、uen 这三个复韵母,它们的结构是"韵头+韵腹+韵尾"。在零声母音节里,要写作 you、wei、wen。进行结构分析时,不能把 y、w 作为声母,它们的结构依旧是"韵头+韵腹+韵尾"。这三个复韵母受声母和声调的制约,主要元音会产生不同程度的高化弱化。《方案》为求实用上的简便,统一规定省写为 iu、ui、un。这不但有音理的根据,而且有拼写的传统。威妥玛和北拉把 iou、uei、uen 省写作 iu、ui、un。要明白拼音形式与实际读音,并不总是处处紧密吻合。周有光说:"拼音形式和实际发音往往不能完全吻合,这也是国际通例。"[19]至于会"给教学带来很大麻烦",要由教学法研究解决,而不需要修改《方案》。

(九)安华林认为:y、w 的使用规则并不统一。"i 行、u 行有时加写,有时改写。……这样时加时改,让初学者难以掌握。"他建议:"凡零声母音节,一律在前面加上 y、w,i、ü 行加 y,如 yi(衣)、yia(呀),u 行加 w,如 wu(乌)、wua(蛙)。"[20]

我们认为,使用 y、w 时,i 行、u 行有时加写,有时改写,这是由韵母本身不同的结构决定的。如果一律在前面加上 y、w,像 yia(呀)、wua(蛙)就无法进行结构分析;如果一律改写,yi(衣)、wu(乌)就成了 y、w。《方案》的设计要注意明确简洁,但是不能违背发音原理。周有光说:"有人主张废除韵头字母,因为韵头字母的变化初学者学习困难;特别是 j 改作 ɥ 的专用字母以后,为了保留 y 作为表示 ü 的字母,主张废除韵头字母。但是,片面要求简单易学是不妥当的。为了使拼写方式完备,方案仍旧保留了韵头字母,而且对《草案》里缺少韵头字母的 ɥ(《草案》作 y)也补充了韵头字母(ü 以 yu 为韵头形式)。这一规定对于多音节词连写有好处。"[21]

(十)陈文俊主张:"取消隔音字母 y、w 和隔音符号 ' ',一律用声调符号兼作音节分界符号。"[22]我们认为,隔音字母和声调符号性质不同、用途也不同,不宜合而为一。拼音字母一定要使音节界限清楚,这是必须做到的,不容有任何含糊。注音字母由于没有完备的隔音设计,只能用来给单字注音,如果用来拼写语句就很难读懂。汉语是有声调的语言,所以汉语拼音一定要有完备的声调表示法,拼音文本根据实际需要,可以标调也可以不标调。如果把声调符号和隔音符号合在一起,拼音文本声调符号就永远不能省略,使用受限制。

## 四 要权衡利弊再做出取舍的意见

有许多文章提出了修改拼音字母名称的意见。王则柯、梁美灵说:"35 年来就整体而言,我国社会一直拒绝认可《汉语拼音方案》关于字母名称的规定。""我们建议,按照约定俗成因势利导的原则,总结社会实践的经验,借用英文字母名称称呼汉语拼音字母。"㉓王玫君主张用声母呼读音代替辅音字母的名称音。㉔按:关于拼音字母名称的讨论,包括两个方面。一个是如何确定名称,有人认为有的字母名称不是普通话里的音节,所以不便称说。其实英文字母里的 q 和 w 的读音也不是普通话里的音节,为什么就能流传开来?另一个是用什么办法表示字母的名称,许多人不赞成用注音字母,建议用国际音标,或者用汉语拼音字母。这两个方面有时又混在一起,例如,主张采用英文字母读法的,不言而喻也主张用英文字母来表示拼音字母的读音。

我们认为,《汉语拼音方案》确定字母名称的原则和根据这个原则确定的字母名称并无不妥。既然如此,为什么拼音字母的名称至今没有被民众接受呢?真正的原因是没有认真推广。周有光说:"二十世纪五十年代末,我跟一位幼儿园老师商量好,她在'大班'上课的时候,先播放留声机的'拼音字母歌',第一遍大家静听,第二遍大家跟唱。每天如此。不用任何解说,孩子们很快都学会了'拼音字母名称'。这说明推广新的字母名称并不难,只要教师们愿意实验。这个实验后来可惜没有继续下去。"㉕这个实验现在仍旧可以进行,仍旧会取得良好的效果。如果在全国的小学和幼儿园大班都用这个办法,坚持 5 年,字母的名称就会被社会接受,得到推广。为什么许多人愿意用英文字母的读音来读汉语拼音字母呢?因为连续多年的英语热,使得英语成为国人最熟悉的外语。既然《汉语拼音方案》规定的字母读音没有很好地传习,遇到需要读出字母名称的时候,顺手拈来就只好使用英文。这种状况能不能改变,要看主管部门是不是愿意增加学习汉语拼音的时间,提高对汉语拼音教学的要求,加大字母读音的推行力度。在中国的国家地位不断提高,中华民族的民族意识日益高涨的今天,有中国特色的《汉语拼音方案》所确定的拼音字母的名称会不会也"崛起"呢?

能不能改用注音字母呼读音来称说呢?现在有不少人写文章反对《汉语拼音方案》里使用注音字母。既然不用注音字母,怎么又要使用注音字母的呼读音呢?再说,注音字母的呼读音里面没有 v、y、w 这三个字母的读法,这三个字母应该怎么读也是问题。有人主张就用英文字母的读法来读拼音字母,理由是现在许多人都学英文,把拼音字母和英文字母的名称统一起来可以减轻学生的学习负担,也便于社会接受。其实很多北方人读的英文字母并不规范,英文字母里的浊音常常被误读为不送气的清音,也只得将错就错了。拼音字母的名称,到底应该怎么读,当前只有两个选项,一个是仍照《方案》的规定读,另一个是照英文字母的读法读,两种办法各有利弊。

  用注音字母表示拼音字母的名称,这在《汉语拼音方案》制订并公布的时候是唯一的正确选择。过了50年,在中国大陆很少有人认识注音字母了,这也是实际情况。有人主张把注音字母改为国际音标,理由是学习英语的人都学过国际音标。可是国际音标是语言研究用的记音符号,不是大众化的注音工具。学英语时学到的国际音标只适合标记英语读音,并不完全适合标记《汉语拼音方案》里的字母读音。如果把注音字母和国际音标都排除掉,似乎可行的标音工具就只有汉语拼音了。

  拼音字母的读音问题,可能一时难于取得共识,目前所能做的是维持现状。现状是什么?就是不改《方案》,按注音字母的呼读音或英文字母的名称音读拼音字母的名称,缺点是不统一而且混乱。为统一拼音字母的名称而去修改《汉语拼音方案》,在目前恐怕也难于做到。

## 五　小结

  世界上本来没有十全十美的东西,十全十美的拼音方案过去没有,将来也不会有。对《方案》不要求全责备。"进一步完善"并不等于一定要修改调整。要不要修改首先要看有没有必要和可能,要十分慎重地对待,不宜轻率从事。胡乔木指出:"在舆论界,我们也不应该随便散布推翻否定或怀疑《汉语拼音方案》的言论。相反,舆论界倒是应该多作一些推广普通话、简化汉字和推行国家法定的《汉语拼音方案》的宣传。我们的文字改革专家学者和文改工作者,也应该多做一些这方面的宣传工作。"[26]周有光说:"汉语拼音方案不是没有缺点的,但是改掉一个缺点往往会产生另一个缺点。缺点和优点是共生的。只能两利相权取其重,两弊相权取其轻。"[27]有的人不了解历史,或了解不全面,看问题就可能产生片面性。要讨论如何修订《汉语拼音方案》,就要认真阅读前辈学者的有关著作，先继承后创新，这样才可能提出有新意的有价值的修订意见。

没有新意的修订意见就一定不要再说了，再说不但白白耗费时间和精力，而且还会分散或转移人们的注意力。就汉语拼音来说，工作的重点不是讨论如何修订而是研究如何大力推行。《国家通用语言文字法》规定："国家通用语言文字以《汉语拼音方案》作为拼写和注音工具。"当前，用汉语拼音来注音，阻力不大，但是用来拼写，阻力很大，还没有普遍实行。有些人误以为用汉语拼音来拼写，汉语拼音就变成了拼音文字。其实用汉语拼音来拼写，它依旧是辅助汉字的工具，而不是代替汉字的拼音文字。这种误解要消除。

原载于《语言文字应用丛稿》，苏培成著，语文出版社 2010 年。文中涉及论文是北京语言大学刘振平老师提供给我的，谨向刘老师表示感谢。

## 注　释

① 安华林《再谈〈汉语拼音方案〉的优化》，《北华大学学报（社会科学版）》2008 年第 3 期，56 页。

② 丁迪蒙《〈汉语拼音方案〉在对外汉语教学中的缺憾及辨正》，《上海大学学报（社会科学版）》2007 年第 6 期，119 页。

③ 王立《〈汉语拼音方案〉字母名称音的呼读问题》，《江汉大学学报》2006 年第 4 期，66 页。

④ 胡乔木《关于当前文字改革工作的讲话》，《胡乔木谈语言文字》，人民出版社，1999 年，282 页。

⑤ 胡乔木《对推行〈汉语拼音方案〉的三点意见》，《胡乔木谈语言文字》，308 页。

⑥ 梁驰华《从小学汉语拼音教材的变通谈〈汉语拼音方案〉的完善》，《南宁师范高等专科学校学报》2001 年第 3 期，13 页。

⑦ 刘建明《修汉语拼音方案 还师生晴朗天空》，《内蒙古教育》2006 年第 4 期，28 页。

⑧ 李蓝《〈汉语拼音方案〉的社会性、实践性及相关问题的讨论》，《语言文字应用》2008 年第 3 期。

⑨ 解植永、李开拓《〈汉语拼音方案〉存在的问题及改进策略》，《北华大学学报（社会科学版）》2008 年第 2 期，43 页。

⑩ 吴登堂《〈汉语拼音方案〉有待完善》，《丹东师专学报》2002 年第 4 期，90 页。

⑪ 黎传绪《修订完善〈汉语拼音方案〉的思考》,《南昌教育学院学报》2005年第1期, 26页。

⑫ 熊一民《对〈汉语拼音方案〉的思考》,《武汉教育学院学报》2000年第5期,78页。

⑬ 袁家骅《坚持字母的汇通原则》,《中国语文》1958年第1期,11—12页。

⑭ 周有光《回忆拼音方案的制订过程》,《新时代的新语文》,生活·读书·新知三联书店,1999年,201页。

⑮ 何坦野《关于〈汉语拼音方案〉的双字母之更改议案》,《浙江师大学报(社会科学版)》1993年第1期,103页。

⑯ 周有光《拼音字母的产生经过》,《汉语拼音 文化津梁》,生活·读书·新知三联书店,2007年,173页。

⑰ 张乃书、张雅静《〈汉语拼音方案〉标调方法应当修订》,《苏州职业大学学报》2001年第4期。

⑱ 赵元任《赵元任语言学论文集》,商务印书馆,2002年,73页。

⑲ 周有光《汉语拼音方案基础知识》,语文出版社,1995年,33页。

⑳ 安华林《再谈〈汉语拼音方案〉的优化》,《北华大学学报(社会科学版)》2008年第3期,59—60页。

㉑ 周有光《方案的争论问题及其解决》,《汉语拼音 文化津梁》,159页。

㉒ 陈文俊《汉语拼音方案需要完善》,《延安大学学报》1991年第2期,68页。

㉓ 王则柯、梁美灵《〈汉语拼音方案〉的系统优化问题》,《语文建设》1993年第2期,18页。

㉔ 王玫君《〈汉语拼音方案〉中辅音字母名称音由声母呼读音取代的必要性和可行性》,《铜仁师专学报》2000年第1期。

㉕ 周有光《关于拼音字母名称的一些资料》,《汉语拼音 文化津梁》,310页。

㉖ 胡乔木《关于当前文字改革工作的讲话》,《胡乔木谈语言文字》,283页。

㉗ 周有光《回忆拼音方案的制订过程》,《汉语拼音 文化津梁》,186页。

# 由指人的名词自相组合造成的偏正结构

陆俭明

## §1 问题的提出

"父亲的父亲的父亲"这一偏正结构,该分析为(A),还是该分析为(B)?

(A)〔(父亲的父亲)的〕〔父亲〕

(B)〔父亲的〕〔父亲的父亲〕

似乎(A)(B)两种分析都是可行的,因为"父亲的父亲"在意思上跟"祖父"相等,如果我们直接用"祖父"替代上述偏正结构里的"父亲的父亲",按(A)则是:

〔(父亲的父亲)的〕〔父亲〕⟹〔祖父的〕〔父亲〕

按(B)则是:

〔父亲的〕〔父亲的父亲〕⟹〔父亲的〕〔祖父〕

"祖父的父亲"和"父亲的祖父"等值,都指曾祖父。

然而,如果我们全面考察一下跟"父亲的父亲的父亲"相同类的偏正结构的全部情况,便会明了(A)和(B)两种分析并不都是合理的。

在"父亲的父亲的父亲"里,除了"的"之外,都是名词,而且都是指人的名词。因此,我们实际需要考察的是由指人的名词自相组合所造成的偏正结构的全部情况。

## §2 指人的名词的类别

本文所说的指人的名词包括以下四类六组：

Ⅰ. 姓名，下分两组：

A. 带姓的姓名、称呼，例如：

  王　刚　　李晓平　　周永泉　　张伯英
  王书记　　李厂长　　周教授　　张军长
  王同志　　李师傅　　周老师　　张伯伯
  老　王　　小　李　　周　老　　张　老

B. 名字，包括小名，例如：

  志刚　　振华　　菊英　　祖棠　　铁柱
  毛毛　　玲玲　　小宝　　小三　　嘎子

Ⅱ. 能用来转指人的职务名称，也下分两组：

C. 论职位的职务名称，例如：

  主席　　主任　　书记　　教授　　司令员
  部长　　校长　　行长　　厂长　　军长

D. 不论职位的职务名称，例如：

  打字员　　勤务员　　驾驶员　　司　机　　教　员
  通讯员　　卫生员　　秘　书　　保　姆　　炊事员

Ⅲ. 表示亲属、师友等关系的称谓，例如：

E. 爸爸　　妈妈　　父亲　　母亲　　岳父
  岳母　　哥哥　　姐姐　　弟弟　　妹妹
  爱人　　妻子　　女婿　　儿子　　女儿
  姑父　　舅父　　姑姑　　大姨　　表姐
  表弟　　舅妈　　外孙　　祖父　　孙女儿
  老师　　学生　　师傅　　徒弟　　同学
  朋友　　同事　　同乡　　战友　　邻居

Ⅳ. 人称代词,例如:

F. 我　　　你　　　他(她)　　　咱
　　我们　　你们　　他(她)们　　咱们

"某人"的作用与人称代词相当,可归入 F 组。

本文所说的指人的名词,不包括"人民""群众""人口""青少年""人们"一类的指人的集合名词。

为节省篇幅起见,以下把上述四类六组指人的名词分别简写为:

Ⅰ. 名姓 { 名姓a ·········· A
　　　　  名姓b ·········· B

Ⅱ. 名职 { 名职a ·········· C
　　　　  名职b ·········· D

Ⅲ. 名亲 ················· E

Ⅳ. 名代 ················· F

必要时就径直用 A、B、C、D、E、F 分别代表上述各组指人的名词。

## §3　关于"名$_1$的名$_2$"(以下简写为"名$^2$")①

一个复杂的偏正结构,我们都可以把它看成是一个由简单的偏正结构扩展成的格式。因此,要全面了解由指人的名词自相组合造成的偏正结构,最好从考察"名$^2$"入手。

六组指人的名词按两两组合,可以构成 $6^2 = 36$ 种不同的"名$^2$",可是事实上能成立的格式只有 20 种。具体的组合情况列如下表(表1)。

很清楚,在"名$^2$"里,名$_1$ 位置上六组指人的名词都能出现;名$_2$ 位置上,除名代(F)外其余五组指人的名词都能出现,但是当名姓a(A)和名职a(C)两组名词在名$_2$ 位置上出现时,名$_1$ 必须是名代(F)。

表1

| 名₁ | 名₂ | | | | | |
|---|---|---|---|---|---|---|
| | A 名姓a | B 名姓b | C 名职a | D 名职b | E 名亲 | F 名代 |
| A 名姓a | *AA② — | AB 王刚的铁柱 周教授的小宝 老张的毛毛 | *AC③ — | AD 周永泉的秘书 王书记的司机 张军长的警卫员 | AE 王刚的父亲 李厂长的儿子 张老的同事 | *AF④ — |
| B 名姓b | *BA — | BB⑤ 志刚的玲玲 振华的小三 铁柱的嘎子 | *BC — | BD 祖棠的打字员 毛毛的保姆 世友的司机 | BE 玉兰的爱人 玲玲的姑母 小三的同学 | *BF — |
| C 名职a | *CA — | CB 主任的小英子 司令员的振民 厂长的毛毛 | *CC — | CD 主席的警卫员 司令员的勤务员 团长的通讯员 | CE 教授的女儿 厂长的小舅子 校长的朋友 | *CF — |
| D 名职b | *DA — | DB 打字员的小宝 司机的兰兰 保姆的小岚 | *DC — | DD⑥ 秘书的司机 打字员的保姆 司机的教员 | DE 驾驶员的妹妹 打字员的老乡 通讯员的孩子 | *DF — |
| E 名亲 | *EA — | EB 哥哥的田田 大姨的敏霞 老师的小红 | *EC — | ED 爷爷的卫生员 舅舅的通讯员 大伯父的打字员 | EE⑦ 师傅的女婿 父亲的徒弟 同学的姐姐 | *EF — |

续表

| 名₁ | 名₂ | | | | | |
|---|---|---|---|---|---|---|
| | A<br>名姓a | B<br>名姓b | C<br>名职a | D<br>名职b | E<br>名亲 | F<br>名代 |
| F<br>名代 | FA⑧<br>你们的李惠英<br>我们的王书记<br>你的老李 | FB⑨<br>他们的志刚<br>我们的小宝<br>你的毛毛 | FC⑩<br>你们的司令员<br>他们的书记<br>我们的厂长 | FD<br>他的警卫员<br>你们的炊事员<br>我们的驾驶员 | FE<br>你的姥姥<br>他的同学<br>我们的嫂子 | *FF<br>—— |

从中我们不难概括得出六组指人的名词两两组合的规则：

规则（一） 六组指人的名词都能在名₁位置上出现。

规则（二） 如果名₁为名代(F)，那么名₂可以是除了名代(F)以外的任何一组指人的名词，即

$$\text{如果名}_1\text{为 F，则名}_2\text{为}\begin{Bmatrix}A\\B\\C\\D\\E\end{Bmatrix}。$$

规则（三） 如果名₁为除了名代(F)以外的任何一组指人的名词，那么名₂只能是名姓b(B)、名职b(D)或名亲(E)这三组名词，即

$$\text{如果名}_1\text{为}\begin{Bmatrix}A\\B\\C\\D\\E\end{Bmatrix}\text{，则名}_2\text{为}\begin{Bmatrix}B\\D\\E\end{Bmatrix}。$$

（大括号{ }表示其中的成分是任选的，下同。）

从语义上看，"名²"都表示领属关系。

## §4 关于"名₁的名₂的名₃"（以下简写为"名³"）

现在我们考察一下由六组指人的名词三三组合造成偏正结构的情况。

六组指人的名词,如按三三组合,则可以有 $6^3 = 216$ 种不同的"名³",经检验事实上能成立的格式只有 60 种。试以名姓 a(A) 打头的"名³"为例,按说可以有 $1 \times 6 \times 6 = 36$ 种不同的格式,事实上能成立的只有 9 种。请看(打有 * 号的表示该式不成立):

| *AAA | *AAB | *AAC | *AAD | *AAE | *AAF |
| *ABA | ABB  | *ABC | ABD  | ABE  | *ABF |
| *ACA | *ACB | *ACC | *ACD | *ACE | *ACF |
| *ADA | ADB  | *ADC | ADD  | ADE  | *ADF |
| *AEA | AEB  | *AEC | AED  | AEE  | *AEF |
| *AFA | *AFB | *AFC | *AFD | *AFE | *AFF |

下面每种格式举一个实例:

ABB:魏思民的振华的小三

ABD:陈惠英的毛毛的保姆

ABE:张军长的志刚的女朋友

ADB:王书记的司机的兰兰

ADD:周部长的助理的秘书

ADE:李伯伯的打字员的女儿

AEB:老王的弟弟的小红

AED:刘司令员的老战友的警卫员

AEE:王刚的父亲的徒弟

我们看到,六组指人的名词三三组合的情况和规则跟两两组合有非常一致的地方。

首先,在"名³"里,如同在"名²"里一样,六组指人的名词都能在名₁位置上出现。可见§3里的规则(一)也能用来解释"名³"里的 $名_1$。

其次,在"名³"里,也如同在"名²"里一样,如果 $名_1$ 为名代(F),那么 $名_2$ 可以是除了名代(F)以外的任何一组指人的名词;如果 $名_1$ 为除了名代(F)以外的任何一组指人的名词,那么 $名_2$ 只能是名姓 b(B)、名职 b(D)和名亲(E)三组名词。可见§3里的规则(二)(三)也能用来解释"名³"里的 $名_2$。

最后，从语义上看，"名³"也跟"名²"一样，都表示领属关系。当然，由于"名³"里有三项指人的名词，因此在"名³"里包含着两重领属关系：名₁和名₂之间一定有领属关系，名₂和名₃之间一定有领属关系。注意，名₁和名₃之间就不一定有领属关系。下面略举些实例（打 * 号的不含有领属关系）：

ADD：周老的打字员的保姆（周老的打字员｜打字员的保姆｜*周老的保姆）

BEE：兰兰的同学的妹妹（兰兰的同学｜同学的妹妹｜*兰兰的妹妹）

CBE：厂长的毛毛的老师（厂长的毛毛｜毛毛的老师｜*厂长的老师）

DED：警卫员的父亲的司机（警卫员的父亲｜父亲的司机｜*警卫员的司机）

EEE：父亲的徒弟的爱人（父亲的徒弟｜徒弟的爱人｜*父亲的爱人）

FDB：他的秘书的小宝（他的秘书｜秘书的小宝｜*他的小宝）

与"名²"相比，"名³"里多一个名₃。我们看到，在名₃位置上，只能出现名姓b（B）、名职b（D）或名亲（E）。这是为什么？这种情况说明了什么？为此我们有必要在下一小节里进一步考察六组指人的名词四四组合和五五组合造成偏正结构的情况。

## §5 关于"名⁴"和"名⁵"⑪

六组指人的名词，如按四四组合，按说可以造成 $6^4 = 1296$ 种不同的"名⁴"格式，经逐一检验，事实上只有 180 种能成立；如按五五组合，按说可以造成 $6^5 = 7776$ 种不同的"名⁵"格式，经检验，事实上也只有 540 种能成立。例如，"名⁴"我们可以说：

ADEE：王科长（的）秘书（的）弟弟的爱人

FEEB：他（的）老师（的）姐姐的小宝

但不能说：

*DCFB：*打字员的部长的他们的毛毛

*BAFC：*振华的张芝岚的他的书记

"名⁵"我们可以说：

  ADDEE：赵部长（的）秘书的司机的老乡的儿子
  CDEEE：团长（的）警卫员的老师的孩子的同学

但不能说：

  *FBCCE：*我的玲玲的校长的教授的儿子
  *ABADC：*张惠英的志刚的李淑兰的秘书的部长

  值得注意的是，六组指人的名词四四组合和五五组合的情况、规则彼此非常一致；不仅如此，它们跟前面讲过的两两组合和三三组合的情况、规则也非常一致。这一点只需将六组指人的名词分别在"名²""名³""名⁴"和"名⁵"里出现的情况列表对照一下就可以看得很清楚（表2）：

表2

|  | 名₁ | 名₂ | 名₃ | 名₄ | 名₅ |
|---|---|---|---|---|---|
| "名²" | A、B、C、D、E、F | A、B、C、D、E |  |  |  |
| "名³" | A、B、C、D、E、F | A、B、C、D、E | B、D、E |  |  |
| "名⁴" | A、B、C、D、E、F | A、B、C、D、E | B、D、E | B、D、E |  |
| "名⁵" | A、B、C、D、E、F | A、B、C、D、E | B、D、E | B、D、E | B、D、E |

  表2清楚地表明，"名⁴""名⁵"里名₁和名₂的情况跟"名²""名³"里名₁和名₂的情况完全一样，这足见§3里的规则（一）（二）（三）也都能用来解释"名⁴""名⁵"里的名₁和名₂。这里更需引起我们注意的是，在"名³""名⁴"或"名⁵"里，名₂以后的各项位置上，六组指人的名词的出现情况完全相同，都只能是名姓b（B）、名职b（D）或名亲（E）。这绝不是偶然的巧合，这是有规律可循的。对于"名³""名⁴"和"名⁵"里名₂以后各项位置上指人的名词的出现情况，我们可以仿规则（三）的内容来加以解释，即由于名₃的前一项名₂只能是除名代（F）以外的指人的名词，因此名₃只能是名姓b（B）、名职b（D）或名亲（E）；以此类推，由于名₃只能是名姓b（B）、名职b（D）或名亲（E），因此名₃后一项的名₄也只能是名姓b（B）、名职b（D）或名亲（E）；同样道理，名₄后一项的名₅也只能是名姓b

（B）、名$_{职b}$(D)或名$_{亲}$(E)。

规则（一）（二）（三）原是根据"名$^2$"的情况概括得出的，按原先的表述，当然只适用于"名$^2$"。为使这三条规则更具有普遍性，不仅适用于"名$^2$"，也能适用于"名$^3$""名$^4$""名$^5$"，我们需要把这三条规则分别修改为：

规则（一） 在由指人的名词自相组合造成的偏正结构里，首项（即名$_1$）位置上六组指人的名词都能出现。

规则（二） 在由指人的名词自相组合造成的偏正结构里，如果前一项是名$_{代}$(F)，那么相邻的后一项可以是名$_{代}$(F)以外的任何一组指人的名词。

规则（三） 在由指人的名词自相组合造成的偏正结构里，如果前一项是除了名$_{代}$(F)以外的任何一组指人的名词，那么相邻的后一项只能是名$_{姓b}$(B)、名$_{职b}$(D)或名$_{亲}$(E)。

从规则（二）（三）中，我们不难发现指人的名词自相组合造成偏正结构的另一条更为重要的规则，即：

规则（四） 在由指人的名词自相组合造成的偏正结构里，不管包含多少项，总是前一项名词限制着相邻的后一项名词的选择。

从语义上看，"名$^4$"和"名$^5$"也都表示领属关系，只是因为"名$^4$"里有四项指人的名词，"名$^5$"里有五项指人的名词，所以它们分别包含着三重和四重领属关系：名$_1$和名$_2$之间，名$_2$和名$_3$之间，名$_3$和名$_4$之间，以及名$_4$和名$_5$之间一定有领属关系。至于名$_1$和名$_3$之间、名$_1$和名$_4$之间、名$_1$和名$_5$之间、名$_2$和名$_4$之间、名$_2$和名$_5$之间以及名$_3$和名$_5$之间，不一定有领属关系。试就上面所举的例子看：

ADEE：王科长的秘书的弟弟的爱人（王科长的秘书｜秘书的弟弟｜弟弟的爱人｜*王科长的弟弟｜*王科长的爱人｜*秘书的爱人）

FEED：他的老师的姐姐的小宝（他的老师｜老师的姐姐｜姐姐的小宝｜*他的姐姐｜*他的小宝｜*老师的小宝）

ADDEE：赵部长的秘书的司机的老乡的儿子（赵部长的秘书｜秘书的司机｜司机的老乡｜老乡的儿子｜*赵部长的司机｜*赵部长的老乡｜*赵部长的儿子｜*秘书的老乡｜*秘书的儿子｜*司机的儿子）

CDEEE：团长的警卫员的老师的孩子的同学（团长的警卫员｜警卫员

的老师|老师的孩子|孩子的同学|*团长的老师|*团长的孩子|*团长的同学|*警卫员的孩子|*警卫员的同学|*老师的同学)

至此我们又可概括得出一条由指人的名词自相组合造成偏正结构的语义规则,即:

规则(五)　由指人的名词自相组合造成的偏正结构都表示领属关系;有 n 项名词就包含 n−1 重领属关系;所包含的领属关系是非传递性的,即在这种组合里,任何相邻的两项名词之间一定有领属关系,不相邻的两项名词之间不一定有领属关系。[12]

## §6　关于"名$^n$"及其能成立的不同格式数目

从理论上来说,六组指人的名词可以以任意数自相组合造成包含任意项名词的偏正结构"名$^n$"(n≥2)。[13] §5 里所述的五条规则将适用于任何"名$^n$"。[14]

前面已分别指出,能成立的不同的"名$^2$"格式有 20 种(§3),"名$^3$"有 60 种(§4),"名$^4$"有 180 种(§5),"名$^5$"有 540 种(§5)。上述每类偏正结构能成立的格式数目,都是通过对每种格式的具体检验得到的,只是限于篇幅,未能在本文中将上述各类所有能成立的和不能成立的格式全部列出来。这里,我们不难发现,上述能成立的"名$^6$"格式的数目正好是能成立的"名$^4$"格式数目的三倍,而"名$^4$"又正好是"名$^3$"的三倍,"名$^3$"又正好是"名$^2$"的三倍。它们之间如此整齐的比例关系不是偶然的,正是由规则(一)(二)(三)(四)所决定的。

根据规则(一),名$_1$可以是 A、B、C、D、E 或 F;根据规则(四)和规则(二)(三),当 F 处于名$_1$位置上时,名$_2$可以是 A、B、C、D 或 E,这样可造成 1×5=5 种能成立的不同的"名$^2$"格式;当 A、B、C、D 或 E 处于名$_1$位置上时,名$_2$只能是 B、D 或 E,由此造成 5×3=15 种能成立的不同的"名$^2$"格式。加在一起,能成立的不同的"名$^2$"格式就是 1×5+5×3=20 种。

根据规则(四)和规则(二)(三),名$_3$及其以后的各项位置上,只能出现 B、D 或 E,这就决定了"名$^2$"以后每增加一项名词,能成立的不同格式数目就递增三倍。造成"名$^2$""名$^3$""名$^4$""名$^5$"能成立的不同的格式数目之间整齐的比例关系的原因便由此而知。很明显,如果将"名$^2$""名$^3$""名$^4$""名$^5$"能成立的不同的格式数目依次列出来,正好是一个首项为 20、公比为 3 的等比数列 (20,60,180,540……)。这样,根据数学上的等比数列的通项公式,我们就可以求知包含任何项名词的"名ⁿ"能成立的不同的格式数目。[15]

## §7 关于"名ⁿ"的内部层次构造

"名ⁿ"里的 n=2 时,即"名²",其内部层次构造简单。[16]这里我们要讨论的是 n>2 时"名ⁿ"的内部层次构造。

在§3 里我们曾指出,一个复杂的偏正结构都可以看成是一个由简单的偏正结构扩展成的格式。讨论"名ⁿ"的内部层次构造时,最好跟由"名²"到"名ⁿ"的扩展联系起来考虑,这样问题会解决得透些。鉴于由指人的名词自相组合造成偏正结构的规律性极强,为使讨论尽量简洁些,下面我们着重讨论"名³"的内部层次构造和由"名²"到"名³"的扩展,而所得的结论将适用于"名ⁿ"(n>2)。

句法结构的扩展,有两种类型:[17]

一种是替换性扩展(expansion by substitution),即原结构里的某个组成成分被比它大的合成语法形式所替换,从而形成一个长度超过原结构的新的句法结构。例如:

我看 —→ 我(看电影)

看小说 —→ 看(巴金的小说)

老师的宿舍 —→(语文老师)的宿舍

一种是组合性扩展(expansion through combination),即原结构作为一个构件跟另一个新的语法形式进行组合,从而形成一个长度超过原结构的新的句法结构。例如:

我不怪他—→这件事情(我不怪他)

钾盐含量—→ 土壤的(钾盐含量)

羊皮领子—→(羊皮领子)大衣

就偏正结构来说,如果联系扩展情况来看它的内部层次构造,将有以下四种情形:

a. YZ→(XY)Z    如:老师的宿舍──→(语文老师)的宿舍
b. XZ→X(YZ)    如:新的桌子──→新的(木头桌子)
c. XY→(XY)Z    如:羊皮领子──→(羊皮领子)大衣
d. YZ→X(YZ)    如:钾盐含量──→土壤的(钾盐含量)

上述四种情形中,(a)(b)属替换性扩展,(c)(d)属组合性扩展。如果不考虑扩展的因素,单就内部层次构造来说,那么(a)和(c)相同,(b)和(d)相同。

现在需要讨论清楚的是,由指人的名词自相组合所造成的"名$^3$"是属于情形(a),还是(b),还是(c),还是(d)?这个问题弄清楚了,"名$^n$"的内部层次构造也就清楚了。在具体讨论这个问题之前,有必要再补充说明这样一个事实,即从理论上来说,20种能成立的不同的"名$^2$"格式中的任何一种,都可以进行无限的扩展,根据规则(四)和规则(三),其扩展的形式是(试以FC这一格式的扩展为例,图1):

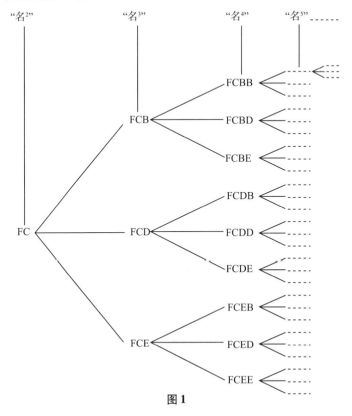

图1

例如(以每次扩展时都是后加 E 为例):

"名$^2$"FC　　　　　我们(的)团长

"名$^3$"FCE　　　　我们(的)团长的父亲

"名$^4$"FCEE　　　　我们(的)团长(的)父亲的老战友

"名$^5$"FCEEE　　　我们(的)团长(的)父亲的老战友的儿子

"名$^6$"FCEEEE　　　我们(的)团长(的)父亲的老战友的儿子的老师

"名$^7$"FCEEEEE　　我们(的)团长(的)父亲的老战友的儿子的老师的朋友

"名$^8$"FCEEEEEE　我们(的)团长(的)父亲的老战友的儿子的老师的朋友的孩子

现在讨论上面所提出的问题。

根据规则(五),在"名$^3$"里,名$_1$、名$_3$之间不一定有领属关系,这就首先可以肯定"名$^3$"不可能是(b),即"名$^3$"不可能是由"名$_1$的名$_3$"通过替换扩展来的。"我的同事的爱人"显然不是由"我的爱人"扩展来的。

也不可能是(d),即"名$^3$"不可能是由"名$_2$的名$_3$"通过组合(前加名$_1$)扩展来的。首先,(d)是前加型组合性扩展,这种扩展从根本上来说是跟规则(四)相抵触的。其次,即使不考虑规则(四),我们也应该看到,"名$^2$"通过前加型组合只能进行有限的扩展。举例来说,凡 F 打头的"名$^2$"格式就不能再进行扩展;凡 A、C 打头的"名$^2$"格式,只能扩展一次(前加 F);其他三组名词(即 B、D、E)打头的"名$^2$"格式,扩展了一次以后能否再进行扩展,还得视第一次扩展时前加哪一组指人的名词而定。因此,如果认为"名$^3$"属于(d),即认为"名$^3$"是由"名$_2$的名$_3$"通过前加型组合扩展来的,就无法解释上面已经指出的"名$^2$"中任何一个能成立的格式都能进行无限扩展的这一事实。

既然排除了"名$^3$"属于(b)(d)这两种情形的可能性,这就可以初步肯定"名$^3$"的内部层次构造是"(XY)Z",即不可能是"X(YZ)"。

为使我们对"名$^3$"的内部层次构造的分析能适用于所有的"名$^n$",因此有必要追究到底是属于情形(a)还是(c)。

单就"名³"看，似乎是(a)(c)两可的，但是就整个"名ⁿ"看，分析为(c)更为合理些。理由如下：

1. 规则(四)告诉我们，在由指人的名词自相组合造成的偏正结构里，总是前一项的名词限制着相邻的后一项的名词的选择。情形(c)正与规则(四)相吻合。

2. 如果分析为(a)，就不好说明为什么任何一个能成立的"名²"格式都可以无限扩展。须知按情形(a)也只能进行有限的扩展。

3. 前面曾不止一次地指出，指人的名词自相组合造成偏正结构有着极强的规律性，正是这种极强的规律性，使"名²""名³""名⁴""名⁵"……各偏正结构里的同项位置上可能出现的指人的名词完全相同（见表2）。这样，我们把"名³"看作是由"名²"后加名₃，即通过后加型组合扩展成的，这不仅可以较合理地解释为什么任何一个能成立的"名²"格式都可以进行无限扩展，而且也有利于分析和认识任何一个复杂的"名ⁿ"的内部层次构造。

按以上的认识，我们就可以把"名ⁿ"分析为：

"名ⁿ" ⟶ "名ⁿ⁻¹" + 名ₙ

假设 $n=8$，那么"名⁸"可分析为：

∵ "名⁸" ⟶ "名⁷" + 名₈

"名⁷" ⟶ "名⁶" + 名₇

"名⁶" ⟶ "名⁵" + 名₆

"名⁵" ⟶ "名⁴" + 名₅

"名⁴" ⟶ "名³" + 名₄

"名³" ⟶ "名²" + 名₃

"名²" ⟶ "名¹" + 名₂

∴ "名⁸" ⟶ (((((((名₁ + 名₂) + 名₃) + 名₄) + 名₅) + 名₆) + 名₇) + 名₈

很显然，如果对"名⁸"进行从大到小的层次分析，那将会看到一律是左向的。例如（图2）：

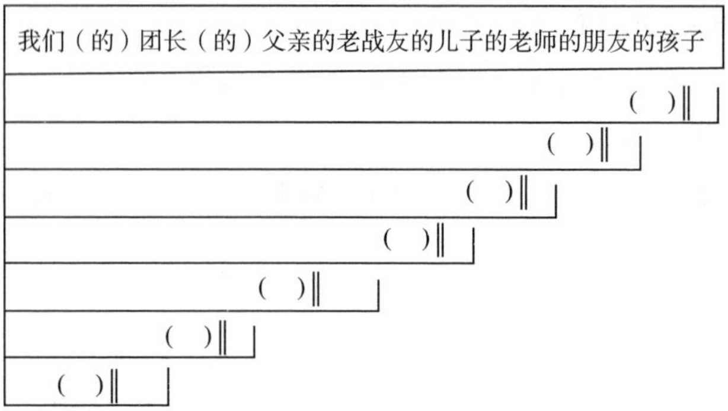

```
我们（的）团长（的）父亲的老战友的儿子的老师的朋友的孩子
                                              （ ）‖
                                          （ ）‖
                                      （ ）‖
                                  （ ）‖
                              （ ）‖
                          （ ）‖
                      （ ）‖
```

图 2

至此，我们又可概括得到一条由指人的名词自相组合造成偏正结构的重要规则，即：

规则（六） 由指人的名词自相组合所造成的偏正结构，其内部层次构造，如果对它进行从大到小的分析，那一定都是左向的。

## §8 对"父亲的父亲的父亲"的分析

在全面了解了由指人的名词自相组合造成偏正结构的情况和规则之后，就可以明白§1里对"父亲的父亲的父亲"所作的（A）（B）两种分析并不都是合理的。"父亲的父亲的父亲"当然是由指人的名词自相组合造成的偏正结构里 EEE 格式的一个特例，但是它的特殊性仅仅表现在它所包含的三项名词正好都是"父亲"一词这一点上。前面所概括得到的由指人的名词自相组合造成偏正结构的六条规则是整个这类偏正结构所具有的共性，其中每一条规则对"父亲的父亲的父亲"都起着制约作用，这就是说，"父亲的父亲的父亲"在层次构造上不可能越出上面对"名$^3$"乃至"名$^n$"所作的分析。因此，"父亲的父亲的父亲"按（A）分析才是合理的。

必须指出，§1里的分析方式是很成问题的。事实上在对"父亲的父亲的父亲"作层次分析之前先用了个"代入法"，即由于"父亲的父亲"与"祖父"意思相同，因而在着手分析那偏正结构之前，先直接用"祖父"替代那结构里的"父亲的父亲"，然后再作层次分析。

在句法结构的层次分析中使用这种"代入法"是很要不得的。

我们承认,在语言里有时一个意思可以用一个词来表示,也可以用一个分析性的合成语法形式(这里就是指句法结构)来表示。"祖父"和"父亲的父亲"正是属于这种情形。但是,当我们对一个较复杂的句法结构作层次分析时,绝不能看到所分析的句法结构里的某一串词在意思上跟长度比它短的某个词同义,于是就先用那个词去替换那串词(即先用"代入法"),然后再作层次分析。之所以不能那样做,是因为不能保证所替换下来的一串词在所分析的句法结构里一定是一个语法形式。就"父亲的父亲的父亲"来说(为便于说明,将此结构改称为"父亲$_1$的父亲$_2$的父亲$_3$"),按(A),替换下来的"父亲$_1$的父亲$_2$"在原结构里是个语法形式,可是按(B)替换下来的"父亲$_2$的父亲$_3$"在原结构里便不是个语法形式。因此,在句法结构的层次分析中不能用这种"代入法",更不能以此作为分析复杂句法结构的层次构造的依据或原则。

既然(B)是不合理的,那为什么分析所得的结果在意思上跟(A)等值呢?须知,这完全是一种偶合。这如同在数学上,一个数,如7,既可以用一个数字"7"来表示,也可以用"3+4"或"5+2"等算式来表示。但是,当我们对一个复杂算式进行四则运算时,一定要按先乘除后加减的运算规则来运算,绝不能看到所运算的算式里有"3+4"或"5+2",就不管三七二十一先用7去替换,然后再进行运算;如果这样做就不会得到正确的答案。例如"5×3+4"这一算式,按规则运算正确答案是 $5 \times 3 + 4 = 15 + 4 = 19$;如果用"代入法",得到的答案将是 $5 \times 3 + 4 = 5 \times 7 = 35$,这就错了。有时,用"代入法"似乎也可以得到一个正确的答案,例如:

(a) $1 \times 3 + 4 = 1 \times 7 = 7$
(b) $2 + 5 \times 1 = 7 \times 1 = 7$

但这也仅仅是有条件的偶合。如果(a)里的被乘数和(b)里的乘数不是1,就不能得到正确的答案。

总之,§1里的"代入法"从根本上来说,是一个缺乏层次观念的不科学的方法,在句法分析中绝不能采用。

## §9 结束语

本文从讨论"父亲的父亲的父亲"这一偏正结构的内部层次构造谈起,全面讨论了由指人的名词自相组合造成偏正结构的情况,总结得出了指人的名词自相组合造成偏正结构的六条规则。这些规则虽然是根据指人的名词自相组合造成偏正结构的情况得出的,但是这对于研究由其他词语造成的名词性偏正结构的内在规律,或许也会有些借鉴作用。譬如说,我们能否从规则(五)(六)推导出这样一条更带有普遍性的规则,即:

规则,一个包含多项名词的表示领属关系的名词性偏正结构,如果每每相邻的两项名词之间总发生领属关系,那么这个偏正结构的内部层次构造,如果从大到小切分,一定是左向的。

这规则是否站得住?像"鲁镇的酒店的格局"(鲁迅《孔乙己》)是不是也应分析为:

〔(鲁镇的酒店)的〕〔格局〕

不妨用语言事实去检验检验。

原载于《中国语言学报》1985 年第 2 辑。

### 注 释

① 为便于讨论,我们让"名$^2$"以及下文将讨论到的"名$^3$""名$^4$"等都带上了"的"字,事实上"的"字在这些偏正结构里并不是非出现不可的(我们的团长~我们团长)。"的"字在这些偏正结构里的出没还有它自己的规律,这里不细说。

② 打有 * 号的,表示该格式不成立,下同。
在强调区分同名同姓的两个人时,偶尔也用到 AA 格式,例如:"我说的是李司令员的李小平。"这种例外可不予考虑。

③ 似乎也有 AC 格式,如:(1)今天是王刚的主席。(2)王刚的主席是合法的。其实,例(1)里的"王刚的主席"意思相当于"王刚当主席",这不是偏正结构,这种结构的性质有待于进一步探讨。例(2)里的"王刚的主席"是偏正结构,但这里的"主席"只表示职

务名称,并不转指人。因此,例(1)(2)里的"王刚的主席"都不属于本文讨论的范围。

④ 似乎也有 AF 格式,如:(1)你不认识吴志民吗?吴志民就是沈惠英的他!(2)张惠敏她们看电影去了。其实,例(1)"沈惠英的他"虽是偏正结构,但这是一种修辞上的临时用法(中心语只限于"他(她)"),含有俏皮、戏谑的语气,这里的"他"实际作为"爱人"的代名词。例(2)"张惠敏她们"不是偏正结构,是同位结构(亦说复指结构)。因此,它们也都不属于本文讨论的范围。BF、CF、DF、EF 也有类似的情形,将不再另作说明。

⑤ BB 格式通常表示父母和子女的关系,"振华的小三"就是"振华的孩子小三"的意思;有时表示爱人关系,如:"昌明的凤仙呢?"既可理解为"昌明的女儿凤仙呢",也可以理解为"昌明的爱人凤仙呢"。不管表示哪种关系,由于父母跟子女很少同名,爱人俩也很少同名,所以前后为同一个名词的 BB 结构(如"志刚的志刚""玲玲的玲玲")在实际语言里极少见。

⑥ 在 DD 格式里,前后也不能是同一个名词(*司机的司机|*打字员的打字员),但也不排斥下面这种说法:(1)他竟成了保姆的保姆了。(2)这样说来,你是秘书的秘书了。这种说法里往往含有不合情理的意思。

⑦ 在 EE 格式里,前后可以是同一个名词,如:父亲的父亲|外婆的外婆|老师的老师|朋友的朋友。但是,表示夫妻关系的词语不能有这样的用法(*妻子的妻子|*丈夫的丈夫)。

⑧ 在 FA 格式里,F 一般为复数人称代词,但也可以是第二人称单数人称代词,如:你的王刚|你的老李|你的张惠英。这时往往表示爱人关系。

⑨ 在 FB 格式里,F 为单数人称代词时,或表示父母和子女的关系,或表示爱人关系,如:他的小宝|我的毛毛|你的惠英|他的志华。

⑩ 在 FC 格式里,F 只能是复数人称代词。似乎也可以是单数人称代词,如:(1)今天是你的主席。(2)他的科长是大伙儿选的。但例(1)的"你的主席"和例(2)的"他的科长"都不属于本文讨论的范围,参见注③。

⑪ "名$^4$"即"名$_1$的名$_2$的名$_3$的名$_4$","名$^5$"即"名$_1$的名$_2$的名$_3$的名$_4$的名$_5$"。

⑫ 当"名$^n$"(n>1)里的名$_2$以及名$_2$以后的各项名词均为名$_亲$(E)时,则有可能不相邻的两项名词之间也有领属关系,例如:"他(的)三哥的哥哥",也就是"他的哥哥";"我(的)亲戚的亲戚",也就是"我的远亲"。其中也有规律,这里不细说。

⑬ 在书面上曾见到"名$^5$"的实例:"谁的小姨子的公公的盟兄弟的寡嫂"(老舍,《正红旗下》,人民文学出版社,1980 年);"名$^{11}$"的实例:"俺乃著名京剧艺术大师梅兰芳之得意门生之亲侄之三姑之六嫂之外甥之大舅之同乡之同事之同学之邻居是也!"(讽刺画"自报家门",《北京晚报》1984 年 9 月 8 日转载自《讽刺与幽默》),这里的"之"相当

于"的"。

⑭ "名ⁿ"也可以概括表示为：

$$XYZ^n$$

在上面的表示式里，X 为 $\begin{Bmatrix} F \\ \varnothing \end{Bmatrix}$（∅ 表示零形式，下同），Y 为 $\begin{Bmatrix} A \\ C \\ \varnothing \end{Bmatrix}$，Z 为 $\begin{Bmatrix} B \\ D \\ E \\ \varnothing \end{Bmatrix}$；Z 右上角

的 n 表示 Z 的项数。条件是 X、Y 和 Z 不能都是零形式∅。按上面的表示式，当 X 为 F, Y 为 A, Z 为∅，则便是"名²"的 FA 格式；当 X 为∅, Y 为 C, n=2, $Z_1$ 为 D, $Z_2$ 为 B, 则便是"名³"的 CDB 格式；当 X 为∅, Y 为∅, n=4, 其中 $Z_1$ 为 B, $Z_2$ 为 E, $Z_3$ 为 E, $Z_4$ 为 E, 则便是"名⁴"的 BEEE 格式；等等。上述表示式是根据陆丙甫同志的意见设立的。

⑮ 等比数列的通项公式是：

$$a_n = a_1 q^{n-1}$$

$a_1$ 表示等比数列首项的数目，n 为自然数，$a_n$ 表示等比数列的通项（即任意项）的数目，q 表示等比数列的公比数。为使等比数列的通项公式里 n（项数）跟"名ⁿ"里的 n 在数值上取得一致（现在不一致，"名ⁿ"里的 n 比等比数列的通项公式里的 n 大 1），我们不妨将"名²"看作等比数列里的第二项，相应地将等比数列的通项公式改写为：

$$a_n = a_2 q^{n-2}$$

这样，就成为求知"名ⁿ"能成立的不同格式数目的等比数列通项公式。

⑯ "名²"的内部层次构造是：〔名₁的〕〔名₂〕，或表示为：名₁ 的 名₂。
　　　　　　　　　　　　　　　　　　　　　　　　　└──（）┘└──┘

⑰ 如果 B 式是 A 式的扩展式，那么 A 式就是 B 式的模型（model），B 式的长度可以大于，也可以等于 A 式的长度（参见 R. S. Wells: Immediate Constituents §4., *Language* 23, 1947）。这儿只就 B 式长度大于 A 式长度这一种扩展情况来说。

# 词的语义范畴

## 符淮青

### 一

词的意义可以作语义范畴的划分,这是笔者多年来积累的认识。这种划分有认识上的根据,指号学(符号学)的根据,还有词的释义形式上的根据。

笔者在《组合中语素和词语义范畴的变化》中已论述了表名物范畴、表动作行为范畴、表性状范畴的存在,[①]又在《词在组合中语义范畴的变化和词性标注——以"一"、"是"为例》中论述了词的语义范畴和词的语法属性划分的关系,[②]在《词义分析形式化的探讨》中说明了表名物、表动作行为、表性状语义范畴的词释义形式上的特征。[③]除了上述已分析过的三种语义范畴外,其他的词的语义范畴应该如何分析呢?笔者在《指号义的性质和释义》一文中已提出指号义的概念,它们大多数是虚词,不表概念。[④]笔者准备在这些论述的基础上,提出词的语义范畴完整划分的说明。

词的语义范畴先分为:(一)表示认识活动及其成果的语义范畴,(二)指号义范畴两大类。前者包括五小类(详下)。后者包括三类:(1)标志主观反应作用,包括态度、感情、意志、愿望、评价等的词;(2)标志语言单位的关系的词;(3)替代或表示复杂含义的词;这三类又各分小类。详列如下:

**(一) 表示认识活动及其成果的语义范畴,包括五小类**

1. 表名物(体词性)语义范畴(语法中的名词)
2. 表动作行为语义范畴(语法中动词的大多数词)

3. 表性状的语义范畴(语法中的形容词)

以上语义范畴的词的性质特点,笔者在上述有关论文中已作论述,不再重复。

4. 数的语义范畴

包括语法中的数词和量词。数是人对客观事物认识的重要成果。量本质上也是数的切分,汉语的量词有时兼有其他作用。

度量衡量词,如"克""千克(公斤)""寸""尺""升""斗"等表示不同种类的数的标准。"克""千克"用于重量,"寸""尺"用于长度,"升""斗"用于能形成立体造型之物。集体量词如"群""批""串""堆""双""套"等是不同的集合量的标记,同时量词本身也起着对作用对象物象化的作用,如"群"是多个生命个体的物象化(一群羊、一群蜜蜂),"双"是不可分离的、成对个体物的物象化(一双手套、一双鞋)。个体量词如"个""位""条""粒"等只用于单个个体,有的同时也有对所用对象物象化、名物化的作用,如"粒"显示其个体小而散碎,"条"显示其个体细而有长度,"个"除了表示单个的数外,其名物作用特别明显。"给我一个吻""给他一个惊喜""一个致命的打击","吻""惊喜""打击"称"个",都名物化了。动量词如"次"(打一次球)、"顿"(吃一顿饭)、"下"(洗一下手)等,都只是表示动作单次的量,不如名量词表义丰富。

5. 拟声范畴

拟声词是客观声音的模拟,一般认为它们非概念义,但它们也是意识对客观的反映,可附入概念义。拟声词可以充当主语、谓语、定语、状语,这说明它在语言运用中可以起到表示行为,或性状的作用。例如:

(1)轰轰轰,是炮声,敌军进攻了。(拟声词充当主语)

(2)水流哗哗哗。(拟声词充当谓语)

(3)嗖的一声,子弹打出去。(拟声词充当定语)

(4)鞭炮别别剥剥地响。(拟声词充当状语)

例(1)、例(2)拟声词表行为,例(3)、例(4)拟声词表性状。

## (二)指号义范畴包括三小类

**1. 标志主观反应作用,包括态度、感情、意志、愿望和评价等的词**

又可分为四小类:

(1)表示不同的句子语气,包括陈述、疑问、祈使、感叹等,语法中的语气词属此。例如:

> 吧　[助]①用在祈使句末,使语气变得较为舒缓:咱们走~｜帮帮他~。③用在疑问句末,使原来的提问带有揣测、估计的意味:这座楼是新盖的~?｜您就是李师傅~?(《现代汉语词典》第7版,以下简称《现汉》)

"吧"的义项①表示舒缓的祈使语气,义项③表示带有揣测、估计的疑问语气,语气词在表示不同的陈述、疑问、祈使、感叹语气时,往往都附有种种不同的主观感情、态度意味。

> 啊　[助]①用在感叹句末,表示增强语气:多好的天儿~!｜他的行为多么高尚~!④用在疑问句末,使疑问语气舒缓些:他什么时候来~?｜你吃不吃~?(《现汉》)

"啊"在义项①中表示赞叹,带有强调色彩,在义项④中表疑问,且使语气舒缓。这些不同语境中的不同作用是语法学说明的内容。而"啊"的作用就是传达出语气,即标志不同的主观反应态度。

(2)表示感情反应的词

感情反应是人意识内容中的重要部分。汉语的叹词除了少数表示呼应之外,大多数都是传达人的喜怒哀乐的种种感情的。例如:

> 唉　[叹]表示伤感或惋惜:~,病了几天,把工作都耽误了｜~,好好儿的一套书弄丢了两本。　　　　　　　　　　　(《现汉》)

> 嗳　[叹]表示悔恨、懊恼:~,早知如此,我就不去了。　(《现汉》)

> 呸　[叹]表示唾弃或斥责:~!你怎么干那种损人利己的事!(《现汉》)

(3)表示主观对现实某事必要性、可能性的评断和愿望的词

汉语中表可能、必要、愿望等助动词属此。这类词的意义不是对某个客观

事物现象的反映，也不是某种主观认识的概括，而是表示人主观对实现某事必要性、可能性的评断和愿望。这类词中有一类表示自身、他人、事物实现某事可能性的说明评估，如助动词"可能"：我可能来|他可能去|天可能下雨。另一类表示说者关于自身、他人、事物实现某事的愿望（包括情理上是否必要，决心、勇气如何等）的说明、评估，如助动词"应该"：我应该去|他应该来|学校应该上课。下面引用词典说明的例子。

表示可能的例如：

  **能够** 动 助动词①表示具备某种能力，或达到某种程度：人类～创造工具|他～独立工作了。②表示有条件或情理上许可：下游～行驶轮船|明天的晚会家属也～参加。   （《现汉》）

义项①、②都是"能够"用于对事物实现某事或他人实现某事可能性的说明。

表示愿望的例如：

  **要** 动④助动词。表示做某件事的意志：他～学游泳。

  **敢** ②动 助动词。表示有胆量做某种事情：～作～为|～想、～说、～干。   （《现汉》）

"要"的义项④表人决心做某事，"敢"义项②表人有勇气做事情，都是表人为实现某事的意志力。

（4）表示肯定、否定的词

肯定、否定是主观对客观两种基本联系的评断。语言中事物、行为、性状的肯定、否定是多种多样的。表示等同（如：北京是中国首都）或类属关系的肯定、否定（如：狗是哺乳动物|鸡不是哺乳动物），语言中用的是关系动词"是"（逻辑学称为系词），就是典型的指号义的应用。下面引词典的说明。

  **是** ㈢动①联系两种事物，表示等同。"是"前后两部分可以互换而意思不变（只能用"不"否定）：国歌的曲作者～聂耳|聂耳～国歌的曲作者|国庆节～十月一日。②联系两种事物，表示归类。前后两部分不能互换（只能用"不"否定）。1)"是"后为名词性词语：鲸鱼不～鱼，～哺乳动物|他～东北人，不～北京人。2)"是"后为表事物的"的"字结构：我～画

油画的|她~唱戏的。　　　　　　　　　　　（《现代汉语学习词典》）

现代汉语中这种表示主观肯定态度用的词是"是",其否定式则是加上副词"不"构成"不是",是词组。书面上可用文言的"为",如"言为心声""识时务者为俊杰","为"的否定为"非",就是一个词了。

2. 标志语言单位联系的词,可分为两类

(1)标志句子内部组合词语的关系,语法中的结构助词、介词属此

汉语的结构助词"的、地、得"分别是定语、状语、补语的标志。"的"标志前面的词语修饰后面的名词,"地"标志前面的词语修饰后面的动词或形容词,"得"标志其后的词语补足前面的动词或形容词。

介词的例子如:

　　向　　⑤介引进动作的方向、目标或对象:~东走|~先进工作者学习|从胜利走~胜利。　　　　　　　　　　　　　　　　　　（《现汉》）

　　关于　　介引进关涉的对象:~扶贫工作,上级已经做了指示|他读了几本~政治经济学的书|今天在厂里开了一个会,是~环境保护方面的。

　　　　　　　　　　　　　　　　　　　　　　　　　　　　（《现汉》）

介词表示的是它引进的词语同中心语的意义关系。如上述"向"分别表示中心语动词"看""学习""走"的方向、目标、对象。"关于"表示它引进的内容是动词"做""读""是"的关涉对象。这些都表明介词标志词语关系的作用。

(2)表示句子关系的词,语法中的连词属此

笔者曾说明,连词中的"因为"是它后面词语表示原因的标志,连词"所以"是它后面词语表示结果的标志,"因为""所以"具有指号义。指号义完整的说明应该是:

　　因为　　(放在词语的前面)表(后面的词语是)原因
　　所以　　(放在词语的前面)表(后面的词语是)结果

这个说明包含有分布、作用两个内容,词典的释义可以作种种变通,简化表述。

语言中的连词,用于连接分句,表示说话人对分句关系不同的评估、说明。例如"肥多,庄稼长得好"这两个分句,用不同的连词所表示说话人对其中关系

的评估、说明是不一样的。例如：

因为肥多，所以庄稼长得好　　因果
要是肥多，庄稼就长得好　　假设（"要是"是连词，"就"是副词）
只有肥多，庄稼才长得好　　条件（"只有"是连词，"才"是副词）

"因为""所以"构成的因果句，说明的是已实现的事实。"要是"和副词"就"构成的假设句，"只有"和副词"才"构成的条件句，都不是已实现的事实。用不同的关联词，表示了说话人在不同情况下对其中关系的认识、评估。

3. 替代或表示复杂含义的词

有学者说："'符号'不过是某种事物的代号而已。但实际上它的真正意义所在，是采用一一对应的方式，把一个复杂的事物用简便的形式表现出来。"[5]汉语中代词的作用和副词中许多含义复杂的词都体现了指号义的特点：把复杂的事物用简便的形式表现出来。

1）替代，代词的作用属此

笔者对这类词曾分析如下：人称代词把人的个体、人群相对关系的指称做了区分：我、你、他，我们、你们、他们等。指示代词则把相对的空间关系（或包含有这种关系）做了区分：这、那，这些、那些，这里、那里等。疑问代词含义复杂。"谁"（基本义）指不确定的人，同时又发出寻找确定答案的要求；"什么"（基本义）指代不确定的情况，同时又发出寻找确定答案的要求；"哪里"指代不确定的地方，同时又要求给出答案；"何时"指代不确定的时间，同时又要求给出答案。

2）表示各种复杂含义，语法中的副词属此

语法学一般把副词分为程度、范围、时间、语气等类（否定副词另外讨论），其含义可做如下分析。

（1）程度副词"很（高）""太（快）""非常（慢）"等表示的含义不是实际上事物的行为或性状的属性，而是人们对它的感受。同一座山，有人认为它"很高"，有人认为未必；同样的行车速度，有人认为它"太快"，有人却觉得"非常慢"，等等。它的应用取决于一定条件下人们的感受。

（2）范围副词"都（来了）""只（有三个人）"表示的也不是事物实际的量，而是取决于一定条件下人主观感受到的量。参加某事的仅有三个人，届时三人皆到，就可以说"都来了"。对于预定人数较多的集会，届时赴会的是三人，就是"只有三个人了"。

(3)时间副词"才(7点,就来了)""(到9点),才(来)"两句中的"才"表示的情况相反,上句"才"认为早,下句"才"认为晚,表示的也不是实际时间,而是一定条件下人对某事发生时间的感受。

时间副词并非是准确的时点、时段的表示,而是认识主体以表述时为时点,在不同条件下对于现在、过去、将来、快慢、长短等的感觉的表示。例如:

他正吃饭,老张就来了。　　　　　他刚要睡觉,电话又响了。

"正""刚"是对于现在的表示。

比赛已经开始了。　　　　　　　　他曾经学过京戏。

"已经""曾经"是对于过去(指已发生)的表示。

会议立刻开始。　　　　　　　　　这批货即将发出。

"立刻""即将"是对于将来(指将发生)的表示。

"忽然一声巨响"的"忽然"表事件在时间上急促发生。"再给他打电话"的"再"表行为在时间上重复。这些都是认识主体以说话时为时点,对现在、过去、将来、快慢、久暂等时间上的感受。

(4)语气副词"究竟(是谁说的?)"中的"究竟"表示追问,"幸亏(他不在)"中的"幸亏",表示主观不希望的某事居然真的未出现。语气副词一般都是表示主观对行为情况的种种感受,含义都相当复杂,要一个个具体分析。下面引词典解释的例子。

**简直**　副 表示完全如此,(语气带夸张):屋子里热得~待不住了|街上的汽车一辆跟着一辆,~没个完。

**索性**　副 表示直截了当;干脆:既然已经做了,~就把它做完|找了几个地方都没有找着,~不再找了。　　　　　　　　　　(《现汉》)

"简直"表示完全肯定某种事实,用夸张语气表达。"索性"表示在某种确定条件下,主观决断某种行为。含义都需细细辨析,才能妥帖体会。

(5)否定副词。肯定、否定的意义上面已做过讨论。语言中运用的否定词,语法学根据组合特点分为动词(如"没有钱"中"没有")和副词(如"没有去"中的"没有"),"不去"中的"不"否定行为发生,"不整齐"中的"不"否定性状存在,语法都划入副词。它们表达的都相当于逻辑上"-"的否定,是一种标记,起指号的作用。

由此可见,副词的作用是用一个简便的符号表示一种意义,许多都表示复杂的含义,这样可以使语句组织经济便当。可以试验将用"才"的"十一点他才来上班"这句话改为不用"才"的表述。可能是:九点上班,他十一点来,太晚了。这样说,词语用多了,而用"才"所包含的多种主观情绪评价,都消失了。

从上述对全部语义范畴的划分及简要说明,我们可以认识到:语言中的词是意识内容的标记,包括:1. 有表示认识活动及其成果的符号;2. 有表示感情意志种种信息的符号;3. 有标志语言单位关系的符号;4. 有起替代作用和含种种复杂含义的符号。1 属概念义范畴(拟声词附入),2、3、4 属指号义范畴。

## 二

有了上述认识,可以用传统的词义图说明各种语义范畴的特点。下面引苏联学者 Головин Б. Н. (戈罗文)在奥格登(C. K. Ogden)与瑞恰慈(I. A. Richards)提出的语义三角图基础上设计的词义图来说明。⑥这个图的特点是,把词在意识中的语音形象(戈氏称"音响形象")标示出来,标示了语音形象在意识中同客观对象反映的联系,戈氏认为这种联系就是词义(这里对"联系"论不予讨论),如图 1:

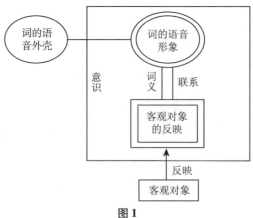

图 1

以汉语的"书"为例(图2):

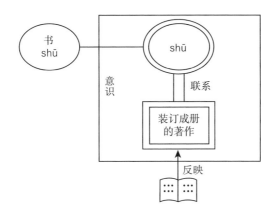

**图 2**

这就是词义图对概念义的说明。

指号义的情况与这不同,下面分析数例。

1. 表感情的叹词"唉",如:唉,他又生病了。这里的"唉"用词义图可表示为图3:

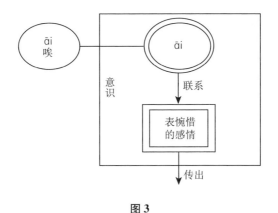

**图 3**

这个"āi 唉"表惋惜的感情是主观感情的传出,它不反映某种客观对象。

2. 表主观评价的"应该",如:学校应该上课了。这里的"应该"用词义图可表示为图4:

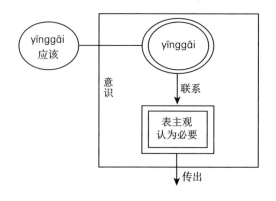

图 4

这个"应该"是主观评断的传出,也不反映客观某种对象。

3. 表代替的"我们",如:我们带你们去找他们。这里的"我们"用词义图可表示为图 5:

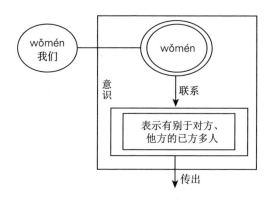

图 5

这个"我们"表示将人群作相对划分的己方多人,并未反映某种客观对象。

4. 表语气的"究竟",如:究竟是谁说出这件事的?这里的"究竟"用词义图可表示为图 6:

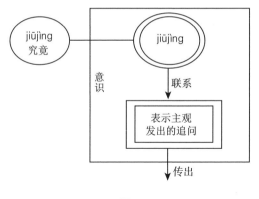

**图 6**

这个"究竟"表示主观追问的语气,它也并未反映某种客观对象。

由此可见,传统语义三角图将词义要素三分:S(语音外壳,在意识中就是语音形象)、T(意识对客观的反映)、R(客观对象),而指号义的构成是两个要素:"词的语音外壳"和"传出的主观信息",没有反映的客观对象。这说明语言的词中有一部分竟然同一般的两元素构成的指号相似,只不过语言中词的指号义代表的意识内容既丰富又复杂罢了。

## 三

词的语义范畴的划分,还可以找到词的释义形式上的根据。笔者多年来致力于探讨词典释义的内容和形式,因为词典的释义是人们用语言表述词义能力不断提高不断改进成果的反映。词典的释义是多样的变化的,但又可以从中概括出各类概念义释义形式上的特征:1. 表名物词以定中结构释义为形式特征;2. 表动作行为的词用以动词为中心的谓词性结构释义为形式特征;3. 表性状词主要用主语表达适用对象,用表性状的谓词性结构释义为形式特征。⑦这样,表名物语义范畴、表行为语义范畴、表性状语义范畴的词就分别以上述三种释义形式为特征。笔者在近期发表的论文《词的概念特点探讨》中分析了产生这种形式特征的原因,这里不重复。⑧

指号义的释义形式,笔者在《指号义的性质和释义》一文中做了概括,它一般包括这些内容:

1. 所属词类；
2. 表示的意义作用；
3. 分布(组合)特点，包括：(1)能充当什么句子成分,(2)它前后出现的成分,(3)它出现的位置；
4. 同义、近义词。

可以概括为一个公式：

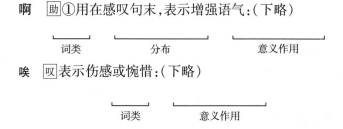

而词典释义，各个词并不都具有这些内容，措辞、次序也有各种变化。如上引二例：

啊 助①用在感叹句末，表示增强语气：(下略)
　　　词类　　分布　　　意义作用

唉 叹 表示伤感或惋惜：(下略)
　　词类　　意义作用

笔者认为，指号义释义的各项，不处在一个层面上，而是分别说明词类、作用、组合情况等，而概念义释义的各项，可构成一个内容形式都完整的整体。

数词、拟声词、量词的释义形式又是怎样的呢？数词、拟声词多用类别限定的方法释义。数词如：

一 数 最小的正整数。

三 数 二加一后所得的数目。　　　　　　　　　　　　(《现汉》)

这是类别限定的方法，指出其所属类别，类别可以是不同角度、不同层级的，"一"释义用的是"整数"，"三"释义用的是"数目"，然后再用修饰语加以限定。仍以定中结构为其特征。

拟声词如：

哗 拟声 形容撞击、水流等的声音

吧嗒 拟声 形容物体轻微撞击或液体滴落等声音　　　　(《现汉》)

二词释义也是指出其类别"声音"(准上位词,类别词同被释词词性不同),再用修饰语加以限定。"形容"二字表明词的声音为模拟客观某种声音,其释义核心仍以定中结构为形式特征。

量词如:

  颗  量 多用于颗粒状的东西:一~珠子……

  双  量 用于成对的东西:一~鞋……　　　　　　　　(《现汉》)

量词的释义近于指号义,先说明所属词类,再说明组合特点,即结合的词语。前面分析过"量"的本质仍然是数,或是单个数,或是各种数的集合,因此仍然是客观对象"数"的反映。但汉语众多的名量词有它的特点,它仅和名词组合,不少仅和有定的名词组合,它这种组合上的特点,就成为释义的重要内容。

原载于《辞书研究》2019 年第 3 期。

### 注　释

① 符淮青《组合中语素和词语义范畴的变化》,《江苏大学学报(社会科学版)》2007 年第 1 期。
② 符淮青《词在组合中语义范畴的变化和词性标注——以"一"、"是"为例》,《辞书研究》2010 年第 5 期。
③ 符淮青《词义分析形式化的探讨》,《辞书研究》2013 年第 1 期。
④ 符淮青《指号义的性质和释义》,《辞书研究》2002 年第 5 期。
⑤ 池上嘉彦著,张晓云译,《符号学入门》,国际文化出版社,1985 年,1 页。
⑥ Головин Б. Н. Введение в Языкознание. Москва,1977:71—72.
⑦ 同注③。
⑧ 符淮青,《词的概念特点探讨》,载《词汇学理论与应用(九)》,商务印书馆,2018 年。

# 说"反而"（附【补白】）

## 马　真

　　就已有的资料看,对"反而"一词的看法存在着明显的分歧:第一,"反而"到底是什么词？有的说它是副词,有的说它是连词,有的说它既是副词又是连词。①第二,"反而"在句子中到底表示什么关系？有的说它表示转折关系;有的说它表示递进关系;有的说它既表示递进关系,又表示转折关系。②

　　关于"反而",过去谈得不多,所谈也极为简单。目前大家的不同看法,从某一方面说,也正反映了我们对"反而"这个词,特别是对它的具体用法,搞得不是很清楚。就拿 1980 年版《现代汉语词典》、1981 年版《现代汉语八百词》来说,它们对"反而"的语法意义的解释还是可取的,③但是都未能具体分析说明"反而"的用法。本文试对"反而"的用法、词性作些具体分析。

## 一

　　要搞清楚"反而"的具体用法,首先必须了解这个词在句中出现的语义背景。

　　现代汉语里用到"反而",总有如下的语义背景:

　　A. 甲现象或情况出现或发生了;

　　B. 按说〔常情〕/原想〔预料〕甲现象或情况的出现或发生会引起乙现象或情况的出现或发生;

　　C. 事实上乙现象或情况没有出现或发生;

　　D. 倒出现或发生了与乙相悖的丙现象或情况。

　　上述 A、B、C、D 指的是四层意思,"反而"就用在说明 D 意的语句里。这四层意思可以在句中一起明确地说出来,也可以不全明确地说出来;这四层意思可以通过一个复句形式来表达(这是最常见的),也可以通过一个句群来表达;这四层意思有时也可以压缩,通过一个最小的复句形式(只包含两个分句的复句),甚至是一个单句来表达。下面我们着重分析讨论这四层意思在复句里出现的具体情况,也兼及其他两种情况。

如果我们将"反而"出现的语义背景在一个复句中全都说出来,那么将得到格式Ⅰ:

Ⅰ. A + B + 可是④C + 反而 D

这是一个多重复句的格式。例如:

(1)(A)今天午后下了一场雷阵雨,(B)原以为可以凉快一些,可是(C)并没有凉下来,(D)反而更闷热了。

C分句里常常有"不但""不仅"等表示递进的前置连词。

例如:

(2)(A)有些演员唱歌、演奏必伴之以摇摆、扭屁股的动作;(B)以为可以赢得观众,谁知(C)不但没有博得喝彩声,(D)反而引起了多数观众的议论和指责。　　　　　　　　　(《文摘报》)

例(1)C分句也可以说成"可是不但没有凉下来"。因此,格式Ⅰ可以改写为:

Ⅰ. A + B + 可是(不但)C + 反而 D

格式里的括号表示其中的成分可以出现,也可以不出现,下同。

人们在交际过程中,总是要求说话尽量经济,用最少的言辞表达所要说的意思。因此,格式Ⅰ除非出于某种表达的需要,一般很少用,在我们所搜集的一百四十个例句中,仅见一例,即例(2)。由于B和C实际起着互相衬托的作用,在C里实际包含了B的意思,而在B里隐含着C的意思,因此在实际交际中常常省去B,例如:

(3)(A)今天午后下了一场雷阵雨,可是(C)天气不但没有凉下来,(D)反而更闷热了。

(4)(A)中央曾对其中有些问题有过指示,要求各级党委予以重视和解决。但是(C)不但没有解决,(D)反而越来越严重。(毛泽东

《关于解决区乡工作中"五多"问题的指示》)

(5)(A)蕙气得回房里哭了半天,(C)她的丈夫不但不安慰她,(D)反而责备她小器。(巴金《春》)

这就构成格式Ⅱ:

Ⅱ. A + 可是(不但)C + 反而 D

也可以保留 B,省去 C,例如:

(6)(A)今天午后下了一场雷阵雨,(B)原以为可以凉快一些,谁知(D)反而更闷热了。

(7)(A)九号十二号两天刚说好停战,(B)大家以为没有事了,谁知(D)敌人反而在这时候用大炮轰城。(《田汉剧作选》)

(8)(A)他往灶里塞了好多柴火,(B)想让火烧得旺些,没想到(D)反而把火压灭了,弄得满屋子是烟。

这就构成格式Ⅲ:

Ⅲ. A + B + 可是 + 反而 D

也可以 B、C 都省去,只保留 A、D,例如:

(9)(A)今天午后下了一场雷阵雨,(D)天气反而更闷热了。

(10)永新、宁冈两县的党组织全部解散,重新登记。(A)党员数量大为减少,(D)战斗力反而增加。(毛泽东《井冈山的斗争》)

(11)一路上,我们都不约而同地谈论着:为什么(A)一个人自己种了玉蜀米,山薯,辛辛苦苦地,(D)一年到头反而只能够吃蕨米。(《叶紫创作集》)

这就构成格式Ⅳ:

Ⅳ. A + 反而 D

将四种格式排列在一起:

Ⅰ. A + B + 可是(不但)　　C + 反而 D

Ⅱ. A　　 + 可是(不但)　　C + 反而 D

Ⅲ. A + B + 可是　　　　　　 + 反而 D

Ⅳ. A　　　　　　　　　　+反而 D

这四个格式从表面看虽然各不相同,实际上却有内在的联系。如果我们把格式Ⅰ看作是繁式,那么格式Ⅱ、Ⅲ、Ⅳ就分别是它的省略式,因此这四个格式也可以概括表示为:

A +（B）+（可是（不但）C） +反而 D

D 是"反而"所在的分句,当然不能省。A 是使用"反而"的前提条件,因此也不能省。

包含"反而"的复句格式,其内部的语义结构关系可图示如下:

很明显,所有包含"反而"的复句,就全句说都是转折复句。可是,在格式Ⅰ和Ⅱ里,"反而"所在的 D,只跟 C 发生关系,它们之间都是递进关系;而在格式Ⅲ和Ⅳ里,"反而"所在的 D 跟"A + B"或 A 发生关系,它们之间都是转折关系。至此,我们就可以明白,为什么"反而"会让人感到它有时表示递进关系,有时表示转折关系。

## 二

前面已经指出,A 是使用"反而"的前提条件,因此不能省。但是,A 有四种变化情况:⑤

1. A 取名词短语的形式,作后面某一段的主语。上文所举的例(1)(3)(6)(9),就都可以分别改为:

(12)(A)今天午后这一场雷阵雨,(B)大家以为会使天气凉快一些,谁知(C)不但没凉快下来,(D)反而更闷热了。

(13)(A)今天午后这一场雷阵雨(C)不但没使天气凉快下来,(D)反而更闷热了。

(14)(A)今天午后这一场雷阵雨(B)按说该使天气凉快一些,谁知(D)反而更闷热了。

(15)(A)今天午后这一场雷阵雨(D)反而使天气更闷热了。

再如:

(16)(A)这种不正确的谦逊(C)不但不能成为一个人的美德,(D)反而有害于我们共同的事业。(转引自《语文知识》1955年第12期)

(17)(A)你这个年轻人(B)照理应该走在头里,(D)你怎么反而掉在我们老头儿后边啦?(《文汇报》)

(18)难道(A)这不幸的事件(D)反而使得她不想望孩子了吗?(《散文特写选》1953.9—1955.12.)

2. A取介词短语形式,作后面某一段的状语。上文的例(1)(3)(6)(9)也可分别改写为:

(19)(A)经过午后这一场雷阵雨,(B)原以为天气会凉快一些,谁知(C)不但没凉快下来,(D)反而更闷热了。

(20)(A)经过午后这一场雷阵雨,(C)天气不但没凉快下来,(D)反而更闷热了。

(21)(A)经过午后这一场雷阵雨,(B)原以为可以凉快一些,谁知(D)反而更闷热了。

(22)(A)经过午后这一场雷阵雨,(D)天气反而更闷热了。

再如:

(23)(A)在他得知自己患了血癌以后,(B)同志们都担心他会经受不住这一突如其来的打击,谁知(D)他倒反而来安慰自己的爱人和同志们了。(《长江日报》)

(24)(A)自从母亲死后,(D)大小姐的身体反而健康发福了,气性也反而温驯了。(李劼人《暴风雨前》)

在上述两种情况下,当句中 B、C、D 都出现时,跟前面分析过的格式Ⅰ一样,全句是个转折复句,"反而"所在的 D 跟 C 发生递进关系,如例(12)(19);当句中只出现 C、D 时,全句便是个递进复句,如例(13)(16)(20);当句中只出现 B、D 时,全句便是个转折复句,如例(14)(17)(21)(23);当句中只出现 D 时,全句通常是一个含有转折意思的单句,如例(15)(18)(22)。

3. A 见于前句。例如:

(25)(A)民国以来,(C)也还是谁也不作声。(D)反而在外国,倒常有说起中国的,但那都不是中国人自己的声音,是别人的声音。(鲁迅《三闲集·无声的中国》)

例(25)包含"反而"的复句里并没有 A,A 是在前面一个句子里。例如:

(26)(C)他不但没有成为列车上的调皮鬼,(D)反而成了积极带头的模范。(峻青《黎明的河边·东去列车》)

(27)哼!依你说,(D)反而是周乡绅怕了乡下人么?(《洪深选集》)

例(26)(27)包含"反而"的复句里都没有 A,可是在原文里 A 都出现了,只是在较前的句子里。这种情况,实际上就是前面所提及的 A、B、C、D 四层意思包含在一个句群中的现象。

4. A 取假设分句形式。前面所提到的 A,都是一个已然的前提条件,然而在运用"反而"的语义背景中,A 也可以是一个假设的前提条件。例如:

(28)要是先把刁小三抓起来,看来没有什么不可以,事实上刁小三目前对我们用处不是很大,反而会打草惊蛇,对整个侦破工作不利。

这与 A 为已然的前提条件时基本一致。需要指出的是,当 A 为假设的前提条件时,格式Ⅳ便成了:

如果 A + 反而 D

这时,"反而"所在的分句 D 与 A 之间是假设关系。例如:

(29)不能!(A)打死一两个敌人,(D)反而碍事!(陈登科《淮河边上的儿女》)

在这种情况下,会让人感到"反而"又能表示假设关系。

## 三

下面讨论"反而"的词性问题。

我们同意《现代汉语八百词》的意见,把它归入副词。理由有三:

1. 运用"反而"的句子,虽然有种种不同的格式,但是,从上面的分析中可以看出,Ⅰ式是最基本的格式,其余都是由它衍化出来的,因此出现在各种格式里的"反而"其实是同一个词。这说明把"反而"处理为既是副词又是连词,是不恰当的。

2. "反而"经常用于复句,但并不是非得用于复句不可。当"反而"语义背景中的 A 取名词短语形式作主语或取介词短语形式作状语时,"反而"可以用于单句,如例(15)(18)(22)。

3. 不管"反而"出现在哪一种具体的句子格式里,它所表示的语法意义都是相同的(即《现代汉语词典》与《现代汉语八百词》所指出的,见注③)。至于"反而"所在的分句,与前面的分句有时是转折关系,有时是递进关系,有时是假设关系,这是包含"反而"的复句所表示的语法意义,而不是"反而"本身所表示的语法意义,虽然二者有联系。我们不能将"反而"所在的句式所表示的语法意义归到"反而"头上去。

因此,我们认为"反而"是一个副词。

与副词"反而"同义的还有副词"反""反倒"。例如:

(30)中国最多的却是枉道:不打落水狗,反被狗咬了。(鲁迅《坟·论"费厄泼赖"应该缓行》)

(31)疯哥,你是好人,真有你的,不记前仇,反倒把我扶到这儿来,你的心眼太好了。(老舍《龙须沟》,1951年本)

上面二例中的"反"和"反倒"都可以换成"反而",意思不变,所不同的是,"反倒"多用于口语,"反"多用于书面语,"反而"则书面语和口语都用。

原载于《中国语文》1983年第3期。

## 【补白】

《说"反而"》一文,对于使用"反而"的语义背景的分析,是符合语言事实的;但是对于"反而"所表示的语法意义,我采用了 1980 年版《现代汉语词典》和 1981 年版《现代汉语八百词》的说法:

  表示跟上文意思相反或出乎预料和常情之外。 (《现代汉语词典》)
  表示跟前文意思相反或出乎预料之外。   (《现代汉语八百词》)

现在看来,这不很妥当。正如王还先生所指出的,按《现代汉语词典》和《现代汉语八百词》的说法,外国留学生就造出下面这样的病句:

  *他以为我不喜欢她,我反而喜欢她。

王还先生认为"反而"应定义为:

  当某一现象或情况没有导致按理应导致的结果,而导致相反的结果,就用"反而"引出这相反的结果。

    (王还《对外汉语教学:汉语内部规律的试金石——以"反而"为例》,《世界汉语教学》1994 年第 1 期)

王还先生指出《现代汉语词典》关于"反而"的说法"有问题",这是有道理的。但是,王还先生的"定义",我觉得不能看作是对"反而"语法意义的概括。实际上,王还先生的"定义",说的还只是使用"反而"的语义背景,不是"反而"所表示的语法意义。我现在认为,"反而"的语法意义是不是应该这样来概括:

  表示实际出现的情况或现象跟按常情或预料在某种前提下理应出现的情况或现象相反。

这几年来,我一直给中文系汉语专业中国本科生和中文专业外国留学生(本科)开设"现代汉语虚词研究"专题课。在讲"反而"时,在给他们讲清楚"反而"出现的语义背景的基础上,进一步概括说明上述的"反而"的语法语义,同学们都能很好地接受。我想,如果真正了解了使用"反而"的语义背景,又领会了上面所说的"反而"的语法意义,留学生在使用"反而"时,就不会再出现王还先生所举的那种病句。

马真《关于"反而"的语法意义》,载《世界汉语教学》1994 年第 1 期。

**注　释**

① 吕叔湘主编的《现代汉语八百词》(以下简称《八百词》,商务印书馆,1981 年)认为是副词;王国璋、安汝磐等编著的《常用词用法例释》(中国人民大学出版社,1980 年)以及华南师范学院中文系编的《现代汉语虚词》(以下简称《现虚》,广东人民出版社,1981 年)认为是连词;景士俊的《现代汉语虚词》(以下简称《虚词》,内蒙古人民出版社,1980 年)认为既是副词,又是连词。

② 《八百词》认为表示转折关系;《虚词》认为表示递进关系;《现虚》认为既表示递进关系,又表示转折关系。

③ 1980 年版《现代汉语词典》的解释是"表示跟上文意思相反或出乎预料和常情之外",《八百词》的解释是"表示跟前文意思相反或出乎预料之外"。

④ 这里仅仅以"可是"为代表,其实可以有"可是、但是、然而、谁知(道)、谁想到、没想到、哪知道"等多种说法。

⑤ 有时,A 意也可以用一个谓词性短语表达,例如:
(1)他常常喜欢想呀想的,只是有时候(A)想了(D)反而把事情弄得更糟。(《儿童文学选》)
(2)你让他哭好了,抱他干么? 小孩子(A)多哭哭(D)反而卫生。(林淡秋《散荒·雪》)

# 概念驱动和句法制导的语句构成和意义识解
## ——以"白、白白(地)"句的语义解释为例

### 袁毓林

## 1 引言:语言系统的复杂性和非线性

在语言中,多数的语句组合是复合性的(complicated),表现为整个结构体的意义可以直接从其结构成分和结构方式上推导出来;少数的语句组合是复杂性的(complex),表现为整个结构体的意义不能直接从其结构成分和结构方式上推导出来。[①]例如:

(1)a. 我快走,你慢走,所以用的时间不一样。(快:快速;走:行走)
　　b. 你快走,再不走就要迟到了。(快:赶快;走:离开)
　　c. 你爷爷快走了,你等办完后事再出门也不迟。(快:即将;走:离世)
(2)a. 他白吃了三服药,咳嗽还没有好。(白:没有效果;徒然)
　　b. 他白吃了一顿自助餐,用的是我的积分返点。(白:没有代价)
　　c. 他白吃了我一顿好饭,没有给我办成事儿。(白:没有报偿)

在(1)中,不同词类(形容词和副词)、不同意义(义项)的"快"跟不同意义(包括隐喻用法)的动词"走"组合后,都可以在"状语－中心语"这种结构方式的引导下得到语义解读:"快速地行走、赶快离开、即将离世"。但是,在(2)中,不同意义(义项)的副词"白"跟动词短语"吃……"组合后,在"状语－中心语"这种结构方式的引导下也不一定能够得到合理的语义解读。比如,(2a)"白吃了三服药"说的是"吃了三服药,但是没有起到治疗的效果",而不是简单的"没有效果地吃了三服药";"白吃了一顿自助餐"说的是"吃了一顿自助餐,但

是没有付出相应的代价",而不是简单的"没有代价地吃了一顿自助餐";"白吃了我一顿好饭"说的是"吃了我一顿好饭,但是没有践行或实现某种承诺",而不是简单的"没有报偿地白吃了我一顿好饭"。

从直觉上说,像(1)这种复合结构,其各结构成分根据层次结构逐渐局部地组合,最终构成一个结构体,其语义解释符合弗雷格的语义组合性原理(Frege's principle of semantic composition)。像(2)这种复杂结构,其有关结构成分跨层次地组合,最终构成的结构体的语义解释超越了弗雷格的语义组合性原理。比如,(2)中的"白"是对于整个主谓结构"他吃了三服药、他吃了一顿自助餐、他吃了我一顿好饭"所表示的命题(proposition)的主观评价;并且,还增生了一些意义。对于诸如此类语言现象的解释,在语法理论内部可以用构式语法(construction grammar)来说明:"NP+白+VP"这种形式—意义配对,造成了句子意义整体大于部分。当然,也可以从语言这种系统的复杂性(complexity)和非线性(non-linearity)的角度进行探讨。

但是,光是把构式意义的涌现(emergence)归结为构式的效应,或者归结为语言结构的复杂性和非线性,这种近于贴标签的方式是远远不够的;因为,出于语言学家的职业习惯,我们还想知道:我们人脑是如何处理语言中的这种复杂性和非线性现象的?小孩是怎么习得足以处理语言中的这种复杂性和非线性的语言能力的?也就是说,语言的复杂性和非线性的机制是什么?

下面,我们打算以副词"白、白白(地)"为案例,探讨人脑是如何植根于概念结构(grounded in conceptual structure)、在多层次的概念结构的驱动下,并且经由句法结构制导(directed by syntactic structure),来生成语句并对相关构式的意义进行识解。

## 2 多层面的概念结构与语法结构的互动

粗略地说,句子的意义结构可以分为三个层面:(1)述谓结构(predication),往往是由核心动词(包括形容词)的论元结构投射出来的,实现为一个基本的句法结构,用以表示基本的事件及其参与者等信息(拿动词"吃"来说,涉及"谁吃什么"这种基本的及物性关系);(2)时体结构(tense-aspect),通过附着在基本的句法结构上的时体标记(副词、助词、语缀,等等),来表示事件在语境中的时间定位(在说话之前还是之后发生、有没有完成,等等);(3)认识结构(epistemic),包括说话人的推论(reasoning)、情感(emotion)和情态(modal and modality)等,通过附着在基本的句法结构上的逻辑、情感和情态标记(副词、助词、助动词、语气词、语缀,等等),来表示说话人对事件的因果(必然性)、值得、恰当性、好恶、频率、概率(可能性)、道义(必要性)、确信等的主观评价。②更加简单地说,(1)(2)两种结构造就句子的命题意义(proposition),(3)构成句子的评价意义(evaluation)。包含副词"白、白白(地)"的句子,也可以这样来分层次地剖析。例如:③

(1) a. 贾母道:"今儿原是带着你们取乐,咱们只管咱们的,别理他们。我巴巴儿的唱戏摆酒,为他们呢?他们白听戏,[$e_i$]白吃[$e_j$],已经便宜了,还让他们点戏呢!"(《红楼梦》第二十二回)

b. 孩子被她这么一折腾,"哇"的一声全吐了出来。这下好了,刚才吃下去的药[$e_i$]全都白吃了。(魏崇《十月》)

c. 众人笑道:"真是茄子,我们再不哄你。"刘老老诧异道:"真是茄子?我白吃了半日!姑奶奶再喂我些,这一口细嚼嚼。"(《红楼梦》第四十一回)

(2) a. 凭丁翼平那个赚钱的劲儿,咱们白费力气,做不出好活来!(老舍《春华秋实》)

b. 咱们的汗白流了,力气白费了,死了也白死!(老舍《春华秋实》)

c. 真!作校长仿佛是丢人的事,你就说,天下竟会有这样的人!看他文文雅雅的,他的书都白念了。(老舍《四世同堂》)

在(1a)中,动词"听"的受事"戏"作宾语,两者形成述宾结构,"听"的施事"他们"作这个述宾结构的主语;副词"白"黏附在谓词性成分"听戏"上,表示对于事件"他们听戏"的评价:他们享受了听戏,但是没有付出相应的代价。至于动词"吃"的主语和宾语都是空语类(empty category),需要利用句法规则,在上文分别找回(discover)它们的先行语,从而确定它们的所指对象,最终得到它们之间的施事—受事之类的及物性关系。在(1b,c)中,利用了语气词和助词

"了"来标记事件(吃药、吃茄子)已经实现。在(2a)中,动词"费"的施事和受事各就各位。在(2b)中,动词"费"的受事"力气"居于动词之前作主语,其施事要到上文去找回。(2c)则更为复杂,动词"念"的施事、受事都隐藏在其主语中,意思是"他念书都<u>白</u>念了"(构式类似于"他的老师当得好" = 他当老师当得好)。

动词的论元结构其实是跟动词相关的概念结构和句法结构互相作用所形成的一种词汇性语义结构:一定的事件结构(行为发出者—行为—行为接受者)通过一定的句法结构(主语—动词—宾语)的表达和模塑,最终形成相对定型的论元之间的论旨角色关系(施事—动词—受事)和句法配位方式(主语[施事]—动词—宾语[受事]、大主语[受事]—小主语[施事]—动词、……)。因此,空语类的语义解读,一方面是由概念结构驱动的,当事件结构得不到完整的解读时,人们需要明确动词的施事、受事及其及物性关系;另一方面又是由句法结构制导的,人们必须调用句法规则来核查主语或宾语位置上的空语类的先行语,以期得到动词的施事和受事的语义解释。

## 3 "白"等的意义和用法及其概念结构基础

下面,我们通过实例来探讨"白、白白(地)"的各种意义、用法及其概念结构基础和意义扩散的轨迹。先看它们的一个义面(semantic facet):(一)无代价;无报偿。④即得到享受、实物、服务、待遇或钱财等的利益,但是没有付出相应的代价,没有作出相应的劳动、回报、或补偿、赔偿等;可以简称为"无付出"或"白得、白捡"。例如:

  (1)a. 还不错,总算没输,<u>白</u>吃一顿,<u>白</u>玩一场也挺开心。(曹桂林《北京人在纽约》)

  b. 得啦,<u>白住了两天房</u>,<u>白玩了女人</u>,这买卖作得不错。(老舍《四世同堂》)

  c. 现在大家正在兴高采烈的白拿东西,要是遇见我,他们一人给我一砖头,我也活不成。(老舍《我这一辈子》)

  d. 再说,我和他三七分账,我受累,他<u>白拿钱</u>,我是哑巴吃黄连,有

苦说不出！（老舍《四世同堂》）

e. 祥子遇见的主人也不算少，十个倒有九个是能晚给一天工钱，就晚给一天，表示出顶好白用人，而且仆人根本是狗猫，或者不如狗猫。（老舍《骆驼祥子》）

f. 可是你爸爸也并没有白用了你的钱呀？（老舍《归去来兮》）

g. 赵鹏，你在这里白混饭吃，胸无大志，学问全无长进，算怎么一回事？（老舍《老舍文集十二卷》）

(2) a. 他不要嫁妆，我不能不要彩礼呀！白白要了我的女儿去，没那么便宜的事。（老舍《荷珠配》）

b. 她自己是一棵草也不肯白白拿过来的人。（老舍《四世同堂》）

c. 当晚他灯熄得很晚，坐在床头，抽着烟，看着以旧换新的车，再看看白白得来的几张钞票，直到上下眼皮都快粘在一起了，他才熄灯入睡。（冯骥才《匈牙利脚踏车》）

按照社会常规，吃喝玩乐、获得钱财或服务等利益，都要付出相应的代价、劳动或回报等；就像俗话所说的"天上不会掉馅饼"，西谚所谓的"没有免费的午餐"。可以总结为"劳酬均衡原理"（the principle of the equilibrium of payment and reward）。但是，如果现实生活中偶尔发生或人们想象、希望出现诸如上例所述的不劳而获等偏离"劳酬均衡原理"的反常情况，在汉语中就可以用"白、白白（地）"这种专门的语言成分来标记这种反常规的情况。

推广一步，除了上述的"利益、享受—劳动、代价"这种比较直接的"劳酬均衡"之外，还可以是"损害、破坏—赔偿、受罚"这种相对间接的、带有想象性的"劳酬均衡"。"白、白白（地）"还可以表示实施了损害、破坏却没有补偿、赔偿，或受到惩罚。例如：

(3) a. 这样还不算完，眼下不知道赵国松到底怎么样，你打了人不能白打，是认罚还是认打。（蒋子龙《燕赵悲歌》）

b. 雨村听了大怒道："那有这等事！打死人竟白白的走了，再拿不来！"（《红楼梦》第四回）

c. 他赶上个好机会白拣来一条命。（老舍《四世同堂》）

按照社会常规,损害、破坏了别人的人身或财产等利益,都要作出相应的补偿、赔偿或受到相应的惩罚;就像俗话所说的"借钱还债、欠债还钱、杀人偿命、破财消灾",西谚所谓的"责罚相当"。可以看作是"劳酬均衡原理"的引申。于是,如果现实生活中偶尔发生或人们想象出现诸如上例所述的偏离"罪罚相等"的反常情况,在汉语中也可以用"白、白白(地)"这种专门的语言成分来标记这种反常规的情况。甚至可以像(3c)那样想象:在情势所迫、难免一死的情况下,居然大难不死,这也等于是没有付出代价,无偿地存活了下来。在这种情况下,也可以用"白、白白(地)"来标记这种超乎想象的情况。

现在,我们来看"白、白白(地)"的另一个义面:(二)没有效果,徒然地。[5]即付出钱财、实物、劳动、时间、辛苦等的代价,但是没有得到相应的报酬、收获、利益、报答等;可以简称为"无收获"或"白给、白搭"。例如:

(4) a. 做生意不冒险,人家白送给你好不好?(曹桂林《北京人在纽约》)

b. 今天白送给人家一张画,卖出去一张画,心里很痛快!(老舍《西望长安》)

c. 大赤包的女儿不能白给了人,李空山答应给大赤包运动妓女检查所的所长。(老舍《四世同堂》)

d. 每天早上六点到晚上九点,坐在公园门口看车,不拿工资,白尽义务,却分外上心。(苏叔阳《画框》)

e. 紧挨他站着的一个人就说:"抓都抓起来了,哭顶个啥用。白叫鬼子听了高兴。"(邓友梅《别了,濑户内海》)

(5) a. 你不骗吃不骗喝,你白给破风筝写词儿,你说话不转文,不扯谎,你是好人。(老舍《方珍珠》)

b. 想想看吧,本来就没有儿子,不能火火炽炽的凑起个家庭来,姑娘再跟人一走,自己一辈子算是白费了心机。(老舍《骆驼祥子》)

c. 有时候,我白费了许多工夫与材料而作不出我所想到的东西。(老舍《我这一辈子》)

d. 谁要说给他找个媳妇,他甘愿白为人家脱三天大坯!(蒋子龙

《燕赵悲歌》)

  e. 她<u>白受了苦</u>,<u>白当了特务</u>,永远不能再见妈妈。(老舍《四世同堂》)

  f. 大多数学生瞧一下批的分数,就把卷子扔了,老师<u>白改得头痛</u>。(钱钟书《围城》)

(6) a. 如今<u>白白的花了钱</u>,弄了这个东西,又叫咱们认出来了。(《红楼梦》第九十五回)

  b. 他拉车不止一天了,夏天这也不是头遭,他不能就这么<u>白白的"泡"一天</u>。(老舍《骆驼祥子》)

  c. 于是他顺着沟走来走去,焦躁起来,竟没有找到什么木板,<u>白白地多走了冤枉路</u>,绕还是跳?(王蒙《夜的眼》)

  d. 你要活,我也要活。你赶紧出去,叫人来还有救活我的可能。为什么两个人都<u>白白死去</u>。(冯骥才《他在人间》)

按照社会常规,给人钱财、物品、提供劳动或服务等利益,乃至付出生命,都要得到相应的物品、钱财等作为报酬或收获;就像俗话所说的"公平交易,一手交钱,一手交货",或者"种瓜得瓜,种豆得豆;一分耕耘,一分收获"。显然,这也隶属于"劳酬均衡原理"或更加普遍的"成本效益原则"(the principle of cost-benefit)。但是,如果现实生活中偶尔发生或人们想象、不希望出现诸如上例所述的劳而不获等偏离"劳酬均衡原理"的反常情况,在汉语中也可以用"白、白白(地)"这种专门的语言成分来标记这种反常规的情况。

  推广一步,除了上述的"代价、劳动—利益、收获"这种比较直接的"劳酬均衡"之外,还可以是"优势、长处—利益、收获"这种相对间接的、带有想象性的"劳酬均衡"。"白、白白(地)"还可以表示虽然有某种优势、强项却没有因此而得到好处。例如:

(7) a. 自从她嫁给胡二之后,背后常常有人感叹:"<u>白长了一副漂亮的脸蛋</u>,可惜了。"(魏崇《十月》)

  b. 孙七爷,你<u>白活了这么大的岁数</u>呀!他大节下的,一个铜板不拿回来,你还夸奖他哪?(老舍《四世同堂》)

  c. 像我们<u>白来了外国</u>一次,没读过半句书,一辈子做管家婆子,

在国内念的书,生小孩儿全忘了——吓!(钱钟书《围城》)

d. 树奎哥。……咱俩从小做亲,苦等到现在,咱不能<u>白白</u>来人间<u>走一遭</u>,今夜里,咱天当房,地当床,咱……咱俩就成亲吧……
(李存葆《山中,那十九座坟茔》)

按照一般的社会常规和期望,长得漂亮应该嫁得好,活得长应该见识广,出国应该学习新知识,来人间应该享受人间幸福;这种有利条件应该取得好的结果的信念,也可以看作是"劳酬均衡原理"的引申——可以概括为"条件与结果均衡原理"。于是,如果现实生活中发生或出现诸如上例所述的偏离"好条件有好结果"的反常情况,在汉语中也可以用"白、白白(地)"这种专门的语言成分来标记这种反常规的情况。

## 4 劳酬均衡原理的偏离及其词汇化形式

现在的问题是:怎样来为"白、白白(地)"的各种意义、用法建立一个解释性的理论模型。张谊生指出:"'白'对命题的预设直接加以否定"(《现代汉语副词研究》236页),"预设否定的否定对象不是命题本身,而是说话人和听话人共知的相关情况"(同上235页)。比如:

(1)a. 张三学了几年钢琴,(但至今仍然一窍不通)。

b. 张三<u>白</u>学了几年钢琴。

张谊生认为:(1a)的预设是:学了几年钢琴,应该善于弹奏。对于这种溢出人们联想和推断的情况,可以使用(1a)这种以预设为依据的转折复句,也可以像(1b)那样用"白"等预设否定副词(同上235—236页)。当"白"等副词表示"无偿地"时(如:白拿),否定的预设是"获得效益应该付出相应的代价",被"白"等副词所否定的是代价的付出;当"白"等副词表示"徒劳地"时(如:白花钱),否定的预设是"付出代价应该获得相应的效益",被"白"等副词所否定的是效益的获得(同上237页)。

我们认为,张谊生的这种"否定预设"理论有相当的启发性,但是不够准确和清晰。首先,我们必须明确这种预设是语义预设(semantic presupposition)还是语用预设(pragmatic presupposition);前者是使命题为真的真值条件(truth condition),⑥后者是使语句合适的合适性条件(felicity condition)。⑦如果是"说话人、听话人共知的相关情况"这种背景知识,那么应该属于语用预设。其次,我们必须明确这种预设是语句预设(sentential presupposition)还是词汇预设(lexical presupposition)。前者是一个语句(p)及其否定形式(~p)以另一个语句(q)为前提,反过来说,这另一个语句(q)的意义可以从一个语句(p)及其否定形式(~p)上推演(entail)出来;如下面的例(2)所示。后者是一个词语(a)和由此造成的语句(p(a))及其否定形式(~p(a))以另一个词语(b)和由此造成的语句(q(b))为前提,反过来说,这另一个词语(b)和由此造成的语句(q(b))的意义可以从一个词语(a)和由此造成的语句(p(a))及其否定形式(~p(a))上推演出来;如下面的例(3)所示。例如:

(2) a. 李平的儿子考上了大学 → a′. 李平至少有一个儿子,他考过大学

b. 李平的儿子没考上大学 → b′. 李平至少有一个儿子,他考过大学

(3) a. 王刚<u>忘记</u>了今天要停电 → a′. 王刚早些时候<u>知道</u>今天要停电

b. 王刚没<u>忘记</u>今天要停电 → b′. 王刚早些时候<u>知道</u>今天要停电

其实,词汇预设也可以比例(3)所示情形宽松一些,可以没有跟 a 相应的词汇 b;表现为:一个词语(a)和由此造成的语句(p(a))及其否定形式(~p(a))以另一个语句(q)为前提,反过来说,这另一个语句(q)的意义可以从一个词语(a)和由此造成的语句(p(a))及其否定形式(~p(a))上推演出来。例如:

(4) a. 刘芳<u>后悔</u>参加了文学社 → a′. 刘芳参加了文学社

b. 刘芳不<u>后悔</u>参加了文学社 → b′. 刘芳参加了文学社

如此看来,被"白"等副词所否定的"获得效益应该付出相应的代价"或"付出代价应该获得相应的效益"这种"说话人和听话人共知的相关情况",是一种社会规约和集体信念,应该属于语用预设;并且,由于这种意义是由"白"等副词所激发(trigger)的,因而它们应该属于词汇预设。这种跟特定词汇"白"等相关的语用预设,是保证可以使用"白"等词语的合适性条件。现在,我们用否定测试来检验一下。例如:

(5) a. 赵晓星<u>白</u>学了这么多年钢琴,不会弹肖邦第一钢琴协奏曲。

b. 赵晓星没<u>白</u>学这么多年钢琴,能够弹肖邦第一钢琴协奏曲。

(6) a. 八年自己人的监牢也并没有<u>白</u>坐,是个做总结的好机会,比住几年党校还强。(王蒙《悠悠寸草心》)

b. 武耕新刚才看见李峰的态度和缓,心里很高兴,以为交交心,解除隔阂,自己也不<u>白</u>跑一趟。(蒋子龙《燕赵悲歌》)

在肯定式(5a)和相应的否定式(5b)中,"付出代价应该获得相应的效益"这种背景性意义是保持不变的。(6)中的否定式跟其相应的肯定式也是共享"付出代价应该获得相应的效益"这种语用预设。

当我们证明了"获得效益应该付出相应的代价"或"付出代价应该获得相应的效益"这种"劳酬均衡原理"是"白"等词语的语用预设时,也就是证明这种预设不是"白"等词语所修饰的述谓结构的预设;于是,也就推翻了张谊生关于"'白₂'对命题的预设直接加以否定"的观点。并且,从理论上说,预设是语句在意义上得以成立并且可以解读的语义或语用前提,它对否定具有相当的免疫力(所以可以用否定测试);除非在特定的、有标记的表达中才能对语句的预设进行否定,从而形成"元语言否定"(metalinguistic negation)或"语用否定"(pragmatic negation)。⑧比如,例(5a,b)的语义预设是"赵晓星学了这么多年钢琴",对它的否定,需要在句首加"不是"这种高层否定才能达成。例如:

(7) a. <u>不是</u>赵晓星白学了这么多年钢琴,不会弹肖邦第一钢琴协奏曲;而是他学了才不到两年,而且是自学的。

b. <u>不是</u>赵晓星没白学这么多年钢琴,能够弹肖邦第一钢琴协奏曲;而是他学了整整一辈子,而且是在名师指导下练的。

(7a,b)都是否定预设中关于赵晓星学习钢琴的时间长度,(6a)是说原来预设的时间比实际时间长,(7b)是说原来预设的时间比实际时间短。但是,它们都没能影响由副词"白"带来的语用预设,即"劳酬均衡原理"。显然,"白、白白(地)"等副词不但没有否定"劳酬均衡原理",而且是以"劳酬均衡"这个社会期望的标准模型为其词汇意义的前提的。

根据我们的理解,"白、白白(地)"等副词的陈述性意义(assertion)是:偏离(deviate from)了"劳酬均衡原理"。具体地说,是它们所黏附的述谓结构所表示的事件偏离了"劳酬均衡原理"。由于"劳酬均衡原理"中的两个端点(代价、劳动……vs.效益、报酬……)是平衡的,偏离了均衡之后的结果就是两极性的:或者是付出代价、劳动……,但是没有获得效益、报酬……;或者是获得效益、报酬……但是没有付出代价、劳动……。当"白、白白(地)"等副词黏附到一个述谓结构上以后,如果这个述谓结构所表示的事件可以识解为获得利益,那么整个句子表示"获得效益却没有付出相应的代价";如果这个述谓结构所表示的事件可以识解为付出代价,那么整个句子表示"付出代价却没有获得相应的效益"。

要而言之,"白、白白(地)"等副词可以看作是专门表示偏离"劳酬均衡原理"的词汇化形式。这也符合"白"的原初意义及其引申轨迹。"白"的原初义是:白色的,即具有像霜或雪的颜色这种性质的,跟"黑"相对;后来,引申出空白意义,即没有加上什么东西的。例如:

(8) 目辨<u>白</u>黑美恶。(《荀子·荣辱》)

(9) 而奭手持试纸,竟日不下一字,时谓之曳<u>白</u>。(《旧唐书·苗晋卿传》)

这"空白"就是期望(可以、应该、必须……)有但是没有;这个"没有"是相对于期望中的"有"而言的。比如,中古的"白丁、白衣、白身"(都是指没有功名的平民);[⑨]现代汉语中的"白饭(不加菜肴或不就菜吃的米饭)、白卷(没有写出文章或答案的考卷)、白票(投票选举时,没有写上或圈出被选举人姓名的选票)、白田(没有种上庄稼的田地)"。再引申一步,用在对"劳酬均衡原理"的偏离上,就具体地实现为:或者(i)该付出代价、劳动……却没有,推演出:不该获得效益、报酬……却获得了,这就是俗话所说的"白得、白捡";或者(ii)该获得效益、报酬……却没有,推演出:不该付出代价、劳动……却付出了,这就是俗话所说的"白给、白搭"。

## 5 概念结构驱动及其语言运用中的偏侧效应

上文说包含"白、白白(地)"等副词的句子的生成和理解是受到"劳酬均衡原理"之类的概念结构驱动的,这种句子的语用预设是"劳酬均衡原理"的普遍有效性;于是,如果出现、发生有关偏离了"劳酬均衡原理"的事件,那么这便是一种反预期的、具有较高新闻性和信息性的事件,是值得报道的;并且,说话人有必要使用"白、白白(地)"等副词来作标志(flag),以表达自己对于句子中核心动词的述谓结构及其所激活的事件的主观评价,同时给听话人留下明确的词汇标记作为理解的线索。相反,听话人看到包含"白、白白(地)"等副词的句子,由这种标记来启动"劳酬均衡原理"等信念作为背景(background),再把这种副词的陈述性意义"偏离劳酬均衡原理"作为突出的图形(figure)。

由于"劳酬均衡原理"涉及"付出代价、劳动……"和"获得效益、报酬……"两个端点,因而说话人和听话人都有一个主观认定的任务:把"白、白白(地)"等副词所修饰的述谓结构所表示的事件看作是"付出代价、劳动……",还是"获得效益、报酬……"。当然,这也不是漫无边际的主观假设;而是受到社会习俗、大众信念等集体规约的限制,并且跟动词的语义类别相对应。根据张谊生的调查,当"白、白白(地)"等副词修饰"拿、要、弄、赢、挣、赚、得、落、获、娶、取、搞、捞、找、借(到)、租(到)"等获得义动词、"吃、喝、吸、抽(烟)、尝、看(戏)、听、坐、乘、玩、睡、穿、戴、抹(香水)、使、用"等享用义动词时,表示无代价地、无报偿地(《现代汉语副词研究》281页);当"白、白白(地)"等副词修饰"给、交、付、捐、赔、献、汇、赏、输、嫁、借(出)、租(出)、花、费、耗、死"等交出义动词、"奔、走、追、赶、进、出、爬、逃"等位移义动词、"写、画、编、刻、捏、做、打、补"等技能义动词、"劝、求、教、叫、要(求)、喊、派"等劝使义动词、"想、怕、恨、愁、气、恼、算、数"等心理活动义动词(这四种动词都含有"耗费[体力、精力]"的语义特征)时,表示无效地、徒劳地(同上283页)。简而言之,当"白、白白(地)"等副词修饰获得、享受义动词时,表示"白得";修饰付出、劳动义动词时,表示"白搭";因为根据"劳酬均衡原理","获得效益、报酬……"就应该"付出代价、劳动……";反之,"付出代价、劳动……"就应该"获得效益、报酬……"。一旦偏离了"劳酬均衡原理",就是"白得"("获得效益、报酬……"却没有"付出代价、劳动……"),或者"白搭"("付出代价、劳动……"却没有"获得效益、报酬……")。这样,"白、白白(地)"等副词的两个义面,在其所修饰的动词的不同语义类型的推动下,逐渐成为两种相关又相对独立的不同的意义(sense,或义项)。

值得一提的是,"劳酬均衡原理"作为一种普遍的社会规范(social norms),具有指导现实、坚定理想和抵制相反的冲动的功能。这种规范提倡和追求的是"劳酬均衡",目的就是防止和反对偏离这种规范而造成的"劳酬不均衡"("白得"[不劳而获],或者"白搭"[劳而不获])。任何社会系统中的道德秩序都包含着规范以及相应的反规范(counter-norms)之间的紧张平衡。[⑩]比如,如果"劳酬不均衡"(特别是"白得"[不劳而获])不是一个诱人的选择,就没有道理去坚持"劳酬均衡"。但是,这只是问题的一个方面,问题的另一个方面是:尽管人们有追求"白得"这种"劳酬不均衡"的冲动,然而更多遭遇到的情况却是"白搭"这种"劳酬不均衡"。这种现实反映在实际的语言运用中,表现为:在使用"白、白白(地)"等副词的句子中,表示"白搭"义的实例占绝大多数。特别是"白白",极少用于表示"白得"。我们从CCL语料库中抽取500个有"白白"的句子,剔除"清清白白、明明白白"之类无关句子198例;剩下的302例中,有300例是表示"白给、白搭"义的,[⑪]占99.33%强。这种"白白"所修饰的动词(短语)绝大多数是表示失去意义或劳动意义的。比如:

> 送(与)(龙王爷)、给(了别人)、送给(职工)、送人、奉送、贡献、转让(给别人)、断送掉、葬送掉、让别人捡便宜货、付出、支出(税费)、拿出(几十万)、投(入)(100多万)、丧失、失去(良机)、扔掉、扔给(别人)、丢给(外国公司)、出让、丢掉、丢失、泡汤、破坏(掉)、浪费(掉)、费掉、糟蹋、糟践、花费、花钱、多花(60元)、负担(费用)、增加负担、耗费、消耗(能源、时间)、损耗、耗掉、空耗、蒸发、燃烧、烧掉、(排)放掉、错过(时机)、放跑/过(机会)、推掉(巨利)、放空跑掉、外流、流走、流失、流掉、流淌、流进/流入/抛入(大海)、倒掉、流逝、(付之)东流、溜走、消失(在土地上)、排入黄海、泄走蓄水、(霉)烂(在地里)、烂掉(水果)、闲置(在那儿)、用(水)、用于(肥田)、度过(光阴)、耽误/耽搁(时间)、消磨(掉时间)、过去、损失、损掉(一目棋)、赔(了进去)、搭进(血汗钱)、吃亏、被吞并、造成重复运输、让人骗走(几百万元)、忍受(贫穷)、受(窝囊)气、饱尝(苦处)、死去、丧命、牺牲、送死、送命、送掉性命、丢脸、等(待)、等死、讨来一顿骂、折腾、培养(她20年)、建(一个网)、辛苦、干活、效劳、增加路程、来/到世界上(走

一遭/趟)、比对方大、踩过(宝石)

只有 2 例是表示"白得、白捡"义的,占 0.67% 弱。这种"白白"所修饰的动词(短语)是表示得到意义的。比如:

(1) 他认为买股票赚的钱等于是玩过游戏后赢的,如果说脑筋是白用的,那么,盖大楼也是<u>白白盖得</u>的。(《1994 年报刊精选》)
(2) 任何国家都<u>不能</u>无偿让采矿权人<u>白白开采</u>矿产资源。(《1994 年报刊精选》)

也就是说,在语言运用中,"白、白白(地)"等副词的"白搭"义远远比"白得"更为常用。并且,从上面这两个例子来看,都是非现实(irrealis)用法的。[12] 因此,我们又回过头去,统计表示"白给、白搭"义的 300 例中现实性(realis)用法与非现实用法的情况。结果发现,201 例是现实性用法的,占 67%;99 例是非现实用法的,占 33%。两者的比例差不多是 2∶1。接着,我们又统计了张谊生《现代汉语副词研究》(235—296 页)中有出处的"白、白白(地)"的例句,结果发现:例句总数为 157 个,表示"白给、白搭"义的有 102 例,占 64.97% 弱;表示"白得、白捡"义的有 55 例,占 35.03% 强。两者的比例差不多是 2∶1。在 102 个表示"白给、白搭"义的例子中,49 例是现实性用法的,占 48.03% 强;53 例是非现实用法的,占 51.96 % 强。两者的比例差不多是 1∶1。在 55 个表示"白得、白捡"义的例子中,22 例是现实性用法的,占 40%;33 例是非现实用法的,占 60%。两者的比例差不多是 2∶3。这种真实文本和研究文献在不同类型的引例的比例上的差别,也许可以这样来解释:研究文献要平衡地展示各种类型的用例,所以会缩小甚至抹平它们在实际使用中的比例差别。尽管如此,还是保持着这种倾向:"白给、白搭"义的用例多于"白得、白捡"义的用例,在"白得、白捡"义的例子中,非现实用法的用例多于现实性用法的用例。

## 6 句法结构制导的语义关系的锚定和咬合

上文说明,"白、白白(地)"等副词有两个义面:(i)"白得"("获得效益、报酬……"却没有"付出代价、劳动……"),(ii)"白搭"("付出代价、劳动……"

却没有"获得效益、报酬……");并且,这两种意义的概念结构基础是"劳酬均衡原理",不管是"白得"还是"白搭",它们都是对"劳酬均衡原理"的偏离。在特定的句子中,这两种意义呈现出一种跷跷板效应:肯定了一端(白得 vs. 白搭)就否定了另一端(非白搭 vs. 非白得)。因此,在具体的语句中,必须首先确定"白、白白(地)"的陈述意义是"白得"还是"白搭"。此外,由于"劳酬均衡原理"的概念结构背景是交易行为(transaction),典型的情境是甲方跟乙方之间的代价、劳动……与效益、报酬……之间的交换关系。因而在有的使用"白、白白(地)"的语句中,还要确定"白得"或"白搭"的主体是谁。在这种语义解释的过程中,涉及多层次的概念结构和词汇 - 句法结构的互动,表现为:跟句子中某些词项相关的概念结构提供各种语义解释的可能性,而句法结构则起到锚定(anchor)和咬合(mesh)语义关系的作用。例如:

(1) a. 我的扭捏,不是装出来的,我是真正为她心疼,为自己白吃白喝感到羞愧。(张贤亮《绿化树》)

b. 什么减肥药、减肥茶$_i$,她$_j$吃了不少,可一年多下来,腰围还是那么粗,看来[e$_i$][e$_j$]都白吃了。(何金《减肥的烦恼》)

c. 快活林这座酒店,原是小施管营造的屋宇等项买卖,被这蒋门神倚势豪强,公然夺了,白白地占了他的衣饭。(《水浒传》第三十回)

d. 通常的作法应是见好就收,以免成为压低行情,[e$_i$]白白让别人捡便宜货。(CCL 语料《股市基本分析知识》)

在(1a)中,"吃、喝"激活了消费、享受的概念结构,副词"白"通过"劳酬均衡原理"的偏离这种抽象的意义,来陈述这种消费、享受是"白得"("获得效益、报酬……"却没有"付出代价、劳动……");并且,通过主谓结构"自己白吃白喝"来确定"白得"这种行为的受益主体是"自己",再通过反身代词跟先行语的同指约束关系,来确定这个受益主体是说话人"我"。同时,"劳酬均衡原理"激活交易这种概念结构;既然交易双方中有一方已经"白得"了,那么可以推导出另一方必然"白搭"("付出代价、劳动……"却没有"获得效益、报酬……")。先行句子中的"她"就是那个受损客体。在(1b)中,"吃—减肥茶药/茶"激活了治疗、劳动的概念结构,副词"白"通过"劳酬均衡原理"的偏离这种抽象的意义,来陈述这种治疗、劳动是"白搭"("付出代价、劳动……"却没有"获得效益、报酬……")。根据同样的原理,可以知道(1c)中陈述的是蒋门神"白得",推论出的是小施管"白搭";(1d)中陈述的是类指性的空主语"白搭",推论出的是"别人""白得"。

如果忽视句法结构对语义解释的制导作用,那么就不一定能够正确地理解包含"白、白白(地)"的短语和句子的意义。比如,《现代汉语词典》(2012年第六版,第23页)在"白"的"无代价、无报偿"这一义项之下,举的例子是"白给"(其实《现代汉语词典》前几版都是这样)。[13]设想一下,如果"张三白给李四一本书"是真的,那么情况一定是:张三给了李四一本书,但是没有获得收益或回报。因此,"白给"中"白"的意思不是"无代价、无报偿",而是"没有效果、徒然"。可见,脱离句法环境的词语解释有时比较危险。

再比如,张谊生从行为的主体(发出者)和客体(承受者)这种论旨角色关系的角度,来解释"白、白白(地)"句的意义。由于缺少参照句法结构这种相对刚性的指标,结果产生了一些似是而非的解读。例如:

(2)a. 若是倪善继存心忠厚,兄弟和睦,肯将家私平等分析,这千两黄金,弟兄大家该五百两,怎到得滕大尹之手?<u>白白里作成了别人</u>,自己还讨得气闷,又加个不孝不弟之名,千算万算,何曾算计他人,只算计得自家而已。(《古今小说·滕大尹鬼断家私》)

b. 叫他把关系转走,<u>我们厂</u>不能<u>白养这种不干活的人</u>。(蒋子龙《乔厂长上任记》)

张谊生说(2a)"以行为的客体'滕大尹'为基点,表示别人获得利益但没付代价"(《现代汉语副词研究》240—241页)。其实,这一句的陈述性意义是:"白白里作成了别人"的空主语(倪善继兄弟)"付出代价却没有获得利益";其推导性意义才是:滕大尹"获得利益但没付代价"。张谊生说(2b)"似乎是两可的,从'我们厂'的角度看,是A义(无效地、徒劳地),从'这种人'的角度看,又是B义(无代价地、无报偿地)。当然,在一定的语言环境中,还是清楚的。从上下文看,应当是B义"(同上287页)。其实,这一句陈述的是:主语"我们厂"不能"付出代价却没有获得利益",即他所谓的 A 义(无效地、徒劳地);其推导性意义才是:"这种不干活的人""获得利益但没付代价"。

可见,甩开句法结构的语义解读往往会出错。张谊生说:"在兼语句中,同一个'(白)V'总是要同时涉及两个行为者。所以,在兼语句里'(白)V'的 A、B 两义的相对性就更突出。甚至连'白'的位置也是灵活的,既可以修饰致使类动词,也可以修饰后面的行为动词,但不会改变基本语义。"例如:

(3)a. 绝对不能教诸位弟兄们白跑这么些路,至少我们也得送双新鞋穿!(老舍《残雾》)

b. 好!那么小姐就去进行,你给我情报,我给你车费,不能白教你跑路,请原谅我这么不客气,我是个刚正的人。(老舍《残雾》)

张谊生说:"无论'白'在前还是后,这两句总归以兼语为表义重点,所以都是 A 义(无效地、徒劳地)。"(同上 288 页)果真如此,句法结构对语义解释的制导作用就丧失殆尽了。其实不然。(3a)陈述的是:我们不能让"诸位弟兄们"徒劳地、无收获地"跑这么些路","白"表示 A 义;但是,(3b)陈述的是:"我"不能无代价地"教你跑路","白"表示 B 义。张谊生接着讨论了下面两个例子:

(4)a. 我不教你白拉,给你钱!(老舍《四世同堂》)

b. 明天的车份儿不要了,四点收车。白教你们拉一天的车,都心里给我多念道点吉祥话儿,别没良心。(老舍《骆驼祥子》)

c. 明天的车份儿不要了,四点收车。教你们白拉一天的车,都心里给我多念道点吉祥话儿,别没良心。

张谊生说:"无论'白'在前还是后,两句的表述重点总归不会相同。前句是你拉车我乘车,我不会不给你报酬的;后句是你们拉我的车去赚钱,我不要车份儿。前句的'白拉'是付出,表 A 义(无效地、徒劳地),后句的'白拉'是获益,表 B 义(无代价地、无报偿地)"(同上 288 页)。其实,(4a)陈述的是:"我"不让"你"徒劳无收益地拉车(即"白给、白搭"),"白"的确表示 A 义(无效地、徒劳地);(4b)陈述的也是:"我""付出代价却没有获得利益"地让你们用我的车(即"白给、白搭"),其中的"白"的意义也是他所谓的 A 义(无效地、徒劳地)。(4b)的推论性意义是:你们可以无代价、无报偿地用我的车一天。如果改成

(4c)，那么陈述的倒是："我"让你们"获得利益却没有付出代价"地用我的车（即"白得、白捡"），其中的"白"的意义倒是他所谓的 B 义（无代价地、无报偿地）"。那么，为什么(4a)和(4b)结构不同（"白"的位置不同），但是"白"的语义解释却是相同的。原因在于其中的动词"拉（车）"的语境意义不同：在(4a)中，"拉（车）"指的是一种劳动和服务；在(4b)中，"拉（车）"指的是一种对设备的享用。于是，"白"的意义也具体地实现为徒然提供劳动却没有收获、或者徒然提供设备却没有收获，都是"白给、白搭"。

张谊生指出，"在主谓短语作宾语的句子里，'白'的位置有时也可前可后"。例如：

(5) a. 章伯一想，理路却也不错，便道："依你该怎么样？难道<u>白白地看他们死</u>吗？"（刘鹗《老残游记》）

b. 他又不愿看<u>老人白白的去牺牲</u>——老人的一家子已快死净了。（老舍《四世同堂》）

张谊生说："尽管'白'的位置可以移动，但移动以后含义就不同了，这一点同兼语句不同。前句强调的是'自己'不能无动于衷、袖手旁观，后句强调的是'老人'不该无故牺牲、送掉性命。"（同上289页）其实，兼语句跟主谓短语作宾语的句子一样，都是在句法结构的制导下来表达意义和解读意义的。

因为概念结构意义丰富、因素繁多，容易趋于混沌和不确定；而句法结构则构造形式单纯（往往是逐层两分的层次结构）、结构关系有限（主谓、述宾、偏正等五六种），容易趋于僵硬和确定。为了保证认知的经济和资源不被浪费，概念结构和句法结构必须互动，并且通过语言的自组织来在某个临界点达到平衡。当然，在语句结构对于劳酬利害的主体（发出者）和客体（承受者）交代不明确时，可以根据大概率来猜测："白、白白（地）"说的多半是"白给、白搭""无效地、徒劳地""付出代价却没有获得利益"。例如：

(6) a. 不行，反正早晚得连衣服带身体一块推进焚尸炉，那么好的衣裳不是<u>白烧</u>了吗？（苏叔阳《画框》）

b. 谁舍得一年的辛苦被一把火<u>白白烧掉</u>？（乔良《大冰河》）

c. 没有这辆小汽车，生活受着多么大的限制，几乎哪里也不敢

去,一天的时间倒被人力车白白费去一半!(老舍《东西》)

当然,上面句子中"烧、费"等失去义动词也助成了这种"白给、白搭"义的语义解释。

## 7  结语:语言结构的自组织性

根据 Cilliers 的见解,一个系统,尽管由大量的组分构成,承担着复杂而精致的任务;但是如果可以从其个体组成而获得关于系统的某种完整的描述,这样的系统就是复合的。比如,雪花、飞机、计算机、CD 播放器、芒德布罗集等是复合系统,因为它们可以被精确地加以分析。相反,一个系统,如果无法通过分析其个体组成而获得关于系统的某种完整的理解,那么这样的系统就是复杂的。比如,细菌、蛋黄酱、大脑、语言、社会系统等是复杂系统,因为这种系统的组成成分之间、系统与环境之间具有错综复杂的非线性关系,并且相互作用之间形成反馈回路;于是,每次都只能对其某些方面进行分析,而难以对其整体作精确的分析。复杂系统通常跟活的事物联系在一起,并且会随着时间而进化,如细菌、大脑、语言、社会系统等。并且,复杂系统的组成成分之间、系统与环境之间的关系并非是固定不变的,而是流动着、变化着,常常是作为自组织(self‑organisation,局部成分的互动造成全局模式)的结果。这会产生出新的特征,通常称作涌现性质(emergent properties)。[14]

从某种意义上说,语言结构也是一种自组织系统,具有随时间进化和不断涌现出新的成分和结构方式的特性。比如,在语言系统中,某些类型的词语根据一定的语法规则组合起来,形成某种类型的构式(construction),有时会涌现出一些新的意义(通常称为构式意义);显然,这种构式意义一般无法还原为构式的结构方式和其中的结构成分。例如:

(1) a. 老九,给我请假吧,我去也是白去,心里乱透了。(老舍《东西》)

b. 我祖上传这方子时,有四句口诀:青龙丹凤,沾上就灵;黑狗白鸡,用也白用。(冯骥才《神鞭》)

c. 问:西红柿和什么不能一起吃?

答:所以,吃之前一定先要垫垫肚子唉。因为黄瓜中含有一种维生素 C 分解酶,会破坏它的维生素 C,这样,根本达不到美白的效果唉,<u>吃了也白吃了</u>。(网文)

(2) a. 那个傻熊还想打我主意哩!呆会儿我去拿,<u>不吃白不吃</u>。(张贤亮《绿化树》)

b. 李峰打着哈哈说:"你耕新私人送东西,我是<u>不要白不要</u>,那就不客气了。"(蒋子龙《燕赵悲歌》)

(1)是"VP 也(是)白 VP"构式的例子,整个构式表示假设关系:即使 VP 了也(是)徒然 VP、无济于事,不会有相应的作出 VP 所预期的效果;流露出一种无可奈何、欲说还休的口气。其中的"白"表示"付出代价却没有获得利益"(即"白给、白搭"),其中的 VP 往往是表示劳动、付出等意义的。(2)是"不 VP 白不 VP"构式的例子,整个构式也表示假设关系:即使不 VP 也(是)徒然不 VP,不会有相应的补偿或收获;涉及"VP"和"不 VP"两个相反的概念域的融合(blending):(i)根据"劳酬均衡原理",获得"VP"这种享受通常是要付出相应的代价的;现在居然可以表面上不付出相应的代价而获得"VP"这种享受(即"白得、白捡"),那么实际上获得"VP"这种享受是一种潜在资本或付出所带来的收益(即"不白得、不白捡")。(ii)同样是根据"劳酬均衡原理",放弃这种实际上是有代价的享受(即"不 VP"),理应得到相应的补偿;如果得不到补偿,那么就是"付出代价却没有获得利益"(即"白给、白搭")。整个构式流露出一种无可置疑、理所当然的口气。其中的"白"表示一种想象性、虚拟性的"付出代价却没有获得利益"(即"白放弃权益"),其中的 VP 往往是表示享受、获得等意义的。

当人们把上述"不 VP 白不 VP"和"VP 也(是)白 VP"两种构式联合起来时,就形成一种多义性的复合构式"不 VP 白不 VP,VP 也(是)白 VP"。例如:

(3) a. "天下没有免费的午餐。"但是,从早些年曾广为流传的讥讽公款吃喝的"<u>不吃白不吃,吃了也白吃</u>"的民谣开始,这"白吃"就已经深入人心,现在"白吃"涵盖的范围就更大了。"吃空饷"这道"免费午餐"更成了咱们的一道风景。(网文)

b. 政协委员的提案不能是"<u>不说白不说,说了也白说</u>"。(《科技

日报》2013年3月5日,第一版)

c. 问:吃果冻会长胖吗?

答:不会,啥营养都没,<u>不吃白不吃,吃了也白吃</u>。(网文)

d. 在二十世纪八十年代这几年的中国,对于城市的芸芸众生来说,有什么事能使人感到特别幸运?获得奖金?小额者人皆有之,早视为理所当然,再翻两个番也是<u>不要白不要,要了白要</u>。(王蒙《高原的风》)

在复合构式"不 VP 白不 VP,VP 也(是)白 VP"中,前一小句继承了单纯构式"不 VP 白不 VP"的选择限制和语义解释,其中的"白"表示徒然地、无报偿地(放弃某种权益),其中的 VP 往往是表示享受、获得等意义的;即使是表示劳动、付出意义的,也要在构式的压制(coercion)下,解读为享受、获得等意义。比如,(3b)中的"说"(上交提案)是一种政协委员所获得的参政和议政的权利。但是,后一小句则有相反的两种情况:(i)继承单纯构式"VP 也(是)白 VP"的选择限制和语义解释,其中的"白"表示"付出劳动却没有获得效果"(即"白给、白搭"),其中的 VP 往往是表示劳动、付出等意义的。比如,(3b)说的是政协委员每一次会议都上交提案,但是相关部门以"这事不归我管"为由,相互推诿和"踢皮球",使一个个很好的提案都无疾而终。这样,前后两个小句的意义几乎是相反的,因此可以用表示转折关系的"但是"等连词来连接:前件说"弃之可惜",后件说"食之无味",整个构式表示一种无可奈何、无所适从的口气,通常是一种自我解嘲的牢骚话。(ii)后一小句跟单纯构式"VP 也(是)白 VP"的选择限制和语义解释不同,其中的"白"表示"获得 VP 这种享受或权益而不需要付出相应的代价(即"白得、白捡")",其中的 VP 往往是表示享受、获得等意义的,比如(3a)中的"吃"(公款吃喝、吃空饷)。这样,前后两个小句的意义是相承相证的,因此可以用表示解释关系的"也就是说"等词语来连接:前件从反面说"弃之划不来",后件从正面说"食之占便宜",整个构式表示一种讥笑、讽刺、批判的口气,通常用于批判某些见怪不怪的社会不公正现象。更加巧妙的是,有的语句实例可以兼具复合构式"不 VP 白不 VP,VP 也(是)白 VP"的两种语义解释。比如,(3c)的意思是:因为果冻没有什么营养,吃果冻不会使人长胖;所以,不吃果冻就徒然地放弃了过嘴瘾和解馋的机会,(i)但是,吃了呢也徒然地没有什么营养效果(不值得庆幸!)//或者(ii)也就是说,吃了呢也不用付出长胖这种代价(不必担心!)。(3d)的意思是:因为奖金是一种人人有份的大锅饭,并且数额很小,翻两番也没有多少;所以,不要奖金就徒然地放弃了人皆有之的这份利益,(i)但是,要了呢也徒然地没有太大的效果(纠结啊!)//或者(ii)也就是说,要了呢也不用付出额外的代价(虽然无大补益,但是心安理得!)

复合构式"不VP白不VP,VP也(是)白VP"还有几种变异和衍生形式。例如:

(4)a. 我就是要吃!吃是吃,喝是喝,一顿不吃饿得慌,<u>不吃白不吃,吃了也不白吃</u>!管谁看呢,爱看就看,不要被本小姐迷倒就好!(网文)

b. 也许,白吃者吃得心安理得,心地坦然,自由自在,优哉游哉。<u>不吃白不吃,吃了也白吃,白吃谁不吃?</u>(骆森林《也是一种"白吃"》)

c. <u>不吃白不吃,[吃了也白吃,]白吃谁不会呀……?</u>(网文)

d. <u>不说白不说,说了也白说,白说谁还说?</u>

e. 最后借用北京大学教授王瑶先生的名言:"<u>不说白不说;说了也白说;白说也要说;但愿不白说!</u>"(网文)

(4a)后一小句变成否定形式"VP也不白VP",这是对构式"VP也(是)白VP"的否定;意思是:VP了并非徒然VP、无济于事,而是有常规的作出VP所预期的效果;流露出一种淘气、俏皮的口气。(4b)在复合构式"不VP白不VP,VP也(是)白VP"后面,又增加了一个反问形式的小句"白VP谁不VP";这里的第二个小句"VP也(是)白VP"一定是对第一个小句的同义性申述解释,第三个小句强调不付出代价而获得利益现象的普遍性和"白得、白捡"者心安理得的心态。(4c)是省略了第二个小句,并且把第三个小句中具体动词改成助动词"会";构式意义则基本相似。(4d)在复合构式"不VP白不VP,VP也(是)白VP"后面,又增加了一个反问形式的小句"白VP谁还VP";这里的第二个小句"VP也(是)白VP"一定是对第一个小句的反义性转折,第三个小句顺着第二个小句强调:既然VP也(是)白搭,那么就没有人去VP了;流露出一种从无可奈何到绝望无助的口气。(4e)则相反,在复合构式"不 VP 白不 VP,VP 也(是)白 VP"后面,又增加了两个小句"白 VP 也要 VP,但愿不白 VP";这里的第二个小句"VP 也(是)白 VP"一定是对第一个小句的反义性转折,第三个小句逆着第二个小句强调:即使是徒然地 VP,也要去努力 VP;然后,第四小句则留下一个光明的尾巴:希望不会是徒然地 VP;流露出一种从无可奈何到尚存一线希望的口气。

从上文的讨论可以看出,包含"白、白白(地)"的构式或复合构式的一个突出的特点是:整个构式的意义大于各组成部分之和。这种整体大于部分之和的现象,可以归结为构式中组成成分的非线性关系。一般地说,线性(linearity)指量与量之间按比例、成直线的关系,在空间和时间上代表规则和光滑的运动;而非线性(non-linearity)则指不按比例、不成直线的关系,代表不规则的运动和突变。如问:两个眼睛的视敏度是一个眼睛的几倍?很容易想到的是两倍,可实际是 6-10 倍! 这就是非线性:1+1 不等于 2。对于方程组,线性与非线性的区别在于其中的变量是否为一次幂。若其中任一变量都为一次幂则为线性方程,如:y=2x+6。这种方程的图形为一直线,所以称为线性方程。若其中至少有一个变量在一次以上则为非线性方程,如:$x^2+y+z=12$。比如,平方关系、对数关系、指数关系、三角函数关系等都是非线性的。求解这类方程往往很难得到精确解,经常需要求近似解。如果说线性关系是互不相干的独立关系,那么非线性则是相互作用的互动关系,正是这种相互作用,使得整体不再是简单地等于部分之和,而可能出现不同于"线性叠加"的增益或亏损。比如,激光的生成就是非线性的。当外加电压较小时,激光器犹如普通电灯,光向四面八方散射;而当外加电压达到某一定值时,会突然出现一种全新现象:受激原了好像听到"向右看齐"的命令,发射出相位和方向都一致的单色光,就是激光。[15]语言系统中的非线性问题,还是一个未经开垦的处女地,等着我们去发掘和耕耘。

当然,这只是问题的一个方面,问题的另一个方面是:包含"白、白白(地)"的构式或复合构式,在概念结构、论元结构、句法结构和语句构式等多个层面上,都具有比较良好的结构形式,这为人脑基于模式识别的信息加工方式提供了结构基础。根据 Kurzweil 的观点:神经科学的最近进展显示,产生我们人类高级思维的新皮层(neocortex)是按照一种虽然相对直接、但是复杂微妙的模式识别的方式(pattern recognition scheme)来运作的。⑯这种模式识别的方式在本质上是层级性的(hierarchical),这样许多表征输入的离散的物体(来自周围环境)的低级模式联合起来,触发表征在本质上更加抽象的一般范畴的高级模式。这种层级结构是天生的(innate),但是特定的范畴和元范畴是通过学习而填进去的。另外,信息流动的方向并不只是自底向上(from the bottom up),还可以自顶向下(from the top down);这样,激活高阶的模式可以触发低阶的模式,在不同层级之间就有反馈。这种看待大脑运作的方式的理论叫作心智的模式识别理论(the Pattern Recognition Theory of the Mind or PRTM)。⑰对于语言产生和理解来说,可以这样来设想:概念结构、论元结构、句法结构和语句构式等多层面的结构形式,相当于各种不同层次的模式;在特定的语境中,人们借助于这些模式来进行预期和规划,以较小的认知代价来生成和理解话语。

本课题的研究得到国家社科基金重大招标项目《汉语国际教育背景下的汉语意合特征研究与大型知识库和语料库建设》(批准号:12&ZD175)的资助,还承张谊生学长指正,谨此致以诚挚的谢意。

原载于《中国语文》2014 年第 5 期。

## 注 释

① 关于复合系统和复杂系统的区别,结语部分有具体讨论;参考 Cilliers, Paul. 1988. *Complexity and Postmodernism: Understanding Complex Systems*, London: Routledge. 中译本《复杂性与后现代主义:理解复杂系统》,曾国屏译,上海科技教育出版社,2006 年,中译本前言第 2 页,正文第 4—6 页。

② 我们这里的认识结构,大致相当于 Sweetser 的 epistemic level 和 Traugott 的 expressive meanings。参见 Sweetser, Eve E. 1990. *From Etymology to Pragmatics: Metaphorical and Cultural Aspects of Semantic Structure*, Cambridge: Cambridge University Press. ,以及 Traugott, Elizabeth Closs. 1982. From propositional to textual and expressive meanings: some semantic-pragmatic aspects of grammaticalization, In Winfred P. Lehmann and Yakov Malk-

③ iel（eds.）*Perspectives on Historical Linguistics*，Amsterdam：Benjamins，pp. 245—271.

③ 下面凡是有出处的例子，除非特别说明，其他均转引自张谊生《现代汉语副词研究》235—296 页(学林出版社,2000 年)。

④ 参考吕叔湘主编《现代汉语八百词(增订本)》，商务印书馆,2009 年,58 页。

⑤ 同前注。

⑥ 逻辑学上对于预设的一般定义是：如果 p 推演 q，并且 ~ p 也推演 q；那么 q 是 p 的预设。直观地说，预设 q 是使命题 p 为真的真值条件。详见 Allwood，Andersson & Dahl. 1977. *Logic in Linguistics*，Cambridge：Cambridge University Press. pp. 149—153；中译本《语言学中的逻辑》，王维贤等译，河北人民出版社,1984 年,175—178 页。参见 Leech，Geoffrey. 1981/1974. *Semantics：The Study of Meaning*，second edition, Penguin Books，p. 74；中译本《语义学》，李瑞华等译，何兆熊等校订，上海外语教育出版社,1987 年,106 页。详见 Levinson，Stephen. 1983. *Pragmatics*，Cambridge：Cambridge University Press，pp. 167—225.

⑦ 关于语用预设，参见 Levinson，Stephen，*Pragmatics*，p. 177.

⑧ 详见 Horn，R. Laurence. 1985. Metalinguistic Negation and Pragmatic Ambiguity，*Language*，Vol. 61，No. 1，pp. 121—174. 他认为，外部否定这种取消预设的有标记的否定形式，不能用作用于命题上的真值条件或语义算子来处理；而应该看作是一种反对（object）先前的话语的一种手段，反对的理由可以是先前的话语在规约或会话含义、形态、风格或语域、语音实现形式上的不恰当性。据此，Horn 把外部否定看作是一种元语言的否定（metalinguistic negation），因为它是对先前的话语的引述性否定；同时，外部否定是一种语用否定，它否定的是先前的话语在表达方式上的合适性，而不是否定句子的真值条件。

⑨ 以上说明和举例，参考《古汉语常用字字典（第 4 版）》，商务印书馆,2005 年,8 页。

⑩ 参考 Ziman，John. 2000. *Real Science：What It Is，and What It Means*，England：Cambridge University Press. 中译本《真科学：它是什么，它指什么》，曾国屏、匡辉、张成岗译，上海科技教育出版社,2008 年,40 页。

⑪ 张谊生指出，他这部著作之前的文献都认定"白白"只能表示无效地、徒劳地，不能表示无代价地、无报偿地；其实"白白"也可以表示无代价地、无报偿地(《现代汉语副词研究》278、279 页)。该书还指出：近代汉语中的预设否定副词"空、徒、虚、枉、浪、漫、唐、干、瞎"只能否定效益的获得，不能否定代价的付出；只有"白、坐、素"可以双向否定(238 页)。

⑫ 非现实用法指否定、疑问、可能、愿望、将来、假设等不陈述实际发生的事态的语句。

⑬ 承蒙张谊生学长向我指出这个例子。

⑭ 详见保罗·西利亚斯著,曾国屏译《复杂性与后现代主义:理解复杂系统》,前言第2页,正文4—6页。

⑮ 参考百度百科等网络资料。

⑯ Kurzweil, Ray. 2012. *How to Create a Mind: The Secret of Human Thought Revealed*, New York: Viking Adult.

⑰ Thibeault, Aaron. 2012. A Summary of '*How to Create a Mind: The Secret of Human Thought Revealed*' by Ray Kurzweil. pp. 5—6, 8, 34—74, 172. Posted on November 27, 2012 by the Book Reporter. Online at http://newbooksinbrief.com/2012/11/27/25-a-summary-of-how-to-create-a-mind-the-secret-of-human-thought-revealed-by-ray-kurzweil/#25p2. 2014年4月10日上网。这里主要根据原文进行译述。如需引用,务请核对原文,特别是第3章。

# 汉语谓词性成分的时间参照及其句法后果

## 郭 锐

## 一 引言

### 1.1 问题的提出

汉语中有些带"了₁""着"的句子必须添加"了₂""呢"或后续的谓词性成分才站得住,如:

(1) a. *我吃了饭。　　　　b. 我吃了饭了。
(2) a. *外面下着雨。　　　b. 外面下着雨呢。
(3) a. *我们下了课。　　　b. 我们下了课打球。
(4) a. *他骑着车。　　　　b. 他骑着车去学校。

"了₂""呢"这样的成分有使句子站得住的作用,因此叫作"完句成分"或"成句成分"。①但"完句"作用是怎样形成的?"完句"作用背后的机制是什么?本文试图从现实句时间参照需求的视角回答这些问题。

### 1.2 语句的现实性和"完句"作用

从根本上说,"完句"作用其实是句子的现实性所要求的。

一个句子总要指涉(denote)外部世界的一定事件,这些事件有些是一种现实(realis)状况,即外部世界中实际发生的,②而有些是非现实(irrealis)状况,③以此可把句子分为两种指涉类型(denotational types):

A. 现实句——指涉外部世界中实际发生的事件,如:

(5) a. 我认识他。　　　　　a′. 我不认识他。

  b. 小王很着急。    b′. 小王不着急。

  c. 他姓李。      c′. 他不姓李。

  d. 他知道这件事。   d′. 他不知道这件事。

(6) a. 他在抽烟。     a′. 他没有抽烟。

  b. 我看电视呢。    b′. 我没有看电视。

  c. 猫在吃老鼠。    c′. 猫没有吃老鼠。

  d. 你来过这里。    d′. 你没来过这里。

(7) a. 我看见屋里有人。  a′. 我没看见屋里有人。

  b. 他发现有情况。   b′. 他没发现有情况。

  B. 非现实句——指涉未在外部世界中实际发生的事件,从意义上看,表示惯常行为或意愿、规律、祈使等,④如:

(8) a. 我看电视。     a′. 我不看电视。(意愿)

  b. 他抽烟。      b′. 他不抽烟。(习惯)

  c. 猫吃老鼠。     c′. 猫不吃老鼠。(习惯)

  d. 日光灯发白光。   d′. 日光灯不发白光。(规律)

  d. 你来这里。     d′. 你别/甭来这里。(祈使)

  所谓"完句",实质是满足现实句的现实性在谓词的时间性、名词的指称性和形容词的程度性的"实现"(grounding)⑤要求,即现实句要求谓词表达的事件在时间上是实际发生的,体词论元成分所表达的事物实现其指称性(定指、不定指、类指等)并满足句法位置的要求,形容词所表达的属性的程度性是指明的(程度高、程度低、比较性程度)。如:

(9) a. 我看书。(时间性不明,不能作为现实句)

  b. 我正在看书。(带有时间性成分"正在",时间性明确)

  c. 我看书了。(带有时间性成分"了",时间性明确)

(10) a. 小王优秀。(程度性不明,一般不成句)

  b. 小王很优秀。(程度性明确:程度高)

  c. 小王比我优秀。(程度性明确:比另一方程度高)

  d. 小王不优秀。(程度性明确:程度性的否定)

(11) a. 一个客人来了。("一个客人"的不定指性不满足主语的定指性要求,一般不成句)

b. 客人来了。(主语位置上光杆名词"客人"强制性地解读为定指)

c. 来客人了。(宾语位置上光杆名词"客人"强制性地解读为不定指)

本文只讨论谓词性成分的时间性问题。

为什么有的句子有"了""着"这些表达时间性的成分(例(1)a、例(2)a),仍然不成句? 这是因为现实句需要把事件在现实世界中落实,落实的手段其实就是在外部世界的时间过程中定位,即以外部世界的时间为参照来观察谓词所表达的事件的发生时间或进展状况,如果没有提供外部的时间参照,那么句子就站不住。而"了$_1$""着"一般不能提供外部时间参照,因而不能表达现实句。而"了$_2$""呢"提供了外部时间参照(例(1)b、例(2)b),所以句子成立。下面讨论汉语谓词性成分的时间参照问题。

## 二 内部时间参照和外部时间参照

### 2.1 绝对时间参照和相对时间参照

句子的表达通常都需要时间参照。时间参照,指从什么时间出发对一个谓词性成分所表示的情状(situation)进行观察,以确定这个情状在时轴上的位置或进展状况。Reichenbach 用三个时间点(time points)来说明句子的时间参照。[6]这三个时间点是:S(说话时间 time of speech,指语句说出的时间),E(事件时间 time of event,指语句表示的事件发生的时间),R(参照时间 time of reference,指语句表达事件时观察事件发生的时间或进展阶段所依据的时间点)。

(12) a. He goes to bed early.　　E,R,S　一般现在时

b. He had gone to bed, before I arrived.

　　E−R−S 过去完成时　　E−R,S 一般过去时

根据 Comrie,时间参照可分为绝对时间参照(absolute time reference)和相

对时间参照(relative time reference)两种。⑦绝对时间参照以说话时间为指示中心(deictic centre),区分出过去、现在、将来三种时态,相对时间参照以语境给出的某个时间为参照,显示事件时间与这个参照时间的相对关系。英语的过去、现在、将来三种基本时态(primary tense)建立在绝对时间参照基础上,而次级时态(secondary tense)建立在相对时间参照基础上。例(12)a 反映绝对时间参照。b 中 arrived 和 had 是基本时态,用的是过去时(相对于 S),是绝对时间参照;而(have)gone 是次级时态,用的是过去分词形式,反映了相对时间参照(R = I arrived)。

英语的直陈句都有绝对时间参照,并且同一个小句中绝对时间参照和相对时间参照可以同时出现,一般来说,小句中的定式动词(finite verb)反映绝对时间参照,若定式动词后还有现在分词或过去分词,则反映相对时间参照。而英语的每一个小句必有一个定式动词,因此说话时间在分析英语的时间参照时是必不可少的。

但汉语中的时间参照主要是相对时间参照。只用事件时间和参照时间这两个基本时间点就足以说明汉语的时间参照,而说话时间只是参照时间的一个特例。请看下面的例子:

(13) a. 我来的时候,他已经走了。

　　　E - R(R = 我来的时候,E = 我来之前的某个时间)

　 b. 他笑着跑掉了。

　　　笑:E,R(R = 跑掉发生时,E = 跑掉前后)

　　　跑掉:E - R(R = 说话时,E = 说话前,笑发生时)

　 c. 明天下了课开会。

　　　下课:E - R(R = 开会发生时,E = 开会前)

　　　开会:R - E(R = 说话时,E = 说话后,下课后)

　 d. 他已经走了。

　　　E - R(R = 说话时间,E = 说话前的某个时间)

上面四例的不同在于 a 的参照时间是"我来的时候",b 中"笑着"的参照时间是"跑掉"发生时,c 中"下了课"的参照时间是"开会"发生时,说话时间不是参照时间,而 d 的参照时间就是说话时间。但这种差异在语法上并无表现,因而可以把 S 看作 R 的一个特例。

相对时间参照一般有"影响性"。所谓"影响性"是指事件对参照时间状况的影响,而绝对时间参照没有影响性,见(14)英语的例子。

(14) a. He came.   b. He has come.   c. He had come, before I left.

例(14)a 是绝对时间参照,参照时间是说话时,不表示"他来"对说话时有影响;而 b、c 用完成体,是相对时间参照,表示了"他来"对参照时间(说话时、我来时)的状况有影响。

汉语的情况也如此。例(13)a 是说"他已经走了"对"我来的时候"的状况有影响;d 是说"他已经走了"影响到说话人说话的时候的状况;b 中的"笑着"是"跑掉"的伴随状态,c 中的"下了课"是"开会"的开始时间,都对参照时间的状况有影响。

句中的时间词语有的表示参照时间,有的表示事件时间。汉语中时间词通常表示事件时间,如例(13)c 中的"明天";"VP+时(候)"一般表示参照时间,如 a 中的"我来的时候"。有的语言的时间词只表示事件时间,如(15)a 日语的例子;⑧ 有的语言的时间词只表示参照时间,如(15)b 中 Yukatec 的例子。⑨

(15) a. Taroo – wa    kinoo hon – o yon – da.    (Japanese)
太郎 – TOP   昨天   书 – ACC   读 – ANT   (Ogihara 1999)
"太郎昨天读了那本书。"
("昨天"表示"太郎读书"发生的时间)

b. Ho'lheak – e' ts'o'k u   xok – ik le lìibro Taro – o'.   (Yukatec)
昨天 – TOP   TERM   A.3 读 – INC DEF   书   太郎 – D2
"昨天的时候啊,太郎已经读了那本书了。"(Bohnemeyer 2002)
("昨天"是参照时间,指站在昨天来观察"太郎读书"这个事件,这个事件可能发生在昨天,也可能发生在前天或更早的时候)

## 2.2　内部时间参照和外部时间参照

汉语的时间参照都是相对时间参照,即事件时间与参照时间的时间关系。

汉语中一般选择两种时间作为参照时间：

一、内部时间参照（internal time reference）：以语句内部后续事件发生的时间为参照。如：

（16）a. 咱们吃了饭看电影。（R$_{吃}$ = 看电影发生时）

b. 他笑着跑掉了。（R$_{笑}$ = 跑掉发生时）

（17）a. 等他看了这封信，你再告诉他具体情况。（R(看) = 你告诉他具体情况时）

b. 他脱了大衣，"扑通"一声跳下水去。（R(脱) = 跳下水去时）

内部参照通常要求后面出现表示后续事件的谓词性成分或小句。由于这些时间参照并不与外部世界的时间流逝直接建立联系，而是与语句内部的后续事件发生的时间建立联系，因此叫内部时间参照（图1）。

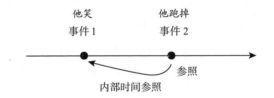

**图1　内部参照示意图**

二、外部时间参照（external time reference）：以外部世界时间流逝中的某一个时间点为参照。有三种情况：

1. 以时间词语或指示时间点的小句表示的时间为参照，表达参照时间的成分总是在前面出现。如：

（18）a. 我去的时候，他正在吃饭。（R = 我去的时候）

b. 昨天十二点钟他已经走了。（R = 昨天十二点钟）

c. 明天你下飞机，我已经走了。（R = 你下飞机的时候）

2. 以正在谈论的某个时间为参照。如：

（19）——我昨天下午找你，你怎么不在家。

——我在图书馆看书。（R = 昨天下午找我时）

（20）——你那天怎么没来？

——我病了。(R = 那天)

3. 以说话时间为参照。如：

(21) a. 下雨了。　　　b. 他正在吃饭。　　　c. 外面下雨呢。

一般的原则是,如果句中没有时间词语,也没有显示参照时间的语境,那么参照时间就是说话时间。这条原则可以叫作"当前参照原则"。

虽然表达外部参照时间的成分是语句内部的,但这些成分反映了外部世界的时间流逝的某一具体位置,直接与时轴上的某一具体时间点建立起联系,所以实际上是以外部世界的时轴上的某一时间点为参照。比如"我去的时候""你下飞机"如果发生在某日 12 点钟,那么参照时间其实就是某日 12 点钟(图2)。

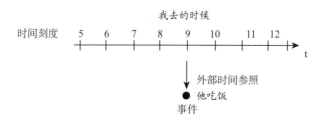

图 2　外部参照示意图

## 三　汉语句子的时间参照

### 3.1　汉语口语单句的时间参照

单句是由一个小句构成的句子。英语中,小句必有一个定式动词(finite verb),其功能在于通过定式动词表现的过去、现在、将来三个基本时态,使小句表示的情状在时轴上定位,从而成为可讨论的(arguable)事件。⑩

汉语口语中没有以绝对时间参照为基础的基本时态,但存在相对时间参照,功能与英语的定式动词大致相同:使小句表示的命题在现实世界中定位。只是汉语是通过相对的方式来定位,即以某个已知的参照时间来确定事件相对于这个参照时间在现实世界中时轴上的位置。

不过,只有外部时间参照具有使事件在现实世界中定位的功能,而内部时间参照只显示句子内部多个事件之间的时间关系,与现实世界的时间流逝无

关。一个直陈现实句必有并且只有一个外部时间参照,而内部时间参照可有可无。如:

(22) a. 他吃饭了。(R = 说话时间,外部参照,无内部参照)
　　 b. 我已经毕业了。(R = 说话时间,外部参照,无内部参照)
(23) a. 我看了电影就回家了。(R(看) = "回家"发生时;R(回) = 说话时间)
　　 b. 他吃着饭看电视呢。(R(吃) = "看"发生时,内部参照;R(看) = 说话时间,外部参照)

例(23)这样的既有外部时间参照,又有内部时间参照的情况,可以叫作复合时间参照。如果有内部时间参照,可以不止一个。

(24) 他吃了饭骑着车去学校了。
　　 (R(吃) = "去"发生时;R(骑) = "去"发生时;R(去) = 说话时间)

连谓结构出现多个谓词,一般情况下,只有最后一个谓词,具有外部时间参照,而其他谓词都是内部参照,如例(23)(24)。(图3)

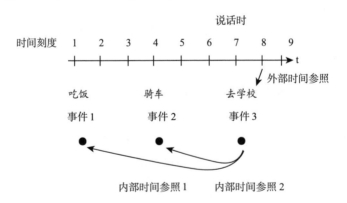

图3　复合时间参照示意图

可以说汉语中具有或可以具有外部时间参照的谓词在时间定位的功能上与英语的定式动词相当,把这个具有外部时间参照的动词看作汉语的定式动词也无不可。至少可以把具有或可以具有外部时间参照的谓词看作谓语核心,可以说连谓结构的核心通常是最后一个谓词。"我吃了饭看电视"中,"看电视"是不带时体成分,是非现实的,因而没有时间参照,但它有添加时体成分从而带来外部参照的能力,如"我吃了饭正看电视呢",因此"看电视"是谓语核心。

郭锐曾指出,语句的现实性与谓词性成分的外在时间性有关。[⑪]有的谓词性成分表示的状况被放入时间流逝过程来观察,即当作外部时间流逝过程中的一个具体事件,这种谓词性成分一般带有"了、着、过、在、正在、呢"等时间性成分,这样的谓词性成分叫过程性成分。有的谓词性成分不放入时间流逝过程中来观察,只是抽象的表示某种动作、状态或关系,这种谓词性成分都不带"了、着、过、在、正在、呢"等时间性词语,这样的谓词性成分叫性质性成分。对于动态动词来说,只有过程性成分才能表达现实句,如例(6),而性质性成分只能表达非现实句,如例(8)。但我们注意到,有些语句中带有"了、着"等时体成分,却仍然只能表达非现实句,如:

(25) a. 你吃了饭去一趟。(祈使)
　　 b. 夏天萤火虫在夜空中闪着光飞行。(规律)
　　 c. 我喜欢看着电视吃饭。(抽象动作)

如何解释这种现象?这是因为这些带时体成分的谓词是内部参照,不是谓语核心,而只有谓语核心的外部时间性才能决定语句的现实性。

### 3.2 汉语口语复句的时间参照

汉语口语复句中各小句的时间参照有两种基本模式:

1. 多点外部参照(多参照):复句中每个小句都有一个外部时间参照。如:

(26) a. 下雨了,路上的人都在跑。
　　 b. 他生病了,没有来上课。
　　 c. 他们正在外面买东西,没有来这里。

2. 末尾外部参照(尾参照):只有最后一个小句有外部参照,前面的小句都是内部参照。如:

(27) a. 他打着哈哈,一扭一扭走开了。

b. 他脱了大衣，"扑通"一下跳进水里去了。

### 3.3 "完句"功能的实质

回到引言中提出的问题，为什么例(1) - (4)需要添加"了$_2$"、"呢"、后续谓词性成分才站得住。根本原因是时间参照的限制，而"了$_2$"、"呢"、后续谓词性成分提供了时间参照。

#### 3.3.1 "了$_1$"和"了$_2$"的时间参照及成句性

为什么"V 了 O"通常站不住？刘勋宁认为，"了$_1$"是体标记，"了$_2$"是过去时标记，由于"V 了 O"没有"时(tense)"的规定，所以要让它站得住，就要添加后续小句，表明它的"时"，或者再加一个"了$_2$"，说明它是过去时。[12] 我们认为，由于"了$_2$"有很强的"影响性"，看作过去时并不合适；同时，由于"了$_2$"很多是表示当前状态的，如"下雨了""现在上课了"，不能看作过去时。刘勋宁所说的"时"其实是外部时间参照问题。

在汉语口语中，谓词性成分带"了$_1$"后，一般是内部时间参照，如果后面没有其他的谓词性成分或小句，那么由于找不到一个提供内部时间参照的后续事件，句子就站不住。在后面添加谓词性成分或小句，句子就站住了，这是因为后续事件提供了前面谓词性成分的内部时间参照。这就是"V 了 O"一般不能结句的原因。如：

(28)a. *下了课。          b. 下了课开会。
(29)a. *你吃了饭。        b. 你吃了饭再去吧。
(30)a. *你做完了功课。    b. 你做完了功课，我才让你玩。

例(28)至(30)a 之所以不成立，是因为句中有"了$_1$"，要求后面要出现另一个谓词性成分，以提供内部参照；(28)b 之所以成立，是因为后面加上了后续的谓词性成分"开会"，可以为前面的"下了课"提供内部时间参照。

而"了$_2$"只能用于外部时间参照。如：

(31)a. 我们吃饭了。       b. *我们吃饭了再去。
(32)a. 下课了。           b. *下课了开会。

例(31)(32)a 之所以成立，是因为句中出现的是"了$_2$"，要求是外部时间参照,不需要提供内部时间参照的后续事件,单独就能站住。b 在后面加上后续时间反而不成立。

(33) a. *我们吃了饭。　　　b. 我们吃了饭了。
(34) a. *下了课。　　　　　b. 下了课了。

例(33)(34)b 中,"了₁"和"了₂"共同出现时,表面上看两者的时间参照不一致会产生冲突,但由于"了₁"在内层,是加在动词上的,"了₂"在外层,是加在整个谓语上的,外层的成分的外部时间参照需求会抑制内层成分的内部时间参照需求,整个句子的时间参照仍是外部参照,不需要后续事件就可以成立。因此,我们可以说"了₂"具有把"V 了₁"的内部时间参照要求转化为外部时间参照要求的作用。由于一个直陈单句必须有一个外部时间参照,因此当动词后出现"了₁"而缺乏外部参照无法站住时,添加"了₂"从而引入外部时间参照就成了必需的手段。⑬

### 3.3.2 "着"和"呢"的时间参照及成句性

按照木村英树、郭锐,根据"V 着"是静态还是动态可以把"着"分为两个,静态的"V 着"中的"着"实际上是一个弱化补语,如"坐着""放着"中的"着";动态的"V 着"中的"着"才是一个表示进行的体助词,如"跑着""笑着"中的"着"。木村英树指出表动态进行的"着"和表静态持续的"着"是不同一的单位。从外部时间性角度看,两者也不相同,动态"着"是时体标记,而静态"着"不是。⑭可以从三个方面来分析:

(一)带静态"着"的谓词性成分可以受"不/别/甭"的否定,如(35):

(35) a. (我)站着!　　　a′. (我)不站着/(你)别站着。
　　 b. 拿着!　　　　 b′. 别/甭拿着。

带静态"着"的谓词性成分有时也可以受"没(有)"的否定,但受"没(有)"否定时,"着"仍然保留,如(36)a;而带动态"着"的谓词性成分受"没(有)"否定时,"着"不再出现,如(36)b。

(36) a. 他没坐着。　← a′. 他坐着呢/他坐着。
　　 b. 他没吃饭。　← b′. 他吃着饭呢。

（二）带静态"着"的谓词性成分成句时一般表示祈使、意愿等意义，这实际上是非时体成分的特征，如(35)。而带动态"着"的谓词性成分一般不能表示祈使、意愿意义，如"*吃着""*笑着"。⑮

（三）带静态"着"的谓词性成分可以做"想、建议、同意、反对、要"等动词的宾语，这些动词的宾语只能不带时体标记的成分。

(37) a. 我想/建议/反对站着。　　b. *我想/建议/反对跳着。

弱化补语"着"与时间参照没有直接关系，本文不讨论，下面只讨论进行体标记"着"。

汉语口语中，带有进行体标记"着"的句子一般是内部时间参照，如：

(38) a. *他吃着饭。　　　　b. 他吃着饭看电视。
(39) a. *他摇着头。　　　　b. 他摇着头走了。
(40) a. *正说着。　　　　　b. 正说着，外面来了几个人。

例(38)至(40)a 之所以不成立，是因为带"着"的谓词性成分后面没有后续事件，无法提供内部时间参照，因此不能结句；b 之所以成立，是因为有后续事件，提供了内部时间参照。

表示进行的语气词"呢"只能用于外部时间参照。如：

(41) a. 他们吃饭呢。　　　b. *他们吃饭呢看电视。
(42) a. 他抽烟呢。　　　　b. *他抽烟呢走了。

例(41)(42)a 是外部时间参照，不需要后续事件就能站住。b 中加上了后续事件，反而不成立。

(43) a. *他吃着饭呢。　　　b. 他吃着饭呢。
(44) a. *外面下着雨。　　　b. 外面下着雨呢。

例(43)(44)应如何分析呢？马希文注意到，在北京话中，带"着"的句子往往站不住，需要再加"呢"。⑯一个带"着"的句子，本来需要后续事件提供内部时间参照，但如果在句尾加上"呢"，处于外层的"呢"的外部时间参照要求抑制了"着"的内部时间参照要求，不再要求出现后续事件就能站住。因此，也可以说，"呢"具有把"V着"的内部时间参照要求转化为外部时间参照要求的作用。

当动词后出现"着"而缺乏外部参照无法站住时,添加"呢"从而引入外部时间参照就成了必需的手段。可以看到,体助词"着"和语气词"呢"在时间参照上的差异与体助词"了$_1$"与语气词"了$_2$"在时间参照上的差异是平行的。

### 3.3.3 "过"的时间参照及成句性

"过"可以分为两个,"过$_1$"表示"完结","过$_2$"表示经历。例子见下:

(45) a. 我吃过$_1$饭了。　　b. 节目都演过$_1$了。(完结)

(46) a. 我吃过$_2$韩国泡菜。　b. 我没看过$_2$这本书。(经历)

"过$_1$"要求内部时间参照,因此需要加后续事件或句尾加上"了$_2$"才能结句。

(47) a. 我吃过饭就走。　　b. 赶到那儿,第一场已经演过了。

而"过$_2$"要求外部时间参照,不需要后续事件就能成立。如:

(48) a. 我去过北京。　　b. 我昨天去学校找过你。

可以看到,"过$_1$"与"过$_2$"在时间参照上的差异,与"了$_1$"和"了$_2$"、"着"与"呢"是平行的。

### 3.3.4 时体副词的时间参照及成句性

"在、正在、正、已经、曾经"等时体副词与"了""着""过"在语义上相当,这些副词修饰谓词性成分时,时间参照和成句性如何呢?

"在"一般要求外部参照。如:

(49) a. 他在吃饭。

　　b. *他在吃饭,外面有人敲门。

　　c. *他在吃饭看电视。

"正"却要求内部时间参照,但限于以后续小句为参照。如:

(50) a. *他正吃饭。

　　b. 他正吃饭,外面有人敲门。

　　c. *他正吃饭看电视。

如果没有后续小句,需在句尾加语气词"呢",变为外部时间参照,句子才能成立。如:

(51) 他正吃饭呢。

"正在"既可以是外部参照,也可以是内部参照。内部参照时,后续事件只能是小句,不能是连谓结构的后续谓词。如:

(52) a. 他正在吃饭。
　　 b. 他正在吃饭,外面有人敲门。
　　 c. *他正在吃饭看电视。

"已经、曾经"都要求外部时间参照。如:

(53) a. 我们已经下课。
　　 b. *我们已经下课开会(＝下了课开会)。
(54) a. 我们曾经到达山顶。
　　 b. *我们曾经到达山顶下撤。

### 3.3.5 "V+数量短语+(NP)"的时间参照问题

带"了$_1$"的谓词性成分如果后面有数量短语,也能站住。如:

(55) a. 我吃了两碗饭。
　　 b. 他离开了三次。
　　 c. 我们等了四天。

例(55)这样的带数量短语的句子的时间参照到底是内部参照还是外部参照呢?从表面上看,带"了$_1$"的谓词性成分后没有后续事件,句子就站住了,应看作外部时间参照。但意义上与例(56)这样的带"了$_2$"的真正的外部参照句子有很大不同,因此不能看作外部时间参照。

(56) a. 我吃了两碗饭了。
　　 b. 他离开三次了。
　　 c. 他毕业三年了。

那么应如何解释这些不带"了$_2$"句子就站住的现象呢?我们认为,可以把数量短语看作后续事件。龙果夫、朱德熙、石定栩都指出,数量短语具有谓词性、陈述性。[17]第一个证据是数量短语可以做谓语,如:

(57) a. 小王今年二十岁。　　　b. 这个西瓜十五斤。

第二个证据是数量短语还能做补语。如:

(58) a. 跑得一头汗。　　　b. 打得一身伤。

第三个证据是宾语位置上的数量短语前可添加"有"或状语。如:

(59) a. 这个工作我干了有半年了。
　　 b. 他把一口点心嚼了有三分钟。
　　 c. 我前前后后大约一共给她写了有二十多封信呢。

(60) a. 这个工作我干了已经八年了。
　　 b. 他来了都三天了。
　　 c. 那个地方我去了一共三次。
　　 d. 我吃了一共两碗饭。

从上面的例子可以看到,动词后的数量短语前可以出现"有",[18]这个"有"是一个动词,"表示达到一定的数量或某种程度:水有三米多深"(《现代汉语词典》)。句子加不加"有"语义相同,[19]可见不加"有"时,实际上隐含着一个表示"达到某个数量"意思的动词。正因为如此,动词后的数量短语前可以添加"已经""都""一共"等副词,可以认为这个位置上的数量短语体现出谓词性。石定栩甚至认为准宾语位置上的数量短语就是一个谓语。

既然动词后的数量短语有谓词性,这个数量短语在语义上实际上表示"达到某个数量",因此可以看作动词后的后续事件,给前面的动词提供时间参照,从而使带"了₁"的谓词性成分站住。[20]

## 3.4　时间参照与背景信息和前景信息

一个句子若出现多个谓词,有的谓词表达前景信息(foreground information),有的谓词表达背景(background information)信息。在连谓结构和复句中,出现多个谓词,总是带有外部时间参照的那个谓词表达前景信息,而带有内部时间参照的谓词表达背景信息。如:

(61) 我看了电影就回家了。
　　　　背景　　　前景

(62) 他吃着饭 看电视。
　　　背景　　前景

(63) 他脱了大衣,"扑通"一下跳进水里去了。
　　　背景　　　　　　　前景

一个直陈单句通常只有一个前景信息,这与直陈单句只有一个谓词是外部时间参照一致。复句中,如果是单点参照,总是最后一个小句是前景信息,如例(63)。如果多点参照,仍倾向于最后一个小句为前景。如:

(64) 下雨了,路上的人都在跑。
　　　背景　　　前景

可见,外部参照与前景信息基本对应,只有复句的多点参照不完全对应。

由于"着"经常用于连谓结构中表达背景信息,有学者认为"$V_1$着$V_2$"中的"着"的语义是表示"方状(方式、手段等)"。[22]本文认为,"方状"的意义,并不是"着"本身的,而是句式带来的,"着"本身的语义仍然是表示"持续",只是由于要求后续事件提供内部时间参照,因而表达背景信息,而"方状"只是表示持续义的"V着"的背景信息产生出的语境义。

## 四　"了$_1$"结句问题

### 4.1　对话中"了$_1$"结句问题

带"了$_1$"的谓词性成分如果后面没有数量成分,一般不能结句,但在对话语体中,还是能找到"了$_1$"结句的例子,如:

(65) a.　——你什么时候走?
　　　　——吃了饭。

　　　b.　——他怎么老跑厕所?
　　　　——昨晚给朋友接风吃坏了肚子。

这些"了$_1$"结句的例子通常表原因、时间、条件等,完整的表达应该在后面再出现表结果的小句或谓词性成分,如(65)a的完整表达是"我吃了饭走",但由于是接着对方的话说,表结果的小句或谓词性成分省略而未说出。因此,这类例子可看作"了₁"后在观念上有后续事件提供内部时间参照,只是没有实际说出,可叫隐性内部时间参照。

### 4.2 作为过去时标记的"了₁"用于结句的"V 了 O"

前面我们说到,在汉语口语中,"了₁"由于是内部时间参照,因而不能结句。带"了₁"的谓词性成分后面需要添加表示后续事件的成分、数量短语、"了₂"才能结句。

但在汉语书面语的叙述句中,有不少"了₁"结句的例子。如:

(66) a. 这短暂的一分钟,搅乱了台儿沟以往的宁静。
b. 香雪总是第一个出门,隔壁的凤娇第二个就跟了出来。
c. 车上一直没有人发现她,她却在一张堆满食品的小桌上,发现了渴望已久的东西。
d. 她从兜里摸出一只盛擦脸油的小盒放进去,又合上了盖子。(《哦,香雪》)

(67) a. 徐有贞没有理会无地自容的曹吉祥,洋洋得意地走出了大殿。
b. 徐有贞怀着愧疚走了,看着他离去的背影,李贤露出了笑容。
c. 朱祁镇被他烦得不行,加上他本人也确实讨厌徐有贞,便连夜派人把正在路上的徐有贞抓了回来。
d. 朱祁镇冷冷地看了石亨一眼,最终答应了他的要求。(石悦《明朝那些事儿》)

这些"了₁"结句的句子,主要出现在叙述句,包括小说、新闻的叙述,历史事件或故事的叙述,而在口语对话中少见。

应如何分析这些"了₁"结句的句子呢? 我们认为,这些句子中的"了₁"与非结句的"了₁"相比,在时间参照上发生了变化。非结句的"了₁"是内部时间参照,因此要求后面有后续事件或数量短语、"了₂"。而结句的"了₁"实际上采取的是外部时间参照,参照时间一般就是说话时间。不过,虽然参照时间是说话时间,但并没有相对时间参照的"影响性",而仅仅是对过去事件的客观叙述。从这一点看,这种用法的"了$_1$"实际就是"过去时"的标记,是一种绝对时间参照;因为"了$_1$"的过去时用法的时间参照也是外部参照,也起到了时间定位的作用,也提供了前景信息。

"了$_1$"的过去时用法是最近一百年来的新变化。在旗人作家蔡友梅的小说《小额》(1906)中,"了$_1$"结句的比例只占"了"总数的 1.1%,在老舍小说《二马》(第三段)(1929)中,只占 3.5%。而陈建功、赵大年《皇城根》(60 – 71 节)(1992)中,占 20.4%。同时,"了$_1$"结句的比例也与作者个人的风格有关,比如在铁凝的《哦,香雪》中"了$_1$"结句数达到 39.2%,比同时期的其他作家高很多。

杨凯荣从句子的表达功能角度分析了不用"了$_2$"的条件,认为说明句、描写句不用"了$_2$"。[22]用本文的观点看,这些不用"了$_2$"的句子如果出现"了$_1$"结句的话,其实就是表示绝对时间参照的过去时,而不是表示相对时间参照的完成体。

## 五 结语

时间参照可以分为绝对时间参照和相对时间参照,汉语口语中没有以绝对时间参照为基础的基本时态,但有相对时间参照,相对时间参照形成了完成体、持续体和经历体的基础。汉语中相对时间参照表现为内部参照和外部参照两种类型。内部时间参照以后续事件为参照时间,外部时间参照以外部世界时间流逝中的某个时间位置为参照时间。汉语现实句必有一个并且只有一个谓词有外部时间参照,这是因为现实句表达的事件需要在外部世界的时间流逝中定位。汉语的外部时间参照与英语基本时态的时间定位功能相当,因此可以说具有外部时间参照的谓词与英语的定式动词相当。既然如此,我们可以说汉语中具有外部时间参照的谓词就是小句的核心。连谓结构一般只有最后一个谓词性成分有外部时间参照,前面的谓词都是内部时间参照,因此连谓结构的最后一个谓词是小句核心。进一步说,这个核心实际就是定式动词。汉语复句则有多点时间参照和末尾时间参照两种类型。具有外部时间参照的谓词性成分通常表示前景信息,具有内部时间参照的成分通常表示背景信息。

汉语中的时体助词、时体语气词和时体副词在时间参照上有分工,"了₁""着""过₁""正"通常是内部时间参照,"了₂""呢""过₂""在""已经""曾经"通常是外部时间参照,"正在"既可以是外部时间参照,也可以是内部时间参照。"了₁""着""正"一般不能结句,原因就是其时间参照是内部参照,需要出现后续事件,或添加"了₂""呢"等使其变为外部时间参照。

正是由于"了₂""呢"等表示时体的语气词具有外部时间参照的作用,可以使话语表达的内容与当前建立联系,因而适合于用于对话等互动交际语体,在新闻、科技等单向式语体中则少见。[23]小说叙述中"了₂"比例不及对话体,但比新闻语体"了₂"的比例高,这是因为受中国传统的说书的表演者与受众的互动性的影响,小说叙述仍有相当的互动性,所以比新闻报道的交互性要强。

在书面语的叙述句中,"了₁"也可以结句,原因是一部分"了₁"正在产生过去时标记的用法。这一变化,使得当代汉语正在产生绝对时间参照的基本时态——过去时。这一变化目前主要发生在叙述语体中,口语中少见。从这个角度看,"了₁"并不是一个同一的成分,而是一个在语义和用法上都有差异的成分。

"了₁"结句的用法受到很大限制,经初步考察,主要用于动词为带有结果性的变化动词或动补式带宾语的结构,宾语较长时接受度更高,或用于"V+疑问代词"。为什么如此?还需做更深入的考察和解释。

在汉语口语中,"着"由于是内部时间参照,因此不能结句。带"着"的谓词性成分后面需要添加表示后续事件的成分或"呢"才能结句。但在汉语书面语的叙述句中,有不少"着"结句。下面是《哦,香雪》中的例子:

(68) a. 台儿沟那一小片石头房子在同一时刻忽然完全静止了,静得那样深沉、真切,好像在默默地向大山诉说着自己的虔诚。
   b. 她们像长者那样拍着她的肩膀。
   c. 凤娇照例跑到第三节车厢去找她的"北京话",香雪系紧头上的紫红色线围巾,把臂弯里的篮子换了换手,也顺着车身不停地跑着。
   d. 古老的群山终于被感动得颤栗了,它发出宽亮低沉的回音,和她们共同欢呼着。

《哦,香雪》中共出现体助词"着"45例,其中10例结句(约22%)。但是在《小额》和比《小额》稍晚的《老张的哲学》和《骆驼祥子》中,几乎找不到"着"结句的例子。因此,可以推断体助词"着"结句的用法也是新用法,这种用法也许与叙述方式的改变有关。

本文曾提交第七届现代汉语语法国际研讨会(新加坡南洋理工大学,2013年12月21—25日)。
原载于《世界汉语教学》2015年第4期。

## 注 释

① 见贺阳《汉语完句成分试探》,《语言教学与研究》1994年第4期;黄南松《试论短语自主成句所应具备的若干语法范畴》,《中国语文》1994年第6期;孔令达《影响汉语句子自足的语言形式》,《中国语文》1994年第6期。

② "实际发生"包括真实的"实际发生"和虚拟的"实际发生",真实的"实际发生"指在真实世界中发生;虚拟的"实际发生"指在假设的情景中发生,如"如果你明天五点才来,我都已经走了",虽然"我走"在说话时还没有发生,但在明天五点这个假设的情景中是实际发生了。

③ 见 Givón, Talmy. 1973. Opacity and reference in language:An inquiry into the role of modalities, in John P. Kimball(ed.), *Syntax and Semantics* 2. pp. 96—122. Tokyo:Taishukan Publishing Company;Givón, Talmy. 1984. *Syntax:A Functional Typological Introduction*. Vol. 1, Aamsterdam:John Benjamins;郭锐《过程和非过程——汉语谓词性成分的两种外在时间类型》,《中国语文》1997年第3期。

④ 参见郭锐《过程和非过程——汉语谓词性成分的两种外在时间类型》。

⑤ 也有叫作"接地""入场"的。

⑥ Reichenbach, Hans. 1947. *Elements Of Symbolic Logic*, New York:The Macmillan Company.

⑦ Comrie, Bernard. 1985. *Tense*. Cambridge:University Press.

⑧ Ogihara, Toshiyuki. 1999. The Semantics of Tense and Aspect in Japanese. In Natsuko Tsujimura(ed.) *The Handbook of Japanese Linguistics*, pp. 326—348. Oxford and New York:Basil Blackwell.

⑨ Bohnemeyer, Jürgen. 2002. *The grammar of time reference in Yukatek Maya*, Munich:LINCOM.

⑩ Halliday, M. A. K. 1985. *An Introduction to Functional Grammar*, London: Edward Arnold Ltd; Comrie, Bernard. 1985. *Tense*.

⑪ 郭锐《过程和非过程——汉语谓词性成分的两种外在时间类型》。

⑫ 刘勋宁《现代汉语句尾"了"的语法意义及其解说》,《世界汉语教学》2002 年第 3 期。

⑬ "扔了它""饶了我"一类说法中的"了"不表示时体意义,而是表示"去除、受损"含义,在北京方言中读为 lou 或 lo, 其实是一个弱化动词,可记为"了₃"。(参看马希文《关于动词"了"的弱化形式/·lou》,《中国语言学报》第一期,商务印书馆,1983 年,1—14 页;木村英树,《关于补语性词尾"着/zhe/"和"了/le/"》,《语文研究》1983 年第 2 期)。

⑭ 木村英树《关于补语性词尾"着/zhe/"和"了/le/"》,《语文研究》1983 年第 2 期。

⑮ "动态动词 + 着"的"听着""看着"可表示祈使意义,这个例外我们还无法解释。

⑯ 马希文《北京方言里的"着"》,《方言》1987 年第 1 期。

⑰ 参见 A. A. 龙果夫著,郑祖庆译,《现代汉语语法研究·I 词类》,科学出版社,1958 年;朱德熙《语法讲义》,商务印书馆,1982 年;石定栩《动词后数量短语的句法地位》,《汉语学报》2006 年第 1 期。

⑱ 参见金晶《"V 了 + 有 + 数量短语 + (NP)"中"有"的用法特点》,《汉语学习》2012 年第 3 期。

⑲ 加"有"大多有主观大量的意味(见金晶《"V 了 + 有 + 数量短语 + (NP)"中"有"的用法特点》),所以数量少的通常不能带"有",如"*这件衣服他洗了有一次""*前前后后写了有两封信。但并不能认为这是"有"的意思,因为如果带"只",则有言少的意味,如"前前后后只写了有两封信""前前后后写了只有两封信",可见"有"本身的意义只是表示"达到一定数量或程度",主观大量或主观小量是"有"为显性形式的条件。

⑳ 如果数量短语前有指示词,一般不能成句,如"*他吃了那碗饭。"同时我们注意到,"V + 指示 + 数量(名词)"不能插入"有、已经"等成分,如"*吃了有/已经那碗饭",因为"指示 + 数量"成分的功能不是计量的,而是起到定指的作用。

㉑ 参见刘一之《北京口语中的"着"》,《语言学论丛(第二十二辑)》,商务印书馆,1999 年;刘一之《北京话中的"着(·zhe)"字新探》,北京大学出版社,2001 年。

㉒ 参见杨凯荣《从表达功能看"了"的隐现动因》,《汉语学习》2013 年第 5 期。

㉓ 参见王洪君、李榕、乐耀《"了₂"与话主显身的主观近距交互式语体》,《语言学论丛(第四十辑)》,商务印书馆,2009 年。

# 汉语方言里的寻找义动词

## 项梦冰

本文以曹志耘《汉语方言地图集(词汇卷)》148 图(下文简称为 V148)"找钥匙~到了(find [one's keys])"为依据,[①]讨论汉语方言里的寻找义动词。

# 一 词形分类

## 1.1 V148 的词形分类

V148 的词形分类可转写如表 1。首行 A～E 表示大类,首列 1～10 表示小类。注释是原有的,各大类和小类的方言点数为本文所加。

表 1 V148 的词形分类

| | A 291 | B 406 | C 66 | D 118 | E 49 |
|---|---|---|---|---|---|
| 1 | 找 291 | 寻 372 | 揾[①]52 | 挥[②]56 | 袋=6 |
| 2 | | 寻~找 34 | 揾~寻 2 | 攞[③]35 | 藤=5 |
| 3 | | | 揾~跟 5 | 讨 8 | □[pʰɛ˧]等 3 |
| 4 | | | 跟 7 | □[sau˨]等 9 | □[tɛn˧]等 3 |
| 5 | | | | □[ʨue˧]等 10 | □[tʰɛ˧]等 5 |
| 6 | | | | | □[lu˨]等 3 |
| 7 | | | | | □[lei˧]等 11 |
| 8 | | | | | □[tɛn˧]等 4 |
| 9 | | | | | □[vei˧]1 |
| 10 | | | | | 其他 8 |

表注:①"揾"是俗字。②挥:《集韵》贿韵仕坏切,拉也。③攞:《集韵》哿韵郎可切,拣也,裂也。

V148 声调原标调值,本文改用五度制调号。E9 原标"阴平",本文根据曹志耘语音卷图 017 和张宁《建水方言志》改记为˧。② 注②"捼"字的古音地位大概是一种错误的综合。《汉语大字典》:

> 捼(一)chuái《广韵》仕怀切,平皆崇。损。《集韵·皆韵》:"捼,《方言》:'损也。'"
>
> (二)zhuài《集韵》仕坏切,去怪崇。拉。《集韵·贿韵》:"捼,拉也。"③

《集韵》表示拉的"捼"既见于上声贿韵(蟹合一)粗贿切(拉也),也见于去声怪韵(蟹合二)仕坏切(拉也)。其中"粗贿切"在"皋"(罪)小韵,应为"徂贿切"之误(《集韵》上声贿韵已有清母小韵〔取猥切〕,而《广韵》上声贿韵"皋"正是"徂贿切")。《汉语大字典》根据今音 zhuài 取仕坏切(去怪崇),不过释义却引自上声贿韵。V148 注②大概是把贿韵跟仕坏切糅合在了一起。

### 1.2 词形重分类

V148 的词形可重分类如表 2,为便于表格的空间安排,方言点数改用上标。

**表 2 词形重分类**

| | A[406] | B[291] | C[59] | D[56] | E[43] | F[8] | G[7] |
|---|---|---|---|---|---|---|---|
| 1 | 寻[372] | 找[291] | 揞[52] | 捼[56] | 攞[35] \| □ [sɑu˧]等[8] | 讨[8] | 跟[7] |
| 2 | 寻~找[34] | | 揞~跟[5] | | | | |
| 3 | | | 揞~寻[2] | | | | |
| H[60] | 1. □ [lei˧]等[11]  2. □ [ɗuɘ˧]等[10]  3. 袋⁼[6]  4. 藤⁼[5]  5. □ [tʰɛ˧]等[5]  6. □ [lɐn˧]等[4]  7. □ [pʰɛ˧]等[3]  8. □ [tɛn˧]等[3]  9. □ [lu˧]等[3]  10. □ [vei˧]¹  11. 其他[9] | | | | | | |

表 2 跟表 1 的不同在于:①根据出现次数来排列大类和小类。G 的次数虽然比 F 少 1,但实际上比 F 占优,因为 C2 也可归到 G 类。②汉字词形(不管是不是本字)都单立大类,记音的词形(包括汉字记音和音标记音)则一律归为 H 类(杂类),排在最后。③把原 D4 一分为二,闽西北的 8 个点跟原 D2 合并为一类(即表 2 的 E),还有一个点(广西龙胜马堤)跟原 E10 合并为一类

(即表2的H11)。

闽西北一些方言有古来母字读 s/ʃ- 的现象。例如"蛋",福州、厦门、建瓯都叫"卵",但是读音不同:[lauŋ˨˩ nŋ˨˩˦ sɔŋ˨˩˦]。④请注意建瓯的声母是 s- 。

V148 的 D2(攞)主要分布在闽北,毗邻的浙、赣也有少量的分布。D4(□[sau˨˩]等)总共有 9 个点,其中 8 个连续分布在闽中,跟闽北的 D2 分布区(多为闽语)连成一片,两者大概是同一个词。属于 D4 的方言如(都是闽语):邵武和平 sau˨˩ to look for、|明溪 sau˨˩ tau˦ 找到、|永安 so˨˩。⑤李如龙已指出闽北"古来母字一部分读为 s 声母"。⑥秋谷裕幸已指出"[南平市]峡阳以及闽中区、邵将区的声母还提示了 *l > ʃ、s 的语音演变。峡阳声母[s]、调类阳去,泰宁声母[ʃ]、调类阴去,这个语音对应明确地表示这个词的声母与来母对应"。⑦

广西龙胜(马堤)平话 V148 也归为 D4。虽然龙胜也挨着一个 D2 的连续分布区,但因为缺乏语料,目前无法知道马堤的 s- 是否 l- 的演变形式,故表2暂归到 H11"其他"。

### 1.3 观察和统计

从表2可见,"寻"和"找"是汉语方言寻找义动词的主要词形,"寻"见于 372+34+2=408 个方言点,约占 44%,"找"见于 291+34=325 个方言点,约占 35%。其他所有词形(C~H)总共见于 59+56+43+8+(7+5)+60=238 个方言点,约占 26%。("寻~找"等兼类重复计算,因此百分比之和会大于 100%。)根据 V148 的数据、表2的分类以及地图集语法卷的附录《调查点、发音人和调查人一览表》中的方言区信息,还可以进一步统计出各类词形在方言中的分布情况,见表3。畲话计入客家话。

通过表3的横行,可以看出每个方言所拥有的词形类别及出现频度。通过表3的纵列,可以看出各类词形在不同方言中的出现频度。出现频度体现为方言点数的多少。表3所呈现出的主要倾向是:

1. 官话主要使用 A 和 B,以 B 为主。吴语(含徽语在内)、湘语、赣语、客家话(含畲话在内)主要使用 A。粤语主要使用 C。闽语主要使用 D,但也用 E、F。平话、乡话主要使用 E。

2. A 主要见于官话、吴、湘、赣、客。B 主要见于官话。C 主要见于粤语。D、F 只见于闽语。E 主要见于闽语、平话和乡话。G 主要见于客家话。

表3  各类词形的方言分布统计

|  | A | | B | C | | | D | E | F | G | H | | | | | | | | | | |
|---|---|---|---|---|---|---|---|---|---|---|---|---|---|---|---|---|---|---|---|---|---|
|  | 1 | 2 |  | 1 | 2 | 3 |  |  |  |  | 1 | 2 | 3 | 4 | 5 | 6 | 7 | 8 | 9 | 10 | 11 |
| 官话 | 74 | 21 | 267 |  |  |  |  | 1 |  |  |  |  |  |  |  |  |  |  |  | 1 |  |
| 吴语 | 101 | 5 | 7 |  |  |  |  | 3 |  |  |  |  |  |  |  |  |  |  | 3 |  | 2 |
| 徽语 | 10 | 1 | 4 |  |  |  |  |  |  |  |  |  |  |  |  |  |  |  |  |  |  |
| 湘语 | 36 | 1 |  |  |  |  |  | 6 |  |  |  |  |  |  |  |  |  |  |  |  |  |
| 赣语 | 75 | 6 | 8 |  |  |  |  |  |  |  |  |  |  |  |  |  |  |  |  |  |  |
| 客家 | 53 |  | 2 | 2 | 1 | 2 |  | 2 |  | 6 |  |  | 2 |  |  |  | 1 |  |  |  | 1 |
| 闽语 | 7 |  | 2 |  |  |  | 56 | 17 | 8 |  | 10 |  |  |  |  | 1 |  |  |  |  | 1 |
| 粤语 | 1 |  |  | 49 | 4 |  |  | 1 |  | 1 |  | 1 |  | 2 |  |  |  |  |  |  |  |
| 平话 | 5 |  |  | 1 |  |  |  | 10 |  |  | 11 |  | 1 | 3 | 2 | 3 |  |  |  |  | 1 |
| 土话 | 10 |  | 1 |  |  |  |  |  |  |  |  | 6 | 1 | 2 |  |  | 1 |  |  |  | 1 |
| 乡话 |  |  |  |  |  |  |  | 4 |  |  |  |  |  |  |  |  |  |  |  |  |  |
| 儋州 |  |  |  |  |  |  |  |  |  |  |  |  |  |  |  |  |  |  |  |  | 1 |

# 二 两种主要词形的地理分布格局及其历史地理成因

## 2.1 两种主要词形的地理分布格局

从 V148 可以直观地看到,黑圆圈(找)和绿圆圈(寻)两种主要词形的地理分布构成了典型的"中心-外围模式"(center-periphery pattern),也有的学者称为"侧翼模式"(lateral areas pattern)。如果以云南昆明和黑龙江牡丹江两点连一条直线,可以看到一条东北-西南走向的"找"的集中分布区,而在它的东南和西北两翼,则存在着两个"寻"类词形的集中分布区。"找"主要分布在东北平原、华北平原、四川盆地、云贵高原和宁夏以西的汉语分布区。"寻"主要分布在太行山以西的黄土高原和内蒙古高原以及长江中下游平原及毗邻的东南丘陵区北部。而在"寻"和"找"两股势力的交汇处,存在着不少兼用两者的方言点(即表1的B2、表2的A2,34个点)。如图1所示。

**图1 侧翼模式示意**

## 2.2 汉语寻找义动词的简要历史

"寻"和"找"的这种地理分布格局跟汉语寻找义动词的历史发展息息相关。王凤阳辨析了古汉语里的寻找义动词"寻、觅、求、搜、索",指出"求""索"主要用于先秦,"寻""觅"渐起于汉魏之后。⑧本文略举八例如下:

> 以若所为,求若所欲,犹缘木而求鱼也。(《孟子·梁惠王上》)
> 舟止,从其所契者入水求之。(《吕氏春秋·察今》)
> 曾不如早索我于枯鱼之肆。(《庄子·外物》)
> 荆人有遗弓者,而不肯索,曰:"荆人遗之,荆人得之,又何索焉?"(《吕氏春秋·贵公》)
> 寻怨惟阙,夙夜忧惧。(陈寿《三国志》卷六四吴书十九)
> 太守即遣人随其往,寻向所志,遂迷不复得路。(陶渊明《桃花源记》)
> 须臾,真长遣传教觅张孝廉船。《世说新语·文学》
> 陈郡邓遐……愤而入水,觅蛟得之,便举拳曳着岸,欲研杀。(刘敬叔《异苑》卷三)

汪维辉对"寻、觅"的兴起有更详细的讨论,认为"寻找"的"寻"就目前所掌握的材料来看最早能上溯到东汉初期,但例不多见,要到汉末以后才逐渐多见起

来;至于"觅",把其始见时代定在三国是不会有问题的。⑨汪维辉进一步指出:

> 大约从两汉之交起开始用"寻",东汉开始用"觅",到南北朝时期,"寻"和"觅"在口语中大概已经取代了"求"和"索"。"寻"是通语词,"觅"则可能带有南方方言色彩。唐以后的近代汉语阶段,"寻"一直是表示这一概念的主导词,同时也用"觅",不过使用频率大大低于"寻",而且可能存在地域和风格差异。⑩

高亨认为《墨子·修身》"思利寻焉"的"寻"为寻求义:

> 思利寻焉。忘名忽焉。毕沅曰:"寻习。"孙诒让曰:"寻重也,温也。"亨按寻求也。思利寻焉,谓思利而求之。毕孙说误。⑪

汉语大字典编辑委员会根据高亨的说法把《墨子·修身》的"思利寻焉"作为"寻"字第四个义项"搜求;找"的首见例。⑫汪如东认为"有理由把'寻'的'寻找'义提前到先秦",⑬除《墨子·修身》例之外,汪文还补充了以下三例:

> 夫三军之所寻,将蛮、夷、戎、狄之骄逸不虔,于是乎致武。(《国语·周语中第二》)
> 
> 寻形声欲穷其终始者,亦焉得至极之所乎?(《列子集释》卷二)
> 
> 昔受学[额]于周茂叔,每令寻仲尼颜子乐处,所乐何事?(《论语集注》卷三)

韦昭《国语解》是现存于世的《国语》最早注本,"寻"字韦训"讨也"(据士礼居丛书影宋本卷二),此训历代袭用(如清董增龄《国语正义》、《汉语大字典》),未见疑之者。传世《列子》自宋以来就被怀疑是伪作,张永言已指出"迄至今日,《列子》是出自晋人之手的伪书几乎已经成为学者们的共识",⑭更何况汪文所引乃东晋张湛的注文。《论语集注》例乃朱熹注文,事引《二程遗书》(卷二上,四库全书本,汪引多"额"字)。可见汪文所补三例都不可用。至于《墨子·修身》例,即使高亨的别解可以成立,可是按照方授楚:"今本《墨子》十五卷,五十三篇,既非墨子所著,亦非某一人所著,又非一时所成者。故视如《墨学丛书》最为恰切。""《修身》、《亲士》本与墨学无关,其文似作于汉初。"⑮仍然无法动摇王凤阳《古辞辨》"'寻'、'觅'渐起于汉魏之后"的论断。

表示寻找的"找"是近代兴起的。开始写作"爪",后来又写作"抓""找"。徐嘉瑞、朱居易指出"爪寻"即"找寻";[16]龙潜庵指出"爪寻""抓寻"同"找寻";[17]李崇兴、黄树先、邵则遂指出"找"的早期写法是"爪"。[18]汪维辉、徐时仪都指出zhǎo开始写作"爪",又写作"抓",后来才定型为"找"。[19]例如:

却说蛮王孟获行至泸水地名,正遇着手下败残蛮兵,皆来爪寻。(《三国志通俗演义》卷之十八,嘉靖本)

"汝从这条路去,可救吾儿。"言讫不见。因此爪寻至此。(《三国志通俗演义》卷之十九,同上)

我向那前街后巷,便去爪寻他。(《元曲选·燕青博鱼》第一折)

绕着四村上下,关厢里外,爪寻那十三年前李春梅。(《元曲选·儿女团圆》第二折)

私下放他浏(溜)了,教俺主人那里去爪他?(《元曲选·诈范叔》第四折)

近来不知那里去了,无处抓寻。(史九敬《庄周梦》第二折,民国《孤本元明杂剧》本)

众将士!俺四下里抓寻玉兔去来。(郑德辉《智勇定齐》第二折,民国《孤本元明杂剧》本)

正要(回)阳谷县(去)抓寻哥哥,不料又在清河县做了都头。(《金瓶梅词话》第一回,据万历本)

家人喘息定了,方唤几个生力庄客,打起火把,覆身去抓寻。(《醒世恒言》卷四,据天启本)

客官坐稳,我替你抓寻去,寻得下莫喜,寻不来莫怪。(《京本通俗小说·拗相公》,据缪氏《烟画东堂小品》本)

汪维辉已指出"抓"(zhǎo)是"爪"的增旁字,跟"抓"(zhuā)是同形字;"找"跟"划"的异体"找"也是同形字(见《论词的时代性和地域性》《纵横结合研究汉语词汇》)。章炳麟《新方言·释言第二》(据章氏丛书本):"《说文》指爪字本作'叉',云'手足甲也'。今人谓寻觅为爪,盖取指抉之意。"章说似可取,即寻找义是由"爪"字的动词义引申出来的(汪维辉:这个词也许是从鸡用爪子抓寻食物引申而来)。[20]表示寻找的"爪""抓""找"是同一个词的不同写

法,读音相同。下面比较《元曲选》(万历本)臧晋叔的四条音释材料:

今夜管洞房中抓了面皮。|若近前来,我抓了你那脸

哦,只抓个杌儿抬将来。[臧晋叔音释:抓,招上声。](《张天师》楔子)

想是你致死了,故意找寻,我拿你到州街里见官去来。[臧晋叔音释:找,音爪。](《青衫泪》第三折)

令人,与咱将随何抓进来。[臧晋叔音释:抓,音爪。](《气英布》第一折)

第一例相当于今天的"抓"(zhuā),后三例相当于今天的"找"(zhǎo),写"抓"字时臧晋叔注明"招上声""音爪",是为了跟庄瓜切的"抓"区分。《元曲选》寻找义动词主要用"寻",但也出现了少量的"爪"(也写作"抓""找")和"爪寻"。《金瓶梅词话》寻找义动词主要也用"寻",但"抓寻"(也写作"找寻")的数量明显增加("抓"单用的例子很少,例如第三十四回:被韩道国抓着了)。白维国将寻找义的"抓"和"抓寻"分别标为 zhuā 和 zhuā xún 实为不妥,应改为 zhǎo 和 zhǎo xún。㉑

一般认为,"找"(爪、抓)这个词是元代开始出现的。㉒张庆庆认为"现代汉语主要的'寻找'义动词'找'在明代语料中开始出现,但还没有得到广泛的应用,搭配成分很单一"。㉓殷晓杰、张家合则认为时代嫌晚,大概是泥于"找"的字形所致。㉔其实即使考虑到初期写法"爪"和随后出现的"抓",表示寻找的"找"是否可以上推到元代,仍然还是不确定的。元刻古今杂剧三十种寻找义动词只用"寻""觅""寻觅",没有出现寻找义的"爪""抓""找"。臧晋叔所编《元曲选》万历四十三年(1615)刊前集,次年刊后集。至于《京本通俗小说》,乃由缪荃孙于1915年刊行,不少学者认为它是一部根据《警世通言》和《醒世恒言》制造的伪书,并非"的是影元人写本"。㉕《元曲选》里的少数"爪""抓""找"用例大概是明人的改动。《元刻古今杂剧三十种》中有尚仲贤的《汉高皇濯足气英布杂剧》,《元曲选》正好也有,然《元曲选》第一折中的"抓"(臧晋叔音释:音爪)在元刻本中并无踪影:

元刻本:小校那里!如今那汉过来,持刀斧手便与(我杀)丁(了)者。交那人过来。(等隋何过来见了)(唱宾)住者!你休言语,我根前下说词

那!(等隋何云了)

　　明刻本:(云)令人,与咱将随何抓进来。(卒应科)(随何佩剑引从者上)(卒做拿随何入见科)(随何云)贤弟,我与你是同乡人,又是从小里八拜交的兄弟,只为各事其主,间(阔)别多年,今日特来访你,只该降阶接待才是,怎么教刀斧手将我簇拥进来,此何礼也!(正末唱)

再看罗贯中(约1330~约1400)传世的几部著作,《三遂平妖传》(北京大学图书馆藏万历本,可能刻于1592年后)、《隋唐两朝志传》(万历本,1619)、《残唐五代史演义传》(明刊李卓吾批评本,可能刊刻于1602年后)寻找义动词几乎清一色地使用"寻"(偶用觅、寻觅),唯《三国志通俗演义》(嘉靖刻本)出现了两例"爪"(前文已引),大概是后人所改。因此在没有找到可以支持元代说的过硬语料前,不妨先把寻找义动词"找"看成是明代中期以后兴起的新词。

"找"大概首先兴起于北京地区。汪维辉已指出:

　　"找"最初应该是个北方方言词,这是可以肯定的;但具体源于哪个地点或哪一个地区,还有待调查。从早期用例多见于元杂剧这一点来推测,很可能是大都附近,所以它才能借着强势方言(也就是通语的基础方言)的优势较快地向全国扩散,而且在许多地方彻底取代了"寻"。㉖

明沈榜《宛署杂记》卷一七《民风二·方言》:"寻取曰找。""找"即原刻本所用的字形。《宛署杂记》成书于万历二十年(1592),次年付梓,是一部详细记录明代嘉靖、万历年间(约十六世纪二十年代至十七世纪二十年代)北京社会经济、政治制度和风俗掌故的档案文献。"寻取曰找"这一记录大体可以说明"找"的发源地。

### 2.3 "找""寻"分布格局的历史和地理成因

清楚了汉语寻找义动词的简要历史,对于现代汉语方言寻找义动词两种主要词形"寻""找"的"中心-外围"分布就会有很好的理解。即现代汉语方言寻找义动词以汉代词汇创新("寻"的兴起)和明代词汇创新("找"的兴起)为基础,其中"寻"在南北朝时期已经在口语里大体替换了"求""索",至晚到隋唐时期已成为全国绝大部分地区通用的基本词。㉗明代中期后政治文化中心新一轮的词汇创新("找"的兴起)开始动摇"寻"的一统天下,重铸新的格局。在表面上看,新一轮的词汇创新似乎已经没有了"寻"的那种雄风,在占据华北平原、蚕食东北地区和西南地区以及沿河西走廊渗入西北地区后,[20]就偃旗息鼓,让"寻"酣睡于卧榻两侧(东南地区和太行山以西至甘肃东部地区)。其实如果考虑到此时汉语分布面积已经明显扩大、现代汉语方言的地理分布格局已经基本形成,"找"的扩散能力并不弱于"寻",它实际上已经征服了除太行山以西至甘肃东部外的几乎所有官话地区。从中我们也可以看到地理因素在语言扩散中所扮演的重要角色,即太行山阻挡了"找"向晋语及其毗邻官话区的扩散,长江阻挡了"找"向东南方言的扩散。

既然"寻"和"找"的竞争主要发生在官话区,我们还要进一步观察这两种词形在官话次方言里的分布情况。根据 V148 及该地图集语法卷附录《调查点、发音人和调查人一览表》中的方言区和方言片信息,官话次方言寻找义动词的方言点数可统计如表 4。

表 4 官话方言寻找义动词的方言点数统计

|  | 北京 | 东北 | 冀鲁 | 胶辽 | 晋 | 兰银 | 西南 | 江淮 | 中原 |
|---|---|---|---|---|---|---|---|---|---|
| 寻 |  |  |  |  | 34 | 3 | 18 | 11 | 29 |
| 找 | 9 | 32 | 35 | 12 | 7 | 15 | 73 | 13 | 53 |
| 其他 |  |  |  |  |  |  | 2 |  |  |

大体而言,官话说"寻"的方言大致分布在官话分布区西部的南北两翼,东部除了南缘几乎是清一色的"找"。北京官话、东北官话、冀鲁官话、胶辽官话都只说"找",不说"寻"。晋语主要说"寻"。江淮官话、兰银官话、中原官话、西南官话主要说"找"。其中中原官话说"寻"的方言主要集中在晋南、陕西及以西地区,东部只有苏北 个点(属于"寻""找"并用)。

## 三 南部外围区的寻找义动词

前文已指出,"寻"和"找"是汉语方言寻找义动词的主要词形。从表 2 的分类来看,A(406)、B(291)已占 75% 的方言点,C~H 合计才 233 个方言点,仅占 25%。可见,C~H 种类虽多,可是方言点数都比较少,稍有些势力的 C

也不过才59个方言点而已。此外还值得注意的是，C~H只分布在汉语的南部外围区，主要是福建、两广以及台湾、海南等5省，兼及浙南和湘南、湘西地区。此外浙北、赣东北、云南也有零星的分布。

外围地区因为"天高皇帝远"，对于中心地区的向心力明显减弱，这既有利于外围地区不跟进中心地区的创新，也有利于外围地区免受中心地区的制约而自发地进行创新。另一方面，外围地区往往也是语言接触的频发地区，这极易引起语言的变异。南部外围区寻找义动词的创新几乎可以用"遍地开花"来形容。C(揾，两广的粤语区)、D(揮㉙，沿海闽语，但海南、闽东部分地区，雷州半岛部分地区除外)、E(攞，内陆闽语、粤北的平话、湘西的湘语和乡话)、F(讨，福州、闽侯一带的闽语)、G(跟，粤东的客家话)、H1(囗[lei˧]等，桂南的平话)、H2(囗[ɖue˧]等，海南闽语)、H3(袋⁼，湘南土话)都是典型的局部创新，不少词形往往方言分布单一而且大体呈连续分布。海南、广西和湘南都是民族和语言、方言复杂的地区，而H类词形主要就集中在这些地方，可见语言和方言复杂的地区天然存在着一种削弱各语言或方言对大本营的忠诚度的力量，这无疑为各种局部创新提供了温床。如果忽略H类词形，C~G类词形的分布格局可抽象表示如图2。

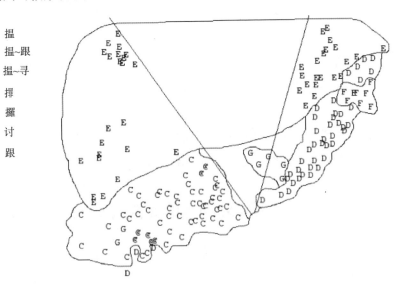

图2　C~G类词形的分布格局

图 2 的楔形空白区大体坐落在湘赣南部、闽西—粤北—珠江三角洲,为"寻"分布区,大体跟拾取义动词"捡"在这一地区的分布重叠,㉞说明它是语言创新的一个重要传播通道。前文已指出:"寻"兴起于汉魏,在南北朝时期已经在口语里大体替换了"求""索",至晚到隋唐时期已成为全国绝大部分地区通用的基本词。结合图 2 中 C~G 类词形的分布态势,我们可以得到一个重要的推断:即 C~E 当为隋唐前发生的局部创新,替换的词形是上古的"求""索"。当南北朝已在通语的口语里确立自己地位的"寻"在湘赣南部、闽西—粤北—珠江三角洲冲出一个楔形区的时候,就造成了一个重要的结果:即把原本大概是连续分布的 E 类词形区分隔成了东西相望的不连续分布区,其中东部大体呈连续分布的态势,西部则又要分为南北两片,而且还兼有一些不连续的散点,这种分布特点当跟某些 H 类词形的兴起、阻隔有关。即 E 类词形属于时代较早、势力最大的一个局部创新,后来被"寻"从中冲开,只在侧翼留下局部的连续分布区和若干散点。而"寻"向珠江三角洲的一路南冲也造成了部分方言点出现"揾"和"寻"的兼用。

F 和 G 都是晚期创新。闽东地区晚期兴起的 F(讨)把沿海闽语"挕"的连续分布区打断,从而分成了闽东北和闽南—潮汕两块,当然闽语的"挕"也由于移民扩散到了海南岛和雷州半岛,不过海南岛的闽语因为远离大本营也发生了晚期创新,并影响到雷州半岛的部分闽语。

G(跟)是粤东部分客家话的说法,由于客家人的西迁,这一说法也出现在粤西、桂东一带,而且跟粤语的"揾"存在换用或兼用的情况。对比 V148 中的 9 个有关方言点:

| 调查点 | 地区 | 方言归属 | 寻找义动词 |
| --- | --- | --- | --- |
| 合浦 | 桂东 | 客家话 | 跟 |
| 防城港 | 桂东 | 客家话 | 揾 |
| 博白 | 桂东 | 粤语 | 跟 |
| 信宜 | 粤西 | 客家话 | 揾 |
| 廉江 | 粤西 | 客家话 | 揾~跟 |
| 化州 | 粤西 | 粤语 | 揾~跟 |
| 高州 | 粤西 | 粤语 | 揾~跟 |

| 茂名 | 粤西 | 粤语 | 揾~跟 |
| 电白 | 粤西 | 粤语 | 揾~跟 |

寻找义动词"跟"只在粤东存在一个局部的连续分布区,这是 G 类词形的扩散源。客家人把这种说法带到粤西、桂东后,客粤就产生了激烈的竞争。结果是:有的客家话换用了粤语的词形(信宜、防城港:跟→揾),有的粤语换用了客家话的词形(博白:揾→跟),还有的客家话和粤语则是兼用两种词形(廉江:揾~跟;化州、高州、茂名、电白:揾~跟)。可知粤西和桂东是客粤互动的频发地区之一。

台湾的客家人和粤西、桂东的客家人都以粤东的客家移民为主体,使用的方言也比较接近。其中台湾最为通行的客家话是所谓的"四县腔",指程乡、兴宁、镇平、平远四县,即今梅县(含梅江区)、兴宁市、蕉岭县、平远县。按照 V148,台湾客家话用"寻"不用"跟",而粤西、桂东客家话用"跟""揾"或两者兼用,不用"寻"。根据李如龙等《粤西客家方言调查报告》,㉛粤西 9 个客家话的寻找义动词为:

跟:高州新垌、电白沙琅、化州新安、廉江石角、廉江青平 [5]

跟~□:信宜思贺(跟~□ [sɐmˀˇ])、信宜前排(跟~□ [səmˀˇ])[2]

揾~跟:阳西塘口 [1]

揾:阳春三甲 [1]

即采用原乡说法的方言点是主体(5 个)。原乡说法和创新说法并存的方言点 2 个,兼用客粤两种词形和换用粤语词形的方言点各 1 个。它们都不用"寻"。可见客家西迁的主体跟东渡入台的主体必定不属于相同的时间段,否则同为粤东的客家移民,不会出现寻找义动词用"跟"和用"寻"的差异(台湾的优势方言闽南话都说"揣",与"寻"无涉)。根据罗香林《客家研究导论》,台湾客家人是康熙中叶至乾嘉时期的第四期客家迁移结果之一,而粤西、桂东的客家人为乾嘉时期之后的第五期客家迁移结果,㉜因此寻找义动词"跟"是乾嘉时期之后发生于部分粤东客家话的一项晚期词汇创新。

本文的研究工作获国家社科基金重大项目"基于中国语言及方言的语言

接触类型和演化建模研究"(批准号:14ZBD102)和北京大学中文系"汉语的社会和空间变异研究工作坊(2018)"的资助,初稿曾在全国汉语方言学会第十九届年会暨国际学术研讨会(2017年10月10日至12日,南昌)上宣读。论文原发表于《语言研究集刊(第21辑)》482—497页。作者利用论文收入系庆文集的机会,进行了必要的修订。

**注 释**

① 曹志耘主编《汉语方言地图集》,商务印书馆,2008年。

② 张宁编著,熊正辉审订《建水方言志》,云南民族出版社,1986年。

③ 《汉语大字典(三)》,四川辞书出版社、湖北辞书出版社,1988年,1970页。

④ 参见北京大学中国语言文学系语言学教研室编,《汉语方言词汇》,语文出版社,2005年,86页。

⑤ "邵武和平"见 Norman, Jerry. 1995. A glossary of the Herpyng Dialect, Yuen Ren, *Society Treasury of Chinese Dialect Data* 1:107—126, p119;"明溪"见李如龙《福建县市方言志12种》,福建教育出版社,1999年,219页;"永安"见周长楫、林宝卿《永安方言》,厦门大学出版社,1992年,170页。

⑥ 李如龙《闽北方言》,载陈章太、李如龙《闽语研究》,语文出版社,1991年,139—190页。

⑦ 秋谷裕幸《闽北区三县市方言研究》,"中研院"语言学研究所,2008年,271页。

⑧ 王凤阳《古辞辨》,中华书局,1993年,588页。

⑨ 汪维辉《东汉—隋常用词演变研究》,南京大学出版社,2000年,130—139页。

⑩ 汪维辉《论词的时代性和地域性》,《语言研究》2006年第2期;汪维辉《纵横结合研究汉语词汇》,载《21世纪的中国语言学(二)》,商务印书馆,2006年,288—294页。

⑪ 高亨《诸子新笺》,山东人民出版社,1961年,4页。

⑫ 《汉语大字典》,510页。

⑬ 汪如东《"寻、找"复合结构的词汇化及其语体嬗变》,《咸宁学院学报》2010年第2期。

⑭ 张永言《从词汇史看〈列子〉的撰写年代》,载《季羡林教授八十华诞纪念论文集(上)》,江西人民出版社,1991年,189—208页。魏培泉《〈列子〉的语言与编著年代》(《语言暨语言学》专刊系列之五十九,"中研院"语言学研究所,2017年)是最新的讨论《列子》的语言与编著年代的大部头作品,请参看。作者认为"《列子》大体上并非先秦作品","今本《列子》中有相当大的一部分文字是东汉到魏晋间之人所作的"(292页)。魏书2.1节228讨论"'寻'为'寻找'或'立即'义:'寻得'",文本见《列子》卷

三周穆王第三:"薪者之归,不厌失鹿。其夜真梦藏之之处,又梦得之之主。爽旦,案所梦而寻得之。"魏培泉认为:推敲该例的文义,其中的"寻"若是释为"寻找"义的动词或者"不久、立即"义的关联副词,义皆可通(189—190页)。此二义皆为中古文献始见之例。"寻得"如果解为"寻找",那么它就可以作为《列子》晚出之一证,理由是:一、按照"寻"的语义发展,"寻"的"寻找"义应是中古汉语始出;二、"V 得"式之例没有早于秦汉之际的文献。不过,该例的"寻"是副词的可能性更大,因为在中古文献中所能见到的"寻得"多为"立即得到"之义。魏书未论及"思利寻焉"。

⑮ 方授楚《墨学源流》,上海:中华书局,1937 年,39 页,56 页。

⑯ 见徐嘉瑞《金元戏曲方言考》,商务印书馆,1948 年,9 页;朱居易《元剧俗语方言释例》,商务印书馆,1956 年,82 页。

⑰ 见龙潜庵《宋元语言词典》,上海辞书出版社,1985 年,150、405 页。

⑱ 见李崇兴、黄树先、邵则遂《元语言词典》,上海教育出版社,1998 年,418 页。

⑲ 见汪维辉《论词的时代性和地域性》《纵横结合研究汉语词汇》;徐时仪《汉语白话发展史》,北京大学出版社,2007 年,207 页。

⑳ 李崇兴《说"同形字"》(《语言研究》2006 年第 4 期)认为寻找义动词"用'爪'是同音借用,在没有现成字可用的情况下解决书写问题最为简便,但容易跟'爪牙'的'爪'打混,于是添加提手,成了'抓'字。'抓'的'搔'义一直常用,也容易打混。所以'爪''抓'通行的时间都很短,后来改用了'找'字。而'找'字"是划船的'划'的异体。何以这个划船义的'找'能用为找寻的'找',还是一个谜"。董为光《词义演变过程中心理因素》(《语言研究》1990 年第 1 期)、《汉语词义发展基本类型》(华中科技大学出版社 2004 年,247 页)认为"找"的"寻觅"义来源于"找补"义,此说恐有未安。因为在寻找义动词写作"找"之前,还曾有过"爪""抓"等不同写法,这是跟表示补不足的"找"(明焦竑《俗书刊误》十一俗用杂字:补不足之数曰找)明显不同的地方,很难说寻找义动词"找"是从表示补不足的"找"引申出来的,两者只能视为同形字。

㉑ 白维国《金瓶梅词典》,中华书局,1991 年,693 页。

㉒ 见汪维辉《论词的时代性和地域性》《纵横结合研究汉语词汇》;徐时仪《汉语白话发展史》,207 页。

㉓ 张庆庆《近代汉语"寻找"义动词更替考》,《苏州大学学报(哲学社会科学版)》2007 年第 3 期。

㉔ 殷晓杰、张家合《"找"、"寻"的历时替换及相关问题》,《汉语学报》2011 年第 3 期。

㉕ 如李家瑞《从俗字的演变上证明京本通俗小说不是影元写本》(《图书季刊》1935 年第 2 期,46—48 页)、马幼垣、马泰来《京本通俗小说各篇的年代及真伪问题》(《清华学

报》1965 年新 5 卷 1 期)、苏兴《京本通俗小说辨疑》(《文物》1978 年第 3 期)等。有的学者不认同《京本通俗小说》是伪造品的看法,但也承认它是明代的作品,如那宗训《京本通俗小说新论及其他》(文史哲出版社,1985 年)。

㉖ 汪维辉《纵横结合研究汉语词汇》。

㉗ 这里不提"觅"有两个理由。第一,汪维辉《纵横结合研究汉语词汇》已指出:"中古以后很长时间内都是用'寻','觅'只是一个小插曲,始终没有跟'寻'形成过竞争之势。"第二,现代汉语方言几乎都不用"觅"。这一点需要稍作说明。汪维辉认为今方言中"觅"有少量残余,"只见于山东和贵州的部分地点",不过没有举例。V148 没有用"觅"的方言点,可能跟 V148 的"找"加了限制条件有关,即调查的是普通的寻找义动词(钥匙~到了)。如果不加限制,今方言确实有一些说"觅"的,不过并非普通的寻找义动词。例如徐州话"找"[ᶜtsɔ]表示寻找(例如:~着了;据苏晓青、吕永卫《徐州方言词典》,江苏教育出版社,1996 年,21 页),"觅"[ᶜmi]表示雇请、出钱请别人替自己办事(例如:~保姆|这活儿得~人干;据苏晓青、吕永卫《徐州方言词典》,220 页)。再如厦门话"找"[tsʰe²˩]表示寻找(例如:我要出去~人;据周长楫《厦门方言词典》,江苏教育出版社,1998 年,98 页,"找"非本字,V148 记作"撯"),"觅"[bai²˩]~ba²˩]也表示寻找(例如:~保姆|~头路找职业;据周长楫《厦门方言词典》141 页)。厦门话的"觅"(许宝华、宫田一郎《汉语方言大词典》,中华书局,1999 年,三 3484 页)记音和释义都不同:[baʔ˨˩]物色(调类是本文酌加的)。可见厦门话的"觅"也不是普通的寻找义动词。因此现代汉语是否存在用"觅"做普通寻找义动词的方言仍需进一步调查确认。

㉘ "找"的扩散明显是有时间层次的,比如华北平原大概最早,西北地区大概最晚,这里略而不论。

㉙ "撯"是否本字还可以继续研究。《汉语方言词汇》(408 页)把厦门的寻找义动词记作"撯"[tsʰe²˩],潮州的寻找义动词记作"□"[tsʰue²˩],实际上看作是同源词比较合适。厦门话 e 对应潮州话 ue 的例子如:罪(蟹合一)ᶜtse ~ ᶜtsue|髓(止合三)ᶜtsʰe ~ ᶜtsʰue(据北京大学中文系语言学教研室《汉语方音字汇》,语文出版社,2013 年)。

㉚ 参看项梦冰《汉语方言里的拾取义动词(上)》,《民俗典籍文字研究(第十二辑)》,2013 年,21—30 页。

㉛ 李如龙等《粤西客家方言调查报告》,暨南大学出版社,1999 年,172—173 页。

㉜ 罗香林《客家研究导论》,兴宁:希山书藏,1933 年,59—63 页。

# 重音和韵律对北京话连上变调的作用

王韫佳　于梦晓　吴　倩

## 1　引言

自赵元任发现北京话连上连读变调规则以来，前上变为与阳平近似的升调，已成为学界共识。[①]不过，变调上声在形式上是否与阳平完全相同，学界的意见并不一致，这种争论在内省式研究中就已存在。例如，Hockett 认为变调上声是与阳平不同的升调，应该属于第 5 个声调。[②]Martin 认为，在没有重音的情况下，变调上声和阳平的调值一样；但当携带重音时，变调上声的调值为/24/而不是/35/。[③]不过，早期的这些观点并没有具体的语音学数据作为支撑。Wang & Li 的感知实验结果表明，北京话母语者在听觉中不能很好地区分变调上声和阳平，[④]这似乎又说明变调上声和阳平是没有差异的。但沈晓楠和林茂灿、Xu、Yuan & Chen 的声学研究结果却表明，变调上声与阳平存在着尽管微弱但却有统计意义的差别。[⑤]Zhang & Lai 发现，变调上声在真词和假词、真音节和假音节中的音高和时长表现均有差异。[⑥]关于变调上声在真假词中的差异，Zhang & Peng 的结果与 Zhang & Lai 接近，[⑦]不过，他们还考察了两种条件下变调上声与阳平差异的变化，发现真词条件下变调上声和阳平的差异不显著，但假词条件下二者有显著差异：变调上声的低音点和高音点均比阳平低，音高下降段的长度也比阳平更长。

针对真、假词和真、假音节条件下变调上声的差异，Zhang & Lai 认为，在假词和假音节条件下上声依然发生了变调，只不过连上变调规则没有得到充分或精准实现。他们对这个现象给予的解释是，与上声在非上声之前变为半上的规则相比,连上变调规则的语音基础不够清晰。Zhang & Peng 则认为,假词中的连上变调规则没有得到充分应用是由于假词中前后音节的关系较为松散、声调之间的协同发音作用因而减弱所导致的。

与上述研究相关的一个问题是,3 个或者更多上声连读的情况下,非末尾位置的上声如何发生变调,也就是说韵律和句法对上声变调如何起作用。Shih 认为非末尾上声的变调取决于其后的上声是否与它同属一个音步。[8]沈炯也认为变调是否发生与句法和节奏松紧度有关,但在极端的情况下(例如语速较快),这两者也许并不起作用,所有处于另一个上声前的上声在理论上都可能会变成高调。[9]Chen 在优选论的框架下提出了最小韵律单元(minimal rhythmic unit)的概念,[10]在一个 MRU 内如果出现上声连读,前上必变。两个相邻上声如果分属两个 MRU,则有两种情况:第一种情况是第二个 MRU 的首音节上声后接非上声,因此这个上声不变调,它前面的上声则可变可不变,变与不变的可接受度相同。第二种情况是第二个 MRU 由两个上声组成,因此这个 MRU 中的前上必变,这样就破坏了第一个 MRU 中上声的变调条件,因此第一个上声一定不会发生变调。陈的研究是纯理论层面的,邝剑菁和王洪君则用实证的方法观察了不同韵律条件下上声是否变调以及变调的具体声学形式,[11]她们发现上声变调可以跨越音步以及更大的韵律边界,但两个上声之间的韵律关系越松散,变调上声在声学上所保留的单字调上声的特征就越多。

尽管不少研究结果发现了变调上声与阳平在音高上存在差异,但 Martin 所假设的重音对变调上声的作用却没有得到实验的证明。根据 Hyman 的假设,重音会使得一个声调更容易保持原调。[12]如果变调上声与阳平本来就存在差异,那么理论上来说,强重音应当使得上声与阳平之间的差距加大。邝和王发现较大韵律边界前上声的变调形式在一定程度上保留了上声的低音特征,但若无阳平与之对比,很难从逻辑上完全证明韵律关系的松紧对于上声变调形式的作用,根据沈炯和杨顺安的结果,处于节奏单元特别是较大节奏单元末尾的阳平本身也会发生整体音高下降以及音高升幅收窄的现象。[13]

尽管在假词条件下观察到了变调上声与阳平在声学表达上的差异,Zhang & Peng 仍然认为连上变调规则的实现是范畴性而不是渐变的。而邝和王的初步观察结果则表明,随着两个上声之间韵律关系逐渐变松,前上所保留的本调特征似乎越来越多。根据她们的初步结果以及 Martin 提出的假设,我们可以推测,重音和韵律关系的变化都可能使变调上声与阳平之间的距离逐渐加大,连上变调规则的实现程度可能是重音和两个上声之间韵律松紧关系的"函数"。

鉴于上述原因,本文拟研究以下具体问题:(1)强重音是否会增大变调上声和阳平之间的差异;(2)随着音节间韵律关系的变松,连上变调规则实现的充分性是否会越来越弱;(3)如果变调上声所保留的本调特征是重音和韵律边界的"函数",如何解释连上变调的成因。

## 2 方法

### 2.1 发音材料

发音语料如表 1 所示,黑体字为负载目标声调(上声和与之对比的阳平)及其后接声调的音节。下面对表中的五组发音材料分别加以介绍。

汉语中是否存在"音步"的韵律单位,音系学界存在争议,本文暂且用这个术语表示汉语中的最小韵律组块。A 组语料中目标声调与其后接声调位于同一个音步中,目标声调所在词整体上被置于负载句的信息焦点位置,词内的两个音节是等重的,共有 3 个"上上"和"阳上"的最小对立语句。B 组语料的目标声调与后接音节也位于同一个音步内,但目标声调所在的音节负载对比重音,后接音节则相应轻化,这组语料也包含了 3 个"上上"和"阳上"的最小对立语句。C 组和 D 组的目标声调与后接声调之间都跨越了音步边界,目标声调都位于一个双音节音步的末字位置,后接声调位于另一个双音节音步的首字位置,分别以(x-3/2)(3-x)和(x-3/2)(3-3)表示,括号内的声调组合是音步内组合,括号间的组合则是跨音步的,其中 x 为任意非上声,3 和 2 分别表示上声和阳平。在以上两组语料中,两个双音节音步之间的句法关系都是定中结构,按照朱德熙的定义,⑭这种结构为"黏合式",因此内部不会发生停顿(参见王洪君关于停延段的阐述)。⑮C 组和 D 组的唯一差距在于第二个双音节音步的末字声调是否为上声。E 组语料中有两种句型,a 为主谓句,其主语为黏合式定中结构,定语和中心语都是双音节音步,目标声调位于主语中心成分的最末音节。按照王洪君的看法,主语形成一个两个音步的常规停延段。b 为递系结构,目标声调所在词既是前面动词的宾语,又是其后动词结构的主语,由于后接动词结构较为复杂,因此,从韵律关系来说,它应该与前接动词组合成一个 4 音节停延段(参见初敏等关于韵律组合的研究)⑯。也就是说,在两种句型中,目标音节都位于一个停延段的末字位置,但是,停延边界并不意味着停顿必然出现,因此这里应该是一个"可停延"边界。这一组的每个句子中,目标声调及其后接声调包括三种组合:"3 + 3""2 + 3"和"3 + 2",比前面四种语料多了"3 + 2"(分别为 a2 和 b2),这是为了考察停顿是否会阻隔"3 + 3"的变调;如果发生阻隔,"3 + 2"和"3 + 3"的目标声调应该具有相同的声学表现。

表 1　发音语料

| 类型 | 语句 |
| --- | --- |
| A 音步内,非对比重音 | 1. 我说的是"浅/前海"这个词。<br>2. 我说的是"土/涂改"这个词。<br>3. 我说的是"买/埋马"这个词。 |
| B 音步内,对比重音 | 1. 我说的是张姐,不是李/黎姐。<br>2. 我是想卖/骑马,不是想买/埋马。<br>3. 不能去深/划水,可以去浅/潜水。 |
| C 音步间,(x - 3/2)(3 - x) | 1. 我坐大许/徐姐姐的车。<br>2. 他是张柏/白婶婶的儿子。<br>3. 这是孙巧/乔老师的家。 |
| D 音步间,(x - 3/2)(3 - 3) | 1. 我坐秀美/梅小姐的车。<br>2. 他是张柏/白馆长的儿子。<br>3. 这是孙巧/乔起草的文章。 |
| E 可停延 | a1. 人家秀美/梅早上就走了。<br>a2. 人家秀美昨天就走了。<br>b1. 吩咐大许/徐仔细想想。<br>b2. 吩咐大许从头想想。 |

## 2.2　样本采集和数据处理

所有发音材料随机排序,并随机插入干扰项目。发音人共 20 人,男女各

10人，均为在读大学本科学生，母语均为北京话。发音在消声录音室进行，采样率44.1KHz，分辨率16bit。

对目标声调所在音节的基频进行测量，测量起点为韵母稳定段的起始位置。如果被测量音节为升调且后接浊声母音节，其音高曲线的上升过程会跨越两个音节，即目标声调的音高峰值可能会延迟到后接音节（后音节起点均不是音系层面的高音）浊声母段，此时以目标音节基频和后接音节浊声母基频的最高值作为该升调的峰值。对每一个样本都提取等间距10个样点的基频值。

使用半音作为音高标度，半音的计算方法为公式（1），其中$f_0$为实测基频，$f_{ref}$为参考频率。男女发音人的$f_{ref}$分别为50Hz和87Hz，男女发音人的$f_{ref}$比例是通过计算音步内语料组中男女发音人均值的比例得到的。

$$St = 12\log f_0/f_{ref} \quad (1)$$

在出现嘎裂发声态时，实测基频常低于参考值，相对音高数值小于零，这种情况下相对音高数值一律按零处理。

## 3 重音对上声变调形式的作用

本节拟考察变调上声是否与阳平存在差异以及强重音是否会导致差异的加大。分别对A、B两组中变调上声与阳平之间的差异进行了统计检验（配对样本的双边T检验），每一位发音人用于统计的数据为同一组语料中三个语句的平均值。图1显示的是20位发音人阳平和变调上声的均值。表2列出了统计检验结果，*表示$p<0.05$，**表示$p<0.01$，下文的统计方法均与本节相同。

统计检验的结果表明，非对比重音条件下两个声调在起点音高上没有显著差异，对比重音条件下二者则有显著差异，变调上声低于阳平。两个声调的低音点和高音点在两种重音条件下都有显著差异，变调上声低于阳平，但对比重音条件下起点和低音点的差距均值是普通焦点条件下的两倍多。两种重音条件下，变调上声和阳平的升幅均无显著差异。

以上结果说明对比重音使得变调上声和阳平之间的差距加大：一方面，两个声调的相异点增多，对比重音条件下变调上声从一开始就低于阳平；另一方面，变调上声和阳平在整体音高上的差距加大。

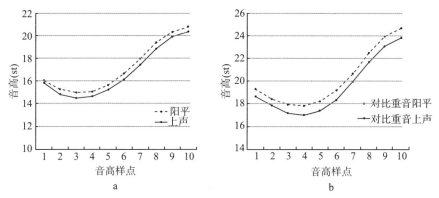

图 1 两种重音条件下音步内变调上声和阳平音高曲线的对比，a：非对比重音，b：对比重音。

表 2 音步内变调上声和阳平音高差异的统计结果，表中的差均表示 20 位发音人（阳平值－上声值）的均值，单位 st。

|  |  | 起点 | 低音点 | 高音点 | 升幅 |
|---|---|---|---|---|---|
| 非对比重音 | t(19) | 1.278 | 3.241 | 3.867 | .049 |
|  | p | .217 | .004** | .001** | .961 |
|  | 差均 | 0.22 | 0.45 | 0.46 | 0.01 |
| 对比重音 | t(19) | 3.277 | 3.969 | 3.613 | －.236 |
|  | p | .004** | .001** | .002** | .816 |
|  | 差均 | 0.61 | 0.92 | 0.85 | －0.07 |

本小节的语料设计都把目标声调置于焦点位置，因此阳平和变调上声之间的声学差异也可能都是较强的重音所致，尽管对比重音的强度比非对比重音强度更大。如果在非焦点位置二者如 Zhang & Peng 所称的那样没有差异，那么可以认为，随着重音的加强，变调上声与阳平之间的差距越来越大。

## 4 变调规则在跨音步边界处的实现

本节观察的是 C、D 两组语料中目标上声是否变调以及变调上声与阳平的差距。首先对语料中第一个上声是否变调进行判断，判断依据是低音点之后是否有明显的音高上升且上升段长度不小于下降段长度。在(x－3)(3－x)结构中，20 位发音人的 60 个发音样本均发生了变调。在(x－3)(3－3)结构中,60个样本均未发生变调。图2为所有发音人的平均音高曲线。由于(x-3)(3-3)中的第一个上声均未发生变调,因此未对它与对应的阳平进行声学对比。表3列出了对(x-3/2)(3-x)结构中变调上声和阳平的差异进行统计分析的结果。

统计检验的结果表明,变调上声和阳平低音点、高音点的差异都是显著的,但二者的上升幅度依然无显著差异。最重要的是,变调上声与阳平之间的差距比A、B两组语料中的差距都大,而且低音点和高音点的差距都是对比重音条件下差距的两倍还略多。这说明跨音步边界上的上声变调更多地保留了上声的单字调特点,同时也说明韵律边界对变调上声的作用比对比重音的作用更大。此外,尽管C组语料中所有上声样本都发生了变调,但少量样本出现了音高谷值处的嘎裂嗓音(如图3所示),音步内变调上声均无此现象,而嘎裂是普通话非变调上声音节的常见发声态,这进一步说明处于音步边界位置上的变调上声有保留底层上声发声特征的倾向。

表3 跨音步边界处变调上声和阳平音高差异的统计检验结果,表中的差均表示20位发音人(阳平值-上声值)的均值,单位st。

|  | 起点 | 低音点 | 高音点 | 升幅 |
| --- | --- | --- | --- | --- |
| t(19) | 2.128 | 3.751 | 6.274 | -.385 |
| p | .047* | .001** | <.001** | .705 |
| 差均 | 0.70 | 1.94 | 1.77 | -.165 |

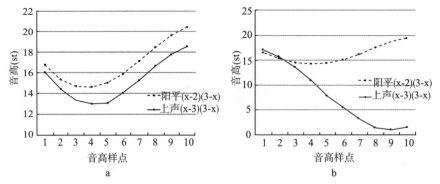

图2 跨音步边界处上声与阳平音高曲线的对比,
a:(x-3)(3-x)结构,b:(x-3)(3-3)结构。

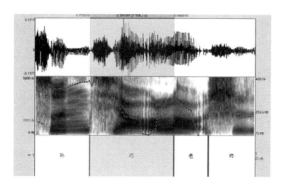

图 3 跨音步变调上声音节出现的嘎裂发声态
（一位女性发音人的样本）。

本节的结果没有出现 Chen 假设的(x-3)(3-x)中第一个上声变调和不变调概率相同的现象。不过(x-3)(3-3)的结果与陈的假设完全相同,即,在句法和韵律层级的作用下,第二个上声优先发生变调,从而破坏了第一个上声的变调条件。

## 5　变调规则在可停延边界处的实现

本节考察 E 组语料中连上变调规则是否会充分实现。由于这组语料中有两种不同的句型,因此统计时不再对两个语句的音高值进行平均,而是分别观察两个语句的情况。

图 4-6 显示了 20 个发音人目标声调的音高曲线。可以看出,3 种目标声调的声学稳定性不同。阳平的稳定性最好,20 位发音人的样本都是明显的上升模式(图 4)。阳平之前上声的稳定性次之,总体上都是低降调,即半上的形式,不过这种音高形式的声学离散性较大,这是因一部分发音人的样本出现了不同程度的嘎裂(图 5)。声学表现最不稳定的是上声之前的上声,调型出现了升、凹和低降三种模式(图 6)。

由于位于上声之前的目标上声的音高形式非常不稳定,因此需要对该上声是否发生变调进行界定,我们对升幅最小的 4 个阳平样本的升幅进行平均,将这个均值作为界定上声是否发生变调的标准。将上升幅度不小于上述标准的样本看作是发生了变调,Ea 和 Eb 句型发生变调的上声样本均为 9 个。分别对变调上声和阳平的低音点、高音点、升幅是否存在差异进行统计检验,结果见表4。

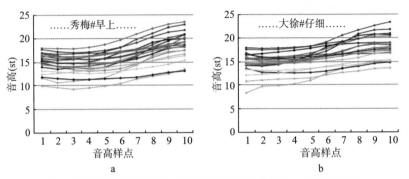

图4 可停延边界处目标声调为阳平时20位发音人的音高曲线,
a、b图分别展示两种句型。

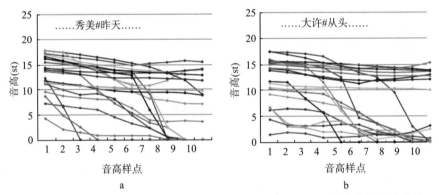

图5 可停延边界处目标声调为上声且后接声调为阳平时20位发音人的音高曲线,
a、b图分别展示两种句型。

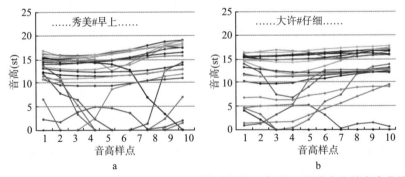

图6 可停延边界处目标声调为上声且后接声调为上声时20位发音人的音高曲线,
a、b图分别展示两种句型。

表4 可停延边界处变阳平和变调上声差异的统计检验结果,表中的差均表示8位上声发生变调的发音人数据(阳平值－上声值)的均值,单位 st。

| 句式 | | 主谓 | 兼语 |
|---|---|---|---|
| 起点 | t | 1.455 | 2.754 |
| | p | .184 | .025* |
| | 差均 | 1.62 | 4.55 |
| 低音点 | t | 2.589 | 3.618 |
| | p | .032* | .007** |
| | 差均 | 4.85 | 6.30 |
| 高音点 | t | 2.999 | 4.343 |
| | p | .017* | .002** |
| | 差均 | 2.86 | 441 |
| 升幅 | t | －1.340 | －1.146 |
| | p | .217 | .285 |
| | 差均 | －2.00 | －1.89 |

统计检验的结果表明,变调上声的低音点、高音点都低于阳平,但升幅与阳平没有显著差异。从图6中可以看到,少数变调样本的低音点音高值为零,这是嘎裂数据造成的结果(参见2.2节),嘎裂数据也导致变调上声升幅特别大,因此统计结果中阳平和上声升幅出现差异的没有重要意义。

从本节的结果看,变调上声和阳平高音点的差距比跨音步条件下的差距大了一个半音略多,而且只有不到一半样本的音高曲线与阳平较为接近,这说明可停延边界条件更大程度地削弱了连上变调规则的应用。至此我们可以认为,连上变调规则运用的充分性也是两个上声之间韵律关系的"函数",韵律关系越松散,连上变调实现的充分性就越低。

## 6 关于连上变调语音基础的讨论

Zhang & Lai 认为,与上声在非上声之前变为低降的半上相比,上声在上声之前变为类似阳平的升调,其语音基础不够清晰,理论层面的理由有三:第一,连上变调无法完全用音高曲拱的简化加以解释,因为这种变调形式还包括了音高的上升。第二,连上变调规则的使用与否,似乎与词性有关,尤其是介词在连续的上声序列中是否变调,与其他词类不同。第三,北京话的连上变调不是纯粹共时层面的变化,根据 Mei 的发现,早在十六世纪北京口语中就已经产生了上声相连前上变同阳平的现象,而且官话区其他方言中也存在上声的这种变调。⑰

上述分析是理论层面的,他们的声学实验结果似乎验证了其假设:连上变调在真假词和真假音节的实现上有差异;而半上变调在真假词和真假音节中没有显著差异。如引言所述,对于假词和假音节中连上变调不充分实现的现象,Zhang & Peng 认为是两个上声音节之间韵律关系不够紧密、从而造成逆向协同发音作用不强所导致的,这似乎又是纯语音层面的因素。我们赞同 Zhang & Peng 的解释,并且对 Zhang & Lai 提出的连上变调语音理据不清晰的前两种理论层面的证据亦有不同看法,下面对这两种证据以及半上变调的问题加以分析。

### 6.1 介词的特殊性问题

首先讨论 Zhang & Lai 提出的介词在连上变调中的特殊性问题,并用他们提出的例子进行分析。在以下两个 4 个上声连读的短语中,句法层次完全相同:

(1) 马[[往北]走]

(2) 马[[很少]吼]

但是二者可能输出的变调形式并不完全相同,"马往北走"可以有/35 21 35 214/的输出形式,"马很少吼"则不可能出现这样的形式,因为"很"必须以后面与它句法关系最紧密的"少"为条件发生变调,而介词"往"的变调不必受到这种关系的制约。(1)和(2)变调形式不同,似乎暗示着这里连上变调的运用与否并不是语音驱动而完全是句法关系驱动的。

陈渊泉曾经专门分析过介词在韵律上的特殊性,他认为介词和做宾语的代词在韵律结构中都是词缀(clitics)性质的。Zhang 在分析普通话的连上变调时,也把介词和宾语动词与其前面成分组成的韵律单位称为"黏着组(clitic group)",即,介词和宾语动词在韵律上是黏着的。⑱王洪君认为,介词在进行韵律组块时可以跨越句法边界,以例(1)讨论,介词"往"的韵律组块并不受句法关系的制约,它可以与其宾语组块,也可以与其前面没有直接句法关系的成分组块。[19]

综合上述音系学家的看法,在(1)中,由于介词"往"在韵律上是一个较轻的黏着性成分,"马"就会把它结合过来组成音步"马往","北走"就自然形成另一个音步。当第二个音步中的"北"变为升调之后,"往"就失去了变升调的条件而只能变为半上声("往"的变调问题就是第4节中所讨论的(x-3)(3-3)中的第一个上声的变调)。在"马很少吼"中,"很少"是一个状中结构,修饰性成分"很"在韵律上比中心成分更重,因此它在韵律上结合其右侧中心成分的能力较强,在音步组合上只能形成"很少",而不可能形成"马很"和"少吼"。这样一来,"很"必然变为升调,这个短语也就不可能有/35 21 35 214/的输出形式。

综上所述,所谓连上变调在某些情况下是句法或者词性驱动而不是语音驱动,从根源来说依然没有失去其语音基础——当某些句法成分在韵律上较轻之后就会形成与句法结构不一致的韵律结构,而在这些韵律结构中,连上变调的语音基础是显而易见的。

## 6.2 连上变调和半上变调的协同发音理据

要讨论连上变调的协同发音理据,就无法回避北京话上声的底层形式,或者上声的音高目标到底是什么的问题。

关于北京话上声调型的问题,朱晓农认为,它本质上是一个纯低调。[20] Xu 则认为上声可能有两个音高目标,比如[低+高]、[低+中]或[低+升],并且认为这个复杂的音高目标在连调组合中遭遇挤压,就变成了类似于阳平但又不完全等同于阳平的音高表现。[21] 凌锋和王理嘉的看法与 Xu 接近。[22] 我们认为,如果上声的原始形式就是一个低凹调而不是纯低调,那么连上变调规则首先就是一个低调抬高前面声调的逆向异化作用的结果,即,具有[+低]特征的上声抬高了前面的上声。

实际上,上声的逆向抬高作用并不仅仅会影响前接上声的基频,相关研究表明它会抬高前面的所有声调。[23] 但上声对不同声调有着不同的抬高幅度。在自然语言中,阴平和去声的高音点是调域上限所在的位置,阳平的高音点常常低于阴平和去声。[24] 由于天花板效应,上声对阴平和去声高音点的抬高作用有限,而对阳平高音点的异化作用就比较突出。㉕这样就有理由推测,上声对于高音点比阳平还低的上声的异化作用应该更加突显。在这个逆向异化过程中,前面的上声就可能首先变成一个调值大概为/325/的中凹调,由于低而导致的嘎裂发声态也随之消失。在与后接声调的韵律关系较紧密时,复杂的凹型因为时长限制而受到挤压,在挤压中低音部分容易被牺牲(当然也可以解释为音高曲拱被迫简化),因此其最终形式会逼近阳平。

相邻声调之间的相互影响,无论是同化还是异化作用,都会受到它们之间韵律关系的制约,韵律关系越紧,彼此之间的作用力度越大,反之则越小,㉖因此,当相邻上声之间存在音步或者更大的韵律边界时,后上对前上的异化作用就被削弱,前上的固有特征也就得到了一定程度的保留。

当然,这里又牵涉到一个更加复杂的问题,即低调为何会抬高其前面的声调。囿于本文的主题和篇幅,这里无法展开更多讨论。不过,低凹调相连,前面的声调变为调值为/24/或者/35/的现象在汉语方言中并不罕见。㉗与北京话上声的逆向协同发音作用极为相似的是天津话的上声。根据 Li & Chen 的结果,天津话有着比北京话复杂得多的连读变调规则,同时,天津话的阳平、上声的调型又都与北京话的阳平和上声接近。㉘在 Li & Chen 的声学分析结果中,天津话低凹调的上声相连,前上也会产生类似北京话的变调形式,而在双音节词(真词)条件下,变调上声与阳平也存在具有统计意义的微弱差别。值得注意的是,天津话的上声对前面声调的逆向抬高作用也会作用在阳平上,这个结果也与北京话的结果很相似。如果低凹调抬高前面的低凹调和升调是一种具有一定普遍性的连调现象,那么也许恰好说明这种现象主要是由语音层面的因素驱动的。

至于北京话中的上声在非上声之前变为半上,则完全是曲拱简化的结果,它甚至并不以停延边界为必要条件。在日常口语中,出现在停顿之前的上声也会以/21/的形式表达出来,试比较"很好"的两种调值表达/35 214/和/35 21/,显然后者更为自然。甚至,在自然语言的对话中,上声如果出现在一个单音节的独词句,例如"好"当中,它也极有可能只表达为/21/而非/214/。因此,用半上变调在假词条件下的实现精准度来证明它的语音动机更强,逻辑上似乎不够周全。

本文的结果没有支持陈渊泉提出的(x-3)(3-x)结构中前上变调和不变调的可能性相同的假设,在本研究的所有样本中,第一个上声都发生了不同程度的变调。这个结果也能印证我们的假设——即便有音步边界阻隔,在没有停顿阻隔的情形下,低调形式的上声对前面的上声依然发生了逆向异化作用。

### 6.3 连上变调规则的范畴性问题

尽管 Zhang & Peng 发现,真词和假词条件下连上变调规则实现的充分度有差异,但他们依然认为该变调规则是音系层面的,具有范畴性,也就是说,变调的实现与否不是渐变的,而是二分的,变调上声和阳平之间的差异只是语音或声学层面的。但综合前人和本文的结果看,变调上声音节重音强度的增加、两个上声韵律关系的逐渐变松,都会逐步削弱变调规则的实现程度,甚至会使变调形式同时具有"嘎裂"的本调特征和上升的变调特征,也就是说,至少在声学层面,变调规则的实现的确如我们假设的那样,与重音和韵律紧密度呈现出"函数"关系。

在双音节词或音步条件下,变调上声和阳平无法在听觉中被区分,这已是学界共识。因篇幅的限制,本文没有对强重音和较大韵律边界条件下变调上声和阳平的知觉区分度进行实验。但是,由于声调知觉本身可能是范畴性的,尤其是在双音节前字的条件下,[29]因此,即便声学上是渐变的,变调上声在知觉上依然可能会被多数听者感知为阳平。也就是说,知觉实验的结果也并不能完全证明该规则的语音实现是范畴性的。此外,在汉语方言中,两个低凹调相连,前音节如果变为升调,有些方言的变调调值为/24/(例如重庆话去声的连读变调),[30]有些变调调值为/24/或者/34/,例如江淮官话泰如片姜堰话,[31]有些则像如北京话或天津话变为/35/。这些结果似乎也暗示着,低凹调的连读变调,如果前调变为升调,其音高在不同方言中呈现连续变化的分布。

# 7　结论

本文的实验结果支持了我们的假设,即,北京话连上变调的实现程度受到其所在音节重音级别的作用,同时也受到两个上声之间韵律关系的作用。当重音级别逐步提升或两个上声之间韵律关系逐步变松时,变调上声与阳平之间的差距越来越大,变调上声所保留的本调特征也越来越强。以上结果说明,至少在声学层面,连上变调规则的实现可能具有连续性。基于较多发音人样本的结果,本文还发现,当两个连续的上声之间出现音步边界且中间不存在停延时,只要后上未发生连上变调,那么第一个上声就会百分之百地发生连上变调,而不是像前人预测的那样,跨音步变调的发生是随机概率。

既然变调上声的声学变化是重音和韵律关系的"函数",我们不认为这种变化可以证明变调上声的语音动机比半上声变体的语音动机来得弱。我们同意上声的原型是具有[低]和[升]两个音高目标的假设,并且认为连上变调可能源自后上对前上的逆向抬高作用,这种逆向作用在前音节较强或者两个声调之间韵律关系较松时会被削弱,因此导致变调上声产生连续性的声学变化。汉语方言中低凹调相连所产生的从低升到中升的各种声调形式,或可作为上述推测的佐证。

本研究得到教育部人文社会科学重点研究基地重大项目"汉语声调认知的实验研究——声学变异、范畴感知与连续变调"的资助,项目编号13JJD740002。原文发表于《中国语音学报(第10辑)》,中国社会科学出版社,2018年。收入本论文集时略有改动。

### 注 释

① 赵元任《北平语调的研究》,《赵元任语言学论文集》,商务印书馆,2002年,253—272页。原文刊载于《最后五分钟》附录,中华书局,1929年。

② Hockett, C. F. 1947. Peiping phonology. *Journal of the American Oriental Society*, 67, pp. 253—267.

③ Martin, S. E. 1957. Problems of hierarchy and indeterminacy in Mandarin phonology.《"中央研究院"历史语言研究所集刊》29本下册,1957年,209—229页。

④ Wang, W. S.-Y. & Li, K.-P. 1967. Tone 3 in Pekinese. *Journal of Speech and Hearing Research* 10, pp. 629—636.

⑤ 沈晓楠、林茂灿《汉语普通话声调的协同发音》,《国外语言学》1992年第2期,26—32页; Xu, Y. 2004. Understanding tone from the perspective of production and perception,

*Language and Linguistics*, 5, pp. 757—797; Yuan, J. & Chen, Y. 2013. 3rd tone sandhi in Standard Chinese: A corpus approach, *Journal of Chinese Linguistics*, 41. pp. 218—236.

⑥ Zhang, J. & Lai, Y. 2010. Testing the role of phonetic knowledge in Mandarin tone sandhi, *Phonology*, 27. pp. 153—201.

⑦ Zhang, C. & Peng, G. 2013. Productivity of Mandarin Third Tone Sandhi: A Wug Test, In F. Shi F. & Peng G. (eds.), *East Flows the Great River: Festschrift in Honor of Prof. William S-Y. Wang's 80th Birthday*. Hong Kong: City University of Hong Kong Press, pp. 255—282.

⑧ Shih, C.-L. 1986. The Prosodic Domain of Tone Sandhi in Chinese, *PhD dissertation*, University of California at San Diego.

⑨ 沈炯《北京话上声连读的调型组合和节奏形式》,《中国语文》1994年第4期,274—281页。

⑩ Chen, M. Y. (陈渊泉), *Tone Sandhi: Patterns across Chinese Dialects*, 外语教学与研究出版社,2001年。

⑪ 邝剑菁、王洪君《连上变调在不同韵律层级上的声学表现》,《中国语音学报(第1辑)》,商务印书馆,2008年,125—131页。

⑫ Hyman, L. M. 1978. Historical tonology, In Fromkin, V. A. (eds), *Tone: A Linguistic Survey*. New York: Academic Press, pp. 257—269.

⑬ 参见沈炯《北京话声调的音域和语调》(载林焘、王理嘉等《北京语音实验录》,北京大学出版社,1985年,73—125页)及杨顺安《北京话多音节组合韵律特性的实验研究》(《方言》1992年第2期,128—137页)。

⑭ 朱德熙《语法讲义》,商务印书馆,1992年。

⑮ 参见王洪君《普通话中节律边界与节律模式、语法、语用的关联》(《语言学论丛(第二十六辑)》,商务印书馆,2002年,279—300页)、《汉语非线性音系学——汉语的音系格局与单字音(增订版)》(北京大学出版社,2008年)。

⑯ 初敏、王韫佳、包明真《普通话节律组织中的局部语法约束和长度约束》,《语言学论丛(第三十辑)》,北京:商务印书馆,2004年,129—146页。

⑰ Mei, T. 1977. Tones and tone sandhi in 16th century Mandarin. *Journal of Chinese Linguistics*, 5, pp. 237—260.

⑱ Zhang, H. 2017. Syntax-Phonology Interface: Argumentation from Tone Sandhi in Chinese Dialects.

⑲ 同注⑮。

⑳ 朱晓农、章婷、衣莉《凹调的种类——兼论北京话上声的音节学性质》,《方言》2012 年第 5 期,420—436 页。

㉑ Xu, Y. 2004. Understanding tone from the perspective of production and perception, *Language and Linguistics*, 5, pp. 757—797.

㉒ 凌锋、王理嘉《普通话上声深层形式和表层形式》,《第六届全国现代语音学学术会议会议论文集》,2003 年,413—416 页。

㉓ 参见 Shen, X. S. 1990. Tonal coarticulation in Mandarin, *Journal of Phonetics*, 18, pp. 281—295;Xu, Y. 1997. Contextual tonal variations in Mandarin, *Journal of Phonetics*, 25, pp. 61—83;黄贤军、吕士楠《重读对降阶作用的影响研究》,《清华大学学报(自然科学版)》,第 49 卷,2009 年 S1 期,1302—1308 页;王韫佳《北京话声调微观变化的实验研究》,北京大学博士学位论文,1993。

㉔ 参见 Xu, Y. 1997. Contextual tonal variations in Mandarin, *Journal of Phonetics*, 25, pp. 61—83;Xu, Y. 2001. Fundamental frequency peak delay in Mandarin, *Phonetica*, 58, pp. 26—52。

㉕ 参见王韫佳《北京话声调微观变化的实验研究》和 Xu. Y, "Contextual tonal variations in Mandarin"的数据。

㉖ 参见 Xu, Y. 2001. Fundamental frequency peak delay in Mandarin 和王韫佳、丁多永、东孝拓《不同语调条件下的声调音高实现》(《声学学报》第 40 卷,2015 年 6 期,902—913 页)的结果。

㉗ 参见李小凡《汉语方言连读变调的层级和类型》,《方言》2004 年第 1 期,16—33 页。

㉘ Li, Q & Chen, Y. 2015. An acoustic study of contextual tonal variation in Tianjin Mandarin, *Journal of Phonetics*, 54, pp. 123—150.

㉙ 参见荣蓉、石锋《音高和时长对普通话阴平和上声的听感影响》(《语言科学》2013 年第 1 期,17—26 页)的实验结果。

㉚ 卿玮《从词重音及协同发音看重庆话两字组连读变调》,北京大学硕士学位论文,2014 年。

㉛ 刘俐李等《江淮方言声调实验研究和折度分析》,巴蜀书社,2007 年。

# 汉语切割类动词词化模式分析

## 万艺玲

## 一 引言

不同语言对同一概念往往有不同的切分方式,对将哪些语义要素打包进一个词里有不同的选择,词化的模式有所不同。美国语言学家 Talmy 将"位移事件"分解为 6 种语义要素(位移、路径、物体、背景、方式、动因),又根据各语言对这些语义要素打包进词语的方式的不同,归纳出三种不同的"词化模式":【位移+路径】模式、【位移+物体】模式、【位移+方式】模式。其实,除位移事件外,其他意义范畴同样也可以分解出不同的语义要素,不同语言(包括同一语言不同时间、不同空间的变体)对将语义要素打包进词的方式也不完全相同。如眼睛的活动,可分解出"动作、方向、时间、方式、对象、情态"等语义要素,古代汉语中会将"情态"和"动作"打包在一起,如谨慎敬畏地看是"睬",惊恐地看是"矍";也会将"情态""方向"和"动作"打包在一起,如无神而直直地看是"矔",眯着眼向前看是"眑",翻着白眼向上看是"瞷"。[①]而现代汉语中没有这些打包方式,类似的意义只能用短语的方式表达。

词化模式研究通常的做法是,选择不同语言某个相同的语义场,对比语义场的内部结构,通过分析实际语料、词典释义等确定该语义场的主要语义要素,然后比较不同语言将语义要素打包进词的不同情况。词化模式的研究涉及材料的收集、语义要素的确定、词化模式的归纳三方面内容,其中前两项是词化模式研究的关键。

有关材料的收集,国外的类型学研究一般是在对世界语言取样的基础上通过视频或问卷调查的方式进行。如马克斯－普朗克研究所（Max－Plank Institute）德国词汇类型学团队"语言与认知小组"对"切割和破坏事件"的调查，是以61部短视频为视觉刺激考察28种语言的母语者的语言反应，总结他们对"切割和破坏事件"的语言表达的不同；②莫斯科词汇类型学小组则通过问卷调查的方式考察不同语言对水中运动动词、破坏动词、旋转动词等词语搭配情况的表达情况。③视频调查和问卷调查有其科学性，但也有不足：调查都预设了特定语义场中的"语义要素"和"词化模式"，而在有限的视频和问卷中不可能包含不同语言的所有情况。比如马克斯－普朗克研究所设计的视频调查，61部视频展示的情形绝不可能包括不同语言表达切割行为的所有情况，如中国古代"用刀割下耳朵"和"用刀割下鼻子"等情形可以用词"刵"和"劓"来表示，但"刵"和"劓"这两个词却无法通过这些视频调查收集到。此外，视频中一些场景还具有浓烈的地域特色，如用锤子把展开的抹布捶开，用长刀把树枝等切下来，在相当多的语言中是非典型情形。

我们认为，对汉语研究者来说，在目前不具备进行大规模跨语言比较研究的情况下，同时为避免预设"语义要素"和"词化模式"带来的研究的主观性，可尝试采用"自下而上"的词化模式研究方法：从汉语内部的比较开始，收集汉语表达某一概念的典型词，对这些词的意义进行详尽分析，总结出影响概念切分的语义要素，对汉语的时间变体（历代汉语）和空间变体（汉语方言）里的差异进行比较，在汉语内部寻找概念词化的共性和差异，建构汉语的词化模式，探求汉语内部词化的共性，提出词化假设，然后再扩展到其他语言，以自下而上的方法寻找不同语言词化的共性和差异。

基于以上观点，我们尝试对语言中表动作行为的词的词化模式进行研究，具体方法是：（1）以表动作行为的词的"词义成分－模式"为分析框架；④（2）参考词典的释义、考察语言的实际使用情况，调整释义，确定语义要素；⑤（3）通过对比分析，选择恰当的语义要素，归纳词化模式；（4）比较古今汉语的词化模式，总结古今汉语将语义要素打包进词的不同方式。

下面就以汉语切割类动词为例，尝试以"自下而上"的词化模式研究方法，分析不同历史时期切割类动词词义结构的类型特点。

## 二 汉语切割类动词语义要素及词化模式分析

切割行为是人类社会重要而普遍的日常活动。本文将切割行为定义为：使用工具分离物体。⑥现代汉语的切割类动词包括：刨₁、刨₂、锛、裁、铲、剁、伐、割、刮、划、剪、铰、锯、掘、砍、抠、拉、刳、劈、片、破、剖、切、镗、剔₁、剔₂、剃、推、挖、剜、刎、修、旋、削、刈、铡、斩；⑦上古汉语的切割类动词包括：裁、坼、刅、剿、劇、刵、刲、刺、割₁、割₂、刮、劀、刷、捋、剪、解、刻、掘、刊、刳、髡₁、髡₂、判、副、片、剖、切、芟、剔、髯、鬏、刎、析、削、剗、刈、劓、刖、柞、斩、斫、斮。⑧我们参考词典的释义，现代汉语词语的释义主要参考《现代汉语词典（第 7 版）》（下简称《现汉》）、《现代汉语学习词典》（下简称《学习》）、《汉语大词典》（下简称《汉大》），上古汉语词语的释义主要参考了《说文解字》（下简称《说文》）、《玉篇》《汉语大词典》和《辞源》。并考察语言的实际使用情况，用前述方法分析了这 37 个现代汉语词项和 42 个古汉语词项的意义。⑨分析后发现，汉语切割类动词可以分为以下几组：

**（一）表示使用特定工具分离物体的词**

这一组词的词义内容中，动作使用的工具为必须说明的词义成分，显示出动作的特征，即"工具"是区分这类词的主要语义要素，该类词的词化模式可以概括为【动作＋工具】。根据词义内容中是否包含特定的关系对象，它们又可分为两类：

1）词义内容中有特定工具和无特定关系对象限制的词

现代汉语中属于这类的词有：

（1）剪　用剪刀等使东西断开。（《现汉》）
　　　　用剪刀铰。（《学习》）
　　　　用剪刀等使东西断开。（《汉大》）

（2）铰　剪。（《现汉》）
　　　　用剪刀等把东西断开。（《学习》）
　　　　剪。（《汉大》）

(3) 锯　用锯拉。(《现汉》)

　　　用锯切割。(《学习》)

　　　以锯断物。(《汉大》)

(4) 铲　用锹或铲撮取或清除。(《现汉》)

　　　用铲、锹削平或撮取。(《学习》)

　　　用锹或铲撮取。(《汉大》)

根据上述释义,结合这些词在现代汉语中的实际使用情况,我们认为这些词包含的主要区别性语义要素是"工具",词化模式可做如下分析:

(1) 剪:用剪刀　分离　物体。【动作+工具】

(2) 铰:用剪刀　分离　物体。【动作+工具】

(3) 锯:用锯子　分离　物体。【动作+工具】

(4) 铲:用铲子　分离　物体。【动作+工具】

上古汉语中属于这类的词有:

(1) 斫　《说文》:"击也。"

　　《汉大》:"用刀斧等砍或削。《韩非子·奸劫弑臣》:'贾举射公,中其股,公坠,崔子之徒以戈斫公而死之。'"

(2) 斲　《说文》:"斫也。从斤、从㱿。"《孟子·梁惠王下》:"匠人斲而小之。"

根据上述释义,结合这些词在上古文献中的使用情况,我们认为这些词包含的主要区别性语义要素是"工具",词化模式可做如下分析:

(1) 斫:用斧头　分离　物体。【动作+工具】

(2) 斲:用斧头　分离　物体。【动作+工具】

2) 词义内容中有特定工具和特定关系对象限制的词。

现代汉语中属于这类的词有:

(1) 剃　用特制的刀子刮去(头发、胡须等)。(《现汉》)

　　　用剃刀刮去头发、胡须等。(《学习》)

　　　用刀刮去毛发。(《汉大》)

(2) 铡　用铡刀切。(《现汉》)

用铡刀切。(《学习》)

用铡刀切。(《汉大》)

(3) 刨　用刨子或刨床刮平木料或钢材等。(《现汉》)

用刨子或刨床刮平木料或钢材等。(《学习》)

用刨子或刨床刮平木料或金属等物。(《汉大》)

(4) 锛　用锛子削平木料。(《现汉》)

用锛子削平木料。(《学习》)

用锛子削平木料。(《汉大》)

(5) 镗　用镗床切削机器零件上已有的孔眼。(《现汉》)

对机器零件上已有的孔眼进行切削加工,使扩大、光滑而精确。(《学习》)

用镗床加工工件上的孔眼。(《汉大》)

根据上述释义,结合这些词在现代汉语中的实际使用情况,我们认为这些词包含的主要区别性语义要素是"工具"和"对象",词化模式可做如下分析:

(1) 剃:用剃刀　分离　人或动物的毛发。【动作 + 工具 + 对象】

(2) 铡:用铡刀　分离　草或人头等。【动作 + 工具 + 对象】

(3) 刨$_1$:用刨子或刨床　分离　木料、金属等的表层物体。【动作 + 工具 + 对象】

(4) 刨$_2$:用刨刀　分离　果蔬的表皮。【动作 + 工具 + 对象】

(5) 锛:用锛子　分离　木料。【动作 + 工具 + 对象】

(6) 镗:用镗床　分离　工件上的孔眼。【动作 + 工具 + 对象】

现代汉语的"剃"类切割动词,不仅强调特定的工具,还强调特定的关系对象。如"剃"的对象一般是"人或动物的毛发","铡"的对象一般是"草"或"人头"。一般情况下,特定的工具都是为了特定的对象制造出来的,词义中如果包含特定的工具,往往包含特定的关系对象。而包含特定工具的"剪"类切割动词,之所以不包含特定关系对象,可能是因为工具出现后用途泛化,可以用于更多其他对象。

从目前我们调查上古汉语切割类动词的情况看,上古与切割相关的工具,主要有"刀""斧""殳(镰刀)""乂(剪刀)"等。上古用镰刀割草是"芟",用类似剪刀的乂割草是"刈",工具"殳"和"乂"虽然是"芟"和"刈"的重要词义成分,但我们认为"芟""刈"与其他切割类动词的区别主要体现在切割的对象是"草",而不是工具的差异上。上古汉语中强调工具的切割动词是"斫"和"斯",表示以"斤(斧头)"分离物体。

**(二)表示使用工具以特定方式分离物体的词**

这一组词的词义内容中,动作方式为必须说明的词义成分,显示出动作的特征,即"方式"是区分这类词的主要语义要素,该类词的词化模式可以概括为【动作+方式】。

在分析语料的过程中,我们发现,切割动作的方向是区分不同切割类动词的重要语义要素。根据切割动作方向的不同,这类词可以再细分为以下四类:

1)表示使用工具纵向分离物体的词

现代汉语中属于这类的词有:

  (1)切 用刀把物品分成若干部分。(《现汉》)
    用刀把东西分开或分成若干部分。(《学习》)
    用刀把物品分成若干部分。(《汉大》)
  (2)破 使损坏;使分裂;劈开。(《现汉》)
    使损坏;使分裂;劈开。(《学习》)
    剖开;冲开;分开。(《汉大》)
  (3)剖 破开。(《现汉》)
    破开。(《学习》)
    破开。(《汉大》)
  (4)砍 用刀斧等猛力切入物体或将物体断开。(《现汉》)
    用刀斧等猛力使劲,把东西断开或使受伤。(《学习》)
    劈;斩。(《汉大》)
  (5)斩 砍。(《现汉》)
    砍(断);杀(死)。(《学习》)
    砍断;砍。(《汉大》)

（6）剁　用刀向下砍。（《现汉》）

　　　　用刀斧向下砍。（《学习》）

　　　　砍。（《汉大》）

（7）劈　用刀斧等砍或由纵面破开。（《现汉》）

　　　　用刀斧等破开。（《学习》）

　　　　破开。（《汉大》）

根据上述释义，结合这些词在现代汉语中的实际使用情况，我们认为这些词包含的主要区别性语义要素是"方向""接触面"和"力度"等，词化模式可做如下分析：

（1）切：用刀　纵向　分离　物体。【动作＋方向】

（2）破：用刀　纵向　分离　物体。【动作＋方向】

（3）剖：用刀　纵向　从中间　分离　物体。【动作＋方向＋接触面】

（4）砍：用刀、斧等　纵向　猛力　分离　较坚硬的物体。【动作＋方向＋力度】

（5）斩：用刀、斧等　纵向　猛力　分离　较坚硬的物体。【动作＋方向＋力度】

（6）剁：用刀、斧等　纵向　猛力　分离　人体或食物等。【动作＋方向＋力度＋对象】

（7）劈：用刀、斧等　纵向　沿着物体纵面　猛力　分离　较坚硬的物体。【动作＋方向＋力度＋接触面】

在以上一般表示使用工具纵向分离物体这个小的语义场中，有的通过工具与物体的"接触面"这一语义要素区分词义，如"切"和"剖"；有的通过动作的"力度"这一语义要素区分词义，如"切"和"砍"。

上古汉语中属于这类的词有：

（1）切　《说文》："刌也。"

　　　　《汉大》："用刀把物品分成若干部分。《礼记·少仪》：'牛与羊鱼之腥，聂而切之为脍。'"

（2）刌　《说文》："切也。"

　　　　《汉大》："切断。《仪礼·特牲馈食礼》'刌肺三。'郑玄注：

'今文刌为切。'"

(3) 剖　《说文》:"判也。"

《玉篇》:"判也。中分为剖。"

(4) 判　《说文》:"分也。"

《汉大》:"剖开。《墨子·备穴》:'令陶者为月明,长二尺五寸六围,中判之,合而施之穴中。'"

(5) 副　《说文》:"判也。"

《汉大》:"割裂,剖分。《诗·大雅·生民》:'不坼不副,无菑无害。'"

(6) 坼　《说文》:"裂也。"

《汉大》:"裂开;分裂。《淮南子·本经训》:'天旱地坼。'"

(7) 刜　《汉大》:"击;砍。《左传·昭公二十六年》:'苑子刜林雍,断其足。'孔颖达疏:'刜,击也,字从刀,谓以击也。今江南犹谓刀击为刜。'"

(8) 斩　《说文》:"截也。"

《汉大》:"砍断;砍。《墨子·非攻下》:'芟刈其禾稼,斩其树木。'"

根据上述释义,结合这些词在上古文献中的使用情况,我们认为这些词包含的主要区别性语义要素是"方向""接触面"和"力度"等,词化模式可做如下分析:

(1) 切:用刀　纵向　分离　物体。【动作+方向】

(2) 刌:用刀　纵向　分离　物体。【动作+方向】

(3) 剖:用刀等　纵向　从中间　分离　物体。【动作+方向+接触面】

(4) 判:用刀等　纵向　从中间　分离　物体。【动作+方向+接触面】

(5) 副:用刀等　纵向　从中间　分离　物体。【动作+方向+接触面】

(6) 坼:用刀等　纵向　从中间　分离　物体。【动作+方向+接触面】

(7) 刜:用刀等　纵向　猛力　分离　物体。【动作+方向+力度】

(8) 斩:用刀斧等　纵向　猛力　分离　物体。【动作+方向+力度】

比较上古汉语和现代汉语的这一组词,可以看到:一、上古汉语的"切、剖、斩"一直沿用至今,"刊、垿、剌"等已经消亡,"副(pì)"虽然保留,但切割义已消亡,"判"表示具体动作的切割义已经消失,仅保留抽象的"分开、分辨"义,如"判别、判断"。二、从词语的数量来说,上古汉语表示纵向切割物体的词稍多。

2)表示使用工具斜着分离物体的词

现代汉语中属于这类的词只有"削":

  削 用刀斜着去掉物体的表层。(《现汉》)
    用刀、斧等工具斜着去掉物体的表层或部分。(《学习》)
    用刀斜切。(《汉大》)

根据上述释义,结合这个词在现代汉语中的实际使用情况,我们认为该类词包含的主要区别性语义要素是"方向"和"接触面",词化模式可做如下分析:

削:用刀等 斜着(刀刃) 贴着物体表面 分离 物体的表层。【动作+方向+接触面】

上古汉语中属于这类的词有:

 (1)削 《说文》:"鞞也。"
   《辞源》:"用刀斜刮。《墨子·鲁文》:'公输子削竹木以为鹊。'"

 (2)刊 《说文》:"剟也。"
   《汉大》:"砍斫;削除。《周礼·秋官·柞氏》:'夏日至,令刊阳木而火之;冬日至,令剥阴木而水之。'"

根据上述释义,结合这两个词在上古文献中的使用情况,我们认为这两个词包含的主要区别性语义要素是"方向",词化模式可做如下分析:

(1)削:用刀 斜着 分离 物体。【动作+方向】
(2)刊:用刀 斜着 分离 物体。【动作+方向】

比较上古汉语和现代汉语的这一类词,可以看到:一、上古汉语的"削"一直沿用至今,"刊"虽然保留,但切割义已消亡。二、切割动作的关系对象不是区分该类词的主要语义要素。如果是斜着切割,切割对象往往是物体的表层,这是动作的空间方向决定了动作的关系对象。

3）表示使用工具以弧线的方式分离物体的词

现代汉语中属于这类的词有：

(1) 挖　用工具或手从物体的表面向里用力，取出其一部分或其中包藏的东西。(《现汉》)

从地面向里刨或掘，使形成坑、沟等（宾语是挖的结果）；向物体里面用力，取出其中一部分或掏出其中包藏的东西（宾语是挖的对象）。(《学习》)

掘；掏取。(《汉大》)

(2) 掘　刨；挖。(《现汉》)

挖。(《学习》)

挖。(《汉大》)

(3) 剜　(用刀子等)挖。(《现汉》)

用刀子等从物体里面挖取。(《学习》)

刻，挖。(《汉大》)

(4) 抠　用手指或细小的东西从里面往外挖。(《现汉》)

挖。(《学习》)

挖；掏。(《汉语大字典》)

(5) 凿　打孔；挖掘。(《现汉》)

开掘。(《学习》)

挖掘；开凿。(《汉大》)

(6) 刨　使用镐、锄头等向下向里用力。挖掘。(《现汉》)

挖掘。(《学习》)

挖掘；扒。(《汉大》)

根据上述释义，结合这些词在现代汉语中的实际使用情况，我们认为这些词包含的主要区别性语义要素是"方向"和"结果"，词化模式可做如下分析：

(1) 挖：用手或挖掘工具　向下向里　分离　物体，取出一部分或其中包藏的东西。【动作＋方向＋结果】

(2) 掘：用工具　向下向里　分离　物体，取出一部分或其中包藏的东西。

【动作+方向+结果】

(3)剜:用刀子等 向下向里 分离 物体,取出一部分或其中包藏的东西。【动作+方向+结果】

(4)抠:用手或细小的工具等 向下向里 分离 物体,取出一部分或其中包藏的东西。【动作+方向+结果+工具】

(5)凿:用挖掘工具 向下向里 分离 较坚固的物体,取出一部分。【动作+方向+结果】

(6)刨:用镐、锄头等 向下向里 分离 物体,取出一部分或其中包藏的东西。【动作+方向+工具+结果】

上古汉语中属于这类的词有:

(1)掘 《说文》:"揗也。从手屈声。"

《汉大》:"挖。《易·系辞下》:'断木为杵,掘地为臼。'"

(2)揗 《说文》:"掘也。从手骨声。"

《汉大》:"掘,发掘。《国语·吴语》:'夫谚曰:狐埋之而狐揗之。'"

根据上述释义,结合这两个词在上古文献中的使用情况,我们认为这两个词包含的主要区别性语义要素是"方向"和"结果",词化模式可做如下分析:

(1)掘:用工具 向下向里 分离 物体,取出一部分或其中包藏的东西。【动作+方向+结果】

(2)揗:用工具 向下向里 分离 物体,取出一部分或其中包藏的东西。【动作+方向+结果】

比较上古汉语和现代汉语的这一类词,可以看到:一、上古汉语的"掘"一直沿用至今,"揗"则已消亡。现汉的"挖、抠、凿、刨"等是后来产生的表示用工具以弧线方式分离物体的词。二、现代汉语的"挖"和"掘"词义成分相同,二者的区别主要体现在语体色彩上。现代汉语的这类词中,切割工具是区分这类词的主要语义要素,如"抠"和"挖"。"抠"的工具一般较细小,"挖"的工具没有特别限制。此外动作的结果也是区分这类词的语义要素,如"挖"和"凿",我们可以说"挖洞",也可以说"凿洞",可以说"挖土豆",但不能说"凿土豆",因为"凿"的词义中不包括"取出其中包藏的东西"这一附加结果。

4) 表示使用工具以特定方向方式分离物体的词

现代汉语中属于这类的词有：

(1) 旋　用车床切削或用刀子转着圈地削。(《现汉》)

用车床切削或用刀子旋转着削。(《学习》)

回旋着切削。(《汉大》)

(2) 剔₂　从缝隙里往外挑。(《现汉》)

(把多余的东西)从缝隙里往外挑。(《学习》)

(3) 推　用工具贴着物体的表面向前剪或削。(《现汉》)

使工具紧贴物体向前移动进行剪或削。(《学习》)

把工具向前移动进行工作。(《汉大》)

(4) 割　用刀截断。(《现汉》)

用刀截断。(《学习》)

切割；截断。(《汉大》)

(5) 刮　用刀等贴着物体的表面移动，把物体表面上的某些东西去掉或取下来。(《现汉》)

用刀具等去掉物体表面的某些东西。(《学习》)

摩；擦。(《汉大》)

(6) 拉　刀刃与物件接触，由一端向另一端移动，使物件破裂或断开；割。(《现汉》)

割破；切开。(《学习》)

割开，划开。(《汉大》)

(7) 划　用尖锐的东西把别的东西分开或在表面上刻过去、擦过去。(《现汉》)

(用尖锐的东西)割开或在表面上刻过去。(《学习》)

割。(《汉大》)

根据上述释义，结合这些词在现代汉语中的实际使用情况，我们认为这些词包含的主要区别性语义要素是"方向"和"接触面"，词化模式可做如下分析：

(1) 旋：用刀或车床等　转着圈贴着物体表面　分离　物体的表层。【动作＋方向＋接触面】

(2)剔₂:用精细工具等 由内向外 从缝隙中 分离 细小的物体。【动作+方向+接触面】

(3)推:用工具 向前 贴着物体表面 分离 物体。【动作+方向+接触面】

(4)割:用刀 沿着刀刃的方向 分离 物体。【动作+方向】

(5)刮:用刀(刀刃)等 贴着物体表面 分离 物体的表层。【动作+接触面】

(6)拉:用刀(刀尖)等 由一端向另一端 分离 物体的表层。【动作+接触面】

(7)划:用刀(刀尖)等 由一端向另一端 分离 物体的表层。【动作+接触面】

上古汉语中属于这类的词有:

(1)割 《说文》:"剥也。"

　　《汉大》:"切割;截断。《左传·襄公三十一年》:'犹未能操刀而使割也。'"

(2)刮 《说文》:"掊把也。"

　　《汉大》:"刮削;去掉。《史记·太史公自序》:'堂高三尺,土阶三等,茅茨不翦,采椽不刮。'"

根据上述释义,结合这两个词在上古文献中的使用情况,我们认为这两个词包含的主要区别性语义要素分别是"方向"和"接触面",词化模式可做如下分析:

(1)割:用刀 沿刀刃方向 分离 物体。【动作+方向】
(2)刮.用刀 贴着物体表面 分离 物体的表层。【动作+接触面】

比较上古汉语和现代汉语的这一类词,可以看到:一、上古汉语的"割""刮"一直沿用至今。二、从词语的数量来说,现代汉语表示不同方向切割物体的词较多,向前分离物体是"推",转着圈分离物体是"旋",由内向外分离物体是"剔₂",沿着刀刃的方向分离物体是"割"。三、现代汉语的"旋、推"等是在原词义的基础上,新产生出切割义的词,它们的词义内容中,除包含方向的限制外,还受切割工具与物体接触面的限制。四、在现代汉语中,切割工具和物体的"接触面"是区分该类词的主要语义要素,如"刮"和"拉","刮"是用刀刃贴着物体表面分离,工具与物体是平面的接触,"拉"是用刀尖从物体一端向另一端分离,工具与物体是线性的接触。

### (三) 表示使用工具分离特定关系对象的词

这一组词的词义内容中,动作的关系对象为必须说明的词义成分,显示出动作的特征,即"对象"是区分这类词的主要语义要素,该类词的词化模式可以概括为【动作+对象】。

现代汉语中属于这类的词只有3个:

(1) 伐　砍(树)。(《现汉》)
　　　　砍伐。(《学习》)
　　　　砍斫。(《汉大》)

(2) 剔₁　从骨头上把肉刮下来。(《现汉》)
　　　　把肉从骨头上剥离或刮下来。(《学习》)
　　　　分解骨肉。(《汉大》)

(3) 刈　割(草或谷类)。(《现汉》)
　　　　割(草或谷类)。(《学习》)
　　　　割取。(《汉大》)

根据上述释义,结合这些词在现代汉语中的实际使用情况,我们认为这些词包含的主要区别性语义要素是"对象",词化模式可做如下分析:

(1) 伐:用刀、斧等　分离　树木。【动作+对象】
(2) 剔₁:用刀或手等　分离　骨头中的肉。【动作+对象】
(3) 刈:用工具　分离　草或谷类。【动作+对象】

上古汉语中属于这类的词较多,一共有21个:

(1) 刈　《说文》:"芟草也。"
　　　　《汉大》:"亦作'苅₁'。割取。《诗·周南·葛覃》:'葛之覃兮,施于中谷,维叶莫莫,是刈是濩。'"

(2) 芟　《说文》:"刈草也。"
　　　　《汉大》:"除草。《诗·周颂·载芟》:'载芟载柞,其耕泽泽。'毛传:'除草曰芟,除木曰柞。'"

(3) 片 《说文》:"判木也,从半木。"

《玉篇》:"半也,判也,开坼也。"

(4) 劇 《说文》:"判也。"

《汉大》:"斫木;加工木料。《尔雅·释器》:"木谓之劇。""

《玉篇》:"治木也,分也。"

(5) 柞 《说文》:"木也。"

《汉大》:"砍伐树木。《诗·周颂·载芟》:'载芟载柞,其耕泽泽。'"

(6) 析 《说文》:"破木也。"

《玉篇》:"分也。"

(7) 髡₁ 《说文》:"鬎发也,从髟兀声,或从元。"

《汉大》:"剃去毛发。《左传·哀公十七年》:'初公自城上见己氏之妻发美,使髡之以为吕姜髢。'"

(8) 鬀 《说文》:"鬎发也。大人曰髡,小儿曰鬀,尽及身毛曰鬎。"

(9) 鬎 《说文》:"鬎,鬀发也。"

《汉大》:"剃发。泛指剃毛发胡须。"

(10) 割₁ 《汉大》:"用刀分解牲畜的骨肉。《周礼·天官·内饔》:'掌王及后世子膳羞之割亨煎和之事。'郑玄注:'割,肆解肉也。'孙诒让正义:'肆解即割裂牲体骨肉之通名。'"

(11) 解 《说文》:"判也。从刀判牛角。"

《汉大》:"用刀分割动物或人的肢体。《庄子·养生主》:'庖丁为文惠君解牛。'成玄英疏:'解,宰割之也。'"

(12) 刎₁ 《说文》:"剄也。"

《汉大》:"特指割颈。《汉书·苏武传》:'伏剑自刎。'"

(13) 剄 《玉篇》:"以刀割颈也。"

《汉大》:"用刀割颈。《左传·定公四年》:'句卑布裳,剄而裹之。'杜预注:'司马已死,剄取其首。'"

(14) 剧 《说文》:"刮去恶创肉也。"

《汉大》:"刮,刮除。"

(15)剔₁　《汉大》:"分解骨肉。《书·泰誓上》:'焚炙忠良,刳剔孕妇。'"

(16)剮　《汉大》:"割肉离骨。"

《玉篇·刀部》:"剮,剔肉值骨也。"

(17)劓　《说文》:"刖鼻也。"

《汉大》:"割鼻。古代五种酷刑之一。"

(18)䎦　《说文》:"断耳也。从刀耳。"

《辞源》:"截耳,古代肉刑。"

(19)刖　《说文》:"绝也。从刀月声。本作踂,断足也。从足月声。徐曰:足具断为踂,其刑名则刖也。今文但作刖。"

《汉大》:"砍掉脚或脚趾。古代酷刑之一。"

(20)剕　《汉大》:"断足。古代五刑之一。郭沫若《中国史稿》第二编第三章第三节:'剕是砍脚,即后来的刖刑。'"

(21)髡₂　《汉大》:"古代剃发之刑。《周礼·秋官·掌戮》:'髡者使守积。'"

根据切割对象的不同,上古汉语这类词可以分成以下三小类,词化模式可做如下分析。

A　表示使用工具分离草木的词。

(1)刈:用剪刀类工具　割　草。【动作+对象】

(2)芟:用镰刀　割　草。【动作+对象】

(3)片:用工具　分离　树木。【动作+对象】

(4)劇:用刀斧等　砍伐　树木。【动作+对象】

(5)柞:用刀斧等　砍伐　树木。【动作+对象】

(6)析:用刀斧等　从中间　劈开　树木。【动作+对象+接触面】

B　表示使用工具分离头发的词。

(7)髡₁:剃　成人头发。【动作+对象】

(8)髵:剃　小儿头发。【动作+对象】

(9)鬀:剃　毛发胡须。【动作+对象】

C 表示使用工具分离肢体的词。

（10）割₁：（用刀等） 分割 牲畜的骨肉。【动作+对象】

（11）解：（用刀等） 分割 动物或人的肢体。【动作+对象】

（12）刎：（用刀等） 分割 脖子。【动作+对象】

（13）刭：（用刀等） 分割 脖子。【动作+对象】

（14）剠：（用刀等） 刮去 恶疮烂肉。【动作+对象】

（15）剔₁：（用刀等） 分割 骨头上的肉。【动作+对象】

（16）刳：（用刀等） 分割 骨头上的肉。【动作+对象】

（17）劓：（用刀等） 割 人鼻子 作为处罚。【动作+对象+目的】

（18）刵：（用刀等） 割 人耳朵 作为处罚。【动作+对象+目的】

（19）刖：（用刀等） 砍断 人脚或脚趾 作为处罚。【动作+对象+目的】

（20）剕：（用刀等） 砍断 人脚或脚趾 作为处罚。【动作+对象+目的】

（21）髡₂：（用刀等） 剃 人头发 作为处罚。【动作+对象+目的】

比较上古汉语和现代汉语的这一组词，可以看到：一、从词语的数量来说，现代汉语中表示切割特定关系对象的词较少，只有"伐""剔₁"和"刈"三个，它们基本沿用了古代意义。上古汉语表示切割不同对象的词非常丰富，对切割对象的划分较细。既有表示切割不同植物的词语，如割草是"芟"，砍树是"伐"，也有表示切割动物或人肢体的词，如"解、刳、刎"等，还有表示切割不同人头发的词，如"髡、鬄、鬀"，以及表示切割人体不同部位的词，如"劓、刵、刖"等。二、上古汉语中"劓、刵"等表示刑罚，这些词的词义内容中不仅包含特定的关系对象，还包含了特定的动作目的。现代汉语已不将动作目的这一语义要素打包进词中，如果要表达相关动作的目的，必须用短语的方式表达，如"劓之"，翻译成现代汉语是"用割鼻子的方式处罚他"。

**（四）表示使用工具分离物体，使物体产生特定结果的词**

这一组词的词义内容中，动作的特定结果为必须说明的词义成分，显示出动作的特征，即"结果"是区分这类词的主要语义要素，该类词的词化模式可以概括为【动作+结果】。

现代汉语中属于这类的词有：

(1) 片　用刀横割成薄片(多指肉)。(《现汉》)

　　　　用刀平行着切成薄片。(《学习》)

　　　　用刀将物体斜削成扁薄形状。(《汉大》)

(2) 裁　用刀、剪等把片状物分成若干部分。(《现汉》)

　　　　用刀、剪将纸、布等分割开。(《学习》)

　　　　割裂,割断。(《汉大》)

(3) 修　剪或削,使整齐。(《现汉》)

　　　　剪、削使整齐。(《学习》)

　　　　特指剪或削,使整齐。(《汉大》)

根据上述释义,结合这些词在现代汉语中的实际使用情况,我们认为这些词包含的主要区别性语义要素是"对象"和"结果",词化模式可做如下分析:

(1) 片:用刀等　分离　肉等,使成为薄片。【动作+对象+结果】

(2) 裁:用刀、剪等　分离　片状物等,使之成一定形状。【动作+对象+结果】

(3) 修:用刀等　分离　树枝、指甲等,使整齐。【动作+对象+结果】

我们注意到,这些词虽然一般也包括特定的关系对象,如"片"的对象一般是"肉","修"的对象一般是"树枝、指甲"等,但动作结果才是这类词最凸显的语义要素。如"切肉"和"片肉",切肉只强调将肉分离,而片肉则强调将肉分离成薄片;再如"剪指甲"和"修指甲",剪指甲只说明使用剪刀分离指甲,修指甲则强调通过动作使指甲整齐。这种差异是由"片""修"所包含的特定结果导致的,因为这些词将动作的特定结果这一语义要素打包进了词中。

上古汉语中属于这类的词有:

(1) 刳　《说文》:"判也。"

　　　　《汉大》:"挖;挖空。《易·系辞下》:'刳木为舟,剡木为楫。'"

(2) 剡　《说文》:"锐利也。"

　　　　《汉大》:"削;削尖。《易·系辞下》:'刳木为舟,剡木为楫。'"

(3) 剞　《说文》:"断齐也。"

　　　《汉大》:"截断,斩齐。"

(4) 裁　《说文》:"制衣也。"

　　　《玉篇》:裂也。

　　　《汉大》:"裁制,剪裁。汉班婕妤《怨歌行》:'新裂齐纨素,皎洁如霜雪。裁为合欢扇,团团似明月。'"

(5) 剪　《说文》:"齐断也。"

　　　《汉大》:"铰切;用剪刀等使东西断开。《墨子·公孟》:'昔者越王句践,前发文身,以治其国。'"

根据上述释义,结合这些词在上古文献中的使用情况,我们认为这些词包含的主要区别性语义要素是"结果"等,词化模式可做如下分析:

(1) 刿:用刀等　从中间　分离　物体,使空。【动作+接触面+结果】

(2) 剡:用刀等　分离　物体,使尖锐或成长条形。【动作+结果】

(3) 剞:用工具　分离　物体,使整齐。【动作+结果】

(4) 裁:用刀剪等　分离　片状物,使成一定形状。【动作+对象+结果】

(5) 剪:用剪类工具　分离　物体,使整齐。【动作+结果】

比较上古汉语和现代汉语的这一组词,可以看到:一、上古汉语的"裁"一直沿用至今,"刿"等已经消亡。"片"虽然保留,但古今词义发生了变化。上古汉语"片"表示"把木头分开",词义中凸显关系对象,而现代汉语"片"则表示"使物体成片状",词义中凸显动作的结果。上古汉语"修"表示"修饰",现代汉语词义中则强调切割后整齐的结果,成为表示切割义的词语。二、上古汉语的"剪"虽然一直沿用至今,但古今凸显的语义要素稍有不同。上古汉语中,根据《说文》的解释"齐断也",可以看出当时的"剪"更加强调动作的结果是"整齐地切断";而现代汉语中,因为各种切割工具的出现,在切割类动词中,"剪"更强调动作的工具为"剪刀",如"剪草"和"铡草",虽然两者都有割草的意义,但前者强调"用剪刀切割草",后者强调"用铡刀切割草"。我们可以认为,正是切割类语义场的变化,导致了同一个词在不同时间凸显的语义要素之间的差异。

总之,汉语表切割行为的词以"使用工具分离物体"这个词义特征而相互

联系,由于具体动作行为特点的不同可分为不同类别,扼要总结如下:

(一)表示使用特定工具分离物体,又可分为两类:

(1)词义内容中有特定工具、无特定关系对象。如现代汉语的"锯、铲",上古汉语的"斫、斲"。

(2)词义内容中有特定工具和特定关系对象。如现代汉语的"剃、刨"。

(二)表示使用工具以特定方式分离物体,又可分为四类:

(1)表示使用工具纵向分离物体。如现代汉语的"剖、砍",上古汉语的"判、刊"。

(2)表示使用工具斜着分离物体。如现代汉语的"削"。上古汉语的"刊"。

(3)表示使用工具以弧线的方式分离物体。如现代汉语的"挖、抠",上古汉语的"掘、挦"。

(4)表示使用工具以特定方向、方式分离物体。如现代汉语的"旋、拉",上古汉语的"割、刮"。

(三)表示使用工具分离特定关系对象。如现代汉语的"伐、剔₁",上古汉语的"刈、劋"。

(四)表示使用工具分离物体,使物体产生特定结果。如现代汉语的"片、修",上古汉语的"刐、刾"。

## 三 汉语切割类动词语义要素和词化模式的历史演变

下面表1和表2分别是对古今汉语切割类动词的语义要素和词化模式的总结:

表1 古今汉语切割类动词的语义要素凸显频率

| | 工具 | 方式 | | | 对象 | 结果 | 目的 |
|---|---|---|---|---|---|---|---|
| | | 方向 | 力度 | 接触面 | | | |
| 现代汉语 | 12(18%) | 18(28%) | 4(6%) | 9(14%) | 13(20%) | 9(14%) | 0(0%) |
| 上古汉语 | 2(3%) | 13(22%) | 2(3%) | 7(12%) | 22(38%) | 7(12%) | 5(9%) |

表2 古今汉语切割类动词的词化模式

| 词化模式 | | 现代汉语 数量 | | 上古汉语 数量 | |
|---|---|---|---|---|---|
| 动作+工具 | 动作+工具 | 4(11%) | 10(27%) | 2(5%) | 2(5%) |
| | 动作+工具+对象 | 6(16%) | | 0(0%) | |
| 动作+方式 | 动作+方向 | 3(8%) | 21(57%) | 5(12%) | 14(33%) |
| | 动作+方向+接触面 | 5(14%) | | 4(10%) | |
| | 动作+方向+力度 | 2(5%) | | 2(5%) | |
| | 动作+方向+结果 | 4(11%) | | 2(5%) | |
| | 动作+方向+力度+接触面 | 1(3%) | | 0(0%) | |
| | 动作+方向+力度+对象 | 1(3%) | | 0(0%) | |
| | 动作+方向+结果+工具 | 2(5%) | | 0(0%) | |
| | 动作+接触面 | 3(8%) | | 1(2%) | |
| 动作+对象 | 动作+对象 | 3(8%) | 3(8%) | 15(36%) | 21(50%) |
| | 动作+对象+接触面 | 0(0%) | | 1(2%) | |
| | 动作+对象+目的 | 0(0%) | | 5(12%) | |
| 动作+结果 | 动作+结果 | 0(0%) | 3(8%) | 3(7%) | 5(12%) |
| | 动作+结果+对象 | 3(8%) | | 1(2%) | |
| | 动作+结果+接触面 | 0(0%) | | 1(2%) | |
| 合计 | | 37(100%) | | 42(100%) | |

通过上面的分析,我们可以得出以下几点认识:

第一,切割动作涉及使用锋利的工具与事物表面接触,从而导致完整的材料的分离,简单说就是"使用工具分离一个具体的整体"。一般来说,该动作行为常常涉及动作工具、动作的方式、动作的关系对象、动作的结果等方面。古今汉语"使用工具分离物体"类动词的词化模式虽然不完全相同,但该类动词的语义要素总是在以下框架内变动:

【工具】+【(方向、力度、接触面)方式】+动作+【(种类)限制 对象】+【结果】

第二，切割动作、切割结果（使物体分离）是"使用工具分离物体"类动词必须出现的词义成分。汉语表达切割动作的词群中，动作工具、动作的方式、动作的关系对象、动作的结果对该类词词义影响最大，是显示这类词词义特点的主要语义要素。古今汉语对切割行为的表达，主要依据工具、方式、对象、结果等语义要素进行划分。下面进行具体分析。

（1）工具

切割动作表达施事对受事采取某种行为，行为方式在很大程度上由工具的特性决定，如刀等轻巧的工具在受事表面用手移动即可切开受事，而斧头等较重的工具须举高而后向下用力才能将受事分离；锯子这一工具本身的特殊性又决定了"锯木头"这一动作的方式不同于"砍木头"的方式。因此，工具是区分切割类动词的重要语义要素。

汉语切割工具多为带刃工具，可分为单刃工具和双刃工具，前者如从古至今一直沿用的"刀、斧"，以及汉以后发展出来的"锯子、铲子"等；后者如上古汉语的"乂"，以及现代汉语的"剪刀"。

汉语的切割类动词，如果词义中包含了工具信息，在书写形式上多带有形式标记。使用带刃工具的动词多含部件"刀"或"刂"，如"切、剁、割"；使用特定金属类工具的动词多含部件"金"，如"锯、铲"。

（2）方式

切割动作的方式，涉及动作的方向、力度，以及切割工具与物体的接触面等。

动作的方向是汉语区分切割类动词的重要语义要素，大体上可以分为直线切割和弧线切割两大类。根据切割走向的不同，直线切割可以区分为：由上向下是"切"，斜着切是"削"，向前是"推"。弧线切割可以区分为：向下然后向里是"挖"，转着圈是"旋"。相对来说，现代汉语对切割方向的划分比较细致，既有直线切割，也有弧线切割，上古汉语则以直线切割为主。

切割动作的力度也是汉语区分切割类动词的重要语义要素。根据力度的不同，可以区分为不同的切割动作，如"砍、剁、劈"是猛力切割，而"切、削"等不强调动作的力度。

切割工具与物体的接触面同样是汉语区分切割类动词的重要语义要素。

如"砍"与"劈",都是用刀斧等纵向用力,区别在于:"劈"强调刀斧等沿着物体的纵面用力,"砍"不强调刀斧与物体的接触面。再如"刮"和"拉"都是用刀等纵向用力,区别在于:"刮"是刀刃贴着物体表面,接触面是二维的平面,"拉"是刀尖从物体的一端到另一端,接触面是一条一维的直线。

（3）对象

切割不同的对象,汉语也常常用不同的词语表达。这在上古汉语的词汇系统中表现尤为明显。割草是"刈",砍木是"伐",割鼻是"劓",割耳是"刵",割自己脖子是"刎",割他人脖子是"刭"。现代汉语中,对切割对象的划分,不再强调具体事物,而更强调切割事物的特点。其中切割对象的硬度和维度是两个主要的参数。如"砍、劈、锯、剁"的对象往往较坚硬,"拉、削、剪"的对象往往较纤薄;"砍、推（头）"的对象往往是一维线性物体,如树木、树枝、头发等,"裁、剪"的对象往往是二维平面物体,如布匹、纸张等,"挖、刨、剖"的对象往往是三维立体物体,如"土堆、土坑、西瓜"等。

（4）结果

切割行为如果产生特定的结果,汉语也常常用不同的词语表达。如上古汉语挖空树木是"刳",将树木等削尖是"剡",现代汉语将物体分割成片状是"片"。

第三,古今汉语切割类词语虽然共有大部分相同的语义要素,但各要素在不同的历史时期的重要性不同。从上面的语义要素凸显频率表中可以看出：

现代汉语各语义要素的出现频率是:方向 > 对象 > 工具 > 接触面/结果 > 力度。即现代汉语对切割行为的词化,动作方向是最重要的语义要素,其次是动作对象和工具,接触面、结果和力度重要系数较低。

上古汉语中各语义要素的出现频率是:对象 > 方向 > 结果/接触面 > 目的 > 工具/力度。即上古汉语对切割行为的词化,动作对象是最重要的语义要素,其次是动作方向,动作结果、接触面、目的、工具和力度等重要系数较低。动作目的是上古汉语切割类动词特有的语义要素。

第四,部分语义要素发生了从隐含到呈现的变化。

上古汉语在表达切割行为时,非常关注切割行为特定的关系对象,往往将动作的特定关系对象打包进词中,50%的切割类动词都隐含着特定的关系对象,如"芟、髡、髻、鬀、柞、劓"等,现代汉语中这些词已经消亡,没有与之对应的切割类动词表达这些概念,需要用"割草、剃成人头发、剃儿童头发、剃毛发胡须、砍树木、割鼻子、割耳朵"等动词加名词组合的短语来表达,即切割对象这一语义要素在现代汉语中必须在句法层面呈现出来。

此外,上古汉语有一些切割类动词还将动作结果打包进词中,如"刳、剡",现代汉语中这些词已经消亡,没有与之对应的切割类动词表达这些概念,需要用"挖空、削尖"等动作动词加表结果的形容词组合的短语来表达,即切割结果这一语义要素在现代汉语中常常需要在句法层面呈现出来。

第五,古今汉语词化模式的偏好不同。

古今汉语对将哪些语义要素打包进一个词中有不同的选择,因此词化模式存在一些差异。从我们统计的古今汉语切割类动词词化模式的数据可以看出:

现代汉语表切割动作的 37 个词项的词化模式分布是:【动作+方式】>【动作+工具】>【动作+结果】/【动作+对象】。这一方面表现出现代汉语切割类动词词化模式多样性的特点,同时也显示出【动作+方式】是现代汉语切割类动词的主导词化模式。这表明现代汉语更倾向于将表切割动作方式的语义要素打包进词中,对切割类行为倾向于从动作方式的角度进行划分。

上古汉语表切割动作的 42 个词项的词化模式分布是:【动作+对象】>【动作+方式】>【动作+结果】>【动作+工具】。这一方面也表现出上古汉语切割类动词词化模式多样性的特点,同时也显示出【动作+对象】是上古汉语切割类动词的主导词化模式。这表明上古汉语更倾向于将表切割动作特定的关系对象这一语义要素打包进词中,对切割类行为倾向于从特定关系对象的角度进行划分。

通过对切割类动词词化模式的分析,我们发现:【动作+对象】是上古汉语主要的词化模式,【动作+方式】【动作+工具】是现代汉语主要的词化模式。之所以如此,我们猜测大概是因为古人对于世界的认知是从具象开始,对世界的切分,早期主要以具体事物为参照,产生了大量【动作+对象】的词语,如割草就叫"刈",割鼻子就是"劓",随着人类社会的发展,人们开始注意到较为抽象的动作方式,又产生了大量【动作+方式】的词语。对象的无限,导致人类从对"对象"这一语义要素的重视,逐步转向对较为抽象的动作方式的重视。同时,因为新的工具不断出现,用不同工具进行切割的动作行为增多,导致了【动作+工具】词化模式的增加。从词化模式的演变,我们可以清楚地看到社会的发展、人类认知的发展对语言,尤其是对词汇系统的影响。

由此我们大胆假设,一种语言中,如果表动作行为的词,【动作+对象】是主要的词化模式,那么这种语言应该处于语言发展的早期阶段,如果【动作+方式】是主要的词化模式,相对来说,这种语言应该处于语言发展的后期阶段。假设是否成立,需要更多动作行为词的词化模式研究成果来支撑,也需要对更多不同语种的表动作行为的词进行研究。

## 四　结语

跨语言的词汇词义研究有许多困难,可以尝试探索各种研究方法。本文试图通过对古今汉语切割类动词的研究,提出一种归纳语义要素和总结词化模式的方法。从本文分析的过程和结论看,这种方法可以较有条理地总结出语言中表示某一概念的语义要素和词化模式偏好。

本文得到了北京大学中文系自主科研项目"汉语动作动词词化模式研究"(批准号:2015ZZKY03)的资助。衷心感谢《语文研究》匿名审稿专家提出的宝贵意见。

原载于《语文研究》2018年第1期。

**注　释**

① 参见符淮青《词义的分析和描写》,外语教学与研究出版社,2006年,223—234页。
② 参见 Majid A., Boster J., Bowerman M. 2008. The cross-linguistic categorization of everyday events: a study of 'cutting and breaking', *Cognition*, 109(2).
③ 参见李亮《词汇类型学视角的汉语物理属性形容词研究》,北大博士论文,2015年。
④ "词义成分-模式"词义分析方法参考符淮青《词义的分析和描写》。
⑤ "词义成分-模式"词义分析方式以释义语句作为分析对象。但我们知道,表动作行为的词有很复杂的内容,而词典的释义注重简明,往往只说明词所代表的对象的一部

分特征,一些不言而喻的内容往往省略,因而一般很难达到词义分析所要求的精细度。我们的做法是:通过比较不同词典的释义、考察语言的实际使用情况来对词进行重新释义,从而确定词的意义内容,然后再根据表动作行为的词的意义构成模式分析词义。

⑥ 这里所说的"工具"指外力工具,如果切割行为只用手来完成,如"撕""扯",则不纳入本文考察范围。

⑦ 现代汉语切割类动词主要依据《现代汉语分类词典》(商务印书馆,2013 年)、《同义词词林》(上海辞书出版社,1983 年)。考虑到汉语词与词组界限的模糊,本文暂只考察现代汉语单音节切割类动词。

⑧ 上古(先秦到西汉)汉语切割类动词主要依据《说文》,同时参考《汉语大词典》(汉语大词典出版社,1993 年)和《辞源》(商务印书馆,2015 年)。

⑨ 本文的词义分析以义项为单位。对于多义词,我们只选择其表示"使用工具分离物体"的意义和用法。如果一个词有两个义项都表示"使用工具分离物体",则列为两个词项。如"剔",词典中有两个义项,一个是"从骨头上把肉刮下来",如"把骨头剔得干干净净",还有一个义项是"从缝隙里往外挑",如"剔牙缝儿""剔指甲"。这两个义项表示的动作行为有明显的区别,我们列为剔$_1$和剔$_2$,看成两个词项。有的词虽然在词典中只有一个义项,但在实际运用中却可表示几个不同的动作行为,我们也将它们区分为不同词项。如汉语"刨(bào)"在词典中只有一个义项"用刨子或刨床刮平木料或钢材等",但在实际应用中,我们看到了这样的用例:"拿着刨刀刨黄瓜皮。""刨冰,一种冷食,把冰刨成碎片,加上果汁,现做现吃。"我们认为,应该根据二者关系对象的明显区别,将"刨"分成两个义项,"刨$_1$"是"用刨子、刨床分离掉木料、金属表面多余的部分,使之变成表面光滑的平板","刨$_2$"是"用刨刀分离冰块、水果蔬菜等物的表层部分"。

# 基于大规模中文树库的汉语句法知识获取研究

詹卫东

## 1 引言 树库加工与利用概述

自1990年代以来,树库加工及应用在语料库语言学和自然语言处理领域一直是受到相当重视的研究方向。[①]除用于信息处理技术外,从树库中获取句法知识,也可以为句法本体研究以及语言教学提供参考。本文介绍近年来北京大学中文系树库研究小组在这方面所做的一些工作。北京大学现代汉语树库加工采用人机结合的方式:先由程序对原始语料进行断句、分词、词性标注、句法结构分析等处理,然后由人在树图编辑软件环境中逐句进行检查,修改程序自动分析的错误,得到最终的标注了正确语法信息的树库。流程可简要示意如下:

| 流程 | 语料示例 |
| --- | --- |
| (1)原始语料 | 三、在经济领域中的平等权利与重要作用<br>妇女经济地位的提高,是实现男女平等最重要的基础。中国政府为改善和提高妇女的经济地位作出了卓有成效的努力。…… |
| (2)断句处理 | 1. 三、在经济领域中的平等权利与重要作用<br>2. 妇女经济地位的提高,是实现男女平等最重要的基础。<br>3. 中国政府为改善和提高妇女的经济地位作出了卓有成效的努力。…… |

(3) 分词和词
性标注
1. ……
2. 妇女/n 经济/n 地位/n 的/ude1 提高/v ，/wco 是/v 实现/v 男女/n 平等/a 最/d 重要/a 的/ude1 基础/n 。/wfs
3. ……

(4) 句法结构
标注
1. ……
2. (zj(！dj(np(np(np(！n(妇女))！np(np(！n(经济))！np(！n(地位))))ude1(的)！vp(！v(提高)))wco(,)！vp(！vp(！v(是))np(vp(！vp(！v(实现))dj(np(！n(男女))！ap(！a(平等))))！np(ap(dp(！d(最))！ap(！a(重要)))ude1(的)！np(！n(基础))))))wfs(。)))
3. ……

句法结构标注的形式是在计算机中以括号方式标记②在原始句子字符串上进行存储的。上面流程中加工完成的语料示例第 2 句对应的直观的树结构图如下：

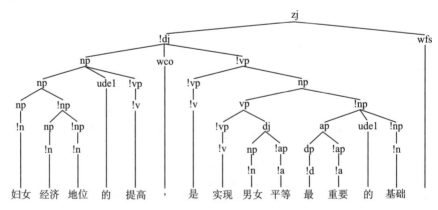

(语料来源：中国政府白皮书·1994·《中国妇女的状况》)

**图 1 句法结构树示例**

目前北大中文树库已经标注的语料规模为 55742 句，1309719 字，899365

词。语料类型包括语文课本(56.85%)、句型例句(13.29%)、新闻语料(13.00%)、科技语料(9.43%)、政府白皮书(7.43%)。

从树库中可以很容易抽取短语规则。比如图 1 中"最重要的基础"对应的规则是 np→ap ude1 !np。其中"最重要"的对应的规则是 ap→ dp !ap。规则中的"!"标记了其后的成分是该短语结构规则的中心成分。把树库中像这样的规则全部抽取出来,按频次降序排列,就可以得到如下表所示的现代汉语短语结构规则集:

表 1　现代汉语短语结构规则及其频次示例

| 编号 | 结构规则 | 结构类型 | 频次 |
| --- | --- | --- | --- |
| 1 | np→ !n | 名词结构 | 159778 |
| 2 | vp→ !v | 动词结构 | 146250 |
| 3 | vp→ !vp np | 述宾式动词结构 | 65751 |
| 4 | dj→ np !vp | 主谓式小句 | 58724 |
| …… | …… | …… | …… |
| 1929 | zj→ !dp wfs | 独词型整句 | 1 |
| 1930 | zj→ dj !fj | 复句型整句 | 1 |

按规则在树库中的频率降序排列,计算规则的累计频率,可以了解短语规则对语料的覆盖率情况,下图是短语规则累计频率分布图,按累计频率降序排列后,前 95 条规则(占 4.9%)覆盖了树库中 90% 的语料,前 446 条规则(占 23.1%)覆盖了树库中 99% 的语料。剩下的 1484 条规则(占 76.9%)覆盖剩下的 1% 的语料。[③]

上面这样的统计数据,可以为语言教学提供宏观层面的参考。比如对句法结构可以像对词的常用性分级一样,区分不同的层级,安排更为合理的教学顺序。结构规则中近 80% 的低频规则,有不少涉及省略、转指等相对复杂的语言现象,[④]在语法教学的项目安排中可能就需要考虑更有针对性的策略。

以上扼要介绍了构建树库的流程,以及如何从树库中获取短语结构规则知识(图 2)。从树库中可以获取的句法结构知识是多维立体的,除短语结构规则及其频次外,还包括抽取带词性和频度信息的词表,兼类词的分布统计,短语分布环境及其频次,歧义短语结构及其频次等。在这些数据基础上,还可以就研究者感兴趣的问题,做专项信息提取和归纳。限于篇幅,本文分三个层次按照从点到面的顺序介绍我们从树库中获取不同类型的句法结构知识的情况。下文第 2 节是考察某一类短语在不同句法位置的差异(以名词性短语 np 为例)以及特定句法结构的内部构造特点和外部环境特点(以"把"字结构为例);第 3 节是考察汉语中违反中心扩展规约和并列条件的短语结构的情况;第 4 节是定量考察短语结构歧义的情况。

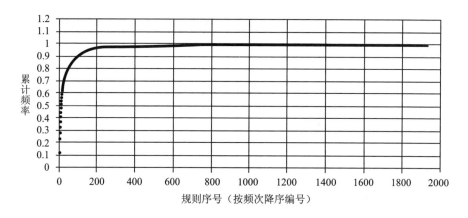

图 2　短语规则累计频率分布图

## 2　基于树库的汉语短语结构个案考察

### 2.1　np 在主、宾、定、中等句法位置的差异考察

名词性短语 np 在不同句法结构位置对应的结构规则如下(xp 代表任意短语):

主语位置　　　　dj→**np** !xp（规则中 xp 通常为 vp、ap、np、dj 等）

宾语位置　　　　vp→ !vp **np**（动宾）　　　　pp→ !p **np**（介宾）

定语位置　　　　np→ **np** !xp（定语 1）　　　np→ **np** ude1 xp（定语 2）

中心语位置　　　np→ xp !**np**（中心语 1）　　np→ xp ude1 !**np**（中心语 2）

上面规则中加粗标记了 np 所在的相应的句法位置。树库中 np 在"主、

宾、定、中"句法位置出现的总频次为325747,占全部np(392925)的约82.9%。np在这些不同句法位置的宽度(按词数计宽度)统计结果见表2。

表2 np在不同句法位置的宽度统计

| | 句法位置 | | | | | | |
|---|---|---|---|---|---|---|---|
| | 主语 | 介宾 | 动宾 | 定语1 | 定语2 | 中心语1 | 中心语2 |
| 实例数 | 68279 | 15247 | 65751 | 42291 | 15372 | 84491 | 34316 |
| 宽度种数 | 37 | 40 | 60 | 46 | 29 | 36 | 26 |
| 最小宽度 | 1 | 1 | 1 | 1 | 1 | 1 | 1 |
| 最大宽度 | 54 | 60 | 113 | 112 | 54 | 63 | 53 |
| 均值 | 1.96 | 2.85 | 3.23 | 1.52 | 1.83 | 1.69 | 1.64 |
| 方差 | 3.93 | 9.65 | 12.18 | 4.22 | 3.74 | 2.97 | 2.17 |

说明:我们把定中结构分为两种情况,甲:"定-中";乙:"定-的-中"。定语1和中心语1为甲类中的"定"和"中"位置。定语2和中心语2为乙类中的"定"和"中"位置。

如果把结构内包含词数作为评价结构复杂性的一个指标的话,np在定语和中心语位置上的复杂性差异不是很大。np充当甲类定中结构的定语和中心语的频次显著多于乙类定中结构的定语和中心语。原因是乙类定中结构的定语和中心语都可以由非np类短语(如vp,ap)充当,而甲类定中结构的定语和中心语则主要由np充当。

np在主语位置和宾语位置的复杂度差异较明显,主语位置上的np平均词长不超过2个词,显著低于介宾和动宾位置上的np。此外,主语位置上np宽度的方差值也显著低于介宾和动宾位置上的np,说明主语位置上np比宾语位置上np的宽度相对更集中。

下面进一步考察np在主、宾位置上的内部结构是否存在显著差异(表3)。

表 3  主、宾语位置上的 np 的内部结构及其频次

| 语结构规则 | 主语位置 | | | 介宾位置 | | | 动后宾语位置 | | |
|---|---|---|---|---|---|---|---|---|---|
| | 序号 | 频次 | 频率 | 序号 | 频次 | 频率 | 序号 | 频次 | 频率 |
| np→!rn | 1 | 23906 | 35.01% | 2 | 2436 | 15.98% | 5 | 4788 | 7.28% |
| np→!n | 2 | 15561 | 22.79% | 1 | 4218 | 27.66% | 1 | 18852 | 28.67% |
| np→np !np | 3 | 7638 | 11.19% | 3 | 2227 | 14.61% | 3 | 7188 | 10.93% |
| np→np ude1 !np | 4 | 3449 | 5.05% | 4 | 1180 | 7.74% | 4 | 5313 | 8.08% |
| np→qp !np | 5 | 2630 | 3.85% | 5 | 775 | 5.08% | 2 | 8313 | 12.64% |
| … | … | … | … | … | … | … | … | … | … |
| 总计 | type 数:172 token 数:68279 | | | type 数:128 token 数:15247 | | | type 数:224 token 数:65751 | | |

按频次降序对不同的结构排序后得到上表的统计结果,从高频结构的情况可以看到,主语位置的 np 跟介宾位置的 np 性质更为接近,动后宾语位置上的 np 跟二者相差较大。这在一定程度上印证了以往汉语研究中所观察到的现象,即旧信息倾向居动词前位置,新信息倾向居动词后位置。表 3 中"np→qp！np"规则对应的主要是汉语中的一般的"数+量+名"结构,这种结构的 np 在主语和介宾位置的出现频率都排在第五位,而在动词后宾语位置则居第二位。这一点,通过表 4 统计的数据可以更清楚地看出。表 4 是词长为 3 的 np 在主语、动宾、介宾位置上的内部组成情况。根据表 2 的数据,主语、动宾、介宾三个位置的 np 词长均值比较接近 3,因此我们重点统计了词长为 3 的 np 在这三个位置的内部构成情况。

表 4  词长为 3 的 np 在主语、动宾、介宾位置上的内部组成情况及其频次

| 词结构规则 | 主语位置 | | | 介宾位置 | | | 动后宾语位置 | | |
|---|---|---|---|---|---|---|---|---|---|
| | 序号 | 频次 | 频率 | 序号 | 频次 | 频率 | 序号 | 频次 | 频率 |
| np→m q n | 3 | 760 | 10.05% | 4 | 180 | 8.26% | 1 | 2771 | 23.83% |
| np→rn ude1 n | 1 | 1091 | 14.43% | 1 | 260 | 11.93% | 2 | 1169 | 10.05% |
| np→n ude1 n | 4 | 730 | 9.66% | 3 | 217 | 9.96% | 3 | 853 | 7.33% |
| np→rb q n | 2 | 977 | 12.92% | 2 | 221 | 10.14% | 4 | 689 | 5.92% |
| np→a ude1 n | 5 | 161 | 2.13% | 5 | 117 | 5.37% | 5 | 666 | 5.73% |

结构规则"np→ m q n"是"数 + 量 + 名"组合,"np→ rb q n"是"指示词 + 量 + 名"组合。前者一般对应语义上的不定指成分,后者则对应定指成分。在动后宾语位置上,不定指性 np 远多于定指性 np。而在动前的主语位置和介宾位置,情况则颠倒过来。不过,在动前位置,两类 np 的数量差异没有在动后宾语位置相差得那么大,这主要有两方面的原因,一是汉语允许"无定 np 主语",⑤二是形式上的无定 np,在语义上也可以表达定指义或者类指义,如"一个人毁坏了别人的东西,应不应该赔偿?"中的"一个人"是无定形式的 np,用于主语位置,语义上并不是表达非定指,而是表达类指。总的来说,从树库中获得的数据实际上印证了以往汉语研究中所观察到的现象,即汉语中旧信息倾向居动词前位置(主语位置 np 和介宾位置 np 都在谓语动词前),新信息倾向居动词后位置。⑥

## 2.2　vp 在"把"字结构中的内部构造以及"把"字结构整体分布环境考察

汉语语法学中传统上关于"把"字结构,即"把 xp vp"中的 vp 的认识主要是它由复杂动词词组充任,不能仅仅是动词的简单形式。这样才能满足整个结构表达"处置"或"致使"语法意义的需要。下面我们通过从树库中抽取"把"后 vp 实例以及 vp 内部结构规则的方式,进一步来考察这个结构中的 vp 具有哪些结构上的具体特点。

表 5　"把 + xp + vp"结构中 vp 的宽度考察

| 宽度 | 2 | 3 | 4 | 5 | 6 | 7 | 8 | 9 | 10 | 12 |
|---|---|---|---|---|---|---|---|---|---|---|
| 频次 | 864 | 551 | 463 | 235 | 155 | 85 | 58 | 28 | 17 | 13 |
| 宽度 | 11 | 1 | 13 | 14 | 15 | 17 | 16 | 19 | 22 | 42 |
| 频次 | 12 | 12 | 8 | 4 | 3 | 2 | 1 | 1 | 1 | 1 |

表 5 对"把"字结构中 vp 的宽度进行统计的结果显示,"把"后 vp 主要由复杂动词词组构成,平均宽度(词长)为 3.71 个词,跟全部 vp 的平均词长(3.73 个词)是很接近的。全部介词性短语(pp)后的 vp 的平均词长则为 3.50 个词。可见"把"字结构中 vp 的宽度是高于 pp 后 vp 的平均词长的。这个统计结果

佐证了以往人们对"把"后 vp 结构要求具有一定复杂性的语感描写。同时，表 5 的统计结果也显示，"把"后 vp 也有单个动词（词长为 1）的情况，北大树库中有 12 个这样的例子，具体的动词是"公开、分解、抽象化、形式化、平分、消灭、发扬光大、神化、相加、除外、置之度外、还原"。

在考察了"把"后 vp 的宽度之后，下面表 6 给出了"把"后 vp 的具体规则分类情况。

表 6 "把 + xp + vp"结构中 vp 的构造类型及示例

| 构造类型 | 数量 | 结构规则 | 示例 |
| --- | --- | --- | --- |
| 述宾式 vp | 999 (39.74%) | vp→!vp np<br>vp→!vp sp<br>vp→!vp qp<br>vp→!vp mp<br>…… | （把 x）交给 新干部<br>放在 桌子上<br>放在 第一位<br>砍去 一半<br>… |
| 述补式 vp | 895 (35.60%) | vp→!v v<br>vp→!v a<br>vp→!v ude3 ap<br>… | （把 x）扔 掉<br>清理 干净<br>布置 得 非常漂亮<br>… |
| 状中式 vp | 354 (14.08%) | vp→dp !vp<br>vp→pp !vp<br>vp→ap !vp<br>… | （把 x）也 抛出来<br>在 几个 工作人员 中 分配一下<br>直接 倒到 喉咙 里去 |
| 附加式 vp | 187 (7.44%) | vp→!vp ule<br>vp→!v uzhe<br>… | （把 x）摔坏 了<br>珍藏 着 |
| 连谓式 vp | 58 (2.31%) | vp→!vp vp<br>vp→!vp wco vp<br>… | （把 x）带回家 放好<br>变成电信号，再加以放大<br>… |

续 表

| 构造类型 | 数量 | 结构规则 | 示例 |
|---|---|---|---|
| 其他 | 21（0.84%） | vp→!v<br>vp→c !vp<br>… | （把 x）公开<br>一剥<br>… |
| 合计 | 2514（100%） | 48 种 | |

从表 6 可以看出，"把"后的 vp 以述宾式构造类型为最多，这个特点以往语法学中讨论"把"字句时注意得不够。在讨论汉语"把"字句的文献中，有不少是以"把"后的所谓"保留宾语"为题展开研究的，即从某种程度上来说认为"把"后 vp 再带宾语是一种特殊现象。尽管"保留宾语"确实有其自身的特点，但语料调查的结果也显示，"把"后 vp 主要的结构类型就是述宾结构。"把"字结构后出现宾语是该结构的用法特点之一。

对一个结构，除考察其内部构成外，还可以看它所处的上下文环境的特点。表 7 列出了"把 + xp + vp"结构的分布环境的类型。本文关于"分布环境"的定义是：一个结构体(S)的分布环境是一个三元组。设树(T)的根节点是 S 的父节点，则 S 的分布环境由 S 的父节点、S 的左邻节点(可以为空)、右邻节点(可以为空)三个项目构成。

表 7 "把 + xp + vp"的分布环境的类型统计(按照父节点的类型不同分组)

| 父节点 | 数量 | 左邻节点 | 右邻节点 | 示例 |
|---|---|---|---|---|
| vp | 1504（59.85%） | dp<br>vp<br>vp wco<br>–<br>… | –<br>–<br>–<br>vp<br>… | 连忙 把它拾起来<br>走过去 把口琴还给锡海<br>爬上树去，把小鸟放回窝里<br>把门打开 放狗出去<br>… |
| dj | 676（26.90%） | np<br>np wco<br>… | –<br>–<br>… | 你 把它吃了<br>古代的埃及人和中国人，把它用作药物<br>… |

续 表

| 父节点 | 数量 | 左邻节点 | 右邻节点 | 示例 |
|---|---|---|---|---|
| fj | 237（9.43%） | dj wco … | — … | 他一只手抓住绳子,把另一只手伸给水中的孩子 … |
| zj | 36（1.43%） | — … | wfs … | 把瓶子放在桌上 … |
| np | 29（1.15%） | — — … | ude1！np ude1 … | 把人生融进伟大事业 的 人 把咖啡喝光 的 … |
| # | 20（0.80%） | — | — | 把桌子拿出去 |
| tp | 7（0.28%） | — … | f … | 把羊肉和羊骨粉碎 后 … |
| pp | 4（0.16%） | P … | — … | 从 把水放在炉上 到水开 … |
| 合计 | 2513（100%） | 82 种 | | |

表注:#表示父节点为空,这里意味着"把"字结构独立成句,占据一行,且末尾没有标点。

表 7 反映了"把"字结构的主要用法中直接做谓语是排在第二位的。排在第一位的是"把"字结构跟其他成分组合成的更大的 vp,占到近 60%,频率是第二位的两倍多。也就是说,现实中的"把"字结构,其前后往往会有其他的谓词性成分共现。这个特点,在有关"把"字句的对外汉语教学中应引起注意。当以"把"字句为视点去看"把"字结构时,往往容易把"把"字结构 vp 直接放在谓语位置上,同时把整个"把"字句跟被字句、主动宾句式放在一个层次上关联起来,但如果以短语结构的视点去看"把"字结构,会更加全面地看到该结构所在的不同句法位置以及频率上的差异。

## 3 现代汉语非中心扩展结构与非同类并列结构考察

通常情况下,一个短语结构的功能类跟其中心成分的功能类是相同的,这样的短语规则是所谓的符合"(中心)扩展条件"的规则(记作 HE 规则)。两个成分构成并列结构,则两个成分应属同类短语,这样形成的并列结构是所谓符合"并列条件"的规则(记作 CC 规则)。当代形式语法理论一般也都强调短语结构规则从形式上应该符合 HE 规则和 CC 规则的要求。沈家煊引用 Lyons 作了以下的论述:"'N 和 NP 之间,V 和 VP 之间都存在一种必不可少的(essential)联系,对哪种语言都一样。……NP 和 VP 不仅仅是帮助记忆的符号,而且是分别表示句法成分 NP 必定是名词性的,VP 必定是动词性的,因为两者分别以 N 和 V 作为其必需的主要成分。"他接着说,"如果有哪位语言学家提出诸如'NP→V+VP,NP→V,VP→T(冠词)+N'的规则,'那不仅是有悖常情的,在理论上也是站不住的。'这些话是就'扩展条件'而言的,但是也适用于'并列条件',提出有'NP 和 VP'这样的并列结构也是有悖常情的,理论上站不住的"。⑦

但从树库标注的情况来看,我们认为,实际语料中也有少量的短语结构,其功能类跟中心成分的功能类是不同的,同时也有少量的并列结构,并列的两项属于不同功能类的短语,至少在表层结构形式上是如此。这样的结构规则我们分别称为非中心扩展规则(记作 NHE 规则)和非同类并列规则(记作 NCC 规则)。下面是树库中抽取的 HE 规则和 NHE 规则、CC 规则和 NCC 规则各自所占的比例情况。

表8 树库中 HE 规则、NHE 规则、CC 规则、NCC 规则的数量统计

| 规则类别 | 规则种数(type) | 规则例数(token) | 结构示例 | 示例 |
| --- | --- | --- | --- | --- |
| 全部规则 | 1930 | 1318488 | dj→np !ap | 人 多 |
| HE 规则 | 1672(86.63%) | 1288236(97.71%)? | ap→dp !ap | 最 冷 |
| NHE 规则 | 258(13.37%) | 30252(2.29%)? | np→sp !vp | 体内 分布 |
| CC 规则 | 61(52.59%) | 26220(96.37%)? | ap→!ap c ap | 光荣 而 艰巨 |
| NCC 规则 | 55(47.41%) | 987(3.63%)? | ap→!ap c vp | 无知 与 疏忽 |

说明:上面表中 NHE 及 NCC 规则的统计数据是程序根据规则形式自动判别的,数据会有一定误差。不过,我们的目的并不是统计出精确的数据作量化分析,而是通过这种方式从实际语料中发现 NHE 规则和 NCC 规则的类型和实

例。很显然,从实例频次(token)的对比来说,NHE 规则和 NCC 规则相对于 HE 规则和 CC 规则(常规情况)来说,都是绝对少数。换言之,真实语料中的大部分短语组合都是符合"中心扩展条件"和"并列结构条件"的,但是我们想强调的是,尽管比例不高,但违反中心扩展条件和并列结构条件的实例也并非特例。下文即通过具体实例的展示和分析来说明语言使用中存在这样的组合是合理的。

表9　NHE 规则的内部成分、中心成分考察

| 序号 | 内部构成/中心成分 | NHE 规则 | 示例 |
|---|---|---|---|
| 1 | 跟"的"相关的 NHE | np→np 的 !vp<br>np→pp 的 !vp<br>np→sp 的 !qp | 时间 的 推移<br>在电子产品 可靠性方面 的 应用<br>他们中 的 三个 |
| 2 | 跟其他助词(似的、地)相关的 NHE | ap→!np 似的<br>ap→!dj 似的<br>dp→!qp 地<br>dp→!vp 地 | 雪片 似的<br>他是这个地方的主人 似的<br>一寸一寸 地<br>有秩序 地 |
| 3 | ap 扩展为 np | np→qp !ap | 一点 清凉 |
| 4 | dj 扩展为 np | np→qp !dj | 这种 再狭窄发生率降低 |
| 5 | qp 扩展为 np | np→np !qp | 这 三 本 |

上表的例子中绝大多数情况都是通过结构助词系统地改变结构的性质,比如"的""地"等结构助词,可以系统地使得结构整体的功能不同于其中中心成分的功能。此外,汉语中也存在结构功能不需要标记成分的帮助,直接发生功能转换的情况,比如例 3、4、5 都是这类情况。陈述性成分、修饰性成分都直接转为指称性成分。

表10　NCC 规则的内部成分考察

| 序号 | 并列项 | NCC 规则 | 示例 |
|---|---|---|---|
| 1 | ap — vp | ap→!ap c vp | 对朋友诚实 和 帮助老人 |
| 2 | vp — dj | vp→!vp c dj | 地震 与 火山喷发 |

续 表

| 序号 | 并列项 | NCC 规则 | 示例 |
|---|---|---|---|
| 3 | np — dj | np→!np wco dj | 电视机的改进和电视的普及,广播频道增多 |
| 4 | np — vp | np→!np wco vp | 一间红瓦灰墙的小屋,一排白漆的大栅栏,或许还有三五个人影(,眨眼就消失了。) |
| 5 | dj — tp | dj→!dj c tp | 我应该今天开始 还是 明天 |
| 6 | ap — dp | ap→!ap c dp | (失恋以后,会是)颓废 或 奋力 |

表中第 3 行是 np 跟 dj 构成并列结构,此例的句法结构如下面图 3 所示。

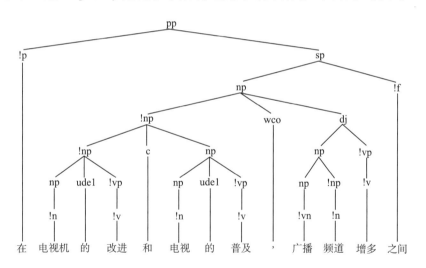

图 3 一个 NCC 规则的结构树图

上面例子引出的一个核心问题是:汉语中主谓结构是陈述性成分还是指称性成分? 如果是陈述性成分,则主谓结构跟 np 并列的时候,就违反了"并列结构条件"。如果是指称性成分,则不违反并列结构条件。但是,当它不违反"并列结构条件"的时候,就要进一步追问,主谓结构的中心语又是什么呢? 如果主谓结构的中心语是谓语 vp,那么,例中作为指称性成分的主谓结构,其功能显然跟 vp("增多")的功能是不一致的,前者是起指称作用,而后者一般应该是起陈述作用。这样,就又违反了"中心扩展条件"。看起来,在短语结构的组合过程中,如果在一个层次上要遵守"并列结构条件",就可能在另一个层次上违反"中心扩展条件",二者并不总是能兼顾的。实际上,语料中可以观察到的表层语言现象是:汉语中的主谓结构既可以用于陈述的表达功能,也可以用于指称的表达功能,在表层句法结构上就是表现为主谓结构可以做主、宾语。

如果违反"并列结构条件"和"中心扩展条件"的 NCC 规则和 NHE 规则都是不可避免的,那很自然会想到一个问题,为什么在常规的符合中心扩展条件和并列结构条件的组合之外,语言系统会有"非中心扩展""非同类并列"的结构存在呢?我们的看法是,这是语言使用中的"简约"要求使然。语言使用中的"简约"(或者说经济)要求使得人们在使用句法结构规则时,常常省略其中的成分,即以部分结构成分代行整体之功能,其中最突出的例子,莫过于汉语中的"的"字结构了,例如:"成套的书"这个组合是常规 np,"书"是中心成分,整个结构符合中心扩展条件,但实际使用时,人们完全可以用"成套的"来替代"成套的书",语料中后者往往是已知的背景信息,因而中心成分很容易省略。省略后得到的"成套的"这个结构,其中心成分是哪一个,如何让中心成分跟结构整体功能保持一致,就要让理论语言学者大伤脑筋了。它造成的"麻烦"不仅仅停留在短语结构规则集多出了 NHE 规则,一个连带的后果是,非常规结构规则融入常规组合规则中,由此形成的汉语句法结构规则,用于计算机的自动句法分析,会造成更多的系统性的潜在结构歧义。通过考察树库中句法组合歧义的分布和数量,可以更深入地了解这种影响。

## 4 现代汉语句法结构歧义情况的定量考察

本节讨论如何从树库中抽取有歧义的句法结构。句法结构的歧义有不同的类型,歧义程度也有高低之分。这里关于句法结构歧义情况的统计和考察仅仅是在组合规则层次上看歧义,还没有深入到具体的语言实例层次。从树库中抽取规则时,可以考虑两个层面的组合规则,一是通常的短语结构规则(如上文

表 1 所示),另一种是以词性标记串来表达组合规则。⑧ 如 vp→ p n v v n。对这两种组合规则,都可以统计规则右部同型而左部根节点不同类的情况。如下表 11 所示:

表 11　规则右部同型、左部根节点不同形成的歧义组合示例

|  | 规则左部根节点 | 规则右部组合模式 | 实例 |
|---|---|---|---|
| 短语组合规则 | np | qp ！ ap | 两个　不同 |
|  | dj | qp ！ ap | 两个　不同 |
| 词类组合规则 | dj | n v n | 干部　领导　群众 |
|  | np | n v n | 政府　领导　干部 |
|  | vp | n v n | 科学　种植　西瓜 |

表中短语组合规则对应的实例就短语本身来看确实是有歧义的,不过在具体语境中往往因上下文的影响而只有一种理解。比如:

例 1　新版本跟上一个版本相比有**两个不同**,……

例 2　论学历**两个不同**,论能力两个完全一样。

例 1 中的"两个不同"应解作 np,即"两个不同之处"的简省说法。例 2 中的"两个不同"则应解作 dj,"两个"跟"不同"之间是主谓结构关系,"两个"是"两个人"的简省说法。

树库中更多的歧义组合是像表 11 中"词类组合规则"对应的实例所反映的情况,即实例本身并没有明显的歧义,但在词类范畴(或短语范畴)层面,则可以有不同的结构解读方式,这是计算机在分析句子时会碰到的主要歧义问题。比如"干部领导群众"和"政府领导干部"理论上是可以有歧解的,但两例各自都没有明显的歧义,前者的结构是主谓,短语类应归为 dj,后者的结构是定中,短语类应归为 np。把这两例放在更大语境中,可更好地体会它们的区别。例如:

例 3　上级领导下级,**干部领导群众**。

例 4　我县近期组织对**政府领导干部**进行群众满意度调查。

这类"歧义"例子不是针对人而言的歧义,但是对计算机处理来说,则是货真价实的歧义现象。下面我们就来统计树库中同型组合形成的根节点不同的

规则总体是一个什么情况。这可以从一个侧面反映按照目前的短语结构标注体系进行短语句法结构组合分析时隐含歧义的程度。[9]

表12 短语组合规则中右部同型、根节点不同的规则统计[10]

| | 短语组合规则 | 同型歧义短语组合 | | 百分比 |
|---|---|---|---|---|
| Type 数 | 1930 | 同型短语组合数 | 296 | 15.34% |
| | | 同型短语组合规则数 | 670 | 34.72% |
| Token 数 | 1318488 | | 477142 | 36.19% |

表13 词类组合规则中右部同型、根节点不同的规则统计

| | 词类组合规则 | 同型歧义的词类组合 | | 百分比 |
|---|---|---|---|---|
| Type 数 | 124611 | 同型词类组合数 | 3932 | 3.16% |
| | | 同型词类组合规则数 | 8263 | 6.63% |
| Token 数 | 542153 | | 240542 | 44.37% |

下面就进一步从不同的角度来看同型歧义组合中歧义程度相对比较高的情形。这里主要考虑了三个角度,一是看一个同型组合能形成几种不同的短语类,即统计同型组合构成的不同根节点数量(以下简称"根数")的多少;二是看同型组合的频次高低;三是把一个同型组合形成不同短语类看作是一个随机事件,计算这个随机事件的信息熵值,比较熵值的大小。

### 4.1 从同型组合形成的根节点个数多少来看歧义程度

表14 同型短语组合的不同根数频次分布

| 根数 | 频次 | 百分比 |
|---|---|---|
| 2 | 229 | 77.36% |
| 3 | 57 | 19.26% |
| 4 | 9 | 3.04% |
| 5 | 1 | 0.34% |
| 合计 | 296 | 100% |

表 15  同型词类组合的不同根数频次分布

| 根数 | 频次 | 百分比 |
| --- | --- | --- |
| 2 | 3558 | 90.49% |
| 3 | 350 | 8.90% |
| 4 | 24 | 0.61% |
| 合计 | 3932 | 100% |

vp 跟 ap 短语组合可能形成根节点数最多达到 5 个,具体每种组合的频次分布如下表所示。

表 16  根数为 5 的短语组合及其频次分布示例:vp + ap 组合

| 规则左部根节点 | 规则右部组合模式 | 频次 | 示例 |
| --- | --- | --- | --- |
| dj | vp !ap | 462 | 发展 很快 |
| ap | vp !ap | 85 | 看着 非常舒服 |
| fj | vp !ap | 6 | 不是星期日 还不着急呢 |
| np | vp !ap | 1 | (联系)教学 实际 |
| sp | vp !ap | 1 | 过桥 不远 |
| 合计 | | 555 | |

表 17  根数为 4 的短语组合及其频次分布示例:ap + vp 组合

| 规则左部根节点 | 规则右部组合模式 | 频次 | 示例 |
| --- | --- | --- | --- |
| vp | ap !vp | 3061 | 认真 学习 |
| dj | ap !vp | 117 | 快乐 在等待我们 |
| np | ap !vp | 33 | 不同 解释 |
| fj | ap !vp | 1 | 由于恐惧 而逆来顺受 |
| 合计 | | 3212 | |

表 18  根数为 4 的词类组合及其频次分布示例: a + m + q 组合

| 规则左部根节点 | 规则右部组合模式 | 频次 | 示例 |
| --- | --- | --- | --- |
| qp | a m q | 181 | 近 一千亿 元 |
| ap | a m q | 93 | 少 三 票 |
| tp | a m q | 7 | 近 几十 年 |
| dj | a m q | 6 | 宽 九 米 |
| 合计 | | 287 | |

## 4.2 从同型组合的频次高低看歧义程度

同型短语组合中有 96 种频次超过 200。同型词类组合中有 139 种频次超过 200。下面分别列出同型短语组合和同型词类组合中频次前 5 位的组合,包括它们能构成的根节点数量,具体是哪些短语类,频次信息以及示例。

表 19 同型短语组合频次最高的前 5 个组合

| 短语类组合 | 根数 | 根节点 | 频次 | 合计 | 示例 |
|---|---|---|---|---|---|
| !vp np | 2 | vp | 65752 | 65756 | 有 天大的困难 |
|  |  | dj | 4 |  | 是我 听见的 |
| np !vp | 3 | dj | 58724 | 60842 | 我们 正在尝试 |
|  |  | vp | 1448 |  | 科学 种植西瓜 |
|  |  | np | 670 |  | 科学 研究 |
| np !np | 2 | np | 41452 | 41818 | 中国 国民经济 |
|  |  | dj | 366 |  | 总人口 一千万人 |
| !vp vp | 2 | vp | 25310 | 25340 | 打算 研制新产品 |
|  |  | fj | 30 |  | 没有革命的理论 就没有革命的运动 |
| mp !q | 2 | qp | 19584 | 19613 | 两千多 个 |
|  |  | tp | 29 |  | 二〇〇六 年 |

表 20 同型词类组合频次最高的前 5 个组合

| 词类组合 | 根数 | 根节点 | 频次 | 合计 | 示例 |
|---|---|---|---|---|---|
| m q | 2 | qp | 18487 | 18516 | 三 辆 |
|  |  | tp | 29 |  | 第五 年 |
| v n | 2 | vp | 14005 | 16941 | 送 朋友 |
|  |  | np | 2936 |  | 辅导 教材 |
| v v | 2 | vp | 16507 | 16538 | 推 出去 |
|  |  | dj | 31 |  | 会谈 搁浅 |
| n n | 2 | np | 12979 | 13015 | 人民 群众 |
|  |  | dj | 36 |  | 小名 铁蛋 |

续 表

| 词类组合 | 根数 | 根节点 | 频次 | 合计 | 示例 |
|---|---|---|---|---|---|
| n f | 2 | sp | 5059 | 5133 | 树 后 |
|  |  | tp | 74 |  | 晚饭 后 |

表 16 – 表 20 分别给出了根数最多和频次最高的同型短语类组合和同型词类组合及其实例。从这两个角度评价同型组合的歧义程度高,有一个明显的问题,就是同型组合形成的不同短语类频次分布可能并不均匀,比如表 16 的"vp !ap"的各种组合的频次就相差很大,表 19 的"!vp np"两种组合的频次相差更是悬殊。很显然,这样的歧义组合,其歧义程度并不算高。为了描述同型歧义组合形成不同短语类的频次分布的均匀程度,可以引入信息熵的概念。

### 4.3 从同型组合的信息熵值大小看歧义程度

如果把像"vp !ap"这样的组合形成不同的根节点看作一个随机事件,就可以用随机变量的信息熵值来度量一种同型组合形成不同根节点的分布均匀程度,熵越大,分布越均匀,相应的,歧义程度也越高。反之,则分布不均匀,歧义程度也就低一些。熵值计算公式为:

$$H(S) = -\sum p_i \log_2 p_i$$

公式中 $p_i$ 表示随机变量 S 可能的取值中第 i 个值出现的概率。对于同型歧义组合规则来说,它组成为不同短语类的概率可以用各个组合的频次来估计,比如"vp ap"短语组合为 dj 的概率为 462/555,即 0.83。依此计算出各组合规则的概率后,代入上面的公式,就可以求得"vp ap"短语组合的熵值为:0.7383。类似地,可以计算得到表 17 中的"ap !vp"短语组合的熵值为:0.3118。

按照这种方式,可以计算全部同型短语组合和同型词类组合的信息熵值。[⑪] 考虑到从词类组合上升到短语组合的过程中,会减少同型区别的数量(表 12 和表 13 中 token 数的对比),下面就以同型词类组合的熵值为例来看歧义程度的差异。因为是以频率估算概率,这样就要求频率足够大,才能得到相对比较准确的概率值,但限于目前树库的规模,大量的组合都是低频组合。在 3932 个同型词类组合中,频次在 100 以下的占 94.15%。对这样的低频组合来说,算出来的熵值并不是可靠的。为兼顾频次和熵值,我们在计算出全部同型词类组合的熵值后,取了频次在 1000 以上,熵值在 0.5 以上的组合,共得到 6 个这样的同型词类组合。下面是这 6 个组合形成的不同短语类、频次值、熵值及实例。

表 21 同型词类组合中频次及熵值均较高的 6 个组合

| 词类组合 | 根数 | 根节点 | 频次 | 合计 | 熵值 | 示例 |
| --- | --- | --- | --- | --- | --- | --- |
| n v | 3 | dj | 1838 | 2777 | 1.26 | 前人 开路 |
|  |  | vp | 514 |  |  | 全线 崩溃 |
|  |  | np | 425 |  |  | 燃料 供应 |
| n v n | 3 | np | 685 | 1176 | 1.04 | 电子 发射 装置 |
|  |  | dj | 482 |  |  | 麦子 需要 春雨 |
|  |  | vp | 9 |  |  | 重金 奖励 发明人 |
| v n ude1 n | 2 | vp | 590 | 1161 | 1.00 | 解释 工厂 的 困难 |
|  |  | np | 571 |  |  | 划分 句型 的 标准 |
| v n n | 2 | vp | 1291 | 1622 | 0.74 | 解决 技术 问题 |
|  |  | np | 331 |  |  | 有 问题 农药 |
| v n | 2 | vp | 14005 | 16941 | 0.67 | 符合 国情 |
|  |  | np | 2936 |  |  | 炼钢 工人 |
| a v | 4 | vp | 1173 | 1353 | 0.66 | 努力 学习 |
|  |  | ap | 149 |  |  | 胖 起来 |
|  |  | np | 30 |  |  | 重大 贡献 |
|  |  | dh | 1 |  |  | 实惠 与否 |

上面 6 个组合中涉及的词类正是名、动、形三大类实词。这说明目前采用的词类体系对于句法组合的制约能力有限,对计算机来说,可能造成较严重的歧义问题,因此,面向计算机句法分析的需要,词类的划分还应加细。这 6 个组合中恰恰包含了汉语中比较经典的句法结构歧义组合"v n ude1 n"(实例"咬死猎人的狗")。其熵值也基本为 1。这意味着,如果让计算机来猜测这个组合该分析为 vp,还是 np,则命中率就如同扔硬币猜正反面一样,只有 50%。

需要说明的是,本文采用计算熵值的方式来评估一个同型组合的歧义程序,只是初步的探索,还不够成熟。一是如上文已经指出的,受语料规模的限制,用低频现象去估计随机事件的概率值,是不可靠的。另一方面,对同型组合的分析深度也是影响熵值的重要因素。比如"v a n"这个同型词类组合,其实例数为743,根节点有vp、np 两种,由此计算得到的"v a n"的熵值为0.15。但如果考虑"v a n"形成的vp和np各自内部都有不同的结构情况,再来计算熵值,结果就可能显著提高。下面两个表对比了不同分析深度下,对同一个同型词类组合的熵值计算的差异。

表22 只考虑根节点差异计算同型词类组合的熵值

| 根 | 词类组合 | 频次 | 合计 | 熵 |
|---|---|---|---|---|
| vp | v a n | 727 | 743 | 0.15 |
| np | v a n | 16 | | |

表23 考虑词类组合的内部结构差异后计算的熵值

| 根 | 词类组合 | 内部结构 | 频次 | 合计 | 熵 |
|---|---|---|---|---|---|
| vp | v a n | vp（！vp（！v（））np（ap（！a（））！np（！n（）））） | 608 | 743 | 0.80 |
| | | vp（！vp（！v（）a（））np（！n（））） | 119 | | |
| np | v a n | np(vp（！v（））！np（ap（！a（））！np（！n（）））） | 12 | | |
| | | np（！vp（！v（）a（））！np（！n（））） | 4 | | |

此外,值得指出的是,按照上述考察方式得出的歧义程度高的组合,也并不一定意味着歧义消解就更困难。以表18中介绍的"a m q"的4种结构为例。一方面,这一同型词类组合的熵值虽然达到1.25,但该组合形成的4类短语有比较清楚的区分条件,因而排除歧义并不困难。下面是"a m q"的4种结构。

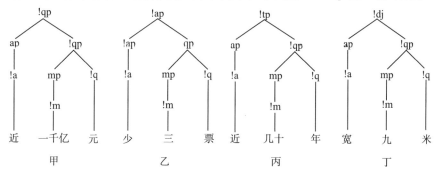

图4 "a m q"的句法结构树图

"a m q"的上述4种分析方式中,甲和丙可分为一组来对比,共性为其中的"a"都由"近"来充当,如果要细分,则甲中的"近"是"接近",丙中的"近"是"最近"。此外,甲中的量词 q 为度量衡单位量词"元、吨"等,丙中的量词 q 只能是时间量词"年、天"等。乙中的 a 只能由"多、少"来充当,丁中的 a 只能由"长、宽、高、重"等少数词语充当。显然,"a m q"同型组合中的 a 和 q 都有一定的限制,而且范围很窄,其结构分析的难度并不大。

## 5 结语

本文尝试基于树库语料获取现代汉语句法结构知识。具体内容分三个层面展开。

第一个层面是对特定的句法结构进行考察。本文选取了两个对象,一个是 np,考察了 np 在主、宾、定、中等不同句法位置的宽度(词长)以及内部结构的差异。所得统计结果印证了以往语法研究的定性分析。另一个考察对象是"把"字结构,考察了"把"字结构中 vp 的内部构成情况,以及"把"字结构在句中的分布环境。有两点发现值得注意:一是"把"字结构中的 vp 以带宾语的情况为最大多数;二是"把"字结构用得最多的并不是直接做谓语,而是跟其他谓词性成分组合成更复杂的谓词性结构。

第二个层面是对一类句法结构现象进行考察。本文考察的对象是非中心扩展结构和非同类并列结构。通过分析语料中这两类结构的实例,我们认为,这两类结构是语言中实际存在的,是言语交际中人们出于经济高效的需要,省略成分或通过借用成分制造出的结构,语法理论设计中关于中心扩展条件和并列结构条件的假设适用于大多数常规情况,但并不能否认实际语言中非常规结构的存在。同时因为这类结构规则加入常规结构规则集合中,由此形成的句法结构系统用于计算机分析时,就可能带来更多的潜在歧义。

第三个层面是对句法结构中的潜在歧义情况做宏观的定量考察。我们尝试从同型短语组合和同型词类组合可能形成的短语类个数、同型组合的频次、同型组合的熵值等不同角度来衡量一个组合的歧义程度的大小。目前的探讨虽对语法研究,特别是计算机自动句法结构分析有一定参考价值,但还是比较初步的，对于句法结构的系统性歧义的考察，还有待在树库语料规模扩大，标注信息更为丰富的基础上，作出更加可靠的分析。

树库资源以往通常是用于数据驱动的计算机自动句法分析（DOP）的模型参数训练，从树库中自动抽取可计算的形式化语法模型（如 LFG、HPSG 语法等）。本文则面向语法本体研究，探讨从树库中获取不同层次的语法知识。一个树库中蕴含的语法知识一部分来自它的标注体系，还有一部分来自基于该标注体系对语言实际材料的标注结果。通过后者获取的知识，还可以反过来评价前者的设计是否合理，比如如果一个标注体系在标注实际语料后得到的歧义结构的平均熵值较高，就有可能需要回过头去审视最初的标注体系中各功能标记的设置是否合理。对此，本文还只是做了一些初步的探索，我们希望得到读者的宝贵意见和建议。

本文的研究工作得到霍英东基金项目"大规模中文树库构建及其在对外汉语教学中的应用"（项目号：111098）和国家社科基金项目"语言知识资源的可视化技术研究"（项目号：12BYY061）资助。

## 注　释

① 如 Mitchell P. Marcus, Beatrice Santorini & Mary Ann Marcinkiewicz. 2000. Building a large annotated corpus of English：the Penn Treebank（*Computational Linguistics* Vol. 19, No. 2, 1993, pp. 313—330）; Anne Abeillé, ed. 2003. Treebanks：Building and Using Parsed Corpora, Kluwer Academic Publishers（*Text, Speech and Language Technology* Volume 20）; Nianwen Xue & Fei Xia, 2000, The Bracketing Guidelines for the Penn Chinese Treebank (3.0),（http://www.cis.upenn.edu/~chinese/parseguide.3rd.ch.pdf）; 周强《汉语句法树库标注体系》(《中文信息学报》2004 年第 4 期, 1—8 页); Chu-Ren Huang, Feng-Yi Chen, Keh-Jiann Chen, Zhao-ming Gao & Kuang-Yu Chen. 2000. Sinica Treebank：Design Criteria, Annotation Guidelines, and On-line Interface（In *Proceedings of the Second Chinese Language Processing Workshop*, HongKong, pp. 29—37）。

② 具体的短语类标记和词类标记可访问 http://ccl.pku.edu.cn/doubtfire/Projects/Treebank_Tags.pdf 查询。

③ 我们也统计了美国宾州中文树库 5.0 版语料的情况（见 Nianwen Xue & Fei Xia. 2000.

The Bracketing Guidelines for the Penn Chinese Treebank(3.0);Nianwen Xue, Fei Xia. 2005. Fu-Dong Chiou and Marta Palmer, The Penn Chinese Treebank: Phrase structure annotation of a large corpus, in *Natural Language Processing* II(2), Cambridge University Press, pp. 207—238. 树库的规模是43385个词型(type),508385个词例(token)。规则种数(type)为5220条,例数(token)为537504条。其中前116条规则(占2.22%)覆盖90%的语料。前1379条规则(占26.42%)覆盖99%的语料,剩下的3841条规则(占73.58%)覆盖剩下1%的语料。宾州树库的句法结构标注中很多是多分支树结构,因此规则数目比较多。不过,尽管规则体系差别较大,但按规则百分比来看规则对语料的覆盖率,两个树库语料统计反映的情况是大致相当的。

④ 比如"看你把闺女吓得那个样子","那个样子"是 np,但出现在了补语位置上,违反了一般的句法结构规则要求。再如"他在他父亲的公司里一直呆到他父亲去世"。"他父亲去世"是一个小句(dj),这里做"呆到"的宾语,实际上是转指一个时间,起到了相当于 tp(时间词性短语)的作用。下文还有一些出现频次为1的短语结构例子。这些例子相对于高频的结构规则来说,某种程度上可以看作是"特例"。尽管母语者对这些组合例子一般来说是"习以为常"的,但从系统的角度来讲,它们属于应该特殊对待的研究和教学对象。

⑤ 参见范继淹《无定 NP 主语句》(《中国语文》1985 年第 5 期),魏红、储泽祥《"有定居后"与现实性的无定 NP 主语句》(《世界汉语教学》2007 年第 3 期)。

⑥ 参见 Randy J. LaPolla. 1995. Pragmatic relations and word order in Chinese, in Pamela Downing, Michael Noonam,(eds.), *Word Order in Discourse*, John Benjamins Publishing Company.

⑦ 见沈家煊《汉语里的名词和动词》(《汉藏语学报》2007 年第 1 期),30 页;Lyons, J. 1968. *An Introduction to Theoretical Linguistics*(Cambridge: Cambridge University Press).

⑧ 本文只考虑了2到8个词形成短语结构的情况。

⑨ 这种统计同时也可以作为检查语料标注一致性的一种手段。限于篇幅,本文对此不展开讨论。需要说明的是,下文给出的统计数据中因此也可能存在一定偏差,即有的同型规则有可能是标注错误造成的不一致问题,而非真正的同型歧义组合。

⑩ 这里的右部同型规则只计算了两分支以上的规则,没有计算单分支规则(形如 np → ! n 这样的规则)。如果把单分支规则算在内,则同型短语组合数为 327(占比 16.94%),同型短语组合规则数为 741(占比 38.39%)。以规则实例(token)计,共 819440 个组合涉及同型组合歧义(占比 62.15%)。我们按照同样方式统计了宾州大学中文树库的同型短语组合歧义情况,宾州树库短语规则(type)数为 5220 条。其中

两分支以上的同型短语 316 个(占比 6.05%),同型短语组合规则数为 724(占比 13.87%)。以规则实例(token)计,共 253774 个组合涉及同型组合歧义(占比 47.21%)。从 type 数来看,宾州中文树库的同型歧义情况要显著低于北大中文树库。从 token 数来看,同型歧义组合的比例则高于北大中文树库。这大体反映了一方面宾州中文树库标注具有更好的内部一致性,另一方面宾州树库的短语标记的区分度要更大一些(宾州树库的短语标记共 25 个,北大中文树库是 17 个)。从这样的对比来看,北大中文树库的短语标记体系还有进一步细分的必要,可以通过短语类的细分来降低同型短语组合规则的比例。此外,语料标注的内部一致性也还需要提高。

⑪ 通过求全部同型歧义组合的平均熵值,可以在一定程度上评价整个树库标注体系的不确定性程度。北大树库跟宾州树库的同型短语歧义组合的平均熵值都约为 0.57。但考虑到北大树库抽取的规则总数是 1930 条,而宾州树库规则总数为 5220 条,据此估计,宾州树库标注体系的确定性程度更高,这在一定程度上反映了宾州树库标注内部一致性(尤其是低频规则的内部一致性)可能优于北大树库。

# 意象图式与多义体系的范畴化
## ——现代汉语动词"赶"的多义研究

朱 彦

## 1 引言

认知语义学的中心原则之一,就是概念结构源于体验(embodiment),即体验的本质决定、限制了所呈现的概念的范围和本质,而意象图式则是处于体验认知中心的一个理念,[①]它直接产生于我们与周围世界的互动及我们对周围世界的观察,是我们的感知互动和运动过程的不断重现的、动态的格式,给予我们的经验以一致性和结构。[②]

意象图式是一种特殊的概念:它们比 CAT,TABLE 之类具体(specific)概念抽象,由于它们与感知经验直接相似,它们自有意义,有内在的结构,且可以相互转化。[③]因而,意象图式能促成具体概念的产生,具体概念由语言形式编码之后,即成为语义。很多语言表达式的意义都源于特定的意象图式,而意象图式之间的自然转换可以产生多义现象,对此,Brugman、Lindner、Johnson、Lakoff、Dewell、Gibbs、Watters、Ekberg、Cienki、Smith 等均有精彩研究,此不赘述。[④]在人类认知心理发展的历程中,意象图式比其他类型的概念产生得更早,因而是最基本的一种前概念(preconcept)[⑤],不仅是具体概念的基础,更是语义的基础。

由此,我们设想,词义研究若能从意象图式入手,或许更便于把握错综复杂的词义体系中本质性的东西,词义分析也更为有章可循。因为词义的范畴化,本质上应是词义底层的概念结构范畴化的结果,而意象图式正是这样一种概念结构。本文拟以现代汉语动词"赶"为例,探讨意象图式对词义范畴化的重要意义。本文例句除少数自拟外,均来自北京大学中国语言学研究中心(CCL)现代汉语语料库。如无必要,例句不再详注出处。

一个多义体系和意象图式之间的关系大致可分为三种:(1)单个意象图式驱动了整个多义体系,如 Cienki 文中的坚直(STRAIGHT)图式对英语词 straight 等诸多意义的驱动作用;(2)不同意象图式驱动了多义体系中的不同意义,意象图式与单个词义几乎形成一一对应的关系,如英语介词 over⑥、汉语动词"穿"⑦的多义均属此类;(3)若干意象图式驱动了多义体系中的不同义系,意象图式与单个词义之间是一对多的关系。

之前的文献对(1)(2)两种对应已有较多研究,对(3)的关注相对较少,而本文"赶"的多义恰属于第三种情况。驱动"赶"多义体系的意象图式有四个:吸引图式、吸引-路径图式、强迫图式、强迫-容器图式。相应地,"赶"的多义体系分为追义、急行义、驱使义、驱逐义四个义系。下面将展开详细分析。

## 2 追义

"赶"的一个重要义位是追义,记为 $S_1$。追义是一种空间运动义,涉及两个实体 X 和 Y,X 是追的施事,Y 是追的目标客体,X 跟在 Y 后尽可能快地前行,以期与 Y 相遇。例如(下划直线部分是 X,波浪线部分是 Y,下同):

(1)a. 她想走得快一点好赶上丈夫。

　　b. 把这点东西吃了,我就去追赶队伍。

在概念层支持着追义的是动力图式(FORCE schema)⑧之下的一个意象图式,即吸引图式(ATTRACTION):是 Y 的某些方面、或与 Y 相关的某些原因吸引了 X,或说导致了 X 追 Y 的行为。如图1所示:

图1　吸引图式

$S_1$ 表述的是物理空间域中的运动关系,当 $S_1$ 的图式结构与相关知识(如 X

必须比 Y 快,否则 X 不但追不上 Y,还会离 Y 越来越远)被投射到抽象域,如地区、国家等的发展水平、某些量化的指标等,"赶"便获得一种隐喻义,即 X 有意识地在水平、发展程度等方面与 Y 齐平。这个意义可记为 $S_{V11}$,即追义系中除 $S_1$ 之外的第一个变体。例如:

(2) a. <u>中国航空事业要赶超世界先进水平</u>!
　　b. <u>我们不是高喊过要超英赶美</u>吗?

语料中一些习语(idiom)如"赶时髦""赶潮流""赶浪头"中的"赶"也是 $S_{V11}$ 义,其中的"时髦""潮流""浪头"也指某种发展趋势或发展水平。

当空间域中实体 X 与 Y 的关系被投射到时间域,抽象的时间、事件被隐喻为实体 Y 时,图式 1 关联的是实体 X 与时间或事件 Y 在时间轴上的关系,"赶"呈现出另一隐喻义 $S_{V12}$,即 X 有意抢在某时段(点)或某事件之时或之前(做某事)。这是追义系的第二个变体。例如:

(3) a. 有人喜欢办节搞庆、贴金搽粉,就有人喜欢"赶"节"赴"庆,久而久之,便出现了一批赶庆的专业户。
　　b. 未赶上办理邮发手续的<u>《作家文摘》</u>究竟能赢得多少读者?

当 $S_{V11}$ 中的 X 并没有在水平或程度上有意识地追赶 Y,而只是在某种水平或程度上不自觉地与 Y 齐平时,也可以称为"X 赶 Y",这是一种假想的追赶,记为 $S_{V13}$,例如:

(4) a. 哪有点机器人的样子,快赶上我们胡同那些脏妞儿了。
　　b. 读物的纸张和印刷装帧,似乎有的还赶不上商务印书馆那套童话。

很显然,$S_{V13}$ 与 $S_{V11}$ 有着直接的链接(link)关系,链接的类型是同位类推。$S_{V11}$ 是 X 有意地与 Y 齐平,而 $S_{V13}$ 是 X 无意中与 Y 齐平,两者可以视为是上位义"X 与 Y 齐平"下的两个下位义,两者之间是同位关系。当一个意义被命名为 n 时,其同位义也可以推而广之命名为 n。这种同位类推现象在语言中并不鲜见,例如男子和女子经过合法手续结合成为夫妻被命名为"婚",于是男子和女子未经合法手续而结合成为夫妻也类推而称为"婚"(网婚);用水去污称为

"洗",因而不经水而去污也称为"洗"(干洗);利用热能使物体性状发生变化称为"烫",推而广之,不利用热能而使物体性状发生变化也称为"烫"(冷烫);加热而翻动称为"炒",则不加热而翻动也称为"炒"(炒冰),等等。

当 $S_{V12}$ 中的 X 不是有意地抢在 Y 之时或 Y 之前,而是无意中不经意到达了 Y 之时,或者说 X 不经意碰上了某个特定时点、时段或事件 Y 的发生,那么这是"赶"的另一意义,记为 $S_{V14}$。例如:

(5)a. 可是你不觉得,今天这日子口,赶得太不巧了吗?
　　b. 有一次正赶上她爸爸画墨竹,她看了一眼画讥讽道:……

显然,$S_{V12}$ 与 $S_{V14}$ 可以视为抽象的相遇情境下的两个小类:有意相遇和无意相遇。动作主体 X"有意"和"无意"的差别决定了抽象相遇事件是"赶"的目标还是结果。既然 $S_{V12}$ 与 $S_{V14}$ 都是相遇情境下的两个小类,则两者间的关系就是同位关系,从 $S_{V12}$ 到 $S_{V14}$,就是同位类推。

以上诸义,无论 Y 是具体实体还是抽象的时间或事件,无论 X 是有意到达 Y 处或无意中与 Y 齐平,X 都在空间域或时间域上趋向 Y 移动,它们都关联着一个吸引图式。当然,意义延伸到 $S_{V13}$ 和 $S_{V14}$ 时,Y 对 X 的"吸引"作用已经很弱了,这两个意义可以认为处于追义系的边缘。

## 3　急行义

### 3.1　急行

当图式 1 中的实体 X 不是以具体的人而是以某处所作为趋向运动的目标时,"赶"呈现出急行义,即实体 X 尽可能快地前行,以尽早到达目的地 D(destination),这是 $S_2$。理论上,$S_1$ 追义和 $S_2$ 急行义都包含路径成分 P(path),因为两者都是空间位移运动,但由于 $S_2$ 中"赶"的目标是空间处所,路径成分在 $S_2$ 中就更凸显一些,证据就是在语料样本中,路径成分 P 在 $S_1$ 的语境中没有现实化为语言表层成分的实例,而在 $S_2$ 的语境中却现实化为习语成分,构成"赶(夜)路"之类的习语,并被隐喻为时间流程构成"赶点""赶时间"之类的习语性表达(详后)。所以,我们认为,$S_2$ 所关联的意象图式,应是吸引图式与路径

图式(PATH)整合而形成的一个复合图式,表述特定路径上的一种空间运动关系。如图2所示:

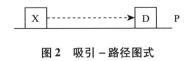

**图2 吸引-路径图式**

$S_1$是趋向某人快速前进,$S_2$是趋向某地快速前进,可见,$S_2$与$S_1$是一个更概括的上位义"趋向某物快速前进"的两个下位义,它们之间的关系应是同位类推。

$S_2$中,X急赴某地往往是为了某目标事件 E(event)。E在语料中时有出现,例如(下划虚线部分是E,下同):

(6)a. 斯卡雷特<u>赶</u>回塔罗庄园<u>参加她父亲的葬礼</u>。
　　b. 我出了厂连忙往家里<u>赶</u>,想不到你已经来了。

(6a)中出现了"赶"的目标事件,即"参加她父亲的葬礼"。(6b)中目标事件没有在索引句中出现,但"赶"的语义中是隐含了这个信息的,母语者都能感觉到,"出了厂连忙往家里赶"一定是为了某个事件。"赶"的 $S_2$ 义与特定事件的密切关联,在"赶"构成的一些规约性结构中,表现得尤为明显,可以认为,"在特定时间内尽可能快地前往某地做某事"就是这些规约性结构的整体义。相关结构包括以下几类:(1)赶+D,如"赶场子/园子"(赶赴不同的场子/园子表演)、"赶集/市/集市/早市/墟场"(赶赴集市/早市/墟场买卖东西)、"赶海"(赶赴海边捡拾东西);(2)赶+E,如"赶考"(赶赴某地考试)、"赶过渡"(赶赴渡口过渡)、"赶生意"(赶赴某地做生意)①;(3)赶+Y',Y'是事件E中的某个实体,如"赶火车/汽车/飞机"(赶赴某地搭乘火车/汽车/飞机)、"赶早饭"(赶赴某地吃早饭["赶早饭"有另一种解读,即"赶做早饭",这是"赶"的 $S_{V21}$ 义(详下)]);(4)赶+A,A 是 E中某种相关的性状,如"赶热闹/闹热"(赶赴某地瞧热闹或凑热闹)。以上规约性结构中,无论 E在语言表层有没有得到现实化,整个结构都含有"去做某事"的意义,可见"赶"的 $S_2$ 义与特定事件的密切关联。

当路程较长,从而使得前往目的地 D 的途中要花费更多的辛苦时,图式2

中路径 P 的关注度会上升,P 从而得以进入语言表层,形成"赶 + P"的规约性结构(如"赶[夜]路")或宾语带修饰语的短语(如"赶了很远的路")。"赶"的 $S_2$ 义还可以和时间词语构成另一种规约性结构"赶 + T",如"赶时间""赶点"。"赶 + T"是由"赶 + P"经隐喻得到的,因为度过时间可以隐喻为走过路程。[10]如果说"赶 + P"表示"在路径 P 上急行,以及时到达某地",则"赶 + T"表示"在时间段 T 内(或时间点 T 前)急行,以及时到达某地"。例如:

(7)a. 我们离火车站还远着呢,得**赶时间**。(自拟)

b. 我们住地离公司很远,天天上班都得**赶着点**。(自拟)

"赶 + T"还可以表达一般事件,例如:

(8)a. 每天就是**赶时间**赚钱养活自己和抽工夫睡觉,觉永远不够睡的。

b. 晨昏,日夜,似乎有许多事来不及做,非**赶着点**不可。

(8)中"赶时间""赶着点"的意思是"加紧做,以在时间段 T 内(或时间点 T 前)及时达成某事"。"赶 + T"结构的意义从(7)的空间域扩展到(8)的一般事件域,原因还在于隐喻,因为事件或行为常常是借助于空间运动来理解的,"变化是运动,使因是动力,有目的的行为是去往目的地的自我推动的运动"等,都是普遍存在的事件结构隐喻。[11]特定隐喻与图式 2 的结合不仅促成了"赶 + T"结构的产生,也驱动了"赶 + T"结构语义的进一步扩展。

### 3.2 "尽可能快地从事"义

前面提到,"赶"的 $S_2$ 义中隐含有目标事件,这个目标事件除了以 VP 的形式出现在(6a)中的连谓结构"赶 + $V_{趋向}$ + D + VP"以及构成上述"赶 + D"等规约性结构的整体义以外,还以 VP 的形式出现在连谓结构"赶着 + VP"中。假如 VP 是趋向动词,如"(过/上)来""(过/上)去""回(来/去)"等,"赶"仍是急行义,"赶着 + VP",表示"尽可能快地趋向某方向运动",例如:

(9)a. 我怕表姐记挂,**赶着回来**。

b. 听说谢晋全家昨天回来了,今天便**赶着来**拜年。

当"赶着"的搭配范围扩大,进一步与非趋向动词性成分构成"赶着 + VP"

结构时,"赶着 + VP"产生了两种解读:如果"赶"的施事在施行 VP 时确实发生了空间位移(如"我得赶着告诉他"),则"赶着 + VP"指急行到某处从事 VP,"赶"仍是急行义;而假如"赶"的施事在施行 VP 时没有发生空间位移,则"赶着 VP"指尽可能快地从事 VP,"赶"的运动义在这样的语境中发生弱化乃至消失,仅保留了最抽象的动作义"做、从事",因而这个"赶"不再是急行义,而是"以尽可能快的速度从事",记为 $S_{V21}$。例如:

(10) a. 连夜**赶着**在六月底出售两千件纱。

b. 沈太太**赶着**服侍丈夫,心无旁骛。

$S_{V21}$ 与 $S_2$ 之间也存在隐喻关系。既然在事件结构隐喻中行为可以隐喻为运动,[12]则快速从事某事就是快速运动,$S_{V21}$ 的产生源于图式 2 与"行为即运动"隐喻的结合。

包含目标事件的还有一类"赶 + VP"结构,这种结构不带"着",且 VP 中的动词是单音节的,例如"赶印《红旗日报》""**赶织**嫁衣""**赶制**担架""**赶做**冬衣""**赶写**稿子""**赶排**节目"。"赶 + VP"中的"赶"也都是 $S_{V21}$ 义。

"赶"$S_{V21}$ 义还可以组成"赶 + N"结构,例如"连夜**赶**活儿""建设工程**赶工**急""日夜**赶货**""**赶任务**"等。由于"赶"的 $S_{V21}$ 义已非常接近于一个轻动词义,所以这些"赶 + N"结构都可以认为隐含有一个动作 V,V 来自 N 的物性结构(Qualia Structure)中的施成角色或功用角色,[13]带上了 V 后"赶 + N"才能得到完整的语义解读,例如"赶活儿"是"赶做活儿","赶工"是"赶着建设工程","赶货"是"赶着<u>生产</u>货物","赶任务"是"赶着<u>实施</u>任务",其他的如"赶课程"是"赶着<u>教授</u>课程","赶作业"是"赶着<u>写</u>作业","赶稿子"是"赶着<u>写</u>稿子"等等。其中,(V +) N 仍是"赶"的目标事件。

### 3.3 "尽可能快地"义

"赶"还可以出现在形容词的典型句法位置上,即可以被副词性词语修饰,独立充当谓语等,这时的"赶"呈现出性状义"尽可能快地",例如:

(11) 你太**赶**了,慢点儿。(自拟)

"赶"的这一性状义记为 $S_{V22}$,单用的例子主要见于口语,在书面语中,$S_{V22}$ 义主要用作构词语素,与另一性状义语素结合构成联合式副词,如"赶紧""赶快""赶忙"等。

$S_{V22}$ 与 $S_{V21}$ 有链接关系,如果说 $S_{V21}$ 是一个事件,则 $S_{V22}$ 只是这一事件的进行方式"尽可能快地",或者说,是事件的某种性质(property)。从事件到事件性质,是一种转喻的关系。所以 $S_{V22}$ 与 $S_{V21}$ 的链接类型是转喻。

### 3.4 其他意义

"赶"还可以用于"赶到 + VP$_{时间}$"结构,例如:

(12) a. **赶到**他们来到,她就按着东方的习俗招待他们,拿出所有的钱给他们花。

b. **赶到**为期十天的"讲习班"结束,革命十弟兄又扩大为三十六弟兄。

这里的 VP 不是真的表述事件,而是转喻事件发生的时间,即"VP 的时候",所以"赶到 VP$_{时间}$"语义上是"赶到 T$_{将来}$",而"赶到 T$_{将来}$"又是从"赶到 D"("赶"是 $S_2$ 义)隐喻而来,到达将来时间上的某一点即是到达路程当中前方的某一点。⑭这里的"赶到"体现出连词性,是由动词性的"赶到"虚化而来的,义为"到将来的某个时间"。但其中的"赶"还是 $S_2$ 义,因为复合结构整体的意义变化并不必然导致其组成部分的意义变化。但在下面的"赶 + VP$_{时间}$"结构中,"赶"呈现出新义。例如:

(13) **赶**他转过身,王柬芝的大白手里已握着手枪,枪身的青黑的电光在闪烁。

这里,"赶"义即为"到将来的某个时间",记为 $S_{V23}$。$S_{V23}$ 的产生有两种可能的途径,一是"赶到 + VP"中的"到"省略后,"赶"独自担当了连词"赶到"的意义和功能。另一种途径是,"赶 + VP$_{时间}$"可能是直接组合而成。语料中有"赶 + T$_{将来}$"结构,如"赶以后""赶明儿",其中的"赶"即是 $S_{V23}$ 义"到将来的某个时间"。与时间有关的概念常由空间概念隐喻而来,⑮因而"赶 + T$_{将来}$"应来自"赶 + D",⑯"赶"的趋向前方某处义 $S_2$ 经由隐喻而产生到将来某时义 $S_{V23}$,再从"赶 + T$_{将来}$"经转喻而得到"赶 + VP$_{时间}$"。无论是哪一种产生途径,$S_{V23}$ 都与图式 2 跟时间隐喻的结合有着直接关联(在第一种途径中,这种关联是"赶"

代替连词"赶到"后自然地继承过来的)。

"赶"还有一个介词义,例如:

(14)听说海上专有人赶臭地方走的,大概就是你了。

这个"赶"义为"朝着某个方向(做某事)",记为 $S_{V24}$。$S_{V24}$ 与 $S_2$ 有着共同的概念基础,即图式 2 的吸引 – 路径图式。所不同者,$S_2$ 是动词义,表达了一个完整的运动事件,$S_{V24}$ 是介词义,图式 2 中的元素及其空间关系在句法上没有实现为事件,而只是事件发生的方向,是事件的组成部分。所以,从 $S_2$ 到 $S_{V24}$ 是整体到部分的转喻。

## 4　"驱使"义、"驱逐"义

"赶"还有一个意义是驱使义,即"实体 X 驱使实体 Y 向某个方向运动",记为 $S_3$。支持 $S_3$ 的意象图式是一个强迫图式(COMPULSION),如图式 3 所示(实线箭头表示动力,虚线箭头表示 Y 所趋往的运动方向,下同):

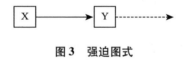

图 3　强迫图式

在 $S_3$ 中,X 驱使 Y 的同时要随着 Y 一同运动至少一段路程,并且 X 的驱使行为没有特定的结果,例如:

(15)a. <u>秀秀爹一边赶着马</u>,一边扭过脸儿问。
　　 b. 就在这时<u>一个老头从西胡同里赶出一辆马车</u>,正和红牡丹的马撞在一起。
　　 c. <u>他们少则几头多则十几头,甚至将成群的牛羊赶上卡车</u>,大肆盗窃牲畜。

(15)中,X 都随同 Y 一起运动,而驱使行为的结果各有不同,(15a)中 X 驱使的结果是实体 Y 朝着某一方向运动,(15b)中驱使的结果是受事 Y 出了某个空间范围之外,(15c)驱使的结果则是 Y 进到某个空间范围之内。

$S_3$ 与 $S_1$ 有着密切的关联:如果说"X 追赶 Y"的"赶"是"X 追 Y,致使 X 在

Y 后运动"的话,则"X 驱赶 Y"的"赶"则是"X 驱使 Y,致使 X 在 Y 后运动"。总之,X 都在 Y 后运动,只是运动发生的使因不同。从这个角度看,$S_3$ 与 $S_1$ 可以视为是同一个上位义"X 对 Y 做出某种行为,致使 X 在 Y 后运动"的两个下位义,$S_3$ 与 $S_1$ 之间的链接类型是同位类推。X 随同 Y 运动是 $S_3$ 与 $S_1$ 关联的纽带。

假如 X 驱使 Y 的结果(或目的)是 Y 长期性地甚至永久性地出了某个空间范围之外,不再是其中一员,不再享有某些权利,则"赶"就呈现出驱逐义,这是 $S_4$。例如(双下划线表示 X 所处的范围):

(16) a. 如果说,袭人以前说过晴雯的任何一句坏话,那么晴雯早就被<u>赶</u>出<u>大观园</u>了。

b. 格兰特船长证实了他的供词,那个坏蛋确是在大洋洲岸被<u>赶</u>下<u>船</u>的。

$S_4$ 的概念基础是强迫图式和容器图式(CONTAINER)整合而成的一个复合图式,如图 4 所示。因为一个相对有界的空间范围 C 往往是借用容器图式来隐喻理解的。[17]

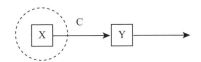

图 4　强迫 – 容器图式

$S_4$ 和 $S_3$ 可以视为同位义,其共同的上位义是更抽象的"X 促使 Y 发生运动",$S_4$ 和 $S_3$ 在 Y 的运动方向和运动结果两个维度上有区别:Y 在 $S_3$ 中有特定的运动方向,在 $S_4$ 中没有;Y 在 $S_4$ 中有特定的运动结果,在 $S_3$ 中没有。由此,$S_4$ 与 $S_3$ 的链接类型仍是同位类推。

## 5　意象图式与词义的范畴化

综上,可整理出"赶"的多义体系,如图 5 所示(虚线框表示基于同一意象图式的义系):

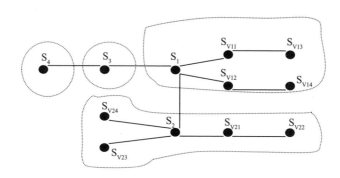

**图5　"赶"的多义体系**

如上图所示,"赶"的多义体系是一个辐射结构(radial structure),其中的各意义是以家族相似关系连在一起的,它们分别由四种不同的意象图式所驱动,形成四个义系。当然,$S_3$和$S_4$所在的义系比较特殊,仅由一个单独意义构成。

认知语义学把词的多义体系视为一个范畴,多义体系的形成过程本质上就是范畴化的过程,即新意义不断被纳入已有范畴。但范畴化的依据是什么?我们认为,就那些基本义与空间运动(如"赶""穿")、空间关系(如"上""下")或身体体验(如"背""吃")密切相关的词而言,在词义范畴化的过程中,意象图式起着关键的作用,体现在以下两方面:

(1)如果某概念情境中元素之间的基本关系与某个词项范畴所对应的意象图式中元素的基本关系相契合,则这种契合关系可以促成该概念词汇化到该词项。例如,"赶"的$S_{V11}$、$S_{V12}$、$S_{V13}$、$S_{V14}$义都包含两个元素在某个域(涉及发展水平等的抽象域、时间域)中的接近与齐平,这与$S_1$所对应的吸引图式中两个实体在空间域中的接近与齐平关系是相契合的,因而$S_{V11}$、$S_{V12}$、$S_{V13}$、$S_{V14}$都可以范畴化到$S_1$所属的词汇范畴中去。又比如$S_{V21}$关涉的是实体在事件过程中的推进,$S_{V23}$关涉的是实体在时间流程上的行进,$S_{V24}$关涉的是实体在空间中的运动方向,这三个意义的概念结构与$S_2$所对应的吸引-路径图式中实体在空间路径中的行进是相契合的,因而$S_{V21}$、$S_{V23}$、$S_{V24}$都可以被范畴化到$S_2$所属的词汇范畴中去。

(2)如果某概念所关联的意象图式与某个词项范畴中的意象图式有相似关系,则这种相似关系可以促成该概念词汇化到该词项。

本案例中,"赶"的语义牵涉到四个图式,但起到核心作用的只有两种,即吸引图式和强迫图式。两者同属动力图式范畴(参注⑧)。而比之同属动力图式的阻塞图式、反作用力图式、转向图式和使能够图式,吸引图式和强迫图式有着更为接近的体验基础,即都是单个实体施力于另一个实体,并使被作用的实体发生运动或产生某种运动趋势。吸引图式和强迫图式之间的高相似度促成本文图式 1 到图式 4 都范畴化到了同一个词汇项中去,从而,各图式所驱动的相关概念也都词汇化到了同一词项范畴。

所以,就"赶"这类表达基本空间运动或空间关系的词项而言,词义能发生范畴扩展,不同概念能范畴化到同一个词项当中,归根结底是这些概念与同一个意象图式相契合,或分别与若干有相似关系的意象图式相契合。这一点,应是基于意象图式的多义体系形成的动因。

词汇语义研究既有的一个共识是,多义体系是以家族相似关系范畴化的。但从以上分析还能看到,"赶"的四个图式之间的关系,也是家族相似的关系:图式 1 和图式 2 都是 X 趋向某一目标运动,只不过图式 2 多整合了一个路径图式;图式 1 和图式 3 都是 X 随同 Y 运动,只是促成 X 随同运动的使因不一样;图式 3 和图式 4 表达的动力关系完全一样,只不过图式 4 多整合了一个容器图式。总之,四个图式构成了一个比多义词的意义网络概括性更强、更为抽象的辐射结构。可见,意义的家族相似关系本质上应是概念结构的家族相似关系在语言层面的反映,是概念单位的范畴化在支持和驱动着意义的范畴化。本文中,这样的概念单位是意象图式。至于还有没有其他类型的类似意象图式一样可以驱动意义的概念单位,还有待将来的研究。⑱

# 6 结语

本文通过对汉语动词"赶"多义体系的详细分析,论述了意象图式对词义范畴化的重要意义,并指出词义的范畴化本质上是其语义底层概念单位范畴化的结果。

对于词汇语义分析,以前采取的都是符号操作范式(symbol manipulation paradigm),把语义离析为意义的列表,每一条意义再离析为若干特征。而

Brugman 和 Lakoff 主张,[19]对于像 over 那样牵涉到空间运动、空间关系的词,用意象图式这样的认知拓扑学(cognitive topology)来分析更有优势,其优势体现在:

(1)语义特征本质上是无意义的,语义特征作为一种符号,其能指和所指之间没有天然的(natural)联系。而意象图式本质上是有意义的,其图像结构与其所指之间有天然的象似关系。

(2)语义特征式没有内在的结构,语义特征之间的任何关系都必须由一套算法来具体化。而意象图式是有内部结构的,这种结构是前概念形成的,是一个完形结构。

对此,我们还想补充一点,即由于语义特征本质上是符号,所以语义特征分析除了特征的设立有任意性因而流于无限制以外,还难以达到普遍性。而意象图式是人类共有体验的抽象格式,是概念形成的基础,是具有普遍性的。[20]因而比之语义特征分析,从意象图式入手分析词义,更容易触及词义范畴的核心本质,更容易把握意义之间的自然联系(共享某种拓扑关系),用数量更少的意象图式对整个多义体系作出全局性的统摄,可收以简驭繁之效。

总而言之,语义特征模式本质上是一种命题模式。但思维有理性的、逻辑的一面,也有形象的、感性的一面,Lakoff 分析的日语分类词 hon 的使用以及 Dyirbal 语的分类词系统就展示了思维的很多想象的方面。[21]对于思维想象方面及其与词义的关系,我们向来关注较少,这方面尚有广阔的研究空间值得去开拓。

本文修改过程中得到北京大学陈建华、骆文平、郝晨等同学及《当代语言学》匿名审稿人的修改建议,谨此一并致谢。文中错谬概由本人负责。

原载于《当代语言学》2016 年第 1 期。

**注　释**

① Evans, V., and M. Green. 2006. *Cognitive Linguistics: An Introduction*, Edinburgh: Edinburgh University Press, p. 178.

② Johnson, M. 1987. *The Body in the Mind*: *The Bodily Basis of Meaning, Imagination, and Reason*, Chicago: University of Chicago Press, pxiv.

③ Evans, V. and M. Green. 2006. *Cognitive Linguistics*: *An Introduction*, pp177—185.

④ 参见 Brugman, C. 1988. *The Story of Over*: *Polysemy, Semantics, and the Structure of the Lexicon*. New York/London: Garland Publishing, Inc.

Lindner, S. 1981. A lexico-semantic analysis of verb-particle constructions with *up* and *out*. Ph. D. diss., University of California, San Diego;

Johnson, M. 1987. *The Body in the Mind*: *The Bodily Basis of Meaning, Imagination, and Reason*; Lakoff, G. 1987. *Women, Fire, and Dangerous Things*: *What Categories Reveal about the Mind*, Chicago: University of Chicago Press. pp. 416—36;

Dewell, R. B. 1994. *Over* again: Image-schema transformations in semantic analysis, *Cognitive Linguistics* 5, 4. pp. 351—380;

Dewell, R. B. 1995. Construal transformations: internal and external viewpoints in interpreting containment; in M. Verspoor, K. D. Lee, and E. Sweetser, eds., *Lexical and Syntactical Constructions and the Construction of Meaning*, Amsterdam: John Benjamins. pp. 17—32;

Gibbs, R. W., D. A. Beitel, M. Harrington, and P. E. Sanders. 1994. Taking a stand on the meanings of *stand*: bodily experience as motivation for polysemy, *Journal of Semantics* 11, 4:231—51;

Watters, J. K. 1995. Frames and the semantics of applicatives in Tepehua, in E. H. Casad, ed., *Cognitive linguistics in the Redwoods*: *The expansion of a new paradigm in linguistics*, Berlin: Mouton de Gruyter. pp. 971—996;

Ekberg, L. 1995. The mental manipulation of the vertical axis: how to go from 'up' to 'out' or from 'above' to 'behind'. in M. Verspoor, K. D. Lee, and E. Sweetser, eds., *Lexical and Syntactical Constructions and the Construction of Meaning*, Amsterdam: John Benjamins, pp. 69—88;

Ekberg, L. 2001. Transformations on the path-schema and a minimal lexicon, *Studia Linguistica* 55, 3:301—23;

Ekberg, L. 2004. Transformations on image schemas and cross-linguistic polysemy, *Tre Uppsatser om Semantisk Föröndring hos Relationella Lexem*, Nordlund, 24:25—46;

Cienki, A. 1998. STRAIGHT: An image schema and its metaphorical extensions, *CognitiveLinguistics* 9, 2:107—149;

Smith, M. B. 2002. The polysemy of German *es*: iconicity and the notion of conceptualdistance, *Cognitive Linguistics* 13,1:67—112.

⑤ 参见 Mandler, J. M. 1992. How to build a baby: II. Conceptual primitives, *Psychological Review* 99,4:587—604.

Mandler, J. M. 2005. How to build a baby: III. Image schemas and the transition to verbal thought, in Hampe, ed. , pp. 137—63.

⑥ 参见 Lakoff, G. 1987. *Women, Fire, and Dangerous Things: What Categories Reveal about the Mind*;

Brugman, C. 1988. *The Story of Over: Polysemy, Semantics, and the Structure of the Lexicon*;

Brugman, C. , and G. Lakoff. 1988. Cognitive topology and lexical networks, in S. L. Small, G. W. Cottrell, and M. K. Tanenhaus, eds. , *Lexical Ambiguity Resolution: Perspectives from Psycholinguistics, Neuropsychology, and Artificial Intelligence*. San Mateo, CA: Morgan Kaufmann. pp. 477—508;

Dewell, R. B. 1994. *Over* again: Image-schema transformations in semantic analysis.

⑦ 参见朱彦《基于意象图式的动词"穿"的多义体系》,《语言科学》2010 年第 3 期,287—300 页。

⑧ Johnson 列出了七种最常见的动力图式,有强迫(COMPULSION)、阻塞(BLOCKAGE)、反作用力(COUNTERFORCE)、转向(DIVERSION)、摒除约束(REMOVAL OF RESTRAINT)、使能够(ENABLEMENT)和吸引(ATTRACTION)图式(见 *The Body in the Mind: The Bodily Basis of Meaning, Imagination, and Reason*, pp. 42—48)。这些图式共享以下特点:在互动中被体验;有矢量、方向性;通常遵循一条运动路径;有动力源,施事将之导向目标;有强度;是理解致使链的一种方式。从而,这些意象图式构成了一个复杂的、更抽象的范畴(见 Cienki, A. , STRAIGHT: An image schema and its metaphorical extensions; Evans, V. , and M. Green, 2006. *Cognitive Linguistics: An Introduction*, Edinburgh: Edinburgh University Press, pp. 187—189)。

⑨ "生意"是一个事件名词,句法上常常出现在轻动词"做"的宾语位置上,但语义上与"考试""过渡"一样,都表示事件。

⑩ Lakoff, G. 1993. The contemporary theory of metaphor, in A. Ortony, ed. , *Metaphor and Thought*, Cambridge: Cambridge University Press, pp. 216—217.

⑪ Lakoff, G. 1993. The contemporary theory of metaphor, in A. Ortony, ed. , pp. 220—221.

⑫ 同前注。

⑬ Liu, M. , C. Huang, and C. Lee. 1999. Lexical information and beyond: Constructional inferences in semantic representation, in *Proceedings of the 13$^{th}$ Pacific Asia Conference on*

⑭ Lakoff, G. 1993. The contemporary theory of metaphor, in A. Ortony, ed., pp. 216—217.

⑮ 同上书,pp. 216—218.

⑯ "赶"在现代汉语中很难直接带处所宾语构成"赶+D"的自由短语,往往要以"到""往""赴"等词作为中介。近代汉语中倒是出现了"赶+D"的自由短语,但似乎也不多见,例如 CCL 古代汉语语料库中的例子:

(1) a. 一个当直唤做周吉,一担细软头面、金银钱物笼子,共三个人两匹马,到黄昏前后到这五里头,要**赶**门入去。(南宋《万秀娘仇报山亭儿》)

b. 至八月,玄德又**赶茅庐**谒诸葛,庵前下马,令人敲门。(元《三国志平话》)

CCL 语料显示,至迟在元话本中,已出现了"赶晚""赶将来"之类用例,我们设想,这样的"赶+T$_{将来}$"结构应该是从类似上文(1)中的"赶+D"结构经隐喻而产生。

⑰ 参见 Johnson, M. 1987. *The Body in the Mind*: *The Bodily Basis of Meaning*, *Imagination*, *and Reason*, pp. 30—37;

Lakoff, G. 1987. *Women*, *Fire*, *and Dangerous Things*: *What Categories Reveal about the Mind*. p. 272.

⑱ 或许规约意象(conventional image, 见 Lakoff, G. 1987. *Women*, *Fire*, *and Dangerous Things*: *What Categories Reveal about the Mind*, pp. 446—457)也是驱动概念词汇化的一个重要因素,篇幅所限,此不赘。

⑲ Brugman, C., and G. Lakoff. 1988. Cognitive topology and lexical networks. In S. L. Small, G. W. Cottrell, and M. K. Tanenhaus, eds., *Lexical Ambiguity Resolution*: *Perspectives from Psycholinguistics*, *Neuropsychology*, *and Artificial Intelligence*. San Mateo, CA: Morgan Kaufmann. pp. 477—508.

⑳ 参见 Talmy, L. 1975. Semantics and syntax of motion, in J. Kimball, ed., *Syntax and Semantics*, vol. 4, New York: Academic Press. pp. 181—238;

Talmy, L. 1983. How languages structure space, in H. Pick and L. Acredolo, eds., *Spatial Orientation*: *Theory*, *Research and Application*, New York: Plenum Press. pp. 225—82;

Talmy, L. 1988. Force dynamics in language and cognition, *Cognitive Science* 12, 1:49—100;

Dodge, E. and G. Lakoff. 2005. Image schemas: from linguistic analysis to neural grounding, in Hampe, ed., pp. 57—91.

㉑ Lakoff, G. 1987. *Women*, *Fire*, *and Dangerous Things*: *What Categories Reveal about the Mind*, pp. 91—109.

# 闽南方言连读变调新探

## 陈宝贤  李小凡

汉语方言连读变调研究可分为连调规则和连调域划分两个方面。连调域(sandhi domain)是连调规则实施的辖域。连调规则的研究是连调域研究的前提。

闽南方言是连调现象最为复杂的汉语方言之一，一直倍受学界关注。其中许多单点方言的连调规则已得到或详或略的描写分析。虽然这些对连调规则的描写分析都是在连调单位内进行的，但学界对闽南方言连调单位的分析和命名并不一致。本文将检视以往的分析模式，结合新发现的闽南方言语料，提出一个新的分析模式，以便更能反映闽南方言连调特点，并具有更广的适用面。

## 一  以往的分析模式

国内学者一般用"字组"表示连调单位，从字组出发描写连调规则。以往描述"两字组"连调时常常根据字组内两个字的相对位置，用"前字/后字"[①]或者"上字/下字"[②]等分别称述，描述"三字组"连调时则常根据各字从前往后的线性排列次序，用"第一字/第二字/第三字"等分别称述。[③]三字以上的字组也依此类推。随着字组字数的增多，这种称述方式会显得越来越烦琐。不过以往的学者们在描述闽南方言多字组连调时，通常并不采用这种方式，这与闽南方言连调特点有关。根据以往的描写，闽南方言多字组连调除末字外，其他字通常全都按同样的连调规则进行变调，因此不需要对前面各字作区分。末字之前的各字通常都统称为"前字""变调音节"等。也有的学者以两字组连调为基础来描述多字组连调,如林伦伦等对汕头话的描述:"汕头话的多字组连读变调的基本规律与两字组相同……其前面各字均要变调,变调调值与前述两字组变调相同。"④又如袁家骅对潮州话三个音节以上的变调规律的描述:"先以第一第二两音节为一个单位,再以第二第三两音节,第三第四两音节为一个单位,等等,然后第一个单位都按照上述两字连读变调规律处理。"⑤潮州话有的单字调根据后字的不同而发生变调分化,左边的字先变还是右边的字先变将影响连调,因此需要对变调方向加以说明,其两字连调规则是从左往右顺向实施的。总之,从字组出发求取、描述、分析闽南方言连调规则是以往最常用的方式。字组末字通常是不变调的,前字则都发生变调,且变调规则相同。

但是,只求出上述字组连调规则还不足以描述闽南方言语流中所有字的声调变化。在语流中,字组末字后还有一些发生声调变化的音节,其声调变化性质与字组前字变调有别,学者们通常称之为"轻声(neutral tone)"。有少数学者将此类声调变化称为"弱读式""弱读调""弱读声调变化",如葛德纯、杨秀芳对厦门话、台北话的描写。⑥这类称呼与"轻声"类似,都不把这类声调变化视为连读变调。另有少数学者如张盛裕、杨必胜等则将此视为连读变调。⑦是否把这类声调变化纳入连调单位之中,学者们的观点不同,因此造成了连调单位分析模式上的分歧。

一种观点是将此类声调变化视为"轻声",而连调单位(字组)内通常不包括"轻声字",如张振兴对漳平(永福)方言连读变调的讨论"限于不包含轻声字的两字组、三字组和四字组"。⑧排除了"轻声字"的字组,字组内各字连调的差别主要体现在字组末字和其他字的差别上,描写字组连调通常只需要用"前字""末字"之类的称呼就够了。国外生成音系学者如 Matthew Y. Chen、Zhang Hongming 等通常也把"轻声"(neutral tone)排除在连调单位(tone group)之外,⑨如张洪明将厦门话变调规则(Tone Sandhi Rule)描述为 T→T'/__T ]α,其中 α 表示连调域,T 表示单字调,T' 表示变调。至于"轻声(neutral tone)",则在功能词(Function Words)声调变化里另外研究。

另一种观点是将此类声调变化纳入连调单位之内。这其中既有把此类声调变化视为连调的,也有不视为连调的。张盛裕、杨必胜等分别把潮阳、海丰此类声调变化称为"后变调",并把读后变调的"后字""后变调字"纳入连调单位,[10]如(1)a、(1)b 所示。而葛德纯、李如龙则把厦门话此类声调变化分别称为"弱读式"和"轻声",又把弱读音节、轻声音节与前面的变调音节并列于同一个连调单位里,[11]如(2)a、(2)b 所示。林连通等也把永春、泉州方言"轻声"纳入连调域,采用与李如龙一致的分析模式。[12]

(1) a. 连调组：(前字＋)本调字(＋后字)[13]

例如：十一月 [ tsap$_{11}^{55}$ ik$^{11}$ gue?$_{11}^{55}$ ]

b. 声调段落：(前变调字＋)本调字(＋后变调字)

例如：企起来 [ k$^{h}$ia$_{22}^{24}$ k$^{h}$i$^{51}$ lai$_{21}^{55}$ ] (站起来)

(2) a. 意义单位：(先行音节＋)原调音节(＋轻调音节/弱读音节)

例如：伊常常来找我 [ i$_{22}^{44}$ sioŋ$_{22}^{24}$ sioŋ$^{24}$ lai$_{22}^{24}$ ts$^{h}$e$^{22}$ gua$_{21}^{53}$ ][14]

b. 声调单位：(变调音节＋)本调音节/不变音节(＋轻声音节)

例如：做木兮$_{木匠}$ [ tsue$_{53}^{21}$ bak$^{4}$ e$_{1}^{24}$ ]

(1)和(2)的连调单位都不称为"字组",而是采用了"连调组"等其他名称。连调单位内都有一个不变调的音节,称为"本调字"或"不变音节"(例子中的黑体字),这其实相当于通常所说的"字组"末字,但该字不一定处于连调单位末位,它后面还可能有其他字,且数目不定。这就突破了用字组来分析连调规则的框架,但尚未给这个字一个明确的定位和称呼。

## 二 以基字为核心的分析模式

### 2.1 基字

以往的分析模式中,"前字""末字"之类的称呼虽然在汉语方言连调研究中普遍使用,却不足以反映闽南方言的连调特点。而"本调字"之类的称呼虽然反映了闽南方言连调的实际,却只描述了该字的连调表现,并不反映该字在连调域中的地位。袁家骅着眼于该字在连调域中的地位,把它称为"调组的核心",[15]作出了准确的定性。本文进一步将该字命名为"基字",进而在此基础上建立新的闽南话连调分析模式。基字在连调域中的作用表现在诸多方面。

首先,基字在连调单位中起坐标作用。虽然学界对基字之后的声调变化是否属连读变调尚有争议,但都认为基字前、后的声调变化因关涉不同的语言层面而有不同的性质,因此用"连读变调/轻声"或"前变调/后变调"加以区分。此外,现已发现有些闽南方言基前字的连调规则会因为它们距基字的远近不同而不同,这是基字坐标作用的另一个表现。漳平方言便存在此类现象,具体分析详见下文2.2。

其次,基字对连调单位其他字的连读变调起制约作用。在许多闽南方言中,基字的声调区别会造成前字的不同变调,如潮州、揭阳、澄海、大田、文昌、漳平(永福)以及漳平(溪南)等方言都存在此类现象。⑯据林伦伦《潮汕方言声调研究》,潮州话有8个单字调,阴去213作为两字组前字时,若后字(即基字)为阴平33、阳上35、阴去213、阳去11、阴入21,则变调为42,如:报关[ $po_{42}^{213}$ kueŋ$^{33}$ ](用黑体字表示基字,下同);若后字为阳平55、阴上53、阳入44,则变调为53,例如:报头[ $po_{53}^{213}$ tʰau$^{55}$ ]。"前字的变调往往受后字调值的起点所影响:后字调值为中、低调者,变调调值也低;后字调值为高调者,变调调值也高。"⑰基字对前字变调的影响通常限于紧邻前字,但据笔者调查,漳平(新桥)方言中,基字不仅影响紧邻前字的变调,而且影响它前面第二个字的变调,这表明基字对前字也可以隔位发生影响。新桥方言有7个单字调:阴平33、阳平24、上声31、阴去21、阳去51、阴入21、阳入55,其中每个阴调在基字前都依基字调类的阴阳而各有两种不同的变调。例如上声31在阴调前变为24,在阳调前变为21:买菜[ $bei_{24}^{31}$ tsʰiɛ$^{21}$ ]、买物[ $bei_{24}^{31}$ mĩ$^{51}$ ]。基字前的第二个字为阴调时,仍各有两个变调,且也与基字调类的阴阳有关。如上声31,在紧邻后字为阳调时,若基字为阴调,则上声变为24,若基字为阳调,则上声变为21:九十七[ $kɔ_{24}^{31}$ tsiaʔ$_{31}^{55}$ tsʰeʔ$^{21}$ ]、九十六[ $kɔ_{21}^{31}$ tsiaʔ$_{31}^{55}$ laʔ$^{55}$ ]。

第三,从基字本身的特点看,基字一般不发生调位中和,这是基字连调反映出来的音系特征。不变调只是这个深层音系特征的表层语音反映。连调单位内其他字的连读变调则或多或少都发生调位中和。如漳平(永福)话有8个单字调:⑱阴平24、阳平11、阴上31、阴去21、阳去53、阴入文读55、阴入白读55、阳入53,作为两字组后字(即基字)时不变调,作为两字组前字时,阴平、阳平、阴去、阴入白读中和,在阴上、阴去前都读55,在其他声调前都读33;阴上、阳去中和,都读21。即便在以"钟式变调"著称的厦门话中,⑲基字前字的变调也存在调位中和现象,如阴平 44、阳平 24 变调都读 22,阴平、阳平两个调位发生中和。基字的这一特性使它不会与其他调类发生混淆,因而对连调域的划分具有坐标作用。

闽南方言除了被一部分学者视为"轻声"的变调发生在连调单位末字外,非"轻声"的变调一般不发生在末字,但也发现个别情况下非"轻声"的末字也变调。据林伦伦、陈小枫《广东闽方语音研究》,"潮州、澄海和揭阳的阴上字,在阴上、阴去、阴入之后变 21 调"(95 页),例如:水鬼[ᶜts ui$_{35}^{53c}$ k ui$_{21}^{53}$]、要点[iou$_{53}^{°213}$ tia m$_{21}^{53}$]、脱产[tʰuk$_{5}^{2c}$ s ũ ã$_{21}^{53}$]。以往用"本调字"命名的分析模式恐怕只能将此类现象视为例外,而"基字"则可以容纳此类现象。因为基字的本质并不在于是否变调,而在于是否在连调单位中起关键作用。以上例子里的阴上字在连调域中起坐标作用,对前字变调也起制约作用,[20]当视为基字。

综上所述,"基字"比"本调字"概括更为全面,表述更为恰当。

## 2.2 基前字

以往描述闽南话连调规则时通常把"基字"前面的字统称为"前字",这与汉语方言连调研究习惯上将字组首字称为"前字"并不相同。值得注意的是,这不仅意味着所指称的字数量不一定相等,更意味着闽南话的"前字"是相对于基字而言,通常所说的"前字"则是相对于字组而言。为避免引起误解,也为了便于称述每一个前字,本文采用"基前字"这一术语,并以基字为出发点,对"基前字"顺次编号。

以往描写闽南方言基前字连调时,一般不必分别称述每一个基前字,但当基字前各字连调规则不同时则需要分别称述。例如,许多闽南方言都存在因三叠式引起的特殊连调,其末字为基字,不变调,前两字都变调,但连调规则不同,例如厦门方言:乌乌乌[ɔ$_{24}^{44}$ ɔ$_{22}^{44}$ ɔ$^{44}$]非常黑。除了三叠式外,还存在其他基字前各字连调规则有所不同的情形,据张振兴文,漳平(永福)方言"三字组"前两字的连调规则就不同。在这种情况下,以往是从首字开始,往后顺次称述各字。若连调单位很长,称述会很烦琐,而闽南方言连调单位内,基前字数目并不限于一两个,三四个字是很常见的,多的甚至可达十个,例如厦门话:伊不知影你是一个好学生[i$_{22}^{44}$ m̩$_{21}^{22}$ tsai$_{22}^{44}$ ĩ ã$_{22}^{53}$ li$_{44}^{53}$ si$_{21}^{22}$ tsit$_{21}^{44}$ le$_{22}^{24}$ ho$_{21}^{53}$ hak$_{21}^{44}$ sieŋ$^{44}$](他不

知道你是一个好学生)。㉑

　　以往闽南方言连调的描写以"两字组"为多,许多方言的连调报告都未描写多个基前字的连调规则,其中很可能藏有未被发现的连调规则。据笔者调查,福建漳平市不仅永福话存在基前字连调规则不同的现象,溪南、新桥方言也存在类似现象,而且比永福话更为复杂。溪南方言有 7 个单字调:阴平 33、阳平 24、上声 52、阴去 21、阳去 55、阴入 $\underline{21}$、阳入 $\underline{55}$。下面先按以往以字组为框架,从首字开始顺次分析的模式来描写溪南方言的连调:

　　1. 末字规则:所有字组末字都不变调。

　　2. 首字规则:(1)两字组的首字,每个单字调以后字声调为条件各有两种变调,以阴去、阳去为例:a. 阴去 21 在阳去、阳入(高平调)前变为 33,在其他调(非高平调)前变为 55。例如:四十[$sŋ_{55}^{21}$ tsaŋ$^{55}$]、四个[$sŋ_{55}^{21}$ kɛ$^{21}$]。b. 阳去 55 在阴平、阴去、阴入(非高调)前变为 52,在阳调、上声(高调)前变为 21。例如:电话[tiɛn$_{52}^{55}$ gua$^{33}$]、电视[tiɛn$_{21}^{55}$ sŋ$^{55}$]。(2)三字组的首字,阴去、阴入以第二字的变调为条件而各有两种变调,其他单字调都各只有一种变调,仍以阴去、阳去为例:a. 阴去 21 在后字变调为高降调时变为 55,在后字变调为非高降调时变为 33。例如:四十七[$sŋ_{55}^{21}$ tsaʔ$_{52}^{55}$ tsʰiɛ$^{21}$]、四十五[$sŋ_{33}^{21}$ tsaʔ$_{21}^{55}$ gu$^{55}$]。b. 阳去 55 都变为 21。例如:电话线[tiɛn$_{21}^{55}$ gua$_{24}^{33}$ su ã$^{21}$]、电视橱[tiɛn$_{21}^{55}$ sŋ$_{21}^{55}$ ti$^{24}$]。(3)四字组的首字,所有单字调都各只有一种变调,以阴去为例:阴去 21 都变为 33。例如:四十七个[$sŋ_{33}^{21}$ tsaʔ$_{52}^{55}$ tsʰiɛʔ$_{55}^{21}$ kɛ$^{21}$]。

　　3. 非首末字规则:(1)三字组的第二字,按两字组首字连调规则变调;(2)四字组的第三字也按两字组首字连调规则变调,四字组的第二字则按三字组首字连调规则变调。

　　显而易见,随着字组字数的增多,这种描述方式会显得十分烦琐,而且不能反映溪南方言连调的特点。两字组的首字、三字组的第二字、四字组的第三字都按同一种连调规则变调,但称述却不同。如:电话[tiɛn$_{52}^{55}$ gua$^{33}$]、拍打电话[pʰaʔ$_{55}^{21}$ tiɛn$_{52}^{55}$ gua$^{33}$]、去拍打电话[kʰi$^{21}$ pʰaʔ$_{55}^{21}$ tiɛn$_{52}^{55}$ gua$^{33}$]。而如果以基字为坐标,"电"与基字的相对位置在以上各个字组里是相同的。基前字的连调规则并不因为前面有其他基前字及基前字数目的增加而改变,但会因为它们相对于基字的位置改变而改变。在溪南方言中,从基字往前的第一字、第二字、第三字,连调规则各不相同。基前字越邻近基字,受基字影响就越大,离基字越远,受基字影响就越小。

下面再用以基字为核心的新的分析模式来描写溪南方言的连调。先从基字出发,往前依次给基前字编号,若用 q 表示基前字,J 表示基字,则从 J 往前依次有:$q_1$、$q_2$……$q_n$(n 为正整数且 n≥1)。在具体方言的描写中,$q_n$ 的赋值需视具体情况而定。就溪南方言而言,$q_n$ 赋值为 n≥3,因为从 $q_3$ 再往前,基前字的连调规则就都相同了。具体规则如下:

1. 基字规则:基字一般不变调。

2. $q_1$ 字规则:每个单字调以基字声调为条件各有两种变调,以阴去、阳去为例:a. 阴去 21 在阳去、阳入(高平调)基字前变为 33,在其他调(非高平调)的基字前变为 55。b. 阳去 55 在阴平、阴去、阴入(非高调)基字前变为 52,在阳调、上声(高调)基字前变为 21。

3. $q_2$ 字规则:阴去、阴入以 $q_1$ 字的变调为条件而各有两种变调,其他单字调都各只有一种变调,仍以阴去、阳去为例:a. 阴去 21 在后字变调为高降调时变为 55,在后字变调不为高降调时变为 33。b. 阳去 55 都变为 21。

4. $q_3$ 字规则:所有单字调都各只有一种变调,以阴去为例:阴去 21 都变为 33。

以基字为核心的连调分析模式,抓住了闽南方言基前字连调的特点,因此可以给求取、描写连调规则带来便利。求取闽南方言连调规则,关键在于找到语流中的基字,从基前字相对于基字的位置入手求其连调规则,而不必拘泥于字组的总字数。如求取 $q_1$ 连调规则,只要是含有 $q_1$ 的字组,如 $q_1$J、$q_2 q_1$J、$q_3 q_2 q_1$J、$q_4 q_3 q_2 q_1$J 等都可作为考察对象,因为前面有多少基前字并不影响连调规则。描写连调规则时,也不需要对各种字数的字组作重复描述,而是将不同字数字组中的同一基前字归总成一类。

### 2.3 基后字

闽南方言语流中,除了基前字发生连读变调外,还有一些分布于基字后面的字也发生声调变化。此类声调变化的性质,学界有不同观点,有的称为"轻声",有的称为"后变调"。因此这类字常根据对其性质的认定而称为"轻声音节""轻调音节""后变调字"等。也有的学者根据这类字的位置特点称为"后字"。"后"其实是相对基字而言的,前文已经将基字前面的字称为"基前字",这里相应地也把基字后面的字称为"基后字"。

学界对基后字声调变化的归类分歧何在？这既与归类标准有关,也与闽南方言基后字声调变化的特点有关。以往,人们多用北京话的轻声来认同方言的轻声。北京话轻声与连读变调语音表现截然不同。闽南方言基后字的声调变化与北京话轻声的语音表现差别较大,而与本方言基前字的连读变调相似,以至于常常难以区分。闽南方言基后字在声调变化的同时一般不伴随音素的变化,但是否轻短,从以往的描写来看,不同的方言表现不同。有的方言描写为轻、弱、短、低的声调,并视为"轻声",如厦门话、永春话等。[22]但有的方言并不轻短,因此被视为"后变调"（基前字的变调则相应称为"前变调"）,如张盛裕认为潮阳方言有后变调,并举例说明"潮阳方言的后变调不是轻音"：
"面爿正面"[miŋ²¹¹ ₒpãi₁₁⁵⁵] = "民办"[ₒmiŋ₁₁⁵⁵ pãi²¹¹],读后变调的"爿"与不变调的"办"读音完全相同。[23]后变调也常常与前变调完全相同,如海丰方言8个单字调中,共有6个单字调的后变调与各自的前变调完全相同,只有两个单字调的前变调、后变调有差异。[24]而在漳平（溪南）方言中,基后字的声调变化与处于某些位置的基前字则可以达到完全相同的程度。如该方言基后字与基前字 $q_n$（$n \geqslant 3$）的声调变化完全相同,阴平33、阴去21 都变为33,阴入$\underline{21}$ 变为$\underline{33}$,阳平24、上声52、阳去55 都变为21,阳入$\underline{55}$ 变为$\underline{21}$。以 $q_3$ 字和基后字对比：

三个学生 [sã³³ kɛ₅₅²¹ haʔ$\underline{\underset{52}{55}}$ sin⁵⁵]

买三个[bi⁵² sã³³ kɛ₃₃²¹],"三"同音;

三个研究生 [sã³³ kɛ₃₃²¹ giɛn₂₁²⁴ kiu₅₅²¹ sin³³]

买三个[bi⁵² sã³³ kɛ₃₃²¹],"个"同音;

出去做事 [tsʰiɛʔ$\underline{\underset{33}{21}}$ gi₃₃²¹(-kʰi)tsɯ₆₃²¹ su⁵⁵]

走跑出去[tsɔ⁵² tsʰiɛʔ$\underline{\underset{33}{21}}$ gi₃₃²¹(-kʰi)],"出"同音;

来去上课 [lɛ₂₁²⁴ kʰi₅₅⁻²¹ tsiŋ$\underline{\underset{52}{55}}$ kʰɯ²¹]

抢来[tsʰiŋ⁵² lɛ₂₁²⁴],"来"同音;

几粒苹果 [kui₂₁⁵² liɛʔ$\underline{55 \atop 21}$ pʰin₂₁²⁴ kɯ⁵²]

买几粒[ bi$^{52}$ kui$^{52}_{21}$ liɛʔ$^{55}_{21}$ ],"几"同音;

两碗鸭**汤** [ nŋ$^{↓55}_{21}$ uã$^{52}_{21}$ a$^{21}_{55}$ tʰŋ$^{↓33}$ ]

煮两碗[ tsɿ$^{52}$ nŋ$^{↓55}_{21}$ uã$^{52}_{21}$ ],"两"同音;

十个面**盆**脸盆[ tsaʔ$^{55}_{21}$ kɛ$^{21}_{33}$ bin$^{21}_{55}$ pʰun$^{24}$ ]

买十个[ bi$^{52}_{21}$ tsaʔ$^{55}_{21}$ kɛ$^{21}_{33}$ ],"十"同音。

  从语音层面看,确实很难把潮阳等方言基后字的声调变化视为"轻声",否则会造成"轻声不轻"的现象。但从语义层面看,这些方言此类声调变化和厦门等其他闽南方言的"轻声"一样都有一定的词汇、句法分布,一般分布于句末的助词、三称代词宾语、趋向补语、数量宾语等特定的词类和句法成分,也分布于某些复音节词语的后一音节,且在哪些词里出现难以预测。这与北京话轻声相似,而又与本方言基前字的连调有别。

  实际上,不仅是闽南方言,汉语许多方言都存在轻声和连读变调难以区分的现象。所以,许多学者由此重新审视轻声和连读变调的异同,并提出了各种不同的解决方案。有的将轻声进一步分类,如魏钢强将"轻声"分为调值的轻声和调类的轻声。[25]李树俨对魏的观点提出商榷,认为是否轻声不能拿北京话轻声的声学表现作简单的比附。李从音系特征和语义特征上来看待轻声的性质,认为轻声是"在字组中,整个连调模式只有前字调类控制,而后字失去了原调,其调类在连调格式里被中和的语音现象"。同时,轻声不是纯语音化的音变,而是受语义条件控制的变音"。[26]按该观点,轻声不一定要伴随音色的变化,也不一定短。有的学者从轻声和连读变调的共性入手调整理论框架,如李小凡将汉语方言的连读变调分为语音变调和音义变调,并主张将轻声视为一种音义变调。[27]这样既可以避免"轻声不轻"这一名实相悖的问题,也不至于抹杀轻声与"语音变调"在语义层面的性质差异。

  就闽南方言基后字的声调变化而言,各方言虽然语音特征存在差别,但语义特征具有共性,而语义特征"应该比表层语音特征更深刻也更具普遍性"。[28]着眼于语义特征上的共性,我们倾向于把不同闽南方言基后字的声调变化视为同类音变现象,采纳李小凡《汉语方言的轻声变调》的方案,都归入"音义变调"。

闽南方言基后字的变调,调值一般与前字无关,变调后也不一定都失去原调类,即不一定都发生调位中和。有的方言如厦门话中和为一个调,[29]但许多方言则没有完全中和,如汕头话阴平33、阳平55、阳去11变11调;阴上53变213调;阳上35、阴去213变21调;阴入2、阳入5变作2。[30]总的来看,基后字变调调值通常只与自身单字调调类相关。但台北闽南话比较特殊。该方言基后字声调变化(文中称为"弱读形式")存在调型随基字变化的现象,句法词及非焦点词组成分都会在句中以弱读形式出现,"句法词调型随前字(即本文的基字)变化,前字若为平调,句法词亦为同高度的平调"。例如:输我 [₋su$_{44}^{44}$ ᵉgua$^{53}$]、输侬[₋su$_ᵉ$ lan$_{44}^{13}$]。[31]这与北京话轻声和吴语首字扩展型连读变调类似,而与多数闽南方言有别。这或许预示了闽南方言基后字连读变调今后的演变方向。

语流中可以有连续出现的整串基后字,但从目前的语料看,其连调规则一般不因为距基字的远近不同而不同,因而其连调规则也不必区分不同的基后字。但为了方便语料的处理,也可将基后字编号,若用 h 表示基后字,从基字往后依次有:$h_1$、$h_2$……$h_n$(n 为正整数且 n≥1)。

## 三 余论

本文在分析闽南方言连调特点的基础上提出一个以基字为核心的分析模式。闽南方言的语流可根据连调划分为一个个以基字为核心的单位,每个单位内有且只有一个基字,它对整个单位的连调起关键作用。基字前面可有"基前字",后面可有"基后字",二者都发生连读变调,在语音层面上表现相似,但在语义层面上性质不同,后者是跨层面的"音义变调"。

闽南方言的句子几乎每个字都参与连读变调,都可归为基字、基前字或基后字。在线性排列次序上,基前字都位于与之同属一个连调单位的基字之前;而基后字都位于基字之后。但基前字、基后字都不是必有成分。例如厦门话"船ⱼ过ⱼ水ⱼ毛q痕[tsun$^{24}$ ke$^{21}$ tsui$^{53}$ bo$_{22}^{24}$ hun$^{24}$]"(毛痕:不留痕迹。喻事过境迁),[32]海丰话"正q猛q食q落ₕ去ₕ"[tsĩã$_{55}^{213}$ m e͂$^{51}$ tsiaʔ$_{7}^{42}$ loʔ$^{42}$ kʰi$_{22}^{213}$](赶快吃下去),[33]潮阳话"飞ⱼ起ₕ去ₕ"[pue$_{31}^{33}$ kʰi$_{31}^{53}$ kʰu$_{11}^{31}$](飞上去)。[34]每个基字及其前面

的基前字、后面的基后字都构成一个单位,可用如下公式表示:

$(q_n \cdots\cdots q_2 q_1) J (h_1 \cdots\cdots h_n)$

(n 为正整数,n≥1)

这些单位的共同点是有且只有一个基字,基前字、基后字可有可无(公式中用括号表示)。该公式可以使连调描写更加简明,可以用来标注连调语料,求取连调规则、观察语流中连调规则的实施范围等。但是否把这样的一个连调单位等同于连调域,还有待进一步讨论。

前文第一部分提到,闽南话连调单位的构成,以往有两种分析模式。从基字出发可以概括如下:[35]

模式 A:(基前字+)基字
模式 B:(基前字+)基字(+基后字)

求取连调规则只是连调的第一步,要深入研究连调,还必须研究语流中连调规则的实施范围(即连调域),也就是如何在语流中划分连调域。因此,连调单位的分析模式不仅与连调规则有关,还影响到连调域划分。以往的连调域划分也因为连调单位的不同而不同。

以往闽南方言连调研究以连调规则的研究为多,连调域划分的研究目前还较为薄弱。国内比较明确地给连调单位下定义并以此为基础进一步研究连调域划分的文章不多,主要有葛德纯、李如龙、张盛裕、杨必胜、林连通等人的文章。[36]而且这类研究一般都采用模式 B。国外生成音系学者对闽南话连调域划分的研究较为深入,一般采用模式 A。模式 B 是大于一个连调域的连调单位,采用模式 B 的学者较为注重基字对基前字和基后字的变调同样具有关键性作用,但似乎缺乏根据连调规则的作用范围划分连调域的明确意识。模式 A 等于一个连调域,采用模式 A 的学者似乎将一个连调域跟一个基字相对应,因此不容许只有一个基字的连调单位包含两个连调域。模式 B 在连调规则研究方面似乎具有一致性和便捷性等优点,模式 A 在连调域研究方面似乎具有明确性的优点。这些问题需要对连调规则和连调域划分加以综合考虑。

原载于《语文研究》2008 年第 2 期。

## 注　释

① 张振兴《漳平（永福）方言的连读变调》，《方言》1983年第3期，175—196页。
② 袁家骅等《汉语方言概要（第二版）》，语文出版社，2001年，264页。
③ 张振兴《漳平（永福）方言的连读变调》。
④ 林伦伦、陈小枫《广东闽方言语音研究》，汕头大学出版社，1996年，20页。
⑤ 袁家骅等《汉语方言概要（第二版）》，265页。
⑥ 葛德纯《厦门声调与句子结构及英语教学的关系》，《厦门大学学报（社会科学版）》1957年第2期，167—193页；杨秀芳《台湾闽南语语法稿》，台湾大安出版社，1991年。
⑦ 张盛裕《潮阳方言的连读变调》，《方言》1979年第2期，93—121页；张盛裕《潮阳方言的连读变调（二）》，《方言》1980第2期，123—136页；杨必胜，陈建民《海丰话语句中的声调问题》，《语言学论丛（第七辑）》，商务印书馆，1981年。
⑧ 张振兴《漳平（永福）方言的连读变调》。
⑨ Matthew Y. Chen（陈渊泉），*Tone Sandhi : Patterns across Chinese Dialects*（《汉语方言的连读变调模式》），外语教学与研究出版社，2001年；Zhang Hongming（张洪明），*Topics in Chinese Phrasal Tonology*，PhD dissertation，University of California，San Diego，1992.
⑩ 同注⑦。
⑪ 葛德纯《厦门声调与句子结构及英语教学的关系》；李如龙，《厦门话的变调和轻声》，《厦门大学学报（社会科学版）》1962第3期，78—114页。
⑫ 林连通、陈章太《永春方言志》，语文出版社，1989年；林连通《泉州方言变调、异读、音变述要》，《吕叔湘先生九十华诞纪念文集》，商务印书馆，1995年。
⑬ 这里连调基本单位的构成式中，括号表示其内成分可有可无。葛德纯《厦门声调与句子结构及英语教学的关系》，李如龙《厦门话的变调和轻声》，张盛裕《潮阳方言的连读变调》《潮阳方言的连读变调（二）》，杨必胜、陈建民《海丰话语句中的声调问题》等都认为单字也能构成连调单位。
⑭ 原文只用数字表明单字调的调类和所变同的单字调调类，此处据文中声调系统转写为调值。此处将原文 ng 转写为国际音标[ŋ]。原文文字有的非本字，此处依原文。下文源于该文的例子同此。
⑮ 袁家骅等《汉语方言概要（第二版）》，247页。
⑯ 潮州，见林伦伦《潮汕方言声调研究》(《语文研究》1995年第1期，52—59页）；揭阳，见林伦伦、陈小枫《广东闽方言语音研究》；澄海，见林伦伦《澄海方言研究》（汕头大学出版社，1996年）；太田，见陈章太《大田县内的方言》（陈章太、李如龙《闽语研究》，语文出版社，1991年）；文昌，见黄谷甘、冯成豹《文昌方言两字组的连读变调》（《海南大

学学报（社会科学版）》1993 第 1 期）；漳平（永福），见张振兴《漳平（永福）方言的连读变调》。

⑰ 林伦伦《潮汕方言声调研究》。

⑱ 张振兴《漳平（永福）方言的连读变调》。

⑲ 李如龙《厦门话的变调和轻声》。

⑳ 前文分析基字对前字连调的制约作用时举了潮州话的例子，可参照。

㉑ 葛德纯《厦门声调与句子结构及英语教学的关系》。

㉒ 厦门话，见李如龙《厦门话的变调和轻声》；永春话，见林连通、陈章太《永春方言志》。

㉓ 张盛裕《潮阳方言的连读变调》。

㉔ 杨必胜、陈建民《海丰话语句中的声调问题》。

㉕ 魏钢强《调值的轻声和调类的轻声》，《方言》2000 年第 1 期，20—29 页。

㉖ 李树俨《汉语方言的轻声》，《语文研究》2005 年第 3 期，48—52 页。

㉗ 李小凡《汉语方言连读变调的层级和类型》，《方言》2004 年第 1 期，16—33 页；李小凡，《汉语方言的轻声变调》，《中国方言学报》第 1 期，商务印书馆 2006 年，41—52 页。

㉘ 李小凡《汉语方言的轻声变调》。

㉙ 李如龙《厦门话的变调和轻声》。

㉚ 林伦伦、陈小枫《广东闽方言语音研究》。

㉛ 杨秀芳《台湾闽南语语法稿》，145 页。

㉜ 李如龙《厦门话的变调和轻声》。

㉝ 杨必胜、陈建民《海丰话语句中的声调问题》。

㉞ 张盛裕《潮阳方言的连读变调（二）》。

㉟ 以往的"字组"及生成音系学者的连调单位都属于模式 A（参见前文第一部分），但以往一般着眼于两字以上的连调单位。实际上单字也可构成连调单位，因为这类连调单位的右界与其他有基前字的连调单位一样都受同样的句法、语用、节律因素制约。因此这里把"基前字"也加了括号。

㊱ 葛德纯《厦门声调与句子结构及英语教学的关系》，李如龙《厦门话的变调和轻声》，张盛裕《潮阳方言的连读变调》《潮阳方言的连读变调（二）》，杨必胜、陈建民《海丰话语句中的声调问题》，林连通、陈章太《永春方言志》，等等。

# 汉语韵律语法研究中的轻重象似、松紧象似和多少象似

周 韧

## 0 引言

韵律,广义上指一切超音质成分,例如重音、声调和语调,等等。在韵律语法研究当中,韵律的所指范围还包括一套韵律层级上的韵律单位,包括摩拉、音节、音步、韵律词(或音系词)和音系短语,等等。

韵律和语序、虚词一样,是汉语表达语法意义的重要手段。例如,汉语中音节数目的变动会造成句法结构的性质变化,这和语序变化造成句法结构性质变化没什么两样。请看:

(1) a. 出租车(定中结构)
    b. 租汽车(动宾结构)

(2) a. 腿断了(主谓结构)
    b. 断了腿(动宾结构)

几十年来,韵律语法研究逐渐发展成为汉语语言学中的热门话题,学者们在不断挖掘汉语韵律语法事实的同时,还依靠音系学、句法学、类型学和认知语言学等各种理论对韵律语法问题进行不同角度的解释。

本文的主要目的是:重新回顾和审视过去的汉语韵律语法研究,首先讨论轻重概念和松紧概念在其中的成效和局限,接着指出音节数目在汉语韵律语法研究中的核心重要性,并在前两组概念的基础上,针对汉语韵律语法研究中的主要问题,进一步提出基于音节计数的"多少象似"原则。

本文的讨论,以汉语句法结构的韵律模式问题作为主线。问题的基本面貌可表述为:(限于篇幅,每一方面只举三组例子)

第一,动宾结构可以允准1+1式、1+2式和2+2式,但是排斥2+1式。如例(3)所示:

(3)　2+2　　　1+1　　　1+2　　　2+1
　　　购买粮食　　买粮　　买粮食　　*购买粮
　　　种植大蒜　　种蒜　　种大蒜　　*种植蒜
　　　存放包裹　　存包　　存包裹　　*存放包

第二,在大部分定中结构中,可以允准1+1式、2+1式和2+2式,但是排斥1+2式。如例(4)所示:

(4)　2+2　　　1+1　　　1+2　　　2+1
　　　粮食仓库　　粮库　　*粮仓库　　粮食库
　　　煤炭商店　　煤店　　*煤商店　　煤炭店
　　　图书展览　　书展　　*书展览　　图书展

综合第一点和第二点,在一些"动词+中心词"的偏正组合当中,便可能出现如下情况:1+2式一般理解为动宾结构,2+1式一般理解为定中结构。而2+2式既可以理解为动宾结构,也可以理解为定中结构。如例(5)所示:

(5)　1+2动宾　　2+1定中　　2+2动宾或定中
　　　印文件　　　复印件　　　复印文件
　　　审官员　　　审判官　　　审判官员
　　　查记录　　　调查录　　　调查记录

第三,在"形容词+名词"的定中结构中,2+2式、1+2式和1+1式都可以被允准,但是2+1式一般被排斥。如例(6)所示:

(6)　2+2　　　1+2　　　1+1　　　2+1
　　　重大事情　　大事情　　大事　　*重大事
　　　老迈士兵　　老士兵　　老兵　　*老迈兵
　　　苦涩味道　　苦味道　　苦味　　*苦涩味

第四,上述三种情况都会出现一些例外。比如说,也有 2+1 式的动宾结构,如例(7)所示;也有 1+2 式的名名定中结构,如例(8)所示;也有 2+1 式的形名定中结构,如例(9)所示:①

(7) 糟蹋钱　喜欢狗　浪费水　吓唬人　补征税　依赖酒　教育人
(8) 山大王　夜生活　前总统　月利率　夏时制　水产品　校领导
　　党代表　乡政府　眼角膜　皮坤包　肉丸子　金项链　钢墙板
　　布棉袄　木桌子
(9) 贫困生　恐怖片　和平年　规范字　荒诞戏　大型厂

上述现象吸引了汉语韵律语法研究的最大注意力,相关研究先后有吕叔湘、吴为善、张国宪、陆丙甫、端木三、刘丹青、冯胜利、王灿龙、王洪君、周韧、柯航、张洪明、沈家煊等学者的论著。②本文以上述现象作为讨论的主要线索,但也根据论述需要,在行文中顺带讨论其他一些韵律语法问题。

## 1　重音理论下的汉语韵律语法研究

### 1.1　以重音为基础的汉语韵律语法研究

"重音"(stress)是很多种语言当中都有的现象,在语音性质上,重音常常表现为音高增高,或音强增强,或音长增长,因此带有重音的重读音节在听感上要比非重读音节凸显。③例如,英语单词 compensation 有四个音节,其中第二个音节和第四个音节最弱,第三个音节 sa 最强,承载主重音,而第一个音节 com 介于之间,承载次重音。

对于例(3)–(9)的现象,端木三和冯胜利的解释主要以重音理论作为基础。④

端木认为上述现象主要受到以下两条规则的控制:⑤

规则一:辅重原则(Nonhead Stress Rule)。短语重音要落在句法上的非中心成分上;

规则二:重长原则(Stress Length Principle)。短语重音必须落在一个双分的音节音步上。

比如,对于例(3)和例(4)中的动宾结构和定中结构来说,其中的宾语和定语为非中心的辅助成分,因此要承载短语重音。但是单音节无法构成一个双分的音节音步(即双音节音步),因此无法满足重长原则。

而冯胜利提倡一种"基于管辖关系的核心重音规则"(G‑NSR,Government‑based Nuclear Stress Rule)。简单说来,主要可以表述为两条规则:

规则一:动词分配重音。在短语或句子中,动词后的第一个成分获得核心重音;⑥

规则二:单轻双重。在韵律上,单音节轻,双音节重。或者说,"二重于一"。

对诸如例(3)中"购买粮,种植蒜"类结构,冯胜利认为,按照规则一,动词会将核心重音分配给宾语。但是按照规则二,双音节动词重于单音节宾语,造成重轻格式。此时,不能同时满足两条规则便会发生"韵律冲突",造成整个2+1式的动宾结构不合格。⑦

端木三曾经提出"信息‑重音原则"(Information‑Stress Principle),认为"信息量大的词有重音,信息量小的词无重音"。⑧这就是将轻重与信息量的大小关联起来,可以看成是一种"轻重象似"的观念。⑨

对于上述基于重音理论的分析方法,在具体的细节上,周韧都曾做过详细的评述,认为这些规则在具体运用时,都会遇到很多困难。例如,周韧认为辅重原则在处理"木桌子"和"小苹果"等1+2名名结构和形名结构时有局限性;⑩同时,周韧认为"动词分配重音"在处理双宾句(动词后有两个成分)、名词谓语句(句子没有动词)和谓词性宾语句(动词后是一个句子)等句子时有一定局限性。⑪具体评述意见可参看周韧相关论文。

不过,本文并不打算再从细节和技术手段上讨论上述重音规则。我们希望从重音现象本身出发,从更大的格局出发来反思汉语韵律语法研究中的重音理论。

## 1.2 重音理论在汉语韵律语法研究中的两大困境

### 1.2.1 汉语缺乏听感上明确的重音

重音理论的基石是要有听感上凸显的重音,尤其是要有听感上明确的词重音。在印欧语系的重音语言中,词重音是能感知到的,至少对于训练有素的语言学家来讲，可以形成准确和一致的判断。

对于汉语词重音研究来讲，核心问题就是：如果将正常带字调的音节视为"重"，将轻声音节视为"轻"。那么对于前者来说，是否还需要再细分为"重"和"中重"（或"中"）两级？讲得具体一点，对于"中国、研究、傲慢"这样一些不含轻声的双音节词来说，其中的两个音节是否还能分出重音等级？

实际上，赵元任早已经将汉语词重音问题的基本面貌讲得很清楚了。大家比较熟知的是，赵元任曾经说过："在没有中间停顿的一连串的带正常重音的音节中，不论是一个短语还是复合词，其实际轻重程度不是完全相同的，其中最末一个音节最重，其次是第一个音节，中间的音节最轻。"⑫

这里要强烈提请注意的是，即使说"中间的音节最轻"，但中间的音节依然是带有正常重音的。原文实际为"the intermediate being the least stressed"。所谓"least stressed"，指的是带有最低等级的重音，也可译成"末重"。整句话直白的翻译应是："最后一个音节最重，第一个音节次重，中间的音节末重"。

赵元任举出的例子有：（"ˈ□"代表主重音，"ˌ□"代表次重音，"ₙ□"代表"末重"重音，黑体表示获得正常重音的字）

(10) a. ˌ好ˈ人　　　　　b. ˌ注ˈ意
    c. ˌ山ₙ海ˈ关　　　d. ˌ我ₙ没ˈ懂
    e. ˌ东ₙ南ₙ西ˈ北　　f. ˌ人ₙ人ₙ都ₙ想ˈ去

尽管赵元任可以分辨出各个正常重音音节之间的重度差异，但赵元任文中却明确反对设立"中重音"，⑬表示汉语的重音等级只有重和轻（指"轻声"）两级，不同意将例(10)中的轻重差异看成是一种等级上的差异。赵先生的理由主要有三点：

第一，既然说"最后一个音节最重，第一个音节次重，中间的音节末重"，这说明正常重音音节之间的重度差异其实都是由位置决定的，说明它们都是一个音位的变体，所以这些重度差异不具备音位学的意义，也就是不具备语言学上的意义。

第二，某些需要引入中重音概念的地方，其实可以引入对比重音的概念来解决问题。⑭

第三,这是最重要的一点。北京话的母语者们对轻声的判断是比较一致的,但在大多数情况下,他们对于中重音的判断很难有一致性的意见。[15]或者说,北京话的母语者们对中重音的判断是模糊的。尽管赵元任认为"天下"和"山海关"内部音节之间有轻重差异,但这是他作为拥有敏锐听觉的天才语言学家的判断,对于一般的母语者和绝大多数的语言学家来讲,这种轻重差异并不明显。

在了解赵元任思想的基础上,我们考察了自二十世纪五十年代以来,所有我们能找到的,研究汉语词重音的论著。我们发现,在汉语语言学界当中,认为汉语有词重音的学者,从未对汉语词重音有过一致的观点。所有的语音学家或音系学家对于汉语词重音分布的判断,至多只能说是一种倾向,绝对没有达到规则或规律的地步。即使是一些音系学家认为汉语在词汇上是左重或右重,也必须借助一些特殊的技术手段,对现存语料做一定的剪裁处理后,才能得到比较一致的规则。限于篇幅,我们此处无法详述。详细的讨论可参看周韧《信息量原则与汉语句法组合的韵律模式》。

汉语不是一种重音语言,这在当代实验语音学界几乎可以说已经成为一种共识。即使在音系学界内部,也有不少学者同意这个观点。例如,张洪明就明确指出:"汉语作为声调语言,在词层面没有结构的范畴化、系统化的轻重音。"[16]在语法学界,沈家煊也赞同这个观点。[17]

我们认为,六十年来,寻找汉语[18]词重音的努力应该可以告一段落了。在汉语不含轻声的双音节或多音节词中,应该没有语言学意义上的前重和后重之分,将它们看成"等重"是更为合理的选择。反过来说,如果汉语确实存在清晰可辨的词重音,那么在重视音位对立的结构主义语言学研究时代,不会逃过赵元任先生的耳朵,也难以躲过后来越来越先进的现代机器。

在词重音本身就不明确的汉语中构建重音系统,并用这个系统来推导汉语韵律语法问题,我们认为,这是有风险的。

### 1.2.2 汉语重音现象存在跨方言的差异

汉语韵律语法研究中的重音理论,将会遭遇到的另外一个困难就是汉语方言重音现象存在一定差异。前面所说的汉语重音理论都是以北京话为方言基础建构的,但是,汉语中有众多的方言的重音现象并不与北京话一致。

在汉语方言当中,吴方言的重音情况讨论得最多。以上海话为例,音系学家一般认为,上海话音节之间的轻重差异比较明显,相较于北京话来讲,重音清晰较容易辨别,因此,上海话中符合节律音系学意义的音步也相对明朗。读者可参看 Chen, Matthew Y. 的论述。[19]

如果以连读变调现象为依据,将保持本调(或将自己的声调延展到其他音节上)的音节看成是承载重音的音节,而发生变调的音节是非重音音节;那么在上海话词汇中,音步为左重音步,因为音步内首个音节会将其声调延展到音步内其他音节上,而其他音节会失去本调。根据 Chen, Matthew Y. (P325)的说法,塘栖话和苏州话也是左重的格局。

而北京话、闽语和很多南部吴语就是右重了,因为在这些方言的连读变调中,是前字变调而后字不变。例如,在北京话中两个上声相连的"老虎"中,"老"变阳平,"虎"不变。

总而言之,重音现象是存在跨方言差异的。有的方言重音表现比北京话要明显,有的方言重音表现比北京话还要模糊(比如不少方言中的"轻声现象"就没有北京话那么丰富)。

但是,对于汉语韵律语法中的那些现象来讲,迄今为止,我们还没有听到有相关报道说明在汉语某个方言区中,对于韵律语法现象的判断和北京话不同。比如说,我们还没有听说哪个方言区的人不说"煤炭店",而可以说"煤商店",或者不说"种大蒜",而可以说"种植蒜"。也就是说,北京话和一些方言之间重音现象表现不同,但它们的汉语韵律语法现象表现却可能是完全一样的。

当然,目前汉语方言韵律语法现象的系统调查还未起步,我们还不能武断地说,例(3)-(9)中的汉语韵律语法现象就具有大范围的跨方言的统一。[20]我们期待相关研究的进展。

## 1.3 重音在汉语韵律语法研究中的适用范围

重音在汉语语法中,至少在两个方面还是起作用的。一个就是轻声,轻声的差异是能造成词汇意义的差别的。例如"东西"(指方向,"西"不轻读)和"东西"(指物品,"西"读轻声)的对立,就是由轻重差异所引起的。

另外一个就是对比重音(或"强调重音"),在汉语中,对比重音的位置不

同,会造成语用上焦点信息的差异,请看:(黑体表示重读的音节)

(11) a. 我姓**王**,不姓**黄**。　　　　b. 这是**山**西,不是**陕**西。

我们更倾向于一种实证性的语法研究思路,如果有一种需要我们赞同和支持的重音理论,那么这种重音理论中的重音首先应该是能被感知的。

## 2. 松紧象似原则与汉语韵律语法研究

### 2.1 松紧象似说的基本思路

在汉语韵律语法研究当中,除了以重音理论为背景讨论以外,吴为善、王洪君、柯航、沈家煊等提出了另外一种分析方法,即"松紧象似"原则。㉑

"松紧象似"原则认为语法结构的松紧程度模仿了节律㉒结构的松紧程度。这种说法以认知语言学中的"象似原则"(Iconicity Principle)为基础。"松紧象似"的基本思路是:在句法语义关系上,动宾结构比定中结构联系松散;而在节律结构上,1+2 式比 2+1 式更松散。因此,按照象似性,动宾结构宜采用 1+2 式,而定中结构宜采用 2+1 式。

首先,持"松紧象似"说的学者们注意到了,在汉语的三音节组合中,1+2 的动宾结构比 2+1 的定中结构更为松散。例如,吴为善举例说到,"修马路"中间可以插入"着、了、过",而"长毛兔"中间不能插入"的"字。吴为善进一步提出:"既然三音节段的动宾结构与偏正结构内部的松紧不一样,那么它们分别选择的音节组合形式 1+2 和 2+1 内部的松紧可能也不一样,其中 1+2 之间比较松,而 2+1 之间比较紧。"㉓

王洪君对"松散"程度的验证更为细致。她考察了 1+2 式动宾结构,1+2 式定中结构和 2+1 式定中结构,分别以"买雨伞""小雨伞"和"雨伞厂"作为三种结构的代表。王洪君认为,一个紧密的结构应符合以下两个性质:一个是这个结构本身为一个稳定的节律单元,㉔在更大的组合中这个节律单元不会分裂;另一个是这个结构在更大组合中,内部停延总是小于外部停延。"雨伞厂"完全符合这两个性质,是紧密的结构;而"买雨伞"不符合这两个性质,是松散的结构。

柯航也持同样的观点,她认为1+2动宾结构象似1+2节律结构,结构内部联系松散;而2+1定中结构象似2+1节律结构,结构内部联系紧密。㉕

## 2.2 1+2和2+1本身并无松紧关系

上述几位学者在论证1+2和2+1的松紧关系的时候,都利用了连读变调的现象来进行说明。例如,柯航曾经用数字955和995的变调情况进行说明。㉖在北京话中,两个上声音节相连,第一个音节要变为阳平。而"9"和"5"都是声调为上声的数字。

955和995本身是并不具备句法结构的数字串,但根据认知上的相似原则,说话人可能会将955识解为1+2式,而将995识解为2+1式。识解方式的不同,就会造成变调的不同,如下所示:(底下数字2和3分别代表第二声阳平和第三声上声,下同)

(12) a. 9 5 5      b. 9 9 5
      3 3 3         3 3 3    本调
      3 2 3         2 2 3    变调结果㉗

在1+2式的955中,只有第二个音节变成调值为35的阳平调,而在2+1式的995中,第一个音节和第二个音节都会变成阳平调。重点在于,1+2的955中的第二个音节没有触发第一个音节变成阳平调,而2+1的995中第三个音节可以触发第二个音节变调。柯航以此作为证明,认为1+2格式中内部联系松散,因此第一个音节没有变调;而2+1格式内部联系紧密,因此第二个音节需要变调。

对于上述基于"松紧象似"原则的分析,我们的评述分为两个方面:

第一,我们认为,例(12)中的变调方式只不过是变调规则中的先后次序所造成的。北京话上声变调是根据内部句法语义结合关系决定变调的先后次序,采取的是内部循环(cyclic)的变调方式。比如:

(13) a. [小 [老 虎]]      b. [[展 览] 馆]
      (3  (3  3))          ((3  3)  3)    本调
      (3   2  3)           (2   3)  3)    内部变调
      3    2  3             2   2    3    变调结果

所以,955和995的变调结果差异,原因是内部循环变调规则引起了变调次序的差异。如果我们把(13a)的1+2式的最后一个音节改为非上声音节,那么就不会触发第二个音节变调。这样,第二个音节仍然保留为上声,就可以触发第一个音节变调。例如:

(14) [小 [老 乡]]
  (3 (3 1))
  (3 3 1)
   2 3 1

还有一点要指出的是,在李行健、刘思训对天津方言的研究中,在三字组上声的连读变调中,无论是1+2式("厂党委、老保管")或2+1式("理发所、领导者"),都采取相同的变调模式,前两个字一律变去声,调值的变化为:213－213－213→45－45－213。㉘

第二,我们发现,从句法语义或韵律等各个方面来看,有很多2+1式句法结构并不紧密,也是松散的。这包括2+1式的主谓结构和2+1式的状中结构,还有那些虽然为数不多,但也确实存在的2+1式动宾结构。我们分别举例如下:

  (15) 旅馆少 头发黄 皮肤黑 工作累
  (16) 赶紧买 拼命跑 重新学 或许有
  (17) 糟蹋钱 喜欢狗 缺少水 邀请你

例(15)—(17)的2+1式结构,按照判断松紧的一些标准来看,毫无疑问应该被看成是松散的结构。我们从三个角度对此进行说明。

首先,这些2+1结构中间都能插入其他一些成分。例如:

  (18) 旅馆很少 头发挺黄 皮肤最黑 工作不累
  (19) 赶紧去买 拼命地跑 重新再学 或许还有
  (20) 糟蹋很多钱 喜欢那条狗 邀请了你 吓唬过我

其次,从连读变调的表现来看,这些结构中的第二个音节可能变调,也可能不变调,例如:

(21) ((旅馆)少)　　　(旅馆)(少)
　　　3 3 3　　　　3 3 　3　　本调
　　　2 2 3　　　　2 3　 3　　变调结果
(22) ((赶紧)买)　　　(赶紧)(买)
　　　3 3 3　　　　3 3　 3　　本调
　　　2 2 3　　　　2 3 　3　　变调结果
(23) ((缺少)水)　　　(缺少)(水)
　　　1 3 3　　　　1 3 　3　　本调
　　　1 2 3　　　　1 3 　3　　变调结果

按照前面这些学者的判断,能否造成变调是判断松紧关系的重要标准。这样的话,通过变调结果这些2+1式结构也可以看成是松散结构。

最后,从节律单元的组织来看,在更大的组合当中,这些2+1的结构中,处于末尾的单音节完全有可能和其他音节组成另外的节律单元。请看以下一些例子:

(24) 旅馆少了　旅馆少的城市　旅馆少到接待不了游客
(25) 赶紧买伞　赶紧买了　赶紧跑往现场
(26) 缺少水了　邀请你去

在这些例子当中,2+1结构中的末尾音节都有可能撇开前面的双音节,和后头的其他音节构成节律单元。比如说,例(24)中的"少了""少的"和"少到",例(25)中的"买伞""买了"和"跑往",例(26)中的"水了"和"你去",都可以构成一个节律单元。这些情况都说明,有很多2+1结构在更大的组合中,并不总是稳定地构成独立的节律单元。

综上所述,我们承认1+2的动宾结构内部联系松散,也承认2+1的定中结构联系紧密。但这种节律上的松紧程度是由于其内部句法语义关系的松紧程度造成的,1+2动宾结构是短语,所以松散;2+1定中结构是词,所以紧密;而1+2的定中结构介于短语和词之间,所以处于松散和紧密之间。但重要的是,语法结构内部成分之间的松紧关系并不能决定成分本身单双音节的选择。[29]

从上面讨论的一些情况来看,我们认为,1+2结构和2+1结构本身并没有天然的松散和紧密之分。或者,讲得更保险一点,认为1+2式在节律上本身就松,2+1式在节律上本身就紧的证据还是不够充分。

### 2.3 松紧象似是汉语韵律语法研究中的重要原则

尽管我们认为,松紧象似并不是解决例(3)-(9)现象的关键。但是,如果将松紧象似原则的概念内涵调整为:成分之间韵律上的松紧象似它们之间语义语用上的松紧关系。对于这样的松紧象似原则,我们表示非常赞同,并且认为这是汉语韵律语法研究中的重要原则。

这个道理不难说明,语义上联系紧密的成分,在韵律上自然结合得更紧密。请看以下一组例子:㉚

(27) a. 无肺|病牛(意为"没有肺的病牛")
　　　b. 无肺病|牛(意为"没有肺病的牛")
　　　c. 无|肺病牛(意为"没有得了肺病的牛")

(27a)宜读成2+2式,(27b)宜读成3+1式,而(27c)宜读成1+3式。其中哪个音节与哪个音节结合得松一些,或者紧一些,就需要依靠句法语义关系来确定。

而在话语层面,韵律上的松紧是和语用上的信息结构直接相关联的。例如在上声变调当中,到底如何切分变调域,是和新旧信息的分布直接相关的,请看下例:

(28) a. 老李|买 雨 伞　　　　　b. 老李买|雨 伞
　　　　3 3 3 3 3 本调　　　　　　3 3 3 3 3 本调
　　　　2 3 3 2 3 变调　　　　　　2 2 3 2 3 变调

对于"老李买雨伞"这个句子来讲,如果是回答"老李干什么"的问题,那么"买雨伞"就是新信息,应自成一个变调域;而如果是回答"老李买什么"的问题,那么"雨伞"作为新信息自成变调域,而旧信息"老李买"则构成句子中的另外一个变调域。

所以,成分之间韵律结合的松紧,象似它们之间语义语用关系的松紧,这当然是正确的。

## 3 汉语韵律语法研究展现了音节计数的特点

### 3.1 汉语的每一个音节都有意义

我们认为,汉语在韵律语法研究当中,展示了音节计数的性质。音节和音节数目,是解释例(3)-(9)中现象运作的关键点。

汉语没有听感上明显的重音,并不是因为汉语是一种声调语言。[31]而更主要的原因是汉语是一种单音节语,每一个音节一般就对应于一个汉字,而一个汉字对应于一个语素。在汉语中,每一个音节都是有意义的。试比较以下英汉词汇:

(29) ˈweapon '武器'　　ˈpistol '手枪'　　caˈress '抚摸'
　　 poˈlice '警察'　　baˈnana '香蕉'　　ˈcrazy '疯狂'

英语的多音节词中,每一个音节并不一定都有意义,词重音按照一定规律落在某个音节上,也意味着这个音节为整个词承载重音。而加重某个音节,都只是服务于加重这个音节所在的单词的整体。例如,在 pistol 中,音节 pis 和 tol 都没有意义,重读 pis 只能服务于 pistol 这个整体。

但是,在汉语中情况就不同了,在双音节词或多音节词当中,由于每一个音节都有意义,重读不同的音节就可能在强调对比等语用意义上造成表达上的重大差异。例如,重读"手枪"中的"手",表明这不是"步枪"或"机枪"等其他类别的枪;重读"手枪"中的"枪",表明这不是"手机"或"手表"等其他物品。

所以,音节对于汉语韵律语法研究来讲,是至关重要的一个单位。

王洪君提出了"句法韵律枢纽"的重要概念,所谓"句法韵律枢纽",指的是句法单位和音系单位的最小交汇单位。这里的"交汇",主要是"对应"的意思。[32]

王洪君指出,"句法韵律枢纽"在英语中为"word",在汉语中为"字"。word 在句法层级上为句法词,对应于韵律层级上的音系词。而在汉语中,句法韵律枢纽为"字"。字在句法层级上为语素,对应于韵律层级上的音节。[33]

反过来说,英语中的语素对应不上任何韵律单位。而汉语的词也可以是单音节、双音节或多音节,不对应于任何一级韵律单位。

更有意思的是,王洪君还指出句法韵律枢纽在文字单位上的重要性。英语中的 word 是书面上前后用空格隔开的字母串,而汉语的字是书面上一个方块空间内的若干字符的组合。句法韵律枢纽同时关联音系单位、句法单位和文字单位。王洪君进而认为句法韵律枢纽的设置可看成是人类语言类型上的一个重要参数,认为句法韵律枢纽在句法韵律层级中的层级高低差异有类型学的意义。[34]

王洪君提出句法韵律枢纽这个概念不仅正确并且非常重要。在我们看来,这决定了汉语韵律语法研究的独特性质。以音节数目作为媒介来讨论汉语韵律与语法之间的关系,是最直接、最简单和最有效的手段,因为这本身就是由汉语不同于印欧语系的特点所决定的。

### 3.2　音节数目是推导重音的基础

每一个从事韵律语法研究的学者都注意到了汉语音节计数的重要性质。比如说,学者们在描述汉语句法结构韵律模式的时候,行文中出现频率最多的就是"1+2、1+1、2+1、2+2"这种方式。毫无疑问,其中的数字1和2代表的就是单音节和双音节。所谓"命名即认识",这种称谓方式的便捷性正说明了音节数目对于汉语韵律语法研究的重要性。

汉语韵律语法学界在引入"重音"概念来讨论问题之前,学者们就是将音节数目直接作为研究当中的工具和支点的。例如,陆丙甫和端木三(Rhythm and syntax in Chinese: A case study)一文在初稿阶段(即 A case study of the relation between rhythm and syntax in Chinese),明确提出了一条"辅长原则"(Nonhead Length Rule),[35]其中"长"指的就是音节数目多。而刘丹青考察了节律对汉语形态和句法操作的种种制约,说明语音节律在汉语中起着不可忽视的作用。[36]刘先生文中所说的"节律",指的就是音节数目和词长(也表现为音节数)。刘丹青明确表示:"汉语中基本的语音感知单位是音节,音节在汉语中的重要地位远远超过其他语言。"并且讲道:"节律制约使形态对词的音节数(而不仅是句法、语义类别)有强烈的选择性。"[37]

此后,当代重音理论引入汉语韵律语法研究。但只要我们仔细考察,其实不难发现,目前汉语韵律语法研究中提到的"重音"也是靠音节数目(主要是双音节)推导出来的。

端木三在 The Phonology of Standard Chinese. 2$^{nd}$ edition 中（P174）提出的"重长原则"指的就是短语重音要落在一个音节音步上，而在端木先生的系统中，坚持"音步双拍"（Foot Binarity）的原则，音节音步都是由双音节构成。端木三讲了如下一段话："从重音理论上看，单字不单用跟音步结构有关：音步需要两拍才能体现轻重交替，如果拍音节，就需要两个音节。"[38] 所以，王洪君曾经将端木三先生的重音理论总结为"辅重必双"。[39]

冯胜利先生的韵律语法研究当中已经注意到了音节数目的重要性，前面已经讲到，冯先生的重音理论中就有一条重要的"单轻双重"。并且，冯胜利也曾发表过这样一段看法："音步不只可以用轻重构形，还可以用长短构形，只要能够造成'相对凸显'，就可以满足'相对'的原则，不一定非得用重（分量）的手段。尽管重音实现的时候有高有长。但并不意味着所有的重音都用一种方式来实现。焦点重音可能用高低实现，而核心重音（尤其是句尾重音）则是用长短来实现。"[40] 冯先生所说的"长短"，显然就是音节数目多少构成的长短。

所以，学者们其实对汉语中音节数目和重音的关系已经有了比较清楚的认识。在汉语韵律语法研究当中，讲重音，实际上离不开音节数目。

在英语中，复合词和短语重音的分配走向和音节数目是没有关系的。英语的单音节词也可以有词重音，并且也可以承载复合词或短语重音。请看以下英语中的例子：（大写黑体表示获得复合词重音或短语重音的单词）

(30) a. **CAR** dealer '汽车商'

　　 b. **FOOTBALL** club '足球俱乐部'

(31) a. earn **MONEY** '挣钱'

　　 b. collect **FOOD** '收集食物'

英语中，复合词一般左重，而短语一般右重。(30a)和(30b)分别是"单音节+双音节"和"双音节+单音节"的复合词，但是重音都落在前一个单词上，(31a)和(31b)分别是"单音节+双音节"和"双音节+单音节"的动宾短语，但是重音都落在后一个单词上。可以确定，英语中的重音分布并不和词汇音节数目的多少相关联。

所以，过往汉语韵律语法研究中所说的重音，不具备摆脱音节数目的独立性。

# 4 基于数量象似性的音节数目多少象似原则

## 4.1 自然语言中的象似性

在我们看来,汉语句法结构中的韵律模式选择,或者说得更具体一点,其中的单音节和双音节的选择,动因都是象似性。

"象似性"是认知功能语法中对语言现象进行解释的重要原则,强调语言符号的能指与所指(语言学中可理解为"语言形式和意义")之间具备有理据的关联。象似性与索绪尔的"语言任意性"[41]原则见解相异,认为语言是对现实世界规则的投射和临摹。Givón 在 Haiman 等系列论著的基础上,曾经指出了语言象似性的三个重要组成部分,[42]分别是:

**数量象似性**(quantity iconicity):语义越繁复,形式就越多;

**距离象似性**(distance iconicity):语义概念上距离越近,形式上的距离就越近;

**顺序象似性**(sequence iconicity):叙述的顺序对应所描述的事件的顺序;

以下三个简单的事例分别反映了上述三种象似性的作用:

(32) a. book —— books
  b. 我爸爸 —— ? 我书包
  c. veni, vidi, vici '我来了,我看见了,我征服了'

在(32a)中,复数比单数表示的数量要多,因此在形式上,表示复数的单词在形式上更长,比表示单数的单词多了一个"s";在(32b)中,"我"和"爸爸"之间的关系更紧密,中间可以没有"的"字,而"我"和"书包"的关系更松散,一般中间要加上"的"字才能成立;在(32c)拉丁语例子中,"veni""vidi"和"vici"按时间发生的先后顺序依次在形式上出现。(32a-c)分别是数量象似性、距离象似性和顺序象似性在自然语言中的体现。

## 4.2 "多少象似"是汉语句法结构韵律模式的选择动因

"松紧象似"原则是一种基于距离象似性的提法。这是因为,成分间韵律上的松紧可以看成是一种语音节奏间隔的长短之分。用间隔的长短去模拟的句法语义远近关系,体现了距离象似的本质特点。

在我们看来,解决汉语句法结构的韵律模式谜题的关键是要注重结构成分之间音节数目多少的对立关系,我们提倡一种基于音节数目对立的"多少象似"原则,这种象似性原则是以数量象似性作为出发点的。"多少象似"原则可以表述为:

**信息量相对大的成分在音节数目上相对多;**

**信息量相对小的成分在音节数目上相对少;**[43]

周韧从汉语定中结构的韵律模式入手,说明了汉语句法结构韵律模式和信息量之间的对应关系。[44]本文做一个简要的重新梳理和补充说明。

根据朱德熙《语法讲义》,例(4)(6)(8)(9)定中结构的定语,都属于粘合式定语,可以按照它们在语义上和中心词的关系,分为三个大类:[45]

Ⅰ.表示中心词在基本范畴上的一些特征,如大小、颜色、形状等特征;

Ⅱ.表示中心词的属性、质料构成或时间方位特征;

Ⅲ.表示中心词的用途和功能;

如果这三类定语一起形成粘合式多重定语,那么排列顺序一般为"Ⅰ类 > Ⅱ类 > Ⅲ类"。请看例(33):(">"表示"领先于")

(33) a. 大铁柜——*铁大柜　红色玻璃门——*玻璃红色门
　　　　(Ⅰ类 > Ⅱ类)

　　　b. 小饭桌——*饭小桌　新款豆浆机——*豆浆新款机
　　　　(Ⅰ类 > Ⅲ类)

　　　c. 校纪委——*纪校委　塑料电话机——*电话塑料机
　　　　(Ⅱ类 > Ⅲ类)

　　　d. 红色塑料电话机　(Ⅰ类 > Ⅱ类 > Ⅲ类)

这样分类后可以发现,这三类定语构成的定中结构在韵律模式上的表现各不相同:

Ⅰ类定语形成的定中结构一般允准1+2式,但一般排斥2+1式;

Ⅱ类定语形成的定中结构可以允准1+2式,也可以允准2+1式;

Ⅲ类定语形成的定中结构一般允准2+1式,但一般排斥1+2式;

为了方便读者理解,请看下面这个示意图:

| 新旧 > 大小 > 颜色 > 形状、气味 | > | 属性 > 时间、处所 > 质料 | > | 用　　途 | |
|---|---|---|---|---|---|
| Ⅰ类定语 | | Ⅱ类定语 | | Ⅲ类定语 | |
| 1＋2 | ＊2＋1 | 1＋2 | 2＋1 | ＊1＋2 | 2＋1 |
| 大事情 | ＊重大事 | 金杯子 | 黄金杯 | ＊煤商店 | 煤炭店 |
| 老士兵 | ＊老迈兵 | 农产品 | 工业品 | ＊粮仓库 | 粮食库 |

汉语粘合式多重定语排列次序的背后,是有着深刻的认知功能动因的。在汉语语法学界,很多学者对此进行过详细描写和深入解释,代表有陆丙甫、张敏和袁毓林等等。[⑯]

陆丙甫和张敏主要提出的是"语义靠近"原则,认为越靠近中心词的定语在语义上越稳定客观,反映中心词的本质属性,而远离中心词的定语在语义上临时主观;袁毓林从"对立项多少"原则入手,认为对立项少的定语应排在前面,对立项多的定语应排在后面,而对立项少的定语信息量小,对立项多的定语信息量大;陆丙甫从可别度(identifiability)角度入手,认为可别度相对高的成分在语序上趋向于前置,可别度相对低的成分趋向于后置。

这几家观点尽管在细节上有一些小差异,但是在大的方向上并不矛盾,把这几家的观点综合起来,就可以得到以下结论:

Ⅰ类定语跟中心词的语义关系较远,对定中结构整体的语义贡献小,可别度较高,携带的信息量小;

Ⅲ类定语跟中心词的语义关系较近,对定中结构整体的语义贡献大,可别度较低,携带的信息量大;

Ⅱ类定语的相关性质处于Ⅰ类定语和Ⅲ类定语之间。

如果针对单音节和双音节建立"多少象似"的相对关系,我们可以得到:

这种"多少象似"原则的解释力如下所述:

第一,这可以解释为什么例(4)中1＋2式的"粮仓库、煤商店、书展览"不成立,因为其中的定语属于Ⅲ类定语,信息量相对大,音节数目不应少于中心词。

第二,这可以解释为什么例(6)中2+1式的"重大事、老迈兵、苦涩味"不成立,因为其中定语属于Ⅰ类定语,信息量相对小,音节数目不应多于中心词。

第三,这也可以解释部分实际存在的2+1式形名定中结构,如例(9)中的"贫困生、规范字、恐怖片",等等。因为这些形名结构中的双音节定语有着更多的语义信息。[47]因为当我们说"这个字写得很规范"或者"这部电影很恐怖"的时候,并不意味着这个字就是规范字,这部电影就是恐怖片。

第四,这可以解释为什么例(8)中1+2式的"金项链、夜生活、月利率"等是成立的,因为其中的定语属于Ⅱ类定语,整个定中结构2+1结构和1+2结构都是可以被允准的。

第五,这也可以解释为什么例(3)中2+1式的"购买粮、种植蒜、存放包"不成立。因为在动宾结构中,宾语一般比动词带有更多的信息。按照徐烈炯等学者的研究,汉语的信息焦点总是处于句末,即"焦点在尾"。[48]徐烈炯举例如:

(34)问:你刚才喝了什么?　　(35)问:你怎么处理那些咖啡的?
　　答:我喝了咖啡。　　　　　　答:*我喝了咖啡。
　　*我把咖啡喝了。　　　　　　我把咖啡喝了。

在汉语的动宾结构中,由于宾语处于末尾,经常充当句子的信息焦点。这样,从信息量的角度来看的话,在常规的动宾结构中,宾语比动词携带的信息更多。因此在汉语动宾结构中,宾语应该在音节数目上多于动词,至少不能少于动词。

第六,这种分析思路还能解释例(7)中实际存在的一部分2+1式动宾结构。很多2+1式动宾结构中的单音节宾语的可预测性较高。比如说,"吓唬""教育"和"压迫"等词,后边只能接表人的宾语,而像"糟蹋"和"补征"等词,后头很可能出现的是"钱"和"税"等语义相关的名词宾语。可预测性高,就代表信息量小,便可以用单音节。

我们以上的分析,可以通过良好的证伪测试。我们可以选择一些单双音节基本同义的定语和中心词进行交叉组合,构成相应的 1+2 式和 2+1 式,在一些例子中,就会观察到它们之间的内部语义会产生差异,试比较:

(36) 穷学生 —— 贫困生

(37) 钢仓库 —— 钢材库

(38) 干垫子 —— 干燥垫

例(36)中,1+2 式"穷学生"中的"穷"是表临时主观义的 I 类定语,而 2+1 式"贫困生"中的"贫困"是表属性义的 II 类定语;[49]例(37)中,1+2 式"钢仓库"中的"钢"是表质料义的 II 类定语,而 2+1 式"钢材库"是表用途义的 III 类定语;[50]例(38)中,1+2 式"干垫子"中的"干"是表临时主观义的 I 类定语,而 2+1 式"干燥垫"中的"干燥"是表用途的 III 类定语。[51]例(36)、(37)和(38)的对立证明,定中复合词内部语义构造和其韵律模式上的选择是有紧密关联的,韵律模式的变化可以带来语义解读的变化。

此处可以看到,距离象似性和数量象似性有着密切的联系和配合。定语排序本身是距离象似性的体现,多个定语依据和中心词语义语用关系的亲疏,决定它们远近关系,但对于定语和中心词本身的音节数目来讲,这又上升到一种数量象似关系。与中心词距离远的定语在音节数目上相对少,而距离近的定语在音节数目上相对多。[52]

### 4.3 从单双对立到二四对立

如果我们的视野再开阔一些,将汉语韵律语法研究的领域从单音节和双音节的对立延展开来,注意到四音节成分和双音节在句法语义上的对立,就会愈发体会到"多少象似"原则的重要作用。此处我们举出两个例子说明。

邢福义曾经研究过"NN 地 V"结构。所谓的"NN 地 V"结构,例子如(例子均摘自邢福义论文)[53]:

(39) **烧鸡烤鸭**地吃　　**野草树皮**地啃

　　**皮鞋夹克**地经常买　　**原理公式**地天天背

邢先生很敏锐地指出,结构中有两个名词,但也可以是三个名词或四个名词,但合起来只能是四个音节或四个音节以上,绝对不能只是两个音节。请看以下对比（以下是邢先生的例子，我们做了一些编排）：

(40) a. 烧鸡烤鸭地吃 ——鸡鸭海鲜地吃——鸡鸭鱼虾地吃——*鸡鸭地吃

b. 上海广东地跑 ——*沪粤地跑

在(40a)中，"烧鸡烤鸭""鸡鸭海鲜"和"鸡鸭鱼虾"分别讲的是两样、三样和四样东西，但整体都是四个音节。"鸡鸭"尽管也是讲两样东西，但整体只有两个音节，整个结构就不成立。(40b)也是如此。很显然，在"NN 地 V"结构中，其中充当状语的 NN 合起来只能是四个音节或四个音节以上。

第二个例子是"NP + 样样 + VP"的格式。由于"样样"本身含有的"多种多样"的语义，它要求其关联的主语 NP 可以表示多种不同的事件，例如：

(41) 琴棋书画样样精通。　　吃喝嫖赌样样都在行。
空调电视样样都有。　　体育运动样样都不行。

与"样样"关联的主语 NP，一般也是在四个音节左右。其中分为两种情况：第一种是主语为一个并列结构，其中每一个音节表示一种具体的事情，例如"琴棋书画"，或者每两个音节表示一个具体的事情，如"空调电视样样都有"；第二种是主语为表示包含多个小类（但未具体列出）的大类名词，例如"体育运动"可包含足球、篮球和排球等小项。

而需要注意的是，如果主语只是双音节，不管其中只是表示两样具体事情的两个名词，还是内部可以表示包含小类的名词，都是不能和"样样"搭配的，例如：

(42) ? 书画样样精通。　　? 吃喝样样都在行。
? 运动样样都不行。　　? 农活样样拿手。

从语义上看，"NN 地吃"和"NP + 样样 VP"中的名词性成分 NN 和 NP 都是用来临摹事物或事件超出常规的繁多。相对双音节来讲，用四音节成分更能体现这种"繁多"的意义。因为四音节比双音节更长，音节数目更多。这正是"多少象似"原则的又一重要体现。

## 5　结语

我们认为,只有重视汉语中"音节—语素—字"对应的基本格局,重视汉语音节的重要性,并以此为基础构建相关解决方案,才是破解汉语韵律语法问题的关键。所以,本文提出淡化重音,重视汉语音节数目研究的思路。

在我们看来,对于音节数目的重要性,很多持重音理论的学者已经注意到了这一点,但是他们并不满足只停留在此,而更愿意从此出发,寻找具备语言共性的解释,追求理论的普遍性。

过去,尽管我们已经注意到了韵律语法现象中语义语用因素的作用,但在研究中还没有放弃重音概念,周韧将研究结论落实为信息量和重音的对应关系。[54]而现在,我们更注重理论的简约性,愿意跳过重音环节,直接将信息量和音节数目关联起来。

朱德熙先生的词类观给了我们很大启发。[55]朱先生在处理汉语动词充当主宾语问题的时候,坚决反对其中需要一个"名物化"的过程,认为并没有明显的形态证据说明汉语的动词经历了名物化,因此他明确主张,汉语的动词可以直接充当主宾语。

那么,利用音节数目来解释汉语韵律语法问题的时候,是否中间还需要增设一个重音的流程?尤其是这个"重音"在听感上并不明显,并且只是音节数目的副产品。现在看来,这个问题的答案已经越来越清楚了。

本文写作得到中共中央组织部万人计划"青年拔尖人才"支持计划项目和国家社科基金青年项目"汉语韵律与句法语义互动关系研究"(10CYY037)的资助。文章初稿曾在第十九次现代汉语语法学术讨论会(温州大学,2016年10月)上宣读,感谢郭锐先生、沈家煊先生和沈阳先生等与会专家的反馈意见。定稿时又吸收了陆丙甫先生、袁毓林先生和《中国语文》匿名审稿专家提出的宝贵建议。谨此一并致谢!

原载于《中国语文》2017年第5期。

# 注 释

① 此处包括部分定语为区别词的定中结构。

② 参见:吕叔湘《现代汉语单双音节问题初探》,《中国语文》1963 年第 1 期,又载于吕叔湘《汉语语法论文集(增订本)》,商务印书馆,1984 年,415—444 页,本文据此;

吴为善《现代汉语三音节组合规律初探》,《汉语学习》1986 年第 5 期;《论汉语后置单音节的粘附性》,《汉语学习》1989 年第 1 期;《汉语韵律句法探索》,学林出版社,2006 年;

张国宪《"动 + 名"结构中单双音节动作动词功能差异初探》,《中国语文》1989 年第 3 期;《形名组合的韵律组配图式及其韵律的语言地位》,《当代语言学》2005 年第 1 期;

陆丙甫《结构、节奏、松紧、轻重在汉语中的相互作用》,《汉语学习》1989 年第 3 期;

Lu, Bingfu and San Duanmu. 1991. A case study of the relation between rhythm and syntax in Chinese, Paper presented at the Third North American Conference on Chinese Linguistics, May 3—5, Ithaca;

Lu, Bingfu and San Duanmu. 2002. Rhythm and syntax in Chinese: A case study, *Journal of the Chinese Language Teacher Association* 37, pp. 123—136;

刘丹青《词类和词长的相关性——汉语语法的"语音平面"丛论之二》,《南京师大学报(社会科学版)》1996 年第 2 期;

端木三《重音理论和汉语的词长选择》,《中国语文》1999 年第 4 期;《重音、信息和语言的分类》,《语言科学》2007 年第 5 期;《重音理论及汉语重音现象》,《当代语言学》2014 年第 3 期;《音步和重音》,北京语言大学出版社,2016 年;

Duanmu, San. 2007. *The Phonology of Standard Chinese*, 2$^{nd}$ edition, Oxford University Press;

Duanmu, San. 2012. Word-length preference in Chinese: A corpus study, *Journal of East Asian Linguistics* 21(1):89—114;

冯胜利《汉语的韵律、词法和句法》,北京大学出版社,1997 年;《韵律句法学研究的历程与进展》,《世界汉语教学》2011 年第 1 期;《汉语韵律句法学(增订本)》,商务印书馆,2013 年;

Feng, Shengli. 2015. On Nuclear Stress Rule in Chinese, *Cognitive Linguistic Studies*2: 1—23;

王灿龙《句法组合中单双音节选择的认知解释》,《语法研究和探索(十一)》,商务印书馆,2002 年;

王洪君《汉语的韵律词和韵律短语》,《中国语文》2000 年第 6 期;《音节单双、音域展敛

（重音）与语法结构类型和成分次序》，《当代语言学》2001 年第 4 期；《汉语非线性音系学（增订版）》，北京大学出版社，2008 年；

周韧《信息量原则与汉语句法组合的韵律模式》，《中国语文》2007 年第 3 期；《现代汉语韵律与语法的互动关系研究》，商务印书馆，2011 年；

柯航《现代汉语单双音节搭配研究》，商务印书馆，2012 年；

张洪明《韵律音系学与汉语韵律研究中的若干问题》，《当代语言学》2014 年第 3 期；

沈家煊、柯航《汉语的节奏是松紧控制轻重》，《语言学论丛（第五十辑）》，商务印书馆，2014 年。

③ 有时，通过元音和辅音的长度变化也能实现重音。甚至音高曲线的过于降低也可以被感知为重音。

④ 参见 Duanmu, San, *The Phonology of Standard Chinese*, 2$^{nd}$ edition；
Duanmu, San, Word-length preference in Chinese: A corpus study；
冯胜利，《韵律构词与韵律句法之间的交互作用》，《中国语文》2002 年第 6 期；《韵律句法学研究的历程与进展》《汉语韵律句法学（增订本）》。

⑤ Duanmu, San, *The Phonology of Standard Chinese*, 2$^{nd}$ edition, pp. 173—174.

⑥ 冯胜利认为，如果动词是不及物的，后头没有成分，则动词本身获得核心重音。由于动词向后只分配一次核心重音，因此动词后不能出现两个承重成分。（《汉语韵律句法学（增订本）》，69 页）

⑦ 冯胜利《汉语韵律句法学（增订本）》，70、185 页。

⑧ Duanmu, San, *The Phonology of Standard Chinese*, 2$^{nd}$ edition, p. 144.

⑨ 当然，形式语言学家一般不会接受"象似"这样的一个源于认知功能语法学派的术语。

⑩ 周韧《信息量原则与汉语句法组合的韵律模式》《现代汉语韵律与语法的互动关系研究》。

⑪ 周韧《韵律的作用到底有多大》，《世界汉语教学》2012 年第 4 期。

⑫ Chao, Yuen-Ren. 1968. *A Grammar of Spoken Chinese*, Berkeley and Los Angeles: University of California Press, p23.（后商务印书馆 2011 年重印，本文据此）。吕叔湘节译本《汉语口语语法》，商务印书馆，1979 年。

⑬ Chao, Yuen-Ren, *A Grammar of Spoken Chinese*, pp. 62—63.

⑭ 赵元任举例："这不是苦瓜，也不是甜瓜，就是一种甜瓜。"（62 页）根据赵先生的判断，第一个"甜瓜"（指一种水果名）为正常的后重，但第二个"甜瓜"（指"甜的瓜"）却为前重。不过，第二个"甜瓜"的后字显然不是轻声，因此是否有必要将这个"瓜"看成是一种中重音。赵先生并不这样认为，他认为可以将第二个"甜瓜"的"甜"看成是强于正

常重音的对比重音,就可说清问题,因此此处引入中重音是不必要的。

⑮ 赵元任原文表述如下:"Another reason for not recognizing a phonemic medium stress is the difficulty of obtaining agreement among native speakers of Peiping in a significant proportion of cases tested, as against the occurrence of the neutral tone, on which there is a good degree of agreement." (p63)

⑯ 张洪明《韵律音系学与汉语韵律研究中的若干问题》。

⑰ 沈家煊《汉语"大语法"包含韵律》,《世界汉语教学》2017 年第 1 期。

⑱ 这里的"汉语",指以北京语音为标准音的普通话。

⑲ Chen, Matthew Y. 2002. *Tone Sandhi*: *Patterns across Chinese Dialect*, Cambridge: Cambridge University Press, pp. 307—319.

⑳ 感谢《中国语文》匿名审稿专家提醒笔者注意这一点。

㉑ 吴为善《论汉语后置单音节的粘附性》《汉语韵律句法探索》;王洪君,《汉语的韵律词和韵律短语》《汉语非线性音系学(增订版)》(298 页);柯航《现代汉语单双音节搭配研究》(77 页);沈家煊、柯航《汉语的节奏是松紧控制轻重》。

㉒ 在汉语韵律语法研究中,"节律"和"韵律"这两个术语常常混用,严格说来,它们的所指有一定的差异。但我们为了叙述的方便,为了和所引文献中原作者的术语保持一致,因此本文对"节律"和"韵律"两个术语不做严格的区分。

㉓ 吴为善《论汉语后置单音节的粘附性》。

㉔ 王洪君《汉语的韵律词和韵律短语》、《汉语非线性音系学(增订版)》(282—287 页)。文中用的术语是"音步",而不是"节律单元"。

㉕ 柯航《现代汉语单双音节搭配研究》。

㉖ 同上书,26—27 页。

㉗ 严格说来,在非停顿前的上声的调值,如果不变调为 35 的阳平,也需要从 214 的全上变为 21 的半上,这个细节我们此处暂时忽略。

㉘ 李思健、刘思训《天津方言的连读变调》,《中国语文》1985 年第 1 期。

㉙ 此外,刘丹青还提出一个很有意思的现象,即汉语的主谓结构常常有排斥 1 + 2 而允准 2 + 2 的情况,尤其是在这些主谓结构充当主宾语的时候。例如:

*虫生长的过程——昆虫生长的过程　*禁止车行驶——禁止车辆行驶

(见刘丹青《词类和词长的相关性——汉语语法的"语音平面"丛论之二》,《南京师大学报(社会科学版)》1996 年第 2 期)

汉语的主谓结构应是比动宾结构更为松散的结构,但有时会排斥 1 + 2 结构,这也是不利于松紧象似原则的。感谢《中国语文》匿名审稿专家指出这一点。

㉚ 这个例子来自赵元任。赵元任先生用"无肺病牛"这个例子说明汉语四音节成分的节奏有一种2+2解读的倾向,常常会压制1+3或3+1的解读。(Chao, Yuen-Ren, *A Grammar of Spoken Chinese*, p498)

㉛ 有一种说法认为,由于汉语中声调需要占用音高,因此重音在听感上不明显。这个说法会碰到一定困难,因为 Hayes 的类型学调查研究显示,很多语言是既有声调又有重音的(Hayes, Bruce. 1995. *Metrical Stress Theory*: *Principles and Case Studies*, University of Chicago Press.)。

㉜ 王洪君《汉语非线性音系学(增订版)》,315—332页。

㉝ 同上书,323页。

㉞ 同上书,324、332页。

㉟ "辅长原则"要求句法上的中心成分在词长上不能长于非中心成分。

㊱ 刘丹青主要考察了汉语形态操作中的节律制约,例如双音节在重叠时比单音节受到更多限制,例如"谈"有"谈一谈"的重叠方式,而"谈论"就没有"谈论一谈论"的重叠方式(刘丹青《汉语形态的节律制约——汉语语法的"语音平面"丛论之一》,《南京师大学报(社会科学版)》1993年第1期)。又揭示了汉语中词类和词长的相关性,指出汉语名词的典型词长是双音节,动词的典型词长是单音节。那么,单音节名词和双音节动词在形态句法操作中就多多少少会受到限制(刘丹青,《词类和词长的相关性——汉语语法的"语音平面"丛论之二》)。

㊲ 刘丹青《汉语形态的节律制约——汉语语法的"语音平面"丛论之一》。

㊳ 参见端木三《重音理论及汉语重音现象》。

㊴ 参见王洪君《音节单双、音域展敛(重音)与语法结构类型和成分次序》;《汉语非线性音系学(增订版)》,297页。

㊵ 冯胜利《汉语韵律句法学(增订本)》,132页。

㊶ 索绪尔著,高名凯译,岑麒祥、叶蜚声校注,《普通语言学教程》,商务印书馆,1980年。

㊷ Givón, Talmy. 1994. Isomorphism in the grammatical code-cognitive and biological considerations, in Raffaele Simone (ed.), *Iconicity in Language*, Amsterdam: John Benjamins Publishing Company..

Haiman, John, 1983. Iconic and economic motivation, *Language* 59:781—819.

㊸ 端木三也提出"信息量原则"是重音指派和分配的理据所在(端木三《重音、信息和语言的分类》)。但是,他维护的是辅重原则,解释的根据是:在现代汉语中,充当中心词的词(比如说介词和动词)在数量上少于充当非中心词的词(比如说名词)。例如,现代汉语中常用的介词只有十几个,但名词却可以是上千个。可是,这样的说法又难以

解释形名组合的情况。形名组合的中心词是名词,但是在现代汉语中,名词的数量应该远超过形容词。同时,对于名名结构本身产生的 1 + 2 和 2 + 1 的差异也缺乏解释力。所以,单纯从词类成员数量上的对比来说明信息量的大小还有很多要解决的问题。

㊹ 周韧《信息量原则与汉语句法组合的韵律模式》《现代汉语韵律与语法的互动关系研究》。

㊺ 朱德熙《语法讲义》,商务印书馆,1982 年,148 页。

㊻ 如陆丙甫《核心推导语法》,上海教育出版社,1993 年;《语序优势的认知解释——论可别度对语序的普遍影响》,《当代语言学》2005 年第 1、2 期;

张敏《认知语言学与汉语名词短语》,中国社会科学出版社,1998 年;

袁毓林《定语顺序的认知解释及其理论蕴涵》,《中国社会科学》1999 年第 2 期。

㊼ 祁峰和端木三通过语料考察发现,2 + 1 的形名定中结构出现的频率很低,并认为不好解释(祁峰、端木三《定中式形名组合词长搭配的量化研究》,《语言教学与研究》2015 年第 5 期)。我们认为,我们的方案可以很好地解释这一点。

㊽ Xu, Liejiong. 2004. Manifestation of informational focus, *Lingua* 114:277—299.

㊾ "穷学生"并不一定是"贫困生"。"贫困生"带有更多的语义信息,例如"家庭年收入低于一定数值"、"政府给予补贴"和"需要官方认定",等等。相较而言,"贫困"是语义上更为客观稳定的定语。

㊿ "钢仓库"一般理解为"用钢材建造的仓库","钢材库"一般理解为"储存钢材的仓库"。

㉛ "干燥垫"的主要作用是吸水,使与之接触的物品或人保持干燥,定语"干燥"表达中心词"垫"的用途,是固定属性;而定语"干"表达中心词"垫子"的状态,是临时属性。

㉜ 同时,音节之上还有节拍的概念。通常来讲,汉语中最常见的节拍是两个音节一拍,即一些学者所说的"音步"或"自然音步"。但有的时候,由于语义语用表达的需要,也可能由一个音节组成一个节拍或多个音节组成一个节拍。单个音节可能会形成一个松的节拍,而多个音节可能会形成一个紧的节拍。如果我们重视节拍在语法中的作用,就会发现松紧和音节数目的多少还有更为密切的联系。感谢《中国语文》匿名审稿专家向我们指出这一点。

㉝ 邢福义《"NN 地 V"结构》,《语法研究和探索(第 4 辑)》,北京大学出版社,1988 年。

㉞ 周韧《信息量原则与汉语句法组合的韵律模式》;《现代汉语韵律与语法的互动关系研究》,63—68 页。

㉟ 朱德熙《语法答问》,商务印书馆,1985 年。

# "差一点"的语义特征及其句法后果
## ——兼谈否定、反预期、时体的关联

### 范晓蕾

## 1 引言

副词"差一点"是汉语语法界一个常谈常新的课题。学界聚焦于"差一点没VP"的语义诠释规则,①因为该格式有"未VP"和"VP了"两种可能的诠释,分为冗余否定式"差一点(没)VP"和真性否定式"差一点*(没)VP"(如(1a))。那么,"差一点没VP"诠释为"未VP"和"VP了"的条件是什么?方家对此争议颇大,这里不予赘述。本文关心一项更基础的课题:"差一点"的语法特点和使用条件是什么?这涉及很复杂的现象。"差一点VP"仅有一种诠释"未VP",但有的合法,有的不合法(如(1b));同是表"未VP"义,"差一点(没)VP"的使用范围看似小于"差一点VP"(如(1c));同是真性否定式,"差一点*(没)VP"的使用范围又看似小于"差一点不VP"(如(1d));"差一点VP"往往拒绝"了₂",但"差一点要VP"通常需要"了₂"完句(如(1e))。

(1) 副词"差一点"的使用复杂性:
  a. 他在讲台上差一点(没)摔倒。<sub>未摔倒</sub>
      vs. 他在讲台上差一点*(没)站稳。<sub>站稳了</sub>
  b. 他在讲台上差一点摔倒。<sub>未摔倒</sub>
      vs. *他在讲台上差一点站稳。<sub>未站稳</sub>
  c. 他是不是差点儿摔倒啊?

vs. *他是不是差点儿(没)摔倒啊?

d. *他差点儿*(没)想回应领导的问话。

vs. 他差点儿不想回应领导的问话。

e. 他差点儿去南极(*了)#。

vs. 他差点儿要去南极*(了)#。

上述情况在以往少有关注,本文便拓展这一课题,从篇章语义、单句形式、结构比较等维度综合考察"差一点"的使用状况,依次解答三个问题:1)该词的语义特征是什么?2)这些特征带来哪些句法后果?3)语义反常的"差一点(没)VP"的生成机制是怎样的? 从而发现,"差一点"的使用决定于语义,表现在句法,据这两类因素可推导出"差一点(没)VP"的生成机制;这项考察揭示出"差一点"牵涉否定、反预期、时体等多个语法范畴,彰显了汉语句法及语义演变的若干共性课题。

本文包含三方面内容,得出多项结论,我们尽量以清晰有序的模式呈现全部的发现。这里有两点说明,一是南北方言的"差一点"类副词有使用差异,鉴于"差一点(没)VP"限于东北官话及其周边的北方方言,本文的普通话语料以北京人的语感为准;二是本文所论的"差一点"限于副词性的,不涉及"差一点就VP"(如"他差一点就上了大学了")——这里的"差一点"是谓词性的,使用上有不同,将另文详述。

本文使用的符号、术语见表1。另外,我们在分析"差一点"时会跟副词"没"做比较,为区别"没"的意义和词形,全文将它的否定义记作"未",将它的词形记作"没"——后者按功能又分"没$_{未}$"和"没$_{几乎要}$"(4.1节)。下文的考察涉及"了$_1$、了$_2$",若依句法位置定,"了$_1$"是紧附于V后、只能在宾语前的,"了$_2$"是附于VP后、可作句末助词的,但两者皆有准时体词、真时体词之分,这一点对我们下文的分析更重要(3.1节)。

**表1 本文使用的符号及术语**

| 符号 | "(X)"表示可隐去 X,"*(X)"表示必须用 X,"(*X)"表示不能用 X,如(1)所示。句末的"#"表示可以完句,"*Ø#"表示不能完句。 |
| --- | --- |

续 表

| | |
|---|---|
| 术语 | "谓语"指谓词短语,不是主谓短语的"谓语"。相应地,"有界谓语""非现实谓语"指有界性的谓词短语、非现实的谓词短语。<br>"环境"指功能词或谓语所在的语法环境,一般是整个句子。例如,说"'没$_{未}$VP'用于现实性环境"指该结构式见于描述现实性状况的句子,不是说当中的"VP"有现实性。 |
| "差一点"格式 | "差一点"有"差点""差点儿""差一点儿"等变换形式。"差一点 VP""差一点(没)$_{冗余否定}$VP""差一点*(没)$_{真性否定}$VP"等格式统称为"差一点 E"。<br>"E"指特定事态及其表达形式,主要指"差一点 E"所否定和引介的事态。"差一点 VP""差一点(没)VP"的 E 是"VP","差一点*(没)VP"的 E 是"没$_{未}$VP"。 |

## 2　语义特征:基于语篇的考察

朱德熙主张"差一点"相当于一个否定词,[②]很多学者指出"差一点 E"衍推"未 E",[③]这似乎暗示它类似"没$_{未}$E"——后者正表示"未 E"。本节依据"差一点 E"的语篇表现来揭示它异于"没$_{未}$E"的三项语义特征:断言 E 接近实现,E 有反预期性,常伴有意外语气。最后论证"差一点 E"和"没$_{未}$E"的另一相同特征:编码了"相对非将来"时制。

### 2.1　格式的断言义:接近 E

"差一点 E"虽然真值义含"未 E",但该否定义仅是背衬性的衍推义,整个格式重在表达"接近 E",或曰"要实现 E",这一肯定义才是它前突性的断言义,E 是格式的语义核心(表义重点)。衍推义和断言义并非对立互斥的关系,衍推义可以实现为断言义,这里是说,对于"差一点 E",衍推的否定义是隐性的、不活跃的意义,断言的肯定义是显性的、被强调的意义。

沈家煊、袁毓林认为"接近 E"是"差一点 E"的预设义,[④]我们的看法与之截然不同。如(2)所示,"差一点考满分"和"接近考满分"有平行的逻辑语义模式,它们皆衍推"没考满分",受"不是"否定后均有"没考满分"和"考了满分"两种诠释,这表明"差一点 E"和"接近 E"真值条件完全相同,两者不会是

"命题—预设"关系。

(2)"差一点 E"和"接近 E"的逻辑语义关系相同：

a. 张三差一点考满分,考了 99 分。(没考满分)

张三不是差一点考满分,他连及格线都没过。(没考满分,而且远离满分)

张三不是差一点考满分,他正是考了个满分。(考了满分,不是"没有满分")

b. 张三接近考满分,考了 99 分。(没考满分)

张三不是接近考满分,他连及格线都没过。(没考满分,而且远离满分)

张三不是接近考满分,他正是考了个满分。(考了满分,不是"没有满分")

我们可以从语篇角度证明："差一点 E"断言"接近 E",异于"没$_{未}$E"。特定语境里,"差一点 E"往往可换为"接近 E",但拒绝跟"没$_{未}$E"的互换(如(3))。

(3)"差一点 E"和"没$_{未}$E"在语篇衔接上相反：

a. 这次考试他超常发挥,<u>差一点/接近于</u>考到满分。

这次考试他超常发挥,*没考到满分。

b. 这次考试他发挥失常,*<u>差一点/*接近于</u>考到满分。

这次考试他发挥失常,没考到满分。

渡边丽玲提出"差一点"的一个语篇要求：两个分句若构成因果关系"因为 C,所以 E",便可用"差一点"形成"C,差一点 E"式。⑤例如,(3a)的"超常发挥"和"考到满分"成因果关系,可插入"差一点";(3b)的"发挥失常"和"考到满分"不成因果关系,就拒绝"差一点"。可见,"差一点 E"仅依靠 E 来满足语篇衔接,它的否定义"未 E"不干扰全句的断言义,这表明该格式重在表达"要实现 E",E 是语义核心。相反,"没$_{未}$E"的断言义是"未 E",否定义作表义重点,用以实现语篇衔接。

因果关系语境仅是"差一点 E"分布的典型语境之一,该格式报道具体事态,往往在叙事性语体中作推进事件链条进展的"前景句",与其他事件句构成时间相继、因果致使或程度递进的逻辑顺承关系。袁毓林指出"差一点"格式"侧重在表达某种有明显的终结点的动态性事件",⑥这正是前景句的特点。各类"差一点E"均倾向作前景句(如(4)),凭借E与前后句构成语篇上的逻辑顺承关系,再次印证E是该格式的语义核心。这是肯定句的语篇特点,说明"差一点E"的断言义跟肯定式"接近E"相同。

(4) 各类"差一点E"皆倾向作前景句、依靠E满足语篇衔接:
  a. 另外三人联骑举刀杀来,突然努尔哈赤的坐骑因受惊吓,长啸一声,一下子跳起来,差一点将努尔哈赤掀下马来。(CCL)
  b. 我昨天上班遇上堵车,耽搁了半个多小时,我只好下了公交自己步行,最后累得差点儿*(没)走到单位。
  c. 还有一次,为了在中央电视台做一个宣传,他和妻子李银河被拉去客串,两人在烈日下被调度了几十分钟,反复折腾,差点(没有)中暑,结果节目播出时恰恰给剪掉了这一截。(CCL)

相比而言,"没未E"的话语功能更庞杂,它可在议论性语体里说明抽象道理或反驳特定观点,这绝非"差一点E"的话语功能。在叙事性语体中,"没未E"常作补充事件主线的背景句,而"差一点E"作背景句是受限的(如(5a))。"没未E"也能作前景句,但必须有语用预设"已经/可能E"(见2.2节),否则无法报道信息,而"差一点E"可自由作前景句,无语用预设也能报道信息(如(5b))。

(5) "差一点E"和"没未E"的话语功能不同:
  a. [背景信息] *由于当年差点儿学会游泳,他掉下水后还扑腾了好一会儿。
    由于当年没学会游泳,他掉下水后马上不行了。
  b. [前景信息] 你知道吗?小王昨天上街买东西,却没带钱包。(有语用预设"上街买东西会带钱包",这是常识状况)
    你知道吗?小王昨天上街买东西,差点儿/(*没)被一辆汽车撞到。(无语用预设"上街买东西会被汽车撞到",这是特殊事件)

"差一点 E"的话语功能不同于"没﹤E",它像叙事性肯定句一样自由报导信息,其断言义是肯定性的"接近 E"。"差一点"隐性衍推了否定义,显性断言了肯定义,这种语义效果颇似英语的 almost。⑦

### 2.2　E 的客观特征:反预期

"差一点 E"比"接近 E"包含更多的语义特征,渡边丽玲就指出"差一点"句提出的事态"在说话人的心目中必须是一个比较不一般的、非寻常的事件",⑧该描述符合母语者的直觉,但何为"不一般、非寻常"呢? 这需要精准的定义和有效的论证。范晓蕾指出使用中的"差一点 E"通常有 E 的语境预期(contextual expectation),⑨它指语境里"E 实现"的标准规范、惯常状况或已知事实,这些内容皆是说话双方预先持有的谈话共识,作"差一点 E"句的背景信息,属于一种"语用预设"。该文从多个方面论证了"差一点 E"的真值义"未 E"必是合预期的,这相当于证明 E 是反预期(counter-expectation)的,即 E 指反规范、反惯常或反事实的事态——本小节继续补充说明此点。注意,"反预期"指事态状况相悖于背景性的语境预期,是事态在信息价值上的客观特征,不是言者的主观义。

范晓蕾观察到,虽然"差一点﹡(没)VP"和"差一点(没)VP"必须有语境预期,但"差一点 VP"允许语境预期的缺失,它的 E 可以无关任何规范、惯常或事实,只是纯粹的新信息,指无预期(non-expectation)事态(如(6))。⑩不过,无预期事态与反预期事态是相通的。退一步看,无预期事态完全不在谈话预期中,是始料未及的信息,也会令听话人意外,这表现为(6)的"差一点 VP"前可添加"竟然、甚至"等反预期副词。再进一步看,(6)的 E"某人谈情说爱""扔起的帽子飘到别人手里"是生活中不常见的小概率事态,不严格地说,它们可视为不明显的反预期事态。⑪

(6)"差一点 VP"有时是无预期的 E:
　　a. 那个夏天我(甚至)还差一点谈情说爱,我遇到了一位赏心悦目的女孩。(CCL)
　　b. 她就站下来说:"大家高兴得把帽子扔得高高的,我也扔了,掉下来(竟然)差一点飘到别人的手里去。"(CCL)

更重要的是,任何"差一点 E"的 E 绝不能是合预期事态,这表现为它排斥合预期副词"果然、自然、当然",自由搭配反预期副词"居然、甚至、反而"(如(7))。E 是该格式的语义核心,是"果然""居然"指向的目标成分,这表明 E 与合预期义冲突,与反预期义相容。由此解释了(1b)的"*差一点站稳"为何不合法:"站稳"是人姿势的常规状况,是合预期事态。董为光指出"差一点 VP"的 VP 不能指"正常状态",该论断的本质正是其 VP 不能"合预期",因为某类事件的正常状态一般是谈话共识里的常规预期。⑫

(7)"差一点"拒绝合预期副词、搭配反预期副词:
  a. 大家觉得他高考成绩会很好,他(*果然)<u>差一点</u>上了清华。⑬
  他复读阶段逃学旷课,这次考学(*自然)<u>差一点</u>再次落榜。
  他身体本来就虚弱,又两天没睡觉,(*当然)<u>差一点</u>病倒了。
  b. 大家都觉得他高考不会很好,但他<u>居然差一点</u>考上清华。
  我也学过他的饮食,不行,没几天胃就难受。没得到他那种过
   人的旺盛精力,<u>反而差点</u>垮掉。(CCL)
  我不被允许出现在新闻发布会,<u>甚至差一点</u>不被允许当这个市
   长。(CCL)

总之,"差一点 E"的 E 是反预期事态,又是格式的语义核心,那么"差一点 E"的显性断言义"接近 E"也有反预期性,可以说"差一点"编码了反预期性,是反预期标记。

再对比"没$_未$E",否定式必须有语用预设⑭(如(5b)),它要求话语"先设"一个相应的肯定命题。⑮我们发现,"没$_未$E"的语用预设在范围上大于"差一点 E"的语境预期,包含两种类型。第一,语用预设是交谈者明确提出的确定性观点"实际有 E","没$_未$E"是反驳具体观点,这无关反预期(如(8a))。第二,语用预设是交谈者默认的可能性状况"或许会 E",它往往指标准规范和惯常状况——这正是上文所述的"E 的语境预期",此时"没$_未$E"是报道实际状况,其真值义"未 E"是反预期的(如(8b)),这与"差一点 E"的"真值合预期"正相反。概言之,"差一点 E"和"没$_未$E"虽然逻辑语义相通,但信息模式总是相异,所以二者的使用不同。

(8) 语用预设的类型和否定式"没$_{未}$E"的反预期性：
 a. [语用预设是提及的观点"实际有E"，"没$_{未}$E"是被动反驳旧信息，不会有反预期性]
  听说张三<u>摔断腿</u>了[语用预设(确定观点)]。——没有的事,我见他了,他(真的)<u>没摔断腿</u>。
 b. [语用预设是默认的可能"或许会E(应该/通常E)"，"没$_{未}$E"是主动报道新信息，可以有反预期性]
  你知道吗？上次考试他(居然)<u>没写完作文题</u>[语用预设:考试应该写完所有题目(标准规范)]。
  你知道吗？昨天晚上他(居然)<u>没睡觉</u>[语用预设:人晚上通常会睡觉(惯常状况)]。

上文显示,语用预设的类型可决定"没$_{未}$E"的反预期性,这归结于反预期状况是信息价值最大的,⑯它须是主动报道的新信息。(8a)中话语确定了"有$_{实现}$E","没$_{未}$E"是被动反驳旧信息,这不会有反预期性,表现为它可用确认义副词"确实、真的"。(8b)里话语不确定"有$_{实现}$E","没$_{未}$E"是主动报道的新信息,可以带反预期性,表现为它接受意外义副词"居然、甚至"的修饰。因此,语用预设"是E"若指未曾确定的可能性状况,否定式的断言义"非E"往往有反预期性,第3、4节的讨论常依赖这一结论。

 借助上段的分析,就能解释"*差一点没要$_{将来}$VP"为何从不合法(如(9a))。我们发现"没要$_{将来}$VP"只能被动反驳旧信息,不能主动报道新信息(如(9b)),这使它不会有反预期性,难以作"差一点"的E,这也从反面证明了"差一点"的反预期性。

(9) "没要$_{将来}$VP"缺乏反预期性：
 a. [拒绝"差一点"] 昨天晚上楼上施工很吵,*他差点儿<u>没要睡觉</u>。
 b. [只被动反驳旧信息] 你爸爸要睡觉了吧[语用预设]。——不是啊,他<u>没要睡觉</u>。
 [不主动报道新信息] 你知道吗？*昨天晚上他<u>没要睡觉</u>。

## 2.3 格式的主观义：意外语气

"差一点 E"的肯定性断言义加上 E 的反预期性，便是肯定一个反预期事态接近实现，该状况往往引起出人意料之感。这就会造成"差一点 E"常伴有主观性的意外语气，即 Delancey 说的"意外性"（mirativity）。[17]意外范畴表达说话人对信息的"惊讶"，是言者的主观态度，它跟信息的反预期性有关联，却不相同。[18]渡边丽玲提及任何"差一点"句都有意外语气。[19]我们主张：意外语气是多数"差一点 E"的伴随性语用义，仅凝固为"差一点(没)VP"的稳定性语法义。

语篇中，各类"差一点 E"都高频伴随着意外语气，很多句子正表达因"E 接近实现"而意外（如(10a)）。一些句子看似关联惊喜义或后怕义，即惊喜于积极事态有实现的兆头，后怕于消极事态有实现的风险（如(10b)），其实这皆是意外语气呈现的特定效果。杨子提出"差一点(没)VP"有强调出乎意料的语用功能，[20]但我们看到该语用效果也见于其他"差一点 E"。相反，"没$_\text{未}$E"从不高频伴随意外语气或其他主观义，这是它与"差一点 E"的另一语篇差异。

(10)"差一点 E"常伴有意外语气（含惊喜、后怕）：
  a.［意外］胡安·佩尼西当选了议员，成了科学院院士，当了部长，甚至当他突然中风并仍然不忘用舌尖舔着他那颗破牙的时候，<u>竟然差一点被加冕出任共和国总统</u>。(CCL)
  b.［惊喜］那时候我在山上学习班劳改的时候老唱歌……后来就把我调到宣传队了，<u>还差点进了一个专业团体</u>……(CCL)
  ［后怕］上次翻车，<u>差点儿(没)掉下悬崖</u>，还好有防护栏挡住了。

那么，意外语气是不是"差一点"编码的主观义呢？要检验这一点，可以测试它能否自由用于各类弱语气的非直陈句(简称"弱语气句")，如定语小句、假设小句、推测主句、中性问句。理论上，客观性的副词可自由用于各类弱语气句，如时间副词"突然、刚刚"（如(11a)）；强主观性的副词至少拒绝一部分弱语气句，如强语气副词"居然、的确"（如(11b)）。某词在各类弱语气句中分布越受限，表明它的主观性越强。

(11) 不同类型的副词在弱语气句里分布不同:
  a. [定语小句] 儿子<u>突然</u>被打死的消息震惊了他。
   [假设小句] 要是他儿子<u>突然</u>被打死了,他肯定难以接受。
   [推测主句] 或许他儿子<u>突然</u>被打死了。
   [中性问句] 他儿子<u>突然</u>被打死了吗?
  b. [定语小句]*儿子<u>居然</u>被打死的消息震惊了他。
   [假设小句]*要是他儿子<u>居然</u>被打死了,他肯定难以接受。
   [推测主句]*或许他儿子<u>居然</u>被打死了。
   [中性问句]? 他儿子<u>居然</u>被打死了吗?

考察发现,各类"差一点 E"在这些弱语气句中的分布能力不同,"差一点 VP"最自由,"差一点*(没)VP"较自由,"差一点(没)VP"很受限(如(12))。由此推断三类"差一点 E"的主观性由低到高依次是:差一点 VP ≈ 差一点*(没)VP < 差一点(没)VP。换言之,只有"差一点(没)VP"编码了固定的主观义,这是其他"差一点 E"缺少的语法义。这也是用形式证据证明了前人的一些直觉判断,比如,Biq 曾指出"差一点(没)VP"除命题义外还标记了说话人评价 VP 反常的主观态度,[20] 江蓝生也谈到该格式"表达出说话人对该事态的态度或看法,语句中同时传递出一种主观性的评价意义"。[22] 再综合"差一点"常伴随意外语气的语篇事实,便知"差一点(没)VP"的固有主观义是意外语气,该语气只是其他"差一点 E"的常伴性语用义。这就解释了(1c)里"差一点(没)VP"的使用范围为何小于真值相同的"差一点 VP"。

(12) 各类"差一点 E"在弱语气句里分布不同:
  a. [定语小句] 上次差一点被他洗破的那件校服,一直放在衣柜里。
   [假设小句] 要是校服都差一点被他洗破,他的手劲可不是一般的狠。
   [推测主句] 听说校服让他洗过就不能穿了,或许差一点被他洗破吧。
   [中性问句] 校服差一点被他洗破了吗?
  b. [定语小句] 上次差一点*(没)洗净的那件校服,一直放在衣

柜里。

[假设小句]要是校服都差一点*(没)洗净,他洗衣服可真是太马虎了。

[推测主句]听说他洗校服时被他妈骂了,?? 或许差一点*(没)洗净吧。

[中性问句]校服差一点*(没)洗净吗?

c. [定语小句]?? 上次差一点(没)被他洗破的那件校服,一直放在衣柜里。

[假设小句]*要是校服都差一点(没)被他洗破,他的手劲可不是一般的狠。

[推测主句]听说校服让他洗过就不能穿了,*或许差一点(没)被他洗破吧。

[中性问句]*校服差一点(没)被他洗破吗?

### 2.4 "差一点"的时制义:相对非将来

讨论完"差一点"跟"没<sub>未</sub>"的不同点,下面看两词的相同点。周韧指出"差一点"只能用于现实性(realis)环境,拒绝非现实(irrealis)环境。[23]非现实范畴包括典型成员和不典型成员,典型的非现实环境指某状况不存在于现实世界的特定时间,如事件情态(event modality)、[24]将来事态;不典型的非现实环境指某状况的真实性未得到确定,它可以表达过去或现在的事态,如假设小句、推测主句、中性问句的情况。我们发现,"差一点"只拒绝典型的非现实环境(如(13a)),接受不典型的非现实环境(如(13b))。

(13)"差一点"只拒绝典型的非现实环境:

a. [事件情态句]要想进入面试,*他必须差一点考到满分。

[将来事态句]他再努力一点,*会差一点考到满分的。

b. [假设小句]要是这种考试他都差一点考到满分,那就太厉害了!

[推测主句]老师说他这次考试很不错,可能差一点考到满分了。

[中性问句]这次考试,他是不是差一点考到满分了呢?

尽管周韧主张假设小句、推测主句、中性问句因有非现实性而不用"差一点",但其文中例证(26a,c,d,f)的语病不是句子的非现实性所致,而是源于当中"差一点"的 E 缺乏反预期性,易被视为合预期事态。事实上,这三个句类是可以用"差一点"的,如(13b)所示。

"差一点"的非现实限制跟"没$_{未}$"是相同的,后者也是只拒绝事件情态句和将来事态句,说明二者编码了相同的现实性意义,该意义可定义为"相对非将来"(relative non-future)时制(简称"非将来义")。这一时制义包括相对过去时和相对现在时,近似于汉语学界传统上说的"已然",但它的时间位置关系有"相对性",其参照时间不限说话时间和本句内的时间状语,还包括句法或语篇上相邻句子的事态时间。这体现在"差一点"和"没$_{未}$"可用于描述将来事态的假设小句("要是明天他<u>差一点/没</u>迟到,那又怎样?"),因为本就表条件的假设小句参照于表结果/结论的后续主句,在时间或逻辑上总是预先存在的状况,属于一种相对过去。3.2 节会简析汉语的"相对时制"。

我们将"差一点"和"没$_{未}$"界定为"相对非将来"而不是"相对过去",是因为"没$_{未}$E"描述过去或现在的状况均可(如(14a))。尽管"差一点 E"仅描述过去状况(如(14b)),但这并非它的时制义造成的,应归因于它对 E 的情状(situation)限制。Smith 和 Erbaugh 指出,无界事态(unbounded situations)的默认时制是现在时,有界事态(bounded events)的默认时制是过去时。[25]我们在此基础上继续推导:无界事态与非将来义组合,指过去、现在皆可,如"<u>刚才/此刻</u>他在睡觉";有界事态与非将来义组合,只能指过去,如"<u>刚才/(\*此刻)</u>他睡到自然醒了"。这两种事态被否定后,时间所指大致不变。比如,"没$_{未}$+无界性 E"表达"实际不存在某个持续性事态",持续义加非将来义指过去、现在均可;"没$_{未}$+有界性 E"表达"实际不存在某个终结性事态",终结义加非将来义只能是过去(如(14c))。然而,"差一点"不像"没$_{未}$"那样允许无界性 E,通常要带有界性 E(3.3 节),总是表达"接近于某个终结性事态",这只能是过去。因此,"差一点"和"没$_{未}$"时间范围的差异源于二者 E 的情状范围有所不同,两词的时制义皆是非将来义,这是它们除否定义外的另一相同点。

(14)"没_未"和"差一点 E"的时间差异：
 a.［"没_未 + 无界性 E"指过去、现在］<u>刚才/此刻</u>他没_未睡觉。
 b.［"差一点 E"仅指过去］<u>刚才/(*此刻)</u>他差点儿睡到自然醒。
 c.［"没_未 + 有界性 E"往往指过去］<u>刚才/(*此刻)</u>他没_未睡到自然醒。

## 2.5　小结

  以往文献较好地描述了"差一点"的语义，如上文所引的"非寻常""意外""现实性"，但这多是未加证明的直觉性观察，界定也不甚明确。为使"差一点"的语义分析精确化，本节用可操作的形式证据论证出"客观的反预期性""语用上的意外语气""相对的非将来义"等特征，清晰地刻画了它们的内涵和范围，并纠正了以往观察的疏漏之处。我们还修正了前贤所持"'接近 E'为预设义"的判断，主张"接近 E"是"差一点 E"的显性断言义。那么，"差一点"的意义应表述为：某个违规或反常的事态虽未实现，但实际上接近实现，这一状况往往令人意外。可见，"差一点 E"兼有隐性的否定义和显性的肯定义：对于反预期事态 E，实情"未 E"是合预期的，这仅是语义真值；但趋势"接近 E"是反预期的，这才是断言重心。

## 3　句法后果：限于单句的分析

  本节仍沿着与"没_未"比较的思路，剖析"差一点"的否定义、非将来义、反预期性带来的句法后果，聚焦于单句内"差一点 E"的如下形式特点：弱时体倾向、完句效应、有界性倾向、句法层级居中。本节不谈"差一点（没）VP"，留待第 4 节详解。接下来的多项讨论依赖"差一点 E"的发展史，即 Shyu 和 Chuang 的考察结论："差一点"的副词用法产生于明代语料，当时只有"差一点（没）VP""差一点 VP"，前者的用例多于后者；"差一点 VP"的用例到清朝中后期有所增加；"差一点*（没）VP"直到 1949 年后才出现，至今用例很少。[26]

### 3.1　E 的弱时体倾向：否定义的后果

  "差一点 VP"描述过去状况，通常带有界 VP（3.3 节），格式整体属现实性的有界谓语。一般地,现实性的有界谓语要用"了₁、了₂、过"等时体词,尤其是有"了₂"方能完句,除非有数量宾语。㉗然而,如(15)所示,"差一点 VP"往往拒绝"了₂",即使用"了₂"也有严苛的限制条件;它能自由地用"了₁",但亦可省去"了₁"。因此,"差一点 VP"句可以不含任何时体词,这不同于对应的现实句,表明"差一点"的 E 有弱时体倾向。这很大程度上归因于 E 的实际发生被否定了,指非现实事态,汉语非现实事态的表达是排斥时体词的。㉘

(15)"差一点 E"排斥 E 的时体编码:
  a.[拒绝"了₂"]他差一点去南极考察(*了₂)#。
   vs.他去南极考察*(了₂)#。
  b.[限制"了₂"]他差一点认错人(了₂)#。
   vs.他认错人*(了₂)#。
  c.[可省"了₁"]他差一点上(了₁)清华呢#。
   vs.他上*(了₁)清华呢#。

虽然(15a,c)用到"了₁""了₂",但这些"了"并非成熟的时体词,证明这点是依赖于北方方言的一个特殊现象。很多北方方言里,"了₁""了₂"各自皆有强、弱两个变体形式,强变体的语音形式更接近动词"了_{完结liao}"。例如,北京话是"喽₁强变体/了₁弱变体"和"喽₂强变体/了₂弱变体",邢台话是"咾₁强变体/嘞₁弱变体"和"咾₂强变体/嘞₂弱变体"。范晓蕾指出这些变体有分布及性质的差异,如(16)所示,强变体的"了₁、了₂"用于非现实 VP,我们认为它们时体义不完备、语法化程度较浅,可称为"准时体词"(记为"了₁准""了₂准");弱变体的"了₁、了₂"用于现实性 VP,我们认为它们时体义完备、语法化程度很深,可称为"真时体词"(记为"了₁真""了₂真")。㉙这一结论是对以往观点的扩展和深化,马希文、木村英树等指出祈使句、否定式的"了"是类似"掉"的结果补语,确切而言是动相补语(phase complement),㉚这与我们所论"非现实 VP 的'了₁''了₂'是准时体词"相通,但不相同。

(16)北京话、邢台话里不同谓语的"了₁""了₂"有变体差异:
  a.[北京]快吃喽₁准那碗饭!(非现实)
   vs.他刚才吃了₁真那碗饭了。(现实)

[北京] 别认错人喽$_{2准}$。（非现实）

vs. 他刚才认错人了$_{2真}$。（现实）

b. [邢台] 快吃咾$_{1准}$那碗饭！（非现实）

vs. 他刚儿吃嘣$_{1真}$那碗饭嘣。（现实）

[邢台] 耍认错人咾$_{2准}$。（非现实）

vs. 他刚儿认错人嘣$_{2真}$。（现实）

语法化最浅的"了$_1$"固然像词汇性的动相补语"掉、成、完"一样有"结果达成"义，[31] 但它还有异于这些动相补语的语法特点。第一，祈使句的"了$_1$"是以往文献公认的动相补语，它可附于动结式上，但普通动相补语不能如此（如(17a)），这说明"了$_1$"的句法辖域总是大于动相补语。第二，木村英树等认为补语性的"了$_1$"须搭配去除义动词，[32] 但"V$_{去除义}$ + 了$_1$"在某些非现实 VP 里不能替换"V$_{去除义}$ + 掉/完/成"（如(17b)）。可见，语法化程度最浅的"了$_1$"也不及动相补语那样分布自由，说明它对谓语的时间属性有所要求，已编码微弱的时体义。因此，任何"了$_1$"都是语法化程度深于动相补语的。我们会另文论证，一些非现实 VP 的"了$_2$"是语法化程度较浅的准时体词，下文展示它区别于"了$_{2真}$"的特点是其辖域限于单个的 VP，不能促成完句。概言之，非现实 VP 的"了$_1$、了$_2$"虽然时体义不完备、语法化程度浅，但未浅到补语"掉"的程度，故定为"准时体词"。

(17) 语法化最浅的"了$_1$"也不同于词汇性的动相补语：

a. 你去把校服洗净了$_1$/(*掉)。

咱们别吵醒了$_1$/(*掉)人家啊。

b. 你吃(*了$_1$)/完早饭以前记得看看时间。

售楼员一天卖(*了$_1$)/掉两栋房子才会有提成。

"差一点"的 E 属非现实 VP，它的"了$_1$""了$_2$"在北京话、邢台话里正是强变体形式的"了$_{1准}$""了$_{2准}$"（如(18)）。帅志嵩主张古汉语"差一点"类副词后的"了$_1$"类似于"没$_未$VP"的"了$_1$"，是补语成分，[33] 这相当于认同它语法化程度很浅。但"没$_未$VP"的"了$_1$"只搭配去除义动词等有限的谓词，"差一点 VP"的"了$_1$"是自由搭配谓词的，其语法化程度显然更进一步，最宜看作准时体词。

范晓蕾指出"差一点 VP"用"了₂"的条件是 VP 蕴含结果状态,㉞ 如 (15b) 的"认错人"有结果"人错",当中的"了₂"相当于结果达成义的动相补语,这暗示其句法辖域限于单个的 VP,未到整句,如 (15b) 的句法层次是"差一点 +［认错人 + 了₂］",那么它应是"了₂准"。总之,"差一点"的 E 至多只能用准时体词,这是它弱时体倾向的另一表现。以下讨论中还会参考北京话、邢台话"了"的变体形式来解析其他句法问题。

(18) "差一点 E"的"了"皆是强变体,属准时体词:

 a.［北京］他差点儿上喽₁准清华呢。

  ［北京］他差点儿认错人喽₂准。

 b.［邢台］他差点儿上咾₁准清华嘞呢。

  ［邢台］他差点儿认错人咾₂准。

E 的弱时体倾向可解释几类"差一点 E"产生时间和使用频率的差异。"差一点*(没)VP"是"否定 + 否定 = 肯定"的合逻辑格式,却是最晚出现的"差一点 E"格式,至今用例极少,该事实多少令人意外。范晓蕾认为这归因于识解它的"双重否定"模式比较费力,当中的"没未VP"对语境信息的依赖度很高。㉟ 对此,本文补充另一动因:"差一点"的 E 有弱时体倾向,而"没未"含非将来义,自然也为 E 所排斥。相反地,"不"未编码时体义,理论上更易用于"差一点 E",事实正也如此。从帅志嵩的考察来看,历史上的"差一点"类副词是"险些、争些、差些"等,它们与"不"的搭配早已见于宋元时期,直到明代才有搭配"不曾、没"的情况。而且,一些南方方言有"差一点 + 不"类格式,极少用"差一点没 VP"类格式。㊱ 普通话里,"差一点 + 不"式也是更常用的,包括"差一点不 VP""差一点 V 不 C"。除了有些 VP 的否定词只用"不"(如(19a)),还有些 VP 本来能用"没未",但在"差一点 E"里只用"不"(如(19b))。当然,很多 VP 既用"差一点*(没)VP",也可用"差一点 + 不"式(如(20))。总体而言,"差一点"类副词普遍排斥含时体义的否定词,更易接受无时体义的"不",这就解释了 (1d) 的情况。

(19) 只能用"差一点不 VP"的情况:

 a.［否定式只有"不 VP"的］

中央乐团差点不/(？没)姓"国",而跟了海南一家公司的"姓"了。

刘桂英的父亲一愣,差一点不/(*没)相信自己的耳朵。

我本来挺自在,让你这一闹差点不/(*没)自在。

b.[否定式兼有"不VP"和"没_未_VP"的]

这海峡,就是那个大胆的航海家也差点儿不/(？没)敢冒险通过。(对比:那个航海家没敢冒险通过)

我爱他人品好,恨他进步慢,伤心不能和他好。有一段时间,我差点不/(*没)等他了……(对比:我没等他)

他有点激动,差点儿不/(*没)那么平和从容。(对比:他没那么平和从容)

(20)"差一点*(没)VP"可换为"差一点+不"的情况:

a. 她爸爸差点儿不/没来参加她的婚礼。

昨天老张太忙了,差一点不/没能按时吃药。

b. 他的小感冒差一点治不好/没治好。

他差一点不能/没拿到毕业证。

### 3.2 "差一点"的完句效应:非将来义的后果

异于多数副词的是,"差一点"有完句效应,可促成完句(如(21a))。即使"差一点VP了_2准_"完句也是依靠"差一点","了_2准_"是无法完句的成分,北京话、邢台话可清楚地展示这一点(如(21b))。汉语里促成完句的功能词可称为"完句词",这里只针对直陈语气的动态事件句。[37]"没_未_"和"了_2真_"也是完句词(如(21c)),这对应于"差一点"极少搭配这两个词的事实,毕竟语法性质接近或相同的词是排斥共现的。

(21)"差一点"有完句效应:

a. [促成完句]他差一点认错人#。 vs. 他认错人*Ø#。

b. [北京]他差点儿认错人喽_2准_#。 vs. 他认错人喽_2准_*Ø#。[38]

[邢台]他差点儿认错人咾_2准_#。 vs. 他认错人咾_2准_*Ø#。

c. [其他完句词]他没认错人#。/他认错人了_2真_#。

"差一点"的完句效应归因于它的非将来义,因为汉语的完句词通常都编码了时制、体貌意义,如邢台话可促成完句的"了₂"只能是"了₂真",它是时体义完备的助词。也就是说,汉语的完句取决于某种抽象的时间意义,那这种时间意义是什么? Tsai、郭锐集中于汉语的现实句探讨完句和时体词的关系,为此指引了方向。Tsai 认为,句法树上"了₂""在进行体""过经历体"处于外层体貌(outer aspect)的节点,它们可以向上移到时制节点,从而锚定事态的时间位置、促成完句。[39]这些时体词何以是外层体貌呢? 郭锐道出当中的语义内涵:它们能提供"外部时间参照",标示谓语核心和全句参照时间的位置关系,令事态得以定位于现实世界。[40]由此可见,汉语虽缺乏仅参照说话时间的绝对时制,却有参照时间灵活的"相对时制"(relative tense),它引发完句效应,是完句词的必有意义。我们认为,句末时体词"了₂真""呢持续体"的共有意义是 2.4 节界定的"相对非将来",[41]这是汉语里决定现实性的动态事件句完句的相对时制义,但"在进行体""过经历体"的完句效应另有动因(将另文详述)。我们发现,汉语里非现实的动态事件句也有完句问题,起决定作用的相对时制义是"相对将来",即下文所述"会将来"的意义。本文显示,完句词不止有时体词,还有"差一点、没、会"等编码了相对时制义的副词及助动词;而且,完句词只是允许完句,并非强制完句,它们也用于假设小句、原因小句等不完句的从属句,这类似于英语的定式动词(finite verbs)除主句外也能用于从句的现象。

"差一点"的非将来义也是 E 弱时体倾向的动因之一,该意义会禁止 E 重复编码时体义,所以,E 的弱时体倾向和"差一点"的完句效应是相关联的句法特征。这令"差一点 VP"异于其他状中式,典型的状中式如"马上 VP、一定 VP",当中的"马上、一定"不影响 VP 的时体编码和完句状况,而"差一点"有绝对的句法制约力,限制 VP 的时体编码并促成完句。因此,"差一点 VP"的句法关系可称为"制约性状中式",同属制约性状中式的还有"没 VP","没"也限制 VP 的时体编码、可促成完句。第 4 节再详论"差一点*(没)VP"和"差一点(没)VP"的句法关系,它们两者略有不同。

"差一点"的非将来义引起它词项搭配的限制:它的 E 容易接受毫无时制义的"不",尚可容纳时制义相同的"没未",但完全拒绝与非将来义冲突的词。"会""要"皆被视为表将来的助动词,但"差一点"拒绝"会将来"而接受"要将来"

(如(22)),这归因于"会_{将来}"是含将来时制义的功能词,"要_{将来}"是不含任何时制义的词汇词,如下分析。

(22) "差一点"搭配"会_{将来}VP"和"要_{将来}VP"有差异:
    a. *他差点儿<u>会</u>当上村长。
    b. 他差点儿<u>要</u>当上村长了。

"会_{将来}"可促成完句,属完句词(如(23a)),那它编码了怎样的时制义?"会_{将来}"是侧重句法表现(完句效应)的界定,囊括了范晓蕾基于语义特征及跨语言差异界定的"会_{条件必然}""会_{计划性将来}"和预测将来事态的"会_{认识必然}",⑫它除标示说话时间之后的绝对将来,还在惯常句、反事实句标示某种条件之后的相对将来(如(23b)),这些皆属典型的非现实环境。⑬同时,"会_{将来}"不能描述过去情景里特定的相对将来事态(如(23c)),此乃现实性环境。总之,它只能在非现实环境中引出将来事态,表达纯粹"非现实"的将来义"在将来的或不定指的时间T,⑭必然有事态E",这是汉语的"相对将来"(relative future)时制,可决定非现实的动态事件句的完句。既然"差一点"和"会_{将来}"编码了相反的时制义,必然不能连用。

(23) "会_{将来}VP"编码了将来时制:
    a. [促成完句] 明年他*(会)当上村长#。
        vs. 明年他当上村长*Ø#。
    b. [限于非现实环境] 北方的河冬天<u>会</u>结冰。(惯常句)
        如果当初她嫁给小王,现在应该<u>会</u>离婚。(反事实句)
    c. [拒绝现实性环境] 去年我离开时,*他就<u>会</u>当上村长的。(过去事态句)

相反地,"要_{将来}"不能促成完句,它须依靠"了_{2真}"完句,⑮这类似现实句(如(24a));它的否定词拒绝"不",更易用"没_{未}"(如(24b)),这也类似现实句。而且,"要_{将来}"既用于绝对将来句、惯常句、反事实句等非现实环境(如(23b)均可用"要"表达),也用于现实性环境描述特定的相对将来事态(如(24c)),因此,它表达无关"现实/非现实"的将来义"在任一时间T,将出现事态E"。换言之,"要_{将来}"是表"趋近于发生……"的谓宾动词,未编码任何时制义,它跟

"趋近于"一样属词汇词,自然能跟"差一点"连用。

(24)"要_{将来}VP"未编码将来时制:

 a. [完句靠"了₂"] 明年他要当上村长*(了)#。vs. 明年他要当上村长*∅#。

 b. [否定用"没"] 老王要当村长了?——这是谣言,他(*不)/没要当村长啊。

 c. [接受现实性环境] 去年我离开时,他就要当上村长了。(过去事态句)

### 3.3  E 的有界性倾向:反预期的实现形式

 张庆文、袁毓林、帅志嵩皆论及"差一点 VP"一般带含终结点的有界 VP⁴⁶(如(25a)),即"差一点"的 E 存在有界性倾向。⁴⁷我们发现,它的有界 VP 还有一个附加要求,即须标示出事态的结果状况,具体而言,用宾语、结果补语显示主体或客体论元的结果状态,或用动相补语、"了₁准"明确出事态自然终结点(如预期的特定结果)的达成。例如,"差一点+单个的有界 V"不合法,因为它未从形式上标示结果的具体状况,故需要宾语、结果补语或"了₁准"来明确这一点(如(25b))。同样地,"V+无定数量 NP"属有界 VP,但多数都难以搭配"差一点",要用结果补语或"了₁准"挽救(如(25c)),因为无定数量 NP 一般是量化 V 的,并不指示结果。但"V+(一)个 X_{结果}"可自由搭配"差一点"(如(25d)),"(一)个 X"式结果宾语虽形似无定数量 NP,却是指明结果内容的。再者,把字式、被字式总能搭配"差一点"(如(25e)),因为它们构式上蕴涵结果状况。

(25)"差一点 VP"要求有界 VP 并标示出结果状况:

 a. 书上的字迹差一点(*模糊)/模糊了。(结果:"模糊"达成)

  昨天他差一点(*跑马拉松)/跑完马拉松。(结果:"跑马拉松"完毕)

 b. *敌人差一点到。vs. 敌人差一点到村口。(结果:敌人在村口)

  *小王差一点摔。vs. 小王差一点摔跟头。(结果:出现"跟

头")

*房顶差一点塌。vs. 房顶差一点塌下来。（结果：房顶下来）

*小狗差一点死。vs. 小狗差一点死了。（结果：预期结果"死去"达成）

c. *他差点儿扔十块钱。vs. 他差点儿扔掉十块钱。（结果：十块钱消失）

*他差点儿睡一天。vs. 他差点儿睡满一天。（结果：一天的终点达到）

*他的罚款差点儿交两次。vs 他的罚款差点儿交了两次。（结果：两次达到）

d. 他差点儿吃个哑巴亏。（结果：出现"哑巴亏"）

他差点儿睡个不省人事。（结果：不省人事）

他的钱差点儿输个干干净净。（结果：干干净净）

e. 他差点儿把警察揍一顿。（结果："揍警察"到"一顿"的量）

他差点儿被绑匪折腾一天。（结果："被折腾"到"一天"的量）

"差一点"对 E 的有界性要求跟它的反预期性应该相关。信息的反预期性与言者的意外语气有直接关联是不言自明的，而跨语言研究证实，意外语气跟完成体、结果体是密不可分的，[48]那么，反预期跟完成体、结果体这类有界性的体貌义理应存在联系，亦即反预期和有界事态是相关联的。语义上，反预期和有界性都蕴含"变化"。反预期指当前信息异于先前的预期状况，这是"语篇变化"，它最易联系到事态的自身变化，那么，反预期事态往往表达"状况变化"；而有界 VP（尤其含结果义时）正是指状况变化，因为它的自然终结点蕴涵"出现变化"，如"到家"指从"在外面"变为"在家里"。因此，反预期事态的无标记形式是有界 VP（尤其是结果义 VP），第 5 节会给出更多例证。

虽然确定了反预期和有界性的联系，但针对"差一点"而言，我们不敢说反预期性是"起因"、有界性倾向是"后果"。从语法化起源看，"差一点 VP"最初像连动式"差两步 VP"（如"差两步到终点"）一样，它的 VP 指要达到的目标，即预期的结果（4.2 节），这是结果义事态，所以"差一点 VP"起初就要求有界 VP。或许，正是由于"差一点"起源上要求有界 VP 才发展出它的反预期性，即有界性是"起因"、反预期是"后果"。汉语还有"几乎""差不多""险些"等一批接近义副词,它们并非都有反预期性,但都有一个句法倾向:搭配结果义的有界VP,这应是它们共同的接近义带来的,因为接近的目标须是终结点明确的事态。总之,有界性、反预期、变化义、目标义之间存在玄妙的联系,孰为因、何为果,有待探究。

再看,其他形式的"差一点E"有不同的句法要求,"差一点*(没)VP"和"差一点不VP"的E是否定式"没$_\text{未}$VP、不VP"(如(26)),否定式都属无界谓语,[49]也就是"差一点"对否定式E放松了有界性要求。这或源于否定式往往有反预期性(2.2节),足以配合"差一点"对E的语义要求,便不必再要求有界性。也就是说,E的反预期性是"差一点"最根本的语法要求,E的句法有界只是实现该要求的主要形式。

(26)"差一点*(没)VP"和"差一点不VP"的句法要求:
  a. 这孩子上学赶时间,差一点<u>没吃早饭</u>/<u>没吃完早饭</u>。
  b. 这孩子跟父母赌气,差一点<u>不吃饭</u>/<u>不想吃饭</u>。

"差一点E"的弱时体倾向令它排斥"了$_2$",但有界性倾向又有时需要"了$_2$",因为加"了$_2$"是无界谓词"有界化"的典型手段。确实,一些"差一点+无界性E"常用"了$_2$",这符合有界性倾向。比如,"差一点不VP"能自由带"了$_2$"(如(27a)),因为无界谓语"不VP"加"了$_2$"就是表状况变化的有界事态(如(27b)),可见,"差一点E"的有界性倾向令它更易突破弱时体倾向,但"差一点不VP了"仍是用"了$_{2准}$"(如(27c))。

(27)"差一点不VP"自由用"了$_{2准}$":
  a. 他穿得破破烂烂的,保安差点儿<u>不让他进门</u>(了)。
  b. 保安不让他进门。(隐含"一直不让他进门")≠保安不让他进门了。(预设"之前让他进门")
  c. 保安差点儿<u>不让他进门</u>喽$_{2准}$。(北京话)

注意,"差一点不VP了"合法首先源于"不VP"接受"了$_2$",而"差一点*(没)VP"总是禁止"了$_2$",因为"没$_\text{未}$VP"本身是排斥"了$_2$"的。

### 3.4 "差一点"句法层级居中:非将来、反预期的合力效果

上文论及可搭配"差一点"的多个副词成分,它们的句法连用顺序大致是"[居然+差一点+没_未]+VP",这反映它们由高到低的句法层级。语义上,"居然"编码了言者对命题的评价义;"差一点"编码了反预期和非将来义;"没_未"编码了非将来义。这些特征跟 VP 的语义关系由远及近,序列是"言者评价 > 反预期 > 非将来"(" > "表示语义距离 VP 更远)。言者评价是对整个命题的主观态度;反预期是 VP 相对于句外语境预期的语篇关系,属客观特征;非将来指 VP 相对于句内外参照时间的位置关系,属自身属性。这些词跟 VP 的句法距离正对应于它们之间的语义距离,体现了句法象似性。

由是观之,非将来义加反预期性的合力效果是"差一点"句法层级居中。一方面,非将来义是 VP 的时制特征,导致"差一点"离 VP 不会很远,句法上位于很多副词之后(如(28a))。另一方面,反预期性是牵涉句外信息的语篇特征,语篇意义会使副词远离 VP,所以"差一点"不像"没_未"那样靠近 VP:它相比"没_未"能出现在更多副词之前(如(28b)),更易接受"了_{1准}、了_{2准}"(如(28c))。"差一点"和"没_未"句法层级很接近,但前者略高于后者,这对应于两者的异同点状况。两词句法上的接近与它们之间的相同点有关:均编码了否定义和非将来义,搭配的"了_1"是"了_{1准}",自身有完句效应,与 VP 形成制约性状中式。"差一点"层级略高与它异于"没_未"的特性相联系:显性地断言肯定义,有反预期性,用"了_{1准}"更自由,还能用"了_{2准}",倾向带有界 VP。这些特点都是"没_未"不具备的,尤其是"没_未"用"了_{1准}"极受限,并完全禁止"了_{2准}"。

(28)"差一点"的句法层级和浮动性:
    a. 瓦尔瓦拉·伊万诺夫娜说,因为她开始说起法国话来,老百姓就_{承接义}差一点/(*差一点就)没把她打死……(CCL)
她在电话中问了我许多问题,大部分是关于我怎么看待那些没有结婚又几乎_{接近义}差一点/(*差一点几乎)作了妈妈的女孩子……(CCL)
    b. 继上届比赛赢过加拿大队之后,他们今天又_{重复}差一点/差一点又得冠军。vs 他们今天又没/(*没又)得冠军。

他当官贪污受贿,生活糜烂,结果栽了跟头不说,还_递进_差点/差点还送掉了小命。vs 他还没/(*没还)送掉小命。

c. 他差一点摔(了_1准_)跟头。vs. 他没摔(*了_1准_)跟头。

他差一点认错人(了_2准_)。vs.他没认错人(*了_2准_)。

同时,"差一点"有一定的句法浮动性,跟"又""还"等连用时可前可后(如(28b)),说明它处于语法化的活跃期,功能在变动中。从最近几十年"差一点 E"开始接受含非将来义的"没_未_"来看,以后 E 会接受真时体词,这或导致"差一点"丢失时制义,不断充实反预期性、固化意外语气,最终变成一个句法层级更高的语气副词。因此,"差一点"的演化过程大致是:谓词_差距义_→时制副词_非将来_→语篇副词_反预期_→语气副词_意外_。

# 4  "差一点(没)VP"的生成机制:结构比较的视角

下面详解"差一点(没)VP",它因表面上"否定+否定=否定"的反常语义效果颇受方家关注,本节借助第 2、3 节的结论来推导它的句法关系和生成机制,并重审"差一点没 VP"的歧义现象。我们采用结构比较的方法,将"差一点(没)VP"与真值相同的"差一点 VP""没 VP"、句法平行的其他结构式进行比较,这样才能准确定位它的语法特性、构建理论假设。

## 4.1  近义截连的准并列式

"差一点(没)VP"不止语义效果反常,而且使用限制最多,它虽然也存在有界性倾向(例略),但有很多异于其他"差一点 E"的特点。第一,它只允许 VP 承载重音,[50]焦点必须是 VP,不能是"差一点"或"没"。同时,VP 必须是新信息,证明这一点可借助"的确",该副词用于确认事态的真实性,受它约束的 VP 必是话语中先行谈及的旧信息。结果显示,"的确"可以修饰其他"差一点 E",但不能修饰"差一点(没)VP"(如(29a)),这表明其他格式的 VP 可以是旧信息,"差一点(没)VP"的 VP 只能是新信息。第二,它是唯一拒绝弱语气句的"差一点"格式,编码了意外语气,主观性高于其他"差一点 E"(如(29b),又见 2.3 节)。

(29)"差一点(没)VP"的使用范围小于"差一点 VP":

　　a. 你那天应该把他放了(旧信息)。——当时我的确差点儿把他放了。/*当时我的确差点儿(没)把他放了。

　　b. 他是不是差点儿迟到了？vs. *他是不是差点儿(没)迟到了？

　　要解释"差一点(没)VP"的独特性,需诉诸它的生成机制。对此,以往看法主要是"隐性否定义的有形化",江蓝生用"概念叠加、构式整合"论证"(没)"源于"差一点"叠加上它的衍推义"没_未",[51]袁毓林提出"(没)"是"差一点"的隐性否定义发生"语义溢出"才出现的词形。[52]两位学者就各自的假设给出了平行例证,有"(没)VP 之前""除了 X(之外)""避免……(不)VP""难免(不)VP"等,但它们在组合模式和句法范畴上并不完全平行于"差一点(没)VP",毕竟"差一点"和"(没)"之间不能插入成分,而且是副词连用。更重要的是,这些结构式的否定词在作用上不同于"差一点(没)VP"的"(没)"。例如,"难免(不)VP"和"难免 VP"可自由替换,说明"(不)"未改变格式的使用范围,除凸显否定外无其他语义作用。但"差一点(没)VP"的使用范围小于"差一点 VP",说明"(没)"增加了其他语义效果,不是单纯的否定词。江蓝生、袁毓林认为"差一点(没)VP"偶尔还有省略式"没 VP",如"他差一点(没)晕过去"可省略为"他没_几乎要晕过去",但"难免(不)VP"等结构式没有平行的省略式,这也证明"差一点(没)VP"的"(没)"具有不同的语法性质。[53]

　　我们认可"构式整合"和"语义溢出"对很多结构式的解释力,但上述不平行性显示,"差一点(没)VP"或许源于另外的生成机制。当然,不够平行的结构式也可能源自同一生成机制,但若将"差一点(没)VP"置于跟它完全平行的结构式里做统一解释,必定是更好的选择。因此,本文主张"近义截连"的假设:"(没)"是截连了"差一点"的近义词"没_几乎要",这是近义副词连用。下面逐步论证。

　　"差一点(没)VP"异于其他"差一点 E"的语法特点都是当中"(没)"的特点,这个"(没)"所承担的并非否定功能,而是反预期功能"几乎要",它在北京话里有独特的语法表现,如(30a)所示。第一,"没_几乎要VP"须是含结果义的有界 VP,亦即第 3.3 节所述的"差一点 VP"的有界性要求。第二,"没_几乎要"只能轻音,重音及焦点必在 VP,所以"没_几乎要VP"的语义核心是 VP。VP 是新信息,并指反常的小概率事态,如(30b)的"气死""打个落花流水"都是极端性状况,这属于典型的反预期事态,表现为该格式的语气副词只能用表意外的"简直、甚至",拒绝表真确性的"的确、真的"。第三,"没<sub>几乎要</sub>VP"也是在现实性环境中描述过去状况、编码了非将来义,但排斥弱语气句,说明它含意外语气,主观性高于"没<sub>未</sub>VP"。我们认为"没<sub>几乎要</sub>VP"并非"差一点(没)VP"的省略式,而是由"没<sub>未</sub>VP"独立衍生而来,所反映的语法化路径"否定→反预期或意外"是一条普遍的语义关联路径。

(30)"没<sub>几乎要</sub>VP"陈述反预期事态:
  a. 听到这话,他简直没<sub>几乎要</sub>晕过去。(搭配意外副词、结果义VP)
  听到这话,*他简直没<sub>几乎要</sub>晕。(拒绝无界VP)
  听到这话,*他的确没<sub>几乎要</sub>晕过去。(拒绝真确副词)
  听到这话,*他是不是没<sub>几乎要</sub>晕过去呢?(排斥弱语气句)
  b. 他离家出走,吓到了很多人,甚至没<sub>几乎要</sub>把他妈给气死了<sub>嗯</sub>。
  当时他脚下一滑,没<sub>几乎要</sub>掉河里了<sub>嗯</sub>去,幸亏我一把拉住他了。
  (限制同(30a))

汉语中还有两个例证。一个例证是北京话的否定词"不",它也有反预期功能,是在情态句里提高语气强度,表示承诺或预测义的"一定会"(如(31))。"不<sub>一定会</sub>VP"的语法表现跟"没<sub>几乎要</sub>VP"平行:要求含结果义的有界VP;"不<sub>一定会</sub>"只能轻音,VP是承载重音、指反常事态的语义核心;拒绝弱语气句,有强语气义。可见,否定词"没、不"衍生出的反预期功能有共同的语法特点,尤其是要求含结果义的有界VP,倾向用"了$_{1准}$、了$_{2准}$",这是区别于它们否定功能的显著特征。

(31)"不<sub>一定会</sub>VP"承诺或预测反常规事态:
  a. 要是他敢借钱不还,我不<sub>一定会</sub>杀了<sub>嗯</sub>他!(搭配结果义VP)
  要是他敢借钱不还,*我不<sub>一定会</sub>杀他!(拒绝无界VP)
  要是他敢借钱不还,*我不<sub>一定会</sub>杀了<sub>嗯</sub>他吗?(排斥弱语气句)
  b. 你考试不及格,你爸不<sub>一定会</sub>打死你了<sub>嗯</sub>!

这样做不<sub>一定会</sub>吓他一大跳啊！（限制同（31a））

另一个不典型的例证是"什么 NP"，该格式有两个陈述性功能。一是反问句里它否定褒义 NP 的积极属性，NP 通常是旧信息（如(32a)），刘彬指出这相当于元语言否定，我们称之为"否定积极性"。㊾该用法应来自格式原有的疑问功能，疑问和否定是相通的。㊿二是感叹句里它肯定贬义 NP 的消极属性，NP 是新信息（如(32b)），鉴于它的强语气特点，该用法可称为"强调消极性"。两个功能皆是强烈的负面评价，应有衍生关系"否定积极性→强调消极性"，这正支持"否定→反预期或意外"，因为"强调消极性"跟"反预期"是相通的：消极事态违反"正常期待"，㊶它作新信息时往往有天然的反预期性。㊷

(32)"什么 NP"表负面评价的两个功能（例句参考袁毓林、刘彬《"什么"句否定意义的形成与识解机制》）：

  a. 这是个大医院。——<u>什么大医院</u><sub>才不是大医院</sub>？连个小感冒都看不好。

  b. 这医院怎么样？——<u>什么小屁医院</u><sub>真是小屁医院</sub>！连个小感冒都看不好。

既然"没<sub>几乎要</sub>VP"是独立的功能，它的各项特点又与"差一点（没）VP"相同，那么后者的"（没）"应该是"没<sub>几乎要</sub>"。再看，"没<sub>几乎要</sub>VP"衍推"未 VP"但显性断言"几乎要 VP"，这类似"差一点 VP"，二者往往可互换，并等义于"差一点（没）VP"（如(33a)）。由此推断，"差一点（没）VP"是"差一点 VP"和"没<sub>几乎要</sub>VP"因语义近似"截连"成的，生成过程如(33b)。这种"近义截连"属于共时的心理认知操作，并非历时的格式演变过程，它是指说话人从心理句型库直接调用两个同义构式，把它们拼合起来，不是说实际语料先有复句"差一点 VP + 没<sub>几乎要</sub>VP"，后简缩为结构式"差一点（没）VP"。该生成机制适用于近义副词的连用现象（如(33c)），换言之，"差一点（没）VP"是近义副词连用式。

(33)"差一点（没）VP"的生成机制：

  a. [近义结构] 这事儿没<sub>几乎要</sub>把他气死。= 这事儿<u>差点儿</u>把他气死。= 这事儿<u>差点儿（没）</u>把他气死。

  b. [近义截连] 差一点 VP + 没<sub>几乎要</sub>VP（并列相接）→差一点 VP

　　　　　　+没_{几乎要}VP(同形删略)→差一点(没)VP(句法合并)
　　c.［类似案例］你重新(再)写一遍。(重复义副词的连用)
　　　　我们必须(得)好好学习。(必要义情态词的连用)
　　　　他们全(都)来我家了。(总括义副词的连用)
　　　　已经是九月,天气不仅不凉快,甚至(还)更热了。(递进义副词的连用)
　　　　今晚比赛里奇才队几乎(险些)再次陷入深渊。(接近义副词的连用)

(33b)的截连过程显示,它的句法层次是"差一点\\(没)VP"(切分点同袁毓林《"差点儿"中的隐性否定及其语法效应》,58页),二者近乎并列关系,可称为"准并列式"。用"并列"一词命名是为凸显"(没)VP"的语法独立性:它不仅语义独立,而且句法独立,即可单独成句,是句法自足的(如(34a))。也就是说,近义截连的准并列式"甲 + 乙 + VP"里"乙 + VP"是语法独立的。这不同于制约性状中式"差一点 VP",后者的 VP 是语法依附的,完全受制于"差一点":语义上被"差一点"否定,句法上依靠"差一点"完句(如(34b),又见 3.2 节)。

(34) "差一点(没)VP"的句法关系有别于"差一点 VP":
　　a.［准并列式"差一点(没)VP"的语法特点］
　　　　这事差点儿(没)把他气死。= 这事儿没_{几乎要}把他气死。("(没)VP"语义独立)
　　　　这事差点儿(没)把他气死。→ 这事儿没_{几乎要}把他气死#。("(没)VP"句法独立)
　　b.［制约性状中式"差一点 VP"的语法特点］
　　　　这事差点儿把他气死。≠ 这事儿把他气死。("VP"语义受制)
　　　　这事差点儿把他气死。→ 这事儿把他气死*∅#。("VP"句法依附)

## 4.2　解释力的优势

我们持"近义截连、准并列式"的假设,还基于它的多项解释力。

首先，该假设将"差一点（没）VP"诠释为近义副词连用式，不仅形式直观，还统一解释了（33c）里句法语义完全平行的结构式。以"重新（再）VP"为例，它与"差一点（没）VP"的平行性不仅在于词类范畴（副词）和结构模式（无缝相接）（如（35a）），还在于使用限制："重新 VP"作现实性谓语、非现实谓语均可，只能表达非现实事态的"再"使"重新（再）VP"拒绝现实性谓语（如（35b））。这类似"差一点 VP"用于强语气句、弱语气句均可，"没<sub>几乎要</sub>"的意外语气使"差一点（没）VP"拒绝弱语气句。可见，近义截连的准并列式"甲＋乙＋VP"有一个核心特点：甲词和乙词会将各自的意义带入组合体，造成"甲＋乙＋VP"的使用略异于"甲＋VP"或"乙＋VP"。使用限制和语义效果透露了结构式的组成成分是何种语法性质，理当作为结构式生成机制的判断标准，这是本文将"差一点（没）VP"与"重新再 VP"等归为同类结构式的重要缘由。

(35) "重新（再）VP"表达非现实的重复性事态：

a. [近义截连] 你重新写一遍。＝你再写一遍。＝你重新（再）写一遍。

b. [使用限制] 我刚才重新写了一遍。（接受现实性谓语）

*我刚才<u>再</u>写了一遍。（拒绝现实性谓语）

*我刚才<u>重新（再）</u>写了一遍。（拒绝现实性谓语）

其次，"近义截连"有涉及否定词的其他例证，即预测反预期事态的"不（得$_{dei}$）一定会VP"，它可分析为"不一定会VP"与"得$_{(dei)}$会VP"近义截连而成（如（36a）），"得$_{(dei)}$会"的固定预测义使该格式限于预测用法，不像"不一定会VP"那样还能表承诺（如（36b））。"不（得）一定会VP"是最近似"差一点（没）VP"的准并列式，二者都含表反预期的否定词形。这样看来，"差一点（没）VP"更不宜归到"难免（不）VP"等结构式里。

(36) "不（得$_{dei}$）一定会VP"预测反常规事态：

a. [近义截连] 这样做不一定会吓他一大跳啊！＝这样做得会吓他一大跳。＝这样做不（得）一定会吓他一大跳啊！

b. [使用限制] 要是他敢借钱不还，我不一定会杀了<sub>喽</sub>他！（可表承诺）

要是他敢借钱不还,*我得<sub>会</sub>杀了<sub>嗓</sub>他!(不表承诺)㊽

要是他敢借钱不还,*我不(得)<sub>一定会</sub>杀了<sub>嗓</sub>他!(不表承诺)

再者,"近义截连"可解释"差一点要<sub>将来</sub>VP"的特殊表现。考察发现,最易用"了₂"的"差一点 E"是"差一点要<sub>将来</sub>VP",它不仅自由使用"了₂",有时还强制使用"了₂"(如(37a)),而且所用的是"了₂真"的形式(如(37b)),这异于其他"差一点 E",违背了"差一点"的弱时体倾向,该表现源于它是"近义截连"的准并列式,如下分析所示。

(37)"差一点要<sub>将来</sub>VP"须用"了₂真":

    a. 他乔装改扮,保安差点儿要让他进门(了)。

    他差点儿要当上村长*(了)。

    b. [北京]保安差点儿要让他进门了₂真。

    [邢台]他差点儿要当上村长嘞₂真。

"要<sub>将来</sub>VP"表示"趋近于发生……"(3.2 节),其语义近似"差一点 VP",后者的语义又等同于"差一点要<sub>将来</sub>VP"(如(38a))。如此看来,"差一点要<sub>将来</sub>VP"是"差一点 VP"和"要<sub>将来</sub>VP"的近义截连。那"要<sub>将来</sub>"跟"没<sub>几乎要</sub>"一样是"差一点"截连的成分,二者在同一句法位置,理论上不能共现,事实正是如此,"*差一点(没)要<sub>将来</sub>VP"难以成立(如(38b)),这支持"差一点要<sub>将来</sub>VP"和"差一点(没)VP"皆是准并列式。由此,"差一点要<sub>将来</sub>VP"的"要<sub>将来</sub>VP"语法独立,时体编码不受"差一点"制约,完全出于自身的句法需求。既然单独的"要<sub>将来</sub>VP"依靠"了₂真"完句(3.2 节),那么"差一点要<sub>将来</sub>VP"也一样用"了₂真"。这解答了(1e)的情况。

(38)"差一点要<sub>将来</sub>VP"是近义截连的准并列式:

    a. [近义截连]他要气死我了。≈他差点儿气死我。=他差点儿要气死我了。

    b. [拒绝"没<sub>几乎要</sub>"] *他差点儿(没)要气死我呢!

    c. 他差点儿要当上村长了。=他差点儿当上村长。≠他要当上村长了。

有些"差一点要<sub>将来</sub>VP"语义不同于"要<sub>将来</sub>VP",如(38c),当中的 VP 指能够计划的可控事件"上级安排他当村长",但它们的句法关系应该一样。

最重要的是,"近义截连"可解释一个历史现象:同是带非将来义的"没","差一点(没)VP"的产生时间为何远早于"差一点*(没)VP"?这要先了解"差一点"的语法化过程。它应源自"差+数量短语"式的谓词短语,这类谓词表示"比目标缺少……(量)",搭配"目标义 VP"形成连动式,如"差两步 VP$_{目标}$",它的"VP$_{目标}$"禁止时体词,除目标外不能指其他事态(如(39a))。这不同于状中式"差一点 VP",后者的 VP 接受准时体词,可指任何事态(如(39b))。"差一点 VP"最初应该跟"差两步 VP$_{目标}$"一样,是带"零时体 VP$_{目标}$"的连动式,后来扩展到指任何事态的"准时体 VP$_{事态}$"才变为状中式,"差一点"从谓词变为副词(如(39c))。

(39)"差一点"的语法化假设:
  a. 连动式"差两步 VP$_{目标}$":差两步到终点
   [VP 无任何时体词]*差两步到了终点
   [VP 不指其他事态]*差两步摔个跟头
  b. 状中式"差一点 VP$_{事态}$":差一点到终点
   [VP 接受准时体词]差一点到了终点
   [VP 可指其他事态]差一点摔个跟头
  c. "差一点 VP"的语法化过程:
   [语法化阶段1:连动式]差一点$_{(谓词)}$+零时体 VP$_{目标}$
   [语法化阶段2:制约性状中式]差一点$_{(副词)}$+准时体 VP$_{事态}$

依据上述语法化假设,我们来审视两种"差一点没 VP"的形成过程。"差一点*(没)VP"应该是由语法化阶段2"差一点$_{(副词)}$+准时体 VP$_{事态}$"扩展类推而成(如(40a)),它语义上平行于后者,"*(没)VP"受制于"差一点"的否定义,见(40b)(比较34b)。不过,"差一点*(没)VP"句法表现很不同,"*(没)VP"可独立完句,不再依附"差一点",因为"*(没$_{未}$)VP"编码了非将来义,相当于"真时体 VP$_{事态}$"。所以,"差一点*(没)VP"状中之间的制约关系弱于"差一点 VP",可视为"弱制约性状中式",它比语法化阶段2还要更进一步,代表刚出现的"[语法化阶段3:弱制约性状中式]差一点$_{(副词)}$+真时体 VP$_{事态}$",此时"差一点"语法化更深,以致接受时体义完备的 E(3.4 节),这必然是很晚期的演变。

(40) "差一点*(没)VP"的生成方式及句法性质:
a. [扩展类推] 差一点到了_喽终点→差一点*(没)到终点
b. 他差一点*(没)到终点。≠他没到终点。("*(没)VP"语义受制)
他差一点*(没)到终点。→他没到终点#。("*(没)VP"句法独立)

"差一点(没)VP"是近义截连而成,只要有"差一点_(副词) + 准时体 VP_事态"和"没_几乎要VP"即可,在语法化阶段 2 便能发生,无须等到"差一点"语法化发生到接受"真时体 VP"的阶段 3,可以很早就出现。简言之,两种"差一点没 VP"是截然不同的生成方式,发生在"差一点"语法化的不同阶段,产生时间自然相差甚远。按照这一分析,"差一点 VP"和"差一点(没)VP"的"差一点"是相同的语法性质,"差一点*(没)VP"的"差一点"是语法化程度更深的,可见"差一点"作副词也有语法异质性。

要注意的是,"差一点(没)VP"换为"没_几乎要VP"有时需要细微的句法调整:带上"了_1准""了_2准"或"(一)个 X"式结果宾语,并加强语气标记。例如,北京话"刚才他差点儿(没)摔倒"不能简单换为"*刚才他没_几乎要摔倒",而是"刚才他没_几乎要摔倒了_喽呢"或"刚才他没_几乎要摔个跟头呢"。近义变换上的句法调整不见于多数的近义副词连用式,如"重新(再)VP"通常可直接换为"再 VP"。这种句法调整或源于"没"的多功能性带来的附加要求,交谈者辨别"没_未VP"和"没_几乎要VP"要依赖明显的形式特征,这会导致"差一点(没)VP"的近义变换略异于其他的近义副词连用式。

我们承认,将"差一点(没)VP"分析为"近义截连"是基于有限观察的临时假设,其合理性仍待验证,任何对结构式生成机制的假设都需留有商榷的余地。该假设未必适合其他语言表接近实现义的冗余否定式,因为很多语言不允许近义副词连用,否定词也没有反预期功能,这些语言的冗余否定式不会是近义截连。跨语言中同义的冗余否定式是必用同一生成机制,还是允许不同的生成机制,这是待探索的问题。无论如何,本节整理的诸多现象是确凿无疑的,将“差一点(没)VP”和近义副词连用式联系起来考量,至少为汉语的冗余否定式提供了一个可选的分析视角。

### 4.3 再看“差一点没VP”的歧义现象

对“差一点”的语法分析有助于厘清“差一点没VP”的歧义现象,根据2.2节,该格式的意义决定于VP的信息预期性。但李小玲提出,北京话里决定“差一点没VP”意义的因素不在语义语用,而是重音韵律:“差一点*(没)VP”里“没”是非轻音的一般形式,停顿在“差一点”和“没”之间;“差一点(没)VP”里“没”是轻音,停顿在“没”和“VP”之间。(59)李小玲描写的这一现象大致没错,但不能当作本质规则,因为书面文献没有语音形式,读者照样能正确理解其中“差一点没VP”的意义。再者,某些北方方言(如河北沙河话,笔者调查)的“差一点*(没)VP”和“差一点(没)VP”没有重音差异,听者也能辨别二者。北京话纵然可凭借重音韵律辨别,但特定语境中“差一点没VP”重音及停顿的位置不能随意更改,否则导致语篇冲突,这说明特定语境里该格式只能取一个意义。因此,用“差一点*(没)VP”还是“差一点(没)VP”取决于语境信息,格式的重音韵律受制于语义语用因素,这些因素才是根本,代表格式的诠释规则。周一民提到,北京话里“差一点*(没)VP”可插入“就”,“差一点(没)VP”常带“了$_{\text{喽}}$”,这是一个区别性标志。(60)这也是描写了现象,仍要解释为何有这样的句法差异。总之,“差一点*(没)VP”和“差一点(没)VP”的韵律及句法差异是二者的语义语用差异引发的现象,不能误作“诠释规则”或“根本因素”。这犹如“他昨天到北京了”和“他昨天到北京的”有不同的重音位置和句末助词,我们要探索二者的语义语用差异,才能更好地诠释它们的使用条件,揭示它们形式特点的动因。

参考前述分析,便可解释两种“差一点没VP”的形式差异。第一,两种格式在用“了”和韵律上的差异归因于两者的“没”具有不同的功能。“差一点*(没)VP”是“没$_{\text{未}}$”,它少用“了$_{1\text{准}}$”、禁止“了$_{2\text{准}}$”,可承载重音,韵律上难以跟其他虚词连成一体,所以“差一点”和“*(没)”之间有停顿;“差一点(没)VP”是“没$_{\text{几乎要}}$”,它倾向用“了$_{1\text{准}}$”“了$_{2\text{准}}$”,只能轻音,韵律上容易跟其他虚词连成一体,所以“差一点”和“(没)”韵律结合紧凑。第二,两种格式可否插入“就”

的差异归因于它们的句法关系不同。我们将另文论证"差一点就……"其实是"状中型"连动式,它的句法关系很接近"差一点*(没)VP"这种弱制约性"状中式",不同于"差一点(没)VP"这种"准并列式"。句法关系近似的格式才容易相互变换,"差一点*(没)VP"和"差一点(没)VP"变换为"差一点就……"的难度自然不同,所以前者可插入"就",后者难插入"就"。注意,"差一点(没)VP"的韵律停顿和它的层次切分不一致,停顿位置在"(没)"之后,层次切分点在"(没)"之前。

## 5 语义关联"否定 – 反预期或意外 – 有界性"

综合"差一点"的语义特征、句法后果、近义截连三方面内容,可抽取出一个共性的语义关联"否定 – 反预期或意外 – 有界性"。其一,否定式往往有反预期性(2.2 节),还存在语义演变路径"否定→反预期或意外"(4.1 节);其二,反预期事态的无标记形式是有界 VP(尤其是结果义 VP),意外语气与完成体、结果体等有界性体貌义紧密关联(3.3 节)。

对于语义演变"否定→反预期或意外",除 4.1 节的汉语例证,其他语言也有例证,英语的 no way[61]、意大利语的非常规否定词 mica[62]都是兼有否定义和意外语气。其实,"差一点"从谓词到副词的语法化过程也体现出"否定→反预期"的轨迹,它的意义从"未实现目标事态"(如"差了一点到终点")变为"接近于反预期事态"(如"差一点到了阎王殿")。理论上,"否定→反预期或意外"的演变机制是"语义核心的转移":格式的真值义"非 E"不变,但前突性的断言义变为"接近 E",因为语义核心从否定词转移到 E,从而引发反预期性的聚焦,并伴随主观化、带上强语气。以"没 VP"为例,该格式的真值义"未 VP"始终不变,但"没$_未$VP"的语义核心可以由"没"(强调"未实现")转移到 VP(强调"VP 可能实现"),否定式整体的反预期性随之聚焦到 VP,VP 便转为反预期事态,该格式就重在断言"反预期的 VP 接近实现",易带上意外语气,由此产生"没$_{几乎要}$VP"。再如"什么 NP",格式的负面评价义和强语气特征始终不变,但格式整体的"非积极"属性聚焦于 NP,NP 便由褒义词转为贬义词,于是"什么 NP$_{否定积极性}$"变为"什么 NP$_{强调消极性}$",断言义由"不是积极的"变为"真是消极的"。

对于"反预期事态最易编码为有界 VP",除"差一点 VP"外,4.1 节展示出引介反预期事态的"没_{几乎要}""不_{一定会}"只搭配结果义 VP,汉语还有其他例证。比如,"杯子给摔碎了"一类的"给 VP"式便支持反预期事态和有界 VP 的默认联系:它的事态有反预期性,⑬句法上恰要求典型的结果义 VP。⑭强星娜根据他人研究列出了支持语义演变"完成体/结果体→意外语气"的几个汉语例证,一是普通话完成体标记"了"在性质形容词后可视为意外标记("这根绳子长了三公分"),二是闽南话结果补语"去"还能作表示意外遭受的语气词("脚互_{被}滚水烫去"),三是西南官话柳州话中表性状改变的助词"去"有非预期和不如意的色彩("他把积木推跌去了")。⑮上述例证可归为一个更概括的语义关联"有界性→反预期或意外"。

## 6　结语

上文关于"差一点"的多项结论里,有两点值得提醒。一是"差一点 E"的语义核心是 E(2.1 节),有句法制约力的是"差一点"(3.2 节),它的语义结构和句法结构是分离的。二是"差一点 VP""差一点(没)VP""差一点*(没)VP"分别代表制约性状中式、准并列式、弱制约性状中式三种语法关系,这体现了"差一点"作副词的语法异质性:前两种"差一点"是相当的,第三种"差一点"语法化程度更深(4.2 节)。

不难发现,我们对"差一点"的考察还推动了两方面的理论发现。一是在时体范畴,3.1 节离析出"了₁""了₂"的准时体用法,改进了前贤所持"有结果补语'了'"的看法;3.2 节探讨了汉语里完句效应与相对时制的关系,发现表将来的"会""要"具有不同的语法性质。二是在反预期范畴,4.1 节整理了北京话"没""不"的反预期功能,由此第 5 节归纳出语义关联"否定—反预期或意外—有界性"。

本文为第二届《当代语言学》"青年语言学家"奖的入围论文(北京理工大学,2018 年 10 月),研究得到北京市社会科学基金项目"语义地图及语言接触视角下的汉语时体态研究"(16YYC026)、教育部人文社会科学重点研究基地重大项目"现代汉语共同语历史研究"(18JJD740001)、陕西省社会科学基金项目"语义地图与西北方言工具范畴研究"(2016K022)的资助。张敏教授和邓盾、刘明明、马千、徐毅发、叶述冕等友人给本文提出多项修改意见,评审专家亦有宝贵建议,特此致谢!

原载于《当代语言学》第 21 卷,2019 年第 2 期,207—237 页。

## 注 释

① 参见:朱德熙《说"差一点"》,《中国语文》1959 年第 9 期,435 页;
李小玲《北京话里的"差点儿"句式》,《汉语学习》1986 年第 1 期,6—10 页;
渡边丽玲《"差一点"句的逻辑关系和语义结构》,《语言教学与研究》1994 年第 3 期,81—89 页;
袁毓林《"差点儿"中的隐性否定及其语法效应》,《语言研究》2013 年第 2 期,66—74 页;
范晓蕾《再说"差一点"》,《中国语文》2018 年第 2 期,207—222 页。
② 朱德熙《汉语句法中的歧义现象》,《中国语文》1980 年第 2 期,90 页。
③ 参见:沈家煊《不对称和标记论》,江西教育出版社,1999 年;
江蓝生《概念叠加与构式整合——肯定否定不对称的解释》,《中国语文》2008 年第 6 期,483—497 页;
袁毓林《"差点儿"和"差不多"的意义同异之辨》,《语言教学与研究》2011 年第 6 期,66—74 页。
④ 沈家煊《不对称和标记论》,83 页;袁毓林《"差点儿"和"差不多"的意义同异之辨》,《语言教学与研究》2011 年第 6 期,68 页。
⑤ 渡边丽玲《"差一点"句的逻辑关系和语义结构》,《语言教学与研究》1994 年第 3 期,82—83 页。
⑥ 袁毓林《"差点儿"和"差不多"的意义同异之辨》,《语言教学与研究》2011 年第 6 期,71 页。
⑦ 参看 Horn, Laurence. R. 2002. Assertori inertia and NPI licensing, in Mary Andronis, Erin Debenport, Anne Pycha, and Keiko Yoshimura, eds., *Proceeding of the 38th Meeting of the Chicago Linguistics Society*(*CLS*38), *Vol. 2*:*Parassesion on Negation and Polariyt*,

pp. 55—82.

⑧ 渡边丽玲《"差一点"句的逻辑关系和语义结构》,《语言教学与研究》1994 年第 3 期,84 页。

⑨ 见范晓蕾《再说"差一点"》。杨子也用"预期"一词来诠释"差一点没 VP"的使用,它指"VP 事件意外程度的高低""体现交际者对 VP 发生可能性高低的推测"(杨子《Nn 类"差点儿没 VP"新解——从"差点儿没"的歧义性说起》,《语言研究》2017 年第 3 期,32 页、34 页)。相比而言,范晓蕾的"预期"在概念内涵、类型划分和信息特点上均有精准的定位,适用范围也较全面(包括"差一点 VP"在内的所有"差一点 E"),故本文采用范晓蕾的界定。

⑩ 范晓蕾《再说"差一点"》,《中国语文》2018 年第 2 期,221 页。

⑪ 这里将"无预期"视为"不明显的反预期"是简化做法。严格讲,"无预期"和"反预期"相互独立又有关联,可归并为"非预期",共同对立于"合预期"。我们会另文详述:不同"差一点"格式的 E 形成了"合预期—无预期—反预期"的梯度序列。

⑫ 董为光《语言认知心理对"差点儿 DJ"结构的影响》,《语言教学与研究》2001 年第 3 期,34—40 页。

⑬ 该句换为"他果然差一点就上了清华了"会变好,因为"差一点就 VP"用合预期或反预期的 VP 皆可,但它并非"差一点 E"(第 1 节)。

⑭ Givón, Talmy. 2001. *Syntax*（*Volume I*）, Amsterdam/Philadelphia: John Benjamins Publishing Company, p. 371.

⑮ 沈家煊《不对称和标记论》,44 页。

⑯ Dahl, Östen. 2000. *Grammaticalization and the lift cycles of construction*. Ms., Stockholm University, p. 27.

⑰ Delancey, Scott. 1997. Mirativity: the grammatical marking of unexpected information, *Linguistic Typology* 1, 1: 33—52.

⑱ 陈振宇、杜克华《意外范畴:关于感叹、疑问、否定之间的语用迁移的研究》,《当代修辞学》2015 年第 5 期,71—80 页;强星娜《意外范畴研究述评》,《语言教学与研究》2017 年第 6 期,103—112 页。

⑲ 渡边丽玲《"差一点"句的逻辑关系和语义结构》,《语言教学与研究》1994 年第 3 期,88 页。

⑳ 杨子《Nn 类"差点儿没 VP"新解——从"差点儿没"的歧义性说起》,《语言研究》2017 年第 3 期,34 页。

㉑ Biq, Yung-O（毕永娥）. 1989. Metalinguistic negation in Mandarin, *Journal of Chinese*

Linguistics,17(1),pp.75—95.

㉒ 江蓝生《概念叠加与构式整合——肯定否定不对称的解释》,《中国语文》2008年第6期,487页。

㉓ 周韧《现实性和非现实性范畴下的汉语副词研究》,《世界汉语教学》2015年第2期,176页。

㉔ 事件情态主要指表能力、客观可能、许可、必要的句子,参见 Palmer, F. R. 2001. *Mood and Modality*, Cambridge: Cambridge University Press.

㉕ Smith, Carlota S. and Erbaugh, Mary S. 2009[2005]. Temporal interpretation in Mandarin Chinese, in Richard P. Meier, Helen Aristar-Dry and Emilie Destruel, eds., *Text, Time, and Context: Selected Papers of Carlota S. Smith* (*Studies in Linguistics and Philosophy* 87), Dordrecht: Springer, pp. 303—342.

㉖ Shyu, Shu-ing(徐淑瑛)and Chuang, Ya-chun(庄雅淳). 2015. Appproximating to the event boundary,(counter)factuality and approximative cha(yi)dian[事实、反事实与近似词"差一点"], in Tseng Ming-yu(曾铭裕), ed., *Language as Material*, The Center for the Humanities at National Sun Yat-sen University. pp. 97—119.

㉗ 郭锐《汉语谓词性成分的时间参照及其句法后果》,《世界汉语教学》2015年第4期,435—449页。

㉘ 同前注。

㉙ 范晓蕾《邢台话"了₁"的两个变体》,《语言暨语言学》2018年第19卷第3期,2018年,410—438页。

㉚ 马希文《关于动词"了"的弱化形式》,《中国语言学报》1983年第1期,1—14页;木村英树《关于补语性词尾"着"和"了"》,《语文研究》1983年第2期,22—30页。

㉛ 范晓蕾《邢台话"了₁"的两个变体》,《语言暨语言学》2018年第19卷第3期,433页。

㉜ 木村英树《关于补语性词尾"着/zhe/"和"了/le/"》,《语文研究》1983年第2期,27—28页。

㉝ 帅志嵩《从词汇语义信息看"差点儿没VP"的演化》,《语言科学》2014年第6期,620—621页。

㉞ 范晓蕾《再说"差一点"》,《中国语文》2018年第2期,215—216页。

㉟ 范晓蕾《再说"差一点"》,《中国语文》2018年第2期,220页。

㊱ 例如,广州话可以说"差啲医唔好"(差一点治不好),不能说"*差啲冇医好"(差一点没治好)。

㊲ 这排除"他上了清华呢!""他上了清华吗?"等强语气句、疑问句,也排除"你很聪明、我

喜欢打球、棉花能织布”等静态事件句,它们的完句条件有所不同。

㊳ 北京话“他认错人喽!”带感叹语气便能完句,但这是另外一个“了$_{2真}$”,会另文详述。

㊴ Tsai, Wei-Tien Dylan (蔡维天). 2008. Tense Anchoring in Chinese, *Lingua* 118: 675—686.

㊵ 郭锐《汉语谓词性成分的时间参照及其句法后果》。

㊶ 本文的“相对非将来”不同于郭锐的“外部时间参照”(郭文439页),前者的参照时间可以是句法或语篇上相邻的其他句子的事态时间,并非后者那样限于本句内的时间成分。

㊷ 范晓蕾《助动词“会”情态语义演变之共时构拟——基于跨语言/方言的比较研究》,《语言暨语言学》17.2,2016年,195—233页。

㊸ “会$_{认识必然}$”在否定或疑问的环境也能推测过去或现在的事态(“他会不会已经上大学了?”“现在他不会在家的。”),这是不典型的非现实环境,当中的“会$_{认识必然}$”不负责完句,不属于“会$_{将来}$”,需另当别论。

㊹ 绝对将来句的参照时间自然是“将来时间T”;惯常句的参照时间是类指性的,反事实句的参照时间是非真实的,后两者可归为“不定指的时间T”。

㊺ “要$_{将来}$”可以引介不可控事件,这区别于只引介可控事件的“要$_{意愿}$”,后者完句不用“了$_2$”,如“我要$_想$吃榴莲”。“要$_{将来}$”也能引出可控事件,如“他要睡觉了”,这需辨别。

㊻ 张庆文《谓词性成分的封闭性与“差不多”和“差一点”的语义阐释》,《世界汉语教学》2009年第2期,160—176页;袁毓林《“差点儿”和“差不多”的意义同异之辨》;帅志嵩《从词汇语义信息看“差点儿没VP”的演化》。

㊼ 之所以说“E的有界性”是“倾向”而非“要求”,一是因为有些动态义的无界VP可进入“差一点VP”,如“他激动得差点儿大声喊叫”,这种例子数量偏少;二是因为“差一点不VP”“差一点*(没)VP”其实是带无界事态的E,见3.3节。另外,有的“差一点VP”看似用无界VP,如“一场股灾之后,他这些年在股市上的收获差点儿等于(了)零”,但该语境里“等于零”应视为隐含“了”的有界事态。

㊽ 参见:Delancey, Scott. 1997. Mirativity: the grammatical marking of unexpected information, *Linguistic Typology* 1, 1: 33—52;

Hengeveld, Kees & Hella Olbertz. 2012. Didn't you know? Mirativity does exist! *Linguistic Typology* 16, 3: 487—503;

强星娜《意外范畴研究述评》,《语言教学与研究》1994年第3期。

㊾ 参见:Klein, Wolfgang. 1994. *Time in Language*. London: Routledge. p48;

Bartsch, Renate. 1995. *Situations, Tense, and Aspect*. Berlin: Mouton de Gruyter. p31.

(50) 李小玲《北京话的“差点儿”句式》,《汉语学习》1986 年第 1 期,6—10 页。

(51) 江蓝生《概念叠加与构式整合——肯定否定不对称的解释》。

(52) 袁毓林《“差点儿”中的隐性否定及其语法效应》,《语言研究》2013 年第 2 期,54—64 页。

(53) 参见江蓝生《概念叠加与构式整合——肯定否定不对称的解释》,496 页;袁毓林《“差点儿”中的隐性否定及其语法效应》,《语言研究》2013 年第 2 期,58 页。

(54) 刘彬《汉语反问句否定意义的形成与识解机制研究》,北京大学博士学位论文,2018 年。

(55) 袁毓林、刘彬《“什么”句否定意义的形成与识解机制》,《世界汉语教学》2016 年第 3 期,303—317 页。

(56) 沈家煊《不对称和标记论》,110 页。

(57) 范晓蕾《再说“差一点”》,《中国语文》2018 年第 2 期,221 页。

(58) 该句若表“我必须杀了他”是合法的,但这是“得”的道义情态功能,并非“不得 VP”的认识情态义。

(59) 李小玲《北京话里的“差点儿”句式》,《汉语学习》1986 年第 1 期。

(60) 周一民《北京话里的“差点儿没 VP”句式》,《语言教学与研究》2003 年第 6 期,24—30 页。

(61) Kristin, Davidse and An Van linde. 2014. Negation, grammaticalization and subjectification: The development of polar, modal and mirative no way constructions, Conference: ICE-HL18, At University of Leuven.

(62) Mario, Squartini. 2017. Italian non-canonical negations as modal particles: information state, polarity and mirativity, in Chiara Fedriani and Andrea Sansóeds., *Pragmatic Markers, Discourse Markers and Modal Particles: New Perspectives* [*Studies in Language Companion Series* 186]. John Benjamins: Under Publisher's Copyright. pp. 203—229.

(63) 寇鑫、袁毓林《“给 VP”结构的主观性分析》,《语言科学》2018 年第 1 期,42 页。

(64) 王彦杰《“把……给 V”句式中助词“给”的使用条件和表达功能》,《语言教学与研究》2001 年第 2 期,64—65 页。

(65) 强星娜《意外范畴研究述评》,《语言教学与研究》2017 年第 6 期,108—110 页。

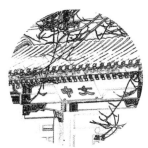 古代汉语

# 上古汉语有五声说
——从《诗经》用韵看上古的声调

## 唐作藩

关于上古的声调,诸家众说纷纭。我们一直认为王力先生的主张是比较符合实际的。即:上古声调首先分为平、入两调类,又各分为舒、促二声,也就是长平、短平、长入、短入四声。到了《切韵》时代发展为平、上、去、入四声,《切韵》时代的四声与《诗经》的声调是一脉相承的。

二十世纪九十年代我们在给研究生讲授"古音学"的教学实践中,重新审视《诗经》的用韵,感到王力先生的主张需要有所修正。因为我们发现《诗经》用韵所反映的声调情况,与《切韵》音系的四声既有一些差异,更有许多共同点。据我们的分析、统计,《诗经》"风、雅、颂"305 篇(其中国风 160 篇,小雅 74 篇,大雅 31 篇,颂 40 篇;此外,小雅中有 6 篇有目无辞),除周颂中有 8 篇章无韵,[①]其余 297 首有韵诗篇,共有 1134 章(国风 482 章,小雅 370 章,大雅 219 章,颂 63 章)。每章诗句中凡换韵者则析为不同韵段,共有 1755 个韵段。其中平声字与平声字相押者 829 韵段,约占 47.2%;上声字互押者 294 韵段,约占 16.8%;入声字与入声字相押者 261 韵段,约占 14.9%;去声字互押者 95 韵段,约占 5.4%。而平声字与上声字互押者 75 韵段,平声字与去声字互押者 58 韵段,上声字与去声字互押者 47 韵段,平、上、去三声相押者 21 韵段,以上四类共计 201 韵段,约占 11.5%。余为入声与平、上、去三声相押者 75 韵段(其中平、入相押 5 次,上、入相押 8 次,平、上、入相押 1 次,平、去、入相押 2 次,上、去、入相押 5 次,平、上、去、入相押 2 次,去、入相押则有 52 次),约占 4.3%。(《诗经》各声押韵材料见附录一)下面分别论述。

第一,在平声字相押的 829 个韵段中,阴声韵 327 韵段,阳声韵 497 韵段,阴、阳通押 5 个韵段。阳声韵中有 40 余字，《切韵》时代一般读上声或去声，而在《诗经》用韵里经常或只与平声字相押。如阳部"享"字，《广韵》上声养韵许两切，而在《诗经》里入韵 5 次，均与平声字相押；还有"飨""爽"等中古上声字，上古也读平声。又如"忘"字，《广韵》去声漾韵巫放切，而《诗经》入韵 10 次，均与平声相押；这表明它在上古时代也念平声。② 同性质的字还有"望""丧""尚""庆""向""抗"等。此外，蒸部的"梦""胜"③"赠"，冬部的"降""仲""宋"，东部的"共""用""讼""颂""送""巷""控"，耕部的"正""政""敬""姓""定""聘"，元部的"叹（嘆、歎）"④"宪""翰"，真部的"信""电""甸""命""令"，文部的"训""顺""问""愠"，侵部的"潜""甚""滥"等字，在《诗经》里都仅与平声相押。其中有少数字不是直接与平声字相押，而是间接与平声字相押而通过系联确定的。阴声韵也有类似情况，如鱼部的"且"字，在《诗经》里多用作句尾语气词，一般押平声（《广韵》读平声鱼韵子鱼切）。又如歌部的"过"字，之部的"治"字，幽部的"救""炮"，宵部的"要""号"等字亦多与平声字相押，不读去声。

第二，《诗经》上声字还不多，主要见于阴声韵。上声互押 294 个韵段中，阴声韵有 274 个，其中鱼部 104 个韵段，之部 95 个韵段，幽部 37 个，脂部 1 个，微部 5 个，歌部 2 个，其余是合韵者（脂微 5 个，之幽、幽宵、脂元各 1 个）。支部无整段押韵的上声字。阳声韵相押的上声字更少，总共才 20 个韵段，主要是元部字（如"反、版、远、践、简、莒、卷、转、痯、蝉"等），此外，阳部、侵部、耕部、真部、文部、谈部各有几个或个别入韵的上声字。这表明上古的上声还正在形成中。

第三，《诗经》中入声互押的 261 个韵段，无一例外的都是《广韵》入声韵字（见附录一）。这表明从上古到中古入声调也是一脉相承的。

第四，上古是否有去声一直是个有争议的问题。《诗经》互押的去声虽然比较少，仅 95 个韵段，但确乎已经存在，如之、幽、宵、侯、鱼、歌、脂、微诸部（唯支部无入韵去声字，见附录二）。其中歌部去声字，多有不同看法。在歌部 20 个韵段互押的去声字中，除了"贺、佐"二字大概没有异议，其他即所谓祭部字如"迈 6⑤、厉 4、逝 4、艾 3、外 3、泄 3、大 3、败 3、害 2、蹶 2、脱 2、世 2、愒 2、嘒 2、带、岁、吷、说、帨、拜、憩、哕、茷、蒉、瘵、揭"等。王力先生把这些字都归属月部(长入),因为它们往往又与入声相押。但其他韵部中与入声相押的去声字,王先生并不都归属入声韵部。即同部的去声字有的归属入声韵部,有的归属阴声韵部(据王力主编《古代汉语》与《王力古汉语字典》)。例如"富3、异、戒、炽、试"属职部,而"诲4、载3⑥、背2、佩、备、寺、忌、瘦"归之部;又"祝"字属觉部,而"好7、报4、究2、裒"归幽部;"暴3、悼2"属药部,而"笑2、敖(傲)、盗、教、傚"归宵部;归属侯部的去声字有"豆、具、媾、觏、漏、孺、昧",而没有归属屋部的;相反,归属锡部的有"帝、易",而无属相应支部的去声字。又"夜3、露2、射2、路2、度2、莫(暮)2、恶"归铎部,而"怒2、故2、誉2、愬、禦(御)、豫、饫"属鱼部;"届3、弃2、悸2、淠2、閟、棣、庆、阕、利、駟、逮"归质部,而"济、季、惠"属脂部;"瘁4、醉3、对3、遂3、穗2、肆2、谓2、退2、内2、悴2、溃、辠、禭、蔚、隧、出、悖、溉、僾"归物部,而"类4、塈4、寐3、位2、爱、妹、渭、匮、坏、畏"属微部。

阳声韵部的去声字较少。只有元部可以基本上确定的有"旦3、雁2、粲2、烂2、泮、晏、宴、彦、涧、涣、霰、汕、见、衍、难"。此外,文部的"盼"、耕部的"倩"由于它们仅1次与去声字相押,用例甚少,无法确定它们是不是去声。

下面再看《诗经》用韵中与入声相押的中古去声字,同样,既有上古属入声韵部的,也有属阴声韵部的。属上古入声韵部的有职部的"戒2、试",药部的"罩",铎部的"莫(暮)3、度3、夜、射",锡部的"帝3、摘2",月部的"害6、岁2、厉2、逝2、卫、肺、外、世、筛、艾、届、哕、瘵、勚",质部的"至2、庆2";而属阴声韵部的有之部的"载4、背2、备2、意、字、事、囿",幽部的"繡(绣)、啸",宵部的"芼、到",侯部的"奏、附",鱼部的"赋",脂部的"惠、翳"。但比起去声互押的字数或次数来还是少数。

从上述《诗经》中去声独用、与平上声相押及与入声通押的情况看,上古去声的独立性还是很强的,至少在王力先生的古韵体系里属于阴声韵部的去声字在《诗经》时代是已经存在的。而那些经常与入声相押的、王先生归属入声韵部的去声字则可看作长入。也就是说,上古声调仍然是以音高为主要机制(包括平、上声的区别),音长只起部分作用。所以我们主张上古音系有五个声调,即平声、上声、去声和长入、短入五个声调。其长入到后代亦演变为去声。此五声不同于王国维先生的五声说。

《诗经》里入韵的去声字共有 223 个,其中阳声韵字 34 个(主要是元部字 29 个,其他真部 2 个、文、谈、耕三部各 1 个都还没把握),用韵 49 次,不与入声发生关系;阴声韵字 98 个(之 17、幽 13、宵 10、侯 14、鱼 18、歌 8、脂 8、微 10),用韵 208 次(独用互押 83 次,与平、上声相押 98 次,与入声相押 27 次);属上古入声韵部的 91 字(职 6、觉 3、药 5、屋 1、铎 9、锡 3、月 29、质 14、物 21),用韵 204 次(独用互押 131 次,与平、上声相押 28 次,与入声相押 45 次)。

此外,从《诗经》用韵或用词来看,由于词义的发展、分化或词性的变化,在《诗经》时代已出现一字(词)异读的现象(有的是通过假借而产生的异读),其去声一读可能是新产生的。例如:

"载",名词,年,上声作亥切(据《广韵》,下同),《大雅·大明》"文王初载,天作之合";句首句中语气词,去声作代切,《鄘风·载驰》"载驰载驱,归唁卫侯";又动词,装载,盛(cheng),去声昨代切,《小雅·大东》"薪是获薪,尚可载也,哀我惮人,亦可息也",《大雅·旱麓》"清酒既载,骍牡既备"。

"好",形容词,美好义,上声呼皓切,《周南·关雎》"窈窕淑女,君子好逑";动词,喜好,去声呼到切,《小雅·彤弓》"我有嘉宾,中心好之"。

"敖",动词,遨游义,又地名,均平声五劳切,《邶风·柏舟》"微我无酒,以敖以游",《小雅·车攻》"建旐设旄,搏兽于敖";通"傲",形容词,骄傲,去声,《邶风·终风》"谑浪笑敖,中心是悼"。

"造",动词,制作、创造,上声昨早切,《郑风·缁衣》"缁衣之好兮,敝予又改造兮";名词,成就,去声七到切,《大雅·思齐》"肆成人有德,小子有造"。

"度",动词,揣测、估计义,入声徒落切,《小雅·巧言》"他人有心,予忖度之";名词,限度、法度、器量,去声徒故切,《魏风·汾沮洳》"美无度,美无度,殊异乎公路",《大雅·抑》"质尔人民,谨尔侯度"。

"恶",形容词,与"善"相对,入声乌各切,《小雅·雨无正》"邦君诸侯,莫肯朝夕,庶曰式臧,覆出为恶";动词,憎恨、厌恶,去声乌路切,《郑风·遵大路》"遵大路兮,掺执子之袪兮,无我恶兮,不寁故也"。

"莫",代词或副词,没有谁,不,又形容词,茂盛的样子,均入声慕各切,《邶风·北门》"终窭且贫,莫知我艰",《邶风·谷风》"德音莫违,及尔同死",《周南·葛覃》"维叶莫莫,是刈是濩";名词,暮的本字,去声莫故切(据《集韵》),《齐风·东方未明》"不能辰夜,不夙则莫"。

"舍",动词,舍弃义,上声书冶切,《郑风·羔裘》"彼其之子,舍命不渝";名词用如动词,客舍,去声始夜切,《小雅·何人斯》"尔之安行,亦不遑舍"。

"易",动词,变易、交易义,入声羊益切,《大雅·韩奕》"虔共尔位,朕命不易,干不庭方,以佐戎辟";形容词,容易,去声以豉切,《大雅·文王》"殷之未丧师,克配上帝,宜鉴于阴,骏命不易",《小雅·何人斯》"尔还而入,我心易也"。(《毛传》:"易,说 yuè。")

"出",自动词,与"入"相对,入声赤律切,《邶风·日月》"日居月诸,东方自出,父兮母兮,畜我不卒";使动词,使出,去声尺类切,《小雅·雨无正》"匪舌是出,维躬是瘁"。《经典释文》:"出,尺遂反"。

"难",形容词,困难、艰难义,平声那干切,《大雅·抑》"庶无大悔,天方艰难,曰丧厥国,取譬不远",又茂盛的样子,平声囊何切(据《集韵》),《小雅·隰桑》"隰桑有阿,其叶有难";名词,患难、灾难,去声奴案切,《周颂·访落》"将予就之,继犹判涣,维予小子,未堪家多难"。所以,我们从这种一字异读现象也可以确定《诗经》时代已经有了独立的去声。

许绍早兄生前在《语言研究》(1994)上发表文章讨论过《诗经》的声调问题,对王力先生的上古声调学说也曾提出过质疑,也认为上古应有了去声。但他只研讨了《诗经》音系中收 -k 尾韵部的去声字,没有提出系统的见解。本文将《诗经》全部入韵字进行了分析、统计和研究,列出原始材料,明确提出上古五声说,以就教于韵学界诸位同道。遗憾的是不能向先师与先兄请教了。

## 注 释

① 即《清庙》《昊天有成命》《时迈》《噫嘻》《武》《酌》《桓》《般》。
② "忘"字不仅在上古,就是在汉代韵文里也都押入平声。直至唐诗用韵亦多如此。
③ 此二字,《广韵》已有平、上两读。如"梦"字,《广韵》不但读去声莫凤切,而且又念平声莫中切。而《诗经》用韵 4 次均与平声字相押。
④ "叹(嘆、歎)"字,《广韵》读去声他旦切,《集韵》有平声他干切一读。《诗》韵常与平声字相押。
⑤ 例字后的数字是指《诗经》里出现押韵的次数。只出现 1 次的不加数字。下同。
⑥ "载"字有去声与上声两读,下面的例字也有异读的,如"祝""好""易""出""难"等。

# 附录1 《诗经》用韵的例证

## 平　声

《周南·关雎》鸠、洲、逑、流、求;①《葛覃》萋、飞、喈,归、衣;《卷耳》筐、行,嵬、隤、罍、怀、冈、黄、觥、伤,砠、瘏、痡、吁;《樛木》累、绥、荒、将、萦、成;《螽斯》诜、振、薨、绳;《桃夭》华、家,蓁、人;《兔罝》罝、夫3②,丁、城,逵、仇,林、心;《汉广》休、求,蒌、驹;《汝坟》枚、饥;《麟之趾》麟、麟、麟、定、姓;《召南·鹊巢》方、将、盈、成;《采蘩》中、宫,僮、公,祁、归;《草虫》虫、螽、忡、降、薇、悲、夷;《采蘋》蘋、滨、藻、潦;《行露》牙、家,墉、讼、从;《羔羊》皮、纰、蛇、缝、总③、公;《殷其雷》阳、遑;《摽有梅》三、今;《小星》星、征2,东、公、同;《江有汜》沱、过、歌;《野有死麕》麕、春;《何彼襛矣》华、车,缗、孙;《驺虞》葭、豝、虞、蓬、豵;《邶风·柏舟》舟、流、忧、游,茹、据、微、衣、飞;《绿衣》裳、亡、思、治④、訧、风、心;《燕燕》飞、归3、颃、将、音、南、心、渊、身、人;《日月》良、忘;《终风》霾、来、思、雷、怀;《击鼓》镗、兵、行,仲、宋、忡,洵、信⑤;《凯风》南、心,夭、劳,薪、人,音、心;《雄雉》音、心,思、来,行、臧;《匏有苦叶(叶)》盈、鸣;《谷风》风、心,菲⑥、违、违、畿、舟、游、求、救⑦、冬、穷;《式微》微、归2,躬、中;《旄丘》茸、东、同;《简兮》榛、苓、人;《泉水》淇、思、姬、谋、干、言、泉、叹、漕、悠、游、忧;《北门》门、殷、盆、艰、为、何3、敦、遗、摧;《北风》凉、雱、行,喈、霏、归,狐、乌、车、邪、且3;《静女》姝、隅、蹰;《新台》泚、瀰;《鄘风·柏舟》河、仪、它、天、人2;《墙有茨》襄、详、长;《君子偕老》珈、佗、河、宜、何、瑱、天、颜、媛;《桑中》唐、乡、姜、中、宫3,葑、东、庸;《鹑之奔奔》疆、良、兄、疆、晾、奔、君;《定之方中》中、宫、堂、京、桑、臧、零、人、田、人、渊、千;《蝃蝀》人、姻、信、命;《相鼠》皮、仪、为;《干旄》旄、郊、旟、都、旌、城;《载驰》驱、侯、悠、漕、忧、蓫、行、狂、尤、思、之;《卫风·淇奥》猗、磋、磨,僴、咺、谖3、青、莹、星;《考槃》涧、宽、言、谖、阿、薖、歌、过;《硕人》颀、衣、妻、姨、私、黄、脂、蛴、犀、眉、敖、郊、骄、镳、朝、劳;《氓》蚩、丝、谋、淇、丘、期、媒、期、垣、关、涟、关、言、迁、汤、裳、爽、行、劳、朝、思、哉;《竹竿》淇、思、之、滺、舟、游、忧;《芄兰》支、觿、知;《河广》刀、朝;《伯兮》殳、驱、东、蓬、容;《有狐》梁、裳;《木瓜》瓜、琚、桃、瑶;《王风·黍离》离、靡3、苗、摇、忧、求3、天、人3;《君子于役》期、哉、埘、来、思;《君子阳阳》阳、簧、房、陶、翿、敖、且、且;《扬之水》薪、申、怀、怀、归3;《中谷有蓷》乾、叹、叹、难;《兔爰》罗、为、罹、吪、罜、忧、瞳、庸、凶、聪;《采葛》萧、秋;《大车》啍、璊、奔;《丘中有麻》麻、嗟、施;《郑风·缁衣》宜、为;《将仲子》墙、桑、兄、园、檀、言;《叔于田》田、人、仁;《大叔于田》黄、襄、行、扬、控、送、掤、弓;《清人》彭、旁、英、翔、消、麃、乔、遥;《羔裘》濡、侯、渝;《女曰鸡鸣》加、宜、来、赠、顺、问;《有女同车》车、华、琚、都、翔、姜、行、英、翔、将、姜、忘;《山有扶苏》苏、华、都、且、松、龙、充、童;《萚兮》吹、和3、漂、要;《狡童》言、餐;《褰裳》臻、人、且、且;《丰》丰、巷、送、昌、堂、将、裳、行、衣、归;《风雨》凄、喈、夷、潇、胶、瘳;《子衿》衿、心、音;《扬之水》薪、人、信;《出其东门》门、云、存、巾、员、闍、荼、且、蘆、娱;《野有蔓草》瀼、扬、臧;《溱洧》乎、且、乎2、清、盈;《齐风·鸡鸣》鸣、盈、鸣、声、明、昌、明、光、薨、梦⑧、憎;《还》还、间、肩、儇、昌、阳、狼、臧;《著》庭、青、莹、堂、黄、英;《东方未明》明、裳、晞、衣、颠、令⑨;《南山》崔、绥、归、怀、庸、从;《甫田》田、人2、骄、忉;《卢令》令、仁、环、鬈、锊、偲;《敝笱》鳏、雲(云);《载驱》汤、彭、荡、翔、滔、儦、遨;《猗嗟》昌、长、扬、跄、臧、名、清、成、正、甥;《魏风·葛屦》霜、裳;《汾沮洳》方、桑、英、行;《园有桃》桃、殽、谣、骄、哉、其、之、思;《陟岵》冈、兄;《十亩之间》间、闲、还;《伐檀》檀、干、涟、廛、狟、餐、轮、漘、沦、囷、鹑、飧;《硕鼠》苗、劳、郊、郊、号⑩;《唐风·蟋蟀》堂、康、荒3、休、慆、忧、休;《山有枢》枢、榆、娄、驱、愉;《扬之水》鹄、命、人;《椒聊》升、朋、聊、条2;《绸缪》薪、天、人;《秋杜》菁、罥、姓;《鸨羽》行、桑、粱、尝、常;《有杕之杜》周、游;《采苓》苓、颠、信、旃、然、言、焉3、葑、东、从;《秦风·车邻》邻、颠、令、桑、杨、簧、亡;《驷驖》园、闲、镳、骄;《小戎》收、辀、中、骖、期、之、群、镎、苑、膺、弓、滕、兴、音;《蒹葭》苍、霜、方、长、央、凄、晞、湄、跻、坻;《终南》梅、裘、哉、堂、裳、将、忘;《黄鸟》天、人、身3、桑、行、防;《晨风》风、林、钦、何、多3;《无衣》衣、师3、袍、矛、仇、裳、兵、行;《渭阳》阳、黄;《权舆》乎、渠、馀、乎、舆2;《陈风·东门之枌》差、原、麻、娑、荍、椒;《衡门》迟、饥、鲂、姜;《东门之池》池、麻、歌、菅、言;《东门之杨》杨、牂、煌;《墓门》斯、知;《防有鹊巢》巢、苕、忉;《月出》皎、僚、纠、悄;《株林》林、南、林、南、驹、株;《泽陂》陂、菏、何、为、沱、蕳、卷⑪、悁;《桧风·羔裘》遥、朝、忉、翔、堂、伤;《素冠》冠、栾、慱、衣、悲、归;《隰有苌楚》枝、知、华、家;《匪风》鹭、音;《曹风·候人》陂、饥;《鸤鸠》梅、丝、骐,榛、人、年;《下泉》泉、叹3,稂、京、萧、周、蓍、师、苗、膏、劳;《豳风·七月》阳、庚、筐、行、桑、迟、祁、悲、归、桑、斨、扬、桑、黄、阳、裳、蒌、蜩、狸、裘、同、功、豵、公、瓜、壶、苴、樗、夫、同、功、茅、绹、冲、阴、霜、场、飨、羊、堂、觥、疆;《鸱鸮》勤、闵、据、荼、租、瘏、家、谯、修、翘、摇、晓;《东山》东、东、归、归、东、濛4,归、悲、衣、枚、场、行、薪、年、飞、归、褵、仪、嘉、何;《破斧》斨、皇、将、锜、吪、嘉、銶、遒、休;《九罭》鳟、裳、衣、归、悲;《狼跋》胡、肤、胡、肤、瑕;《小雅·鹿鸣》鸣、蘋、笙、簧、将、行、芩、琴、湛、心;《四牡》骓、迟、归、悲、骓、归;《皇皇者华》华、夫、驹、濡、驱、诹、骐、丝、谋、骃、均、询;《常棣》威、怀、裒、求、原、难、叹、平、宁、生、琴、湛、家、帑、图、乎;《伐木》丁、嘤、鸣、声、生、听、平;《天保》兴、陵、增、享、尝、王、疆、恒、升、承;《采薇》薇、归3,柔、忧、定、聘、刚、阳、华、车、骙、依、腓、依、霏、迟、饥、悲、哀;《出车》方、彭、央、方、襄、华、涂、居、书、虫、螽、忡、降、戎、迟、萋、喈、祁、归、夷;《杕杜》阳、伤、遑、萋、悲、归;《鱼丽》鲨、多、多、嘉;《南有嘉鱼》累、绥;《南山有台》台、莱、基、期、桑、扬、光、疆;《蓼萧》瀼、光、爽、忘、浓、冲、雍、同;《湛露》晞、归、椅⑫、离、仪;《彤弓》藏、贶、飨;《菁菁者莪》莪、阿、仪、陵、朋、舟、浮、休;《六月》栖、骙、成、征、颙、功、方、阳、章、央、行、安、轩、闲、原、宪;《采芑》田、千2,乡、央、衡、玱、皇、珩、天、千、渊、阗、啴、焞、雷、威;《车攻》攻、同、庞、东、苗、嚣、旂、敖、调、同、鸣、旌、惊、盈、征、声、成;《吉日》同、从;《鸿雁》嗷、劳、骄;《庭燎》央、光、将、晨、辉、旂;《沔水》汤、扬、行、忘、陵、惩、兴;《鹤鸣》园、檀2,天、渊;《祁父》牙、居、聪、饔;《白驹》苗、朝、遥、思、期、思、音、心;《黄鸟》桑、梁、明、兄;《我行其野》樗、居、家;《斯干》干、山、飞、跻、庭、楹、正、冥、宁、兴、梦、何、罴、蛇、罴、蛇、祥、祥、床、裳、璋、喤、皇、王;《无羊》群、犉、阿、池、讹、蒸、雄、兢、崩、肱、升、鱼、旐、年、溱;《节南山》猗、何、瘥、多、嘉、嗟、师、氏⑬、维、毗、迷、师、亲、信、俾、讻、夷、违、定、生、宁、酲、成、政、姓、矛、酬、平、宁、正、诵、讻、邦;《正月》霜、伤、将、京、痒、蒸、梦、胜、憎、陵、惩、梦、雄、邻、云、慇;《十月之交》微、哀、行、良、常、臧、电、令⑭、腾、崩、陵、惩、徒、夫、向、藏、王、向、劳、嚣、天、人、忧、休;《雨无正》图、辜、铺⑮、天、信、臻、身、天、流、休、都、家;《小旻》从、用、邛、程、经、听、争、成、何、他、兢、冰;《小宛》天、人、令、鸣、征、生、兢、冰;《小弁》斯、提、罹、何、伎(qí)、雌、枝、知、掎、扤、佗、山、泉、言、垣;《巧言》且、辜、怓、怓、辜、涵、逸、盟、长、甘、餤、共⑯、邛、麋、阶、何、多;《何人斯》艰、门、云、陈、身、人、天、风、南、心、篪、知、斯;《巷伯》箕、谋、翩、人、信、幡、言、迁、天、人、丘、诗、之;《谷风》颓、怀、遗;《蓼莪》蒿、劳;《大东》东、空、霜、行、泉、叹、薪、人2、来、裘2、浆、长、光、襄、襄、章、箱、明、庚、行、扬、浆;《四月》凄、腓、归、梅、尤、天、渊、薇、椋、哀;《北山》滨、臣、均、贤、彭、傍⑰、将、刚、方、床、行、号、劳;《无将大车》尘、疧、雝(雍)、重;《鼓钟》将、汤、伤、忘、喈、湝、悲、回、鏖、洲、妯、犹、钦、琴、音、南、僭;《楚茨》跄、羊、尝、亨、将、祊、明、皇、飨、庆、疆、将、庆;《信南山》甸、田、雲(云)、雰、宾、年、刀、毛、胾、享、明、皇、疆;《甫田》田、千、陈、人、年、明、羊、方、臧、庆、梁、京、仓、箱、梁、庆、疆;《大田》萋、祈、私、穧、穗;《瞻彼洛矣》泱、泱、茨、师、同、邦;《裳裳者华》黄、章、庆;《桑扈》翰、宪、难、那⑱、觩、柔、敖、求;《鸳鸯》罗、宜、摧、绥;《頍弁》何、嘉、他、期、时、来;《车舝》冈、薪、琴、心;《青蝇》樊、言、榛、人;《宾之初筵》抗、张、同、功、壬、林、湛、筵、反、幡、迁、仙、号、呶、傲、邮、俄、傞、嘉、仪;《鱼藻》蒲、居;《采菽》芹、旂、命、申、蓬、邦、同、从;《角弓》良、方、让、亡、瀌、消、骄、浮、流、忧;《菀柳》天、臻、矜;《都人士》黄、章、望、绦、旂、盱;《采绿》蓝、襜、詹、弓、绳;《黍苗》苗、膏、劳、牛、哉、营、成、平、清、成、宁;《隰桑》阿、难、何、幽、胶、藏、忘;《白华》茅、犹、田、人、薪、人、煁、心、林、心、梁、良、卑、疧;《绵蛮》阿、何、隅、趋;《瓠葉(叶)》亨、尝、炮⑲、酬;《渐渐之石》高、劳、朝、波、沱、他;《苕之华》黄、伤、青、生;《何草不黄》黄、行、将、方、玄、矜、民、夫、暇、狐、车;《大雅·文王》天、新、生、桢、甯(宁)、常、京、躬、天;《大明》王、方、商、京、行、王、梁、光、天、莘、王、京、行、王、商、林、兴、心、洋、煌、彭、扬、王、商、明;《绵》膴、饴、谋、龟、时、兹、徒、家、陕、甍、登、冯、兴、胜、仇、将、行、愠、问、成、生;《棫朴》干、璋、峨、官、天、人、章、相、王、方;《旱麓》中、降、天、渊、人、燎、劳、蘛、枚、回;《思齐》音、南、公、恫、邦、宫、临;《皇矣》屏、平、兄、庆、光、丧、方、心、音、恭、邦、共、京、疆、冈、阿、池、阳、将、方、王、王、方、兄、冲、墉、闲、言、连、安;《灵台》营、成、枞、镛、钟、钟、廱、逢、公;《下武》王、京、求、孚;《文王有声》声、宁、成、哉、哉、功、丰、垣、翰、廱、东、王、京、正、成;《生民》民、嫄、灵、宁、林、冰、蠓、唪、揄、蹂、叟、浮、惟、脂、登、升、歆、今;《行苇》坚、钧、贤;《既醉》将、明、融、终、何、嘉、仪;《凫鹥》泾、宁、清、馨、成、沙、宜、多、嘉、为、亹、熏、欣、芬、艰;

《假乐》人、天、命、申、皇、王、忘、章、蒋、纲;《公刘》康、疆、仓、粮、囊、光、张、扬、行、原、繁、宣、叹、巘、瑶、刀、泉、原、冈、京、曹、牢、鞄、长、冈、阳、泉、单、原、粮、阳、荒;《泂酌》罍、归;《卷阿》阿、歌、南、音、游、休、酋、长、康、常、印、璋、望、纲、天、人、命、鸣、生、冈、阳、萋、喈、多、驰、歌;《民劳》康、方、良、明、王、休、逑、愒、忧;《板》难、宪、悻、毗、迷、尸、屎[20]、葵、资、师、篪、圭、携、藩、垣、翰、屏、宁、成、渝、驱、明、王;《荡》谌、终、商、商、明、卿、蟥、羹、丧、行、方、刑、听、倾;《抑》隅、愚、训、顺、政、刑、尚、亡、章、兵、方、仪、嘉、磨、为、绳、承、颜、愆、嘉、仪、丝、基、言、行、僭、心、盈、成;《桑柔》柔、刘、忧、旬、民、天、矜、骙、夷、黎、哀、维、阶、慭(殷)、辰、西[21]、瘁、彰[22]、相、臧、肠、狂、林、潜;《云汉》天、人、臻、牲、听、虫、宫、宗、临、躬、川、焚、熏、闻、遯(遁)、星、嬴、成、正、宁;《崧高》天、神、申、翰、蕃、宣、邦、功、邦、庸、田、人、营、城、成、郿、归、疆、粻、行、番、啴、翰、宪、彭、锵、方、骙、喈、齐、归、风、心;《韩奕》甸、命、命、命、张、王、章、衡、钖、彭、锵、光、云、门、完、蛮、皮、罴;《江汉》浮、滔、游、求、车、旅、舒、铺、汤、洸、方、王、平、定、争、宁、宣、翰、人、田、命、年;《常武》游、骚、霆、惊、啴、翰、汉、苞、流、同、功、平、庭、回、归;《瞻卬》收、瘳、田、人、城、城、鸱、阶、天、人、祥、亡、优、忧、幾(几)、悲、深、今;《召旻》丧、亡、荒、讧、共、邦、中、弘、躬;《周颂·维清》成、祯;《烈文》公、邦、功、人、训、刑、疆、皇、忘;《天作》荒、康、行;《我将》方、王、飨;《执竞》王、康、皇、方、明、喤、将、穰;《思文》天、民;《臣工》工、公;《振鹭》雝(雍)、容;《有瞽》庭、声、鸣、听、成;《潜》沮[23]、鱼;《雝(雍)》雝(雍)、公、人、天;《载见》王、章、阳、央、鸧、光、享;《有客》追、绥、威、夷;《闵予小子》庭、敬、王、忘;《敬之》之、思、哉、兹、将、明、行;《小毖》蜂、虫;《载芟》耘、畛、苗、麃、香、光、馨、宁;《良耜》盈、宁;《丝衣》纰、俅、基、牛、鼐、鼒、柔、休;《桓》王、方、天、间;《鲁颂·駉》皇、黄、彭、疆、臧、驵、骐、伾、期、才、駓、鱼、祛、邪、徂;《有駜》黄、明、飞、归、騆、燕;《泮水》芹、旂、陶、囚、心、南、皇、扬、讻、功、馘、搜、林、黮、音、琛、金;《閟宫》枚、回、依、迟、王、阳、商、公、东、庸、牺、宜、多、尝、衡、刚、将、羹、房、洋、昌、臧、方、常、崩、滕、朋、陵、乘、縢、弓、绶、增、膺、惩、承、岩、詹、蒙、东、邦、同、从、功、邦、从;《商颂·那》猗、那、成、声、平、声、尝、将;《烈祖》成、平、争、疆、衡、鸧、享、将、康、穰、尝、将;《玄鸟》商、芒、汤、方、胜、乘、承、祁、河、宜、何;《长发》商、祥、芒、方、疆、长、将、商、违、齐、遟、祗、围、球、旒、休、绿、柔、忧、遒;《殷武》乡、汤、羌、享、王、常、监、严、滥、遑、声、灵、宁、生、山、丸、迁、虔、梴、闲、安。

## 上 声

《周南·关雎》采、友;《葛覃》否、母;《苤苢》苢、采、苢、有、苢、苢2;《汉广》楚、马;《汝坟》尾、毁、迩;《麟之趾》趾、子;《召南·草虫》子、止3;《采蘋》筥、釜、下、女;《殷其雷》下、处;《江有汜》汜、以、悔、渚、与、处;《何彼秾矣》李、子;《邶风·柏舟》转、卷、选、悄、小、少、摽;《绿衣》里、己;《燕燕》羽、野、雨;《击鼓》处、马、下、手、老;《凯风》下、苦;《雄雉》羽、阻;《匏有苦叶(叶)》轨、牡、子、否、友;《谷风》体、死、荠、弟、泚、以、笱、後(后);《旄丘》处、与、久、以、子、耳;《简兮》舞、处、俣、舞、虎、组;《泉水》沸、祢、弟、姊;《静女》炜、美;《新台》洒、弥、鲜、洒、浼、殄;《二子乘舟》景、养;《鄘风·墙有茨》埽、道、丑;《桑中》上、上、上;《蝃蝀》指、弟、雨、母;《相鼠》齿、止、俟、体、礼、死;《干旄》组、五、予;《载驰》反、远;《卫风·竹竿》右、母;《木瓜》李、玖;《王风·扬之水》楚、甫;《葛藟》涘、母、有;《大车》槛、菼、敢;《丘中有麻》李、子、玖;《郑风·缁衣》好、造;《将仲子》子、里、杞、母;《叔于田》狩、酒、好、野、马、武;《大叔于田》马、组、舞、举、虎、所、女、鸨、首、手、阜;《遵大路》手、魗、好;《女曰鸡鸣》酒、老、好;《褰裳》洧、士;《东门之墠》墠、阪、远;《风雨》晦、已、子、喜;《扬之水》楚、女、女;《齐风·南山》亩、母;《敝笱》鲔、雨、唯、水;《载驱》济、汭、弟;《魏风·陟岵》岵、父、子、已、止、屺、母;《硕鼠》鼠、鼠、黍、女、女、土、土、所、鼠、鼠、女、女2;《唐风·山有枢》栲、杻、埽、考、保;《绸缪》楚、户、者;《杕杜》杜、湑、踽、父;《鸨羽》羽、栩、盬、黍、怙、所;《有杕之杜》左、我;《葛生》楚、野、处;《采苓》苦、下、与;《秦风·驷驖》阜、手、狩;《蒹葭》采、已、涣、右、沚;《黄鸟》楚、虎、御(御);《权舆》簋、饱;《陈风·宛丘》鼓、下、夏、羽、缶、道、翿;《东门之枌》栩、下;《衡门》鲤、子;《东门之池》纻、语;《墓门》已、矣;《月出》皓、懰、受、慅;《株林》马、野;《泽陂》菡、俨、枕;《曹风·蜉蝣》羽、楚、处;《豳风·七月》耜、趾、子、亩、喜、火、苇、股、羽、野、宇、户、下、鼠、户、处、枣、稻、酒、寿、蚤、韭;《鸱鸮》雨、土、户、予;《东山》野、下、宇、户、羽、马;《伐柯》远、践;《九罭》渚、所、处;《狼跋》尾、几;《小雅·四牡》马、盬、处、下、栩、盬、父、止、杞、母、骎、谂;《常棣》韠、弟;《伐木》埽、簋、牡、舅、咎、湑、酤、鼓、舞、暇、湑;《采薇》盬、处;《杕杜》杜、鹽2,杞、母、嵽、瘖、远;《鱼丽》罶、酒3、鳢、旨、鲤、有;《南山有台》杞、李、母、已;《蓼萧》湑、写、语、处、泥[24]、弟、豈;《湛露》草、考;《彤弓》载、喜、右;《菁菁者莪》沚、喜;《六月》里、子、喜、祉、久、友、鲤、矣、友;《采芑》芑、亩、止、苢、止、鼓、旅;《车攻》好、阜、草、狩;《吉日》午、马、麌、所、有、俟、友、右、子、矢、兕、醴;《鸿雁》羽、野、寡;《沔水》海、止、友、母;《鹤鸣》野、渚;《祁父》士、止;《黄鸟》栩、黍、处、父;《斯干》祖、堵、户、处、语、簟、寝;《节南山》仕、子、已、殆、仕、领、骋;《正月》瘨、後(后)、口、愈、侮、雨、辅、予、沼、炤[25];《十月之交》卯、醜(丑)、士、宰、史、马、处;《雨无正》仕、殆、使、子、友;《小旻》土、沮;《小宛》采、负、似、扈、寡;《小弁》道、草、擣、老、首、梓、止、母、里、在、笱、後(后);《巧言》祉、已;《何人斯》祸、我、可;《巷伯》锦、甚、好、草、者、虎、受、昊;《谷风》雨、女、予;《蓼莪》耻、久、恃;《四月》夏、暑、予、纪、仕、有;《北山》下、土、仰、掌、酒、咎;《小明》土、野、暑、苦、雨、罢、处、与、女;《楚茨》止、起、饱、首、考、尽、引;《信南山》理、亩、酒、牡、考;《甫田》亩、籽、薿、止、士、鼓、祖、雨、女、止、子、亩、喜、右、否、亩、有、敏;《大田》阜、好、莠、止、子、亩、喜;《瞻彼洛矣》矣、止3;《裳裳者华》湑、写、处、右、有、似;《桑扈》扈、羽、胥[26]、祜、扈、胥、领、屏[27];《頍弁》首、阜、舅;《车辖》友、喜、幾(几)、幾(几)、女、舞、湑、写;《宾之初筵》楚、旅、舞、鼓、祖、否、史、耻、怠、语、殽;《鱼藻》藻、镐3、首、酒、尾、岂;《采菽》芑、予、马、黼、股、下、纾、予;《角弓》反、远;《菀柳》柳、蹈2;《采绿》鲔、者;《白华》菅、远;《瓠叶》(叶)》首、酒3;《苕之华》首、罶、饱;《何草不黄》虎、野、草、道;《大雅·文王》已、子、止、子、孙、祖;《大明》涘、止、子、旅、野;《绵》父、马、浒、下、女、宇;《旱麓》济、弟;《思齐》母、妇;《皇矣》悔、祉、子;《下武》许、武、祜;《文王有声》芑、仕、子;《生民》祀、子、敏、止、祀、子、秠、苢、亩、负、祀;《行苇》苇、履、体、泥、弟、尔、几、主、醹、斗、耇;《既醉》士、子;《凫鹥》渚、处、湑、脯、下;《假乐》纪、友、士、子;《公刘》野、处、旅、语、理、有;《卷阿》厚、主、止、士、使、子;《抑》酒、绍、友、子、李、子、子、止、悔;《桑柔》宝、好;《云汉》纪、宰、右、止、里;《崧高》马、土、宝、舅、保;《烝民》下、甫、考、保、茹、吐、甫、茹、吐、寡、禦(御);《韩奕》道、考、子、止、里;《江汉》浒、虎、土、理、海、子、似、祉、子、已;《常武》土、祖、父、父、旅、浦、土、处、绪;《瞻卬》後(后)、巩;《周颂·执竞》简、反;《有瞽》瞽、虡、羽、鼓、圉、举;《雝》牡、考、祀、子、后、後(后)、寿、考、祉、母;《载见》考、寿、保、祜、瑕;《有客》马、旅;《访落》止、考;《敬之》士、子、止;《小毖》鸟、蓼;《载芟》以、妇、士、耜、亩、济、姊、醴、妣;《良耜》耜、亩、女、笠、黍;《鲁颂·駉》马、野、者4;《有駜》下、舞、牡、酒、始、有、子;《泮水》茆、酒、老、道、醜(丑)、武、祖、祜;《閟宫》秬、秠、土、绪、子、祀、耳、祖、女、瑕、鲁、许、宇、喜、母、士、有、祉、齿;《商颂·那》鼓、祖;《烈祖》祖、祜、所;《玄鸟》有、殆、子、里、止、海;《长发》子、士;《殷武》武、楚、阻、旅、所、绪。

**去 声**

《周南·汝坟》肄、弃;《召南·甘棠》败、憩、拜、说;《行露》露、夜、露;《摽有梅》墍、谓;《野有死麇》脱、帨、吠;《邶风·柏舟》愬、怒;《终风》暴②、笑、敖、悼;《匏有苦叶(叶)》厉、揭、雁、旦、泮;《谷风》溃、肆、墍;《式微》故、露;《二子乘舟》逝、害;《鄘风·载驰》济、閟;《卫风·硕人》倩、盼;《氓》暴、笑、悼;《芄兰》遂、悸2;《伯兮》背、痗;《有狐》厉、带;《木瓜》报、好3;《王风·黍离》穗、醉;《采葛》艾、岁;《郑风·大叔于田》射㉙、御;《羔裘》晏、粲、彦;《女曰鸡鸣》旦、烂、雁、酒、老、好、好、报;《褰裳》洧、士;《齐风·东方未明》夜、莫;《魏风·汾沮洳》洳、莫、度、路;《陟岵》季、寐、弃;《十亩之间》外、泄、逝;《唐风·蟋蟀》逝、迈、外、蹶㉚;《羔裘》褎、究、好;《有杕之杜》好、好;《葛生》粲、烂、旦;《秦风·晨风》棣、檖、醉;《小雅·常棣》豆、饫、具、孺㉛;《出车》佩、瘁;《南有嘉鱼》汕、衎;《我行其野》富、异;《节南山》惠、戾、届、阕;《雨无正》退、遂、瘁、悴、退、出、瘁;《小旻》艾、败;《小弁》嘒、淠、届、寐;《巧言》盗、暴;《蓼莪》蔚、瘁;《楚茨》备、戒、位;《大田》穗、利;《頍弁》霰、见、宴;《车辖》誉、射;《宾之初筵》识㉜、又;《采菽》洒、嘒、駓、届;《角弓》教、傚;《菀柳》愒、瘵、迈;《都人士》厉、虿、迈;《隰桑》爱、谓;《白华》外、迈;《绵蛮》诲、载㉝3;《大雅·文王》世、世、帝、易;《大明》妹、渭;《皇矣》对、季;《下武》贺、佐㉞;《生民》旆、穟;《既醉》匮、类;《假乐》位、圣;《公刘》涧、涧;《泂酌》溉、聖;《民劳》愒、泄、厉、败、大;《板》蹶、泄、坏、畏、怒、豫;《荡》类、怼、对、内、祝㉟、究;《抑》寐、内、漏、觏;《桑柔》僾、逮、隧、类、对、醉、悖;《瞻卬》诲、寺、富、忌、类、瘁;《周颂·振鹭》夜、誉;《访落》涣、难;《鲁颂·有駜》篚、哕、大、迈、炽、富、背、试、大、艾、害。

**入 声**

《周南·关雎》得、服、侧;《葛覃》谷、木、莫、濩、绤、斁;《螽斯》揖、蛰;《桃夭》实、室；《芣苢》掇、捋，袺、襭；《麟之趾》角、族；《召南·草虫》蕨、惙、说；《甘棠》伐、茇；《行露》角、屋、狱、足；《羔羊》革、緎、食；《殷其雷》侧、息；《摽有梅》七、吉；《野有死麕》樕、鹿、束、玉；《邶风·柏舟》石、席；《燕燕》及、泣；《日月》出、卒、述；《终风》曀、曀、嚏；《击鼓》阔、说，阔、活；《匏有苦葉（叶）》葉（叶）、涉；《谷风》鞠、覆、育、毒；《旄丘》葛、节、日；《简兮》籥、翟、爵；《北门》适、益、谪；《鄘风·柏舟》侧、特、慝；《墙有茨》束、读、辱；《桑中》麦、北、弋；《定之方中》日、室、栗、漆、瑟；《干旄》祝、六、告；《载驰》麦、极；《卫风·淇奥》箦、锡、璧、绰、较、谑、虐；《考槃》陆、轴、宿、告；《硕人》活、濊、發（发）、揭、孽、朅；《氓》落、若，说、说，极、德；《芄兰》葉（叶）、觿、甲；《伯兮》朅、桀，日、疾；《有狐》侧、服；《王风·黍离》实、噎；《君子于役》月、佸、桀、括、渴；《中谷有蓷》湿、泣、泣、及；《采葛》葛、月；《大车》室、穴、日；《丘中有麻》麦、国、食；《郑风·缁衣》席、作；《羔裘》饰、力、直；《蘀兮》蘀、蘀、伯2；《狡童》食、息；《东门之墠》栗、室、即；《子衿》达、阙、月；《溱洧》乐、谑、药2；《齐风·东方之日》日、室、即，月、闼、發（发）；《南山》克、得、极；《甫田》桀、怛；《载驱》薄、鞗、夕；《魏风·葛屦》襋、服；《汾沮洳》曲、藚、玉、族；《园有桃》棘、食、国、极；《伐檀》辐、侧、直、亿、特、食；《硕鼠》麦、德、国、国、直；《唐风·山有枢》漆、栗、瑟、日、室；《扬之水》凿、襮、沃、乐；《椒聊》菊、笃；《鸨羽》翼、棘、稷、食、极；《无衣》七、吉，六、燠；《有杕之杜》食、食；《葛生》棘、域、息、日、室；《秦风·车邻》漆、栗、瑟、耋；《驷驖》硕、获；《小戎》续、毂、馵、玉、屋、曲、合、軜、邑；《黄鸟》棘、息、特、穴、栗3；《晨风》栎、驳、乐；《无衣》泽、戟、作；《陈风·防有鹊巢》甓、鹝、惕；《桧风·素冠》弁、结、一；《隰有苌楚》实、室；《匪风》發（发）、偈、怛；《曹风·蜉蝣》翼、服、息、阅、雪、说；《候人》翼、服；《鸤鸠》七、一、结，棘、忒、国；《豳风·七月》鵙、绩、获、蘀、萚、穆、麦、屋、穀（谷）；《东山》蠋、宿、实、室；《伐柯》克、得；《九罭》陆、复、宿；《小雅·皇皇者华》隰、及、骆、若、度；《常棣》合、翕；《伐木》谷、木；《天保》穀（谷）、禄、足、福、食、德；《采薇》烈、渴、业、捷；《出车》牧、棘；《杕杜》实、日；《湛露》棘、德；《六月》饬、服、炽、急、国、则、服、翼、服、国；《采芑》翼、奭、服、革；《车攻》奕、舄、绎；《鸿雁》泽、作、宅；《鹤鸣》蘀、石、错①、穀、玉；《白驹》藿、夕、客、谷、束、玉；《黄鸟》穀（谷）、粟、穀（谷）、族；《我行其野》蓫、宿、畜、复、葍、特；《斯干》阁、橐、翼、棘、革；《无羊》溦、湿；《节南山》恶、怿；

《正月》禄、仆、屋、局、踖、脊、蜴、特、克、则、得、力、乐、虐、屋、穀（谷）、禄、椓、独；《十月之交》彻、逸；《雨无正》德、国、血、疾、室；《小宛》粟、狱、卜、穀（谷）、木、谷；《何人斯》蜮、得、极、侧；《巷伯》食、北；《蓼莪》鞠、畜、育、复、腹、德、极、律、弗、卒；《大东》舌、揭；《四月》浊、穀（谷）；《北山》息、国；《小明》奥、蹙、菽、戚、宿、覆、息、直、福；《楚茨》棘、稷、翼、亿、食、福、食、福、式、稷、敕、极、亿；《信南山》霂、渥、足、穀（谷）、翼、彧、穡、食；《大田》硕、若、朥、贼、黑、稷、福；《瞻彼洛矣》弢、室；《裳裳者华》白、骆、若；《鸳鸯》翼、福、秣、艾；《頍弁》柏、奕、怿；《青蝇》棘、极、国；《宾之初筵》设、逸、的、爵、抑、怭、秩、福、德；《菀柳》息、昵、极；《都人士》撮、髪（发）、说、实、吉、结；《采绿》绿、匊、局、沐；《隰桑》沃、乐；《白华》束、独、翼、德；《绵蛮》侧、极；《瓠叶》炙、酢；《渐渐之石》卒、没、出；《大雅·文王》翼、国、亿、服、德、福；《大明》翼、福、国、集、合；《绵》飂、漆、穴、室、拔、兑、驷、喙；《棫朴》楫、及；《思齐》式、人；《皇矣》赫、莫、获、度、廓、宅、辟、剔、拔、兑、德、色、革、则、茀、仡、肆、忽、拂；《灵台》濯、翯、跃；《下武》式、则、德、服；《文王有声》淢、匹、绩、辟、北、服；《生民》夙、育、稷、匐、嶷、食、粟、室；《既醉》德、福、俶、告、禄、仆；《假乐》福、亿、抑、秩、匹；《公刘》密、即；《卷阿》翼、德、则；《民劳》息、国、极、特、德；《板》辑、洽、怿、莫、虐、谑、跪[37]、熇[38]、药、益、易、辟；《荡》克、服、德、力、国、德、侧；《抑》告、则、贼、则、国、式、德、棘；《桑柔》毖、恤、热、削、爵、濯、溺、穡、食、贼、国、力、鹿、穀（谷）、谷、迪、复、毒、作、获、赫；《崧高》伯、宅、德、直、国、硕、伯；《烝民》则、德、德、则、色、翼、式、力、业、捷、及；《韩奕》幭、厄、貊、伯、墍、藉；《江汉》棘、极、德、国；《常武》业、作、翼、克、国；《瞻卬》夺、说、刺、狄；《周颂·思文》稷、极；《振鷺》恶、斁；《雝》肃、穆；《载芟》柞、泽、活、达、杰；《良耜》挃、栗、栉、室、角、续；《鲁颂·駉》骆、雒、绎、斁、作；《有駜》乐、乐、乐；《泮水》德、则、德、服、馘、博、斁、逆、获；《閟宫》稷、福、麦、国、穡、忒、稷、绎、宅、貊、诺、若、柏、度、尺、舄、硕、奕、作、若；《商颂·那》斁、奕、客、怿、昔、作、夕、恪；《长發（发）》拨、达、越、发、烈、截、葉（叶）、业；《殷武》国、福、翼、极。

（以上是独用，下面是同用）

## 平、上声

《周南·汉广》广、泳、永、方3；《召南·殷其雷》子、哉3；《小星》昴、裯、犹;《野有死麕》包、诱;《邶风·静女》娈、管、荑;《鄘风·定之方中》虚、楚;《卫风·氓》葚、耽、陨、贫;《竹竿》左、瑳、傩;《河广》广、杭、望;《王风·扬之水》蒲、许;《齐风·南山》两、双、荡;《魏风·陟岵》弟、偕、死2;《陈风·宛丘》汤、上、望;《豳风·七月》火、衣2;《小雅·伐木》阪、衍、践、远、愆;《出车》郊、旐、旄;《杕杜》偕、迩;《鱼丽》旨、偕、有、时;《南山有台》枸、楰、耇、後(后);《采芑》雒、犹、丑;《节南山》岩、瞻、惔、谈、斩、监;《正月》酒、殽;《十月之交》时、谋、莱、矣;《小旻》哀、违、依、底、止、否、谋;《小弁》先、埤、忍、陨;《巧言》威、罪;《无将大车》冥、颎;《楚茨》燘㊳、愆、孙、尸、归、迟、弟、私;《信南山》庐、瓜、菹、祖、祜;《裳裳者华》左、宜;《颍弁》上、怲、臧;《车辖》仰、行;《宾之初筵》旨、偕;《角弓》远、然;《大雅·文王》时、右;《大明》上、王、方;《棫朴》櫰、趣㊵;《思齐》妻、弟;《生民》时、祀、悔;《既醉》时、子;《凫鹥》潀、宗、降、饮、崇;《公刘》依、济、几、依、饮、宗;《泂酌》兹、子2;《卷阿》车、马;《荡》时、舅;《抑》难、远;《桑柔》将、往、竞、梗、王、痒、荒、苍;《韩奕》祖、屠、壶、鱼、蒲、车、且、胥;《江汉》首、休、考、寿;《瞻卬》有、收、罔、亡2;《周颂·维清》典、禋;《我将》牛、右;《丰年》黍、稌、秭、醴、妣、礼、皆;《访落》下、家;《赉》止、之、思、思;《鲁颂·閟宫》武、绪、野、虞、女、旅、父、鲁、宇、辅;《商颂·长發(发)》共、庬、龙、勇、动、竦、总、衡、王。

**平、去声**

《召南·鹊巢》居、御;《邶风·谷风》雠、售;《静女》异、贻;《鄘风·干旄》纰、四、畀;《郑风·将仲子》怀、畏3;《遵大路》路、祛、恶、故;《子衿》佩、思、来;《溱洧》涣、蕑;《甫田》娈㊶、丱、见、弁;《唐风·蟋蟀》莫、除、居、瞿㊷;《绸缪》刍、隅、逅;《杕杜》菁、睘、姓;《羔裘》祛、居、故;《葛生》夜、居;《秦风·渭阳》思、佩;《桧风·羔裘》膏㊸、曜、悼;《匪风》飘、嘌、吊;《豳风·东山》畏、怀;《小雅·鹿鸣》蒿、昭、恌、傚、敖;《常棣》务、戎;《天保》固、除、庶;《采薇》家、故、居、疚、来;《出车》来、载;《杕杜》来、疚;《南有嘉鱼》来、又;《彤弓》橐、好、酬;《采芑》试、骐;《车攻》饮、柴;《斯干》苞、茂、好、犹、除、去、芋㊹;《无羊》糇、具;《小弁》酬、究;《何人斯》舍、车、盱、易、知、祇㊺;《大东》来、疚;《北山》议、为;《小明》除、莫、庶、暇、顾、怒;《车辖》鷮、教㊻;《宾之初筵》能、又、时;《采菽》维、葵、脆、戾;《瓠葉(叶)》燔、献㊼;《大雅·文王》臭、孚;《皇矣》椐、柘、路、固、援、羨、岸;《文王有声》犹、孝;《生民》去、呱、訏、路;《板》僚、嚻、笑、荛;《荡》呼、夜;《抑》度、虞、雠、报;《云汉》推、雷、遗、畏、摧、去、故、莫、虞、怒;《常武》啴、翰、汉;《召旻》富、时、疚、兹。

上、去声

《召南·采蘩》沚、事;《邶风·日月》土、处、顾、冒、好、报;《鄘风·君子偕老》展、绊;《卫风·氓》岸、泮、宴、晏、旦、反;《王风·葛藟》浒、父、顾;《郑风·缁衣》馆、粲3、好、造;《大叔于田》慢、罕;《齐风·还》茂、道、牡、好;《东方未明》圃、瞿;《猗嗟》娈、婉、选、贯、反、乱;《唐风·秋杜》比、佽2;《陈风·墓门》顾、予;《月出》照、燎、绍、慅;《豳风·七月》圃、稼;《小雅·伐木》许、藇、羜、父、顾;《天保》寿、茂;《南山有台》栲、杻、寿、茂;《采芑》止、试;《吉日》戊、祷、好、阜、醜(丑);《十月之交》里、痗;《巧言》怒、沮㊽、树、数、口、厚;《大东》匕、砥、矢、履、视、涕;《北山》杞、子、事、母;《楚茨》祀、侑;《大田》戒、事、耜、亩;《宾之初筵》礼、至;《角弓》裕、瘉(愈);《黍苗》御、旅、处;《大雅·绵》止、右、理、亩、事、附、奏、後(后)、侮;《思齐》庙、保、造、士;《皇矣》类、比、怒、旅、祜、下、附、侮;《公刘》馆㊾、乱、锻;《板》旦、衍;《抑》子、否、事、耳;《桑柔》里、喜、忌;《云汉》沮、所、顾、助、祖、予;《常武》武、怒、虎、旟、浦、所;《召旻》茂、止、替、引;《周颂·闵予小子》造、疚、考、孝;《鲁颂·閟宫》解㊿、帝。

平、入声

《曹风·候人》没、芾㊿[51];《小雅·六月》茹、获;《大雅·灵台》虡、来;《常武》塞、来;《周颂·维天之命》收、笃㊿[52]。

上、入声

《王风·兔爰》造、觉;《大雅·假乐》子、德;《桑柔》谷、穀(谷)、垢;《崧高》貊、蹻、濯;《韩奕》解、易、辟;《周颂·潜》鲔、鲤、祀、福;《载芟》伯、旅;《商颂·殷武》辟、绩、适、解。

去、入声

《周南·关雎》芼、乐;《召南·甘棠》败、憩、拜、说;《邶风·泉水》辖(轄)、迈、卫、害;《鄘风·君子偕老》翟、髢、揥、皙、帝;《齐风·南山》告、鞠;《陈风·东门之杨》肺、晢;《豳风·七月》發(发)、烈、褐、岁;《东山》垤、室、窒、至;《小雅·采薇》作、莫。翼、服、戒、棘;《杕杜》至、恤;《南有嘉鱼》罩、乐;《庭燎》艾、晢、哕㊳;《正月》结、厉、灭、威(xuè)、辐、载、意;《雨无正》灭、戾、勩、夜、夕、恶;《小宛》克、富、又;《巧言》作、莫、度、获;《蓼莪》恤、至、烈、發(发)、害;《大东》载、息、服、试;《四月》烈、發(发)、害;《楚茨》蹖、硕、炙、莫、庶、客、错、度、获、格、酢、奏、禄;《鸳鸯》秣、艾;《车舝(辖)》舝(辖)、逝、渴、括;《角弓》木、附、属;《大雅·绵》直、载、翼;《皇矣》翳、柌;《灵台》囿、伏;《生民》月、达、害、字、翼、軷、烈、岁;《行苇》背、翼、福;《荡》帝、辟、揭、害、拨、世;《抑》疾、戾、舌、逝、格、度、射;《桑柔》极、背、克、力;《烝民》舌、外、發(发);《崧高》事、式;《烝民》若、赋;《韩奕》到、乐;《常武》戒、国;《瞻卬》惠、厉、瘵、疾、届;《召旻》竭、害;《商颂·长發(发)》旆、钺、烈、曷、蘖、达、截、伐、桀。

**平、上、去声**

《郑风·野有蔓草》洿、婉、愿;《齐风·著》著、素、华㊴;《小雅·车攻》饮、柴、驾、狩、驰、破;《斯干》地、瓦、仪、议、罹;《小旻》犹、就、咎、道;《谷风》嵬、萎、怨;《宾之初筵》能、又、时;《角弓》驹、後(后)、饇、取;《大雅·生民》道、草、茂、苞、褎、秀、好;《行苇》句㊵、镞、树、侮;《既醉》壶、年、胤;《泂酌》兹、罍、子、母;《民劳》安、残、绻、反、谏;《板》板、瘅、然、远、管、亶、谏;《桑柔》翩、泯、烬、频、宇、怒、处、圉、可、詈、歌;《烝民》举、图、助、补;《韩奕》土、訏、甫、嘑、虎、居、誉;《召旻》里、哉、旧;《周颂·良耜》纠、赵、蓼、朽、茂;《鲁颂·泮水》藻、蹻、昭、笑、教;《商颂·殷武》监、严、滥、遑。

**平、上、入声**

《郑风·清人》轴、陶、抽、好。

**平、去、入声**

《王风·中谷有蓷》修、啸、啸、淑;《魏风·葛屦》提、辟、揥、刺。

**上、去、入声**

《大雅·旱麓》载、备、祀、福;《行苇》席、御、酢、斝、炙、脍、咢;《荡》式、止、晦;《瞻卬》忒、背、极、慝、倍、识、事、织;《召旻》玷、业、贬。

**平、上、去、入声**

《唐风·扬之水》皓、绣、鹄、忧;《大雅·抑》昭、乐、懆、藐、教、虐、耄。

**注　释**

① 顿号用于韵脚间,逗号用于韵段后,分号用于篇章之后。
② 同一韵段中重复的韵字一般不重出。下同。如一章或一首诗中出现有两个以上相同的韵段,则在其后用数字标出,如是遥韵则不避重复。
③ "总"字,《广韵》读上声"作孔切",《集韵》有平声"粗从切"一读。
④ "治"字,《广韵》有平声直之切与去声直吏切两读。
⑤ "信"字,《广韵》读去声息晋切,《集韵》又有平声升人切一读(义通"伸")。
⑥ "菲"字,《广韵》有平声芳非切、上声敷尾切和去声扶拂切三读。
⑦ "救"字,《集韵》有平声居尤切一读,注:"《说文》'聚也。'或作'九','勼',古作'救',通作'鸠'。"
⑧ "梦"字,《广韵》有去声莫凤切与平声莫中切两读。
⑨ "令"字,《广韵》有去声力政切与平声吕贞切两读。
⑩ "号"字,《广韵》有平声胡刀切与去声胡到切两读。
⑪ "卷"字,《广韵》有平声巨员切、上声居转切与去声居倦切三读。此处("硕大且卷",义为"发曲",又作鬈)读平声。
⑫ "椅"字,《广韵》有平声於离切与上声於绮切两读。
⑬ "氐"字,《广韵》读平声都奚切,《集韵》有上声典礼切一读。
⑭ 顾炎武《〈诗〉本音》卷六"令"字下注云:"古音力震切,字有平、去二音,《车邻》平声,此章去声,与'电'为韵,《集传》以叶下文'腾''崩'者非。"我们认为《诗经》里的令与电都读平声。
⑮ "铺"字,《广韵》有平声普胡切与去声普故切两读。去声用于唐宋以后的词义。
⑯ "共"字,《广韵》有平声九容切与去声渠用切两读。此处"匪其止共",通"供",读平声。
⑰ "傍"字,《广韵》有平声步光切与去声蒲浪切两读。
⑱ 王力先生《诗经韵读》(1980)认为本章"翰、宪、难、那"是元、歌通押。我们觉得可分为两个韵段,即"翰、宪"是元部去声相押,而"难、那"是歌部平声相押。《小雅·隰桑》一章也是"难"读 nuó,与歌部字"阿、何"相押。
⑲ "炮"字的本义是"将带毛的肉涂上泥烧烤",读平声薄交切。读去声匹貌切是后起的。
⑳ "屎",《广韵》除了读上声式视切,还有平声喜夷切一读。此处"民之方殿屎","殿屎(xī)"为呻吟义,读平声。
㉑ 今本作"自西徂东",据江有诰说,当改为"自东徂西"。"西"与"愍(殷)"等是脂、真通押。

㉒ 今本作"瞻"("民人所瞻"),王力先生认为此韵段是"谈阳合韵"。顾炎武《〈诗〉本音》卷九:于"民人所瞻"下注云:"首二句无韵。宋吴棫《韵补》读瞻为诸良切,引汉溧阳长潘乾《校官碑》以瞻为彰、崔骃《反都赋》以瞻为障二证。愚未敢以为然。考潘乾碑文末云:'永世支百,民人所彰;子子孙孙,俾尔炽昌。'则固未尝作瞻也。"

㉓ "沮"字,《广韵》有三读:平声子鱼切、上声慈吕切和去声将预切。此处"猗与漆沮,潜有多鱼",是水名,读平声。

㉔ "泥"字,《广韵》有三读:平声奴低切、上声奴礼切和去声奴计切。此处"零露泥泥",义为露浓貌,读上声。

㉕ "炤"字,《广韵》读去声之少切,《集韵》又读平声之遥切与上声止少切。

㉖ "胥"字,《广韵》有平声相居切与上声私吕切两读。

㉗ "屏"字,《广韵》有平声薄经切与上声必郢切两读。

㉘ "暴"字,《广韵》有去声薄报切与入声蒲木切两读。

㉙ "射"字,《广韵》有去声神夜切、羊谢切与入声羊益切三读。

㉚ "蹶"字,《广韵》有入声居月切与去声居卫切两读;此处"好乐无荒,良士蹶蹶"及下文《大雅·板》"天之方蹶,无然泄泄",均读去声。

㉛ "孺"字,今读平声,古读去声,《广韵》而遇切。

㉜ "识"字,《广韵》有入声赏职切与去声职吏切两读。

㉝ 王力先生认为此韵段"诲、载"与上文"饮之食之"之"食"是职之通韵。我们处理为仅去声字"诲、载"相押,"食"字不入韵。

㉞ "佐"字,《广韵》读去声则箇(个)切,《集韵》有上声子我切一读,可能是后起的。

㉟ "祝"字,《广韵》有入声之六切与去声职救切两读;此处"侯作侯祝,靡届靡救",读去声。

㊱ "错"字,《广韵》有去声仓故切与入声仓各切两读。此处"他山之石,可以为错",读入声。

㊲ "蹺"字,《广韵》有三读:平声去遥切、上声居夭切和入声居勺切。此处"老夫灌灌,小子蹺蹺",义为"骄貌",当读上声。王力先生处理为入声,与"虐"等同属药部。

㊳ "熇"字,《广韵》读入声呵各切。《集韵》增去声口到切和平声虚娇切。此处"多将熇熇,不可救药",读入声。

㊴ "熯"字,《广韵》有去声呼旰切与上声人善切两读。此处"我孔熯矣",读上声。

㊵ "趣"字,《广韵》有去声七句切与入声趋玉切两读;《集韵》则有平声逡须切一读,此处"济济辟王,左右趣之",读平声。

㊶ "娈"字,《广韵》读平声力沇切,《集韵》又有去声龙眷切一读。从字义上看("婉兮娈

兮"),此韵段属平、去相押。

㊷ "瞿"字,《广韵》有去声九遇切与平声其俱切两读。

㊸ "膏"字,《广韵》有平声古劳切与去声古到切两读。(此字《诗经》押韵则有两读。)

㊹ "芋"字,《广韵》读去声王遇切,《集韵》有平声荒胡切一读。

㊺ "衹(qí)"字,《广韵》有两读,均平声(巨支切与章移切)。此处通"疧",病,读巨支切。

㊻ "教"字,《广韵》有去声古孝切与平声古肴切两读。

㊼ "献"字,《广韵》有去声许建切与平声素何切两读。

㊽ "沮"字。《广韵》有三读:平声子鱼切、上声慈吕切和去声将预切。此处"君子如怒,乱庶遄沮"。"沮"为终止义,读上声。

㊾ "馆"字,《广韵》读平声古玩切,《集韵》有上声古缓切一读。

㊿ "解"字,《广韵》有三读:上声(佳买切、胡买切)和去声古隘切。此处"春秋匪解",读上声胡买切。

㉛ "芾"字,《广韵》有入声分勿切与去声方味切两读。

㉜ 顾炎武《〈诗〉本音》卷十:"此章或可以'命、纯''收、笃'为韵。凡周颂之诗多若韵若不韵者,意古人之歌必自有音节,而今不可考矣。朱子曰,《周颂》多不叶韵,疑自有和声相叶,《清庙》之瑟,朱弦而疏越,一唱三叹,叹即和声也。"

㉝ "哕"字,《广韵》有去声呼会切与入声于月切两读。

㉞ "华"字,《广韵》有平声呼瓜切、户花切与去声胡化切三读。此句"尚之以琼华"之"华",读平声户花切。

㉟ "句"字,《广韵》有平声古侯切与去声(九遇切、古候切)三读。此处"敦弓既句,既挟四镞",读去声古候切。

# 附录2 中古去声字在《诗经》用韵中的三种情况比较表

| 《广韵》去声字例 | 上古韵部① | 《诗经》独用次数 | 与平、上声合用次数 | 与入声合用次数 |
|---|---|---|---|---|
| 背 | 之部 | 2 | | 3 |
| 佩 | 之部 | 1 | 2 | |
| 载 | 之部 | 3 | | 4 |

续 表

| 《广韵》去声字例 | 上古韵部 | 《诗经》独用次数 | 与平、上声合用次数 | 与入声合用次数 |
| --- | --- | --- | --- | --- |
| 诲 | 之部 | 4 | 1 | |
| 备 | 之部 | 1 | | 1 |
| 痗 | 之部 | 1 | 1 | |
| 寺 | 之部 | 1 | | |
| 忌 | 之部 | 1 | 1 | |
| 字 | 之部 | | | 1 |
| 事 | 之部 | | 5 | 2 |
| 倍 | 之部 | | | 1 |
| 侑 | 之部 | | 1 | |
| 疚 | 之部 | | 2 | |
| 又 | 之部 | | 1 | |
| 饎 | 之部 | | 1 | |
| 旧 | 之部 | | 1 | |
| 意 | 之部 | | | 1 |
| 异 | 职部 | 1 | 1 | |
| 囿 | 职部 | | | 1 |
| 试 | 职部 | 1 | 1 | 1 |
| 戒 | 职部 | 1 | 1 | 2 |
| 富 | 职部 | 3 | 1 | |
| 炽 | 职部 | 1 | | |
| 好 | 幽部 | 7 | 1 | |
| 茂 | 幽部 | | 8 | |
| 售 | 幽部 | | 1 | |
| 究 | 幽部 | 2 | 1 | |

续　表

| 《广韵》去声字例 | 上古韵部 | 《诗经》独用次数 | 与平、上声合用次数 | 与入声合用次数 |
| --- | --- | --- | --- | --- |
| 臭(xiù) | 幽部 |  | 1 |  |
| 报 | 幽部 | 4 | 2 |  |
| 冒 | 幽部 |  | 1 |  |
| 戊 | 幽部 |  | 1 |  |
| 庙 | 幽部 |  | 1 |  |
| 秀 | 幽部 |  | 1 |  |
| 裦 | 幽部 | 1 | 1 |  |
| 绣 | 幽部 |  |  | 1 |
| 啸 | 幽部 |  |  | 2 |
| 造 | 觉部 |  | 2 |  |
| 就 | 觉部 |  | 1 |  |
| 祝 | 觉部 | 1 |  |  |
| 笑 | 宵部 | 2 | 2 |  |
| 盗 | 宵部 | 1 |  |  |
| 敖(傲) | 宵部 | 1 |  |  |
| 俲 | 宵部 | 1 | 1 |  |
| 教 | 宵部 | 1 | 2 | 1 |
| 到 | 宵部 |  |  | 1 |
| 芼 | 宵部 |  |  | 1 |
| 髦 | 宵部 |  |  | 1 |
| 照 | 宵部 |  | 1 |  |
| 孝 | 宵部 |  | 1 |  |
| 暴 | 药部 | 3 |  |  |
| 悼 | 药部 | 2 | 1 |  |

续　表

| 《广韵》去声字例 | 上古韵部 | 《诗经》独用次数 | 与平、上声合用次数 | 与入声合用次数 |
| --- | --- | --- | --- | --- |
| 罩 | 药部 | | | 1 |
| 吊 | 药部 | | 1 | |
| 曜 | 药部 | | 1 | |
| 逅 | 侯部 | | 1 | |
| 务 | 侯部 | | 1 | |
| 具 | 侯部 | 1 | 1 | |
| 树 | 侯部 | | 2 | |
| 附 | 侯部 | | 2 | 1 |
| 奏 | 侯部 | | | 1 |
| 饇 | 侯部 | | 1 | |
| 句 | 侯部 | | 1 | |
| 呍 | 侯部 | 1 | | |
| 媾 | 侯部 | 1 | | |
| 豆 | 侯部 | 1 | | |
| 襦 | 侯部 | 1 | | |
| 漏 | 侯部 | 1 | | |
| 觏 | 侯部 | 1 | | |
| 裕 | 屋部 | | 1 | |
| 御 | 鱼部 | 1 | 2 | 1 |
| 故 | 鱼部 | 2 | 3 | |
| 固 | 鱼部 | | 2 | |
| 去 | 鱼部 | | 3 | |
| 舍 | 鱼部 | | 1 | |
| 怒 | 鱼部 | 2 | 6 | |

续 表

| 《广韵》去声字例 | 上古韵部 | 《诗经》独用次数 | 与平、上声合用次数 | 与入声合用次数 |
| --- | --- | --- | --- | --- |
| 顾 | 鱼部 |  | 6 |  |
| 瞿 | 鱼部 |  | 1 |  |
| 愬 | 鱼部 | 1 |  |  |
| 祛 | 鱼部 | 1 |  |  |
| 洳 | 鱼部 | 1 |  |  |
| 赋 | 鱼部 |  |  | 1 |
| 饫 | 鱼部 | 1 |  |  |
| 豫 | 鱼部 | 1 |  |  |
| 稼 | 鱼部 |  | 1 |  |
| 助 | 鱼部 |  | 2 |  |
| 誉 | 鱼部 | 2 | 1 |  |
| 素 | 鱼部 |  | 1 |  |
| 莫(暮) | 铎部 | 2 | 3 | 2 |
| 夜 | 铎部 | 3 | 2 | 1 |
| 路 | 铎部 | 2 | 2 |  |
| 度 | 铎部 | 2 | 1 | 3 |
| 柘 | 铎部 |  | 1 |  |
| 露 | 铎部 | 2 |  |  |
| 射 | 铎部 | 2 |  |  |
| 恶(wù) | 铎部 | 1 |  |  |
| 庶 | 铎部 |  | 2 | 1 |
| 帝 | 锡部 | 1 | 1 | 3 |
| 易 | 锡部 | 1 | 1 |  |
| 揥 | 锡部 |  |  | 2 |

续　表

| 《广韵》去声字例 | 上古韵部 | 《诗经》独用次数 | 与平、上声合用次数 | 与入声合用次数 |
| --- | --- | --- | --- | --- |
| 贺 | 歌部 | 1 | | |
| 佐 | 歌部 | 1 | | |
| 髢 | 歌部 | | | 1 |
| 罝② | 歌部 | | 1 | |
| 驾 | 歌部 | | 2 | |
| 破 | 歌部 | | 2 | |
| 议 | 歌部 | | 2 | |
| 地 | 歌部 | | 1 | |
| 逝 | 月部 | 4 | | 2 |
| 害 | 月部 | 2 | | 6 |
| 厉 | 月部 | 4 | | 2 |
| 迈 | 月部 | 5 | | 1 |
| 蛋 | 月部 | 1 | | |
| 勩 | 月部 | | | 1 |
| 带 | 月部 | 1 | | |
| 岁 | 月部 | 1 | | 2 |
| 外 | 月部 | 3 | | 1 |
| 艾 | 月部 | 3 | | 1 |
| 泄 | 月部 | 3 | | |
| 世 | 月部 | 2 | | 1 |
| 蹶 | 月部 | 2 | | |
| 败 | 月部 | 3 | | |
| 嘒 | 月部 | 2 | | |
| 大 | 月部 | 3 | | |

续　表

| 《广韵》去声字例 | 上古韵部 | 《诗经》独用次数 | 与平、上声合用次数 | 与入声合用次数 |
|---|---|---|---|---|
| 揭 | 月部 | 1 | | |
| 愒 | 月部 | 2 | | |
| 瘵 | 月部 | 1 | | 1 |
| 旆 | 月部 | 1 | | 1 |
| 茷 | 月部 | 1 | | |
| 哕 | 月部 | 1 | | 1 |
| 愒 | 月部 | 1 | | |
| 拜 | 月部 | 1 | | |
| 说 | 月部 | 1 | | |
| 脱 | 月部 | 2 | | |
| 帨 | 月部 | 1 | | |
| 吠 | 月部 | 1 | | |
| 卫 | 月部 | | | 1 |
| 肺 | 月部 | | | 1 |
| 惠 | 脂部 | 1 | | 1 |
| 季 | 脂部 | 2 | | |
| 济 | 脂部 | 1 | | |
| 翳 | 脂部 | | | 1 |
| 四 | 脂部 | | 1 | |
| 伙 | 脂部 | | 2 | |
| 涕 | 脂部 | | 1 | |
| 视 | 脂部 | | 1 | |
| 悸 | 质部 | 2 | | |
| 弃 | 质部 | 2 | | |

续 表

| 《广韵》去声字例 | 上古韵部 | 《诗经》独用次数 | 与平、上声合用次数 | 与入声合用次数 |
| --- | --- | --- | --- | --- |
| 闵 | 质部 | 1 | | |
| 棣 | 质部 | 1 | | |
| 戾 | 质部 | 1 | 1 | 1 |
| 届 | 质部 | 3 | | 1 |
| 阅 | 质部 | 1 | | |
| 浘 | 质部 | 2 | | |
| 利 | 质部 | 1 | | |
| 駟 | 质部 | 1 | | |
| 逮 | 质部 | 1 | | |
| 至 | 质部 | | 1 | 3 |
| 畀 | 质部 | | 1 | |
| 替 | 质部 | | 1 | |
| 塈 | 微部 | 4 | | |
| 寐 | 微部 | 3 | | |
| 妹 | 微部 | 1 | | |
| 位 | 微部 | 2 | | |
| 爱 | 微部 | 1 | | |
| 渭 | 微部 | 1 | | |
| 类 | 微部 | 4 | 1 | |
| 匮 | 微部 | 1 | | |
| 坏 | 微部 | 1 | | |
| 畏 | 微部 | 1 | 5 | |
| 肄 | 物部 | 2 | | |
| 谓 | 物部 | 2 | | |

续　表

| 《广韵》去声字例 | 上古韵部 | 《诗经》独用次数 | 与平、上声合用次数 | 与入声合用次数 |
|---|---|---|---|---|
| 溃 | 物部 | 1 | | |
| 穟 | 物部 | 2 | | |
| 遂 | 物部 | 3 | | |
| 檖 | 物部 | 1 | | |
| 穟 | 物部 | 1 | | |
| 隧 | 物部 | 1 | | |
| 瘁 | 物部 | 4 | | |
| 萃 | 物部 | 1 | | |
| 谇 | 物部 | 1 | | |
| 醉 | 物部 | 3 | | |
| 退 | 物部 | 2 | | |
| 偎 | 物部 | 1 | | |
| 出 | 物部 | 1 | | |
| 对 | 物部 | 3 | | |
| 蔚 | 物部 | 1 | | |
| 悖 | 物部 | 1 | | |
| 内 | 物部 | 2 | | |
| 溉 | 物部 | 1 | | |
| 忿 | 物部 | 1 | | |
| 倩 | 耕部 | 1 | | |
| 绊 | 元部 | | 1 | |
| 泮 | 元部 | 1 | 1 | |
| 雁 | 元部 | 2 | | |
| 旦 | 元部 | 3 | | |

续 表

| 《广韵》去声字例 | 上古韵部 | 《诗经》独用次数 | 与平、上声合用次数 | 与入声合用次数 |
| --- | --- | --- | --- | --- |
| 晏 | 元部 | 1 | 1 | |
| 粲 | 元部 | 2 | | |
| 彦 | 元部 | 1 | | |
| 烂 | 元部 | 2 | | |
| 汕 | 元部 | 1 | | |
| 衎 | 元部 | 1 | | |
| 霰 | 元部 | 1 | | |
| 见 | 元部 | 1 | 1 | |
| 宴 | 元部 | 1 | 1 | |
| 涧 | 元部 | 2 | | |
| 涣 | 元部 | 1 | 1 | |
| 难 | 元部 | 1 | | |
| 卝 | 元部 | | 1 | |
| 献 | 元部 | | 1 | |
| 羡 | 元部 | | 1 | |
| 岸 | 元部 | | 1 | |
| 汉 | 元部 | | 1 | |
| 愿 | 元部 | | 1 | |
| 锻 | 元部 | | 1 | |
| 乱 | 元部 | | 2 | |
| 贯 | 元部 | | 1 | |
| 慢 | 元部 | | 1 | |
| 怨 | 元部 | | 1 | |
| 谏 | 元部 | | 2 | |

续 表

| 《广韵》去声字例 | 上古韵部 | 《诗经》独用次数 | 与平、上声合用次数 | 与入声合用次数 |
|---|---|---|---|---|
| 瘅 | 元部 |  | 1 |  |
| 胤 | 真部 |  | 1 |  |
| 烬 | 真部 |  | 1 |  |
| 盼 | 文部 | 1 |  |  |
| 阽 | 谈部 | 1 |  |  |
| 合计 224 |  | 235 | 150 | 71 |

**注 释**

① 据《王力古汉语字典》。

② "罝"字,《王力古汉语字典》归支部,本文依《诗经》韵,归歌部。

原载于《语言学论丛(第三十三辑)》,商务印书馆,2006 年。

# 《汉字古音表稿》序

## 郭锡良

《汉字古音表稿》是以《汉字古音手册》为基础编写的。《手册》是为广大读者查考古音的工具书,即王力先生《汉字古音手册·序》中所说的"必读参考资料"。《表稿》则是与研究汉语甚至是汉语史的学人商讨上古汉语语音系统的构成及其发展的专题著作。

## 一

我是1954年到北京大学做汉语史研究生才开始接触古音学的。王力先生两次讲汉语史课和专为汉语史研究生开的"我是怎样写汉语史讲义"一课,自然是我接受古音学知识的首要途径。1955年上学期周达甫先生开音韵学课,他指定两部参考书:王力的《中国音韵学》(后改名《汉语音韵学》)、罗常培的《中国音韵学导论》;还以王力古音29部为准编写了一部《诗经韵读》,油印成讲义发给我们。1956年陆志韦先生给我们讲高本汉的《中上古汉语音韵纲要》(*Compendium of Phonetics in Ancient and Archaic Chinese*,1954),也由周达甫先生译出高著,发给我们油印讲义。这两门课也是我接受古音学的重要途径。王力先生要求我们通读段玉裁的《说文解字注》包括《六书音均表》,对提高我的古音知识,也大有帮助。我还从王府井东安市场旧书摊上买到了刘赜先生的《声韵学表解》(商务印书馆1934年)。可以说,读研究生期间,当时古音学的重要著作大多曾经涉猎。

周达甫先生是从中山大学调来的三位教授中的一位,留学印度的博士,湖南人,是我学习古音学的另一位引路人。他无疑是难得的中西都通的汉语音韵学者，二十世纪六十年代调离北大，去了中央民族学院。时势变了，很少有人要学音韵学了。现在周先生已经没有几个人知道了。他编写和翻译的两本油印讲义，我也没能保存下来，"文革"中被毁在了学生的武斗中。特别是高本汉的《中上古汉语音韵纲要》，由于社会政治的原因，延迟了近三十年才由聂鸿音翻译出版（齐鲁书社1987年）。因对周先生的怀念，使我不得不有所感慨，这都是1956年极左路线迅速膨胀，把中西文化一股脑打进"封、资、修染缸"所造成的恶果，其损失是难以估计的。

1961年我参加了文科教材《古代汉语》的编写，上册两节音韵通论（《诗经的用韵》《双声叠韵和古音通假》）和两个音韵附录（《上古韵部及常用字归部表》《上古声母及常用字归类表》由我负责。我根据《汉语史稿》的上古音系统给每个表收集了两千多个例字。1981年修订《古代汉语》教材分别增加到五千多个例字。在此基础上我编写了《汉字古音手册》，收字7479个，1982年完稿，1986年由北京大学出版社出版。这时还是受丁声树先生《古今字音对照手册》的影响，重视常用字，重视反切和中古的音韵地位。2001年退休后开始修订，认为首先应该把《说文解字》的九千多字全收了，还要收入东汉以前典籍中有用例的字，以便研究古音的人参考。可是开始不久，梅祖麟在音韵学方面气势汹汹地打上门来，我不得不出面应战。多年的"梅郭之争"使《手册》的增订本一直拖到2009年才完稿，收字一万一千七百字左右（商务印书馆2010年）。

我在此时写了一篇《增订本前言》，为清代古音学家顾炎武、江永、段玉裁、戴震等七家和清末章炳麟、黄侃两家的研究作了简要的评述，又比较详尽地分析了王力先生《汉语史稿》同高本汉、陆志韦、李方桂、董同龢四家古音系统和构拟的异同优劣，从而指出（21页）："八十年代以前有价值，而又影响最大的上古音拟测系统无疑是高本汉、王力和李方桂三家；在这三家中我们认为，又应以王力先生的拟测更为稳妥一些。"因此，《手册》的编写自然是根据王先生的古音系统和拟音体系进行的。字条按今音的韵母分列，每条先列上古声母、韵部和拟音，再列中古《广韵》或《集韵》的反切、音韵地位和拟音，提供了上古、中古和现代三个时期的语音系统信息。《手册》初版出来后，就得到俞敏先生的肯定，他在《汉藏同源字谱稿》中说明：《谱稿》是采用"王力先生给古汉语拟的音,以郭锡良《汉字古音手册》为准"(《民族语文》1989年第1、2期)。《手册》从初版到增订本,日益得到广大读者的认可。有位泰国学者还来函想要翻译,以便在泰国出版。

二

在二十世纪初古音研究方法论的争论中,我感到相当不少的自视甚高的古音学者对汉语古音系统及其发展,并没有弄清楚,有的甚至是一塌糊涂。因此我就有意将《手册》改编为《表稿》,曾用大稿纸手画表格试做了几页,感到实在太麻烦,就停了下来。2014年雷瑭洵大概是参照董同龢的《上古音韵表稿》,帮我把《手册》二十九部的字和反切输入表格,并放大为八开,空白很多,足够我把《手册》的内容全部写进去,这时我当然还得对《手册》进行一次全面认真的审定。"字表"出来后,又想到增加"谐声表"和"韵表",加上一些"说明"。

我在《手册》初版的《例言》中曾提出(9页):"(5)关于上古音系本手册对《汉语史稿》主要做了以下一些补充或调整:(甲)之部、职部、蒸部都增补开口二等、合口二等。(乙)侯部、屋部、东部都增补了开口三等。(丙)微部、物部增补了开口四等、合口四等;物部、文部增补了合口二等;文部将《广韵》谆韵的字全归合口四等,而以仙韵的舌齿字代替谆韵的舌齿字与文部的喉唇字相配,列为合口三等。(丁)歌部增补了合口四等。"增订本在每条的后面增补了例字,又增补了一条调整:"(戊)本手册将王力先生长入短入的主张扩展到-p尾入声韵,把立声、内声、执声、盍声、夹声等的去声字由原来归物部(位内)、质部(菳挚)和月部(盖)改归缉部和叶部。"

在《表稿》的写作过程中,我们发现了更多需要调整或补充的地方:(1)《史稿》真部列:开一(臻)、开三(真)、开四(先)、合三(谆)、合四(先)5类;未收山韵、仙韵字。臻韵只有齿音庄、山两母15字。《手册》山韵作开二,仙韵作开三。《表稿》将山、仙两韵合并,与臻韵同列开一。仙韵字多,有舌、齿、唇音7母17字,如果与真韵同列开三,将出现7母几十字的重叠。再如:《史稿》微部列:开一(哈)、开二(皆)、开三(微)、合一(灰)、合二(皆)、合三

(微、脂)等6类,开三的脂韵字和合三的支韵字作为不规则变化。《手册》收字有:开一(哈)、开二(皆)、开三(微、脂、支)、合一(灰)、合二(皆)、合三(微、脂、支)、合四(脂)等7类。我们对《史稿》关于脂、支不规则变化的论定,产生了疑虑。《史稿》开二(皆)只列唇音"排俳"二字,据《手册》再加"俙"字,也不过3字;可是合三(支)韵喉舌音的字却有5母17字,怎能算不规则呢?至于《史稿》把合三(脂、微)合并,喉唇音列微韵,舌齿音列脂韵,这也麻烦。合三(脂)韵喉牙音有5母28字,比合三(微)韵的喉牙音5母39字,只少11字,这样严重的重叠现象,是无法忽视的。《手册》开三、合三保留《史稿》微、脂、支三韵合一的看法也是不妥的。因此,《表稿》将合三(支)韵移至开二,将合三(脂)韵另列合四。

下面再谈物部的问题。《史稿》未列物部开二(黠、怪)4字(2+2)、开四(质、至)16字(5+11)、合二(黠、怪)14字(8+6)、合四(质)6字;又将与质韵相连的合四(至)韵的6字(《表稿》36字)列在合三。《表稿》照实增补,并将至韵36字改归合四。《手册》未提增补开二和至韵问题,拟音中已有表现。其他文、歌、月、元等部也有一些类似问题,不再一一列举。

(2)最主要的是闭口韵的系统问题。大家都知道,自孔广森认为上古东冬分韵,到严可均把冬部并入侵部,得到章炳麟和王力先生的肯定,音韵学界大都赞同。《汉语史稿》指出(《王力文集》九卷130页):"冬部字到公元前一世纪仍收-m尾";"-m尾合口呼的变为-ŋ尾,是由于异化作用。-m尾是容许有合口呼的(例如越南语的 buom,'帆'),但是,由于韵头 u 和韵尾-m 都需要唇的作用(o 和 iw 同样要圆唇),所以-m尾容易变为-ŋ尾(或-n尾)。这样,冬和侵就分家了。"这从理论上解决了侵部合口的发展变化问题,可是谈部呢?《史稿》说(同上):"谈部的情况复杂,和叶部的情况相同。可能上古谈部实际上有两类:一类是am,在中古是谈衔盐添;另一类是ɐm,在中古是咸严凡。"这难免要掉进黄侃《谈添盍帖分四部说》的泥坑中去,有待研究。

在《表稿》的编写中,我们提出了新的看法。《史稿》在谈部提到开口二(衔咸)、三(盐严)等有两类;其实一等也有两类,一等不只有谈韵的73字,还有覃韵的27字。比较侵部,《史稿》把侵部分为开一(覃)、开二(咸)、开三(侵)、开四(添)、合一(冬)、合二(江)、合三(东)7韵,合口都异化为阳声韵

-ng(合口三等凡韵的"凡汎"二字列作不规则变化)。上古侵部、谈部发展到中古仍为-m闭口韵的侵覃谈盐添咸衔严凡9个韵,只有凡韵是合口(凡韵《史稿》列谈部),其他8韵都是开口,这也很特别。既然侵部合口"由于韵头u和韵尾-m都需要唇的作用",韵尾变了,"是由于异化作用";那么,谈部合口也应该存在这个问题,谈部《字表》一稿出来后,我们仔细认真进行比较、分析,得出谈部合口异化的结果,不是变了韵尾,而是变了韵头。于是改变《手册》遵循《史稿》的做法,将谈部的覃咸严韵的字由开口改为合口。这样,谈部大量的重叠(59字)消失了,只留下侵韵不规则变化的3个字(厫砧氊)。应该说,对这个长期未能解决的问题,大概算是最该肯定的一种办法。

(3)与谈部相应的入声闭口韵叶部,也存在与谈部类似的问题。《史稿》说(九卷120页):"叶部字数虽少,但是情形很复杂。例如二等既变为中古的狎,又变为洽;三等既变为中古的叶,又变为业。可能上古叶部实际上有两类:一类是ap,在中古是盍狎叶帖;另一类是ɐp,在中古是洽业乏。"《史稿》把叶部分开一(盍)、开二(狎洽)、开三(叶业)、开四(帖)、合三(乏)5类,《手册》继承《史稿》,《表稿》按谈部的办法处理,改洽韵为合二,业韵为合四,增合韵为合一。这样做也解决了叶部不少的重叠问题。

(4)再说缉部,缉部也存在叶部的类似问题;不过,《史稿》在缉部作了不同处理。它把缉部分为开一(合)、开二(洽)、开三(缉)、合一(合)、合三(缉)5类;也就是说,中古的合韵和缉韵要分作两类,它们既来自开口,又来自合口。并解释说(九卷119页):"uep、ǐwep两类只是一个假定。'纳'从内声,'内'字本身又可以读为'纳',可见'内''纳'上古音相近,甚至在更古的时候凡从'内'得声的字都收-p。'内'是合口呼,由此推知'纳'也是合口呼。'位'字疑从立声。'位'属合口三等,因此从'立'得声的字也该属合口三等。"回顾《手册(增订本)》只注意到"纳立"两个声符问题,把立声、内声、执声等声符的去声字"由原来归物部(位内)质部(蓋挚)""改归缉部和叶部","将王力先生长入、短入主张扩展到-p尾入声韵"(增订本《例言》9页)。一直到《表稿·例言》写到这里,我才发觉,王先生这"既来自开口,又来自合口"的处理方式,竟成了《表稿》处理这个问题的先声。《史稿》缉部列开、合5类;《手册》列:开一(合)、开二(洽)、开三(缉)、开四(帖)、合一(合)、合三(祭)6类;《表稿》列:

开一(合)、开二(洽)、开三(缉至)、开四(帖)、合一(合队)、合三(缉祭)、合四(叶至)7类。《表稿》不但解决了《史稿》的大量重叠，也解决了缉部的短入和长入相拼的问题。

## 三

古音表、古音谱之类的著作不少。宋初就有徐锴编著、徐铉校补的《说文解字韵谱》(987年)，不过它只是把《说文》九千多字排进中古《切韵》206韵中，没有上古韵部。真正最早的古音表应该是段玉裁的《六书音均表》(1775年)。它包括《今韵古分十七部表》《古十七部谐声表》《古十七部合用类分表》《诗经韵分十七部表》《群经韵分十七部表》五篇。

《说文解字注》每个字都注有中古反切和上古韵部，如："一"字、"於悉切，古音第十二(质)部"，起到了古音表的作用。他的学生江沅(1767—1775)就据此编成了《说文解字音韵表》。正如王力先生《清代古音学》所指出的(《王力文集》十二卷463页)："清代古韵之学到段玉裁已经登峰造极，后人只在韵部分合之间有所不同(主要是入声独立)，而于韵类的畛域则未能超出段氏的范围。所以段玉裁在古韵学上，应该功居第一。"

刘赜(1891—1978)先生早年所著《声韵学表解》是以表格的形式解析黄侃的音韵学说。"分为上下两篇，上篇以明今音(《广韵》音系)，下篇以明古音(《说文》音系)"(见其自《叙》)。《声韵学表解》对黄侃古音学说的推广起了很大作用，刘先生也就成了黄侃古音学方面的传人代表。《表解》确实完全局限在章黄学说之中，稍涉西方理论方法，即格格不入。其上篇第六节《三十六字母及四十一声类标目(附罗马字母比较)》，将《广韵》的影、喻两母对照罗马字母A、E、I、O、U，将见母对照G，溪、群两母对照K(11页)显然是不妥的。第二十三节《注音符号与声母韵母比较》，就更是说得不清不楚，注音符号是取汉字笔画形式，为现代北京话设计的标音方法，不可能标注中古《广韵》的语音。

刘赜先生晚年著《说文古音谱》(湖北人民出版社1963年，中华书局再版2013年)将大徐本《说文解字》按谐声情况填进黄侃的二十八部中，每部都分为古声类和今声类。他在自《序》中说：早年就仿黄侃做过一本《说文古音谱》,"散《说文》九千余文分录其所定古本韵廿八部及古声十九类为表","后以所仿造之篇简积旧腐敝,又音理转变多方,今声类与古本声类似不可划一相配。强使合并……颇见拘阂。乃欲再写一通,以每一韵部之古今声类,分而书之"(1页,标点为本文所加)。

我们知道刘赜先生写《说文古音谱》时,他已经和王力先生有比较密切的交往,王力先生在《汉语史稿》的《跋》中说:"刘赜教授和丁声树教授对上册提了不少的宝贵意见,我在这里表示谢意。"这就是说,《汉语史稿》上册《绪论》和《语音的发展》两章1956年的油印讲义,曾寄给刘先生,请他提意见。就我所知,我在北大读四年研究生期间,刘先生从武汉来北京开会,至少曾两次抽时间专门到北大燕南园看望王力先生。因此,刘先生从《汉语史稿》中看来也必有所得。这就是他改写《说文古音谱》,并在自《序》中发那一通议论的由来,从而表现出对黄侃的古音学说产生了某些疑虑,但没有越出黄说的范围。

董同龢(1911—1963)著《上古音韵表稿》(李庄石印版1944年,台联国风出版社1948年再版),分《叙论》和《音韵表》两部分。《叙论》讨论古音研究的理论问题,主要谈他同高本汉的分歧,高本汉和董同龢都假定上古韵部的主要元音不一定相同,高本汉构拟了14个主要元音,董同龢更构拟了20个主要元音。李方桂和王力先生认定同韵部主元音必相同,《史稿》主要元音简化成五个,李方桂《上古音研究》(商务印书馆1980年)更只有四个。《上古音韵表稿》将《说文》九千多字按开合等第填入他所定的古韵二十二部中。竖行按唇、舌、齿、牙、喉分七类列三十六声母。横行列声调平、上、去,入声列在阴声韵部之后,另立表格。表格第一行列有上古和中古的拟音。这显然是中国古音学接受西方语言学理论、工具所做的第一个古音表,是古音研究一大进步的表现。

但是,他的古音系统阴声韵和入声韵合为一部,构拟的元音系统过于复杂,不能说不是缺陷。他无视段玉裁的"古无去声,平上为一类,去入为一类"的说法,就把入声韵的长入归进了相关的阴声韵的去声中了。这里先看看之部的情况。查董的《表稿》,之部阴声开一去声代韵中收有职部长入"贷代岱䑓塞"5字,阴声韵开二去声怪韵收有职部长入"戒诫械械"4字,阴声开三志韵收有职部长入"置异異廙溰冀植值识织试弑噫意"等 16 字,阴声合一去声队韵收有职部长入"楓背₁背₂邶"4 字,阴声合口三等宥韵收有职部长入"富蕾辐副"4 字,阴声合口三等至韵收有职部长入"菺犕櫍备"4 字。共计 37 字。经过考察,之部和侯部是误收其相应入声韵部长入字最少的两部,其他几部的情况是:幽(觉)宵(药)要多百分之二十以上,支(锡)要多百分之三四十,鱼(铎)脂(质)要多两倍多,微(物)要多三倍半。歌(月)是另一回事,董表设立祭部为阴声韵,其实就是王力先生的月部长入,字数超过之(职)的六倍。九部长入的字数恐怕要占董表所收总字数的十分之一。总之,董氏的这种处理方式,混淆了阴声韵和入声韵的界限,显然是不妥的。还有董氏认为"上古的韵部我们本可以当中古的韵摄看待"(73 页)。因此韵部因等呼的不同,主要元音就可以不同,例如:之部一等是 ə,二等是 ɛ,三等也是 ə(72 页)。在表格中只在 ə 的上面加个 ^ 号区别,就过关了,这也就太勉强。此外不列反切,随便标注又音"1、2、3、4",也给读者带来疑虑和不便。

《周法高上古音韵表》(香港中文大学 1973 年)是周法高(1915—1994)叫学生张日升、林洁明根据他的拟音编写的。它大体上是仿照董同龢的《上古音韵表稿》来编写,只根据高本汉的《修订汉文典》补充了几百字。最大的改变是将董氏《表稿》的二十二部分成了三十一部,即把阴声韵部和入声韵部一分为二;拟音由一部多主元音体系变成单主元音体系,比李方桂的四个主元音还少一个。这大概是受了王力先生的《汉语史稿》和李方桂先生的《上古音研究》的影响。具体来说,董同龢除袭用高本汉的 -j-、-ɪ- 两个介音外,是用主元音的不同来区分上古韵部的等呼。周法高则改为介音的不同,一等无介音,二等增加一个介音 -r-,四等增加一个介音 -e-。在韵尾方面董氏完全袭用高本汉的 -b、-d、-g 与 -p、-t、-k 相配,周氏改从高本汉晚期提出 -r 与 -k 相配的说法。具体拟音的分歧,我们可以不加评议。总体来说,周表将董表的阴声韵与入声韵从考古派的二十二部分成审音派的三十一部,这是可以肯定的。但是它继承董表忽略段玉裁的"古音平上为一类,去入为一类"的观念,并保留祭部的阴声韵地位,则是陷入了重大误区。祭部怎么能与月部分开呢?先从谐声方面看(表 1):

表 1

| | 月部 | 祭部 |
|---|---|---|
| 曷声 | 遏鶡堨喝曷鶡蝎餲褐葛輵獦齃渴潡嵑巇毻闟輵谒暍獦揭趌羯鶡褐藒偈竭楬碣渇 | 藹藹喝餲竭膈愒揭 |
| 轫声 | 喆屵屵貚猰窫契搜挈刉㺄契絜縻絜洁鸋挈鍥囓嚞 | 趣瘛瘛瘰郲挈契頡趣窫 |
| 兑声 | 倪蜕脱芮税敓痰鮻悦说阅兑鴃 | 娧蜕駾兑峫锐莌税祱帨锐挩 |
| 夬声 | 姎呋缺觖突玦駚诀駃芺赽鴂鈌叏决觼疢蚗趹肷抉呋 | 叏快 |
| 肙声 | 鼁憨鶗鷩蘮潎 | 蔽鷩鷩别潎獙毙帀肙敝 |
| 市声 | 柿芾市迪酺狒 | 柿鮍沛邶沛怵肺斾肺柿 |

这里只举六个声符对照,就足以说明绝对不能把月部长入从月部中分离出来。下面再看《诗经》的押韵情况(字下加·的是长入):

《召南·野有死麕》三章:脱帨吠;

《邶风·泉水》三章:辖迈卫害;

《卫风·硕人》:活濊发揭孽朅;

《魏风·十亩之间》二章:外泄逝;

《豳风·七月》一章:发烈褐岁;

《小雅·四月》三章:烈发害;

《大雅·荡》八章:揭害拨世;

《商颂·长发》六章:旆钺烈曷蘖达截伐桀。

这里举了《诗经》八章诗是月部长入(周表"祭部")和短入通押,也说明两类字绝对不能分成两部。其他之职、幽觉、宵药、侯屋、鱼铎、支锡、脂质、微物等八类阴声韵与入声韵相配的韵部,周表也跟着董表把长入字都归到相配的阴声韵部,其错误就显得更加明显。董表还可以推脱说是同部,周表只能承认是错了,没有觉察到古音发展中的这一重要问题。这恐怕也是周表出版后很少受到读者重视的原因吧!

陈复华、何九盈著《古韵通晓》(中国社会科学出版社1987年),全书分五章,第二章是《谐声异同比较》,第三章是《古韵三十部归字总表》。两章字数占全书的一半以上。第二章比较了段玉裁、孔广森、严可均、朱骏声、江有诰、王力、周祖谟七家对三十部所收声首意见的异同。各家韵部划分就大不相同,声首列部的问题更加纷繁复杂。《通晓》罗列比较,问题不少,这里不准备讨论。第三章"收罗先秦典籍中常用字一万多个"(129页),分别列入阴声韵部九部(之、幽、宵、侯、鱼、支、歌、脂、微)、入声韵十一部(职、觉、药、屋、铎、锡、月、质、物、缉、叶)和阳声韵十部(蒸、冬、东、阳、耕、元、真、文、侵、谈)之中。表格分四栏,例如1之部(132页)(表2):

表2

| 上古声母 | 韵字 | 中古音系 | 现代读音 |
|---|---|---|---|
| 帮 | 杯 | 布回切 帮灰平一合蟹 | bēi |
|  | 不紑 | 甫鸠切 非尤平三开流 | fū fōu |

竖行分唇、舌、齿(精组、章组)、牙、喉六类二十八母排列。表中未列上古、中古拟音,只在第五章《上古韵母的构拟》最后一节《上古韵母系统构拟例字》作了一下交代。作为"古音总表",恐怕还得算是提供的信息不够充分吧。

陈复华是刘赜先生1955年首次招收的汉语史研究生,1959年毕业,分配到中国人民大学。《汉语史稿》(上册)已由科学出版社于1957年出版,陈复华从而接受了西方语言学的理论、工具,追上了时代的脚步。"文革"劫难,大学关门,教师大都下放农场劳改。1970年北大中文系招收了四个班工农兵学员,陈复华随人大中文系部分教师来北大,工作了十年以上。出自何九盈的动议,由他主持编写的《古韵通晓》,得到了王力先生为之写的《序》,并赞扬说(《古韵通晓·序》):"古韵到底是阴阳两分还是阴阳入三分或阳入两分这样一个最重要的问题得不到解决,古韵构拟就无从下手。本书作者以利刀斩乱麻的手段,作出颠扑不破的结论,是值得赞扬的。"有人写文章,讥讽《通晓》,"这是王力门徒的写作",我就对人说:"这种说法是随意乱说,陈复华不仅不是王力的门徒,而是黄侃的再传弟子。"《通晓》虽然大都是据王力先生的古音学说立论，但是并非没有受到刘赜先生的影响。陈复华应当早就看过《说文古音谱》1963 年初版本，很可能还拥有它。《通晓·归字总表》重视以声母六类二十八母排列，显然是受了《说文古音谱》的影响，不列上古、中古拟音，看来也不无关系。在我看来，不列拟音，《古韵三十部归字总表》的重要性就平白地流失了。

郑张尚芳（1933—2019）的《上古音系》（上海教育出版社 2003 年）附有《古音字表》（共 328 页），占了全书的一半以上。作者明确表示："此书是以沈兼士《广韵声系》为基础"，主要收录《广韵》中的字，"可查看一万八千字的古音音韵及所属声符系统"。"每条字头后所列 7 项依次为《广韵》声纽、韵类、声调（abcd 分列表示平上去入）、四等（以数字表示）、反切，然后加空，列出其声符及上古韵部，最后以国际音标标出上古拟音"（260 页）。举其开始两条字头如下：

A

爱　影咍 cl 开乌代　爱队$_1$　qwwds
　　　说文本从心旡声
嗳　影咍 cl 开乌代　爱队$_1$　qwwds（265 页）

《字表》按 26 个拼音字母的次序排列他认定的同声符的字。A 母下，"爱声"字 10 个排在首位。接下去是"安声"字 16 个，"印声"字 9 个，"凹声"字 2 个，"熬声"字 29 个，"奥声"字 19 个，还有"冐"一个单字。只看"爱声"10 字，所列古音韵部就有"队$_1$"6 字，"祭$_1$"2 字，"微$_1$"2 字。这就是他在《字表》前所附的《汉字谐声声符分部表》划定的 58 部。问题来了，段玉裁所提出的"同声必同部"的公认规则就被《字表》彻底抛弃了。还有小字"说文本从心旡声"，既然《说文》有"忢"字，为什么不收？沈兼士（1886—1947）主编的《广韵声系》（1945 年）明明将"旡"列为一级声符，"既"和"忢"列为二级声符；"爱"是"忢"的被谐字，列为三级声符，带有"嗳僾"等 9 个被谐字（109-110 页）。郑张却把"既声"拉了出去，列在"j 母"内，收 22 字，分在他的四个韵部中：队$_1$18 字，物$_1$2 字，月$_1$1 字，之 1 字（363 页）。两处加在一起，漏收《说文》收录的"旡声"字 3 个：忢懸籑。郑张把"爱声"字和"旡声"字分作两处，表明他不认可两者处于同一声符系统之中。那么，查一下《说文》，问题就解决了。《说文》：

"旡,歓食屰气,不得息曰旡。从反欠。"段注："居未切,十五部。"(今音 jì)。《汉语大字典》："旡,饮食气逆哽塞。"也就是吃饱后打的饱嗝儿。又《说文》："㤅,惠也。从心,旡声。"段注："许君惠㤅字作此。""乌代切,十五部。"(今音 ài)。又《说文》："爱,行貌也。从夊,㤅声。"段注："心部曰：㤅,惠也。今字假'爱'为'㤅',而'㤅'废矣。'爱'行貌也,故从'夊'。""乌代切,十五部。"(今音 ài)。郑张扔开《广韵声系》,把"爱声、既声"分到两处,显然错误。我在《音韵问题答梅祖麟》一文中,曾批评郑张划分的五十多个韵部"既不合诗文押韵,又必然乱了谐声系统。因此这个'上古六元音系统'的古音体系既是建立在沙滩上,又是自相矛盾的"(《汉语史论集(增补本)》499页)。本世纪初,在一次学术会议上,我利用15分钟的发言机会,批评了梅祖麟,连带批评了郑张,他在台下表现出要立即反驳的态度,主持人没有允许。发言后我下台给了他一份发言油印稿。他没再生气,反而套近乎。一次他对我说："郭先生,你怎么说我按沈兼士的《广韵声系》搞古音学是知识性错误？"我回答说："是《广韵》声系！"他仍一脸怀疑气色。我又说："不是《说文》！"他没有再说什么。现在他的《古音字表》收录了"一万八千字",最少也有三分之一是汉魏以后的后起字。郑张给这六千以上的字标加上古拟音,难道还不荒唐,不算是知识性错误吗？总之,郑张的《古音字表》从收字、分部到拟音,无一是处,但是却至今被潘悟云之流吹捧,误人不浅,只得多分析一些情况。

最后我们再简单地介绍两种古音表：一是〔美〕白一平(Baxter)的《汉语上古音手册》(*A Handbook of Old Chinese Phonology*)1992年出版,该《手册》有4968个汉字的上古拟音,对王力先生的上古音分部提出了不同意见,拟音方面跟郑张尚芳很接近。近两年,白一平来华讲学,得到潘悟云之流的积极欢迎和吹捧,也受到一些年轻学者的批评。《中国语言学》第九辑就发表了孙洪伟的《白一平微物文部归字及再分类商榷》等三篇文章。我们认为,白氏的《手册》很少参考价值。

再一种是〔美〕李珍华和周长楫编撰的《汉字古今音表》(中华书局1993年),"全书由周长楫具体执笔"。《音表》收九千字左右,以中古音《广韵》排头,分16摄收字。字头右面分为中古音、上古音、近代音、现代音和汉语方言5栏。中古音包括的内容复杂,分韵摄、开合、等、声调、韵部、声纽、反切、诗韵韵部、拟音等9项。上古音、近代音、现代音包括韵部、声纽、声调和拟音4项。现代音普通话拟音实际上为"读音",汉语方言包括"吴语、湘语、赣语、客话、粤语、闽东话、闽南话",只列"读音"。上古、中古拟音实际上是完全引自我的《汉字古音手册》(1986年初版本),近代音系及拟音是以宁继福的《中原音韵表稿》为据,汉语方言七地的读音则是采自北大中文系语言学教研室由王福堂负责编的《汉语方言字汇》(语文出版社1986年)。周长楫经过我们三人同意,将几家成果汇集在一处,当然也有一定参考意义,如果不以中古《广韵》16摄为纲,而以上古韵部开合等呼为纲,那就更有价值。

《表稿》的写作,在我全力以赴的情况下,到2018年春总算得以完稿。在写作过程中,不少朋友知道一些情况,完稿后获得他们的赞许;特别是华学诚主编的《文献语言学》提出要为之出专辑,经过多方面的协作努力,2018年8月份就出版了(第八辑),我当然应该深表感谢。现在中华书局决定作为专著再版,我一方面表示谢意,另一方面想到要补写一篇《序》。一则交代一下《表稿》的写作过程和意向,再则揭示比较一下多种古音表(谱)的状况与优劣。

《表稿》初版,时间匆促,我未能看到校样,有三四十个误排或不当之处,鲁国尧教授审阅认真,提出了多条宝贵意见,有的这次已经吸收,有的改动过大,如《说文》之外的字加个标识,"表中以《广韵》字为主,其他如《集韵》字用另一字体或小半号字",只得从缓。以上误排或不当者,这次都已改正,就不交代了。《表稿》的编写虽已尽力,但体力、目力日衰,考虑不周,难免有讹误、欠妥之处,祈请专家、读者批评指正。

郭锡良

2020年3月29日于北京燕园

原为《汉字古音表稿》序,《表稿》已于2020年3月由中华书局出版。

# 也谈文言和白话

## 蒋绍愚

什么是文言？什么是白话？这是讨论了很久的问题。吕叔湘先生写过文章《文言和白话》，张中行先生写过书《文言和白话》。但是有些问题还是不太清楚，所以要写这篇《也谈文言和白话》。

## 一 什么是白话

二十世纪初的新文化运动反对文言文，提倡白话文，"白话文"与"文言文"相对而言，其含义是很明确的。但在历史上什么是"白话"？这就有不同的看法。有人说《尚书》《诗经》《论语》都是白话，这样说对不对？

这要从"白话"的界定说起。胡适认为"白话"有三个意思。胡适《白话文学史·自序》："我把'白话文学'的范围放的很大，故包括旧文学中那些明白清楚近于说话的作品。我从前曾经说过，'白话'有三个意思：一是戏台上说白的'白'，就是说得出、听得懂的话；二是清白的'白'，就是不加粉饰的话；三是明白的'白'，就是明白晓畅的话。依这三个标准，我认定《史记》《汉书》里有许多白话，古乐府歌辞大部分是白话的，佛书译本的文字也是当时的白话或很近于白话，唐人的诗歌——尤其是乐府绝句——也有很多的白话作品。"[①]

这三个意思，主要是第一条，即"说得出、听得懂"。也就是后来人们常说的，是反映口语的作品。"说得出"就是人们口中所说的话的记录，而且记录时不加粉饰，所以明白晓畅，都能听得懂。这样的语言就是白话。这是"白话"的一种界定。

根据这种界定，就有人认为《尚书》是白话。

裘廷梁《论白话为维新之本》:"文字之始,白话而已。"上古帝王的"文告皆白话,而后人以为诘屈难解者,年代绵邈,文字不变而言语变也"。②

钱玄同《尝试集序》:"周秦以前的文章,大都是用白话;像那《盘庚》《大诰》,后世读了,虽然觉得佶屈聱牙,异常古奥;然而这种文章,实在是当时的白话告示。"③

确实,《尚书》中很多文告,都是说给老百姓听的,如《盘庚》,是盘庚迁都时动员百姓的讲话,如果用的不是老百姓都能懂的口语,老百姓都听不懂,那还能起什么作用?

有人认为《国风》是白话。

胡适的《白话文学史》是从《史记》《汉书》和汉乐府讲起的。但他在1922年三月廿四日拟定的《国语文学史》的新纲目有一条:"二千五百年前的白话文学——国风。"之所以在《白话文学史》没有讲《诗经》,"是因为我去年从外国回来,手头没有书籍,不敢做这一段很难做的研究"。④

确实,《国风》是当时的民歌,记录的是当时的口语。

也有人认为《论语》是白话。徐时仪《汉语白话史》:"《论语》和《世说新语》等,也不妨作为汉语史上的早期白话","《论语》……记载了当时的白话"。但书中又说:"先秦……出现了一大批雅言写的文献著作,如《左传》《论语》……雅言……也就是文言。"⑤

确实,《论语》反映的是口语。《汉书·艺文志》:"《论语》者,孔子应答弟子时人,及弟子相与言而接闻于夫子之语也。当时弟子各有所记,夫子既卒,门人相与辑而论纂,故谓之论语。"《论语·卫灵公》:"子张问行。子曰:'言忠信,行笃敬,虽蛮貊之邦,行矣;言不忠信,行不笃敬,虽州里,行乎哉?立,则见其参于前也;在舆,则见其倚于衡也。夫然后行也。'子张书诸绅。"《论语》中很多条目都是孔子对学生说的话的记录,当然是反映口语的。

如果《论语》是白话,那么,其他先秦诸子的著作呢?《墨子》《老子》《孟子》等可能"粉饰"的成分要多一点,因为要宣传自己的主张,要驳倒其他学派,总要在文辞上加以修饰。但总的看来,其语言和《论语》差别不大。那么是否也应该说是白话呢?

如果《尚书》《国风》以及《论语》等先秦著作都是白话,到后来(大约是东汉)书面语脱离了口语而形成文言,然后从敦煌变文开始又用白话,那么,汉语书面语自古以来发展的历史就是"白话—文言—白话"。这样的看法自有其道理,但和通常的看法距离太远。

在新文化运动前后,一些白话文的提倡者如裘廷梁、胡适、钱玄同等,主张《尚书》《国风》是白话,是为了说明最初是言文一致的;白话文不是鄙俗浅薄之文,在历史上,诸如《诗》《书》这样的经典都是白话文,"当以白话为文学正宗"[6]。这是当时反对文言文提倡白话文的需要。到了今天,我们不必再这样为白话文争地位。

至于说反映口语的就是白话文,这样一种判定标准当然也有一定的理由,但它忽略了一点:同样是口语,殷周时的口语跟唐宋以来口语有很大的不同,反映这两种口语的书面语也有很大不同。这种不同,并不需要学者来论证判别,今天任何一个稍有阅读能力的人都能直观地感到。如果因为《尚书》《国风》《论语》和《西游记》《红楼梦》都反映当时的口语,而把它们都称为"白话",一定会使人大为惊讶:为什么"白话"作品的面貌这样不同!

胡适把"说得出、听得懂"作为白话的标准,吕叔湘《文言和白话》也很重视"听得懂和听不懂",认为"白话是现代人可以用听觉去了解的,较早的白话也许需要一点特殊的学习;文言是现代人必须用视觉去了解的"[7]。但他们划出来的文言和白话的界线很不一样。比如,胡适说《国风》是白话,吕叔湘说:"'求我庶士,迨其吉兮。'……难道我们还能说这不是文言?"问题在于:"听得懂"是谁听得懂?胡适没有明说,但他指的是在《史记》《汉书》时代乃至《国风》时代,当时的人能听得懂就是白话。而吕叔湘明确地说,是现代人听得懂才是白话。实际上,他们两位的标准是不一样的,所以划出来的文言和白话界线也不一样。

"当时人听得懂"和"现代人听得懂"这两个标准都不大容易掌握。"当时人听得懂",我们当然无法让当时人站出来听话,只能通过各种办法来推论(比如《盘庚》是对当时百姓的告示,当时的百姓一定能听得懂)。"现代人听得懂",第一是"现代人"的知识水平和文化修养有很大差距,有些作品,有人能听懂,有人听不懂,究竟以什么人为准?大概是以现在的中等文化程度的人为准吧。第二是"白话"的范围不仅仅是现代的作品,照吕叔湘的说法,也包括

"唐宋以来的语体文",这些"唐宋以来的语体文"有的和现代白话文差距还相当大,现在中等文化程度的人未必能听懂;那么,这些还算不算白话文?

吕叔湘曾选了 12 段文章,请他的朋友来判断:哪些是文言,哪些是白话。这些朋友的意见比较一致,认为(7)—(12)中,(7)唐张鹭《朝野佥载》是文白夹杂,(10)宋李元弼《作邑自箴》是文言,其余(8)宋《景德传灯录》,(9)宋秦观《满园花》词,(11)宋《燕云奉使录》,(12)明刘仲璟《遇恩录》是白话。吕叔湘认为这样的判断"反映一般人心目中的文言和白话的区别"。但吕叔湘也说:"和现代的口语合不合?那么连最相近的(12)也有相当差异。"吕叔湘的朋友是文化修养较高的,如果请一位中等文化程度的人(比如大学低年级学生)来,把这 12 段文章念给他听,大概这后面 6 段也未必听得懂;让他自己看,可能也是一脸的茫然。可见,以"现代人听得懂"为标准来确定白话文也还有问题。

吕叔湘的结论是:"白话是唐宋以来的语体文。"这个结论是对的。但若要问"为什么",就不能以"现代人听得懂"来回答,而要从另一个角度来论证。

这要从汉语的历史发展说起。首先要回过来说文言文。

## 二 什么是文言

什么是文言文?这个问题,也有不同的说法。

张中行说:"文言和白话有分别,概括地说,文言是以秦汉书面语为标本,脱离口语而写成的文字。白话是参照当时口语而写成的文字。"他还说:"称为文言,意思是只见于文只用于文的语言。"[8]

吕叔湘《近代汉语读本序》也有过类似的说法:"秦以前的书面语和口语的距离估计不会太大,但汉魏以后逐渐形成一种相当固定的书面语,即后来所说的文言。"[9]这样定义文言,是把"脱离口语"作为文言的主要标准。按这种标准,就只有汉魏以后才有文言。那就把《论语》《史记》等接近口语的排除在文言之外了。

但吕叔湘说:"白话是唐宋以来的语体文。此外都是文言……文言是现代人必须用视觉去了解的。"[10]这里所说的"文言"不限于汉魏以后,其判断标准是文言的面貌不同于今天的语言。

其实,张中行上述看法,是"概括地说",在他的书中已经说到,"以脱离当时口语为标准"有很多困难。"文言,早期的,也许离口语很近,或相当近"。他举了《尚书·汤誓》和《论语·为政》中的两段文字,说:"如果我们以'脱离当时的口语'为文言的定义,显然,我们只好说这两例的文字是白话。但这就必须放弃我们千百年来死抱住不放的旧看法——说这是文言。任何人都知道,这是做不到的。其结果就是,我们不能不承认,有的文言并不脱离当时的口语。"⑪

他认为文言有一个发展过程。"文言在秦汉时期定形"⑫。在定形以前也算文言,在定形以后路子不变。在6.1.1,6.1.2,6.1.3三个小节中,他分别讲述了这三个阶段的特点。

**定形以前** "这类商周的文字是定形以前的事物,它可以算作文言,却与通用的文言有分别"。⑬

**秦汉时期** "秦汉时期文献资料很多……用现在的眼光看,这些都是文言……这些著作是文言的标本"。⑭

**汉魏以后** "直到清末。"这个阶段时间很长,但"都是顺着秦汉的路子走,也就是用的是同一个词汇句法系统"。⑮

可见,他说的"文言是以秦汉书面语为标本,脱离口语而写成的文字"并不是对文言的完全的概括,而只适用于定形以后的文言。

既然"脱离口语"不能作为判断文言的标准,那么,什么是判断文言的标准呢?

吕叔湘提出的问题是:"一般人分别文言和白话用的是什么标准?"文章说:"究竟文言是什么,白话是什么呢?大家都苦于心知其意而不容易下明确的界说。"⑯作者举出12段文字,让朋友们判断哪些是文言,哪些是白话,回答相当一致,作者说,这"恰好反映一般人心目中的文言和白话的区别"。我认为,要回答"什么是文言"的问题,应当采用"一般人""心知其意"的这个标准,也不妨找一些人对一些作品作一个调查,来确定什么是文言。如果作一个调查,问大家:从《诗经》《论语》《史记》以及唐宋八大家、清代桐城派、直到《聊斋志异》,这些是不是文言?大家一定会不约而同地说:这些都是文言。现在中小学都读一些《论语》的选段,如果老师对学生说:"《论语》不是文言。"学生一定感到很奇怪。如果老师对学生说:"《论语》是白话。"学生会感到更奇怪。尽管说"《论语》不是文言""《论语》是白话"都有一定的根据,但这和大家心目中的标准差得太远。

那么,大家心目中的文言和白话的区别在哪里?其实并不在于是根据口语还是脱离口语。张中行说,文言和白话的区别,"最重要的当然是词汇句法系统,文言有自己的一套,白话另有自己的一套,其中相当多的部分,两者不能通用"。⑰这话说到了点子上。

## 三 判断文言的标准

汉语的词汇语法系统在历史上有很大的变化。现在能看到的语言资料,最早的是甲骨文和金文。但甲骨文都是卜辞,金文都是刻在器物上的铭文,很难说是全面地反映了当时的语言面貌。传世文献中最早的是《尚书》《诗经》《周易》,大致能反映当时的语言面貌,但《尚书》中文告较多,《诗经》是诗歌的总集,《周易》更是一部卜筮之书,都是比较特殊的语体,是否能全面反映当时词汇语法系统也还难说。从总体看,甲骨文、金文和《尚书》的词汇和语法跟春秋战国时期的作品有较大不同。不同的原因是时代的不同,还是殷代的语言和周代的语言是两种不同的语言(或方言),这个问题还有待于深入讨论,在这篇短文中不谈。至于那些春秋战国时代的作品,基本上是反映当时口语的,反映的程度有所不同,如吕叔湘所说,可能有的是"超语体",但那也是在口语基础上加以修饰,是语体的差异,而不是由于语法发展演变而造成的不同。由于语法发展演变而造成的不同也是有的,如果比较《论语》和《韩非子》,可以找出因时代不同而产生差异的不止一两处,但这些差异不至于造成整个词汇语法系统的不同。

在西汉,语言又有发展。《史记》作为一部史书,在叙述先秦的历史时不可能不参照先秦的史料,所以在《史记》中会有一些和《左传》《战国策》乃至《尚书》很相像的语句。但是,《史记》对这些史料中的一些句子作了改写,如《尚书·尧典》:"(舜)克谐以孝,烝烝乂,不格奸。"《史记·五帝本纪》作:"(舜)

能和以孝,烝烝治,不至奸。"这说明西汉的语言和西周的语言已经有所不同。《史记》中还有不少是写汉代的事,有些句子把人物的情态和口气都如实写出来了,如《高祖本纪》:"汉王三让,不得已,曰:'诸君必以为便,便国家……'"《张丞相列传》:"臣口不能言,然臣期期知其不可。陛下虽欲废太子,臣期期不奉诏。"这些肯定是用的口语。但从总体上看,《史记》的整个词汇语法系统和先秦的《论语》《左传》等相比没有大变,所以,当前的汉语史研究一般把先秦和西汉放在一起,作为汉语史的一个大阶段"上古汉语"。上面所说的《诗经》《论语》《左传》《韩非子》《史记》等,都是属于上古汉语的词汇语法系统。

到了东汉,语言进一步发展,词汇语法系统和先秦、西汉有较大不同,研究汉语史的人把东汉看作另一个大阶段的开始:从东汉到隋唐,是"中古汉语"。但是,从东汉开始,书面语和口语逐渐拉开距离,尽管口语已经向前发展了,但书面语却仍然保持先秦和西汉的面貌,也就是说,仍然采用上古汉语的词汇语法系统。其典型的代表是《汉书》。梅思把《史记》和《汉书》的语言做了比较:"《史记》大体上更加详尽明确,因此字句偶显冗余,这可以视为一般被看作口语语言的典型特征……《汉书》可以视为文言风格的真正起点,它自觉地重回到上古晚期即'古典文献'的风格,这种风格特别受到赞誉;而《史记》则表现得贴近它那个时代的口语。"⑱《汉书》以后的"正史",尽管语言风格不完全一样,书中的一些片段反映当时口语的程度也有不同,但总的说来,都是"以秦汉书面语为标本,脱离口语而写成的文字"。不仅仅是史书,从东汉直到"五四"新文化运动以前,人们使用的正规的书面语言都是这样的文字,当然这些文字都是文言文。

所以,文言文包括两大类:一类是先秦和西汉时期文献的语言,它们是反映口语的,属于上古汉语的词汇语法系统。一类是东汉以后的书面语,它们是脱离口语的,继续采用上古汉语的词汇语法系统。在是否反映口语这一点上,两类有差别;但在词汇语法系统上,两类一致。今天大家把这两类文献使用的语言都称为文言,正是着眼于它们在词汇语法系统上的一致性。而它们和当时口语的关系如何,主要是研究语言的人关心的问题,一般人是不容易判断的,所以,不必也不能以此为判断文言文的标准。

## 四 判断白话的标准

那么,什么是判断白话文的标准呢?我认为还是以词汇语法系统为标准。

不过,这里碰到一个问题。正如张中行所说:"文言有相当严格的词汇句法系统",而"白话比文言个性强,不同时期总是有不同的面目"。[19]形成这种差异的原因很清楚:文言(特别是后代仿古的文言)都是模仿一个样板,所以其词汇句法大致相同(当然也有变化,只是变化不大)。白话是根据当时的口语来写,而口语随时代变化,不同时代的白话语言面貌就会不同。吕叔湘举的第(12)个段落是朱元璋讲话的记录,其语言面貌就和我们当前看到的白话有较大的不同,吕叔湘说:"这也难怪,五百多年了呢。"[20]既然如此,我们还能不能以词汇语法为标准来判定白话文?

我认为是可以的。因为我们使用的标准不是具体的哪一个词,哪一个语法格式,而是词汇语法系统。再说得明确一点,是近代汉语的词汇语法系统。

近代汉语是汉语史上一个重要阶段,它上承中古汉语,下接现代汉语,一般认为是从晚唐五代到清代中期。近代汉语的时间跨度很长,其间的词汇语法也有很多变化,但其词汇语法系统是比较固定的。而且,和现代汉语的词汇语法系统也很接近,用吕叔湘的话来说:"我们的看法是,现代汉语只是近代汉语的一个阶段,它的语法是近代汉语的语法,它的常用词汇是近代汉语的常用词汇,只是在这个基础上加以发展而已。"[21]所以,吕叔湘说:"白话是唐宋以来的语体文。"这就是说,唐宋以来直到如今的语体文,虽然呈现出来的语言面貌有较大不同,但其词汇语法系统是同一个,这样的书面语就是白话文。

那么近代汉语的词汇语法系统究竟是什么样的?我们先从具体例子说起。吕叔湘举出的4段文章,人们一致认为是白话文,原因是什么,吕文没有说,但我们可以从中找到一些词汇语法现象,都是近代汉语有,而上古汉语(文言文)不可能有的。那4段文章是[22]:

(8)诸和尚子,饶你有什么事,犹是头上著头,雪上加霜,棺木里桄眼灸,疮盘上著艾燋。遮个一场狼藉,不是小事。你合作么生各自觅取个托生处好。莫空游州打县,只欲捉搦闲话。待和尚口动,便问禅、问道、向上、向下、如何、若何;大卷抄了塞在皮袋里卜度;到处火炉边三个五个聚头,口喃喃举,更道遮个是公才悟,遮个是从里道出,遮个是就事上道,遮个是体语。体你屋里老邪老娘!噇却饭了,只管说梦,便道我会佛法了也。将知你行脚驴年得个休歇么?更有一般底,才闻人说个休歇处,便向阴界里闭眉合眼,老鼠孔里作活计,黑山下坐,鬼趣里体当,便道得个入头路。梦见么?(景德传灯录,卷十九,云门偃语录)

(9)一向沉吟久,泪珠盈襟袖。我当初不合苦捆就。惯纵得软顽见底心先有。行待痴心守,甚揑着脉子倒把人来僝僽?近日来非常罗皂丑,佛也须眉皱,怎掩得众人口?待收了字罗罢了从来斗。从今后,休道共我,梦见也不能得勾。(秦观:淮海词,满园花)

(11)粘罕云:"所言都好,但蔚、应州亦恐阿适走去彼处,候我家兵马到日来商量。所要系官财物,曾思量来,也系不是,便待除去。"粘罕、兀室云:"我皇帝从上京到了,必不与契丹讲和,昨来再过上京,把契丹坟墓、宫室、庙像一齐烧了,已教契丹断了通和底公事。而今契丹更有甚面目来和也?千万必不通和。只是使副到南朝,奏知皇帝,不要似前番一般中间里断绝了。"……粘罕大喜云:"两家都如此则甚好。若要信道将来必不与契丹通和,待于回去底国书内写着。"(三朝北盟汇编,卷四,引赵良嗣燕云奉使录)

(12)你每这几个也,年纪小里,读书,学好勾当。你每学尔的老子行。我来这里时,浙东许多去处只有你这几个老子。来到如今,也只有你这几个。每每和那士大夫翰林院说呵,也只把你这几个老子来说。你每家里也不少了穿的,也不少了吃的。你每如今也学老子一般般,做些好勾当,乡里取些和睦。你每老子在乡里,不曾用那小道儿捉弄人。他与人只是诚义,所以人都信服他。大丈夫多是甚么做?便死也得个好名。歪歪搭搭,死了也干着个死。(诚意伯文集,卷一,诚意伯次子阁门使刘仲璟遇恩录)

人们为什么认为这四段文章是白话?我想,主要是看到下面这些词汇语法现象:

(8)饶(尽管),遮个(这个),合(该),作么生(怎样),好(表祈使语气),莫

(不要)、抄了(V+了)、喫却饭了(V却+O+了)、……了也(事态助词)、么(疑问语气词)、一般底(N+底)。

(9)不合(不该)、见底心(V+底+N)、行待(行将)、甚(为何)、捻着脉子(V着+O)、把(处置标记)、怎(怎么)、收了、罢了(V+了)。

(11)曾思量来(来,助词,表曾经)、昨来(来,词缀,表时间)、把(处置标记)、烧了、断了(V了)、通和底公事(底,结构助词)、甚(什么)、……断绝了(了,事态助词)、若要(如果)。

(12)每(相当于"们")、里(相当于"哩")、行(词尾)、把(处置标记)、穿的、吃的(的,结构助词)、便(即使)、死了(V+了)。

这里只列举了一些常见的词汇语法现象,而没有列举一些较特殊的词语,如(8)中的"体当(体会)",(9)中的"㑩偢(折磨)",这些词语,读这四段文章的人也未必懂得,但不妨碍他们断定这是白话。人们断定这四段文章是白话,主要是因为上面列举的那些常见的词汇语法现象,这些现象绝不可能出现在文言中,只能出现在唐宋以来的"语体文"中。其中有些在现代汉语中仍很常见,如"收了""罢了"、"吃的""穿的"、"把……";有的和现代汉语有一定距离,如"你每""通和底公事",但如果知道"每"就是"们","底"就是"的",那就很好懂了。从汉语史研究的角度来说,这些词汇语法现象都是近代汉语的词汇语法现象。所以,可以说,如果一篇文章的词汇语法现象是近代汉语的词汇语法现象,那么,这篇文章就是白话。

大体上说,近代汉语的代词系统、语气词系统是和上古汉语截然不同的。在近代汉语的代词中,除了"我"和"谁"是从古到今不变的以外,其他的"你""他""这""那""什么""怎么"以及"们"都是上古汉语中没有的(上古汉语中有"他",但不是第三人称代词)。语气词"啊""呀""呢""吗"也是上古汉语没有的。还有结构助词"的"(早先写作"底"),用在动词后面的"(V)得",助词"(V)了""(V)着""(V)过",表处置的"将"和"把",都是上古汉语没有的。有这些成分的就一定是白话,不会是文言。

反过来说,上古汉语有自己的词汇语法系统,是和近代汉语截然不同的。上古汉语的代词是"吾""尔""汝(女)""若""厥""其""之""孰""此""兹""斯""彼""何""如何",语气词是"也""矣""已""焉""乎""耶(邪)""与

(欤)""哉",有"是之谓""不吾知"等宾语前置的格式,这些在近代汉语的语体文(白话文)中基本上是不用的,除非是有意作为仿古的成分使用。

同时,从上古汉语到近代汉语,很多常用词产生了替换,如"目—眼睛""口—嘴""面—脸""食—吃""饮—喝""视—看""寐—睡""坚—硬""柔—软""智—聪明""愚—笨"等,这也是两个阶段词汇系统的差别。

苏联语言学家雅洪托夫从唐宋时期的9部文献中找了10多个上古汉语最常用的虚字和近代汉语最常用的虚字,并统计这些虚字在这些文献中的使用情况。㉓

他找出来上古汉语最常用的虚字:

1. 代词:其,之,此,何
2. 关系词:者,所
3. 名词性定语标志"之"和动词谓词标志"而"
4. 介词:以,于
5. 句尾语气词:也,矣
6. 其他:无,乃,则

近代汉语最常用的虚字:

1. 代词:这
2. 名词性定语标志:底
3. 名词词尾:子,儿
4. 动词词尾:了,着,得
5. 其他:个(量词),里(后缀词),便,只

在他选的文献中,韩愈《原道》、苏轼《赤壁赋》和唐人小说《李娃传》《莺莺传》只用上古汉语的虚字,是文言;话本《宋四公大闹禁魂张》《碾玉观音》绝大部分是近代汉语虚字,上古汉语虚字几乎没有,是白话。在敦煌变文《伍子胥变文》《韩擒虎话本》中,可以找到几乎所有的近代汉语虚字,但上古汉语的"而,之,何,无,此,乃"用得很多,这是"人为地'文言化'"。朱熹《小学》则是上古汉语和近代汉语的混合。

所以,文言和白话的根本区别是词汇语法系统的差别。依据上古汉语词汇语法系统的是文言,依据近代汉语和现代汉语词汇语法系统的是白话。这

是人们通常所说的"文言"和"白话"的区分。

## 五　什么是古白话

但是,在汉语史上,在上古汉语和近代汉语之间,还隔着一个阶段"中古汉语",指的是从东汉、魏晋南北朝到隋朝、唐朝中期。在中古汉语阶段,书面语和口语已经有了距离,书面语是模仿先秦和西汉的文章,口语却一直在发展。那种书面语叫"文言",那么,那时期的口语叫什么呢?有时候,人们会称之为"古白话"。这种"古白话",不是指"五四"新文化运动之前的《水浒传》《西游记》之类的白话,而是指唐宋语体文之前的"白话"。

比如,东汉和魏晋南北朝的一些汉译佛典,比较接近当时的口语,其语言和当时仿古的书面语不同,有人就称之为"白话"。

胡适《文学改良刍议》:"自佛书之输入,译者以文言不足以达意,故以浅近之文译之,其体已近白话。"[24]

梁启超《翻译文学与佛典》:"(佛典)质言之,则当时一种革命的白话新文体也。"[25]

又如,当时中古文献中的一些片段,和口语比较接近,也有人称之为"白话",如刘坚《古代白话文献选读》中选收了《世说新语》的八段,以及王羲之的一些书札,和《昭明文选》中的《奏弹刘整》。

刘坚在书中是这样说的:"《世说新语》的语言是比较接近当时的实际语言的。虽然还不是语体文章,但是用了不少口语语汇,也有一些不同于传统的文言的句法。"[26]

他所说的"语体文章",大概就是吕叔湘所说的"语体文"。也就是说,《世说新语》还不能算白话文。那么,为什么把《世说新语》的一些选段称为"古白话"呢?大概是因为它们"比较接近当时的实际语言"。前面说过,把"反映口语"作为判定白话文的标准,这种看法我不大赞同,我认为文言和白话主要应以词汇语法体系的特点来区分。《世说新语》之类的文献在词汇语法体系方面有没有自己的特点呢?有的。刘坚说,《世说新语》"用了不少口语语汇,也有一些不同于传统的文言的句法"。确实,《世说新语》在词汇语法方面是有自己的特点的。如选段中"卿云艾艾,定是几艾"的"定是","姓何等"的"何等",就是当时的口语语汇;选段中"为是尘务经心,天分有限?""伧父欲食饼不?"之类的句子,就是不同于传统的文言的句法。这些语汇和句法,确实是与传统文言不同的,但都没有保留到近代汉语或现代汉语中。既然如此,它和作为唐宋以后的语体文的"白话"有什么共同点呢?为什么还把它称为"古白话"呢?

我想,把反映中古汉语实际语言的文献称为"古白话",主要理由并不是由于其语言和近代汉语或现代汉语相近,而是由于它们和近代汉语或现代汉语有继承和发展关系。比如,在汉语史的研究中,对"何等—何物—是物—什么"以及"为是/为复—还是"的发展演变的关系已经作了较充分的讨论。日本汉学家志村良治说:"作为近世汉语中发达的各种倾向的先驱,近世汉语中也多少保留着一些中世的要素……(中古汉语)在音韵、语法、词汇各方面,都可以找到不少现代汉语的祖型乃至原型。"㉗(他说的"中世汉语"指魏晋至唐末五代,和我们通常说的"中古汉语"有一点差别。)这个看法是对的。把中古汉语的反映当时实际语言的一些文献称为"古白话",大概是着眼于它们和近代汉语或现代汉语的继承和发展关系,或者说,它们是近代汉语发展的源头。

根据这种关系,把《世说新语》和东汉、南北朝的汉译佛典称为"古白话",我认为是可以的。首先,把这些文献称为"古白话",不会产生概念上的混淆。"古白话"这个名称,既然称"白话",说明这些文献的语言和"文言"不同;既然有个"古"字,也说明和唐宋以后的"白话"有区别。不像《论语》,如果根据反映口语而称之为"白话",又根据词汇语法系统而称之为"文言",那就把人搞糊涂了。其次,把这种语言称为"古白话",也可以显示作为"唐宋以来的语体文"的"白话"是语言演变的产物,是从中古汉语的实际语言演变而来的。只有一点要注意:称之为"古白话",并不是说其语言面貌和唐宋以后的"白话"相同或类似。

应该看到,"文言"和"白话"只是一种大的区分,它与汉语史的分期有关系,但不能以"文言"和"白话"的区分来代替汉语史的分期。对于中古时期的文献,重要的是从汉语史的角度来分析其词汇和语法体系,分析其中有哪些是继承了上古汉语的,哪些是中古汉语特有的,哪些是作为近代汉语的源头并到近代汉语中进一步发展演变了的；而不一定非要把某一篇文献纳入"文言"或"古白话"的范围。上面说了，像《世说新语》的一些篇章，称之为"古白话"是可以的。那么，陶渊明的一些文章也比较接近口语，是不是也可以称为"古白话"呢？陶渊明的《桃花源记》，清代的吴楚材、吴调侯是选入《古文观止》的，也就是说，大概是把它归入文言文的。我认为这也未尝不可，确实，《桃花源记》词汇语法的总体面貌是大致和上古汉语相同的。但《桃花源记》也有不少中古时期的新的特点：像判断句用系词"是"，如"问今是何世"；用"其"表示第三人称的主格，如"太守即遣人随其往"；又如"便扶向路"，"扶"表示"沿着"，"向"表示"原来的"。这都是上古汉语没有的语法词汇现象。其实，说它是文言，或者说它是"古白话"，都不完全合适。

　　从汉语史研究的角度来看，中古汉语确实是一个独立的阶段，它上承上古汉语，下接近代汉语，和两者都有联系，但又都有区别。中古汉语和上古汉语语法体系的不同，魏培泉《上古汉语到中古汉语语法的重要发展》有详细讨论；[28]中古汉语和近代汉语语法体系的不同，还有待于进一步研究，这是汉语史研究的任务。至于中古汉语时期的众多文献究竟哪些算文言，哪些算古白话，这个问题不必深究。

## 六　文言和白话的关系

　　上面讨论文言和白话的区别，是就总体而论。强调上古汉语和近代汉语词汇语法系统的差别，也是就总体而论。事实上，事情没有那么简单。一方面，语言发展既有阶段性，也有继承性，上古汉语的词汇语法有不少还保留在现代汉语中。另一方面，从历史文献来看，典型的文言作品和典型的白话作品都有，但文白夹杂的也不少。像吕叔湘所举的第(7)段唐张鷟《朝野佥载》就是文白夹杂，叙述是文，对话是白。同时，文言和白话，书面语和口语也不是壁垒森严，截然分开，而是会互相影响和渗透。因为唐宋以后的人，虽然用文言写作会竭力模仿先秦两汉，但还是不可避免地会受他们当时口语的影响。如《聊斋志异·聂小倩》："背地不言人。我两个正谈道，小妖婢悄来无迹响。幸不訾着短处。""我两个"绝非先秦两汉的表达法，是《水浒传》的用语；"谈道"

"訾着"也不是先秦两汉的说法。而用白话写作,虽然依据的是当时的口语,但文言文那么强势,在白话作品中也会有不少文言的成分。就是到新文化运动之后,已经是白话的天下了,写小说都是用白话,不再用文言。但一些古文根底深厚的作家,他们写的小说里也会有不少"文"的成分。拿茅盾的小说和赵树理的小说相比,明显地可以看出,前者"文"的成分要高于后者。但这主要是语体的问题。语体的问题相当复杂,当另作专题讨论。

前面说过,"白话比文言个性强,不同时期总是有不同的面目"。白话有一个发展过程。张中行把白话分为三期,徐时仪也把白话分为三期,㉙两书分期的起讫不完全相同。这个问题是可以进一步研究的。如果采取吕叔湘的看法,把白话界定为"唐宋以来的语体文",那么,白话的发展史就是近代汉语的发展史。近代汉语是一个很长的历史时期,其中有几个阶段?这几个阶段的词汇语法有什么不同?前一阶段到后一阶段是怎样发展的?这些都值得深入研究。而且,语言的发展演变不但要考虑时间因素,还要考虑地域因素和语体因素。不同地域的语言发展是不平衡的,不同地域的语言发展会互相影响;不同语体的语言状况是不一样的,彼此间也会有一定影响。这些都是在研究近代汉语发展史或白话发展史的时候应当深入考虑的。徐时仪收集了很多不同时期的白话资料,而且做了很好的分析,对清代的白话文,还注意到南北的不同。但从词汇语法系统来看,近代汉语各个时期有什么不同,这个问题还有待于深入研究。

## 七 文言文在今天仍然需要

在历史上,文言文有很高的地位。在"五四"新文化运动以前,文言文一直是正规的书面语。不仅如此,直到明清时期,不少读书人在谈话时也使用文言。

《利玛窦中国札记》:"事实上常常发生这样的事:几个人在一起谈话,即使说得很清楚、很简洁,彼此也不能全部准确地理解对方的意思。有时候不得不把所说过的话重复一次或几次,甚至得把它写出来才行。如果手边没有纸笔,他们就蘸水把符号写在什么东西上,或者用手指在空中划,甚至写在对

方的手上。这样的情况更经常地发生在有文化的上流阶级谈话的时候,因为他们说的话更纯正、更文绉绉并且更接近于文言。"㉚

直到二十世纪,在蒋光慈的小说《田野的风》里写到乡绅的谈话,仍然是半文半白的。如:"此人不除,恐怕吾乡永无安息之日矣!""我们特为求教而来,非有别意,望敬翁万勿误会。"

这一方面是由于他们的观念,他们觉得谈话用文言更高雅、更符合自己的身份。一方面是跟他们的阅读有关。张中行说:"执笔为文,总是通文的人。通文,旧时代的,脑子里装满《庄》《骚》《史》《汉》,新时代的,脑子里装满鲁迅、巴金,自己拿起笔,自然就不知不觉,甚至心摹手追,也就《庄》《骚》《史》《汉》,或者鲁迅、巴金。"㉛不但写文章如此,说话也如此,满脑子都是文言文,说话也就接近于文言了。

经过新文化运动,白话取代了文言的地位,成为全民使用的正规的书面语。这在中国历史、文化上是一个重大的转变。这一转变的重要意义,人们已经谈得很多,这里不拟重复。

但文言文在今天的社会生活中仍然需要。

现在,传承和发展中华优秀传统文化得到了全社会的高度重视,大家都认识到这是关系到提高民族文化自信心,增强国家文化软实力,实现中华民族伟大复兴的大事。文言文是中国传统文化的主要载体,要了解和继承中国传统文化,不能不懂文言文。研究传统文化的学者要懂文言文,而且不能一知半解,否则就不能正确把握古代典籍的含义,甚至会闹一些笑话。从事文化工作和教育工作的,都肩负弘扬中华优秀传统文化的责任,都要懂一点文言文。从事科技工作的,也需要了解中华优秀传统文化,事实上,一些很有造诣的科技专家也有较深厚的文言功底,能自如地阅读文史古籍。即使是一般文化水平的公民,也要懂一点文言文,否则,就无法懂得"学而不思则罔,思而不学则殆""三人行,必有我师焉"这样一些深刻的思想,无法了解"老吾老,以及人之老;幼吾幼,以及人之幼"这样一些传统美德。所以,学习文言文,是继承和弘扬中华优秀传统文化的需要,是提高国民文化素质的需要。

从语言方面讲,我们今天的现代汉语书面语中有不少文言成分。孙德金对此作了很好的论述:"现代汉语书面语是在近代白话的基础上,融合了文言、方言及其他语言(主要是以英语为主的西方语言)的成分,经过百年多发展而成的","在其形成与发展过程中,文言语法成分起了十分重要的作用,是现代汉语书面语正式、典雅语体风格的主要决定因素"。㉚这些文言成分不是外加的,不是因为仿古、转文而使用的,而是现代汉语的书面表达(特别是比较典雅、庄重的书面表达)所必需的。比如,"之""其""以""所"是四个很常用的文言虚词,今天在一般情况下,会用现代汉语的虚词代替,"之"换成"他/它","其"换成"他的","以"换成"用","所"换成"……的"。但是,在某些情况下,仍然要用这些文言虚词,如"高山之巅""自圆其说""以少胜多""集体所有"。而且,即使在口语中,有的还是不可替代的,如"三分之一","之"不能换成"的";"以大局为重","以"不能换成"拿"。语法格式是如此,词汇更是如此。很多文言词在现代汉语中不单用了,但作为语素还很活跃,如"奥"可以构成"奥秘""奥妙""奥义""深奥"等。有的词在历史上早已被替换,如"舟"已被"船"替换,但在现代汉语中,有时还必须用旧词,如"扁舟""诺亚方舟""神舟七号"。在成语中保留文言词语更多,如"唯利是图""空空如也""披荆斩棘""有的放矢""罄竹难书""破釜沉舟"等,这些都要有一定的文言知识和历史知识才能正确理解。实际上,很多文言成分积淀在今天的日常语言中,成为现代汉语有机的组成部分。所以,可以说,要很好地掌握现代汉语,就必须懂文言文。至于文言文对白话文发展提高所起的作用,将在下面说到。

这些都说明,文言文在今天的社会生活中仍然需要。所以,现在的中小学教育中很重视文言文教学,教育部门要求初中学生具有阅读浅易文言文的能力,高中学生要有初步的文言语感,这是非常正确的。这对于提高全民的文化素质有很重要的意义。

## 八 白话文要进一步发展和提高

另一方面,白话文要进一步发展和提高。这里所说的不是历史上的白话文,而是我们今天的白话文,也就是现代汉语的书面语体。

新文化运动提倡白话文,至今已经一个世纪了。在这一个世纪中,白话文有了长足的发展,产生了不少白话的经典。但白话文的发展是否可以到此止步了?当然不是。在肯定白话文发展的成绩的同时,我们还要看到其不足。

回到胡适给"白话"的定义:说得出,听得懂;不加粉饰;明白晓畅。这是白话所必需的。如果用的是现代汉语的词汇语法,但文辞十分艰涩,意思十分难懂,这绝不是好文章。但是,是不是像黄遵宪所说的"我手写我口",完全照口语写,就是好文章呢?

这要看是什么语体。如果写的是说相声的稿子,当然要完全口语化。但在现实生活中,现代汉语的书面语用途十分广泛,根据不同的需要,有不同的语体,有很多语体,如工作总结、工作报告、新闻报道、时事评论、科普作品、文艺作品等(且不说医学、法律、商业等的专用文书),就不能一律"不加粉饰,明白晓畅"。"言之无文,行而不远。"(这话是孔子说的。鲁襄公二十五年,郑国攻打陈国,大获全胜。晋国责问郑国为何攻打陈国,子产出使晋国,说了一番出色的外交辞令,完成了外交使命。孔子用这八个字称赞子产的言辞。确实,在重要的场合,如果"言之无文",是行不通的。)这话在现代也完全适用,完全照口语写,会使我们的书面语贫乏无力。(口语也有语体的不同。两个政府官员在一起讨论工作,两个大学教授在一起谈论学术,以及这些官员和教授回家后和小孩子谈话,用的都是口语,但语体风格却大不相同。说书面语以口语为基础,还要考虑什么语体的书面语以什么语体的口语为基础。但这个问题本文不拟展开。)总的来说,现代汉语的书面语应该基于口语,而又高于口语。在"高于"这一点上,确实还需要努力。

有人说:白话文的表现力不如文言,今天的文章远不如古人典雅含蓄。这个问题应该怎样看?

我觉得不能一概而论。文言和白话都有经典的名篇,拿白话名篇(包括宋元以来的白话小说和新文化运动以后的白话作品)和文言的名篇相比,应该说毫不逊色。在表现力方面,文言和白话各有所长。同样是写景,苏轼《记承天夜游》:"元丰六年十月十二日夜,解衣欲睡,月色入户,欣然起行。念无与乐者,遂至承天寺寻张怀民,怀民亦未寝,相与步于中庭。庭下如积水空明,水中藻荇交横,盖竹柏影也。何夜无月,何处无竹柏,但少闲人如吾两人耳。"总共不到一百字，只用五六个短句就写出了月色和心境，这是白话文难以做到的。朱自清《荷塘月色》："月光如流水一般，静静地泻在这一片叶子和花上。薄薄的青雾浮起在荷塘里。叶子和花仿佛在牛乳中洗过一样；又像笼着轻纱的梦。虽然是满月，天上却有一层淡淡的云，所以不能朗照；但我以为这恰是到了好处——酣眠固不可少，小睡也别有风味的。"色彩和光影的描写都很细致，在描写中显示一种朦胧的美，这是文言文不易做到的。同样是写人，《聊斋志异·婴宁》写婴宁，没有大段的描写，只是屡次写到她的憨笑，以及王子服要和她"夜共枕席"，她回答说："我不惯与生人睡。"寥寥数语，写出婴宁的憨痴。这是文言文之所长。《红楼梦》写凤姐，"凤姐儿滚到尤氏怀里，嚎天动地，大放悲声……说了又哭，哭了又骂，后来放声大哭起祖宗爹妈来，又要寻死撞头。把个尤氏揉搓成一个面团，衣服上全是眼泪鼻涕"。把凤姐的发泼写得绘声绘色，淋漓尽致。这是白话文之所长。

但总的来看，文言文比白话文成熟，这和两种书面语的发展历史有关。一种书面语的成熟是需要时间的。文言文如果从《尚书》算起（《尚书》中的《尧典》等大概是周代的史官根据远古的史料加工写成的），到《论语》大约五百多年，到《史记》大约九百多年，到韩愈、柳宗元则是一千八百多年。白话在敦煌变文中还是雏形，到宋元话本开始成熟，到《水浒传》《西游记》《金瓶梅》《红楼梦》等白话经典的出现，也经过了八九百年。而我们今天的白话文，是新文化运动以后的白话文，它不只是近代白话的继承，而是在近代白话的基础上，融合了文言、方言及其他语言（主要是以英语为主的西方语言）的成分而形成的一种新型的书面语。这种新型的书面语，从新文化运动算起，至今才一百年。这种融合的趋向是对的，但如何融合得好，是一个需要在发展过程中解决的问题。

早在二十世纪的二十年代，一些新文化运动的主将就提出了这个问题。钱玄同《理想的国语》（原载1925年9月6日《国语周刊》第13期，收入《钱玄同文集》第3卷。这是钱玄同给周作人的回信，写于1925年9月3日）：

> 国语应该用一种语言做主干……用了北京话做主干，再把古语、方言、外国语等自由加入……我认为国语应该有三个美点：活泼、自由、丰富。采用活语，方能活泼（作主干的北京话，加入的方言跟外国语，这三种

都是活语,唯有古语是死语;但它的本质虽是死的,只要善于使用,自能化腐臭为神奇,变成活泼泼地……);任意采之,斯乃自由;什么都采,所以丰富。

有许多词句,普通会话中虽不大用它,但表示较深奥、曲折、细致的意思时便须用到的,近来新文学作品中,尤其是所谓欧化的文章中,尤其是诗歌中,到处遇着它。这本也是白话,那般爱凿四方眼儿的人们往往要认它为"文言"——就是古语——因而非难它,排斥它,这是非常地错误,不可不纠正的。[33]

周作人的信(1925年7月26日):

古文不宜于说理(及其他用途)不必说了,狭义的民众的言语我觉得也决不够用,决不能适切地表现现代人的情思。我们所要的是一种国语,以白话(即口语)为基本,加入古文(词及成语,并不是成段的文章)、方言及外来语,组织适宜,具有论理之精密与艺术之美。这种理想的言语倘能成就,我想凡受过义务教育的人民都不难了解,可以当作普通的国语使用。假如以现在的民众知识为标准来规定国语的方针,用字造句以未受过国民教育的人所能了解的程度为准,这不但是不可能,即使勉强做到,也只使国语更为贫弱,于文化前途了无好处。

他们两人的通信中提到,如果把"国语"仅仅限于普通会话,仅仅以一般民众的知识为标准,只会使"国语更为贫弱",而"理想的国语"要"活泼、自由、丰富",为此就要把"古语、方言、外国语等"加以融合。这种主张是对的。实际上,这一百年来,现代汉语书面语不断在吸收方言和外来词,如"尴尬"(上海话)、"埋单"(粤语)、"的士"(经粤语吸收的英语词)、"酷"(英语词)、"丁克族"(英语词)、"给力"(日语词),丰富了现代汉语书面语的语汇。但钱玄同、周作人对"古语"的重视还不够,"古语"并不是"死语",很多还是有生命力的;而且,如冯胜利所说,古语是构成现代汉语典雅语体的重要因素,根据语体的需要,不但要适当地采用古词语,而且要适当地采用古句型,如"少而精""为我所爱""为现代化而努力奋斗""品种之多"等。[34]这些成分如何才能融合得好,现代汉语的书面语如何才能"言之有文",这是应该引起大家注意,而且需要在实践中加以解决的。

我觉得,要使现代汉语书面语有更丰富的表达力,不单要恰当地吸收一些古文的词语,还要注意学习古文的意境和表达。古文很多篇幅不长,但意在言外,含义深远。写景的文章,往往是寓情于景,如上面引的苏轼《记承天夜游》,不但写了月色,也写了作者的情怀;柳宗元的很多山水小品,都写得"凄神寒骨,悄怆幽邃",使人感慨。写人的文章,着墨不多,但感人至深,如《史记》写廉颇、蔺相如,真是千载下凛凛有生气;方苞写左光斗,只写了狱中的一件事,就写出其"肺肝皆铁石所铸造也"。古文的表达,有很多值得学习。欧阳修写《醉翁亭记》,原稿开头是"滁州四面有山",凡数十字,后来改定,只"环滁皆山也"五字。范仲淹《严先生祠堂记》,原稿作"云山苍苍,江水泱泱,先生之德,山高水长"。后来把"德"改为"风"。[35]这样的改动,使文章增色不少。这告诉我们,文章的开头该写得简练峭拔;文章的用字,有时用具体的意象比用抽象的概念气象更为阔大。这都是我们在提高现代汉语书面语的表达力时值得学习的。

张中行说:书面语和口语要"不即不离"。"不即,是和日常的谈话韵味不一样(比一般的口语丰富、深刻、严密);不离,是就格局说,仍属于口语的系统"。[36]现在又提出了语体的问题,不同的语体,其"即"和"离"的程度又不一样。怎样做到不即不离,而且恰到好处,这是需要讨论的,更是需要在实践中解决的。

总的来说,现代汉语书面语要基于口语,又高于口语,形成这样一种书面语,是我们努力的方向。

原载于《清华大学学报(哲学社会科学版)》2019 年第 2 期。

## 注 释

① 胡适《白话文学史》,上海:新月书店,1928 年,13 页。
② 转引自徐时仪《汉语白话史》,北京大学出版社,2015 年,15 页。
③ 钱玄同《钱玄同文集》第 1 卷,中国人民大学出版社,1999 年,88—89 页。
④ 胡适《白话文学史》,14 页。
⑤ 徐时仪《汉语白话史》,19 页、65 页、7 页。

⑥ 陈独秀《独秀文存》卷三,上海:亚东图书馆,1917—1922 年,90 页。

⑦ 吕叔湘《文言和白话》,《国文杂志》第 3 卷第 1 期,1944 年。

⑧ 张中行《文言和白话》,黑龙江人民出版社,1995 年,187 页、16 页。

⑨ 吕叔湘《近代汉语读本序》,见刘坚编著《近代汉语读本》,上海教育出版社,1985 年。

⑩ 吕叔湘《文言和白话》。

⑪ 张中行《文言和白话》,3 页、9—10 页。

⑫ 张中行《文言和白话》,102 页。

⑬ 张中行《文言和白话》,104 页。

⑭ 张中行《文言和白话》,106—107 页。

⑮ 张中行《文言和白话》,107 页。

⑯ 吕叔湘《文言和白话》。

⑰ 张中行《文言和白话》,199 页。

⑱ 梅思《汉朝汉语文言中的口语成分——〈史记〉与〈汉书〉对应卷的语言学比较研究》,见冯胜利主编《汉语书面语的历史与现状》,北京大学出版社,2013 年。

⑲ 张中行《文言和白话》,14 页、160 页。

⑳ 吕叔湘《文言和白话》。

㉑ 吕叔湘《近代汉语读本序》。

㉒ 吕叔湘《文言和白话》。

㉓ 雅洪托夫《七至十三世纪的汉语书面语和口语》,见氏著《汉语史论集》,北京大学出版社,1986 年。

㉔ 胡适《文学改良刍议》,《新青年》第 2 卷第 6 号,1917 年。

㉕ 梁启超《翻译文学与佛典》,见氏著《饮冰室合集》专集第 14 册,上海:中华书局,1936 年。

㉖ 刘坚《古代白话文献选读》,商务印书馆,1999 年,4 页。

㉗ 志村良治著,江蓝生、白维国译《中国中世语法史研究》,中华书局,1995 年,4 页。

㉘ 魏培泉《上古汉语到中古汉语语法的重要发展》,见何大安主编《古今通塞:汉语的历史与发展》,"中研院"语言学研究所(筹备处),2003 年。

㉙ 徐时仪《汉语白话史》,北京大学出版社,2015 年。

㉚ 利玛窦、金尼阁著,何高济等译《利玛窦中国札记》,广西师范大学出版社,2001 年,21 页。

㉛ 张中行《文言和白话》,167 页。

㉜ 孙德金《现代汉语书面语中文言语法成分的界定问题》,《汉语学习》2012 年第 6 期。

㉝ 钱玄同《钱玄同文集》第 3 卷,中国人民大学出版社,1999 年。
㉞ 冯胜利《论语体的机制及其语法属性》,《中国语文》2010 年第 5 期。
㉟ 杨树达《汉文文言修辞学》,中华书局,1980 年。
㊱ 张中行《文言和白话》,170 页。

# 古代专书词汇研究的几点体会

## 张双棣

汉语史研究是二十世纪中叶新兴的学科,经过半个多世纪的诸多学者的努力,取得很大的成绩,但距离建立完整的汉语史大厦,还有很多很艰巨的工作。汉语史各部门中汉语词汇史是最薄弱的。如何开展和进行汉语词汇史研究,现在大家普遍认为,汉语词汇史研究必须从断代开始,而断代词汇研究又必须从专书词汇研究着手。前些年我曾经做过《吕氏春秋》《淮南子》的词汇研究,下面仅就专书词汇研究谈几点不成熟的体会。

## 一 专书词汇研究的意义

**1. 专书词汇研究是汉语词汇史研究的基础**

汉语语义研究应该说起源很早,先秦古籍中就多有解释字义的地方,如《左传·庄公三年》中说:"凡师,一宿为舍,再宿为信,过信为次。"《吕氏春秋·不屈》:"恺者,大也;悌者,长也。"有的甚至解释语源,如《吕氏春秋·节丧》:"葬也者,藏也。"《尔雅》《方言》《说文》《释名》四部大书就是古代语义研究成果的总结。但是古人研究语义是为解释经书服务的,因此只是就某一具体对象进行的解释或考证。古人的研究,缺乏有意识的语义历史发展的考察。直到清代乾嘉时期,王念孙、段玉裁等人,才开始真正具有历史观念,意识到从历史发展的角度研究词义。但他们的研究也只是微观的,一般总是就某一个现象或某一个字义去考证,缺乏系统的历史的研究。真正的汉语词汇史研究是现代语言学兴起以后才开始的。二十世纪三四十年代,王力先生明确提出为史而治小学的主张。他说:"要建立新的语义学,必须为史而治小学。"又说:

"我们研究语义,首先要有历史的观念。"七八十年代,王先生大力倡导专书语言研究,他曾多次跟我说,汉语史研究应该多做些基础工作,如专书语言研究工作,写出专书词典,专书语法。周祖谟先生也指出,研究词汇的发展,避免纷乱,宜从断代开始,而又要以研究专书作为出发点。现在,专书语言研究作为汉语史研究的基础,已经形成共识。已有多部专书词典及专书词汇研究、专书语法研究著作问世。

汉语词汇史以专书词汇研究为基础,有它很多便利之处。首先,专书是封闭的,有可能做穷尽性的多层次的考察,同时可以进行穷尽性的数据统计。其次,在穷尽性定量统计的基础上作的定性分析,避免了以往的泛泛而谈,使所得出的结论更有事实基础,更有价值,更有说服力。专书词汇量有它的局限性,但我们把一部书的词汇面貌彻底摸清楚了,可以以此为基础对同时代的其他书作同样彻底的考察和分析研究,这样这个断代的词汇面貌就清楚了,可以写出这个断代的词汇史。各个断代词汇史总汇起来就可以形成一部完整的汉语词汇史了。

**2. 专书词汇研究对古籍整理研究有重要的意义**

专书词汇研究对古代典籍的整理也有重要的意义。对汉语词汇的研究,可以帮助确定古籍产生的年代,至少可以提供一些佐证。很多古籍整理的学者,已经意识到词汇语义对古籍整理的意义。词和词义是发展的,词和词义具有明显的时代特征。通过对一部书词和词义的分析研究,可以帮助我们判断这部书产生的时代。比如:

有人认为《黄帝内经》是先秦的著作,有人认为是汉以后的著作,到底如何,我们考察了它的词汇语义,可以帮助我们作些判断。

我们现在所吃的"豆",先秦时期,叫作"菽",汉代开始用"豆"。(《史记·扁鹊仓公列传》:"躁者有余病,即饮以消石一齐,出血,血如豆比五六枚。"《大戴礼记·投壶》:"壶中置小豆,为其矢跃而去也。"《礼记·投壶》:"壶中实小豆焉,为其矢之跃而出也。"《新语·本行》:"夫子陈、蔡之厄,豆饭菜羹。"《晏子春秋·内篇杂下第六》:"'大小何如?'曰:'如豆。'"《鹖冠子·天则第四》:"一叶蔽目,不见太山;两豆塞耳,不闻雷霆。")先秦古籍中几乎不见"豆"表示"豆类作物"的意义。《黄帝内经》中,"豆"字有"豆类作物"义,《灵枢》3篇出现6例,《素问》6篇出现11例,如《灵枢·五味》:"五谷:粳米甘,麻酸,大豆咸,麦苦,黄黍辛。"《素问·五常致大论》:"其谷豆稻,其味苦咸。"而"菽"字豆义,仅《灵枢》出现1例。《内经》中"豆类作物"的意义,"豆"已取代"菽",这说明,《内经》至少是在汉代完成的。先秦古籍中,只有《战国策》中有两例用到义为"豆类作物"的"豆",《韩策一》:"张仪为秦连横说韩王曰:韩地险恶,山居,五谷所生,非麦而豆,民之所食,大抵豆饭藿羹。"(高诱注:《史记》《后语》作"非菽而麦"。姚宏续注:古语只称菽,汉以后方呼豆。《史记》,饭菽。《后语》,菽饭。)《史记》讲到此事,用"菽",《张仪列传》:"张仪去楚,因遂之韩。说韩王曰:韩地险恶,山居,五谷所生,非菽而麦,民之食大抵菽饭藿羹。"《史记》记录战国时期的历史,大体依据《战国策》,《史记》用"菽"而《战国策》用"豆",是不合理的。"菽"是较早的词,"豆"是后起的意义。我们知道,《史记》一般是用较后起的意义去翻译较早的词。如果战国时期已用"豆"表示"菽"的意义,《史记》绝不会再用"菽"字。这只能说明,战国时期,"豆"还没有取代"菽"字。那么《战国策》为什么用"豆"呢？我们知道,《战国策》是经过西汉末刘向整理的,"豆"字很可能出自刘向之手。这样就好理解了。这说明,这个意义是在汉代产生的。

还可以举一个"跟"字的例子,"跟"与"踵"同义,也是"脚跟"的意义。"跟"应该是汉代产生的新词。《说文》:"跟,足踵也。""踵,跟也。"(《说文》"踵、歱"不同,"踵,追也"。文献多用"踵"表示足跟义。)《释名》:"足后曰跟,或曰踵。"先秦文献"脚跟"的意义都用"踵"字,没有用"跟"的。汉代才有用"跟"取代"踵"的。西汉末年的《易林·蹇之革》"头痒搔跟,无益于疾",用"跟"字。《灵枢》中有5次用"跟"字,《经筋》:"上循跟,结于胭。"《本输》:"在外踝之后,跟骨之上,为经。"这也说明,《灵枢》产生于汉代,而非先秦。

还有一个例证,"趾"字,先秦都是"足"的意义,(《诗经·七月》:"四之日举趾。"《左传·桓公十三年》:"举趾高,心不固矣。")"脚趾"的意义是后代产生的,(大概也在西汉末,《易林·否之艮》:"牛生五趾,行危为忧。")《灵枢》中有"趾"用为"脚趾"意义的例证。《经脉》:"肾足少阴之脉,起于小趾之下,邪走足心。"《经筋》:"足太阳之筋,起于足小趾,上结于踝。"

先秦时代,"皮"指兽皮,"肤"指人的皮肤。这两个词分用划然。《诗经》

"皮"出现3次,都是指兽皮而言,《鄘风·相鼠》:"相鼠有皮。""肤"出现1次,指人的皮肤,《卫风·硕人》:"肤如凝脂。"《论语》《孟子》等书情况相同。《吕氏春秋》"皮、肤"各出现6次,"皮"指兽皮,"肤"指人的皮肤,丝毫不混。《韩非子》"皮"也出现6次,"肤"出现2次,情况同。而且《吕氏春秋》《韩非子》中都是"肌肤"连文。"肌"指人的肉,所以"肌肤"连文。到汉代,人的皮肤也可以用"皮"了,《灵枢》《素问》中"皮"多次用于指人的皮肤,《灵枢·九针十二原》:"皮肉筋脉各有所处。"《素问·痹论》:"皮肤不营,故为不仁。"(《史记·扁鹊仓公列传》:"乃割皮解肌。")"皮"用于人的皮肤,盖从医学内容始。

这些都说明《内经》最早产生于汉代,而《灵枢》可能比《素问》更晚些。

词汇语义的研究,可以为古籍整理研究提供很大的帮助。

## 二　专书词汇研究的前期准备

### 1. 选定恰当的专书,最好具有代表性

作为汉语史的材料,任何一本书都是值得研究的。但是作为初始研究阶段,还是选择有代表性的典籍为好。这样,得出的结论,更典型,更有价值。比如我之所以选择《吕氏春秋》作词汇研究,就考虑到四个方面的问题:一、《吕氏春秋》成书年代确定无疑,这在先秦文献中几乎是绝无仅有的。(《序意》:维秦八年,岁在涒滩,秋,甲子朔,朔之日,良人请问十二纪。)二、《吕氏春秋》是战国末期的一部重要著作,它的词汇语义反映了周秦之交的词汇语义面貌。同时,它又是先秦与秦汉的一个过渡,具有承上启下的作用。三、《吕氏春秋》是用当时的通语写成,很有特色。(《史记·吕不韦列传》:"布咸阳市门,悬千金其上,延诸侯游士宾客,有能增损一字者予千金。")四、《吕氏春秋》的词汇十分丰富。《吕氏春秋》具备了这四个方面的条件,因此被我选为上古汉语词汇研究的首选专书。

我们选择专书,要看它在所处的时代是否有代表性,是否能反映那个时代的语言特征,是否具有相当的分量,也就是说,是否有相当的字数。选择这样的专书进行研究,更容易以此为基础向同时代的其他专书扩展,从而更好地了解这个断代的词汇面貌。对分量较小或代表性不够强的,可以缓一些做,因为

这样的专书对了解这个时代的语言词汇面貌作用较小。尤其是中古以后,书籍较上古多出很多,更应该先选择典型的代表性强的专书先做研究。

**2. 确定好的底本,最好能亲手作校勘**

确定要做的专书之后,就要选定好的底本。某一部专书,现在可能有不同的版本,这就需要我们进行甄别、选择,不能随便拿来一种就作为底本。选择研究底本,大致有三种情况,一是选择明清以前的旧版本,一是选择现代人的新校本,一是综合二者,自己再作些校勘的工作。我觉得,我们应该选择第三种做法。

校勘工作对词汇研究是很重要的基础工作,有必要亲自动手作校勘工作,这样做虽然费时费力,但只有这样做才可以减少或避免讹误,而讹误是词汇研究十分忌讳的。我们在做《吕氏春秋》研究之前,首先对版本作了校勘。我们选用的底本是清代毕沅的《吕氏春秋新校正》,用元至正嘉兴路儒学刊本等14个元明版本对校。在做《淮南子》之前,我用正统道藏本为底本,用影写北宋本、明刘绩补注本等12个明清及近代版本对校,有不少收获,对词汇研究很有帮助。比如:

《淮南子·原道》有一句话:"末世之御,虽有轻车良马,劲策利锻,不能与之争先。"高诱注:"策,箠也;锻,末之针也。"有的《译注》本将"锻"字注成"马棰末端的刺针"。"锻"字怎么会有"马棰末端刺针"的意义呢?《译注》本是根据高诱的注,是不是高诱注错了?不是,这是一个误字。明代刘绩补注本等几个版本不是"锻"字,是"錣"字。王念孙认为刘绩补注本是对的。錣谓马策末之针,所以刺马者也。《说文》:"筄,羊车驺箠也,箸针其端,长半分。"(段玉裁注谓《淮南·道应》作錣,錣与筄音义皆同。)字又作錣。《玉篇》:"錣,针也。"《道应篇》:"白公胜到杖策,錣上贯颐。"许慎注云:"策,马棰。端有针,以刺马,谓之錣。"《氾论篇》:"是犹无镝衔策錣而御馯马也。"高诱注云:"錣,楇头箴也。"(《说文》:"楇,箠也。")……錣为策末之箴,故劲策与利錣连文。今本"錣"作"锻",则义不可通矣。王念孙的意见完全正确。既有版本根据,又有旁证,应该将"锻"校正为"錣"。

又比如:

《淮南子·原道》:"是故以中制外,百事不废,中能得之,则外能收之。"高诱注:"不,养也。"(道藏本如此,庄逵吉本作"收,养也"。)高诱注是在"外能收之"下,显然是注"收"字,然而误成"不"字。这是怎么回事?"外能收之"的"收"当是"牧"字之误。"牧"有"养"义,《广雅·释诂一》:"牧,养也。""牧"与"得"为韵,皆职部,作"收"亦失其韵。高注误作"不",是音近而误,"不""牧"为之职对转,若作"收",不会误为"不"字。庄逵吉改"不"为"收",则致误痕迹全无。《淮南子》各本中多有"牧""收"互讹者,如影宋本《天文》"亥为牧,主大德",道藏本"牧"作"收";影宋本《泰族》"周公肴臑,不收于前",道藏本"收"作"牧"。《吕氏春秋·论人》"牧"亦误作"收"。

再举《战国策》的一个例子。《战国策·秦策四》"山东之建国可兼与",鲍彪本及明代坊间刻本"建"作"战",今人诸祖耿《战国策集注汇考》依鲍本改"建"为"战",何建章《战国策注释》也将"建"改为"战"。是否该改,研究过"建国"一词之后就会得出结论。《左传》中已有"建国"连文的,《桓公二年》:"天子建国,诸侯立家。"但还是动宾词组,不是一个词。《荀子》中则有"建国诸侯"连文者,《王霸》"建国诸侯之君分土而守",这时的"建国"已经是一个名词性的复音词。《吕氏春秋》中"建国"则已是地地道道的复音词了,《悔过》:"夫秦非他,周室之建国也。""建国"一词是"诸侯"的意思。《史记》中"建国"一词用例渐多,共出现5次,如《孝文本纪》:"朕闻古者诸侯建国千余,各守其地。"《陈杞世家》:"卒为建国,百世不绝。"《田儋列传》:"齐,古之建国。"《苏秦列传》:"山东之建国,莫强于赵。"《战国策》中除《秦策四》一例外,《赵策二》:"山东之建国,莫如赵强。"可见《秦策四》的"建国"是正确的,"建"不应改为"战"。从这几个例子可以看出,校勘对于词汇语义研究,是何等的重要。

作校勘的过程,也是熟悉文本的过程,实际上,作校勘的时候,已经开始作词汇研究了。所以,研究词汇,亲手对专书进行校勘,绝不是多余的额外的负担,而是必要的工作。

# 三 专书词汇研究的一般方法

## 1. 穷尽性的考察

过去的词汇研究,大多是举例性的,而举例性的研究方法所存在的缺憾是显而易见的,因为它所得出的结论,很容易被人质疑。前人之所以采取举例性的研究方法,主要是因为材料浩瀚,无法作穷尽性的考察。专书的语言材料是封闭的,有进行穷尽性的考察的条件,我们可以在一部书的范围内对其中的每一个词作多角度多层次的全面的考察和分析。这种考察和分析是一件十分繁难而艰苦的工作。首先遇到的是如何确定字和词以及切分复音词,也就是说,一个字是一个词还是不同的几个词;复音组合,哪些看作词,哪些看作词组,要有一个可操作的合理的标准。我在《吕氏春秋词典》和《吕氏春秋词汇研究》中提出区分字和单音词的看法,及判断复音词与词组的标准,作为对《吕氏春秋》词汇作穷尽性考察的基础。我们认为,只要意义有联系,而声音与形体又没有变化,就应该认为是同一个词,要承认词类的活用和兼类。判定复音词,我主要根据意义标准以及使用频率,适用于现代汉语的插入法等不适用于古代汉语专书研究。我们确定《吕氏春秋》有单音词2824个,复音词2016个。

　　我们对《吕氏春秋》的全部词汇(包括单音词和复音词)都作了穷尽性的考察。考察过程中,我们特别遵照了王力先生关于词汇研究的几个重要观点,(1)要通过古人的语言去体会古人的意思,也就是说,要正确理解古人的意思,认真体会古人语言的本义,不能凭自己的主观臆想,认为古人会是什么意思,不能将某一个意义强加给古人,或者先有一个框框,认为古人有什么思想,然后用这个框框去套古人的书,去解释古人的语言,来为自己服务。这样最容易产生望文生义或偷换概念的错误,是非常有害的。(2)在客观体会古人所表达意义的时候,应该注意充分地吸收前人的研究成果,尤其是汉唐人的注疏,像《吕氏春秋》的高诱注,因为他们去古未远,体会古人的意思更接近古人。(但也不要迷信古人,作词汇研究与给古文作注不同。)清人的研究成果也应该重视,特别是乾嘉的重要学者如段玉裁、王念孙等的研究成果。这是非常重要的,是作词汇研究不可或缺的。(3)研究词义,要有敏锐的眼光,能发现任何细微的变化而不放过它。王先生说:"段玉裁的眼光最敏锐,譬如他注解'仅'字,就注意到唐代的'仅'和清代的'仅'不同,唐代的'仅',是'庶几'的意义,段氏举杜甫诗'山城仅百层'为例。唐代的'仅'和清代的'仅'都是程度副词,很容易被认为一样,然而前者叹其多,后者叹其少,实际上恰得其反。"一般人对这种词义的细微变化,往往忽略过去,看不出演变的真相来。这种词义的细微的变化，正是需要学习或研究古代汉语的人们特别留心观察的。王先生曾反复强调，不但要注意词义的迥别，更要注意词义的微殊，这就需要具有敏锐的眼光。

只有认真仔细地考察每个词在一部专书中所表现的所有意义，才能发现这部专书中某些词的新生意义和特有意义。比如：

一般认为"病"是重病，"疾"是轻病，词义程度有轻重之别。比如郝懿行《尔雅义疏·释诂上》："古人疾病连言，病甚于疾，故《说文》训为'疾加'，《论语》郑注'病谓疾益困也'，包咸注'疾甚曰病'，皆其义也。"这是一种误解。我们考察了《吕氏春秋》中全部含有"疾、病"的句子及其全部词义之后，发现它们之间并不存在轻重的区别。《说文》："病，疾加也。"《论语·子罕》"子疾病"集解引包咸曰："疾甚曰病。"依《说文》，"病"的本义是动词，所谓"疾加"，是病情加重的意思，"疾甚"也是这个意思，《论语》的"病"正是用的动词的意义，《吕氏春秋》中也有这个意义，《知接》："仲父之疾病矣。"郝懿行所谓"疾病"连言，当作两种分析，《子罕》"子疾病"，意思是"孔子病了，而且病情越来越重"。"疾"是染病的意思，"病"是指病情加重。这时，"疾""病"虽然都是动词，但意义不一样。《知接》"仲父之疾病矣"，意思是"仲父的病加重了"，"疾"是名词，疾病的意思，"病"是动词，病情加重的意思。当"病"作动词是"染病"的意思的时候，才与"疾"的"染病"义同义。在"染病"的意义上，并没有"疾"轻"病"重的差别。《吕氏春秋·异宝》："孙叔敖疾，将死。"《至忠》："不出三月，子培疾而死。"疾而至于死，可见不轻了。《左传》中也有类似的用例。用作名词时，"病"与"疾"也没有程度的差别。《贵公》与《知接》同样叙述管仲染病，桓公去看望他，前者说"管仲有病，桓公往问之"，后者说"管仲有疾，桓公往问之"，"疾""病"互换，可见无轻重之别。又如《知化》："越之于吴也，譬若心腹之疾也，虽无作，其伤深而在内也。夫齐之于吴也，疥癣之病也，不苦其已也，且其无伤也。"这里"心腹之疾""疥癣之病"，怎么能看出"病"重"疾"轻呢？此就词义而言，它们是相同的，只是具体所指可以随文而异。

又比如"细"：

《说文》："细，微也。"本义当是小。此义先秦文献所在多有，既可指具体事物，也可用于抽象事物，其反面是大。《管子·内业》："其细无内，其大无外。"《老子》六十三章："天下大事，必作于细。"由具体事物的"小"引申，则可指直径的"小"，其反面是"粗"。试比较：

《庄子·人间世》："夫仰而视其细枝，则拳曲而不可以为栋梁；俯而见其大根，则轴解而不可以为棺椁。"《吕氏春秋·直谏》："葆申束细荆五十，跪而加之于背，如此者再。"

《庄子》的"细枝"与"大根"相对，"细"主要还是指小。但"细枝"的"小"已含有"直径小"的意味，这大概正是"细"向"直径小（与粗相对）"的意义发展的过渡。《吕氏春秋》的"细荆"是用来抽打人的，而且五十根绑在一起，尽管还含有"小"的意味，但主要着眼点在"直径小（与粗相对）"上，这也就是后代"细（与粗相对）"的意义，这个意义当产生在战国后期，《墨子》1 见，《兼爱中》："昔者楚灵王好士细腰，故灵王之臣，皆以一饭为节。"《韩非子》1 见，《二柄》："楚灵王好细腰而国中多饿人。""细腰"自然指粗细而言，不是指大小而言。

又比如"轼"：

"轼"是车前的横木，一般是用来扶手的，也用来表示凭轼示敬。《左传·庄公十年》有一句"下视其辙，登轼而望之"，有人曾认为"轼"不可登，而把《左传》那句话在"登"字后断句，要"轼"作动词，是示敬的意思。先秦"轼"作动词是很多的，都是凭轼示敬的意思，《吕氏春秋》这种用法出现4次，《期贤》："魏文侯过段干木之闾而轼之。"但《左传》这一句能这样断句吗？是示敬的意思吗？《左传》那种断句把"轼"讲成动词"凭轼示敬"是错误的。那时是齐鲁交战，观察敌军后退之势，岂有示敬之理？"轼"示敬义起初作"式"，先秦古籍中多有用例，《礼记·曲礼上》："兵车不式。"（因俯身手扶车前横木叫"式"，从而所扶车前横木也叫"式"，后来写作"轼"，示敬义的"式"也写作"轼"。）作战时是不行凭轼之礼的，而且观察敌情也用不着示敬。我们考察《吕氏春秋》词汇，发现《忠廉》有一句："今汝拔剑则不能举臂，上车则不能登轼，汝恶能？"正是明言"登轼"，可见"轼"是可以登的，需要时可以登轼望远。此足以纠正《左传》那种新断句的错误。

考察一个词，要从词的整体性上全面地考察。王力先生认为，"词是极端复杂的一种语言现象，它是意义、声音和形态结构的整体。我们如果不全面研究这三方面的因素,我们就不能发现一个词的特征"。这就是说,我们要对词汇的语音、语义、语法结构进行多角度、多层次的考察,这是进行深入研究重要的一步,只有这样才能真正发现一个词的本质特征。词的搭配关系,或者说是词的语法结合,可以使词义产生变化,或者使词的语法类别产生变化,甚至产生新词。

比如:

舍　本义是客舍。《说文》:"市居曰舍。"段玉裁注:"此市字非买卖所之,谓宾客所之也。"《吕氏春秋》有这个本义,《知士》:"于是舍之上舍。"由此义引申出一般的房舍,《察今》:"军惊而坏都舍。"由于词的搭配关系发生变化,它后边带了宾语,如:《必己》:"及邑,舍故人之家。"这样就引申出新的意义:住宿。词的搭配关系使词义发生了变化,同时也改变了词性,由名词变成了动词。

又比如:

徒　徒的本义是步行,动词。《说文》:"徒,步行也。"引申为跟随,再引申为跟随的人,即徒党。《左传·襄公三十年》:"岂为我徒。"杜预注:"徒,党也。"《论语·先进》:"非吾徒也,小子鸣鼓而攻之可也。"杨伯峻"吾徒"译作"我们的人",亦即徒党义。此义《吕氏春秋》中亦有,《报更》:"与天下之贤者为徒,此文王之所以王也。"同时,《吕氏春秋》中有新的意义,即学生、弟子,共出现6次:

《诬徒》:"此六者不得于学,则君不能令于臣,父不能令于子,师不能令于徒。"又:"所加于人,必可行于己,若此则师徒同体。"又:"此学者之所悲也,此师徒相与异心也。"又:"此师徒相与造怨尤也。"

其中"师徒"连文3次,"师、徒"对文1次,这种连文或对文,使"徒"产生了新的意义,即"学生、弟子"的意义。这个意义是战国末期产生的新义,战国末期以前的文献没有这个意义。(上引《论语》"非吾徒也",邢昺疏曰:"非我门徒也。"《孟子·滕文公上》"其徒数十人",赵岐注:"其徒,学其业者也。"《梁惠王上》:"仲尼之徒,无道桓文之事者。"赵岐注以"孔子之门徒"。其实,这几处的"徒"都是徒党的意义。赵注、邢疏在这里都是用当时的意义去解释古人的语言了。王力先生说过,不要把词义可能的转变看成转变了的现实,"徒"从

"徒党"义有引申出"门徒、弟子"义的可能,但在战国末期以前并未引申出这个意义。)这个意义除《吕氏春秋》中出现外,《韩非子》中亦有用例,如《说疑》:"言听事行,则如师徒之势。"

  这说明,研究词的搭配关系是词汇语义研究的重要方面。词的语音结构也可能随着词的搭配关系而发生变化;语音结构的变化,也可能引起词义的变化,甚至产生新词。比如"朝",本义是早晨,名词,不能带宾语,知母宵部;它带了宾语,搭配关系发生了变化,意义发生了变化,语音结构也发生了变化,意义为朝见,知母变成澄母。

  说到这里,顺便谈一下古代专书词典的编写问题。我们作《吕氏春秋词典》就是把《吕氏春秋》中的每一个词作为声音、意义和语法结构的整体来考察的。在编写之初,我们特别就编写体例,请教王力先生。记得跟王先生作过两次长谈,向王先生讲述我们的想法,并把样条给王先生过目。王先生对我们按照上古音音序编排,以上古三十韵部为纲,三十三声母为目排列每一个词条,给以充分的肯定,认为这样有助于读者了解古代汉语的音义关系,是一个可取的方法。周祖谟先生在《吕氏春秋词典序》里更是具体地介绍了词典的体例,并给以充分的肯定,他说:"全书依据上古的声韵系统排列,每个词条之下又分别注出所属词类,辨析词义,举出原书用例,并区分其在语法上的结构功能,把词义和语法联贯在一起,给读者一个全面的知识。"前辈学者的肯定,更增强了我们的信心,我们觉得,编写古代专书词典,特别是编写上古专书词典,应该特别强调音义的紧密结合。这里所说的音,是上古音,同一个韵部同一个声母的字排在一起,容易看出同源以及假借的关系,看出音义相互影响的关系。如果按照现代汉语音序排列,就收不到这种效果。再者就是词义与词的搭配之间的关系,我们在列义项的时候,考虑到词性的差别,以本义所在的词类为基本词类,然后再列其他词类的各个意义,说明各自的语法功能,这样可以看出词义与语法功能之间的联系。总之,将语音、语义、语法功能三者结合起来考虑,对研究上古汉语是很重要的。这里有一个问题,即以词类为纲,与词义的引申系统有时会发生一些矛盾,比如"兵"是名词,兵器、武器,有用于动词"用兵器伤人"的意义,引申关系很近。但名词义中还有士兵、军队、战争等意义。以词类为纲,动词单列,"用兵器伤人"的意义与"兵器"的意义就隔开了。因为用例极少,我们采用活用的办法,放在"兵器"意义之下。如果用例多,如何处理,就需要作进一步的研究,比如"病"字。

**2. 定量统计与定性分析**

科学研究日益精密化,汉语词义的研究也是如此。我们研究词义的发展变化,借助于数据的统计,更具有比较强的说服力。穷尽性的定量统计可以避免泛泛而谈,作到言之有据。我们知道,事物的量与质有着密切的关系,量的变化会引起质的变化。词义也是如此,词义的质的变化,会通过量的较大量的增减来体现。

因此,我们在做过穷尽性的考察之后,随之而来的是穷尽性的定量统计。也就是说,从各类词如单音词、复音词的数量,到每个词每个意义的数量,凡是所论述到的内容都应该有穷尽性的统计数字作为基础。比如我们统计《吕氏春秋》的单音词有 2824 个,复音词有 2016 个,单音词中表现为单义的有 1721 个,多义的有 1103 个,多义词中每个意义各出现多少次,每个意义中各种搭配关系各出现多少次,情况如何,都要有穷尽性的统计,复音词也是如此,从单义、多义,到结构方式,都要作穷尽性的统计分析,同义词、反义词等莫不如此。《吕氏春秋词典》就是我们做穷尽性的考察和定量统计分析的结果。

通过穷尽性的统计,可以看出一部专书用词的特点。

比如《吕氏春秋》"到…去"的意思,主要用"往",而少用"适、逝"。《方言》一:"嫁、逝、徂、适,往也。…逝,秦晋语也;徂,齐语也;适,宋鲁语也;往,凡语也。"《吕氏春秋》"逝"用 2 次,"适"用 5 次,而"往"用 78 次之多。《淮南子》"逝"用 1 次,"适"用 1 次,"往"用 55 次,可见《吕氏春秋》《淮南子》都非常重视通语的运用。

又比如《吕氏春秋》长义只用"长"不用"修(脩)",《方言》一:"脩、骏、融、绎、寻、延,长也。陈楚之间曰脩,海岱大野之间曰寻,宋卫荆吴之间曰融,自关而西秦晋梁益之间,凡物长谓之寻。""脩"是陈楚方言,《淮南子》表示长义,基本用修(脩),极少用长,(只有四次,如《主术》:"鱼不长尺不得取。"《道应》:"筑长城。")一般认为是避刘安之父刘长的讳,大概也不尽然,这里恐怕也有运用楚方言的缘故。秦晋梁益之间用寻,《吕氏春秋》不用,只用长,长是通语。

又比如,《方言》:"逢、逆,迎也。自关而东曰逆,自关而西或曰迎,或曰逢。"《说文》:"逆,迎也。关东曰逆,关西曰迎。"《吕氏春秋》在迎接义上,只用"迎"不用"逆"。用"迎"达16次之多,而"逆"一次也没用(逆多用于背逆,只2次用于迎击义)。迎是关西方言,而且已经进入通语。这也可以从《淮南子》的情况得到证明。《淮南子》中,"迎"用21次,18次是迎接的意义(3次是面对的意思,与迎接亦相近),"逆"用22次,都是背逆的意义。这说明,"迎"的迎接义确实已经进入通语。《左传》产生于战国初期,"迎、逆"的运用正好与《吕氏春秋》相反,《左传》中"逆"用多达130余次,而"迎"只用2次。这一方面说明《左传》产生于关东地区,另一方面也说明"迎"在当时还没有进入通语。

穷尽性的定量统计,有一个最基本的要求,即统计数字必须准确无误,以此为基础而进行的分析,所得出的结论才能是可靠的,才能经得起检验,才能是正确的结论。(具体例证见下节。)

当然,一部专书的语言材料有其局限性,通过一部专书的考察所得到的统计数字和分析结果,可能是不全面的,甚至有片面的地方,比如某个词在《吕氏春秋》中表现为单义,不一定在整个先秦时代都是单义的。但是这也无妨,如果我们将某一时代的著作一部一部地都这样作过穷尽性的统计分析,综合起来,这一时代的词汇语义的面貌就可以完整地清晰地勾勒出来了。如果进而将每个时代的情况贯穿起来,理清发展脉络,就可以对整个汉语词汇语义发展的历史有一个全面而完整的认识了。

### 3. 横向比较与纵向探源溯流

穷尽性的考察和统计分析,是就这一部专书而言;专书词汇研究还不能止于这一步。很多词汇现象,要与同时代的其他作品进行比较,才能确定这个词汇现象在这个时代的运用情况;同时,还要进行历时的比较,也就是与前后时代的作品比较,找出这个词汇现象的发展脉络。我们研究《吕氏春秋》词汇,既比较同时代的典籍如《韩非子》等,也比较前代的典籍如《尚书》《诗经》《论语》《左传》《孟子》等,为了看出发展,后代的典籍如《淮南子》《史记》《论衡》《黄帝内经》等有时也需要比较。

词义的变化,某个意义的产生,就需要我们作这种横向和纵向的比较,例如:

"忠"的意义是忠诚无私,对他人负责。作为人伦道德观念,大约产生于春秋,而成熟于战国。甲骨文、金文中不见忠字,《尚书》《诗经》等早期文献也不见忠字。但是战国初期的《论语》《左传》中出现频率已很高,《论语》出现18次,《左传》出现70次。这时的所谓忠,是人与人之间的一种道德观念,上下之间以及平辈之间都可以说忠,《论语·学而》:"为人谋而不忠乎?"这是指互相之间。《左传·桓公六年》:"所谓道,忠于民而信于神也。上思利民,忠也。"这是上对下。《宣公十二年》:"民皆尽忠以死君命。"这里指下对上。"忠"的运用范围是很宽的。到战国末期,"忠"的运用频率仍很高,《吕氏春秋》出现66次,但是意义明显地朝着下对上的关系发展和转移,上对下的情况已极少见。《吕氏春秋》中只有1次是上对下,《诚廉》:"其于人也,忠信尽治而无求焉。"1次是互相之间,《遇合》:"妇之父母以谓为己谋者以为忠。"3次泛指一般品质,其余61次均指下对上尽忠心,尤其以指臣子对君主尽忠心为最多,达49次。《韩非子》的情况与《吕氏春秋》大体相同,出现93次,上对下用"忠"的仅1例,《难一》:"忠,所以爱其下也。"另有3次为泛指,其余89次均指下对上,也尤以臣子忠于君主为最多。后世"忠"专指忠于君主正是这种发展趋势的必然结果。

这里,除了比较,还有穷尽性的统计数字,因为词义的变化,与使用频率关系十分密切,从使用频率上可以看出词义变化的发展轨迹。新词的产生也需要与同时代及前后时代的比较。比如:

音乐　这是一个并列式复音词,该词《吕氏春秋》出现五次,如《大乐》:"音乐之所由来者远矣。"《适音》:"故先王必托于音乐以论其教。"应该是战国末期形成的新词。先秦古籍从《尚书》《诗经》到《庄子》《荀子》《韩非子》都没有出现这个词。屈原《远游》出现一次,仅指五音。《吕氏春秋》中出现的五次,都实实在在是指概括的音乐了。这个词是由表示音乐的"音"(《吕氏春秋》出现25次)和表示音乐的"乐"(《吕氏春秋》中出现72次)经常连文凝固而成的新词。《战国策》亦有一例,《秦策三》:"于是唐雎载音乐,予之五十金。"此词后代沿用,《史记》出现3次:《乐书》:"音乐者,所以动荡血脉,通流精神。"《汉书》出现7次:如《景十三王传》:"王者当日听音乐,御声色。"这个词一直沿用到现代。

遗老　遗本有遗留、遗弃之义,老指老人、老者。先秦文献除《孟子·告子下》《管子·问》各有一处"遗老"连文,余皆未见连文者。《孟子》连文为:"遗老失贤,掊克在位。"与上句"养老尊贤,俊杰在位"相对。"遗老"对"养老",是一个动宾词组,"遗"是遗弃的意义。《管子》:"毋遗老忘亲,则大臣不怨。""遗老"对"忘亲",也是一个动宾词组,"遗"也是遗弃的意义。《吕氏春秋》"遗老"连文3次,《简选》:"显贤者之位,进殷之遗老,而问民之所欲。"《慎大览》:"命周公旦进殷之遗老,而问殷之亡故,又问众之所说,民之所欲。殷之遗老对曰……"这里的"遗老"与《孟子》的"遗老"完全不同,显然是一个复音词,是一个名词,意义当是指前代的旧臣或长者。两例都是周武王向他们请问殷民的希望或殷灭亡的原因。"遗老"一词当是战国末期产生的新词,后代一直沿用,意义又有所发展。《史记·樊郦滕灌列传》:"吾适丰沛,问其遗老。"《汉书·楚元王传》:"身为宗室遗老,历事三主。"

### 4. 微观研究与宏观研究相结合

　　研究专书的词汇语义,应该将微观研究与宏观研究紧密结合起来,以微观研究为基础,以宏观研究为主体。

　　所谓微观研究,就是通过考察、统计、比较的方法确定每一个词在该书中所表现出来的每一个意义,寻找每一个词的词义特点。这是专书词汇语义研究中最重要的基础工作。关于这一点,我们在前边几节中已经讲过,不再重复。

　　所谓宏观研究,是对词汇的各个方面进行系统的研究,也就是要把词汇作为一个系统来研究。王力先生指出,"一种语言的语音和语法的系统性都是容易体会到的,唯有词汇的系统性往往被人们忽略了"。一种语言的词汇系统有静态和动态两个方面,专书所反映的只是静态的部分,或者说是动态变化的静态表现。

　　词汇系统最重要的是词汇的构成和词的语义系统。词汇的构成可以从不同角度去分类,可以分为基本词和非基本词,单音词和复音词等。基本词是语言中最稳固的部分,它们虽然在语言的发展中也有变化,但这种变化一般是其非主要意义的变化,并不影响该种语言的继承关系。非基本词随着社会的发展、时代的变化而发展变化着,这种变化时快时慢,有新生也有消亡,体现着一种语言在继承基础上的不断发展。词的语义系统主要体现在词义的历时关系和词义的共时关系以及词义与词的结合上。词义的历时关系,主要表现为词义的引申系统,一个词由本义通过各种方式引申出不同的引申义,使一个单义词变成为一个多义词,词的多义性是语言词汇发展成熟的标志。确定词的本义及各引申义产生的方式和时代,是研究的重要内容。词语的新生与消亡,也是词义系统历时变化的重要方面。词义的共时关系,主要表现在词义的聚合关系上,即词义的同义聚合和词义的反义聚合。考察词义的聚合关系必须把这些词义放在同一个历史平面上,因为聚合群体中的个体也随词义的发展而变化着。这种变化也反映了词义系统的变化。考察词义的聚合关系,可以了解词义的相同与对立,大同与微殊,找出同义词、反义词的特点。另外,同源词研究也是研究词汇系统的重要内容,它可以通过共时的比较看出历时的演变。

麻雀虽小,五脏俱全,词汇系统的各个方面都可以在一部专书里得到反映,尽管这种反应可能是不全面的。

# 对上古至中古时期"来+VP"结构的初步考察

张联荣

## 一 问题的提出

《现代汉语八百词》收有"来",分为动词的"来"、趋向动词的"来"和助词的"来"。趋向动词的"来",放在动词后面构成动趋式。举例如①:

(1)一架飞机从远处飞来。

关于动词的"来",《八百词》列出的第四种用法是:"用在另一动词语前面或后面。""表示要做某事。不用'来'意思相同。"举出的四例是:

(2)我来说两句(我说两句)。

(3)你去打水,我来生炉子。

(4)尽一切力量来完成计划。

(5)大家想办法来解决。

我们仿造一个同类的句子:"这个任务我来完成。"本文就以"来完成"作为这类"来"字句的代表性辞例。文献中类似的用例如:

(6)《西厢记诸宫调》卷二:"戒刀举把群贼来斩。"②

动趋式中的"来",无论是共时的还是历时的,学术界多有讨论。"来完成"的"来",讨论似不多。"来完成"是一个"来+VP"式结构,语义上表示要做某事,即"来+事件目标"。本文试图考察上古至中古时期与"来完成"用法类似的"来"的表现,从而寻求这一格式("来+VP")的来源和演变的蛛丝马迹。

如果分析"这个任务我来完成"的语义结构,不难看出:(1)"来"不表示位移,只是表示施动者("我")的意愿(即一般词典说的"要做某事")。(2)先决条件是:施动者所在的处所与施动("完成")的场所没有空间距离。(3)施动("完成")是未实现的。(4)施动可以是抽象的(如例5"解决"),也可以是具体的(如例3"生炉子")。

为了行文的方便,我们举现汉的用例对本文使用的几个术语作简要的说明。

1. 成分结构和语义成分:成分结构指一个词基本意义的结构。成分结构由若干语义成分(用"〈〉"号表示)构成。如"来"的成分结构设计为:〈位移者〉〈位移〉〈动向〉〈说话者所在的地方〉。

2. 必有的语义成分:指构成成分结构不可缺少的语义成分。如〈位移〉〈动向〉就是"来"必有的语义成分。

3. 或有的语义成分:指一个词在有些表达中包含的语义成分。比较"他来了"和"他来开会":表达"来"的意思,〈位移〉是必有的语义成分,但事件目标("开会")就不是所有的表达中都具有的,是或有的语义成分。

4. 潜在的语义成分:指一个词在有些表达中潜藏的意义。如"你来看望我,我很高兴":〈位移〉和〈动向〉是"来"必有的语义成分,但句中"来"还有一个潜在的语义成分就是施动者("你")的意愿。

5. 语义结构和结构项:语义结构指句子的语义构成,构成语义结构的各个部分就是结构项(用"[ ]"号表示)。如"他来上海开会",可以粗略地设计为[施动者][空间][变动][动向][处所目标][事件目标]。

6. 隐含的结构项:[处所目标]是"来+VP"必有的结构项,由于"来"的处所目标是有定的,所以在句法结构中常常不呈现,处于一种隐含的状态,如"他来了",隐含的结构项标示为[(处所目标)]。

## 二 古汉语中的"来"字句

"来"在甲骨文金文中用例丰富,已经是一个相当成熟的位移动词:

(1) 妇好其来。(《合》2654)③

(2) 来见王。(《合》19402)

(3)《录簋》(穆王):"伯雍父来自𫗧。"(《选》3.175)④

(4)《墙盘》(恭王):"乃来见武王。"(《选》3.229)

商周时期(这里指春秋以前)的传世文献更不乏其例:

(5) 我王来,既爰宅于兹。(《书·盘庚上》)

(6) 上六,入于穴,有不速之客三人来,敬之终吉。(《易·需》)

(7) 今我来思,雨雪霏霏。(《诗·小雅·采薇》)

(8) 受天之祜,四方来贺。(《诗·大雅·下武》)

(9) 诸侯咸格,来庆辛苦役商。(《逸周书·酆保解》)

(10) 冬,曹伯使其世子射姑来朝。(《春秋·桓公九年》)

考察古汉语中的位移动词"来",(句子)语义结构的基本格式有两类:(一)"位移者+来"。如例1、3、5、6、7所示。(二)"位移者+来+VP"。如例2、4、8、9、10所示。"来"的意义是位移者向说话者所在的位置移动,也就是说"来"的处所目标是有定的,第一类格式的处所目标常常是隐含的,处所目标呈现的用例比较少⑤。下面主要讨论第二类格式。试观察下面的用例:

(11) 惟五月丁亥,王来自奄,至于宗周。(《书·多方》)

(12) 王来自商,至于丰,乃偃武修文。(《书·武成》)

(13) 楚、魏王来,过邯郸。(《史记·赵世家》)

(14) 苏代自燕来,入齐,见于章华东门。(《史记·田敬仲完世家》)

(15) 高祖已从豨军来,至,见信死,且喜且怜之。(《史记·淮阴侯列传》)

(16) 来见王。(《合》19402)

(17) 王来正(征)人方。⑥(南明786)

(18)《陵貯簋》(西周早期):"隹巢来违。"⑦(《选》3.160)

(19)《五年雕生簋》(孝王):"雕生又(有)事,召来合(会)事。"⑧(《选》3.289)

(20) 王来绍上帝,自服于土中。⑨(《书·召诰》)

(21)春,晋侯使郤锜来乞师。(《春秋·成公十三年》)

(22)秦王曰:"丈人芒然乃远至此,甚苦矣。魏来求救数矣,寡人知魏之急矣。"(《战国策·魏策四》)

进一步观察可以知道,就"来"与VP的语义关系看,"位移者+来+VP"这类句子又可以分作两类:(一)"'来'字小句+后续行为"("'来'字小句+VP"),如前5例所示。这一类型的"来"字小句"来"一般位于句尾("来"或有一个起始处所,如例11的"奄"),我们以例13"魏王来,过邯郸"为代表性辞例。(二)"来+事件目标"("'来'+VP"),如后7例所示。我们以例22"来求救"为代表性辞例。

从表达的角度看,第一类"'来'字小句+VP"是一种表示连贯关系的复句,语义上是对连续事件的一种报道。这种报道传达的信息只是施动者发生位置的变动,并有后续行为(或状况)发生;句中的"来"并不传达施动者任何的主观愿望或情感。比如《史记·淮阴侯列传》:"高祖已从豨军来,至,见信死,且喜且怜之。"这个句子是对连续几件事的报道,"高祖已从豨军来"报道的是其中的一件事。⑩从语义上看,与第一类句子对比,第二类句子("来求救")的"来"不光是对"来"位置变动的报道,还有对施动者"来"意愿的传达,句中的VP表示的是"来"的目的。对比可以看出,第一类"来"字小句与VP只是事件时序的连接,第二类"来"与VP除了时序的连接,还有意愿与目标的连接。

"来+事件目标"的事件目标是一个谓词性结构,如甲金文中"伐商邑""征夷方""见武王"之类。值得注意的是,这类用法并不像我们估计的那样出现得很晚,在甲金文中已有丰富的用例。当"来"的后接成分是一个作为目标的事件的时候,"来"的动作性开始弱化,趋向性逐步凸显,这就为"来"向趋向动词的转变准备了条件。

总结上面的讨论,"来+VP"("来求救")区别于"'来'字小句+VP"("魏王来,过邯郸")这类格式,"来"后的VP表示"来"的目标。不过同"来完成"比较,"来求救"中的"来"仍含有一种明显的位移和动向,应当看作是位移动词;"来完成"中的"来"只是表示一种意愿,所以二者又有所不同。下一步要讨论的是,"来求救"中的"来"是怎样向"来完成"中的"来"过渡的,其间有些什么样的动因在促动这种变化。我们的考虑是,有以下几个方面的因素需要关注。

## 三 "来+VP"的演变

探讨"来求救"向"来完成"的演变,需要以"来完成"为参照项进行比对,确立几个考察的视点。这几个视点是:(1)行为目标。(2)语义重心。(3)时体。(4)空间距离。

### (一)行为目标的观察

"来完成"的语义结构,由"来"和"完成"两项构成。"完成"是"来"的目标项;目标项是"来"字句必有的结构项,所以探讨"来求救"向"来完成"的演变有必要从行为目标的角度加以考察。"来"作为位移动词有两种目标:处所目标和事件目标。如上所述,处所目标常常是有定隐含的。在"来 + VP"("来求救")这类格式中,VP 是一种事件目标。与处所目标的隐含不同,事件目标总是要在句中呈现。呈现的原因在于,"来"的处所目标在先行语中已经设定,是旧的信息,无须说出,所以是有定的。与处所目标不同,事件目标在先行语中往往没有出现或没有设定,从这个角度讲,事件目标是无定的,是一种需要传达的新信息,它是句子要表达的语义重心。反映在语气上,就是 VP 对"来"的直接跟进,VP 前一般没有语气上的停顿。观察下面的句子:

(1)秦人来袭之,至,几夺其军。(《韩非子·外储说左上》)

(2)凡敌人之来也,以求利也。今来而得死,且以走为利。(《吕氏春秋·爱士》)

例1"来"和"至"的处所目标都不必说出,但事件目标"袭之"必须标明。例2两个"来"的处所目标是有定隐含的,但事件目标"求利"必须说明,是呈现的。由此可知,有定与隐含是处所目标的基本特点,无定与呈现是事件目标的基本特点。不难看出,"来求救"与"来完成"都有一个事件目标,但"来求救"还有一个隐含的处所目标,"来完成"则只有一个事件目标。

### (二)语义重心的观察

#### 1. 语义重心的转移

每句话都有一个语义重心。《穀梁传·僖公四年》:"楚屈完来盟于师,盟于召陵。……其曰屈完,何也?以其来会桓,成之为大夫也。……以其来会诸侯,重之也。"句中以"盟于召陵"对"盟于师"的说明,显示"盟"是全句的语义重心所在;"会桓""会诸侯"则是对"来盟于师"的进一步申说。

"'来'字小句+VP"格式是对连续几件事的报道,有等立的两个或几个语义重心。而在"来+VP"格式中,事件目标是需要传达的新信息,成为语义表达的焦点,与"'来'字小句+VP"格式的差异就在于语义重心的后移。这种转移在上面的分析中已经涉及,观察下面的用例可以作进一步的分析:

(3)十七年,王黜狄后。狄人来诛杀谭伯。(《国语·周语中》)

(4)鲍叔帅师来言曰:"子纠,亲也,请君讨之。管、召,仇也,请受而心甘焉。"(《左传·庄公九年》)

例3"来诛杀谭伯","诛杀谭伯"是语义重心。如果断句为"来,诛杀谭伯",就成了两个语义重心。例4"帅师来言曰"如断为"帅师来,言曰"似未尝不可。比较《吕氏春秋·赞能》:"于是乎使人告鲁曰:'管夷吾,寡人之仇也,愿得之而亲加手焉。'"照这一段话的意思,"告鲁"是目标,可见"来"以不断开为好。在语气上,"来"后是否停顿,可以显示句子语义重心的位置。再比较("/"表示断开的可能性):

(5)晋侯不见公,使叔向来/辞曰:"诸侯将以甲戌盟,寡君知不得事君矣。"(《左传·昭公十三年》)

(6)今有司来/命易臣之署与其车服,而曰:"将易而次,为宽利也。"(《国语·鲁语上》)

(7)令尹子玉使宛春来/告,曰:"请复卫侯而封曹,臣亦释宋之围。"(《国语·晋语四》)

(8)齐景公游少海,传骑从中来/谒曰:"婴疾甚,且死,恐公后之。"(《韩非子·外储说左上》)

语意的表达上由两个语义重心成为一个语义重心,这种转移表现在语义结构上,[事件目标]就成为动词"来"的直接成分。

2. 语义重心转移在表达上的验证

在一个语段中,对于先行句中的语义重心,后续句对事件目标的实现情况往往有所关照：

(9)无咎奔莒,高弱以卢叛。齐人来召鲍国而立之。(《左传·成公十七年》)["立之"关照"召鲍国"]

(10)王乃命于国曰:"国人欲告者来告,告孤不审,将为戮不利,及五日必审之,过五日,道将不行。"(《国语·吴语》)["告孤"承前说明"来告"的"告"]

(11)驱而之薛,使吏召诸民当偿者悉来合券。券遍合,起矫命以责赐诸民,因烧其券,民称万岁。(《战国策·齐策四》)["券遍合"说明"合券"的目的已达到]

(12)周有玉版,纣令胶鬲索之,文王不予,费仲来求,因予之。(《韩非子·喻老》)["因予之"关照"求"]

(13)斯之来使,以奉秦王之欢心,愿效便计。(《韩非子·存韩》)["以奉秦王之欢心"关照"使"]

(14)文信侯之于仆也,甚无礼。秦使人来仕,仆官之丞相,爵五大夫。文信侯之于仆也,甚矣其无礼也。(《战国策·赵策三》)["官之丞相,爵五大夫"关照"仕"]

(15)三十九年,鲁僖公来请兵以伐齐。(《史记·楚世家》)["以伐齐"关照"请兵"]

如果是复句,有些后续的小句对"来"也有所关照：

(16)九月,臧宾如如齐莅盟。齐闾丘明来莅盟,且逆季姬。(《左传·哀公八年》)["且逆季姬"关照"莅盟"]

(17)晋人来治杞田,季孙将以成与之。(《左传·昭公七年》)["季孙将以成与之"关照"治杞田"]

(18)汉王大怒,骂曰:"吾困于此,旦暮望若来佐我,乃欲自立为王!"(《史记·淮阴侯列传》)["乃欲自立为王"关照"佐我"]

### (三)时体的观察

从时体上观察"来完成"这类格式,事件目标("完成")一定是未实现的,所以"来+VP"在时体上的表现是又一个重要的视点。就古汉语中的用例看,

"来+VP"的时体表现有三种情况。

1. "来"实现,施动实现

(19) 孺子来相宅。(《书·洛诰》)

(20) 挚仲氏任,自彼殷商,来嫁于周,曰嫔于京。(《诗·大雅·文王》)

(21) 秦王曰:"丈人芒然乃远至此,甚苦矣。魏来求救数矣,寡人知魏之急矣。"(《战国策·魏策四》)

(22) 未出境,而公子恶之曰:"为赵来间中山。"君因索而罪之。(《韩非子·说林上》)

(23) 张良曰:"秦时与臣游,项伯杀人,臣活之。今事有急,故幸来告良。"(《史记·项羽本纪》)

2. "来"实现,施动未实现

(24) 王命予来承保乃文祖受命民。⑪(《书·洛诰》)

(25) (张丐)乃为齐见鲁君。鲁君曰:"齐王惧乎?"曰:"非臣所知也,臣来吊足下。"(《战国策·齐策一》)

(26) 綦母恢曰:"不如以百金从之。韩咎立,因也以为戒;不立,则曰来效贼也。"⑫(《战国策·韩策二》)

(27) 晋鄙合符,疑之,举手视公子曰:"今吾拥十万之众,屯于境上,国之重任,今单车来代之,何如哉?"欲无听。(《史记·魏公子列传》)

(28) 乃见袁盎曰:"臣受梁王金来刺君,君长者,不忍刺君。然后刺君者十余曹,备之。"(《史记·袁盎晁错列传》)

3. "来"未实现,施动未实现

(29) 梁由靡御韩简,辂秦公,将止之,庆郑曰:"释来救君!"亦不克救,遂止于秦。⑬(《国语·晋语三》)

(30) 啮缺问道乎被衣,被衣曰:"若正汝形,一汝视,天和将至;摄汝知,一汝度,神将来舍。"(《庄子·知北游》)

(31) 使吏召诸民当偿者,悉来合券。(《战国策·齐策四》)

(32) 秦急攻之,求救于齐。齐曰:"必以太后少子长安君来质,兵乃

出。"(帛书《战国策》)

(33)令尹必来辱,我且何以给待之?(《吕氏春秋·慎行论》)

(34)汉王大怒,骂曰:"吾困于此,旦暮望若来佐我,乃欲自立为王!"(《史记·淮阴侯列传》)

(35)与郎中令等语怨望:"汉廷使者即复来覆我,我决不独死。"(《汉书·江都易王刘非传》)

### (四)距离的观察

如第一节所说,"来完成"的先决条件是:施动者所在的处所与施动("完成")的场所没有空间距离,所以[距离]项的存废是第四个必要的视点。换言之,由"来求救"向"来完成"演变必有一个[距离]项的磨损乃至淡出的过程。

1. 距离、位移的淡化

观察下面的例子:

(36)来,你来给大家跳个舞。

不难看出,句中的两个"来"含义不同:从说话的场景看,"你"与说话者有距离,所以第一个"来"有位移(过来)的意思。但"来跳舞"虽需要实际上的位移,但这并不是第二个"来"要报道的重心,这个"来"侧重报道的是一种意向,这就是距离、位移的淡化,不过淡化并不是[距离][位移]项的完全淡出。

下面讨论古汉语中距离淡化的用例:

(37)(田叔、吕季主)来还,至霸昌厩,取火悉烧梁之反辞,但空手来对景帝。景帝曰:"何如?"(《史记·梁孝王世家》)

句中的两个"来",第一个"来"与位移动词"还"连用,其后有"至"与处所目标("霸昌厩")呼应,"来"的[距离][位移]项明确。第二个"来"字句,虽然霸昌厩与景帝的所在尚有距离,"对景帝"有位移的需要,但对距离、位移的报道趋于弱化,而对"来"的意向的报道相应浮现。再如:

(38)田单因宣言曰:"神来下教我。"乃令城中人曰:"当有神人为我师。"(《史记·田单列传》)[传达神的意向,后有"当"呼应]

(39)(袁)绍还军延津,因馥惶遽,使陈留高干、颍川荀谌等说馥曰:

"公孙瓒乘胜来向南,而诸郡应之。袁车骑引军东向,此其意不可知,窃为将军危之。"(《三国志·袁绍传》)["来"与表示位移的"向南"重复。比较《南齐书·薛渊传》:"太祖镇淮阴,渊遁来南,委身自结。""来向南"的"来"侧重表意向。]

(40) 立政曰:"请少卿来归故乡,毋忧富贵。"陵字立政曰:"少公,归易耳,恐再辱,奈何!"(《汉书·李广传附孙陵传》)["来"与表示位移的"还"重复,"来"侧重表意向]

(41) 杀身无益,适足增羞。故每攘臂忍辱,辄复苟活。左右之人见陵如此,以为不入耳之欢来相劝勉。异方之乐,只令人悲增忉怛耳。(《全汉文》卷二十八李陵《重报苏武书》)[左右之人近在身旁,"来"侧重表意向]

(42) 及破黄巾定许,得贼资业,当兴立屯田。时议者皆言当计牛输谷,佃科以定。施行后只白以为僦牛输谷,大收不增谷,有水旱灾除,大不便。反复来说,孤犹以为当如故。⑭(《全三国文》卷二曹操《加枣只子处中封爵并祀只令》)[枣只是武帝左右之人,"来"不强调实际的位移,侧重表意向]

(43) 夜时有异物稍稍转近,忽来覆伯夷,伯夷屈起,以袂掩之。(《古小说钩沉·列异传》)⑮["异物"已"转近","来"侧重表意向]

(44) 司州觉恶,便舆床就之,持其臂曰:"汝讵复足与老兄计!"螭拨其手曰:"冷如鬼手馨,强来捉人臂。"(《世说新语·忿狷》)[司州已"就之","来"侧重表意向。]

(45) 款,叩也。皆叩塞门来服从。(《三国志·魏书·文帝纪》"顷者西域外夷并款塞内附"注引应劭《汉书注》)["塞门"已近在"服从"的场所,"来"侧重表意向]

(46) 海陵民黄寻先,居家单贫,尝因大风雨,散钱飞至其家,来触篱援,误落在余处,皆拾而得之。(《古小说钩沉·幽明录》⑯)["散钱"已飞至其家,篱援就在其家,"来"侧重表意向。]

(47) 夫见如是,尔乃知之非人是鬼,便还其家卧于床上。妇即寻还,来趣夫床,复卧如故。(《修行道地经·学地品第二十五》)["妇"距床的距离极小,后又有位移动词"趣","来"侧重表意向]

(48)子以三因缘生：一者父母先世负子钱，二者子先世负父母钱，三者怨家来作子。（《阿含口解十二因缘经》）[句中"来"侧重表"怨家"的意向，实际的位移弱化]

(49)迦罗比丘即出是家，往诣彼家。彼家母人见迦罗来，即出来迎，恭敬问讯。（《摩诃僧祇律·明僧残戒之二》）[前有"出"，后有"迎"，第二个"来"表意向]

2. 距离、位移的淡出

比较下面的例子：

(50)来，你来给大家跳个舞。

(51)好，我来给大家跳个舞。

据上面的分析，例50的第二个"来"已显示距离、位移的淡化。不难看出，例51的"来"，"我"距跳舞的场所虽有距离，但在要传达的信息中距离与位移已完全淡出，"来"只是单纯（而不再是侧重）表示一种意向。上古至中古时期有没有这一类型的用例，据我们不完全的考察，有如下8例可以提出来讨论：

(52)文公伐宋，乃先宣言曰："吾闻宋君无道，蔑侮长老，分财不中，教令不信，余来为民诛之。"（《韩非子·外储说左上》）

(53)越伐吴，乃先宣言曰："我闻吴王筑如皇之台，掘深池，罢苦百姓，煎靡财货，以尽民力，余来为民诛之。"（《韩非子·外储说左上》）

(54)齐闵王将之鲁，夷维子执策而从，谓鲁人曰："子将何以待吾君？"鲁人曰："吾将以十太牢待子之君。"维子曰："子安取礼而来待吾君……"鲁人投其籥，不果纳，不得入于鲁。（《战国策·赵策三》）

(55)（韦姓）夜中眠熟，忽有扣床而来告者云："官与君钱。"便惊，出户，见一千钱在外。（《古小说钩沉·幽明录》）

(56)谢太傅未冠，始出西，诣王长史清言良久。去后苟子问曰："向客何如尊？"长史曰："向客亹亹，为来逼人。"（《世说新语·赏誉》）

(57)骠骑王济，玠之舅也。尝与同游语人曰："昨日吾与外生共坐，若明珠之在侧，朗然来照人。"（《世说新语·容止》"骠骑王武子是卫玠之舅"注引《玠别传》）

(58)其弟义及子粲舆榇切谏,聪怒曰:"吾岂桀纣幽厉乎,而汝等生来哭人也!"(《魏书·匈奴刘聪传》)

(59)其母疾笃,遣呼子业,子业曰:"病人间多鬼,那可往?"其母怒,语侍者曰:"将刀来破我腹,那得生如馨儿。"(《魏书·岛夷刘裕传》)

52、53实际是一例。虽然"伐吴""伐越"有位移的需要,但这是"先宣言",是施动之前对施动者意图的传达。可以比较现代汉语的说法如"我来批评他",句中的"我"也许与"他"并不在一处,但"来"并不表示实际的位移,只是表示一种意向。例54是"夷维子"与"鲁人"在一起的对话,"来"表达意向,不表示距离和位移。例55韦姓就在床上,"扣床"与"告"无距离,"来"表意向。例56的施动者实际指清谈,"来"不表示位移。例57施动者指"明珠",而且"在侧",意趣同例56。例58"其弟义及子粲舆榇切谏",与刘聪就在一处,"来"表意向。例59侍者在其母身边,"来"不表位移,表意向。

# 四 小结

对"来"的演变轨迹,我们尝试作如下的总结。

以上的考察告诉我们,演变中的"来"有六个相联系的意义,即:(1)"魏王来"的"来";(2)"悉来合券"的"来";(3)"魏来求救"的"来";(4)"来对景帝"的"来";(5)"来破我腹"的"来";(6)"来完成"的"来"。为称述的方便,标写为"来$_1$、来$_2$、来$_3$、来$_4$、来$_5$、来$_6$"。下面对六类"来"字句的语义结构加以对比,对比的参照项是"来$_6$+VP"。

1."NP+来$_1$"的语义结构(《史记·赵世家》:"楚、魏王来,过邯郸。")

"魏王来"这类句子的语义结构可以设计为:

[施动者][空间][变动][+/-时体][动向][(处所目标)]

语义结构这样设计的想法是:(1)设计为[变动]而非[移动],是考虑到"来"是从一处所到另一处所空间位置的变动,而并非着重于位移过程的持续。所以"来"可以看作非持续性动词。[17]传统的训诂书把"来"解释为"至"(《尔雅·释诂上》),足以显示它的非持续性。(2)〈动向〉义在"来"的成分结构中占有重要的地位。在"来＋VP"的演变中,"向"的意义一直持续不变(从[动向]到[意向])。(3)从时体上说,"来"可以是实现的,也可以是未实现的,所以标示为[＋/－时体]。(4)"来"的处所目标常常是隐含的(用"( )"号表示)。[处所目标]项虽然在句子中常常隐含,但目标项([处所目标]与[事件目标])在"来＋VP"的演变中扮演着非常重要的角色,这一点在下文还要谈到。

2. "来$_2$＋VP"的语义结构(《战国策·齐策四》:"驱而之薛,使吏召诸民当偿者,悉来合券。")

"悉来合券"这类句子的语义结构,可以设计为:

[施动者][空间][变动][动向][＋/－时体$_1$][(处所目标)][事件目标][＋/－时体$_2$]

与"来$_1$＋VP"比较,这一语义结构最重要的变化是"来"字句在隐含的处所目标之外,又增加了[事件目标]一项。事件目标可以是实现的,也可以是未实现的。这一变化的意义在于在"来＋VP"的演变中,报道的语义重心移向事件目标(这一点在上面已有分析),从而导致"来"的〈动向〉意义向〈意向〉意义转化的可能,这对"来"的意义变化产生了根本性的影响。对时体的表现前文已有分析,这里"时体$_1$"指"来"的时体表现,"时体$_2$"指事件目标的时体表现,"＋/－"表示实现或未实现。

3. "来$_3$＋VP"的语义结构(《战国策·魏策四》:"魏来求救数矣,寡人知魏之急矣。")

"来求救"这类句子的语义结构可以设计为:

[施动者][空间][变动][动向][＋/－时体$_1$][→意向][(处所目标)][事件目标][＋/－时体$_2$]

在这一语义结构中,最重要的变化是"来"字句在[动向]之外,又增加了[意向]。从句法层面看,"来合券""来求救"并无不同;从句子的语义层面看,"来求救"的"来"无疑包含有施动者的意愿在内,但这只是一种潜藏的结构项(用"→"号表示)。判断潜藏结构项([意向])的隐现要看整个语境;换言之,潜藏的结构项是整个语境("求救""数""魏之急矣")赋予的。

4. "来₄ + VP"的语义结构(《史记·梁孝王世家》:"田叔、吕季主来还,至霸昌厩,取火悉烧梁之反辞,但空手来对景帝。")

"来对景帝"这类句子的语义结构可以设计为:

[施动者][↓空间][↓位移][↓动向][ ↓+/－时体₁][↑意向]
[↓(处所目标)][事件目标][ +/－时体₂]。

如前文已分析的那样,在这一语义结构中,重要的变化是句子[空间][位移]项的淡化(用"↓"号表示),[空间][位移]项是[动向]的前提条件,[空间][位移]项的淡化一是促成了[处所目标]的淡化,二是促成了[动向]的淡化,[动向]的淡化进而导致了[意向]的强化(用"↑"号表示);换言之,即[意向]由潜藏趋于浮现。这样看来,[空间][位移]项的淡化是促成这一变化的决定性因素。

5. "来₅ + VP"的语义结构(《魏书·岛夷刘裕传》:"其母疾笃,遣呼子业,子业曰:'病人间多鬼,那可往?'其母怒,语侍者曰:'将刀来破我腹,那得生如馨儿!'")

"来破我腹"这类句子的语义结构,可以设计为:

[施动者][×空间][×位移][×动向][×时体₁][√意向][ ×(处所目标)][事件目标][ －时体₂]。

如上分析,在这一语义结构中,重要的变化是句子[空间][位移]项的淡出(用"×"号表示),随之是[动向][时体₁]和[处所目标]的淡出,其结果是[意向]由强化到最终浮现(用"√"号表示)。例文说"将刀来破我腹",可知事件目标是未实现的(用"－"号表示),[事件目标]由实现变为未实现,这是另一个重要变化。

6. "来₆ + VP"的语义结构("这个任务我来完成。")

"来完成"这类句子的语义框架可以设计为:

[施动者][×空间][×位移][×动向][ ×时体₁][√意向][×(处所目标)][事件目标(具体/抽象)][ －时体₂]。

对比"来₅+VP","来₆+VP"的变化在于：(1)事件目标不仅限于具体的("我来生炉子"的"生炉子"),还有抽象的("完成")。(2)事件目标一定是未实现的。(3)施动者往往指自我或包括自我在内的集合体("大家想办法来解决"的"大家")。

综合上面的分析,列表图示如下(表1):

表1

| 类型 | 辞例 | 结构项 | | | | | | | | |
|---|---|---|---|---|---|---|---|---|---|---|
| | | 施动者 | 空间 | 变动 | 动向 | 时体1 | 意向 | 处所目标 | 事件目标 | 时体2 |
| 来₁+VP | 魏王来 | ✓ | ✓ | ✓ | ✓ | +/− | × | ( ) | × | × |
| 来₂+VP | 悉来合券 | ✓ | ✓ | ✓ | ✓ | +/− | × | ( ) | ✓ | +/− |
| 来₃+VP | 来求教 | ✓ | ✓ | ✓ | ✓ | +/− | → | ( ) | ✓ | +/− |
| 来₄+VP | 来对景帝 | ✓ | ↓ | ↓ | ↓ | ↓ | ↑ | ↓ | ✓ | +/− |
| 来₅+VP | 来破我腹 | ✓ | × | × | × | × | ✓ | × | ✓ | − |
| 来₆+VP | 来完成 | ✓ | × | × | × | × | ✓ | × | ✓ | − |

上面的考察表明,[距离][位移]的淡出促成了[动向][处所目标]的淡出,[动向]的淡出进而导致[意向]由潜藏趋于浮现,可见演变的关键是[距离][位移]项的淡出。[距离][位移]项何以会淡出？这自然是因为施动者的场所与施动的场所合二为一。场所合二为一,何以还要用"来"？前文说过,"来"字句的语义结构,除了[位移者]外,唯一不变的就是"向"([动向]和[意向])。动向也好,意向也好,如果没有距离的存在,又何来的"向"呢？我们的考虑是,在"来完成"这样的表达中,虽然没有空间距离,但仍有另外一个距离,这就是时体距离。在时体上,事件目标("来完成"的"完成")是未实现的；即是说,施动者的主观意向距事件目标的实现完成还是有一个距离存在。吕叔湘先生曾提出"动相"的概念,说的是"一个动作的过程中的各个阶段"[18]。在对动相的分类中,列有"先事相"一类,说的是"预言动作之将有",举例如《儿女英雄传》第七回:"这又与你何干,要你来多嘴？"指明"来"的"行动意义变得很薄弱"。"先事相"说的也就是事件目标的未实现。

本文初步考察了"来+VP"的演变轨迹,但仍有问题需要继续研究:

(1)"来₅ + VP"的用例我们检得8例,比较满意的是最后两例,例证还不够丰富。
(2)上面的分析表明,"来₅ + VP"与"来₆ + VP"仍有区别,在我们对有限文献的考察中,尚未发现"来₆ + VP"的典型用例。这两个问题的解决有待后续的考察。

本文的研究得到教育部哲学社会科学研究重大项目资助(项目批准号05JJD740001)。

原载于《汉语史学报》2010年第2期。

## 注 释

① 吕叔湘主编《现代汉语八百词》,商务印书馆,1984年,309页。
② 转引自《汉语大字典》,四川辞书出版社、湖北辞书出版社,1986年,142页。
③ 《合》指胡厚宣主编《甲骨文合集》,中华书局,1978—1982年。
④ 《选》指马承源《商周青铜器铭文选》,文物出版社,1986年。"穆王"指铭文断代。"3.175"指该书第三册175器。下同。
⑤ 《史记·高祖本纪》:"后人来至蛇所,有一老妪夜哭。""蛇所"应看作"至"的处所宾语。
⑥ 此例转引自赵诚《甲骨文简明词典》,中华书局,1988年,345页。正:征。
⑦ 《铭文选》:"迮,侵迫。"
⑧ 《铭文选》:"合,会。"
⑨ 曾运乾《尚书正读》:"绍,读为卲,卜问也。"(曾运乾《尚书正读》,中华书局,1964年,195页。)
⑩ 在第一类"来"字句中,也有表示事件目标的。如《庄子·秋水》:"惠子相梁,庄子往见之。或谓惠子曰:'庄子来,欲代子相。'"但这样的用例似不多。
⑪ 孔疏:"王今命我来居臣位,承安汝文德之祖文王所受命之民,令我继文祖大业,我所以不得去也。"
⑫ 王念孙《读书杂志》卷二之二:"'因也'当为'囚曰',与下文'则曰'相对为文。"
⑬ 韦注:"释,舍也。"
⑭ 又见《三国志·魏书·任峻传》"军国之饶,起于枣只而成于峻"注引《魏武故事》。
⑮ 《隋书·经籍志二》:"魏文帝又作《列异》,以序鬼物奇怪之事。"
⑯ 《隋书·经籍志二》:"《幽明录》二十卷,刘义庆撰。"
⑰ 参马庆株《时量宾语和动词的类》,《中国语文》1981年第2期。
⑱ 吕叔湘《中国文法要略》,商务印书馆,1982年,230页。

# 学术呈螺旋式发展的一个案例
## ——从名物化到指称化

### 宋绍年

人类历史在曲折中前进,呈螺旋式发展。学术史也不乏这样的案例。

## 01

"名物化"是汉语传统语法研究的一个重要概念,简单讲,名物化就是认定谓词性成分出现在主、宾语等特定句法位置上就转变为名词了。百多年前,马建忠的《马氏文通》(后文称《文通》)构建了第一个完整的汉语文言语法体系,在"实字卷"的"名字"章,马氏说:"要之名无定式,凡一切单字偶字,以至集字成顿成读,用为起词(主语)、止词(宾语)、司词(介词宾语)者,皆可以名名之。"又说:"(读作起词或止词)用与名字无异。"[①]句读理论是《文通》语法体系的核心部分,所谓"读",是马氏受西方语法中动词不定式短语、分词短语和从句可以充任句法成分的启示,而设立的汉语句法概念,"读"在《文通》的系统里是指处于非陈述性谓语核心位置上的各类谓词性句法结构。马氏把处于起词、止词位置上的各类语法成分,特别是"读",定性为"与名字无异",这可以看作是"名物化"概念的起点。

《文通》的这一认知带有明显的模仿西方语法的痕迹,例如,英语里有资格充任主、宾语的成分除了从句、不定式短语、分词短语、动名词短语之外,只能是体词性成分,而这些体词性成分中很大一部分是由谓词加上名词性后缀转化而成的。马氏在汉语语法系统中建立起"读"概念是对西方语法学成功的借鉴和引进,但是汉语没有词形变化,谓词处于主宾语句法位置不会改变形态,根据西方语法认定汉语主、宾语位置上的谓词都已经转变为名词的理由并不充分。

## 02

二十世纪五十一六十年代,我国语言学界展开了对名物化概念的讨论和批评,其间最有影响的一篇学术论文是朱德熙、卢甲文、马真三位先生合作的《关于动词形容词"名物化"的问题》(以下简称《问题》)。[②]文章指出"(名物化)是自从《马氏文通》《新著国语文法》以来许多语法书的共同主张",由此可见名物化观念影响之深远,它涉及了关乎汉语语法全局的基本问题。《问题》全面揭示分析并批评了名物化概念不符合汉语语言事实的诸多方面,指出"汉语的语言事实完全不支持名物化的说法"。《问题》重点分析批评了名物化说法在汉语语法词类划分方面引起的混乱,指出"事实上几乎所有的动词和形容词都能做主语和宾语,因此这就等于说汉语里的动词和形容词基本上都能转成名词","如果我们接受名物化的说法……这样就不但可以有'名物化'的说法,还可以有'性状化''行为动作化'等等说法",其结果就是根据句子成分定词类,导致"依句辨品,离句无品"的结论,其实质就是"汉语实词不能分类"。

对于名物化问题的讨论和批评推进了对汉语语法自身特点的深入发掘和把握,形成了一个重要的共识:汉语不同于西方语言,汉语的句法成分同词类不是一一对应的,在汉语里谓词性成分完全有资格充任主、宾语等句法成分,而不一定转化为名词。

## 03

过了20年,1980年代,谓词性成分指称化(与之相关联的还有体词性成分陈述化)成了人们关注的热点问题之一。朱德熙先生率先发表了《自指和转指——汉语名词化标记"的、者、所、之"的语法功能和语义功能》(以下简称《自指和转指》),《自指和转指》打通古今汉语语法研究,提出了一系列崭新的概念,更多地关注了语法研究中的语义因素,为汉语语法研究开辟了新道路,文章具有划时代的意义。③

文章指出"从语义的角度看,谓词性成分的名词化有两种","前一种名词化造成的名词性成分与原来的谓词性成分所指相同,这种名词化可以称为自指;后一种名词化造成的名词性成分与原来的谓词性成分所指不同,这种名词化可以称为转指"。文章还认为"凡是真正的名词化都有实在的形式标记。所谓'零形式名词化',对于汉语来说,只是人为的虚构"。在这里,指称化和名词化是等同的。

文章提出了"句法成分提取"这一重要概念,指出提取是同转指联系在一起的,"'者 t'是提取主语的,所以在'VP 者 t'里,主语必须缺位","(在'所 VP'中)'所'提取的是宾语"。因为"者"也可以出现在表示自指的结构中,所以《自指和转指》把"者"分为两个,者 t 和者 s。由于分别提取了施事成分和受事成分,"VP 者 t"和"所 VP"都完成了各自的名词化(含人物化和事物化),这一点学界应该都有共识,没有异议。

文章认为自指结构不含有提取,"VP 者 s"和"N 之 V"都是表示自指的结构,一般来说,这两种结构都不再表达陈述,而是在表达一种事件,也就是自指。文章认为不管是转指还是自指都是名词化。

汉语语法里,同谓词性成分指称化相关联的还有体词性成分陈述化问题。朱德熙先生在《关于先秦汉语里名词的动词性问题》一文中指出,先秦汉语在"N + 而/则 + V"结构中,"(名词)有陈述性,(但)并不能证明名词有动词性"。④这一现象说明汉语里体词性成分有陈述化的现象,并且陈述化并不等同于动词化,在这里,朱德熙先生似乎对体词性成分的陈述化和动词化作出了区分,可是在《自指和转指》中对谓词性成分的指称化和名词化却没有作出区分。谓词性成分的指称化同体词性成分的陈述化都是汉语语法研究的重要课题。

## 04

站在新的理论高度展开经典重读,重新审视《文通》里的一些观点,会有一些不同于前的感受。《文通》也探讨了谓词性成分指称化和体词性成分陈述化问题,尽管《文通》的探讨还是比较粗糙的,但也不乏一些独到的观察和有意义的论述。

关于谓词性成分指称化问题,马氏提出了"读"概念,马氏的"读"是指称化了的谓词性成分,马氏还指出"其、者、所、之"等几个语素是"读之记",即读的形式标记。马氏说"凡有起、语两词而辞意未全者曰读",根据这个定义,似乎只有主谓结构才有资格充任读,实则不然,马氏说:"句读之成,必有起、语两词。起词者,为所语也(是陈述的对象);语词者,所为语也(所作的陈述)。起词或可隐而不书,而语词则句读之所为语者,不可不书。"通观《文通》,读是指处于非句子谓语核心位置上的各类谓词性句法结构,有形式标记的固然是读,但是同时存在大量无形式标记的读,也就是说读可以带形式标记,也可以不带形式标记,同样的字段前文带有标记,后文就可能不带。例如:

民之望之,若大旱之望雨也。(《孟子·滕文公下》)
民望之,若大旱之望云霓也。(《孟子·梁惠王下》)

如果认为"民之望之"同"民望之"分属不同性质的句法结构,有标记的读就已经完成了名词化,无标记的读仍是谓词性的,理论上就显得不够周延,不能形成自洽闭环。我们应该严格区分指称化和名词化两个不同的概念,也就是说指称化不等同于名词化,含有提取的指称化(即转指)已经完成了人物化或事物化,可以认定其名词化;不含提取的指称化(即自指)只是完成了事件化,不能认定其名词化。这一处理方式同汉语动词中存在一类可以表达事件的名动词(如"劳动""学习")相符合。把指称化完全等同于名词化,并且以有无形式标记作为是否实现了指称化的唯一标准,是否也还残存着以西方语法为标准的痕迹呢。朱德熙先生在坚持指称化等同于名词化的同时,也对自指化的"N之V"结构的谓词性质有所察觉,他说"'N之V'……能够表示假设意义。前边可以有'若'字,也可以没有。这个时候,'N之V'带着明显的谓词性"。其实,这里所说的谓词性就是典型的陈述性。就"N之V"结构的语法功能来看,它不仅可以作主语、作宾语,还可以作状语,甚至可以独立成句,例如:

楚之无恶,除备而盟。(《左传·宣公十二年》)
予之不仁也。(《论语·阳货》)

两例"N 之 V"结构，例一作状语，例二独立成句，同一般主谓结构表达的语义没有什么不同，我们不应该因为它带有读之记就判定"N 之 V"是名词性的。自指化的"VP 者 s"结构存在同样的性质认定问题，例如：

<u>鲁无君子者</u>，斯焉取斯？（《论语·公冶长》）
<u>从山上望牛者</u>，若羊。（《荀子·解蔽》）

两例"VP 者 s"结构都表达假设条件，同 VP 表达的语义没有不同，把"VP 者 s"确定为名词性的理由并不充分。

就指称化问题而言，转指结构可以等同于名词化，自指结构仍然是谓词性的。这一结论同样适用于位于主、宾语位置上的单个谓词，这一现象在现代汉语里更为突出。例如：

他<u>导演</u>了这部戏。
<u>导演</u>是一种职业。
他不是编剧，是<u>导演</u>。

例一"导演"作谓语核心，是典型动词；例二"导演"位于主语位置，发生自指化，仍是动词；例三"导演"位于宾语位置，发生了转指化，是名词性的。

王力先生在《关于汉语有无词类的问题》一文中指出"词类的分别除了句法基础以外，还有更深刻的基础——词义的基础"，正是在语义和句法的双重基础上王力先生提出了"词汇-语法范畴"这一重要概念，王力先生指出"词汇-语法的范畴和语法范畴并不是不相容的东西；前者是补充后者的，而不是排斥后者的"，"词汇范畴和语法范畴正是密切相关的，把词类看成词汇-语法的范畴，是把问题看得更全面些"。[⑤]王力先生的这些意见相当中肯，值得我们遵循。

《文通》关于名物化的说法是需要扬弃的，但是，我们可以认为是马氏率先观察到了汉语的谓词性成分处于主、宾语等特定的句法位置上都会发生指称化。在汉语里，谓词性成分发生指称化比较自由，不一定需要形式标记，句法位置是发生指称化的基本动因。汉语语法研究应该严格区分名词化和指称化，这对于汉语词类系统的构建，特别是连词和介词系统的构建，对汉语句类系统的构建，[⑥]都具有重要意义。

关于体词性成分的陈述化，《文通》也有明确的论述，马氏分两处谈到了这

个问题,一是位于"动字假借"章,指出名字位于谓语核心位置就陈述化了。例如:

曹子<u>手</u>剑而从之。(《公羊·庄公十三年》)
左右欲<u>兵</u>之。(《史记·伯夷列传》)

这类体词性成分的陈述化可以认为是动词化,马氏的认定是准确的。这类陈述化可以称之为完全陈述化,可以类比于转指化即名词化。二是位于"承接连字"章,马氏指出"'而'字之为连字……惟用以为动静诸字之过递耳","若'而'字之前若后惟有名字者,则其名必假为动静字矣"。例如:

余<u>狐裘</u>而<u>羔袖</u>。(《左传·襄公十四年》)
<u>南冠</u>而<u>絷</u>者谁也。(《左传·成公九年》)

此类陈述化似可以称之为非完全陈述化,其并未动词化。汉语体词性成分陈述化研究也应该严格区分陈述化和动词化两个不同的概念。

## 05

回顾上述汉语语法研究史的片段,从名物化→否定名物化→自指和转指的提出→站在新的理论高度重新审视《文通》构建的系统,可以看出这一过程构成了一个完整的学术呈螺旋式发展的案例,螺旋的上层同底层总是存有密切的联系,但又绝不是重复,螺旋的上层总是高于底层,比底层更深入,比底层产生更多的知识和更完善的理论。我们扬弃《文通》简单模仿西方语法建立的"名物化"学说,保留了"名物化"的合理内核。应该承认,是马建忠首先发现了汉语的指称化和陈述化现象,并且观察到了汉语的谓词性成分发生指称化比较自由,其基本动因是位于特定的句法位置,指称化可以带有形式标记,也可以不带形式标记。尽管由于时代的局限马氏还远未达到我们今天的认识水平,但《文通》对于我们形成今天的认识仍然具有不可磨灭的价值。历史学科的研究注重叩问我们是谁,我们从哪里来,要到哪里去。学术研究,特别是人文社会科学的研究,也常常需要返回原点重新出发,站在新的理论高度展开经典重读,梳理学术发展的脉络,这是学术不断创新的必备条件,也是学术研究的正途。

今年喜逢郭锡良教授九十寿辰,郭锡良教授是我本科时的班主任老师和党支部书记,又是我研究生时期的导师,数十年来郭先生的授课和谆谆教诲一直萦绕耳边,特别是先生讲授的《马氏文通》课程,使我获益良多,促使我不断思考古今汉语语法研究的问题。谨以此文表达对恩师的敬意,并祝贺恩师九十华诞。

**注　释**

① 马建忠著,章锡琛校注,《马氏文通》,中华书局,13 页。
② 朱德熙、卢甲文、马真《关于动词形容词"名物化"的问题》,《北京大学学报(人文社科版)》1961 年第 4 期。
③ 朱德熙《自指和转指——汉语名词化标记"的、者、所、之"的语法功能和语义功能》,《方言》1983 年第 1 期。
④ 朱德熙《关于先秦汉语里名词的动词性问题》,《中国语文》1988 年第 2 期。
⑤ 王力《关于汉语有无词类的问题》,《北京大学学报》1955 年第 2 期。
⑥ 张双棣、张联荣、宋绍年、耿振生《古代汉语知识教程》,高等教育出版社,2015 年。

# 古音研究中的审音方法

## 耿振生

## 一 关于审音法的定义

音韵学研究中最早提出"审音"这个概念的应该是清代的古音学家。江永在评论顾炎武古韵研究得失时说"《古音表》分十部,离合处尚有未精,其分配入声多未当。此亦考古之功多,审音之功浅"[①]。可见他明确地认识到审音在上古音研究中的重要用处。江永的学生戴震把审音法提到很重要的位置,他说:"仆谓审音本一类,而古人之文偶有相涉有不相涉,不得舍其相涉者,而以不相涉者为断;审音非一类,而古人之文偶有相涉,始可以五方之音不同,断为合韵。"[②]看来戴震认为审音是可以起决定作用的方法。

清人所说的"审音"是个笼统的概念,近代以来才有学者对这一概念作了具体的解释。

王力先生把清代古音学家分为"考古派"和"审音派",审音派的特点是"以等韵为出发点,往往靠等韵的理论来证明古音","最大特色就是入声完全独立,换句话就是阴阳入三分"。[③]王先生对两派的划分包含着研究方法的标准,但不完全以研究方法为标准:"靠等韵的理论来证明古音",是研究古音的方法,"阴阳入三分"则是审音的结果,是审音派学者所分韵部的一种特征。

以等韵学的知识分析上古音是清代古音学审音方法的主要特征。江永、戴震等在上古音研究中运用等韵学的知识,主要有两种途径,其一是以中古的开合四等为上古韵部区分韵类,其二是借助于等韵图分析上古韵类的对转关系。开合四等本是中古音的韵母分类,学者们以这些类别为基础去分析上古音的韵类,说明他们思想上有古今音对应的观念,有语音变化以"类"为单位的观念。从上古文献材料能够研究出韵部这种大类,但不能再细分韵部之内的小类;在没有直接材料的情况下,根据音变"以类相从"和"古今对应"的普遍规律,将中古音类上推,可以说是最优先的办法。顾炎武等人只重视入声韵和阴声韵的联系,把入声韵字归入阴声韵部,不能完整地把握语音的系统性;江永等以上古文献材料证明了阴、阳、入三种韵部都有对转关系,入声韵有其独立性,但那些材料所反映的对转细节并不明晰,而中古韵图的阳声韵与入声韵的对转是非常细致、非常有系统的,江永等人借助韵图的阳入配合关系,以入声韵为枢纽,把上古的阴阳入三类之间的对转条理都清楚揭示出来,这是建立上古韵母系统的一个重要步骤。近代以来的上古音构拟把这种系统性当作重要根据,充分显示了这种结构规律的重要性。

除了以等韵原理上推古音以外,清人用过的其他一些方法,如江永把"侈弇洪细"作为划分韵部的一种标准,孔广森、江有诰以邻部合韵关系证明古韵的分部,都应算作审音法。

进入二十世纪以后,随着音韵学科自身的发展,审音法的外延扩大了,在清人所创造的方法之外,补充了更多的重要方法。这一时期人们对审音法的定义也有诸种不同的说法。如罗常培先生说的审音法是:"举凡声韵现象,皆可据生理物理讲明。从兹致力,庶几实事求是,信而有征矣。"[④]周祖谟先生说:"若论审音之法,要不外四种,一曰反切,二曰等韵,三曰谐声,四曰现代方音。"[⑤]唐作藩先生仍主要针对清代古音学研究来界定审音概念:"能运用等韵原理,进行古今音比较即由今音上推古音,从系统上观察古韵,分立阴入阳三类韵部,这是审音派的本质特点,也是认定审音派的原则、标准。"[⑥]冯蒸先生把传统音韵学里的审音法与现代音韵学的审音法加以区别:"传统音韵学者运用审音法主要表现在能否运用等韵学知识。""现代学者除了要根据等韵原理审音以外,还主要是根据现代音韵理论审音。这里的现代音韵理论是指下列六门学科:普通语音学、音位学、历史语言学、方言学、类型学和汉藏比较语言学有关音韵理论的集合概念。"[⑦]

各家对于审音法的不同定义可以使我们形成一种认识:审音法是具有共

同基础的多种方法的总称,其外延有一定的开放性,究竟应该把哪些具体方法包括在内,并没有一定的标准限制。并且,到目前为止,人们都只从原理上对审音法作了解释,或对个别具体方法有所分析,但还没有全面地、系统地对审音法加以总结以及深入的探讨。本文试图按照笔者个人的心得对主要的审音方法加以归纳,通过实用例证的分析把这类方法的内容具体化、条理化,也在前人的基础上有些补充。

作为讨论问题的前提,我们先给审音法下一个新的定义:根据音系结构规律和语音发展规律来研究古音(不局限于上古音),检验文献材料的考据结果,决断音类的分合,就是审音法。运用音系结构规律来审音,就是以古代一个音系内部的共时结构关系为根据来分析某项研究成果是否成立。语音结构有其系统性,从一个共时音系的结构特征出发,可以验证"考古"结果的正误。比如,以对立互补关系作为系联法的补充来检验反切下字的韵类分合,以阴阳对转关系检验上古韵部的分合,以邻部合韵的多少检验上古韵部的分合,这些就是针对音系内部的结构关系而运用的方法。运用语音发展规律来审音,就是以不同时代的音系的对比来验证某项古音研究成果是否成立。语音发展有其规律性,某一时期的音系必定与它前后的音系有联系;若各音系的差别不是地域的差别而是历时的差别,应该能够从发展规律得到解释。在这样的前提下把不同时期的语音材料互相对比,来分析某项"考古"的正误,也是很有效的方法。比如从开合侈弇的条件推论上古韵部的分合,以魏晋时期的韵部推论两汉韵部的分合,都是以后代音系判断前代的分部是否有误。本文要讨论的方法是以研究古代汉语音系结构为目的的,应属于冯蒸先生所说的"求音类法"。至于构拟古代的音值,就完全离不开语音结构规律和音变规律,"审音"在其中占据着主导性的地位,但那与传统音韵学的研究是两个方向,需要另外探讨,本文不拟涉及。至于反切、谐声之类,应属于"考古"的方法,似乎不必算在审音法之内。

## 二 侈弇洪细推证法

"侈"和"弇"是江永在《古韵标准》里分析上古音时使用的名词,是区别韵腹即主要元音的概念。"侈音"指开口度大的元音即低元音，"弇音"是指开口度小的元音即高元音或半高元音，也叫"敛音"。"洪（大）细"大致跟侈弇近似，不过江永在使用这个术语时也指中古音等韵学里的四等，如《音学辨微》说："音韵有四等，一等洪大，二等次大，三四皆细，而四尤细。"⑧"洪大"应是指低、后元音而言，"细"应是指前、高元音而言。在《古韵标准》里，"口侈""口弇""口敛"指的是发音动作，"声细""声大"指的是发音效果，"口侈"是和"声大"联系在一起的，"声细"是和"口敛""口弇"联系在一起的，所以"声大"即为低元音，"声细"即为中、高元音。

江永《古韵标准》把侈弇洪细作为划分上古韵部的条件，是他的一个重要发明。他比顾炎武多分出三个韵部（就阴声韵和阳声韵来说），都用侈弇作为依据。

他把顾炎武的第四部分为两部，一部包含《广韵》的真谆臻文殷魂痕诸韵和先之半，相当于后人的真、文二部；另一部包含《广韵》的元寒桓删山仙诸韵和先之半，相当于后人的元部。真部为弇音，元部为侈音。《标准》平声第四部"总论"说："自十七真至下平二仙，凡十四韵，说者皆云相通，愚独以为不然。真谆臻文殷与魂痕为一类，口敛而声细；元寒桓删山与仙为一类，口侈而声大；而先韵者界乎两类之间，一半从真谆，一半从元寒者也。《诗》中用韵本截然不紊，读者自紊之耳。"⑨

他把顾炎武的第五部的阴声韵部分分为两部，一部包含《广韵》的宵韵、萧之半、肴之半、豪之半，相当于后人的宵部；另一部包含《广韵》的幽韵、侯韵、尤之半、虞之半、萧之半、肴之半、豪之半，相当于后人的幽部和侯部。幽侯部为弇音，宵部为侈音。《标准》平声第六部"总论"："按此部为萧肴豪之正音，古今皆同。又有别出一支，与十八尤二十幽韵者，乃古音之异于今音，宜入第十一部，本不与此部通。后世音变，始合为一。顾氏总为一部，愚谓不然。此部之音，口开而声大；十一部之音，口弇而声细。《诗》所用画然分明。"⑩

他把顾炎武的第十部分为两部，一部包含《广韵》的侵韵和覃韵，相当于后人的侵部；另一部包含《广韵》的谈、盐、添、严、咸、衔、凡韵，相当于后人的谈部。侵部为弇音，谈部为侈音。《标准》平声第十二部"总论"："二十一侵至二十九凡九韵，词家谓之闭口音，顾氏合为一部。愚谓此九韵与真至仙十四韵相似,当以音之侈弇分为两部。神珙等韵分深摄为内转,咸摄为外转,是也。'南男参三'等字,古音口弇呼之;若'岩詹谈唊甘监'等字,《诗》中固不与'心林钦音'等字为韵也。"⑪

这一方法,从原理上说就是运用古今语音具有对应关系这一规律,把今音的分韵条件上推到古音。如果把江永说的侈弇理解为上古音的实际读法,那是不可靠的。今音读为侈音的,上古不一定是侈音;今音是弇音的,上古不一定是弇音。但是,今音读侈音的一类,在古代大致上也是同类;今音读弇音的,在古代大致上也是同类。由于古今语音变化的规律性,就可以从今音的侈弇上推古音,作为区分上古韵部的一个条件。所谓侈音一类,在中古的等韵图一般属于外转,在近代音的韵腹是低元音 a 类;所谓弇音,在中古的等韵图一般属于内转,在近代音的韵腹是央元音 ə 类。侈、弇各韵系,既然在中古音和近代音都是两个系列,说它们在上古音也分两个系列,就是十分合理的推论。王力先生认为区别侈弇是江永在古音学上的最大贡献之一,他说:"汉语的语音,从古到今,都有 a 系统与 ə 系统的对立。江氏区别幽、宵两部,因为宵部是 a 系统,幽部是 ə 系统……这一发现是很重要的。"⑫

我们应该清楚,区别侈弇只是推理,是从后代音上推古音。而单靠推理是不能划分韵部的,必须有"考古"的证据才能得到肯定的结论。江永的分部还是以《诗经》韵为根据的,所以他在各部都声明:《诗》韵分用"截然不紊""画然分明"。他是以"考古"的成果作为基础,再加上审音的证明,论证区分元、真、宵、幽、谈、侵的合理性。审音是辅助的方法。

## 三 韵类对转相配推证法

以阴声韵、阳声韵和入声韵三类相配的关系来证明上古音的分部,既是从语音系统性出发研究古音的方法,也是从语音发展的规律性出发的研究方法。

在上古汉语里,阳声韵与阴声韵、阴声韵与入声韵、阳声韵与入声韵存在一种相配对转的关系。所谓相配,是具有相同的主要元音、韵尾又在同一发音部位的韵部构成一类,它们之间有结构上的对应关系,这是上古音系统的一个内部结构特征。三类之间的配合关系主要是通过"对转"而发现的。简单说来，所谓对转是相配的韵部之间的读音能够互相转变，阴声韵字可以变成阳声韵或者入声韵，阳声韵字可以变成阴声韵或者入声韵，入声韵字可以变成阴声韵或者阳声韵。韵部之间的对转关系在上古的押韵、谐声、一字多音等材料都有所反映。

为什么能够通过对转相配关系来研究上古音呢？这是因为互相配合的三个（或两个）韵部在内部结构上有平行的关系。在很多情况下，相配的韵类，如果某一范围内若干阴声韵的字或阳声韵的字是分为两部的，跟它对转的入声韵字也是分成两部的；反之，如果这些阴声韵字或阳声韵字是合为一部的，那么对转的入声韵字也是合为一部的。从变化方面看，相配的韵类如发生变化，则阴阳入三类都发生平行的变化。例如，中古音的东、冬、钟、江四韵系在上古音分为两部，东一、钟和江的多数为一部，东三、冬、江的少数为一部，那么，跟它们相配的入声韵屋一、烛和觉的多数为一部，屋三、沃、觉的少数为另外一部。根据这种规律，可以凭借中古音的韵类，把已发现的某一上古音线索扩大到没有直接证据的部分，连类而及，解决更多的问题。

这一方法的产生经历了三个步骤，第一步是发现入声韵配合阴声韵，第二步是确定各个入声韵类与阴声韵类、阳声韵类的配合细节，第三步是把这种配合关系运用到古韵分部上。

第一步工作是顾炎武开始做起的。三种韵类对转关系的考定，关键是入声韵的配合关系。中古韵书和等韵图都把入声韵配合阳声韵，不能反映上古的阴声韵和入声韵的关系。顾炎武的《音论》以上古的押韵、异文、一字多音、谐声等材料证明入声韵是配合阴声韵的，他的《古音表》把收 k 尾和收 t 尾的入声韵都归在阴声部，这是重要的发明。

第二步工作是江永开始做起的。他有两个重要贡献，其一是提出了"数韵共一入"的理论。所谓数韵共一入，即入声韵不仅配合阴声韵，还配合阳声韵。以入声韵为枢纽，阴声韵跟阳声韵也能整齐相配，三类的对转关系就建立起来了。顾炎武发现入声韵在上古配合阴声韵，这是他的贡献；但他说入声韵配合阳声韵是"误"，则是不对的。江永的"数韵共一入"理论纠正了顾氏的错误。江氏贡献之二是按照等呼的一致性决定各韵类的配合关系。江永既精通等韵学,又对上古音韵材料有深入的研究。他看出等韵的阳入配合关系跟上古是一致的。所以在证明对转关系时几乎是把等韵系统和古音材料同等看待。古韵材料包括押韵、谐声、异文、多音字等,反映的是大类(韵部)之间的对转关系;一部之内各小类之间的配合关系以韵图上等呼的一致性来决定,相配的韵部之间,开口入声配开口舒声,合口入声配合口舒声,一二三四等也分别相配。"数韵同一入,非强不类者而混合之也。必审其音呼,别其等第,察其字之音转,偏旁之声,古音之通,而后定其为此韵之入。"⑬

第三步,在认识到三类韵母的对转相配关系之后,古音学家就把这种关系用在分部上。

段玉裁是"考古派"的古音学家,他的十七部把入声韵类归入阴韵部(只有质栉屑归入阳声韵真部、收 p 尾的入声韵归入阳声韵侵、谈部),但是从他的"异平同入说"就知道,他实际上意识到入声韵类有其独立性。他已经懂得用入声韵的分合来证明相配的阴声韵的分合。他分支、脂、之三部,除了辨别合韵、换韵之外,还指出三部的入声韵都是独立不混的:"职德为第一部之入声,术物迄月没曷末黠锴(辖)薛为第十五部之入声,陌麦昔锡为第十六部之入声。顾氏于三部平声既合为一,故入声亦合为一。古分用甚严。即唐初功令,陌麦昔同用,锡独用,职德同用,亦未若《平韵》之混合五支六脂七之为一矣。"⑭

段玉裁或许并未重视这一方法,只是偶然地用一下。他的老师戴震则十分重视这一方法。戴震开始时不接受支脂之三分的意见,后来则因为相配的阳声韵清、真、蒸三分而肯定支、脂、之也应分为三部,他在给段玉裁的信里说:"大著辨别五支六脂七之,如清真蒸三韵之不相通,能发自唐以来讲韵者所未发。今春将古韵考订一番,断从此说为确。"⑮戴氏更赞赏段玉裁以入声韵类作为分部的根据:"大著内第一部之咍、第十五部脂微齐皆灰、第十六部支佳分用,说至精确。举三部入声论其分用之故,尤得之。""今书内举入声以论三部之分,实发昔人所未发。"⑯

戴震是审音派的代表人物,他第一个把古韵部设计为三类整齐相配的局面。《声类表》重新组合各类的配合关系,二十五部分九类,阴阳入三者对转,细致程度与江永相当,准确程度超过江永。他认为顾炎武和江永在分部中的失误就有不懂四声相配的原因,对他们提出了不客气的批评。戴震的二十五部,采纳了段玉裁的支、脂、之三分的结论,但是不肯采纳真文分部和幽侯分部的结论,究其原因,其实就是过分追求对转各类的搭配整齐。因为他的系统里脂、微还没有分开,若分了真、文,就成了两个阳声韵配合一个阴声韵和一个入声韵,违反了他的均衡对称的格局。同理,若分了侯、幽,但没有分开东、冬,也出现搭配不均衡的问题,因此不赞成段玉裁的真文分部和幽侯分部:"今又分真已下为三,分尤幽与侯为二,而脂微齐皆灰不分为三,东冬钟不分为二",这样的系统不合乎他追求整齐的目标,所以他不分真文也不分侯幽,"仆之意,第三(尤幽)第四(侯)当并,第十二(真)第十三(文)亦当并"。[17]他没有从积极的方面寻找解决办法,即该分开的都分开,却是反过来从消极的方面寻求解决办法,把该分开的不分开,这是错误的。

对于同样的问题,孔广森的态度却是相反的,他不是合并侯幽,而是分开东冬。并且以侯幽之分来证明东冬应该分:"东为侯之阳声,冬为幽之阳声。今人之混冬于东,犹其并侯于幽也。蒸侵又之宵之阳声,故幽宵之三部同条、冬侵蒸三音共贯也。"[18]这样显然比戴震的做法更合理。但是他也没有分开真文,这样真(含文)部跟脂(含微)部才能相配对转。他还注意到对转各部在历史音变中表现出一致性:"阳之与东,若鱼之与侯。自汉魏之间鱼侯混合为一,东阳遂亦混合为一。"[19]

到了二十世纪,以对转作为分部证据的方法主要仍用在上古韵部,在魏晋南北朝韵部的研究中也有应用。

王力分脂、微为二部,讲到了这样分部在对转相配的关系上更加合理。他说:"章氏(章炳麟)对脂队的分野的看法前后矛盾是富于启发性的。他看见了从自、从佳、从雷得声的字应该跟脂部区别开来,这是很可喜的发现;他看见了队部应该是去入韵,跟脂部也有分别,这也是很好的发现。可惜他没有再进一步设想:从自、从佳、从雷得声的字如果作为一个平声韵部(包括上声)跟去入韵队部相配,又跟脂部平行,那就成为很有系统的局面:脂:质:真;微:物:文。"[20]清人把阳声韵真文分开了,章炳麟把入声韵质(至)物(队)分开了,从对转的关系看,若不分开阴声韵的脂、微,配合就不整齐,分开脂、微,配合就很整齐了。章炳麟因为没有考虑到对转规律,而在微部字的归属问题上举棋不定;王力分开脂微,在系统性上就完整了。

两汉时期韵部的系统大致上跟先秦一致,仍然是阴阳入三类韵母构成对转关系,在发生演变的时候大体上还是三类平行。如罗常培、周祖谟认为从先秦到汉代发生了脂微合并、质物合并、真文合并的演变,即是相配的几个韵部共同转变:"到了两汉时期脂微两部除了上声有一点儿分用的迹象以外,平去声完全同用,没有分别。至于入声,也是如此。……王氏(念孙)所分脂至两部的入声,质术两部,汉代也是通用为一类的。""我们再从阴阳对转的关系来看,上面所说《诗经》音脂微两部的阳声韵真文两部在两汉时期也是合为一部的,结果,阴阳入三声的演变完全一致。

$$\left.\begin{matrix}脂\\微\end{matrix}\right\} \quad \left.\begin{matrix}质\\术\end{matrix}\right\} \quad \left.\begin{matrix}真\\文\end{matrix}\right\}"㉑$$

魏晋以后,入声韵与阴声韵之间脱离了对转关系,与阳声韵的关系更加密切了。入声韵与阳声韵相配整齐,平行变化的特点十分严格,如某个阳声韵分化,相配的入声韵一定有平行的分化;某些阳声韵合并,相配的入声韵一定也合并。周祖谟说:"从晋代起,入声韵和阳声韵的关系转密,和阴声韵关系渐疏,即入声韵和阴声韵不相配,而和阳声韵配合得比较好。晋宋之间,凡阳声韵有变革,其相对的入声韵也同样有变革。"㉒

根据这条规律,可以克服某些因材料不足造成的困难。如某韵字在诗文押韵中很少出现而不容易归部,就可以根据它相配的韵来决定其归属。周祖谟分析魏晋南北朝音系,充分运用了这一规律。如:

"魏晋时期屋沃分为两部,犹如东冬分为两部,入声韵的分类与阳声韵的分类完全是一致的。"㉓

"至于沃韵字,在齐梁时期没有作为韵字的,在陈隋时期只有三个例子。……第一例'酷'字跟屋韵字相押,第二例'沃'字跟烛韵字相押,第三例有'毒告'二字跟德韵字相押。沃韵的归属类别似乎很难决定,但是我们按照平声冬韵与钟韵为一部的情形来对比,自然可以确定沃韵当属于烛部了。"㉔

"到了晋代,没韵脱离质部独立,质部只包括质术栉迄物五韵,这跟阳声韵

真魂在晋代分为两部是相应的。""宋代质物分为两部正与阳声韵真文分为两部相应。"㉕

"狎韵字仅见于三国时期《李鳞甲谚》，以'狎甲'为韵，虽然是独用的例子，但是由于跟它相承的衔韵字在三国时期也还没有独用的例子，所以只可归入叶部。"㉖

从对转相配关系研究古韵部的分合，要注意整个音系里的相配关系并非绝对整齐，阴阳入三类相配常常是有缺口的。在上古音，多数韵部可以形成三类的整齐配合，有的韵部则只有两类相配，而缺少一个。阴声韵宵部配入声韵药部，没有阳声韵跟它们配合；阳声韵侵部配入声韵缉部、阳声韵谈部配入声韵叶部，也没有相配的阴声韵。江永以宵部配阳部，孔广森以宵部配侵部，都不合乎《诗经》时代的系统。所以运用本方法时不能把对转相配的规则看得太僵化。如果一意追求完全的整齐，就可能背离古音的本来系统，戴震、孔广森有这种失误，影响到他们的研究成绩。

## 四　邻部合韵推证法

假如有两个"韵基"（"韵腹十韵尾"）的读音很接近，它们分别构成甲、乙两个韵部，这两部就可能发生合韵。韵部的构成条件在于韵腹和韵尾，韵尾相同时，作韵腹的元音相邻就是韵母相近；韵腹相同时，作韵尾的音有明显的共性（如同是鼻音或同是塞音，或同一部位的音）也是韵母相近。一个语音系统里的音位可以呈连贯递进的排列状态，一个音造成的合韵有一定范围，相差远的音就不合韵了。精细的音韵学家从这微妙之处看出分部的条件。比如元音系统里有 i、e、ɛ、a 这些元音时，在韵尾相同的条件下，e 作韵腹的韵部容易跟 i 和 ɛ 作韵腹的韵部发生合韵，但不容易跟 a 作韵腹的韵部发生合韵；以 ɛ 作韵腹的韵部容易跟 e 和 a 作韵腹的韵部发生合韵，但不容易跟 i 作韵腹的韵部发生合韵。如果相邻两部的分合问题不容易解决的时候，可以把合韵的趋势作为分部的参考条件。

清代学者划分上古韵部时用了这种方法。

孔广森把顾炎武、江永的第一部分为东、冬两部，除了押韵谐声的证据之外,还有合韵的证据:冬部字跟侵部、蒸部合韵,而东部不跟侵、蒸合韵。《诗声类》卷五:"右类字(按即冬类字)古音与东钟大殊,而与侵声最近,与蒸声稍远。故在《诗》《易》则侵韵'阴临谌心深禽',覃韵'骖'字,寝韵'饮'字,蒸韵'朋应'等字,皆通协。在扬氏《拟经》,则蒸韵'升兴冯凌朋承',侵韵'阴心深禁',皆通协。略举秦汉人文,其冬蒸同用者,有若《劝学》'螣蛇无足而腾,鼫鼠五技而穷';《汉书·叙传》'元之二王,孙后大宗,昭而不穆,大命更登'之类。冬侵同用者,《长门赋》尤多,而亦无出'中宫崇穹'之畛域。"[27]

江有诰也很重视这一方法,他在《复王石臞先生书》就提到真文分部、东冬分部可由合韵得到证明:"段氏之分真文,孔氏之分东冬,人皆疑之,有诰初亦不之信也。细抽绎之,真与耕通用为多,文与元合用较广,此真文之界限也。东每与阳通,冬每与蒸、侵合,此东冬之界限也。"[28]按:段玉裁已经注意到真近于耕、文近于元,《六书音韵表·古十七部合用类分表》:"真臻先质栉屑音近耕清,故次之;谆文欣魂痕音近真,故次之;元寒桓删山仙音近谆,故次之。"[29]而他排列十七部次第的重要根据是合韵:"合韵以十七部次第,分为六类求之,同类为近,异类为远。"[30]不过段氏没有单独论述哪些分部参考了合韵关系,还是江有诰讲得更清楚。

近代学者研究汉代韵部,把出自不同时间、不同地点的押韵材料合并考察,韵部界限更容易混淆,也就更需要从多重证据解决分部问题,其中考察合韵是重要方法之一。罗常培和周祖谟的《汉魏晋南北朝韵部演变研究》就多次用到这一办法。如:

歌、支分部:"西汉时期歌支两部的读音是很接近的,很像是并为一部。但是歌部字可以跟鱼部字押韵,而支部字绝不跟鱼部字押韵,足见歌支两部还不能就作为一部看待。所以我们还把它分为两部。"[31]

东、冬分部:"再从这两部跟其他部分合韵的情形来看,东部跟阳部叶韵的很多,冬部跟蒸部侵部叶韵的也很多,但是冬部很少跟阳部通押,东部很少跟蒸部侵部通押,这是很大的区别。"[32]

真、元分部:"汉人用韵真文合为一部,但是真文与元并没有完全混为一部。我们看到下面几种事实:……(2)真部字和耕部字押韵,元部字很少单独和耕部字押韵;(3)真部字有时和侵部字押韵,元部字没有这种情形。"[33]

周祖谟在研究魏晋南北朝诗文韵部时也用到本方法,如:

"(三国时期)屑曷两部的分别,除在押韵上表现出两部分用以外,在与其他入声韵和阴声韵通押的关系上也可以看得出来:

(1)屑部跟阴声韵祭部通押的较多,曷部跟泰部通押的较多;

(2)屑部可以跟泰部合韵,曷部很少跟祭部合韵;

(3)屑部可以跟质部合韵,曷部绝不跟质部合韵。

这都是很明白的区别。"㉞

由以上的举例可以看出,合韵的趋向可以作为分部的参照,不能单独用作分部的根据。只有相邻两部既有分用,又互相牵连而界限模糊时,才参考它们与另外的韵部的合韵情形来判断其分合。

## 五 声韵相配关系推证法

汉语的声母跟韵母的组合关系有一定的规律性,某些声母只跟某些韵母结合,而不是任何声母都能自由地跟任何韵母结合。现代汉语的声韵组合规律表现为声母的发音部位与韵母的开齐合撮四呼结合时的条件限制,如 g(音标 k)、k(音标 k')、h(音标 x)只跟开口呼和合口呼的韵母结合,不跟齐齿呼、撮口呼的韵母结合;j(音标 tɕ)、q(音标 tɕ')、x(音标 ɕ)只跟齐齿呼和撮口呼韵母结合,不跟开口呼和合口呼的韵母结合。中古汉语的声韵组合规律表现为声母的"五音"与韵母的"四等"结合时的条件限制,如舌头音端组声母只跟一等、四等韵母结合,不跟二等、三等韵母结合;正齿音章组声母、邪母、日母则只跟三等韵母结合。有的音韵学者把这类组合规则推演开去,也作为研究古音的线索,据以区分上古或中古的声类韵类,这种方式可以叫作"声韵相配关系推证法"。下面所举的例证都不是成功的例子,但作为一种独特的方法还是值得关注一下。

本方法在上古音研究中的例证,是黄侃的古本韵、古本纽的证明方法。

黄侃研究上古音有所谓"声韵相挟以变"的理论,即声母和韵母互相连带着发生变化,某些声母发生变化时,它们所结合的韵母也发生变化;某些声母没有发生变化,它们所结合的韵母也不变。他的研究方法最特出之处是从《广韵》音系里指定三十二个"古本韵"和十九个"古本纽"。他的证明方法是以声证韵,反过来以韵证声。他说:"二百六韵中,但有本音不杂变声者为古本音;杂有变声者,其本声亦为变声所挟,是为变音。"㉟又说:"古声既变为今声,则古韵不得不变为今韵,以此二物相挟而变。"㊱这样推论下去,《广韵》里保持上古读音的韵,里边的声母也仍然保持着上古的读音;《广韵》读音不同于上古读音的韵,里边的声母也是变化后的读音。钱玄同对他的方法有更精确的概括:"知此三十二韵为古本韵者,以韵中止有十九古本纽也。因此三十二韵中止有古本纽,异于其他各韵之有变纽,故知其为古本韵。又因此三十二古本韵中止有十九纽,故知此十九纽实为古本纽。本纽本韵,互相证明,一一吻合,以是知其说之不易。"㊲

黄侃的证明法有明显的"循环论证"弊端,林语堂、张世禄、王力诸家对此都有中肯的批评㊳。但是李方桂则对黄氏的方法持基本上肯定的态度。

李方桂在题为《上古音研究中声韵结合的方法》的报告里说:"他(黄侃)只是说出古音韵基本声母是这十九个,其余的声母都是变体、变体、再变体。至于怎么个变体,他也不怎么说。但是他心里是有数的,不是在胡说八道。所以老一辈的学术见解我们也要注意研究。""如果我们把这十九个音看作是声母系统中最普通的辅音,那么,说它们是比较基本的音也未尝不可。"㊴。李氏采用 C + A(声母 + 韵母)的方式为中古音列表,根据配合方式把中古韵分为三类,一四等韵为一类,二等韵为一类,三等韵为一类。"把三类韵在声母上、韵母上各有什么特殊之处说出来,从这些特殊的地方我们可以推论曾发生过某些变化。"第一类里边只包含十九个韵母,就是黄侃的古本纽,是从上古保存到中古而未变的声母。不过李氏并未全盘接受黄氏的系统,不认为上古音只有 19 个声母,他在《上古音研究》中拟定的声母有三十来个。

本方法在中古音研究中的例证,是曾运乾证明《切韵》声类的方法。

曾运乾把江永的洪细侈弇理论运用到中古音的研究里,而论证方法又跟黄侃十分相像。他以"鸿(洪)声、细声"为标准把《广韵》反切上字分成两个系列,以"侈音、弇音"为标准把反切下字分成两个系列,而上字与下字的搭配组合是有条件的:洪(鸿)声配侈音,细声配弇音。曾氏说的洪细侈弇的内涵不同于江永所说。江永的侈弇,是从韵腹的开口度说的;曾氏的侈弇,是从四等说的。虽然江永在分析中古音的时候也把洪细当作四等的发音特征,但是江永把一二等看作洪音,把三四等看作细音;曾氏则是把一二四等看作洪音,只把三等看作细音。曾氏把"洪细"专用于声类方面而不用于韵类方面,也跟江永不同。依据反切上字跟反切下字的搭配关系,曾氏把《广韵》声类分为 51 类,称为五十一"纽"。

他的理论依据是反切上字的"洪细"与反切下字的"侈弇"总是分别相配:

"盖声音之理,音侈者声鸿,音弇者声细。《广韵》切语,侈音例为鸿声,弇音例为细声;反之,鸿声例用侈音,细声例用弇音。此其例即见于法言之自序云:'支章移切脂旨夷切鱼语居切虞遇俱切,共为一韵,先苏前切仙相然切尤于求切侯胡沟切,俱论是切'。上四字移、夷、居、俱,明韵之易于淆惑者;下四字苏、相、于、胡,明切之易于淆惑者。故支、脂、鱼、虞皆举音和双声,以明分别韵部之意;先、仙、尤、侯皆举类隔双声,以明分别纽类之意。如先苏前切,苏相不能互易者,先为真韵之侈音,苏在模韵,亦侈音也。例:音侈者声鸿,故先为苏前切也。仙相然切,相苏不能互易者,仙为寒韵之弇音,相在阳韵,亦弇音也。例:音弇者声细,故仙为相然切也。又如:尤于求切,于胡不能相易者,尤为萧韵之弇音,于在虞韵亦弇音也。例:音弇者声细,故尤为于求切也。侯胡沟切,胡于不能相易者,侯为虞韵之侈音,胡在模韵亦侈音也。例:音侈者声鸿,故侯为胡沟切也。是故法言切语之法,以上字定声之鸿细,而音之弇侈寓焉;以下字定音之弇侈,而声之鸿细亦寓焉。见切语上字其声鸿者,知其下字必为侈音;其声细者,知其下字必为弇音矣。见切语下字其音侈者,知其上字必为鸿声;其音弇者,知其上字必为细声矣。"⑩

根据这个规律,他批评清代陈澧所定的《广韵》40 声类不到位,再作更细的区分:"试以一东部首东、同、中、虫四字证之:东、中、同、虫皆类隔双声,此与先、仙、尤、侯一例。东德红切,同徒红切,德、徒鸿声也,亦侈音也;红侈音也,亦鸿声也;故曰音侈者声鸿,声鸿者音侈。中陟弓切,虫直弓切,陟、直细声也,亦弇音也;弓弇音也,亦细声也;故曰音弇者声细,声细者音弇。四字同在一韵,不独德、陟、徒、直不能互易,即红、弓亦不能互易,此即陆生轻重有异之大例也。东塾举此四字,以明清浊及平上去入,而不知声音之弇侈鸿细,即寓其中,故其所分声类,不循条理,囿于方音,拘于系联,于明、微之应分者合之,影等十母之应分者亦各仍其旧而不分,殆犹未明陆生之大法也。今辄依切语音侈声鸿音弇声细之例,各分重轻二纽。陈氏原四十类,加入微、影二、见二、溪二、晓二、匣二即陈氏所分之于类、疑二、来二、精二、清二、从二、心二十一母,故四十类为五十一纽也。"㊶

　　反切上字跟反切下字的结合条件,反映的是声母跟韵母的组合规律。曾氏的研究目标是《广韵》的声类,我们可以说,他是把韵类作为背景条件,考察反切上字在不同条件下的运用规律。具体情况是,三等字所用的反切上字为一系,一、二、四等字所使用的反切上字为一系。曾氏说的"鸿声""侈音",是一二四等的一系,他说的"细声""弇音"是三等的一系。曾氏之所以只讲洪细弇侈而不用等的名义,大约是因为他的观念里的"等"还是宋人等韵图上分的等,那里边把很多三等字分别放在四等和二等,跟《广韵》的实际韵类有较大出入,按照韵图的等位分配去说明反切的分类是有困难的。例如,精组反切上字只在一等和四等,以母反切上字只在四等,但四等反切上字所配合的反切下字却有三等;反之,这些四等字作反切下字时,所配合的反切上字却有三等字。曾氏难免是从等韵图来理解四等的,他就无法说"一二四等反切上字为一类、三等反切上字为一类",于是只好舍弃等的名义,专用洪细弇侈的名目。如果恢复到《广韵》本身的等(其实是后人把等韵图的概念用在了《广韵》),分布规律就看得很清楚了。在发现这样一条规律之后,把它作为区别声类的一个线索,确实是一种新鲜的方法。

　　曾氏阐明了《广韵》反切的一种规律,但他的推论方法却有缺陷。

　　首先,他的证明方式也是一种循环论证(至少表面上是如此)。既以反切上字的洪细作为证明反切下字侈弇的条件,又反过来以反切下字的侈弇作为证明反切上字洪细的条件,"见切语上字其声鸿者,知其下字必为侈音;其声细者,知其下字必为弇音矣。见切语下字其音侈者,知其上字必为鸿声;其音弇者,知其上字必为细声矣"。照这样的说法,反切上字的洪细和反切下字的侈弇都是预先可以知道的,却没有告诉人们凭借什么而预先知道了它们的洪细侈弇。既然可以预先知道它们的洪细侈弇,又何须再互相证明? 如果用下字的侈弇来证明上字的洪细,那么下字的侈弇就不应再凭借上字的洪细来证明,而应该用另外的条件证明。

其次,他对音理的认识似乎也不对。所谓"音侈者声鸿,音弇者声细",未必是一定的"声音之理"。如果把介音部分也包含在声母内,才有声母的洪细之分;如果去掉介音部分,纯粹的辅音声母本无所谓洪细。现代的语音分析把介音算作韵母的一个成分,同一声母,所配的韵母既可以是侈音,也可以是弇音,所以"音侈者声鸿,声鸿者音侈"和"音弇者声细,声细者音弇"这种公式是不成立的。对于《广韵》反切上下字的配合规律,用"介音和谐说"来解释更合乎实际。"介音和谐说"认为,《广韵》的作者选用反切上字时考虑了反切下字和被切字的韵类,尽量使用介音与被切字相同的字作上字,于是反切上字和反切下字就呈现出"等"的一致性。三等韵类的被切字,所用的反切下字自然要用三等字,而同时它们的反切上字也大多是三等字;在一、二、四等韵类,反切下字自然与被切字属于同样的韵类,同时它们的反切上字也大多是一、二、四等字,但是不限定是同等字。这就是所谓的"鸿声例用侈音,细声例用弇音"。按照现代学者构拟的音值,三等字有 i 介音,一、二、四等字没有 i 介音,上下字的配合关系,本质上就是介音的一致性。

最后,他是不是把一个声类就看作一个声母?如果是把声类和声母等同,也不甚确切。根据后来的研究,以四等条件分析出的反切上字的分类,还不能和声母画等号。对于三十六字母的牙音、唇音、齿头音和喉音影晓母以及来母,声类不等于声母。它们当中每个字母的反切上字虽然分出两声类,但两类的分用只是一种大致的趋势,其间也有混用的,说明其区别不是音位性的差别,不必当作两个声母看待。后来的学者把五十一声类合并成三十几个声母,才是恰当的处理方式。

## 六 历时对应关系推证法

语音变化有很强的规律性。从前一个时期的语音系统到后一个时期的语音系统,所发生的自然变化都会符合音变规律,其间的演变有一定的轨迹脉络可寻。如果两个音系之间的差异主要是时间造成的差异,两者之间的主要差别应该都能够从音变原理得到合理的解释。基于这一观念,可以把研究得到的两个古音系统进行对比,互相检验;也可以用现代语音对某个古音系统进行检验。如果两个音系之间的差别都合乎音变规律,那么所检查的古音系统应该是反映实际语音的;假如两者之间有某些差别不能够用音变规律讲得通,那就意味着某一研究结果可能存在问题:或者是错误地解读了语音史料,或者是有些历史真相仍被掩盖着。本方法在古音研究中用得比较普遍,下面仅举两例。

一个是汉代韵部研究的例证。

罗常培、周祖谟研究两汉诗文押韵,归纳出二十七个韵部,跟他们所定的先秦三十一部相比,汉代韵部的重要特点是鱼侯合一、真文合一、脂微合一、质物合一。邵荣芬从音变规律对鱼侯合一提出质疑,道理之一是先秦鱼部和侯部在汉代若合并为一部是不合乎语音变化规律的。邵氏《古音鱼侯两部在前汉时期的分合》的论证如下:

"《研究》(按指罗、周二人的《汉魏晋南北朝韵部演变研究》第一分册)对鱼、侯两部倒有十分明确的结论,它认为前汉时期鱼、侯两部已经完全合并。这个结论从音理上,也就是从语音发展的规律上来看,也存在着很大的疑问。我们知道,上古鱼部音韵学家们大多认为是 a 类主元音,而侯部则大多认为是 u、o 等后高主元音。……到了中古,模、鱼、虞$_1$几韵的主元音都向后高方向发展,而麻韵则仍然保留 a 类主元音,基本上没有变,侯部的变化也不大。……如果我们假定,前汉时期鱼、侯两部全部合并,那就得承认这是鱼部主元音向后高方向移动的结果。这对模、鱼、虞$_1$三韵来说倒还可以解释,因为这同它们从上古到中古的发展方向是一致的。可是对上古是 a,中古仍然是 a 的麻韵来说就不太好解释了。如果设想,鱼部麻韵主元音从上古到中古曾经经历了由前低到后高,又由后高回到前低的循环过程,那就未必与事实相符了。更值得注意的是,到了后汉时期,鱼部麻韵字全都并入了歌部(《研究》也是这个结论),那也就是说,鱼部麻韵的主元音后汉时期是 a。如果认为前汉时期鱼、侯合为一部,那就等于说,在周秦时代是 a 的鱼部麻韵主元音完成它的循环演变过程,只不过用了前汉二百年的时间。在这样短促的历史时期内,发生这样的循环演变,符合事实的可能性就更小了。

"当然,假定鱼、侯合并,也还可以作另外两种解释,即侯部主元音向前低方向作了移动,从而同鱼部靠拢,或者鱼、侯两部的主元音都向中间方向移动,彼此靠拢。不过这两种解释不但都仍然避免不了上述的那种困难,而且还将引出更多的元音循环,因而从语音发展的角度就更不容易说得通了。

"以上是根据一部之内各韵的主元音相近的假设立论的。如果假定一部之内各韵的主元音相同,那么鱼、侯合并就更没法解释以后麻与鱼模及侯互有区别的事实了。"㊷

邵荣芬的理由是很充分的。在西汉时期,鱼部里的麻韵字还没有跟鱼、虞₁、模分开,假如以为这时的鱼部跟侯部合并了,至少要承认鱼部的韵腹已经升高到ɔ了,那就不好解释为什么到东汉时麻韵的韵母倒退到a;反之,如果以为是侯部的韵腹下降到a而与鱼部合并,则不能解释为什么不久之后侯部的元音就上升,三国时期的梵汉对音里侯韵字对译u,岂不是韵腹回升得太快了?邵荣芬的看法是:西汉时鱼部仍然是a类主元音,并没有向后高方向演变;跟侯部合韵的原因,一是偶出的宽韵,一是方言的反映,一是风格兼方言因素。我们也许可以提出另外一种推测:西汉时鱼部的鱼、模、虞₁韵字韵腹比原先略有提高,但还没有达到音位的改变,所以仍然跟韵腹在原位的麻韵字为同一部;跟侯部字合韵比例增加是主元音的接近而不是主元音合一。总之,把鱼侯合为一部是不妥当的。邵荣芬对汉代押韵情况重新统计,以更精确的数据证实了这一点。

另一个例子是对邵雍《声音唱和图》的清浊声母的分析。

宋代邵雍的《皇极经世书·声音唱和图》把声类称作"地音",其中的全浊声母和次浊声母都比较独特:塞音和塞擦音的全浊声母每个都分成两类,一类配全清声母,一类配次清声母;次浊声母也分两类,除了喻母之外每个次浊声母都分清音和浊音,上声字为清音,平、去、入为浊音。从形式上看,可以说是全浊声母分成了送气和不送气两类,次浊声母的上声字变成了清音。但大多数研究者都不取这种看法,而是认为:全浊声母已经清化,不再是浊音;次浊声母的上声字之所以被算作清音,是因为它的调值跟清声母字相同,辅音则仍然是浊辅音。各家的论据都在于后代的方音。

陆志韦说:"这地音图有好几点证明邵氏的方音,在辅音跟元音的变化上,已经比早期的等韵更近乎现代官话。其中最重要的是中古浊音的消失。……图里从上往下读,可以分为四个横栏,第一第三栏跟第二第四栏的关系是一目了然的。要不是第一三栏清音,而第二四栏浊音,就得像现代方言似的,一三栏阴调,而二四栏阳调。究竟哪一种解释较为合适呢？可以先比较破裂辅音古(k)坤(kʻ)行,卜(p)普(pʻ)行,东(t)土(tʻ)行,卓(ʈ)坼(ʈʻ)行;破擦辅音走(ts)草(tsʻ)行,庄(tʃ)叉(tʃʻ)行。这几行的第二四栏全配中古的浊音字。可是第二栏跟第四栏的分别最清楚不过。第二栏配 k、p、t、ts、tʃ 的浊音字全都是仄声,第四栏配 kʻ、pʻ、tʻ、tsʻ、tʃʻ 的全都是平声,这现象断不能用等韵来说明,然而一比较《中原音韵》以后的韵书跟吴语以外的现代方言,就很容易叫人得到两个结论:(一)中古的浊平声字在这方言里已经变为阳调的送气平声字,浊仄声字变为阳调的不送气字;(二)邵氏方言的上去声都还有阴阳两调,正同现代粤语,跟古官话不同。"㊸

雅洪托夫说:"邵雍'音图'中的声母也成对相配:一'清'一'浊'。通常认为'清'是清辅音,'浊'是浊辅音,但事情并不这么简单。所有研究邵雍图表的人都注意到,第一,分'清''浊'的不仅有噪辅音,还有响辅音,然而汉语根本没有清响辅音;第二,响辅音声母在上声中被当作'清',而在其他声调中被当作'浊'。……显然,汉语声母的清、浊跟声调的高低有关。在有高、低两组声调的方言中,声母为浊音和响音的字有低声调。但这条规则有个重要的例外。我们可以看一下杭州话声母跟声调的关系(杭州话属吴方言,但保留着宋代北方方言的很多特点):……在响辅音作声母的字中,上声是高调,而不是像一般规则所应有的那样是低调。其他很多方言,(包括古浊音已经消失的方言),也有这种(或类似的)声调系统。现在北京方言上声的发展跟杭州话一样(北京方言的第3声跟杭州话的第3调相当,北京方言的第4声跟杭州话的第4、第5及部分第7调相当)。……显然,这种情况在邵雍的方言中也有。邵雍的'清''浊'不是指辅音声母的清、浊,而是指调高:高调为清,低调为浊。"㊹

陆氏、雅氏都认为邵雍所分清浊实际上是声调的阴阳,而不是辅音本身有清浊的差别,理由之一是后代的北方话里全浊声母都变成清声母,并且是平声送气(同次清)、仄声不送气(同全清);理由之二是次浊声母从未分化出一套清音,倒是声调属于阴调类,跟古清声母字相同。他们以今音推古音的方法是合理的。

# 七 音位分布格局推证法

一个语音系统之内音位的组合规律和聚合规律是音类研究的重要依据，以此为基础形成了一些研究方法。

**1. 对立互补关系**

这是从组合规律上研究音类分合的一种方法。每个音位在跟其他音结合为更大的语音单位时都有一定的功能（如汉语的辅音是作声母的，部分可作韵尾）。具有相同功能的两个音，如果从来不在相同的语音条件下出现，它们是互补分布的。互补的两个音可能是同一个音位，对立的两个音一定不是同一个音位。这一原理也适用于古代声类和韵类的区分。如果两组反切上字具有相同的功能（比如都跟一、四等韵类结合），但从来不会都跟同一个韵类结合（在相同的韵类条件下有此则无彼，有彼则无此），它们就是互补的，有可能都属于同一个声类；如果它们都能跟同一个韵类结合，构成不同的音节，它们就是对立的，不会是同一个声类。反之，有相同功能的两组反切下字（比如都属于一个韵摄内的开口一等），如果从来不都跟同一个声类结合，它们就是互补的，有可能是同一个韵类；如果它们都能跟同一个声母结合成为不同的音节，它们就是对立的两个韵类。运用这一原理研究古音的实例有不少。

邵荣芬研究《切韵》韵类，把凡韵系并入严韵系，把臻韵并入真韵开口三等韵类、栉韵并入质韵开口三等韵类。他的道理是严韵系和凡韵系各音节基本上都是互补的，只在上声、入声的溪母有对立，而这种对立是靠不住的，是后人增加了小韵造成的。臻韵系只有庄组字，跟真韵系的庄组字出现机会是互补的。因此而推论："显然在《切韵》的基础方言里，真与臻，严与凡，都有在特定的声母条件下，韵母主元音随着声调的不同（这里是平入对上去）而有所改变。"⑥"严韵系和凡韵系，臻韵系和真韵系的区别既然是在一定声母条件下的异调异读，所以我们认为可以把严韵系并入凡韵系，臻韵系并入真韵系。"⑯用现代音系学的说法，严与凡的主元音互为同一音位的条件变体，真与臻的主元音互为同一音位的条件变体，由于音值略有差别，所以韵书作者把它们分为不同的韵;因为主元音是同一音位,就可以合并韵类。

陆志韦用统计方法把《广韵》反切上字归为五十一声类,其中有实同类而不能系联者,因它们从不在相同的韵类环境出现而定为一类:"凡两类同组而永不相逢,是同类也。""两类同组者,谓两类与组内其他各类之关系相同,而与组外任何一类之关系亦大致相同也。内外关系相同,而彼此又不相逢,则不假思索,可知其同为一类。譬如甲乙二人,在家出外,权利义务,绝无分别,而永为参商,则甲必是乙,犹黑衣而出白衣而归也。故知'多'类即是'都'类,'卢'类即是'郎'类。"[47]

互补方法的运用必定有一些先决定条件。如邵荣芬合并严凡、合并臻真,都有每对韵在同摄而且次序邻近作为先决条件;陆志韦合并反切上字有"两类与组内其他各类之关系相同,而与组外任何一类之关系亦大致相同"作为先决条件。如不具有这些先决条件,互补的也不一定是同类。单纯凭借互补关系合并音类是不可行的。

**2. 音位对称平行关系**

语音的系统性在音位的聚合关系上表现得很显著,一个聚合群内的各组音位通常都具有平行、对称的特征,按照音位的区别特征(一般是发音方法和发音部位的特征)把各音位排列,就会形成整齐的矩阵。例如中古音的塞音与鼻音声母:

|  | 全清 | 次清 | 全浊 | 次浊 |
|---|---|---|---|---|
| 唇音: | 帮 p | 滂 p' | 並 b | 明 m |
| 舌音: | 端 t | 透 t' | 定 d | 泥 n |
| 牙音: | 见 k | 溪 k' | 群 g | 疑 ŋ |

这是很典型的平行对称。从横行看过去,双唇、舌尖、舌根三个部位上各有四个声母,分别是不送气清塞音(全清)、送气清塞音(次清)、浊塞音(全浊)、鼻音(次浊),对应整齐;从竖行看下去,具相同发音方法的音在每个部位上都会出现,没有空缺。这样的聚合关系可以帮助人们决定一些音位的有无。《切韵》音系里的俟母是一个例子。

《切韵》的塞擦音声母和擦音声母构成下面这样一个聚合群:

|      | 全清 | 次清 | 全浊 | 清擦音 | 浊擦音 |
|------|------|------|------|--------|--------|
| 正齿二等 | 庄 | 初 | 崇 | 生 | （？） |
| 正齿三等 | 章 | 昌 | 船 | 书 | 禅 |
| 齿头音 | 精 | 清 | 从 | 心 | 邪 |

表中打问号的位置上有没有一个声母？仅仅从文献材料很不容易决定。可用的文献材料主要有三种。第一种材料是宋元时代的等韵图《通志·七音略》《四声等子》和《切韵指掌图》，这些韵图内这个位置有平声之韵的"漦"和上声止韵的"俟"两个字，可是字数太少，跟其他声母位置无法相比，未免让人们缺少信心把它看作独立声母。第二类材料是《广韵》的反切，这两个小韵的反切上字跟崇母字系联为一类："俟，床史切"，床为崇母，俟即为崇母；"漦，俟甾切"。漦也就成了崇母字。虽然"漦""俟"两小韵分别跟"茬，士之切"和"士，锄里切"对立，似乎有其独立性，可是《广韵》内因讹误以及其他原因而造成的同音的两小韵不在少数，所以陈澧没有把"俟"类看作单独的声类，黄侃、曾运乾、陆志韦等人所定的《切韵》声母系统里也没有这个声母。第三类材料是近代发现的唐人写本《切韵》系韵书的反切，"俟""漦"两字互为反切上字，《切三》："俟，漦史反"，"漦，俟之反"，两两互用；《王三》："俟，漦史反"，"漦，俟淄反"，也是两两互用；都不跟床母系联。但是韵书中本同类而不能系联的切上字也很多，仍不足以因此而断定俟母独立。若把三类材料联系起来分析，再加上音位系统性的考察，应该断定有一个俟母。《切韵》音系的三组齿音是平行的，章组、精组既然都是五母并存，各有浊擦音，若庄组没有浊擦音，就出现了空位；有这个音才是合乎规律的。所以董同龢、李荣、邵荣芬都肯定俟母在该系统的存在。李荣也把满足三组平行关系看作设立俟母的优点："俟跟庄初崇生同部位，跟邪常同方法，应该是[ẓ]。这样一来，精庄章三组就完全平行了。"㊽

研究上古音也用到本方法。俞敏从梵汉对音研究东汉三国音系，对音的用字并没有反映所有的声母，对音中未用上的声母就凭借出现过的同类来推测补充。如：根据对音的"初"(tsh)"山"(ṣ)，推出"庄"(ts)和"床"(dz)；根据对音的"心"(s)，推出"精"(ts)"清"(ts')"从"(dz)。㊾

这一方法总是跟其他方法结合起来运用的。音位聚合关系对于证明类的作用具有相对性,声母系统内各单元之间也不完全是整齐对称的。有所谓"单向聚合"的音位,它在结构内的地位是孤立的,缺少平行对应的同类,研究时既不能取消这个音,也不能硬给它配上不存在的对应的音。

## 小 结

根据以上所述的研究实例,我们可以总结如下:审音法不是专指某一种具体的研究方法,而是若干种方法的统称。这些方法的共同之处,是把音系的结构规律和语音的发展规律作为根据,针对不同对象而从不同途径去研究古音的类别。审音法在古音研究中是辅助性的方法但也是普遍应用的方法,这些方法主要是起检验的作用或启发思路的作用,当文献不足以及疑似难明的时候,它是很重要的。

本文原发表于《语言研究》2002 年第 2 期,此次有修改。

### 注 释

① 江永《古韵标准·例言》,中华书局,1982 年,4 页。
② 戴震《答段若膺论韵书》,《声类表》卷首,《渭南严氏音韵学丛书》本,1923 年。
③ 王力《上古韵母系统研究》,《龙虫并雕斋文集》第一册,中华书局,1980 年,81 页。
④ 罗常培《汉语音韵学导论》,《罗常培文集》第三卷,山东教育出版社,2008 年,166 页。
⑤ 周祖谟《陈澧切韵考辨误》,《问学集》,中华书局,1966 年,575 页。
⑥ 唐作藩《论清代古音学的审音派》,《汉语史学习与研究》,商务印书馆,2001 年,第 2 页。
⑦ 冯蒸《汉语音韵研究方法论》,《汉语音韵学论文集》,首都师范大学出版社,1997 年,24 页。
⑧ 江永《音学辨微·八·辨等列》,《渭南严氏音韵学丛书》本,1923 年。
⑨ 江永《古韵标准》,27 页。
⑩ 同上书,31 页。
⑪ 同上书,46 页。

⑫ 王力《中国语言学史》,山西人民出版社,1981 年,146—147 页。
⑬ 江永《四声切韵表·凡例》,《粤雅堂丛书》本,1852 年。
⑭ 段玉裁《六书音韵表》表一"今韵古分十七部表",中华书局,1983 年。
⑮ 见段玉裁《声类表序》,渭南严氏音韵学丛书本《声类表》卷首,1923 年。
⑯ 戴震《答段若膺论韵书》。
⑰ 戴震《答段若膺论韵书》。
⑱ 孔广森《诗声类》卷五,中华书局,1993 年,17 页。
⑲ 同上书,10 页。
⑳ 王力《古韵脂微质物月五部的分野》,《龙虫并雕斋文集》第三册,中华书局,1982 年,59 页。
㉑ 罗常培、周祖谟《汉魏晋南北朝韵部演变研究(第一分册)》,科学出版社,1958 年,30 页。
㉒ 周祖谟《魏晋宋时期诗文韵部的演变》,《周祖谟语言学论文集》,商务印书馆,2001 年,154 页。
㉓ 同上书,169 页。
㉔ 周祖谟《齐梁陈隋时期诗文韵部研究》,《周祖谟语言学论文集》,193 页。
㉕ 周祖谟《魏晋宋时期诗文韵部的演变》,同上,172 页。
㉖ 同上书,174 页。
㉗ 孔广森《诗声类》,16—17 页。
㉘ 江有诰《复王石臞先生书》,《音学十书》,中华书局,1993 年,13 页。
㉙ 段玉裁《六书音韵表》,30 页。
㉚ 同上书,31 页。
㉛ 罗常培、周祖谟《汉魏晋南北朝韵演变研究(第一分册)》,26 页。
㉜ 同上书,33 页。
㉝ 同上书,36 页。
㉞ 周祖谟《魏晋宋时期诗文韵部的演变》,《周祖谟语言学论文集》,173 页。
㉟ 黄侃《与友人论治小学书》,《黄侃论学杂著》,上海古籍出版社,1980 年,157 页。
㊱ 黄侃《音略》,《黄侃论学杂著》,63 页。
㊲ 钱玄同《文字学音篇》,《钱玄同文集》第五卷,中国人民大学出版社,1999 年,47 页。
㊳ 参见林语堂《古音中已遗失的声母》、张世禄《中国音韵学史》第八章、王力《黄侃古音学述评》。
㊴ 李方桂《上古音研究中声韵结合的方法》,《语言研究》1983 年第 2 期。

㊵ 曾运乾《音韵学讲义》,中华书局,1996年,119—121页。
㊶ 同上书,121页。
㊷ 邵荣芬《邵荣芬音韵学论集》,首都师范大学出版社,1997年,89—90页。
㊸ 陆志韦《记邵雍皇极经世的天声地音》,《陆志韦近代汉语音韵论集》,商务印书馆,1988年,41—42页。
㊹ 谢·叶·雅洪托夫《十一世纪的北京音》,《汉语史论集》,北京大学出版社,191—192页。
㊺ 邵荣芬《切韵研究》,中国社会科学出版社,1982年,81页。
㊻ 同上书,83页。
㊼ 陆志韦《证广韵五十一声类》,《陆志韦语言学著作集》(二),中华书局,1998年,398页。
㊽ 李荣《切韵音系》,科学出版社,1956年,127页。
㊾ 俞敏《后汉三国梵汉对音谱》,《俞敏语言学论文集》,商务印书馆,1999年,17页。

# 上古汉语结果自足动词的语义句法特征

## 杨荣祥

## 一　引言

上古汉语中有一类动词,如"破、败、伤、灭、杀、断"等,近年来备受学者们关注,发表了许多有关的研究成果。但是对这类动词的基本性质、句法特征和语义特征,却没有一致的意见。有人说这类动词是"自动词"[①],有人说是他动词[②],有人说是他动词后来转为自动词[③],有人说是"作格动词"(ergative verb)[④]或"非宾格动词"(unaccusative verb)[⑤]。为什么会有这样的分歧?从各家的论述来看,是因为按照传统语法对动词的分类,这类动词既有他动词的特点,也有自动词的特点;如果引进作格理论或"非宾格假说"(unaccusative hypothesis),这类动词又很像某些作格语言中的作格动词或非宾格动词。

我们根据这类动词的语义特征和句法分布特征,将其命名为"结果自足动词"[⑥]。从语义特征看,这类动词的语义构成中既包含动作义,又包含结果义。简言之,"结果自足动词"即同时表示动作和动作结果的动词。如"齐破燕"(《战国策》),"破"既表示了施事"齐"的一个自主性动作,也表示了这一动作导致的结果。"结果自足动词"有其自身独特的语义句法特征,与其他语言中的所谓"作格动词"的性质并不完全相同(关于这类动词是否可以看作"作格动词"以及上古汉语是否具有作格性,我们将另文讨论)。

结果自足动词属于"综合性动词"[⑦],其独特的语义句法特征在上古汉语语法系统中具有重要地位,这类动词到中古向分析性句法结构发展,与汉语语法系统发生结构性变化有重大关系。限于篇幅,本文暂只对这类动词的语义特征和句法特征进行描写,这类动词的演变对汉语语法系统产生的影响将另文讨论。

## 二 结果自足动词的语义特征

### 2.1 自主性、可控性特征

所谓自主性特征,是指动词的词义结构中所包含的如下语义特征:动词所表示的动作行为是某一主体主动或自发施行的,并且是该主体可以控制的。具有自主性特征的动词就是自主动词。马庆株将现代汉语动词分为自主动词和非自主动词,发现这两类动词有很不一样的句法表现。[⑧]上古汉语的动词,根据语义特征,同样可以分出自主动词和非自主动词,本文所讨论的"结果自足动词"都属于自主动词,都具有自主性语义特征。例如:

(1)a 彼固亡国之形也……大王以诈破之,拔武安。(《战国策·秦策一》)

(2)a 壬戌,公败宋师于菅。(《左传·隐公十年》)

(3)a 十六年,楚复伐邓,灭之。(《左传·庄公六年》)

(4)a 宾孟适郊,见雄鸡自断其尾,问之。(《左传·昭公二十二年》)

(5)a 冬十一月壬午,灭陈。舆嬖袁克杀马毁玉以葬。《左传·昭公八年》

(6)a 王有所幸臣九人之属,欲伤安平君,相与语于王曰……(《战国策·齐策六》)

(7)a 郑强之走张仪于秦,曰仪之使者,必之楚矣。(《战国策·韩策》)

(8)a 田单乃惧,问鲁仲子曰:"先生谓单不能下狄,请闻其说。"(《战国策·齐策六》)

(9)a 子贡问政。子曰:"足食,足兵,民信之矣。"子贡曰:"必不得已而去,于斯三者何先?"曰:"去兵。"子贡曰:"必不得已而去,于斯二者何先?"曰:"去食。自古皆有死,民无信不立。"(《论语·颜渊》)

(10)a 楚一言而定三国,我一言而亡之。(《左传·僖公二十八年》)

(11)a 楚师宵溃,晋降彭城而归诸宋,以鱼石归。《左传·襄公二十六年》

(12)a 此赵宣孟之所以免也,周昭文君之所以显也,孟尝君之所以却荆兵也。(《吕氏春秋·报更》)

以上各例,动词"破、败、灭、断、毁、伤、走、下、去、定、降、却"都是出现在"NP$_1$ + V + NP$_2$"结构形式中 V 的位置,它们所表示的动作行为都是 NP$_1$ 主动施行并且可以控制的。如例1a,在"破之"这一事件中,动作行为是"大王"主动施行的,也是"大王"可以控制的;例12a,在"却荆兵"这一事件中,动作行为是"孟尝君"主动施行的,也是"孟尝君"可以控制的。余例类推。

从上面这些例句还可以看到,NP$_1$ 都由高生命度的名词性成分充当,而具有自主性、可控性语义特征的动词往往是和高生命度主体相联系的。

## 2.2 外向性特征

"破、败"等表示的动作行为不仅是施行主体自主的、可控的,而且必定是针对一定的对象发出的。我们把这种必定施及一定对象的语义特征叫作"外向性"特征。

李佐丰曾对"败"一类动词在先秦典籍中的分布做过统计,[⑨]李认为这类动词是"自动词",可是这类动词带宾语的比例却非常高,李认为这类动词所带的宾语为"使动宾语",与通常的受事宾语不同。然而根据什么证明这类动词所带的宾语一定是"使动宾语"而不是"受事宾语"呢?李试图通过语义转换来证明这一点,但是,首先这种转换在上古汉语中是很难找到实际用例的,其次,这种转换是先假设这类动词是"自动词",所以不能带"受事宾语",这就有循环论证之嫌。

我们认为,把上举例句中的 NP$_2$ 叫作"使动宾语"或"受事宾语"并不重要,重要的是必须承认,动词所表示的动作行为是 NP$_1$ 施加于 NP$_2$ 的,NP$_2$ 是动作行为的接受者。

"外向性"特征是和"自主性、可控性"特征联系在一起的。在"齐破燕""公败宋师"这样的句子中,NP$_1$ 只要是对"破、败"等表示的动作行为具有自主性和可控性,那么,动作行为就必定是有目的而且有目标的,动作行为就必定要施及一定的对象。"齐"对"破"具有自主性、可控性,"齐"实施"破"这一动作行为必须针对一定的目标,这一目标就是"燕";"公"对"败"具有自主性、可控性,"公"实施"败"这一动作行为必须针对一定的目标,这一目标就是"宋师"。

正是因为这类动词具有"外向性"语义特征,所以当它们出现在对动作行为具有自主、可控能力的名词性成分之后时,它们必须带宾语,如果不带宾语,句子的意义就会完全不同。即使这类动词和另外一个动词连用,后面也必须带宾语。而且,和这类动词连用的往往是典型的他动词,它们带一个共同的宾语,[⑩]如:

(1) 故往见郭隗先生曰:"齐因孤国之乱,而袭破燕……"(《战国策·燕策一》)

(2) 兄弟甥舅,侵败王略,王命伐之,告事而已。《左传·成公二年》

(3) 孔子闻之,使子贡往覆其饭,击毁其器。(《韩非子·外储说右上》)

(4) 余悉除去秦法。(《史记·高祖本纪》)

(5) 梁王……跪送臣等六人,将兵击却吴楚,吴楚以故兵不敢西。(《史记·韩长孺列传》)

以上各例中"破、败、毁、去、却"用在另一个他动词后,和他动词共带一个宾语,可见其后的宾语对于两个连用的动词来说,其语义角色是一样的——两个动词都以其为施及对象。这足以说明,及物性是这类动词固有的特点。这种句法表现正是和这类动词的"外向性"语义特征密切联系在一起的。

简单地说,"外向性"特征就是动词所表示的动作行为必定施及某个对象,而且施及一定的对象往往正是动作主体的目的。

### 2.3 "终结"语义特征

所谓"终结"语义特征,是指动词所表示的动作行为实施后,事件就有了结果,不能或不需要有持续过程;同时,在施事实施动词表示的动作之后,受事就会处于一种既成状态,这种状态伴随动作的终结而产生。"破、败"等动词都具有"终结"语义特征。如"齐破燕",当"齐"实施"破"这个动作行为后,齐国攻打燕国的事件就有了结果——燕国处于"破"的状态。

动词都具有时间过程意义。郭锐对现代汉语动词的过程结构作过很好的分析，他根据动词的过程结构的不同，将现代汉语的动词分为三大类十小类。⑪三大类是状态动词、动作动词、变化动词。其中变化动词的"续段"很弱，"终点"很强，所以其所表示的动作很难持续。上古汉语的动词虽然没有人对其过程结构进行过分析，而且目前还不知道运用什么标准来对其过程结构进行分析，但是，动词的过程结构是客观存在的。如果比照郭锐对现代汉语动词的分析，我们上文所举的动词都应该属于变化动词。这类动词之所以具有"终结"语义特征，从时间过程来说，就是因为它们的"终点"很强。

"终结"语义特征既然由动词的时间过程结构决定，那么具有"终结"语义特征的动词的"持续"意义就不强，动词表示的动作行为一经实施，整个事件就终结了，虽然终结的事件作为一种状态可以持续。如现代汉语的"他吃了一碗饭"，"吃"是可以持续的；"他倒了一碗饭"，"倒"就很难说还是可以持续的。"倒"表示的动作行为一经实施，整个事件就终结了，但是"饭倒了"这种状态是可以持续的。"倒"就是变化动词。上古汉语的"破、败"等动词也具有现代汉语"倒"这类动词相同的特点，不过，在"NP₁ + V + NP₂"这种句子里，"破、败"同时还具有"外向性"语义特征，因此，一方面，它们所表示的动作行为实施后，受事就处于一种既成状态，但是同时，动作行为本身又包含一定的延续过程——"破齐""败宋师"都是有"续段"的时间过程。就是说，这类动词"续段"不弱，"终点"又很强，所以我们将之叫作"结果自足动词"，即既包含动作，又包含结果。下面我们再拿上举例句进行分析。

"大王……破之"，"大王"从实施动作行为到"之(赵)"处于"破"这一既成状态是有持续过程的，但动作行为实施后，"之(赵)"就处于"破"的状态，动作行为终结。"公败宋师"，"公"从实施动作行为到"宋师"处于"败"这一既成状态是有持续过程的，但动作行为实施后，"宋师"就处于"败"的状态，动作行为终结。"晋降彭城"，"晋"从实施动作行为到"彭城"处于"降"这一既成状态是有持续过程的，但动作行为实施后，"彭城"就处于"降"的状态，动作行为终结。余例类推。

### 2.4 关于"破、败"等动词的"致使"义

很多学者都认为"破"这类动词含有"致使"义，如"败宋师"就是使宋师

败,"破之"就是使之破,"灭之"就是使之灭,"断其尾"就是使其尾断,"毁玉"就是使玉毁,"亡郑"就是使郑亡,"伤安平君"就是使平安君伤,"坏其馆之垣"就是使其馆之垣坏,"却荆兵"就是使荆兵却,"废之"就是使之废,"降彭城"就是使彭城降。从现代汉语出发,这样来理解这些句子的意义是可以的,但是,如前所述,把"败、破"等看作自动词的使动用法是有困难的。

我们承认"破、败"等动词含有"致使"义,但不是自动词的使动用法,而是动词本身具有"致使"义,即通过某种"外向性"的动作行为"致使"承受对象处于某种状态,导致某种结果。如"齐破燕",是"齐"通过外向性的动作行为如进攻之类"致使""齐"处于"破"的状态,导致"燕破"的结果。"致使"义是"破、败"等动词的词义结构中所固有的,并不是句法结构所赋予的。

语言里表达"致使"意义主要有三种手段。[12]其一是分析型使成式,如现代汉语的"老师(只说了一句话就)使他改变了观点"。上古汉语也有这种分析型使成结构,[13]如"弟子曰:先生之巧,至能使木鸢飞"(《韩非子·外储说左上》)。其二是形态型使成式,如土耳其语(见科姆里)。上古汉语是否有形态型使成式,目前还是个有争议的问题。有人认为上古汉语有的动词通过加词头或词尾而形成致使义,他们与汉语后来的声调演变以及"四声别义""清浊别义"有关系。可是像"破"这个动词,没有人证明其声调发生过什么演变,更没有发生过"四声别义""清浊别义"。而且,如果上古汉语中它是通过添加词头词尾的手段来表示致使义和非致使义,怎么解释其后来的演变呢?王力则在词汇层面看待一些动词的致使义和非致使义的对立,因为根据汉朝以来经师的记录,"败""断"等词的致使义用法和非致使义用法,其语音不同,因此是不同的词项。[14]可是"破"没有语音差别,怎么办呢?只好放到句法里用"使动用法"来解释。然而,在先秦时期,"破"的"使动用法"却比非"使动用法"多,[15]这是不好解释的。其三是词汇型使成式。根据科姆里《语言共性和语言类型》,词汇型使成式"指那些结果表达形式和宏观使成表达形式之间的关系毫无规律性因而只能作词汇处理而不能作任何能产过程处理的情形。这方面最明显的例子就是异干交替,如英语 kill 是 die 的使成式,或俄语 ubit(杀死)是 umeret(死亡)的使成式。异干交替形式是词汇型使成式最明显的例子,因为根据定义交替对的两个成员之间的形式联系没有任何规律性。[16]上古汉语存在一批"破、败"这样的"结果自足动词",它们的语义特征、句法表现和英语的 kill 一样,所以上古汉语可以看作是词汇型使成式和分析型使成式共存的语言,而在先秦时期,词汇型使成式似乎更占优势。

## 三 结果自足动词的句法特征

动词的句法特征与其语义特征是紧密相关的。上文已经分析了结果自足动词的语义特征,下面我们再来看结果自足动词所具有的句法特征。

### 3.1 结果自足动词进入的句法槽

结果自足动词可以出现在以下三种句法位置。

1)"$NP_1$ ____ $NP_2$"句法槽。如前文所举例 1a—12a。

2)"NP ____"句法槽。如:

(1)b 齐军<u>破</u>,向子以舆一乘亡。(《战国策·齐策六》)

(2)b 秦师轻而无礼,必<u>败</u>。(左传·僖公三十三年)

(3)b 苏子叛王即狄,又不能于狄,狄人伐之,王不救,故<u>灭</u>。(《左传·僖公十年》)

(4)b 故仁人之兵,聚则成卒,散则成列,延则若莫邪之长刃,婴之者<u>断</u>;兑则若莫邪之利锋,当之者溃。(《荀子·议兵篇》)

(5)b 虎兕出于柙,龟玉<u>毁</u>于椟中,是谁之过与?(《论语·季氏》)

(6)b 二月庚寅,宁喜、右宰谷伐孙氏,不克,伯国<u>伤</u>。(《左传·襄公二十六年》)

(7)b 秦王怒,张仪<u>走</u>。(《战国策·韩策一》)

(8)b 明日,乃厉气循城,立于矢石之所,乃援枹鼓之,狄人乃<u>下</u>。(《战国策·齐策六》)

(9)b 雪霜雨露时,则万物育矣,人民修矣,疾病妖厉<u>去</u>矣。(《吕氏春秋·察贤》)

(10)b 今国已定,而社稷已安矣,何不使使者谢于楚王?(《战国策·齐策六》)

(11)b 齐侯与之盟于徐关而复。十二月,卢<u>降</u>。(《左传·成公十

七年》)

(12)b 乃复悉士卒以攻邯郸,不能拔也,弃甲兵弩,战竦而却,天下固已量秦力二矣。(《韩非子·初见秦》)

3)"NP₁ + V ＿＿ NP₂"句法槽,即在连动共宾结构⑰中出现在 V2 的位置。如:

(1)c 故往见郭隗先生曰:"齐因孤国之乱,而袭破燕……"(《战国策·燕策一》)

(2)c 兄弟甥舅,侵败王略,王命伐之,告事而已,不献其功……(《左传·成公二年》)

(3)c 于是灭滕伐薛,取淮北之地,乃愈自信,欲霸之亟成,故射天笞地,斩社稷而楚灭之。(《战国策·宋卫策》)

(4)c 詈侮捽搏,捶笞膑脚,斩断枯磔,藉靡舌纋。(《荀子·正论》)

(5)c 孔子闻之,使子贡往覆其饭,击毁其器。(《韩非子·外储说右上》)

(6)c 夫禁杀伤人者,天下之大义也。(《吕氏春秋·去私》)

(7)c 李牧数破走秦军,杀秦将桓齮。(《战国策·赵策四》)

(8)c 初,燕将攻下聊城,人或谗之。(《战国策·齐策六》)

(9)c 孟尝君乃取所怨五百牒削去之,不敢以为言。(《战国策·齐策四》)

(10)c 乃拜彭越为魏相国,擅将其兵,略定梁地。(《史记·魏豹彭越列传》)

(11)c 以故满得兵威财物侵降其旁小邑,真番、临屯皆来服属,方数千里。(《史记·朝鲜列传》)

(12)c 梁王……将兵击却吴楚,吴楚以故兵不敢西。(《史记·韩长孺列传》)

## 3.2 他动、自动与使动、被动

"破、败"等动词可以出现在上述三种句法位置,而且不需要特殊的语境,也不需要在句子中添加特殊的标记,而别的动词如果没有特殊的语境或不添加特殊的标记,往往只能出现在其中的一种句法位置,这说明这类动词的句法功能也是很有特点的。正是这个特点,引起了学术界的广泛关注,也带来了对这些动词的语法属性的争论,特别是它们到底是属于他动词还是属于自动词的争论。

如果根据a组句法位置,它们应该属于他动词,因为它们必须带宾语;如果根据b组句法位置,它们应该属于自动词,因为它们不能带宾语。李佐丰认为在先秦汉语中,"败、灭、伤、定、闭、坏、折、绝"等都是自动词(李文没有提到"破")[18],它们带宾语都是使动用法,可是,这几个动词带宾语的频率却高于不带宾语,有的还悬殊特别大(据李文,带宾不带宾的比例分别是:"败"111∶32;"灭"115∶19;"伤"52∶15;"定"35∶27;"闭"19∶5;"坏"11∶10;"折"17∶4;"绝"11∶4。据宋亚云《汉语作格动词的历史演变及相关问题研究》,"破"带宾语的用例超过三分之二)。这就是个很奇怪的现象——为什么一个自动词带宾语的用法会多于不带宾语的用法?如果说是自动词的使动用法,为什么这类动词会经常用作使动呢?蒋绍愚认为在先秦典籍和《史记》中,"灭、伤、破、败、坏、解"等都是他动词,他们不带宾语都表示被动义,是"反宾为主"用法。[19]可是为什么这类动词会经常而且没有条件限制地用于"反宾为主"句,而许多别的他动词如"攻、伐、袭、侵、闻、射"等却很难或根本不能用于"反宾为主"句呢?

李文、蒋文都试图对这类动词的语法属性作出解释,他们的论证都有一定的道理。可是,如果我们将二者的论证联系起来进行比较就会看到,说这类动词是他动词,那么,b组用法就必须说它们是表示被动义,是"反宾为主"句;说这类动词是自动词,那么,a组用法就必须说它们是表示使动义,宾语为"使动宾语"。上古汉语有大量的使动用法,这从汉魏六朝经师的注疏中可以得到证明,也是学术界普遍承认的事实,同时,上古汉语又有大量的所谓"反宾为主"句,或叫无标记受事主语句,这也是不争的事实。所以将"破、败"等动词看作他动词或自动词,就上古汉语的语法系统来说,都是可以给予解释的。但这种解释并不能很好地回答我们上面提出的问题。

我们认为,如果一定要以能否带宾语作为标准,把动词分为自动词和他动词两类的话,在上古汉语中是有困难的,因为存在着一类处于他动词和自动词之间的过渡段的动词,那就是"结果自足动词"。"破、败"等动词都是"结果自足动词",它们的特殊句法分布,是它们作为动词的语义结构特点在句法上的映现。如前所述,这类动词的语义结构中包含动作和动作的结果,其动作义具有及物性,所以在句法结构中常常带宾语;其结果义具有既成状态性质,所以在句法结构中又能独立说明主语。动作义突出的,比较接近他动词,(1)类用法就会多一些;结果义突出的,比较接近自动词,(2)类用法就会多一些。

动词的语义结构由不同的语义成分(或叫"义素",sememe)构成。当一个动词进入实现的句子时,不同的语义成分凸显的强弱可能不同,因此表现出的句法功能也可能不同。"结果自足动词"进入 a 组句子即后面带宾语时,凸显的是其动作义,相应地表现出的句法功能是及物性功能;进入 b 组句即后面不带宾语时,凸显的是其结果义,相应地表现出的句法功能是状态描写功能。但是凸显其动作义,表现出及物性功能时,也包含了动作的结果;凸显其结果义,表现出状态描写功能时,也包含了造成这种结果和状态的动作。如:

(13)a 是晋、楚以秦破齐,以齐破秦。(《战国策·秦策二》)

(13)b 齐破,文请以所得封君。(《战国策·秦策三》)

(14)a 冬十月,郑伯以虢师伐宋。壬戌,大败宋师,以报其入郑也。(《左传·隐公十一年》)

(14)b 息侯伐郑,郑伯与战于竟,息师大败而还。(《左传·隐公十一年》)

例(13a)(14a)中"破""败"凸显的是动作义,分别表示"秦"对"齐"、"郑伯"对"宋师"发出了某种动作行为,而且动作行为分别是施加于"齐"和"宋师"的,同时这种动作造成了"齐破""宋师败"的结果;例(13b)(14b)"破""败"凸显的是结果义,分别是对"齐""息师"所处状态的描写,表示的是"齐""息师"由于遭受某种动作行为而呈现"破""败"的既成状态。简单地说,在例(13a)(14a)中,"破""败"的动作行为义强,而结果义隐含其中,例(13b)(14b)中,"破""败"的结果义强,而动作行为义隐含其中。将(13a)(14a)中的"破""败"看作自动词的使动用法,那是注重"破""败"的结果义,认为"秦"施及

"齐"、"郑伯"施及"宋师"的动作行为包含在结果义之中;将例(13b)(14b)中的"破""败"看作他动词的被动用法,那是注重"破""败"的动作行为义,认为"齐""息师"是遭受了某种动作行为才出现"破""败"的结果或呈现"破""败"的状态,结果义包含在动作义之中。如果我们先不预设"破""败"是他动词还是自动词,而是从动词在实现的句子中语义成分凸显的强弱不同因而表现出来的句法功能有差异这个角度看问题,那么,我们就既无须把 a 句和"使动用法"相联系,[20]也无须把 b 句和"被动用法"相联系。[21]

### 3.3 从 c 组句看结果自足动词的句法特征

下面我们再根据 c 组句来看"破""败"等动词的功能特征。

c 组句中,"破""败"等出现在另一个动词之后,后面再带一个名词性成分。杨荣祥把这种"$V_1V_2$ + NP"叫作"连动共宾结构",并指出这种结构出现于先秦,盛行于西汉。[22]上文所举 12 个"结果自足动词"都能够出现在"连动共宾结构"中 $V_2$ 的位置,特别是在西汉的《史记》中相当常见。据杨荣祥,能够出现在 $V_2$ 位置的动词并不限于"结果自足动词",[23]但从《史记》来看,典型的结果自足动词如"破""败""灭""断""走"等比其他动词更容易出现在 $V_2$ 的位置;有些结果自足动词也能够出现在 $V_1$ 位置,但是如果出现在 $V_1$ 的位置,那么 $V_2$ 位置必定也是一个结果自足动词,如上举例(6c)(7c)。[24]$V_2$ 位置也可以是普通他动词,但是,如果普通他动词出现在 $V_2$ 位置,那么 $V_1$ 位置也必须是普通他动词。也就是说 $V_1$、$V_2$ 只可能有三种组配:(1)二者都是普通他动词;[25](2)二者都是结果自足动词,如上举例(6c)(7c);(3)$V_1$ 是普通他动词,$V_2$ 是结果自足动词,如前举例(1c)—(5c),(8c)—(12c)。极少有第四种组配,即 $V_1$ 是结果自足动词,$V_2$ 是普通他动词。[26]为什么第四种组配极少,下文再讨论。

在 c 组句中,$NP_2$ 是 $V_1$ 和 $V_2$ 共同携带的宾语,这是由这种连动共宾结构的来源决定的(参见杨荣祥,《论上古汉语连动共宾结构》),即这个宾语是 $V_1$、$V_2$ 分别所带宾语的归并(因为所指相同)。在第三种组配中,$NP_2$ 与 $V_1$ 的关系无疑是动作行为与受事的关系,它与 $V_2$ 的关系也应该是动作行为与受事的关系。如果将 $NP_2$ 看作 $V_2$ 的"使动宾语",我们不好解释两种不同性质的宾语怎么可以归并。同时,在 c 组句中,$V_1$、$V_2$ 都表示 $NP_1$ 自主、可控且有目的的动作行为，也是 $NP_1$ 直接施行的动作行为，如果说 $NP_2$ 是 $V_2$ 的"使动宾语"，那么，$NP_1$ 相对于 $V_1$、$V_2$，就成了两个不同的语义角色，这也是不好解释的。另外，如果这样，对句子的意义理解也很烦乱，如"击毁其器""攻下聊城"，要理解为"击其器,使其器毁"，"攻聊城,使聊城下"。所以我们认为，在 c 组句中，$NP_2$ 同样应该看作充当 $V_2$ 的结果自足动词的施及对象，$V_2$ 的"外向性"语义特征和"及物性"功能特征在句子中都得以凸显。但是，当结果自足动词处于 $V_2$ 位置时，它的"动作"义往往与 $V_1$ 的意义发生复叠。如"齐破燕"，"破"既表示了"齐"对"燕"施加某种动作行为（如"攻、袭"之类），又表示了动作行为的结果（燕处于"破"的状态）；在"（齐）袭破燕"中，"破"表示的动作行为义与"袭"复叠，"破"就是"袭"的结果，因此，"破"的动作义被 $V_1$ 抑制，在句子中结果义得到凸显。这样，如果从与 $NP_2$ 的关系看，$V_2$ 在句子中凸显了动作义，功能上具有及物性，如果从与 $V_1$ 的关系看，$V_2$ 在句子中凸显了结果义，功能上具有描写性。由此可见，在 c 组句中，结果自足动词的语义特征和功能特征是体现得最完整的。而在 a 组句中，因为"破、败"等后面带宾语，"外向性"语义特征和及物性功能特征就容易凸显，"终结"语义特征和描写功能就自然受到抑制；在 b 组句中，因为不带宾语，直接陈述主语的状态，"终结"语义特征和描写功能就容易凸显，"外向性"语义特征和及物性功能特征就自然受到抑制。

  如果按照通常将动词分为他动词和自动词的做法，无论把"破、败"等看作他动词还是自动词，在 a、b 两组句子中，a 组句的 $NP_2$、b 组句的 NP 和 V 的语义关系都是一样的：看作他动词，则 a 组句的 $NP_2$、b 组句的 NP 都是 V 所表示的动作行为的受事或施及对象；看作自动词，则 a 组句的 $NP_2$、b 组句的 NP 都是 V 所表示的动作行为的施事或当事。单从 a、b 两组句子来看，这样处理是说得过去的，但如果结合 c 组句，就有问题了。c 组句的 $NP_2$ 在先秦和西汉时期，绝对不能无条件地出现在 $V_1V_2$ 之前。比如不可能有"燕袭破""王略侵败""社稷焚灭""枯磔斩断"等形式。由此可见，"（$NP_1$ +）V + $NP_2$"与"NP + V"表示的意义是不同的，a 组句的"$NP_2$"与 V 的关系和 b 组句的"NP"与 V 的关系也是不同的。我们认为，在 a 组句中，$NP_2$ 是 V 的受事，V 主要表示施事的"外向性"动作行为；在 b 组句中，NP 是 V 的当事，V 主要表示当事所处的状态。

语言材料中也有 $V_2$ 为结果自足动词的"$NP + V_1 + V_2$"句,如:

(6)《商书》曰:"恶之易也,如火之燎于原,不可乡迩,其犹可扑灭?"(《左传·庄公十四年》)

(7)而胶西、胶东、济南、菑川王咸诛灭,地入于汉。(《史记·齐悼惠王世家》)/淮阴、黥布等皆以诛灭。(《史记·萧相国世家》)

(8)今上祷祠备谨,而有此恶神,当除去,而善神可致。(《史记·秦始皇本纪》)

(9)达子收余卒,复振,与燕战,求所以偿者,闵王不肯与,军破走。(《战国策·齐策六》)

(10)二十六年,晋率诸侯伐秦,秦军败走,追至泾而还。(《史记·秦本纪》)

(11)其后箕子朝周,过故殷虚,感宫室毁坏……(《史记·宋微子世家》)

这些例子是可以解释的。例(6)"灭"用在另一他动词"扑"后,不带宾语,但是,句中有"可",这是上古汉语受事主语句的一种形式,句中的他动词一般是不能够带宾语的,动词的受事已经出现在前面,所以,即使他动词"扑"后面没有一个结果自足动词"灭",其后也不能再出现受事宾语。例(7)"灭"与"诛"连用而后面不带宾语,是因为"诛灭"的对象是复数形式,这个复数形式由副词"咸、皆"加以总括,而"咸、皆"这样的总括副词通常要求其总括对象出现在其前面,所以"诛灭"的受事宾语只能提到连用动词之前,这样就导致了"诛灭"之后不再出现 NP。例(8)"除去"之后可看作宾语"之"省略。《史记》中"除去"共 6 例,仅此一例不带宾语。例(9)"破"和"走"都是结果自足动词,"军破走"相当于两个 b 组句"军破""军走"的合并,"破"和"走"的位置遵循时间顺序原则。《史记》中"破走"出现 3 次,都是"$NP_1$ 破走 $NP_2$",如"项羽已破走彭越"(《高祖本纪》)、"(秦开)归而袭破走东胡"(《匈奴列传》)、"田单用即墨破走骑劫"(《太史公自序》),这可以看作两个 a 组句"$NP_1$ 破 $NP_2$""$NP_1$ 走 $NP_2$"的合并,"破"和"走"的位置同样遵循时间顺序原则。例(10)可作和例(9)同样的解释。[20]例(11)是两个结果自足动词的并列。

## 四　结语

　　上古汉语到底有哪些动词应该归入"结果自足动词",还需要细致调查和论证,但存在一批像"破""败"这样的既具有动作行为义又具有结果义的动词,这是可以肯定的。给这类动词取个什么名称,我们认为不是最重要的,重要的是将它们的句法表现特点描写清楚,并且应该注意,其句法表现是由其语义特征决定的。我们不主张把这类动词叫作作格动词,就像吕叔湘所指出的:"很重要的一点是区别作格语言和受格语言必须要有形态或类似形态的手段做依据。汉语没有这种形态手段,要说它是这种类型或那种类型的语言都只能是一种比况的说法。如果汉语的动词全都只能,或者大多数只能进入前面提出来的第二格局,不能进入第一格局,那么说它是作格语言还有点理由。可事实上汉语的及物动词绝大多数都能进入第一格局的二成分句,而进入第二格局的二成分句却很受限制。这就很难把汉语推向作格语言的一边了。"㉘上古汉语是否有形态,如前所述,目前还没有定论,而且本文所论"结果自足动词"的句法表现也与典型的作格语言的作格动词有很多不同(这个问题将另文讨论)。

　　对于这类动词,以往研究多根据a组用法和b组用法的对立来论证其句法功能,或将a组用法看作基本类,将b组用法看作派生类,或反过来。虽然都能自圆其说,但都无法解释:为何有那么多派生类用法?为何大量的别的自动词没有a组用法,大量的别的他动词没有b组用法?本文认为,这类动词之所以能够自由地用于a组句和b组句,是由其语义特征决定的,因为这类动词既有动作义,又有结果义,故我们将之命名为"结果自足动词"。特别是结合c组用法,我们更能够看清这类动词既不同于普通他动词又不同于普通自动词的句法功能特征,而且c组用法也有利于证明将这类"结果自足动词"看作通常所说的"作格动词",也不是很好的处理办法。

　　c组用法在上古汉语中是很常见的,这与上古汉语存在着大量的连动共宾句有关(参见杨荣祥《语义特征分析在语法史研究中的作用》),也与上古汉语允许一个句子有两个陈述中心(杨荣祥称之为"双陈述结构",参见杨荣祥《"而"在上古汉语语法系统中的重要地位》)有关。连动共宾结构到中古后逐渐少见,但结果自足动词仍然能够出现在"NP$_1$ + V ＿＿NP$_2$"句法槽,这与这类动词具有结果义有很大的关系,也正是因为其具有结果义,才会发生与其前的动词结合成为"动结式"的演变。

原载于《语文研究》2017 第 1 期。

**注 释**

① 李佐丰《先秦汉语的自动词及其使动用法》,《语言学论丛(第十辑)》,商务印书馆,1983 年;《先秦的不及物动词和及物动词》,《中国语文》1994 年第 4 期。

② 蒋绍愚《内动、外动和使动》,《语言学论丛(第二十三辑)》,商务印书馆,2001 年。

③ 梅祖麟《从汉代的"动、杀"、"动、死"来看动补结构的发展》,《语言学论丛(第十六辑)》,商务印书馆,1991 年;又载《梅祖麟语言学论文集》,商务印书馆,2000 年。

④ 魏培泉《说中古汉语的使成结构》,《中研院史语所集刊》第七十一本,第四分册,2000 年。[日]大西克也《施受同辞刍议——〈史记〉中的"中性动词"和"作格动词"》,《意义与形式——古代汉语语法论文集》,Lincom Europa,2004 年。宋亚云《汉语作格动词的历史演变研究》,北京大学出版社,2014 年。

⑤ 杨作玲《上古汉语非宾格动词研究》,商务印书馆,2014 年。

⑥ 杨荣祥《论上古汉语的连动共宾结构》,"新世纪汉语史发展与展望国际学术研讨会"(杭州,2003)论文,《中文学刊》(香港)2005 年第四期;《语义特征分析在语法史研究中的作用——"V1 + V2 + O"向"V + C + O"演变再探讨》,《北京大学学报(哲学社会科学版)》2005 年第 2 期;《论"词类活用"与上古汉语"综合性动词"之关系》,《历史语言学研究(第六辑)》,商务印书馆,2013 年。

⑦ "综合性动词"不是从语法属性给动词分出的类,而是根据动词的语义特征命名的,包括本文讨论的"结果自足动词"以及"对象自足动词"和"方式伴随动词"(见杨荣祥《语义特征分析在语法史研究中的作用——"V1 + V2 + O"向"V + C + O"演变再探讨》《论"词类活用"与上古汉语"综合性动词"之关系》)。

⑧ 马庆株《自主动词和非自主动词》,《中国语言学报》1988 年第三期;又见《汉语动词和动词性结构》,北京语言学院出版社,1992 年。

⑨ 李文具体讨论的动词跟我们这里列举的不完全相同,如"破"李文就没有提到。见李佐丰《先秦汉语的自动词及其使动用法》《先秦的不及物动词和及物动词》。

⑩ 杨荣祥《论上古汉语的连动共宾结构》。

⑪ 郭锐《汉语动词的过程结构》,《中国语文》1993年第6期。
⑫ 见[美]伯纳德·科姆里著,沈家煊译,《语言共性和语言类型》,华夏出版社,1989年。
⑬ 参见魏培泉《说中古汉语的使成结构》;宋亚云《汉语作格动词的历史演变及相关问题研究》,北京大学博士学位论文,2005年。
⑭ 王力《古汉语自动词和使动词的配对》,《王力文集》第十六卷,山东教育出版社,1990年;曹先擢《汉字的自动义与使动义》,《纪念王力先生九十诞辰文集》,山东教育出版社,1992年。
⑮ 见宋亚云《汉语作格动词的历史演变及相关问题研究》。
⑯ [美]伯纳德·科姆里著,沈家煊译,《语言共性和语言类型》,211页。
⑰ 杨荣祥《论上古汉语的连动共宾结构》。
⑱ 李佐丰《先秦汉语的自动词及其使动用法》《先秦的不及物动词和及物动词》。
⑲ 蒋绍愚《内动、外动和使动》。
⑳ 如前文所述,我们承认在a组句中"破""败"等动词具有"致使"义,但这种意义是动词的词义结构中固有的,不是通过句法格式形成的"使动用法"获得的。
㉑ 从NP与V的语义关系看,b组句大都可以看作受事主语句,但我们不认为这是动词的被动用法(详下文)。
㉒ 杨荣祥《论上古汉语的连动共宾结构》。
㉓ 同上注。
㉔ "杀"在上古汉语中也是一个结果自足动词,它和"破"等一样可以进入三种句法位置。可参见杨荣祥,《古汉语中"杀"的语义特征和功能特征》,《汉语史学报(第二辑)》,上海教育出版社,2002年。
㉕ 如"见说赵王于华屋之下"(《战国策·秦策一》),"越王乃令其中军衔枚潜涉,不鼓不噪以袭攻之,吴师大北"(《国语·吴语》)。(参见杨荣祥,《论上古汉语的连动共宾结构》)
㉖ 《史记》中有"戎狄以故得入,破逐周襄王,而立子带为天子"(《匈奴列传》),"章邯以破逐广等兵"(《李斯列传》)。——"逐"是他动词充当V2,V1是"破"。这似乎是反例。但我们知道,在上古汉语的连动共宾结构中,连用的两个动词一定遵循时间顺序原则(参见杨荣祥,《论上古汉语的连动共宾结构》),"逐"只能在"破"之后实现,不可能相反。
㉗ 值得注意的是"败走"在《史记》中出现了26次,都是"NP败走"用法而没有"NP1败走NP2"的用法。
㉘ 吕叔湘,《说"胜"和"败"》,《中国语文》1987年第1期。

# 从谐声层级和声符异读看百年来的上古复辅音构拟

孙玉文

## 一 缘起

上古音,是周秦两汉时期的汉语语音系统。英国人艾约瑟从1876年开始,提出上古汉语可能有复辅音声母的假说,后来一些学者更试图给上古汉语构拟一套复辅音。一百多年以来,中外学术界就上古汉语有没有复辅音问题展开了热烈的讨论,观点各异。近二十年来,上古有复辅音的假说的拥护者越来越少;越来越多的人提供新证据,采取新角度,论证上古汉语没有复辅音。目前还没有发现针对最近上古无复辅音的论著提出深入批评的文章。像白一平、郑张尚芳等人,基本不顾及学术界对他们构拟复辅音的一些错误看法从微观和宏观方面提出的批评,自说自话,还在宣称上古有复辅音是定论,这种做法是不科学的,反映他们缺乏应有的科学精神。

我在2002年以后,对反映上古声母的材料做了较为系统的搜集、整理,回过头思考有关上古复辅音论著提供的根据,深感按照以前的那些论证,很难证实其观点的真实性。以前论证上古有复辅音,最重要的证据是谐声字,可是既有的研究对谐声字的规律钻研得很不够。无论上古有没有复辅音,咱们还必须做另外一件事:即使上古有复辅音,总有一天,这个复辅音会消失吧?它消失的时间难道不应该去探讨一下吗?复辅音总不至是《切韵》编纂的头一天晚上才消失吧?于是我换个角度,想探讨例外谐声中声母例外出现的时代。摸了相当多的材料之后,所得结果令我大吃一惊,原来那些所谓的例外相通,上古早已经如此了,上古没有复辅音。于是我写了系列文章,从不同角度论证上古汉语没有复辅音声母。这些文章都收进了我的论文集《上古音丛论》中,[①]有兴趣的读者朋友可以参看,这里不赘。

我原来对汉字的在声母方面的例外谐声提出一些新看法,发现谐声层级有不少反映了语音的变化,研究谐声系列的形成要注意文字的既有系统。因此从谐声层级和谐声系列的系统形成的角度出发,承认上古只有少量的例外谐声,或读音的例外相通;过去人们当作例外谐声的字绝大多数不是例外谐声或例外相通。例如,"各"的谐声系列,有来母和牙喉音两组,有人以为来母是例外,因为"各"中古只有见母读法。这两组各有若干个字。于是来母有多少个从"各"声的字,就有多少例外。我的看法不同:无论从"各"声的来母字有多少,最多只能算一个例外。因为这些字不是同时造的,必然有一个字先造出来,其他的读来母的字,可以仿照这个字来造。这样一来,原来认为是例外谐声的比例会成倍成倍地减少,例外谐声就相当罕见了。

现在,我的看法又有推进。既然承认有极少量的例外谐声,因此有朋友经常问我,对这极少量的例外谐声,你不作上古汉语有复辅音的假定,又怎么对它们进行语言学的解释呢?希望我给出语言学的解释。

朋友们的追问完全符合科研程序,问得好。其实我是有解释的,只是我原来发表的文章没有摊开谈,没有交代仔细,所以大家有疑问。本文试图论证:我原来承认属于"例外谐声"的极少数的字,它们基本不属于例外谐声,真正的例外谐声几乎没有;所谓的读音例外,是在谐声字以前的阶段。其读音例外是不同时期的历史积淀,不能扭曲到一个共时的音系中做系统构拟。我的这一想法,希望海内外博雅批评指正。

## 二 例外谐声字的字音在上古内证材料中的反映

例外谐声,建立在例内谐声的基础上。声母方面例外谐声的轨迹,不像研究韵部的通转那样有《诗经》之类的韵脚材料,研究起来远没有韵部方面那么容易处理。学者们将上古一组一组的谐声系列衰辑在一起,先将每一组谐声系列在《切韵》音系中的声母类别标识出来;然后将有相同或大致相同语音表现的不同组的谐声系列集中在一起,通过一定的统计手段,将《切韵》音系中经常碰在一起的相同或不同的声母看作是符合通例的谐声,从而确定它们为例内谐声,得出谐声原则;如果碰在一起的不同声母极少见,或极个别,就处理为例外谐声。我原来想分别特殊谐声和例外谐声这两个概念,其实没有什么科学依据,现在统称"例外谐声"。不难看出:(一)上古的谐声系列可谓上古的内证材料;(二)《切韵》音系是确定上古声母的例内、例外谐声的重要参照。明了"(二)"很重要,后文将对此做法展开讨论。这里先撇开它,看看这些例外谐声在上古内证材料中的反映。

例外谐声既反映在声母方面,也反映在韵部方面。就声母方面说,上古音中,所谓的例外谐声,基本上早已例外了。详参拙作《上古音丛论》中《试论跟明母谐声的晓母字的语音演变》《上古汉语特殊谐声中声母出现特殊变化的大致时代的一些例证》诸文。下面只以双声联绵词和古诗歌的语音技巧为材料,就《诗经》的例子补充论证:《诗经》时代的汉语已是单声母格局,没有复辅音声母。②

例如"睍睆",鸟好貌。大家公认它是双声兼叠韵联绵词。"睍"从"见"声,从"见"声的字,中古分属见、溪、疑、晓、匣、透、泥、心等声母;"睆"从"完"声,"完"从"元"声,从"元"声的字,中古分属见、溪、疑、匣等声母。按照有人的构拟原则,"睍"和"睆"分别都要构拟成复辅音。事实上,郑张尚芳《上古音系》就是这样构拟的,"睍"是 geenʔ,"睆"是 fiŋroonʔ。明明是双声兼叠韵联绵词,被他构拟得既不双声,也不叠韵。难道作者不承认"睍睆"是双声兼叠韵联绵词吗?那么请举出证据来,证明这两个字既不双声,也不叠韵,既有的共识是错误的。其实,只有承认"睍睆"《诗经》时代是单辅音格局,它们都是匣母,问题才能真正解决。否则,我想不出更好的解决办法。

"栗烈",相当于"凛冽",严寒貌。大家公认它是双声联绵词。"栗"是象形字,从"栗"声的字无一例外都是来母,因此"栗"一定是单辅音来母字。"烈"从"列"声,"列"从"歺"声,从"歺"声的字,中古有疑、来、见、精、澄、穿的读法。按照有些人的构拟原则,"烈"得另拟一类辅音;不这样,则会在材料的处理上随随便便,进退失据。这样一来,"栗"是一类辅音,"烈"是另一类辅音,"栗烈"还可以双声吗?

"流離(离)",一种鸟,大家公认它是双声联绵词。"流"是会意字,来母,从来没有彻母读法。"離"从"离"声。"离"是象形字,从它得声的,中古有彻、来的读法。按照有些人的构拟原则,"離"得拟为另一类声母。这样一来,"流"是一类辅音,"離"是另一类辅音,"流離"还能双声吗?

"緜(绵)蠻(蛮)",小鸟貌,大家公认它是双声兼叠韵联绵词。它跟"蘼芜、蠛蠓、霡霂、溟濛"等同源,都含有"小"义。请注意:这里的第二个音节"芜、蠓、霂、濛"都是明母字,因此"蠻"也应是明母。"緜"是会意字,明母。"蠻"从"䜌"声,"䜌"也是会意字。从"䜌"声的字,中古分属来、见、影、帮、滂、明、山等好几个声母。按照有些人的构拟原则,"蠻"得拟为另一类辅音。但是"緜"只能是明母。"緜"是一类辅音,"蠻"是另一类辅音,"緜蠻"还能双声吗?

"霡霂",小雨,大家公认它是双声联绵词。它跟"蘼芜、蠛蠓、緜蠻、溟濛"等同源。请注意:这里的第一个音节"蘼、蠛、緜、溟"都是明母,因此"霡"也应是明母。"霡"从"脈(脉)"声,"脈"从"𠂢"声。从"𠂢"声的,滂母、明母都有。按照有些人的构拟原则,"霡"得拟为跟明母不同的辅音。可是"霂"从"沐"声,"沐"从"木"声,从"木"声的谐声系列只能是明母。如果"霡"是一类辅音,"霂"是另一类辅音,"霡霂"能双声吗?其实"脈"是"𠂢"的滋生词,是滂母改读明母构词。

《诗经》中有不少讲语音技巧的地方,只要注意一下,就可以发现,有些也可以用来证明复辅音的构拟不能解决问题。例如《周南·卷耳》:"陟彼高冈(冈),我马玄黄。"其中,"高冈"和"玄黄"分别双声。"高"是一个象形字,从"高"声的字,中古分属见、溪、晓、匣等声母,"高"上古无疑是牙音(即王力先生的喉音),见母。"冈"是形声字,从"网"声,从"网"声的字,中古分属明、见二母。按照有人的构拟原则,"冈"得拟为跟见母不同的辅音。如果"高"是一类辅音,"冈"是另一类辅音,"高冈"能双声吗?学术界早已论证清楚"高冈"为双声,有的复辅音的信奉者只好将"冈"拟为单辅音见母字。这样,他们处理材料就左支右绌了,面对同样性质的例外谐声,处理起来没有一贯性,太随心所欲了。

就韵部方面说,这种例外谐声跟声母方面的表现具有一致性,即它们所谓的例外谐声上古已形成例外。这充分体现了语音变化的系统性。例如《诗经》中，从"求"声的字归幽部，但"裘"归之部；从"才"声的字归之部，但"存"归文部；从"夭"声的字归宵部，但"饫"归侯部；从"青"声的字归耕部，但"巧笑倩兮"的"倩"归真部；从"禺"声的字归侯部，但"颙"归东部；从"奴"声的字归鱼部，但"呶、怓"归宵部；"从"每"声的字归之部，但"悔"归侯部；从"斤"声的字归文部，但"颀"归微部；"朕"归侵部，但是"腾、䞢、勝（胜）"等字归蒸部，"䐙"归职部；从"旦"声的字归元部，但"怛"归月部；从"难"声的字归元部，但"儺"归歌部；"内"归物部，但"纳衲"归缉部；"乏"归葉（叶）部，但"贬"归谈部。上古"恶、著"有鱼部、铎部的读音，"亡"有鱼部、阳部的读音，等等，用例不少。

语音的演变，导致以前的音类和它的后代有同有异。但是相同的地方是主要的。我们按现代汉语各方言去读《诗经》，绝大多数韵段或一个韵段的大多数字仍然是合辙押韵的。江永深知这个道理，《古韵标准·例言》说："《三百篇》者，古音之丛，亦百世用韵之准。稽其用韵之字，凡千九百有奇。同今音者十七，异今音者十三。"同一个谐声系列的字，声母一般合乎谐声通例，韵部一般归同一部类。

周秦时期，离造字时代比今天近多了，音类的变化远没有今天这样大。但既然有一两千年，因此，同一个谐声系列的字，个别时候，它们的读音会相差甚远。这在上古声母、韵部方面都有表现。有人设想，凡同一个谐声系列的字，在上古时代应假定为读音相同或相近，这是不尽正确的想法。它忽视了汉语语音不是从商周以后才开始变化的，忽视了异读，忽视了异读是不同时期的堆积，扭曲了事实。

大量反映上古声母信息的材料，无论是出土的，还是传世的，都有力证明：以前用来构拟复辅音的那些声母方面的例外谐声，这种例外在《诗经》时代，就已经成为例外，跟中古音完全对应，是单辅音格局。例如"蛮"，它不是复辅音，而是单辅音的明母。研究上古音，怎能忽视这些材料呢？如果你要坚持上古有复辅音的意见，你必须对这些材料做出另外的科学解释。

问题还在于：韵部方面的例外谐声人们放过去了，几乎没有人像构拟声母那样，系统地构拟一套韵部，也就是一套新音类。例如"存"字，它从才得声，"存"和"在"是同源词，但是没有人为之部和文部相转的字另拟一类韵母。声母方面的处理则不然,有人据例外谐声构拟一套复辅音,也就是一套新音类。这种构拟在材料的处理上不一致,逻辑上没有一以贯之,不是一种自洽的系统。

既然上古已是单辅音的格局,已经形成例外了,那么例外谐声的材料,除了用谐声层级的理论,论证绝大多数的"例外"不属例外,剩下还有极少数似乎只能处理为"例外"。人们有理由追问:它们在上古是否例外? 是否还可以对它们进行语言学的科学解释? 我的回答是:完全可以对这些极少数的所谓"例外"作出科学解释,这些"例外谐声"在上古根本不是例外谐声,谐声时代几乎没有什么例外谐声,读音的例外相通是在谐声时代以前的象形、指事、会意的那些阶段。

解决问题的关键是:必须充分重视早期汉语的异读字。这一个重要视角,以前研究上古声母时严重忽视了;利用谐声字寻求上古有复辅音,最主要的失误,就是忽视了这一视角,扭曲了事实。下面将致力于回答这一问题。为了回答得更好,我们需要对整个异读现象做一个鸟瞰式的分析。

## 三 汉字异读音义关系分析之重要性

异读指一个语言系统中一个字形有两个或两个以上的读音。它常常反映汉语词的异读和词的分化,但不仅仅如此,像同形字、训读字、假借字,都会造成一个字形有异读,可是它们所记录的词不一定有异读。这首先要看它们所记录的语言符号是不是有异读,比如假借字的读音要跟着它记录的词的读音走。任何语言、任何时代都会产生异读,例如现代汉语中,"的"字有 dī(的士)、dí(的确)、dì(目的)、de(助词)四个读音,这些异读的产生最多不过几百年的时间,的士的"的"的读音产生不过最近二十年。也会消失一些异读,例如"下"原来有上去两读,今天只有去声读法;"洋"原来有声母不同的异读,今天只取一个读音。更多的字,它们将上古以来的异读都传承下来了,例如"恶"的三读、"好"的两读。

### (一)汉字形体结构分析的音义匹配原则

一个语言符号,无论它有几个读音,都是一定的义和一定的音配合在一起。这是社会决定的,任何个人都不能任意地加以改变;但是不同时代语言符号的音义匹配又是可以变化的。我们通过汉字去研究古代的音义匹配,都必须根据后代的音义匹配关系去研究前代的音义匹配情况,必须音义匹配。

以前,人们有时候说,上古没有某一个声调,比方说,古无去声。有人据此作为不必重视音义匹配的理由,以为某字中古读去声,上古读上声或入声,因此研究古音,音义不一定要匹配。这是理论上的基本失误。人们得出古无去声,并没有破坏音义匹配的根本原则。实际的研究程序是:第一步,人们先得出某字中古的音义匹配,如"好"的上去两读,词义不同。第二步,研究人员以此为参照,研究"好"在上古的音义匹配情况,像"知子之好之"的"好",他先得根据中古至今的"好"上去二读的音义匹配关系,跟上古出现的"好"认祖归宗,确定上古文献的"好"哪一个是爱好的"好",这是中古去声读法的前身;哪一个是美好的"好",这是中古上声读法的前身。这种认祖归宗的程序,必然注意了符号的历史同一性。第三步,他们根据上古爱好的"好"跟上声相押、相通,得出爱好的"好"上古读上声,不读去声。一个研究者,如果他越过第一步,直接进入二三两步,说古无去声,其结论就没有任何说服力。当然,根据上古内证材料得出古无去声,其结论是颇可商榷的,这里不谈。由此可见,研究者说古无去声,他们无法越过确定音义匹配的历史同一性这一步骤,只不过有时做得没有那么细致。

在研究古文字的过程中,人们有时候会碰到像甲骨文中"月、夕"二字不分之类的情况。人们之所以说甲骨文中,有时"月、夕"二字不分,实际上也是有三个步骤。第一步,他们知道中古"夕、月"二字各自的音义匹配。我们应该想到,这一步仍然是按照音义匹配的原则来对号入座、认祖归宗的。如果不经过这一步,他们怎么知道这二字不分呢?因此,这第一步,是必须要走的。第二步,他们以此为参照,认识到甲骨文中,某些地方应该作"月"讲,却写成了"夕"字;另一些地方,应该作"夕"字讲,却写成了"月"字。第三步,他们看出甲骨文中"月、夕"二字混用,才得出结论:甲骨文"月、夕"二字不分。第三步的推理当然有问题,即使甲骨文"月、夕"二字完全混用,也不能证明"月、夕"是同一个语言符号、同一个词。由第一步可知,研究前代的语言符号和文字符号,无论自觉与否,都很自然地认祖归宗。

同理，我们研究谐声字的声符的语音，也得认祖归宗，必须将谐声字声符的读音认定建立在音义匹配的基础上，一定要研究清楚谐声字的声符，也就是主谐字，有几个读音。因此，必须以中古字的音义匹配为参照，去寻求上古跟中古语言符号的历史同一性。考虑到上古和中古音义匹配的可能变化，因此，在寻求这种历史同一性的同时，还必须充分注意到上古自身音义匹配跟中古不一样的地方。

据此，研究古音，必须坚持音义匹配原则。同一个声符，有不同的读音，除了有时地不同的因素，还有意义不同、同形字等情况。义不同则音可能不同，其谐声系列的读音也就不同。这种不同可以按音义相通的规律，检查其读音差异与意义差异的情况。为了使我们的研究工作真正做到音义匹配，就必须将历史上具体字音义匹配的实际情况弄清楚。多少年来的研究，在这方面花的功夫不够，因此有关上古声母方面的谐声原则和复辅音构拟存在相当大的弊病，必须改进。

(二) 音义匹配原则与谐声层级系统的一致性

学术界已从甲骨文中谐声字相对较少的事实推定：汉字中，谐声字是后起的造字现象，汉字假借在谐声字造字法之前已出现。这是大家公认的。从汉字的结构形体出现的逻辑顺序也可证实：先有象形、指事字，然后才有可能以它们为基础的会意字，最后才有可能产生以象形、指事、会意作为偏旁的谐声字。

根据音义匹配的原理，以中古的音义匹配为参照，去观察上古的谐声系列，可以发现，谐声系列的层级跟音义匹配的规则基本一致。例如"屯"字，根据《说文》本义，应该是端母文部，三等字；后来音变构词，滋生出义为"屯集，蓄积"的"屯"，属定母文部，一等字。"春纯杶肫忳椿"等字是根据"屯"的端母文部三等读法造的字，都是三等；"囤𬘫顿钝"等字是根据"屯"的定母文部一读造的字，都是一等。也就是说，从"屯"得声而中古为一等韵的那些字，是"屯"滋生出定母文部的新词之后所造的字。因此，此例不能作为一三等相混的证据。

再如，"网"声的"罔"是明母，从"罔"声的"惘魍辋"等都是明母；"㭎(冈)"是牙喉音，从"冈"声的"刚纲𫄧"等都是牙喉音，等等。因此，只能推论：

"惘䰴辋"这些字,必然是据"罔"的明母读法所造的字;"刚纲钢"这些字,必然是据"冈"的见母读法所造的字,不能为这些字构拟复辅音。

不仅如此,有的谐声层级还明显反映出新词的滋生现象。例如上面所举"屯"的一等读法,是"屯聚,聚集"的意义,由它生出的字"囤"也是一等,含有"屯聚,聚集"的意思;三等读法,是"艰难,危难"的意义,由它生出的字"迍"也是三等,含有"艰难"的意思。

再如"鬲"有见、来二母的读法,在传世文献中,"鬲"可以假借为"隔"和"膈";跟见母读法一脉相承的"隔、膈"等词,都含有"隔开"的意思,"隔"是阻隔,"膈"是胸腔和腹腔之间的膜状肌肉。

"叚"有见、匣二母的读音,"假葭猳"等字是根据"叚"的见母读法造的字。在出土文献中"叚"可以借作"瑕",这是匣母读法。跟匣母读音一脉相承的"騢、䝭、瑕、霞"等字,都有"红色"的含义,可能"瑕"是原始字,其他几个字都是由它滋生出来的。它们都是同音字,是根据"叚"的匣母读法造的字。

这也很好理解:中古的音义匹配对上古有继承性,绝大多数的字,它们的音义匹配跟上古有历史的传递性。大量的事实证明,音义匹配的原则与谐声层级的分别具有一致性。

## 四 异读产生的不同时期

古今的音义匹配有不一致的地方。现代汉语的字的音义匹配跟中古必然有不同,例如前面所举的"的"字。从理论上说,上古的音义匹配跟中古必然会有不同,远古的音义匹配跟上古也必然会有不同。只有这样认识不同时代字、词的音义匹配,才是正确的。所以,仅仅局限于参照中古的音义匹配,去范围上古、远古、原始汉语的音义匹配,这在理论上是不可取的。解决问题的关键,是要发现上古以前不同于中古的音义匹配的事实。

从异读产生的不同时期解释例外谐声,是语言学角度的科学解释。既往,人们构拟复辅音,一个重要的理由,就是希望对例外谐声作出语言学角度的科学解释。但是,人们对谐声字之前的异读缺乏正确分析,对谐声字反映的异读严重忽视,在此基础上做语言学解释,难以达到科学性的要求。如果将异读考虑进去,我们就可以清楚地认识到,缺乏对异读产生时代的科学认识,就谈不上从语言学角度对例外谐声做科学解释。先从中古韵书谈起。

(一)《集韵》等中古韵书中的异读词和异读字

大家一般都是从《切韵》音系,从中古韵书的异读字去追溯上古的异读,看上古谐声字的例内谐声与例外谐声。为了使研究工作更趋科学化,必须对这种研究的方法论基础进行思考。现在我们回过头来看看既往的上古声母研究中以中古韵书为参照来确定谐声原则的利弊问题。

先说利的一面。传世文献中出现的异读字,中古韵书记录下来了不少。《广韵》记录了一些,但很不全。《集韵》收异读,务从赅广,收了相当多异读。可以说,传世文献中的异读,《集韵》基本上收罗殆尽。例如"辟"字,《广韵》只收了3个读音,《集韵》却有14个。从音义配合来说,这14个读音全来自上古。不利用中古这些韵书,我们没有办法去讨论谐声原则,所以中古韵书对研究声母方面的谐声原则有至关重要的作用。没有中古韵书,谐声原则很难有效地建立起来。

从科学性的要求来说,对于上古出现的任何一个字,都必须注意从音义匹配的立场去确认古今的同一性。这就要求高度重视用来作比较的字,把它们中古音的音义配合,真正弄清楚。

有时候,上古异读中古韵书收了,但没有引起重视。结果,本是声母的音同谐声,却视为音近谐声。例如"叚"字,《集韵》收了何加切,但只说是姓氏读音。出土文献中,"叚"可以记录"遐"和"瑕",都是匣母字。可知从"叚"声的字,如"假葭椵"等,是据"叚"的见母读音造出的;"遐騢椵瑕霞"等,是据"叚"的匣母读音造出的。它们分别都是声母的音同相通。只以见母读音为参照系,就会将"遐騢椵瑕霞"等字看作声母的音近谐声,扭曲了事实;只以匣母读音为参照系,就会将"假葭椵"等字看作声母的音近谐声,也扭曲了事实。尽管牙喉音相通是大路,人们也偏爱用"叚"的见母读音去比较"遐騢椵瑕霞"等字的谐声关系,谈不上什么大错,但是终归不太科学,还会丢失不少反映上古音的信息。

就研究上古声母方面的谐声原则来说,无论是传世的还是出土的古文字材料,由于绝大多数汉字的异读都是同声母或同类声母的字相通,这种相通具有稳定性;因此,学者们利用中古韵书确定的谐声原则一般都可信,基本能站住脚,只是方法还不是太严密,贯彻方法有一点随意。

还有就是,对中古韵书记录的异读字重视不够,常常只利用《广韵》,对收录异读更多的《集韵》有所忽略;就是利用《广韵》,也常常只取一音来作参照,对于音义配合缺乏深入了解,应用时有时不免张冠李戴。这不能不影响到具体结论:有些字在谐声层面并没有例外,由于查证不够,被说成例外。

还是从声母方面的谐声例外来说。例如"鬲"字作了很多字的主谐字。根据声母的发音部位,可分为两组:(1)来母,如"鬴䰛"等;(2)牙喉音,如"隔膈槅襦翮"等。有人将"鬲"的谐声系列看作有例外谐声。原因是他们只取"鬲"的古核切作参照,于是来母读法就被视为例外。其实,"鬲"本是一种器皿,这个字义要读来母,《广韵》郎击切的"鬲"就是取这个意义。《广韵》本有两读,取来母读法造出来的是"鬴䰛"等字,取牙喉音读法造出来的是"隔膈槅襦翮"等字。所以"鬲"的这两组谐声字都没有出现例外谐声,出现例外的是"鬲"字本身。也就是说,"鬲"的谐声系列没有例外谐声,例外的是在象形字"鬲"那里。即使要拟复辅音,那也只能给"鬲"字本身拟复辅音,这两组谐声字不是例外,为什么要拟声母复辅音呢?

这种偏差,在研究谐声原则时,是大量存在的。由此将本属例内谐声的字,处理为例外谐声。这种不顾音义配合,任意选取一音作为确定谐声原则的依据的做法,必须得到纠正。

再说弊的一面。凡事总有利有弊,中古韵书对探求谐声原则提供了参照,但过分依赖也会带来弊病。既有的研究谐声原则的办法,有大毛病:仅仅利用中古韵书去关照上古汉语的谐声系列,探求谐声通例和例外谐声,没有跟出土的早期文献的用字情况联系起来;没有充分注意到,异读是一个历史范畴的语言和文字现象,各个时代的异读必然有同有异,有些字上古有异读,而中古韵书没有收录。结果,有些本来是例内谐声,却当作例外谐声。这一点,后面将做进一步论证,现在讨论甲骨文之前的异读问题。

### (二)甲骨文及甲骨文之前汉语和汉字的异读

清代以来,研究上古汉语的学者已经注意到上古一字异读问题,例如王筠、黄侃、张清常等人。这是很好的发现。他们的缺点在于：大多都是以中古韵书收录的异读为参照，中古韵书如果没有说某字有异读，一般也不认为该字上古可能有异读。

必须注意到，汉字的产生，远在殷商甲骨文之前。传说黄帝时仓颉造字，反映出人们很早就认识到汉字的产生，距离先秦已经很遥远了。考虑到甲骨文的成熟程度，这个传说是有相当的事实依据的。由于早期的汉字有限，人们要求汉字能最大限度地记录汉语，因此古文字中有异读字是不可避免的事。

可以从语言和文字的结合关系以及汉字记录汉语的独特性等角度来看。我在《谐声系列和上古音》《谐声层级和上古音》二文中，强调研究文字的异读，要密切联系语言的研究，利用文字研究古音，要从语言的层面、语言和文字相结合的层面来看语言、文字的形式；从理论上论证：世界上的任何语言，即使没有文字，它们的词及词的分化一定有异读。因此，汉语的异读在汉字出现以前就存在，上古、远古、原始汉语都必然有异读。汉字出现后，即使处在象形、指事、会意阶段，汉语必然有异读；这些异读，有些一定会反映到汉字中，形成一字异读。

关于词语分化造成的异读，现在可以确知，上古以前的汉语，单音词的造词活动十分活跃。这种活跃的造词活动，必然导致音变构词。反映到汉字中，必然造成一字异读。例如"屯"由"艰难，危难"义发展出"屯聚，聚集"义，读音很早就有别。

早期汉字，由于所造出的汉字很少，因此用字假借现象异常突出。音近假借必然带来一字异读。例如"其"本是簸箕的"箕"的古字，它很早就用来假借作句中语气词的"其"，于是"其"一字异读，甲骨文中"其"就有见群二母的读音。

早期汉字，由于所造出的汉字很少；在甲金文中，人们造字或用字还没有像后代一样尽量避免异体字，其中一形多写法的现象很突出，字与字之间还有不少形体相混的情形。今天还有不少同形字，甲金文中更会如此。因此甲金文中分别为不同的词所造的字，字形相同的情况异常突出，形成同形字或相当于训读字的用字现象。例如"冎"既是"剮"字，也是"骨"字。

这样看来,如果汉字在甲骨文之前就久远地存在的话,它所记录的汉语必然有异读,汉字必然有异读。因此,原始汉语、远古和上古汉语的异读是一种客观存在。

我们从甲骨文的事实来看。郭锡良先生《也谈古汉语复辅音问题》一文,举出甲骨文、金文中"各、戉、令、来、立、每、史、月、繺、黑"等十个非谐声字在声母方面后代有例外谐声的异读例,更从事实上证明了汉语、汉字在《诗经》时代以前,也就是远古,就存在着大量异读,例外谐声的不同声母甲金文已经分化。③

郭文的意义在于,我们可以确认:1.汉字在谐声字出现之前,就存在一字异读;2.有很多字的异读,上古之前已出现,但是中古韵书没有反映;3.人们所说的声母方面的例外谐声,其实远在造谐声字之前的非谐声字阶段就已经形成了声母差别甚远的异读,成为跟中古韵书严密对应的读音了。这三点,后面将作深入挖掘,揭示其对古音构拟的重要价值。本节主要补充更多的甲骨文材料。

郭先生是举例性质的,他举的是声母有例外谐声的那些字的例子。我们可以从《甲骨文字典》和《金文常用字字典》中找到更多的例证,证明甲金文中有大量的一字异读,其中有相当多的是中古韵书没有收的。④为节省篇幅,我们只举《甲骨文字典》的部分例子,不限于声母:

**1. 气** 甲骨文"气"一字异读。(1)读为讫,讫止。见母物部。明二三二二:"贞,隹我气有不若。"(2)读为迄,至,到。晓母物部。菁三:"气至九日辛卯,允有来艰。"(3)读为乞,乞求。溪母物部。存二·四八:"甲申气自零十屯扫。"这三读读音不同。

**2. 屯** 甲骨文"屯"一字异读。(1)艰难,危难。端母文部。存二·四八:"甲申气自零十屯扫。"(2)读为春,昌母文部。京一三三三:"来屯伐𦫵。"

**3. 其** 甲骨文时代"其"一字异读。(1)"箕"的本字。簸箕。见母之部。甲骨文未见用例,但从"其"的造字本义,以及周代仍有簸箕的"箕"一词,可推定甲骨文时代一定有"箕"这个词。(2)句中语气词。群母之部。乙四五一一:"贞,来庚寅其雨。"

**4. 介** 甲骨文"介"一字异读。(1)相当于"甲",铠甲。见母月部《甲骨文字典》:"多介为多块革相联之甲。"(2)读为匄,乞求。见母月部。乙二八七七:"不其介雨。"按:两读有一二等之异。

**5. 又** 甲骨文"又"一字异读。(1)左右的"右"。匣母之部。上声。粹五九七:"丁酉贞,王作三师又中左。"(2)读为祐,神佑。匣母之部。去声。合集六四〇九:"受有又。"

**6. 左** 甲骨文"左"一字异读。(1)左右的"左"。精母歌部。上声。前三·三一·二:"丙申卜,贞,肇马左右中,人三百。"(2)读为有。匣母之部。上声。甲一三四〇:"其𠂇大风。"(3)读为祐,神佑。匣母之部。去声。乙八九八三:"丙申卜,宾贞,示𠂇王。"

**7. 凤** 甲骨文"凤"一字异读。(1)鸟名。並母侵部。遗九三五:"于帝史凤二犬。"(2)读为风。帮母侵部。粹九二六:"其冓大凤。"

**8. 冎** 甲骨文"冎"一字异读。(1)"剮"的初文,本义是用刀剮去附着在骨头上的肉。见母歌部。此义甲骨文未见用例。(2)读为"骨"。见母物部。乙三八六四:"贞,疒冎,不佳蛊。"(3)读为祸。匣母歌部。人三一一四:"戊子卜,今夕又冎。"

**9. 舞** 甲骨文"舞"一字异读。(1)舞蹈的"舞",明母鱼部。甲骨文未见用例,但从其字形和后代沿用情况可证,当时有"舞"这个词。(2)读为雩,祈雨之舞。匣母鱼部。乙六八五七:"勿舞河,亡其雨。"(3)读为𪁪。明母(后变为晓母)鱼部。乙二三七三:"贞,乎取舞臣川。"

**10. 才** 甲骨文"才"一字异读。(1)读为在。从母之部。乙三四三一:"贞,乎逐才萬鹿只。"(2)读为灾(灾)。精母之部。屯南一一二八:"辛丑贞,王其狩,亡才。"

**11. 旦** 甲骨文"旦"一字异读。(1)日出之时。端母元部。粹七〇〇;"旦不雨。"(2)读为壇(坛)。定母元部。甲八四〇:"于南门于旦。"

**12. 有** 甲骨文"有"一字异读。(1)有无的"有"。匣母之部。上声。摭续二:"贞,我其受有又。"(2)读为侑,侑祭。匣母之部。去声。佚五九九:"甲申卜,𢀛贞,有父乙一牛用。"也读为又。连接词。匣母之部。去声。乙三四一一:"有伐于上甲十有五,卯十𢀛有五。"

**13. 帚** 甲骨文"帚"一字异读。(1)扫帚。章母幽部。甲骨文没有用作本义的例证。(2)读为妇。並母之部。前四·三二·二:"尋妌挽娶。"(3)读为归。见母微部。京二〇三〇:"辛未卜,王尋。"

**14. 白** 甲骨文"白"一字异读。(1)白色。並母铎部。粹七八六:"叀白羊,又大雨。"(2)读为"百"。帮母铎部。卜二四五:"戊子卜,宾贞,叀今夕用。"也读为"伯"。方伯。帮母铎部。粹一一八九:"壬戌卜,王其禜二方白。"

**15. 司** 甲骨文"司"一字异读。(1)读为"飤",饭。邪母之部。去声。存二·五八九:"甲戌,余卜取司。"(2)读为祠,一种祭祀。邪母之部。平声。邺三·三四·七:"丁卯卜,司妣咎。"

**16. 大** 甲骨文"大"一字异读。(1)大小的"大"。定母月部。金六一一:"贞,作大邑于唐土。"(2)读为天邑商的"天"。透母真部。佚九八七:"丁未卜,在🐾,贞,王其入大邑商。"

**17. 户** 甲骨文"户"一字异读。(1)门户的"户"。匣母鱼部。邺三·四一·六:"己巳卜,其啓庭西户,祝于妣辛。"(2)读为门。明母文部。后下三六·三:"岳于三户。"

**18. 女** 甲骨文"女"一字异读。(1)男女的"女"。泥母鱼部。乙七七三一:"甲寅,挽不娶佳女。"(2)读为母。明母之部。合九四:"佳女庚虫子安。"(3)读为悔。明母(后变为晓母)之部。金三七六:"弜于🐾王其女。"

**19. 匄** 甲骨文"匄"一字异读。(1)乞求。见母月部。乙七二五七:"贞,王其有匄于大甲暨。"(2)读为害。匣母月部。丙四八:"勿于父乙乙希有匄。"

**20. 土** 甲骨文"土"一字异读。(1)土地。透母鱼部。合集九三三五:"东土受年。"(2)读为社,土地神。禅母鱼部。合集一四三九五:"贞,寮于土。"

这些材料,根据历史语言学关于语言符号历史同一性的原理,必然反映了"一字多音"现象。甲骨文的一字多音的例子相当多,这里只是随手举的用例,但声母、韵母、声调方面都有;金文中反映出来的异读更多,限于篇幅,这里不多举例。这就证明,最晚商代,汉字的一字异读是非常多的。上面所举这些字,都不是谐声字,可证:谐声字之前,汉字的异读就大量存在。商代甲骨文就有大量异读。

初步考察,我认为这种一字异读现象,有些是同形字的关系,例如"冎"用作"剧"和"骨","帚"用作"扫帚"的"帚"和"婦(妇)""歸(归)"(女子出嫁),"女"用作"女"和"母";有的相当于训读的关系,例如"左"本来是画出左手的侧视形状,不可能写作"又",但甲骨文用作"又",还有"舞"用作"零"等,人们写字时,想到了跟它意义密切相关的另一个字,这样的字大致可以看作训读字;有的是假借字的关系,例如"凸"用作"祸","句"用作"乞求"义和读作"害";有的是音变构词的关系,例如"土"的"土地"义和用作"社"。

值得注意的是,这些一字异读现象,成因不一,不能将它们都处理成音近的关系。能处理成音近关系的只有假借用法;音变构词中,有些是音近,有些在甲骨文时代不能处理为音近关系。

**(三)谐声时代(远古至上古)词的异读和汉字异读**

甲骨文中,谐声字还是很少的。从严格的意义上说,甲骨文中的谐声字大约只占百分之二十至三十,说明甲骨文离汉字的谐声时代不是很远的事。

我在《试论跟明母谐声的晓母字的语音演变》中提出"对于一个谐声字,我们应该区分其造字时代和用字时代"。现在看来,我们光区分谐声字的造字时代和用字时代,这远远不够。所以我在《来母字及相关声母字的上古音研究·序》中,进一步提出,应该区分一字多音的始现时代和谐声字的造字时代。[5]一字多音的始现时代可以远在谐声字的造字时代之前。具体地说,利用谐声研究古音,在谐声系统中要区别主谐声符(一级声符,即象形、指事、会意字作声符)和形声字声符(二、三级声符,再谐声符,即形声字作声符)各自出现的时代。根据这样的观点,结合上文所论,我们可以知道,例外谐声的情况,就集中在主谐声符的读音上。象形、指事、会意等字,作为主谐声符,它们反映的是远在谐声字出现以前语言和文字中的异读,所以它们的谐声字,有相应的字音差异。

于是顺理成章地,我们对于异读字,还要区分异读的始现时代和沿用时代。例如今天我们沿用"好"的上去两读,但是我们不能说,"好"的上去两读是从今天产生的。它的两读上古已有,至于具体出现的时代,显然在上古以前。一个汉字刚开始造字的读音,也就是所谓的本读,以及后来不断形成的异读,都会传承下来,甚至可能传到今天。现在可以确知,我们今天一些字的异读至少有几千年。例如从文献来看,"恶、好、扫"的异读,上古就有了;至于这三个字是上古才形成的异读,还是更早的时代就形成了,文献有缺,无法确知。这样的材料,完全可以说明,现代的一些异读,至少有两千多年的传承史。所以,汉语异读字是不同时期的堆积,不能放到一个共时的系统中解释它们的来源。

一字异读,在它刚刚产生时,有相当多的字读音应该是相近的。由于同形字、训读字,以及音变构词的存在,也有一些读音相远。口语中的一词多读,如果太远了,人们就不会将它们当作一字异读,在汉字上是当作另外一个字了。我们知道,汉字的出现是很早的事情,传说有所谓的仓颉造字之说。从开始造字,到商代、周代,恐怕有一两千年了。由于文字,特别是非拼音文字系统的时空传递性,有些极早时代出现的异读,就会沿用到周秦两汉,甚至可能会沿用至今。

由于异读在周秦两汉之前就沿用下来,因此,即使是音近的异读,其中有极少的异读,读音差别会越来越大。例如"恶"的两读,据研究,它们在秦汉还只是声调不同,声韵母完全一样;可是,"恶"今天的两个读音,相差甚远。早先的少数异读,传了千百年,传到周秦两汉,跟"恶"从古至今的演变,道理是一样的:读音会变得悬殊。也就是说,在汉字还没有造谐声字时,就存在着大量的一字异读,其中少数字的不同读音在造形声字之前,就有读音相差悬殊的异读。

"恶"字从"亚"得声。从"亚"声的字,上古归鱼铎两部。这是因为"亚"字本身远古和上古有鱼铎两部的异读。我们有不少材料可以证明这一点。因此,根据"亚"鱼部读音造的字,如"䛩"是鱼部;根据铎部读音造的字,如"垩"是铎部。

再如"才"是之部。由它造的字有"在"字,"存"可能是"在"的滋生词。我们知道,音变构词是在词义构词的基础上发展起来的,一个音变构词造出来的词,起初要经过词义构词的阶段。当存在的"存"这个词刚从"在"发展出来时,它跟"在"读音无异。不久,"存"的读音有变化,成为文部字。这时候,"在"有异读,不方便书面交际,于是人们专门造出"存"字来记录文部的这个"在"。由"存、在"分化以后的"在"继续造字,造出的是之部字;"存"作声符,继续造字,造出的字当然是文部字,例如"荐"字。

## 五 声符异读与声母的例外谐声

　　早期汉语一字多用,尤其是形声字造字法还没有出现并大规模造字的时期,这种用字现象远比中古复杂,因此一字多读远比中古多。这对书面语的交际有不利影响。因此,有许多异读字,很早就另造分化字;特别是谐声字造字法出现以后,人们更有条件分化多用多音字。于是,原来那个一字多用现象,到后来就逐步减少了。相应地,这个多用字的异读,后来减少许多。《集韵》反映的只是传世文献中的异读,因此,有相当多上古的异读,中古韵书没有记录下来。光利用中古的异读,去研究上古声母的例外谐声,那是很有局限性的。

　　例如"各"是一个象形字,中古韵书"卢各切"一读没有收"各"字,根据古文字,"各"是"至,到达"的意思,《说文》说它的本义是"异辞也",这其实是假借义,这个意义读古落切。它的本义中古韵书收录了,但不是由"各"来承担,而是由后起字"詻"来记录,"詻"是古伯切。商代甲骨文中它可能记录下落的"落","各日"只能是"落日"。因此这个"各"是下落的"落"的前身,下落的"落"可能是"各"的滋生词,属音变构词。中古韵书实际上反映了后来的用字现象,"各"本义和下落的"落"的读音都没有收录。"各"早期的读音说明,在造"格阁胳客貉"等喉音字,"洛骆烙络落路"等来母字之前,主谐字"各"就有见和来母的读法。这三种(见母有两种)读法,都可以作为造字的语音基础。根据见母读法造字,所造的都是牙喉音字;根据来母读法造字,所造的都是来母字。

　　这样,"各"的两组谐声字相对于"各"的见来两母的读音来说,都没有例外,都是例内谐声。有例外的不是"各"字的两组声母的读音,而在于"各"字本身。至于"各"字什么时候发展出来母一读,这就难以解决了。甲骨文有"落"的用法,不能推断是商代才出现的。很有可能,商代只是沿用这个用法。"各"字可能是很早就造的字,它的下面画的坎陷,有人说可能是穴居时的坎陷。如果属实,则"各"有可能是汉民族先民在地面建造房屋之前造的字。

　　"百"的被谐字有两组:一是读帮並母,如"佰"等;一是读明母,如"陌、貊"等。有人以並母读音为参照点,将明母一读看作例外谐声。这是不正确的。

"百"原来有异读,一是明母,一是並母,这里只讨论明母一读。汉人的注音材料表明至晚汉代仍有明母一读:1.《集韵》莫白切收录了"佰":"《说文》:相什佰也。"这是说,十倍百倍的"百(佰)"读明母。《集韵》的收录有依据,可惜没有收"百"字。《周礼·春官·肆师》"表貉",这个"貉",《释文》:"莫驾反,郑音陌。"因为郑玄注:"貉,师祭也,读为十百之百。"用作使动,使达到百倍。《周礼·春官·甸祝》"表貉"郑玄注:"杜子春读'貉'为'百尔所思'之百。"其中"百尔所思"见于《诗·鄘风·载驰》,原文"百尔所思,不如我所之",意思是说,你们众大夫、君子,即使让你们的思念加重一百倍,也不如我的思念所达到的那种深笃境地。2.《左传·僖公二十八年》"距跃三百,曲踊三百",这个"百"作"努力"讲,可能是百倍的引申义,《释文》:"百,音陌。"两句意思是说,魏犨为了显示自己身体很好以保全性命,往前努力跳跃三次,往上努力跳跃三次。3."阡陌"指田界,田界纵横交错,应该是"千百"音变构词的产物,"陌"也作"伯"。《说文》糸部:"纑……读若阡陌之陌。"(段玉裁以为"阡陌"应作"什佰",根据不足,此不从。)《吕氏春秋·离俗》:"乃负石而沉于募水。"高诱注:"募,水名也,音千伯之伯。"

　　这种异读不会是汉代才有的,不知是什么时候开始出现的。后来"百"字明母读法消失了,只保留非明母读法。在上古,在利用"百"作声旁造谐声字时,用非明母一读造的字,当然读非明母;用明母一读造的字,就读明母。因此,从"百"声的字,相对于"百"的异读来说,并没有形成例外谐声;读音的例外,是在"百"字上。"百"读明母,是音变构词所致。

　　根据上文的论证,可知:上古汉语、汉字的许多异读字,中古韵书都没有记录下来。我们知道,传世的上古文献,一字多用现象远比中古复杂。这是定论。越往前,这种现象越突出。尤其是汉字处于象形、指事、会意的阶段,造的字很有限,一字多用现象更多,因此一字异读现象也更多。很多异读中古韵书没有反映下来,这是完全可以理解的。可是,我们要研究谐声原则,就不能不考虑这种问题,不然会扭曲事实。

　　由于研究谐声原则问题时,对于中古韵书的音义匹配没有弄清楚,有遗漏,没有注意到上古之前不同于中古的字的音义匹配,在这两个方面有缺陷,加上忽视了谐声层级和上古音的关系,导致有关例外谐声的研究结论严重歪曲了历史事实。当然，上古以前的异读字，无论是传世文献还是出土文献，都不可能将那些声母方面特殊相通的异读都完全反映出来。不过，根据前面所提及的，所谓的"例外谐声"，《诗经》伊始的上古汉语中早已分化，早已"例外"；这些"例外谐声"的主谐字商周出土文献中已经有异读，我们完全可以假定：这些所谓的"例外谐声"，其实基本上都是例内谐声，它们是根据主谐字的不同读音造的谐声字，不形成例外。形成例外的是在这些形声字还没有形成时的那些主谐字的读音，也就是在象形、指事、会意字阶段。

有的字，其异读在传世或出土文献中暂未发现异读，我们认为仍然可以假定它原来有异读。例如"庚"字，我们现在还没有发现它有舌音读法。"庚"的被谐字有两组：1. 读牙喉音，如"康"，从康声的字有"慷廉溏"等；2. 读舌音，如"唐"，从唐声的字有"塘螗簜鶶"等。"庚"原来可能有异读，可能很早就用来记录天干的"庚"，也记录了别的词，形成异读。这种异读不知是什么时候出现的。后来这两读读音变远，一为舌音，一为牙喉音。甲骨文中，商汤的"汤"就写作"唐"；正因为"唐"跟"庚"的见母读法读音相远，所以它很早就写作从"口"从"昜"声的"唱"字，《说文》收录了，注明是"古文"。利用舌音一读造的字，当然读舌音；利用牙喉音一读造的字，就读牙喉音。因此，从"庚"声的字，相对于"庚"的异读来说，并没有形成例外谐声；读音的例外，是在"庚"字上。

因此，为谐声字及其主谐字构拟复辅音，是缺乏科学的历史观和系统观的；退一万步讲，即使要拟，也只能给这些谐声字的主谐字所记录的词拟复辅音，不能给被谐字作这样的构拟。以前的复辅音构拟，利用谐声字，无论从理论还是实践上说，都是存在严重的问题的。

## 六 一字多音中声母之例外相通的语言学解释

既然我们不能为谐声字构拟复辅音，那么我们现在来看看能否给谐声字的主谐字构拟复辅音。由于谐声字中基本不存在例外谐声，因此声母方面的例外相通是在非谐声字的阶段。这样，"例外谐声"的概念只能管住极个别的谐声字。声母的例外相通，主要表现在一些象形、指事、会意字以及假借用法当中。

由此可以推出两个结论：（一）由于象形、指事、会意字的造字阶段主要在甲骨文以前，它们的异读一般也出现在此之前，因此给这些声母的例外相通构拟上古（周秦两汉），或者远古（商代甲骨文时期）的复辅音，是有问题的。（二）由于整个谐声系统基本上没有例外谐声，声母的例外相通是在象形、指事、会意字阶段，这种例外相通是极其零星的现象，因此，即使给这些例外相通的象形、指事、会意字构拟复辅音也是行不通的，这种构拟无法得出一个声韵调配合的系统；如果另拟一类声母，那么大量的这类声母可能只能拼一两个韵母。这是绝对行不通的。

我们应该怎么从语言学上解释象形、指事、会意字阶段声母的例外相通呢？不从语言学上将例外相通解释清楚，那就难以满足人们的求知欲，也难以避免上古有复辅音的信奉者的诘难，因此这是必须回答的问题。下面就是我的意见。

商周的这些一字多读现象，绝非只是盘庚迁都以后的产物，它们必然是历史的积淀而成的，远在谐声字造字法出现之前；这些异读，可能有相当多一直流传下来。所以，汉语异读字是不同时期、不同地域的读音堆积，不能放到一个共时的系统中解释它们的来源。我们要强调：某一地域的特殊读音吸收进共同语中，有时也能给共同语带来个别异读。但是这种异读的剥离工作极为繁难。人们用汉字记录方言读音，由于汉字的超时空性，记录中除了有方言读音的作用，还必然有一个基础音系在起作用。这跟用音标记录方音是两回事。详细的讨论，请参考拙文《用汉字注释古代方音的基础音系问题》。[6]

谐声字造字时，如果一个象形、指事、会意字的不同读音都很常见，这些不同的读音相差悬殊，它们都可以作为新造的谐声字的声旁。尽管这样的异读极为罕见，但是它是一种客观存在，绝不能漠视它。漠视它，就会以为所有的形声字在周秦两汉时期声母的读音一定要相近，从而为一些谐声字构拟一套复辅音声母，从而歪曲事实。在象形、指事、会意字阶段所形成的这些异读，必须理解为从始造字时起，历经千百年的历史变迁，逐步形成而且沿用下来的；它们不可能是上古这个共时系统中才开始形成的，因此，既有的上古音研究严重忽视了上古及上古以前的异读，忽视了谐声字造字法之前汉字的异读，将它们都放到谐声字产生以后来做语音解释，都放到上古音或殷商时期的远古音这样的共时系统中做解释,缺乏历史观和系统观,必然严重扭曲了事实。这一点必须引起我们的高度重视。

有人说,之所以要构拟复辅音,一个重要的原因,是要对例外谐声作出语言学的解释。我们认为,从异读产生于不同时期的角度去解释在象形、指事、会意、假借阶段的这种现象,去解释"例外谐声",这无疑是从语言学角度作出的科学解释。这里要说明一下,我的这个解释,不仅适用于声母,也适用于韵部的"例外谐声"。

## 七 结语

本文在原有研究的基础上,进一步补充论证《诗经》以降的上古汉语已是单辅音格局;根据历史语言学中语言符号历史同一性的原则,举例论证商代甲骨文的象形、指事、会意字中就有大量未见于中古韵书记载的异读字。

本文试图从异读的角度检验既有上古声母研究中有关谐声原则和复辅音构拟,推论既往所认定的例外谐声,几乎都是合乎语音相通通例的谐声,不是例外谐声;人们之所以看作是例外谐声,是因为对象形、指事、会意阶段汉字的一字多用、一字多音现象严重地忽视了。这些有异读的非谐声字,到谐声时代有极少量的异读,其读音可以相差甚远,但都可以作为构造谐声字的基础,由此导致同一个谐声系列的字声母读音可以相差甚远。这些声母读音相差甚远的谐声系列,相对于主谐字的读音,并没有形成例外,形成例外的是主谐字自身。

关于汉字的一字多音,本文主张区分一字多音的始现时代和谐声字的造字时代,从而论证根据这些所谓的"例外谐声"构拟复辅音是不科学的。

本文对声母方面的"例外谐声"所作的语言学解释是:非谐声字阶段的异读产生于文字始创之后的不同时代,不能杂糅到一个共时的系统中,为它们构拟一个共时的声母系统;这些字,到谐声时代的那些极少量的读音相差甚远的异读,由于都可以作为构造谐声字的基础,因此根据所谓的"例外谐声"构拟复辅音,违背了科学的历史观和系统观。

原载《民俗典籍文字研究(第二十一辑)》,商务印书馆,2018年。

**注释**

① 孙玉文《上古音丛论》,北京大学出版社,2015年。
② 王力《诗经韵读》,《王力全集》第十二卷,中华书局,2014年。
③ 郭锡良《也谈古汉语复辅音问题》,《汉语研究存稿》,中华书局,2017年。
④ 徐中舒主编,《甲骨文字典》,四川辞书出版社,1989年;陈初生编纂,曾宪通审校,《金文常用字典》,陕西人民出版社,2004年。
⑤ 李建强《来母字及相关声母字的上古音研究》,中国社会科学出版社,2015年。
⑥ 孙玉文《用汉字注释古代方音的基础音系问题》,《中国语言地理(第一辑)》,崇文书局,2017年。

# 两类事件结构
## ——位移事件和作为事件

胡敕瑞

## 零 时间与空间

**0.1** 《淮南子·齐俗》:"往古来今谓之宙,四方上下谓之宇。"时间和空间构成世界存在的基础,"宇""宙"之别即是"时""空"之别。时间和空间既有区别又有联系,语言中常借用空间概念来表达时间概念。以汉语的"空间""时间"两个词语为例,"间"与"空"组成"空间"是"间"表空间的固有用法,[①]"间"与"时"组成"时间"是借用了"间"的空间用法。不但表示空间的"间"可以表示时间,与"间"同义的"中"同样也可表示时间,例如:

1)彼等众生,各于<u>其中</u>,受严重苦。(隋达摩笈多译《起世因本经》卷二)=彼诸众生,各于<u>是时</u>,受极重苦。(隋阇那崛多等译《起世经》卷二)

2)彼等<u>于中</u>被地狱火之所逼切。[②](隋达摩笈多译《起世因本经》卷三)=彼人<u>于时</u>被地狱火之所煎逼。(隋阇那崛多等译《起世经》卷三)

3)彼等<u>于中</u>,乃至受于重严极苦,未得命终。(隋达摩笈多译《起世因本经》卷三)=罪人<u>尔时</u>,受极重苦,仍未命终。(隋阇那崛多等译《起世经》卷三)

以上是汉译佛典同经异译的例子,这些例子均用空间的"中"来对译时间的"时",这是空间和时间的关联在汉语词汇上的表现。时间与空间的关联不但体现在汉语词汇上,也体现在汉语句法上。

**0.2** 与空间有关的事件,可名之曰"行事件"或"位移事件"(motion

event),主要由人体下肢("足")的活动来实现;与时间有关的事件,可名之曰"为事件"或"作为事件"(action event),主要由人体上肢("手")的活动来实现。③"行事件"体现空间位移,"为事件"体现时间进程,两类事件分别在空间和时间上展开,空间和时间与两类事件结构相联系。

一个典型的"行事件",遵循空间顺序(spatial order),依次拥有"起点""路径""目的"三要素;一个典型的"为事件",遵循时间顺序(temporal order),依次拥有"始态""续段""终结"三要素。"行事件"和"为事件"可以概括为"行为事件",从"行事件""为事件"的三要素中,可以抽象出"行为事件"的三要素,即"肇始""过程""结果"。图示如下(表1):

表1

| 事件类型 | 三要素 | | |
|---|---|---|---|
| | A | B | C |
| 行事件 | 起点(origin) | 路径(path) | 目的(destination) |
| 为事件 | 始态(initiation) | 续段(duration) | 终结(termination) |
| 行为事件 | 肇始(cause) | 过程(process) | 结果(result) |

"肇始"对应"起点"和"始态",是事件结构中的起始状态;"过程"对应"路径"和"续段",一般由动作动词来表达;"结果"对应"目的"和"终结",一般由状态动词来表达。上古汉语与事件结构有关的动词可分三类,例示如下(表2):

表2

| 动词类别 | 语义特征 | | |
|---|---|---|---|
| | 动作(activity) | 状态(state) | 例子 |
| 1. 过程动词 | + | - | 行、步;击、射 |
| 2. 结果动词 | - | + | 至、到;倒、死 |
| 3. 结果兼含过程的动词 | + | + | 前、后;破、碎④ |

过程动词重在表达动作,结果动词重在表达状态,结果兼含过程的动词既表动作,也表状态。

本文将考察汉语"行""为"两类事件结构,意欲表明与时、空相关的两类事件结构密切关联。概括而言,主要讨论两个问题:(壹)与两类事件结构有关的两类动补结构；（贰）与两类事件结构有关的两种致使用法。

# 壹　与两类事件结构有关的两类动补结构

汉语的动补结构包括动结式和动趋式。动结式主要描摹"作为事件"，动趋式主要描摹"位移事件"。动结式和动趋式两类动补结构并非自古就有，但是位移和作为两类事件却是古已有之。然而，位移和作为两类事件结构在上古如何表达？它们又是如何在中古发展出两类动补结构的呢？下面就来讨论这两个问题。

## 1.1　上古两类事件结构的表达

"位移事件"和"作为事件"内部又分"过程事件""结果事件"和"过程和结果事件"，并分别由"过程动词""结果动词"，以及"结果兼含过程的动词"来表达（参表2）。例如：

4）独行踽踽。（《诗经·唐风·杕杜》）

4）'张弓而射。（《文子·上德》）

5）晋侯先至焉。（《左传·成公十一年》）

5）'虢叔死焉。（《左传·隐公元年》）

例4）、4）'是用过程动词"行""射"分别表达"位移""作为"的过程事件，例5）、5）'是用结果动词"至""死"分别表达"位移""作为"的结果事件。过程动词和结果动词的区别表现在：首先，过程动词表达路径、续段动作，而结果动词表达目的、终结状态，因此过程动词可以受表时段的时间副词修饰，结果动词则不能。例如：⑤

6）行十日，而至。/*行，而十日至。

6）'射半日，而死。/*射，而半日死。

"十日""半日"等表时段的时间副词只能修饰"行""射"等过程动词，一般不能修饰"至""死"等结果动词。其次，由于结果总由过程导致，所以在复合事件结构中过程动词总是位于结果动词之前，如过程动词"行"必先于结果动词"至"，过程动词"射"必先于结果动词"死"。再次，过程动词的语义主要涉及施事,例4)、4)'的施事虽然没有出现,但是可以感受到过程动词"行""射"施事的存在;结果动词的语义主要涉及受事或当事,例5)、5)'的"至""死"分别涉及当事"晋侯""虢叔"。⑥

"过程和结果事件"在上古多用"结果兼含过程的动词"来表达,而且多采用使动用法。例如:

  7)文公弃荏席,后霉黑。(《淮南子·说山》)

  7)'万辟杀仇牧,碎其首。(《公羊传·庄公十二年》)

7)是结果含有过程的位移事件,7)'是结果含有过程的作为事件,"后""碎"不但表达结果状态,而且还兼表动作过程。(下文将会有更详细的论述。)不过,由使动用法来表达的"过程和结果事件"仍是单事件结构,与用"过程动词""结果动词"来表达的"过程事件""结果事件"等单事件结构性质一致;而由过程、结果动词组合(如"行至""射死"等)来表达的"过程和结果事件"则是双事件结构,与用"过程动词""结果动词"来表达的"过程事件""结果事件"等单事件结构性质不同。

上古既用"结果兼含过程的动词"(即使动用法)来表达位移和作为事件,也用"过程动词"和"结果动词"组合来表达位移和作为事件。用"过程动词"和"结果动词"组合来表达的是双事件结构,上古经常用"而"来连接,例如:

  8 a)走而之赵。(《韩非子·外储说左下》)

   b)仇牧闻君弑,趋而至。(《公羊传·庄公十二年》)

   c)(子墨子)行十日十夜而至于郢。(《墨子·公输》)

  9 a)豹自后击而杀之。(《左传·襄公二十三年》)

   b)明搏而杀之。(《左传·宣公二年》)

   c)郤至射而杀之。(《左传·成公十七年》)

例8)是位移事件,"而"前的"走、趋、行"等动词表示位移过程,"而"后的"之""至"等动词表示位移结果,所带宾语为处所。例9)是作为事件,"而"前的"击、搏、射"等动词表示作为过程,"而"后的动词"杀"表示作为结果,⑦所带宾语为受事。事件结果可以是一个(如"至"),但导致结果的过程(或曰方式)却可以多种(如"走""趋""行")。因为位移事件多由人体下肢来实行,所以表位移过程的动词多与"足"有关,如例8)中的"走(从止)、趋(从走)、行(从彳)"⑧等;因为作为事件多由人体上肢来实行,所以表作为过程的动词多与"手"有关,如例9)中的"击/擊(从手)、搏(从手)、射(从寸)"等。事件需要由动作来实施,而人类施行动作最常用的是"手""足",因此汉语分别利用含有手、足偏旁的动词来表达位移、作为事件的过程是最为自然的事。

"位移事件""作为事件"是最重要的两类事件,但世间并不限于这两类事件,两类事件可以交互组合,从而构成更多时空交织的复杂事件,例如:⑨

10) 予既卒其命于天矣,往而诛之。(《墨子·非攻》)

11) 老者扶而至。(《韩诗外传》卷七)

例10)是动词"往"表达的位移事件和动词"诛"表达的作为事件组合,例11)是动词"扶"表达的作为事件和动词"至"表达的位移事件组合。两类事件结构交互组合,可以表达更为纷繁复杂的事件。然而万变不离其宗,事件组合总是遵循过程先于结果的原则,在语言的线性结构中"过程动词"总是位于"结果动词"或"结果兼含过程的动词"之前。

## 1.2 中古两类事件结构的表达

上古位移、作为两类事件结构用"而"连接双事件结构,这用"而"连接的双事件结构大约在两汉发生了一个显著的变化,就是用来连接双事件结构的"而"几乎同时消失,⑩于是例8)、例9)中的a)b)c)便分别有了对应的a)'b)'c)':

8 a) 走而之赵。(《韩非子·外储说左下》)

a)' 楚怀王走之赵。(《史记·秦本纪》)

b) 仇牧闻君弑,趋而至。(《公羊传·庄公十二年》)

b)' 建从走卒趋至堂皇下拜谒。(《汉书·胡建传》)

c) (子墨子)行十日十夜而至于郢。(《墨子·公输》)

c)' 婴行至荥阳。(《史记·灌婴列传》)

9 a) 豹自后击而杀之。(《左传·襄公二十三年》)

a)' 项梁击杀景驹、秦嘉。(《汉书·高帝纪》)

b) 明搏而杀之。(《左传·宣公二年》)
b)' 明为盾搏杀狗。(《史记·晋世家》)
c) 郤至射而杀之。(《左传·成公十七年》)
c)' 郤至射杀宦者。(《史记·晋世家》)

像例8)、例9)之类的位移和作为事件都是两个动词表达的双事件结构,而且两个动词表达的语义具有内在的因果关系。在位移事件中两个动词所表达的语义具有空间序列上的顺承关系,在作为事件中两个动词所表达的语义具有时间序列上的顺承关系。两汉时期连接两个动词的连词"而"消失,V1、V2 就成为了紧邻成分。因为 V1 全是具有"动作(activity)"语义的过程动词,而 V2 多是兼含"动作(activity)""状态(state)"语义的动词,⑪两个动词成为紧邻成分以后,V2 中的"动作"语义就有可能和 V1 的"动作"语义整合,整合以后 V2 只剩下"状态"语义,即:

V1[动作] + V2[[动作] + [状态]]——→V1[动作] + V2[状态]

这里分别以位移事件例8a)'中的"走之"和作为事件例9a)'中的"击杀"为例来说明。例8a)'中的 V1"走"是一个含有"动作"语义的动词(用[走动作]来表达),V2"之"是一个含有"动作"和"状态"语义的动词(用[[往动作] + [到状态]]来表达);例9a)'中的 V1"击"是一个含有"动作"语义的动词(用[击动作]来表达),V2"杀"是一个含有"动作"和"状态"语义的动词(用[[为动作] + [死状态]]来表达)。整合以后,例8a)'中的"之"只剩下状态语义"到",例9a)'中的"杀"只剩下状态语义"死",即:

8a)' V1[走动作] + V2[[往动作] + [到状态]]——→V1[走动作] + V2[到状态]

9a)' V1[击动作] + V2[[为动作] + [死状态]]——→V1[击动作] + V2[死状态]

由于"而"的消失,V1、V2 间的语义得以整合,8a)' V2 的[往动作]义被融入 V1 的[走动作]中,9a)' V2 的[为动作]义被融入 V1 的[击动作]中。类似例8a)'"走之"那样的位移结构、例9a)'"射杀"那样的作为结构,便分别衍生出"走到""射死"两类动补结构——动趋式和动结式。⑫上古由连动结构表达的两类事件结构到中古便逐渐发展为由动补结构来表达。图示如下（表3）：

**表3**

| 历时发展 | 结构类别 | | 例子 |
| --- | --- | --- | --- |
| | 与空间有关的结构 | 与时间有关的结构 | |
| 上古两类事件结构 | 位移事件 | 作为事件 | 走而之、击而杀 |
| 中古两类动补结构 | 动趋式 | 动结式 | 走到、击死 |

中古动趋式和动结式的产生，可以从一些同经异译中找到旁证。在某些趋古性的译经中使用（兼含过程的）结果动词来表达的事件，在某些口语化的译经中时常被对译为动趋式或动结式，例如：

12）其毘沙门天王若欲<u>至</u>彼迦毘延多苑中游戏澡浴之时，内心即念提头赖咤天王。（隋达摩笈多译《起世因本经》卷六）

12）'毘沙门天王若欲<u>往至</u>迦毘延多苑中游戏澡浴者，尔时即念提头赖咤天王。（隋阇那崛多等译《起世经》卷六）

13）谁持一箭，<u>杀</u>三道人？（西秦圣坚译《睒子经》卷一）

13）'谁持一毒箭，<u>射杀</u>三道人者？（失译今附西晋录《菩萨睒子经》卷一）

例12）'中的"往至"对译例12）中的"至"，例13）'中的"射杀"对译例13）中的"杀"，这里的"往至""射杀"不再是连动结构，而应是动补结构。

我们认为，从形式上来看动补结构是动作过程从结果中呈现出来，[13]而这个呈现从西汉开始已见端倪，因为《左传》中隐含的过程动词到《史记》中有被呈现的趋势，例如：

14）使城父司马奋扬<u>杀</u>太子。（《左传·昭公二十年》）

14）'而使城父司马奋扬<u>往杀</u>太子。（《史记·伍子胥列传》）

15）冬十月，萧叔大心及戴、武、宣、穆、庄之族，……<u>杀</u>南宫牛于师。（《左传·庄公十二年》）

15）'冬，萧及宋之诸公子共<u>击杀</u>南宫牛。（《史记·宋微子世家》）

例14)'中的"往杀"等于例14)中的"杀",例15)中的"击杀"等于例15)'中的"杀"。例14)14)'与12)12)'类似,是位移过程的动作呈现;例15)15)'与13)13)'类似,是作为过程的动作呈现。上古汉语的类型是一种倾向于把过程隐含在结果动词中的语言(V-framed language),中古汉语则发展成为一种倾向于过程和结果分离表达的类型(a serial verb language)。⑭

## 贰　与两类事件结构有关的两种致使用法

简单来说,致使就是"A导致了B的存在"或"A导致了B的发生"。"存在"与空间有关,"发生"与时间有关,因此与空间有关的位移动词、与时间有关的作为动词便成为古汉语中使动用法的两种主要动词。雅洪托夫曾指出古汉语"最常用作使动的是表示运动的词"⑮,强调位移动词的使动用法,这是符合古汉语事实的。不过更准确、更全面的表述应该是,古汉语最常用作使动的是表示运动的词与表示作为的词。⑯

不言而喻,能够用作使动的并不是所有的位移动词和作为动词。能够用作使动的位移动词,一定是其中包含路径和目的的动词;能够用作使动的作为动词,也一定是其中包含续段和终结的动词。概言之,能够用作使动的位移、作为两类动词,必须是那些结果状态包含动作过程的动词。也就是说,大致只有表2中的第3类动词才能用作使动,⑰第1类动词一般不能用作使动。

### 2.1　位移、作为动词的致使用法及其解构形式

先举一些位移动词和作为动词用作使动的用例:

16 a)(伯州犁)上其手。(《左传·襄公二十六年》)

b)鲜虞推而下之。(《左传·襄公二十五年》)

c)乃掘楚平王墓,出其尸。(《史记·伍子胥列传》)

d)灵王于是独傍偟山中,野人莫敢入王。(《史记·楚世家》)

e)进戈者前其镈,后其刃。(《礼记·曲礼上》)

例16)诸例中的"上、下、出、入、前、后"都是表示位移的动词,后面都带上了宾语,是典型的使动用法。

17 a) 伯牙破琴。(《吕览·本味》)

b) (大厉)坏大门及寝门而入。(《左传·成公十年》)

c) 郑人大败戎师。(《左传·隐公九年》)

d) 万辟杀仇牧,碎其首。(《公羊传·庄公十二年》)

e) 或折其骨,或绝其筋。(《吕览·为欲》)

例17)诸例中的"破、坏、败、碎、折、绝"都是表示作为的动词,后面都带上了宾语,是典型的使动用法。

使动用法的实质是将两个事件结构(即双事件结构)整合为一个单事件结构,今以例16a)、17a)为例来分别进行解构(decomposition):

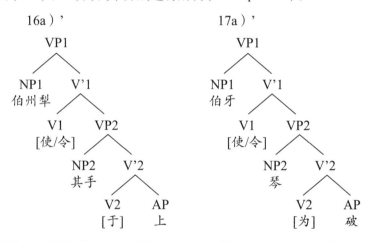

16a)'是例16a)的解构,17a)'是例17a)的解构。16a)'17a)'均可解构出两个小事件结构,分别由 VP1、VP2 表示。VP1 表达的是过程,VP2 表达的是结果。过程是一种致使动作(activity),所以 VP1 中的 V1 可由轻动词"使"或"令"等来填入,也可填入一个意义更为实在的动词,但是一般限于表达动作过程的动词(即表2中的第1类动词);结果是一种静止状态(state),存现动词"于"可以表示位移结果,达成动词"为"可以表示作为结果。因此,位移结构中的 V2 填入"于",作为结构中的 V2 填入"为"。⑱ "上""破"原本都是结果兼含动作过程的动词,通过解构可以看到,"上""破"的动作过程语义被 V1 "使/令"分割了,而 V2 "于""为"又分别把附着在"上""破"身上的存在、达成语义分离出去。因此,解构之后"上""破"身上的动词意味丧失殆尽,而其状态语义得到凸显。

16a)' 位移事件表达的语义关系是一种"由于"（相当于英文的 therefor）关系。[19]通过结构,可以看到这个双事件结构的构成:经由 VP1 的路径过程("由"表达经由路径)而达到 VP2 的目的存在("于"表示达到)。

17a)' 作为事件表达的语义关系是一种"因为"（相当于英文的 because）关系。通过结构,可以看到这个双事件结构的构成:因依 VP1 的动作过程("因"表达因依)而达成 VP2 的终结状态("为"表示达成)。

空间上的"由于"、时间上的"因为"分别构成了位移、作为两类事件的内在理据。位移事件导致位置改变(如"手"由下达到上),作为事件导致性状改变(如"琴"由好变成坏)。16a)' 17a)' 的解构图式可以用更直观的公式表述于下:

16a)' = VP1[NP1 伯州犁 + V1 使] + VP2[NP2 其手 + V2 于 + AP 上]

17a)' = VP1[NP1 伯牙 + V1 使] + VP2[NP2 琴 + V2 为 + AP 破]

如果把 16a)' 位移结构中的 V1 代入一个比"使"词义更实的位移动词(如"举"),把 17a)' 作为结构中的 V1 代入一个比"使"词义更实的作为动词(如"打"),那么例 16a)的"伯州犁上其手"即解构为"伯州犁举其手(于)上",例 17a)的"伯牙破琴"即解构为"伯牙打琴(为)破"。汉语从上古到中古,似乎正是沿着这样一个解构模式在变化,因为在中古语料中刚好可以发现对应的实例。例如:

18a)颜色和悦,举手上向。(北魏慧觉等译《贤愚经》卷四) | 伯州犁举其手上。

b)寻伤左臂,复打头破。(后秦竺佛念译《出曜经》卷四) | 伯牙打琴破。

通过移位(movement)、合并(merge)、省略(ellipsis)等句法手段,上面的解构形式还可衍生出一系列变式,包括"举令手上/打令琴破"、"举令上/打令破"、"举手令上/打琴令破"等,非常巧的是这些变式在中古语料中都有对应的实例。例如:

19a)执令彼来。(唐一行记《大毗卢遮那成佛经疏》卷九) | 举令

手上。

b) 马师对曰:<u>打令命绝</u>。(失译附秦录《别译杂阿含经》卷七)|<u>打令琴破</u>。

20a) 恐守门人<u>驱令出去</u>。(隋阇那崛多译《佛本行集经》卷五二)|<u>举令上</u>。

b) 王等应当与我相助<u>打令破散</u>。(隋阇那崛多等译《起世经》卷八)|<u>打令破</u>。

21a) 圣王报之,<u>解之令去</u>。(西晋竺法护译《生经》卷四)|<u>举手令上</u>。

b) 取彼罪人,<u>嚼之令破</u>。(北魏般若流支译《正法念处经》卷一〇)|<u>打琴令破</u>。

以前人们多误认为使动用法(V+NP)只发展出一种代偿形式(使+NP+V),中古大量实例说明汉语事实并非如此。上面这些变式虽然形式不同,但都是使动用法的代偿形式。

例18)–21)中的a)例是动趋式,b)例是动结式,a)、b)诸例几乎囊括了动趋、动结的各种隔开式:V+O+C、V+令+O+C、V+令+C、V+O+令+C。动趋式和动结式的各种形式对应如此整齐划一,反映了时、空两类事件结构在汉语发展史上密切的共变关系。[20]

## 2.2 位移、作为动词的致使用法及其形态表现

上文例16)17)用作使动的两组动词,形式上和一般动词没有什么区别。古汉语的使动词只能在语境中显现其使动用法,不像英语表示致使的动词有形态标记(或变元音,如food/feed;或加-en,如wide/widen)。王力认为"动词的使动用法,只是造句法的问题,不是构词法的问题"。[21]不过他注意到古汉语有些使动词和自动词的语音形式存在关系,自动词读浊音,使动词读清音,或在四声上有所区别。周祖谟认为缺少形态标记的汉语虽然与具有形态标记的印欧语性质不同,"然汉语古代书音以四声区分词性及词义,颇似印欧语言中构词上之形态变化"。[22]雅洪托夫、梅祖麟等把四声别义、清浊配对的源头追溯到"s"词缀。[23]梅祖麟详细探讨了上古汉语有形态"s"词头表示致使语义,后来"s"词头消失而演变为清浊别义。

汉字是一种形码(graphic substances),而不是一种声码(phonic substances),所以一些类似形态的特征在汉字中隐而不显,但是汉字字形偏旁中存有蛛丝马迹。位移、作为两类动词的致使特征在汉字偏旁上就有体现,而且对应并成系统。例如:

22)【来:徕】

a)《国语·晋语五》:"齐侯来,献之以得殒命之礼。"

b)《商君书·徕民》:"今以草茅之地,徕三晋之民,而使之事本。"瑞按:"徕"谓"招来,使之来"。

【由:迪】

a)《论语·泰伯》:"民可使由之,不可使知之。"刘宝楠《论语正义》引郑注云:"由,从也。言王者设教,务使人从之。"

b)郭店简《尊德义》第20简:"可教也,而不可迪其民。"《玉篇·辵部》:"迪,导也。"瑞按:"由"义为"从","迪"谓"引导","引导"即"使之从",所以"民可使由之"义即"民可导之"。

【至:致】

a)《吕览·壅塞》:"寇至,王自投车上驰而走。"

b)《诗经·大雅·皇矣》:"是类是祃,是致是附。"朱熹《诗集传》:"致其至也。"《资治通鉴·周纪三》:"赵爵之齐,代相赵固主胡,致其兵。"胡三省注:"致者,使之至也。"瑞按:"至"谓"到","致"谓"使之至"。"致"本从"夂","夂"像足行之状,《说文·夂部》:"致,送诣也。"段注曰:"引伸为召致之致。"㉔

以上是表示位移致使和非致使配对的例子,致使动词都是在非致使动词上增加一个与足有关的偏旁,如"彳""辵""夂"等。

23)【柔:揉】

a)《易·坤》:"坤至柔,而动也刚。"

b)《易·系辞下》:"斲木为耜,揉木为耒,耒耨之利以教天下。"瑞按:"柔"谓"柔软","揉"谓"使之柔软"。

【受:授】

a)《论语·乡党》:"康子馈药,拜而受之。"

b)《孟子·公孙丑下》:"我欲中国而授孟子室,养弟子以万钟。"又《离娄上》:"男女授受不亲,礼与?"瑞按:"受"谓"接受","授"谓"使之受"。㉕

【学:敩】

a)《论语·学而》:"学而时习之,不亦说乎?"

b)《书·盘庚上》:"盘庚敩于民。"孔传:"敩,教也。"瑞按:"学"谓"学习","敩"谓"使之学","使之学"则义同"教"。㉖

以上是表示作为致使和非致使配对的例子,致使动词也是在非致使动词上增加一个手旁或与手有关的偏旁,如"扌""攴"等。

位移致使动词添加与"足"有关的偏旁,作为致使动词添加与"手"有关的偏旁。两类动词致使和非致使的差别不仅表现为偏旁的有无,在读音上也有清浊或四声的区别。字形偏旁可以说是把听觉上的区别标记转移到了视觉上(或曰把口语中的区别标记转移到了书面语中)。

Henry & Hamida 提到 *St'át'imcets* 语的动词词根可包含工具,㉗Beck 也提到 *Lushootseed* 语的动词词根可包含工具。㉘"手""足"是位移事件和作为事件的天然工具,汉语表达两类事件的动词分别含有"手""足"工具并不稀奇。相较而言,"手"是比"足"更为常用的工具,而与手有关的"攴"旁几乎成了一个致使标记。㉙慧琳《一切经音义》卷二五"破坏生死"条:"壤(坏),音乖拜反,谓加功毁之使破也;若音怀拜反,任运自破也。今义取前,正合作敤。"读怀拜反的"任运自破"义,是非致使的自动词,字从"土"旁作"壤";读乖拜反的"加功毁之使破"义,是表致使的他动词,字从"攴"旁作"敤"。这条资料说明,"攴"旁的有与无犹如清与浊的区别,"攴"用来标示致使语义特征,相当于一个致使标记。㉚

Henry & Hamida 提到,在 *St'át'imcets* 语中不及物动词如果变成及物动词,就在相应的不及物动词后添加一个致使词缀;㉛Dryer 提到,在 *Muna* 语中含有状态语义的词才可加上一个含有致使语义的词缀成分 *feka-*,而不含有状态语义的动词是不能加上这个词缀的。㉜这两种情况类似于例22)23)中汉语的致使动词,因为这些致使动词也多是在(具有状态语义的)不及物动词上添加含有致使义的手、足类偏旁，如：

徕＝彳致使＋来　　迪＝辵致使＋由　　致＝至＋攵致使

揉＝手致使＋柔　　授＝手致使＋受　　教＝学＋攵致使

含有这些致使偏旁的动词表达的事件结构内含两个小事件，解构如下（为求简便，没有填入动词以外的词项）：

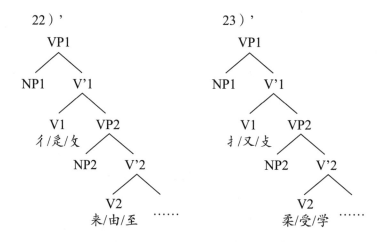

22)'是例22)所有b)句的解构式，23)'是例23)所有b)句的解构式。22)'与前面的16a)'同是解构位移事件，23)'与前面的17a)'同是解构作为事件。22)'23)'与16)'17)'都是对致使事件进行解构，因此都被解构为双事件结构，VP1表达事件过程，VP2表达事件结果。22)'23)'与16)'17)'两相比较，可以归纳下面几点：

第一，22)'23)'中处于V1位置上的"彳/辵/攵""扌/手/支"等偏旁对应16)'17)'中V1位置上的"使/令"等轻动词，这说明手、足类偏旁的确含有致使义，这些含有致使义的偏旁表达事件结构中的过程，功能相当于过程动词。连动结构的前项和动补结构的前项多是表示过程的动词，22)'23)'中的手、足类偏旁和这两类过程动词相对应，⑬即：

22)'V1中的"彳/辵/攵"＝例8)中的"走/趋/行"（都表示与"足"有关的位移过程）

23)'V1中的"扌/又/支"＝例9)中的"击/搏/射"（都表示与"手"有

关的作为过程)

第二,22)'23)'中处于 V2 位置上的"来""柔"等对应 16)'17)'中 V2 位置上的"上""破"等,它们多含状态语义。22)'23)' V2 位置上的词语之所以具有状态语义,是因为已把含有致使义的手、足类偏旁从致使动词中剥离出去,这等于是对致使动词实施了一种去致使化的操作。其后果是致使动词的及物性减弱,而非及物的状态语义得到凸显。V2 位置上这些内含状态语义的词都是表示事件结果,它们既与连动结构的后项相对应,也与动补结构的后项相对应。㉞

第三,例 22)23)中的"徕、迪、致、揉、授、敎"等是词汇致使,因为它们通过添加偏旁就可以在词汇内部表现致使;例 16)17)中的"上、下、破、坏"等是句法致使,因为它们必须通过句法环境才能表现致使。然而究其根本,两类词的本质是相同的,这些词大多与清浊或四声别义相关,"追溯其始,盖古人一字兼备数用,尔后增益偏旁,分别之字乃多"。㉟

添加手、足类偏旁可以使非致使动词变成致使动词,如:

来、由、至,柔、受、学→徕、迪、致,揉、授、敎

剥离手、足类偏旁可以使致使动词变成非致使动词,如:

徕、迪、致,揉、授、敎→来、由、至,柔、受、学

汉语中的手、足类偏旁好像是加在字根上的附加成分,它们的功能与印欧语中可构成交替的形态并无二致。㊱我们在此无意为偏旁争得一个形态的名分,但我们要强调汉语的不少偏旁的功能和印欧语的形态相似,汉语有些偏旁同样具有区分语义和句法的功能,值得汉语研究者重视。

## 叁 事件的定义与汉语事件结构的类型

在讨论了汉语事件结构的两大宗(即位移事件和作为事件)以后,最后有必要(也有条件)对"事件"的界定作一些探讨。

汉语"事故""故事"并称,㊲"事"即"故"。《说文·攴部》:"故,使为之也。"㊳段玉裁注:"今俗云原故是也。凡为之必有使之者,使之而为之则成故

事矣。"段氏这段话对事件下了一个简明而准确的定义。事件与原故有关,所以汉语"事"即"故";原故与致使有关,所以汉字"故"从"攴"。㊴事件包含"使之"和"为之","使之"促发动作过程(相当于VP1),"为之"形成结果状态(相当于VP2)。过程决定状态,故"为之必有使之者";状态由过程导致,故"使之而为之则成故事矣"。

"故"偏重致使过程则义为"缘故",偏重既成状态则义为"故事",㊵偏重由过程到状态则义为"故意"。"缘故、故事、故意"正是"故"的三个主要义项:

义项一"缘故":

《左传·庄公三十二年》:"惠王问诸内史过曰:是何故也?"《墨子·经上》:"故,所得而后成也。"孙诒让《间诂》:"此言故之为辞,凡事因得此而成彼之谓。"

义项二"故事":

《易·系辞上》:"易,无思也,无为也,寂然不动,感而遂通天下之故。"孔颖达疏:"故,谓事故,言通天下万事也。"

义项三"故意":

《书·大禹谟》:"宥过无大,刑故无小。"孔传:"不忌故犯,虽小必刑。"蔡沈传:"故,知之而故犯也。"

位移事件有"来由",并由来由(VP1)而达到目的(VP2);作为事件有"原因",并因原因(VP1)而达成结果(VP2)。㊶一言以蔽之,事件即由因果构成,事件就是由原因造成的后果。

事件结构具有类型学的意义,事件结构通常包含起点和终点。语言可以根据事件结构偏重起点还是终点,分出两类不同类型的语言:

一类是 Initiation(I-)languages(即始点型语言,如 Irish, Japanese),这类语言要求事件结构必须要有始点,以 initial bound 来决定事件结构的性质,倾向于把活动过程处理为事件。

一类是 Delimitation(D-)languages(即终点型语言,如 English, Finnish),这类语言要求事件结构必须要有终点,以 terminal bound 来决定事件结构的性

质,倾向于把结果状态处理为事件。㊷

汉语(特别是古汉语)位移事件中的目的隐含路径,作为事件中的结果隐含过程,事件结构中后项可以蕴涵前项,所以古汉语常用兼含过程的结果动词来表示事件结构。不少表示行为致使的动词也是在表示结果状态的动词上,通过声音标记(如清浊、四声别义)或视觉标记(如手、足类偏旁)派生而来,与终点相关的结果状态动词多是原生的,与始点相关的行为致使动词多是派生的。据此看来,汉语(特别是古汉语)的事件结构应该是属于终点型的。

语言是对客观世界的描摹,客观世界发生的事件主要有位移和作为两类,语言也有两种相应的事件结构。汉语的"行"事件和"为"事件构成了"行为"事件的主体,动趋式和动结式分别隶属于"行"事件和"为"事件,两类事件在汉语史上表现出极其相似的发展历程。两类事件的组构方式和解构形式高度一致,这说明反映时空的两类事件结构具有密切联系,同时也说明汉语(特别是上古汉语)是一种高临摹性的语言。

基金项目:教育部人文社会科学重点研究基地重大项目"基于上古汉语语义知识库的历史语法与词汇研究"(18JJD740002)、国家社科基金重大项目"多卷本断代汉语语法史研究"(14ZDB092)。

发表于"汉语'趋向词'之历史与方言类型研讨会"暨第六届"海峡两岸语法史研讨会",2009 年。

## 注 释

① 《说文·门部》:"间,隙也。"宋贾昌朝《群经音辨》卷六:"间,中也。厕其中曰间。"
② "被地狱火"之"被"原文作"彼",今据对译径改作"被"。
③ "位移"与"足"有关,"作为"与"手"有关,只是就大体而言。事实上"位移事件"和"作为事件"并不限于与人体"手""足"有关的活动。
④ "前、后"虽然表示状态,但是由"前(歬)"从"止"、"后"从"彳"的汉字偏旁中,还是可以看出其表达动作过程的特性。
⑤ 两个实例:行十日十夜而至于郢。(《墨子·公输》)
　　　　　 禹攻十日,破之。(《后汉书·邓寇列传》)

⑥ 出现在"至""死"这类不及物动词前的"晋侯""虢叔"虽然占据主语位置，但其实质不是主语而是宾语，"至""死"这类动词是非宾格动词。

⑦ 确切地说，"杀"是结果兼含过程的动词，"杀"含有死的结果状态义。例 8a)中的"之"也属于这种情况。

⑧ 《说文·行部》："人之步趋也。从彳、从亍。"古文字学者认为"行"乃四衢道，有不同的看法。

⑨ 也有不用"而"连接的，例如：王使人疾持其头来。(《史记·范雎列传》)

宫长李南以诏书取儿去。(《汉书·外戚传》)

⑩ 有关"而"字消失的解释，可以参看冯胜利《汉语动补结构来源的句法分析》(冯胜利，《汉语韵律语法研究》第五章第三节，北京大学出版社，2005 年)。

⑪ 特别是当 V1V2 后面带宾语时，V2 即便是不及物动词也包含动作(activity)语义的因素。关于 V1V2 两个紧邻动词之间的语义整合，参胡敕瑞《动结式的早期形式及其判定标准》(《中国语文》2005 年第 3 期)。

⑫ 动趋式和动结式的产生途径不止一途，由连动结构演变而成的动趋式和动结式只是它们早期形式的一种。

⑬ 见胡敕瑞《从隐含到呈现(下)——词汇变化影响语法变化》，《语言学论丛(第三十八辑)》，商务印书馆，2008 年。

⑭ Slobin, Dan. 2004. The many ways to search for a frog: Linguistic typology and the expression of motion events, in *Relating events in narrative: Typological and contextual perspectives*, 219—257, ed. by Sven Strömqvist and Ludo Verhoeven, Mahwah, NJ: Lawrence Erlbaum Associates.

⑮ 雅洪托夫《上古汉语的使动式》，载谢·叶·雅洪托夫著《汉语史论集》，北京大学出版社，1986 年。

⑯ 此外，还有一类表示心理及其他性状的词。上古使动用法大致可以区分为运动动词、作为动词、心理及性状词三类。这里只涉及前两类。

⑰ 少量第 2 类动词也有使动的用法。

⑱ "于"由位移动词发展为介词，"为"由作为动词发展为系词。介词常常引介空间事件的目标，系词经常表达时间事件的结果，这是具有普遍性的现象，以英语为例：

We floated the bottle *into* the cave. (介词 into 引介空间事件的目标状态)

We hammered the nail *to be* flat. (系词 be 表述时间事件的终结状态)

⑲ therefor 由 there 和 for 构成，there 相当于汉语表空间事件状态的"于"，for 相当于汉语表致使缘由的"由"。

⑳ 上文已经论证动结式和动趋式的合用式与连动结构有渊源关系，这里我们强调使动用法与动结式和动趋式的隔开式也有渊源关系。

㉑ 王力《古汉语自动词和使动词的配对》,载《王力语言学论文集》,商务印书馆,2000年。

㉒ 周祖谟《四声别义释例》,载《问学集》上册,中华书局,1966年。周法高有一章关于"音变"的通论,对于各家说法有比较详细的介绍,可供参考(见周法高《中国古代语法:构词篇》,"中研院"历史语言研究所,1962年)。

㉓ 见雅洪托夫《上古汉语的使动式》;梅祖麟《上古汉语动词浊清别义的来源》,《民族语文》2008年第3期。

㉔ 魏维新等《助语辞补》引杨慎云:"凡物自来曰至,而我使之来曰致。"

㉕ "受""授"二字古多通用,林义光《文源》:"'授''受'二字古皆作'受'。"

㉖ 《礼记·学记》引《尚书·兑命》作"于其身惟学学半",而伪古文《尚书》作"于其身惟学敩半","学""敩"二字古皆作"学"。《国语·晋语九》:"顺德以学子,择言以教子,择师保以相子。"韦昭注:"学,教也。"此句中"学"据韦注当读作"教"。

㉗ Henry Davis & Hamida Demirdache. 2000. On lexical Verb Meanings:Evidence from Salish, in *Events as Grammatical Objects*, 97—142, ed. by Carol Tenny and James Pustejovsky, CSLI Publications.

㉘ Beck, D. 1996. Transitivity and Causation in Lushootseed morphology, *Paper presented at the Canadian Linguistic Association annual Meeting Brock University*, Saint Catherine's Ontario.

St'át'imcets语的动词词根包含工具的现象,如:

√tup　　'be hit with fist'(相当于古汉语的"拳")

√weq'w　'be carried away by water'(相当于古汉语的"漂")

Lushootseed语的动词词根包含工具的现象,如:

√pus　　'be struck by a flying object'(相当于古汉语的"掷")

√c'axw　'be struck by a stick'(相当于古汉语的"杖")

㉙ 冯胜利曾指出"从训诂上看,'使之正'即为'政'……'正'的使动用法可以独立成词,于是造'政'字以当之"(冯胜利《轻动词移位与古今汉语的动宾关系》,载《汉语韵律语法研究》,北京大学出版社,2005年)。胡敕瑞也指出"'反文(即攴)旁'这类偏旁可以说是一些反映早期形态特征的化石"(胡敕瑞《从隐含到呈现(下)——词汇变化影响语法变化》)。"攴"像手拿工具,工具标记容易发展为致使标记,因为操持工具必有所为。

㉚ 《说文·攴部》:"故,使为之也。从攴,古声。"段注于"从攴"下注云"取使之之意"。语法标记是一种高度抽象的因子,当一个语义要素被普遍使用并赋予形式后,这个形式就有可能抽象出来而成为一个标记。汉语"攴"旁就有点像是一个致使标记,致使可以理解为一种抽象的力量,从一些汉字异体可以看到,致使便是一种抽象的力量,例如:敕=勑,效=劾,敎=勅,这些字中的"攴"旁可以替换为"力"旁,"攴"即"力"。

㉛ 例如:fall + 致使词缀 = to drop something(相当于古汉语的“堕”)。arrive + 致使词缀 = to bring something(相当于古汉语的“致”)。见 Henry Davis & Hamida Demirdache. 2000. On lexical Verb Meanings:Evidence from Salish,in *Events as Grammatical Objects.*

㉜ 例如:‘no—feka—ghosa—e’,‘3SG—CAUS—strong—it’,‘he makes it strong’。见 Matthew S. Dryer. 2007. Clause types,*Language Typology and Syntactic Description*(*Second edition*),*Volume I*:*Clause Structure*,224—275,ed. by Timothy Shopen,Cambridge University Press. 2007.

㉝ 手、足类偏旁表达的是抽象的动作过程,而连动、动补结构中的前项动词表达的是具体的动作过程。前者有点像是一种表达动作过程的标记,其功能相当于具有致使行为的轻动词(如“打”“弄”“搞”等)。

㉞ 明乎此,也就知道为什么“徕”“揉”可用“招来”“弄柔”等动补结构来解释,因为动补结构的前项(如“招、弄”)相当于被释词的偏旁(即“彳、手”),动补结构的后项“补”等于被释词的字根(如“来、柔”),这些字根(即动补结构的后项)都含有结果状态语义。

㉟ 周祖谟《四声别义释例》,载《问学集》上册,119页。

㊱ 在汉语中并非所有的手、足类偏旁都表致使,也并非所有的致使都要依赖手、足类偏旁来实现。偏旁和形态不仅在符号形貌上具有差别,与形态相比偏旁的表达功能也不具有普遍性。

㊲ 《周礼·秋官·小行人》:“凡此五物者,治其事故。”《商君书·垦令》:“知农不离其故事,则草必垦矣。”“事故”谓“事情、事件”,“故事”谓“已成之事”。

㊳ 郭店《性自命出》:“有为也者之谓故。”《墨子·经上》:“故,所得而后成也。”《墨子·经说上》“故小故,有之不必然,无之必不然。大故,有之必然,无之必不然。”故,乃造作之已然,或已然之造作。强调“已然”则为故事,强调“造作”则为故意。

㊴ 王夫之《说文广义》卷三:“故,从古从攴,攴有作为之义。”

㊵ “故”可以表缘由,也可表结果,犹如“所以”可以表原因,也可表结果。

㊶ 位移事件由于路径而达到目的,作为事件因为过程而达成结果。现代汉语“通过……,达到目的”是用复句形式表达位移事件,“因为……,造成结果”是用复句形式表达作为事件。“通过”犹“由”,“因为”即“因”,“通过”与“因为”应该是同一性质的成分,尽管它们所属的词类不同。上古多利用致使动词表达事件,中古多利用动补结构表达事件,现代多利用因果复句表达事件,汉语的表达形式越来越冗长,同时理据也变得越来越外显。

㊷ 详参 Elizabeth Ritter & Sara Rosen. 2000. Events structure and Ergativity,in *Events as Grammatical Objects*,187—238,ed. by Carol Tenny and James Pustejovsky,CSLI Publications.

# 从《左传》和《史记》看上古汉语的
# 双宾语结构及其发展

邵永海

## 零 题 解

**0.0** 本文试图对《左传》和《史记》两部文献中的双宾语结构作一全面考察,在平面描写的基础上,通过动词分布的异同,观察双宾语结构从《左传》到《史记》的历史演变。

**0.1** 对古代汉语双宾语结构的研究,目前着重在两个方面,一是平面的分类与描写,其中分类的标准与角度不同,因此关于双宾语结构的性质、范围等问题争议颇大;[①]二是历时的研究,主要研究双宾语结构从上古到中古以至近代的发展过程,而从总体上把上古汉语作为一个时代平面。[②]

对上述两个方面,我们的认识是:第一,作为一种特定的句法格式,双宾语结构应该从形式上加以规定,如朱德熙先生所定义:"双宾语结构是一个述语同时带两个宾语,这两个宾语各自跟述语发生关系,它们相互之间没有结构上的关系。"[③]我们主要根据这一标准判定上古汉语双宾语结构的范围。同时,对动宾结构后带时间性、处所性或动量性成分的结构,我们还是处理为动宾结构带补语而不看作双宾语结构。[④]例如:

(1) 围其东门五日而还。(《左传·隐公四年》)(时间)
(2) 良尝学礼淮阳。(《史记·留侯世家》)(处所)
(3) 公怒,鞭师曹三百。(《左传·襄公十四年》)(动量)
(4) 围汉王三匝。(《史记·项羽本纪》)(动量)

第二，上古汉语包括周秦两汉上下一千多年，[⑤]在这一时期，双宾语结构发生了一些重要的变化，这些变化往往跟其他语言现象的演变相联系。描写并解释这些变化，对深入理解上古汉语句法结构方面的面貌，可以提供一定的启发与帮助。

**0.2** 在上古汉语中，有两种句法格式与双宾语结构的关系比较密切，即以字结构和於/于字结构。[⑥]我们用 V 表示动词性成分，用 N 表示名词性成分，作如下归纳：

| Ⅰ | 双宾语结构 | V $N_R$ $N_S$ | 往馈之马 |
| Ⅱ | 以字结构 | 以 $N_S$V$N_R$ | 以相印授张仪 |
| Ⅱ′ | 以字结构′ | V$N_R$ 以 $N_S$ | 资之以地 |
| Ⅲ | 於/于字结构 | V$N_S$ 於/于 $N_R$ | 献一佩一裘于昭王 |

其中，$N_R$ 多为指人的名词性成分，表示行为动作 V 所涉及的对象；$N_S$ 多为指事物的名词性成分，表示行为动作 V 所直接支配的受事。（下面行文中沿用这些符号，不另作说明。）

这几种句法格式在语义功能和语法结构上都存在相关性，表现为：一方面，同一语义关系可以用不同的格式来表达。例如：

(5) 余赐女孟诸之麋。（《左传·僖公二十八年》）

(6) 尽以其宝赐左右而使行。（《左传·文公十六年》）

上两例中，同样表示把某物赏赐给某人，例 5 用双宾语结构，例 6 却用以字结构。

另一方面，动词在这几种句法格式中的分布具有一定的规律性，或者说，出现在这几种格式中的动词，在语义特征和语法功能上都有相对的规定性。这里，"分布"指动词在各句法格式中的出现频率和语境（动词与附带名词性成分的关系）等因素。根据我们的考察，在《左传》中，双宾语结构和以字结构（以 $N_S$V$N_R$，V$N_R$ 以 $N_S$）的动词分布相通，即能出现在双宾语结构中的动词一般也可以进入以字结构。例如：

(7) a 晋侯赏桓子狄臣千室。（《左传·宣公十五年》）

   b 亦赏士伯以瓜衍之县。（同上）

(8) a 是赐我玉而免吾死也。(《左传·昭公十六年》)
　　b 尽以其宝赐左右以使行。(《左传·文公十六年》)

然而,双宾语动词一般不进入於/于字结构。以"假"字为例。《左传》中"假"字兼具"借出"和"借入"两个相反的意义,"借出"义的"假"用于双宾语结构,是双宾语动词。例如:

(9) 天假之年。(《左传·僖公二十八年》)
(10) 不以礼假人。(《左传·庄公十八年》)

"借入"义的"假"在《左传》中不属双宾语动词,而主要用于於/于字结构例如:

(11) 而假手于我寡人。(《左传·隐公元年》)
(12) 范宣子假羽毛于齐而弗归。(《左传·襄公十四年》)

两种意义的"假"在句式中的分布截然不同,很可以给我们启发。我们由此推论:双宾语结构与以字结构在表达功能上有相通之处,而这两种结构跟於/于结构表达功能不同。

因此,在研究双宾语结构时,就必然要考虑到两种相关格式,特别是在观察动词分布及其变化时,我们同时对以字结构和於/于字结构也作了相应的观察,由此对影响双宾语结构发生变化的原因提出我们的一些认识。

0.3　本文以《左传》和《史记》的语言材料为主要依据,在涉及具体动词的分布变化时,也引入《论语》《诗经》等先秦文献作为参考。

# 壹　《左传》的双宾语结构

## 1.1　《左传》双宾语结构的分类描写

《左传》的双宾语结构可以根据动词的语义特征、动词与其附带名词性成分之间的关系分为七类。[⑦]下面列出分类并加以描写说明。

A. 动词 V 的语义特征可以描写为"授予",从语义结构关系上说,某事物 $N_S$ 由于 V 的作用自与者 N 转移至受者 $N_R$。举例如下:

(13) 公在会,馈之饩、米,礼也。(《左传·僖公二十九年》)

(14) 周人将畀虢公政。(《左传·隐公三年》)

由于 $N_R$ 与 $N_S$ 之间没有结构上的关系,有时中间甚至可以有语气词介入。例如:

(15) 吾与戍也县,人其以我为党乎?(《左传·昭公二十八年》)

$N_R$ "戍"(魏戍)与 $N_S$ "县"之间加入语气词"也"。

进入双宾语结构的"授予"义动词包括(动词右下角标出该动词进入双宾语结构的次数,下同):

与$_{79}$、予$_4$、赐$_{46}$、授$_{11}$、遗$_5$、馈(归)$_5$、归(归还)$_{10}$、降$_6$、诒$_2$、饩$_3$、分$_4$、输$_3$、赏$_1$、加$_1$、贿$_1$、畀$_2$、假$_{借出2}$。

B. 动词 V 表示信息的传递,有"告语"或"教示"的含义。从语义关系上说,由于 V 的作用,信息 $N_S$ 自甲方 N 传递到乙方 $N_R$。举例如下:

(16) 夫子语我九言曰。(《左传·定公四年》)

(17) 袒而示之背。(《左传·庄公八年》)

(18) 晋侯许之七百乘。(《左传·成公元年》)

进入双宾语结构的"告语"和"教示"义动词包括:

告$_{12}$、语$_2$、许$_{12}$、示$_{10}$、教$_6$、训$_3$、慭$_2$、诲$_1$。

C. 动词 V 表示给人或事物 $N_R$ 加以命名或名称,$N_s$ 为所命名称或称呼。例如:

(19) 今以君命奔齐之急而受宝以归,是以师昏也,民其谓我何?(《左传·昭公六年》)

(20) 胙之土而命之氏。(《左传·隐公八年》)

在《左传》中,"谓"字不进入以字结构。同时,"谓"字同时还可以带主谓结构作宾语,形式上与双宾语结构很相似。例如:

(21) 人谓子产不仁。(《左传·襄公三十一年》)

这种结构中的"谓"字意思是"称说",表示对某人的认识或看法,所以一般出现在作者的总结评论部分。

"命"字也可以出现于递系结构,意为"命令",与双宾语结构中"命名"义的"命"字差别较明显。

进入双宾语结构的称呼或命名义动词只有"谓"和"命",其中"谓"字出现64次,"命"字出现1次。

D. 动词 V 表示一般的行为动作,但后面带上对象宾语后还可以再带表示行为动作的工具的宾语,从而形成双宾语结构,动词 V 多是表示衣食方面的词汇。例如:

(22) 公衣之偏衣,佩之金玦。(《左传·闵公二年》)
(23) 晋侯饮赵盾酒。(《左传·宣公二年》)
(24) 及食大夫鼋。(《左传·宣公四年》)

一般把这类结构看作使动双宾语,"饮赵盾酒"即"使赵盾饮酒"。[8]但是,我们认为这类结构都可以转换成以字结构而在意义上保持平行,如"佩之金玦"转换成"佩之以金玦","饮赵盾酒"转换成"饮赵盾以酒"。这种转换有一定的语言事实作为支持,如"佩以金玦"(《左传·闵公二年》),"饮以酒"《左传·桓公十六年》等。而以字结构在上古汉语中的主要功能即表工具关系。双宾语结构与以字结构在表义功能上有重合。我们把这类结构中的 $N_S$ 看作 $VN_R$ 的工具,这样处理从形式和意义上都可讲通,因此,我们提出工具双宾语的概念。

可以进入工具双宾语结构的动词包括:
衣$_4$、佩$_2$、食$_1$、饮$_{17}$

E. 动词 V 与宾语之间存在着一种含有服务意义的关系,"$VN_R N_s$"表示"为 $N_R N_s$",即一般所谓的为动双宾语结构。举例如下:

(25) 天生民而立之君。(《左传·襄公十四年》)
(26) 邱氏为之金距。(《左传·昭公二十五年》)
(27) 树之诈慝以取其国家。(《左传·襄公四年》)

"立之君"即"为之(民)立君"。

进入为动双宾语结构的动词包括:
为$_{34}$、立、树$_5$、着$_1$、举$_1$

F. 动词 V 表示"结绝"的意义。这类双宾语结构比较特殊，我们是从与它相应的於/于字结构的比较中断定其双宾语结构性质的。请看下列例句：

(28) a 晋为郑服故，且欲修吴好，将合诸侯。(《左传·襄公三十年》)

比较：b 陈穆公请修好于诸侯。(《左传·僖公十九年》)

(29) a 始结陈好也。(《左传·庄公二十五年》)

比较：b 寡人愿结欢于二三君。(《左传·昭公四年》)

单从意义上分析，"修好于诸侯"中"修好"的对象是"诸侯"，整个结构的意思是"与诸侯修好"。从语义关系上说，这是一种与格关系，⑨这种语义关系也可用双宾语结构表达。另外，"修吴好"不等于"修吴之好"。我们认为，"修吴好"作为双宾语结构赋予了"吴好"字面之外的意义，即"与吴国的友好关系"。"结陈好""绝陈好"等也可作相同理解。⑩因此，我们立"结绝"义双宾语结构。据我们所见，《左传》中进入这类结构的动词包括"修₃""结₁"和"绝₁"三个。

G. 动词 V 是"若"和"如"。这也是一类较为特殊的双宾语结构，一般都看作凝固格式，但因为它们在句中可处于谓语的位置，所以我们仍作双宾语结构看待，包括"若 N 何"(83 次)和"如 N 何"(2 次)。举例如下：

(30) 虽汰侈，若我何？(《左传·昭公五年》)

(31) 陈文子见崔武子，曰："将如君何？"(《左传·襄公二十三年》)

两种模式都表示对 $N_R$ 的处置，其中 $N_R$ 可自由替换，因而"若"和"如"在一定程度上保留了动词的性质。⑪从出现频率上说，"若 $N_R$ 何"占绝对优势。⑫

## 1.2 受取义动词与双宾语结构

所谓受取义动词，主要包括"取、徵、获、得、娶、受、窃、请、问、假₍ᵦ₎"等。它是跟"授予""告语"类动词在语义上相对的一类动词。我们首先列表分析说明受取义动词在《左传》中的大致分布情况（即每一个动词所处的主要句法格式及其在该格式中的出现频率）。

下面我们列表说明每一个动词在《左传》中的分布情况（表 1）。

**表1**

|   | $VN_S$ 於/于 $N_R$ | V $N_R$ 之 $N_S$ | V 其 $N_2$ | V $N_R N_S$ | $VN_S N_R$ |
|---|---|---|---|---|---|
| 取 | 13 | 11 | 20 | 10 | 1 |
| 受 | 17 | 3 | 18 | 4 |   |
| 获 | 5 | 1 | 8 | 6 |   |
| 得 | 27 |   | 6 | 2 |   |
| 娶 | 2 |   |   |   |   |
| 贾 |   |   |   | 1 |   |
| 请 | 16 | 1 | 2 | 1 |   |
| 征 | 6 |   | 1 |   |   |
| 求 | 33 |   | 1 |   | 1 |
| 乞 | 9 |   |   |   |   |
| 徵 | 7 | 3 |   |   |   |
| 责 | 1 |   |   |   |   |
| 假取 | 13 |   |   |   | 1 |
| 藉取 | 1 |   | 1 | 1 |   |
| 问 | 32 |   | 5 | 1 | 1 |
| 访 | 3 |   |   |   |   |
| 学 | 3 |   |   |   |   |
| 买 | 2 |   |   |   |   |
| 总计 | 190 | 18 | 62 | 26 | 4 |

由上表我们可以看出：受取义动词主要活跃于"$VN_S$ 於/于 $N_R$"结构，从统计结果看，各动词在该结构中的出现频率与其结构相比占据了绝对优势。应该说，"$VN_S$ 於/于 $N_R$"结构是上古汉语表受取关系的主要句法手段。举例如下：

(32) 郑人取贷于印氏以请之。(《左传·襄公二十六年》)

(33) 邻犨来聘，求妇于声伯。(《左传·成公十一年》)

"$N_R$"与"$N_S$"之间存在领属关系，因而也可直接用"$N_R$ 之 $N_S$"或与之等价的

"其 $N_S$"来表达。而"$VN_RN_S$"结构在《左传》中表受取关系方面不占主导地位,事实上,它只是"$VN_R$ 之 $N_S$"的变体而已,只是从纯形式的角度可以分析为双宾语结构。试以"取"和"获"为例。"取"字在《左传》中用于"$VN_RN_S$"格式共10次,"获"字共6次,这两个动词后所带"$N_RN_S$"结合一般都很密切,不能切分开来分别与"V"发生关系。如可以说"且齐人取我英丘"(《左传·哀公十三年》),但没有"取英丘于我"一类用例出现,而"获公胄"《左传·僖公二十二年》与"获胄于公","获秦谍"(《左传·宣公八年》)与"获谍于秦"在意义上都有很大距离。另外,在整部《左传》中,我们没有发现"V 取之 $N_R$"结构(夺字例外),而以"之"作为间接宾语($N_S$)是双宾语动词一个很突出的特点。⑬可见这类结构中"$N_RN_S$"在语义上是作为一个整体来使用的。

我们认为,在《左传》中,把受取义动词带上两个名词性成分的格式看作双宾语结构不太妥当。从总体上说,受取义动词不是双宾语动词。这样处理对系统地考察《左传》中双宾语结构跟"於/于"字结构的关系(参见1.3)更有意义,并且可以更好地解释《史记》时代"於/于"的部分衰亡对这种关系的影响(参见2.2)。

比较特殊的受取义动词是"夺"字。在《左传》中,"夺"字根本不进入於/于字结构,而且,它的后面往往带上代词"之"构成"夺之 $N_S$"格式。这两点使"夺"字独立于其他受取义动词之外。由于"夺"字的独具特色,对下列例句的理解就产生了争议。⑭

(34)阍乞肉焉,夺之杖以敲之。(《左传·定公二年》)
(35)公之入也,夺南氏邑,而夺司寇亥政。(《左传·哀公二十五年》)

从语义关系分析,"夺"字后的两个名词性成分之间存在领属关系,似可看做"夺"字带偏正词组作宾语;但从语法结构上说,"夺 $N_RN_S$"处理为双宾语结构更合理些。《左传》中,"夺"字作为动词出现41次,其中"夺之 $N_S$"10次,"夺 $N_RN_S$"19次,而"夺其 $N_S$"与"夺 $N_R$ 之 $N_S$"各出现1次(另外如"予取予夺"之类用法10次)可见"夺"字后两个名词性成分之间的关系与一般的受取义动词比较显示出很大的不同。

### 1.3 双宾语结构与以字结构和於/于字结构

1.3.1 先讨论《左传》中双宾语结构跟以字结构的关系，其范围只限于由给予义动词所构成的以字结构。

我们把能进入以字结构的给予义动词分为两大类：甲类 $V_{给予}$ 既可以进入双宾语结构，同时也可以进入以字结构；乙类 $V_{给予}$ 则只能进入以字结构。

甲、这类动词主要有以下 20 个：与、赐、授、馈、饩、畀、分、赏、加（以上为双宾语动词中的 A 类）、告、语、许、训、教、示（以上为双宾语动词中的 B 类）、饮、食、衣、佩（以上为双宾语动词中的 D 类）、为（双宾语动词中的 E 类）。举例如下：

(36) 竖牛取东鄙三十邑以与南遗。(《左传·昭公五年》)

(37) 祝襄以载书告皇非我。(《左传·哀公二十六年》)

(38) 何以示子孙？(《左传·宣公十二年》)

乙、只能进入以字结构的这类动词主要包括以下 8 个：赂、赠、贶、让、妻、女、易、投。举例如下：

(39) 卫侯以国让父兄子弟朝众。(《左传·僖公十八年》)

(40) 绕朝赠之以策。(《左传·文公十三年》)

(41) 岂其以千乘之相易淫乐之蒙？(《左传·襄公十五年》)

作此分类的目的，是为了显示乙类动词后来的演变。参见 2.1。

1.3.2 其次讨论《左传》中双宾语结构跟於/于字结构的关系。我们也是根据动词的性质及分布确定於/于字结构的范围。所以剔除作为处所、时间、比较和被动标记的於/于字结构，只讨论一般意义上表示行为动作对象的於/于字结构。根据动词的语义特征和语法功能，我们可以将进入於/于字结构的动词分为两大类，甲类为受取义动词，1.2 节已有论述。下面重点考察乙类动词。

乙类为进献义动词，包括"献、进、荐、贡、致、委、效、传、纳（内）、奏、言、告、属"等。这类动词进入於/于字结构，构成"$V_{进献} N_S$ 於/于 $N_R$"的格式，表示通过 $V_{进献}$ 的作用使某项事物或信息 $N_S$ 达至 $N_R$。一般地，$N_R$ 为表人或诸侯名、宗庙等的名词。例如：

(42) 楚人献鼋于郑灵公。(《左传·宣公四年》)
(43) 公使襄仲纳赂于齐侯。(《左传·文公十六年》)
(44) 效节于府人而出。(《左传·文公八年》)

乙类动词在《左传》中不能进入双宾语结构,同时,根据我们的观察,进入双宾语结构的动词一般不出现在於/于字结构中(参见0.2)。双宾语结构和於/于字结构同样表示事物或信息的传递关系,而能够进入这两种结构的表传递关系的动词却表现出互补分布的状态。对这一现象,我们只能从动词的性质和两种格式本身的功能加以解释。我们把进入双宾语结构的动词称为Ⅰ组动词,把能够进入於/于字结构的动词称为Ⅱ组动词,然后把两组动词排列出来加以比较,似乎可以看出这样一种倾向性:Ⅰ组动词多表示自上而下的赐予,而Ⅱ组动词则多表示自下而上的进献。

Ⅰ. 赐、馈、降、授、遗、饩、语
Ⅱ. 贡、进、献、致、效、奏、纳、言

例如"馈"多是上级对下属的赠送,"献"则多为下属对上司的进献。Ⅰ组动词与Ⅱ组动词在上下对待关系上的分别是很明显的。联系具体的语言事实,我们推断,双宾语结构的语义重心在行为动作本身,"$VN_R N_S$"着重强调的是V的性质,所以,如若强调$N_S$,则"$VN_R N_R$"转换为"以$N_S VN_R$";於/于字结构的语义重心在行为动作涉及的对象上,"$VN_S$於/于$N_R$"着重强调的是$N_R$,"於/于"字对动作对象$N_R$起强调标记的作用。⑮我们以告字为例加以说明。

《左传》中少数动词可以同时进入双宾语结构和於/于字结构,包括"加""降""告",其中比较典型的就是"告"。我们观察"告$N_S$於/于$N_R$"中的$N_R$情况,发现基本上都是表示天子、诸侯、国名或宗庙之类的名词性成分,或者说,"告$N_S$於/于$N_R$"表示自下而上的关系;而"告$N_R N_S$"则没有这样的限制,它一般表示对等的信息传递关系。举例比较如下:

(45) a 卫侯告宁于齐,且言子石。(《左传·昭公二十年》)
    b 叔孙曰:"见我,吾告女所行货。"(《左传·昭公二十三年》)
(46) a 则以告于君与大夫而立之。(《左传·哀公三年》)
    b 蒯惧,告文子。(《左传·襄公十四年》)

由此，"告"字可以分为两个义项，"告₁"表自下而上的信息传递关系，意为"报告"；"告₂"表一般的信息传递关系，意为"告诉"。

## 贰 《史记》的双宾语结构

总的来说，《史记》的双宾语结构基本上继承了《左传》而有所发展。下面首先对《史记》双宾语结构作一简略分类说明。

### 2.1 《史记》双宾语结构的分类描写

依据动词的语义特征以及动词与其附带名词性成分的关系，对《史记》的双宾语结构作分类描写如下。

子、由"授予"义动词构成的双宾语结构。这类动词包括：

与$_{77}$、予$_{34}$、赐$_{114}$、授$_{15}$、遗$_{50}$、馈$_2$、分$_9$、输$_7$、加$_3$、降$_1$（以上属于《左传》中 A 类双宾语动词）、让$_{让给2}$、给$_8$、任$_4$、益$_7$（以上在《左传》中用于以字结构）、锡$_3$、赍$_4$（以上《左传》中无，但出现于其他先秦典籍）、献$_1$、致$_3$、奉$_1$、封$_{42}$（以上在《左传》中用于於/于结构）、资$_4$、偿$_3$、送$_2$、赋$_1$、增$_1$、分与$_1$、分予$_1$、奉给$_1$、赏赐$_1$、赐益$_1$、属任$_1$、赂遗$_1$、报遗$_1$。举例如下：

(47) 高后崩，遗诏赐<u>诸侯王</u><u>各千金</u>。（《史记·吕太后本纪》）
(48) 乐毅报遗<u>燕惠王</u><u>书</u>曰。（《史记·乐毅列传》）
(49) 顾汉所输<u>匈奴</u><u>缯絮米糵</u>，令其量中。（《史记·匈奴列传》）

丑、由"假借"义动词构成的双宾语结构。这类动词包括：

假$_4$（属于《左传》中 A 类双宾语动词）、借$_3$、藉$_2$。

这类动词兼具"借出"（给予）和"借入"（受取）两种对立的意义。在上古汉语中，通过句法手段区别这两种意义，即"借出"义一类用于双宾语结构，"借入"义一类用于"於/于"字结构。这种情况在《左传》中通过"假"字表现得相当整齐（参见 0.2），《史记》中也仍然采用这种区别手段。例如：

借出义：

(50) 借<u>臣</u>车五乘。（《史记·樗里子甘茂列传》）
(51) 愿足下假<u>臣</u>奇兵三万人。（《史记·淮阴侯列传》）

借入义:

(52) 愿为君借大车驷马于主人翁。(《史记·范雎蔡泽列传》)

(53) 假途于邹。(《史记·鲁仲连邹阳列传》)

不过《史记》中情况已有变化,即一方面出现了"假威鬼神"(《史记·秦始皇本纪》)($VN_S N_R$)的格式,一方面产生了"窃假与之"(《史记·孟尝君列传》)"假与"这种形式。我们推测,"借入"义的假借义动词可以进入双宾语结构,跟"$VN_S$於/于$N_R$"格式的衰亡有关(参见2.2)。另外,汉代"借出"义的假借义动词通过构词手段造成"假与"之类的形式,从而也在词汇面貌上与"借入"义区别开来。当"V+N"结构含有给予义,N是接受者宾语时,汉代以后倾向于在单音节动词V后面加上动词"与/予",例如"送与""赐与""授与""分与"等。[16]

寅、由受取义动词构成的双宾语结构。这类动词包括:

问$_{15}$、请$_5$、学$_1$、夺$_{28}$、受$_{21}$、取$_{16}$、得$_{10}$、征$_2$(以上在《左传》中用于於/于结构)、贷$_1$、侵夺$_7$、削夺$_1$、攻夺$_1$、伐取$_3$。

我们曾在1.2节提出《左传》中受取义动词不进入双宾语结构,而主要活跃于"$VN_S$於/于$N_R$"结构。到《史记》中,受取义动词用于双宾语结构是一种比较普遍的现象,我们认为,这时受取义动词已归属双宾语动词,这一变化是"$VN_S$於/于$N_R$"格式在上古渐趋消亡的结果,请参见2.2和3.2。举例如下:

(54) 臣非敢求有所将,愿得王一汉节,必有以报王。(《史记·吴王濞列传》)

(55) 丞相尝使籍福请魏其城南田。(《史记·魏其武安侯列传》)

(56) 今贼臣晁错擅适过诸侯,削夺之地。(《史记·吴王濞列传》)

《史记》中受取义动词仍可进入於/于字结构,但一方面在数量比例上不再占优势,另一方面多集中于一些比较固定的说法,如"求救""得罪""得宠""受命"等。

卯、由归还义动词构成的双宾语结构。这类动词包括:

归$_{25}$(属于《左传》中A类双宾语动词)、还$_1$、反$_4$、复$_1$、归与$_1$。

这些动词除"归"字外,在《左传》中都不用于双宾语结构,因此可以说是

《史记》中新产生的一类双宾语动词。从语义特征上说，它们属于授予义动词一类；从结构关系上说，"V$_{归还}$N$_R$N$_S$"中N$_R$与N$_S$之间存在领属关系，又跟受取义动词类似，因此在《左传》中这类动词主要用于"VN$_S$於/于N$_R$"，到《史记》则普遍进入双宾语结构。举例如下：

(57) 必反宋地，归楚淮北。(《史记·苏秦列传》)

(58) 归我卫士五百家，吾将置之晋阳。(《史记·赵世家》)

(59) 元狩二年，侯彭祖坐当归与章侯宅不与罪，国除。(《史记·景惠间侯者年表》)

辰、由告语义动词和教示义动词构成的双宾语结构。这类动词包括：
告$_{15}$、语$_5$、许$_6$、教$_{25}$、诲$_1$、示$_{18}$（属于《左传》中B类双宾语动词）、报$_1$、喻$_1$、属$_7$、告语$_1$、指示$_1$。

举例如下：

(60) 是人者，吾语之微言五，其应我若响之应声。(《史记·田敬仲完世家》)

(61) 章告语忠霍禹谋反状，忠以语常侍骑郎杨恽。(《史记·建元以来侯者年表》)

(62) 高既私事公子胡亥，喻之决狱。(《史记·蒙恬列传》)

(63) 是时慎夫人从，上指示慎夫人新丰道。(《史记·张释之冯唐列传》)

巳、由称谓义动词构成的双宾语结构，这类动词包括：
谓$_{59}$（属于《左传》中C类双宾语动词）、呼$_1$。

例如：

(64) 不忧不惧，斯可谓之君子乎？(《史记·仲尼弟子列传》)

(65) 人主左右诸郎半呼之狂人。(《史记·滑稽列传》)

午、为动双宾语结构到《史记》只有"为"字（属于《左传》中E类双宾语动词），共出现42次，其用法跟《左传》相同。举例如下：

(66) 高祖奉玉卮，起为太上皇寿。(《史记·高祖本纪》)

(67) 人体安驾乘,为之金舆错衡以繁其饰。(《史记·礼书》)

未、工具双宾语结构到《史记》得到充分发展。一批新兴词汇如"赂""购""贺""悬购""试尝"等都可以同时带上受事宾语和工具宾语。例如:

(68) 夫樊将军,秦王购之金千斤、邑万家。(《史记·刺客列传》)

(69) 复贺两家羊酒。(《史记·韩信卢绾列传》)

这类动词包括:

衣$_2$、食$_3$、饮$_3$、佩$_2$(以上属于《左传》中 D 类双宾语动词)、爵$_2$、位$_1$、赂$_1$、购$_3$、卜$_1$、试$_2$、试尝$_1$、妻$_5$、贺$_1$、立$_2$、王$_5$、购求$_1$、悬购$_1$、劾$_1$、当$_1$、被$_1$、悬$_1$、拜$_1$。

申、凝固结构形式的双宾语结构跟《左传》也很不同。《左传》中这类格式(G 类,参见 1.1)以"若……何"为主;《史记》中"若……何"消失了,代之以新兴的"奈……何"(18 次)。同时,"如……何"出现频率提高了(8 次)。举例如下:

(70) 虽有百秦,将无奈齐何。(《史记·张仪列传》)

(71) 不疑状貌甚美,然独无奈其善盗嫂何也!(《史记·万石张叔列传》)

(72) 今女无故告予,颠跻,如之何其?(《史记·宋微子世家》)

例 71 中,$N_R$"其善盗嫂"为复杂结构,表示某种行为,这也是一种新的语言现象。

## 2.2 《史记》中与双宾语结构相关的格式——论 $VN_SN_R$

《史记》中一个比较突出的语言现象是"$VN_SN_R$"大量出现,并与"$VN_S$ 於/于 $N_R$"和"$VN_RN_S$"两种格式并存。请看下列例句:

(73) a 七年后,还政成王。(《史记·鲁周公世家》)

　　b 于是周公乃还政于成王。(同上)

　　c 诸侯振惊,皆还齐侵地。(《史记·滑稽列传》)

(74) a 入秦献之昭王。(《史记·孟尝君列传》)

　　b 九侯有子而好,献之于纣。(《史记·鲁仲连邹阳列传》)

　　c 高祖八年,从东垣过赵,赵王献之美人。(《史记·淮南衡山列传》)

(75) a 受此书申公。(《史记·封禅书》)
    b 太史公学天官于唐都,受《易》于杨何。(《史记·太史公自序》)
    c 文侯受子夏经艺。(《史记·魏世家》)

对这种格局的形成,历来存在两种解释,一是於/于字省略说,认为"V$N_S$$N_R$"是"V$N_S$於/于 $N_R$"的省略形式,如杨树达等即持此见;⑰二是把"V$N_S$$N_R$"跟"V$N_R$$N_S$"等同起来看,直接分析为双宾语结构,只是形式上比较特殊,如王力、张静等即持此见。⑱我们认为,应该系统地、历时地考察"V$N_S$$N_R$"这一结构的性质及其在句法系统中的地位,然后才能对上述格局作出合理的解释。

首先,我们无法否认,"V$N_S$$N_R$"与"V$N_S$於/于 $N_R$"在语义功能和语法功能上关系极密切,省略说有一定的根据;但是,我们找不出省略的条件,而这种带有某种任意性的省略在上古其他典籍特别是时代较早的如《左传》和《论语》中就很罕见。

其次,"V$N_S$$N_R$"与"V$N_R$$N_S$"关系也很密切,不少动词,如上文所举"献""还""受",另外如"报""反""归""得"等,都可以同时进入这两种结构。这批动词在《左传》中主要活跃于"V$N_S$於/于 $N_R$"结构。从时间上看,"V$N_S$$N_R$"在先,"V$N_R$$N_S$"在后。

从上述两个方面出发,我们试图联系"於/于"字的演变过程提出自己的一点认识。

我们认为,《左传》之后,对于部分动词来说,"於/于"字总的发展趋势是渐趋衰亡,⑲其语义负荷量不断减退,语法功能不断弱化。这在动词与其对象宾语之间表现得尤为明显,在《左传》中,动词与其对象宾语之间一般有"於/于"字介入,换句话说,"於/于"字是对象宾语的标记。如"献""言""问"等在《左传》中都以"献/言/问于 $N_R$"的形式出现。这一语言现象到《史记》发生了变化,动词直接带上对象宾语,不需要"於/于"字引入,"V 於/于 $N_R$"虽然还存在,但在比例上不占优势,如"献"和"言"带"于 $N_R$"的形式只占30%左右,"问"字在《史记》记载秦汉史实的部分基本上不再与"于"字共现。

作为上古汉语的重要介词,"於/于"字的部分衰落引起了句法系统内部的一番调整,简单地说,"V$N_S$於/于 $N_R$"格式作为一种重要的表义手段受到不断冲击之后渐趋消亡,从而造成语义表达手段上的空缺,需要有新的表达手段作

为补偿。在这个过渡阶段,"$VN_SN_R$"曾被普遍运用。但这是一种不完善的句法格式,[20]不可能在现实语言中长期存在,这样,双宾语结构作为表现力强的句法手段,通过类推作用将这种结构拉向自己,其基础是二者在结构上的相似性。

因此,我们的结论是,"$VN_SN_R$"只是上古汉语句法结构演变中的一种临时性的过渡现象。《史记》之后的文献中就难得见到了。至于这种结构在共时系统中的分析,只要不谈无条件的省略,分析为双宾语结构或别的结构都可成立,关键是要确认它的独立价值。

值得提出的是,"$VN_SN_R$"的另一个演变方向"$VN_S$"词汇化。表面上看,"$VN_SN_R$"的形式保留下来了,但其结构性质发生了本质变化。例如:

(76) a 为韩报仇强秦。(《史记·留侯世家》)
　　 b 燕欲报仇于齐。(《史记·苏秦列传》)
(77) a 灌将军得罪丞相。(《史记·魏其武安侯列传》)
　　 b 其舍人得罪于信。(《史记·淮阴侯列传》)

"报仇"和"得罪"到后来都凝固为合成词,只是"报仇"不再直接带对象宾语。

## 叁　比较与解释:双宾语结构从《左传》到《史记》的历史发展

如果着眼于进入双宾语结构的动词,那么,《史记》对《左传》的双宾语结构的发展可以概括为:《左传》中的某些双宾语动词到《史记》中不再进入双宾语结构,而某些非双宾语动词到《史记》中进入了双宾语结构。这种变化可以归结为两个方面的原因,一是词汇的兴替衰亡,一是句法结构的内部调整与完善。同时,就双宾语结构本身而言,它在句法系统中的地位提高了,大量新兴双宾语动词使双宾语结构的类别较《左传》也更为复杂。下面分别说明。

### 3.1　词汇的兴起与双宾语动词的发展

从《左传》到《史记》词汇面貌发生了很大变化。一批词汇由于从语言中消亡了,也就退出了双宾语结构。如"诒""堪""畀""饩"等即属这类情况;一些词汇的词性发生了变化,不再用为动词,因而退出了双宾语结构,如"贿"

"赋""胙"等在《史记》中主要用为名词。

同时,《史记》中产生了一批新兴词汇,其中包括双宾语动词,如"偿""借""责""报""还""劾""封""喻""购"等。这些词不见于《左传》,而在《史记》中属于典型的双宾语动词。㉑举例如下:

(78) 臣观大王无意偿赵王城邑。(《史记·廉颇蔺相如列传》)

(79) 封陈恢千户。(《史记·高祖本纪》)

《史记》中新兴起一批双音复合动词,其中有两个双宾语动词复合的情况,如"分与""分予""归与""奉给""赏赐""赐益""赂遗""购求""属任""告语"等。这类复合动词可以进入双宾语结构。例如:

(80) 使臣阴奉给君资。(《史记·张仪列传》)

(81) 高祖购求布千金。(《史记·季布栾布列传》)

《史记》中还有一批复合动词是动词带上受取义动词,构成如"侵夺""削夺""攻夺""伐取"这种形式,从而进入双宾语结构。㉒举例如下:

(82) 侵夺民田宅。(《史记·淮南衡山列传》)

(83) 十年,伐取赵皮牢。(《史记·魏世家》)

一些在《左传》中词性是名词的词,如"资""贷""爵"等,到《史记》词性发生变化而成为动词,可以进入双宾语结构。例如:

(84) 阴行谋臣,资之金玉。(《史记·李斯列传》)

(85) 贷人百钱为资。(《史记·苏秦列传》)

## 3.2 句法结构的变化与双宾语动词的发展

由于结构性质的变化而进入双宾语结构的动词是我们讨论的重点。按其来源可分为两大类。

第一类,原来用在以字结构中,包括:妻、王、卜、位、贺、给、藉、任、益、立、赂等。请比较下列例句:

(86) a 将何以给之?(《左传·昭公十六年》)

　　b 无以给项王军食。(《史记·荆燕世家》)

(87) a 益之以邶殿。(《左传·襄公二十八年》)
　　 b 秦将益赵甲四万以伐齐。(《史记·穰侯列传》)
(88) a 赂吾以天下。(《左传·昭公二十六年》)
　　 b 不如因赂之一名都。(《史记·楚世家》)

上述动词在《左传》中进入以字结构而不进入双宾语结构；在《史记》中，它们成为双宾语动词，其原因我们认为有两方面：一是双宾语结构跟以字结构关系很密切，进入双宾语结构的动词一般也可以进入以字结构。这是上述动词成为双宾语动词的结构基础。二是这些动词多具有"给予"的含义（"卜""立"属工具双宾语动词）。因此，这些动词在《史记》中进入双宾语结构就很自然。

对这类双宾语结构，当然也可以从虚词省略的角度加以说明，即"赂之一名都"是"赂之以一名都"的省略形式。我们认为这种解释不利于系统说明《史记》的双宾语结构，所以不取。

第二类，原来用在於/于字结构中，包括"让""送""属""归""反""献"等。举例如下：

(89) a 子家子反赐于府人。(《左传·昭公三十二年》)
　　 b 诚得劫秦王，使悉反诸侯侵地。(《史记·刺客列传》)
(90) a 秦伯送卫于晋三千人。(《左传·僖公二十四年》)
　　 b 送子贡金百镒，剑一，良矛二。(《史记·仲尼弟子列传》)
(91) a 属其子于鲍氏。(《左传·哀公十一年》)
　　 b 高帝属臣赵王。(《史记·吕太后本纪》)

受取义动词实际上也属于这一类。它们进入双宾语结构的过程跟"於/于"的演变相联系，开始先有"属之子"（《史记·晋世家》）、"献璧皇帝"（《史记·淮南衡山列传》）这类"$VN_S N_R$"格式，又由于类推作用的影响，"属之子"进一步演变为"属臣赵王"，即"$VN_S N_R$"演变为"$VN_R N_S$"。(参见2.2)

### 3.3　关于双宾语结构类别的增多

从《左传》到《史记》，不仅双宾语动词的数量增加了，而且相应地双宾语结构的类别丰富了。我们比较1.1和1.2两节，可以明显看出这一点，《史记》

新增的类有丑、寅、卯三类。这种类的增加本质上反映了双宾语结构中动词与其附带名词性成分之间的语义关系更为复杂多样。

由于各个动词在句法系统中分布的情况的演变不是同步的,在谈到类的变化时就只能是相对的。如《史记》卯类归还义双宾语结构中的"归"字在《左传》中已有"归 $N_S N_R$"的用法并开始进入双宾语结构,从而形成"归 $N_S$ 於/于 $N_R$""归 $N_S N_R$"和"归 $N_R N_S$"三种格式并存的局面。举例如下:

(92)子产为丰施归州田于韩宣子。(《左传·昭公七年》)

(93)晋人归之施氏。(《左传·成公十一年》)

(94)归我卫贡五百家。(《左传·定公十三年》)

《左传》中"归"字用于"归 $N_S$ 于 $N_R$"21 次,"归 $N_S N_R$"1 次,"归 $N_R N_S$"3 次。因此,我们只能说这种演变还是开端,于字结构仍然是表归还关系的主要句法手段。从而归还义双宾语尚未形成一个类别;在《史记》中,凡归还义动词都可以进入双宾语结构,并且频率很高,因此是一类独立的双宾语结构。乙类和丙类也有类似的现象。

《左传》F 类双宾语结构到《史记》没有列出,因为"结""绝"两个动词在《史记》中主要用于"$VN_S$ 於/于 $N_R$"而不进入"$VN_R N_S$"(主要是"结旧好""结怨";"绝和""绝约"后用"于"字引介对象宾语),而结绝义的"修"在《史记》中没有用例。因此只能说这类双宾语结构在《史记》中已经消失了。

原载于《缀玉集》,北京大学出版社,1990 年,有部分修改。

## 注 释

① 对双宾语结构的性质,可以从形式和意义两个方面加以认识,同时也从这两个方面出发划定双宾语结构的范围。本文不准备涉及这些问题。只关心从动词的性质和语义特征以及双宾语结构与其相关结构的关系来考虑。

② 这方面的研究如周迟明《汉语双宾语句的语法现象和历史发展》(载《山东大学学报(哲学社会科学版)》1964 年第 2 期),[法]贝罗贝《双宾语结构从汉代至唐代的历史发展》(载《中国语文》1986 年第 3 期)。他们都着重研究双宾语结构自汉代以后的发展。贝罗贝对双宾语结构从先秦到汉代的变化提出两点看法,一是"动 + 间接宾语 +

以 + 直接宾语"的衰亡，一是双音复合双宾语动词的兴起。

③ 朱德熙《语法讲义》，商务印书馆，1979 年，121 页。

④ 从形式上分析，这些结构都符合双宾语结构的标准。所以本文只是为了照顾讨论目标的集中而抛开这类结构。

⑤ 上古汉语包括周秦两汉，从公元前十一世纪到公元二世纪。参见郭锡良《汉语史讲授纲要》（油印本）。

⑥ 周迟明、贝罗贝等把这三种句法格式一并纳入双宾语的范畴加以考察。

⑦ 我们作此分类的主要目的是观察双宾语结构的历史发展，故在分类的标准上不强调其内在统一。

⑧ 关于"使动双宾语"，参见刘乾先《古汉语中应特殊理解的双宾语结构》（载《东北师大学报（哲学社会科学版）》1982 年第 1 期）；张军、王述峰《试论古汉语双宾语句》（载《辽宁大学学报（哲学社会科学版）》1986 年第 3 期）等文章。

⑨ 参见菲尔墨《格辨》（胡明扬译，载《语言学译丛（第二辑）》，中国社会科学院，1980 年），"与格"表由动词确定的动作或状态所影响的有生物。

⑩ 当然，从词汇意义的角度考虑，"结陈好"可以直接理解为"结成与陈国的友好关系"。但与其把这种语义成分附加到没有任何形式标记的词汇上面，倒不如说"$VN_RN_S$"这种句法格式本身赋予了"结陈好"以特定的语义关系。

⑪ 杨树达《高等国文法》把"若"和"如"归为"不完全外动词"："按此类外动字必有何字伴之，'奈……何'，即今言'怎样对之'之意，故为不完全外动词。"（杨树达《高等国文法》，商务印书馆，1984 年，110 页）

⑫ 《论语》的情况恰好相反，"如……何"出现 23 次，没有"若……何"，这是否有方言的因素，有待进一步考证。

⑬ 参见何乐士《先秦"动・之・名"双宾语式中的"之"是否等于"其"》（载《中国语文》1980 年第 4 期）。V 之 N 结构中"之"是间接宾语，"之 N"不是领属关系。"V 取 $N_RN_S$"中"$N_R$"与"$N_S$"之间存在领属关系，鲜见 V 取之 $N_R$。

⑭ 同前注。

⑮ 参见何乐士《〈史记〉语法特点研究》（载程湘清主编《两汉汉语研究》，山东教育出版社，1985 年）。

⑯ 我们考察先秦两汉文献中的"V + 与"，发现鲜见"借与"，可能和"借"表示"借入""借出"有语音上的区别有关，二者是有读音差异的两个词。不过"假"表示"借入""借出"也有读音上的区别，在《史记》中却可以进入"V + 与/予"格式，这可能和"假"表"假借"在汉代口语中已经逐渐被"借"词汇替换有关（参见王力主编《古代汉语》，中华书

局,1981 年;王凤阳《古辞辨》,吉林文史出版社,1993 年)。"假""借"的变调构词可参见孙玉文《"假""借""丐"变调构词的三则考辨》(《湖北大学学报(哲学社会科学版)》,2000 年)、雷瑭洵《上古汉语"V + NP1 + 于 + NP2"双及物结构及其历史演变》(2016 年)。

⑰ 参杨树达《高等国文法》(129—132 页)。又《马氏文通》也说:"《史记》往往同一句法,于字有用有不用者。"

⑱ 参王力《怎样写论文》(载《大学生》1981 年第 1 期)。又参见张静、张桁《古今汉语比较语法》(河南人民出版社,1964 年)。

⑲ 关于"於/于"字消亡,黄宣范曾从汉语介词的历史演变加以论述。他认为上古汉语介词主要有"於/于"字,后来於/于字不断分化,从而汉语的介词系统发生了几次成倍的增殖,第一次增殖即发生在汉代。介词的这一发展跟汉语词序的发展相联系。参见 Shuan-fa Huang, "Historical Change of Prepositions and Emergence of SOV Oder", *Journal of Chinese Linguistics*, Volume6,1978.

⑳ 以"问"字双宾语为例解释:由于"于"字在整个上古汉语阶段呈现的不断消亡的过程,"问 $N_S$ 于 $N_R$"作为一种句法格式受到冲击之后衰亡了,"问 $N_S N_R$"作为一种不完善的格式无法承担"问 $N_S$ 于 $N_R$"的消亡造成的语义表达手段的空缺,于是作为一种补偿手段,"问"字进入双宾语结构。其演变过程是:问 $N_S$ 于 $N_R$→问 $N_S N_R$→问 $N_R N_S$。

㉑ 这里"新兴词汇"这一概念只是相对《左传》而言,事实上某些词汇可能先秦已产生。以《诗经》为例,"借"字用为假如义(借曰未知);"还"字用为归还义(薄言还归);"报"字作报答义用于"以"字结构。另外,"封"字已出现,只是意义与用法跟《左传》不同。

㉒ "侵夺""伐取"的宾语是"$N_R + N_S$"时有两种理解,一是双宾语,二是定中结构作宾语。《史记》中"侵夺""伐取"的宾语无"$N_S + N_R$"格式,但有"$N_R + 之 + N_S$"格式,例如:"侵夺诸侯之地,征求滋多"(《史记·吴王濞列传》),"秦王怒,伐取魏之曲沃、平周"(《史记·张仪列传》)。因此,把"$N_R + N_S$"处理为定中结构也可以。但是,基于两个原因,我们将之处理为双宾语结构:一是,像先秦汉语一样,《史记》中仍然有大量的典型双宾语格式,"夺之 $N_S$"(11 次),"V + 夺"也有带"之 + $N_S$"格式宾语的情况:"今贼臣晁错擅适过诸侯,削夺之地"(《史记·吴王濞列传》)。说明"夺""V 夺"带双宾语的能力仍然很强。二是,汉代许多受取义动词可以进入双宾语格式,如 2.2 节所述,"于"字脱落后,在类推作用下,一些先秦时期不能带双宾语的受取义动词在汉代也可以带双宾语了。

# 论慧琳上下字异调同韵类的反切特点、类型、研究价值及其对《群经音辨》和《集韵》改良反切的影响

张渭毅

## 一 慧琳反切结构的重要特点

音韵之学,始于反切。提到反切改良史,一般的音韵学教科书大都从宋朝官修韵书《集韵》(1039)开始讲起。其实,早在《集韵》成书200多年前,慧琳(736—820)的《一切经音义》已经自觉地、大规模地进行了成系统的反切改良。

研究慧琳《一切经音义》的学者,大多都注意到慧琳反切上字和反切下字在等、开合、发音部位一致或相近的特点,并用于声母和韵母的分类研究。但是,这些改良的反切,究竟是慧琳本人自觉所为,还是沿袭玄应等前人的反切,又是如何改良的,慧琳本人并没有说明。

随着玄应、慧琳音义研究的深入,学者们发现,慧琳在吸纳玄应音切(反切和直音)时,不同程度地改动了(包括增、删、改、取舍)玄应音切的内容,详见文末的引用参考文献。其中,丁锋先生对于慧琳改良反切的专题研究最具有启发性,他的《慧琳〈一切经音义〉改良玄应反切考》从慧琳改订的全部660多条反切中,找出374个经过慧琳改良的反切,包括上字182个、下字135个、直音57个,逐条分析用例,阐发慧琳改良反切的第一大特点是:改动反切上字,与反切下字开合等次相同或相近,以求反切和谐。在182个反切上字用例中,有138例反切上下字同开合,127例反切上下字同等次,118例既同开合又同

等次。三项比例都达到近三分之二。丁文明确指出,作为最早的反切法改良的先驱,慧琳之所以运用等韵知识对反切法进行了独创性的改革和改良的尝试,是由于慧琳参考了早于慧琳音义成书三十多年的、类似《韵镜》雏形的等韵图。身为精通等韵的胡僧,慧琳改良反切用字的等韵倾向与韵图互为表里,他把这些等韵知识和观念反映在自编的《一切经音义》中是顺理成章的,这项成果在反切改良史和等韵学史上具有划时代的贡献。①

以上的研究表明,慧琳改良反切是自觉的、有独创性的举措。对待慧琳的改良反切,我们不仅要关注它的等韵学意义,更要重视其汉语音韵史价值。

慧琳的改良反切,最引人瞩目的是改反切上字与反切下字同韵系之例。平山久雄先生在他的《切韵系韵书の例外的反切の理解について》中将这种反切称为"异调同音上字式反切",②此类反切在《切韵》系韵书中很少见,但是在慧琳音义中却很常见,数量很多。跟《切韵》(《广韵》)的反切相比,这类上下字异调同韵系的慧琳反切,具有三个音韵特征:

1. 上下字高度和谐的改良反切。讲究反切上字与反切下字属于同一个韵系,只有声调的不同,这样就保证了反切上字和下字拼切时不仅开合等次(介音)完全相同,而且主元音和韵尾一致(平上去相配的阴声韵和阳声韵的韵尾音值相同,阳声韵的韵尾跟与之相配的入声韵的韵尾发音部位相同),由此造成拼切高度和谐的反切,可以算是慧琳所追求的理想的、上乘的改良反切。丁锋《慧琳〈一切经音义〉改良玄应反切考》指出,慧琳改良玄应的这类反切,就改动的声调而言,反切上下字平上、平去、平入互切的比例很高,舒入互切的比例很高。③从慧琳全部此类反切来看,也确实如此,不过,上平、去平、入平、入上、入去等互切的现象也很明显。

2. 反切上字具有标记被切字声母和韵母的双重功能。从反切拼切的效果来看,由于反切上字跟反切下字一样标注被切字的韵母特征,反切上字跟被切字之间构成声韵相同而声调不同的语音关系,即反切上字本身具有标记被切字的声母和韵母的双重功能,如果再加上被切字的声调特征,反切上字就跟被切字同音了,故平山久雄《切韵系韵书の例外的反切の理解について》称作"异调同音上字式反切",上田正《慧琳音论考》又称之为"异调同音型反切"。④我们参考上田正《慧琳反切总览》,举例如下(被切字和反切用逗号隔开;被切字、反切上字和反切下字之后分别括注《切韵》的音韵地位,依次包括声母、韵、开合、等和声调;为节省篇幅,反切省略"反"字,暂不注慧琳音义出处;下同,不复注):

  平声:桐(定东合一平),动(定董合一上)东(东合一平);
  去声:洞(定送合一去),同(定东合一平)贡(送合一去);
  入声:独(定屋合一入),同(定东合一平)禄(屋合一入)。

  以上三个定母反切,平上去相配,被切字和反切下字分别属于《切韵》东、送、屋三个韵,反切上字分别属于《切韵》董、东两个韵,其韵母跟被切字和反切下字的韵母相同或相配,其声调跟被切字和反切下字不同。

  又如来母反切:

  平声:笼(来东合一平),禄(来屋合一入)东(东合一平);
     禄(来屋合一入)红(东合一平);
     鹿(来屋合一入)红(东合一平)。
  上声:笼(来董合一上),聋(来东合一平)董(董合一上)。
  去声:弄(来送合一去),禄(来屋合一入)恸(送合一去);
     禄(来屋合一入)栋(送合一去);
     笼(来东合一平)恸(送合一去);
     聋(来东合一平)贡(送合一去)。
  入声:鹿(来屋合一入),笼(来东合一平)谷(屋合一入);
     笼(来东合一平)穀(屋合一入)。

  以上几个来母反切,四声相承,被切字和反切下字分别属于《切韵》东、董、送、屋四个韵,反切上字分别属于《切韵》东、屋两个韵,其韵母跟被切字和反切下字的韵母相同或相配,其声调跟被切字和反切下字不同。

  3. 反映反切上下字和被切字之间音变一致的动态音韵关系。跟《切韵》(《广韵》)音系相比,慧琳反切下字韵母的分合和被切字的归属发生什么样的变化,反切上字也相应地表现出一致的变化,反之亦然。如定母反切:

  平声:瞳(定东合一平),动(定董合一上)冬(冬合一平);
     峒(定东合一平),毒(定沃合一入)公(东合一平);
     烔(定东合一平),独(定屋合一入)冬(冬合一平);

疼(定冬合一平),动(定董合一上)红(东合一平);
洞(定送合一去)冬(冬合一平)。
入声:毒(定沃合一入),同(定东合一平)鹿(屋合一入);
同(定东合一平)禄(屋合一入);
同(定东合一平)笃(沃合一入);
桐(定东合一平)笃(沃合一入);
纛(定沃合一入),同(定东合一平)仆(屋合一入)。

运用反切系联法、反切比较法和统计法,可以考证出慧琳音的东合一和冬合一(举平赅上去入)韵母合流,以上所列反切下字及其被切字正反映了这个韵母变化,与之相应,同韵系的反切上字也体现了跟被切字和反切下字一致的韵母变化,只不过阳声韵(或入声韵)的切上字跟入声韵(或阳声韵)的被切字韵头和韵腹相同,韵尾因发音部位相同而相配。

据上田正《慧琳音论考》的统计,这类上下字异调同韵系的慧琳反切(上田称作异调同音型反切)有 1628 个,占慧琳 2440 个反切上字的 66.72%。也就是说,慧琳改良的大多数反切,超过三分之二的反切满足反切上字与反切下字同韵系的拼切要求,从而维系了反切拼切的高度和谐,因此,慧琳这项改良反切的尝试是非常成功的,可以看作慧琳反切结构的一个重要特点。我们应该重视这类最为常见、数量可观的慧琳反切在慧琳音乃至《集韵》研究中的重大作用和价值。

## 二 慧琳反切研究中存在的问题

二十世纪七十年代以前研究慧琳音的学者,一般只注意慧琳反切上字与反切下字开合、等第一致所体现出的介音特征,并用于韵母分类和介音构拟,如黄淬伯《唐代关中方言音系》发现慧琳反切构造的三个原则,第一个原则即:反切上下字韵母的第一元音(即韵头)要求一致,据此把反切上字按照下字韵母介音的不同分为 ABC 三系,进而把反切上字所结合的韵母也分为 ABC 三系,因为有三类介音,所以同一个声母,最多只能有三类韵母,相当于三个"等"。[⑤]

但是,如果进一步考虑到大量的慧琳反切的上字跟下字同韵系、具有跟被切字的韵母相同或同韵系的特点,就会发现,跟《切韵》相比,慧琳的反切上字有分为四类的趋势：

一等韵上字为一类，二等韵上字为一类（少数与普通三等、重纽三等相混），普通三等、重纽三等（B类）以及少数二等韵的上字为一类，重纽四等（A类）和纯四等韵的上字为一类。

相应的，这些反切上字所结合的反切下字，也可以划分为四类韵母：

一等韵下字为一类，二等韵下字为一类（少数与普通三等、重纽三等相混），同摄的普通三等、重纽三等（B类）以及少数二等韵的下字为一类，同摄的重纽四等（A类）和纯四等韵的下字为一类。

可见，黄淬伯《唐代关中方言音系》的分类，并不能反映慧琳反切上字和反切下字的真实分类面貌，主要原因有二：一是他没有充分重视慧琳上下字异调同韵系的反切的结构特点，即慧琳上下字异调同韵系的反切，其反切上字不仅标记跟被切字一致的介音特征，更能够表现出跟被切字主元音和韵尾一致的特征；二是他忽略了慧琳音中严格的重纽对立，须知慧琳的重纽区别是反切上下字分类的枢纽和关键。

充分利用上字和下字异调同韵系的反切，为慧琳的韵母进行分类，最具代表性的学者是上田正先生。上田先生以《切韵》音系为参照系统，精心制作了《慧琳反切总览》音韵表，把所有的慧琳反切的上下字和被切字跟《切韵》进行比较，打入《切韵》的声韵调结合表，展示每个慧琳反切和被切字的音韵地位。

上田正《慧琳反切总览》集中反映了自 1931 年黄淬伯《慧琳一切经音义反切考》发表以来慧琳音韵研究的新水平。黄著把反切系联法运用到极致，然而过于相信反切上下字系联的结果。[6]他后来于 1970 年发表的《唐代关中方言音系》虽然重视慧琳反切上字与反切下字开合等第一致的反切构造原则，运用音位分析法来划分音类和构拟音值，但是没有把他在此书中声母、韵母的分类和构拟的结果跟《慧琳一切经音义反切考》考订的成果很好地加以结合和印证，对于两部著作的歧异之处也缺乏必要的论证、疏通和说明。上田正《慧琳反切总览》紧紧抓住慧琳反切的结构特点，以此为出发点，把统计法和反切比较法有机结合起来，但是过于相信数量统计的结果，其结论过于遵从《切韵》的音韵分类。

黄著和上田的书都是慧琳音研究里程碑式的著作,实际上代表了两个研究方向,后来的学者大都沿着这两个研究方向发展,迄今形成两大学派。有趣的是,研究法是两派,得出的结论也有两派,最大的分歧在于,黄派一般不承认重纽的存在,上田派重纽严格对立。中国大陆地区的学者看慧琳音,一派认为重纽存在并且对立,另一派则主张重纽不存在,或重纽的对立消失了。日本和中国台湾省的学者考察慧琳音,没有不主张重纽严格对立的。

上田《慧琳反切总览》及其相关的研究论著有两大优点:

1. 克服了黄淬伯《慧琳一切经音义反切考》单纯运用反切系联法考订慧琳零散反切所呈现出的声韵系统的局限,充分利用反切比较法和统计法,能够在《切韵》的音系框架下直观、全面地展示慧琳所有反切及其被切字的音韵地位和声韵调结合格局,对慧琳音类(主要是韵类)的分合趋势在定量统计分析的基础上做出比较合理的判断;

2. 重视慧琳反切上下字的和谐关系和反切上字标记被切字韵母的功能,在逐个标注反切上字的声母类别和反切下字的韵母类别的同时,还相应地逐个注出反切上字的韵母类别及其跟被切字和切下字韵系的同异,相同者标记小圈(虽然有的小圈漏注或标错了),不仅展示了慧琳反切上下字介音一致的结构特点,而且清楚表现出反切上下字异调同韵系(上田称作"异调同音型反切")的结构特点,为研究者提供了极大便利。

上田先生和具有相同研究倾向的其他学者,大致有三个研究缺陷:

1. 以《切韵》的韵系(相同的介音、主元音和同音值或同部位的韵尾)来定义和划分慧琳上字和下字的韵系,如果慧琳反切的上字与下字在《切韵》里韵系相同,就看作"异调同音型反切",并进行分类统计。假如慧琳反切上下字和被切字跟《切韵》不同韵系,就把这类反切排除在"异调同音型反切"之外另行统计和分析。他忘记了一个事实:慧琳在书中时时指责《切韵》反切为吴音,可见慧琳音并不是《切韵》音。关于慧琳音的性质,有关中音(秦音)说、长安方音说、洛阳正音的地域变体说和北方通语说,诸家看法虽然不同,但都把慧琳音看作与《切韵》基础不同的音系。既然如此,慧琳在改良异调同韵系的反切时,他心目中的同韵系,肯定跟《切韵》的韵系分类不完全相同,而是有同有异。有的时候,慧琳上下字韵系相同的反切,《切韵》里上下字和被切字的韵系也相同;有的时候,跟《切韵》上下字韵系有别的反切,在慧琳看来,在他的实际语音中,其实是上下字属于同一个韵系的和谐反切,我们在考察、统计和分析慧琳反切时,就不能把跟这类跟《切韵》韵系不同而跟慧琳韵系相同的反切,排除在"异调同音型反切"之外来考虑。

2. 慧琳上下字异调同韵类的反切,既有等韵学意义,又有语音史意义。从改良反切的等韵学角度看,只要慧琳实际语音中反切上字和反切下字同韵类,就是和谐反切。而从跟《切韵》比较的语音史的角度来看,慧琳反切上下字的韵系归类不一致,切上字的韵类跟被切字及其切下字韵类不同,恰恰反映了慧琳实际语音的变化,即反切上下字的《切韵》韵系归类跟被切字虽然不一致,但是慧琳实际语音的韵系归类却是一致的。也就是说,所谓同韵系或"异调同音",是指慧琳实际语音中的同韵系,不完全是《切韵》音系的同韵系。上田先生和其他同类学者把跟《切韵》同韵系的反切和那些与《切韵》音不同韵系的和谐反切区别对待,当作两类反切来统计通用韵的分合,结果往往不能有效判断《切韵》具体韵类的分合。我们当然应该注意到,这两类反切的统计学价值有所不同:上下字跟《切韵》同韵系的这类慧琳反切,反映了慧琳音跟《切韵》的共同性,上下字韵系跟《切韵》不同的这类慧琳反切,则体现出慧琳实际语音的特点。

3. 统计法(包括算术统计法和数理统计法)用于音韵学,使得音类的分合趋势更加明显,分类研究更加合理和精确,固然弥补了反切系联法在处理韵书以外的字书、音义书中零散反切时所具有的不可克服的缺陷,但是,统计法毕竟不是音位学,只能为判断音位分合的趋势提供量化的参考依据,而不能当作为音位分合定性的手段。音类分合的依据必须建立在反切系联法和音位分析法研究成果的基础之上。用统计法和反切比较法代替或忽略反切系联法和音位分析法,过于看重数量统计的最终结果并引出音类分合的结论,是运用统计法研究慧琳音的学者的一大通病。

## 三 慧琳上下字异调同韵系的反切类型

设甲、乙、丙三个字构成一个反切,甲是被切字,乙、丙分别是反切上字和反切下字,则有:甲,乙丙切。反切上字和反切下字跟被切字的音韵关系可以表示为:乙+丙=甲。又设 a、b、c 是《切韵》的三个不同的韵,分属不同类的韵母(属不同的韵系),但是慧琳音属于同一类韵母(属同一韵系)。跟《切韵》(《广韵》)音系相比,慧琳异调同韵系的反切的上下字跟被切字之间有五种音韵关系,分为五个反切类型。我们参考上田正《慧琳反切总览》,举例说明如下。

1. 甲、乙、丙三字同属《切韵》a 类韵母,则有:乙 a + 丙 a = 甲 a。

如《切韵》平声东韵见组字:

平声:红(见东合一平),贡(见送合一去)红(东合一平);
弓(见东合三平),鞠(见屋合三入)穹(东合三平)。
穹(溪东合三平),麴(溪屋合三入)弓(东合三平);
穷(溪东合三平),麴(溪屋合三入)弓(东合三平)。
洪(匣东合一平),斛(匣屋合一入)公(东合一平)。
翁(影东合一平),屋(影屋合一入)公(东合一平);
屋(影屋合一入)红(东合一平)。
融(羊东合三平),育(羊屋合三入)嵩(东合三平);
肜(羊东合三平),育(羊屋合三入)嵩(东合三平)。

这类反切的上下字和被切字的音韵关系,跟《切韵》完全一致,前人所考察的上下字异调同韵类的慧琳反切,就是指的此类。

2. 甲、丙同属《切韵》a 类韵母,乙属《切韵》b 类韵母,则有:乙$_b$ + 丙 a = 甲 a。

如《切韵》东韵系和钟韵系帮[非]组字:

平声:缝(並[奉]东合三平),奉(並[奉]肿合三上)蒙(东合三平)。
烽(滂[敷]钟合三平),覆(滂[敷]屋合三入)容(钟合三平)。
上声:捧(滂[敷]肿合三上),丰(滂[敷]东合三平)拱(肿合三上);
奉(並[奉]肿合三上),冯(並[奉]东合三平)勇(肿合三上);
去声:凤(并[奉]送合三平),逢(並[奉]钟合三平)梦(送合三平)。
封(帮[非]用合三去),风(帮[非]东合三平)用(用合三去);

俸(並[奉]用合三去),缝(並[奉]东合三平)用(用合三去)。
入声:腹(帮[非]屋合三入),封(帮[非]钟合三平)目(屋合三入);
辐(帮[非]屋合三入),封(帮[非]钟合三平)目(屋合三入)。

根据反切系联法和比较法的考订结果,慧琳音东合三、钟合三(举平赅上去入)的唇音字合为一类韵母(阳声韵一类,入声韵一类)。上列帮组反切的下字和被切字的韵母属于《切韵》东韵系合口三等或钟韵系合口三等,反切上字韵母却属于《切韵》钟韵系合口三等或东韵系合口三等,正反映慧琳东韵系、钟韵系轻唇音韵母合流的韵变事实。

3. 甲、乙同属《切韵》a 类韵母,丙属《切韵》b 类韵母,则有:乙 a + 丙 b = 甲 a。

如《切韵》支韵系重纽 B 类帮组字:

支韵:陂(帮支 B 平),彼(帮纸 B 上)眉(脂 B 平);
　　　碑(帮支 B 平),彼(帮纸 B 上)眉(脂 B 平);
　　　羆(帮支 B 平),彼(帮纸 B 上)麋(脂 B 平);
　　　　　　　　　 彼(帮纸 B 上)眉(脂 B 平)。
　　　坡(滂支 B 平),帔(滂寘 B 去)悲(脂 B 平)。
　　　疲(並支 B 平),被(並纸 B 上)眉(脂 B 平);
　　　　　　　　　 被(並纸 B 上)悲(脂 B 平)。
　　　麋(明支 B 平),靡(明纸 B 上)悲(脂 B 平)。
纸韵:庳(並纸 B 上),皮(並支 B 平)美(旨 B 上)。
寘韵:詖(帮寘 B 去),陂(帮支 B 平)媚(至 B 去)。
　　　髲(並寘 B 去),皮(並支 B 平)媚(至 B 去);
　　　被(並寘 B 去),皮(並支 B 平)媚(至 B 去)。

按照反切系联法和比较法的考订结果,慧琳音支韵重纽 B 类与脂韵重纽 B 类(举平赅上去)合流为一类韵母。上列被切字和反切上字属于《切韵》帮组支韵系重纽 B 类,反切下字韵母却属于脂韵系重纽 B 类,正反映了支韵系重纽 B 类与脂韵系重纽 B 类合一的韵变现象。

4. 甲属《切韵》a 类韵母,乙、丙属《切韵》b 类韵母,则有:乙 $_b$ + 丙 $_b$ =

甲 a。

如《切韵》脂韵系重纽 A 类帮组字：

脂韵：纰(滂脂 A 平)，譬(滂置 A 去)弥(支 A 平)。
　　　豼(並脂 A 平)，婢(並纸 A 上)卑(支 A 平)。
旨韵：匕(帮旨 A 上)，卑(帮支 A 平)弭(纸 A 上)；
　　　比(帮旨 A 上)，卑(帮支 A 平)弭(纸 A 上)；
　　　秕(帮旨 A 上)，卑(帮支 A 平)弭(纸 A 上)；
　　　粃(帮旨 A 上)，卑(帮支 A 平)弭(纸 A 上)。
至韵：俾(帮至 A 去)，卑(帮支 A 平)避(置 A 去)。
　　　寐(明至 A 去)，弥(明支 A 平)臂(置 A 去)；
　　　弥(明支 A 平)避(置 A 去)。

根据反切系联法和比较法的考订结果，慧琳音脂韵系重纽 A 类与支韵系重纽 A 类合流，上列被切字都是《切韵》帮组脂韵系 A 类字，反切上字和下字却是《切韵》帮组支韵系 A 类字，体现了支韵系重纽 A 类与脂韵系重纽 A 类合流的事实。

5. 甲属《切韵》a 类韵母，乙属《切韵》b 类韵母，丙属《切韵》c 类韵母，则有：乙$_b$ + 丙 c = 甲 a。

如脂韵系《切韵》精组字：

脂韵：谘(精脂开三平)，子(精止开三上)斯(支开三平)。
　　　趑(清脂开三平)，此(清纸开三上)兹(之开三平)。
旨韵：兕(邪旨开三上)，辞(邪之开三平)紫(纸开三上)。

据反切 A 系联法和比较法的考订结果，慧琳音支、脂、之三个韵系的舌齿音韵母合流，上列反切上下字和被切字分别属于《切韵》的支、脂、之韵系，正体现了慧琳实际语音中支、脂、之三个韵系合一的韵变事实。

以上所分 2、3、4、5 四类，因为《切韵》a、b、c 韵类在慧琳实际语音中合流为一类，所以反切上字跟反切下字和被切字之间仍然构成了异调同韵系的和谐关系，反映了此类反切动态的音韵一致关系。

## 四 上下字异调同韵系的慧琳反切的研究价值

慧琳上下字异调同韵系的反切数量庞大,分布广泛,慧琳音系中几乎所有的音节都采用了这类反切注音。跟其他不同类型的慧琳反切相比,这类反切具有很高的应用价值,其研究价值主要表现在两个方面,一是可以直观体现《切韵》同类韵类和异类韵类在慧琳音的分合格局,从而有效克服利用反切系联法、反切比较法和统计法考求韵类分合的局限;二是可以全面展示慧琳同韵系韵类四声相承的分类特征和韵类系统,避免采用《切韵》或《韵镜》相关的旁证材料来作为分类的直接证据。下面重点讨论第一点。

### (一)可以有效弥补利用反切系联法和反切比较法考求韵类的缺陷

考订慧琳反切的韵类时,前人一般采用反切系联法和反切比较法,先按照基本条例、分析条例和补充条例系联反切下字,然后跟《切韵》韵类进行比较,确定韵类分合,最后归纳出韵类系统。但是,慧琳《一切经音义》是音义书,不是韵书,它收录的被注音单字及其反切是零散的,被切字和反切的语音一致关系不是通过归纳小韵来体现的。学者归纳韵类时,采用的反切系联法和反切比较法所依据的反切下字跟被切字的韵类一致关系,是以《切韵》音系为基础的。遇到系联不起来的反切下字,只能考虑《切韵》的韵类关系类推,据此确定彼此间的韵类联系。但是,慧琳的韵类关系毕竟不同于《切韵》的韵类关系,由此造成了考求韵类的困境和结论的主观性。

慧琳的大多数反切的上字具有标记被切字韵类的功能,考证慧琳反切的韵类时,不仅要系联反切下字,更要重视反切上字的韵类标记作用,克服仅依靠系联反切下字来考订韵类的方法的局限。

如黄淬伯《慧琳一切经音义反切考》运用反切系联法和反切比较法,把《切韵》的微韵跟支脂之韵(举平赅上去)系联为开合各一个韵类。然而细考慧琳支脂之微韵(举平赅上去)上下字异调同韵系的反切和被切字,就会发现,微韵这类轻唇音反切的上字几乎都独用微韵轻唇音字,而没有用微韵轻唇音字之外的其他字。微韵里上下字异调同韵系的非唇音反切,其上字分别为《切韵》微、支B、脂B、之韵(举平赅上去)字,反切下字亦然。这说明,在慧琳音里,《切韵》微韵(举平赅上去)的非唇音字的韵母,跟《切韵》支 B、脂 B、之(举平赅上去)的韵母合为一类,而微韵(举平赅上去)唇音字的韵母,应该独立为另一类。黄先生之所以把《切韵》全部微韵(举平赅上去)字跟支脂之韵(举平赅上去)系联为一类,主要因为他根据做支、脂、之韵被切字的微韵唇音反切下字在《切韵》里跟其他反切下字的同韵类关系,类推和确定为同一韵类。

具体说来,慧琳反切里,一方面,《切韵》微韵的轻唇音反切下字"微""非""蜚""肥",尾韵的唇音下字"尾""膘""匪",未韵的唇音下字"味",只做微韵唇音字的反切下字,不做其他声母字的反切下字。未韵唇音切下字"未"除了出现在见母字"溉"字的反切"机未反""居未反""纪未反"里以外,都做唇音字的反切下字。未韵影母下字"畏"除了出现在并母字"翡"的反切"肥畏反"和蜚的反切"父畏反"里以外,都做非唇音字的反切下字。也就是说,唇音字"未"做个别见母字的切下字,影母字"畏"做个别唇音字的切下字,是例外。而且,这两个切下字系联不起来。在黄淬伯《慧琳一切经音义反切考》的"羁"类(平声)反切下字表里的"微""非""蜚""肥","几"类(上声)反切下字表里的"尾""膘""匪",以及"骥"类(去声)反切下字表里的"味""未",⑦都无法跟《切韵》支脂之微韵(举平赅上去)非唇音反切下字系联起来。可是,黄淬伯《慧琳一切经音义反切考》利用这几个唇音切下字跟《切韵》微韵其他下字的同韵类关系,断然把它们跟《切韵》支脂之微韵(举平赅上去)其他反切下字一并合为"羁"(平)"几"(上)"骥"(去)开合各一类韵母。⑧

总之,以反切系联法和反切比较法为基础,只有重视异调同韵系反切的上字对于被切字韵类的标记功能,以此确定反切上字、下字和被切字之间的分合关系,才能有效确定韵类的分合。

### (二)可以克服单纯利用统计法判断韵类分合的局限

按照统计法对反切下字和被切字的《切韵》归属进行量化统计和分析,固然可以判断慧琳反切一部分韵类的分合趋势。但是,统计数据并不能提供韵类分合的语音条件,难于得出合理的结论。

上下字异调同韵系的反切,上字体现的韵类特征跟声母相结合,由此可以指明韵类分合的声母条件。考察这类反切的声母条件,并进行音位分析,就可以有效弥补单纯依据统计结论来断定韵类分合的缺陷。

如慧琳音东合三和钟合三是分还是合,诸家看法不同。上田正先生运用统计法,得出两项很有价值的统计表[9],引据如下,略有改动:

**表1**

| 反切下字 | 被切字归字 | |
| --- | --- | --- |
| | 东合三 | 钟合三 |
| 东合三 | 388(99.2%) | 5(1.5%) |
| 钟合三 | 3(0.8%) | 338(98.5%) |
| 合计 | 391 | 343 |

**表2**

| 反切上字 | 被切字归字 | |
| --- | --- | --- |
| | 东合三 | 钟合三 |
| 东合三 | 183(46.2%) | 8(1.5%) |
| 钟合三 | 15(3.8%) | 307(57.5%) |
| 其他 | 198 | 219 |
| 合计 | 396 | 534 |

表1展示反切下字决定被切字归字的分布情况:东合三字做东合三被切字的反切下字,占被切字总数的99.2%;钟合三字做钟合三被切字的反切下字,占被切字总数的98.5%。而东合三字做钟合三被切字的反切下字仅5例,占1.5%,钟合三字做东合三被切字的反切下字仅3例,占0.8%,说明东合三、钟合三有分立的绝对趋势。

表2显示异调同韵系的反切中的上字决定被切字归字的分布情形:东合三字做东合三被切字的反切上字,占被切字总数的46.2%;钟合三字做钟合三被切字的反切上字,占被切字总数的57.5%。东合三字做钟合三被切字的反切上字,有8例,仅占1.5%,钟合三字做东合三被切字的反切上字,有15例,仅占3.8%,东合三与钟合三的分立趋势很明显。

表1和表2的统计结果可以互相印证,所反映的东合三、钟合三分立趋势是非常明确的。

综合表1、表2，上田先生认为东合三、钟合三独立。如果只考虑统计数据，这个结论确实很有说服力。可是，韵类的分合不是单纯的数学统计所能够决定的。如果仔细考量东合三和钟合三两个韵系的异调同韵系的反切，就会发现，只有唇音反切的上字和下字才交替出现东合三字和钟合三字，说明这两个韵系的唇音字韵母合流了。其他声母字的反切，上字和下字所标记的韵类却截然不混。因此，慧琳音东合三、钟合三分合的语音条件应该是，唇音字韵母合并，其他声母字的韵母迥然有别。表1、表2的统计数据无法体现两个韵系分合的条件。

可见，运用统计法，以量化统计结果为参考依据，不仅要注意韵类的分合趋势，更要充分发挥那些能够确定反切上下字和被切字的声韵关系的反切，以及上下字异调同韵系的反切的作用，从中找出韵类分合的语音条件，才能得出科学合理的分类结论。

## 五 论慧琳的改良反切对《群经音辨》和《集韵》的影响

### （一）问题的提出

中晚唐五代宋初，切韵学兴盛起来。⑩唐僧慧琳精通切韵之学，擅长审音论韵，慧琳音义代表了这个时期较高的切韵学水平。北宋初年，产生了一批官修韵书、字书和私家音义书，音韵学获得了空前的发展，成果丰硕，这固然跟朝廷的提倡和重视、科举考试的需要和规模、文人崇经复古的学术风气导向以及购书阶层和文学群体对韵书的需求等诸多社会历史因素有着密切的关系。⑪我们认为，还应该进一步看到，前代高水平的切韵学其实对当时的音韵学起到了不可忽视的、积极的推动作用。慧琳成系统地、大规模地改良反切，对北宋仁宗之世先后成书的音义书《群经音辨》和韵书《集韵》是否产生了影响，又有哪些影响，是一个非常值得深入探讨的音韵学史的话题。

### （二）《集韵韵例》改良反切体例的来龙去脉

《集韵》卷首《韵例》云："凡字之翻切，旧以武代某，以亡代茫，谓之类隔，今皆用本字。"这就是《集韵》改良反切的体例，它的意思是：凡一字之反切，反切上字该用"某"但旧时却用"武",该用"莣"但旧时却用"亡",这类反切叫作"类隔"。现在都改用本字"某""莣"作这类反切的上字。

《集韵韵例》既没有指明这个体例的制定者是谁,也没有说明这个体例的来历,令人费解。因此,找到《韵例》所举的两个例证"旧以武代某,以亡代莣,谓之类隔,今皆用本字"的来历,成为破解谜题的关键。

《集韵》改类隔切为音和切的体例,以改明母类隔切为音和切为例。然而遍检《集韵》,有138个明母小韵反切,其中仅有两个反切以"某""莣"作切上字,如下:

(1)微韵韵末单字小韵"胸":"莣归切,夹脊肉。文一。"
(2)烛韵韵末单字小韵"娟":"某玉切,妒也。文一。"

今按,这两个单字小韵反切是《广韵》所无、《集韵》增加的小韵反切。从《广韵》到《集韵》,微、烛两个合口三等韵的唇音字都变轻唇音,《集韵》应该改用轻唇音切上字才是。可是,这两个反切却是类隔切,即微母被切字用明母字作切上字。

《集韵》韵末增加的小韵反切,往往有其特定的来源,《集韵》常常不改其反切用字,以存其反切来源。有相当一批此类反切,借助今存文献,可以找到其反切来源。但是,也有不少增加的小韵反切,可能由于《集韵》当时所据的韵书、字书或音义书今已不存,无从找到来源,"胸""娟"两个小韵反切就属于此类。

《集韵韵例》把"旧以武代某,以亡代莣"作为改良反切体例的两类例证,在与《集韵》同时代有代表性的韵书和字书《广韵》《大广益会玉篇》和《类篇》中也找不到任何线索。多年来,笔者广搜细核历代韵书、字书和音义书中的唇音反切,终于搞清楚了这个体例的来龙去脉。

先看玄应音义。查上田正《玄应反切总览》,[12]玄应音义未收胸、娟两字,依据该书第174—176页所附之《反切上字表》,玄应明母切上字没有"某"字,有"武""亡""莣"等字。如"亡"作上字的反切,有49个,其中有41个类隔切,《集韵》读明母,如"摸,亡各反"等。又如"莣"作上字的反切,有4个,都是音和切,《集韵》读明母,比如"膜,莣各反"等。

根据周法高《玄应反切考》《从玄应音义考察唐初的语音》和王力《玄应

《一切经音义》反切考》的研究,[13]玄应音只有一套唇音声母,没有轻唇音声母,明、微不分。今查玄应音膜字读茫各反,摸字读亡各反。膜、摸两字同音,茫各反混读为亡各反。而亡各反正是《集韵韵例》所谓"以亡代茫"的类隔切之例。

再看慧琳音义。根据黄淬伯《慧琳一切经音义反切考》的研究,慧琳音义唇音声母有重唇、轻唇两套,除了极少数引据玄应的类隔切外,绝大多数唇音反切重唇、轻唇的界限严明。今查神尾弌春《慧琳一切经音义反切索引》和上田正《慧琳反切总览》,[14]慧琳音义未收脢、媢两字。

据上田正《慧琳反切总览》第221—225页所附之《反切上字表》,慧琳所用的明母切上字没有"某",有"茫"。切上字"亡""武",只用作微母被切字的上字。至于玄应以"亡"作上字的类隔切,除了少数几个反切的上字既读明母又读微母外,慧琳把大多数切上字"亡"都改作明母字,并对切上字进行改良,力求切上字跟被切字等、开合、韵类相同,大多属于"上下字异调同韵类"的和谐反切。今按被切字实际收字及其反切统计,玄应音义"亡"作上字的41个类隔切,慧琳共改用了36个明母切上字。特别值得注意的例子是:玄应反切上字为"亡"的类隔切,慧琳改用"茫"字,如:摸、膜、漠,茫博反;膜,茫蒲反。摸字玄应读亡各反,是类隔切,慧琳则把亡各反改良为音和切茫博反。具体说来,慧琳改反切上字"亡"为"茫",改反切下字为"博"。一方面,"博"字的韵母和声调跟"各"字相同,另一方面,反切下字"博"跟反切上字"茫"同属宕摄开口一等重唇字,茫博反是反切上下字异调同韵系的和谐反切。

以上说明,《集韵韵例》所谓"以亡代茫"的类隔切例证,当来自玄应《一切经音义》明母类隔切实例,而改类隔切上字"亡"为音和切上字之本字"茫",应是唐代音韵学家慧琳所为。《集韵韵例》改类隔切为音和切的体例引用了慧琳改良玄应类隔切的实例。

最后,我们再来看贾昌朝的《群经音辨》。贾昌朝是《集韵》的六位编撰者之一。张渭毅《贾昌朝〈群经音辨〉改良反切的尝试及其对〈集韵〉的影响》首次发现并指出,贾昌朝在他的《群经音辨》中已经在成系统地改良反切了。[15]《群经音辨》改类隔切为音和切的主要对象是《经典释文》陆德明的首音反切(简称陆音)、大徐音和《广韵》三家唇音类隔切以及陆音的舌音类隔切。《群经音辨》1374个首音反切中,有212个唇音反切,全是音和切,足见贾氏改唇音类隔切为音和切非常彻底。

《群经音辨》没有《集韵》所收的脢、媢两字。通检《群经音辨》首音中的明母反切，没有用"芒"作切上字的，却有 6 例以"某"作切上字的，都是经贾氏改良的音和切。其中有 3 个音和切的切上字"某"替代类隔切的切上字"武"，列举如下：

（1）每，陆音亡回反，大徐音、《广韵》武罪切，贾氏改武罪切为某罪切；

（2）蒙，陆音莫公反 2 次，莫东反 2 次，亡公反 1 次，武工反 1 次；大徐音、《广韵》莫红切；贾氏改陆音武工反为某工切；

（3）缪，陆音亡侯反 3 次，莫侯反 2 次，音谬 9 次；大徐音、《广韵》武彪切，贾氏改武彪切为某彪切。

以上实例说明，《集韵韵例》改"旧以武代某"的类隔切为音和切的例证，确有所指，当是贾氏在改良《群经音辨》首音所据的类隔切时所为。

因此，张渭毅《论〈集韵〉作者在成书过程中的作用和分工问题（上）》经论证后明确指出，《集韵韵例》改类隔切为音和切的体例，是建立在唐僧慧琳音义和宋儒贾昌朝《群经音辨》改良反切的实例的基础之上的，《集韵》的作者之一贾昌朝很可能是该体例的制定者。⑯

**（三）论慧琳改良反切对《群经音辨》和《集韵》的影响**

根据丁锋《慧琳〈一切经音义〉改良玄应反切考》第二节《反切上字改良考》，慧琳改良反切有七种类型，列举如下：

（1）反切上字与反切下字同韵调；

（2）反切上字与反切下字同韵系；

（3）反切上字与反切下字重韵（同开合）；

（4）反切上字与反切下字同开合（异等次）；

（5）反切上字与反切下字同等次（异开合）；

（6）反切上字与反切下字同开合等次；

（7）改订前后的反切上字同声韵等次（完全同音）。

前文已经说过，上下字异调同韵类的反切，是慧琳改良反切的重点和特点。慧琳改良反切，侧重于追求上下字异调同韵系的反切（即平山久雄先生所谓"异调同音上字式反切"和上田正先生所谓"异调同音型反切"），要求切上字与切下字属于同一个韵系,只有声调的不同,讲究反切上字和下字不但开合、等次(介音)完全相同,而且主元音和韵尾一致,由此造成了拼切高度和谐的反切。这类反切的数量超过慧琳和谐反切总数的三分之二。

关于《群经音辨》的改良反切,张渭毅《论〈集韵〉作者在成书过程中的作用和分工问题(上)》在其《贾昌朝〈群经音辨〉改良反切的尝试及其对〈集韵〉的影响》的基础上又重新进行了统计和分析,[17]归结为以下六种类型:

(1)改类隔切为音和切,同时考虑反切上下字声调、等、开合一致性因素;

(2)反切上下字声调、等、开合一致;

(3)反切上下字声调、等一致;

(4)反切上下字声调、开合一致;

(5)反切上下字声调相同而等、开合不同;

(6)反切上下字同等、同开合但不同调。

《集韵》原封不动地照抄《群经音辨》的改良的反切较少,计11例,列举如下:

苹、平、评三字蒲兵切,窕字他雕切,鲷字徒东切,牺字虚宜切,覃字徒南切,摄字失涉切,卵字鲁管切,引字以忍切,仰字语两切,老字鲁晧切,异字羊诸切。共涉及《集韵》11个小韵反切。

《集韵》还在《群经音辨》改良反切的基础上做了进一步改良,如:

盲,陆音莫庚反、陌庚反、亡庚反。大徐音、《广韵》武庚切。北宋汴洛音庚耕不分。《群经音辨》改陆德明首音(简称陆音)的莫庚反为莫耕切,莫、耕反切上下字声调不和谐,《集韵》进一步改为眉耕切;

明,陆音无切。大徐音、《广韵》武兵切。《群经音辨》改良为模兵切,模、兵虽同声调,但等、开合不同,《集韵》进一步改良为眉兵切。

以上说明,《群经音辨》改良反切处于尝试阶段,可能体例还不够完善,具体操作或有不妥,《集韵》借鉴了《群经音辨》改良反切的方法并有所改进和完善,张渭毅《贾昌朝〈群经音辨〉改良反切的尝试及其对〈集韵〉的影响》总结为以下三条[18]:

(1)改类隔切为音和切,除改动反切上字外,还考虑了反切上下字的声调、等、开合的和谐因素;

(2)在追求反切上下字拼切和谐方面,除考虑调、等、开合因素外,还做到反切上下字发音部位一致;

(3)在改动反切用字时,尽可能使反切用字固定化、反切上字与反切下字的拼合规则化,并考虑时音对反切上下字拼切的影响。

总之,《集韵》改良反切,从体例、方法、类型到具体内容,都有其确定的理论基础和实践背景,贾昌朝堪称《集韵》改良反切的先行者和重要实践者。

《群经音辨》和《集韵》的改良反切,受到了慧琳的影响。贾昌朝吸收了慧琳改良反切的成果,同时又自觉运用和融入了自己在《群经音辨》和《集韵》改良反切实践中的经验,但又不是简单的照搬照抄,而是有较大的创新。具体说来,贾昌朝在《群经音辨》和《集韵》改良反切的实践中,不但在反切上字与反切下字同调、同开合、同等次、同发音部位等方面借鉴了慧琳改良反切的方法和类型,而且还进行了新的探索和改进。跟慧琳相比,贾氏改良反切有着不同的侧重点和特点,两者的分歧集中体现在怎样看待反切上下字声调一致性因素在改良反切中的作用。

贾昌朝《群经音辨》改良反切,侧重于追求反切上字跟下字声调的一致。古往今来,声调是汉语字音的灵魂。一个反切拼切是否和谐,除了反切上下字等、开合一致的因素外,更应该重点考虑声调相同的因素,这就是贾昌朝改良反切的突出特点。

张渭毅《论〈集韵〉作者在成书过程中的作用和分工问题(上)》指出,《群经音辨》中经贾氏改良的71例和谐反切,有65例反切追求上下字声调一致,占改良反切总数的91.5%,而反切上下字同等、同开合、不同调的反切仅有6例,占8.5%。[19]

《集韵》改良反切,这个显著特点得到继承和发扬,在平声卷和上声卷表现得尤为突出。张渭毅《〈集韵〉的反切上字所透露的语音信息》论证了《集韵》改良反切的类型及其特点,[20]他的《论〈集韵〉作者在成书过程中的作用和分工问题(上)》在此文基础上进一步指出,《集韵》有4474个反切,把3873个《广韵》反切改良过的和谐反切有2287个,有五大类型:

Ⅰ. 反切上下字声调相同的反切;

Ⅱ. 反切上下字开合相同的反切;

Ⅲ. 反切上下字等第相同的反切；

Ⅳ. 改类隔为音和的和谐反切；

Ⅴ. 按照时音改变非类隔切上字读音的和谐反切。

前四类反切合计2258个，占改良反切总数的98.7%，这四个反切类型在《群经音辨》中已经存在了。《集韵》各大类改良反切又可以再分类，各类彼此交叉重叠，说明《集韵》的作者改良反切时，不局限某一类，而是兼顾各类。参看张渭毅《〈集韵〉的反切上字所透露的语音信息》的相关论述，这种改良反切的全局思想在《群经音辨》已经表现出来了。

《集韵》的第Ⅰ类反切，还可再细分为四类：

第一类：反切上下字的声调、开合、等第相同；

第二类：反切上下字声调、开合相同，但等第不同；

第三类：反切上下字声调、等第跟被切字相同，但开合不同；

第四类：反切上下字声调相同，但开合和等第都不同。

表3

| 比较值 | 比较项 | | | | |
|---|---|---|---|---|---|
| | Ⅰ类 | Ⅱ类 | Ⅲ类 | Ⅳ类 | Ⅴ类 |
| 各类改良反切数 | 1494 | 825 | 546 | 113 | 29 |
| 占2287个改良反切总数的比率 | 65.3% | 36.1% | 23.9% | 4.9% | 1.3% |

表3展示《集韵》五大类改良反切数及其所占改良反切总数的比率。其中，第Ⅰ类反切上下字声调相同的反切最多，有1494个，占改良反切总数的65.3%，远高于其他四大类改良反切的比率，充分说明《集韵》改良反切的重点，在于把反切上下字改为同声调，这跟《群经音辨》改良反切的情形一致，而跟慧琳改良反切的重点——追求上下字异调同韵类的和谐反切——大不相同。

**（四）结论**

通过以上分析、比较和论述，我们认为，唐僧慧琳改良反切的独创性尝试，在改良反切的体例和类型两个方面肯定对宋初《群经音辨》和《集韵》产生了明显的、一定程度的影响，但是，其影响力远不如《群经音辨》的改良反切对于

《集韵》的影响那么直接,那样深刻。

本文得到2013年度国家社科基金一般项目《宋朝两代"篇韵"及其相关辞书的综合比较研究》(项目号:13BYY109)和北京市社会科学基金项目《基于"散点多线"汉语语音史观的汉语音韵史研究》(项目号:15WYB041)的资助。原文题目是《慧琳上下字异调同韵类的反切及其研究价值》,原载于《佛经音义研究——第三届佛经音义研究国际学术研讨会论文集》,14—24页,上海辞书出版社,2015年。此次在北大中文系110周年系庆结集发表,作者对原文作了进一步的修订和补充,补写了第五节《论慧琳的改良反切对〈群经音辨〉和〈集韵〉的影响》的内容,因此论文题目也作了相应的改动。

**注　释**

① 参见丁锋《慧琳〈一切经音义〉改良玄应反切考》(《如斯斋汉语史丛稿》,贵州大学出版社,2010年,22—23页)引用并总结小川环树、尾崎雄二郎、矢放昭文、辻本春彦诸位学者的相关论述。

② 平山久雄《切韵系韵书の例外的反切の理解について》,日本《中国学会报》14,1962年。

③ 丁锋《慧琳〈一切经音义〉改良玄应反切考》,《如斯斋汉语史丛稿》,5—6页。

④ 上田正《慧琳音论考》,载《慧琳反切总览》,日本汲古书院,1986年,243—245页。

⑤ 黄淬伯《唐代关中方言音系》,江苏古籍出版社,1998年,5—7页。

⑥ 黄淬伯《慧琳一切经音义反切考》,中华书局,2010年。

⑦ 分别参见黄淬伯《慧琳一切经音义反切考》,70—71页、86—87页、99页;且99页"骥"类反切下字表漏收了"未""味"两个反切下字,却衍收"诽"为反切下字,上田正《慧琳反切总览》不误。很有可能两位学者所据书版本不同。

⑧ 黄淬伯《慧琳一切经音义反切考》,120页。

⑨ 表1参看上田正《慧琳反切总览》所附论文《慧琳音の韵の通用に関する統計的研究》,表27,238页。表2参看上田正《慧琳反切总览》所附论文《慧琳音论考》,250页。我们增加了百分比数据。

⑩ 请注意:切韵学直到明代才称为等韵学。鲁国尧先生的《卢宗迈〈切韵法〉述评》(载《中国语文》1992年第6期、1993年第1期,后收入《鲁国尧语言学论文集》,江苏教育出版社,2003年,90—94页)发现并指出,"等韵"二字连用,不见于宋代和宋以前典籍,

至明清方见,唐、宋、金、元只有"切韵""切韵之学""切韵图""切韵家"等名称。

⑪ 参看鲁国尧《从宋代学术史考察〈广韵〉、〈集韵〉时距之近的问题》(《语言研究》1996年增刊,后收入《鲁国尧语言学论文集》)和平田昌司《文化制度和汉语史》(北京大学出版社,2016年)。

⑫ 上田正《玄应反切总览》,日本汲古书院,1986年。

⑬ 参周法高《玄应反切考》(载《中国语言学论文集》,台湾联经出版事业公司,1975年,153—179页);周法高《从玄应音义考察唐初的语音》(载《中国语文论丛》,台北正中书局,1991年);王力《玄应〈一切经音义〉反切考》(载《王力文集》第十八卷,山东教育出版社,1991年,93—185页)。

⑭ 见神尾弌春《慧琳一切经音义反切索引》,日本汲古书院,1977年。渭毅按,神尾先生的索引,反切及其出处颇有疏漏,上田先生的索引则较为精确,是本文的主要依据。我们还综合参考了清陈作霖编的《〈一切经音义〉通检》(上海古籍出版社,1986年)和王华权、刘景云编撰,徐时仪审校的《〈一切经音义〉三种校本合刊索引》(上海古籍出版社,2010年)。

⑮ 张渭毅《贾昌朝〈群经音辨〉改良反切的尝试及其对〈集韵〉的影响》,载《语苑撷英——庆祝唐作藩教授七十寿辰学术论文集》,北京语言文化大学出版社,1998年,77—93页。后收入张渭毅《中古音论》,河南大学出版社,2006年,84—96页。

⑯ 张渭毅《论〈集韵〉作者在成书过程中的作用和分工问题(上)——论贾昌朝的作用及其〈群经音辨〉的影响》,《汉语史研究集刊(第20辑)》,巴蜀书社,2015年,9—81页。

⑰ 张渭毅《论〈集韵〉作者在成书过程中的作用和分工问题(上)——论贾昌朝的作用及其〈群经音辨〉的影响》,《汉语史研究集刊(第20辑)》,59页;《贾昌朝〈群经音辨〉改良反切的尝试及其对〈集韵〉的影响》,载《语苑撷英——庆祝唐作藩教授七十寿辰学术论文集》,86—93页。

⑱ 张渭毅《贾昌朝〈群经音辨〉改良反切的尝试及其对〈集韵〉的影响》,载《语苑撷英——庆祝唐作藩教授七十寿辰学术论文集》,95页。

⑲ 张渭毅《论〈集韵〉作者在成书过程中的作用和分工问题(上)——论贾昌朝的作用及其〈群经音辨〉的影响》,《汉语史研究集刊(第20辑)》,60页。

⑳ 张渭毅《〈集韵〉的反切上字所透露的语音信息》,《中古音论》,62—64页。

# 《汉语大字典》等工具书音义注释辨误

## ——从唐诗一字平仄两读字例说起

### 刘子瑜

《汉语大字典》《汉语大词典》《中文大辞典》《王力古汉语字典》等都是极具影响力的工具书,①很大程度上具有语言规范的意义。各书在注音时都重视历史语音,注音工作较为严谨,不过仍有遗误,前人多有讨论。今就唐诗平仄音读与字义异同关系字例对各工具书音义注释的疏漏之处作出辨析和讨论,从用字取音角度,考察诸工具书的音义配合情况,以利重新审订,规范字音,备修订时参考。

## 壹

一字平仄两读而义有异同甚至异同兼具,是唐诗字音字义的突出特点。唐诗中具有这类音义特点的单字约有300个,使用范围广,频率高,涉及唐诗的大多数篇章(包括律体和古体)。笔者曾撰文对唐诗的平仄音读与字义异同关系进行过讨论,议题包括:1. 唐诗一字平去两读而义别问题;2. 唐诗一字平去两读而义同问题;3. 唐诗一字平去两读而义同义别兼具问题;4. 唐诗一字平上或平入两读而义别问题;5. 唐诗一字平上两读而义同以及义别义同兼备问题;6. 唐诗一字平上去三读(四读)义别和三读(四读)义同问题;7. 唐诗一字平上去三读(四读)而义同义别相兼问题;8. 唐诗中字音的借读。前七个专题主要讨论唐诗中一字有平仄两读、三读甚至四读而义别、义同或义别与义同兼具的问题;最后一个专题讨论的是字音借读问题,借读反映了唐诗中用字采音方面的独特特点,值得诗律研究者重视。②

我们依据中古韵书《广韵》《集韵》的反切来审定诸字在唐诗中平和仄(上去入)的具体读音,同时参酌各工具书对诸字音义的注释,以确定诸字两读的不同义项。若二者基本吻合,说明该字的音义信而有征,可以归入平仄两读而义别或义同的范畴。有例外:一是韵书注明某字有平仄两读,而唐诗实际只有平或仄一读。例如"峤、凉、光、轰、侦、钢"等字《广韵》注有平去两读,但唐诗中"峤"字只有去声用例,其他诸字只有平声用例,此类字例无法归入平仄两读范畴。③二是韵书注明某字只有平或仄一读,唐诗却有平仄两读用例。例如"患"字,《广韵》《集韵》只注去声反切,但杜甫诗歌中有平声用例,可补韵书无平声反切之缺失。

在将诗例中所得诸字的平仄音读和相应义项与韵书、字典、辞书中的音义注释核对的过程中,我们发现几种大型工具书在音义注释上存在着参差意见,据初步统计,唐诗中30%(90个)一字平仄两读(含三读、四读)字例的音读与《大字典》等工具书的注音有出入。下面按一字有平仄两读而义别、义同或义别与义同兼具等不同类别,简要列举分析各工具书在字例音义注释上的疏漏。

## 贰

下面按类列举各工具书在音义注释上存在着疏漏的字例。篇幅所限,每类选择一二例详细列举(全部字例见文后附录)。

### 一、一字平去两读而义别

唐诗中一字平去两读而义别的字例共计89个,其中工具书音义注释与唐诗用例有出入者共有13例。

(一)中古(指唐诗阶段)一字平去两读而义别,现代仍大体保持这一格局者,计有61字。工具书音义注释与唐诗用例不合者有5例:中、任、汗、烘、襜。

(二)中古一字平去两读而义别,延续至现代已变为一读(平或去)者,计有28字。工具书音义注释与唐诗用例有出入者有8例:冰、行$_2$、雍、劳(劳)、行$_1$、縦(纵)、尚、令。

每类各择一例,列举如下(全文同此体例):

1. 任

A. rén，《广韵》如林切，平侵日。本义是抱，唐诗中用引申义：负担，担当、承担，胜任，经得起。B. rèn，《广韵》汝鸩切，去沁日。义为：任用，信任，依凭，任凭；职责、责任。"任"字负担、承担等动词义在现汉词典中已改读去声，而平声限于表示县名和姓氏，音义与中古已有参差。例如：

（1）陈力不任趋北阙，有家无处寄东山。（李绅《寿阳罢郡日有诗十首》之二，七律）

（2）漂泊病难任，逢人泪满襟。（郑谷《江行》，五律）

（3）献纳司存雨露边，地分清切任才贤。（杜甫《赠献纳使起居田舍人》，七律）

（4）花间醉任黄莺语，亭上吟从白鹭窥。（韦庄《长年》，七律）

四例"任"字依次表示担当、承受、任用、任凭等义，音读两平两去。用在例（1）"仄仄平平平仄仄"和例（2）"仄仄仄平平"律式中（第四和第五字）都读平声，符合格律要求。用在例（3）"平平仄仄仄平平"和例（4）"平平仄仄平平仄"律式中（第五和第四字）都读去声，符合仄声要求。

按：《大字典》P155、《大词典》P1196 将平声音读诸义项注为去声反切，属现代音读，失当。如《大字典》P155：（一）rèn《广韵》汝鸩切，去沁日。义为：保举，担保；抱，负担；担子，行李；担当，承受；堪，胜；等。

2. 冰

A. bīng，《广韵》笔陵切，平蒸帮。义为：水凝结成的固体。B. bìng，《集韵》逋孕切，去证帮。义为冻结，又冰冷逼人，使感到冰凉。下面三例"冰"音读一平二去：

（1）砚寒金井水，檐动玉壶冰。（杜甫《赠特进汝阳王二十韵》，五排）

（2）嘉瓜引蔓长，碧玉冰寒浆。（李商隐《柳枝五首》之二，五绝）

（3）簟冰将飘枕，帘烘不隐钩。（李商隐《石城》，五律）

例（1）"冰"为名词，例（2）"冰"义为冻结，例（3）"冰"义为感到冰冷。前两例"冰"字用在"仄仄仄平平"律式的句末韵脚和第三字位置，分别读平声和去声,合律。

按:《大字典》P324、《大词典》P2133 均未注去声反切,而将"冰"动词义注为平声,不合唐诗音读,是现代音读,有失。

### 二、一字平去两读而义同

唐诗中一字平去两读而义同的字例共计 53 个,其中工具书音义注释与唐诗用例有出入者 12 例。

一字平去义同是指该字的平声和去声都表示相同的意义,反言之即该字的全部义项都有平去两种有别而相关的读音。这类字群的用法具有一定的特殊性。若在口语交际和散文写作中,人们不会根据它的不同意义来选择平声读或去声读,也不会把该字的同一义项在此处随意读平声,在另一处改读为去声,而是比较固定地采取它的优势常读音来表示此义。但若用于诗歌律体和入律古体,则会依声律的需要来取用该字的平或去。例如"众"字音读的确定,韩愈散文《师说》:"今之众人,其下圣人也亦远矣。"杜甫五古《前出塞九首》之九:"众人贵苟得,欲语羞雷同。"这里"众人"的"众"义为众多,唐代通常读去声,又可读使用频率低的平声(偏读)。但在没有特定声律需要的语境里,作者和读者只会按通常的去声来释读。而在唐诗律体中这类字的两读则各有用场,不能互相取代。杜甫诗:"回首驱流俗,生涯似众人。"(《上韦左相二十韵》,五排)方干诗:"所得非众语,众人那得知。"(《赠喻凫》,五律)杜诗平仄式是"仄仄平平仄,平平仄仄平","众"字用在对句第四字位置,需读去声才合律;方诗平仄式是"仄仄平平仄,平平仄仄平","众"字分别用在出句第四字、对句第一字位置,必读平声才合律,否则违律。

需说明的是:《广韵》《集韵》中还有一些字如"偵(侦)、誹(诽)、讒(谗)、圍(围)、嶠(峤)、摩、擠(挤)、揩、摇(摇)、孺、廷、延、迎、涼(凉)、漕、淹、敲、腥、眭、瞪、針(针)、鎮(镇)、穿、兼、糅"等也注为平去义同,《大字典》等工具书也依此作注,但唐诗用例实际只有一读(平或去),因此未能归入平去义同字群之列。

从古今音义变化的异同看,诸字可分为三大类:

(一)中古诸字平去义同(平声为常读),今仍有平去两读,而音义关系已有变化(或仍为平去义同,或转为平去义别),4 例。工具书音义注释与唐诗用例有出入者有 2 例:苦、忘。

（二）中古一字平去义同（平声为常读），至今基本义项未变，而音读只保留平声（"纫"字例外,保留去声），有 27 字。工具书音义注释与唐诗用例有出入者 6 例:舆(轝)、防、湍、紃(纫)、零、酺。

（三）中古一字平去义同（去声为常读），至今词义基本未变，而音读只保留常读去声，有 22 字。工具书音义注释与唐诗用例有出入者有 4 例:衆(众)、震、患、怨。

举例如下：

1. 忘

A. wàng,《广韵》巫放切,去漾微。注义:遗忘,又音亡（按，"亡"为武方切,是《广韵》阳韵中小韵代表字，"亡"字下未收同音字"忘",应是疏漏）。B. wáng,《集韵》武方切,平阳微。注义:不识也。"忘"字义为忘记,平去两读。今通读去声,只有词语"忘八"仍读平声。下举四例:

(1) 君子从游宦,忘情任卷舒。（杨炯《和酬虢州李司法》,五排）

(2) 余非忘情者,雪涕报林丘。（苏颋《夜闻故梓州韦使君明当引绋感而成章》,准五排）

(3) 香刹夜忘归,松青古殿扉。（綦毋潜《宿龙兴寺》,五律）

(4) 此地饶古迹,世人多忘归。（丘为《送阎校书之越》,五律）

前二例"忘"用在"平平仄仄平"和"平平仄仄仄"律式中（第一和第三字），一平一去。后二例用在"仄仄仄平平"和"仄平平仄平"律式中（第四字），也是一平一去。

按:《大词典》P10004 只注去声反切,《大辞典》P5195 只注平声反切,各有缺;只有《大字典》P2430 按平去义同作注。

2. 舆(轝)

A. yú,《广韵》以诸切,平鱼喻₄;B. yù,羊洳切,去御喻₄。义为:车,轿子;又指众人,限作定语。诸义平去义同（平声为常读,去声属偏读），今只读平声。下举四例:

(1) 金舆巡白水,玉辇驻新丰。（唐太宗《过旧宅二首》之一,准五排）

（2）林隔王公舆，云迷班氏庐。（张九龄《初发道中赠王司马兼寄诸公》，五排）

（3）许入朱门否，篮舆一病夫。（白居易《河南王尹初到以诗代书先问之》，五律）

（4）偶值乘篮舆，非关避白衣。（王维《酬严少尹徐舍人见过不遇》，五律）

前二例"舆"义指车，用在"平平平仄仄"和"仄仄平平仄"律式中（第二和第五字），一平一去；后二例"篮舆"义为轿子，"舆"的音读也是一平一去。

按：《大字典》P3785 等注为平去义同，准确；《大辞典》P14235 注为平去义别，有误；《王力字典》P1407 对平仄义同的字只按常读收注反切，也许是为了同现代汉语正音为一读接轨。

3. 衆（众）

A. zhòng，《广韵》之仲切，去送照₃；B. zhōng，职戎切，平东照₃。义为：众人，群众；众多，一般的。诸义平去两读。下举四例：

（1）应被众疑公事慢，承前府尹不吟诗。（白居易《醉吟》，七律）

（2）古来贤哲皆如此，应是才高与众疏。（张籍《赠令狐博士》，七律）

（3）岁落众芳歇，时当大火流。（李白《太原早秋》，五律）

（4）汲井向新月，分流入众芳。（钱起《月下洗药》，五律）

前二例"众"义为众人，用在"仄仄平平平仄仄"和"仄仄平平仄仄平"律式中，一平一去。后二例"众芳"指百花，"众"义为众多的，用在"仄仄平平仄"和"平平仄仄平"律式中，一平一去。

按：《大字典》P3253、《大辞典》P13019 都注为平去义别，如《大字典》：（一）zhòng，《广韵》之仲切，去送章。注义：大家，许多人；殷周从事生产劳动的奴隶，或管理奴隶的人；多，盛多；许多；普通，一般；……（二）zhōng，职戎切，平东章。注义：谷类的一种。《大词典》P12506 只注去声一读。均有失。

**三、一字平去两读而义同义别兼具**

唐诗中一字平去两读而义同义别兼具的字例共计 48 个，工具书音义注释与唐诗用例有出入者 31 例。

一字平去两读而义同义别兼具是指该字一部分义项具有声韵相关的平去两读，另一部分义项则只有一读（平或去），这样，该字就形成了两读义同和一读义别并存交错的复杂音义关系。对于这个字群，《广韵》《集韵》等韵书多按平去义同作注，一部分单字则按平去义别作注，少数单字按两读义同兼一读义别作注；现代工具书一般依据中古韵书来对各字按两读义同或音义各别的不同类型作注；而注释一字两读义同时又多用古代散文用例来作说明，实际无法证明一字同义用在不同的散文例句中会有平去两读；此外，诸字两读义同的用法到唐以后明显减少，各工具书把诸字产生于近古甚至现代的词义仍置于两读义同的框架内来作注，显然不大切合实际。这说明各大型工具书对诸字音义关系的注释还存在一些不够细密准确的问题。

这类字群多数是古今常用字，其音义关系发展到现代已有一定的变化和区别。各字某一基本义中古有平去两读，现今只保留两读中的常读（平或去），而废弃其偏读，再与该字其余义项的一读（平或去）构成平去义别的音义关系，或全部义项合并成一读（平或去）。

根据各字的两读义同和一读（或两读）义别产生的先后，可分为两大类：

（一）一字兼具平去两读义同和一读（或两读）义别，32字。其中工具书音义注释与唐诗用例有出入者21字：鈿（钿）、觀（观）、看、相、更、并、應（应）、旋；帆〔颿〕、思、凌、憑（凭）、操、援、評（评）、司；望、過（过）、振、障、漫。

（二）一字兼具一读义别和两读义同，16字。工具书音义注释与唐诗用例有出入者10字：扇、教、寧〔甯〕（宁）；吹、先、簪〔篸〕、鋤〔耡〕（锄）、膠（胶）、酬〔醻〕、番。

举例如下：

1. 帆〔颿〕

A.《广韵》符咸切，平凡奉，今读 fān。注义：船上幔也。B.《广韵》扶泛切，去梵奉，应读 fàn。注义：船使风。据此，"帆"字平去义别。《集韵》平去两韵注为"舟上幔"或"舟幔"，为平去义同。"帆"字义为：挂在桅杆上以借风行船的布篷，转指船，名词，平去两读，而平声为常读（今失偏读去声）；又张帆行船，动词，去声。现今"帆"只有名词义，平声。下举五例：

（1）孤帆远影碧空尽，惟见长江天际流。（李白《送孟浩然之广陵》，

（2）唯看孤帆影，常似客心悬。（姚崇/柳中庸《夜渡江》，五律）

（3）馆娃宫外邺城西，远映征帆近拂堤。（温庭筠《杨柳八首》之五，七绝）

（4）白云向吴会，征帆亦相随。（孟浩然《送谢录事之越》，五律）

（5）不枉故人书，无因帆江水。（韩愈《除官赴阙至江州寄鄂岳大夫》，五古）

前二例"孤帆"的"帆"是名词，用在"平平仄仄仄平仄"和"平平平仄仄"律式中（第二和第四字），一平一去。中间两例"征帆"的"帆"也是名词，一平一去。例（5）"帆"是动词，去声。

按：今字典辞书或注为平去义别，或注为平去义同，各有缺失。例如《大字典》P841、《大词典》P4099、《王力字典》P262 都注为平去义别，如《大字典》：（一）fān，《广韵》符芝切，平凡奉。注义：挂在船桅上利用风力使船前进的布篷；帆船。（二）fàn，《广韵》扶泛切，去梵奉。注义：张帆行驶。《大辞典》P4572 取《集韵》说，注为平去义同。

2. 扇

A.《广韵》式战切，去线审三，今读 shàn。注引《说文》：扉也。B.《广韵》式连切，平仙审三，今读 shān。注义：扇凉。义为：门，转指障扇，又指手摇的扇子，名词；又量词；以上名、量义只读去声。引申为摇扇生风，吹风，煽动（贬义），动词，平去两读（唐诗中去声占优势，后代平声为常读）。现今动词义只读平声，而与读去声的名词义形成平去义别。下举五例：

（1）荆山已去华山来，日出潼关四扇开。（韩愈《次潼关先寄张十二阁老使君》，七绝）

（2）谁怜团扇妾，独坐怨秋风。（李白《长信宫》，五律）

（3）云移雉尾开宫扇，日绕龙鳞识圣颜。（杜甫《秋兴八首》之五，七律）

（4）微风扇和气，韶景共芳晨。（邵偶《赋得春风扇微和》，五排）

（5）仁风扇道路，阴雨膏间阎。（白居易《奉和汴州令狐令公二十二韵》，五排）

前三例"扇"表示名词义,用在"仄仄平平仄仄平""平平平仄仄""平平仄仄平平仄"律式中(第六、第四和第七字),去声。后二例"扇"义为吹送、传布,用在"平平仄平仄"拗律和"平平平仄仄"正律中(第三字),一去一平。

按:"扇"字一读义别(名、量义读去声)兼两读义同(动词义平去两读)。《广韵》和《大字典》等都注为平去义别,符合"扇"字现代音义关系,不全合唐诗用法。例如《大字典》P2424:(一)shàn,《广韵》式战切,去线书。注义:竹或苇编的门扇;古代仪仗中障尘蔽日的用具,也叫障扇或掌扇;……量词。(二)shān,《广韵》式连切,平仙书。注义:摇动扇子或扇状物体,使空气流动生风;(风)起,吹;煽动,鼓动;……

**四、一字平上两读而义别**

此类字有44个,工具书音义注释与唐诗用例有出入者4例。分两大类:

(一)现代大体保留平上两读义别者,有21字,工具书音义注释与唐诗用例有出入者1例:挑。

(二)中古一字平上两读而义别,其义项到现代或部分消失,或部分少用,音读变为平声或上声甚至去声一读者,有23字,其中3字工具书音义注释与唐诗用例有出入:麽(么)、泱、攏(拢)。

1. 挑

A.《广韵》徒了切,上筱定,今读tiǎo。义为:挑逗,引诱,激发动词。B.《广韵》吐雕切,平萧透,今读tiāo。义为:拨动,弹拨(弦乐器),挖掘,又指一种刺绣方法,动词。C.《广韵》土刀切,平豪透,今读tāo。义为:"挑达",双声联绵词,往来相见貌。今无此两类平声义。例如:

(1)灯挑红烬落,酒暖白光生。(刘禹锡《冬日晨兴寄乐天》,五律)

(2)轻拢慢捻抹复挑,初为霓裳后六幺。(白居易《琵琶行》,七古)

(3)时挑野菜和根煮,旋斫生柴带叶烧。(杜荀鹤《山中寡妇》,七律)

(4)谁家挑锦字,灭烛翠眉颦。(杜甫《江月》,五律)

(5)不如侬家任挑达,草屩捞虾富春渚。(王维《赠吴官》,七古)

(6)料得相如偷见面,不应琴里挑文君。(罗虬《比红儿诗》之二十八,七绝)

前四例"挑"字依次义为拨动、弹拨、挖掘、刺绣,平声;例(5)"挑"也读平声;例(6)"挑"字义为挑逗,上声。以上"挑"字用法符合诗体要求。例(1)"挑"字用在"平平平仄仄"律式第二字,平声;例(2)"挑"字用于七古句,以平声与"幺"字押韵;例(6)"挑"字用在"平平仄仄仄平平"律式第五字,以上归仄。

按:"挑"字平上义别,《大字典》P1980、《大词典》P8550注为平上义同,不合唐诗用法。如《大字典》P1980:(一)tiǎo,《广韵》徒了切,上筱定。又吐雕切。注义:挑拨,挑动;挑逗,引诱;显露;抉出,剔除;弹奏弦乐器的一种指法;取;挖,掘;……(二)tiāo,《字汇》他彫切。注义:用肩担;量词;……(三)tāo,《广韵》土刀切,平豪透。注义:舀取并注入;轻佻跳跃貌;挑达。……

2. 麼(么)

A.《集韵》眉波切,平戈明,应读 mó。义为:细小,形容词;句尾疑问语气词,相当于"吗"。B.《广韵》亡果切,上果微,应读 mǒ。义为:"作麼",怎么,为什么;又"甚(什)麼",疑问代词。现代"麼"仍作形容词,限于"幺麼"一词;可用作疑问语气词(多用"吗"替代),常用为疑问代词("什么"),轻声;没有上声义。例如:

(1)乃令千里鲸,幺麼微螽斯。(韩愈《寄崔二十六立之》,五古)

(2)南斋宿雨后,仍许重来麼?(贾岛《王侍御南原庄》,五律)

(3)好句慵收拾,清风作麼来?(贯休《秋居寄王相公三首》之一,五律)

(4)不知甚麼汉,一任辈流嗤。(吕岩《赠江州太平观道士》,准五律)

例(1)"幺麼"意思是细小,"麼"字平声。例(2)"麼"是疑问语气词,用在"仄仄仄平平"律式第五字,平声。例(3)"作麼"即怎么,"麼"字用在"平平仄仄平"第四字,上声。例(4)"甚麼"的"麼"用在"仄平仄仄仄"律式中第四字,上声。

按:《大词典》等未收上声反切及代词义,有失。《大词典》P18080:(1)麼$_1$ mó,《集韵》眉波切,平戈明。注义:细小。(2)麼$_2$ ma,注义:助词。用同"吗"。用在句末表示疑问。(3)麼$_3$ me,注义:"这麼""那麼"的省文;后缀;用作歌词的衬字。

**五、一字平入两读而义别**

一字平入两读而义别的字例有 6 例,其中工具书音义注释与唐诗用例有出入的字例有 1 字:阿。

阿

A.《广韵》乌何切,平歌影,今读 ē。义为:大山,山和水的弯曲处,名词;曲从,迎合,动词。B.《大辞典》引(明)《正字通》:"阿读如渥。""渥"字在明代北方官话中已读去声 wò,而在唐代应属入声字,《广韵》注为於角切,入觉影,有塞音尾 –k。"阿"字义为名词词头,用在称谓名词之前,唐诗有"阿爷、阿婆、阿母、阿姨、阿姊、阿监"等;用在人名之前,有"阿娇、阿连、阿戎、阿衡、阿侯"等;用在疑问代词之前,如"阿谁"。唐诗中这类"阿"字一无例外地用作仄声,以入归仄。例如:

(1)闻有淹留处,山阿满桂丛。(宋之问《宴安乐公主宅得空字》,五排)

(2)新建阿房壁未干,沛公兵已入长安。(胡曾《阿房宫》,七绝)

(3)瑶池阿母绮窗开,黄竹歌声动地哀。(李商隐《瑶池》,七绝)

(4)守岁阿戎家,椒盘已颂花。(杜甫《杜位宅守岁》,五律)

(5)阿卫韩郎相次去,夜台茫昧得知不。(白居易《梦微之》,七律)

(6)永丰西角荒园里,尽日无人属阿谁。(白居易《杨柳枝词》,七绝)

例(1)"山阿"即山的弯曲处,例(2)"阿房"指阿房宫,两例"阿"都读平声。后四例中"阿"字都用作名词词头,用在"平平仄仄仄平平""仄仄仄平平""仄仄平平平仄仄"和"仄仄平平仄仄平"律式中(第三、第三、第一和第六字),以入声归仄声。"阿母"指神话中的王母;"阿戎",晋宋时称堂弟为阿戎,这里杜甫用来指称族弟杜位;"阿卫",元微之小儿子的小名;"阿谁"意即谁。

按:"阿"作为名词词头,是以入归仄,《大字典》等把这类"阿"字注为 ā,平声,是现代读音,非中古音读。《大字典》P4431:(1)ē,《广韵》乌何切,平歌影。注义:大土山;山阜拐弯处;拐弯处;……徇私,偏袒;……(2)《集韵》倚可切,上哿影。(3)ā,助词。名词词头,多用于姓名称谓之前。……

## 六、一字平上两读而义同

这类字群计有 22 个,其中工具书音义注释与唐诗用例有出入的字例有 8 例。

一字平上两读而义同,是指该字的基本义项都具有平上两种音读,诗人可以根据律体平仄或押韵需要,来选用该字的平声或上声一种音读。根据各字音义从唐至今的变化,又可分作三类:

(一)唐诗一字平上两读义同,后代音义关系未变,现今仍保持平上义同。

(二)唐诗一字平上两读义同,现今音义关系有变,平上分别表示不同义项,转为平上两读义别。

(三)唐诗诸字平上两读义同,后代音义关系变化,现今合并为平声或上声一读,或转为去声一读。

(二)(三)类有 8 字与工具书音义注释不合:籠(笼);瞑、逾〔踰〕、糾〔糺〕(纠)、逞、嶄〔嶃〕(崭)、臉(脸)、愈。例举如下:

1. 籠(笼)

A.《广韵》卢红切,平东来,今读 lóng。B.《广韵》力董切,上董来,旧读 lǒng。义为:竹制器具,用于盛物,或蓄养鸟类、家禽,名词;把……置于笼中,又包举、笼罩,动词。诸义在唐诗中有平上两读,平声为常读,上声为偏读。现今"笼"字音义关系有变,名、动义分为平声和上声,以示有别。

(1) 日月笼中鸟,乾坤水上萍。(杜甫《衡州送李大夫七丈勉赴广州》,五律)

(2) 提笼忘采叶,昨夜梦渔阳。(张仲素《春闺思》,五绝)

(3) 酒甗香竹院,鱼笼挂茅檐。(皮日休《奉和鲁望秋日遣怀次韵》,五排)

(4) 竹笼拾山果,瓦瓶担石泉。(贾岛《题皇甫荀蓝田厅》,五律)

(5) 烟笼寒水月笼沙,夜泊秦淮近酒家。(杜牧《泊秦淮》,七绝)

(6) 云天敛余霁,水木笼微暧。(李群玉《同张明府游溇水亭》,五律)

前四例"笼"字表示名词义,其中一、二例用在"仄仄平平仄""平平平仄仄"律式的第三和第二字,都读平声;三、四例用在"仄仄仄平平""仄仄仄平仄"律式的第二字,都是以上归仄。五、六例"笼"字用于动词义,用在"平平仄仄仄平平""仄仄仄平平"律式的第二和第三字,一平一仄(上声)。

按:《大词典》P12433 把"笼"字名、动义只注为平声反切,有缺:(1)笼$_1$,lóng,《广韵》卢红切,平东来。注义:用竹片编成的盛物的器具;饲养鸟、虫、家禽等的笼子;谓将鸟虫等置于笼中。……(2)笼$_2$,lǒng,《广韵》卢红切,平东来。注义:笼罩,遮掩;包括,包罗;……(3)笼$_3$,lǒng,《广韵》力董切,上董来。注义:盛衣物的箱笼。"笼$_2$"收《广韵》平声反切,又按现代音义注上声读。

2. 瞑

A.《广韵》莫经切,平青明,今读 míng。注义:合目瞑瞑。《集韵》注为翕目。B.《集韵》母迥切,上迥明,旧读 mǐng。注义:瞑眴,目不明(此义唐诗无用例)。"瞑"字本义为:闭目,动词。有平上两读,平声为常读,今只读平声。例如:

(1)俟俟行忘止,鳏鳏卧不瞑。(李商隐《寄太原卢司空三十韵》,五排)

(2)穷理多瞑目,含毫静倚松。(李山甫《夜吟》,五律)

(3)倚身松入汉,瞑目月离潭。(无可《送清散游太白山》,五律)

(4)遥闻不瞑目,非是不怜吴。(元稹《哭吕衡州六首》之三,五律)

前二例"瞑"用在"平平仄仄平""仄仄平平仄"律式中,平声;后二例"瞑"用在"仄仄仄平平""平平仄仄平"律式中,仄声(以上归仄)。

按:《广韵》只收平声反切,有缺;《集韵》注为平上义别,无证。《大字典》按平上义同作注,是正确的。《大词典》P10848 只收平声反切,失察:(1)瞑$_1$,míng,《广韵》莫经切,平青明。注义:闭,合上;闭目;眼睛昏花;昏暗;……(2)瞑$_2$,mián,《广韵》莫贤切,平先明;又《广韵》莫甸切,去霰明。注义:通"眠"。假寐,小睡。亦泛指睡觉;……

七、一字平上两读而义别与义同兼具

这类字群计有 10 字,其中工具书音义注释与唐诗用例有出入者 6 例。

此类特点是:一字具有平上两读,而该字的一部分义项只用平或上一种音读来表示,另一部分义项则用平和上两种音读来表示。又细分三类:(一)一字平上两读而义别又义同,(二)一字一读(平或上)义别又平上两读义同,(三)一字平上两读而义同又义别。前两类均有字例与工具书音义注释有出入。如下:

(一)一字平上两读而义别又义同,有"渐(漸)、浑(渾)、崦、攘"4字,4字工具书音义注释与唐诗用例皆有出入。这类字先有平声一读,表示本义和近引申义,后来产生了远引申义或通假义,取得了相关的上声读,这些后起义可同用平上两读来表示,使该字的早期义项与部分后期义项形成平上两读义别及平上两读义同的音义关系。唐以后这类字的音义关系逐渐简化,有的失去了两读义别中的一义一读,有的失去了平上两读的词义,有的由于浊上变去规律的作用,到后代转为去声,有的由于不规则语音变化,失去了常读平声,变为只用一读(平或上)表示诸义,而个别字由平上义别变为平去义别。

(二)一字一读(平或上)义别又平上两读义同,共计5字,有2字的工具书音义注释与唐诗用例有出入:祗、只。这类字先有平声或上声一读,表示本义和引申义,后来又产生了间接引申义,同时又取得了上声或平声一读,使后起义具有平上两读,于是形成了一读义别又两读义同的音义关系。这类字到现代或者由于具有两读的义项已经不用,只保留了最初义别的音读,或者由于同义两读中的偏读被取消,或者由于不规则的语音变化,失去了常读,使这类字只保留了一读。

1. 攘

A.《广韵》汝阳切,平阳日,旧读 ráng。注义:以手御,又窃也,除也……揎袂出臂曰攘。B.《广韵》如两切,上养日,今读 rǎng。注义:扰攘。C.《广韵》人样切,去漾日,旧读 ràng。注义:揖攘。按,"揖攘"唐诗只作"揖讓(让)",尚未发现"攘"的去声用法。字义为:排斥,侵夺,偷窃,平声;扰乱,上声;捋起、挽起,平上两读(平声为常读)。"攘"字具有平上义别和两读义同的音义关系。诸义现今合并为上声一读。例如:

(1)弦歌教燕赵,兰芷浴河湟。腥膻一扫洒,凶狠皆披攘。(杜牧《郡斋独酌》,杂言七古)

(2)秀质非攘善,贞姿肯废忠。(陈中师《瑕瑜不相掩》,五排)

(3)纷纷乘白马,攘攘着黄巾。(杜甫《遣忧》,五律)

(4)天皇攘袂敕神龙,雨我公田兆岁丰。(徐夤《喜雨上主人尚书》,七律)

(5)画鼓拖环锦臂攘,小娥双换舞衣裳。(张祜《周员外席上观柘枝》,七律)

例(1)"披攘"意思是屈服、倒伏(此义从排斥、驱逐义发展而来),"攘"字以平声押韵。例(2)"攘善"意思是窃善掠美,"攘"字用在"仄仄平平仄"律式第四字,平声。例(3)"攘攘"表示纷乱貌,用在"仄仄仄平平"律式中第一、第二字,以上归仄。后二例"攘臂"意思是挽袖伸臂,"攘"字用在"平平仄仄仄平平""仄仄平平仄仄平"律式第三、第七字,一上一平。

按:《大词典》等把"攘"的各义都注为两读义同,不合唐诗用例。《大词典》P8949:(1)攘$_1$,rǎng,《广韵》如两切,上养日;又《广韵》汝阳切,平阳日。注义:止;驱逐,排斥,抵御;侵犯,侵夺;盗窃,窃取;开拓;容忍;捋,揎;扰乱,纷乱。(2)攘$_2$,ràng,《广韵》人样切,去漾日。注义:退让;谦让。……

2. 祇

A.《广韵》巨支切,平支群,今读 qí。本义是地神,名词。唐诗中有"地祇、灵祇、金祇、祇园、祇苑、祇陀"等常用词语。B.《广韵》章移切,平支照$_三$,旧读 zhī。义为:仅仅、只,副词。唐诗中"祇"用于此义有平上两读,共 4 例。其上声应与平声相应,即诸氏切,上纸照$_三$,今读 zhǐ。由于"祇"的副词义有平上两读(常读为上声),就与平声名词义组成平声义别和平上义同的音义关系。现今副词义"仅、只"已专用"只"字表示,"祇"字已失此义,只表示平声地神义。例如:

(1)地祇愁垫压,鳌足困支撑。(牛僧儒《李苏州遗太湖石奇状绝伦因题二十韵奉呈梦得乐天》,五排)

(2)金祇暮律尽,玉女暝氛归。(苏味道《咏霜》,准五律)

(3)香刹看非远,祇园入始深。(白居易《题东武丘寺六韵》,五排)

(4)高塔六街无不见,塔边名出祇吾师。(张乔《寄荐福寺栖白大师》,七绝)

(5)祇应与朋好,风雨亦来过。(杜甫《陪郑广文游何将军山林十首》

之十,五律)④

前三例"衹"都读平声;后二例"衹"是副词,用在"平平仄仄仄平平""平平仄平仄"律式的第五、第一字,一上一平。

按:《大字典》P2557 章移切下未收"衹"的副词"只"义,有缺;《大词典》P10443 所引"衹"的副词义在《全唐诗》中实际都用作"衹",有误。

**八、一字平上去三读义别和三读义同**

唐诗中一字平上去(或平去入)三读而义别和三读义同的字各有 7 个,共计 14 个。三读义同的 7 字中,有 2 字工具书音义注释与唐诗用例有出入:酤、沽。

三读义别的三个音读先后产生的次序不尽相同,有的是平、上、去,有的是平、去、入,或上、去、平;三读用以显示本义、引申义或假借义的不同。

平上去三读而义同的字,按音读产生的次序也可以分为三小类:平、上、去,上、平、去,上、去、平。《广韵》《集韵》等中古韵书和《大字典》等现代工具书关于诸字的音义注释互有参差,需要考究参酌。

**沽**

A.《广韵》古胡切,平模见,今读 gū。注义:水名。B.《广韵》公户切,上姥见,旧读 gǔ。注义:屠沽(卖酒者)。C.《广韵》古暮切,去暮见,旧读 gù。注义:卖也。按,"沽"字本表水名(唐诗无例),通假为"酤",表示卖酒、买酒,再虚化为卖或买,动词;又指卖酒的商人,名词。唐诗中诸义都有平、上、去三读(即三读义同,平声为常读)。现今"沽"字仍表示卖、买义,但只有平声一读。例如:

(1)玉瓶沽美酒,数里送君还。(李白《广陵赠别》,五律)

(2)赌棋招敌手,沽酒自扶头。(姚合《答友人招游》,五律)

(3)村店酒旗沽竹叶,野桥梅雨泊芦花。(罗隐《送魏校书兼呈曹使君》,七律)

(4)红袖织绫夸柿蒂,青旗沽酒趁梨花。(白居易《杭州春望》,七律)

(5)安知不及屠沽者,曾对青萍泪满巾。(赵嘏《西峰即事献沈大夫》,七律)

(6)陶令若能兼不饮,无弦琴亦是沽名。(司空图《书怀》,七律)

前二例"沽"字义为买酒,用在"平平平仄仄""仄仄仄平平"律式第三、第一字,音读一平一仄(以上声或去声归仄)。三、四两例"沽"字义为卖酒,用在"仄仄平平平仄仄""平平仄仄仄平平"律式第五、第三字,音读一平一仄(实读上声或去声)。末二例"沽"字义为卖酒和卖,都读平声。

按:《广韵》注为三读义别,《大字典》P1694、《大词典》P7506依此作注,不合唐诗用例。

### 九、一字平上去三读而义同义别相兼

唐诗中这类字群计有18字,其中有10例工具书的音义注释与唐诗用例有出入。

此类字的音义关系更为复杂。《广韵》《集韵》等中古韵书和《大字典》等现代工具书音义注释互有参差,而唐诗用例又不能与韵书、工具书的音义注释一一相合,需仔细考究参酌,以求准确论析诸字的音义关系。依据各字同义的音读情况,可分为四类:

(一)一字平上去三读义同又兼一读或两读义别。

这类字的特点是:本义和直接引申义具有平上去三读,在诗体声律方面则归并为平和仄(上去入)两大类,而间接引申义或假借义则分别只有或平或上或去的一读(平或仄)。其中有4例工具书的音义注释与唐诗用例有出入:颇(颇)、涨(涨)、稍、缭(缭)。

(二)一字三读中平上两读义同又兼一读、两读或三读义别。

这类字有平上去(或入平上)三读,其中部分义项(本义或早期假借义)同时有平上两读,其他义项则分用平上去中的一读表示,构成平上两读义同和一读或两读或三读义别的音义关系。有3例工具书的音义注释与唐诗用例有出入:请(请)、燎、那。

(三)一字三读中平去两读义同又兼三读或四读义别。

这类字有平上去三读(或平上去入四读),其中部分或个别义项同时有平去两读,其他多数义项则分用一读或三读甚至四读来表示,构成平去义同(个别字还有上去义同)和三读四读义别的音义关系。计有3字:厭(厌)、泥、重。3字的工具书音义注释均与唐诗用例不合。

（四）一字三读中上去两读义同又兼一读或两读义别。此类字工具书的音义注释与唐诗用例无出入。

1. 稍

A.《集韵》师交切，平爻审₂，今读 shāo。注义：税也。按，此注无解。B.《集韵》山巧切，上巧审₂，旧读 shǎo。注义：渐也。C.《广韵》所教切，去效审₂，旧读 shào；注义引《说文》：出物有渐也。"稍"字本义是禾末，唐诗无例。引申为：逐渐，略微，甚，随即，已经，暂且，副词，有平上去三读；又转为木末，名词，通"梢"，只读平声。现今只保留稍微一义，只读平声，去声另表新义。例如：

(1) 香街稍欲晚，清跸扈归天。（宋之问《奉和九月九日登慈恩寺浮屠应制》，五律）

(2) 谷口疏钟动，渔樵稍欲稀。（王维《归辋川作》，五律）

(3) 稍教得似红儿貌，不嫁南朝沈侍中。（罗虬《比红儿诗》之三十二，七绝）

(4) 稍促高高燕，微疏的的萤。（李商隐《细雨》，五律）

(5) 稍寒人却健，太饱事多慵。（裴说《冬日作》，五律）

(6) 稍喜临边王相国，肯销金甲事春农。（杜甫《诸将五首》之三，七律）

(7) 稍知名是累，日与静相欢。（权德舆《自杨子归丹阳初遂闲居聊呈惠公》，五律）

(8) 天涯稍曛黑，倚杖独裴回。（杜甫《课小竖锄斫舍北果林枝蔓荒秽净讫移床三首》之三，五律）

(9) 寒炉䕡树根火，夏簟竹稍风。（费冠卿《答萧建》，五排）

(10) 洲觜露沙人渡浅，树稍藏竹鸟啼多。（张祜《题于越亭》，七律）

例(1)(2)"稍"字义为逐渐，用在"平平平仄仄""平平仄仄平"律式第三字，一平一仄（以上声或去声归仄）。例(3)(4)"稍"字义为略微，用在"平平仄仄平平仄""仄仄平平仄"律式第一字，一平一仄（以上声或去声归仄）。例(5)(6)"稍"字义为甚、很，例(7)(8)"稍"字义为已经，用在律式中都有一平一仄(以上声或去声归仄)。例(9)(10)"稍"通"梢",在律式中都读平声。

按:"稍"字是平上去三读义同和平声一读义别的音义关系。《大辞典》P10478 按上去义同作注,《大字典》P2790、《大词典》P11238 按去声一读作注,《王力字典》P845 按平去义同作注,均有失。不细列举。

2. 请(请)

A.《广韵》七静切,上静清,今读 qǐng。义为:谒见、拜见,本义;请求、邀请,又领受、领取,动词;又敬辞,表示希望对方允许自己做某事,或希望对方做某事(今只保留后种语义)。B.《广韵》疾政切,去劲从,今读 qìng。义为:"朝请",古代朝会名。C.《广韵》疾盈切,平清从,今读 qíng。义为:领受、承受,动词。D.《集韵》亲盈切,平清清,今读 qīng。义为:"请室",清洗罪过之室,即因禁犯罪官吏的牢狱;"请"通"清"。中古"请"字有上、去、平三类声调,四个音读,其中"请"字义为领受、领取,有平上两读,其他各义分读上去平,构成平上两读义同和平上去三读义别的音义关系。现今"请"字只保留请求、邀请等上声义,平、去音义已失。例如:

(1)称意那劳问,请钱不早朝。(白居易《和令公问刘宾客归来称意无之作》,五律)

(2)微俸还同请,唯君独自闲。(姚合《寄陆浑县尉李景先》,五律)

(3)岂独冷衣襟,便堪遗造请。(陆龟蒙《奉和袭美太湖诗·三宿神景宫》,五古)

(4)少小虽非投笔吏,论功还欲请长缨。(祖咏《望蓟门》,七律)

(5)闲来不对人论战,难处长先自请行。(王建《送魏州李相公》,七律)

(6)表请回军掩尘骨,莫教士卒哭龙荒。(李益《回军行》,七绝)

(7)请君莫奏前朝曲,听唱新翻杨柳枝。(刘禹锡《杨柳枝词九首》之一,七绝)

(8)尚须勉其顽,王事有朝请。(韩愈《秋怀诗十一首》之六,五古)

(9)请室闲逾邃,幽庭春未暄。(陈子昂《宴胡楚真禁所》,五律)

前二例"请"字义为领受、领取,用在"平平仄仄平""仄仄平平仄"律式第

一、第五字,一平一仄(以上声归仄)。从例(3)至例(7),"请"字都读上声,例(3)"造请"意即登门拜见,"请"字在五古诗中用作韵脚,以上声与其他去声字通押;其他四例"请"字在律式中都是以上声归仄,例(4)(5)"请"字义为请求,表示此义的词语唐诗中还有"请谒、请益、请告、请和"等;例(6)(7)"请"是敬辞,前者是请朝廷准许自己(回军),后者是希望对方做某事不做某事。例(8)"朝请"是朝会名,"请"字在五古诗中用作韵脚,以去声与"景、冏、梗、骋"等上声字通押。例(9)"请室"的"请"字读平声。

按:"请"字构成平上两读义同和平上去三读义别的音义关系。《大字典》《大词典》等工具书都只按四读或三读义别作注,而未注明有平上义同的一面,有失。如《大字典》P4241按三读义别作注:(一)qǐng,《广韵》七静切,上静清。注义:谒见;请求;询问;告诉;召,邀请;愿意;敬辞;表示恭敬。(二)qìng,《广韵》疾政切,去劲从。注义:古代朝会名。(三)qíng,《广韵》疾盈切,平清从。注义:通"情";领受,取得。《大词典》P15617按四读义别作注,多了平声。

3. 重

A.《广韵》直容切,平钟澄,今读 chóng。注义:复也,叠也。B.《广韵》直陇切,上肿澄,旧读 zhǒng。注义:多也,厚也,善也,慎也。C.《广韵》直用切,去用澄,今读 zhòng。注义:更为也。《集韵》用韵同,注义:厚也,一曰再也。

按,"重"字本义是分量大,厚重,与"轻"相对,引申为重要,形容词;又重量,名词;又重视、崇尚、加重、增加,动词;程度深,即甚、很,副词;以上各义有上去两读(去声为常读);唐诗中常用词语有"重任、重臣、重德、珍重"等。又重叠,重复,动词;两个,数词;层,名量词;诸义只读平声;唐诗中常用词语有"重山、重江、重城、重楼、重门、重关、重轮、重云、重阳、重瞳、重围、重叠、九重"等。又重新、再,副词,有平去两读。可知"重"字有上去两读义同又平去两读义同和平声义别的音义关系。"重"字现今取消了同义而有上去两读中的上声和同义而有平去两读中的去声,只保留其中的常读,因而失去上声读,转为平去义别。下举12例:

(1)重临事异黄丞相,三黜名惭柳士师。(刘禹锡《再授连州至衡阳酬柳柳州赠别》,七律)

(2)恩共漳河水,东流无重回。(沈佺期/宋之问《铜雀台》,五律)

(3)谪宦三年尚未回,故人今日又重来。(贾至《重别南给事》,七绝)

(4)无因重来此,剩哭两三声。(顾况《伤大理谢少卿》,五律)

(5)晓看红湿处,花重锦官城。(杜甫《春夜喜雨》,五律)

(6)露重飞难进,风多响易沉。(骆宾王《在狱咏蝉》,五律)

(7)明君宵旰分甘处,便索金盘赐重臣。(和凝《宫词百首》之三十四,七绝)

(8)世人莫重霓裳曲,曾致干戈是此中。(李益《过马嵬二首》之一,七绝)

(9)奔飞下杂树,洒落出重云。(张九龄《湖口望庐山瀑布泉》,五律)

(10)待罪居重译,穷愁暮雨秋。(张说《南中送北使二首》之二,五排)

(11)高皇冷笑重瞳客,盖世拔山何所为。(徐夤《偶书》,七律)

(12)两岸猿声啼不住,轻舟已过万重山。(李白《早发白帝城》,七绝)

前四例"重"字义为重新、再,在例(1)(3)的律式中读平声,在例(2)(4)的律式中属仄声(以去声归仄)。例(5)—例(8)的"重"字依次义为重量大、浓厚、(地位)重要、崇尚,在律式中都属仄声(以上声或去声归仄)。末四例"重"字都读平声,例(9)"重"字义为重叠;例(10)"重"字意为多次,"重译"即辗转翻译(这里指南方荒远之地);例(11)"重"字义为两个,"重瞳"指代项羽;例(12)"重"字义为层。

按:"重"字有上去两读义同又平去两读义同和平声义别的音义关系。各工具书注释参差不一。

如《大词典》P14338 按三读义别作注:(一)zhòng,重$_1$,《广韵》柱用切,去用澄;又《广韵》直陇切,上肿澄。注义:重量,分量;分量重;繁重,沉重,重要,紧要;庄重,稳重;慎重,谨慎;不轻易,难;看重,重视。珍惜,吝惜;崇尚,推崇;昂贵,价高;……(二)chóng,重$_2$,《广韵》直容切,平钟澄。注义:重叠,重复;多,过分;两个;副词,表示动作行为的重复,相当于"再""又""重新";……(三)tóng,重$_3$,《正字通》徒红切。注义:通"穜",先种后熟的谷物;通"童",儿童。……

《王力字典》P1506 按两读义别作注,又收"tóng"音义作为备考:1. zhòng,直陇切,上肿澄。注义:厚重;重视;崇尚;加重,增加;副词,表示程度深。2. chóng,直容切,平钟澄。注义:重叠,重复;单位名词,层;副词,重新,再。备考:1. 通"穜 tóng",先种后熟的谷物。2. 通"童 tóng",儿童。

# 叁 结论

下面按唐诗中一字有平仄两读而义别、义同或义别义同兼具的不同情况,将工具书音义注释与唐诗用例不合的字例统计如下(表1):

表1

| 类别 | 唐诗字例 | 工具书音义注释与唐诗不合的字例 | 百分比 |
| --- | --- | --- | --- |
| 1. 一字平去两读而义别 | 89 | 13 | 15% |
| 2. 一字平去两读而义同 | 53 | 12 | 23% |
| 3. 一字平去两读而义同义别兼具 | 48 | 31 | 65% |
| 4. 一字平上两读而义别 | 44 | 4 | 1% |
| 5. 一字平入两读而义别 | 6 | 1 | 17% |
| 6. 一字平上两读而义同 | 22 | 8 | 36% |
| 7. 一字平上两读而义别义同兼具 | 10 | 6 | 60% |
| 8. 一字平上去三读而义别 | 7 | 0 | 0 |
| 9. 一字平上去三读而义同 | 7 | 2 | 29% |
| 10. 一字平上去三读而义同义别相兼 | 18 | 10 | 56% |
| 共计 | 304 | 87 | 29% |

**一、图表数据显示的特点**

(一)工具书音义注释与唐诗字例不合用例的百分比为29%,近三分之一字例的音义注释出现讹误,比例不低。

(二)讹误率与唐诗字例平仄两读(三读、四读)的音义关系复杂度成正比。

1. 高比例讹误出现在一字平去两读而义同义别兼具(65%)、一字平上两读而义别义同兼具(60%)和一字平上去三读而义同义别相兼(56%)等复杂音义关系类型上,形成讹误的原因概与诗歌语料特性有关。唐诗因为平仄押韵的需要,音义关系呈现出更为复杂的情况,这种复杂音义关系在认识和把握上有一定难度,而字典辞书的音义论定又多以散文为据。

2. 较之两读义别,一字平去、平上两读以及平上去三读而义同的字例讹误率稍高,分别达到23%、36%和29%,讹误原因与前种情况类似:两读(三读)义同的字例音义关系比较特殊,若运用在口语交际和散文写作中,人们不会根据它的不同意义来选择平声读或去声读,也不会把该字的同一义项在此处随意读平声,在另一处则改读为去声,而是比较固定地采取它的优势常读音来表示此义;但若用在诗歌律体和入律古体以及古体诗的韵脚处,人们会依声律的需要来使用该字的平或去。即:两读(三读)义同的字例在唐诗中因为平仄韵律的关系而更常见,但在散文材料中不常见。若不重视这部分唐诗语料,又缺乏细致分析,字典、辞书的音义收录就可能出现讹误。

**二、讹误类型**

主要涉及漏收音读、注错音读以及对用字形义配合的判定出错等。

(一)漏收音读。在我们讨论的一字有平仄两读(三读、四读)而义别、义同或义别义同兼具等10种类型中,几乎每类都有漏收音读的情况。

例如:平去两读而义别中的"襜、行$_1$"等字,未收去声反切;平去两读而义同中的"忘、湍"等,"忘"或只注去声反切,或只注平声反切,各有缺;"湍"则只取平声读,有缺;类似的还有平去两读义同兼一读义别中的"凌、憑(凭)"等。

(二)注错音读。情况比较复杂:

1. 第一种情况:中古韵书《广韵》出错,现代工具书将错就错。略举数例:

"患"字在唐诗中音义关系为平去义同,《广韵》只收去声反切,《大字典》等就依循《广韵》,只按去声作注。"瞑"字是平上义同,《广韵》只收了平声反切,《集韵》注为平上义别,无证,《大词典》就依循中古韵书,只收了平声反切。"扇"字属一读义别兼两读义同,《广韵》把"扇"字注为平去义别,符合"扇"字现代音义关系,不全合唐诗用法,《大字典》的处理同《广韵》。"沽"属平上去三读义同,《广韵》注为三读义别,《大字典》《大词典》依此作注,不合唐诗用例。"帆〔颿〕",为平去两读义同,又兼一读义别,《广韵》注为平去义别,《集韵》注为平去义同,有分歧,后代的字典辞书则或注为平去义别,或注为平去义同,各有缺失。

2. 第二种情况:中古韵书音义注释正确,现代工具书出错。又分两种:

一是对中古韵书音义注释未加细致审定,又忽略了唐诗语料,因而致误。例如:

"雍",中古韵书注为平去两读而义别,《大词典》注为平去义同。"防、零",平去两读义同,《大辞典》注为平去义别。"观、看、相、应、旋"等,属平去义同兼义别,现代诸工具书只按平去义别作注。其他如"醋、衆(众)、震、怨"等,也都属中古韵书正确,而现代工具书中错讹的例子。

二是因为唐诗用字的音读义项过于复杂,若不细加爬梳分析,难以得出正确意见。略举二例如下:

例1:"钿(鈿)",唐诗中属两读义同又去声一读义别。

A.《广韵》徒年切,平先定,今读 tián。注义:金花。B.《广韵》堂练切,去霰定,今读 diàn。注义:宝钿,以宝饰器。义为:用金银玉贝等制成的花朵状首饰,名词;用金银玉贝等镶嵌器物,动词。名词义有平去两读,平声为常读,去声为偏读(今失常读,而用偏读)。动词义只读去声。今失去动词义,只保留名词义,且只保留了偏读去声,平声另表新义。

现代各工具书审定音义不够细致,对"钿"字的名词、动词义,《大字典》等工具书都依《广韵》等按平去义别作注,但没有把名词义注为平去两读,不全合唐诗用法。

例2:"颇(頗)",唐诗中属平上去三读义同又兼平上两读义别。

A.《广韵》滂禾切,平戈滂,今读 pō。注引《说文》:头偏也。B.《广韵》《集韵》普火切,上果滂,旧读 pǒ。《集韵》注义:不正也。C.《广韵》《集韵》普过切,去过过,旧读 pò。《集韵》注义:偏也。本义是头偏(唐诗无例),引申为偏、不正、不平,形容词;虚化为:略微、稍微、甚、很、尽、全都、已经,副词。以上义项有平上去三读。又:词语"颇黎"(又作"颇梨"),指状如水晶的宝石;"廉颇",人名,其中"颇"字只读平声。"颇奈",不可奈何,即可恨、可恶;"颇"通

"叵",意为不可,只读上声。"颇"字构成平上去三读义同和平上义别的音义关系。

《王力字典》只按平上义别作注,有缺。

其他诸如"浑、涨、祇"等,不细述。可见,工具书取音配义需要对音义细加审核,具体到某字某一义项的音读都需要仔细辨识,否则,稍有差池便会出错。

(三)对用字形义配合的判定出错。

例如"只"。唐诗中属平声义别和平上两读义同。汉代"只"可以用作副词表示数量和范围有限,相当于"仅"。唐诗中表示这一词义的字有"祇、祗、只","只"字用例最多,有900来个。但《大字典》引段注:"宋人诗用只为祇,但也,今人仍之。"似要说明"仅"义宋代以前多用"祇""祗",不用"只",此结论与唐诗不合。

当然,也有中古韵书错讹,现代工具书正确的字例。例如"酤",唐诗中为平上去三读义同,而《广韵》《集韵》按平上去三读义别出注,《大字典》等现代工具书纠正了韵书错误,按三读义同作注。

总之,汉字在历史演变中形音义都会发生变化,单就语音言,声韵调也会发生改变,情况非常复杂,又涉及语体、语用层面的问题,因此,工具书要准确无误地反映汉字的音义(包括字形)关系,是一件非常困难的事情,疏漏难免。总体来说,各工具书对绝大多数中古用字的音义关系的处理都是非常正确的,疏漏只是个别现象。今就唐诗平仄音读与字义异同关系字例对各工具书的音义注释作出补充辨析,旨在引起注意和讨论,或许有益于汉字音义的重新审定及规范。

**注 释**

① 以上各书在行文中依次简称为:《大字典》《大词典》《大辞典》《王力字典》。
② 我们曾围绕以上议题发表了8篇文章对唐诗的平仄音读与字义异同关系进行过讨论,此不赘述。
③ 本文旨在讨论唐诗中的平仄两读,故字例统计以《全唐诗》为准。
④ 此例《全唐诗》作"祇应与朋好",我们依照仇兆鳌《杜诗详注》,中华书局,1979年。

# 附录：工具书音义注释与唐诗用例不合字例列表如下：

## 附表一　一字平去两读而义别

| 例字 | 中古（唐诗）音义 | 工具书注释 |
|---|---|---|
| 中 | A. zhōng，《广韵》陟弓切，平东知。义为：里面、中间、中央、半。B. zhòng，《广韵》陟仲切，去送知。义为：射中目标，符合，适应，遭受，处在中途或中期。唐诗中常用词语：中天、中流、中峰、中宵、中分、中朝、中酒、中第、中兴等。 | 《大词典》P579 把"中兴"的"中"字注为平声，失于片面。 |
| 任 | A. rén，《广韵》如林切，平侵日。本义抱，引申义：负担、担当、承担、胜任、经得起。B. rèn，《广韵》汝鸩切，去沁日。义为：任用、信任、依凭、任凭；职责、责任。按，负担、承担等动词义在现汉词典中已改读去声，平声限于表示县名和姓氏，音义与中古有参差。 | 《大字典》P155、《大词典》P1196 将平声音读诸义项注为去声，属现代音读，失当。 |
| 汗 | A. hàn，《广韵》侯旰切，去翰匣。义为汗液，名词。又"汗漫"，叠韵联绵词，旷远无边的样子，去声。B. hán，《广韵》胡安切，平寒匣。可汗，古代西北少数民族君主的称号。又"漫汗"，叠韵联绵词，广大无边的样子。 | "漫汗"，《大词典》P8067 按去声作注，不合唐诗音读。 |
| 烘 | A. hōng，《广韵》呼东切，平东晓。义为：燃烧，暖。B. hòng，《广韵》胡贡切，去贡晓。义为：烘烤。现代只有烘烤、烘托义，平声。 | 《大字典》P2356、《大辞典》P8678 将去声义项注为平声，不合唐诗音读。 |
| 襜 | A. chān，《广韵》处占切，平盐穿₃。义为：系在衣服前面的围裙；又"襜褕"，直襟单短衣；又指车上的帷幕，"幨"的通假。B. chàn，《广韵》昌艳切，去艳穿₃。注义：披衣。唐诗中无此义，指衬在马鞍下的褥垫。 | 《大词典》P12660 未收去声反切，也不注鞍鞯之义，但收有"锦襜"词语，注为锦鞯，这是对的；而将"襜"字看作平声读，有失。 |

续 表

| 例字 | 中古(唐诗)音义 | 工具书注释 |
|---|---|---|
| 冰 | A. bīng,《广韵》笔陵切,平蒸帮。义为:水凝结成的固体。B. bìng,《集韵》逋孕切,去证帮。义为冻结,又冰冷逼人,使感到冰凉。 | 《大字典》P324、《大词典》P2133 将"冰"动词义注为平声,是现代音读。 |
| 行₂ | A. xíng,《广韵》户庚切,平庚匣。义为:行走,运行,做,施行,将要。B. 旧读 xìng,《广韵》下更切,去映匣。义为:行为,品行,德行;唐诗中常用"儒行、文行、僧行、密行"等词语。又巡视、巡狩。 | 《大词典》P4290 未收去声,把去声义都注为平声,这是现代音读。 |
| 雍 | A. yōng,《广韵》於容切,平钟影。义为:和谐、和睦。B. yòng,《广韵》於用切,去用影。义为:雍州,古九州岛之一。唐时一般指关中地区。 | 《大词典》P2129 注为平去义同。有误。 |
| 勞(劳) | A. láo,《广韵》鲁刀切,平豪来。义为:辛勤、劳苦、疲劳,形容词;烦劳,动词。B. lào,《广韵》郎到切,去号来。义为:慰劳,动词。此义今并入平声。 | 《大字典》P410 将去声义注为平声。 |
| 行₁ | A. háng,《广韵》胡郎切,平唐匣。义为:道路,行列;量词。B. hàng,《广韵》下浪切,去宕匣。义为:排行,辈分。此义今已转读平声。 | 《大字典》P872、《大词典》P4290 将去声义归入平声,未列去声读。有缺。 |
| 縱(纵) | A. zōng,《广韵》即容切,平钟精。义为:直,与"横"(衡)相对;地理上的南北向。此义本来写作"從",后作"縱"。B. zòng,《广韵》子用切,去用精。义为:放、发,释放,放纵,听任不管;即使。今"縱"的平声义改读去声。 | 《大词典》P13518 未收平声读,将平声音义都注为去声。不妥。 |
| 尚 | A. shàng,《广韵》时亮切,去漾禅。常用义是尊重、崇尚,主管,匹配(后专指娶帝王之女为妻);犹、还。B. cháng,《广韵》市羊切,平阳禅。义为:尚书,官名。现代各义都读去声。 | 《大词典》P3403 市羊切的音读中未收"尚书"一词,在"尚书"词条中把"尚"字注为去声,误。 |

| 例字 | 中古(唐诗)音义 | 工具书注释 |
|---|---|---|
| 令 | A. lìng,《广韵》力政切,去劲来。义为:发出命令;命令,又官名;善、好。B. líng,《广韵》吕贞切,平清来。义为:使;假使、如果。 | 《大字典》P143 把致使、假使义注为去声,是现代音读。 |

## 附表二 一字平去两读而义同

| 例字 | 中古(唐诗)音义 | 工具书注释 |
|---|---|---|
| 苫 | A. shān,《广韵》失廉切,平盐审三。B. shàn,舒赡切,去艳审三。义为:编茅草盖屋,用席、布遮盖;用茅草编成的覆盖物。诸义平去两读,今仍如此。 | 《大字典》P3400 按平去义别作注。 |
| 忘 | A. wàng,《广韵》巫放切,去漾微。注义:遗忘,又音亡(按,"亡"为武方切,是《广韵》阳韵中小韵代表字,"亡"字下未收同音字"忘",应是疏漏)。B. wáng,《集韵》武方切,平阳微。注义:不识也。义为忘记,平去两读。今通读去声,只有"忘八"仍读平声。 | 《大词典》P10004 只注去声反切,《大辞典》P5195 只注平声反切。各有缺。 |
| 舆(轝) | A. yú,《广韵》以诸切,平鱼喻四;B. yù,羊洳切,去御喻四。义为:车,轿子;又指众人。诸义平去义同(平声为常读,去声属偏读),今只读平声(以下各字今音平声不再说明)。 | 《大辞典》P14235 注为平去义别,有误;《王力字典》P1407 对平仄义同的字只按常读收注反切,应是为了同现代汉语正音为一读接轨。 |
| 防 | A. fáng,《广韵》符方切,平阳奉;B. fàng,符况切,去漾奉。义为:堤坝,名词;引申为堵塞,防止、防御、防备、防护,动词。诸义平去两读。 | 《大辞典》P15331 注为平去义别。有误。 |
| 湍 | A. tuān,《广韵》他端切,《集韵》他官切,平桓透;B. tuàn,《集韵》吐玩切,去换透。义为:急流的水,名词;又水势急,形容词。诸义平去两读。 | 《大字典》P1798、《大词典》P7531,均只注平声反切。有缺。 |

续 表

| 例字 | 中古(唐诗)音义 | 工具书注释 |
|---|---|---|
| 纫(纴) | A. rén,《广韵》女邻切,平真娘;《集韵》而邻切,平真日。B. rèn,《正字通》如禁切,音刃。义为:缝缀,连缀,动词,平去两读。平声为常读,今只保留偏读去声。 | 《大字典》P3589、《大词典》P13246 均只收平声反切。有缺。 |
| 零 | A. líng,《广韵》郎丁切,平青来;B. lìng,郎定切,去径来。义为:雨徐徐落下,引申为降落,凋零,平去两读。常用词语有"零落、凋零、飘零、清零、丁零"等。 | 《大辞典》P15771 注为平去义别。有误。 |
| 酺 | A. pú,《广韵》薄胡切,平模并;B. pù,《集韵》薄故切,去暮并。义为:国有喜庆,君主特赐臣民聚会饮酒。平去义同。 | 《大字典》P382 等只收平声读;《大辞典》P14757 注为平去义别。有缺。 |
| 衆(众) | A. zhòng,《广韵》之仲切,去送照₃;B. zhōng,职戎切,平东照₃。义为:众人,群众;众多,一般的。诸义平去两读。 | 《大字典》P3253、《大辞典》P13019 注为平去义别,《大词典》P12506 只注去声读。均有失。 |
| 震 | A. zhèn,《广韵》章刃切,去震照₃;B. zhēn,《集韵》升人切,平真审₃。义为:疾雷,又指东方;雷击,引申为震动。诸义平去两读。 | 《大字典》P4329、《大辞典》P15777 等只注去声一读。有失。 |
| 患 | A. huàn,《广韵》胡惯切,去谏匣。B. huān。"患"字在汉末就读平声,东晋已有去声。王粲《七哀诗》:"西京乱无象,豺虎方遘患。""患"字与"蛮、攀、原、间、还"等 9 个平声字相押。谢惠连《秋怀诗》:"平生无志意,少小婴忧患。""患"字与"晏、烂、雁、幔、半"等 15 个去声字相押。唐诗中平去义同(去声为常读)。义为:忧虑,厌恶;忧患、灾祸,疾病、弊病。 | 韵书只收去声反切,《大字典》P2462 等只按去声作注。有缺。 |
| 怨 | A. yuān,《广韵》于袁切,平元影;B. yuàn,于愿切,去愿影。义为:埋怨,怨恨,仇恨,动词;哀怨,怨恨,仇恨,名词。 | 《大辞典》P5257 注为平去义别。不妥。 |

## 附表三 一字平去两读而义同义别兼具

| 例字 | 中古(唐诗)音义 | 工具书注释 |
|---|---|---|
| 鈿(钿) | A.《广韵》徒年切,平先定,今读 tián。注义:金花。B.《广韵》堂练切,去霰定,今读 diàn。注义:宝钿,以宝饰器。字义为:用金银玉贝等制成的花朵状首饰,名词;用金银玉贝等镶嵌器物,动词。名词义有平去两读,平声为常读;去声为偏读(今失常读,而用偏读)。动词义只读去声。今失动词义,只保留名词义,且只保留了偏读去声;平声另表新义。 | 《大字典》P4506 等依《广韵》等韵书按平去义别作注,未把名词义注为平去两读,不全合唐诗用法。 |
| 觀(观) | A.《广韵》古丸切,平桓见,今读 guān;注义:视也。B.《广韵》古玩切,去换见,今读 guàn;注引《说文》:"谛视也。"字义为:细看、观察、观赏,动词,平去两读(平声为常读,去声为偏读,今失偏读)。转指景观、景象,又指古代宫廷门外的双阙、楼台、道教庙宇,名词,只读去声(景观、景象义今读平声)。词语"观津、京观、东观、日观、一柱观、贞观"的"观"音读同此。 | 《大字典》P3920 等按平去义别作注,未注明动词义有平去两读;《大词典》P14325 把"一柱观、贞观"的观字注为平声。有误。 |
| 看 | A.《广韵》苦旰切,去翰溪,今读 kàn。未注义。B.《广韵》苦寒切,平寒溪,今读 kān。注义:视也。《集韵》的寒韵和翰韵中"看"字都注为:睎也。《广韵》的微韵中"睎"字注:视也。平去义同。字义为:用目光接触人或物,观察,探望,估量,平去两读(去声为常读,今失偏读平声)。又看护、看守、看待,动词,平声。 | 《大字典》P2648、《大词典》P10782 等都只按平去义别作注。有缺。 |
| 相 | A.《广韵》息亮切,去漾心,今读 xiàng。注义:视也。B.《广韵》息良切,平阳心,今读 xiāng。注义:瞻视。义为:仔细看、审察,动词,平去两读(去声为常读,今失偏读平声);辅助、帮助,动词;相貌,宰相,主持典礼的人,名词。诸义去声。又表示互相、共相或单指动作受事者,副词,平声。 | 《大字典》P2644 等未注平去义同。 |

续 表

| 例字 | 中古(唐诗)音义 | 工具书注释 |
|---|---|---|
| 更 | A.《广韵》古行切,平庚见,今读 gēng。注义:代也,改也。B.《广韵》古孟切,去映见,今读 gèng。注义:易也,改也。义为:改变、调换、替代、轮流,动词,平去两读(平声为常读,今失偏读去声);又另外、再、更加,副词,平去两读(去声为常读)。又指夜间计时单位,还有"更漏、更筹、更阑"等词语,平声。"更"字兼具平去两读义同和一读义别。 | 《大字典》P22 等只按平去义别作注,有违《广韵》所注,也不全合唐诗用法。 |
| 并 | A.《广韵》府盈切,《集韵》卑盈切,平清帮,今读 bīng。B.《广韵》卑政切,去劲帮,今读 bìng。义为:合并、兼并,并同、同时具有,动词;一并、一齐、共同,副词;和,连词。诸义有平去两读(平声为常读,今只读去声)。又并州,古九州之一,平声。 | 各工具书都按平去义别作注,属现代音读。 |
| 應(应) | A.《广韵》於证切,去证影,今读 yìng。B.《广韵》於陵切,平蒸影,今读 yīng。义为:答应、应答,动词,平去两读(去声为常读,今失偏读平声);适应、顺应、接受、应对,动词,去声;唐诗中有"应天、应手、应和、应律、应接、应诏、应对、应举"等词语,去声。又应该,助动词,平声。 | 《大字典》P2525 等按平去义别作注。有缺。 |
| 旋 | A.《广韵》似宣切,平仙邪,今读 xuán。B.《广韵》辞恋切,去线邪,今读 xuàn。义为:旋转、回旋,返回、归来,动词;随即,又临时,屡次、频繁地,副词。其中动词义"回旋"、副词义"随即"有平去两读,其他动词义只读平声,副词义只读去声。又"旋旋",状态词,意为缓缓地;"旋……旋……",表示同时进行两个动作,意为"一面……一面……",都只读去声。 | 《大词典》P16746 等按平去义别作注。有缺。 |

| 例字 | 中古(唐诗)音义 | 工具书注释 |
|---|---|---|
| 帆〔颿〕 | A.《广韵》符咸切,平凡奉,今读 fān。注义:船上幔也。B.《广韵》扶泛切,去梵奉,应读 fàn。注义:船使风。"帆"字平去义别。《集韵》平去两韵注为"舟上幔"或"舟幔",则为平去义同。义为:挂在桅杆上以借风行船的布篷,转指船,名词,平去两读,而平声为常读(今失偏读去声);又张帆行船,动词,去声。今"帆"只有名词义,平声。 | 《大字典》P841、《大词典》P4099、《王力字典》P262 注为平去义别。《大辞典》P4572 取《集韵》说,注为平去义同。各有缺失。 |
| 思 | A.《广韵》息兹切,平之心,今读 sī。注义:思念也。B.《广韵》相吏切,去志心,今读 sì。注义:念也。义为:思考,想念,伤感,动词,平去两读(平声为常读,今失偏读去声)。又思绪,心情,情怀,名词,去声。"思"平去两读义同兼一读义别。 | 《大字典》P2440 等都按平去义同作注。有缺。 |
| 凌 | A.《广韵》力膺切,平蒸来,今读 líng。注义:冰凌。B.《集韵》里孕切,去证来,旧读 lìng。注义:冰也。本义是冰,名词,平去两读(平声为常读,今失偏读去声)。又升、登、乘、驾驭、冲犯、欺侮、越过、逼近,动词,只读平声。《说文通训定声》认为动词诸义属于"夌"字的通假。 | 诸字典、词典只取平声读。有缺。 |
| 憑(凭) | 《广韵》扶冰切,平蒸并,今读 píng。又唐韵有"淜"字,皮陵反,又皮夌反,去证并。这是"憑"的异体,唐代"憑"有平去两读。"憑"本义是(身体)倚靠(几、栏杆等物体),平去两读(平声为常读,今失偏读去声);虚化为:依靠、依据,凭借,烦请、烦托,只读平声;异体字"凭"不能表示此类引申义项。 | 《大字典》P2517 等只收"憑"字平声反切。有失。 |
| 操 | A.《广韵》七刀切,平豪清,今读 cāo。注义:操持。B.《广韵》七到切,去号清,旧读 cào。注义:持也,又志操。字义为:执持、拿着、掌握、控制,动词,平去两读(平声为常读,今失偏读去声);又操守、志节,品德,品行,琴曲名,名词,去声。 | 《大字典》P2086 等注为平去义同,《大辞典》P6003 注为平去义别。各有偏颇。 |

续 表

| 例字 | 中古(唐诗)音义 | 工具书注释 |
|---|---|---|
| 援 | A.《广韵》雨元切,平元喻₃,今读 yuán。注义:援引也。B.《广韵》王眷切,去线喻₃,旧读 yuàn。注义:接援,救助也。义为:攀缘、牵引、执持、拿着、引荐、援助,动词,平去两读(平声为常读,今失偏读去声);用树枝竹竿编成的园林护卫物,名词,去声。 | 《大辞典》P5900 注为平去义别,《大词典》P8754 注为平去义同。各有偏颇。 |
| 評(评) | A.《广韵》符兵切,平庚奉,今读 píng。B.《广韵》皮命切,去映并,旧读 pìng。义为:评议、评定,动词,平去两读(平声为常读,今失偏读去声);又评事,官职名,掌评决刑狱,平声。 | 《大词典》P15457 等按平去义同作注。有缺。 |
| 司 | A.《广韵》息兹切,平之心,今读 sī。注义:主也。B.《集韵》相吏切,去志心,旧读 sì。注义:主也。义为:主管、管理,动词,平去两读(平声为常读,今失偏读去声);又官员,官署,名词,平声。 | 《大字典》P619 只收平声反切,《大词典》P3464 注为平去义别。各有缺失。 |
| 望 | A.《广韵》巫放切,去漾微,今读 wàng。注义:看望。B.《广韵》武方切,平阳微,旧读 wáng。注义:看望(即远看)。义为:远看,动词,平去两读(去声为常读,今失偏读平声);又希望,动词;视野,声望、名望,名词,只读去声。"望"字平去两读义同,又兼一读义别。 | 《大字典》P2230 等只注为平去义同。有缺。 |
| 過(过) | A.《广韵》古卧切,去过见,今读 guò。注义:越也,度也。B.《广韵》古禾切,平戈见,今读 guō。注义:经也。义为:走过、经过、过访、逝去、渡过、度过,又越过、超过、过分,动词,诸义平去两读(去声为常读,今仍有平声,但仅表示姓)。又过失,名词;责备、怪罪,动词,去声。"过"字平去两读义同,又兼一读义别。 | 《大字典》P4105、《大词典》P14921 按平去义同作注,《王力字典》P1446 不注平去义同。各有缺失。 |

## 《汉语大字典》等工具书音义注释辨误

续 表

| 例字 | 中古(唐诗)音义 | 工具书注释 |
|---|---|---|
| 振 | A.《广韵》章刃切,《集韵》之刃切,去震照₃,今读 zhèn。《集韵》注义:举救也,一曰奋也。B.《广韵》职邻切,平真照₃,旧读 zhēn。注义:奋也,……举也,整也,救也。义为:举起、挥动、摇动、奋起、振作、发挥、显扬、整顿、救济,动词,平去两读(去声为常读,今失偏读平声)。又重叠词"振振"表示众多貌,盛大貌,骄矜貌,战栗貌,只读平声。又通"震",义为震动、震惊,只读去声。 | 《大字典》P1988 对诸义只注去声一读。有缺。 |
| 障 | A.《广韵》之亮切,去漾照₃,今读 zhàng。注义:界也,隔也,又步障也。B.《广韵》诸良切,平阳照₃,旧读 zhāng。注义:隔也。义为:阻塞、阻隔、遮蔽,动词,平去两读(去声为常读,今失偏读平声);又指屏风、屏幕、边境上的堡垒、画障(通"幛"),名词,去声。 | 《大字典》P4471 等对诸义只注去声一读。有缺。 |
| 漫 | A.《广韵》莫半切,去换明,今读 màn。注义:大水。B.《集韵》谟官切,平桓明,旧读 mán。注义:水广大貌。义为:水涨溢、满、遍及、覆盖,动词;水势广大,形容词。平去两读(去声为常读,今失偏读平声)。随便、姑且、徒然、莫、不要,副词,去声。 | 《大词典》P8067 未收平声反切。有缺。 |
| 扇 | A.《广韵》式战切,去线审₃,今读 shàn。注引《说文》:扉也。B.《广韵》式连切,平仙审₃,今读 shān。注义:扇凉。义为:门,转指障扇,又指扇子,名词,又量词;以上名、量义只读去声。引申为摇扇生风、吹风、煽动(贬义),动词,平去两读(唐诗中去声占优势,后代平声为常读)。现今动词义只读平声,而与读去声的名词义形成平去义别。"扇"字一读义别(名、量义读去声)兼两读义同(动词义平去两读)。 | 《广韵》和《大字典》P2424 等把"扇"字注为平去义别,符合"扇"字现代音义关系,不全合唐诗用法。 |

续　表

| 例字 | 中古(唐诗)音义 | 工具书注释 |
|---|---|---|
| 教 | A.《广韵》古肴切,《集韵》居肴切,平肴见,今读 jiāo。注义:令也。B.《广韵》古孝切,去效见,今读 jiào。注义:教训也。义为:教育、教导、教诲,动词;宗教,名词;去声。使、令、让,动词,平声(今转读去声)。又传授,动词,平去两读(平声为常读,今失偏读去声)。 | 《大字典》P1562、《大词典》P6899 注为平去义别,《大辞典》P6121 注为平去义同。不确。 |
| 宁〔甯〕（宁） | A.《广韵》奴丁切,平青泥,今读 níng。注义:安也,又引《说文》曰:"愿词也。"B.《集韵》乃定切,去径泥,今读 nìng。注引《说文》:"所愿也。"字义为:安定、安宁,形容词;省视父母,动词;常用词语有"宁亲、归宁"。诸义读平声。又岂、难道,宁愿、宁可,副词,平去两读(去声为常读,今失偏读平声)。 | 《大字典》P1012 注为平去义别,《大辞典》P9465 注为平声一读。不确。 |
| 吹 | A.《广韵》昌垂切,平支穿₃,今读 chuī。B.《广韵》尺伪切,去置穿₃,旧读 chuì。义为:撮口出气,风吹(空气流动),平声。又吹奏,平去两读(平声为常读,今失偏读去声);又指风和管乐器吹奏的乐曲、乐曲之声,去声。 | 《大字典》P642 等未注平去义同。有失。 |
| 先 | A.《广韵》苏前切,平先心,今读 xiān。注义:先后。B.《广韵》苏佃切,去霰心,旧读 xiàn。注义:先后,犹娣姒。字义为:走在前面、先做某事,动词;转为时间或次序在前的、首要的事情;又指祖先、已去世的尊长,名词。以上动、名义读平声。又表示事情、行为发生在前,副词,平去两读(平声为常读,今失偏读去声)。 | 《大字典》P292、《大词典》P1979 等注为平去义同。不当。 |
| 簪〔篸〕 | A.《广韵》作含切,平覃精,今读 zān。注义:所以缀衣也。又侧吟切,平侵照₃(读 zēn)。注义:首笄也。B. 异体字"篸"《广韵》作绀切,去勘精,旧读 zàn。注义:以针篸物。字义为:用来绾发固冠的长针形首饰,名词,平声;在头发上插戴,动词,平去两读(平声为常读,今失偏读去声)。 | 《大字典》P3215、《大辞典》P108211 注为平声,《大词典》P12398 注为平去义同。有失。 |

《汉语大字典》等工具书音义注释辨误 | 567

续　表

| 例字 | 中古(唐诗)音义 | 工具书注释 |
|---|---|---|
| 鉏〔耡〕（锄） | A.《广韵》士鱼切，《集韵》床鱼切，平鱼床₂，今读 chú。注义：田器。B.《集韵》"耡"字床据切，去御床₂，旧读 chù。义为：翻土除草的农具，名词，平声；又除草松土，铲除，动词，平去两读（平声为常读，今失偏读去声）。 | 《大字典》P4530 等未收去声反切。有失。 |
| 膠（胶） | A.《广韵》古肴切，平肴见，今读 jiāo。注义：胶漆。B.《广韵》古孝切，去效见，旧读 jiào。注义：胶粘物。"胶"字平去别义。唐诗中"胶"字音义为：指具有黏合性的物质，名词。"胶胶"叠用，表示鸡等禽类的鸣声，象声词。以上诸义读平声。又黏合、胶结，引申为凝滞、停留，特指船搁浅，动词，平去两读（平声为常读，今失偏读去声）。 | 《大辞典》P11831 等都注为平去义同。失据。 |
| 酬〔醻〕 | A.《广韵》市流切，平尤禅，今读 chóu。B.异体"醻"，承咒切，去宥禅，旧读 chòu。本义是客人向主人祝酒后，主人再向客人敬酒；通指劝酒、敬酒，动词，平声。引申为酬报、报答、酬对、赠答，又偿付、报酬，动词，平去两读（平声为常读，今失偏读去声）。 | 《大字典》P3819 等未收去声反切。有失。 |
| 番 | A.《广韵》孚袁切，平元敷，今读 fān。B.《集韵》孚万切，去愿敷，旧读 fàn。义为：更替、轮流，动词；统称少数民族或外国，名词（后作"蕃"）。以上动、名义读平声。又表示动量，次、回，平去两读（平声为常读，今失偏读去声）。C.《广韵》普官切，今读 pān。番禺县。 | 《大辞典》P9543 对动、名和量词义分平去作注，《大字典》P2723 等注为平声。有失。 |

## 附表四　一字平上两读而义别

| 例字 | 中古(唐诗)音义 | 工具书注释 |
|---|---|---|
| 挑 | A.《广韵》徒了切，上筱定，今读 tiǎo。义为：挑逗，引诱，激发，动词。B.《广韵》吐雕切，平萧透，今读 tiāo。义为：拨动，弹拨（弦乐器），挖掘，刺绣方法，动词。C.《广韵》土刀切，平豪透，今读 tāo。义为：挑达，双声联绵词，往来相见貌。今无两类平声义。 | 《大字典》P1980、《大词典》P8550 注为平上义同。不合唐诗用法。 |

续 表

| 例字 | 中古(唐诗)音义 | 工具书注释 |
|---|---|---|
| 麽(么) | A.《集韵》眉波切,平戈明,应读 mó。义为:细小,形容词;疑问语气词,"吗"。B.《广韵》亡果切,上果微,应读 mǒ。义为:"作麽",怎么,为什么;又"甚(什)麽",疑问代词。现代"麽"仍作形容词,限于"幺麽"一词;用作疑问语气词(多用"吗"替代),常用为疑问代词("什么"),轻声;没有上声义。 | 《大词典》P18080 等未收上声反切及代词义。有失。 |
| 泱 | A.《广韵》於良切,平阳影,今读 yāng。义为:"泱泱",水深广貌。B.《广韵》乌朗切,上荡影(荡韵是唐韵的上声韵,阳唐同用,因此阳、荡韵字是有关联的平上两读),旧读 yǎng。义为:"泱漭",叠韵联绵词,广大貌,水势浩瀚貌。今无上声词义。 | 《大字典》P1699 注为平上义同。失据。 |
| 攏(拢) | A.《广韵》力董切,上董来,今读 lǒng;义为:收拢,靠近,特指船靠岸,梳理,动词。B.《集韵》卢东切,平东来,旧读 lóng。义为:牵拉,特指弹奏弦乐器的一种指法,动词。现代已失平声义。 | 《大字典》P2102、《大词典》P8946 等未收平声反切。有失。 |

**附表五 一字平入两读而义别的字例**

| 例字 | 中古(唐诗)音义 | 工具书注释 |
|---|---|---|
| 阿 | A.《广韵》乌何切,平歌影,今读 ē。义为:大山,山和水的弯曲处,名词;曲从,迎合,动词。B.《中文大辞典》引(明)《正字通》曰:"阿读如渥。""渥"字在明代北方官话中已读去声,音 wò,而在唐代应属入声字,《广韵》注为於角切,入觉影,有塞音尾-k。义为名词词头,用在称谓名词之前,唐诗有"阿爷、阿婆、阿母、阿姨、阿姊、阿监"等;用在人名之前,有"阿娇、阿连、阿戎、阿衡、阿侯"等;用在疑问代词之前,如"阿谁"。唐诗"阿"字一无例外地用作仄声,应是以入归仄。 | "阿"作为名词词头,是以入归仄,《大字典》P4431 等把这类"阿"字注为 ā,平声,是现代读音。 |

## 附表六 一字平上两读而义同

| 例字 | 中古(唐诗)音义 | 工具书注释 |
|---|---|---|
| 籠(笼) | A.《广韵》卢红切,平东来,今读 lóng。B.《广韵》力董切,上董来,旧读 lǒng。义为:竹制器具,用于盛物,或蓄养鸟类、家禽,名词;把……置于笼中,又包举、笼罩,动词。诸义在唐诗中有平上两读,平声为常读,上声为偏读。现今"笼"字音义关系有变,名、动义分为平声和上声。 | 《大词典》P12433 把"笼"字名、动义只注为平声。有缺。 |
| 瞑 | A.《广韵》莫经切,平青明,今读 míng。注义:合目瞑瞑。《集韵》注为禽目。B.《集韵》母迥切,上迥明,旧读 mǐng。注义:瞑眹,目不明(此义唐诗无用例)。本义为:闭目,动词平上两读,平声为常读,今只读平声。 | 《广韵》只收平声反切,《集韵》注为平上别,《大词典》P10848 只收平声反切。失察。 |
| 逾〔踰〕 | A.《广韵》羊朱切,平虞喻₄,今读 yú。注义:越也。B.《集韵》勇主切,上麌喻₄,旧读 yǔ。注义:越也。"逾"字平上义同,唐诗中平声为常读,今只读平声。义为:越过、超过,动词;更加,副词。 | 《大词典》P14488 等只收平声反切。有缺。 |
| 纠〔糺〕(纠) | A."纠"的古体为"丩",《广韵》居求切,平尤见,今读 jiū。注义:相纠缭也(意即纠缠、缠绕)。B."纠",《广韵》居黝切,上黝见,旧读 jiǔ。注义:督也。"纠"字平上义同,上声为常读,今只有平声一读。义为:缠绕、纠缠,纠集、集合,督察、检举、纠正,动词。 | 《大字典》P3583、《大词典》P13213 只取上声反切,按一读作注。有缺。 |
| 逞 | A.《广韵》《集韵》丑郢切,上静彻,今读 chěng。注义:通也,疾也,尽也(以上诸义唐诗无例)。《集韵》又引《春秋左氏传》中"何所不逞(欲)"来释义,意为力求满足、称心。B.《集韵》痴贞切,平清彻,旧读 chēng。注义:纵也。义为:满足、称心,施展、显示,放纵、放任,动词。有平上两读,上声为常读,今只读上声。 | 《大词典》P14862 只收上声反切。有缺。 |

续 表

| 例字 | 中古(唐诗)音义 | 工具书注释 |
|---|---|---|
| 崭〔嶃〕（崭） | A.《广韵》士减切,上豏床₂,今读 zhǎn。注义:高峻。B.《广韵》锄衔切,平衔床₂,今读 chán。注义:崭岩,山貌。《集韵》同切,注义:巉岩,高也。"崭"字平上义同,上声为常读,今只有上声一读。义为:高峻、险峻。有"崭岩、崭绝、崭崭"等词语。 | 《大词典》P4267 引例(2)把"崭"字注为上声,有误。 |
| 脸（臉） | A.《广韵》力减切,上豏来,今读 liǎn。B.《广韵》七廉切,平盐清,旧读 qiān。唐诗中"脸"字平上义同,而常读是上声,今只读上声。义为:两颊的上部,即目下颊上妇女搽胭脂的地方,后来指头的前部,即面部。 | 《大词典》P9368 注为面颊、面部,为后起义,非中古义。 |
| 愈 | A.《广韵》以主切,上虞喻₄,今读 yù。注义:差也,贤也,胜也。B.《集韵》容朱切,平虞喻₄,旧读 yú。注义:胜也,益也。义为:病好了(《说文》作"瘉",后作"癒"),胜过,动词;又更加,副词。诸义有平上两读,上声为常读。今失偏读平声,而上声又转读为去声。 | 《大字典》P2487、《大词典》P11516 只收上声反切,有缺。 |

## 附表七　一字平上两读而义别与义同兼具

| 例字 | 中古(唐诗)音义 | 工具书注释 |
|---|---|---|
| 攘 | A.《广韵》汝阳切,平阳日,旧读 ráng。注义:以手御,又窃也,除也……揎袂出臂曰攘。B.《广韵》如两切,上养日,今读 rǎng。注义:扰攘。C.《广韵》人样切,去漾日,旧读 ràng。注义:揖攘。按,"揖攘"唐诗只作"揖讓(让)",尚未发现"攘"的去声用法。义为:排斥、侵夺、偷窃,平声;扰乱,上声;抒起、挽起,平上两读(平声为常读)。"攘"字平上义别和两读义同。诸义现今合并为上声一读 | 《大词典》P8949 等都注为两读义同,不合唐诗用例。 |
| 崦〔崦〕 | A.《广韵》央炎切,平盐影,今读 yān。B.《广韵》衣俭切,上琰影,今读 yǎn。义为:山名,即崦嵫,平声;又泛指山,上声;山曲、山谷,平上两读,上声为常读。"崦"字兼有平上义别和义同。后来"崦"字失去山曲、山谷义,因而失去上声读,今只有平声一读。 | 《大词典》P4238 未收上声反切。有缺。 |

| 例字 | 中古(唐诗)音义 | 工具书注释 |
|---|---|---|
| 渐(渐) | A.《广韵》子廉切,平盐精,今读 jiān。义为:缓缓流入,浸泡、沾湿、溅湿、滋润,动词;逐渐,副词。又"渐渐",植物吐穗貌,泪流貌。"渐台",台名。B.《广韵》慈染切,上琰从,今读 jiàn。义为:古水名,即今浙江(唐诗无例);渐进,逐步发展,动词;逐渐,副词。唐诗常用下列词语:渐及、渐次、渐渐、积渐、鸿渐。C.《集韵》锄衔切,今读 qián;注义:通"巉",山石高峻貌。"渐"的副词义"逐渐"有平上两读,上声为常读。其他义项只有一读,分读平声或上声,"渐"字具有平上义别和平上义同的音义关系。中古以后到现代,"渐"字保留了流入、浸泡等平声义,又摒弃了同义两读中的偏读平声,而常读上声因为浊声母变为清声母,浊上变去,"渐"变为平去义别。 | "渐"的副词义"逐渐"有平上两读,上声为常读。现代工具书都未注明。 |
| 浑(浑) | A.《广韵》户昆切,平魂匣,今读 hún。义为:大水奔流声,象声词;引申为大,浑浊,形容词;混杂、混合、混同,动词;全,形容词;简直、都,副词。又吐谷浑,古鲜卑族一支所建国名。B.《广韵》胡本切,上混匣,今读 hùn。义为:混杂、混合、混同,动词(此义今用"混","浑"已失掉上声读)。又糊涂,形容词;苟且度日,动词。"浑"在表示混杂、混合、混同义上有平上两读(用例少),其他义项都分读平声或上声,形成平上义别和两读义同的音义关系。今保留浑浊、糊涂、全等义,只读平声。 | 《大字典》P1808、《大词典》P7972 把部分平声"浑"引作中古上声例证,有误。 |
| 祇 | A.《广韵》巨支切,平支群,今读 qí。本义是地神,名词。唐诗中有"地祇、灵祇、金祇、祇园、祇苑、祇陀"等常用词。B.《广韵》章移切,平支照₃,旧读 zhī。义为:仅仅、只,副词。唐诗中"祇"用于此义有平上两读。其上声与平声相应,诸氏切,上纸照₃,今读 zhǐ。由于"祇"的副词义有平上两读(常读为上声),就与平声名词义组成平声义别和平上义同的音义关系。今副词义"仅、只"专用"只"字表示,"祇"字失此义,只表示平声地神义。 | 《大字典》P2557 章移切下未收"祇"的副词"只"义,有缺;《大词典》P10443 所引"祇"的副词义在《全唐诗》中都作"祇",有误。 |

| 例字 | 中古（唐诗）音义 | 工具书注释 |
|---|---|---|
| 只 | A.《广韵》诸氏切,上纸章(照₃),今读 zhǐ。B.《广韵》章移切,平支照₃,今读 zhī。"只"字从上古以来就用作语气词,表示终结和感叹,上声,唐诗仅有一例。汉以后开始用作副词,表示数量和范围有限,相当于"仅"。唐诗中表示这一词义的字有"秖、祇、只","只"字用例最多,有 900 来个,有平上两读(上声为常读),构成平声义别和平上两读义同的音义关系。今"只"字仅用作副词,且仅有上声一读。 | 《大字典》P617 引段玉裁《说文解字注·只部》:"宋人诗用只为秖,但也,今人仍之。"即"仅"义宋以前多用"秖""祇"。 |

## 附表八　一字有平上去三读而义同

| 例字 | 中古（唐诗）音义 | 工具书注释 |
|---|---|---|
| 酤 | A.《广韵》古胡切,平模见,今读 gū。注义:酤酒。B.《广韵》侯古切,上姥匣;又《集韵》果五切,上姥见,旧读 gǔ。注义:一宿酒。C.《广韵》古暮切,去暮见,旧读 gù。注义:卖也。"酤"字在唐诗中实为三读义同。平声为常读,今只读平声。义为:薄酒、清酒,名词;卖酒、买酒,动词(动词义多用通假字"沽")。 | 《广韵》《集韵》"酤"字有平上去三读,注义各异,但在唐诗中实为三读义同。 |
| 沽 | A.《广韵》古胡且,平模见,今读 gū。注义:水名。B.《广韵》公户切,上姥见,旧读 gǔ。注义:屠沽(卖酒者)。C.《广韵》古暮切,去暮见,旧读 gù。注义:卖也。按,"沽"字本表水名(唐诗无例),通假为"酤",表示卖酒、买酒,再虚化为卖或买,动词;又指卖酒的商人,名词。唐诗中诸义都有平、上、去三读(三读义同,平声为常读)。今"沽"字仍表示卖、买义,但只有平声一读。 | 《广韵》注为三读义别,《大字典》P1694、《大词典》P7506 依此作注,不合唐诗用例。 |

## 附表九 一字平上去三读而义同义别相兼

| 例字 | 中古(唐诗)音义 | 工具书注释 |
|---|---|---|
| 颇(頗) | A.《广韵》滂禾切,平戈滂,今读 pō。注引《说文》:头偏也。B.《广韵》、《集韵》普火切,上果滂,旧读 pǒ。《集韵》注义:不正也。C.《广韵》、《集韵》普过切,去滂过,旧读 pò。《集韵》注义:偏也。"颇"字本义是头偏(唐诗无例),引申为偏,不正、不平,形容词;再虚化为:略微、稍微、甚、很、尽、全都、已经,副词。以上义项有平上去三读。又有:词语"颇黎"(又作"颇梨"),状如水晶的宝石;"廉颇",战国时赵将名,"颇"字只读平声。"颇奈",不可奈何,即可恨、可恶;"颇"字通"叵",意为不可,只读上声。"颇"字构成平上去三读义同和平上义别的音义关系。今仍有偏、很二义,只读平声。 | 《王力字典》P1644 只按平上义别作注。有缺。 |
| 涨(漲) | A.《广韵》陟良切,平阳知,旧读 zhāng。注义:水大貌。B.《集韵》展两切,上养知,旧读 zhǎng。注义:大水也。C.《广韵》知亮切,去漾知,今读 zhàng。注义:大水。按,"涨"字义为:水位上升,水边沙增高,动词;大水,名词;盛貌,状态词;诸义有平上去三读(上声常读)。又弥漫、充满、鼓胀、膨胀,动词,只读去声。又"溟涨",大海的泛称,去声。又"涨海",南海的别称,《经典释文》音张,唐诗用例实有平仄两读。"涨"字构成平上去三读义同和去平义别的音义关系。今保留水位上升和膨胀义,上去义别。 | "涨海",《经典释文》音张,《大字典》P1857 等据此只注平声读,唐诗实有去、平两读。 |
| 稍 | A.《集韵》师交切,平爻审₂,今读 shāo。注义:税也。按,此注无解。B.《集韵》山巧切,上巧审₂,旧读 shǎo。注义:渐也。C.《广韵》所教切,去效审₂,旧读 shào。注义引《说文》:出物有渐也。"稍"字本义是禾末,唐诗无例。引申为:逐渐、略微、甚、随即、已经、暂且,副词,有平上去三读;又转为木末(树枝的末端),名词,通"梢",只读平声。"稍"字今只保留稍微一义,只读平声,去声另表新义。"稍"字是平上去三读义同和平声一读义别的音义关系。 | 《大辞典》P10478 注为上去义同,《大字典》P2790、《大词典》P11238 只注去声一读,《王力字典》P845 注为平去义同。均有失。 |

续 表

| 例字 | 中古(唐诗)音义 | 工具书注释 |
|---|---|---|
| 缭(繚) | A.《广韵》落萧切,《集韵》怜萧切,平萧来,今读 liáo。《广韵》注义:缭绫(唐代产于越地的一种丝织品)。B.《广韵》卢鸟切,《集韵》朗鸟切,上筱(篠)来,旧读 liǎo。二韵书注义:缠也。C.《集韵》力照切,去笑来,旧读 liào。注义:绕也。按,依《说文》,"缭"字本义是缠绕(唐诗有常用词语"缭绕"),引申为环绕、围绕(唐诗有常用词语"缭垣"),动词,有平上去三读;又"缭绫",名词性词语;"缭乱",动词性词语(意即撩乱、纷乱,"缭"通"撩"),都只读平声。"缭"字具有平上去义同和平声义别的音义关系。今"缭"仍有缭乱、缠绕义,只读平声。 | "缭"字缠绕、环绕、围绕等动词义本有平上去三读,但《大字典》P3681、《大词典》P13533 未收去声反切。有失。 |
| 请(請) | A.《广韵》七静切,上静清,今读 qǐng。义为:谒见、拜见,本义;请求、邀请,又领受、领取,动词;又敬辞,表示希望对方允许自己做某事,或希望对方做某事(今只保留后义)。B.《广韵》疾政切,去劲从,今读 qìng。义为:朝请,古代朝会名。C.《广韵》疾盈切,平清从,今读 qíng。义为:领受、承受,动词。D.《集韵》亲盈切,平清清,今读 qīng。义为:请室,清洗罪过之室,即囚禁犯罪官吏的牢狱;"请"通"清"。中古"请"字有上去平三类声调,四个音读,其中"请"字义为领受、领取,平上两读,其他各义分读上去平,构成平上两读义同和平上去三读义别的音义关系。今"请"字只保留请求、邀请等上声义,平、去音义已失。 | 《大字典》P4241 等都只按四读或三读义别作注,而未注明平上义同。《大词典》P15617 按四读义别作注,多了平声。有失。 |
| 燎 | A.《广韵》力小切,上小来,今读 liǎo。注引《说文》:放火也。B.《广韵》力昭切,平宵来,今读 liáo。注义:庭火也。C.《广韵》力照切,去笑来,旧读 liào。注义:照也。一曰宵田,又放火也。义为:放火焚烧山野草木,本义;延烧、烧,动词,平上两读。野火,火炬,柴薪,名词,去声。"燎"字构成平上义同和去声义别的音义关系。今转为平上义别。 | 《大字典》P2393、《大词典》P9857 注为上去义同和平声义别。不合唐诗用例。 |

续表

| 例字 | 中古(唐诗)音义 | 工具书注释 |
|---|---|---|
| 那 | A.《广韵》诺何切,平歌泥;《集韵》囊何切,平戈泥,旧读 nuó。二韵书注义:何也。B.《广韵》奴可切,《集韵》乃可切,上哿泥,旧读 nuǒ。注义:何也。C.《广韵》奴个切,去个泥,旧读 nuò。注义:语助。依《说文》,"那"字本义为西夷国名,此义中古不用。唐诗中义为:怎么、哪里、哪个,疑问代词,相当于"何",平上两读;常用词语有"那堪、那得、那能"等。又用作"奈何"的合音,平去两读。又词语"纥那",指踏曲的和声,"那"字只读平声。去声义:远指代词,与"这"相对;用作句尾语气词,表示疑问或感叹;又"无那",意为无奈,对人对事没有办法。"那"通"奈"(《广韵》奴个切),去声。"不那",与"无那"同。"争那"即怎奈,无奈,也与"无那"同。"那"字有平上、平去两读义同和平声、去声义别的复杂音义关系。"那"字表示指示代词,今读作 nà;表示疑问代词,今读作 nǎ,写作"哪",唐代其他音义现代已失。 | 《大字典》P4008 等工具书都注为三读义别。有失。 |
| 重 | A.《广韵》直容切,平钟澄,今读 chóng。注义:复也,叠也。B.《广韵》直陇切,上肿澄,旧读 zhǒng。注义:多也,厚也,善也,慎也。C.《广韵》直用切,去用澄,今读 zhòng。注义:更为也。《集韵》用韵同,注义:厚也,一曰再也。按,"重"本义是分量大、厚重,引申为重要,形容词;又重量,名词;又重视、崇尚、加重、增加,动词;程度深,即甚、很,副词。以上各义有上去两读(去声为常读)。唐诗中常用词语有"重任、重臣、重德、珍重"等。又重叠,重复,动词;两个,数词;层,名量词,诸义只读平声。唐诗中常用词语有"重山、重江、重城、重楼、重门、重关、重轮、重云、重阳、重瞳、重围、重叠、九重"等。又重新、再,副词,有平去两读。"重"字有上去两读义同又平去两读义同和平声义别的音义关系。今取消了同义而有上去两读中的上声和同义而有平去两读中的去声,只保留常读,失去上声读,转为平去义别。 | 工具书注释参差不一。如《大词典》P14338 按三读义别作注,《王力字典》P1506 按两读义别作注,又收"tóng"音义作为备考。 |

续表

| 例字 | 中古(唐诗)音义 | 工具书注释 |
|---|---|---|
| 泥 | A.《广韵》奴低切,平齐泥,今读 ní。B.《广韵》奴礼切,上荠泥,今读 nǐ。C.《广韵》奴计切,去霁泥,今读 nì。义为:含水的半固体状态的土,名词,平声;引申为用泥或其他涂料来涂饰封固,动词,平去两读(平声为常读)。再引申为陷滞、拘泥;又通"昵",软求、软缠,迷恋、留恋,动词(唐诗多用借字"泥"),此引申义和通假义都读去声。又"泥泥",露浓貌,上声。"泥"字构成了平上去三读义别和平去两读义同的音义关系。今无上、去声义"软求",只保留名词义"含水的土"和动词义"用泥涂饰",显示平去两读义别(涂饰义已转读去声)。 | "泥"字涂饰义,平去义同,《大字典》P1710等工具书都未注明。 |
| 厭(厌) | A.《广韵》於葉切,入葉影;《集韵》乙甲切,入狎影,今转读平声 yā。义为:覆压,压制、抑制;用迷信的方法镇服邪恶或他人,或驱避灾祸,或致祸于人,镇压,动词;唐诗中有"厌胜、厌禳"等词语。后作"壓(压)"。B.《广韵》於艷切,去艳影,今读 yàn。义为:吃饱,满足,嫌弃、憎恶,动词。本作"猒",通常用借字"厭",后作"饜(餍)"。唐诗有"厌饫、厌足、厌世、厌兵"等词语。C.《广韵》於琰切,上琰影,今读 yǎn。义为:噩梦,名词;做噩梦,动词。后作"魘(魇)"。又掩蔽、掩藏,动词。D.《广韵》一盐切,平盐影。"猒、饜"下注义:饱也。又《集韵》於盐切,平盐影,今读 yān。"猒、饜"下注义:饱也。"厌"的"吃饱、满足"义有平去两读。《集韵》同切下又列"懕(恹)、厭",义为:安然,状态词;困倦、疲倦,形容词。"懕"是后起字。"厌厌",困倦貌,精神不振貌,绵长貌。E.《集韵》乙及切,入缉影,今读 yì。义为:"厌浥",双声联绵字,潮湿的样子。"厌"字有入去上平四读,四读义别兼平去两读义同。今只用于满足、厌恶等去声义,其他音义都分别由后起专字表示。 | "厌"的"吃饱、满足"义有平去两读,《大字典》P90、《大词典》P940、《大辞典》P2169等工具书都未注明。有失。 |

# 说"无"与"毋"及相关的古音问题

## 赵 彤

古代汉语的否定词"无"和"毋"用法基本一致,都既可以作动词,又可以作副词,在传世文献中往往可以通用,所以通常认为是同一个词。①后世一般动词用"无",副词用"毋"。这种分工在出土文献中已经有所反映,但是出土文献中的情况要更复杂一些。已经有学者利用出土文献对相关问题作了较为深入的研究,本文拟在前人研究的基础上提出一些新的看法。

## 一 甲骨文、金文的"无"与"毋"

表示"没有"的动词在甲骨文中用"亡",金文中用"亡"或"无"。"亡"和"无"应当是同一个词。动词用例很多,不赘举。

甲骨文和金文中,相当于"毋"的否定副词一般写作"母"(或与"女"同形):②

(1)母(毋)其鬻畚。(丙一)

(2)百牛母(毋)其至。(乙 3219)

(3)汝母(毋)弗善效姜氏人。(《集成》4340 蔡簋)

(4)用作大御于厥祖妣、父母、多神,母(毋)念哉。(《集成》5427 作册嗌卣)

(5)汝母(毋)敢弗帅先王作明型用。(《集成》4343 牧簋)

(6)汝母(毋)敢不善于乃政。(虎簋盖,《近出殷周金文集录》第二册 379 页)

金文中还有用"某"作否定副词的,沈培认为应该读为"毋":③

(7) 汝某(毋)不有闻,母(毋)敢不善。(《集成》4285 谏簋)

(8) 余某(毋)弗称公命。(气盉)

## 二 战国楚简的"无"与"毋"

战国楚简中否定动词用"亡"或"无",不赘举。"毋"字战国楚简中已经出现,从字形来看,当是由"母"变形分化而来。

母(郭店·老子甲21)　毋(郭店·缁衣23)

在楚简中,"毋"的用法与"母"并没有显著的区别。二者均可以用作"父母"之"母":

(9) 可以为天下母。(郭店《老子甲》21)

(10) 岂弟君子,民之父母。(上博二《民之父母》1)

(11) 后稷之母,有邰氏之女也。(上博二《子羔》12)

(12) 君之毋(母)弟是相。(上博二《昔者君老》1)

(13) 孝养父毋(母)以善其亲。(上博二《容城氏》13)

(14) 父毋(母)所乐乐之,父毋(母)所忧忧之。(上博四《内丰》6)

(15) 与其妻,与其毋(母)。(上博五《姑成家父》9)

也都可以用作否定副词:

(16) 母(毋)失吾势,此势得矣。(郭店《语丛二》50)

(17) 必文以讹,母(毋)令知我。(郭店《语丛四》6)

(18) 如天母(毋)爱圭璧币帛于山川。(上博二《鲁邦大旱》3—4)

(19) 母(毋)获民时,母(毋)敚民利。(上博四《曹沫之阵》20)

(20) 毋以小谋败大图。(郭店《缁衣》22—23)

(21) 动而不义,身毋动焉。(上博五《君子为礼》2)

(22) 毋行可悔。(上博七《武王践祚》6)

而且两种字形对应两种用法的比例不相上下。[④]

此外,作声旁时"母"与"毋"也可以互换:

[字形](郭店·老甲25)　[字形](郭店·缁衣22)

[字形](郭店·穷达以时10)　[字形](郭店·老子甲2)

可见在楚简中不论单独使用还是作声旁,"母"和"毋"都没有区别,所以"毋"应该是"母"的异体。战国文字中,"毋"见于竹简,却不见于金文,大概是手书时追求简单的缘故。⑤

除了"母"和"毋"以外,相当于"毋"的否定副词在楚简中还有一例用"亡"的:

(23)亡(毋)意,亡(毋)固,亡(毋)我,亡(毋)必。(郭店《语丛三》64—65)

此句裘锡圭先生按语已经指出即孔子的"四毋"。《论语·子罕》:"子绝四:毋意,毋必,毋固,毋我。"

另外,还有一例"毋"似乎用作动词:

(24)凡于路毋畏,毋独言。独处则习父兄之所乐。苟毋(无)大害,小枉,纳之可也,已则勿复言也。(郭店《性自命出》60—61)

这段文字又见于上博简《性情论》30—31简,"害"前无"大"字。所以郭店简的"大"有可能是衍文,"毋"仍可看作副词。

## 三　秦简的"无"与"毋"

根据大西克也的考察,睡虎地秦简基本上不用"無"(或"无"),不论是动词还是副词都用"毋"。⑥我们根据张显成的《秦简逐字索引(增订本)》检查了睡虎地秦简的用例,⑦结果如下:"無"共出现5例,作动词4例;"无"只有2例,都是动词;"亡"表示"没有"的有1例;"毋"共272例,其中动词130例,其余基本上是副词。⑧这个结果跟大西的观察是一致的。以下是动词的例子:

(25)毋(无)公端之心。(语书11)

(26)有罪毋(无)责。(十八种106)

(27)赋敛毋(无)度。(为吏7叁)

(28) 室毋（无）故而寒。（日甲 50 背壹）

以下是副词的例子：

(29) 毋敢将犬以之田。（十八种 6）

(30) 毋过三分取一。（十八种 78）

(31) 毋使民惧。（为吏 7 肆）

(32) 毋以卯沐浴。（日甲 105 正贰）

我们还利用张显成的《秦简逐字索引（增订本）》检查了放马滩秦简、周家台秦简、龙岗秦简和其他散见秦简，也符合上述规律。

秦简"毋"与"母"基本上已经分化。不过据张显成《秦简逐字索引（增订本）》，仍有两例"母"作否定副词的：

(33) 母（毋）逢人。（日甲 76 正贰）

(34) 母（毋）以己巳、壬寅杀犬。（日甲 91 正贰）

这两例中，(33) 还有争议，(34) 图版不是很清晰，难以确定是"母"还是"毋"。其他例中也有图版不够清晰，辨别"母"和"毋"有困难的，但是大体上可以说秦简中"毋"与"母"已经有分工。

## 四　马王堆帛书的"无"与"毋"

大西克也的研究发现，马王堆帛书中否定词的使用分两种情况。[9]一种以《老子乙本》《经法》《十六经》《称》《战国纵横家书》为代表，"毋"基本上作副词，"无（无）"基本上作动词。这种分别与秦以前的情况相似。如以下几例：

(35) 毋狭其所居，毋厌其所生。（老子乙本 210 行下）

(36) 畜臣之恒道，任能毋过其长。（经法 7 行下）

(37) 上德无为而无以为也，上仁无之而无以为也。（老子乙本 175 行上）

(38) 凡事无小大，物自为舍。（经法 8 行上）

另一种以《五十二病方》和《胎产书》为代表，几乎不用"無（无）"，动词、副词都用"毋"。这种情况跟秦简相似。如下例：

(39) 服药时毋(无)禁,及治病毋(无)时。(五十二病方336行)

(40) 母亦毋(无)馀病。(胎产书32行)

(41) 毋见星月一月,百日已。(五十二病方319行)

## 五 汉简的"无"与"毋"

据黄珊,银雀山汉简中"無(无)"与"毋"都既可以作动词,又可以作副词。⑩动词例如下：

(42) 将军之事……之耳目,使无之。(孙·九地)

(43) 故名将而无家,绝险逾垠而无主,左提鼓右撽枹而□生焉。(尉·一)

(44) 将者不可以无德,无德则无力,无力则三军之利不得。(膑·将义)

(45) 山有木,无大材,然而斤斧得入焉,九而当一。(守·九)

(46) 上毋(无)私众,下无私义。(晏·八)

(47) 奇正环相生,如环之毋(无)端,孰能穷之？(孙·势)

(48) 有长位毋(无)长道者,匹夫也。(韬·九)

副词例如下：

(49) ……穷如天地,无竭如河海。(孙·势)

(50) 吾亦无死已。(晏·十二)

(51) 是故……无尝试,发动必早,亩凌而兵毋与战矣。(尉·二)

(52) 牛毋驰,徒人毋趋。(膑·十阵)

(53) 赵毋失其故法,晋国归焉。(孙·吴问)

(54) 守城之令,主人毋得与客言。(守·一)

根据黄珊《〈银雀山汉墓竹简(壹)〉的否定副词》的统计,银雀山汉简中"無(无)"作动词97例,副词16例；"毋"作动词29例,副词85例。所以二者虽然通用,但是已经有分工的趋势。

徐丹考察了定州汉简《论语》，"无"和"毋"的用法也没有分别，不过用"无"的频率更高一些。徐丹认为西汉时"无"有取代"毋"的趋势。⑪

## 六 "无"与"毋"的古音

动词"无"古音归鱼部一般没有什么争议。副词"毋"多归鱼部，主要是因为"毋"与"无"是一个词，而且中古音相同。大西克也主张"毋"归之部。白一平、沙加尔将"毋"（包括作副词的"无"）归侯部。⑫徐丹也将"毋"归侯部，并且认为"毋"与"无"混用是鱼侯合韵造成的。

我们认为，讨论"毋"的归部问题应该区分不同的时期和材料。甲骨文、金文中"毋"写作"母"，所以应当归之部。特别是金文中还有写作"某"的，是"毋"归之部证据的重要补充。楚简中"毋"和"母"单用无别，作声旁也通用，而且从"母"或"毋"声的字也都是之部字，所以"毋"也当归之部。秦简和汉简中"毋"可以作动词，读音有两种可能性：一种是动词读鱼部，副词仍读之部；另一种是不论动词还是副词都读鱼部。

## 七 "无"与"毋"的关系和演变

我们把古文字资料中否定词"无"和"毋"的使用情况列成下表（表1）：

表1

|  | 甲骨 | 金文 | 楚简 | 马王堆1 | 秦简 | 马王堆2 | 汉简 |
|---|---|---|---|---|---|---|---|
| 动词 | 亡 | 无/亡 | 亡/无 | 无/*毋 | 毋/*无/*亡 | 毋 | 无/毋 |
| 副词 | 母（女） | 母/*某 | 母(毋)/*亡 | 毋/*无 | 毋 | 毋 | 毋/无 |

注：表中"無"和"无"按一字处理。斜线表示同一个词的不同文字形式，顺序与出现频率相应，括号表示同一个字的变体，星号表示用例极少。

如果材料时代的顺序代表了演变的顺序，我们会发现原来只作副词的"毋"到秦简中突然侵吞了动词"无"的领地，到汉简中"毋"的势力又开始退缩，到后世又还原成先秦的样子。这似乎不太像是一种自然的演变。传世文献的情况与以上出土文献都不同,"无"的使用频率远远高出"毋",有的文献(如《孟子》《庄子》)甚至只用"无",不用"毋"。这种情况似乎难以放到上面的演变链条当中。所以大西克也提出一种假设,传世文献所代表的动词、副词都用"无"的形式才是原始形式。我们基本同意大西的观点,并尝试对演变过程作新的解释。

我们认为副词"毋"是由动词"无"演变而来。由表示"没有"的动词演变为否定副词的例子在汉语方言中可以找到。如阳江、厦门、潮州相当于"不"的否定副词是"无"。[13]广州、梅县是"唔",本字也是"无"。[14]否定副词的"无"为什么写作"毋"或"某"呢?大西克也提出秦简中将动词"无"写作"毋"是由于轻读音变。动词不应该轻读,从"无"到"毋"的变化应该是副词轻读引发的。否定副词轻读引发弱化在汉语方言中也可找例子。比如前文提到的广州话的否定副词"唔"[$_{c}$m],就是从"无"[$_{c}$mou]弱化来的,[15]对照阳江话未弱化的"无"[$_{c}$mou]可以看得很清楚。所以,动词"无"演变为副词后,在口语中轻读,弱化为 mə,在书面上就用之部的"毋"或"某"来记录。这个音变过程如下:

无 → 毋/某

mja → mə

那么,传世文献中为什么仍然把副词写作"无"呢?有两种可能。第一,非弱读的形式并没有消失,在有些文献中记录的是非弱读形式。弱读与非弱读可以并存,比如现代汉语的助词"了",口语一般用弱读形式 le,但是在有些场合(比如歌唱)仍用非弱读的 liǎo。第二,有的方言中副词用法没有发生弱读,传世文献来自这类方言。

还有一个问题。如果副词"毋"是由动词"无"演变而来,为什么在先秦出土文献中几乎没有副词写作"无"的例子?甲骨文的用例较少,不好判断。金文中没有可靠的"无"作副词的例子,[16]或许同金文的用字习惯有关。战国竹简目前所见的主要是楚简,很可能是代表弱读一系的方言,当然也可能是沿用了金文的用字习惯。值得注意的是,楚简中有一例副词写作"亡(无)"的,见于郭店简的《语丛三》。《语丛》的前三种在风格上与典型的楚文字有差异,可能有齐系文字的成分。这正说明在其他系(如齐系)的文字中,很可能存在副词写作"无"的,传世文献主要来自这些系属。

秦汉简帛中动词也写作"毋"又如何解释呢？我们推测秦方言中副词"无"不弱读，所以即使看到书面上写"毋"，仍然是读成"无"，久而久之就把"毋"当作是"无"的异体，于是就连动词也写作"毋"了。[17]汉代将动词写作"毋"应该是受秦系文字的影响。秦汉时副词弱读的形式大概还存在，汉以后副词"毋"基本退出口语，弱读的形式也不可能存在了，六朝经师注音就把"毋"注成"无"的音。正如大西克也所说的："六朝人不详'毋'字之音，误会了'毋'字是'无'字的另外一个写法。"

# 结　语

最后将本文的要点归纳一下。（一）否定副词"毋"由动词"无"演变而来。（二）副词"无"*mja在口语中弱读为*mə，因此在甲骨文、金文和楚简中用同音字"母"（或"某"）来记录。（三）"毋"字最早见于战国文字，最初只是"母"的异体，秦以后成为否定词的专字。（四）秦方言中副词"无"不弱读，所以将"毋"也读成"无"，进而将动词"无"也写作"毋"。（五）"毋"在先秦归之部，秦汉时有之部和鱼部两读，由于口语中不再使用，之部的读音逐渐消失。

本文曾在"上古音与古文字研究的整合"国际研讨会（香港浸会大学、澳门大学，2017年7月）和北京大学第一届古典学国际研讨会（北京大学，2017年11月）上宣读。

## 注　释

① 吕叔湘《论毋与勿》，《华西协合大学中国文化研究所集刊》第1卷第3期，1941年。又见《汉语语法论文集（增订本）》，商务印书馆，1984年，73—102页。

② 甲骨文例据赵诚《甲骨文简明词典——卜辞分类读本》（中华书局，1988年），金文例据武振玉《两周金文中否定副词"毋"的特殊用法》（《长春师范学院学报（人文社会科学版）》2006年第1期），原文隶定作"毋"的改为"母"。本文引出土文献除所讨论的字以外一般直接转写为通行文字。

③ 第(7)(8)两例均据沈培《试论西周金文否定词"某"的性质》（《历史语言学研究（第七辑）》，商务印书馆，2014年，45—58页）。

④ 见陈斯鹏《楚系简帛中字形与音义关系研究》，中国社会科学出版社，2011年，166—167页。
⑤ 楚简中还有一种"母"与"毋"混合的写法，一般归入"毋"，也可以独立出来。因为出现较少，不论如何处理都不影响我们的结论。
⑥ 大西克也《论"毋""无"》，《古汉语研究》第4期，36—45页。
⑦ 张显成《秦简逐字索引（增订本）》，四川大学出版社，2014年。
⑧ 因为有个别残辞不好判断，还不能说其余全部是副词。
⑨ 同注⑥。
⑩ 黄珊《关于〈银雀山汉墓竹简（壹）〉"無"、"无"、"毋"从混用到分化的历史思考》，《简帛文献语言研究》，社会科学文献出版社，2009年，79—86页；《〈银雀山汉墓竹简（壹）〉的否定副词》，《简帛文献语言研究》，87—102页。
⑪ 徐丹《也谈"无"、"毋"》，《语言科学》6卷3期，42—49页。
⑫ Baxter & Sagart. 2014. *Old Chinese：a New Reconstruction*, New York：Oxford University Press.
⑬ 见北京大学中国语言文学系语言学教研室编《汉语方言词汇（第二版）》，语文出版社，1995年，607页。
⑭ 覃远雄《汉语方言否定词的读音》，《方言》2003年第2期，127—146页。
⑮ 同前注。
⑯ 沈培《试论西周金文否定词"某"的性质》。
⑰ 前文已经提到，广州话否定副词"无"弱读为[$_{\varepsilon}$m]，所以写作"唔"；阳江话不弱读，仍写作"无"。我们请教了岭南师范学院的黄高飞教授，他是阳江人。据他说，如果阳江人看到广州人写的"唔"，一般会念作"无"[$_{\varepsilon}$mou]。

# 上古汉语性质形容词的词类地位及其鉴别标准

宋亚云

## 1 上古汉语形容词的词类地位

形容词是当今类型学研究的一个重要方面,这不仅因为"是否存在独立的形容词、形容词的功能更接近哪类词、形容词词项是开放性的还是封闭性的,这些已被类型学家列入调查一种语言的词类时先要关心的问题",[①]而且因为"综观语序现象,形容词定语跟核心名词的顺序是最不稳定的,或者说,跟其他语序因素的相关度最低,对其他语序因素的预测性最低"。[②]关于后者,刘丹青指出:"形容词定语和核心名词的语序……这种参项对于划分语言类型没有大的帮助,但通过对其不稳定性的研究,包括与其他参项的比较,也能帮助认识语言的某些重要特点。"[③]形容词在这两方面的特殊性引起了不少学者的关注。

关于形容词的词类地位即形容词是不是一个普遍的词类在语言学界仍然存在争议。有的类型学家认为不少语言没有独立的形容词类,如 Bhat、Rijkhoff 等。[④]尽管在早期的研究中,Dixon 还认为"有些语言根本没有形容词类",[⑤]但经过二十多年的研究,Dixon 比较肯定地认为所有的人类语言都能区分出形容词这个词类,而且总能找到一些语法标准将形容词与其他词类区分开来,尽管有时寻找这些标准比较困难。[⑥]针对有的学者将形容词看成是名词或者动词的一个次类的观点,Dixon 提出了批评,他认为,如果因为形容词和名词的语法特征相似,就把形容词归为名词的一个次类;或者因为形容词和动词的语法特征相似,就把形容词归为动词的一个次类,这种处理办法实际上遗漏了两小类语言,即形容词与名词、动词都有相似语法特征的语言以及形容词与二者都没有相似语法特征的语言。⑦

关于现代汉语形容词的词类地位,学界看法也存在很大分歧。有一些学者如傅懋、赵元任、Li & Thompson、Mc Cawley、卢英顺等,⑧或将汉语的形容词看成是动词的一个次类,或将动词和形容词彻底合并,总之他们不认为形容词是与动词、名词平起平坐的一个独立的词类。程工认为:1)把汉语中的形容词看成是一个独立的词类的观点是成立的,证据是充足的;2)那种把汉语形容词当作动词的一个子类的做法是不可取的。⑨Dixon 指出:"有一种传统的说法认为汉语中没有形容词,下面的论述将会看到,清晰而毫不含糊地把形容词鉴别为一个大的词类的标准在汉语中是显而易见的。"⑩张国宪认为性质形容词是汉语形容词家族的典型成员,做定语和做谓语是性质形容词的基本句法功能,并指出:"我们可以说正是汉语形容词迥异于名词和动词的复合句法功能为其词类地位奠定了坚实的基础。"⑪我们同意程工、Dixon 和张国宪的观点,认为现代汉语中形容词是一个独立的词类。

上古汉语中有没有形容词这个词类呢? 答案无疑是肯定的。不过如何鉴别上古汉语的形容词还需要明确的标准。目前不少古汉语论著涉及形容词时,只是略略提到形容词可以做谓语、做定语,有的还可以做状语、做主宾语等,但是其他词类比如有些动词和名词也可以具备这些语法功能,因此,形容词和动词、名词的区分标准实际上并未建立。很多论著要么先入为主,主观认定某些词就是形容词,很少谈到这些形容词是根据什么标准鉴别出来的;要么只是给形容词下个定义,然后举几个典型的形容词例子。我们认为,既然认为形容词在上古汉语中是一个独立的词类,那么应该能够找到将它们同动词、名词区分开来的标准。张国宪指出:"按照范畴的典型理论,一两条必要的和充分的条件并不能确立一个范畴,而要凭借通常聚集在一起的一束特征。"⑫这提示我们,鉴别形容词不能仅仅凭借一条标准和某一个特征,形容词这个语法范畴是凭借一系列语法特征的聚集而建立的,我们的任务就是要找到这些语法特征。Dixon 鉴别世界上各种语言中的形容词时,使用了 6 条标准,分别是:

(a)形容词或充当不及物谓语,或充当系词补语;

(b)形容词充当名词短语核心的修饰语;

（c）作为比较结构中的比较参项；

（d）作为动词的修饰语,担当副词的功能；

（e）和动词相比,及物性方面体现出来的差异；

（f）和名词相比,形态变化方面体现出来的差异。⑬

不是每种语言的形容词都具备上述这些功能,或者有类似的表现,因此Dixon在鉴别形容词时,根据形容词有不同特征的不同语言,分别采用了其中的几条标准。比如,有的语言中,形容词与动词相似,都能充当不及物谓语(intransitive predicate),区分这两个词类时,Dixon就采用了(a)(b)(c)(d)(e)这五条标准,分别观察形容词和动词在这五方面的不同表现。有的语言中,形容词与名词相似,都能充当修饰语,都有相同或相似的形态变化,区分这两个词类时,Dixon就采用了(b)(c)(d)(f)这四条标准,分别观察形容词和名词在这四方面的不同表现。Dixon还提到了有的语言中形容词只能做定语,不能做不及物谓语或系词补语；有的语言中形容词只能做系词补语,不能做定语；有的语言中形容词只能做不及物谓语,不能做定语。总之,通过Dixon的描述我们可以得知,在不同的语言中,形容词的功能变异比较大,其表现并不是整齐一律。但是在某一具体语言中,如果形容词可以独立出来,总可以找到区分的标准,而这些标准往往是一束语法特征。

通过对大量上古汉语形容词或近似形容词的词进行测查,⑭我们初步找到了鉴别上古汉语形容词的几条标准。这几条标准是：

（一）受程度副词修饰,并且不带宾语；

（二）用于比较结构,表示比较义；

（三）做定语,表示修饰义；

（四）做谓语,表示描述义。⑮

标准（一）和（二）设立的依据就是根据形容词的普遍共性,即形容词具有程度义。张国宪指出："程度性是形容词最重要也是最具有跨语言意义的特征。……跨语言的研究表明,程度等级的表示法在不同的语言中普遍存在着,一部分语言里的形容词有原级、比较级和最高级的句法形态标记,也有一部分语言里的形容词用前加程度副词的词汇方式来标识。传统语法用句法形式上能不能受程度副词修饰作为判定汉语形容词的标准,就是以形容词的这种程度性特征为理据的。"⑯惟其有程度义,才能够受程度副词的修饰,才能进行相互的比较。标准(三)和(四)设立的依据是根据形容词的典型句法功能:做定语和做谓语。我们先规定每条标准的分值为1,符合全部4条标准的形容词得分为4,是典型形容词;符合3条标准的形容词得分为3,是次典型形容词;符合其中2条标准的形容词得分为2,是不太典型的形容词;只符合1条标准的形容词得分仅为1,是最不典型的形容词。这些词有的虽能受程度副词修饰,或用于比较句,但是出现频率很低,不能符合其他标准,因而是最不典型的形容词;有的要么能做定语却不能做谓语,要么能做谓语却不能做定语,前者多与名词有瓜葛,后者多与状态动词有纠缠,是边缘形容词。⑰

以上为每条标准设定同等的分值,这意味着每条标准在鉴别形容词过程中具有同等重要的地位。其实并非如此。在四条标准中,标准(一)和标准(二)根据的是形容词的跨语言的共性——程度性,它们在鉴别形容词过程中具有很强的鉴别能力,因而最为重要。现代汉语形容词的主要功能是做定语还是做谓语,学术界一直存在争议。有的学者认为现代汉语形容词的主要功能是做定语,有的认为是做谓语,有的则认为形容词的复合句法功能是做定语和做谓语。我们在研究上古汉语形容词的过程中,先假设标准(三)"做定语"和标准(四)"做谓语"这两条标准同等重要,分值都为1。按重要性而言,标准(一)和(二)的分值应该高于标准(三)和(四),应该规定为2,甚至更高,但是由于能够受程度副词修饰的形容词,不是做定语就是做谓语,如:

(1)且夫知不知论**极妙**之言。(《庄子·秋水》)

(2)彼其发短而心**甚长**。(《左传·昭公三年》)

形容词用于比较句时实际上也是做谓语,如:

(3)冰,水为之,而**寒于水**。(《荀子·劝学篇》)

也就是说,符合标准(一)"受程度副词修饰"的形容词必然符合标准(三)或(四),符合标准(二)的形容词必然符合标准(四),因此,如果我们规定标准(一)和(二)分别为2分,则某个词如果同时符合4条标准,得分将为6分,而只符合标准(三)和(四)的词得分仅为2分,给人的印象二者形容词性相差甚远。其实仅符合标准(三)和(四)的词有不少是比较典型的形容词,只是不能受程度副词修饰或用于比较句而已。因此我们规定,如果某个词既能受程度副词修饰,又能用于比较句,则只计算 2 分,加上它们不受程度副词修饰直接做定语得 1 分,做谓语得 1 分,总计 4 分,这样的形容词是全能型形容词,也即典型形容词。而且,这样规定比较易于操作,即符合一条标准得 1 分,符合几条得几分。通过计算得分的高低,我们可以观察这些成员所拥有的形容词性的强弱,形容词性越强,得分会越高,反之亦然。当然,由于语料的限制,有些典型的形容词在上古时期并不能同时符合这四条标准,比如"黄",在上古一般只能做定语或者谓语,几乎看不到受程度副词修饰或用于比较句,如:

(4)以**黄布**裹蒸枣。(《晏子春秋·外篇》)

(5)其麻白,**其布黄**。(《管子·地员》)

计算得分时,"黄"只能得 2 分,但却是比较典型的形容词。如果我们把目光投向汉代以后,它们其实可以或受程度副词修饰,或用于比较句,其形容词性得到充分体现。对于这种情况,我们只能忠实于所掌握的语料,暂将其视为不太典型的形容词。我们相信,通过对上古汉语中疑似形容词的几百个词的语法分布进行全面调查,并根据其是否符合鉴别标准的情况计算其得分,一定能够鉴别出大部分典型的形容词和不太典型的形容词,为确立上古汉语形容词的词类地位提供有力的证据,进而为上古汉语的词类划分提供一个必备的基础。

下面,我们将综合运用这几条标准,结合先秦的 30 部文献(见"引用书目"),鉴别其中 380 个左右"疑似"的形容词。在计算得分时,我们称之为"属性值"。

## 2 上古汉语形容词的鉴别标准及鉴别过程

### 2.1 属性值为 4 的典型形容词

上古汉语中存在一批形容词,它们能同时符合这四条鉴别标准,具备形容词的各种典型语法分布,属性值为 4,因而是典型的形容词,共 70 个。下面以"高"为例,来描述其各种分布。

(一) 受程度副词修饰(而且不带宾语,下同),属性值为1:

(6) 仰之<u>弥高</u>,钻之弥坚。(《论语·子罕》)

(二) 用于比较句,属性值为1:

(7) 方寸之木可使<u>高于岑楼</u>。(《孟子·告子下》)

(三) 做定语表示修饰义,属性值为1:

(8) 是以惟仁者宜在<u>高位</u>。(《孟子·离娄上》)

(四) 做谓语表示描述义,属性值为1:

(9) <u>城郭高</u>,沟洫深,蓄积多也。(《吕氏春秋·似顺》)

据初步调查,上古汉语中至少有70个形容词能够同时符合上面提出的四条标准,属性值为4,表现出形容词的典型特征。除了上举"高"之外,其余的69个词是:安、卑、察、长(cháng)、侈、聪、大、短、多、恶、丰、富、广、贵、寒、厚、急、疾、嘉、贱、坚、近、精、久、康、苦、乐、良、美、明、难、强、巧、亲、轻、仁、荣、弱、善、少、深、神、甚、盛、胜、寿、疏、危、威、狭、下、先、贤、险、显、小、要、严、愚、愉、远、长(zhǎng)、正、知、治、重、众、壮、尊。

### 2.2 属性值为3的次典型形容词

这批形容词可以分为三类,一类不能用于比较句,一类不能受程度副词修饰,一类不能做定语,共112个。下面分别讨论。

#### 2.2.1 不能用于比较句的形容词

这类形容词除了不能用于比较句之外,可以受程度副词修饰,可以做定语,也可以做谓语,我们称之为"次典型形容词",共100个。下面以"白"为例,来描写它们的各种分布。

(一) 受程度副词修饰,属性值为1:

(10) 身死而名<u>弥白</u>。(《荀子·荣辱篇》)

(二) 做定语表示修饰义,属性值为1:

(11) 且<u>白马</u>非马,乃仲尼之所取。(《公孙龙子·迹府》)

（三）做谓语表示描述义，属性值为1：

(12) 夫鹄不日浴而**白**，乌不日黔而黑。(《庄子·天运》)

"白"在上古也许具有用于比较句的能力，但是由于语料的限制，我们尚未发现用例。此类形容词共找到100个，除了上举1个外，其余99个是：备、弊、辩、博、薄、昌、诚、炽、丑、达、敦、惰、迩、烦、繁、甘、干、刚、恭、寡、固、和、黑、缓、荒、惠、昏、极、瘠、艰、俭、简、健、骄、戒、静、劲、巨、枯、老、羸、厉、佞、劳、陋、乱、曼、茂、妙、谬、儒、贫、完、平、朴、浅、清、穷、臞、阙、群、热、柔、辱、散、圣、时、淑、庶、衰、硕、顺、素、贪、微、文、武、细、孝、信、幸、修、虚、阳、夷、易、义、淫、阴、勇、幽、郁、约、杂、昭、真、忠、浊、足。

### 2.2.2 不能受程度副词修饰的形容词

这类形容词除了不能受程度副词修饰之外，可以用于比较句，可以做定语，也可以做谓语，我们也称之为"次典型形容词"。此类只找到"便、惨、吉、青、暖、猛、密、径"等8个，以"猛"为例，其分布如下：

（一）用于比较句，属性值为1：

(13) 小子识之，苛政**猛于**虎也。(《礼记·檀弓下》)

（二）做定语表示修饰义，属性值为1：

(14) 为阱擭以攻**猛兽**，以灵鼓驱之。(《周礼·秋官·冥氏》)

（三）做谓语表示描述义，属性值为1：

(15) 倩曰：汝狗**猛**耶？(《韩非子·外储说右上》)

### 2.2.3 非定形容词

这类形容词除了不能做定语之外，可以受程度副词修饰，可以用于比较句，也可以做谓语，我们也称之为"次典型形容词"。此类只找到"悲、速、愈、亟"等4个，以"速"为例，其分布如下：

（一）受程度副词修饰，属性值为1：

(16) 役人不倦，而取道**甚速**。(《吕氏春秋·顺说》)

（二）用于比较句，属性值为1：

(17) 德之流行,**速于**置邮而传命。(《孟子·公孙丑上》)

(三) 做谓语表示描述义,属性值为1:

(18) 其进锐者,**其退速**。(《孟子·尽心上》)

### 2.3 属性值为 2 的不太典型的形容词

以上属性值为 4 的 70 个词,毫无疑问是典型的形容词;属性值为 3 的 112 个词,至少符合四条标准中的三条,其形容词性比较容易确定,是次典型形容词。在这 182 个词之外,上古汉语中还有不少词只符合其中的 2 条标准,属性值为 2,它们也有可能是形容词,共 138 个。这又可以分为两类。

#### 2.3.1 既能做定语表示修饰义,又能做谓语表示描述义的形容词

这些词既不见用于比较句,也不见用于程度副词之后,但它们却既可以做定语表示修饰义,也可以做谓语表示描述义,这样的词也有可能是形容词,共 104 个。下面以"败"为例,描述其主要语法分布。

(一) 做定语表示修饰义:

(19) 齐人紫,**败素**也,而贾十倍。(《战国策·燕策一》)

(二) 做谓语表示描述义:

(20) 鱼馁而**肉败**,不食。(《论语·乡党》)

我们在上古文献中共鉴别出 104 个此类单音形容词,除上举"败"之外,其余的是:饱、暴、悖、鄙、敝、驳、苍、逸、常、陈、赤、纯、淳、慈、粗、当、定、都、独、端、饿、方、芳、非、肥、辜、孤、怪、诡、好、华、坏、黄、饥、焦、狡、捷、经、旧、狂、空、宽、困、冷、丽、利、廉、练、凉、灵、令、漏、满、慢、宁、疲、偏、普、齐、曲、全、饶、锐、实、湿、殊、熟、酸、泰、特、通、婉、枉、妄、伪、伟、温、闲、香、祥、邪、新、腥、凶、玄、雅、艳、野、壹、异、逸、殷、盈、幼、元、躁、燥、诈、哲、直、周、朱、拙。

以上形容词中,有的词如"赤、黄、肥、空、熟"等,其实是比较典型的形容词,但我们只能找到做定语和做谓语的用例,这不排除三种可能:1) 我们调查的疏漏;2) 文献材料的局限性;3) 西汉以后,它们中的大部分可以用于比较句或受程度副词修饰。因此,对这些形容词的鉴别,还要着眼于其历史发展,而不能局限于其在上古时期有限的句法分布。

运用这条标准时,我们遇到了一些困难。因为有些动词也既能做定语、又能做谓语。如(表1):

表1

| 动词 | 做定语 | 做谓语 |
| --- | --- | --- |
| 死 | 其为死君乎(《左传·僖公三十三年》) | 君死,安归(《左传·襄公二十五年》) |
| 反 | 而民无反心,是君臣亲也(《韩非子·难一》) | 成王立,殷民反(《吕氏春秋·古乐》) |
| 灭 | 兴灭国,继绝世,举逸民(《论语·尧曰》) | 敌国灭则谋臣亡(《韩非子·内储说下六微》) |

以上三组例句中,左边加点的短语均是定中式,动词做定语;右边加点的短语均是主谓式,动词做谓语。能不能说"死、反、灭"在上古也是形容词呢?不能。如果因为本来可以充当谓语的动词又可以充当定语就说成是形容词,那就相当于认为只有形容词才能做定语,把做定语看成是形容词的专利,这就实际上否定了动词也可以做定语。那么,我们又如何区分既能做定语又能做谓语的动词和形容词呢?我们认为,动词的主要功能是做谓语而不是做定语,后者只是少数;即便做定语,表示的也不是中心语的内在固有属性。而形容词做定语是形容词的主要功能之一,从总体上而言占有很大比例,而且典型的形容词做定语表示的是中心语恒定的内在固有属性。以"死"为例,《左传》中"死"共有450例,做谓语279例,做定语18例,组合形式有:死者5,死所3,死士(敢死的勇士)2,死君2,死之短长,死声(衰微之音),死麇(死獐子),死罪,死礼(冒死之礼),死志(效死的决心)。这些"死"表示的不是中心语内在的固有属性,而是一种临时状态义或其他语义。"反"和"灭"做定语也是如此。总之,根据做定语的频率及其表达的语义,我们基本上可以将动词做定语和形容词做定语区分开来。

### 2.3.2 非定形容词

这类词能受程度副词修饰,能做谓语表示描述义,但不能用于比较句,不能做定语表示修饰义,属性值为2。它们也具有形容词的属性,只是功能不齐备而已,共34个。下面以"笃"为例来描述其分布。

(一)受程度副词修饰

(21)守志弥**笃**。(《左传·昭公十三年》)

(二)做谓语表示描述义

(22)**父子笃**,兄弟睦,夫妇和,家之肥也。(《礼记·礼运》)

此类形容词我们鉴别出 34 个,除上举"笃"外,还有 33 个是:傲、悫、惨、迟、饬、讪、恫、蘼、费、阜、臧、胶、姣、洁、谨、敬、沮、剧、刻、隆、瘠、睦、勤、劝、适、数(shuò)、悌、晚、芜、宜、泽、章、彰。

### 2.4 属性值为1的最不典型的形容词

属性值为1的最不典型的形容词共60个,非谓形容词占多数。

#### 2.4.1 非谓形容词

现代汉语中,有一类形容词不能做谓语,语法学界称之为"非谓形容词",或称"区别词""属性词"。上古汉语中,也有少数形容词,既不能用于比较句,也不能受程度副词修饰,还不能做谓语,表现出边缘形容词的特征。它们可以说是上古汉语中的非谓形容词,这些词有 16 个:宝、草、数(cù)、典、毒、福、膏、故、恒、洪、骊、力、名、奇、俗、珍。此类形容词的鉴别,上面三条标准都用不上。我们之所以视之为形容词,就是因为它们能做定语,表示修饰义。[18]例如:

(23)**福事**至则和而理,祸事至则静而理。(《荀子·仲尼篇》)

(24)司慎司盟,**名山名川**。(《左传·襄公十一年》)

(25)辟之是犹使处女婴**宝珠**,佩**宝玉**,负戴黄金。(《荀子·富国篇》)

吕叔湘、饶长溶、李宇明和谭景春都曾指出非谓形容词是名词向形容词转变过程中的关键环节。[19]李宇明指出当名词充当属性定语的时候,空间性被明显削弱或完全消解,原来比较隐蔽的属性意义则突显(salience)出来,名词由此演变为非谓形容词。谭景春认为当名词转变成非谓形容词,并站稳脚跟后,就有可能再前进一步,转变为形容词。古汉语中同样存在一批经常做定语的非谓形容词,它们有的成功转变为形容词,由一开始只做定语发展到既可以做定语,也可以做谓语,或者受程度副词修饰,用于比较句等,成为比较典型的形容词,如"俗"本为名词,义为"习俗、风俗、世俗",由"世俗"引申出"平凡的、世俗的、庸俗的、浅陋的、平庸的"等义,"俗"变为非谓形容词,做定语,如:

(26)故有俗人者,有**俗儒**者,有雅儒者,有大儒者。(《荀子·儒效篇》)

上例中,"俗儒"义为"浅陋而迂腐的儒士","俗"表现的是性质义,而不再是类属义,"俗儒"是修饰性定中结构,而不是领属性定中结构。

不过,六朝以前,"俗"还不能做谓语。直到六朝以后,"俗"才开始做谓语,如:

(27)神明**太俗**,由卿世情未尽。(《世说新语·巧艺》)

这时,"俗"既能做定语,又能做谓语,还能受程度副词修饰,变为真正的形容词。其他如"素""雅"在上古时期就已经转变为形容词。"毒"在上古还不能做谓语,到中古时期才能做谓语,变为形容词。古汉语中的非谓形容词也并非都成功转变为形容词,有的始终停留在非谓形容词的阶段,并没有转变为典型的形容词,如"福"和"名",就始终没有发展出做谓语的功能,停留在非谓形容词的阶段。

此外,这16个形容词中有几个只做定语,不做谓语,但是并非由名词发展而来,它们为什么不能做谓语,原因还有待研究。如:

(28)苟无**恒心**,放辟邪侈,无不为已。(《孟子·梁惠王上》)

(29)**奇服**、怪民不入宫。(《周礼·天官·阍人》)

(30)锐喙决吻,**数目**顾脰,小体骞腹。(《周礼·考工记·梓人》)数 cù:细。

### 2.4.2 非定形容词

上古汉语中,有一批形容词只能做谓语,不能做定语。按道理,做定语是形容词最主要的语法功能之一。不过,世界上的确有少数语言中的形容词不能做定语。对于上古汉语中的这类形容词,陈克炯称之为"非定形容词"。[20]我们之所以把它们视为形容词,是因为它们常做谓语表示描述义。这样的词共44个,可以分为三组:

#### 2.4.2.1 有使动用法的非定形容词

这类形容词共 11 个：崇、充、弘、愍、竭、均、亏、缺、审、慎、调。它们都有使动用法，以"充"为例：

(31) 衣暖而食**充**，居安而游乐。(《荀子·君道篇》)

(32) 我能为君辟土地，**充府库**。(《孟子·告子下》)

以上 11 个形容词，所带宾语均为使动宾语。它们的使动用法和不带宾语的不及物用法形成所谓的"作格结构"，即：

(33) 充府库～食充；崇德～宫室不崇；弘道～用物也弘；愍主～吾愍；竭吾才～池之竭；均贫富～分均；不亏其神～神不亏；缺我斨～(物)缺；审法度～法审；慎吾威仪～民慎；弓调～调和其弓矢

有的学者正是看到这些词既可以带使动宾语，又可以做不及物动词用，因而将其看成是动词。我们把它们看成是非典型的形容词，即和状态动词有纠葛的一类形容词。这些形容词在上古有比较多的使动用法，它们如果后接一个名词性成分，一般就构成述宾式，而不是定中式。如果既能构成述宾式，又能构成定中式，就是"同形异构"，可能会引起理解困难。例如：

(34) 述宾式：明主之国，官不敢**枉法**，吏不敢为私利。(《韩非子·八说》)

(35) 定中式：恃其精洁而更不能以**枉法**为治。(《韩非子·孤愤》)

(36) 述宾式：公说，使有司**宽政**，毁关，去禁，薄敛，已责。(《左传·昭公二十年》)

(37) 定中式：羁旅之臣，幸若获宥，及于**宽政**。(《左传·庄公二十二年》)

以上例子中，"枉法""宽政"如果不结合上下文，就有两种理解，一为述宾式，一为定中式。因此，上古汉语中的部分"形 + 名"组合实际上是一个歧义结构，存在两解的可能，只有依靠上下文才能消除歧义。不过，这种现象是少数。大多数情况是，对于一部分形容词，当它们和名词组合时，一般是构成述宾式，如"崇、充、弘、愍、竭、均、亏、缺、审、慎、调"等 11 个词和名词组合，一般通过使动用法构成述宾式,很少构成定中式,否则会形成大量的歧义结构。这是上古时期使动用法盛行下的产物。对于另外一部分形容词,一般是优先构成定中式,而这些形容词不会再通过使动用法构成述宾式,比如上面列举的"宝、毒、福"等非谓形容词就罕见有使动用法。当使动用法渐趋衰减之后,"崇、充"类在上古常有使动用法的形容词和名词结合时,逐渐以构成定中式为多见。这就是这些形容词在演变过程中的大势,即逐渐丧失动作性和支配义,恢复并凸显其修饰义。

总之,"崇、充"等词之所以不能做定语就是因为在上古使动用法盛行的大背景下,它们一旦后面跟上一个名词,一般就会形成述宾式(少数可能形成定中式),体现出动词的语法特征。当使动用法衰落之后,其形容词性便逐步恢复。它们是有使动用法、不能做定语的形容词。

2.4.2.2 没有使动用法的非定形容词

这一类共26个形容词:淡、蕃、该、鬼、果、旱、熯(hàn,干燥;干枯)、很、矜、紧、净、遽、倦、牢、吝、敏、臊、奢、偷、鲜、咸、徐、详、优、早、庄。它们在上古文献中不见有做定语的用法,也没有使动用法,一般只做谓语。对于这些词,我们的鉴别方法是:它们经常和别的形容词对举使用,既然和它对举使用的词已经运用别的标准鉴别为形容词了,那么相同位置上的这些词,一般也可以看作是形容词。这些形容词经常和其他形容词形成对举,如:

(38)所谓和者,君<u>甘</u>则臣<u>酸</u>,君<u>淡</u>则臣<u>咸</u>。(《晏子春秋·内篇谏上》)

(39)令<u>疾</u>则黄金重,令<u>徐</u>则黄金轻。(《管子·地数》)

(40)通则文而明,穷则<u>约</u>而<u>详</u>。(《荀子·不苟篇》)

因为前面我们已经鉴别出"甘、酸、疾、约"等词是形容词,所以和它们对举使用的"淡、咸、徐、详"也可以视为形容词。其他的词也可以找到与之对举使用的形容词。如:

(41)寿~蕃;信~果;暖~旱;疾~熯;美~很;厉~矜;洁~净;饥~倦;利~牢;骄~吝;明~聪;聪~敏;腥~臊;俭~奢;强~偷;多~优;勇~早;咸~庄

因为它们不能做定语,所以也称为"非定形容词"。上面第一组"充、崇"等11个形容词也可以利用这一方法鉴别出来。

除这种形式上的对举特征可以帮助鉴别之外,有的注释也可以帮助判别其词性,如:

(42)故明主之行制也天,其用人也**鬼**。(《韩非子·八经》)旧注:"如鬼之阴密。"

(43)钩弦之造,戈戟之**紧**,其厉若何?(《管子·霸形》)尹知章注:"紧,谓其坚强者。"

(44)厉之人夜半生其子,**遽**取火而视之。(《庄子·天地》)成玄英疏:"遽,速也。"

(45)男女同姓,其生不**蕃**。(《左传·僖公二十三年》)杨伯峻注:"蕃,子孙昌盛之意。"

(46)昔者天子中立,地方千里,四言者**该**焉。(《管子·小问》)尹知章注:"该,备也。"

(47)夫宠而不骄,骄而能降,降而不憾,憾而能眕者,**鲜**矣。(《左传·隐公三年》)杜预注:"如此者少也。"陆德明"音义":"鲜,息浅反,少也。"

结合前人的注释,我们也可以把"鬼、紧、蕃、该、鲜"等几个词鉴别为形容词。

### 2.4.2.3 受程度副词修饰的非定形容词

这类形容词共7个,在上古文献中使用频率极低,难得一见。全部列举如下:

(48)我**孔熯**矣,式礼莫愆。(《诗·小雅·楚茨》)熯 rǎn,毛传:"熯,敬也。"

(49)酒既和旨,饮酒**孔偕**。(《诗·小雅·宾之初筵》)

(50)言天下之**至赜**而不可恶也。(《周易·系辞上》)

(51)**孔填**不宁。(《诗·大雅·瞻卬》)填 chén:久。

(52)朝**甚除**,田甚芜,仓甚虚。(《老子·五十三章》)

(53)公子甚贫,马**甚瘦**。(《韩非子·内储说下六微》)

(54)是故地日削,子孙**弥杀**。(《吕氏春秋·长利》)高诱注:"杀,衰也。"

## 3 有关上古汉语形容词的讨论

### 3.1 关于非谓形容词和非定形容词

从以上鉴别结果可知,在380个上古汉语形容词中,非谓形容词总共只有16个,其属性值均为1,是非典型形容词。换言之,不能做谓语的形容词非常少,而且全部是形容词性比较弱的最不典型的形容词。非定形容词有82个,其中属性值为3的有4个:悲、速、愈、亟。属性值为2的有34个:适、宜、笃、睦、傲、惫、惨、饬、恼、蘑、费、阜、臧、胶、姣、洁、谨、敬、沮、剧、刻、隆、瘠、勤、劢、数、悌、晚、芜、泽、章、彰。属性值为1的有44个:崇、充、弘、愔、竭、均、亏、缺、审、慎、调、淡、蕃、该、鬼、果、旱、熯(hàn,干燥;干枯)、很、矜、紧、净、遽、倦、牢、吝、敏、臊、奢、偷、鲜、咸、徐、详、优、早、庄、燂(rǎn)、偕、赜、填、除、瘦、杀。从以上统计可以看出,属性值越低,非定形容词越多。换言之,非定形容词的属性值大都比较低,是非典型形容词。陈克炯把《左传》中的形容词分为A、B两类,A类80个,可做定语,B类126个,都不能做定语(其中单音节76个,双音节50个)。陈先生称A类为"可定形容词",称B类为"非定形容词",二者是形容词内部的两个小类,正好形成对立互补关系。陈先生说:"战国时期一部分著作中的语料表明,确乎有一类数量庞大的形容词在句法平面上不能做定语。其原因是什么?尚待深入探讨。"我们发现,陈先生所认定的非定形容词有不少在上古时期可以做定语,如"精、难、锐、甚、惰、侈、危、多、少、易、缓、严、卑、急、慢、懦、赢、微、婉、壹、艳"等词,据我们调查,都可以做定语。由于陈先生没有列出全部非定形容词,所以我们没法一一核查。不过在陈先生举出的非定形容词例子中,我们发现很多词其实可以做定语。因此,陈先生夸大了非定形容词的范围,给人的印象是《左传》中形容词的主要功能不是做定语。我们认为,非定形容词的确存在,但是数量并不庞大,使用频率也不是很高,多是非典型的边缘形容词。

总之,非谓形容词和非定形容词的确存在,但是数量不多,做形容词的使用频率相对较低,因而不是形容词中的典型成员,做定语和做谓语仍然是上古汉语形容词的典型句法功能。

## 3.2 关于形容词和名词、动词、副词的区分

上古汉语形容词和名词的区分并不困难,稍有纠缠的就是诸如"举贤荐能""披坚执锐""天之高也,星辰之远也""求仁而得仁"之类结构中的"贤、能、坚、锐、高、远、仁"是形容词还是名词。目前有四种意见:一是认为它们是形容词活用为名词;二是认为它们仍然是形容词做主宾语;三是认为它们是兼类词;四是认为如果发生转指,则已经转变为名词,如"贤、能、坚、锐",如果是自指,如"高、远、仁",则还是形容词。最后一种办法是可取的。

形容词和动词的区分则比较难办,原因之一就在于上古汉语中的形容词大都有一个很重要的功能:使动用法,有的还有意动用法,而动词也有使动用法。如:

(55)可以<u>富</u>国家,<u>众</u>人民,<u>治</u>刑政,<u>安</u>社稷乎?(《墨子·耕柱》)

(56)则刑政<u>治</u>,万民<u>和</u>,国家<u>富</u>,财用<u>足</u>,百姓皆得暖衣饱食。(《墨子·天志中》)

后一例中,"治、和、富、足"可以视为形容词,那么,前一例中的"富、众、治、安"是看成形容词好呢还是看成已经转为动词好呢?"治刑政"和"刑政治"的"治"读音不同,前者读平声,后者读去声(直吏反)。既然读音意思都有不同,可以区别为两个词,前者是及物动词,后者是形容词。难就难在"富、众、安、和"之类的词,有时带宾语有时不带宾语,如果认为它们不带宾语时是形容词,带宾语时是及物动词,那就要分成"富1、富2;众1、众2……",这是不是一种经济的做法?如果把它们不带宾语时归为形容词,带宾语时视为活用,这也不是好办法,因为活用是临时少量的,而"富 NP、安 NP、和 NP"之类的使动用法在上古是大量的,明显不是活用,因此活用说也不完全适用。我们认为,有读音区别的不妨分为两个词,没有读音区别的仍然可以视为形容词,它们带宾语是其动词性的表现。上古汉语的形容词和动词本来就比较接近,它们中的一部分有带宾语的能力,这是它们的共同分布。但是它们也有区别性分布,即典型形容词可以受程度副词修饰,可以用于比较句,可以同时做定语和谓语,而典型的动词不能。形容词和动词最难区分的有两类,第一类是 2.3.1 节所列 104 词中的"败、定、利、通、全"等词,它们不能受程度副词修饰,也不能用于比

较句,但是可以同时做定语和谓语,还可以用于使动,我们称之为"不太典型的形容词";第二类是2.4.2.1节所论有使动用法的非定形容词,如"崇、充、竭、均、亏"等词,属性值为1,而使动用法却很多,表现出较强的动词性,我们称之为"最不典型的形容词"。总之,我们认为形容词并不是铁板一块,而是区分为"最典型的形容词-次典型形容词-不太典型的形容词-最不典型的形容词",形容词和动词之间也并不是泾渭分明,而是有模糊地带,上述难以坐实为形容词的那些词就是模糊地带中的成员。

形容词和副词的区分也是比较棘手的问题。有人说,副词是只能做状语的词,形容词除了能做状语之外,还能充当其他成分,据此可以将二者分开。我们认为,这种说法是模糊的,因为上古汉语中有很多一字多词的现象,即一个字代表两个词,一个是形容词,一个是副词。而很多副词正是由形容词用法进一步发展而来的。我们的任务就是要分清哪个是形容词,哪个是副词。这种看法说"副词是只能做状语的词",除非那些由形容词发展而来的副词从此不再兼有形容词的用法,变为单功能的副词,否则孰为形容词孰为副词依然难办。如:

(57)毁其宗庙,迁其<u>重</u>器,如之何其可也?(《孟子·梁惠王下》)

(58)委诸执事,执事实<u>重</u>图之。(《左传·襄公二十二年》)

前一例中的"重"无疑是形容词,后一例中的"重"是什么词呢?若按上述方法,则判断的逻辑是:因为这个"重"只能做状语,所以是副词。问题是我们怎么知道这个"重"只能做状语呢?除非例(57)之类的用法消失了,剩下的全是例(58)之类的用法,我们才可以说"重"是副词。有人又提出用意义来区别的办法,认为形容词做状语时,如果意义上发生很大变化,可以认为这个形容词已经转变为副词了,如"白"由"白色的"义发展为"白白地、徒劳地"。"白"的确如此,问题是意义变化大到什么程度就可以认为转变为副词了呢?如:

(59)不谷不有<u>大</u>过,天其夭诸?(《左传·哀公六年》)

(60)古之人所以<u>大</u>过人者无他焉,善推其所为而已矣。(《孟子·梁惠王上》)

前一例中的"大"无疑是形容词,后一例中的"大"做状语,是形容词还是副词呢？实在不好区分。问题的症结就在于汉语缺少形态变化，形容词和副词在形态上没有不同。不仅形容词和副词难分，名、动、形三大实词系统可以互相转化而不变词形，缺乏彼此区分的形态变化，这是区分汉语词类的最大困难。对此，我们认为，如果某个词具备形容词的典型特征，也可以做状语，那么在确定其为形容词之后，再来专门研究其做状语的用法，看哪些做状语的用法可以归为形容词做状语，哪些可以归为副词做状语，其中还必须结合意义远近、古人注释及使用频率来综合决定。如此，则大部分形容词和副词还是可以区分的。这个问题还可以进一步探讨。

## 4 小 结

以上，我们结合上古汉语30部文献，在广泛调查380个左右的候选词共约10万多个例句的基础上，确立了鉴别形容词的一系列标准，根据这些标准，对这些形容词的属性值进行了测查，发现有70个形容词符合全部标准，属性值为4，是最典型的形容词；有112个形容词符合其中的三条标准，属性值为3，是次典型形容词；有138个形容词符合其中的两条标准，属性值为2，是不太典型的形容词，不过有一些词由于语料的限制或统计的疏漏，不排除是典型的形容词；有60个形容词只符合一条标准，属性值为1，是最不典型的形容词。从最典型的形容词到最不典型的形容词，形成一个形容词性依次减弱的连续统。文章最后对非谓形容词和非定形容词进行了探讨，对如何将形容词和名词、动词及副词区分开来提出了自己的看法，指出了区分过程中存在的困难及对策。

本文受第四十批中国博士后基金（编号20060400133）和国家社科基金青年项目的资助（编号07CYY019）。

原载于《中国语文》2009年第1期。

注　释

① 刘丹青《形容词和形容词短语的研究框架》，《民族语文》2005年第5期,28页。

② 陆丙甫《语序优势的认知解释(上):论可别度对语序的普遍影响》,《当代语言学》2005年第1期,13页。

③ 刘丹青《汉藏语言的若干语序类型学课题》,《民族语文》2002年第5期,1页。

④ Bhat, D. N. S. 2000. Word class and sentential functions. In Vogel & Comrie (eds.). *Approaches to Typology of Word Class*. Berlin: Mouton de Gruyter.

Rijkhof, f Jan. 2000. When can a language have ad jectives? An implicational universal. In Vogel & Comrie (eds.). *Approahes to Typology of Word Class*. 参看刘丹青《形容词和形容词短语的研究框架》。

⑤ Dixon, R. M. W. 1977. Where have all the adjectives gone? *Studies in Languages* 1, p. 20.

⑥ Dixon, R. M. W. 2004. Abjective classes. In R. M. W. Dixon & Alexandra Y. A ikhenvald (eds.). *Adjective Classes: A Cross-LinguisticTypology*. Oxford: Oxford University Press, 2004. p. 1.

⑦ 同前注,43页。

⑧ 参傅懋《现代汉语动词形容词介词为一类说》,《中国文化研究汇刊》第二卷,1942年;赵元任《汉语口语语法》,商务印书馆,1979年;

Li Charles N. & Thompson, Sandra. A. 1981. *Mandarin Chinese: A Functional Reference Grammar*. University of California Press. p. 121;

Mc Cawley, James D. 1992. Justifying Part-of-Speech Assignments in Mandarin Chinese, *Journal of Chinese Linguistics*, June. 中译文载张伯江、方梅《汉语功能语法研究》,江西教育出版社,1996年;

卢英顺《汉语中的动词和形容词宜合为一类》,《烟台师范学院学报(哲学社会科学版)》1999年第2期。

⑨ 程工《语言共性论》,上海外语教育出版社,1999年,157页。

⑩ 同注⑥。

⑪ 张国宪《现代汉语形容词功能与认知研究》,商务印书馆,2006年,411—414页。

⑫ 同上书,384页。

⑬ 同注⑥。

⑭ 本文暂不研究双音节形容词和状态形容词,而是集中研究单音性质形容词。本文所说的上古汉语是指自周至秦汉时期的汉语。

⑮ 除以上四条标准之外,我们实际上还使用了一些针对特定小类的次级标准,如对举格式或注释用词的词性等。感谢评审专家指出这一点。

⑯ 张国宪《现代汉语形容词功能与认知研究》,384页。

⑰ 评审专家指出,得分为 1 的,仍算作形容词,理论上缺乏依据,因此有必要解释为什么把这些词也算作形容词。我们认为,形容词也是一个原型词类范畴,既有典型成员,也有非典型成员,得分为 1 的那些词就属于后者。之所以把这些词纳入统计范围,主要基于以下几点考虑:(1)这些词主要由两类组成:非定形容词和非谓形容词,前者可以做谓语表示对主语的描述,后者可以做定语表示对中心语的修饰,它们跟现代汉语中的唯谓形容词和非谓形容词较为接近,因此纳入考虑;(2)它们中的有些词,在上古汉语时期得分为 1,但是汉代以后形容词性不断凸显,得分上升,逐渐演变为比较典型的形容词,如"毒、俗、草、慎、鲜、牢"等,因此,着眼于它们的历史演变,我们也将其视为上古汉语中的形容词;(3)结合古人对这些词的注释,以及考虑到这些词经常与其他典型形容词对举使用,我们便视之为具有形容词性的词。

⑱ 对于此类属性值仅为 1 的非谓形容词,同名词较难区分。我们主要根据它们做定语时表达的语义而定,如:《淮南子·时则训》:"使诸侯,聘名士,礼贤者","名"以非谓形容词的身份做定语,"名士"指名望高的人或知名人士,"名"是修饰性定语。再如"俗",以非谓形容词的身份做定语时,意思是"庸俗的、平庸的",如《吕氏春秋·顺说》:"宋王,俗主也,而心犹可服,因矣";"俗"以名词的身份做定语时,意思是"世俗的",如:"俗语""俗说""俗谚"等。

⑲ 参见吕叔湘、饶长溶《试论非谓形容词》,《中国语文》1981 年第 2 期;李宇明《非谓形容词的词类地位》,《中国语文》1996 年第 1 期;谭景春《名形词类转变的语义基础及相关问题》,《中国语文》1998 年第 5 期。

⑳ 陈克炯《〈左传〉形容词的考察和非定形容词的建立》,载高思曼、何乐士主编《第一届国际先秦汉语语法研讨会论文集》,岳麓书社,1994 年,14 页。

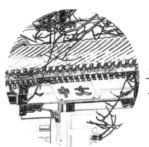 语言学

# 新加坡华人的语言态度及其对语言能力和语言使用的影响

## 陈松岑

语言态度是人类语言生活中的一个重要组成部分,它常常通过语言使用来体现;而语言使用,又往往给语言能力的大小以决定性的影响;语言能力转而影响到人们使用语言的频率,通过使用语言的效果,不知不觉地改变着人们的语言态度。

语言态度本身可以从不同的角度进行区分:首先可以分为感情方面的和理智方面的两类。感情方面的语言态度,指的是说话人或听话人在说到、听到某种语言时,在情绪、感情上的感受和反应,它常常是十分自然甚至是不自觉地、下意识地出现的。这类态度,往往密切联系于说话人或听话人从小成长的语言环境、文化传统乃至个人生活上的特殊经历,比如曾在通用某种语言的地区生活多年,或是曾经遭遇的某个愉快(或不愉快)事件与某种语言有关,等等。理智方面的语言态度,指的是说话人或听话人对特定语言的实用价值和社会地位的理性评价。这种态度表面上是主观的,但在实际上,不能不受社会舆论的影响。理智的语言态度,当然主要取决于特定语言在使用中的功能,以及它可能附加给说话人以什么样的社会地位。从另一个角度,我们也可把语言态度分为个人和社会两个方面。个人的语言态度,指的是说话者或听话者个体,对上述两个方面的态度;而社会的语言态度,则指的是整个社会,在上述两个方面的反应和评价。虽然个人不能脱离社会而独自存在,个人不能不受社会的影响,但是,在特定的情况下,个人的语言态度,也有可能与社会的语言态度不同,甚至互相矛盾。由于语言态度在语言生活这个大圆圈中占有重要的地位,各国政府往往通过一定的语文规划,力图对其施加影响。因此我们又可从是否有政府的有意干预,而把语言态度区分为上加(即有政府法令为强力后盾)的语言态度,和下加(由社会自然形成)的语言态度两类。当然,上加与下加也是相对的,并没有不可逾越的鸿沟。政府的语文规划,不能不考虑社会的意愿;而政府的态度,又往往会对社会的语言态度施加强大的影响。

语言态度、语言能力和语言使用所构成的这个互相扣得很紧的大圆环,从共时的平面上看,甚至很难断定到底是谁先影响了谁,而只能看到它们之间互为因果的错综复杂的关系。只有在特定的时间、条件下,才能找出这个圆环中起决定作用的环节,并探讨它与其他环节之间的关系。在这方面,新加坡的华人社会是一个非常理想的研究对象。

新加坡是一个面积仅有620多平方公里的岛国。根据1990年的人口普查,全国共有人口2,705,115人,其中华人2,102,795人,占总人口的77.7%;马来人382,656人,占14.1%;印度人190,907人,占7.1%;其他民族28,575人,占1.1%。新加坡自1819年以来就是英帝国的殖民地,第二次世界大战时又曾被日本占领,1959年成为英国属下的自由邦。1963年结束英殖民统治,加入马来西亚联邦,两年后脱离联邦,建立了共和国。基于上述历史、地理的条件,在1950年以前,中国大陆沿海一带的移民,一直是新加坡华人人口增长的主要因素,因此,岛内华人的母语主要是闽、粤、客家等汉语方言。岛内马来人主要说马来语;印度人也通用多种语言,但以说泰米尔语的人居多;其他为数不多的少数民族则以英语、马来语为主要交际工具。新加坡在殖民地时代,官方语言就是英语。独立之后,政府规定英语、华语、马来语、泰米尔语为官方语言,但英语是法定的行政管理、学校教学语言,享有一家独尊的特殊地位。新加坡政府之所以选择过去殖民者的语言为第一官方语言,主要是岛内没有任何一个人数较多的民族以它为母语,用它作为主要的官方语言,可以显示其无所偏袒的公平态度,有利于各民族的团结。另一方面,又可通过它继承长期以来的行政管理所需的各种语文传统,并能继续保持与西方社会的密切联系,便于吸收西方先进的科技成果。

新加坡政府在独立之后所采取的另一项引起世人关注的政策,便是在全国推行双语教育,各族人民在把英语文作为第一语文来学习的同时,还需把本族语文作为第二语文来学习。对于华人来说,汉语方言不可能作为第二语文,因此,首先在全体华人中,大力推广华语。所谓华语,其实也可说是汉语普通话在新加坡的一种变体。根据我在新加坡的亲身经历和新加坡国内外一些学者的最新研究,都认为新加坡的华语,无论在语音、词汇还是语法方面,和汉语普通话均存在一些差别。新加坡政府不选择当地华人中最流行的某种汉语方言作为华人的共同语,而偏偏选择了当地很少有人以它为母语的华语来推广,其原因颇有点类似选择英语为第一官方语言。上面已经提到过,新加坡华人的祖先,大多是中国大陆沿海一带的贫苦农民、渔民或手工业者,他们的文化程度一般都不高,不掌握中国的"官话""国语"和后来的普通话,主要使用自己的方言。在殖民地时代,使用方言也是他们抵制殖民者的同化政策,保持自己传统文化的主要方式之一。那时,各个同姓的宗祠和各地的同乡会不单是各姓氏、各地区华人互助共济的组织,而且也是他们的代言机构,并在调解纠纷、办学兴教等社会自治、公益事业上起着重要的作用。这些组织不但在居民的社会生活中举足轻重,威望甚高,即使行政当局也不能完全无视它们的意见。在这些宗祠和同乡会中,使用的自然是各自的方言。为了与不同姓氏、特别是不同地区的华人交流,新加坡的华人大多能说一两种乃至三四种,甚至更多的方言或语言。新加坡独立建国之后,政府面临的重要问题之一,就是如何把全国人民团结在一起,消除狭隘的宗乡观念,而代之以民族观念和国家观念。为此,就不能不选择一种可以不偏不倚、显示其一视同仁的共同交际工具。符合这一条件的只有华语。另一方面,华语是在口头和书面两种形式上,语音、语法、词汇各方面都有标准、规范的语言:它不但是中国大陆汉民族的共同交际工具,也是世界华人通用的、被联合国规定的六种工作语言之一。这些都是闽语、粤语或任何其他汉语方言所不能比的。所以新加坡政府在华人中大力推广华语,力图以它去代替五花八门的方言。在这样一个社会中,新加坡华人对待当地通用的各种语言是什么态度呢?由于新加坡通行的汉语方言数目太多,不大可能、也没有必要一一加以分析;我们现在就把所有的汉语方言归并成为"方言",与"华语""英语"相对,进行研究。

新加坡华人对待当地通行的各种语言的态度,可以从我们所作的一项社会语言调查中得到说明。[①]我们为调查新加坡华人的语言态度设计了三个方面的问题:

第一个方面是对英语、华语、方言的评价。我们列出了"好听、用处多、有身份、精确、文雅、亲切、有权威、友善、容易、方便"等十个特点，要求被调查人指出三种语言中，哪些语言具有上述优点。这十个优点中，"好听、亲切、友善"完全是属于说话人或听话人主观的感受，带有强烈的感情色彩；"用处多、精确、有身份、文雅、有权威"则主要取决于该语言的使用功能和社会对该语言的评价；"容易、方便"主要取决于说话人或听话人掌握该语言的能力。

调查结果表明：受不同教学语言教育②的人，对哪一种语言具有这些优点的看法，是有同有异的。相同的是，无论是教学语言为华语、英语或华、英两种语言的人，在认为具有"好听、文雅"这两个优点上，华语的百分比都超过了英语和方言；而在指认具有"有身份、有权威"的百分比上，英语却超过了华语和方言。不同之处是：在指认何种语言具有"用处多、精确、亲切、友善、容易和方便"等优点时，用英语作为教学语言受教育的人，指认英语的百分比超过了华语和方言；而用华语作为教学语言受教育的人，则指认华语的百分比超过了英语和方言。只有用双语作为教学语言受教育的人，与上述两种人各有所同，又各有所异。在"用处多、精确"两点上，他们和用英语作为受教语言的人相同；而在"亲切、友善、容易、方便"这四点上，则与用华语作为受教语言的人相同。前面对这些优点性质的分析，很明显地反映出：被调查人从感情方面、文化传统方面（例如认为华语比英语文雅），对华语的评价超过了英语；而在评价语言的社会地位和实用功能时，则认为英语超过了华语。值得我们注意的是，虽然不少新加坡华人的母语，实际上是汉语的各种方言，而且目前的华人家庭中，某些公共场所（如巴刹③、宗乡会馆、寺庙）中，方言的使用比例也不小，但统计仍然显示，新加坡华人对方言的评价，无论是感情方面还是理智方面，是低于华语和英语的。

关于语言态度的第二方面，我们调查了新加坡华人心目中，华语的主要功能是什么。我们列出了华语在新加坡的五方面的功能，要求被调查人把他心目中华语的五个功能，按其重要程度顺序排列，最重要的排在最前面，依次类推。这五个功能分别是：沟通不同的方言人群，作为商业用语，作为旅游用语，便于继承华人文化传统，作为华族的表征。在这五个功能中，最后两个功能，反映说话人对本民族的认同和归附，感情的成分较重；而前三个功能，则主要是达到实用的目的,也是对语言社会地位的理智的判断。调查结果是:有超过三分之一的被调查人,把华语看成主要是实用的、沟通不同方言群体的一种交际工具;另有将近三分之一的人,把华语看成主要是本民族的表征;还有约五分之一的人,认为华语主要是继承华族传统文化的工具。从纯粹功利的角度,把华语当成主要是到国外(如中国港、澳、台和大陆)去发财,或有利于到这些地方去旅游的工具的人,不过十分之一强。可见大部分华人,对华语有一种民族认同感。这不单是就我们调查的总体而言,即使我们把被调查人,按他们受教育时的教学语言,区分为华语、英语、双语三大类时,情况也没有大的变化。这就是说,在华语作为团结华族的工具、继承华族的文化、作为华族的表征等主要功能上,华人的认识是基本一致的。

语言态度调查的第三个方面,是新加坡华人对方言的态度。主要是了解被调查人要不要自己的子女学方言,以及要或不要的理由。在"要子女学方言的理由"方面,我们列出了六个:与祖父母沟通,与新加坡说方言的人沟通,与其他国家说方言的人沟通,有利于继承传统文化,有利于欣赏方言表演艺术,保持籍贯特征。对"不要子女学方言的理由"方面,我们列出了:没有使用价值,政府不提倡,语言学习负担太重,可能被看成没有文化等四条。问卷要求被调查人指出,哪一条他认为是最主要的理由,并把它排在第一位,对其他理由,也按它们的重要性顺序往下排。分析这些理由的内容,不难看出:要学方言的后三个理由,带有认同于本民族、保持本民族特征的色彩,前三个则出于实用的需要。在不要学方言的理由中,除了"政府不提倡",带有上加语言态度的成分之外,其他几个,都属于下加语言态度。在回答调查的 239 人中,有 174 人表示要自己的子女学方言,占回答问题的总人数的约 73%;学习方言的理由中,把"与祖父母沟通"排在第一位的占 66%,把"有利于继承传统文化"排在第二位的占 62%,把"保持籍贯特征"排在第三位的占 53%。这种排序说明:这些被调查人认为,学习方言的主要目的,是在家庭中与老一辈的人沟通,这是非常符合情理的。因为在新加坡独立之前已届成年的华人,大多只会方言而不会华语,在后来政府推广华语的运动中,他们也不是重点,所以,与他们交流的最方便的工具还是方言。在 239 人中,仅有 37 人表示不愿让自己的子女学方言。其理由主要是"政府不提倡",在这 37 人中,把这个理由排在第一位的占56%，把"语言学习负担太重"排在第二位的占19%，把"方言没有使用价值"排在第三位的占16%。由此可见，这些家长对政府的态度是非常重视的。另外，在已经实施双语教育的新加坡，如果再要孩子学习方言，语言学习的负担也确实太重了，所以，被调查人才会把这条理由排在靠前的位置。最后一条排在较前的理由，则显示了方言除了在华人家庭中，还确有其不可替代的一席地位之外，不少人已经看出了它的使用功能的萎缩。使我们感兴趣的是还有一部分人，并不明确表态愿不愿自己的子女学方言，而是同时填写了学习与不学习方言的理由，我们把他们称作在这一问题上自相矛盾、犹豫不决的人。他们共有28人，占总人数的约12%，也算一个不小的比例。他们的存在，从另一个角度进一步证明了新加坡华人的方言情结是不太容易解开的。

从理论上讲，上述三个方面的语言态度，必然会影响到新加坡华人学习英语和华语的不同积极性，并从他们的语文能力上反映出来。事实也正是这样，我们对华人在英语、华语上的语文能力也进行了调查。结果是：英语源流的，在英语的听说能力上，有60%达到很好的水平，而在华语的听说能力上，只有14%达到很好水平，两种情况大约是4∶1。具有华语源流的，在华语的听说能力上达到很好水平的有54%，在英语的听说能力上，达到这个水平的有22%，两者之比为2∶1。可见，对比英语源流和华语源流的人，他们对自己熟悉的教学语言和非教学语言，掌握得最好的人数的百分比，几乎差了一倍。也就是说，以华语为教学语言的华人，除了能很好地掌握华语之外，还有近四分之一的人，也同时很好地掌握了英语。反过来，以英语为教学语言的华人，在很好地掌握英语的同时，却只有五分之一的人，能很好地掌握华语。双语源流的华人，在这两种语言的听说能力上，英语最好的有38%，华语最好的有53%，相差数没有前面两种人那么大。在读写能力上，不同教学语言源流的人，相差更为悬殊。英语源流的被调查人，对华文"能读能写"的，是英文"能读能写"的五分之一左右；而华语源流的被调查人，能读能写英文的能力，只及华文能读能写的七分之一。双语源流的被调查人，在这方面则比较平衡，英语和华语"能读能写"的百分比是68%、55%。这就是说，华语源流的被调查人，和英语源流的被调查人一样，虽然都受自己的教学语言的影响，掌握非教学语言的能力较差；但在听说能力上，受影响的程度没有在读写能力上那样深。从不同教学语言源流的人,掌握两种语言的两种能力(指听说和读写)的对比,可以看到:在听说能力上,英语对受教育者的限制较大;而在读写能力上,华语对受教育者的限制更大。这可能是因为,新加坡社会普遍通行英语,华语源流的人,也不难从日常生活中学习英语,提高自己的英语听说水平。而英语源流的人却得不到这么多练习听说华语的机会。但在读写能力上,华语源流的人用在学习华文上的精力,要比英语源流的人用在学习英文上的精力多得多。一方面,这和华语所用的汉字比英语的拼音文字难以掌握有关;另一方面,也和新加坡华人社会中通用华语而并不通用华文有关。因为学习华文的人,除了课堂以外就很少有使用华文的机会。如果把三种教学语言源流的人合到一起,那么,"用得最流利的语言""从小最先学会的语言"中,华语仍高于英语11个百分点;听说能力上达到最好标准的,英语比华语高出7个百分点;在读写能力的统计中,达到最好水平的,英文也比华文高出了3个百分点,"勉强能读不能写"和"能读不大能写"这两项中,华文的比例都大于英文。这就表明:新加坡华人从总体上说,华语的听说能力还不错,可是在读写能力上却比较差。也就是说,他们掌握的主要是华语而不是华文。

这样的语言态度和语文能力,毫无疑问地会影响到他们对不同语言的使用。我们对华人使用不同语言的调查结果如下:

1. 属于英语教学源流的说话人,只有在家庭中与父母、兄弟等谈话时,才主要使用方言,在工作单位或其他公共场所主要使用英语。

在涉及不同的话题时,只有在和出租汽车司机交谈时,使用方言的比例,超过了使用英语的比例;其他话题中,都以使用英语的比例为最高。

2. 属于华语教学语言源流的说话人,则是另一种情况:他们除了与父母、兄弟交谈以方言为主之外;其他情况下,都以使用华语为主。

在不同的话题中,只有夫妻之间的争论,以方言为主;其他话题仍以华语使用比例最高。

3. 属于双语教学语言源流的人,情况就比较复杂了。这些双语人的语言使用,比较能代表新加坡社会中华人的总体情况:

从场合来看,工作场合正式性最强,使用英语为多,占73%;家庭是正式性最低的场合,主要使用华语,占53%;一般公共场所中,使用英语和华语的比例相差不大,分别是53%和55%。

从交谈对象来看,他们对父母仍以说方言为主;对兄弟等同辈人使用英语、华语、方言的比例几乎相等;对配偶使用英语、华语的比例相差不多,而使用方言的比例则比这两种语言差了十几个百分点;对子女使用英语与华语的比例相等,但都大大超过了使用方言的比例。

从我们列出的话题来看,双语人与朋友议论新闻,和到购物中心购物,以英语、华语为主要工具,比例相差不大;到银行办事,则以英语为主要语言,比例高达85%,而华语和方言只有25%和10%;向陌生人问路,与出租汽车司机交谈,都以华语为主;当夫妻发生争论时,他们使用的语言,三者比例大体相当。

根据这些统计数字,④我们得出的初步印象是:新加坡华人基本上都是多语者,他们在家庭中对老年人以说方言为主,对兄弟姐妹等同辈人,使用方言的比例仍很大,超出了其他语言的使用。至于配偶,虽然也属同辈人,但因可能属于不同的方言区,所以谈话时,英语源流的人主要说英语,华语源流的人主要说华语,双语源流的则兼用英语和华语。对子女谈话时语言的使用,与对配偶相似。在家庭以外的公共场所,英语、华语使用的比例大体相等;只有在工作场所,使用英语的比例超过了使用华语的比例。

与熟人闲谈和到购物中心购物,英语、华语使用的比例相差不大;到银行办事,使用英语的比例高居其他语言之上,因为这里既属工作场所,又是与陌生人交谈,正式性很强。向陌生人问路,与出租汽车司机交谈,虽然也和与朋友交谈一样,都属于非正式性场所的非正式性话题,但由于交谈对象变了(在新加坡人看来,出租汽车司机属于文化程度不高的蓝领工人,对陌生人的语言能力又没有把握,使用英语或方言都不大合适),使用的语言也以华人的共同交际工具——华语为主。夫妻争论这一栏明确了话题,与上面笼统的"与配偶交谈"相比,百分比数字虽不相同,但三种语言的使用比例却大体相当,也就是说,使用方言的,在对父母、对兄弟之外,有第三个较高的比例。总而言之,调查结果向我们显示了,新加坡华人视场合、对象、话题的不同,而分别使用三种语言。

我们还从另一个角度,调查了新加坡华人的语言使用情况。这就是,要求被调查人写出,在他们的心目中,在不同的公共场所,新加坡的华人会分别使用哪些语言。这项调查统计的数字表明,不同教学语言源流的人,在这类问题上的看法是有同也有异的。相同的是,无论何种教学语言源流的人都认为:使用英语最多的场所是政府机构和教堂;使用方言最多的场所是寺庙和巴杀;使用华语最多的场所是餐馆和小贩中心。不同的是,属于英语教学语言源流的人认为:在购物中心,使用得最多的是英语,比例高达78%;而属于华语教学语言源流的人和属于双语教学语言源流的人都认为,购物中心使用得最多的是华语,比例是71%和80%。这种有趣的现象,如实地反映了新加坡社会的分化;新加坡的购物中心,类似我们的大型商场,它们一般属于中、高档消费场所;中档的购物中心,使用华语的人不少;而在高档的购物中心,不但顾客多为使用英语的较富有的阶层,好多售货员也主要使用英语,很少会、甚至不会华语。由此可知,属于英语源流的人,多去使用英语的购物中心;而属于华语源流的人,多去使用华语的购物中心(这是符合新加坡社会中,英语好的人可找到好工作,报酬也较高的现实的)。难怪他们分别认为购物中心多使用英语或华语。只有双语源流的人,可说是左右逢源,两种购物中心都可能经常光顾,所以在英语使用的指认比例上,比华语源流的人高得多。但从其他调查内容上看,双语源流的人,在很多方面都更加与华语源流的人类似,所以指认华语的使用比例,仍旧高过英语。上述统计数字,当然也和新加坡华人掌握三种语言的能力有关。

　　上面这些调查结果,单从共时平面上是难以说清语言态度的决定性作用的;幸好我们还可以把过去华人社会的语言使用情况拿来对比。新加坡教育部对华裔小学一年级学生家长常用语的调查表明:1980年时,这些家长的日常用语中,方言占64.4%,华语占25.9%,英语占9.3%。[5]新加坡环境发展部1979年对全国的9个市场和熟食中心调查时发现:顾客与华人商贩之间的用语,53%~55%的情况下使用的是福建话,这个比例已远超出福建话的母语人口在华人中的比例,说明当时的福建话,有华人的共同语的功用。[6]这些材料都说明,在新加坡政府大力推广华语之前和那以后不久,华语在日常生活中的使用是远低于我们现在的调查数据的。这种使用上的改变,显然和华人的语言态度改变有关。新加坡华人历来以汉语的各种方言为母语,他们对自己母语的态度、对他们过去并不熟悉的华语的态度，何以会改变到今天这样，能促使华语的使用比例上升那么多呢？显然这是由于上加的语言态度起了很大的作用。对某种语言更多的使用，当然有助于该种语言能力的提高。语言能力的提高，反过来又会推动具有这种能力的人，更多地使用这种语言。正因为这一系列的连锁变化，华语在今天的新加坡才会有较大的使用人群。

这是不是说，上加的语言态度可以决定一切呢？当然不是。一般说来，语言的使用是语言的生命，使用在语言生活的大圆环中，是有决定性作用的。新加坡华语的情况，可以说是一个例外。新加坡的独立，为华人社会提出了"统一为一个整体"的需要；而华语作为汉语的书面语的传统地位，使它理所当然地成为华族的表征。从纷繁的汉语各方言，统一为共同的华语，是新加坡华人必然会采取的一种语言态度。而新加坡政府的上加的推广华语的语言态度，正好加强了自然形成的华人的下加的语言态度。这种态度大力推动了华人学习和使用华语，在使用中逐步扩大它的功能，并不断提高华人掌握华语文的能力，显示了语言态度对语言使用和语言能力的影响。新加坡前总理李光耀先生说得好："新加坡华人，由于情感上和文化上的需要，将会而且必须继续使用自己的语言来交谈、阅读和书写。这是认清自己民族性和自尊的基本需要。……如果我们放弃双语政策，我们必须准备付出巨大的代价，使自己沦落为一个丧失自身文化特性的民族。我们一旦失去了这种情感上和文化上的稳定因素，我们就不再是一个充满自豪的独特社会。相反的，我们将成为一个伪西方社会，脱离了亚洲人的背景。"⑦这一段话，可以说是一个有远见的政治家，对华人充满感情色彩的语言态度的理性表述。因为新加坡华人过去通用的并非华语，所以李光耀先生在1979年推广华语运动开始的时候说："由于我国人口中有二十五巴仙⑧并非华人，我们不得不采用英语作为种族之间的共同语言。如果我们继续使用方言，那么英语势必成为我国不同籍贯华人之间的共同语言。……这是一项无可避免的选择——英语和华语，或是英语和方言？在逻辑上，这项决定是明显的，在感情上，这项选择却是痛苦的。"⑨如果新加坡华人不顾逻辑，选择了英语和方言，那么，随着华人社会整个文化教育程度的提高（那时，有更多的甚至是全部的华人都接受了英语文的教育），方言由于它未发展到标准化、规范化的程度，必将更加缩小其使用范围而终至消亡。英语与方言组成的双言现象在一个现代化的、很小的城市国家中,是不可能长期存在的,否则那时新加坡就会变为李光耀先生所担心的伪西方社会。所以新加坡华人社会语言使用的特定历史,使华人不得不忍受割舍方言的感情痛苦,以保持它作为具有悠久历史文化的民族成员的自尊心。这些特定的历史条件,就为我们提供了一个难得一见的、由语言态度在语言生活中起决定性作用的例子。

至此,我们说的都是新加坡华人语言态度中有利于华语发展的一个方面;但是,我们不应该忘记,新加坡华人语言态度中还有不利于华语发展的一个方面。在对语言的使用功能和社会地位进行评价时,英语比华语有很大的优势。语言态度的这个方面,进一步促进了英语在生活中的大量使用。从我们前面给出的几个统计数字中,已经可以看到华人在总体上,华语的听说能力虽然较好,但华文的读写能力则远不如他们对英文的读写能力。在"说得最自然最流利的语言"和"从小最先学会的语言"中,英语的比例也只比华语略低一点。而新加坡现时的语言生活正是这种状况形成的主要原因之一。如果这种性质的语言生活没有质的变化,随着更加熟悉英语、更加经常使用英语的年轻一代的成长,不单方言的萎缩是不可更改的趋势,华语作为华人双语之一的地位也岌岌可危。如何保持华语发展的势头,使新加坡的华人真正成为既掌握英语又掌握华语的双语人,正如许多新加坡的学者所指出的,它有赖于新加坡所处的大环境,即世界、特别是亚洲地区华人经济的发展。只有华人的经济发展了,它才能带动华语使用范围的扩大和社会地位的提高,从而推动对华语的下加的语言态度,向更有利于华语的方向转变。但是从我们的调查结果也可看到,在新加坡这个特定的社会中,上加的语言态度有着不可低估的影响,所以,在有利的国外大环境下,加上得当、有力的语言规划,新加坡的华人就将收获双语并行的更为硕大的成果。

原载于《语言教学与研究》1999 年第 1 期。

**注 释**

① 本论文的统计数字是陈松岑、徐大明所作"新加坡华人语言态度与语言使用情况调

查"(1996)正式开始前,较小规模的探索性调查材料的一部分。它们来自对两所中学、两所小学(分别为两所英校、两所华校)学生家长所填写的问卷中的部分内容的统计。

② 新加坡华人受教育的学校,在不同的历史时期,所用的教学语言是不相同的。在十九世纪二十年代之前,华人的大多数子弟,进的是各个宗乡会馆所办的私塾,教学语言自然是汉语的各种方言。从"五四"运动以后,这些华人学校受中国大陆教育的影响,逐步改以"国语"为教学语言;这就是华语源流学校的开始。在这些学校中,英语是作为第二语文来学习的。从1823年开始,英殖民者又开办了英语为教学语言的学校,在这种"英校"中是不教华语和华文的。新加坡独立建国后,推行双语教育,英语文为第一语文,本族语文为第二语文。至于教学语言,对华人而言,则有英语和华语之分,用英语作为教学语言的称为英校,以华语作为教学语言的称为华校。1984年,新加坡教育部决定逐步把华校的非英文班级,转变为英文班级。从1987年起,所有学校的教学语言都改为英语。所以,在笔者进行调查时,学校已无英校、华校之分。但是,从学校教育发展的历史来看,教学语言源流对它的师资、教学水平,都有深远的影响。所以,新加坡社会普遍认为:华语源流的学校,华语水平比较高;英语源流的学校,英语水平比较高。而一个人受教育时的教学语言,对他的语言态度和语言能力都有极大的影响。在新加坡的华人社会中进行语言调查时,教学语言源流是一个不可忽视的因素。有关这方面的详细情况,请参看崔贵强《新加坡双语政策的推行、成效及影响》,载《东南亚华人教育论文集》,台湾屏东师范学校出版,1995年。

③ 一个波斯语的音译词,大体上相当于我们的农贸市场。

④ 由于新加坡华人大多为双语乃至多语人,我们在设计问卷时,又未限定只能写一个答案;所以同一个被调查人有可能提供不止一个答案;统计百分比时,不同教学语言源流的人的百分比之总和,有可能超出100。

⑤ 转引自周清海《新加坡华人语言模式的转移》,载《世界华文教学研讨会论文集》,新加坡华文研究会编印,1990年。

⑥ 郭振羽《新加坡的语言与社会》,台湾正中书局,1983年。

⑦ 李光耀《世界华文教学研讨会开幕词》,载《世界华文教学研讨会论文集》,新加坡华文研究会编印,1990年。

⑧ 英文percent的音译词,即"百分之"。"二十五巴仙"即"百分之二十五"。

⑨ 李光耀《华语或方言?》,载《推广华语运动开幕演讲集》,新加坡交通及新闻部编,1979年。

# 索绪尔的语言共时描写理论

## 索振羽

## （一）

《普通语言学教程》(Cours de linguistique générale)①是现代语言学的一部奠基性著作。在这部著作中，索绪尔(F·de Saussure)提出了一整套新的语言学理论，开创了二十世纪语言学。在这套新的语言学理论中，最重要、影响最深远的是语言共时描写理论。

### 一、共时状态的语言是一种表达观念的符号系统

索绪尔提出要把语言的共时状态和历时演变区别开来，把语言的共时状态确定为语言研究的重点，并认定共时状态的语言是由互相制约的语言符号构成的一种关系复杂的系统。

索绪尔明确指出："语言是一种表达观念的符号系统。"（37页，指《普通语言学教程》中译本的页码，下同）这是阐明语言的本质。其中，说"语言是符号系统"，是从结构上阐明语言的本质；说"表达观念"，是从社会功能上阐明语言的本质。这里，我们重点谈论语言是符号系统。语言是符号系统的论断，充分表明索绪尔认定语言是一个系统，这个系统是由互相制约的符号构成的。

那么，这构成语言系统的符号是什么样子，又具有什么性质呢？索绪尔说："我们把概念和音响形象的结合叫做符号"（102页），这样的语言符号是一种概念和音响形象的"两面的心理实体"（101页），如图1。索绪尔提出："我们建议保留用符号这个词表示整体，用所指和能指分别代替概念和音响形

象。"(102 页)如图2。这样确定下来的语言符号具有任意性和能指的线条性两大特征。在索绪尔看来,共时状态的语言就是由这样的互相制约的许多语言符号构成的一个系统。

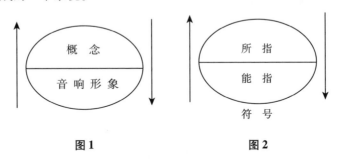

图1　　　　　　　　图2

## 二、从语言系统中划分出单位来

索绪尔共时描写的对象是特定语言的共时系统。索绪尔说:在这样的共时系统中,"把一项要素简单地看作一定声音和一定概念的结合将是很大的错觉。这样规定会使它脱离它所从属的系统,仿佛从各项要素着手,把它们加在一起就可以构成系统。实则与此相反,我们必须从有连带关系的整体出发,把它们加以分析,得出它所包含的要素"(159 页)。又说:"语言的特征就在于它是一种完全以具体单位的对立为基础的系统。我们对这些单位既不能不有所认识,而且不求助于它们也将寸步难移"(151 页),但"语言有一个奇特而明显的特征:它的实体不是一下子就能看得出来"(151 页)的,所以"我们要设法抓住它们"(155 页),把它们从语言系统中划分出来。这就清楚地表明,特定语言的共时状态是一个系统,这系统不是由孤立的单位(＝要素＝符号)加在一起构成的,而是由彼此互相制约的单位(＝要素＝符号)构成的。但这些单位是什么,有多少,描写者在描写之前是不知道的。所以,要描写特定语言的共时系统,就必须带着语言是系统的观念首先从这特定语言的共时系统中划分出单位来。

那么,怎样才能从特定语言的共时系统中划分出单位来呢?索绪尔形象地告诉我们:以言语为依据,把它看作语言的记录,并用两条平行的链条表示出来,一条代表概念(a),一条代表音响形象(b)。正确的划分要求音响链条的区分跟概念链条的区分相符:

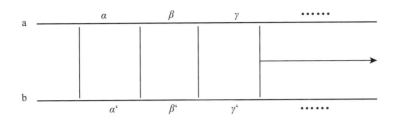

我们用索绪尔所举的法语的sižlaprã②为例来划分:

(1) sižl – aprã

或

(2) siž – la – prã

(1)(2)这样划分是错误的,因为音跟概念不符。

(3) si – ž – la – prã

或

(4) si – ž – l – aprã

(3)(4)这样划分是正确的,因为音跟概念相符,法国人就是这样说的:

(3) si ie la prends(如果我拿它)

(4) si je l'apprends(如果我学习它)

运用这样的方法就把连续的语流划分开来了。

  这种划分单位的方法,从理论上来说简单明了,但在语流的实际划分中会遇到许多麻烦。例如,法语的cheval(马,单数)与chevaux(马,复数),通常,人们认为这是同一个名词的两个形式,但从它们的整体来看,无论是意义还是声音都很不同。在这种情况下,怎样确定单位呢? 由此索绪尔得出结论说:"我们不能在词里找具体的单位,必须到别的地方去找。"(150页)接着他试从比词小的片段和比词大的片段去找单位,但到处困难重重,找不到理想的单位。③因为切分语流所划分出来的片段还不是语言系统中的单位。

  由于语言描写者不能直接掌握语言系统中的单位,但又非得找出它们不可,因为"静态语言学中任何基本概念都直接取决于我们对单位的看法"(152页)。所以,索绪尔提出了共时的同一性理论。他说:在特定语言的共时系统

中,音段和概念相符的片段有共时的同一性,例如法语的:

(1) je ne sais pas. (我不知道)

(2) ne dites pas cela. (别说这个)

这(1)和(2)中的 pas 有共时的同一性。但音段和概念不对应也可能有共时的同一性,例如法语的:Messieurs!(先生们!)人们不会因演说家在说出它们时由于口气和语调变化带来的语音上的明显差别或者语义上的某些差别而否认其同一性。他还说:甚至同一个词表达相当不同的观念,也不至于严重损害其同一性,例如法语的:

(1) la fleur du pommier (苹果花)

(2) la fleur de la noblesse (贵族的精华)

这(1)和(2)中的 fleur 仍有同一性。

索绪尔指出以上三种情形都有共时的同一性,这就为把有关的不同变体(片段)归并为同一个单位找到了解决难题的办法。

可是,根据什么理由我们说某些片段具有共时的同一性呢?为此,索绪尔开创性地提出了语言价值理论。在论述语言价值理论时,他把词当作与语言共时系统中的实际单位相等的标本。他说:"词虽然同语言单位的定义不完全相符,但至少可以给我们一个近似的观念,并且有一个好处,就是具体。"(159页)

索绪尔分别从概念、物质(声音)和符号(所指和能指的结合体)三个方面来考察语言的价值。

索绪尔指出:语言学和政治经济学一样是研究价值的科学,"人们都面临着价值这个概念。那在这两种科学里都是涉及不同类事物间的等价系统,不过一种是劳动和工资,一种是所指和能指"(118页)。

索绪尔说:价值总是这样构成的,"(1)一种能与价值有待确定的物交换的不同的物;(2)一些能与价值有待确定的物相比的类似的物"(161页),我们把这两句话说得通俗易懂些就是:(1)不同的物可以交换;(2)同类的物可以比较。

索绪尔首先从概念方面考察语言的价值。他说:"一个词可以跟某种不同的东西即观念交换；也可以跟某种同性质的东西即另一个词相比。因此，我们只看到词能跟某个概念'交换'，即看到它具有某种意义，还不能确定它的价值；我们还必须把它跟类似的价值，跟其他可能与它相对立的词比较。我们要借助于在它之外的东西才能真正确定它的内容。词既是系统的一部分，就不仅具有一个意义，而且特别是具有一个价值。"（161页）在单个符号(＝词)里，如图3，意义只是听觉(音响)形象的对立面，"一切都是在听觉形象和概念之间，在被看作封闭的、独自存在的领域的词的界限内发生的"（160页）。也就是说，一个词的意义可以从单个符号内部的对立来确定。价值则与此不同，它是从不同符号之间的对立来确

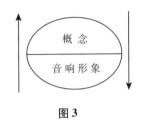

图 3

图 4

定的，如图4。索绪尔说："语言既是一个系统，它的各项要素都有连带关系，而且其中每项要素的价值都只是因为有其他各项要素同时存在的结果。"（160页）例如法语的同词义 redouter（恐惧）、craindre（畏惧）、avoir peur（害怕），只是由于它们的对立才有各自的价值，若是 redouter 消失了，那么它的全部内容就要转移到它的竞争者方面去。实际上，"任何要素的价值都是由围绕着它的要素决定的"（162页）。索绪尔说："我们说价值与概念相当，言外之意是指后者纯粹是表示差别的，它们不是积极地由它们的内容，而是消极地由它们跟系统中其他要素的关系确定的。它们的最确切的特征是：它们不是别的东西。"（163页）总之，索绪尔认为，在语言的共时分析中，单独考察概念(所指)方面，则"一切都是消极的"，因为在语言中"不可能有先于语言系统而存在的观念或声音，而只有由这系统发出的概念差别"，这是"没有积极要素的差别"（167页）。

接着，索绪尔从物质(声音)方面来考察语言的价值。他说："如果价值的概念部分只是由它与语言中其他要素的关系和差别构成，那么对它的物质部分同样也可以这样说。在词里，重要的不是声音本身，而是使这个词区别于其他一切词的声音上的差别，因为带有意义的正是这些差别。"（164页）又说：语

言的能指是"它在实质上不是声音的,而是无形的——不是由它的物质,而是由它的音响形象和其他任何音响形象的差别构成的"（165页）,"语言只要求有区别,而不像大家所设想的那样要求声音有不变的素质。我甚至可以把法语的 r 发成德语 Bach '小河'、doch '但是' 等词中的 ch。可是说德语的时候,我们却不能用 r 当作 ch,因为这种语言承认有这两个要素,必须把它们区别开来"（165—166页）。总之,索绪尔认为,在语言的共时分析中,单独考察物质（声音）方面,也"一切都是消极的",因为在语言中不可能有先于语言系统而存在的声音,而只有由这系统发出的"声音差别",这是"没有积极要素的差别"（167页）。

最后,索绪尔从符号（所指和能指的结合体）来考察语言的价值。他说："所指和能指分开来考虑虽然都纯粹是表示差别的和消极的,但它们的结合却是积极的事实。"（167页）"如果我们把符号——积极要素——互相比较,我们就不能再谈差别;差别这个词是不妥当的,因为它只适用于把两个音响形象,如 père '父亲',和 mère '母亲',或者两个观念,如'父亲'和'母亲',互相比较。两个符号各有所指和能指,它们不是有差别,而只是有区别。它们之间只有对立",我们从语言共时系统中划分出单位来,就是"以这种对立以及它们所包含的声音差别和观念差别为依据"（168页）。索绪尔指出:差别原则应用于单位可以这样表述,即"单位的特征与单位本身相合。语言像任何符号系统一样,使一个符号区别于其他符号的一切,就构成该符号"（168页）。差别造成价值,价值相同的片段具有同一性,把具有同一性的片段归并为一个单位,价值不同的片段不具有同一性,依据差别和对立原则定为不同的单位。这样确定出来的单位才是特定语言系统中的单位。索绪尔强调指出:这种分析中没有任何物质的东西,因为语言学是在观念和声音"这两类要素相结合的边缘地区进行工作的;这种结合产生的是形式（forme）,而不是实质（substance）"（158页）。

### 三、描写单位之间的关系

特定语言系统的共时描写,在单位划分出来之后,就是描写单位之间的关系了。

索绪尔明确指出:"在语言状态中,一切都是以关系为基础的。""语言各项要素间的关系和差别都是在两个不同的范围内展开的,每个范围都会产生出一类价值;这两类间的对立可以使我们对其中每一类的性质有更好的了解。它们相当于我们的心理活动的两种形式,二者都是语言的生命所不可缺少的"(170 页)。这里,索绪尔所说的语言生命不可缺少的、相当于我们心理活动的两种形式就是句段关系和联想关系。索绪尔肯定地说:正是这些关系"构成了语言,并指挥它的运行"(177 页)。

所谓句段关系,就是在话语之中,要素一个挨一个排列在言语链条上,以长度为支柱的结合关系。句段总是在现场的,它以两个或两个以上在现实系列中出现的要素为基础。例如法语的:re-lire(再读);contre tous(反对一切人);la vie humaine(人生);S'il fait beau temps, nous sortirons(如果天气好,我们就出去);……句段的适用范围很广,它不仅适用于词(复合词、派生词),而且适用于词的组合,适用于各式各样的复杂单位。句段的特点是有连带关系,即整体的价值取决于它的部分,部分的价值取决于它在整体中的地位,所以部分和整体的句段关系跟部分和部分间的关系一样重要。例如法语的 Contremaître(监工),它划分为两个次单位:Cntre-maître,但只考察这两个次单位之间的关系是不够的,还要考察整体 Contremaître 和 Contre 之间的关系,Contremaître 和 maître 之间的关系。

所谓联想关系,就是在话语之外,各个有某种共同点的要素在人们的记忆里的类聚关系。如根据词根相同、后缀相同、所指类似,等等,都可以形成联想系列,例如法语:

联想的要素是不在现场的,它们潜存在人们的头脑里。由心理联想构成的集合不限于把有某种共同点的要素类聚在一起,心理还抓住在每个场合把要素联结在一起的种种关系的性质,从而有多少种关系,就形成多少个联想系列。

在联想集合里的各项要素有两个特点:没有一定数目,没有确定的顺序。

句段关系和联想关系是语言机构运转起来的两种根本关系。人们之所以能说出某些话语或听懂某些话语都是这两种关系同时起作用的结果。比方当一位法国人说"que vous dit-il?(他对您说什么)"这句话时,就必定有联想集合参与其间,说话人在头脑里把不符合需要的要素排除掉,选择出所需要的要素并把它填充在话语的特定位置上,例如在"que vous dit-il? que te dit-il?(他对你说什么)que nous dit-il?(他对我们说什么)"里的代词联想集合 vous(您)、te(你)、nous(我们)中选择出 vous(您)来。索绪尔说:"事实上,空间上的配合可以帮助联想配合的建立,而联想配合又是分析句段各部分所必需的。"(178 页)例如从听(理解)的方面把法语的 défaire"解除"这个合成词分解成次单位:dé-faire,其分解过程就是先找出包含 dé-的一群联想形式如 décoller(揭下)、déplacer(移动)、découdre(拆开)等等,再找出包含 faire 的一群联想形式如 faire(制作)、retaire(改造)、contrefaire(伪造)等。正因为有这些不同的联想形式漂浮在 défaire 的周围,我们才能确认它是句段。

索绪尔发现了使语言运转起来的句段关系和联想关系,并紧紧抓住这两种根本关系来进行语言状态的描写。请注意!索绪尔为语法下了新定义,即语法就是"静态语言学或语言状态的描写"。又说:"语法是把语言当作表达手段的系统来研究的;所谓'语法的',就是指共时的和表示意义的。"(186 页)这就是说,在索绪尔的语言学理论体系里,词汇学没有独立的地位,它被纳入语法之中。语法就是语言状态的描写,而语言状态的任何要素都可以归结为句段理论和联想理论。索绪尔批评了传统的语法分类,他打破传统语言学将语法分为形态学和句法两部分的界限,把全部语法材料都纳入句段和联想两条轴线上来。他说:"我们似乎可以把传统语法中的某些部分毫不费力地归入这两种理论中的某一种:屈折变化在说话者的心中显然是形式的联合的一种典型形式;另一方面,句法,按照最流行的定义,即词的组合理论,可以归入句段理论,因为这些组合至少要有两个分布在空间的单位。"(189 页)索绪尔有几分自豪地说:"每一事实应该都可以这样归入它的句段方面或联想方面,全部语法材料也应该安排在它的两个自然的轴线上面。只有这样分配才能表明我们对共时语言学的通常框架应该作哪些改变。"(189 页)

## （二）

　　索绪尔的语言共时描写理论是在批评历史语言学的严重缺陷和传统语法静态描写不完备性的基础上提出来的。索绪尔说："语言学在给历史许下了过大的地位之后，将回过头来转向传统语法的静态观点。但是这一次却是带着新的精神和新的方法回来的。"（121页）这段话表明，索绪尔既预见到语言研究由十九世纪历史语言学占垄断地位转变到二十世纪描写语言学占主导地位的发展潮流，又显示出克服传统语法静态描写方法上的不完备性而提出一套完备的语言共时描写理论和方法的自信心。在他看来，语言研究的重点不应该是语言的历史而应该是语言的共时状态，因为共时状态的语言是人类交际的重要工具。索绪尔明确指出：共时状态的语言是一种表达观念的符号系统，是纯粹价值的系统。他认为，语言共时描写的任务就是把语言作为一个单位和关系的系统来分析，也就是带着语言是系统的观念，先从特定语言的共时系统中划分出单位，然后再描写单位之间的关系，最后揭示出这特定的语言是一个什么样的系统。索绪尔的语言共时描写理论开创了语言研究的一个新时代，对二十世纪的结构主义语言学的几大流派有重大影响。

　　现在，我们就"系统""单位""关系"三个问题作一简要评论。

### 一、"系统学说"使二十世纪语言学成为真正的科学

　　索绪尔批判了历史语言学的"原子主义"错误，明确地提出了语言系统学说。索绪尔认为，语言研究的重点是语言的共时状态，而共时状态的语言是一个系统。他说："语言是一种表达观念的符号系统"（37页），"语言是一个纯粹的价值系统"（118页），在语言系统中，"把一项要素简单地看作一定声音和一定概念的结合将是很大的错觉。这样规定会使它脱离它所从属的系统，仿佛从各项要素着手，把它们加在一起就可以构成系统"（159页），实际上与此相反，"语言是一个系统，它的任何部分都可以而且应该从它们共时的连带关系方面去加以考虑"（127页）。这就是说，索绪尔明确肯定语言是一个系统，并指出特定语言的共时系统不是由互不相关的孤立的许多单位（＝要素＝符号）机械地相加而成的，而是由彼此制约、互相规定的许多单位（＝要素＝符

号)按照一定规则组合而成的。我们认为,索绪尔的"系统学说"是一种非常重要的学说,它强调语言的整体性,但这种整体性不是"整体等于部分之和"的那种机械论的整体性,而是"整体大于部分之和"的那种具有辩证思想的整体性。这种整体性思想确切地揭示了语言系统本身的特性。正是这种思想使二十世纪语言学跟十九世纪语言学泾渭分明地区别开来。所以,我们有充分理由说:索绪尔的语言系统学说使二十世纪语言学成为真正的科学。

### 二、提出从语言系统中划分出单位的科学理论和方法

索绪尔明确指出:"语言的特征就在于它是一种完全以具体单位的对立为基础的系统。我们对于这些单位既不能不有所认识,而且不求助于它们也将寸步难移。"(151 页)这就表明,要分析、描写一种特定语言的共时系统,就必须首先得划出这系统所包含的单位来。索绪尔的功绩就在于他首先提出了从语言系统中划分出单位来的科学理论和方法。这主要的不是表现在他形象地告知我们切分语流的方法,而是表现在他创造性地提出了共时的同一理论和语言价值理论,从切分语流得到的片段中归并出语言系统中的单位。语言价值理论跳出实质,抓住有系统意义的特征,所以能够找出语言系统中的形式单位来。

可是,有人对索绪尔的从差别入手,切分语流,依据价值的异同,归并出语言系统中的单位的理论和方法提出了严厉的责问:"是语言单位本身决定它们的差别和价值,还是语言单位相互之间的对立和差别决定它们的价值和关系?"这种责问的倾向性是十分明显的,批评者显然主张"是语言单位本身决定它们的差别和价值"。这种主张从表面来看颇有几分道理,但实际上是完全行不通的。必须明确,索绪尔要分析、描写的语言是特定语言的共时系统。面对这样的语言系统,描写者只知道"它是一种完全以具体单位的对立为基础的系统"(151 页),至于这系统中的单位究竟是些什么,描写者在描写之前是根本不知道的。在这种情况下,连单位都不知道,怎么可能根据单位本身去决定它们的差别和价值呢?我们认为,从语言这种特殊的研究对象的实际出发,行之有效的方法只能是从差别入手,切分语流,把价值相同的片段归并为一个单位,把价值不同的片段定为不同的单位。

索绪尔的从差别入手,切分语流,依据价值的异同,归并出语言系统中的

单位的理论和方法,是在深入研究语言系统本身特性的基础上提出来的,因而是科学的,是无可指摘的。例如布拉格学派的代表人物特鲁别茨柯伊正是接受了索绪尔的语言系统学说而创立了科学的音位学理论。他运用索绪尔提出的"差别""对立""价值"等观念,切分语流,通过音位变体归并出特定语言系统的音位来。又如美国结构主义语言学,特别是布龙菲尔德学派后期的语言学家们,在描写特定语言的共时系统时,运用一套完整的"发现程序",从差别入手,把语流切分成最小的片段:音位变体和语素变体(语子),再依据互补和相似原则把有关的音位变体归并成音位,把有关的语子归并成语素。这种确定语言系统中的单位(音位和语素)的理论和方法,虽说具有明显的美国结构主义语言学特色,但索绪尔的影响也是清晰可见的。而且,反过头来,也可以证明:由索绪尔首先提出来的从语言系统中划分出单位来的基本理论和方法是正确的。

### 三、句段关系和联想关系学说为语言静态分析法奠定了科学基础

句段关系和联想关系是语言系统中的两种根本关系。在语言的静态描写中,每个单位都处在既可以跟其他单位组合,又可以被其他单位替换这两种关系之中,人们之所以能说出一段话语或听懂(理解)一段话语,正是依靠这两种关系的同时运行。索绪尔发现了句段和联想这两种关系,从而为语言的"静态分析法"奠定了科学基础。

索绪尔批评了传统的语法分类,主张打破形态学和句法的界限,把全部语法材料都纳入句段关系和联想关系,这显然有利于对语言共时状态作系统的描写。

在评论索绪尔的语言共时描写理论时,我们认为还应该思考这样一个问题,即在索绪尔的语言学理论体系中已可朦胧地看到关于语言结构二层性的雏形,也就是音位和符号两个层面的雏形。我们之所以这样说是有一定根据的。关于音位层面:索绪尔提出了"音位"(phonème)这个术语,并且说:"在任何情况下,我们都要为所研究的语言整理出一个音位系统,即为它所使用的声音绘出个图表来。事实上,任何语言都有一定数量的区别得很清楚的音位。这个系统才是语言学家唯一关心的现实"(62页)。仔细分析一下,这段话包括三个重要内容:(1)每种语言都具有一个音位系统;(2)构成这音位系统的音位其数目是有限的;(3)由一定数目的音位构成的系统才是语言学家真正关

心的。尽管索绪尔提出的音位(实际上等于音素)跟当前使用的音位不一样，但由于它具有上述三个特征，所以索绪尔的音位理论已见雏形。而当他指出"音位首先就是一些对立的、相关的、消极的实体"(165页)时，我们就会惊异地感觉到，索绪尔的音位概念和当前的音位概念已经相当接近了。索绪尔关于音位和音位系统的论述，使人有理由认为，在他心目中确已存在一个音位层面雏形。至于符号层面(＝语法层面)，在索绪尔的语言学理论体系中已有充分的论证，在此不必赘言。二十世纪的结构主义语言学派正是受到索绪尔这些理论启示和影响，并将它们进一步发展完善，形成了完整的语言结构二层性(音位层面和语法层面)的科学理论。使我们特别感兴趣的是：不论是音位层面还是语法层面都能运用句段关系和联想关系来有效地加以描写。需要说明的只是一点：结构主义语言学派把索绪尔的句段关系(rapports syntagmatiques)和联想关系(rapports associatifs)改为组合关系(rapports syntagmatiques)和聚合关系(rapports paradigmatiques)。[4]

索绪尔通过语言和言语，内部和外部，共时和历时等一系列的二分，在二十世纪初为语言研究的整个领域制定了一个全面规划。这个规划对了解语言研究的全局和明确语言研究的重点是很必要的、大有好处的。后来，结构主义学派接受并发展了索绪尔的理论，首先致力于共时形式系统——语言的核心部分的描写。此后，随着语言研究的进一步发展，先从句法突破，逐渐遍及语义、语用、语言的社会变异等领域，研究的范围不断扩大。到现阶段，共时研究已包括语言的结构和运用的一切方面。总的来看，语言研究的进展大致是按索绪尔规划的框架进行的，而他对语言结构共时描写所做出的杰出贡献已成为现代语言学的牢固基石。正因为如此，索绪尔的语言共时描写理论至今仍然值得我们认真研究和借鉴。

原载于《语文研究》1994年第1期。

**注　释**

① 《普通语言学教程》(*Cours de linguistique générale*)是索绪尔去世后，由他的学生巴利和

① 薛施蔼根据索绪尔生前讲授普通语言学课程时学生们的笔记和索绪尔的一些手稿、资料编辑整理而成的,1916 年出法文第一版。中文版由高名凯翻译,岑麒祥、叶蜚声校注,商务印书馆,1980 年出版。
② 这是索绪尔使用的一种音标。
③ 索绪尔千方百计要找,但一直没有找到的单位,就是后来结构主义语言学家们找到的语素(morpheme)。
④ 哥本哈根学派的代表人物叶尔姆斯列夫把索绪尔的"联想关系"改为"聚合关系"。因为他认为索绪尔的"联想"是一个心理学概念,应该用没有心理学意义的"聚合"来替换。

# 汉语的特点与语言的普遍性
——从语言研究的立足点看中西音系理论的发展

## 王洪君

## 0 开题

多年来汉语研究中一直有两种倾向。一种是简单地搬用西方普通语言学来处理汉语,外文系出身的语言学者所取此路。另一种是强调汉语的特点,强调西方理论不足以处理汉语,中文系出身的汉学者或明白宣示,或心内思忖,实以此路为多。本文想说明,两种倾向在某种意义上看有通病,就是其立足点实际上都只限于如何处理汉语,而不把处理人类语言的共性当作自己的任务。放弃对语言共性的探索,不仅使中国语言学逐渐落后于西方语言学,差距越拉越大,而且也很难真正搞清汉语的特点。下面仅以音系理论的发展为线索,说明立足点限于汉语的局限。

## 1 起点

中国传统语言学(小学)与西方传统语言学都是只限于研究某一种或某一系具体语言。它们各自发现了自己那一系语言的不少特点和规律,都建立了宜于描写某一系具体语言的理论方法,又都不能涵盖对方语言的事实。

比如,在汉语音韵学中,"字"(从语音上看也就是音节)是语音分析的基本单位。音节中声调的分类很重要,此外音节还要首先分为声、韵两部分,其次分析到等呼、韵尾等相当于音位(大致相当于字母)的层级,再分析到相当于区别特征的层级。从字书的编排、标音用的反切法、韵图的设计都可以看出这种对音节层次结构的认识。构词法方面对重言、双声叠韵、切语词（如"薄咪"为"摆"）以至音转构词都有过专门论述。韵律方面重视音节数目的对称和对偶句声调平仄的交替。

西方语言学则是以词为语音分析的基本单位。从词直接分析到字母层次。字母首先分为元、辅音两大类，然后再是发音部位、方法的区别特征分组。构词法的研究重视词的构词音变规则，如内部屈折或附加词组所发生的语音变化的规律往往是以字母的元辅音及区别特征的分组为条件的。韵律方面则着重一个词的音步数目，词的重音位置，如何利用词的组合造成轻重交替的节奏旋律。

可以说，两种传统都突出了各自语言的特点，各有所长，起点差不多。

## 2 差距形成

十九世纪后，随着欧洲经济、科学的起飞，殖民地的扩展，西方人所接触语言的增多，西方语言学明确了在具体语言规律之上发现人类语言普遍规律的企图，立足点由具体语言转向了人类语言的共性。立足点的变化，使西方语言学发展得很快。与此同时，中国语言学始终立足于如何处理汉语，理论上没有新进展。下面分几个阶段具体讨论。

立足于全人类语言的普通语言学是从探求语言历史发展的普遍规律开始的，这就是十九世纪的历史比较语言学。本文想限于讨论有关语言共时语音系统理论的发展脉络，故西方语言学这一时期的成果就暂略过不表。只提一点与本文议题有关的，就是在十九世纪后期，欧洲已制定了适于描写所有语言语音系统的标音符号——国际音标。

二十世纪以来，西方语言学的主要方向转向人类语言共时结构系统的研究。直至六十年代初，西方的主流学派是结构主义。

结构主义着眼于人类语言的共性，试图找出形式化的、适用于分析所有语言结构的发现程序和描写分类程序。本文只想提及以下几点：(1)它从理论上阐明了，语音结构中起作用的不是物质声音的具体差异，而是用以区分语素或词的语音功能。(2)确立了一套形式化的"发现"音位的程序，其原则是只考虑语音的对立、互补等分布关系，不考虑语法、语义的分布条件。(3)确定了将音位分析为区别特征的程序。并且提出,从区别特征的层次看,所有语言的辅音系统都呈现出平行对称的共性,元音系统则呈四边形或三角形。(4)重音是重要的一级语音单位,并提出了人类语言的"音节普遍响度原则"。即,位于音节中心的音位响度最大,由中心到两边,响度顺次降低。这几点中,(1)是结构主义各派公认的,(2)只是美国结构主义的主张,与其背景——要研究处理大量没有文字材料的、不是调查者母语的印地安语言有关。(3)(4)则是欧洲派结构主义的贡献。

总的看来,结构主义理论使西方语言学的适用性大大提高了。然而,受研究对象语言及认识水平的限制,其"普遍性"是打折扣的。个别地方比西方传统语言学还有所倒退。比如它不像传统语言学那样重视语音与语法的关联。

同一时期,中国学者关心的焦点仍限于如何处理汉语。但是,像传统小学那样用汉字来作标写各级语音单位的符号无疑是太不方便、太不精确了。只凭语感来确定语音单位的做法也显然只能对付研究者的母语方言或是一种标准语言。社会的发展使得传统小学已不足以满足新时期处理汉语的需求。中国开始向西方借用理论。借用的结果是,按音位的发现程序,用国际音标字母作符号来处理汉语大致可行。如果只分析那些一音节一义的实字而不管儿化词、拟声词、叹词,得到的语音单位系统与汉语音韵学力图用图表显示的、整齐的语音格局相当,且更为直观。更可以一目了然地发现,北京话的所有字音都是一个音节四个字母,第一位置只出现辅音,第二位置只出现 i、u、y,第三位置只出现元音,第四位置只出现 i、u、n、ŋ。其中辅音系统除 l(来母)、r(日母)外,形成横成行竖成列的方形矩阵:

$$
\begin{array}{llll}
p & p^h & m & f \\
t & t^h & n & (s) \\
k & k^h & ŋ & x \\
\end{array}
$$

这些特点都是汉语音韵学力图揭示的,也是符合汉族人语感的。引入立足于人类语言共性的西方结构主义,无疑推进了汉语的研究。

然而搬来的西方理论也不是完全可行。一是用字母标写汉语语音、用普遍的音位发现程序研究各种汉语方言后,更发现西方仅把音节看成一个元辅音顺序出现的单线性序列，不如传统音韵学把音节看成声韵两分、韵再细分的层级结构合理。取中国传统的音节层级结构可以更简明地说明汉语各方言音系的特点。因为在这个体系中，不仅声母，而且韵母、韵基都形成平行对称的格局。如北京音系的韵母四呼相配：有 an、ian、uan、yan，就有 en、in、un、yn；而无尾韵的韵基是高/中/低相配的三套：ɑ、e、i，有尾韵的韵基是低/非低两套相配：ai、ei/au、ou/an、en/aŋ、eŋ。取消韵母、韵基等层级就很难抓住汉语方言在音系格局上的特点。二是纯形式化的，不考虑语法、语义分布条件的美国式音位发现程序很难在汉语语音分析中不打折扣地贯彻。若是不根据语法、语义条件先把"一个音节两个意义"的儿化词及与语义有相似性联系的拟声词、感叹词剔除，就直接按"音位发现程序"操作，将得到一个颇为混乱无章的语音系统。这样的系统格局无法说明种种语音构词规则，无法说明方言间音系的对应，无法以此为基础观察音系演变，也不符合汉族人语感。[①]面对这些问题，国内学者有几种态度。一种是坚持结构主义原则，宁愿用烦琐的手续来处理汉语。处理的结果是系统混乱。另一种是将外来理论加以改造来处理汉语。如分析汉语音系时首先讲声韵调，然后再讲音位。再比如只按"音位发现程序"处理一音一义的实字，而儿化词等非一音一义的成分之后再处理。这样做可以说是兼容了汉学传统与西方理论，使汉语音系的分析较之两者都更为简明。然而这种做法的理论根据何在，西方理论是否有不够普遍的缺陷或质的错误，这一派却不主张讨论这些理论问题。另一派，主张公开提出结构主义不适用于汉语，强调汉语有种种特点，强调要建立汉语自己的语言理论。然而，是否会有语言的普遍理论呢？汉语的特点、传统音韵学的理论框架有没有反映语言共性的方面呢？第三派似乎也没有考虑。

眼光囿于汉语，使得这一时期的中国语言学没有在中国传统小学与西方语言学之外提出新的理论。

## 3  差距拉大

六十年代后生成派取代了结构主义的主流派地位。之所以能够取代，首先是因为生成派用俄语、英语，特别是英语重音方面的语音事实为材料，从理论上彻底说明了就语音论语音的"音位发现程序"是不合理的。生成派提出，任何一种语言语音系统的基本单位，都必须兼顾语法语义条件才能发现，它们只应该包括那些在语音语法语义上都不可预测的、不能由其他单位加规则推出来的单位。也就是说，按生成派的原则来处理汉语的话，只在儿化韵、感叹词中出现的语音，因为跟特定的语法语义相联系，不能跟"一音一义"的实字同等对待。结构主义用来分析汉语音系，常常遇到儿化韵的纠缠，原来是结构主义本身有本质上的缺陷。结构主义不只是处理汉语有困难，而是处理所有语言都有困难。只是困难点有不同：于英语在重音，于汉语在儿化韵。同样是理论不适用，引出的结果却不相同。人家认为音位理论处理不了英语重音是有普遍意义的，因而对结构主义进行了"革命"，建立起新的、普遍性的语言理论。我们则或者以为普遍理论不可更改，或者认为儿化韵问题是汉语独有的。一次很好的，根据汉语的特点来更正、补充，以至重建普通语言理论的机会就这样失去了。

　　生成派比结构主义更强调语言的共性。他们批评结构主义是只满足于"描写"语言，满足于对语言各级单位进行分类，而不力图"解释"语言各种现象间的联系。重"解释"，重语法语义语音之间的关联，两者结合使生成音系理论有了更大的进展。

　　初期的生成派着重对英、俄等印欧系语言进行深层次的研究。以系统、规则最简明，能概括解释最多的语言现象为原则，他们恢复了西方传统语言学以词为基本单位、重视构词音变的传统。生成派第一次揭示了英语重音的规则：英语的词重音与词类（名、动、形）、词的结构类型（单纯/派生）等语法条件，元辅音的排列等语音条件都有关联。根据最简明地处理英语、俄语的经验，生成派建立起自己的普遍性的语言模型。这一模型对英语的解释力大大超过了传统语言学与结构主义。然而早期的生成派虽然号称"普遍"，但由于处理的对象语有限，实际还够不上"普遍"的资格。比如在他们的音系理论中竟然没有"音节"这一级语音单位，而是由音段直接构成词音形。就这一点而言，生成派比传统语言学有所后退。然而生成音系学并没有就此停步。

　　七十年代始，生成派先后以阿拉伯语、班图语、南岛语、印地安语、日语、汉语等多种语言为材料，以"最简明、解释力最强"为原则分别从各语言中抽象出不同的语言模型。先假设这些语言模型是普遍性的,然后放到其他语言中去检验。检验可能证明模式的确是普遍性的;也可能证明是把语言个性的现象当作了普遍的;还可能虽然在其他语言中发现有例外,但可以发现在更高的层次上还有普遍性。如此经过多次反复,当前生成音系学所提的音系理论已基本上可以涵盖国内常说的汉语特点。下面仅举几个特点为例。每一个特点先举国内的说法再举生成音系学的说法。从中不难看出,较低层次的个性,到更高层次上就成了共性。

(1)汉语的特点是一个音节首先分为声韵两部分,韵母再分为韵头和韵基,韵基再分为韵腹和韵尾,是个层层二分的层级结构。

生成音系学:所有语言的音节都应该首先分为声韵两部分,然后声韵再进一步分析。韵再分析为韵核和韵尾。证据是在印欧、班图等多种不同系的语言中,词的重音或乐调重音的位置都只与韵的音位数目有关而与声母的音位数目无关。通常,韵中含两个音位的 VV 韵或 VC 韵的音节(可统称"重音节")吸引重音,而韵中只含一个音位的 V 韵音节("轻音节")不吸引重音。从另一角度看就是,辅音若处于声母位置就与重音无关,若处于韵尾位置就与重音有关。因而声母含辅音的多少,如 CVV、CCVV、CCCVV,对重音没有任何影响。韵尾位置则多一个辅音少一个辅音,与重音的关系很大。请看英语重音的部分规则。

三音节以上的名词性单纯词:

| I | II | III |
|---|---|---|
| América | Minnesóta | Califórnia |
| cínima | horízon | agénda |
| metrópolis | balaláika | uténsil |
| análysis | coróna | appéndıx |

I栏的重音在倒数第三音节,II、III 两栏的重音却在倒数第二音节。规律在:去掉最后一个音节后,I栏的最右边的音节为短元音 V 韵,而 II、III 两栏则分别为 VV 韵和 VC 韵。音节轻重的不同决定了重音的位置。英语大部分派生词的重音规则与名性单纯词相同。

动词性单纯词:

|       I       |       II      |      III      |
|:-------------:|:-------------:|:-------------:|
|   astónish    |   maintáin    |   collápse    |
|    édit       |    eráse      |    eléct      |
|   consíder    |    appéar     |   exháust     |
|   intérpret   |   achiéve     |   tormént     |
|   imágine     |    decíde     |   convínce    |

Ⅰ栏的重音在倒数第二音节，Ⅱ、Ⅲ栏的重音在倒数第一音节。重音的规则是，去掉最后一个辅音，其他与前述规则相同：Ⅰ最右边的音节为 V 韵，重音在左边，Ⅱ、Ⅲ 两栏为 VC 韵，重音在自身。

英语的重音规则是比较复杂的，名性单纯词与派生词的最末一个音节是节律外成分，动性与形容词性的最末一个辅音是节律外成分。其他多种语言的重音大多简单些，但 V 与 VC、VV 韵的对立是普遍性的。由此若仅仅区分元辅音而不区分声韵甚或音节，无法简明地描写世界绝大多数语言。因而音节的分界，音节内的声韵二分，韵内的中心与韵尾的再二分，是语言普遍语音模式中必不可少的内容。

据生成音系学的创始人 Halle 教授相告，他们在各种语言的韵律规则研究中都发现了辅音在音节首与音节尾的不同功能，才发现汉语音韵学的音节层次结构说原来是普遍的语音模式。现在，这一模式已被普遍接受，其解释力令许多音系学家震动。可惜，声韵二分的音节层次结构说作为语言的普遍模式，其发明权不在中国而在美国，中国人坚持认为它是汉语独有的特点。

(2) 汉语的音节有几个组合位置及各个位置可出现什么成员有严格的限制。因而什么是汉语中可能的词音形，什么是不可能的词音形，汉族人有很好的直觉，如 blik 肯定不是现代汉语的词。而印欧语哪个音位可以出现在音节的哪个位置是不固定的，什么是印欧语可能的词形不能确定。

生成音系学：这种说法是错误的。凡英语稍好的人都可以判断出下列单个音节中带星号的不可能是英语的词，不带星号的可能是英语的词（可以选来做新的商标名）：

| filb | slin | *vlim | smid | *fnit | *vrig |
|------|------|-------|------|-------|-------|
| trib | brid | blim  | tnig | *bnin | plit  |

多音节词的限制较单音节复杂。但经生成音系学的多年研究并参考了其他语言中的语言现象,现已基本搞清了英语多音节词的语音规则。主要有以下几点:①重音位置要符合规则(具体规则略)。②音段成分的限制分为核心音节与边际音节两类。核心音节指分布自由的音节,它们既可能出现在词首,也可能出现在词中、词末位置,语法上也没有特殊的条件限制。边际音节指语音或语法上受限制的音节。英语的边际音节是只在词首或词末位置出现的音节,及带有-s、-d、-t等词缀、词尾的音节。核心音节的结构要求严,边际音节的结构要求宽。③英语核心音节的音节结构为 $CGV\begin{Bmatrix}C\\V\end{Bmatrix}C$,共5个位置。边际音节与核心音节的差别为,位于词首时音节首的辅音丛可以再加个 s-,位于词末位置时音节尾可以再加一至两个辅音,再加的辅音限于舌前音 t、d、s、z、T 等。

区分核心音节与边际音节是生成音系学对普遍音理的一大贡献。它不仅使英语的音节结构显出了简单的规则(原来结构主义仅对英语单音节词的组合规则的说明就需要三四页纸),而且也能够更简明地说明其他语言的事实。如汉语的儿化韵等就是属于"只在特定的语法条件下出现的"边际语音现象,其结构往往超出汉语一般音节的格局:北京儿化韵有 –→、–⸚→ 等双韵尾,山西山东的儿化韵有 pl-、tr- 等复声母,还有的方言的儿化韵都是比一般音节长一个音位的长音。只有按核心音节、边际音节分别处理的理论,才能分析出真正的语音系统格局。

(3)"一个音节一个意义"的结构关联制约着汉语构词法的所有规则。这可以说是汉语的一个特点,以此为纲可以简明地解释汉语种种构词语音规则的联系。如,"一个音节两个意义"的儿化、Z变词均由两个"一音节一义"的成分按合音规则"二合一"而成,"多音节单个意义"的重言(如"灿灿")、双声叠韵(如"匍匐""彷徨")、嵌 l(如"薄唻")、象声词(如"劈里啪啦")等都是各音节的语音有特殊的关系,实际是以"一音节一义"的单音节的重叠为基础,加或不加某些规则而形成的。"二合一"也好、"一生二"也好,都是在"一音节一义"的根基上派生出来的。只有"布尔什维克"之类的外来词没有"一音节一义"的根基,所以一望而知是异己成分。

然而从更高的层次看,这一特点也不过是语言普遍性的一种具体体现。
生成音系学近两年提出,人类的语音结构可以分为如下层级不同的韵律单位(由大至小排列):话语—语调短语—韵律短语—附着词组—韵律词—音步—音节—摩拉。任何一种语言,对于自己的语素或词都可能有语音结构上的特殊要求。这些语音结构的要求制约着该语言的所有构词音变。如前所述,英语的一个词必须有一个位置符合规则的词重音,核心音节最大只能是 $CGV\{C/V\}$,而词缘音节可以是 $\langle s \rangle CGV\{C/V\}C\langle C \rangle \langle C \rangle$。由此而决定了,一个词根若是附加了词缀或词尾,音节数目变化了,重音位置会按规则进行调整。而由于重音位置的变化及原来的词末音节加词缀后变为词中,重音规则与核心音节的限制将迫使某些元音短化以符合英语语音词的韵律限制。如 nation ~ national ~ nationality,divine ~ divinity,cycle ~ cyclic,sleep ~ slept,wide ~ width 等例中派生词重音和元音长短的变化都是受英语语音词的韵律制约而发生的。

我们观察了英语和汉语的现象后发现,各个语言中都有一级单位是语法跟语音单位的交汇点:汉语的一个音节多半是一个语素,英语的一个语音词多半是一个语法词。而汉语的语法词与语音单位没有交汇关系,英语的音节与语素没有交汇关系。这个交汇点的韵律限制制约着该语言的种种构词音变。若抓住该交汇点的韵律限制就可以控制、解释一大片规则。[②]

由此看来,汉语"一音节一义"的特点也在更高层次的语言共性之中。特殊之处仅仅在于汉语的语音语法单位的交汇点在"一音节一义"的字上,而英语的语音语法单位的交汇点在"一个词重音一个自由语法单位"的词上。[③]

顺便提一句,生成音系学目前的"普遍韵律单位层级"的模型,也还有不够普遍之处。如:汉语的"词"并没有定型的语音模式;音步、重音是有的,但大多不是构词手段,不是词音形特有的形式标志;汉语的声调是单个音节内部的韵律特征。这些特点在"韵律单位层级"中还没有得到很好的解释。

# 4　结语

不同的语言形态各异,具有个性。而语言之为语言,就好比马之为马、笔之为笔,又具有共性。个性与共性不是矛盾的,共性比个性的层次高。

从起点相同到中弱西强,原因之一在于我们没有摆正汉语特点与人类语言共性的关系。

一方面,语言共性是科学研究力图逐渐接近、希望能最终达到的目标。要明确,西方的普通语言学理论不过是建立在某些语言具体特点之上的、反映他们目前认识水平的工作假设。把这种假设当作唯一正确的原则来处理汉语,结果只能是跟在别人的后面打转转:忽而放弃声韵以至音节的分析,忽而把儿化韵与单字韵放在一个层面上处理,忽而完全不谈语音语法语义的关联……等人家开始改变了,我们再跟上。这样的做法明显是不足取的。

另一方面,片面强调汉语的特点亦不足取。应该肯定,首先以最简原则来全面地处理汉语,努力挖掘中国传统语言学的合理内涵,无疑是汉语学者探求人类语言共性的第一步。然而,动辄强调汉语的特点远不如坚持探求"最简明、解释力最强的汉语模型"更为理智和明智。且不说我们了解语言太少而不足以确定什么是汉语独有的,更重要的是后一种提法是为探求"最简汉语模式"在什么层次上反映人类语言共性所走的第一步,是修正、补充以至推翻西方理论的第一步,是与西方人共同站到探究人类语言共性的起跑线上的第一步;而前一种说法却是否认语言共性,自动放弃对语言共性探究的封闭的一步。值得警惕的是,它同样使我们无法与西方人站到同一条起跑线上。

一稿发表于《缀玉二集——北京大学中文系青年教师学术论文选编》303—314 页,北京大学出版社,1994 年 12 月。后收入《著名中年语言学家自选集·王洪君卷》430—436 页。该稿较前稿在字句上略有改动,并增加了三条补记,其中后两条补记是非常重要的后期研究成果。这里选取的是后一版本。

## 注 释

① 补记:拙作《汉语非线性音系学——汉语的音系格局和单字音》(北京大学出版社 1998 年,2008 年)的第二章对此有详细论证,可参考。
② 补记:因此笔者在《汉语非线性音系学》中提出,应该设立专门的、普通语言学的概念来指称这一交汇点——最小韵律自由单位。徐通锵先生称之为"结构基点"。
③ 补记:它们的共同之处则在于,都是语音语法单位的最低交汇点,是控制一个语言构词语音规则的枢纽。

# ON STRATIFYING SOUND CORRESPONDENCE

## Baoya Chen

## 1 MULTILATERAL CORRESPONDENCES

The following discussion covers only tone correspondences. If a morpheme has more than one pronunciation, it may suggest that they come from different layers. In fact, the origins of this situation are far more complicated. Take a look at the following tone correspondences between Chinese and Kam-Tai languages[1] at first:

Table 1 Tone correspondences between SM and ZL

| Southwestern Mandarin(SM) | Longzhou Zhuang(ZL) | Examples |
| --- | --- | --- |
| 1 | 1 | ɬa:m¹ 三 |
| 1 | 1 | kva:ŋ¹ 光(明) |

The examples seem to show that their tone correspondences are the same-tone 1 to tone 1. However, when more Kam-Tai languages are added into comparative studies, their differences hided by the misleading surface resemblance can be discovered as below:

Table 2 Correspondences between SM and Kam-Tai languages

| Correspondence | SM | ZW | ZL | BY | DX | DD | DR | ML | SS | MN | Examples |
| --- | --- | --- | --- | --- | --- | --- | --- | --- | --- | --- | --- |
| Style 1 | 1 | 1 | 1 | 1 | 1 | 1 | 1 | 1 | 1 | 1 | ɬa:m¹ 三 |
| Strle 2 | 1 | 6 | 1 | 5 | 6 | 6 | 6 | 5 | 3 | 5 | kva:ŋ¹ 光(明) |

It turns out that the more languages we compare; the more styles of sound correspondences will be obtained. So, if one expects to uncover all different correspondences in the history of the languages, it may not be enough only to compare two modern languages.

## 2  SOUND SIMILARITY AND STRATIFICATION

It is straightforward that Style 2 may represent the layer from Southern Mandarin because the tone value in each Kam-Tai language above is similar to that of Southern Mandarin (SM):

Table 3  Style 2 of correspondences between SM and Kam-Tai language

| Correspondence | SM | ZW | ZL | BY | DX | DD | DR | ML | SS | MN | Examples |
|---|---|---|---|---|---|---|---|---|---|---|---|
| Style 2 | 1 | 6 | 1 | 5 | 6 | 6 | 6 | 5 | 3 | 5 | kva:ŋ¹ 光(明) |
| Tone value | 44 | 33 | 33 | 33 | 33 | 33 | 33 | 44 | 33 | 44 | |

However, for ancient materials, it may be not so easy to find such similarity since the tone value of that time depth has often vanished, and then it will bring us difficulties on the actual type or origin of a kind of sound correspondence. (Note: When two reconstructed languages are compared below, it implies that many languages are compared because the reconstructed language covers many daughter languages) For example:

Table 4  Tone 1 of Middle Chinese(MC) to Tone 1 of Proto-Tai(PT)

| Meaning | Chinese character | Sound classification | | | | | MC[2] | PT[3] |
|---|---|---|---|---|---|---|---|---|
| folk | 风 | 平 | 帮 | 东 | 合 | 三 | bɒuŋ1 | fuŋ1 |
| fence | 笆 | 平 | 帮 | 麻 | 开 | 三 | pɛ1 | fa1 |
| square | 方 | 平 | 帮 | 阳 | 合 | 三 | pjwəŋ1 | fuŋ1 |
| soldier | 兵 | 平 | 帮 | 庚 | 开 | 三 | bjɛŋ1 | piŋ1 |
| pigtail | 编 | 平 | 帮 | 仙 | 开 | 三 | bien1 | pien1 |
| whip | 鞭 | 平 | 帮 | 仙 | 开 | 三 | bien1 | pien1 |

**Table 5  Tone 2 of Middle Chinese to Tone 1 of Proto-Tai**

| Meaning | Chinese character | Sound classification | | | | | MC | PT |
|---|---|---|---|---|---|---|---|---|
| sew | 缝 | 平 | 并 | 锺 | 合 | 三 | bjoŋ2 | fuŋ1 |
| harrow | 杷 | 平 | 并 | 麻 | 开 | 二 | bɛ2 | phə1 |
| sink | 沉 | 平 | 澄 | 侵 | 开 | 三 | dejɤm2 | tsom1 |
| pond | 塘 | 平 | 定 | 唐 | 开 | 一 | dɑŋ2 | thaŋ1 |

**Table 6  Tone 2 of Middle Chinese to Tone 2 of Proto-Tai**

| Meaning | Chinese character | Sound classification | | | | | MC | PT |
|---|---|---|---|---|---|---|---|---|
| friend | 朋 | 平 | 并 | 登 | 开 | 一 | bəŋ2 | bəŋ2 |
| plain | 平 | 平 | 并 | 庚 | 开 | 三 | bjɛŋ2 | Beŋ2 |
| coil | 盘 | 平 | 并 | 桓 | 合 | 一 | bŒn2 | bun2 |
| pan | 盆 | 平 | 并 | 魂 | 合 | 一 | bŒin2 | bun2 |
| bottle | 瓶 | 平 | 并 | 青 | 开 | 四 | biŋ2 | biŋ2 |

These correspondences can be summarized in the following table:

**Table 7  Summary of correspondences between Middle Chinese and Proto-Tai**

| Middle Chinese | Proto-Tai | Group |
|---|---|---|
| 1 | 1 | A |
| 2 | 1 | B |
| 2 | 2 | C |

We could not tell one layer from another by sound similarity because the tone value is often difficult to reconstruct.

## 3  STRATIFICATION UNDER SOUND CONDITION

For the correspondences between Middle Chinese and Proto-Tai in the above table, there may be two kinds of interpretation available. Suppose one can find some sound condition controlling the correspondences as below:

Table 8  Sound condition of correspondences between Middle Chinese and Proto-Bai

| Sound Condition | Middle Chinese | Proto-Tai | Sound Condition | Group |
|---|---|---|---|---|
| Y | 1 | 1 |   | A |
| Z | 2 | 1 | W | B |
|   | 2 | 2 | X | C |

1. Starting from the Chinese side, the tone 2 of Chinese corresponds to the tone 1 of Tai under W condition, but to the tone 2 of Tai under the X condition. Therefore, the two kinds of correspondences can be attributed to the same layer. 2. Starting from the Tai side, the tone 1 of Tai corresponds to the tone 1 of Chinese under Y condition, but to the tone 2 of Chinese under the Z condition. The two kinds of correspondences can be attributed to the same layer, too.

## 4 STRATIFICATION WITHOUT SOUND CONDITION

If one cannot find any sound condition for the above sound correspondences between Chinese and Tai, two kinds of interpretations, regular or irregular, are possible. One is that the three sets of correspondences between Chinese and Tai represented three groups A, B, C in the earlier time, then B and C in Chinese merged into tone 2, and A in Chinese changed into tone 1. While in A and B merged into tone 1, and C changed into tone 2:

Table 9  The merger hypothesis

|   | Middle Chinese | Group | Proto-Tai |   |
|---|---|---|---|---|
| A→1 | 1 | A | 1 | A,B→1 |
| B,C→2 | 2 | B | 1 |  |
|   | 2 | C | 2 | C→2 |

If so, all these correspondences are from the same layer. In other words, these sound correspondences result from internal merging, not from language contact between Chinese and Tai.

Another possibility is that these sound correspondences are from different layers. From Chinese side, two layers can be detected:

Table 10  The layer hypothesis from Chinese side

| Layer | Middle Chinese | Group | Proto-Tai |
|---|---|---|---|
| F | 1 | A | 1 |
| F | 2 | C | 2 |
| G | 1 | A | 1 |
| G | 2 | B | 1 |

At least, one of the layers is due to language contact between Chinese and Tai.

From the Tai side, two layers can also be generalized:

Table 11  The layer hypothesis from Tai side

| Layer | Middle Chinese | Group | Proto-Tai |
|---|---|---|---|
| H | 1 | A | 1 |
| H | 2 | C | 2 |
| I | 2 | B | 1 |
| I | 2 | C | 2 |

Similar to Chinese, at least one of the layers is caused by language contact between Chinese and Tai. Up to now, with such correspondences without sound condition, no linguistic method has been proposed to determine which interpretation of the above two is more reasonable.

# 5  KERNEL CONSISTENT CORRESPONDENCE

Correspondences in group A and B, but not Group C, are represented by kernel words, which belong to the Swadesh list of 200 basic words (cf. Chen

1996):

Table 12  The nature of words with different sound correspondences

| Meaning | Chinese | Sound classification | | | | | MC | PT | |
|---|---|---|---|---|---|---|---|---|---|
| three | 三 | 阴平 | 心 | 谈 | 开 | 一 | sam1 | sam1 | 2$^{nd}$ |
| big | 宏 | 阳平 | 匣 | 耕 | 合 | 二 | ɣwæŋ2 | hlueŋ1 | 1$^{st}$ |
| fat | 肥 | 阳平 | 并 | 微 | 合 | 三 | bjwəi2 | bi2 | ? |

According to this characteristic, we can define a layer consistent with correspondence of kernel words, in brief, Kernel consistent. For example:

Table 13  Kernel consistent correspondences or not

| MC | PT | Groups | |
|---|---|---|---|
| 1 | 1 | A | Kernel consistent |
| 2 | 1 | B | Kernel consistent |
| 2 | 2 | C | ? |

Therefore, group A and B above are defined as kernel consistent correspondence. We are not sure if the correspondence of group C is kernel consistent correspondence because we are not sure whether we can connect the word 'fat' to kernel word 'grease'. The correspondence between Southern Mandarin and Tai mentioned earlier is not kernel consistent because we have not found kernel words in those correspondences.

Layer of the kernel consistent correspondences plays a role as the key stratum since the kernel word belongs to the core vocabulary of a language. Naturally, it will provide stronger evidence to clarify the historical relationship between two or more languages.

# NOTES

1. Abbreviations of Kam-Tai languages:

| | |
|---|---|
| BY | Buyi, a NT language of Tai, in Guizhou Province, China |
| DD | Dai Dehong, a SW language of Tai, in Dehong, Yunnan Province, China |
| DR | Dong Rongjiang, a Kam language, in Rongjiang, Guizhou Province, China |
| DX | Dai Xishuangbanna, a SW language of Tai, in Xishuang Banna, Yunnan Province, China |
| ML | Mulao, a Kam language in Luocheng, Guangxi Province, China |
| MN | Maonan, a Sui dialect in Huangjiang, Guangxi Province, China |
| SS | Sui Sandu, a Sui language, in Sandu, Guizhou Province, China |
| ZL | Zhuang, a CT language of Tai, in Longzhou, Guangxi Province, China |
| ZW | Zhuang, a NT language of Tai, in Wuming, Guangxi Province, China |

2. For MC, I use my own reconstruction. Please see Chen Baoya (2004) for final reconstruction。The initial reconstruction is:

| | | 全清 | 次清 | 全浊 | 全清 | 全浊 | 次浊 |
|---|---|---|---|---|---|---|---|
| 唇音 | | 帮 | 滂 | 并 | | | 明 |
| | | p | p' | b | | | m |
| | | | | | | | |
| 舌音 | 舌头 | 端 | 透 | 定 | | | 泥 |
| | | t | t' | d | | | n |
| | | | | | | | |
| | 舌上 | 知 | 彻 | 澄 | | | 娘 |
| | | ṭ | ṭ' | ḍ | | | ɳ |
| | | | | | | | |
| 齿音 | 齿头 | 精 | 清 | 从 | 心 | 邪 | |
| | | ts | ts' | dz | s | z | |

continued

|  |  | 全清 | 次清 | 全浊 | 全清 | 全浊 | 次浊 |
|---|---|---|---|---|---|---|---|
|  | 正齿二等 | 庄 | 初 | 崇 | 山 |  |  |
|  |  | tʃ | tʃ' | dʒ | ʃ |  |  |
|  | 正齿三等 | 章 | 昌 | 船 | 书 | 禅 |  |
|  |  | tɕ | tɕ' | dʑ | ɕ | ʑ |  |
| 牙音 |  | 见 | 溪 | 群 |  |  | 疑 |
|  |  | k | k' | g |  |  | ŋ |
| 喉音 |  | 影 |  |  | 晓 | 匣 | 喻 |
|  |  | ∅ |  |  | X | Y | j |
| 半舌 |  |  |  |  |  |  | 来 |
|  |  |  |  |  |  |  | l |
| 半齿 |  |  |  |  |  |  | 日 |
|  |  |  |  |  |  |  | ȵʑ |

We will explain the reason of reconstruction on another paper. Other scholar's reconstruction will not change our result. For comparison, Old Chinese tone categories are expressed by single numbers:

| 阴平 | 阳平 | 阴上 | 阳上 | 阴去 | 阳去 | 阴入 | 阳入 |
|---|---|---|---|---|---|---|---|
| 1 | 2 | 3 | 4 | 5 | 6 | 7 | 8 |

3. Proto-Tai is according to Fang-kui Li (1977). The correspondences between Li's tone numbers and our numbers are:

| Li | A1 | A2 | C1 | C2 | B1 | B2 | D1 | D2 |
|---|---|---|---|---|---|---|---|---|
| Chen | 1 | 2 | 3 | 4 | 5 | 6 | 7 | 8 |

For the reason that we compare Proto-Tai with Middle Chinese instead of Old Chinese, please see Chen (2004).

REFERENCES

Source: Journal of Chinese Linguistics, JUNE 2006, Vol. 34, No. 2 (JUNE 2006), pp. 192—200.

Published by: The Chinese University of Hong Kong Press on behalf of Project on Linguistic Analysis.

CHEN, Baoya 陈保亚. 1996. Lun yuyanjiechu yu yuyanlianmeng 论语言接触与语言联盟 [On language Contact and Language Alliance]. Beijing 北京: Chinese Press 语文出版社.

CHEN, Baoya 陈保亚. 2004. Lun qieyun yunmu yizhi gouni 论切韵韵母一致构拟 [The consistent reconstruction of finals for Qieyun]. in Shifeng 石锋 and Shen zhongwei 沈钟伟 (eds.) Lezaiqizhong-Wang shiyuan jiaoshou qishi huadan qingzhu wenji. 乐在其中: 王士元教授七十华诞庆祝文集 Tianjin 天津: Nankai University Press 南开大学出版社.

LI, Fang-kuei. 1977. A Handbook of Comparative Tai. Honolulu: The University Press of Hawaii.

# A DYNAMIC GLOTTAL MODEL THROUGH HIGH SPEED IMAGING

## Jiangping Kong

## 1 INTRODUCTION

Speech source is very important because it is one of the three parts in speech production, which are speech source, vocal tract resonance and lip radiation. From the viewpoint of speech signal, at least three kinds of signals which are sound pressure, airflow and glottal area function can be used to model dynamic glottis. The glottal excitation, that is to say, the glottal flow and sound pressure have been studied and modeled acoustically by many researchers. But up to now, the activities of glottis are seldom studied and modeled, because the vibration of vocal folds is difficult to observe and sample. In the recent decade, more and more high-speed images in good quality were sampled through high-speed video cameras. This study focused on improving the glottal control function of the dynamic glottal model and then the application of the model was discussed.

The classical models of speech source are the one-mass model and two-mass model (Flanagan at al Flanagan, Lucero, Pelorson et al). [1]These models have been established theoretically. Acoustical models based on speech sound have also been well studied. There are 7 models which are considered important. They are: 1) the acoustical model developed by Rosenberg, [2] 2) the acoustical model of Hedelin, [3] 3) the acoustical model of Fant, [4] 4) the acoustical model of Fant, [5] 5) the acoustical model of Ananthapadmanabha, [6] 6) the acoustical model of Fant et al, [7] and

7) the acoustical model of Ljungqvist and Fujisaki.[8] The brief definitions of these acoustical models are shown in Figure 1 to 3.

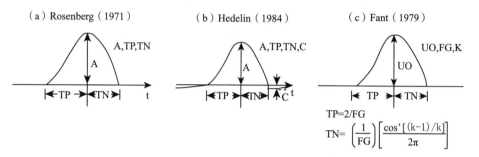

Figure 1   This figure shows the acoustical models developed by
Rosenberg (a), Hedelin (b), and Fant (c)

Figure 1 shows three models that are developed in pulse of glottal flow. The model of Rosenberg was proposed in 1971. The model of Hedelin was developed in 1984. The model of Fant was set up in 1979. The brief definitions are as shown in Figure 1.

Figure 2 shows the models developed in the differential form of glottal flow, that is to say, the sound pressure. The model of Fant was established in 1982 and the model of Ananthapadmanabha was established in 1984. The brief definitions are as shown in Figure 2.

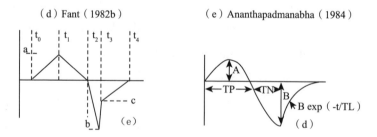

Figure 2   This figure shows models developed by Fant (d)
and Ananthapadmanabha (e).

Figure 3 shows the models established through the sound pressure. The model of Fant was established in 1985. The model of Ljungqvist et al was established in 1985. The brief definitions are as shown in the figure3.

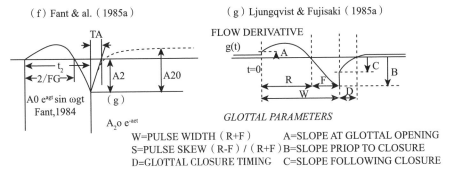

**Figure 3** This figure shows the models established by Fant (f) and Ljungqvist (f).

Comparing these models, we can find that the three models in Figure 1 are based on glottal flow and the others in Figure 2 and 3 are based on sound pressure. It is clear that scholars first established their models in pulse of glottal flow with few parameters and then found that the models were not effective and flexible in simulating different phonation types. Then researchers tended to establish their models on the sound pressure with relatively more parameters which were more flexible and effective. Among these models, the LF model established by Fant et al is the most effective and flexible one.[9]

The earlier model established by Fant used three parameters and it allowed the change of open quotient.[10] Then the LF-model reported by Fant et al in 1985 was composition of Lcomposition of L-model (Liljecrant) and F-model (Fant).[11]

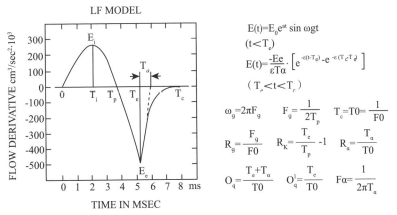

**Figure 4** This figure shows the basic definition of the LF-model.

The LF-model has two phases. See Figure 4. The first phase is from 0 to 'Te', and it is created by multiplication of sine and exponential. The second phase is from 'Te' to 'Tc', which is created by the function of exponential. The formulas in Figure 4 show the relationships among the parameters. With this model, a glottal pulse of sound pressure can be specified by 4 parameters, which are 'Tp, Te, Ta and Ee'. In addition, the parameter 'Tc' is equal to 'T0', which is equal to 1/F0. Up to now, the LF-model is one of the best models in simulating different glottal source. The purpose of introducing the LF-model here is to provide a reference for a comparative study with the physiological glottal model in this paper.

There are many methods to study speech source, such as the acoustical method and physiological method. From the viewpoint of signals, speech source can be studied through acoustical signal, electroglottography (EGG) signal, air-pressure signal, high-speed image signal of vocal folds and so on. Among these signals, the signal of high-speed digital image of vocal vibration is the one which can directly and well reflect the nature of vocal vibration and explain the relationship of the movement of vocal folds and the characteristics of speech sound.

The earliest sample of vocal vibration was captured by Bell Telephone Laboratories in the 1930s, and from that time on, high speed motion pictures have been used to study the vibration of vocal folds. At present, there are some systems which can be used to study the vibration of vocal folds including the high-speed digital imaging system in the University of Tokyo, the system of kymography by Kay, the Weinberger Speedcam system, the system of the Kodak Ektapro and so on. The development of high-speed digital image systems provided a good foundation in studying the vibration of vocal folds.

## 2 GLOTTAL DETECTING

The method and procedures of this research include the sampling of high-speed digital images, image rotation and cropping, image motion compensation, image contrast adjusting and parameter extracting.

### 2.1 Sampling of high-speed images

In this study, samples of vocal fold vibration, simultaneously with the signals of EGG and speech sound were captured by high-speed imaging system produced by KAY with endoscope. The sampling rates are 2000 and 4500 Hz. The samples include different phonation types, sustained vowels with low, middle and high pitches, samples of vowels with gliding voice from low to high and high to low and samples of the 4 basic tones in Mandarin.

### 2.2 Image rotation and cropping

The samples were pre-processed by rotation and cropping. The images could be rotated automatically or manually according to the concrete samples, because sometimes it was very difficult to rotate samples into the right position, especially for the disordered glottis. The samples captured by Kay system were in the size of $128 \times 256$ pixels, and they could be cropped with the size that people want and the image in the left of Figure 5 was cropped into the size of $100 \times 100$ pixels in the right of Figure 5.

Manual adjust

**Figure 5** The first one is an original image, the second is the image which has been rotated by the algorithm of bi-cubic, the third is an image which has been windowed and the fourth is an image which has been cropped into the size of $100 \times 100$ pixels.

### 2.3. Image motion compensation (MC)

One of the adverse factors affecting the accuracy and validity of high-speed video (HSV) quantitative assessment is the motion of the endoscope's lens relative to the larynx. Endoscopic motion makes it difficult to track the dynamic characteristics of the laryngeal anatomic structures, when we divide the glottis to left and right parts, as shown in Figure 6 and 7.

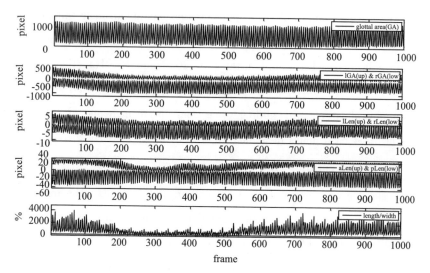

**Figure 6   The glottal parameters before MC.**

From up to bottom: 1) the glottal area (GA); 2) the left and right GA; 3) the left and right glottal width; 4) the anterior and posterior glottal length; 5) the ratio of glottal length to glottal width.

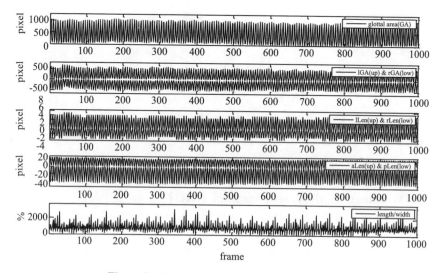

**Figure 7   The glottal parameters after MC.**

Therefore we have to perform "motion compensation" (MC), which means the process of detecting and removing the endoscopic motion from the HSV image. Here we mainly use the idea and method published by Dimitar D. Deliyski (2005). Figure 7 shows the result after MC. Comparing the parameters in figure 6 and 7, we can see that results after MC are very good.

### 2.4 Image contrast adjusting

Another adverse factor affecting HSV quantitative assessment is the contrast adjustment of the HSV image when we binarize the images to get the shape of glottis, which depends on different operators. This will influence the quantitative estimation of the glottis area and other parameters. Therefore we automatically adjust the contrast of the HSV images with the method as shown in Figure 8.

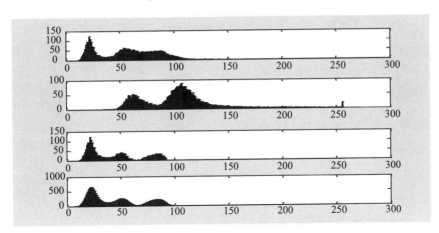

Figure 8  The method of contrast adjusting.

From up to bottom: 1) The accumulated histogram when the glottis is fully opened in the first 100 frames of the video; 2) The accumulated histogram when the glottis is fully closed in the first 100 frames of the video; 3) The subtraction of them gives us the histogram of the glottis area, where is a peak in the low gray region, which reflects the gray value of the glottal region. 4) We smooth this histogram, and use the gray values at the left and right sides of the first peak to automatically adjust the contrast of all the frames in this HSV to get binarized images which show us the shape of the glottis.

Figure 9 shows the result of contrast adjusting. The left image is an original image of modal female voice. The middle is the image with a window which is used for limiting the area of glottis. The right image shows the glottis automatically detected by the system.

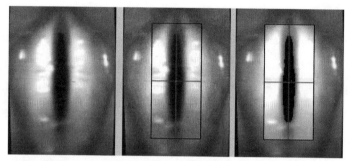

Figure 9　The left image is an original image, the middle is the image with a window and the right is the glottis detected image.

### 2.5　Parameter extracting

After the glottis has been detected and the area of glottis has been obtained, definitions need to be given in order to extract parameters of glottis. In Figure 10, two graphs are given to help describing glottis and setting up definitions.

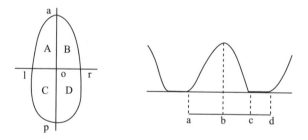

Figure 10　This figure shows the basic definition of glottis and the glottal parameters, fundamental frequency (F0), open quotient (OQ) and speed quotient (SQ).

The left in Figure 10 shows a glottis, in which 'ABCD' stands for the whole glottis, 'AB' stands for the anterior glottis, 'CD' stands for the posterior glottis, 'AC' stands for the left glottis, 'BD' stands for the right glottis. In addition, 'o' is the center of the glottis, 'lo' is the left width of glottis, 'ro' is the right width, 'ao' is the anterior length and 'po' is the posterior length. The right in Figure 10 illustrates a period of glottal area function, in which 'a' stands for glottal opening instance, 'b' stands for the local maximum of glottal area, 'c' stands for glottal close instance, and 'd' stands for the next glottal opening instance.

The following are the definitions of F0, OQ and SQ: 1) the fundamental frequency is defined as 1/'ad' (Hz); 2) The open quotient is defined as the ratio of 'ac' over 'ad'; 3) The speed quotient is defined as the ratio of 'ab' over 'bc'. See the right in Figure 10.

The Figure 11 shows the parameters extracted by our system. From up to bottom, the dynamic glottal area with glottal opening instance, glottal close instance and the local maximum; left and right glottal areas; anterior and posterior areas; left and right widths; anterior and posterior lengths; ratio of length over width. In this study, these parameters were used for dynamic glottal modeling.

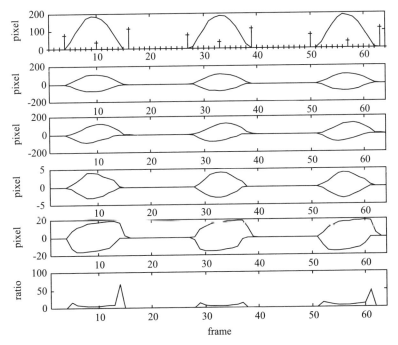

Figure 11  This figure shows the 13 parameters extracted by the system

## 3 MODELING ON DYNAMIC GLOTTIS

In the dynamic glottal model (Kong),[12] the static glottis was modeled by four quarters of ellipses in three modes, namely normal mode, leakage mode and open mode. The dynamic glottal control function was modeled by an approximation of multiplication of parabola and sinusoid. The problem of the dynamic glottal model is that the control parameters can't be well explained, though the glottis can be well simulated. In this study, the static glottis was also modeled by four quarters of ellipses and the improvement of the model was focused on the dynamic glottal control function.

### 3.1 Model of static glottis

In this study, the static glottis was also modeled by four quarters of ellipses and the normal mode of static glottal model was used to explain the new dynamic glottal control function. See Figure 12.

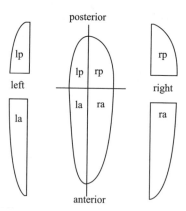

Figure 12 The static glottis was modeled by four quarters of ellipses.

In Figure 12, we can see the static glottis was modeled by four quarters of ellipses, which are 'left-posterior' (lp) ellipse, 'right-posterior ellipse' (rp), 'right-anterior ellipse' (ra) and 'left-anterior ellipse' (la). The four quarters of ellipses were calculated by the two elliptical semi-major axes and two elliptical semi-minor axes respectively.

## 3.2 Glottal properties of dynamic glottis

The left and right dynamic widths and the anterior and posterior dynamic lengths in one glottal period are regarded as dynamic glottal control functions. In the dynamic model, they are the contours of the two elliptical semi-major axes and two elliptical semi-minor axes in one period, which are used to drive the dynamic glottal model and synthesize a glottal pulse. According to the parameters extracted from the high speed images of different phonations, the dynamic glottal control function can be classified into six basic types, which are approximations to different parts of sinusoid. See Figure 13.

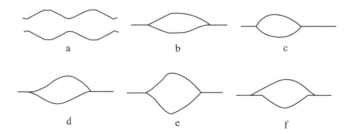

**Figure 13** The basic types of dynamic glottal control function

There are 6 images in Figure 13. Image 'a' displays two dynamic glottal control functions which are approximations to two sinusoid s ; image 'b' displays two dynamic glottal control functions which are approximations to a part of sinusoid from 300° of the first sinusoid to 240° of the second sinusoid; image 'c' displays two dynamic glottal control functions which are approximations to a part of sinusoid from 0° to 180°; image 'd' displays two dynamic glottal control functions whose local maximum are not same, which lead to the different SQs; image 'e' displays two dynamic glottal control functions which are approximations to a part of sinusoid from 270° of the first sinusoid to 180° of the second sinusoid; image 'f' displays two dynamic glottal control functions whose lengths are not same which lead to the different OQs.

### 3.3 Modeling on dynamic glottis in open phase

In order to model the dynamic glottal control function more exactly, four parts of functions were chosen from two periods of sinusoid. See Figure 14. The angles of these two sinusoids are from 0 to 720. The chosen part of sinusoid in this study was defined by the angle of the first period of sinusoid and the angle of the second period of sinusoid respectively.

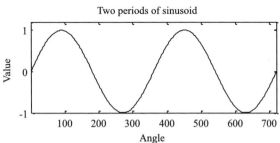

**Figure14**  Two periods of sinusoid are displayed in this figure. The x axis is angle, which is from 0 to 720 and value is from $-1$ to 1.

In these two periods of sinusoid, only the part between 270 of the first period and 270 of the second period were used for modeling the dynamic control function. According to the properties of real glottis, four typical parts of sinusoid were chosen to model the dynamic glottal control function.

In Figure 15, the left image displays a part of sinusoid from 270° to 630° of the two periods of sinusoid, whose value is between $-1$ and 1. The values are normalized from 0 to 1 for y axis and 100 points for x axis in right image. It will then be used as a part of dynamic glottal control function. It is called as 'type 1'.

In Figure 16, the left image displays a part of sinusoid from 360° to 540° of the two periods of sinusoid, whose value is from 0 to 1. The values are normalized from 0 to 1 for y axis and 100 points for x axis in the right image. It will be used as a part of dynamic glottal control function. It is called as 'type 2'.

In Figure 17, the left image displays a part of sinusoid chosen from 270° to 540° of the two periods of sinusoid, whose value is between $-1$ and 1. The right image shows the normalized period in the left image whose value is from 0 to 1 for y

# A DYNAMIC GLOTTAL MODEL THROUGH HIGH SPEED IMAGING

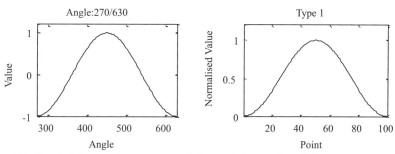

**Figure 15** The left image shows a part of sinusoid chosen from 270° to 630° of the two periods of sinusoid and the right image shows the normalized period in the left image.

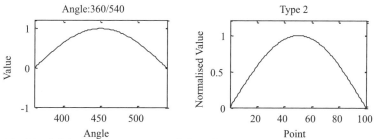

**Figure 16** The left image shows a part of sinusoid chosen from 360° to 540° of the two periods of sinusoid and the right image shows the normalized period in the left image.

axis and 100 points for x axis. It will be used as a part of dynamic glottal control function. It is called as 'type 3'.

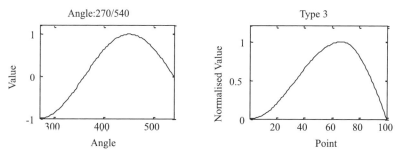

**Figure 17** The left image shows a part of sinusoid chosen from 270° to 540° of two periods of sinusoid and the right image shows the normalized period in the left image.

In Figure 18, the left image displays a part of sinusoid chosen from 360° to 630° of the two periods of sinusoid, whose value is between −1 and 1. The right image shows normalized period in the left image whose value is 0 to 1 for y axis and 100 points for x axis. It will then be used as a part of dynamic glottal control function. It is called as 'type 4'.

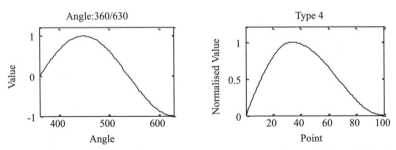

Figure 18  The left image shows a part of sinusoid chosen from 360° to 630° of two periods of sinusoid and the right image shows the normalized period in the left image.

### 3.4  Modeling on dynamic glottal control function

Based on the four types above, the parameters of F0, OQ and SQ were added to produce a whole dynamic glottal control function. In order to explain easily, the angles chosen from the two periods of sinusoid will be set and explained separately. See Figure 19.

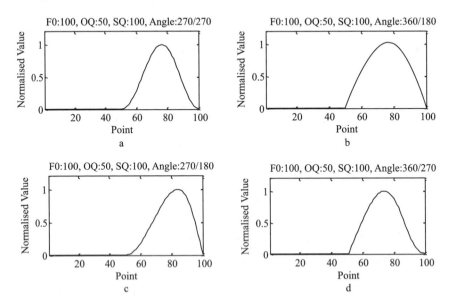

Figure 19  In this figure, there are four plots which show the four typical types of dynamic glottal function. Plot 'a' shows that of type1, plot 'b' shows that of type 2, plot 'c' shows that of type 3, and plot 'd' shows that of type 4.

In Figure 19, plot 'a' displays the dynamic glottal control function of type 1, whose F0 is 100 Hz (the sampling rate is 10k), OQ is 50% and SQ is 100% and the pulse in open phase is chosen from 270° of the first period of sinusoid to 270° of the second period of sinusoid; plot 'b' displays the dynamic glottal control function of type 2, whose F0 is 100 Hz, OQ is 50% and SQ is 100% and the pulse in open phase is chosen from 360° of the first period of sinusoid to 180° of the second period of sinusoid; plot 'c' displays the dynamic glottal control function of type 3, whose F0 is 100 Hz, OQ is 50% and SQ is 100% and the pulse in open phase is chosen from 270° of the first period of sinusoid to 180° of the second period of sinusoid; plot 'd' displays the dynamic glottal control function of type 4, whose F0 is 100 Hz, OQ is 50% and SQ is 100% and the pulse in open phase is chosen from 360° of the first period of sinusoid to 270° of the second period of sinusoid.

## 4 MODAL VOICE SYNTHESIS

According to the model of static glottis and the 4 types of glottal control functions, different pulses of phonation types can be synthesized by parameters of 4 F0s, 4 OQs, 4 SQs, 2 angles of sinusoid, 2 widths of glottis and 2 lengths of glottis.

### 4.1 Modal voice synthesis

Modal voice is a kind of phonation type which is most popular used in spoken language. Usually the F0 is around 70 and 300, the SQ is around 100 and 300% and the OQ is around 50 and 60%. See Table 1.

Table 1  The synthesis parameters of a modal voice

| Semi axis | F0 | OQ | SQ | Angle 1 | Angle 2 | width/length |
|---|---|---|---|---|---|---|
| Left | 100 | 50 | 300 | 360 | 180 | 1.3 |
| Right | 100 | 50 | 300 | 360 | 180 | 1 |
| Anterior | 100 | 50 | 300 | 360 | 180 | 8 |
| Posterior | 100 | 50 | 300 | 360 | 180 | 4 |

In Table 1, the basic parameters for voice synthesis are listed. 'Left' stands for left width; 'Right' stands for right width; 'Anterior' stands for anterior length and 'Posterior' stands for posterior length. For synthesizing a modal voice, the parameters of 100 (Hz), 50%, 300%, 360° and 180° for F0, OQ, SQ, angle 1 and angle 2 are set. The left width is 1.3mm, the right width is 1mm, the anterior length is 8mm and the posterior length is 4mm. The dynamic parameters and the synthesized dynamic glottal area are displayed plot 'a' in Figure 20.

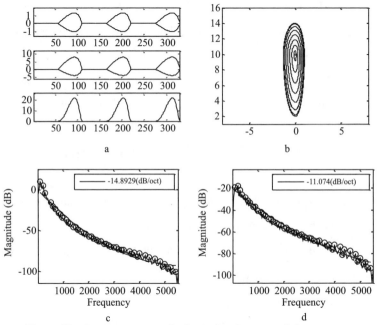

**Figure 20** Parameters, synthesized glottal area and the spectrums.

There are four plots in Figure 20. Plot 'a' displays the left width, right width, anterior length, posterior length and glottal area from top to bottom. Plot 'b' displays the dynamic glottis overlapped together. Plot 'c' displays the spectrum of glottal area function, which is −14.8929 dB/oct. Plot 'd' displays the spectrum of glottal area in differential form, which is −11.074dB/oct.

### 4.2 Modal voice synthesis with different SQ

In the vibration of human vocal folds, the left and right vocal folds often do not abduct and adduct at the same time in one vocal period. The basic parameters for synthesizing such a voice are listed in Table 2.

Table 2  The basic parameters of a modal voice with different SQs

| Semi axis | F0 | OQ | SQ | Angle 1 | Angle 2 | width/length |
|---|---|---|---|---|---|---|
| Left | 100 | 50 | 300 | 360 | 180 | 1.5 |
| Right | 100 | 50 | 75 | 360 | 180 | 1.5 |
| Anterior | 100 | 50 | 300 | 360 | 180 | 8 |
| Posterior | 100 | 50 | 75 | 360 | 180 | 4 |

In Table 2, the basic parameters of a modal voice are listed. The SQs of left and right widths and anterior and posterior lengths are not the same. The SQs for the dynamic glottal control function of left widths and anterior length are 300% and the SQs for the dynamic glottal control function of right width and posterior lengths are 75%. The angles for choosing the parts from the sinusoids are 360° and 180°. The widths of left and right glottis are 1.5 mm and the lengths of anterior and posterior glottis are 8 mm and 4 mm respectively.

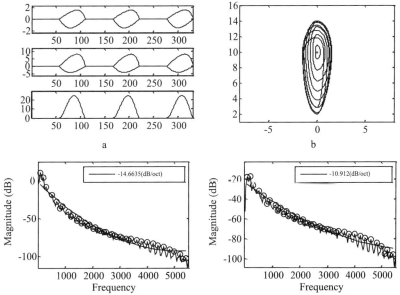

Figure 21  This figure shows the synthesized parameters, the dynamic glottal areas, the two spectrums of glottal area and the glottal area in the differential form.

There are four plots in Figure 21. Plot 'a' displays the left width, right width, anterior length, posterior length and glottal area from top to bottom. Plot 'b' displays the dynamic glottis overlapped together. Plot 'c' displays the spectrum of glottal area function, which is −14.6635 dB/oct. Plot 'd' displays the spectrum of glottal area in differential form, which is −10.912 dB/oct. From the parameters and synthesized glottal areas, we can find that the acoustical models talked above can't synthesized such glottal pulses, which is more flexible than those synthesized by the acoustical models.

### 4.3 Falsetto synthesis

Falsetto is a kind of voice with a very high pitch. Falsetto is not usually used in normal spoken language but often used in oral performance such as singing and opera. In Chinese oral cultures, such as Kunqu and Peking opera, falsetto is often used by Dan (young female) players. In Table 3, the parameters for synthesizing a falsetto are listed.

Table 3  Falsetto synthesis parameters

| Semi axis | F0 | OQ | SQ | Angle 1 | Angle 2 | width/length |
|---|---|---|---|---|---|---|
| Left | 400 | 100 | 100 | 315° | 225° | 0.7 |
| Right | 400 | 100 | 100 | 315° | 225° | 0.7 |
| Anterior | 400 | 100 | 100 | 315° | 225° | 7 |
| Posterior | 400 | 100 | 100 | 315° | 225° | 5 |

In Table 3, we can see that the F0 is 400 Hz, which is very high for a male speaker. The OQ is 100% which is the largest OQ in the vibration of vocal folds and the SQ is 100%, which is very small. The small SQ indicts the small power in high frequency. The part of sinusoid was chosen from 315° of the first period of sinusoid to 225° of the second sinusoid. The widths of left and right glottis are 0.7 mm and the lengths of anterior and posterior glottis are 7 mm and 5 mm which mean that the glottis is very narrow and long. The synthesized dynamic control function, the glottal area function, the dynamic glottis, and the spectrums of glottal area function and the differential form of glottal area function are showed in Figure 22.

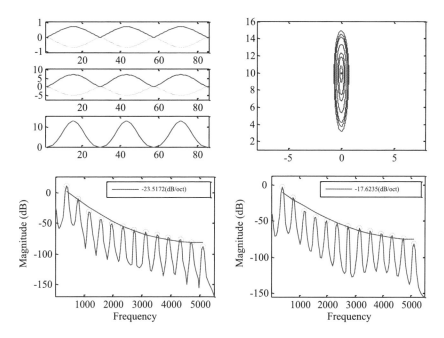

**Figure 22** This figure displays the synthesized dynamic glottal control function, the glottal area function, the dynamic glottis, and the spectrum of glottal area and the differential form of glottal area.

In Figure 22, we can see the synthesized glottal area function looks like sinusoid very much and the glottis looks narrow and long. The spectrum of glottal area function is −23.5172 dB/oct, which means that the power in high frequency is small, and the spectrum of differential glottal area function is −17.6235 dB/oct which means that the power is still small in the speech production of human voice.

### 4.4 Vocal fry synthesis

Vocal fry is a kind of phonation with very low pitch and large power in high frequency. Vocal fry sometimes appears in the middle of low tone (tone 3) in Mandarin. This phonation is very close to that of creaky voice which usually has irregular periods. The basic parameters for synthesizing a fry voice are listed in Table 4.

**Table 4  Vocal fry synthesis parameters**

| Semi axis | F0 | OQ | SQ | Angle 1 | Angle 2 | width/length |
|---|---|---|---|---|---|---|
| Left | 40 | 15 | 300 | 360 | 180 | 1.1 |
| Right | 40 | 15 | 100 | 360 | 180 | 1.1 |
| Anterior | 40 | 15 | 300 | 360 | 180 | 1.3 |
| Posterior | 40 | 15 | 300 | 360 | 180 | 1.2 |

In table 4, the F0 is 40 Hz which is very low for both male and female speakers. The OQ is 15%, which is very small and the SQ is 300% for left width, anterior length and posterior length, and 100% for right width of glottis. The angle 1 is 360° of the first period of sinusoid and the angle 2 is 180° of the second period of sinusoid. The left and rigth widths are 1.1mm and the left and right lengths are 1.3 mm and 1.2 mm. The synthesized parameters and spectrums are showed in Figure 23.

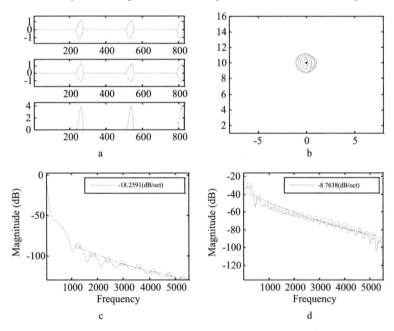

Figure 23  This figure displays the synthesized dynamic glottal control function, the glottal area function, the dynamic glottis, and the spectrum of glottal area and the differential form of glottal area of a vocal fry.

In Figure 23, we can see the synthesized glottal area function looks like a saw wave form, and the glottis looks round and small. The spectrum of glottal area function is-18. 2591 dB/oct, which indicts that the power in high frequency is not high, and the spectrum of differential glottal area function is-8. 7638 dB /oct, which means that the power is very large in the speech production of human voice.

### 4.5 Synthesis of a Diplophonia

Diplophonia is a kind of voice with different fundamental frequencies of left and right vocal folds. It is not a normal voice in human speech but often appears in disordered voice. Sometimes people would sound diplophonia for singing perpformence. The basic parameters for synthesizing a diplophonia are listed in Table 5. The synthesized parameters and spectrums are showed in Figure 24.

Table 5  Basic parameters for synthesizing a diplophonia

| Semi axis | F0 | OQ | SQ | Angle 1 | Angle 2 | width/length |
|---|---|---|---|---|---|---|
| Left | 200 | 100 | 100 | 270 | 270 | 1.5 |
| Right | 180 | 100 | 100 | 270 | 270 | 1.5 |
| Anterior | 200 | 100 | 100 | 270 | 270 | 6 |
| Posterior | 180 | 100 | 100 | 270 | 270 | 4 |

In table 5, the F0 of left glottis is 200 Hz and the F0 of right glottis is 180 Hz. These two F0s are not the same whose difference is 20 Hz. The F0 of anterior glottis is 200 Hz and the F0 of posterior glottis is 180 Hz. These two F0s also have 20 Hz difference. The OQ is 100%, which is very large and SQ is 100%, which is very small. The angle 1 is 360° of the first period of sinusoid and the angle 2 is 180° of the second period of sinusoid. The left and right widths are 1.5 mm and the anterior and posterior lengths are 6 mm and 4mm. The synthesized parameters and spectrums are showed in Figure 24.

In Figure 24, the dynamic glottal control functions, the dynamic glottis and the spectrums of glottal area functions are displayed plot 'a', from which we can see the F0s of left and right widths of glottis are not the same and a super period which covers around 10 vocal periods. In plot 'b', we can see that the glottis is not symmetry in vibration. The spectrum of glottal area function is −16.0798 db/oct and the spectrum of the differential glottal area function is −10.8986 db/oct which indicts that the power is not small in the high frequency, though the SQs are small. This sample can't be synthesized by any acoustical models, which tells us that the glottal model is in deeper level which is more effective and flexible in source production and the acoustical model is at the surface level.

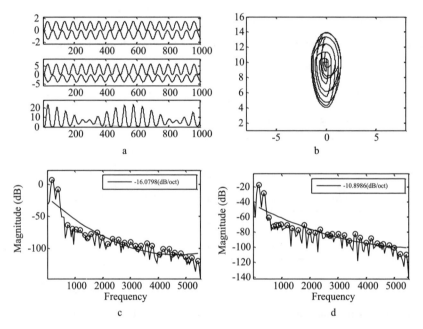

**Figure 24** This figure displays the synthesized dynamic glottal control function, the glottal area function, the dynamic glottis, and the spectrum of glottal area and the differential form of glottal area of a Diplophonia.

## 5 CONCLUDING REMARKS

As is well known, voice models can be studied from the viewpoints of speech science, phonetics, speech engineering and so on, and established for different purposes, such acoustical model which may be used in speech synthesis, physiological model which may be used to imitate the physiological activity of vocal folds for medical purpose, phonetic model which may be used to study the linguistic significance of phonation types and singing model which may be used in synthesizing special songs or in singing teaching. In this research, the dynamic glottal control functions were studied and improved on the basis of physiological model first established by Kong(2001) and published in 2007.[13] The improvement in this study includes three kinds of basic parameters which are: 1) the basic parameters of F0, OQ and SQ which are the most popular parameters in the study of speech science and phonetics and whose properties have close relationship with human perception and linguistic significance; 2) the basic parameters of 4 types of dynamic glottal control functions, which are chosen from parts of a sinusoid defined by two angles; 3) the basic parameters of glottal size which are widths of left and right glottis and lengths of anterior and posterior glottis. With this improved physiological model, different kinds of phonation types can be simulated and further studied for many purposes and in many fields.

Although the model can now be easily used to synthesize many different phonation types, many things can still be further studied and improved. First of all, since the sampling rate of high speed image system is not high enough, the parameters extracted from the voice sample with high pitch are not very accurate, especially for the parameter of SQ and F0, because the position of peak in one period of glottal area function is not stable. Secondly, the motion compensation and automatic contrast adjusting of the image processing system can also be improved. Thirdly, for the sake of sampling rate, it is still difficult to study spectrum of glottal area function and the relationship between glottal area function and the other signals. We believe that a long with the development of high speed image system, good samples with high sampling rate, maybe 3D samples can be captured for modeling a 3D dynamic glottal model to simulate the vibration of vocal folds and synthesize different phonations with more accurate dynamic parameters.

This research is funded by the National Natural Sciences Foundation of China (No:61073085). We would also like to give our thank s to prof. Edwin Yiu in the University of Hong Kong for the high-speed image sampling, all the subjects and Wang Gaowu for program improvement of the high-speed image system.

**NOTES**

① Flanagan J. L. and Landgraf L. L. 1968. Self-oscillating source for vocal-tract synthesizers. *IEEE Trans*. 16, March 1968, 57—64.

Flanagan J. L. 1968. Source-System Interaction in the Vocal Tract. *Annals of the New York Academy of Science*, 155. 9—17.

Lucero J. C. 1993. Dynamics of the two-mass model of the vocal folds: equilibria, bifurcations, and oscillation region. *J. Acoust. Soc. Am.* 94(6), December.

Lucero J. C. 1996. Chest-and falsetto-like oscillations in a two-mass model of the vocal folds. *J. Acoust. Soc. Am.* 100 (5), November.

Pelorson X., Hirochberg A., Hassel van R. R., Wijnands A. P. J., Auregan Y. 1994. Theoretical and experimental study of quasi-steady flow separation within the glottis during phonation. Application to a modified two-mass model a)", *J. Acoust. Soc. Am.* 96(6), December.

② Rosenberg A. E. 1971. Effect of glottal pulse shape on the quality of natural vowels. *Journal of the Acoustical Society of America*, 49,583—98.

③ Hedelin P. 1984. A glottal LPC-vocoder. Proceedings of IEEE International Conference on Acoustics, Speech, and Signal Processing, 1.6.1 – 1.6.4. San Diego.

④ Fant G. 1979. Glottal source and excitation analysis. *STL-QPSR*, No. 1, pp. 85—107.

Fant G. 1979. Voice source analysis—a progress report. *STL-QPSR*, Nos. 3—7, pp. 31—54.

Fant G. 1980. Voice source dynamics. *STL-QPSR*, Nos. 2—3, pp. 17—37.

⑤ Fant G. 1982. The voice source, acoustic modeling. *STL-QPSR*, No. 4, pp. 28—48.

⑥ Ananthapadmanabha T. V. 1984. Acoustic analysis of voice source dynamics. *Speech Transmission Laboratory-Quarterly Progress and Status Report*, 2—3, 1—24. Roya Institute of Technology, Stockholm.

⑦ Fant G., Liljencrants J. and Lin Q. 1985. A four parameter model of glottal flow. *STL-*

QPSR, No. 4, 1985, pp. 1—13.

⑧ Ljungqvist M. and Fujisaki H. 1985. A comparative study of glottal waveform models. *Technical Report of the Institue of Electronics and Communications Engineers*. Japan, EA85—58, 23—9.

⑨ Fant G., Liljencrants J. and Lin Q. 1985. A four parameter model of glottal flow. *STL-QPSR*, No. 4, 1985, pp. 1—13.

⑩ Fant G. 1979a. Glottal source and excitation analysis. *STL-QPSR*, No. 1, pp. 85—107.

Fant G. 1979b. Voice source analysis—a progress report. *STL-QPSR*, Nos. 3—7, pp. 31—54.

Fant G. 1980. Voice source dynamics. *STL-QPSR*, Nos. 2—3, pp. 17—37.

⑪ Fant G., Liljencrants J. and Lin Q. 1985a. A four parameter model of glottal flow. *STL-QPSR*, No. 4, 1985, pp 1—13.

⑫ KONG Jiangping. 2007. *Laryngeal Dynamics and Physiological Models*, Peking University Press.

⑬ Kong Jiangping. 2001. Study on Dynamic Glottis: though High-Speed Digital Imaging, (in English), Ph. D. dissertation, City University of Hong Kong, Hong Kong, China

Kong Jiangping. 2007. *Laryngeal Dynamics and Physiological Models*, Peking University Press.

Fant G. and Lin Q. 1988. Frequency domain interpretation and derivation of glottal flow parameters. *STL-QPSR*, Nos. 2—3, pp. 1—21.

Dimitar D. Deliyski. 2005. Endoscope Motion Compensation for Laryngeal High-Speed Video endoscopy, Journal of Voice, Vol. 19, No. 3, pp. 485—496.

# 试论译借词的判定标准

## 王超贤

## 1 前言

斯拉夫人与拜占庭帝国在中世纪持久的文化接触提供给我们一个研究译借词的绝佳机会。在斯拉夫人翻译东正教希腊文经典的作品中,不难发现名词形态的文化借词。①单基(即单词根的)动词虽然查无译借迹象,但在原文译文对观之中却存在大量复合动词译例有平行对应的现象(也称"仿译"词的外部形式),即前缀互相对应,动词基互相对应;但着手辨认其中的译借词,便立刻遇上困难,很难加以证实。

本文目的是,借着在大量的古教会斯拉夫语料里筛选希腊语介动复合译借词的工作,尝试建立一个通用的证据模型,并开发一组适用于本文语料的筛选标准。

用来检测的语料是古教会斯拉夫语的《苏普拉斯经》(以下简称《苏普经》),②该经文十、十一世纪时译自希腊语,是拜占庭东正教会传教士用的布道材料,内容讲的全是教会先圣先贤身教言教的故事,其中零星几篇阐述了一些宗教节日的缘由,全经48篇,前25篇据学者研究是三月份按日走的讲道脚本。③原希腊语经文的最后两篇散佚,迄今仍未寻获。

斯拉夫人在九至十一世纪的圣经翻译时期之前尚未掌握书写文字,也就是说《苏普经》之前没有语料文献可资利用。而在两三百年间翻译出的20来种重要的经卷当中,《苏普经》也是属于较早的一种。即便有前代文献在手,所有待查的词项是否收录无遗,是否足堪比对之用,还是个问题。这个情况对以往采用的前后代资料比对的检测方法无疑是个全新的挑战。[4]

另一个麻烦来自作为检测对象的译借词的形态。名词译音词是被整个照搬到斯拉夫语里的(例 archi-sÿnagogŭ 借自 ἀρχι-συνάγωγος "犹太教堂住持"),而本文检测的复合动词是缀对缀、动对动一项一项地译借过来的。考察动词前缀(详见第 4 节)的时候会遇上困难,所谓"前缀翻译前缀"是没有标准的,[5]因为一般说来前缀的语义外延很模糊,直译的例和活译的例无从区别,以至于很难最终判断是否译借。而且照说复合词被借的是"复合的点子"(即仿译的"外部形式"),但从比较重建方法[6]可以推断史前的斯拉夫语应该已经不乏固有的复合词(详见第 3 节),如何能证明哪个不是自己的点子或其复制品?

多年的实做未能有效地解决这些问题,至终无法确证某个复合词是译借词,毕竟直接的"铁证"只存在于阙如的前代语言记录里,所举出的充其量只能是间接的推断证据(circumstantial evidences),只能寻求近似值答案。本文试图在操作方法上有所突破:从否定的角度提出判定非译借词的三个标准(第 3 节),运用 8 个具体检测指标来分析词目,遵循一定的筛选步骤把整部语料进行过滤,设法把最不可能是译借词的先排除掉(第 4 节);再分别根据本文提出的 3 个否定性标准进一步剔除非译借词(第 5、6、7 节);最后再依据第 2 节所介绍的前人的经验,对剩下的可能是译借词的词目进行"肯定性的"确认(第 8 节)。

## 2 九个肯定性的判定标准:Coleman 判定标准

Coleman 用在古德语调查文化借词的十几个判定标准,是她对前人经验的总结,其中最多有九个能应用到复合动词的译借问题上。[7]但该注意的是,每个判定标准并不具备独立、终极的裁定效力。一个词项符合一个判定标准只蕴含更有可能是个借词,多符合一个判定标准,便多一分可能。也就是说,词项符合诸多判定标准中的其中一个即是满足一个确定借词的必要条件,但不是一个充分条件;因为如果真的是充分条件的话,那么只消符合一个,就可据以裁定为借词了。将这九个判定标准评述如下:

Coleman 标准一:"多个带不同前缀或不同动词基的译文对应一个原文"。

前者例 $\acute{\varepsilon}\kappa\text{-}\pi\eta\delta\tilde{\alpha}\nu$ 对应于同基不同缀的 is-kočiti（3）409. 11,⑧ vŭ-kočiti 44. 4, otŭ-kočiti 276. 4, 又后者例 $\check{\alpha}\nu\alpha\text{-}\tau\varepsilon\acute{\iota}\nu\varepsilon\sigma\nu$ 对应于同缀不同基的 vŭz-dvignǫti 14. 3, vŭz-vesti 3. 24, vŭz-dati 319. 27, vŭz-ložiti 352. 21, vŭz-irěti 54. 14, vŭz-děti（2）530. 22。这种翻译现象意味译者没有一致的"定译",可能是出于无意识、即时性的选词,可能面对出现频繁的原文想避开老用同一个词翻译,或更可能的是有意的辞藻析选,以阐释原文词义在不同上下文的细微差别。

但如果原文复合词的结构成分在翻译时仍被紧密一一对应着,而且始终避开使用同义或近义的单基词来对译,甚至放弃使用不同词类、不同句子结构来翻译,⑨那么很可能是译方语言没有原文的"等价词"（Äquivalenz, equivalent）,⑩而试图创造一个结构平行的新词,结果在不同的上下文中产生出不同的新词。在我们操作的经验中,这个标准并不可靠,理由是换词翻译也很自然,无法排除这种可能性。

Coleman 标准二:"一个译文对应频繁出现的原文或其同义词"。与标准一相反,这是一种"定译"。一般说来原文动词在不同的上下文中应该多少有点意义的细微差别,换词翻译比较自然,何况还得配合译文上下文的通顺。这些差别可能译者主观认为可以忽略,也可能译方语言真的有等价词,甚至外延还能覆盖原文的同义词。但仍然无法肯定这必然是个译借词,只能说,真的译借词也会有可能成为原文的等价词,因为译借词也借语义,通常成为原文词在译方语言里的替身。

Coleman 标准三:"译文带有新增的语义"。有时候译借词是直接在固有词上引入原文的语义,等于借义不借词形。但查证需要的对比资料较大,否则无法排除这个新的词义是引申义的可能。加上苏普经等译经之前的斯拉夫语言没有文字记录,无从据以判断该语义是否新增,我们只能比较整个词族来推断语义是否变异,具体见第 4 节［前缀］、［语义］检测指标。

Coleman 标准四:"译文带有复杂的、引申的语义"。这有个前提,即译方语言中该词原始义简单。这点操作起来有困难,一是复杂、简单的界线因人而异,二是语言的引申义还是得从整个词族的比较来推断。

Coleman 标准五:"译文复合词的词基也对应到同一个原文复合词"。这意味译者舍单基词不用,而选用复合词,动机在于形式对应。例如 ob-aviti

283.21 和 aviti 530.12 都对应 ἀποκαλύπτειν, o-židati 445.7 和 žŭadti (5) 310.26 都对应 ἀναμένειν。但这用在斯拉夫语似乎有困难，因为斯拉夫语动词的体 (aspect) 大部分是通过加接前缀来表示的，比如，斯拉夫语单基动词为未完成体 (imperfective aspect)，正对应希腊语的现在时干 (present stem)；而斯拉夫语的复合动词为完成体 (perfective aspect) 对应希腊语的不定过去时干 (aorist-stem)。也就是说翻译用词时译者会考量"语法性构词"的因素，似乎让这标准无法起关键作用。

Coleman 标准六："译文的词基的语义和该译文复合词语义抵触"。除非是该语词本来就如此怪异，否则便是译者一味对仗形式而勉强造词。例斯拉夫语孤证的 sū-likŭstvovati "感到高兴" 490.22 συγ-χαίρειν "感到高兴"，但它的词基 likovati, likŭstvovati 却只是"跳舞，舞蹈"的意思。Coleman 给的例子是拉丁语 circum-ferre "旋转，绕行"，被译借成古高德 umbi-bringan，成分平行对应，但这词原义"杀死"。这例似乎应该作"译文新义抵触原义"。实际操作时须把握这标准的关键在于判断"新增语义抵触旧义"，上面标准三、四两款则在于查找"语义新增"。

Coleman 标准七："多个同义的译文对应于一个原文"。足见译方语言没有合适的等价词，但正常的翻译也会有换词以对的可能，见上面标准一，两者的差别在于标准一规范了造词形态。或许没有等价词能激发译者去创造新语，但困难的是这多个译文中，哪个是译借词？似乎从这标准本身看不到解决之道，仍需仰仗其他标准。

Coleman 标准八："译文在贷方语言里极为罕见，甚至是个孤证"。Coleman 的例子古高德 todig "死的"，todigi "死亡"，undodig "不死的"，undodigi "不死" 是特别针对拉丁语 mortalis, mortalitas, immortalis, immortalitas 而铸造的，不见于其他作者或文献。孤证表示这个词在文献里就出现一次（见第 4 节 [词证]），参考其他语言史，看到很多的译借词，是针对原文临时、特别创造的，的确绝大多数是"昙花一现"、再也不用的词。这是指文化接触尚未深化的外来经典译介的初期，贷方的民间语言仍未普遍接受外来文化的时期；与历史上拒绝借贷词汇的一些实例不一样。[11]

Coleman 标准九："译文组合模式未见于其他方言"。是标准八的推广，词例复合模式在古代方言中罕见或绝迹的,据 Coleman 的经验,是个借词的可能性极高。但求证于古代亲属语言的实际工作得格外小心,古代方言记录可能补缀自断简残篇,不一定收罗周全。本文具体所做的对古教会斯拉夫语中译借词的辨认(第 4、8 节)表明,很多被证明不是译借词的既是孤证,也不见于近亲语言。但标准九的反面说法"另见于其他方言的译文不是译借词"很难举证来反驳,用作否定性的标准就站得住脚;和标准八一样,从举证的角度来考量,毕竟否定容易肯定难。

## 3 三个否定性的判定标准:出典、同构、重建性标准

新近的研究认为,公元前 700 年到公元后 300 年,斯拉夫人、希腊人、伊朗人在南俄草原的共住时期共同发展了单基动词的体,[12]随后[13]斯拉夫语支的动词独自发展出加接前、后缀[14]的复合式体系统(aspect syntagmatique)[15],十世纪左右圣经翻译时期之前古教会斯拉夫语的复合动词已发展数百年之久。

斯拉夫语支在九世纪文字初创之际早已不是一个单一语言的团体。[16]再者根据斯拉夫古文献学者的研究,[17]译经时代的各经卷、残叶(名目见附录)语言明显呈现出强烈方言色彩,[18]细节虽然仍有争议,但大体上已有清楚归类。[19]本文语料《苏普经》即被判定属于东保加利亚方言,归入此类的仅此一经。但其实这个古方言地理板块就是在这批经书彼此间的语言差异上建立起来的,因为除了一处例外,几乎每一部经就代表一个方言(见注[17])。而且通过方言拼音的细微差异,[20]训练有素的古文献专家应该在各经用词里不难辨识出传抄自其他方言的语词,但我们始终得不到各经互抄的任何报告。原因应该与教会史有关,东正教当时在该地区传播方兴未艾,一时各地普设译场,竞相投入译经事业;而这些修道士由于教派特色、教规要求以及躲避政治压力[21]却分别在位于南欧巴尔干半岛彼此阻隔的喀斯特地形山峰上与世隔绝的修道院里过着极为严密的隐修生活。

综上所说,斯拉夫语支在译经时代前 1)已发展复合动词,2)已方言林立,也就是说,各方言共有一批传承下来的、固有的复合动词,尽管词形带有方言差异。再从 3)两百年间各区方言分头进行翻译,4)作为译场的修道院、灵修

所地理阻绝,不对外交通,5)没有互相传抄之事,可推定某经如果有新创词,这种条件下短时间内也传播不开。再加上 Coleman 标准八、九的借词有"孤、绝"倾向的原则,我们可以建立一个新的判定标准:如果《苏普经》语料中某词也出现在其他经文,那么就可以断定这个词是斯拉夫语的固有词汇;既然是固有词,就不会是借词。以上这种"新词不见他经"的特性,我们名之为"出典标准",用来筛选"另见他经"的、固有的复合动词及其同构词。

既然复合动词最关键的是前缀和动词基的组合模式,那么加接各种不同后缀的派生词,可能是名词、形容同、副词,也必须视为同构词。这个概念还应该包含前缀加动词的构造是同一个样,只不过改换主要元音,或加接了后缀来标记体的所谓"体对偶词"(Aspektpaare, aspect pairs),检测时也应视为同构词。这两款我们名之为"同构标准",用来筛选"另见他经"的同构派生词,同构体对偶词。

第三个否定性的判定标准,重建性标准,是针对缺乏前代文献,但方言丰富的这种条件,借用了历史比较语言学从方言材料重建原始语的方法。我们"虚拟地"重建原始斯拉夫语的复合动词,斯拉夫语的南、西、东三个方言群——古教会斯拉夫语属于南支——所提供的材料如果足以通过历时比较而建立《苏普经》某个复合动词的原始形态的话,那么它就不可能是译借词。理论上虽然不能排除是斯拉夫原始语分裂(三、四世纪)之前的外来成分,但至少不是译经时代《苏普经》(十、十一世纪)自创的借词。例如《苏普经》孤证的 *po-rasti*"长满,覆盖"从捷克 *po-růsti*, *-rostu*, 波兰 *po-rastać/rosnać*, 斯洛文尼亚 *po-róstvo*(名词),塞尔维亚·格鲁吉亚 *po-rásti* 所提供的材料,通过比较重建后,可以确定是斯拉夫语的固有词,而不是首创于《苏普经》的译借词。见第 4 节的[近亲]。

再远一点,可以查找与斯拉夫语支最近的波罗地语支(立陶宛、拉脱维亚、古普鲁斯语)支持比较重建的证据,例如立陶宛 *už-baisti*"害怕起来",拉脱维亚 *uz-baidit*"惊吓"与《苏普经》的 *vŭz-běsiti sę*"暴怒起来"已经构成重建原始语的可能了。甚至可以在印欧语其他的远亲里去查找可做历时比较的复合动词。例如 *ob-(v)aditi*"责难,毁谤"(2)256.24 δια-βαλλειν 的有极为平行的梵语词证 *apavádati*"责备,责骂"。它们是不是同源,带有极重大的意义,是同源的话,上例的斯拉夫语这个复合词就可能源自原始印欧语,那么就更不可能是译借词了。但得注意这极可能只是各个成分彼此同源,亦即"成分同源"(componentia etymologica)的平行构词,而不必然意味着整个复合词就是同源的;理由是亲等过远,证据不足,目前难以成说。本文做了检测,见第4节的[远亲],备日后发展其他标准作参考,但不作为裁断译借词的依据。

"同构标准"原理出于"出典标准","重建性标准"也是"出典标准"的"孤绝"原理的推广:把出典的考察范围从共时层文献扩大到异时层的亲属方言。三者使用时并无绝对的先后之分,只不过在语料量大的情形下,分层过滤,容易掌握各个词汇的定性追踪调查,方便进行复审或误判重审。毕竟复合词译借的或传抄的只是一个组合模式,我们不敢轻率断定各经彼此间真的绝对壁垒分明,毫无借鉴之事。实际上操作时经常遇有犹豫,比方说,该词目或"另见他经"太少,或仅另见于"地缘邻接"之经,或方言采样困难,或被这三款标准之一否决,却符合一、二款Coleman标准,则必先存疑,综合几个标准再决。

## 4 检测指标及筛选步骤

语料中双方复合动词只要是平行构词的,不管是带时态的动词形式,还是分词、动名词,都是检测的对象。找出来的双语对应组作为词目按以下八项指标进行分析,即[词证]、[出处]、[构词]、[派生]、[前缀]、[语义]、[近亲]、[远亲]。

[词证]:标示词证在文献中分布的情况,不仅在《苏普经》,还调查其他经卷里的出现情况。所有经卷的缩写原文见附录。这里需注意"一例"和"孤证"的分别,"一例"是说在《苏普经》虽然只出现一次,但其他经卷里还找得到该词目。这说明该词在文献不少,偏巧在《苏普经》只分布一例。"孤证"则指在《苏普经》出现一次之外,并不见于其他文献,换句话说,在《苏普经》的这个词证是整个古教会斯拉夫语文献的孤证。还有不少标示"经外无证"的词目,指的是《苏普经》之外没有发现任何例证,在《苏普经》却分布了不止一个。

[出处]:援引该词目所在的原句,双语合璧。译文外表平行的复合动词是不是真的一项对一项从原文翻过来的,可利用双语对照的上下文来核实。

〔构词〕：把该词目的构成考察一番，必要时希腊语的部分也得做。比方说，是不是由复合名词衍生而来的动词，这种例子通常不会是我们要找的一对一翻过来的复合动词，因为贷方的内部结构"［［前缀＋名词］名词（＋后缀）］动词"不同于借方的"［前缀＋动词］动词"。有时候得求助于历时研究了。

〔派生〕：调查该词目的所有"同构"复合的派生词，不管是动词还是静词（即名词、形容词；也称"体词"）。这个指标对"同构"标准是不可或缺的。必要时甚至也得考察同一动词基但不同前缀的其他复合词，以获取该词目在整个词族的派生情况。

〔前缀〕：因为所谓"前缀翻译前缀"一般是没有直译或活译的判断标准的，我们在实做的过程中开发了一种"内部比较"的方法，来裁定该词目的前缀的用法在自己的语言里是不是典型的用法。典型的，指和文献中其他前缀的用例可以归纳成类的；找不到别的用例可以合成一类的，就不是典型的。成类的例，如德语 *ent-fliehen*"逃走"，*ent-kommen*"逃出"前缀都是离格性质的（ablativa）用法，带一个不及物动词基；*ent-kernen*"去核"，*ent-sorgen*"卸忧"是排除性质的（privativa）用法，带一个名词基，*ent-brennen*"着火"，*ent-fachen*"点燃"是起始貌（inchoativa），*ent-falten*"摊开"，*ent-stören*"排除干扰"，*ent-loben*"解除婚约"是反面语（antonymia）等等。两个语言都得做。最后考察古斯拉夫语前缀对应希腊语前缀是不是典型对典型。如果贷方不是典型的，就该检查是不是一种变异，或就正是"借义"现象。

〔语义〕：分析词目语义是在整个词族里进行的，通过和它词族中其他成员——不管是复合还是单基——的比较，看看它是不是有了变异。例斯拉夫 *iz-valiti*"倾倒出去"显然有过语义突变，因为斯拉夫语词汇里含词根 *val-* 及其变体 *vd'-/vŭl-/vlŭ-* 的统统带有"滚动，碾轧"的意思，可就没有"倾倒"的意思。

〔近亲〕：找出该词目的单基动词的近亲语言（也就是斯拉夫语支各成员）的同源同（本文不特别列出他们历时音韵的分析[㉒]）。再从近亲语料里进一步找出动词基同源、前缀也同源的复合词或其同构词；这样的复合词群具备了重建的条件。

〔远亲〕：承上一栏目，在斯拉夫语支以外的印欧系各支语言里找出同源单基动词，并尽可能找出可做历时比较的、平行构词的"成分同源"的复合动词或其同构词。以上最后两个检测指标主要提供重建性标准之用。

现举例说明一个词目的检测指标和译借词否定性判定的实际操作过程：

bezokovati"无耻"32.26 $\alpha\nu\alpha\iota\sigma\chi\upsilon\nu\tau\varepsilon\tilde{\iota}\nu$"无耻"

［词证］：整个古教会斯拉夫语的孤证

［出处］：32.36：

oni že prěbyvaachǫ bezoukoujošte nevěřĭstviimǔ i glagolaachǫ …

οἱ δε ἐπέμενον ἀναισχυντοῦντες τη ἀπιστια καὶ ἐλεγον …

"那些无耻之人仍坚持不信,并说道……"几乎词词对仗地直译。译文现在分词 bezokoujošte 正对应原文现在分词 $\dot{\alpha}\nu\alpha\iota\sigma\chi\upsilon\nu\tauο\upsilon\nu\tau\varepsilon\varsigma$

［构词］：原文不定词为静衍动词[23] $\dot{\alpha}\nu\alpha\iota\sigma\chi\upsilon\nu\tau\varepsilon\tilde{\iota}\nu$，从形容词 $\dot{\alpha}\nu\alpha\iota\sigma\chi\upsilon\nu\tauός$"无耻的"派生,后者由前缀 α/αν- 加上 $\alpha\iota\sigma\chi\upsilon\nu\varepsilon\tilde{\iota}\nu$ 的过去被动分词 $\alpha\iota\sigma\chi\upsilon\nu\tauός$ 构成。注意希腊语没有 $^*\alpha\nu^-\alpha\iota\sigma\chi\upsilon\nu\varepsilon\tilde{\iota}\nu$ 这个词。即 $\alpha\nu\alpha\iota\sigma\chi\upsilon\nu\tau\varepsilon\tilde{\iota}\nu$ < [[ an⁻ + (aischynt)$_{PPP}$]$_{Adj}$ + é + en]$_V$。译文 bez-oko-vati 也是静衍动词,而且斯拉夫语没有动词 *okovati,所以它必然是从 bez 介缀"无",和 oko"眼睛",复数形 oči,先复合成 *bez-oko"无眼",最后加上后缀形成的动词,即 [(bez- + oko)$_N$ + va- + ti]$_V$,可谓极为平行。

［语义］：斯拉夫语中"无眼"和"无耻"的联系有一定困难,有借义之嫌。经查证,印欧语里最贴近的有,希腊语源自"眼睛"的 ὄπις"敬畏之心,处罚",梵语 an-āk"无眼,盲"亦无此一联想。

［派生］：同构名词 bezočistvo"无耻"另见于 S. Z. M. A. C. Sk.

［近亲］：斯洛伐克 bez-očivý"无耻",保加利亚 bez-očliv"无耻"；但俄 bez-okij"无眼,盲,独眼"不作"无耻"义。

［远亲］：立陶宛 be-ākis"无眼",拉脱维亚 bez-acis"盲"。

总结：单从［词证］［出处］［构词］［语义］看来,很容易判为译借词,但同构、重建性标准和［派生］［近亲］却提供了否证。这词不是译借词。

当然不是每个指标的材料对任一条词目都是具有同等价值的,尤其在"否决"译借时,能找到"必要的"证据才是关键。由于篇幅限制,下面的第5、6、7节对词目进行非译借词判定时,只列出必要指标。

准备工作及筛选步骤：1)首先从语料中搜集"斯""希"动词对应组,得

4655组。2)把任一方为单基词的749组"单对单",500组"单对复",1283组"复对复"除去;只处理"复对复"的2123组。3)动用判定标准裁决译借词之前,先把非直译的、非平行结构对应的1085组淘汰。4)为剩下的1038组做指标检测,然后通过以下三道否定性标准的过滤,又剔除962组。5)完了才开始从最后剩下的76组中筛选可能的译借词。

## 5 第一道:用出典标准剔除词目

这里用来考察出典[24]的20多个经卷残叶是按照van Wijk的标准所援引的[25],各经西文名目及其缩写见附录。出典标准剔除671个词目,由于篇幅限制,只列举一小部分,但尽量收罗各种不同样态的对应组:

*vŭvesti*"带入"(14)258.23 $εισάγειν$[出处]:Z. M. Z. Ps. Es. C. Sk.

*vŭvoditi*"引进"(3)438.6 $εισάγειν$[出处]:Z. M. A. Es.

*vŭdati*"交给" 25.6 $επιδιδόναι$,493.7 $εκδιδόναι$[出处]:Z. M. A. Es. C. Sk.

*vŭžagati*"点燃" 95.4 $εξάπτειν$[出处]:Z. A.

*vŭžešti*"点燃" 435.4 $εξάπτειν$[出处]:Z. M. A. Ps. Es. Sk.

*vŭzbranjati*"禁止" 94.21 $παρέχεσθαι(ασφάλειαν~)$[出处]:Z. M. A. Es. C. Sk.

*domysliti sę*"考虑"(10)51.4 $καταλαμβάνει$[出处]:Z. M. A.

*zabyvati*"忘记" 417.3 $επιλανθάνεσται$[出处]:Ps. C.

*zabyti*"忘记"(3)521.13 $επιλανθάνεσται$[出处]:Z. M. A. Ps. Es. C. Mg. Mk. Psl.

*zapovědati*"命令"(4)260.21 $εντέλλειν$[出处]:Z. M. A. Ps. Es. C. Sk. U.

*izbaviti*"放开"(2)512.21 $απαλλάττειν$[出处]:Z. M. A. O. Ps. Es. Fb. Kb. Sk. Psl.

*izvesti*"带出"(12)464.5 $εξάγει$[出处]:Z. M. A.

*izvoditi*"带出"(3)136.21$εξάγει$[出处]:Z. M. A. Rs. Sk.

*ischoditi*"走出"(11)173.16 $εξέρχεσται$[出处]:Z. M. A. Ps. Es. C. Sk.

Zb. Nb.

*ostati sę* "停留" (2) 188. 17 $α\pi έχεισθαι$, (2) 262. 12 $αρνεῖσθαι$ [出处]: 见所有经

*otŭmetati sę* "拒绝" 317. 29 $αμφιβάλλειν$ [出处]: 见所有经

*posŭlati* "派去" (52) 22. 22 $αποστέλλειν$ [出处]: Z. M. A. O. Ps. Es. Fs. C. Kb. P. Sk. U. Nb.

*oužasnǫti sę* "畏惧" (3) 466. 9 $καταπλήττεσθαι$, (3) 39. 24 $εκπλήττεσθαι$ [出处]: Z. M. A. Es. C. Sk.

*ouspěti* "前行" 527. 23 $διέρχεσθαι (μέρος τι)$ [出处]: Z. M. A. Ps. Sk.

# 6 第二道:用同构标准剔除词目

有126条。同构标准只要找出"另见他经"的同构词即可径直判断。举隅如下:

*bezŭčĭstvovati* ( = *bečĭstvovati*) "不敬,亵渎" (2) 214. 30 $εξυβρίζειν$ [派生]: *be čĭsti* ( = *bezčĭsti*) Z. M. "蔑视"

*vŭzbuždati* "叫醒" 275. 23 $διυπνίζειν$ [派生]: *vŭzbuditi* Z. M. A. Sk. S. Nb.

*vŭležati* "置入" 334. 29 $προσαρτερειν$ [派生]: *vŭlagati* Z. M. A. C. Sk. S. , *vŭlagalište* Z. M. A. C. Sk. S. , *vŭložiti* Z. M. A. O. Ps. Es. Sk. S. , *vŭloženije* A.

*vŭslědovati* "跟随" 30. 28 $επακολουθειν$; 及 *vŭslědŭstvovati* 114. 18 $συνοδεύειν$ [派生]: *vŭslědŭ* Es. S. 副词 "从……后面"

*vŭspěvati* "开始唱" 487. 1 $αναφέρειν$ [派生]: *vŭspěti* Z. M. A. Ps. Es. Fs. C. Sk. S. , *vŭspetije* Es.

*zašticati* "保护" 352. 7 $επειγεσθαι$ [派生]: *zaštititi* Es. = *zaščititi* Kb. , *zaštititel' ĭ* Ps. , *zaštištenije* Ps. , *zaštitĭnikŭ* Ps.

*ischaždati* "使获得" 406. 10 $προξενειν$ [派生]: *ischoditi, izchoditi, izŭchoditi* Z. M. Z. Ps. Es. Sk. S. Zb. Nb. , *ischodajati* Es. , *ischodŭ* Z. M. Ps. S.

*nastajati* "开始" 124. 21 $ενίστασθαι$ [派生]: *nastati* M. Sk. S. Es. , *nastaviti*

Z. M. A. Ps. Es. Sk. S. Psl., *nastavl'ati* Es., *nasojati* Z. M. Es. C. S.

*oslabijati* "变弱" 289.8 συγκαταβαίνειν [派生]: *oslaběti* Z. M. A. Es. Sk. S., *oslabiti* Z. M. A. Ps. Es. C. Sk. S., *oslaba* Es.

*pogribati* "埋葬" 311.19 ενταφιάζειν, 456.23 καταθάπτειν [派生]; *pogrěbati* Z. M. A. Ps. S. = *pograbati* Ps., *pogrěti* Z. M. A. Sk. S. H., *pogribenije* Z. M. A. C. Sk. S., *pogrěbanije* Z. M. A. Sk.

*prilĭpěti* "贴上" 477.13 προσηλουσθαι [派生]: *prilĭpnǫti* Z. M. A. Ps. Psl., *prilěpiti* Z. M. A. Ps. Es. C. Sk. S. Psl., *prilěpl'ati sę* Ps. Es. C., *prilĭpati* Ps.

*prěstavĭjati* "停住" 238.12 μεθιστάναι [派生]: *prěstavl'enije* A. Kb. P. Sk. Es. S., *prěstaviti* Es. C. P. S., *prěstajati* Z. M. Es. C. S., *prěstati* Z. M. A. Ps. C. Sk. S.

## 7　第三道：用重建性标准剔除词目

有 165 条。检测指标指列出 [近亲]、[远亲] 两项。后者仅供参考，不起判别作用。举隅如下：

*vŭbegati* "逃入" 89.26 συμφεύγειν; 及 *vŭbegnǫti* 195.13 καταφεύγειν [近亲]: 俄 *v-begatĭ/-bežatĭ*, 波兰 *v-bieć/-biegać*, 捷克 *v-behnout/-bihat*, 斯洛伐克 *v-behnút'*; [远亲]: 立陶宛 *i-bègti*, 拉脱维亚 *ie-bēgt*

*vŭglǫbiti* "使沉入" 339.27 ευσπείρειν [近亲]: 俄 *v-glubi*, 波兰 ω-głębi(a)ć się, ω-głębienie

*vŭpręšti* "驾上挽具" 222.29 προστίθεσθαι [近亲]: 俄 *v-prijagati*, *v-prjačĭ* 白俄 *v-prehći*, 波兰 ω-*przǫgać*, 斯洛文尼亚 *v-préći*, *v-préžem*, 保加利亚 *v-prěgam*

*zadoušiti sę* "感到怯懦" 289.20 ολιγοψυχειν; 及 *zaduchnǫti sę* (2) 398.29 καταστασιάζειν [近亲]: 俄 *za-dušatĭ/-dušitĭ*, *za-dychatĭsia/-dochnutĭsia*, *za-dyšatĭ* 波兰 *za-dusič się*, *za-dychać/-dyszyć się*, 捷克 *za-dýchati se*, 斯洛伐克 *za-dušit*, 斯洛文尼亚 *za-dušiti/-ljiv*

*izmetati* "丢出去" 128.27 εξβάλλειν [近亲]: 波兰 *z-miatać*, 捷克 *z-metek*, 斯洛文尼亚 *iz-metáti*, 塞尔维亚格鲁吉亚 *iz-met* [远亲]: 立陶宛 *iš-mèsti*, 拉脱维

亚 *iz-mest*，塞尔比亚 *iz-mèsti*

*naskakati*"向某物跳去" 497.15 $\varepsilon\pi\iota\pi\eta\delta\tilde{\alpha}\nu$[近亲]：俄 *na-skakátĭ/-skakivatĭ*，波兰 *na-skakiwać*，捷克 *na-skočit/-skakovat*，斯洛伐克 *na-skakovat'/-skočit'*，*na-skakovati/-skočiti*

*obnositi*"把某物带来带去"509.18 $\pi\varepsilon\rho\iota\varphi\acute{\varepsilon}\rho\varepsilon\iota\nu$[近亲]：俄 *ob-nositĭ*，波兰 *ob-nosić*，捷克 *ob-nos*，*ob-nošený*，斯洛文尼亚 *ob-nést se̜*[远亲]：立陶宛 *ap-nèšti*，梵 *abhi-nášati*

# 8 第四道：运用 Coleman 标准筛选译借词

三道过滤之后，剩有 76 条在这里做最后筛选：有确定是译借词的，有证据不足无法确定的，有确定不是译借词的。这里选录的是确定为译借词的例子：

*sŭ-likūstvovati*"感到高兴" 490.22 $\sigma\upsilon\gamma$-$\chi\alpha\acute{\iota}\rho\varepsilon\iota\nu$"感到高兴"

[词证]：孤证。[构词+语义]：它的词基 *likovati*，*likūstvovati* 却只有"跳舞，舞蹈"的意思，语料中只见与希腊语 $\chi o\rho\varepsilon\acute{\upsilon}\varepsilon\iota\nu$，$\sigma\upsilon\gamma\chi o\rho\varepsilon\acute{\upsilon}\varepsilon\iota\nu$"跳舞，舞蹈"对译；和希腊语词基 $\chi\alpha\acute{\iota}\rho\omega$"感到高兴"对不上号。[前缀]：*sŭ-* 的用法正常，一如 *sŭ-radovati se̜*"感到高兴"。[近亲]：俄 *lik*"合唱，欢呼"，*likovatĭ*，乌克兰 *łykuváty*，白俄 *likovać*，保加利亚 *lik*，但查无 *sū-* 复合词。[远亲]：斯拉夫词根 *lik-* 借自日耳曼语：哥特语 *laiks*"跳舞"，*laikan*"蹦，跳"；古代北欧 *leikr*"游戏"，古高德 *leih*，*leich*"游戏，歌唱"，日耳曼语这词与立陶宛 *láigyti*"在野地游荡"，古立陶宛 *laigo*"跳舞"同源。更远者有梵 *réjati*，*réjate*"蹦，颤动"，新波斯 *ālēχtan*"跳跃"，库尔德 *be-lizium*"跳舞"，*līzim*"游玩"，希腊 $\lambda\iota\gamma\alpha\acute{\iota}\nu\omega$"跳舞，大声叫，唱"。只有梵复合词 *sam-rej-*"颤动，颤抖"可以与之比较。[总结]：符合 Coleman 标准八：是个孤证。符合 Coleman 标准九：方言里查无该词组合模式。方言中也查无从"跳舞"引申出"高兴"的例子。符合 Coleman 标准六：译者错把 $\chi\alpha\acute{\iota}\rho\varepsilon\iota\nu$ 看作 $\chi o\rho\varepsilon\acute{\upsilon}\varepsilon\iota\nu$，所以将 $\sigma\upsilon\gamma$-$\chi\alpha\acute{\iota}\rho\varepsilon\iota\nu$ 当作 $\sigma\upsilon\gamma$-$\chi o\rho\varepsilon\acute{\upsilon}\varepsilon\iota\nu$ 进行翻译，以至于舍同义的 *sŭ-radovati se̜* 不用，而造一结构平行的新词 *sŭ-likūstvovati*，并通过上下文的解读"借义"于原文；否则应作"（一起）跳（起）舞（来）"解。这应是个译借词。

vŭz-bēsiti sę "暴怒起来" 340.17 εκ-βακχεύειν "发起巴古斯酒神式的暴怒", 190.22 εκ-μαίνεσθαι；另有三例单基词 bēsiti sę 对应（2）93.10 γίγνεσθαι (εμμανής ~), 78.17 θυμοῦσθαι, 264.26 ανοιακρατεῖσθαι；以及 vĭz-běsovati sę 404.1 εκ-μαίνεσθαι；vĭz-běsiněti 330.28 μαίνεσθαι（单基词！）；vĭz-běsati 411.24 εκ-βακχεύειν [词证]：以上四个斯拉夫语复合动词不见于《苏普经》之外！[出处]检查两处 190.22 及 404.1 都是紧密的直译。（引文过长从略）[构词]：斯拉夫 bēsū "鬼、魔"（在《苏普经》还作 "神像"）正对应 Βάκχος；即酒神巴古斯（Bacchus），试比较立陶宛 baisà "惧怕"，baisùs "令人毛骨悚然的"。[派生]：检查所有同构词 vŭzbēs-iti, -ovati, -(š)ati, -(š)enije "怒，疯" 统统只存在于《苏普经》！[前缀]：为何用 vŭz-？观察 vŭz-ja-riti sę "生气起来", vŭz-cuditi sę "惊叹", vŭz-mǫžati sę "振作起来", vŭz-gnǫšati sę "感到厌恶"，用于生理、心理的动词作完成体前缀是常态的。[近亲]：俄 bes，波 bies，捷 bēs，斯洛伐克 besný, besniet'sa，斯洛文尼亚 bēs，塞·格 bijes，查无 vŭz-复合词。[远亲]：比较立陶宛 uŭ-baisti "开始怕起来", 和拉脱维亚 uz-baidīt "怕起来"。[总结]：与 Coleman 标准五："译文复合词的词基也对应到同一个原文复合词" 正相反，此例是 "原文复合词的词基也对应到同一个译文复合词", 未知是否能借此扩大标准五的使用范围？符合 Coleman 标准三, 译文复合词 "暴怒" 较诸同根 "鬼, 魔" 是带有新增的语义。虽然不尽符合 Coleman 标准六的界定, 但性质很近。符合 Coleman 标准二, 是个定译。完美地符合 Coleman 标准八、九；连全部派生词统统仅见于《苏普经》一经, 绝非偶然, 明显是个自创词。而且斯拉夫 bēsǔ "鬼, 魔" 对应 Βακχός 酒神, 非常工整。波罗地语似乎提供了 "另见他语" 的反证, 不过显然只作 "怕" 讲, 与斯拉夫语作 "怒" 讲, 彼此区隔不混。证据充足, 是个译借词。

prě-krŭmiti "喂养, 喂食"（3）345.2 διατρέφειν [词证]：孤证。[构词]：krŭmiti（7）128.26 τρέφειν, 两单基彼此很对应。[派生]：该词在整个词族中的同根复合词还有 na-krŭmiti, vŭs-krŭmiti, 前者对应 δια-, εκ-τρέφειν, 后者对应 εκ-τρέφειν 及单基 τρέφειν, 可以看出有一个 "[前缀+krŭmiti]同义词" 对应 "[前缀+τρέφειν]同义词"《苏普经》专有的模式。[近亲+远亲]：查无。[总结]：注意这三词, 即古斯拉夫语里 krŭmiti 的所有复合词, 统统仅见于《苏普经》。这点符合 Coleman 标准一、二、七（可能还有五）。加上标准八、九，可以据此断定为译借词。但问题是，是 *prě-krǔmiti* 还是 *na-krǔmiti* 是译借词？由于捷克 *na-krmiti*"喂养"，俄 *na-kormitǐ* 提供了反证否决 *na-krǔmiti*（已于第 7 节遭淘汰），所以 *prě-krǔmiti* 是译借词。

*po-bolěti* "感到同情" 291.21 συμπαθεῖν [词证]：孤证。[构词]：*bolěti* "生病，感到痛苦"，πάσχω "受苦"。[派生]：同基异缀词还有 *raz-bolěti se* "得病"，*razbolěnije*（名词），*mǔnogo-bolěžnǐnǔ* "受到许多苦难的"，统统仅见于《苏普经》。[语义]：奇怪的是，*bol-* 词族含意全指向"病，苦"，找不到"同情"的语义基础。[近亲+远亲]：都查无该复合模式。斯拉夫语支各方言 *bol-* 词全指向"病，苦"，也没有"同情"的语义。古高德 *balo* "不舒服"，哥特 *balwjan* "折磨"，古冰岛 *bol* "不幸"也没有"同情"的语义。[总结]：符合 Coleman 标准八、九之外；"同情"是个新增的语义，符合 Coleman 标准三（还有四？），是个借义词。而且译者舍 *milovati*，*milo-srǔdovati* "同情，感到同情"不用，却利用 *bolěti* 对应 πάσχω，造一平行于希腊语模式的新词。但不解何以用前缀 *po-*? 因为 *po-* 与 συν- 的对应是第三顺位（19 词），第一、第二是 *sǔ-*（71 词）和 *pri-*（22 词）。不过即使 *po-* 只是个纯粹表示完成体的前缀⑱而没有具体词汇义，作为借义词还是成立的。

*prě-obiděti* "轻视、蔑视"（20）226.26 κατα-φρονεῖν,（2）192.3 περι-φρονεῖν, 126.29 α-δικεῖν, 192.20 παρα-λογίζεσθαι [词证]：孤证。注意 *obiděti* 421.3 也与 κατα-φρονεῖν 对应。[构词]：从历时层面来看，其实 *obiděti* 还不是单基词，是个静衍动词，派生自复合名词 *obida* "侮辱、冤枉"，由 *ob-* "低，下"加词根 *vid-* "视，见"组成。[派生]：单基动词 *viděti* 很活跃，加前缀派生能力强，有 *ob-(v)*, *prě-ob-(v)*, *u-ob-(v)*, *nena-*, *vǔz-nena-*, *za-*, *po-za-*, *vǔ-za-* 派生词群。但其未完体 *vidovati* 却没有前缀派生词。[前缀]：虽然 *prě-* 对应 κατα- 的用法不算最多，但可借鉴 *prě-zǔrěti* "鄙视"：*zǔrěti* 义"看见"，是通过 *prě-* 获得"鄙视"的语义。[语义]：斯拉夫从"视，见"转化到"轻视，蔑视"的引申路径可比较拉丁 *spic-*，古高德 *acht-*，汉语"视"。另有从"思，想"出发的梵 *man-*，希腊 φρον-。有从"算，计"出发的希腊 λογ-，从"说"出发的希腊 δικ-。可见译者以生理动词作对仗的动机具有一定的普遍性。[近亲+远亲]：方言查无一模式。形态很

近似的立陶宛 pa-vydéti，希腊 $\pi\varepsilon\rho\iota$-$\iota\delta\mu\acute{\varepsilon}\nu\alpha\iota$，$\pi\varepsilon\rho\acute{\iota}$-$o\iota\delta\alpha$，拉丁 prae-video，哥特 fair-weitjan 语义都仍在视觉生理方面打转，没有"鄙视，蔑视"的心理含义。[总结]：除了符合 Coleman 标准八、九之外；还符合 Coleman 标准二所谓"一对多"原则，而且对应希腊 $\pi\varepsilon\rho\iota$-$\varphi\rho o\nu\varepsilon\bar{\iota}\nu$，$\alpha$-$\delta\iota\kappa\varepsilon\bar{\iota}\nu$，$\pi\alpha\rho\alpha$-$\lambda o\gamma\acute{\iota}\zeta\varepsilon\sigma\theta\alpha\iota$ 各词，都算对仗工整：vid-"视" 对应 $\varphi\rho o\nu$-"思"，对应 $\delta\iota\kappa$-"说"，对应 $\lambda o\gamma$-"算"。再者 obiděti 421.3 对应 $\kappa\alpha\tau\alpha$-$\varphi\rho o\nu\varepsilon\bar{\iota}\nu$，符合 Coleman 标准五。这应该是个译借词。

原载于《语言学论丛(第三十三辑)》，商务印书馆，2006年。

**注　释**

① Mayer 有不少例证。见 Mayer, K. H. 1939. Altkirchenslavische Studien I. Fechlübersetzung im Codex Suprasliensis. Halle/Salle.

② 拉丁文名称 Codex Suprasliensis，这里用的版本是 1982 年 Zaimov/Kapaldo 集校加注本，保加利亚研究院保加利亚语言所。该经卷的其他研究可参考 Aitzetmüller, R. 1956. Kulturkundliches aus dem Codrx Suprasliensis. FS Max Vasmer, 23—27, Wiesbaden;
Leskien, A., Zur Kritik des altkirchenslavischen Codex Suprasliensis Ⅰ, Ⅱ. Abhandlungen der philologisch-historischen Klasse der Königlich-Sächsischen Gesellschaft der Wissenschaften 27:1(1909) 443—465 und 28:1(1910)1—26. Leipzig;
Mayer, K. H. 1939. Altkirchenslavische Studien Ⅰ. Fehlübersetzungen im Codex Suprasliensis. Halle/Salle;
Marguliés, A. (1927) Der altkirchenslavische Codex Suprasliensis. Heidelberg;
Vondrák. W. 1891. Über einige orthographische und lexikalische Eigenthümlichkeiten des Codex Supraslicnsis, im Verhältnis zu den anderen altslovenischen Denkmälern. Wien;
希腊原典的研究参考 Trautmann, R./Klostermann, R., Drei griechische Texte zum Codex Suprasliensis. Ⅰ. Das Martyrium von Paulus und Juliana. ZSP 11(1934)1—21; Ⅱ. Das Martyrium von Konon dem Isaurier. ZSP 11 (1934) 299—324; Ⅲ. Das Leben Jakobs des Mönches. ZSP 12 (1935) 277—294; Trautmann, R. /Klostermann, R. 1936. Noch ein griechischer Text zum Codex Suprasliensis. ZSP 13. 337—341。

③ Marguliés, A. 1927. Der altkirchenslavische Codex Suprasliensis. Heidelberg. pp. 155—201.

④ 一般做文化借词研究的大抵上先在与"借方语言"有过文化接触之后的"贷方语言"当中把涉及借贷的对应词项一一找出，然后再和接触之前的贷方语言做比对，最后列出

对应表及统计表,例 Rice, A. L. 1932. Gothic prepositional compounds, in their relation to their Greek originals. Diss. , Philadelphia;

Rosen, H. 1934. Old High German Prepositional Compounds, in Relation to their Latin Originals. Diss. , Philadelphia;

Haugen, E. 1950. *The Analysis of Linguistic Borrowing*. Lg 26, 210—231;

Öhmann, S. 1951. Wortinhalt und Weltbild: Vergleichende methodologische Studien zur Bedeutungslehre und Wortfeldtheorie. Stockholm;

Feist, E. 1953. Der religiöse Wortschatz der althochdeutschen Tatianübersetzung in Abhängigkeit vom Latein der Vorlage. Studien zur Lehngutforschung. Diss. Maschinenschrift. Freiburg;

Gneuss, H. 1955. Lehnbildungen und Lehnbedeutungen im Altenglischen. Berlin;

Schwarz, H. O. 1957. Die Lehnbildungen in der Notkerschen Psalmenübersetzung. Diss. Bonn;

Rittmayer, L. 1958. Untersuchungen zum Wortschatz der ahd. Isodorübersetzung. Ein Beitrag zur Lehnwortforschung. Diss. Maschinenschrift. Freiburg;

Schütz, K. 1958. Die Lehnprägungen der Reichenauer Glossen Rb, Rc, Rd, Re und Rf. Diss. Bonn;

Coleman, E. Sh. 1963. Die Lehnbildungen in Notker Labeos Consolatio-Übersetzung: Ein Beitrag zur Lehngutforschung. Diss. Maschinenschrift. Harvard.

以至于 Haugen 有个想法:如果学者没有该语言的前代资料,不知道还能不能辨认借词。

⑤ Coleman 也承认这种困境。Coleman, E. Sh. 1965. Zur Bestimmung und Klassifikation der Wortentlehnungen im Althochdeutschen. ZfdS 21, 69—83。

⑥ Trubetzkoy 证明印欧系语言普遍有利用前缀造词的现象。像 *$\eta$-"不",*$su$-"善",*$dus$-"恶",*$e$-"过去"等在最古老的印欧语言里已不再是独立词了,这样的前缀在年轻的印欧语中数量愈增。Trubetzkoy, S. 1939. *Gedanken über das Indogermanenproblem*. AL 1, 81—89。

⑦ 这篇文章是衍生自她的博士论文。Coleman, E. Sh. 1963. Die Lehnbildungen in Notker Labeos Consolatio-Übersetzung: Ein Beitrag zur Lehngutforschung. Diss. Maschinenschrift. Harvard.

⑧ 这是出处码:页码·行码。之前括号内的是出现次数,没有括号的表示只出现一次。出现两次以上的,随机摘录其中一例的出处。

⑨ 更何况据斯拉夫文献学者 Grünenthal, Berneker 的研究, 认为苏普经这种早期的译文, 动词部分译得"更加活分、更通顺、更达意。"Grünenthal, O., *Die Übersetzungstechnik der altkirchenslavischen Evangelienübersetzung*. ASP 31（1909/10）321—366, 507—528 und 32（1910/1911）1—48; Berneker, E. 1912/13. *Kyrills Übersetzungskust*. IF 31. 399—412.

⑩ 这术语可参考 Komissarov 的"等价词的层次理论"（Komissarov. 1981. *Theorie der Ebenen der Äquivalens*. in: Übersetzungstheorien, WB, Darmstadt.), 他认为可翻译性有 5 个层次: 1) 语言符号层次, 2) 表述/意图层次, 3) 通告层次, 4) 情状层次, 5) 沟通目的层次。而等价词的最高可译性位于最低一层, 即第一层次; 最低可译性则位于最高一层, 即第五层次。本文指的是后者。

⑪ 可见 Sapir, E. 1921. Language, An Introduction to the Study of Speech. Ottawa. 92—106。

⑫ Galton, H. 1976. The main function of the Slavic verbal aspect. Skopje, p. 156.

Galton, H. 1975. *Verbalaspekt im Griechischen und Slavischen*. FoL 8. pp. 147—156, p. 300.

⑬ Stang, Chr. S. 1942. Das slavische und baltische Verbum. Oslo. p. 16.

⑭ Kurylowicz, J. 1956. L'apophonie en indo-européen. Wroclaw. p. 25ff.

⑮ Holt, J. 1943. Etudes d'aspect. Acta Jutlandica, Aarsskrift for Aarhus Uni-versitetet XV/2, København. 34f. p. 61ff.

Schmidt, K. H. 1963. *Zu den Aspekten im Georgischen und in indogermanisscken Sprachen*. BK 15—16, 107—115. p. 109.

Meillet, A. 1969. Introduction à l'etude comparative des langues. indoeuropennes. 4 éd., Alabama. p. 249.

⑯ Beekes, R. S. P. 1995. Comparative Indo-European Linguistics. An Introduction. Amsterdam/Philadelphia. p. 22.

⑰ 详见 Vondrák. 1928. Vergleichende slavische Grammatik. 2. Aufl., Gottingen;

Kul'bakin. 1930. St. M., Staroslovenska grammatika. Belgrad;

van Wijk, N. 1931. Geschichte der altkirchenslavischen Sprache. Berlin;

Diels, P. 1932. Altkirchenslavische Grammatik. Heidelberg. p. 15f;

Seliščev, A. M. 1951. Staroslavjanskij jazyk. Moskva. p I , p. 67ff;

Lunt, H. G. 1974. Old Church Slavonic Grammar. The Hague. p. 6ff.。

⑱ 方言差异大, 其实是因为古教会斯拉夫语这个概念并非一种自然性质的 lingua franca "通用语", 而是社会性质的 lingua sacra "教会语"。参考 Karásek, J. . 1906. Slavische

⑲ 各家一般先初分斯拉夫西、南两语群,后者再分保加利亚语、马其顿语两种。其中保加利亚语下分三方言区:1)保加利亚方言,2)东北保加利亚方言,3)东保加利亚方言。

⑳ Rehder, P. (Hrsg.). 1991. Einführung in die slavischen Sprachen, Darmstadt.
Mareš, F. V. 1991. *Vom Urslavischen bis Kirchensiavischen.* in P. Rehder (Hrsg.), Einführung in die slavischen Sprachen, S. 1—19, Darmstadt.

㉑ Marguliés, A.. 1927. Der altkirchenslavische Codex Suprasliensis. Heidelberg.

㉒ 可进一步参考 Vondrák. 1928. Vergleichende slavische Grammatik. 2. Aufl., Gottingen;
Bielfeld, H. H. 1961. Altslawische Grammatik. Halle (Saale);
Bräuer, H. 1961—1969. Slavische Sprachwissenschaft. I—III, Berlin;
Vaillant, A. 1966. Grammaire comparée des langues slaves. Paris;
Lunt, H. G. 1974. Old Church Slavonic Grammar. The Hague. p. 6ff;
Leskien, A. 1990. Handbuch der altbulgarischen Sprache. 10., von J. Schröpfer mit Verbesserungen und Ergänzungen versehene Aufl., Heidelberg (EA 1871)的历时比较音系部分。

㉓ 译自 denominativum, -a, 意指派生自静词的动词, 印欧系语言的静词一般包含名词和形容词,有的语言里还包括代词等词类。

㉔ 用的是捷克斯拉夫研究院出版,古代斯拉夫语言词典(Slovnik Jazyka Staroslovenského = Lexicon linguae palaeoslovenicae), 布拉格 1958 – 97。

㉕ 标准见 van Wijk, N. 1931. Geschichte der altkirchenslavischen Sprache. Berlin.
……其实作为 lingua sacra 的古教会斯拉夫语正是依赖这群经文来定义的。另见注⑱。

㉖ 即 Meillet 所谓的 préverbe vide(空虚的动前缀), 见 Terras, V. 1961. *Präpositionen und Verbalpräfix po im Slavischen.* ZSP 29(302—314). p. 304。

## 附 录

古教会斯拉夫语经书西文缩写:

A. = Codex assemanianus

C. = Glagolita Clozianus

Es. = Euchologium Sinaiticum

Fs. = Fragmentum Liturgiarii Sinaiticum

| | |
|---|---|
| H. | = Blätter von Chilandar |
| Kb. | = Kiever Blätter |
| M. | = Codex Marianus |
| Mg. | = Mazedonisches glagolitisches Blatt |
| Mk. | = Mazedonisches kyrillisches Blatt |
| Nb. | = Novgoroder Blätter |
| O. | = Ochrider glagolitische Blätter |
| P. | = Prager Blätter |
| Ps. | = Psalterium Sinaiticum |
| Psl. | = Psalmenfragment von Sluk |
| S. | = Codex Suprasliensis |
| Sa. | = Inschrift des Zaren Samuel |
| Sk. | = Savvina kniga |
| U. | = Blätter des Undol'skij |
| Z. | = Codex Zographensis |
| Zb. | = Blätter aus dem Zographos-Kloster |

# 汉语语义范畴的层级结构和构词的语义问题

## 叶文曦

## 一 汉语并列式构词研究和语义构词的系统性

关于并列式复合词的研究，以往的研究以陆志韦和赵元任为代表。陆志韦《汉语的构词法》专辟一章论述"并列格"，角度虽是语法的，但参考了语义，陆认为："构词法上，一个词的前后两部分的并列关系相当于造句法上两个词或词组的并列关系。造句的并列形式得凭意义来认识。"①关于汉语并列式的特点，陆认为："至少可以说，汉语的并列词的绝大多数只包含两个成分……并列词的多而内容复杂，实在是汉语构词法的一个特征。从又一方面说，两个单音成分假若真是并列起来的，差不多可以保证这结构是一个词。"（同上）不过陆关心的中心问题是"两个并列的成分合起来，究竟是不是词"，从语义的角度看，陆的经典研究可供今天的语义构词研究参考的有以下几点：（一）并列格和偏正格、后补格一般容易或需要凭意义区别开来，但是在动词性结构上，三者的区分有疑难；（二）陆留意了一种重要情形："凡是甲:乙的结构，甲能联上好些乙，乙也能联上好些甲，因而甲和乙能交叉替代的，在现代汉语绝无仅有。……一看就知道甲和乙的联系都是语言上的特殊遗产，跟一般的造句格绝不相同"；②（三）从并列复合词的构成成分的能否独立看，可分三种情况，即有一个成分不能独立，两个成分都不能独立，两个成分都能独立。与此相关的是，"甲和乙在意义上的关系有的比较紧凑，有的比较稀松"；③（四）三个字以上的列举事物的并列格和构词格分别明显；（五）讨论了并列四字格。

赵元任 A Grammar of spoken Chinese 参考陆志韦的研究,认为"并列复合词是它的直接成分有并列关系的结构。除去少数例外,它跟并列词组不同的地方是不能颠倒词序,跟主从复合词不同的地方,是每一个成分都是一个中心,而主从复合词只有第二个成分才是中心"。④赵分别从语法和语义两个角度论述并列复合词,赵"从意义看并列复合词的成分"把并列式区分为以下(1)中 a、b、c 类,另外赵还列出了以下(1)中 d 类"聚合词":

(1) a. 同义复合词(成分是同义词的复合词):清楚、艰难、告示、声音、意思、多余

b. 反义复合词:大小、长短、高低、高矮、厚薄、粗细、软硬、冷热、咸淡、浓淡、大小。

c. 并联关系复合词(并联复合词的成分在文法上很相似,可以看成并列式,但不是同义也不是反义):山水、风水、手脚、薪水、钱粮、板眼、皮毛、风雨。

d. 聚合词:春夏秋冬、士农工商、东南西北、酒色财气、亭台楼阁、加减乘除、声光化电、金银铜铁锡、金木水火土、天地君亲师、唐宋元明清、甲乙丙丁戊己庚辛壬癸。

在叶文曦1996年《汉语字组的语义结构》的研究中,我们用"一个意义＝一个特征×一个义类"这样的语义编码公式来解释汉语单字格局和双字格局的语义构造,考察了核心字,对两个格局语义上的一致性和承继性以及传统构词名目所概括的各种二字组构词现象做出了统一的说明,在这项研究中,考察的重点是偏正式,虽然我们把并列式和偏正式一起纳入"核心字"框架,用"互注"说来解释并列式的语义结构,但是还不清楚并列式和偏正式在汉语语义构词体系中处于怎样的相互关系之中,也不清楚到底是怎样的语义结构机制在起作用。因此我们猜测还有与语义编码公式相关的更基本的语义机制在起作用。针对并列式构词,至少有以下几个重要问题需要解释:(一)并列式构词的语义功能是什么？它和偏正式构词的语义功能有什么区别和联系？它在汉语语义结构中处于怎样的地位？(二)确定并列式的标准是什么？并列式内部字与字组配的语义条件是什么？(三)为什么相对印欧语,汉语有特别多的并列式构词现象？

已有的语法构词理论和语义理论无法对上述问题作出满意的解释,需要做一些新的理论探索。

## 二 汉语语义范畴层级结构和三级语义范畴

就复合构词的研究方法而言,以往的研究主要是语法的,对语义的考虑是零散的,不成系统,这是以往研究的薄弱之处。其实,从语法角度看无关联或不成系统的现象,从语义角度看则是有关联或成系统的。语言中的构词现象是语言对现实进行语义编码的重要反映,对其中语义机制的探讨可以从语义对现实的范畴化这一基本理论问题及相关事实入手。具体到汉语,我们注意到,由同一个字参与构成的偏正式和并列式在语义上存在着的差异和关联,单字、并列二字组和偏正二字组各自既表达不同性质的语义范畴,又互相关联构成一个系统。例如下列(2)中的这样简单而常见的事实:

(2)a. 店:书店、粮店、饭店、鞋店
　　b. 铺:饭铺、肉铺、药铺、当铺
　　c. 店+铺→店铺:泛指商店。

上述事实引导我们去考察并列组配成立背后的语义系统机制以及与此相配的汉语单位,需要讨论在汉语语义范畴化过程中单字、并列式和偏正式各自起的不同作用。

关于范畴化和范畴层级的一般理论,中国先秦名学有墨子和荀子的理论;西方的理论,古典的有亚里士多德(Aristotle)的理论,现代的有维特根斯坦(Wittgenstein)和罗什(Rosch)的理论。古典理论不重视事物分类层级(taxonomic hierarchy)中的中级,而罗什的范畴化原型理论[⑤]提出基本层次范畴,认为在认知心理上人类概念层级中最重要的不是较高层的范畴如"动物、家具",也不是较低层范畴的如"拾猎、摇椅",而是位置居中的范畴如"狗、椅子",由于这个层次的范畴在人类认知中的基本地位,它们被称作基本层次范畴(basic-level categories)。罗什的范畴层级框架可以表示为:

(3) TAXONOMIC HIERARCHY　　　　EXAMPLE
　　（分类层级）　　　　　　　　　　（实例）
　　　SUPERORDINATE（上位级）　　ANIMAL(动物)　FURNITURE(家具)
　　　BASIC LEVEL（基本级）　　　　DOG(狗)　　　　CHAIR(椅子)
　　　SUBORDINATE（下位级）　　　RETRIEVER(拾獚)　ROCKER(摇椅)

罗什是从认知心理学的角度来研究范畴的性质的,这种理论可供我们研究语言语义范畴参考。在语义学领域里,在研究方法上我们主张和语言单位结合起来以确定语义范畴及其层级。这里需要把语义特征和语义范畴区别开来,以"马"字为例,汉语的一个单字具有以下几种基本语义功能:(一)单字词,表示语义范畴;(二)做偏正式复合词的后字,表示语义范畴;(三)做偏正式复合词的前字,不表语义范畴,只表语义特征;(四)参与并列式复合构词,和其他字一起表示一个抽象级语义范畴;(五)其他。在汉语中利用字和字组,我们可以很自然地把汉语的语义范畴层级结构确定为以下(4):

(4)汉语语义范畴的层级结构和语形实现

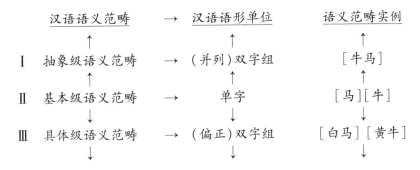

上述框架中的三种语义范畴就是三种自然的语义单位,我们用方括号[ ]表示这种理论上的语义范畴或语义单位,例如[马]、[白马]和[牛马]等。

基本级(basic level),也可称原级,语形上由单字来表达,(4)中用→表示,其他两个层级的语形实现也如此表示,后面不再赘述。基本级是汉语语义层级结构中的最重要的一级。这一级的识别问题我们可以根据单字及相关双字组等语形来加以判别,一般说来,在现代汉语中常常单用,并且能参与构成多个偏正式和并列式双字组的单字表示的就是一个典型的基本级语义范畴,例如［马］、［山］、［走］、［笑］、［新］、［美］。不同的基本级语义范畴有重要和次要之分，越常单用，参与构成的字组越多，则该范畴越重要，反之，则比较次要。这也表明，同是单字，语义功能的强弱是不均衡的。（4）中基本级上面的箭头↑表示基本级语义范畴参与构建抽象级语义范畴，下面的箭头↓表示基本级语义范畴参与构建具体级语义范畴，语形单位"单字""并列双字组"和"偏正双字组"之间的关系及表示与此平行，后面不再赘述。

抽象级（abstract level），也可称集合级，语形上由并列双字组来表达。一个典型的抽象级语义范畴是由两个基本级语义范畴平列组合而成的，它的指称范围不仅涵盖参与组构的基本级范畴，而且在整体语义上具有抽象性，从这个意义上说，参与组构的两个基本级语义范畴表示的是抽象级语义范畴中的两个"原型"，例如［牛马］、［山河］、［行走］、［说笑］、［新旧］、［美好］等。（4）中的抽象级上面的箭头↑表示，如有必要，还可以以此为基础构建更抽象的语义范畴。

具体级（concrete level），也可称分类级，语形上由偏正双字组来表达。一个典型的具体级语义范畴是由一个基本级语义范畴加上一个语义特征组合而成的。现有的偏正双字组表达了一个基本级语义范畴进一步分类的结果。例如［白马］、［战马］、[劣马]、[野马]等就是对[马]的再分类。（4）中的具体级下面的箭头↓表示，如有必要，还可以以此为基础构建更具体的语义范畴。

那么为什么汉语用单字表示基本级范畴呢？按照罗什等学者的理论，[⑥]基本层次范畴之所以"基本"，有以下四个方面的原因：（一）感知方面，在这个层次上的范畴成员具有感知上相似的整体外形，能形成反映整个类别的单个心灵意象，人们能够最快地辨认其类属。（二）功能方面，它是人们能运用相似的运动行为跟范畴各成员互动的最高层次。（三）言语交际方面，这个层次上的范畴往往用较短、较简单、比较常用、独立于特定语境、比较中性的语词表达，这些语词较早进入词库，也是儿童在语言习得时掌握得最早的。（四）知识组织方面，人类的大部分知识都是在这个层次上组织起来的。

在汉语系统中，常用单字最符合上述四个条件，最适宜用来表示基本级语义范畴。而基本语义范畴在汉语语义系统中有两个重要作用：（一）表示重要的、常用的、基本的语义;(二)能够以其为基础派生出其他的语义。反过来说,汉语很少用双字表示基本语义范畴,这跟汉语形式的长度和经济性有关系。同一个基本级语义范畴可参与构建多个抽象级和具体级语义范畴。汉语如何解决字的多义性问题呢?上述语义范畴层级结构犹如一个语义校准器,进入则字义确定,汉语"字"的意义通过组配确定。

(4)和(3)貌似相同,其实存在着深刻差异。(4)和(3)之间的差异首先可以归因于汉语和印欧语在语言基本结构单位和语言结构上的分歧,汉语的"字"不同于印欧语的word(词)。在语义范畴层级结构这一领域内,汉语围绕基本结构单位"字"建立语义系统,语形的自然关联映照语义的自然关联,而印欧语的基本结构单位word(词)不具备这样的关联,围绕word(词)建立的语形关联的价值表现在别的领域中,这里就不赘述了。

(4)和(3)之间的差异还表现在语言语义知识和百科知识之间的差别。语言语义知识是指和语言单位、语言结构相关联的语义知识。从框架(3)的角度看,汉语中像"家具、餐具"等可以表示较上位的语义范畴,而在(4)中,它们都表示具体级语义范畴(相应的基本级和抽象级范畴分别由"具"和"器具"表达),"桌椅、碗筷"却可以表示抽象级语义范畴。这反映的是语言语义知识和百科知识之间的差别,汉语的语义范畴层级结构对语义知识的表达具有一定的制约性。从这个角度看,以往语义分析中谈论较多的所谓"事物分类层级"以及前面的框架(3)虽然和语言语义知识密切相关,其实都偏重于从百科知识的角度进行分类。中国先秦名学中的"大别名""大共名"以及《尔雅》中"亲、宫、器、乐、天、地、丘、山、草、木、虫、鱼、鸟、兽、畜"等名目也都是百科分类。语言语义分类和百科分类都对语义分析有帮助,但各有各的价值和适用范围。

在早期的较纯粹的古汉语单字格局中,单字表示的只是具体级语义范畴,基本级和抽象级都是隐含的,都不能用单字表示。后来随着社会文明的进步与思维的精密化和抽象化,基本级和抽象级逐渐外显化,由单字或双字组等语形来表示。我们认为,语言语义发展和思维水平发展同步,三级语义范畴产生的历时次序是:具体级→基本级→抽象级。在汉语史上,先秦是汉语发展的重要阶段,基本级开始大规模外显化,由单字来表示,因此在先秦名学中有关于基本级语义范畴[马]的深入讨论。双音复合词大量产生也始于先秦,抽象级语义范畴也开始外显化的进程。这个时期汉语处于剧烈变化当中,多层次语言现象相互混杂。同是单字,语义功能可以有很大的差异。很多单字最初只能表示具体级语义范畴,"马"字也如此,按照《周礼·夏官》里的记载,"马"字本来表示"六尺以上的马","马八尺以上为龙,七尺以上为騋,六尺以上为马",这句话里"马"字同时表示具体级和基本级语义范畴,前一个"马"表示基本级语义范畴,后一个"马"表示具体级语义范畴。这是单字语义功能发展中的过渡现象。"马"字的语义功能发展的时间层次应该是:(一)先表示具体级;(二)在表示具体级的同时,兼表基本级;(三)主要用来表示基本级,可以单用,或做偏正二字组的后字或前字,例如"良马、马力",参与构建抽象级语义范畴,例如"牛马、车马"。

  从古代汉语向现代汉语发展,三级语义范畴在历时演变过程中可以随相关语形变化及功能的扩大或萎缩而上下浮动,这种动态演变的趋向在语义范畴层级结构中有以下几个主要表现:(一)许多表基本级的单字例如"马"可向上走也可向下走,组词能力最强,也因此在现代汉语中的字频最高。有些表基本级但意义较抽象的单字如"禽、兽、器、具"等虽然可以往上走构成如"牲畜、器具、禽兽"等,也可以向下走,构成如"家禽、家畜、盛器、家具、野兽"等,但组词能力相对较弱,因此在现代汉语中的字频不高。因为基本级有常用单字占据着,所以具体级既很难向上走,也很难再向下走,因此在现代汉语中字频最低,例如"骏、鲤、槐"等。(二)双音词发展起来后,原来一些表具体级的单字被双字组替代,许多单字现在只作偏正式里的修饰成分,例如"骏(马)、鲤(鱼)、槐(树)"等。(三)具体级、基本级、抽象级都是大的层级,在每一个层级内部存在着不平衡现象,即同级的不同语义范畴,语义概括能力有强有弱,例如同在抽象级,"事物、东西"比"器具"抽象,而"器具"比"桌椅"抽象。又例如同在具体级,"动物"比"野兽"抽象,而"野兽"比"山猫"抽象。因此,大层级中都还可以再区分出若干小的层级。随着社会的发展,原来的抽象、具体级范畴不够用了,需要大量补充。而新产生的双音词多是填补大层级里面的较低的小层级。(四)对于社会新生事物,汉语没有采用新造词根(新的最小音义结合体)的方法,而是用原有的字复合的方法来补充。汉语倾向于把它们处理为原来某基本级范畴的下位具体级范畴,如"钢笔、圆珠笔、签字笔",同时原来的基本级范畴也重新分析为具体级范畴,如"笔→毛笔"。如果需要,也会产生新的基本级语义范畴,例如当代汉语中的"机""盘""股"。

## 三　抽象级语义范畴的鉴别标准和并列组配成立的语义条件

跟传统的构词理论相比,我们用汉语语义范畴层级结构的理论来解释汉语构词的要点在于:并列和偏正通过单字关联在一起,并列和偏正不在一个语义平面上,两者语义层次和语义价值不同。与此相关,需要注意以下四种功能情况不同的单字:

(一)功能最活跃,常常单用,既可以参与并列式,又可以参与偏正式,例如:马　牛　高　快　吃　看

(二)不能单用,可以参与并列式,也可以做偏正式的后字,例如:器　具　士　勋　齿　婚

(三)不能单用,多参与并列式,而少参与偏正式或只能做偏正式的前字,例如:馑　愉　惧　凄　逊　伟　婪　逸　婉　陋

(四)不能单用,不参与或较少参与并列式,例如:骏　骢　驹　犊　橄　踵

上面(一)类表示的语义范畴是典型的基本级语义范畴。(二)类也可以表示基本级语义范畴,但不典型。(三)类和(四)类在现代汉语中都不能表示基本级语义范畴,也不能表示抽象级和具体级语义范畴,在三级范畴结构中没有独立的位置。

在现代汉语中,抽象级语义范畴由并列式复合词来表达。并列式复合词的数量庞大,根据周荐的统计,在《现代汉语词典》的全部双音节复合词32346个中有8310个并列式复合词,占25.7%。[⑦]沈怀兴从《现代汉语词典补编》的19423个双音词中统计出5029个并列式复合词,占25.89%。[⑧]两个统计相加说明并列式复合词的数目在13000个以上。那么如何确定并列式复合词呢?这里需要明确鉴定并列式复合词的标准,我们根据《现代汉语词典》的释义方式,总结出以下五条标准:

(一)释义中用"和""而""并""或",例如:

茶饭:茶和饭,泛指饮食。

尘芥:尘土和小草,比喻轻微的事物。

编遣:改编并遣散编余人员。

诧愕:吃惊而发愣。

成败:成功或失败。

(二)用并列短语释义或分别释义,例如:

查究:调查追究。

查禁:检查禁止。

超越:超出;越过。

撤离:撤退;离开。

(三)同义平行对称系联,例如:

诧异⇐惊诧/惊异

惫倦⇐疲惫/疲倦

安恬⇐安静/恬静

绑扎⇐捆绑/捆扎

快慰⇐愉快/欣慰;欢愉/欢欣

壮阔⇐宏壮/广阔;宏大/广大

(四)可颠倒,例如:

酬应:应酬

薄厚:厚薄

别离:离别

(五)出现在固定格式中,例如:

眉清目秀(眉目/清秀);

呼风唤雨(呼唤/风雨);

开天辟地(开辟/天地);

大街小巷(大小/街巷)

语义并列组配成立的必要条件是同级,即只有两个或多个语义范畴属于同一层级时,才有可能组配成抽象级语义范畴。同是用单字表示的语义范畴,也不一定在语义上同级。例如,[牛]和[羊]同级,属于基本级语义范畴,而[(羊)羔]和[(牛)犊]同级,但不属于基本级语义范畴,所以"牛""羊"和"犊""羔"的分别组配不是并列组配。

同级问题牵涉到共时因素和历时因素之间的纠缠。并列式复合词是汉语历史发展的产物,在汉语史上许多原本可以自由单用的字,在现代汉语中已经变得不能自由单用了,例如"洗、浴、沐、盥、澡、漱"一组字曾经都可以单用,意思分别是"洗足、洗身、洗发、洗手、洗口",但在现代汉语中只有"洗"和"漱"可以单用,表示基本级语义范畴,"浴"和"澡"虽有一定的构词能力,但不能单用,不是典型的基本级语义范畴。"沐"和"盥"构词能力很弱,又不能单用,在现代汉语语义范畴层级结构中没有独立的位置,不能表示三级范畴中的任何一级范畴,只在构词中起陪衬作用。上述几个字所表示的语义范畴在历史上某一时期曾同级,所以有"洗浴、洗沐、沐浴、盥洗、洗澡、洗漱"等并列组合。历史上曾同级的一组语义范畴,发展到现代汉语变得不同级了。因此这里"同级"严格说应该是"共时同级"。

同级只是并列组配的必要条件,组配完全成立还需要其他条件。这方面的问题现在还难以彻底解决,只能给出一个初步的解说。语义组配条件有二:(一)现实理据联想;(二)民族文化心理联想的习惯。下面以一个近似的"动物"语义场为例略作分析:

(5)动物[龙 牛 马 羊 驴 猪 狗 兔 猫/象 熊 狮 虎 豹 狼 狐 猴 鹿 獾 蛇 鼠/鸡 鸭 鹅 鸽/雀 鸦 鹰 燕 鱼 虾 蟹 龟 鳖 蛙 虫 蝇 蜂 蚊 蚁]

上面义场中的各个语义范畴之间的关联距离有近有疏,它们的并列组配关联有以下几种等级:

(一)一级关联:[牛马]、[牛羊]、[鱼虾]、[蚊蝇]等,语形表现为并列二字组复合词。

(二)二级关联:[龙马]、[虎狼]、[猫鼠]、[猪狗]、[虎豹]、[鸦雀]等,在四字格成语中可并列组配。

(三)三级关联:[猪]/[羊]、[鸡]/[狗]、[猫]/[狗]、[狼]/[狗]、[龙]/[虎]、[虾]/[蟹]、[虎]/[熊]、[虎]/[蛇]、[兔]/[狐]、[兔]/

［狗］、［狐］/［虎］等,在四字格成语中有关联。

（四）特殊的关联:［鼠牛虎兔龙蛇马羊猴鸡狗猪］构成十二属相。

（五）无关联:例如［牛］和［鱼］、［虎］和［虾］、［羊］和［鼠］。

以上（一）至（四）中的组配既有现实的理据,又符合汉民族文化心理的联想习惯。一级关联和二级关联的结果都构成抽象级语义范畴。从能否参加并列组配这个角度看,语义场内部是不平衡的,有的语义范畴如［马］、［牛］、［羊］、［虎］、［狼］是核心的,可以参加并列组配,在汉文化中占有重要地位,符合汉民族文化心理的联想习惯。而有的语义范畴如［象］、［鹿］、［蚁］、［蛙］则是边缘的,在汉文化中占次要地位,不参与或较少参与并列组配。

其实上面义场里的语义范畴之间的组配的结果还有另外一种典型情况,即偏正组配构成具体级语义范畴,例如［狼狗］、［狗熊］、［马鹿］、［狐猴］、［牛蛙］等。关于动物义场内部语义范畴组配的详尽研究可参看王洪君《动物、身体两义场单字及两字组轻义模式比较》(《语文研究》2005 年第 1 期)。

## 四 余论

语言是对现实进行编码的体系,各种具体语言都需要用语言单位对现实进行范畴化,语言基本结构特征和基本单位的不同决定了汉语和印欧语在范畴化上的差异。从语义角度可以把汉语构词看成一个内在完备统一的系统,一个字可以同时参与并列式和偏正式两种构词格式,并列和偏正不但有区别而且有联系。汉语有以"字"为核心的基本语义关联,而印欧语没有。汉语具有大量的并列式复合词,这跟"汉语词根结构的整齐划一"有密切关系。在英语中只有极少量的并列式复合词,例如 bittersweet（白英）,构词法里基本不讲。据我们看到的资料,在西方语言里,德语并列式较多,大概占全部复合词的 4%。西班牙语中也有一些并列式复合词。例如:

(6) 德语:

süβ/sauer（酸甜）

naβ/kalt（湿冷）

taub/stumm（聋哑）

Hemd/hose(连衫裤)

(7)西班牙语：

agrio/dulce(酸甜)

corta/plumas(小刀)

va/i/ven(来去,动荡)

我们猜测,印欧系语言缺乏或较少并列式复合词有两个原因:(一)词根不整齐;(二)形态变化导致前后形式不均衡。不过德语和西班牙语的情况很需要进一步研究。

较早关注汉语并列式构词现象的西方语言学家是洪堡特,他在《论人类语言结构的差异及其对人类精神发展的影响》中论述道:

> 另一类双要素的词初看起来十分奇特,我指的是有些构自两个对立概念的词,这两个概念统一起来,却表达了一个包纳起二者的一般概念。例如,哥哥和弟弟合起来构成兄弟的总称,高山和小山合起来构成山的总称。在这类场合,欧洲语言是运用定冠词表达概念的普遍性,而在汉语里,这样的普遍性则无一例外地由两个对立的概念极端直观地予以表示。……其实,这样的复合词也散见于所有其他的语言;在梵语里,与之类似的是经常出现在哲学诗中的 sthāwara-jangamam(不动-动,无生命-有生命)这种类型的词。但汉语的情况还有一个特点:在某些场合,汉语没有任何表示简单的一般概念的词,因此不得不采用上述迂回表达方式;例如,年龄差别的意义是无法跟表示兄弟一义的词分割开来的,只能说年长的兄弟(哥哥)和年少的兄弟(弟弟),却不能直接表达相当于德语的 Bruder(兄弟)一词的意思。这个特点可以归因于较早时期的未开化状态。那个时候,人们力图用词直观地表述事物及其特性,缺乏抽象的思考方式,这就导致人们忽略了概括起若干差异的一般表达,导致个别的、感性的认识领先于知性的普遍认识。在美洲语言里,这种现象也相当常见。此外,汉语还从另一完全不同的角度出发,通过人为的知性方法而突出了上述复合构词方式:人们把根据一定对立关系组合起来的概念所具有的对称性看作高雅语体的优点和装饰。这种看法显然跟汉字的特性,即用一个书写符号来表示一个概念有关。于是,人们在言语中往往有意识地

努力把对立的概念搭配成对；任何关系都比不上纯粹的对立关系那样明了确定。⑨

洪堡特的论述很重要，值得我们参考。我们认为，就结构而言，汉语语义范畴和语义结构的表达无法摆脱汉语语形结构格局（字和单音节）的强力制约。于是，一个字表达不了的语义范畴用两个字表达，两个字表达不了的语义范畴用多个字表达。汉语史上汉语从单字格局向双字格局发展的趋势也说明，用并列双字组表示抽象级语义范畴是最佳方法，是汉语建立抽象级语义范畴的必由之路。

本文利用汉语事实建立的三级语义范畴模式是否也适用于其他语言？语义范畴的层级观念是否有助于汉语短语、句子和篇章等层面的语义研究？我们将继续探索。

原载于《语言学论丛（第二十九辑）》，商务印书馆，2004 年。

### 注 释

① 陆志韦等《汉语的构词法（修订本）》，科学出版社，1964 年，97 页。
② 同上书，99 页。
③ 同上书，100 页。
④ 赵元任著，丁邦新译，《中国话的文法（增订版）》，香港中文大学出版社，2002 年，195 页。
⑤ Rosch, Eleanor & Mervis, Carolyn B. 1996. *Family Resemblances*: *Studies in the Internal Structure of Categories. in Readings in language and mind.* edited by Heimir Geirsson & Michael Losonsky, Oxford: Blackwell Publishers. pp. 442—460;
Lakoff, George. 1987. *Women, fire, and Dangerous things*: *What Categories Reveal about the Mind.* Chicago and London: The University of Chicago Press. pp. 46—47.
⑥ Rosch, Eleanor & Mervis, Carolyn B. ,*Family Resemblances*: *Studies in the Internal Structure of Categories. in Readings in language and mind.* pp. 451—452;
Lakoff, George, *Women, fire, and Dangerous things*: *What Categories Reveal about the Mind.* pp. 46—47;
张敏《认知语言学与汉语名词短语》，中国社会科学出版社，1998 年，59—61 页。
⑦ 周荐《复合词词素间的意义结构关系》，《语言研究论丛（第六辑）》，天津教育出版社，

1991年。

⑧ 沈怀兴《汉语偏正式构词探微》,《中国语文》1998年第3期。

⑨ 洪堡特著,姚小平译,《论人类语言结构的差异及其对人类精神发展的影响》,商务印书馆,1999年,367—368页。

# 瓦罗与许慎的语源观念比较

## 李 娟

## 1 引言

语源研究在西方有悠久的历史,最早可上溯到柏拉图的《对话录·克拉底鲁篇》。这篇讨论语言性质的对话谈到许多词在历史上可能存在的音义关联方式,试图通过语源的追溯对词形和意义的关联做出理据性的解释。同样的观念也出现在中国传统的小学研究中,无论是先秦零散的名物释义还是后来系统的文字、音韵和训诂研究,都很关注字本义的解读,探究本义和引申义之间的理据性联系。为什么两种各自独立的研究传统都关注语源的探求,他们如何看待语源与语言性质的关系?本文拟通过个案研究就这些问题加以探讨。

本文的具体研究材料选取古罗马早期学者瓦罗(Marcus Terentius Varro, BC116—BC27)的《论拉丁语》(*De Lingua Latina*)和中国东汉学者许慎(?AD58—?AD148)[①]的《说文解字》。瓦罗与许慎生活的年代相隔一百多年,历史时代大抵相当,而且各自都处于统一庞大的帝国中,语言研究有共同的传承古典文化、维护政体运作等社会功用,很受官方重视。从文本内容看,瓦罗的《论拉丁语》是现存最早的拉丁语法著述,同时也是一部词源学论著;而许慎的《说文解字》则是中国最早的系统的文字学经典,总结出一套字形分析和字源考证的体系。这两部著作各自属于不同研究传统的形成奠定时期,对后来的研究都产生了重大影响,有相当大的代表性。

限于篇幅,本文的讨论的问题主要侧重以下三点:1.词源和字源;2.语源与构形;3. 语源研究与"字"的多重性质。

## 2 词源和字源

### 2.1 瓦罗的词源观

瓦罗是古罗马一位著名的学者和政治家,与古罗马诗人维吉尔(Publius Vergilius Maro,英文常作 Vergil,BC70—BC19)、修辞学家西塞罗(Marcus Tullius Cicero,BC106—BC43)等处于同一时代,正是历史上的"黄金拉丁"时期,当时的拉丁语文学创作是后世古典拉丁语的典范。瓦罗博学多才,著述甚多,对语法、修辞、逻辑、算术、几何、天文、医药、建筑、农业等都有研究,被誉为"罗马最博学的人"②。除了这部《论拉丁语》外瓦罗还著有《论拉丁语起源》(De Origine Linguae Latinae)等多部语言学著作,但都没有流传下来。类似于中国的"许学"或"说文学",西方也有"瓦罗学"(Varronian Scholarship)的研究传统。

《论拉丁语》具体完成时间大约是公元前47—前45年,在西塞罗去世之前,其中有3卷题献给西塞罗。这部著作流传有不同的手卷残本,中世纪有各种抄本手稿,同时也有相关的正字校勘研究,文艺复兴时期开始出现印刷版本。这部著作全书共25卷,现仅存6卷(5—10卷),中间有残缺。还有其他一些零星残篇,散见于后世他人文稿中。本文依据的是由肯特(Roland G. Kent)翻译,哈佛大学1938年出版的拉丁文 - 英文对照版本,书前有肯特的导论。根据导论,第1卷是引言,从第2卷到第7卷都是探讨词的产生发展,散佚的前几卷可能更多探讨词源学本身的价值和性质,这一推测在Ⅶ.109③的总结行文中可以得到印证。现在看到的6卷中,第5、6、7卷讨论了几百个拉丁语词源,涉及有关时间、空间词语的音义关系以及诗歌中的用词,已经是具体的词源探讨了,但其中也有关于词源学本身的论述,是了解其语源思想的重要部分;第8、9、10卷讨论词的形变问题,早期学者关于语言的"类比论(analogia, analogy)"和"变则论(anomalia, anomaly)"的论争在这里留下了记载,在第10卷瓦罗基于词的形变研究给出了他个人对于论争所持的态度和观点。肯特认为可能第8 - 13卷都是讨论形变问题,第14 - 25卷大概涉及句法和修辞风格。

瓦罗基于他所理解的语言自然属性把全书的拉丁语研究分为三个方面：

> 正如前卷所言，语言自然地分为三个部分：第一部分是词如何施用（impositio）于物；第二，各种变形的（declinata）词以何种方式获得；第三，词如何通过合理的组合表达意义。（Ⅷ.1）

类似表述在前一卷的结尾Ⅶ.110中也有，表明他全书试图通过这三个方面揭示语言的本质属性，不过由于文本残缺的原因第三部分探讨已不可见。现存6卷中第5-7卷是属于第一部分的研究，重点是词与物的关系和词义的来源，第8-10卷是属于第二部分的研究，重点在词形的变化，二者分别从意义和形式两个方面探讨词的衍生过程。

瓦罗的词源思想是与他对词义的解释统一在一起的。他在第五卷的开篇提出：

> 每个词都具有两个自然属性，就是使用的名称源于什么事物和用于什么事物……前者探究词产生的原因和来源，希腊人称之为词源学（ἐτυμολογίαν, etymology），后者是语义学（περ<ι>σημαίνομεν[④], semantics）。对于二者，我将在后文一起讨论，但不侧重后者。（V.2）

把词源与词义看作语言的自然属性，反映出瓦罗的语言本质论思想，也是他语言研究的基础。他认为语言中的词是从一套有限的原始词发展而来的。他把词源探索与古希腊早期原子论者德谟克利特（Democritus）、伊壁鸠鲁（Epicurus）等人的观点相类比，认为原子论者揭示出世界上的事物是由一些基本成分构成的，而词源学家则可以解释语言是如何由词的基本成分衍生出来的。"如果词源学家设定一千个词的原初成分，……可以解释的词的数目是相当巨大的"（Ⅵ.39）。这显示出瓦罗对语言构造和发展的一个基本设想。

在第5卷，他先提出了词源的四个层次：1.最低层次的对大众而言也是语义透明的复合构词的词义，说话人可以直接了解构词成分的意义和词义的关系，如 argentifodinae（银矿，argentum 银 + foditur 被采掘）；2.用旧的语法可以显示词是如何构造派生的诗人用词，如文中所举诗句中的一个构词 incurvicervicum（弯曲颈项的，incurvi 弯曲 + cervicum 颈）；3.对词的意义和一般用法上升到哲学(philosophia)⑤的解读,给出词源理据;4.最高层次的词源,最具有神秘性,虽不能企及但可推测。(Ⅴ.7-10)可以看出,这四个层次总体都涉及词物关系或词义的获得。这里的最高层次近于词源的基本原初成分,其余三个层次都涉及词的构形变化。

瓦罗的具体词源阐释体现出他对原初成分的设想。受毕达哥拉斯(Pythagoras)二分法的启发,瓦罗认为,动(motus)和静(status)是语言的两种基本表达(Ⅴ.10)。这两种表达要求有四个维度的语义范畴:实体(corpus, body)、方位(locus, place)、时间(tempus, time)和行为(actio, action)(Ⅴ.11-12),其中方位和时间又分别与实体和行为相匹配。这四个语义范畴与亚里士多德的十大范畴相比更具一般性,从现代语言学的眼光看也称得上是语言表达经验意义、实现指称功能的核心要素。他具体分析了许多词的构成与这些基本范畴的关联。

方位(locus)是任何静止物之所在,可分天(caelum)和地(terra)两大类(Ⅴ.16),由此生发出各种方位和方位上的许多实体名物范畴,这是第5卷的词源研究内容。时间(tempus)则与动态的行为(actio)相关,"行为"可进一步分为思(cogitare, think)、言(dicere, say)、为(facere, do)三类(Ⅵ.42),第6卷探讨了这一部分词源,分析了各种时间词(包括各种节日名称)和与时间相关的动词的词源。他还基于时间(temporum)和格(casus)的有无对有形变(declinatuum)⑥的词做出四种分类(词类),并且把这些形变也纳入了词源范围,认为这种形变也是基于原始形(primigenia)的变化,可以带来词的数量的巨大飞跃(Ⅵ.36)。第7卷主要是基于这四个基本语义范畴讨论诗歌用词的词源。

从第5-7卷的内容看,词源问题在瓦罗的研究中不是单纯的语词历史的问题,而是涉及语言本原的根本性问题。瓦罗把词源看作词的自然属性的根本,词义、词类、词的屈折和派生都从属于词的自然属性,可从词源角度得到解释。他对语词的词源解释既体现出他的语言本质论思想,同时也是他对语言符号各种属性的基本把握途径。

### 2.2 许慎的字源说

与瓦罗相似,许慎也是他那个时代的一位饱学之士。他少时师从著名古文经学家贾逵,博学经籍,同时也涉足官场,曾任郡功曹、太尉南阁祭酒等官职。范晔《后汉书·儒林列传》中称"时人为之语曰'五经无双许叔重'",可见其学问也是备受推崇。除了《说文解字》,许慎还曾撰写《五经异义》等其他训诂著作,但也多散佚。

《说文解字》正文14篇,后世版本都加上叙1篇,合计15篇。许慎的《说文》直接与汉代经学相关,其叙文中有对经学的直接评议,释义中也大量引经为例,五经之外还引用了《尔雅》《论语》《孟子》《老子》《庄子》等先秦文献。关于许慎在今古文经学之争中的地位,前人多有研究,他对字源的探求与古文经学观念有一定相关性。

中国传统语文研究一贯有重材料整理少理论思辨的特点,与长篇大论的瓦罗著述相比,许慎的字源观念主要体现在《说文解字叙》的简短论述和具体的文字释义当中。

在《说文解字叙》中,许慎讨论了文字起源问题,并区分了汉字产生的两大类别——文与字。他指出,"依类象形"的"文"为物象之本,"形声相益"的"字"为孳乳后生。"字者,言孳乳而浸多也。"例如:朿(朿),木芒也,象形。这是一个文。而刺、策、棘、蒺等则是由"朿"和其他字符(文)滋生出的字。文字二分是《说文》基本的字源思想,意味着文是字的基本要素,相当于基本字符。汉语众多的字是由少量的文滋生出来的。

从现代语言研究看,字源似乎首先是文字的起源,不同于瓦罗的词源。但实际上有两方面的事实不能忽略。首先,在许慎和瓦罗的著作行文中,汉语的"字"或古拉丁语的 verbum(词)都是同时有音、有义、有文字构形,所以既可以指口说的语言单位,也可指书写下来的文字单位。他们在讨论文字呈现的语言单位时,也都会从文字形态上解释其语词意义,如汉字的字符构造或者拉丁语词的字母组合。显然,这些早期研究并没有严格区分文字和语言两个层面。面对书写文本材料,关于文字构形的表述往往也同时是关于语言单位的表述。其次,从许慎文字二分的具体行文可以看到,其中描述的字的许多属性实际是其对应的语言单位具有的。作为记录语言的成熟文字体系,"依类象形"中的"类"是语言符号构建并承载的名类,所谓"象形"是指抽取了词语语义中重要的属性作为文字的区别性特征[7]由视觉符号呈现出来,是对文字代表的语言符号的某个语义特征的一种描摹,反映的是语言中形成的概念;而"形声相益"的

"声"更是语言符号才具有的语音。所以,许慎对文字的讨论离不开语言,他对文字孳乳关系的探讨不仅仅是文字形体问题,也涉及语言符号间的音义关联和历史演化,和瓦罗的词源学一样都属于语源研究。

比较许慎和瓦罗的研究,可以看到二者语源观念上的相似性。"文"与"字"的区分反映出许慎与瓦罗一样,认为语言文字对世界万物的分类是以一些基本概念范畴为基础的,而后更多的符号范畴"孳乳而浸多",这些衍生符号在汉字体系中以"字"的形式呈现出来,而"字"的形态结构则留下了衍生的历史痕迹。虽然许慎没有像瓦罗那样对语言的基本语义范畴做出理论上的抽象,但正如《说文解字叙》所言,其部首分类系统"同条牵属,共理相贯",正为"以究万原""知化穷冥"。文与字的二分、"类首"的观念和全书部首分类体例,都反映出许慎对汉字体系中蕴含的基本语义类分和构造演化规则的深刻认识。

## 3 语源与构形

在《说文解字注》中,段玉裁对许慎的"文"和"字"做了注解说明。依段注,六书中的指事、象形属于"文",会意、形声属于"字"。陆宗达《说文解字通论》(北京出版社,1981年)对段以六书解释"文"和"字"提出了批评,认为是混淆了汉字构造法则和汉字的历史发展。汉字的结构类型和历史发展是两个不同的维度。不过,许慎的"六书"分类原则究竟是什么,在研究者中一直存有争议,结构分类和造字分类似乎各有道理。究其根源,从许慎"依类象形"成文,"形声相益"成字的阐释看,字的构形与字的衍生在许慎的话语中似乎原本就同属一个问题。

值得注意的是,与许慎相类似的观点也在瓦罗的词源研究中体现出来,并且同样招致现代学者相似的批评。这体现在瓦罗把词源和词的构形放在一起讨论。前文谈到,瓦罗把词源分为四个层次,最高层级的第四个层次涉及了原始词的最初音义关联,是其他层次的衍生基础和理据来源,其他三个层次在瓦罗看来,不管是清晰可辨的合成构词还是词形词义的变化发展,相对于原始基本词都是后起的衍生词。这样,在瓦罗的词源讨论中,现代意义的复合和派生构词以及各种词形变化都属与原始词相对的词的变化形式。Robins 曾批评这一观点是混淆了共时语言结构中的形态变化、派生构词与词的历史演变。[⑧]

为什么东西方两位古代学者在对语言基本单位的解释中都没有区分结构和历史,这是本节要探讨的主要问题。我们分别从许慎的六书性质和瓦罗的形变观念来比较二者对单位结构和语源关系的把握方式。

### 3.1 六书与造字之本

六书的说法在许慎《说文》之前已经出现,刘歆《七略》解释六书时称之为"造字之本",从许慎的受业传承和《说文解字叙》的表述看,许慎对六书性质的把握应该与刘歆是一致的。那么,如何理解这里的"造字"与"本"呢?

后世学者中对六书"造字之法"最有代表性的解读是戴震提出的"四体二用"说,即"六书"中的前四种(象形、指事、会意、形声)为"字之体也",而转注、假借为"字之用也"。这里关于"转注"的性质仍可讨论,但无疑"四体二用"明确地把"造字"解读为构造字的形体。段玉裁继承了戴震的观点,因此在解释"文""字"关系时也排除了转注和假借。如果仅仅考虑字的形体,六书的性质明显不能统一在一起,很难解释古人把这六种方式共同看作"本"的依据。但是,结合前文讨论的语源视角和字的形音义一体性,就可以发现,古人对"六书"的探讨始终是和以字记言这一根本的文字性质连在一起的,所谓"造字"就是要以视觉符号呈现出对应的语言单位,六书的每一类都涉及确立视觉符号与语言单位对应关系的独特方式,包括并没有增加新的字形的假借造字法。这一分类原则使中国传统的文字学研究更具语言学意义。

另一方面,"造字"的说法自然蕴含了时间性,汉字与其对应的语言单位的不同关联方式,间接反映了语言符号的衍生发展过程,这也是后世"因形求义"的基础。例如,在原字基础上加形符就是为语词的引申义造分化字的重要手段,有学者认为这就属于转注造字的方法。[⑨]一个语词的意义引申演变到一定的程度,与原本的意义联系会越来越松弛,同时往往也伴随着语音形态的变化,对于语言运用者而言逐渐成为一个新的语言符号,而在文字上,也出现了与之相对的新的字形,固化了新的词语。这个新的字形常常是在原有字符基础上增加新的形符,如"懈"之与"解","娶"之与"取",等等。字的滋生反映并确认了语言单位的演变。

已经有很多学者指出"四体二用"观点的局限性,开始从文字的历史发展以及文字与语言关联方式的角度看待六书,回归六书作为"造字之法"的解读。[10]由此来看,六书既涉及文的表意也涉及字的孳乳,既涉及字的形体也涉及字的使用就可以理解了。

### 3.2 形变与命名

瓦罗的形变(declinatio)讨论主要集中在现存文本的第 8 – 10 卷。他在第 10 卷对形变有这样的描述:

> 当一个词发生了某些改变时形变(declinatio)就出现了,这些改变或者是从一个词形到另一个词形,或者是派生出一个新词,以表达思想的变化。(X:77)

形变(declinatio),原意为"折向一边,折下",在瓦罗的著作中这一术语可以指称词的各种形式上的变化,既指语法屈折,如词的变格、变位,也指狭义的派生构词、复合构词,也包括对历史上可能发生的词形变化的推断。在瓦罗看来,形变是存在于所有人类语言中的一般性的语言范畴,其术语的核心内涵是变化。

命名(impositio),原意为"施加,应用",这里指用词赋予外物名称,直接涉及新词的产生,作为专门的术语这里译为"命名"。第 5 – 7 卷的词源研究主要探讨命名中的语义获得。[11]

在第 8 卷讨论形变时,瓦罗再次提到命名:

> 有两种而且只有两种词的来源——直接命名(impositio)和形变(declinatio)——前者像泉,后者像溪流。人们希望命名的词要尽量少,可以很快学会,形变的词要尽量多,可以更容易地说出需要用的词。(VIII:5)

这段表述似乎是把命名和形变看作词汇发展中完全不同的两个阶段和类型,其实不然,瓦罗在这里探讨了形变的两种不同类型:任意形变(voluntaria)和自然形变(naturalis)。自然形变大体相当于词的语法屈折变化,可类推;任意形变则涉及派生构词以及其他新词产生的方式,与词的衍生和新的名物关联的确立都有关系。Taylor 认为,这里的 impositio 和 declinatio 实际上分别与任意形变和自然形变相当,也分别与第 5 – 7 卷的词源探究和第 8 – 10 卷的屈折研究相对应。[12]对比VIII.1 的界定和相关示例阐述,这里的形变概念的确具有狭义的自然形变的属性。而命名则直接与任意形变相关,如 Romulus 用自己的名字给城市命名 Rome,或者为一个从 Tibur 城来的人起名 Tiburtes,都属于通过任意形变给外物命名。这部分有相当多的篇幅在讨论早期类比说和变则说的论争,瓦罗认为任意形变具有个人性,属于变则,而自然形变则多属于类比。

任意形变揭示的现象在前几卷探究的词源示例中也都有体现,有大量关于通过派生词缀构造新词的例子,如 Vestalia(灶神节)和 Vestal(灶神的)都是由 Vesta(维斯塔,罗马神话中的女灶神)派生的(Ⅵ.17)。可见瓦罗的词源部分和形变部分都在探求词的衍生,但探究的角度不同。词源部分侧重新词语义获得的理据性,形变部分侧重词的构形变化,关注的是词衍生的方式。新的词义的获得往往伴随着任意形变。实际上,在瓦罗第5—7卷的词源例证中也不乏自然形变,如Ⅵ.36中所举基于 lego(读)的各种形变构成新词,当中既有任意形变的派生词 lector(读者),也有自然形变的 lege(读,第二人称单数现在时主动态命令式)。自然形变大多指向句法,瓦罗把它归入词的衍生系统确实不妥,这也是引发后世学者批评的重要原因,但这也印证了瓦罗的命名和形变是研究词的衍生的两个不同角度。由形变把词源和词的构形统一在一起,构成瓦罗整个词源研究的主体。

瓦罗是从词的构形视角来探究拉丁语词汇扩展的途径,许慎则是从字的构形角度把握汉语字的孳乳方式。两位不同传统的古典学者对语言中的基本单位的衍生和构形的关系采取了相似的看待方式,仅从现代语言学原则出发评判其得失还是不够的,早期研究所针对的现象和背后的理念还值得深入探究。

单就研究对象来讲,现代语言学区分共时结构和历史演变,从共时系统的结构关系出发的确揭示出语言基本单位的许多重要性质,但无论是欧洲传统的词汇语义研究还是中国传统的字义研究,都关注语源和历史,这在一定程度上也反映出词汇系统本身的性质特点对研究的制约。现代词法研究越来越重视词的形态与语义、历史的关联,把共时中的词汇词义现象与词的历史演变结合起来考虑,这与古人对语汇的朴素认知有一定的相通之处。

更值得深思的是,瓦罗和许慎所持有的语言观念具有某些共性,"语源"在这里不仅仅具有历史沿流的意义,更是指向语言的本原,其语源研究的目的不是单纯地探究语言文字的历史,而是要揭示语言的内在本质,从而通过语源探寻达到对词形或字形的理据性解释,而构形(不管是词还是字)正是其研究的出发点也是落脚点。

## 4 语源研究与字的多重性质

字在传统汉语言研究中的地位与西方古典时期的词在早期语言研究中的地位一样,是研究的核心和出发点。林语堂较早意识到这一点,曾把《说文》比之于西方的文法(grammar)和形态学(morphology):

> 故如在中国小学,说文及金石之学只讲文字的变化与构造,而在文法,却须讲语言字句的变化与构造。然其同属于一类的研究,注重构造化合的原则,则两者实处于相等的地位。(旧式文法一部分专讲字形的演变,名为"形态学"(morphology),则与字形之义尤近。)[13]

grammar 的希腊语词源 grammatikē 本义也指文字之学,和形态学一样最初都是基于文本中的语词构形,由此看来确与《说文》相似。而本文与瓦罗著述的比较则反映出《说文》与西方早期词源学的相近,二者同样指向语词构形和衍生发展。由此可见字的多重性质,这既包括字的形音义一体性,也包括字的时间性。这也是传统小学的重要基础。

立足文字体系和书写文本来探究语言是东西方早期语文学的共同点。西方语文学中的"词"与汉语"字"一样,既是书写的,也是言说的,具有同样的研究地位。我们常常强调"小学"研究中字的形音义一体性,实际上,如果从文字形式与语言基本单位形式的对应关系来说,早期西方语言研究中的词,也同样是形音义一体的。

不过,拉丁语的语言文字特征使其早期研究呈现出不同于中国小学研究的面貌。拉丁语词形变化丰富,词的文字形态可分解的最小字符是表音位的字母,可以体现出词的各种屈折变化和派生形式,对词的构形研究中也自然包含了形态语法。瓦罗有关"自然形变"的探讨就为拉丁语的语法研究奠定了重要基础,而许慎对字的研究就很难达到现代意义的语法层面。另一方面,从瓦罗词源研究的四个层次看,透过表音文字对语词做历史演变的推测,如果超越较低的前两个层次,对语源的判断往往缺乏足够的证据,这也是欧洲古代词源学备受批评的一个重要原因。黏合(agglutination)的发生和文字的表音属性使得文字词形已经不能反映出更早期的构词理据性[⑬]。在十九世纪历史比较法出现之前,西方词源学很难找到更多的证据推断词的历史发展脉络,如瓦罗所举词源派生的例子中常根据词的文字形式,随意增加或改变字母推想词原本的构形,以寻求对词义引申或词的派生的解释,这往往失于主观臆断。相对而言,中国古代学者基于字对汉语言单位衍生的解释更具实证性。汉字形态可分解的最小单个的字符是"文"。"文"原本也是独立的字符,有音和义,但在字的复合构形中起着不同的作用,作为义符或声符,或者表现字最初的意义特征或派生来源,或者体现字原本的语音类属。构成一个字的字符,其义或音都是这个字造字之初所代表的语言单位具有的,反映的是当时的语言状态。当然,文字的产生晚于语言,特别是后起字体现的字本义大多不是语言单位的原始义,但借助音韵学和古音学等小学其他分支,中国传统的语源研究仍取得了丰硕的成果。

相比拉丁文本中形音义一体的词,字的形音义一体性具有超越时空的特点。拉丁语文本中的词形只与拉丁语的音和义相对应,汉语的字却可以超越时间与不同历史时期汉语语言单位相对应。汉字构形呈现出的语义关联和语音关联是语言的,但同时也隐含着时间层次,这是借助汉字形体探究语源或分析语义特征时不可忽略的。

本文曾在"汉字与汉字教学国际学术研讨会"(2017年7月,安阳)上宣读,原题目为"瓦罗词源论与许慎字源说比较",后有修改。潘文国老师、李大遂老师和《语言学研究》的匿名审稿专家为本文提出了中肯的意见,在此一并表示感谢。文中谬误之处概由笔者负责。

原载于《语言学研究(第二十五辑)》,高等教育出版社,2019年。

**注 释**

① 许慎的生卒年不详,后人也有不同说法,但大致年代皆为公元1—2世纪之间,这里所

① 标年代据何九盈《中国古代语言学史》(广东教育出版社,2005 年)所引清人考证结果。
② 古罗马修辞学家昆提利安(Marcus Fabius Quintilianus)的赞誉,转引自 Jonh Edwin Sandys. 1903. *A History of Classical Scholarship*. Cambridge：Cambridge University Press, p173.
③ 此处引文出处标注的罗马数字为《论拉丁语》原卷目序号,阿拉伯数字为段落序号,后文与此相同。
④ 所注希腊文依所据文本。
⑤ 这里的"哲学"应就当时的意义来理解,指各类知识的一般性阐释。后文这类词源解读常增加或减少字母以寻求理据,有很强的主观臆测的特点。
⑥ 这里的 declinatuum 为所据文本原文,是 declinatus 的变形,包括现代意义的屈折、派生等许多现象,下节会专门探讨。时间与格的形变属于"自然形变"。
⑦ 这里之所以称之为"区别性特征",是因为文字体系一旦成熟,不同文字间的区别性是实现其功能的基本条件,如"大"和"人"在象形的甲骨文中都以人形呈现,但一为正面,一为侧面,表征的语言符号完全不同。汉字隶变后很多字的象形性不复存在,但其区别性保证了文字功能的实现。
⑧ Robins, R. H. 1951. *Ancient and Medieval Grammatical Theory in Europe*. London：G. Bell & Sons LTD.
⑨ 孙雍长《转注论》,语文出版社,2010 年。
⑩ 陈梦麟《论转注》,《浙江大学学报(人文社会科学版)》1992 年第 3 期,102—109 页;白兆麟《论传统"六书"之本原意义》,《安徽大学学报(哲学社会科学版)》2003 年第 2 期,62—66 页;孙雍长《转注论》。
⑪ 参见本文 2.1 所引Ⅷ.1。
⑫ Taylor, D. J. 1974. *Declinatio：A Study of the Linguistic theory of Marcus Terentius Varro*. John Benjamins B. V.
⑬ 林语堂《英文学习法》,载《大荒集》,生活书店,1937 年,120 页。
⑭ 索绪尔著,高明凯译、岑麒祥、叶蜚声校注,《普通语言学教程》,商务印书馆,1980 年,248—251 页。

# 汉语动词双音化过程中的形式选择和功能表现

董秀芳

## 1 引言

词汇的双音化是汉语历史上最为显著的变化之一。双音化深刻地改变了汉语词汇的面貌，使汉语词库从以单音词为主体发展为以双音词为主体。董秀芳描写了汉语的词汇化现象并总结了其中的规律，指出汉语双音词除了联绵词和音译词之外，最初都是经历了词汇化的过程由非词形式演变而来，后来当复合构词法出现之后，双音词就可以直接从构词法产生了。[①]

在以往的研究中，对于双音化的宏观过程已经有了不少统计说明，比如指出在某一历史时期或某一部专书中，双音词占多大比例。但对于双音词替代单音词的具体方式及其中的规律尚缺乏考察。词汇化的研究谈到了双音非词形式如何变为词，但对于双音词与单音词之间存在什么样的对应模式与规律，也未做具体说明。过去的常用词演变研究，较多地集中在单音词的历时更替上，[②] 而对双音词替换单音词的过程与规律都缺乏研究。双音词替代单音词的具体方式及其中的规律是涉及汉语词汇史的大问题，值得深入考察。

汉语词汇的双音化过程本身是很复杂的。双音化的情况不都是简单的一对一式的，即原来的一个单音词对应于后来的一个双音词，而往往是一对多、多对一或多对多的，即原来的一个单音词与后来的几个双音词对应，或原来的几个单音词与后来的一个双音词或多个双音词对应，从而出现错综复杂的局面。而且所谓单音词与双音词的对应也只是大致的对应，即所指基本相同，双音词的意义和功能与原来的单音词总是会存在一些细微的差别。

比如,古代汉语的单音词"怒"用法众多,既有动词用法,也有名词用法,在动词用法中,既有自动用法,也有使动用法,因此有多个现代汉语双音词的对应形式。

"发怒""生气""发火"(都是动宾式双音动词)代替了如下"怒"的这种自动用法:

(1)匠人斫而小之,则王怒,以为不胜其任矣。(《孟子·梁惠王下》)

"愤怒"(并列式双音动词/名词)代替了"怒"的自动用法和部分名词用法,如:

(2)教者必以正;以正不行,继之以怒;继之以怒,则反夷矣。(《孟子·离娄上》)

(3)敬天之怒,无敢戏豫。(《诗经·大雅·生民之什·板》)

"激怒"(动补式双音动词)代替了"怒"的使动用法,如:

(4)庆郑曰:"背施,无亲;幸灾,不仁;贪爱,不祥;怒邻,不义。四德皆失,何以守国?"(《左传·僖公十四年》)

"怒气""怒火"(都是偏正式双音名词)代替了"怒"的部分名词用法。如:

(5)王怒未怠,其十年乎?(《左传·僖公十三年》)

在"怒"的双音化中,不同义项选择的双音化方式是不同的,有动宾结构、偏正结构、并列结构、动补结构等多种选择。可见,同一个单音词双音化的形式选择就可以有多种。

动宾式的双音动词很多都经历了比较明显的词汇化过程。比如,上面提到的"发怒""发火""生气"三个词都是动宾结构,语义相近,都经历了词汇化的过程。

从产生顺序上看,"发怒"大约在六朝时期变成不及物动词,如:

(6)五官将数因请会,发怒曰:"君杀吾兄,何忍持面视人邪!"(《三国志·魏志·张绣传》南朝宋裴松之注引《魏略》)

"生气"作为心理动词大约产生在宋代,如:

(7)缘三哥此病,因被二婿烦恼,遂成咽塞……今既病深,又忧家及顾儿女,转更生气,何由得安。(宋范仲淹《与中舍书》)

"发火"最早用例见于清朝。如:

(8)文七爷发火道:"难道我冤枉你们不成!既然东西在你们船上失落掉的,就得问你要。"(《官场现形记》第十三回)

可见,语言中不排斥产生同义形式,在双音化的过程中,不同历史时期通过词汇化产生的同义双音形式可以都以单音词的替代者的身份进入词库。

"发怒""生气""发火"所指基本相同,但也存在一些小的差别:"发怒"和"发火"前面都不能加程度副词,"生气"的前面可以加程度副词,可以说"很生气""有点生气"等。而原来的单音动词"怒"也可以受程度副词修饰,如可说"大怒"。可见,"生气"在性质上与"怒"最为接近,"发怒"和"发火"与"怒"在功能上不完全相同。

不同语义类型的动词在双音化方面有不同的表现。有一些常用的典型的动作动词没有发生双音化。比如,表示身体姿势的动词从古到今虽然发生过词语更替,发生双音化的却不多。比如,"坐""站""躺""跑""跳""趴""蹲""跪""爬"等都仍是单音节形式。③心理动词中发生双音化的则较为普遍。除了上文提到的"怒"之外,其他不少心理动词也发生了双音化。一些心理动词的单双音节对应情况大致如下:

(9)悲/哀:伤心(动宾式)/悲痛、悲伤、悲哀(并列式)

喜/悦(说):开心(动宾式)/喜悦、欢喜、喜欢(并列式)/高兴(偏正式或动宾式)

惧/恐/畏/怖/骇:害怕、恐惧、惧怕、畏惧(并列式)/恐吓、吓唬(并列式)

惊:吃惊(动宾式)/惊慌、惊恐(并列式)

患/忧/虑:担心、担忧、焦心(动宾式)/忧愁、忧虑(并列式)

思:思考、思念、思想、思虑(并列式)

疑:怀疑(动宾式)/疑惑、疑虑(并列式)/疑心(偏正式)

怨：抱怨、埋怨（动宾式）/怨恨（并列式）

愁：发愁（动宾式）/愁苦、忧愁（并列式）

恨/憾：遗憾（动宾式）

悔：后悔（偏正式）/懊悔、悔恨（并列式）

本文根据不同的词汇语义类对汉语动词双音化过程中的形式选择及功能特征进行考察，力图初步总结其中的倾向性规律。

双音化的形式选择从大的类型上看，有复合形式、派生形式、重叠形式、联绵形式（包括双声、叠韵）等，本文主要考察复合形式，即考察双音化时如何选择构造复合形式的成分及采用何种内部结构方式。

在双音化过程中，有时双音形式中包含原来的单音形式，比如，双音词"怀疑"包含原来的单音词"疑"。有时双音形式中并不包含原来的单音形式，比如，双音词"生气"中并不包含单音对应词"怒"。这两种情况我们在考察时都包括在内。双音化后，一种情况是双音形式彻底代替了原来的单音形式，原来的单音形式不能再作为词来使用了；另一种情况是原来的单音形式还可以作为词使用，双音形式与原来的单音形式并存在词库中。这两种情况在我们考察中也都涉及。

并列式在各种语义类别的动词中普遍使用。如"抚摸""愤怒""训斥""遗留""节约""压迫""睡眠""死亡""倒塌""破碎""丢失"等。及物性单音动词通过这种方式双音化的比较多。[④]在当代汉语中，并列复合是动词双音化时最便捷的一种选择。新的并列复合动词可以不断地被创造出来。如"拨打（电话）"就是一个在当代才出现的双音动词形式。从功能上看，原本表示动作行为的单音动词在通过并列发生双音化之后，名词性增强，有一些甚至只剩下名词用法，原来的动词用法消失了，如"负荷""利益""履历""乞丐""图画""知识""著作""思想""裁缝"等。[⑤]与单音形式相比，并列式双音动词在语义上的抽象性更强。如"琢磨"与"琢"或"磨"相比，明显抽象化了。

偏正式或主谓式双音动词往往来自句法中自由语义的组合，融合了原来两个单音词的词义，将状语或主语的语义合并到了动词中，偏正式的如"后悔""臆断""品尝""响应"等，主谓式的如"地震""日蚀""符合""胆怯"等。[⑥]有些没有严格意义上的单音对应词，比如"臆断""地震"。也有些有单音对应词，比如,"后悔"的单音对应形式是"悔","后"并没有增加新的语义,"胆怯"的单音对应形式是"怯"。偏正式和主谓式双音动词的动词性比较强,但也有转变为名词的,如"阴谋"。

我们要重点讨论的是动宾式和动补式这两种双音复合模式。这两种模式的选择与动词的词汇语义特征有一定关联。我们根据词汇语义特征将动词分为以下两大类来进行考察:不包含内在终结点的动词和包含内在终结点的动词。这两类动词在双音化的形式选择方面各有特点。

## 2 不包含内在终结点的动词双音化时的形式选择和功能特征

不包含内在终结点的动词倾向于选择动宾式来实现双音化,主要有三种实现途径。

### 2.1 添加表示动作行为的动词以构成动宾式双音词

这种方式是通过添加一个表示动作行为的动词构成动宾结构以实现双音化。又可根据原来的单音词词性变化与否分为两种情形。

一种情形是原来的单音词从动名兼用变为纯粹的名词。比如,有一些表示自然现象的词,像"风""雨""雷"等,在上古既有名词用法,也有动词用法。名词用法习见,不烦举例。动词用法如:

(10)天大雷电以风,禾尽偃,大木斯拔。(《书·金縢》)

(11)雨我公田,遂及我私。(《诗·小雅·大田》)

(12)是聋者之养婴儿也,方雷而窥之于堂。(《吕氏春秋·重己》)

后来"风""雨""雷"的动词用法都用动宾结构的双音形式来表达了,要说成"刮风""下雨/降雨""打雷"等,⑦其中的"刮""下""降""打"表示的是动作行为,"下"是具有使动意义的趋向动词。"风""雨""雷"的动词用法后来消失,只留存了名词用法。

同类的例子还有不少,比如,"渔"双音化为"打鱼""捕鱼"等。"渔"作为动词,源自名词形式"鱼",只是在文字形式上后来产生了分化。双音化之后,

"鱼"只有名词用法了。再如,"歌"原来也是既可用作动词,也可用作名词,到了现代汉语中主要用为名词了,动词用法要说成"唱歌"或"歌唱";"名"在后来也只剩下名词用法,原来的动词用法被"命名""起名"等双音形式替代。胡敕瑞也举到了一些同类的例子:"华(花)"双音化为"发花""敷华""开花""作花";"城"双音化为"筑城";"鼓"双音化为"击鼓""打鼓";"实"双音化为"结实";"树"双音化为"栽树""种树"等。⑧

根据 Hale & Keyser 对源名动词(denominal verb)的经典分析,可以认为其中隐含了隐性的动词成分,名词成分与隐性动词成分合并生成了源名动词。⑨以英语中的源名动词 fish 为例,其派生过程如图 1 所示。

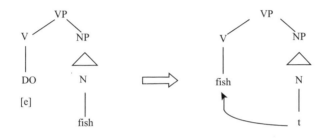

**图 1 源名动词 fish 的派生过程**

前面提到的上古汉语中"鼓""城""树"等的动词用法也可以看作有类似的派生过程。在用"打鼓""筑城""种树"等双音形式替代"鼓""城""树"等的动词用法的过程中,可以认为是用显性的动词性成分替代了原来的隐性动词性成分,这样名词性成分就不再移位。这一变化使得汉语的分析性增强了。⑩

另一种情形是原来的单音词还可保留动词用法,并没有转变成名词。⑪双音化时添加上的可以是一个语义上比较泛化的轻动词。除了最为常见的轻动词"打"之外(如"打猎""打扰""打扮""打劫""打造"等),还包括表示产生义、持有义、取得义、实行义等的泛义动词,如"发""生""起""着"⑫"抱"(是"持有"之义)、"怀""得""取""行""加""作"等,请看以下双音实例:"发愁""发怒""生气""起誓""抱怨""抱屈""怀疑""着急""着恼""得病""取胜""行礼""加害""作揖"等。动宾形式中的轻动词有时可以与实义动词换用,如"打鼓"也可以说成"敲鼓"。

这一方式出现于汉代以后。刘承慧指出,约从《史记》开始,表述"心理状态变化"的复合动词就与单音形式并行,如"发怒"与"怒"、"振恐"与"恐"。[13]到中古时期,由"发""感""兴""生"等构成的复合形式已是表述心理状态变化的主要形式。这些复合动词的第一个成分很多都是轻动词。据宋亚云的调查,中古汉语时期,"生"携带心理动词的用例增加很多,如:"生疑""生怨""生嗔""生欲""生恼""生憎""生忧""生厌""生羡""生悲"等。[14]

### 2.2 添加宾语性成分以构成动宾式双音词

这一类又可以根据所添加宾语的语义角色而分为两种情况。

一种情况是添加一个表示受事的宾语,这个受事角色原来就包含在单音动词的词汇语义中。比如,"盥"被"洗手"所替代,"手"所表示的语义原来就包含在"盥"的词汇语义中。同类的例子还有:"沐 – 洗头""娶 – 娶妻""牧 – 放牛、放羊""汲 – 汲水""启 – 启户、开门"等。[15]这类动宾式双音词的动词部分与原来的单音动词可能形式不同,但表义接近,比如"洗"与"盥"表义接近。

另一种情况是添加一个非受事的环境论元充当宾语而构成动宾双音形式。比如,"走"有一个双音对应形式"走路","路"表示的是处所;"招"变为"招手",增加的是表示工具的语义成分;"跑步"相对于"跑"来讲增加的是一个类似结果的语义成分。这种非受事成分进入动宾结构中,其所起的作用也有点类似于受事,充当的是动作行为的一个假想的作用对象。

### 2.3 动宾式双音词的两个部分都与原来的单音词不同

有些动宾式双音词在形式上与原有的同义单音词完全不同。比如"开心"和"喜"在形式上完全不同,"伤心"也与原来的单音词"悲"和"哀"在形式上完全不同。这种情况可以看作是用具有不同语义理据的双音词代替了单音词。

从以上三个小节中所举的例子可以看出,通过动宾结构实现双音化的动词原来多表现为不及物,[16]及物用法是个别的。

### 2.4 动宾式双音动词的功能特征

动宾式双音动词的动词性较强。很多学者都观察到,相对于单音动词来说,汉语双音动词的名词性较强,[17]但需要指出的是,这一点在并列式双音词中最为明显,而在动宾式双音动词中则弱一些,动宾式双音动词发生名词化的较少。

与原来的单音词相比,很多动宾式双音词可能彻底丧失及物性。比如"雨"作动词时虽然大部分时候是不及物的,但也偶有及物用法,可以带上宾语:

(13)昔者苍颉作书,而天雨粟,鬼夜哭。(《淮南子·本经训》)

但是,"下雨"绝对不可以带宾语。再如,"愁"有使动用法,可以说"愁死人",而"发愁"没有使动用法,不能带宾语。

动宾式双音词在汉语中大量存在,形成了汉语词汇的一个重要特色。与英语相比,可以发现,英语中一批形式上是单纯词的不及物动词或形容词,在汉语中的对应形式是动宾式复合词。从语义上看,主要包括这样三类:一类是自然现象,一类是心理状态,一类是非外向性行为(发出动作行为的是人,但没有外在的作用对象,很多生理现象属于此类)。如:

(14) blossom 开花(自然现象)
　　 sprout　 发芽(自然现象)
　　 worry　 担心(心理活动)
　　 angry　 生气(心理活动)
　　 sleep　 睡觉(非外向性行为)
　　 tremble 发抖(非外向性行为)
　　 wave　 挥手(非外向性行为)
　　 smoke　 吸烟(非外向性行为)
　　 burp　　打嗝(非外向性行为)

最典型的及物结构是人施加于具体物体的动作行为,上述三种类型的现象都不属于一般意义上的及物场景。把这些类别编码成动宾式复合词,体现了汉语构词的特点。从语义上看,这就是把一个不及物的动作行为识解为一种针对某种事物的操作,即将其分解为动作部分和对象部分。Massam 把这种动宾结构称为"假性名词合并"(pseudo noun incorporation,PNI),[18]其所指在综合性较强的语言中是会被编码为简单动词的,就像以上例子中的英文单词一样。这种假性名词合并结构在汉语中很多都可以看作复合词,而不再是动宾短语。[19]

当原来的单音词仍保留动词用法时,在词库中就形成了单音动词与动宾式双音动词的词汇变体形式。比如,"病"与"生病""得病""患病""闹病""发病"等。它们在句中可以表达基本相同的语义内容:

(15) a. 他病了。

b. 他生病了。/他得病了。/他患病了。/他闹病了。/他发病了。[20]

(15a-b)表义基本相同,但(15a)是对客观事实的一种非及物性的识解,而(15b)中的句子则是对客观事实的一种及物性识解(在构词层面上的),不过这种及物性识解不具有语言的普遍性,反映了汉语的特点,而这一特点正是在中古以后形成的。

两种识解造成两种不同的结构,并影响到相关的句法和语义表达。众所周知,动宾式双音动词往往形成离合词,即可以按照及物结构模式来进行句法操作,比如,修饰成分除了可以加在动词上还可以加在宾语上,而单音不及物动词所在句中所有的修饰成分都只能加在动词上。如:

(16) a. 他经常病。　　(在动词上加副词修饰)

b. 他经常得病。　　(在动词上加副词修饰)

(17) a. 他病得很厉害。(在动词上加补语修饰)

b. 他得了大病。　　(在宾语上加定语修饰)

动宾式双音形式还可以发生话题化,如:

(18) 病没少得。/觉没睡多少。/路走了很多。

动宾式双音动词之所以可以形成离合词,在地位上看起来似乎介于词和短语之间,就是因为一方面它们是在单音词基础上发展而来,在语义上与单音词相同,这方面看起来像词;另一方面在内部结构上又平行于短语,其产生在某种程度上是为了满足双音的动宾形式框架的要求,两个构成部分的语义清楚,结构较为透明,所以可以离析。

现代汉语在句法上也有创造临时的动宾结构(即构造临时的源名动词)的操作,这也是把不及物的状态识解为及物的动作行为,从而增强动态性:

(19)幸福着你的幸福,伤悲着你的伤悲。(语义上类似于:我和你一样幸福,和你一样伤悲。)

很多其他结构的双音词可以重新分析成动宾结构,条件是第一个成分是一个比较常用的动词。[21]比如,"洗澡""游泳"本来是并列结构,但被重新分析为动宾结构,可以说"洗了一个澡""游了一个泳"。这也证明动宾式在汉语动词的构词中是一种优势模式。

从风格上看,动宾式双音词的口语性较强。一个有趣的事实是,如果同一个单音词既有动宾式双音形式,也有并列式双音形式,往往是并列式双音形式更文雅一些,书面性更强。如"走路"与"行走"、"生气"与"愤怒"、"睡觉"与"睡眠"、"跑步"与"奔跑"、"开心"与"喜悦"、"伤心"与"悲哀"、"流泪"与"哭泣"等,都是后一个形式(并列结构)比前一个形式(动宾结构)书面性强。在动宾结构中存在很多俗语,如:"走后门""穿小鞋""碰钉子""磨洋工""开小差""敲竹杠""背黑锅""拍马屁"等,这也证明动宾结构适合构造口语性强的词汇性成分。

## 3 内部包含终结点的单音动词双音化时的形式选择和功能特征

内部包含终结点的单音动词一般蕴含着一个结果状态,因此往往通过动补结构发生双音化,其具体的实现方式又可分为三种情况。

### 3.1 前面添加表示动作行为的成分以构成动补式复合词

原来的单音动词作为动补复合词的补语部分,另外添加的成分表示达成这一结果的具体方式。比如,"破"在上古汉语中是一个动词,其语义中隐含结果状态,可以出现在动宾结构中,如例(20)—(21),也可以出现在主谓结构中,如例(22)—(23):

(20)既破我斧,又缺我斨。(《诗·豳风·破斧》)

(21)且夫贱妨贵,少陵长,远间亲,新间旧,小加大,淫破义,所谓六逆也。(《左传·隐公三年》)

(22) 军破身死。(《吕氏春秋·慎小》)
(23) 燕破则赵不敢不听。(《战国策·燕策二》)

"破"在中古时期出现了形容词用法。㉒"破"原有的动词用法被动补式双音词替代,具体方式是在"破"前添加一个动词,形成"V 破"式动补结构。如"打破""啮破""踏破""挝破"等,添加上的第一个动词成分表示获得结果的具体方式,如:

(24) 屋栋摧折,打破水瓮。(后秦《大庄严论》)
(25) 嗔甚,复于地取内口中,啮破即吐之。(《世说新语·忿狷》)
(26) 正月地释,驱羊踏破地皮。(《齐民要术·种葵》)
(27) 吏挝破从者头。(《搜神记·段医》)

同类的例子还有:饱 - 吃饱;醉 - 喝醉;中 - 射中、击中;胜 - 战胜;败 - 打败;毙 - 击毙;大 - 增大;小 - 减小;活 - 救活;满 - 盛满;断 - 打断、截断。添加上的也可以是一个轻动词,如:开 - 打开;懂 - 弄懂。

大部分动补式复合词的构造都属于这种情况。以这种方式实现双音化的动词,其词汇语义中所隐含的结果状态都是比较显著的。比如,作为动词的"破"有一个内在的终结点,蕴含着一个结果状态,当动作所作用的对象达到破坏状态时动作就终结了。由于这个结果状态对受事来讲影响比较大,一般有可见的物理性的改变,因此是比较显著的。

### 3.2 后面添加一个虚化的补语成分以构成动补式复合词

原来的单音动词作动补结构的述语部分,另外再添加一个比较虚化的补语成分,从而构成动补式双音词。㉓比如,"遇"在上古汉语中是一个单音及物动词,可以带宾语:

(28) 走出,遇贼于门。(《左传·庄公八年》)

但到了现代汉语中,"遇"不能再直接带宾语,必须与一个虚化的补语成分组成双音形式"遇到""遇见""遇着""遇上"等之后才可以带宾语。如:

(29) a. 他在车站遇到/遇见/遇着/遇上了他的同学。
　　b. *他在车站遇了他的同学。

同类的情况还有"逢","逢"和"遇"是同义词,在古代也可以直接带宾语,如:

(30)资之深则取之左右逢其原。(《孟子·离娄下》)

"逢"在现代汉语中被"碰到""碰见""碰着""碰上"等双音形式替代。"碰"和"逢"是语音变化的结果,二者的差异只在声母,"碰"的声母是双唇音,"逢"的声母是唇齿音,代表的应该就是一个词。现代汉语中的"碰"在表示"遇见"义时如果不加上虚化补语也不能带宾语。

再如,动补式双音形式"听见"代替了"闻",动补式双音形式"看见"代替了"见",动补式双音形式"感到""觉着/觉得""悟到/悟出""失掉"也替代了原来的单音词"感""觉""悟""失"。"看见""听见""碰见""遇见""感到""觉得"已收入《现代汉语词典(第六版)》,但同类形式"碰到""遇到""悟到""悟出""失掉"未收入。其实这样的组合可以看作已经词汇化了,只是目前由于认识不足还未收入词典。

以这种方式实现双音化的都是内部蕴含的结果状态不十分明显的单音动词。比如,"遇"这个动词有内在终结点,也蕴含着一种结果状态,即相遇状态,但这种结果状态由于没有显性的物理状态的改变(相遇事件对于相遇的双方来说没有明显的外部可见的影响),因此不太凸显。

### 3.3 全新的动补形式代替原来的单音动词

有些动补复合词的两个组成部分都与原来的单音动词不同,也就是说由形式上全新的动补复合词代替了原来的单音动词。比如,"离开"代替了"去";"睡着"代替了"寐";"充满"代替了"盈"等。

### 3.4 动补式复合动词的功能特征

从功能上看,动补式双音动词的动词性也较强,甚至比动宾式双音动词的动词性还强,动补式双音动词一般没有转变为名词的。

动补式双音形式也是现代汉语中能产性强的一种词法模式,[21]可以自由地构造出词法词(morphological word)。

添加动词构成动补式复合词的一类,原有的及物性消失,变成了不及物动词或形容词。如"破"。有的原来就是不及物动词或形容词,活用为及物动词,变为动补式后,活用现象消失。如:活 - 救活、小 - 减小。

添加补语以构造动补复合词的一类,在词类属性上变化不大,只是有的从自由形式变为不自由语素了。

动补式复合词表达出了结果成分,带有明确的完结性。动补式复合词的大量存在表明汉语是一个注重表达结果状态的语言,[25]因为结果状态在汉语中可以稳定地在简洁的词法结构中来表达,越是用简洁的词法方式来体现的范畴,越是一个语言中比较重视的范畴,因为越重要、越常出现的东西才会用越简单、越规则的形式来表征。关于语法化的研究可以证明这一点,凡是语法化的东西都是语言中常用的重要的范畴。语法化是一个仪式化(ritualization)的过程,即将高频出现的东西用一种固定的简洁的格式表征出来。[26]

## 4 结语

本文分析了汉语动词双音复合化时的形式选择和功能特征,重点讨论了动宾式和动补式双音复合模式的选择规律。本文的发现可以列成表1。

**表1 本文内容总结**

| 单音动词的词汇语义类型 | 不包含内在终结点 | 包含内在终结点 |
| --- | --- | --- |
| 双音化的形式选择 | 动宾式 | 动补式 |
| 实现手段与选择条件 | (1)添加动词性成分;<br>(2)添加宾语性成分;<br>(3)由全新的动宾形式组成<br><br>原单音动词多是不及物动词 | (1)添加动词性成分(结果状态显著时);<br>(2)添加补语性成分(结果状态不显著时)<br>(3)由全新的动补形式组成 |
| 功能特征 | 动词性强、句法上及物性弱、构词内部作及物性识解、离合性强、是动词内部结构识解的优势模式、口语性较强 | 动词性强、能产性强、突显结果 |

本文的讨论表明汉语词汇双音化虽然是一个非常复杂的现象,但其中是存在一些模式和大致的规律的。

Huang 指出现代汉语动词性成分有以下特征:具有高度能产的轻动词、具有假性名词合并、缺乏简单形式的完结性动词、动词具有非终结性等,并据此提出,相比于英语,汉语更具有分析性,汉语缺乏句法上的融合操作。[22] 根据本文的考察,Huang 所指出的这些特征很多都是在汉语词汇双音化的过程中出现的。下面对 Huang 所指出的现代汉语动词性成分的这些特征逐一分析。

① 具有高度能产的轻动词。这与本文所讨论的动宾式双音化模式有关。有一些动宾式双音词就是通过在原有单音词的前面添加一个动词性成分而形成的,当没有合适的动词可选择时,就会选用轻动词以满足动宾式双音复合框架的要求。比如"生"(可组成"生病""生气""生厌"等双音形式)、"发"(可组成"发抖""发怒""发火""发呆""发愣"等双音形式)、"打"(能组成"打猎""打鱼"等双音形式)等都是组合能力很强的轻动词,可以用来构成动宾式复合词。

② 具有假性名词合并。正如 2.4 节所论,假性名词合并体现在汉语中的一些动宾结构上(很多是动宾式双音复合词),假性名词合并这一特征也与动宾双音化模式的出现及变得越来越强势有关。

③ 缺乏简单形式的完结性动词、动词具有非完结性(atelic)。这是说,现代汉语的单音动词一般不能表达完结,表达完结需要采用动补结构,汉语的单音动词一般具有非完结性。正如 Tai 所指出的,"杀"虽然经常译成英语的 kill,但二者性质并不完全相同。[23] Kill 具有完结性,但"杀"不具有完结性,kill 蕴含"死",但"杀"并不一定蕴含死,因此例(31)是语义矛盾的,而例(32)并不是:

(31)??? John killed Bill several times, but Bill did not die.

(32)张三杀了李四好几次,但李四都没死。

要表达完结语义,现代汉语需要使用动补结构(如"杀死")。本文第 3 节已指出,动补复合模式是原本具有内部终结点的单音动词双音化时的选择。现代汉语动词的非完结性特征是双音化过程造成的,在上古汉语中是存在一批简单形式的完结性动词的。

这表明，从古代汉语到现代汉语，汉语的分析性提高了，而这种分析性的提高与汉语词汇的双音化是密切相关的。正是词汇样态的改变带来了汉语句法乃至整个语言系统性质的变化。

本文对汉语动词双音化规律的考察还只是初步的，所考察的个案数量有限，所做分类还比较粗疏。这项工作还需要进一步深化，以便得出更为细致的规律。

本文的研究得到教育部人文社会科学重点研究基地重大项目（15JJD740001）的资助。本文曾在词汇学国际学术会议暨第十一届全国汉语词汇学学术研讨会（北京，2016年4月）和韩国中国语言学会春季学术大会（首尔，2016年5月）上宣读。感谢胡敕瑞教授、邓盾博士以及匿名审稿专家提出的宝贵意见和建议。

原载于 *Language and Linguistics*（《语言暨语言学》）2018 年第 19 卷第 3 期，395—409 页。

**注　释**

① 董秀芳《词汇化：汉语双音词的衍生和发展（修订本）》，商务印书馆，2011 年。
② 比如汪维辉《东汉—隋常用词演变研究》，南京大学出版社，2000 年。
③ 这类当中虽然有些单音词也可以有同语义的双音词变体，但单音词的使用还是很自由。比如，"跳"有双音对应形式"跳跃"，但"跳"仍是使用活跃的基本词。
④ 同注①。
⑤ 同上。
⑥ 同上。
⑦ 《现代汉语词典（第六版）》收录了"打雷"，但是没有收录"刮风""下雨"。我们认为这三个形式的性质是相同的，都可以看作动宾式复合词。像其他的一些动宾式复合词一样，这些词可以做有限的扩展，即属于"离合词"，但这不妨碍将其看作复合词。
⑧ 胡敕瑞《从隐含到呈现（上）——试论中古词汇的一个本质变化》，《语言学论丛（第三十一辑）》，商务印书馆，2005 年，1—21 页。
⑨ Hale, Kenneth & Keyser, Samuel Jay. 1991. *On the syntax of argument structure*（Lexicon

Project Working Papers 34). Cambridge: MIT Working Papers in Linguistics;
Hale, Kenneth & Keyser, Samuel Jay. 1993. On argument structure and the lexical expression of syntactic relations. In Hale, Kenneth & Keyser, Samuel Jay (eds.), *The view from Building 20: Essays in linguistics in honor of Sylvain Bromberger*(Current Studies in Linguistics 24), pp. 53—109. Cambridge: The MIT Press.

⑩ Huang, C.-T. James. 2015. On syntactic analyticity and parametric theory. In Li, Audrey & Simpson, Andrew & Tsai, Wei-Tien Dylan (eds.), *Chinese syntax in a cross-linguistic perspective*, pp. 1—48. New York: Oxford University Press.

⑪ 句子层面的宾语可以是谓词性成分,形成谓词性宾语。比如"喜欢看电视","看电视"是动词性短语,但可以作"喜欢"的宾语。动宾式复合词的宾语部分也可以是动词性的,比如,"打猎"中的"猎"。

⑫ "着"的附着义与产生义相关,因为附着就会增加,增加与产生相近。

⑬ 刘承慧《试论使成式的来源及其成因》,《国学研究(第六卷)》,北京大学出版社,1999年,349—386页。

⑭ 宋亚云《古汉语轻动词研究——以"发""生"为例》,《历史语言学研究(第十一辑)》,商务印书馆,2017年,43—65页。

⑮ 胡敕瑞《从隐含到呈现(下)——词汇变化影响语法变化》,《语言学论丛(第三十八辑)》,商务印书馆,2008年,99—127页。

⑯ 那些词汇语义中隐含守事的动词,如"盥""牧"等,出现在句子中时,其后不再出现受事宾语,因此是不及物的。

⑰ 见张国宪《"动+名"结构中单双音节动作动词功能差异初探》,《中国语文》1989年第3期,186—190页;董秀芳《词汇化:汉语双音词的衍生和发展(修订本)》。

⑱ 见 Massam, Diane. 2001. Pseudo noun incorporation in Niuean. *Natural Language & Linguistic Theory* 19(1). pp. 153—197.
与真正的名词合并不同,这里面的名词并不是动词词汇语义上所真正需要选择的论元成分。假性名词合并可以分为两类,一类是由名词带出它的同源动词,如:捕鱼(tofish)、做梦(todream)等;另一类是由动词带出它的同源宾语,如:唱歌(tosing)、跳舞(todance)等。

⑲ Huang 认为假性名词合并在汉语中构成的是短语(见 Huang, C.-T. James. On syntactic analyticity and parametric theory)。我们认为,汉语中虽然有些假性名词合并离合性高,短语特性强,如"开玩笑",但不少这类结构都发生了词汇化,可以看作复合词(大部分是离合词),如本文中给出的例子。

⑳ "生病""得病"收入了《现代汉语词典(第六版)》,但"患病""闹病""发病"未收入词典。这并不表明这些双音形式在句法属性上存在差异,只是因为它们的使用频率有差别,高频使用的就被词典收录了。

㉑ 同注①。

㉒ 见胡敕瑞《动结式的早期形式及其判定标准》(《中国语文》2005 年第 3 期 214—225 页),徐丹《谈"破"——汉语某些动词的类型转变》(《中国语文》2005 年第 4 期 333—340 页)。

㉓ 董秀芳《动词后虚化完结成分的使用特点及性质》,《中国语文》2017 年第 3 期,290—298 页。

㉔ 董秀芳《从词汇化的角度看粘合式动补结构的性质》,《语言科学》2007 年第 1 期,40—47 页。

㉕ 同注㉓。

㉖ Haiman, John. 1994. Ritualization and the development of language. In Pagliuca, William (ed.), *Perspectives on grammaticalization* (Current Issues in Linguistic Theory 109), pp. 3—28. Amsterdam: John Benjamins.

㉗ 同注⑩。

㉘ Tai, James H.-Y. 1984. Verbs and times in Chinese: Vendler's four categories. In Testen, David & Mishra, Veena & Drogo, Joseph (eds.), *Papers from the Parasession on Lexical Semantics*, pp. 289—296. Chicago: Chicago Linguistic Society.

# 茶堡嘉戎语大藏方言的音系分析
## ——兼论方言特殊元音比较

### 林幼菁

## 一 前言

茶堡(pù)嘉戎语分布于四川省阿坝藏族羌族自治州的马尔康市,是当地农区藏族所使用的一种语言,与四土、草登和日部这三种具亲缘关系但互不通话的语言构成了嘉戎语群(The Rgyalrong Group)。[①]

茶堡地处马尔康县北部,主要包括三个乡,由西到东分别为龙尔甲(གདུར་རྗེད་, ʁdurʑet)、沙尔宗(གསར་རྫོང་, sorⁿdzu)和大藏(ད་ཚ་, tatsʰi)。龙尔甲乡有六个村:二茶(ɣɟɯ tsʰapa)、干木鸟(kɐmɲɯ)、蒙岩(mɤɲi)、孜脚(rqaco)、木尔渣(mɤʁʒa)、石木留(smɯlju)。[②] 沙尔宗乡有七个村:从恩(tsʰoŋɡən)、沙尔宗(sorənzu)、黑尔丫(lɐljaq)、米亚足(mɲoco)、孜博(qapɣo)、尼市口(ⁿdəʃkʰɐr)、哈休(laʃʊ)。大藏乡有五个村:青平(cʰəⁿbe)、卡尔古(ŋkʰɐrku)、德尔巴(tɐrpa)、打扒(tapʰaʁ)、春口(tʃʰomkʰɐr)。根据茶堡话发音合作人和族人的印象,大藏与沙尔宗的茶堡嘉戎语几乎是完全一样的,与龙尔甲的茶堡嘉戎语大概是90%-95%的相似。

学界自2000年起陆续发表了系统化的茶堡嘉戎语研究与分析成果,尤其是龙尔甲方言已由向柏霖与陈珍进行了深入且全面的研究。[③] 相对地,其他方言除了林幼菁和罗尔武的大藏方言形态研究,[④] 已发表的相关研究较少。

本文以推进原始茶堡嘉戎语的构拟为目的,对大藏方言德尔巴话[⑤]的语音进行了严谨的系统化分析,梳理大藏方言的音位系统,提出主要的音系变化规律,并演示相关表面形式的生成过程。最后,对比大藏方言与龙尔甲方言的音系,针对两者差异最显著的 ʊ/y 元音分布与演变进行比较分析。

## 二　辅音

### 2.1　音节首单辅音

大藏方言的音节首单辅音,见表1:

**表1　大藏方言单辅音一览表**

|  | 双唇 | 齿龈 | 颚龈音 | 硬腭 | 卷舌 | 软腭 | 小舌 | 声门 |
|---|---|---|---|---|---|---|---|---|
| 塞音(清) | p | t |  | c |  | k | q |  |
| 塞音(送气) | $p^h$ | $t^h$ |  | $c^h$ |  | $k^h$ | $q^h$ |  |
| 塞音(浊) | b | d |  | ɟ |  | g(借词) |  |  |
| 塞音(前鼻音) | $^n$b | $^n$d |  | $^n$ɟ |  | $^n$g | NG |  |
| 擦音(清) |  | s | ʃ |  | ʂ(貌状) | x(状貌) | χ |  |
| 擦音(浊) |  | z | ʒ |  | ʐ | ɣ | ʁ |  |
| 塞擦音(清) |  | ts | tʃ |  | tʂ |  |  |  |
| 塞擦音(送气) |  | $ts^h$ | $tʃ^h$ |  | $tʂ^h$ |  |  |  |
| 塞擦音(浊) |  | dz | dʒ |  | dʐ |  |  |  |
| 塞擦音(前鼻音) |  | $^n$dz | $^n$dʒ |  | $^n$dʐ |  |  |  |
| 鼻音 | m | n |  | ɲ |  | ŋ |  |  |
| 颤音 |  | r |  |  |  |  |  |  |
| 通音(清) |  | l̥ |  |  |  |  |  |  |
| 通音(浊) | w | l |  | j |  |  |  |  |

说明:

1)从双唇到软腭的塞音及塞擦音都有清、浊、鼻冠浊音的对立。见例(1)–例(19)以及例(30)–例(40)。2)/NG/发音时会伴随浊擦音的气流结尾,听起来像[ɴɢʁ]。3)软腭部位有清浊塞音和擦音,而软腭擦音和小舌擦音对立(例(26)-例(29))。4)/ʂ/和/x/作为单辅音只出现在状貌词中。5)/g/只出现在一个单词中,应借自四土嘉戎语(例(15))。同部位的鼻冠浊塞音/ⁿg/普遍得多。/b/虽然例子没有那么少,但是相比之下也是/ⁿb/做单辅音音节首的频率更高。6)/ɟ/作单辅音只出现在一个例子中(例(32)),相对地/ⁿɟ/作单辅音更普遍。/dʒ/也只出现在一个例子中(例(36)),而且/ⁿdʒ/也是比较普遍的。7)目前所有以/z/作首辅音的应是藏语借词。8)将一般通音以及边通音/l/都归在"通音"。边通音有清浊的对立(例(44)-例(45))。清边音/l̥/的发音是不带擦音性质的,所以标写为清边音而不是清边擦音。

音节首单辅音实例

国际音标标写的形式以"-"划分语素边界,下面所举例子中,名词经常带 tə-或 tɐ-/ta-的名词前缀;动词的 kə-或 ka-前缀则是指称该动词时所加的名物化前缀。部分名词是强制领属的,所以加第三人称单数领属前缀 ə-呈现。以下(例(1)-例(48))转写皆为音位转写:

(1) p　　tə-pu　　　肠子　　　　(2) pʰ　　tɐ-pʰu　　　棵
(3) b　　kə-nə-bʊ　四脚行走的　(4) ⁿb　　tə-ⁿbu　　　衣凹袋
(5) t　　ka-ti　　　 说　　　　　(6) tʰ　　ka-tʰi　　　 喝
(7) d　　ə-di　　　 气味　　　　(8) ⁿd　　ə-ⁿdi　　　 西边
(9) c　　ca　　　　 麝　　　　　(10) cʰ　　cʰa　　　　酒
(11) ɟ　　ɟɐʁ　　　 胶　　　　　(12) ⁿɟ　　ⁿɟe　　　　酒曲
(13) k　　tə-ku　　 头　　　　　(14) kʰ　　kʰu　　　　老虎
(15) g　　ta-go　　 傻瓜;笨蛋　 (16) ⁿg　　kə-ⁿgu　　贫穷的
(17) q　　ta-qa　　 根(名词)　　(18) qʰ　　ka-qʰa　　讨厌(动词)
(19) ɴɢ　 ɴɢʊʃna　 蜘蛛　　　　(20) s　　kə-su　　　晴朗的
(21) z　　zum　　　背水的背篓　(22) ʃ　　ʃu　　　　　二;两
(23) ʒ　　ʒu　　　　酸奶　　　　(24) ʂ　　ʂəŋʂəŋ　　 读写流利(状貌)
(25) ʑ　　ʑəʁɐʁ　　 动物　　　 (26) x　　xəmxəm　　饭菜很香(状貌)
(27) ɣ　　kə-ɣɐʁ　　开花　　　　(28) χ　　kə-χo　　　丰富的
(29) ʁ　　ʁoj　　　　左边　　　　(30) ts　　ta-tsoʁ　　蕨麻

(31) tsʰ　tsʰa　　盐　　　　　　　(32) dʑ　ka-wɐ-dʑəlɐz　小小扭动
(33) ⁿdz　ka-ⁿdza　吃　　　　　　(34) tʃ　tɐ-tʃʊ　　　男子;儿子
(35) tʃʰ　ka-tʃʰʊ　牴　　　　　　(36) dʒ　kə-dʒʊ　　含酥油多的
(37) ⁿdʒ　ka-ⁿdʒʊ　危险的　　　　(38) tʂ　tʂu　　　　路
(39) tʂʰ　ta-tʂʰu　灯　　　　　　(40) ⁿdʐ　kə-ⁿdʐəɤ　和睦的
(41) m　tə-mʊ　(下)雨;天气　　　(42) n　tə-nʊ　　　胸部
(43) ɲ　kə-ɲo　现成的　　　　　　(44) l　tə-ləz　　　年龄
(45) l̥　ka-lʁ　出来　　　　　　　(46) j　tə-jəm　　　锅子
(47) r　ka-rəz　扫　　　　　　　(48) w　ta-wa　　　父亲

### 2.2 音节首复辅音

根据向柏霖 Illustrations of the IPA:Japhug,茶堡嘉戎语龙尔甲方言的干木鸟话有 415 个音节首复辅音,其中的 100 个是三合复辅音。⑥我们调查的大藏方言的音节首复辅音有 246 个,其中的 32 个是三合复辅音。

#### 2.2.1 二合复辅音

二合复辅音的成分种类丰富,可以作第一成分(C1)和第二成分(C2)的辅音见表 2:

表 2

| | C1 | | C2 |
|---|---|---|---|
| 塞音 | p、pʰ、ⁿb、t、c、cʰ、ɟ、ⁿɟ、k、kʰ、g、ⁿg、q、qʰ | 塞音 | p、pʰ、ⁿb、t、tʰ、d、ⁿd、c、cʰ、ɟ、ⁿɟ、k、kʰ、g、ⁿg、q、qʰ |
| 擦音 | s、z、ʃ、ʂ、x、ɣ、χ、ʁ | 擦音 | s、z、ʃ、ɣ、ʁ |
| 塞擦音 | ts、ⁿdz、tʃ、tʃʰ | 塞擦音 | ts、tsʰ、dz、ⁿdz、tʃ、tʃʰ、dʒ、ⁿdʒ、tʂ、tʂʰ、ⁿdʐ |
| 鼻音 | m、n、ŋ、N | 鼻音 | m、n、ɲ、ŋ |
| 通音 | l、w、r、j | 通音 | l、l̥、w、r、j |

第一成分与第二成分按一定规则组合构成的音节首复辅音,见表 3:

表3

| 第一成分 | 二合复辅音组合 | 第一成分 | 二合复辅音组合 |
| --- | --- | --- | --- |
| p | pɣ、pj | χ | χp、χt、χc、χcʰ、χs、χʃ、χʂ、χts、χtʃ、χtʂ |
| pʰ | pʰɣ、pʰj、pʰr | ʁ | ʁd、ʁɟ、ʁz、ʁʑ、ʁm、ʁr、ʁl、ʁj、ʁw |
| ⁿb | ⁿbɣ、ⁿbj、ⁿbl、ⁿbr | ts | tsɣ、tsr |
| t | tp | ⁿdz | ⁿdzr、ⁿdzɣ |
| c | cr | tʃ | tʃr |
| ɟ | ɟr | tʃʰ | tʃʰɣ |
| ⁿɟ | ⁿɟɣ | m | mpʰ、mt、mtʰ、mk、mkʰ、md、mc、mts、mtsʰ、mdz、mtʃ、mtʃʰ、mdʒ、mɟ、mtʂ、mn、mɲ、mŋ |
| k | kr | | |
| g | gl、gr | | |
| ⁿg | ⁿgr | n | nt、ntʰ、nc、ncʰ、nk、nkʰ、ng、nq、nʒ、nʁ、nts、ntsʰ、ntʃʰ、nm、nŋ |
| q | qr、qj、ql | | |
| qʰ | qʰr、qʰl | ŋ | ŋk-、ŋkʰ-；ɴq-、ɴqʰ- |
| s | sp、st、stʰ、sk、skʰ、sɣ、sq、sqʰ、sm、sn、sɲ、sŋ、sl、sr | ɴ | ɴq、ɴqʰ |
| z | zb、zd、zⁿd、zg、zⁿg、zɟ、zⁿɟ、zɣ、zm、zn、zw | r | rp、rpʰ、rⁿb、rt、rd、rⁿd、rc、rcʰ、rɟ、rk、rkʰ、rg、rⁿg、rq、rqʰ、rz、rʃ、rʒ、rɣ、rʁ、rts、rtsʰ、rⁿdz、rtʃ、rtʃʰ、rm、rn、rɲ、rl、rj、rw |
| ʃ | ʃp-、ʃpʰ-、ʃk-、ʃɣ-、ʃq-、ʃqʰ-、ʃtʂ-、ʃn-、ʃŋ-、ʃl-、ʃr- | | |
| ʒ | ʒb、ʒg、ʒⁿb、ʒⁿd | l | lpʰ、lt、ld、lɣ、ltʂ、ltʃ、ldʒ、lw |
| x | xp、xt、xtʰ、xc、xs、xʃ、xts、xtsʰ、xtʃ、xtʃʰ | w | wt、wtʰ、wd、wɟ、wk、ws、wʃ、wʒ、wɣ、wʁ、wts、wtʃ、wr、wl、wj |
| ɣ | ɣⁿb、ɣⁿd、ɣɟ、ɣz、ɣʒ、ɣⁿdʒ、ɣm、ɣn、ɣl、ɣr | j | jp、jpʰ、jt、jk、jɣ、jts、jⁿdʐ、jm、jn、jr、jl、jw |

说明(标"状貌"的词项,表示音节首二合复辅音只出现于状貌词):

1）双唇塞音作为第一成分只能与ɣ、r、l、j这些带响音性的辅音结合。

2）第二成分的r若前置送气塞音（双唇、软腭、小舌），会读成卷舌清擦音[ʂ]。如，pɣ-(ka-pɣo 捻线)、pj-(tə-pju 骨髓)；pʰɣ-(ka-pʰɣo 逃跑)、pʰj-(ta-pʰjo 打碎的麦秆)、pʰr-[pʰʂ-]（pʰraʁpʰraʁ（状貌）粗细均匀整齐貌）；ⁿbɣ-(ta-ⁿbyo 聋子)、ⁿbj-(ka-ⁿbjom 飞)、ⁿbl-(kə-ⁿblɤɣ 光滑的)、ⁿbr-(ⁿbra 红桦)。

3）颚龈和硬颚塞音各自都只有一种组合，其中tp-是由两种塞音组成的。如，tp-(tɐ-tpa 合掌祈祷)；cr-(craʁcraʁ（也可读为ɟraʁɟraʁ）（状貌）软绵绵貌)；ɟr-(ɟrɐwɟrɐw（状貌）虚胖得肉堆起貌)；ⁿɟɣ-(kə-ⁿɟyo 滑倒)。

4）软腭塞音只与r和l两种带响音性的辅音组合成复辅音。如，kr-(ka-kro 分配，装)；kʰr-[kʰʂ-]（ka-kʰrət 拖着走)；gl-(ka-nə-glɤɣ 揍)；gr-(grəgrəw 松茸)；ⁿgr-(kə-ⁿgrʊ 碎)。

5）小舌塞音只有清塞音可作为第一成分。如，qr-(ka-qrʊ 弄碎)、qj-(kə-qjɐw 苦的)、ql-(ka-qloʁ 卷（袖子）)；qʰr-[qʰʂ-]（ka-qʰrət 刮除)、qʰl-(qʰlaqʰla（状貌）眼睛一眨一眨，按兵不动观察貌)。

6）擦音作为第一成分的组合种类比塞音多。其中x、ʒ、χ都只能与塞音和塞擦音结合。如，xp-(tə-xpu 打许多补丁的衣服)、xt-(kə-xtət 短的)、xtʰ-(ka-xtʰom 把直长物放倒)、xc-(xcitɐ 某物)、xs-(ta-xsər 小围场)、xʃ-(xʃa 山上和草坪上较高的草)、xts-(tɐ-xtsa 鞋)、xtsʰ-(tɐ-xtsʰi 一顿)、xtʃ-(kə-xtʃi 小的)、xtʃʰ-(xtʃʰəxtʃʰət（状貌）塞好塞满貌)；ʒb-(ʒbɐtʒbɐt（状貌）整齐成行貌)、ʒg-(kə-ʒgu 浮起)、ʒⁿb-(ʒⁿbɐr 疹子)、ʒⁿd-(ka-ʒⁿdoʁ 剥)；χp-(kə-χpa 勇敢的)、χt-(χtən 臼)、χc-(ə-χcɐl 中间)、χcʰ-(χcʰa 右边)、χs-(ka-χsɐl 理清不公不义)、χʃ-(tə-χʃɐt 力气)、χʂ-(χsɐnχsɐn（状貌）双眼有神貌)、χts-(kə-χtso 干净的)、χtʃ-(ka-χtʃi 洗)、χtʂ-(χtʂaχtʂa（状貌）长久瞪视貌)。

7）做第一成分的s、z、ʃ、ɣ、ʁ这几个擦音则能与塞音、阻塞音、鼻音、颤音、通音等多样的第二成分组成复辅音。如，sp-(tɐ-spʊ 脓)、st-(stoʁ 豆)、stʰ-(ka-stʰoʁ 关)、sk-(kɐ-skʊ 藏)、skʰ-(tə-skʰu（成人的）男性性器官)、sɣ-(sɣa 锈)、sq-(sqi 十)、sqʰ-(sqʰi 火塘上的三脚架)、sm-(smʊ 一岁以上的小牛)、sn-(ta-sno 马鞍)、sɲ-(sɲɐt 后秋)、sŋ-(sŋi 日，白天)、sl-(sla 月亮)、sr-((寿命)长的)；zb-(kə-zbaʁ 变干的)、zd-(zdəm 云)、zⁿd-(zⁿde 石墙)、zɟ-(zɟara

大围场)、zɲ-(zⁿɟese 一种黄色的浆果)、zg-(ə-zgər 边缘)、zⁿg-(zⁿgu 储存粮食的木屋)、zɣ-(ka-zɣət 到达)、zm-(zmi 差一点)、zn-(ka-znəʁoŋ 有能力驾驭); ʃp-(ka-ʃpəʁ 哄)、ʃpʰ-(ʃpʰez 土拨鼠)、ʃk-(ka-ʃku 吃完,饮尽)、ʃq-(ʃquwa 瞎子)、ʃqʰ-(jiʃqʰa 刚刚)、ʃɣ-(tə-ʃɣa 牙)、ʃtʂ-(ka-ʃtʂo 丈量)、ʃn-(tə-ʃna 鼻子)、ʃŋ-(ʃŋɐrʃŋɐr(状貌)又蠢又愁苦貌)、ʃl-(ka-ʃləɣ 从手上掉出来)、ʃr-(ta-ʃri 露水);ɣⁿb-(tə-ɣⁿba 腮,脸颊)、ɣⁿd-(tə-ɣⁿdu 洞)、ɣɟ-(ka-ʁɐɣɟa 撬)、ɣz-(ɣzu 猴子)、ɣʒ-(ɣʒa 山驴)、ɣⁿdʒ-(tə-ɣⁿdʒɐr 糌粑)、ɣm-(tə-ɣmɐz 伤口)、ɣn-(ɣnɐs 二)、ɣl-(ka-ɣle 搓揉(衣服))、ɣr-(tə-ɣru 手肘);ʁd-(kə-ʁdəɣ 带来不好后果的)、ʁɟ-(ka-ʁɟa 秃的)、ʁz-(ʁzi 天珠)、ʁʒ-(tə-ʁʒo 生殖器)、ʁm-(ʁmɐrtʃʰi 黑莓)、ʁr-(ta-ʁru 犄角)、ʁl-(ʁlo 大木块门栓)、ʁj-(ka-ʁjit 想)、ʁw-(tə-ʁwɐr 翅膀)。

8) 塞擦音作为第一成分,只能与 ɣ 和 r 结合。如, tsɣ-(tsɣom 花椒)、tsr-(kə-tsri 咸的);ⁿdzɣ-(tə-ⁿdzru 指甲)、ⁿdzr-(tə-ⁿdzɣa 獠牙);tʃr-(tʃrɐwtʃrɐw(状貌)极酸貌);tʃʰɣ-(ka-tʃʰɣɐz 翻面)。

9) 鼻音 m 只能与塞音、塞擦音以及其他不同部位的鼻音结合。如,mpʰ-(ka-mpʰər 包,包装)、mt-(ka-mto 看见)、mtʰ-(tə-mtʰɐɣ 腰)、mk-(tə-mke 颈子)、mkʰ-(ta-mkʰɐɣ 哑巴)、md-(kə-mdi 完整的)、mc-(tɐ-mci 儿媳)、mts-(ka-mtsəɣ 咬)、mtsʰ-(ka-mtsʰi 牵(手))、mdz-(ta-mdzu 刺,荆棘)、mtʃ-(tə-mtʃi 早晨)、mtʃʰ-(tə-mtʃʰi 嘴)、mdʒ-(tə-mdʒu 舌头)、mɟ-(kə-mɟit 满的)、mtʂ-(tə-mtʂe 流涎)、mn-(tə-mnu 锥子)、mɲ-(tə-mɲəɣ 食管)、mŋ-(kə-mŋɐm 痛)。

10) 鼻音 n 的结合对象除了上述几类,还可以和擦音 ɣ 组合成复辅音。如, nt-(tə-ntoʁ 喙)、ntʰ-(tɐ-ntʰoʁ 滴)、nc-(ka-ncɐr 按压)、ncʰ-(ncʰincʰɣa 喜鹊)、nkʰ-(ka-nkʰoz 否认)、ng-(tə-ngɐr 痰)、nq-(kə-nqa 辛苦的(也可读成 kə-ɴqa))、nʒ-(ka-nʒu 指控)、nʁ-(ka-nʁɐt 分开,离婚)、nts-(ka-nə-ntsəɣ 舔)、ntsʰ-(ka-ntsʰe 挑选)、ntʃʰ-(ka-ntʃʰoz 使用)、nm-(ka-nmut 起来)、nɲ-(ka-nɲa 失败)。

11) 鼻音 ŋ 和 ɴ 的组合就非常有限了,只能和同部位的塞音结合。如,ŋk-(ka-ŋke 走,到处走)、ŋkʰ-(ŋkʰɐrwa 农活)。ɴq-(kə-ɴqa(也可读成 kə-nqa)

辛苦的)、ɴqʰ-(kə-ɴqʰar 肮脏的)。

12) 边音 l 的结合对象除了塞音、塞擦音和擦音 ɣ 之外,还能与通音 w 构成复辅音。如,lpʰ-(ta-lpʰa 晒席)、lt-(ka-ltəw 折叠)、ld-(kə-ldəm 柔软的)、lɣ-(ka-lɣa 挖)、ltʂʰ-(ltʂʰaʁltʂʰaʁ(状貌)触感软并有点黏性貌)、ltʃ-(ka-ltʃaʁ 扣上门上的小钩)、ldʒ-(tɐ-ldʒo(一)根)、lw-(ka-lwoʁ 倒掉(水))。

13) 颤音 r 作为第一成分所能结合的对象是最多的,若第二成分为清音,r 就会清化为[r̥]。如,rp-[r̥p-](tɐ-rpʊ 伯伯)、rpʰ-[r̥pʰ-](tə-rpʰu 杉树)、rⁿb(tɐ-rⁿbi 尿液)、rt-[r̥t-](ka-rtum 圆的)、rd-(tə-rdoʁ 未打过的粮食)、rⁿd-(ka-rⁿda 塞(紧))、rc-[r̥c-](tə-rcu 老羊皮皮袄)、rcʰ-[r̥cʰ-](ə-rcʰɐw⋯之中,里面)、rɟ-(tə-rɟu 财产)、rk-[r̥k-](kə-rko 硬的)、rkʰ-[r̥kʰ-](tə-rkʰət 拳头)、rg-(kə-rgot 发狂的)、rⁿg-(ka-rⁿgʊ 睡觉)、rz-(rzaʁrzaʁ(状貌)不谨慎,随便貌)、rʃ-[r̥ʃ-](ka-rʃo 用尽,走尽)、rʒ-(kə-rʒi 重的)、rɣ-(ka-rɣo 玩耍)、rʁ-(rʁirʁi(状貌)表面粗糙貌)、rq-[r̥q-](tə-rqo 喉咙)、rqʰ-[r̥qʰ-](ka-rqʰi 远的)、rts-[r̥ts-](ka-rtsəz 数算)、rtsʰ-[r̥tsʰ](tə-rtsʰez 肺)、rⁿdz-(rⁿdzepri 熊)、rtʃ-[r̥tʃ](ta-rtʃi 补品)、rtʃʰ-[r̥tʃʰ](tə-mna rtʃʰaɣa 双眼皮)、rm-(ta-rmɐɣ 龙,雷)、rn-(tə-rna 耳朵)、rŋ-(rŋaŋrŋaŋ(状貌)脖子长长貌)、rl-(kə-nə-rlɛn(物品、地方)带湿气)、rj-(ka-rju 谈话)、rw-(rwirwi 蝙蝠)。

14) 通音 w 作为第一成分,清浊会随着第二成分而变化。若第二成分为清音,w 读成[ɸ];若第二成分为浊音,则读成[β]。如,wt-[ɸt-](ka-ʃə-wtaʁ 想起)、wtʰ-[ɸtʰ-](wtʰewtʰe(状貌)站着发呆貌)、wd-[βd-](ka-wde 丢失,丢掷)、wɟ-[βɟ-](kə-wɟi(肉类、油脂)变耗变陈)、wk-[ɸk-](ka-wkər 背)、ws-[ɸs-](kə-wsoʁ 明亮的,发光的)、wʃ-[ɸʃ-](ka-wʃet 告诉)、wʒ-[βʒ-](wʒʊ 告诉)、wɣ-[βɣ-](wɣa 磨坊)、wʁ-[βʁ-](kə-wʁa 凶的)、wts-[ɸts-](ka-wtsaʁ 把液体沥掉)、wtʃ-[ɸtʃ-](ka-wtʃet 戒除)、wr-[βr-](ka-wri 助攻,袒护)、wl-[βl-](ka-wlu(人)烧火)、wj-[βj-](wjapa 去年)。

15) 通音 j 作为第一成分,可以和阻塞音、擦音 ɣ、鼻音、边音(清浊)以及通音 w 一同构成二合复辅音。如,jp-(tə-jpa 除糠为磨的谷物)、jpʰ-(ta-jpʰɐt 呕吐物)、jt-(ka-jtu 积累)、jk-(ta-jko 圆根酸菜)、jɣ-(ka-jɣɐt 回转)、jts-(ta-jtsi 柱子)、jⁿdz-(kə-jⁿdzəz(颗粒)粗的)、jm-(ta-jme 尾巴)、jn-

（jnɐtjnɐt（状貌）女子婀娜多姿貌）、jr-（tə-jrəɣ 反刍）、jl-（ta-jlu 面粉，谷粉）、jl-（kə-sɐ-jloʁ 丑的）、jw-（ta-jwaʁ 叶子）。

2.2.2　三合复辅音

三合复辅音组合种类相对较少。能够充当第一成分（C1）、第二成分（C2）以及第三成分（C3）的辅音，见表4：

表4

| C1 | C2 | C3 |
|---|---|---|
| w、m、n、l、r、ʁ、ʃ、s、z、ʒ、χ、ɴ | s、z、r、k、g、pʰ、p、q、c、cʰ、ɟ、tsʰ、ⁿb、ⁿk、ⁿg | ɣ、j、l、r、t |

先以第一成分为排序基准，陈列三合复辅音组合，见表5：

表5

| 第一成分 | 三合复辅音 | 第一成分 | 三合复辅音 |
|---|---|---|---|
| s | scr、skr、spj、spʰj、spr、sqr | m | mgr、mpʰj、mpʰɣ、mpj、mql |
| z | zgr | n | ncɣ、ncʰɣ、ntsɣ |
| ʃ | ʃkr、ʃpʰɣ、ʃql | ɴ | ɴqr |
| ʒ | ʒⁿbr、ʒⁿgr | r | rⁿbj |
| χ | χpj | l | lɟɣ |
| ʁ | ʁⁿbr、ʁⁿbɣ | w | wrt、wsj、wzj、wtʃr、wrl、wkr |

音节首三合复辅音例词如下：

1) 第一成分 s 的三合复辅音例词，如，scr-（scraʁscraʁ（状貌）人矮小貌（贬义））、skr-（kə-skrən 长的）、spj-（spjəŋku 狼）、spʰj-（spʰjoʁ 方向）、spr-（ka-sprɐt 强制缴纳）、sq-（sqrəsqri 花色图样貌）；2) 第一成分 z 的三合复辅音例词，如，zgr-（zgroʁ 手镯）；3) 第一成分 ʃ 的三合复辅音例词，如，ʃkr-（ʃkrɛz 橡木）、ʃpʰɣ-（ʃpʰɣaʁʃpʰɣaʁ（状貌）捆扎得紧实貌，亦读为 mpʰɣaʁmpʰɣaʁ）、ʃql-（ka-ʃqla 患斜视的人）；4) 第一成分 ʒ 的三合复辅音例词，如，ʒⁿbr-（ʒⁿbri 柳树）、ʒⁿgr-（kə-ʒⁿgro 快的）；5) 第一成分 χ 的三合复辅

音例词,如,χpj-(ka-χpjit 猜);⑦6)第一成分 ʁ 的三合复辅音例词,如,ʁⁿbr-(ʁⁿbru 野牦牛)、ʁⁿbɣ-(ʁⁿbɣi 太阳);7)第一成分 m 的三合复辅音例词,如,mgr-(tə-mgri 箭)、mpʰj-(kə-mpʰjɐr 漂亮的)、mpʰɣ-(mpʰɣɐʁmpʰɣɐʁ(状貌)捆扎得紧实貌)、mpj-(kə-mpja 暖和的)、mql-(kə-mqlɐʁ 吞);8)第一成分 n 的三合复辅音例词,如,ncɣ-(tə-ncɣa 镰刀)、ncʰɣ-(ncʰɣɐʁ 白桦树皮)、ntsɣ-(ka-ntsɣe 卖);9)第一成分 ɴ 的三合复辅音例词,如,ɴqr-(ə-ɴqrɐʁ 破烂的);10)第一成分 r 的三合复辅音例词,如,rⁿbj-(ta-rⁿbja 霹雳);11)第一成分 l 的三合复辅音例词,如,lʝɣ-(lʝɣɐtlʝɣɐt(状貌)茂密琳琅满目貌);12)第一成分 w 的三合复辅音例词,如,wrt-(ka-wrtoʁ 观察)、wsj-(ka-wsja 挥发)、wzj-(ka-wzjoz 学习)、wtʃr-(wtʃrʊwtʃrʊ(状貌)双眼带泪不干貌)、wrl-(ka-wrləz 种植)、wkr-(kə-wkra 勇敢有作为的)。

### 2.3 辅音音位分析

2.3.1 鼻冠浊阻塞音:复辅音还是单一音位?

鼻冠塞音(prenasalized stops)是同部位鼻音 + 塞音的组合,在音系上被当作单一的音位。⑧大藏方言有以下的[鼻音 + 塞音]组合,在表中以严式记音体现:

不同部位　mt、mtʰ、md、mc、mk、mkʰ、mɟ
　　　　　nc、ncʰ、nkʰ、ng、nq

同部位　　mpʰ、mb、nt、ntʰ、nd、ɲɟ、ŋg、ɴq、ɴɢ

在所有的[鼻音 + 塞音]组合中,本研究只将同部位的[鼻音 + 浊塞音](即[mb、nd、ɲɟ、ŋg])分析成单一的音位,并称之为"鼻冠浊塞音",其音位层次的宽式转写分别为/ⁿb、ⁿd、ⁿdz、ⁿdʒ、ⁿdʑ、ⁿɟ、ⁿg/。至于其他的[鼻音 + 塞音]组合(包括同部位的[鼻音 + 清塞音]组合)则处理为二合复辅音。如此分析的主要依据是其音系的表现以及茶堡嘉戎语整体音节结构的配置。

首先,鼻冠浊塞音在音系的表现上有一个显著的特点,那就是在所有[鼻音 + 塞音]组合中,只有鼻冠浊塞音可以再加一个前置辅音。这个现象向柏霖在茶堡嘉戎语龙尔甲方言也观察到了,⑨大藏方言亦然,以下是大藏方言观察到的加上了前置辅音的鼻冠浊塞音（左列），同样的前置辅音无法加在其他［鼻音＋塞音］组合里，即使是同部位的组合也不行。

前置辅音ʑ、ʁ、r 加上鼻冠浊塞音　　　　　其他［鼻音＋塞音］

ʑⁿb、ʑⁿbr、ʑⁿd、ʑⁿgr、ʁⁿbr、ʁⁿbɣ、　　　*ʑŋkʰ、*ʁmpʰr、*rnt

rⁿb、rⁿbj、rⁿd

基于同一考量，我们也将同部位的［鼻音＋浊塞擦音］组合分析为单一的音位，称之为"鼻冠浊塞擦音"。其他同部位的［鼻音＋清塞擦音］或者不同部位的［鼻音＋塞擦音］组合都不能再加上任何前置辅音：

前置辅音 j、ɣ、r 加上鼻冠浊塞擦音　　　　其他［鼻音＋塞擦音］

ɣⁿdʑ、jⁿdz、rⁿdz、ɣⁿdz　　　　　　　*jmts、*ɣmdʑ、*rntsʰ……

在音系学的传统中，塞音与塞擦音统称为"阻塞音"，因此同部位的［鼻音＋浊塞音］以及［鼻音＋浊塞擦音］可以合并称为"鼻冠浊阻塞音"。

第二个考量的依据也与上述的差异有关，主要关涉到音节的结构。鼻冠浊塞音后面可以再添加后置辅音，若是鼻冠浊塞音被分析为两个音段的组合（即/ⁿb/转析为/mb/），上表中的三合复辅音就会扩张为四合复辅音（如/ʑⁿgr/就扩张为/ʑŋgr/，/ʁⁿbr/就扩张为/ʁmbr/）。但是，如果我们按此原则审视所有的"四合"复辅音，就会发现全部都带鼻冠浊塞音：

| 音节首复辅音 | 大藏方言 | 词义 |
| --- | --- | --- |
| ʁⁿbr［ʁmbr］ | ʁⁿbru［ʁmbru］ | 野牦牛 |
| ʁⁿbɣ［ʁmbɣ］ | ʁⁿbɣi［ʁmbɣi］ | 太阳 |
| ʑⁿbr［ʑmbr］ | ʑⁿbri［ʑmbri］ | 柳树 |
| ʑⁿgr［ʑŋgr］ | kə-ʑⁿgro［ʑŋgro］ | 快的 |
| rⁿbj［rmbj］ | rⁿbja［rmbja］ | 霹雳 |

从以上两个方面来看，鼻冠浊阻塞音在音系的表现上有别于其他［鼻音＋阻塞音］的组合，而且既然大藏方言所有可能的四合复辅音都带有鼻冠浊塞音，就进一步证实将鼻冠浊塞音处理为单一音位是比较合适的。这么做能体现出鼻冠浊塞音在音系上的独特性，并符合跨语言类型学对鼻冠塞音的观

察,⑩我们也因此不需要单为某一类特殊的语音组合(鼻冠浊塞音)将这个语言最长的音节结构从 CCCVC 扩展为 CCCCVC。

2.3.2 音节尾辅音/z、ɣ、ʁ/

茶堡嘉戎语大藏方言的/χ/、/ʁ/、/x/、/ɣ/、/s/、/z/是有区别作用的。然而,这些对立的出现是有环境限制的:仅在音节首的位置才能呈现所有的对立;在音节尾,只有/ɣ/、/ʁ/、/z/三个音位。如果在词尾,/ɣ/、/ʁ/、/z/会清化并体现为/x/、/χ/、/s/,如例(49)a 和例(50)a 所示。不过,若能在词尾后添上一个元音(例如第一人称单数后缀-a 接到动词词干上时),这些音节尾辅音仍保持为浊音,如例(49)b 和例(50)b 所示。

(49)
a. 动词词根:wɐdzəlez　扭动
b. 名物化不定式:ka-wɐdzəlez〔kawɐdzəles〕
c. 完整体第一人称:ɲə-wɐdzəlez-a〔ɲəwɐdzəleza〕

(50)
a. 动词词根:nthoʁ　踩
b. 名物化不定式:ka-nthoʁ〔kanthoχ〕
c. 完整体第一人称:pə-nthoʁ-a〔pənthoʁa〕

针对这个变化,我们可以用"擦音清化"这条音系规律描述:

(51)词尾擦音清化　擦音→[-带声]/_____]词

说明:擦音在词尾清化为对应的清擦音。

虽然这条规律没有明确指明在这个位置变化的音是哪个擦音,但是因为在底层词汇能位于词尾的只有三个擦音:/z、ɣ、ʁ/,所以应用这条规律时这三个音会清化成对应的清擦音:[s、x、χ]。

以"踩"这个动词为例,应用这条规律时,底层词根形式要设定成/nthoʁ/,在不定式中,/ʁ/出现在词尾,满足了应用:/kanthoʁ/,如此便满足了应用(51)的演变路径,/ʁ/体现为[χ]。至于完整体第一人称的形式,因为没有造成变化的语音条件,所以/ʁ/体现为[ʁ]。先将规律的应用呈现如下,按照音系分析原则,先完成形态组合再开始音系规律的应用:

| 名物－词根 | 完整－词根－1单 | 形态结构 |
| --- | --- | --- |
| /ka-nt\ʰoʁ/ | /pə-ntʰoʁ-a/ | |
| /kantʰoʁ/ | /pəntʰoʁa/ | 底层 |
| χ | —— | (51)规律:词尾擦音清化 |
| [kantʰoχ] | [pəntʰoʁa] | 表面形式 |

针对所观察到的相关现象,还有另一种可能的分析方式:将音节尾设定为/s、x、χ/,并推定这三个擦音在元音之间浊化成/z、ɣ、ʁ/。故此,音系规律便得这样描述所观察到的变化:

(52)擦音浊化　擦音→[＋带声]/元音_____元音

说明:擦音在元音之间浊化为对应的浊擦音。

再以"踩"这个动词为例,应用这条规律时,底层词根形式要设定成/ntʰoχ/,然后第一人称后缀-a 接在词根后,形成了/χ/置于元音/o/与/a/之间的环境:/pəntʰoχa/,如此便满足了应用(52)的演变路径,/χ/体现为[ʁ]:

| /ka-ntʰoχ/ | /pə-ntʰoχ-a/ | 形态结构 |
| --- | --- | --- |
| /kantʰoχ/ | /pəntʰoχa/ | 底层 |
| —— | ʁ | (52)规律:擦音浊化 |
| [kantʰoχ] | [pəntʰoʁa] | 表面形式 |

我们之所以没有采用(52)的分析方式有两个原因。首先,能充当音节尾的清辅音并不会因为元音的添加置于两个元音之间而浊化,比如(53)中"浅浅地挖"这个动词是清辅音/t/结尾的,加上了第一人称后缀-a 之后,虽然置于两个元音之间,并没有因此而浊化变成[d]。

(53)动词词根:nʊʁɐt"浅浅地挖"

针对这个论点,一个可能的反驳是/t/不是擦音,而浊化只发生在擦音这一类的语音。不过,茶堡嘉戎语还存在许多清擦音位于元音之间,却没有浊化的例子,[11]例如:

(54)kə-susu [kəsusu]"活的"　　(55)kə-χo [kəχo]"丰富的"

若采用了(52)的音系规律,那么"活的"的语音表面形式就变成了

[kəzuzu](两个/s/都置于元音之间,按音系规律变成/z/),"丰富的"也应体现为[kəʁo],但实际上并非如此。若是采用(51)的分析方式,就不会发生这样的错误。综合以上的考量,将音节尾的擦音底层形式设定为浊音是比较妥切的。

再者,由于大藏方言的词尾以清音体现的都是塞音、擦音以及颤音,其余包括鼻音和通音都以浊音体现,我们可以进一步将(51)这条擦音清化的规律加以拓展,规定带有[响调]特征的语音[12]在词尾清化:

(56)非响音性辅音词尾清化(拓展(51)的音系规律)

$$\begin{bmatrix} +辅音性 \\ -响音性 \end{bmatrix} \rightarrow [-带声] / \_\_\_\_]_词$$

说明:非响音性辅音在词尾清化。

这样的规律能将所有非响音性的浊辅音都在词尾清化,而原来就是清的非响音性辅音则不受这条规律影响,维持原来的不带声状态。以 ka-ntʰoʁ "踩(不定式)"和 ka-nɐʀet "浅浅地挖(不定式)"为例:

| 名物-词根 | 名物-词根 | 形态结构 |
|---|---|---|
| /ka-ntʰoʁ/ | /ka-nɐʀet/ | |
| /kantʰoʁ/ | /kanɐʀet/ | 底层 |
| χ | —— | (56)规律:非响音词尾清化 |
| [kantʰoχ] | [kanɐʀet] | 表面形式 |

### 2.3.3 颤音/r/的变体与音系分析

颤音/r/有三个变体:浊颤音[r]、清颤音[r̥]以及清卷舌擦音[ʂ],其互补分布情形如下:

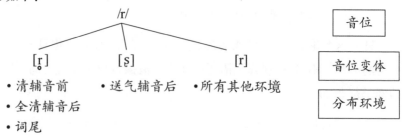

这样的分布能在例(57)-例(63)观察到:

(57) tə-rpʰu [tə̯rpʰu]　　　杉树　　　　（清辅音前）

(58) ka-sruŋ [kas̥ruŋ]　　　保护　　　　（全清辅音后）

(59) qamtʃur [qamtʃu̯r]　　　鼹鼠　　　　（词尾）

(60) ka-kʰrət [kakʂət]　　　拖着走　　　（送气辅音后）

(61) tə-ro [təro]　　　　　　胸部　　　　其他：元音之间

(62) rgɐm [rgɐm]　　　　　　箱子　　　　其他：浊辅音前

(63) ta-ʁru [taʁrʊ]　　　　　犄角　　　　其他：浊辅音后

根据语音环境的分布，我们可以用以下的音系规律来描述音位/r/体现为[r̥]和[ʂ]的过程与条件。变体[r]因为与音位/r/相同，因此不需经过任何音系变化规律即可体现为表面形式。此外，最后一条规律是非响音词尾通用的，因此沿用(56)的规律，不需为/r/作词尾另立音系规律。

(64) /r/音位变体的生成规律

a. r → [−带声] / ＿＿＿ [+辅音性, −带声]　说明：/r/在清辅音前体现为[r̥]

b. r → [−带声] / [+辅音性, −带声] ＿＿＿　说明：/r/在清辅音后体现为[r̥]

c. r → ʂ / [+辅音性, +送气] ＿＿＿　说明：/r/在送气辅音后体现为[ʂ]

d. 非响音性辅音词尾清化(56) 说明：/r/在词尾体现为[r̥]，运用(56)规律即可

以下演示这些音系规律如何生成(57)-(63)的表面形式：

| /tərpʰu/ | /kasruŋ/ | /qamtʃur/ | /kakʰrət/ | /təro/ | /rgɐm/ | /taʁru/ | 底层 |
|---|---|---|---|---|---|---|---|
| r̥ | — | — | — | — | — | — | (64)a：清辅音前清化 |
| — | r̥ | — | — | — | — | — | (64)b：清辅音后清化 |
| — | — | r̥ | — | — | — | — | (64)c：送气辅音后变擦音 |
| — | — | — | ʂ | — | — | — | (56)：非响音词尾清化 |
| [tə̯rpʰu] | [kas̥ruŋ] | [qamtʃu̯r] | [kakʰʂət] | [təro] | [rgɐm] | [taʁrʊ] | 表面形式 |

### 2.3.4 /w/的变体与音系分析

双唇通音/w/有三个性质上差异较大的变体:通音[w]、双唇浊擦音[β]和双唇清擦音[ɸ]。这三个变体呈现互补分布,如(65)的图表所示:

(65)

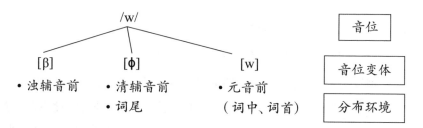

这样的分布体现在例(66)－例(70):

(66) ka-ʃə-wtaχ [kaʃəɸtaʁ]　　记起　　　（清辅音前）
(67) ka-tʂəw [katʂəɸ]　　　　缝　　　　（词尾）
(68) ka-wde [kaβde]　　　　　丢失;丢掷　（浊辅音前）
(69) ta-wa [tawa]　　　　　　父亲　　　（元音前、词中）
(70) wərwər [wərwər]　　　　旋涡　　　（元音前、词首）

我们可以将以上语音环境的分布,进一步简化为:/w/不在元音前就会体现为擦音。根据语音环境的分布,我们可以用以下的音系规律来描述音位/w/体现为[β]和[ɸ]的条件与过程（变体[w]因为不受这些规律影响,所以与底层形式同形）:

(71) /w/音位变体[β]和[ɸ]的生成规律

a. w→β / ___ $\begin{bmatrix} +辅音性 \\ +带声 \end{bmatrix}$ 说明:/w/在浊辅音前体现为[β]

b. w→ɸ / ___ $\begin{bmatrix} +辅音性 \\ -带声 \end{bmatrix}$ 说明:/w/在清辅音前体现为[ɸ]

c. w→β / ___ ]词 说明:/w/在词尾体现为[β]（/w/词尾擦音化）

d. 非响音辅音词尾清化(56)说明:[β]在词尾体现为[ɸ],运用(56)的规律即可在(71)c之所以没有直接将规律设定为/w/变成清擦音,是考量到词尾擦音在底层皆为浊音,因此可以将/w/在词尾的变化设定为浊擦音[β],然后再与其他非响音词尾一同运用(56)的清化规律即可得到正确的表面形式。

在(71)a–b的两条规律可以进一步合并为(72):

(72) 双唇通音/w/在辅音前擦音化

$$w \rightarrow \begin{bmatrix} 擦音 \\ \alpha\ 带声 \end{bmatrix} \underline{\quad\quad} \begin{bmatrix} +辅音性 \\ \alpha\ 带声 \end{bmatrix}$$

说明:双唇通音/w/在辅音前体现为带声正负值与该辅音相同的同部位擦音。

以上所有相关规律中,(71)c和(56)的规律在使用时必须遵守以下顺序,以得到正确的表面形式:

(71)c /w/词尾擦音化 > (56)非响音词尾清化

以下演示"睡着"的不定式/ka-nəʒew/与第一人称完整体/pə-nəʒew-a/,以及/ka-ʃə-wtaʁ/"记起"和/ka-wde/"丢失"如何经过同一套音系规律生成其表面形式。见表6:

表6

| 名物-词根 | 完整-词根-1单 | 名物-致使-词根 | 名物-词根 | 形态结构 |
|---|---|---|---|---|
| /ka-nəʒew/ | /pə-nəʒew-a/ | /ka-ʃə-wtaʁ/ | /ka-wde/ | |
| /kanəʒew/ | /pənəʒewa/ | /kaʃəwtaʁ/ | /kawde/ | 底层 |
| β | —— | —— | —— | (71)c /w/词尾擦音化 |
| ɸ | —— | χ | —— | (56)非响音词尾清化 |
| —— | —— | ɸ | β | (72) /w/在辅音前擦音化 |
| [kanəʒeɸ] | [pənəʒewa] | [kaʃəɸtaχ] | [kaβde] | 表面形式 |

在辅音分析的末尾,我们再看一个应用了多条规律的例子。ka-wrtoʁ "观察"这个动词的表面读音为[kaɸr̥toχ]。从词根中的/r/体现为[r̥]这个事实,我们知道音节首复辅音的清浊变化是逆向的,即/t/使/r/清化,从而使/w/因

位于清辅音[r̥]前而体现为[ɸ]（规律应用顺序:56＞71b）。此外,因为/ʁ/位于词尾,因此体现为[χ]。见表7：

表7

| 名物－词根 | 形态结构 |
|---|---|
| /ka-wrtoʁ/ | |
| /kawrtoʁ/ | 底层 |
| r̥ | (64) a:r 在清辅音前清化 |
| ɸ | (72) /w/在辅音前擦音化 |
| χ | (56) 非响音词尾清化 |
| [kaɸr̥toχ] | 表面形式 |

## 三 元音

### 3.1 单音节

大藏方言没有复合元音,只有单元音。在开音节有 8 个元音音位,其中/e/元音在开音节的表面形式中会带一个通音[j]结尾（也就是读音类似[ej]）,但由于大藏方言并没有单元音[e]和双元音[ej]的对立情形,因此音位符号定为/e/。此外/ə/元音的实际音质更接近后高展唇元音[ɯ],但标写时以央元音符号 ə 呈现。见表8：

表8 大藏方言元音表

| i | | ʊ | | u |
|---|---|---|---|---|
| e | | ə | | o |
| ɐ | | | | a |

表8 的元音彼此间具有区别对立的作用。其中前低元音/ɐ/和后低元音/a/会造成语义的区别,因此分属不同的音位（例(80) - 例(81)）;而后高元音/u/则与稍靠央稍低的/ʊ/呈现对立（例(75) - 例(77)）。

/i/ vs. /e/

(73) tə-mi　　　脚

(74) kə-me[mej]　没有

/o/ vs. /u/ vs. /ʊ/

(75) tə-ro　　胸部

(76) ta-ru　　领导（头人）

(77) kɐʊ　　藏族（嘉戎藏族的自称）

/u/ vs. /ʊ/

(78) tə-pʰu　　棵（树、菜等）

(80) ka-zɣɐt　　到达（不定式）⑬

/a/ vs. /ɐ/

(79) kə-pʰʊ　　乞丐

(81) kɐ-zɣɐt　　她/他到了

/ə/ vs. /ɐ/

(82) tɐ-rdo　　（一）个

(83) tə-rdo　　未打过的粮食

/a/ vs. /e/ vs. /i/ vs. /u/ vs. /ʊ/

(84) ta-sa　　大麻

(86) si　　木头

(88) ka-sʊ　　打粮食

(85) tə-se　　血

(87) kə-su　　晴朗的

## 3.2 闭音节

大藏方言的音节尾没有复辅音，可以做音节尾的辅音有/p、t、q、z、ɣ、ʁ、m、n、ŋ、r、l、w、j/。元音与辅音的具体结合情况，见表9：

表9　大藏方言元音与音节尾组合

| 元音 | p | t | q | z | ɣ | ʁ | m | n | ŋ | r | l | w | j |
|---|---|---|---|---|---|---|---|---|---|---|---|---|---|
| i | | it | | iz | | | | | | | | | |
| e | | | | | | | | | | | | | |
| ɐ | (ɐp) | ɐt | | zɐ | ɐɣ | | ɐm | ɐn | | ɐr | ɐl | ɐw | ɐj |
| ʊ | | | | | | | ʊm | | | ʊr | | | |
| ə | | ət | | əz | əɣ | | əm | ən | | ər | əl | əw | əj |
| e | | | | ze | ɣe | | me | ne | | re | le | we | je |
| u | | (ut) | | | | | um | | uŋ | ur | | | uj |
| o | | ot | | oz | | oʁ | om | on | oŋ | or | | | oj |
| a | | | (aq) | | | aʁ | am | | aŋ | ar | | | |

说明：

1) 元音 e 只能出现在开音节，不会与任何音节尾辅音结合；2) 元音 i 只与 -t 和 -z 结合。ʊ 只与 -m、-r 结合；3) 除 i、e 外，其他 6 个元音都可以与 -m、-r 结合，例见 (96) – (101)、(104) – (109)；4) 元音 a、ɐ 有一定的互补性，除 ar、ɐr 对立外，例见 (96)、(97)，凡音节尾辅音前出现 a 的，不出现 ɐ，反之亦然。此外，ap、aq 目前各只有一个可确定的例子，例见 (89)、(91)，而例 (90) 为两读，可读 aq，也可读 aʁ，以 aʁ 为常；5) 元音 u 与 -t 结合，只有一个例子，许多母语人认为是野鸡叫的拟声词，见 (124)。

元音与辅音结合举例（以音节尾辅音排列）：

| | | | |
|---|---|---|---|
| /-q/ | (89) | qaq | 锄头 |
| | (90) | tapʰaq | （地名）打扒村⑭ |
| /-p/ | (91) | kʰɐlep | 盖子 |
| /-z/ | (92) | ka-pʰʃiz | 擦拭 |
| | (93) | tə-rtsʰɐz | 肺 |
| | (94) | ka-rtsəz | 算数 |
| | (95) | ta-scoz | 字、信 |
| /-r/ | (96) | ftʃar | 夏天 |
| | (97) | kə-tʃɐr | 狭窄的 |
| | (98) | kə-nə-ɣʒər | 拘束的 |
| | (99) | qamtʃʊr | 鼹鼠 |
| | (100) | kə-tʃur | 酸的 |
| | (101) | stəkor | 梁 |
| /-l/ | (102) | ta-skɐl | 留给某人的 |
| | (103) | rŋəl | 银 |
| /-m/ | (104) | tʰamtʰam | 刚刚 |
| | (105) | ka-ntɐm | 平坦的 |
| | (106) | tamtʰəm | 肉菜；肉的总称 |
| | (107) | tə-mdʊm | 膝盖 |
| | (108) | ka-rtum | 圆的 |

|  |  |  |  |
|---|---|---|---|
|  | (109) | ka-xtʰom | 放倒 |
| /-n/ | (110) | kʰon | 蒸笼 |
|  | (111) | ka-ndən | 阅读;学习 |
|  | (112) | kə-daŋ | 多的 |
| /-ŋ/ | (113) | roŋ | 自己 |
|  | (114) | ka-sruŋ | 保护 |
|  | (115) | kə-ndaŋ | 充裕的 |
| /-ɣ/ | (116) | ka-səɣ | 紧的 |
|  | (117) | kə-sɐɣ | (酥油等)新鲜的 |
| /-ʁ/ | (118) | ka-joʁ | 举起;抬起 |
|  | (119) | tə-jaʁ | 手;手臂 |
| /-t/ | (120) | kə-mɟit | 满的 |
|  | (121) | tə-skɐt | 声音 |
|  | (122) | ka-scət | 搬、推 |
|  | (123) | ka-wkot | 计划 |
|  | (124) | tsuʁut | 野鸡⑮ |
| /-w/ | (125) | ka-tʂəw | 缝;补 |
|  | (126) | ka-tʂɐw | 放倒;放平 |
| /-j/ | (127) | ta-qaj | 屎 |
|  | (128) | ə-qoj | 半数 |
|  | (129) | tsʰuj | 染料 |
|  | (130) | tə-pʰəj | 亚麻 |

## 四 超音段分析:"习惯"音高

大藏方言无具对立作用的声调,但是有习惯音高,按照一个词是否为状貌词,就可以预测其表面的音高。也就是说,状貌词(有一大部分是双音节词)是用"高-低"的音高曲线体现的;而其他词类的表面音高则为:第一音节为低调音高,后面其他音节为高调音高。

状貌词以"高-低"的音高体现。例如：

(131) /xəmxəm/ [H-L]　　（饭菜）香气四溢貌

(132) /xərxɛr/ [H-L]　　移动快速貌（说时带讽刺意味）；陡直落下貌

另一方面，动词和名词等其他词类则以"低-高""低-高-高"的曲线体现。

(133) tə-rkʰət [L-H]　　拳头

(134) kə-nə-rlɐŋ [L-H-H]　　（衣物等）有点湿气

## 五　大藏方言与龙尔甲方言的特殊元音 ʊ/y 的语音对应和演变

　　大藏方言和龙尔甲方言是可以互相通话的两种嘉戎语方言，但是在语音上还是有差异的。其中一个显著的差异就是大藏方言中常见的 ʊ 元音在龙尔甲方言对应为 y。

　　向柏霖注意到龙尔甲方言的干木鸟话只有少部分母语人会在词根"鱼"这个词和以此为词根派生词中发 y 的音。[16] "鱼"词读作 qaɟy，还有一个变体是 [qaɟwi]。[17] 干木鸟话 y 元音对应到大藏方言德尔巴话里是 ʊ。例如：

(135)　　大藏　　　　龙尔甲　　　　词义
　　　　qaɟʊ　　　　qaɟy/qaɟ　　　　鱼

尽管在龙尔甲方言 /y/ 是罕见的元音，在大藏方言元音 /ʊ/ 则出现在许多词汇中。那么除了"鱼"外，大藏方言的 ʊ 元音与龙尔甲方言如何对应呢？总的来说，大藏方言的 /ʊ/ 元音对应龙尔甲方言的 /ɯ/ 元音，例如：

　　　　　　大藏　　　　龙尔甲[18]　　　词义
(136)　　ə-ⁿgʊ　　　　ɯ-ŋgɯ　　　　里面
(137)　　qrʊ　　　　　qrɯ　　　　　　打碎
(138)　　ta-kʰʊ　　　　tɤ-khɯ　　　　　烟

| | | | |
|---|---|---|---|
| (139) | pɣetʃʊ | pɣʁtɕɯ | 鸟 |
| (140) | qajʊ | qajɯ | 虫 |
| (141) | χtʊ | χtɯ | 买 |
| (142) | pɣetʃʊ | pɣʁtɕɯ | 鸟 |
| (143) | pɣokʰʊ | pɣʁkhɯ | 猫头鹰 |
| (144) | kərʊ | kɯrɯ | 藏族 |
| (145) | ɣzʊ | ɣzɯ | 猴子 |
| (146) | qamtʃʊr | qamtɕɯr | 鼹鼠 |
| (147) | re-mbrʊ | sʁmbrɯ | 生气 |
| (148) | ndʒʊrʊ | ndʒɯrɯ | 虮子 |

不过要注意的是，这样的对应并不完全反映同源关系，因为/ʊ/和/ɯ/的对应也会出现在藏语借词中：

| | 大藏 | 龙尔甲 | 词义 |
|---|---|---|---|
| (149) | pɐsrʊ | pasrɯ | 象牙（藏文转写：ba.so） |
| (150) | pirʊ | pjɯrɯ | 珊瑚（藏文转写：bju.ru） |

当然，也有大藏方言带 ʊ 元音的词汇在龙尔甲方言是没有对应的，例如：

| | 大藏 | 龙尔甲 | 词义 |
|---|---|---|---|
| (151) | tə-mdʊm | tə-χpɯm | 膝盖 |

大藏方言的/ʊ/和/u/是对立的，大藏方言的/u/有不少词对应到龙尔甲方言的/u/。例如：

| | 大藏 | 龙尔甲 | 词义 | | 大藏 | 龙尔甲 | 词义 |
|---|---|---|---|---|---|---|---|
| (152) | pu | pu | 煨 | (153) | rŋu | rŋu | 干炒 |
| (154) | vzu | βzu | 做 | (155) | ta-lu | tʁ-lu | 奶 |
| (156) | ta-mu | tʁ-mu | 母亲 | (157) | ta-mdzu | tʁ-mdzu | 刺 |
| (158) | tajlu | tʁjlu | 面粉 | | | | |

不过也有一些例子显示，大藏方言的/u/会对应到龙尔甲方言的/ɯ/。例如：

|  | 大藏 | 龙尔甲 | 词义 |  | 大藏 | 龙尔甲 | 词义 |
|---|---|---|---|---|---|---|---|
| (159) | wlu | wlɯ | 烧火 | (160) | su | sɯ | 茂盛的 |
| (161) | ta-mtsu | tɤ-mtsɯ | 钮扣 |  |  |  |  |

那么大藏方言的 ə 元音呢？既然大藏方言的 u 和 ʊ 会对应龙尔甲方言的 ɯ，有必要看看大藏方言 ə 元音的演变。从材料看来，大藏方言所有 ə 元音都对应到龙尔甲方言的 ɯ。在目前收集到的材料中，大藏方言词尾是元音 ə 的例子只有连词 wenə "还有" 和情态标记 mərə "大概"，其他开音节所有带 /ə/ 元音的例子都是前缀。但是在干木鸟话中，词尾是 /ə/ 元音的词汇相对就丰富许多。例如：

|  | 大藏 | 龙尔甲 | 词义 |  | 大藏 | 龙尔甲 | 词义 |
|---|---|---|---|---|---|---|---|
| (162) | xtət | xtɯt | 短的 | (163) | qʰrət | qhrɯt | 擦 |
| (164) | zdəm | zdɯm | 云 | (165) | rəz | raʁɯz | 扫 |
| (166) | laʁjəɣ | laʁjɯɣ | 木棍 |  |  |  |  |

以上比较显示，龙尔甲方言已出现将元音简化合并为 ɯ 的趋势。其中，u 和 y 有简化合并为 ɯ 的趋势，并且已大规模地把 y 和 ɯ 元音合并了。我们发现大藏方言 ʊ 元音出现在不少从嘉戎语四土话和藏语借入的词汇中，尤其是藏文带圆唇音质的 u 元音对应到大藏方言的 ʊ 还保留圆唇的特征，再加上藏语借词的复辅音保留得比现代安多方言要完整，由此可以推断这些藏语词汇的借入时间是比较早的，应该是在龙尔甲方言将 y 和 ɯ 合并之前就发生了。

# 六 结语

本文针对茶堡嘉戎语大藏方言的语音进行了音位分析，论证了几个特殊的音位及其音位变体，并提出自底层生成表面语音形式的音系规律。本文同时也梳理了大藏方言与龙尔甲方言在元音系统上最显著的区别：ʊ/y 元音的分布与发展。大藏方言音系确立之后，词汇的转写全面音位化，将可与龙尔甲方言以及其他茶堡嘉戎语方言进行更细致的历史比较与构拟。

本文的分析与撰写过程中,多次与法国国家科学研究中心东亚语言研究所向柏霖教授有深入讨论与交流,受益良多,在此表示衷心的感谢。

原载于《民族语文》2018 年第 6 期。

## 注 释

① 见 Jacques, Guillaume. 2017. Illustrations of the IPA: Japhug. *Journal of the International Phonetic Association*;

孙天心《黑水县沙石多嘉戎语动词人称范畴的特点》,《语言暨语言学》2015 年 16 卷第 5 期,731—750 页。

② 向柏霖《嘉绒语研究》,民族出版社,2008 年。

③ 见向柏霖《嘉绒语研究》,民族出版社,2008 年;

Jacques, Guillaume. 2010. The inverse in Japhug Rgyalrong. *Language and Linguistics* 11. pp. 127—57;

Jacques, Guillaume. 2012. Argument demotion in Japhug Rgyalrong. Ergativity, *Valency and Voice*, ed. by G. Authier & K. Haude, pp. 199—225. Berlin: Mouton de Gruyter;

Jacques, Guillaume. 2012. From denominal derivation to incorporation. *Lingua* 122. pp. 1207—31;

Jacques, Guillaume. 2013. Applicative and tropative derivations in Japhug Rgyalrong. *Linguistics of the Tibeto-Burman Area* 36. pp. 1—13;

Jacques, Guillaume. 2013. Ideophones in Japhug Rgyalrong. *Anthropological Linguistics* 55. pp. 256—87;

Jacques, Guillaume. 2014. Clause linking in Japhug Rgyalrong. *Linguistics of the Tibeto-Burman Area* 37. pp. 263—327;

Jacques, Guillaume. 2014. Denominal affixes as sources of antipassive markers in Japhug Rygalrong. *Lingua* 138. pp. 1—22;

Jacques, Guillaume. 2016. Subjects, objects and relativization in Japhug. *Journal of Chinese Linguistics* 44. pp. 1—28;

Jacques, Guillaume. 2017. Illustrations of the IPA: Japhug. *Journal of the International Phonetic Association*;

Jacques, Guillaume. 2018. *Dictionnaire Japhug-chinois-français.*

④ 林幼菁、罗尔武《茶堡嘉戎语大藏话的趋向前缀与动词词干的变化》,《民族语文》2003年第4期,19—29页。

⑤ 茶堡嘉戎语大藏方言的材料主要由罗尔武老师提供。罗老师1950年生于茶堡区,长于德尔巴村,毕业于西南民族学院(现西南民族大学)数学专业,目前已退休。

⑥ Jacques, Guillaume. 2017. Illustrations of the IPA：Japhug. *Journal of the International Phonetic Association*.

⑦ 在这个组合中,/i/的发音并没有擦音的音质,/ji/听起来是一个比较长的/i/。

⑧ Maddieson, Ian. 1989. Prenasalized stops and speech timing. *Journal of the International Phonetic Association* 19. 57.

⑨ Jacques, Guillaume. 2017. Illustrations of the IPA：Japhug. *Journal of the International Phonetic Association*. 14.

⑩ Maddieson, Ian. 1989. Prenasalized stops and speech timing. Journal of the International Phonetic Association 19.

⑪ 不仅是本文所研究的大藏方言,向柏霖调查的龙尔甲方言也是如此,读者可参查Jacques, Guillaume. 2018. *Dictionnaire Japhug-chinois-français*.

⑫ 也就是既非鼻音也非通音的音段,在这个语言中,颤音/r/归为"非通音"一类。

⑬ ka-是不定式名物化标记,kɤ-是不及物完整体。

⑭ 又读为 tapʰaʁ。

⑮ 带白色与棕色的漂亮花纹的野鸡,另有一正式名称叫 χʃiri,但是用得比较少。

⑯ 见向柏霖《嘉绒语研究》,民族出版社;
Jacques, Guillaume. 2016. Japhug Rgyalrong Phonology. *Journal of the International Phonetic Association*.

⑰ Jacques, Guillaume. 2016. Japhug Rgyalrong Phonology,*Journal of the International Phonetic Association*.

⑱ 以下龙尔甲方言的材料都引自向柏霖所编的茶堡嘉戎语词典,见 Jacques, Guillaume. 2018. *Dictionnaire Japhug-chinois-français*.

# VARIATIONS OF LARYNGEAL FEATURES IN JIANCHUAN BAI

## Feng Wang

## 1 INTRODUCTION

It was a half century ago that non-modal voices in minority languages in China were first discovered,[①] the category 'Tense vowels' contrasted with 'Lax vowels' (of modal voice) in the phonology.[②] In the 1980's, experimental studies on acoustic signals revealed that the 'Tense/Lax' contrast is a distinction in phonation types rather than in articulation.[③] Later experimental studies on different phonation types have been relying on Electroglottography (EGG) signals, since the amount of reliable parameters to describe the movements of vocal folds can be obtained without any intrusion.[④]

Phonation types in the Bai language are rich. Xu and Zhao stated that 'syllables in Bai bear the Lax/Tense distinction, which is associated with not only vowels but also tones'.[⑤] Here is their description of Jianchuan Bai (English translation is added).

Table 1  The description of tonal system of Jianchuan Bai[⑥]

| 调名<br>Tone name | 调值<br>Tone value | 调号<br>Tone mark | 元音松紧<br>Vowel quality | 例字<br>Example | |
|---|---|---|---|---|---|
| 1 | 33 | ˧ | 松 Lax | pɑ1 泡沫 'foam' | tçi1 拉 'pull' |
| 2 | 42 | ˥˨ | 紧 Tense | pɑ2 奶 'milk' | tçi2 追 'chase' |
| 3 | 31 | ˧˩ | 松 Lax | pɑ3 闹 'noisy' | tçi3 田 'farmland' |
| 4 | 55 | ˥ | 松 Lax | phɑ4 扒 'dig up' | tçi4 多 'many' |
| 5 | 35 | ˧˥ | 松 Lax | pɑ5 八(哥鸟) 'myna' | tçi5 急 'hurry' |
| 6 | 44 | ˦ | 紧 Tense | pɑ6 倒 'collapse' | tçi6 蚂蟥 'leech' |
| 7 | 21 | ˨˩ | 紧 Tense | pɑ7 蹄 'hoof' | tçi7 手镯 'bracelet' |
| 8 | 55 | ˥ | 紧 Tense | pɑ8(水)坝 'dam' | tçi8 寄(宿) 'lodge' |

Regarding the combination of tone and lax/tense vowels, the table suggests that there are eight phonological categories which can be marked by the eight single numerals. Each category corresponds to a unique tone value. For example, the tone value of Tone 1 is 33 following the five-tone scale created by Chao.[⑦] Notably, the above tone letters are creative. The lax ones are marked on the left as usual, while the tense ones on the right. In fact, such letters suggest that two domains of Lax/Tense should be differentiated at first, and under each domain pitches play distinctive roles. It is generally now known that the lax/tense distinction is not due to articulation of vowels, but phonation of vocal folds. From the perspective of phonation Kong (2001) proposed the theory of tone quality to incorporate Tiaoshi (调时) 'temporal tone' and Tiaosheng (调声) 'phonation tone'. Temporal tone indicates how fast the vocal folds vibrate in the temporal domain, and its acoustic parameter is F0. Phonation tone indicates how the vocal folds vibrate, and open quotient and speed quotient are parameters that are often used (details to follow below). To apply this theory to the Bai data, the question is how these parameters in temporal tone and phonation tone interact internally and externally in an integrated tone system.

## 2 DATA OF JIANCHUAN BAI

The four native Bai speakers in this study are from the Jinxing village of the Jinhua town, Jianchuan county, Yunnan, two males (M) and two females (F). M1, 55-year old; M2, 37-year old; F1, 65-year old; F2, 78-year old.

Cooledit 2.0 is used to record sound on the left channel and EGG signals on the right channel. The sample rate is 22050Hz.

Regarding tones in Jianchuan Bai, though interpretations of the phonetic realities are still controversial, the eight phonological categories are generally agreed upon. For convenience, this paper will use tone names. To highlight the lax/tense distinction, the two cover symbols, T for Tense and L for Lax, precede the tone names, e.g. L1, T2, L3, L4, L5, T6, T7, and T8.

## 3 TEMPORAL TONE

For each tone, four examples are given in Table 2 as follows.

**Table 2 Recording samples**

|    | Ex. 1 | Ex. 2 | Ex. 3 | Ex. 4 |
|----|-------|-------|-------|-------|
| L1 | 拉 tɕi1 'pull' | 泡沫 pɑ1 'foam' | 斧头 pɯ1 'axe' | 贩卖 pe1 'sell' |
| T2 | 追 tɕi2 'chase' | 奶 pɑ2 'milk' | 踩踏 tɑ2 'tread' | 插 pe2 'insert' |
| L3 | 地 tɕi3 'farmland' | 闹 pɑ3 'noisy' | 偷 tɑ3 'steal' | 倍 pe3 'double' |
| L4 | 多 tɕi4 'many' | 伯伯 tɑ4(tɑ4) 'elder uncle' | 星星 ɕian4 'star' | 糠 tshõ4 'chaff' |
| L5 | 急 tɕi5 'hurry' | 八(哥) pɑ5 'myna' | 那 tɑ5 'that' | 来 ɣə5 'come' |
| T6 | 蚂蟥 tɕi6 'leech' | 倒 pɑ6 'collapse' | 北 pɯ6 'north' | 走 pe6 'walk' |
| T7 | 手镯 tɕi7 'bracelet' | 一只 tɑ7 'classifier for bird' | 桃子 tɑ7 'peach' | 皮 pe7 'skin' |
| T8 | 寄 tɕi8 'post' | 大(哥) tɑ8(ko33) 'elder brother' | 县 ɕian8 'county' | 冲(菜) tshõ8 'leaf mustard' |

Each word was pronounced twice. F0 is extracted by the method of auto-correlation.[8] Thirty points are extracted for each sample, but the three at the beginning and the three at the end will be excluded to ensure stable representation. At first, we deal with F0 data person by person. For the two males, the F0 patterns are almost the same. Taking M2 and F2 as the example, their F0 contours are distributed in Figure 1 and Figure 2.

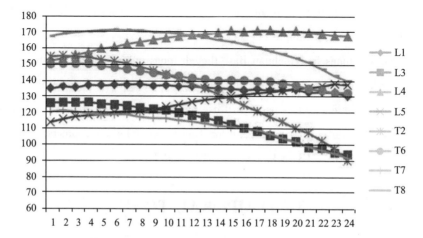

**Figure 1  F0 contours of M2 for eight tones**

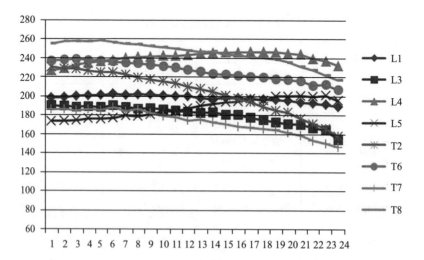

**Figure 2  F0 contours of F1 for eight tones**

Values of F0 can be converted to relative values (RV) according to Chao in order to reflect linguistic distinctions.[9] The following formula can be used.

$$RV(x) = [(lgx - lgb)/(lga - lgb) \times 4] + 1$$

(Note: 'a' is the largest F0 value; 'b' is the smallest F0 value.)

Table 3  The eight tones of Jianchuan Bai

|    | RV(M2) | RV(F1) | Xu & Zhao 1984 |
|----|--------|--------|----------------|
| L1 | 33     | 33     | 33             |
| T2 | 41     | 41     | 42             |
| L3 | 31     | 31     | 31             |
| L4 | 55     | 45     | 55             |
| L5 | 24     | 23     | 35             |
| T6 | 433    | 43     | 44             |
| T7 | 31     | 31     | 21             |
| T8 | 54     | 54     | 55             |

From the above table, it is impossible to distinguish L3 from T7 based on the F0 parameters. However, F0 does not equal to pitch. It is intriguing to investigate whether and how different phonation types contribute to the pitches in future studies. Anyway, it is expected that the two pairs, L3/T7 and L1/T6, may be differentiated from their phonation types.

Interestingly, if the tone domain splits into two, Lax and Tense, the contrasts in each domain are quite clear, taking M2 as the example as shown below.

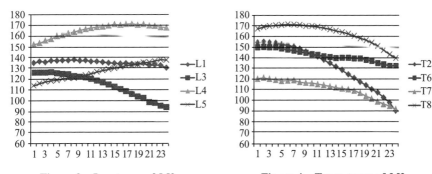

Figure 3  Lax tones of M2                Figure 4  Tense tones of M2

## 4 PHONATION TONE

### 4.1 EGG Signals and the Bai Data

A typical EGG signal can be shown as below.

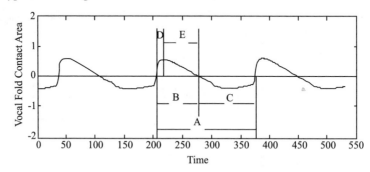

**Figure 5　EGG signals**

The phase A is a period of the vibrations of vocal folds. B = the close phase. C = the open phase. D = the closing phase. E = the opening phase. Two parameters, Open Quotient (OQ) and Speed Quotient (SQ), are frequently used to describe phonation types.

　　Open Quotient = Open phase (C) /Period (A) ×100%

　　Speed Quotient = Opening phase (E) / Closing phase (D) ×100%

　　By the parameters of temporal tone (Pitch) and phonation tone (OQ, SQ), several typical phonation types can be defined as in the following Table 4.[⑩] In the following analysis, this table will be the major reference to define the phonation types in Bai.

**Table 4　Phonation types and their parameters**

|  | Vocal fry | Breathy | Pressed | Modal | High – pitch |
|---|---|---|---|---|---|
| OQ | + | + | − | + − | − |
| SQ | + | − | + | + − | − |
| Pitch | − | − | − | + − | + |

According to the F0 similarities of the eight tones, three groups can be recognized to investigate their contrasts in phonation types as follows.

(1) T7 (31) / L3 (31) / T2 (41);
(2) L1 (33) / T6 (433);
(3) L4 (55) / T8 (54).

Table 5 below presents minimal pairs for the three groups.

**Table 5　Three groups of minimal pairs of phonation types**

Group (1)

| T7 (31) | L3 (31) | T2 (41) |
| --- | --- | --- |
| 手镯 tɕi7 'bracelet' | 地 tɕi3 'farmland' | 追 tɕi2 'chase' |
| 皮 pe7 'skin' | 倍 pe3 'double' | 插 pe2 'insert' |
| 一只 tɑ7 'classifier for bird' | 豆 tɑ3 'bean' | 草乌 tə2 'RadixAconiti Kusnezoffii' |
| 漂浮 pɯ7 'float' | 托带 pɯ3 'help to bring' | 敷药 pɯ2 'apply medicine' |
| 荞麦 kv7 | 柜子 kv3 'cabinet' | 坐 kv2 'sit' |
| 桃子 tɑ7 'peach' | 偷 tɑ3 'steal' | 踩踏 tɑ2 'tread' |

Group (2)

| L1(33) | T6 (433) |
| --- | --- |
| 拉 tɕi1 'pull' | 蚂蟥 tɕi6 'leech' |
| 贩卖 pe1 'sell' | 走 pe6 'walk' |
| 等待 tə1 'wait' | 得到 tə6 'obtain' |
| 斧头 pɯ1 'axe' | 北 pɯ6 'north' |
| 鬼 kv1 'ghost' | 犄角 kv6 'horn' |
| 泡沫 pɑ1 'foam' | 倒 pɑ6 'collapse' |

Group(3)

| L4(55) | T8(54) |
| --- | --- |
| 多 tɕi4 'many' | 寄 tɕi8 'post' |
| 伯伯 tɑ4(tɑ4) 'elder uncle' | 大(哥) tɑ8(ko1) 'elder brother' |
| 星星 ɕian4 'star' | 县 ɕian8 'county' |
| 糠 tshõ 4 'chaff' | 冲(菜) tsho 8 (tse4) 'leaf mustard' |

## 4.2 OQ/SQ and Phonation Types of the Four Tense Tones

Each sample is pronounced twice by each of the four informants. Thirty points of each sample were extracted to calculate their OQ and SQ values. The first three and the last three points were not counted to keep the stable data. At first, the average OQ and SQ values are expected to display a general picture. The average OQ and SQ of samples of each tone at the stable 24 points will be counted, and then the 24 values will be averaged again. Taking M1 as the example, the final average OQ and SQ of the three groups of tense/lax tones can be shown as follows.

M1

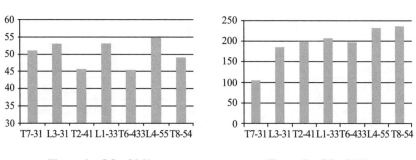

Figure 6　OQ of M1　　　　　Figure 7　SQ of M1

In each of the three groups, the modal sound will be taken as the baseline to measure the relative value of the non-modal sound. For M1, OQ of L3 is higher than both of the non-modal sounds, T7 and T2. Therefore, the relative values of the two non-modal sounds are T7( - OQ) and T2( - OQ) compared to L3( + - OQ). Similarly, the relative values of group 2 can be marked as T6 ( - OQ) compared to L1( + - OQ). The relative values of group 3 can be marked as T8( - OQ) compared to L4( + - OQ). The same procedure could be applied to SQ of M1. For group 1, T7 ( - SQ) and T2( + OQ) compared to L3( + - SQ) can be obtained. For group 2, T6( - SQ) compared to L1 ( + - SQ) is marked. For group 3, T8( + SQ) compared to L4( + - SQ) is marked.

The OQ/SQ contrasts of the four speakers can be summarized as follows in Table 6:

Table 6  Summary of OQ/SQ contrasts of the four speakers

|  |  | M1 | | M2 | | F1 | | F2 | |
| --- | --- | --- | --- | --- | --- | --- | --- | --- | --- |
|  |  | OQ | SQ | OQ | SQ | OQ | SQ | OQ | SQ |
| Group 1 | T7 – 31 | − | − | − | + | − | − | − | + |
|  | L3 – 31 | + − | + − | + − | + − | + − | + − | + − | + − |
|  | T2 – 41 | − | + | − | + | − | + | − | + |
| Group 2 | L1 – 33 | + − | + − | + − | + − | + − | + − | + − | + − |
|  | T6 – 433 | − | − | − | + | − | − | − | + |
| Group 3 | L4 – 55 | + − | + − | + − | + − | + − | + − | + − | + − |
|  | T8 – 54 | − | + | − | + | − | + | − | − |

According to Kong,[11] the phonation types of the seven tones can be defined as below in Table 7:

Table 7  Classification of phonation types of Jianchuan Bai

|  |  | M1 | M2 | F1 | F2 |
| --- | --- | --- | --- | --- | --- |
| Group 1 | T7 – 31 | High – pitch | Pressed | High – pitch | Pressed |
|  | L3 – 31 | Modal | Modal | Modal | Modal |
|  | T2 – 41 | Pressed | Pressed | Pressed | Pressed |
| Group 2 | L1 – 33 | Modal | Modal | Modal | Modal |
|  | T6 – 433 | High – pitch | Pressed | High – pitch | Pressed |
| Group 3 | L4 – 55 | Modal | Modal | Modal | Modal |
|  | T8 – 54 | Pressed | Pressed | Pressed | High-pitch |

However, these definitions are based on OQ/SQ. If the parameter of pitch is considered as in Table 4, some problems may be raised. For instance, the phonation types of T7 – 31 in M1 and F1 should not be called 'High-Pitch' since its 31 pitch is rather middle-falling, and is almost the same as its lax counterpart, L3 – 31. According to some observations, it is realized as Harsh[12] or 'Glottal squeezing and friction'[13]. Based on our hearing, our data would support the term Harsh. Therefore, we revised the definitions as follows in Table 8:

Table 8  Revised Classification of phonation types of Jianchuan Bai

| | | | M1 | M2 | F1 | F2 |
|---|---|---|---|---|---|---|
| Group 1 | | T7 – 31 | Harsh | Pressed | Harsh | Pressed |
| | | *L3 – 31* | *Modal* | *Modal* | *Modal* | *Modal* |
| | | T2 – 41 | Pressed | Pressed | Pressed | Pressed |
| Group 2 | | *L1 – 33* | *Modal* | *Modal* | *Modal* | *Modal* |
| | | T6 – 433 | Harsh | Pressed | Harsh | Pressed |
| Group 3 | | *L4 – 55* | *Modal* | *Modal* | *Modal* | *Modal* |
| | | T8 – 54 | Pressed | Pressed | Pressed | Harsh |

From the above table, two observations can be made. Firstly, the same tone category does not imply the same phonation type. For instance, T3 – 31 is associated with Harsh voice in M2 and F1, but with Pressed voice in M2 and F2. Secondly, the tonal distinction may be afforded by F0 or phonation type or both. For instance, T7 – 31 and T2 – 41 in M1 can be distinguished by F0 (31 vs 41) or phonation type (Harsh vs Pressed). T7 – 31 and L3 – 31 in M1 can be distinguished only by phonation type (Hash vs Modal). T7 – 31 and T2 – 41 in M2 can be distinguished only by F0 (31 vs 41).

### 4.3  Variations of OQ/SQ within Syllables and Across Speakers

In fact, more variations of OQ and SQ across speakers can be obtained if the whole 24 points of each tone will be shown based on the average value of OQ contours and that of SQ contours. The details are listed speaker by speaker according to the three groups.

Group 1: M1

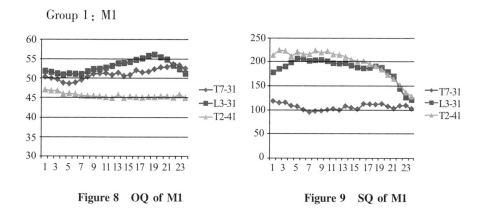

Figure 8  OQ of M1                    Figure 9  SQ of M1

Regarding OQ, T7 − 31 is not higher than L3 − 31 any more at the final three points. Regarding SQ, T2 − 41 becomes the same with L3 − 31. Such variations cause the distinctive function of the lower OQ of T2 − 41 and the lower SQ of T7 − 31 in contrast with their lax counterpart, L3 − 31, to become salient. In other words, SQ of T2 − 41 and OQ of T7 − 31 in contrast with this group may not be functional at the end of the syllables.

M2[14]

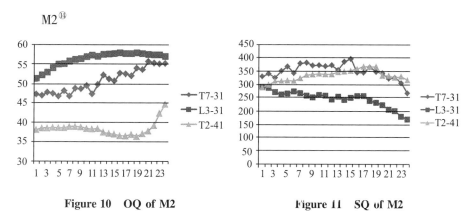

Figure 10  OQ of M2                    Figure 11  SQ of M2

In contrast with L3 − 31, the relative value of T7 − 31 and T2 − 41 remains stable, except that SQ of T2 − 41 is not higher than L3 − 31 at the first two points. Though it does not have any impact on the contrast of this group, the relative positions of T7 − 31 and T2 − 41 vary a bit.

F1[15]

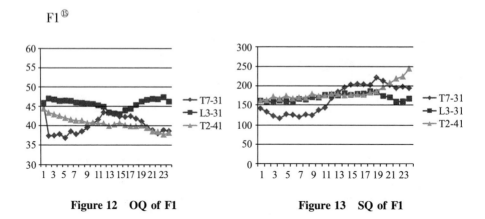

Figure 12　OQ of F1　　　　Figure 13　SQ of F1

Variations of F1 are quite salient. In the middle three points, OQ of T7 – 31 becomes the same with L3 – 31. Only in the last five points, SQ of T2 – 41 begins to be larger than L3 – 31. More interestingly, SQ of T7 – 31 is smaller than L3 – 31 in the first half of the syllable, while it becomes larger in the last half. That means the phonation type of T7 – 31 changes from Harsh to Pressed within a syllable.

F2

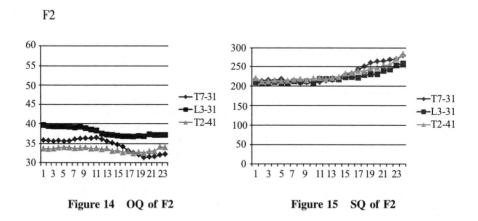

Figure 14　OQ of F2　　　　Figure 15　SQ of F2

SQ of the three tones becomes distinguishable a little bit only at the last one-third of the syllable. This would result in the salience of OQ distinction in this group.

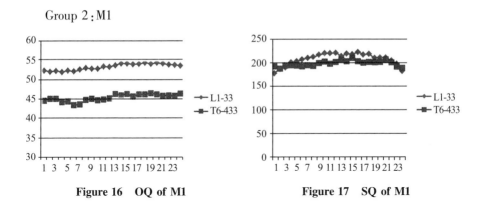

Figure 16  OQ of M1

Figure 17  SQ of M1

T6 − 433 can not be distinguished from its lax counterpart L1 − 33 by SQ at the very beginning and the very end, while its OQ is obviously lower.

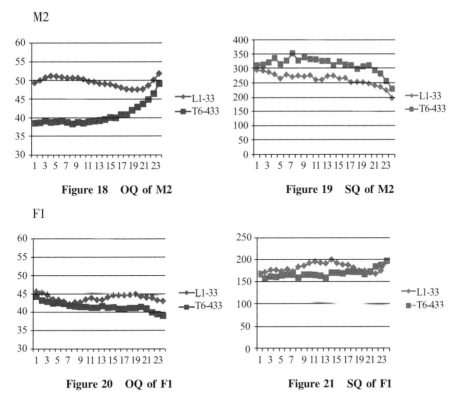

Figure 18  OQ of M2

Figure 19  SQ of M2

Figure 20  OQ of F1

Figure 21  SQ of F1

At the beginning one − third, OQ of T6 − 433 is almost the same with L1 − 33. Meanwhile, T6 − 433 can be hardly distinguished from its lax counterpart L1 − 33 by SQ at the beginning and the end.

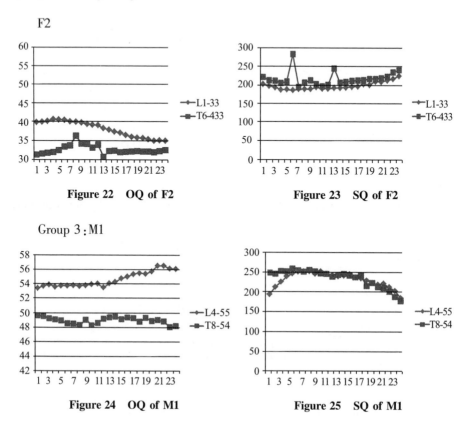

Figure 22　OQ of F2

Figure 23　SQ of F2

Figure 24　OQ of M1

Figure 25　SQ of M1

T8 - 54 and L4 - 55 are almost the same in SQ, while T8 is much lower than L4 in OQ.

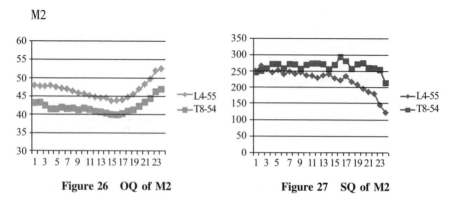

Figure 26　OQ of M2

Figure 27　SQ of M2

T8 − 54 and L4 − 55 are almost the same in SQ at the first three points.

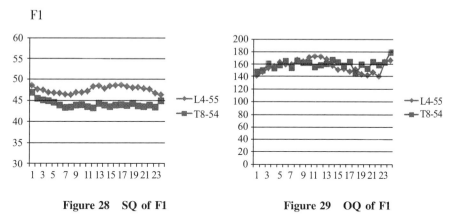

Figure 28  SQ of F1            Figure 29  OQ of F1

The contours of T8 − 54 and L4 − 55 are almost mixing together.

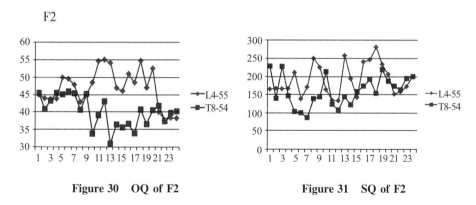

Figure 30  OQ of F2            Figure 31  SQ of F2

The furcation of OQ and SQ in F2 is notably different from other speakers. However, the major trend is still clear. The values of the lax tone are higher than those of the tense tone.

## 5  CONCLUSION AND REMARKS

The eight tone categories of Jianchuan Bai have attracted much attention. The most intriguing feature of this tonal system is the complex interaction of the two dimensions of tone, namely, temporal tone (pitch) and phonation tone (phonation type). This study based on the calculations of F0, OQ and SQ has found that there are two non-modal phonation types, Harsh and Pressed, roughly four groups of pitch pattern (31/31/41; 33/433; 55/54; 35) to make the eight tonal categories as shown below in Table 9:

Table 9  The eight tone categories in Jianchuan Bai

| Tone name | Pitch | Phonation type |
|---|---|---|
| T7 | 31 | Harsh/Pressed |
| L3 | 31 | Modal |
| T2 | 41 | Pressed |
| L1 | 33 | Modal |
| T6 | 433 | Harsh/Pressed |
| L4 | 55 | Modal |
| T8 | 54 | Pressed |
| L5 | 35 | Modal |

T7 and L3 must be distinguished by phonation types, since their pitches are the same. As for the other pairs, both pitch and phonation types may contribute to the distinction between them. Notably, non-modal phonation types vary across individuals (see section 4.3). Sometimes, phonation types can even change within a syllable, e.g. T7-31 of informant F1 from Harsh to Pressed. Thus, it is suggested that different persons in a society may use different strategies to produce non-modal phonation types in contrast with their counterparts. As for whether and how different strategies are associated with different social factors, more data are needed. For now it is also difficult to detect the distinctive features of phonation types. In future studies, perception experiments may be helpful to figure out the distinctive features.

The Bai language may be the closest sister language of Chinese.[16] The nature of the Bai tonal system will shed light on understanding the origin and development of the Chinese tonal system. The complex variation of laryngeal features in Jianchuan Bai hints that phonation types may be one source of the Chinese tonal system, in addition to initials or endings.[17]

This work was supported by the Fok Ying Tung Education Foundation [No. 131102], the Major Project of National Social Science Fund [10&ZD125], the fund from Ministry of Education of China [No. 11JJD740004]. During the fieldwork, Prof. Duan Bingchang, Mr. Yang Haichao and Mr. Zhao Guangjian offered their kind help, which is much appreciated.

**NOTES**

[1] MA, Xueliang(马学良). 1948. 倮文作祭献药供牲经译注(Notation of Yi classics), "中央研究院"历史语言所集刊.20:579.

[2] HU, Tan(胡坦)& Dai, Qingxia(戴庆厦). 1964. 哈尼语元音的松紧(Lax/tense of vowels in Hani). 中国语文. 1: 76—87;
DAI, Qingxia 戴庆厦. 1979. 我国藏缅语族松紧元音来源初探(The origin of tense/lax vowel in Tibeto-Burman languages of China). 民族语文.1:31—39.

[3] MADDIESON Ian and Ladefoged Peter. 1985. 'Tense' and 'Lax' in four minority languages of China, UCLA Working Papers in Phonetics. 60—99.

[4] KONG, Jiangping 孔江平. 2001. 论语言发声(On language phonation). 北京:中央民族大学出版社.

[5] XU, Lin 徐琳 & Zhao, Yansun 赵衍荪. 1984. 白语简志(A brief description of Bai). 北京:民族出版社.

[6] XU, Lin 徐琳 & Zhao, Yansun 赵衍荪. 1984. 白语简志(A brief description of Bai). 北京:民族出版社.

[7] CHAO, Y. R. 1930/1980. A system of tone letters. *Le Maitre Phonétique* 45:24—27. Repr., Fangyan 2. 1980:pp.81—83.

[8] The Matlab programs used in this paper are edited by Li Yonghong and Ye Zehua.

[9] CHAO, Y. R. 1930/1980. A system of tone letters. *Le Maitre Phonétique* 45:24—27. Repr., Fangyan 2.

[10] KONG, Jiangping 孔江平. 2001. Lunyuyanfasheng 论语言发声(On language phonation). p.188.

[11] XU, Lin 徐琳 & Zhao, Yansun 赵衍荪. 1984. 白语简志(A brief description of Bai). 北

京:民族出版社.

⑫ LI,Shaoni 李绍尼. 1992. 论白语的"声门混合挤擦音"(On the combination of glottal squeezing and frication in the Bai language). 民族语文 4:pp. 68—72;

EDMONDSON, J. A. and Li, Shaoni. 1994. Voice quality and voice quality change in the Bai language of Yunnan Province. *Linguistics of Tibeto-Burman Area* 17. 2:pp. 49—68;

EDMONDSON, J. A., Esling J. H., Li, Shaoni, Harris J. G., and Lama Ziwo. 2000. 论彝语、白语的音质和勺会厌肌带的关系——喉镜案例研究(On therelationshipbetweenaryepiglotticfoldsandvoicequalityinthe Yiand Bailanguages:Laryngoscopicstudies) 民族语文 4:pp. 47—53. AduplicateEnglishversionofthesame/identical article contents has also been published in *The Mon-Khmer Studies Journalvol*. 31(2001)(pp83—100) by the same group of author. It has a title, 'The aryepiglottic folds and voice quality in the Yi and Bailanguages: Laryngoscopic case studies.

⑬ LI,Shaoni 李绍尼. 1992. 论白语的"声门混合挤擦音"(On the combination of glottal squeezing and frication in the Bai language). 民族语文 4:pp. 68—72。

⑭ Lack of the sample pe42 'insert'.

⑮ The sample tə7 'classifier (e.g. for rabbit)' has not been recorded well. It is replaced by ɣə7 'to mill'.

⑯ WANG, Feng. 2006. Comparison of languages in contact: the distillation method and the case of Bai. Taipei: Institute of Linguistics, Academia Sinica.

WANG, Feng. 2012. 语言接触与语言比较——以白语为例(Language contact and language comparison-the case of Bai). 北京:商务印书馆.

WANG, Feng. 2013. 汉藏语言比较的方法与实践——汉、白、彝语比较研究(Methods and implementations of Sino-Tibetan comparison-A comparative study of Chinese, Bai and Yi). 北京:北京大学出版社.

⑰ WANG, Feng. 2006. Rethinking the *-s hypothesis for Chinese qusheng tone. *Journal of Chinese linguistics* 34. 1:1—24.

# CONTROL STRATEGY OF PHYSIOLOGICAL ARTICULATORY MODEL FOR SPEECH PRODUCTION

Xiyu Wu    Jianwu Dang

## 1  INTRODUCTION

Speech is one of the most convenient tools that provide us the ability to communicate with each other, to share experiences and to exchange ideas. Speech production is a complex multi-step process, including the generation of motor commands from the central nervous system, activation of the articulatory muscles, movements of the articulators, conformation of vocal tract shape, and generation of speech sounds. However, the mechanism underlying the speech production process is not fully understood. In order to investigate the speech production mechanism, many articulatory models have been constructed, and these models can be roughly divided into three hierarchies according to the objects that they are modeling: vocal tract model, geometrical articulatory model, and physiological articulatory model. In the vocal tract model, the vocal tract area function is parameterized, and the modeling focuses on the relationship between the vocal tract shape and resonant property[1]. The cause of the conformation of the vocal tract shape is not the emphasis of the vocal tract model. The geometrical articulatory model focuses on modeling the geometrical shapes of articulators, and the composition of the vocal tract shapes by articulators[2]. Because the movements of the articulators are driven by coordinated muscle activations, it is insufficient to explore the speech motor control mechanism based on the geometrical articulatory model.

The physiological articulatory model comprises not only articulators with geometrical structures and mechanical properties, but also articulatory muscles used to control the model. To generate speech sounds based on the physiological articulatory model, muscles are activated coordinately to control the movements of the articulators. Because this process is a simulation of the human speech production, it will be helpful to investigate the speech production mechanism based on a physiological articulator. Since the 1970s, many physiological articulatory models have been constructed to improve the understanding of speech the production mechanism,[3] However, the unsolved problems hamper the applications of the physiological articulatory model in many different fields.

In the following introduction, we fist emphasize the significance of the physiological articulatory model by listing its possible applications. Then, we point out the problems that block the applications of the model. Finally, one of the important problems solved in this paper will be stated.

## 1.1 Exploration of Speech Production Mechanisms

Physiological articulatory models can be used to simulate the speech production process, and then explain the cause and effect in speech production. Because the movements of articulators are controlled by muscle activations, it is necessary to measure muscle activation patterns in order to explore the speech motor control. Muscle activation patterns can be measured using EMG (electromyography) or estimated from their deformations. However, it is difficult to measure the activation of small intrinsic muscles using EMG, and the estimation according to the deformation is not accurate enough because of the passive deformation. To suppress these disadvantages, the model-based method has been implemented to estimate muscle activation patterns for the five Japanese vowels[4] and the cardinal French vowels[5], respectively. The obtained muscle activation patterns have been compared to the EMG signals, which proved that the model was feasible to estimate muscle activation patterns in speech production.[6]

In order to explain the causal mechanisms behind the movements of the articulators in speech production, researchers have proposed many hypotheses and tried to prove them. In speech motor control, the economy of effort seems to be a principle that guides speech movement.[7] Simulation based on the physiological articulatory model can conquer the deficiency of inferring the energy cost from measured movement by providing diverse parameters, including displacement, relative strain, and relative muscle induced stress. There is a phenomenon that about 40% of American English speakers use multiple /r/ variants, where the bunched /r/ was more likely to occur adjacent to the vowel /i/, whereas tip-up postures occurred coupled with /a/ and /o/. Simulations based on the physiological articulatory model showed reductions in all three measures for the transitions between bunched /r/ and the vowel /i/, and between tip-up /r/ and the vowel /a/, which uncovered the mechanical articulatory factor of the variation.[8] According to this study, we can see that the physiological articulatory model-based analysis provides the avenues for uncovering the economy of effort speculated in speech production. The physiological articulatory model has been used to investigate the coarticulation phenomenon[9] and the effect of gravity orientation[10] in speech production. The consistency of the simulation results with experimental observations proves that the model-based investigation method is effective.

## 1.2 Medical Application

With the development of computational modeling technology, physiological articulatory modeling would have a wide range of applications in medicine. It can deepen our understanding of motor system dysfunction and consequently aid the diagnosis of possible causes of speech disorders. Computational simulation can help the surgeon to plan surgery and predict the postoperative functions of articulators.

Glossectomy is an effective treatment for patients with oral cancer, but the prediction of the postoperative effect mainly depends on empirical knowledge, which is difficult because the tongue has a complex anatomical structure. To address this problem, a physiological articulatory model was used to predict post-glossectomy effects under various conditions.[11] Stavness compared the theoretical post-operative deficit for jaw surgery with and without reconstruction by a simulation based on a jaw-tongue-hyoid biomechanical model.[12] Given the planned extent of tissue resection, this type of analysis could be used on a patient to determine whether or not jaw reconstruction would be beneficial.

### 1.3 Speech Engineering

Although corpus-based speech synthesis systems are successfully implemented in a wide range of different fields, the quality of the synthesized speech sounds is still far away from mimicking human speech. The main deficiency of the corpus-based speech synthesizer is that the mechanism of the synthesis system is different from that used in human speech production. We believe that by simulating the speech production process of humans based on a physiological articulatory model natural speech sounds would be generated in the future.

A physiological articulatory model can benefit the pronunciation for patients with speech disorder or normal people in second language learning by providing articulatory visual feedback. Many studies have proven that augmented visual feedback can help patients with the speech disorder of apraxia[13] and participants in second language learning[14] to improve their accuracy of pronunciation. The visual feedback information can be acquired by inverse estimation according to the speech sounds generated by the subject based on a physiological articulatory model[15].

### 1.4 Purpose of This Study

As we have described previously, the physiological articulatory model could be applied in many fields. The main reason that the model cannot be widely applied is that there is no reasonable control strategy for the physiological articulatory model. The activation pattern of the articulatory muscles is the control variable of the physiological articulatory model. Given a target the mission of the control strategy is how to generate muscle activation patterns that can control the model to achieve the target.

There are two automatic control strategies for the physiological articulatory model: feedforward control and feedback control. In speech production, feedforward control is used to find muscle activation patterns directly according to the desired target, and feedback control is used to adjust muscle activation patterns to reduce the distance between the desired target and the realized position.

A feedforward control has been realized using the constructed EP maps, where these maps store the relationship between the equilibrium position of three control points (tongue tip, tongue dorsum, and jaw) and muscle activations.[16] Feedback control for three control points[17] and tongue tip point[18] have been realized for physiological articulatory models. So far, the realized control strategies are used to control crucial points to realize vocal-tract constriction. However, in speech production, the phonetic qualities of speech sounds depend on the whole vocal-tract shape rather than only the size and location of the vocal-tract constriction at the tongue tip or tongue dorsum. Therefore, control of the model to achieve target posture is necessary for generating speech sounds or exploring speech motor control based on the model.

To control the model to achieve given target posture is a challenging task, because usually the activation of a muscle affects not only a specific component, but also more or less the whole system. We have solved the problem and realized feedback control using articulatory posture to represent the target[19]. In this study, we focus on how to use the feedback control as a learning loop to construct a feedforward mapping. Then we evaluate the accuracy of the control using the constructed feedforward mapping and feedback control.

In the following parts of this paper, we first describe our physiological articulatory model, which has been upgraded from discrete FEM to continuum FEM. We then describe the framework of the control strategy that we want to realize. Finally, we evaluate the realized control strategy.

## 2 PHYSIOLOGICAL ARTICULATORY MODEL

The original version of the physiological articulatory model was a partial 3D model constructed by Dang and Honda,[20] which was based on discrete FEM. Then, this model was developed to a full 3D model.[21] The physiological articulatory model used in this study was reconstructed by a continuum FE model using the ArtiSynth 3D Biomechanical Modeling Toolkit (www.artisynth.org, University of British Columbia, Vancouver, Canada). ArtiSynth improved a number of aspects of the physiological articulatory model, including volume constraint and computational efficiency. The profile of the constructed model is shown in Figure 1, where the appearance of the model is shown on the left, and a sagittal cutaway view is shown on the right.

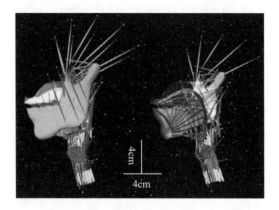

**Figure 1  Lateral (left) and mid-sagittal cutaway (right) views of the physiological articulatory model**

## 2.1  Geometrical Structures of Articulators

The morphological structures of the tongue, jaw, and vocal-tract wall were extracted from magnetic resonance (MR) images. The jaw and the vocal-tract wall were superimposed with the images of the lower and upper teeth at intervals of 0.4 cm in the transverse dimension. The initial shape of the tongue was obtained from the volumetric MR images taken while producing the Japanese vowel /e/, which is close to the neutral position in the vowel space. The mesh structure of the tongue in the lateral view consists of eleven layers with nearly equal intervals fanning out to the tongue surface from the attachment on the mandible, and seven layers in the perpendicular direction. In the front view, the tongue was divided into five layers at equal intervals. In total, the tongue tissue consists of 240 hexahedrons. For more details of morphological data and mesh segmentation of the tongue tissue, refer to the previous studies.[22]

### 2.2 Mechanical Properties

A Poisson coefficient of tongue tissue was set to 0.49 since it was considered to be quasi-incompressible. The density of the tongue tissue was set to be 1040 kg m$^{-3}$, and the density of the mandible and hyoid bone was set at 2000 kg m$^{-3}$. Young's modulus of the tongue tissue was set at 20 kPa and the bone structures (mandible and hyoid) were approximated as rigid bodies. These parameters were consistent with those of the previous model.[23]

### 2.3 Muscle Structures

Since the model is driven by muscle activation, the accuracy of muscle implementation is very important. Three extrinsic muscles, namely, the genioglossus, styloglossus, and hyoglossus, were arranged mainly on the basis of the results of high-resolution MRI analysis.[24] The intrinsic muscles (superior longitudinal, inferior longitudinal, transverse, and vertical) were defined according to the anatomical data.[25] The tongue floor muscles, mylohyoid and geniohyoid, were arranged in reference to the anatomical literature.[26] The muscles that control jaw movements were defined in the same way as that in our previous partial 3D model.[27] Furthermore, the muscle functions were verified by anatomical knowledge and by comparison with the other models in previous studies. The constructed model comprises the tongue, jaw, vocal tract wall, hyoid bone, and related articulatory muscles. As shown in Figure 1, although the larynx complex was also included in the model, it was not investigated in this study.

### 2.4 Muscle Units for Model Control

Muscles in the model were arranged on the basis of their anatomical partitions where different parts of the same muscle may have different functions. In order to simulate fine-grained tongue movements with the model, the muscles were divided into a number of smaller control units according to articulation purposes. Figure 2 illustrates the layout of the extrinsic and intrinsic muscles (original or divided) in the 3D physiological articulatory model in a sagittal cutaway view. The genioglossus muscle was divided into three units: anterior (GGa), middle (GGm), and posterior (GGp). This division conforms to those of previous physiological articulatory models.[28] What is different from the previous models is that the intrinsic muscles were also divided into several control units according to their functions. The vertical and transverse muscles were functionally divided into three units: anterior (Va, Ta), middle (Vm, Tm), and posterior (Vp, Tp). The superior longitudinal was divided into two units: anterior (SLa) and posterior (SLp). The styloglossus (SG), mylohyoid (MH), geniohyoid (GH), and inferior longitudinal (IL) were controlled as independent units.

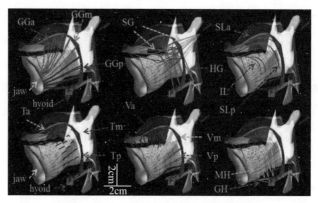

Figure 2  Arrangement of muscles in the tongue model.

GGa, GGm and GGp: anterior, middle, and posterior portions of genioglossus muscle, respectively; HG: hyoglossus muscle; SG: styloglossus muscle; SLa and SLp: the anterior and posterior portions of the superior longitudinal muscle; IL: inferior longitudinal muscle; Va, Vm and Vp: anterior, middle, and posterior portions of vertical muscle, respectively. Ta, Tm and Tp: anterior, middle, and posterior portions of transverse muscle, respectively; MH: mylohyoid muscle; GH: geniohyoid muscle.

The muscles used to control the translation and rotation of the jaw were classified into two muscle groups: the jaw opener (JO) and jaw closer (JC). In Figure 3 the arrangements of muscles used to control the jaw are described. According to the description of the muscles used to control the jaw,[29] the jaw opening muscles include the anterior digastrics, posterior digastrics, and lateral pterygoid muscles. The strap muscles, such as the sternohyoid, also assist jaw opening. The main function of the lateral pterygoid is to move the jaw forward, but the current version of the jaw model only permits hinge-like jaw opening. Therefore, in this study the JO group consists of the anterior digastrics, posterior digastrics, and sternohyoid. When JO was activated, the muscles in the group were active with the same activation level. The jaw closing muscles include the temporalis, masseter, and median pterygoid muscles. Among those muscles, comparatively small muscles are used for speech articulation, while larger muscles play major roles in biting and chewing.[30] The medial pterygoid plays the main role in speech production, while the temporalis and masseter contribute less. According to our simulation, the activation level for the temporalis and masseter were the fourth and fifth of that for the medial pterygoid, respectively. To control the physiological articulatory model at a higher degree of freedom, some muscles were divided into smaller units, while some muscles were combined into groups. Altogether, 18 muscle control units were used in this study.

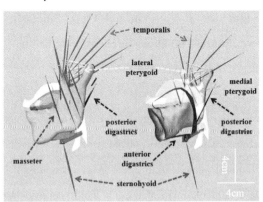

Figure 3 Arrangement of muscles in the jaw model

Forces generated by muscles include two components: active muscle force that depends on muscle activation and passive muscle force that is independent of muscle activation. The muscle model implemented in our physiological model has been described in detail in another paper.[31]

## 2.5 Muscle Functions

The activity of each muscle contributes to local deformation or displacement of the articulatory organs. The model control relies on the function of individual muscle units. For this reason, we investigated the functions of the muscle units individually. In the simulations each muscle was activated individually for the duration of 200 ms, which was sufficient for the model to reach its equilibrium position. Figure 4 shows the functions of individual muscle units on the midsagittal plane. The functions of the extrinsic and intrinsic muscles shown in Figure 4 were qualitatively assessed on the basis of anatomical description. These assessments show that the role of individual muscles in our model was consistent with anatomical knowledge.[32] The difference in muscle control units between the present and previous models[33] was that in the present model some intrinsic individual muscles were divided into smaller control units according to their functions. From Figure 4 one can see that different portions of the vertical muscles have different functions (refer to the functions of Va, Vm and Vp). Similarly, the control units Ta, Tm and Tp have different functions although they belong to the same muscle (transverse muscle). These imply that the divisions of the muscle units were effective.

So far, the construction of the physiological articulatory model, including the morphological structures of articulators, arrangements of articulatory muscles, and the functions of individual muscle units, has been introduced. In order to use the model to investigate the mechanism of speech motor control or to generate speech sounds, we have to realize a control strategy. Based on the control strategy, muscle activation patterns will be generated to control the model to achieve given targets. In the following section, the control strategy will be introduced.

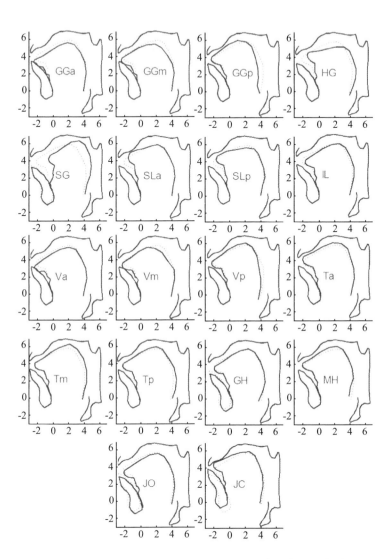

Figure 4  Function of individual muscles in the physiological articulatory model. Black solid lines show the equilibrium position after the muscle is activated for a 200 ms duration, dotted gray lines correspond to the shape in its rest position. Horizontal and vertical axes are 'anteroposterior' and 'vertical', respectively.

## 3  FRAMEWORK OF THE CONTROL STRATEGY

In order to describe the control strategy, we first clarify the goal in speech production, then describe the framework of the control strategy implemented in this study, and finally, define the representation of the articulatory target.

### 3.1  Goals of Speech Production

In speech production, the acoustic goal or articulatory goal is still an open question. A central hypothesis is that speech goals are defined acoustically and maintained by auditory feedback. Guenther et al. believe that the only invariant targets of the speech production process are in auditory perceptual spaces.[34] To prove their hypothesis, they cited some perturbation experiments by imposing constraints to articulators, such as a bite block or lip tube, to change the generated acoustic output. In these experiments subjects tried to maintain the auditory perceptual aspects, rather than preserve an invariant articulatory target.[35] Other studies prove this hypothesis by modifying acoustic feedback in real time, and eventually the subjects adapted to the modification, and compensated for the change in auditory feedback.[36] These studies proved that the goal of speech production is to produce recognizable phonemes in acoustics and be maintained by auditory feedback.

An alternative hypothesis is that speech production is organized in terms of control signals that subserve movements and associated vocal-tract configurations.[37] That is to say, speech goals can be defined in articulatory configuration and maintained by the somatosensory feedback. In order to prove that the somatosensory information is fundamental to the achievement of speech movements, Tremblay et al. designed a perturbation experiment, where the external force applied to the jaw altered jaw movement but has no measurable or perceptible effect on acoustic output.[38] Although there was no change on the acoustic output, subjects still adapted to the external forces to achieve the articulatory targets. The findings indicated that the positions of speech articulators and associated somatosensory inputs constituted a goal of speech movements that is wholly separate from the sounds produced. Furthermore, an experiment was conducted by placing the somatosensory and auditory systems in competition during speech motor learning.[39] In this experiment somatosensory and auditory feedback was altered in real time as subjects spoke. As a result, all subjects were observed to correct for at least one of the perturbations, and auditory feedback was not dominant. Indeed, some subjects showed a stable preference for either somatosensory or auditory feedback during speech. These perturbation experiments proved that the articulatory target can be regarded as the goal in speech production, and the somatosensory feedback is used to learn and maintain this goal.

Based on the evidences described above, this study implemented the somatosensory feedback for simplicity.

### 3.2 Framework of Model Control

To communicate via speech, humans have to know how to generate the appropriate gestures in their vocal tract, independently of whether these gestures are the ultimate goals of the task or just the obligatory means of achieving the ultimate goals in acoustics. Therefore, according to the description in Section 3.1, we have adopted the hypothesis that articulatory targets are regarded as the goal of speech production. The framework of motor control can be simplified, and only the articulatory target and somatosensory feedback are our concern, as shown in Figure 5. In this figure, black arrows and boxes with black edges show the parts related to feedforward control, gray arrows and boxes with gray edges show the parts related to feedback control. As was explained previously, feedforward control is a kind of mapping used to find muscle activation patterns directly according to the desired target. This feedforward mapping is used to generate fluent speech under normal conditions. How to construct this feedforward mapping is still a problem. For the skilled movements of limbs, Kawato et al.[40] proposed that the feedforward motor command generator is constructed by a learning process by feedback sensory signals. Perrier led Kawato et al.'s model into speech production, and hypothesized that the feedforward mapping is similarly acquired by a learning process through the somatosensory feedback loop.[41] In this study, the feedforward mapping is learned by biological somatosensory feedback, and finally, the feedforward mapping can be used to generate motor command according to the desired articulatory target. The detailed algorithm of feedback control has been presented in another paper,[42] therefore, we will focus on the construction of feedforward mapping in this paper.

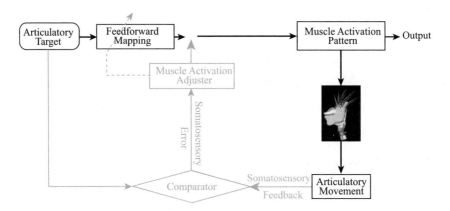

**Figure 5  Framework of speech motor control implemented in this study**

### 3.3  Representation of Articulatory Target

Two different hypotheses are available regarding motor control targets in speech production: target-oriented and trajectory-oriented. Lindblom proposed that the speech sounds were generated by achieving successive targets of phonemes.[43] However, Bergem proposed that speech production was based on generating dynamic trajectories.[44] These two theories result in two different control objects: the target or the trajectory. Payan and Perrier adopted articulatory trajectories to generate vowel-to-vowel sequences.[45] Other studies controlled their physiological articulatory models based on the target theory.[46] In this study, we adopted target theory because the result from a recent study on human sensorimotor cortex implies that target control is more reasonable than trajectory control.[47] Therefore, the object of the control is to find muscle activation patterns that can control the model to the ultimate target, and the trajectory is the result of the interaction between the muscle activation and articulators.

In previous studies,[48] articulatory targets were defined by isolated control points (tongue tip, tongue dorsum and jaw), and these points are used to control the constriction position of the vocal tract. Since the acoustic characteristics of speech sounds depend on the whole vocal tract configuration, the contour of the tongue and jaw is a proper target. In this study, we use midsagittal contour to describe the articulatory posture, which can represent most phonemes except for some lateral ones. In addition, it is convenient to measure the movement on the midsagittal plane based on observation techniques, such as Electromagnetic Articulography, X-ray microbeam, and MR imaging. The articulatory posture defined in the midsagittal plane will facilitate the comparison of model shapes with the measurement data. Consequently, eleven points on the midsagittal tongue surface and one point on the lower incisor are used to represent the articulatory posture of our model, as shown in Figure 6.

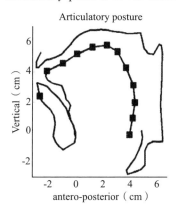

**Figure 6** Representation of articulatory posture in the midsagittal plane. Black squares on the tongue and jaw are used to represent articulatory posture

# 4 REALIZATION AND EVALUATION OF THE CONTROL STRATEGY

## 4.1 Realization of Control Strategy

As has been described in Section 3.2, the feedforward mapping is constructed and maintained by the somatosensory feedback. However, this framework was proposed for the control of the musculoskeletal system. The articulators, including not only the musculoskeletal (jaw) but also the muscular-hydrostat (tongue) organs, make the realization of the control strategy very difficult. As to the musculoskeletal system, the majority of the six hundred musculoskeletal systems in the human body exists as agonist-antagonist muscle pairs. However, one of the important characteristics of the muscular-hydrostat systems, such as the tongue, the trunk of an elephant, etc., is that the activation of muscles controls the deformation of themselves and it is difficult to find the agonist-antagonist muscle pair. The individual muscle function is spatial-dependent, and it is difficult to estimate individual muscle function during the articulation. We have solved the problem of muscle function estimation during articulation by a construct dynamic PCA workspace, which makes feedback learning to be realizable.[49] Because the feedback control has been described in detail in our previous paper,[50] we will focus on the construction of feedforward control in the present paper.

As shown in Figure 5, the feedforward control is a kind of mapping from articulatory target to muscle activation pattern, and this mapping is constructed by a feedback learning process. In our previous paper,[51] we have described how to use feedback control to learn the muscle activation patterns of the five Japanese vowels. During the learning process, each simulation can generate a muscle activation pattern and its corresponding articulatory posture. This corresponding relationship can be used to train the feedforward mapping. Artificial neural networks have been successfully implemented in neural computational models of speech production to simulate the neuronal connections of synapses in the human brain cortex.[52] In this study, a two-layered artificial neural network was trained to build up the feedforward mapping.

During the learning process, each iteration step generates one set of muscle activation pattern and its corresponding articulatory posture. Eventually, we obtained 8,630 simulations, and used these data to train the feedforward mapping from the articulatory posture to muscle activation pattern. The distributions of 11 points on the midsagittal tongue surface are shown in Figure 7. From this figure one can see that the data set covers almost all the possible articulatory postures.

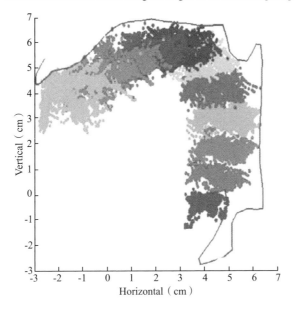

**Figure 7** Distribution of the 11 nodes along the tongue surface in the midsagittal plane of the simulations of target-based learning. The area with different colors corresponds to the dispersion of individual tongue nodes.

In this study, a two-layered artificial neural network was used to represent the mapping from the articulatory target to muscle activation pattern. For training the neural network, the input vector was the 6-dimensional PCA components used to represent a posture, and the output vector was the 18-dimensional muscle activations. As to why and how the articulatory posture was transformed to a six-dimensional PCA, the reader can refer to Wu et al. for details.[53] About 70% of the simulations were randomly selected as the training data set, and the remaining 30% were used as the test data set. A set of experiments was conducted using a number of neural networks with different configurations. The numbers of neurons in the hidden layer were set as 5, 10, 15, 20 and 25, respectively. The transfer functions for the hidden layer and output layer were set as a different combination of tansig (hyperbolic tangent sigmoid transfer function) and purelin (linear transfer function). The best configurations were obtained by choosing the smallest prediction error in the opening test. As a result, the following configuration was used for the neural network to achieve the best performance. The transfer functions of tansig and purelin were used for the hidden layer and output layer, respectively, and the number of neurons was set to 20 in the hidden layer. In the open-set test, the average error was 0.003 in the muscle activation level when predicting muscle activation pattern from the articulatory target using the trained neural network. The average error was small, but it was difficult to assess the extent of the control accuracy from this error. Therefore, we have to evaluate the constructed feedforward mapping by simulations.

## 4.2 Evaluation of the Feedforward Mapping

We proposed the flowchart to evaluate the validity of the feedforward mapping, shown in Figure 8. The evaluation is conducted as follows. Firstly, the feedforward mapping is used to generate the muscle activation pattern from the desired articulatory target. Secondly, the generated muscle activation pattern is input to the physiological articulatory model so that the articulatory model moves to an equilibrium position and generates an articulatory posture. Finally, the distance between the articulatory target and generated posture is calculated using Equation (1). In this equation, $Rx_p$ and $Ry_p$ are the horizontal and vertical coordinate values of the $p^{th}$ point used to represent the realized posture, and $Tx_p$ and $Ty_p$ are the coordinate values of the corresponding target points.

$$D = \frac{1}{12}\sum_{p=1}^{12} \sqrt{(Rx_p - Tx_p)^2 + (Ry_p - Ty_p)^2} \tag{1}$$

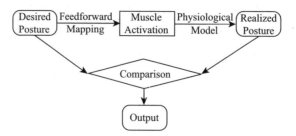

Figure 8  Flowchart of evaluation of the feedforward mapping

Thirty percent of the data set (2,580 simulations) not included in the training are used to evaluate the constructed feedforward mapping. Figure 9 shows the distribution of the distance between the desired target and realized posture, where the horizontal axis shows the difference, the vertical axis on the left shows the occurrence of the distance, and the vertical axis on the right is the integration of distribution. The gray columns correspond to the left vertical coordinate, and the line corresponds to the right coordinate.

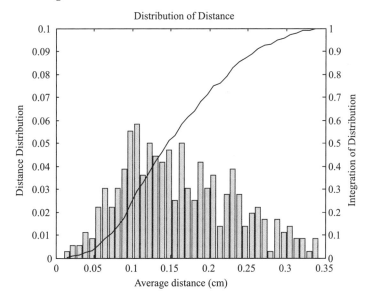

**Figure 9** Distribution of distance between target positions and realized ones

From Figure 9, one can see that the maximum distance is less than 0.35 cm that is smaller than the variation inside the same vowel phoneme.[54] This evaluation proved that the constructed feedforward mapping is feasible for vowel control.

As we have stated in the introduction, feedback control can be used as fine motor control. When the degree of control accuracy could not satisfy the requirement, feedback control can be used to improve the accuracy. The detailed algorithm of feedback control was presented in Wu et al. without evaluating by a vast amount of simulations.[55] In this paper we would like to assess the fine motor control ability of using feedback control. If we assume that the distance less than 0.25 cm is regarded as achieving the articulatory target, then 11.1% of the simulations did not meet the requirement (refer to Figure 9). For those simulations in which the targets were not achieved, the feedback control can be implemented to control the model and improve the accuracy. In this evaluation, the average distance larger than 0.25 cm was regarded as errors, muscle activations of 11.1% of the simulations need to be adjusted by feedback control. The muscle activation patterns were initialized by the output of feedforward mapping, and then adjusted by feedback control. Figure 10 shows the comparison of distance distribution between using feedforward control and using feedback control as supplement. In this figure, gray bars show the distance distributions using feedforward control; black bars show the distance distributions using feedback as supplement. From Figure 10, one can see that the proportional distribution of the distance less than 0.25 cm is higher in the case with the feedback control than without it. The dash line and solid line show the integration of distribution of using the feedforward control and feedback control

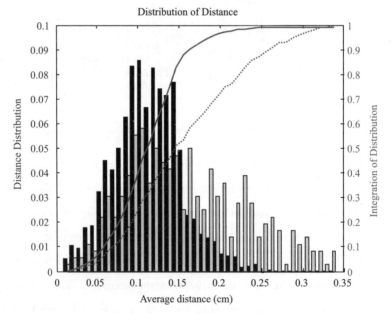

**Figure 10  Comparison of distance distribution between using feedforward mapping and feedback as supplement**

as supplement, respectively, and the latter one reached about 99.8% at the distance equal to 0.25 cm, but the former reached about 88.9%. This assessment proved that in our realized control strategy, the feedback control can really improve the control accuracy of using feedforward control.

## 5 CONCLUSION

In this study we have realized a control strategy for a physiological articulatory model, and this control strategy includes a feedforward control and feedback control. The feedforward control was constructed using feedback control as a learning loop. In speech production feedforward control is used to rapidly generate motor commands to control the articulators to produce fluent speech sounds. Feedback control is used to construct the feedforward mapping, and realize fine motor control. According to the evaluations, one can see that these requirements have been realized in our control strategy.

The realized automatic control strategy allows applications of the physiological articulatory model in the following areas: 1) generating speech sounds based on the model; 2) exploring motor commands in speech production; 3) investigating compensation strategies in speech production; and 4) facilitating clinical application of the model.

So far, the realized control strategy has been evaluated using vowel targets, and the feasibility of the control strategy for generating vowel targets was proved. In the future, we will conduct the experiment to verify whether the control strategy is appropriate for generating articulatory postures of consonants. As introduced in Section 3.1, there are two possible targets: articulatory target and acoustic target in speech production. In the present study the articulatory target was used, and somatosensory feedback was implemented in the motor learning process. However, from the communication point of view, the acoustic target has higher priority than the articulatory target. Therefore, a complete control strategy should include not only the articulatory target and somatosensory feedback but also acoustic target and auditory feedback. In the future all of these will be realized in the control strategy.

# ACKNOWLEDGEMENT

This paper is supported in part by the National Basic Research Program of China (No. 2013CB329301), and in part by the National Natural Science Foundation of China (No. 61233009). This paper is also supported in part by a Grant-in-Aid for Scientific Research of Japan (No. 25330190).

原载于《中国语言学报》2015 年第 1 期。

**NOTES**

① FLANAGAN, J. 1972. *Speech Analysis Synthesis and Perception*. New York: Springer.
STEVENS, K. N. 1989. On the quantal nature of speech. *Journal of Phonetics*, 17(1—2):3—45.

② MAEDA, S. 1990. Compensatory articulation during speech: Evidence from the analysis and synthesis of vocal tract shapes using an articulatory model. In *Speech production and speech modeling*, ed. W. J. Hardcastle & A. Marchal, 131—149. Boston: Kluwer Academic Publishers.
BIRKHOLZ, P., and D. Jackèl. 2004. Influence of temporal discretization schemes on formant frequencies and bandwidths in time domain simulations of the vocal tract system. Paper presented at International Conference on Speech and Language Processing, Interspeech, Jeju, Korea. Proceedings, 1125—1128.

③ PERKELL, J. 1974. A physiological-oriented model of tongue activity in speech production." PhD diss., Massachusetts Institute of Technology.
PAYAN, Y., and P. Perrier. 1997. Synthesis of VCV sequences with a 2D biomechanical tongue shape in vowel production. *Speech Communication* 22:185—206.
DANG, J., and K. Honda. 2001. A physiological model of a dynamic vocal tract for speech production. *Acoustical Science and Technology* 22:415—425.

FANG, Q. , S. Fujita, X. Lu, and J. Dang. 2009. A model-based investigation of activations of the tongue muscles in vowel production. *Acoustical Science and Technology* 30: 277—287.

BUCHAILLARD, S. , P. Perrier, and Y. Payan. 2009. A biomechanical model of cardinal vowel production: muscle activations and the impact of gravity on tongue positioning. *Journal of the Acoustic Society of America* 126(4):2033—2051.

④ FANG, Q. , S. Fujita, X. Lu, and J. Dang. 2009. A model-based investigation of activations of the tongue muscles in vowel production. *Acoustical Science and Technology* 30: 277—287.

⑤ BUCHAILLARD, S. , P. Perrier, and Y. Payan. 2009. A biomechanical model of cardinal vowel production: muscle activations and the impact of gravity on tongue positioning. *Journal of the Acoustic Society of America* 126(4):2033—2051.

⑥ FANG, Q. , S. Fujita, X. Lu, and J. Dang. 2009. A model-based investigation of activations of the tongue muscles in vowel production. *Acoustical Science and Technology* 30: 277—287.

⑦ GUENTHER, F. H. 1995. A modeling framework for speech motor development and kinematic articulator control. Paper presented at the XIIIth International Congress of Phonetic Sciences, Stockholm, Sweden, in its proceedings, 92—99.

⑧ STAVNESS I. , B. Gick, D. Derrick and S. Fels. 2012. Biomechanical modeling of English /r/ variants. *Journal of the Acoustic Society of America* 131(5):355—360.

⑨ WEI, J. , X. Lu, and J. Dang. 2007. A model-based learning process for modeling coarticulation of human speech. *IEICE Transactions on Information and Systems* E90-D(10): 1582—1591.

⑩ BUCHAILLARD, S. , P. Perrier, and Y. Payan. 2009. A biomechanical model of cardinal vowel production: muscle activations and the impact of gravity on tongue positioning. *Journal of the Acoustic Society of America* 126(4):2033—2051.

⑪ FUJITA, S. , J. Dang, N. Suzuki, and K. Honda. 2007. A computational tongue model and its clinical application. *Oral Science International* 4:97—109.

⑫ STAVNESS, I. 2010. Byte Your Tongue: A Computational Model of Human Mandibular-Lingual Biomechanics for Biomedical Applications. PhD diss. , The University of British Columbia.

⑬ MCNEIL, M. R. , W. F. Katz, T. R. D. Fossett, D. M. Garst, N. J. Szuminsky, G.

Carter, and K. Y. Lim. 2010. Effects of online augmented kinematic and perceptual feedback on treatment of speech movements in apraxia of speech. *Folia Phoniatrica et Logopaedica*, 62:127—133.

⑭ LEVITT, J. S., and W. F. Katz. 2010. The effects of EMA-based augmented visual feedback on the English speakers' acquisition of the Japanese Flap: A perceptual study. Paper presented at International Conference, Interspeech, Chiba, Japan, in its proceedings, 1862—1865.

⑮ Dang,J., and K. Honda,2002. Estimation of vocal tract shapes from speech sounds with a physiological articulatory model. *Journal of Phonetics* 30(3):511—532.

⑯ Dang,J., and K. Honda. 2004. Construction and control of a physiological articulatory model. *Journal of the Acoustic Society of America* 115:853—870.

⑰ Dang,J., and K. Honda. 2002. Estimation of vocal tract shapes from speech sounds with a physiological articulatory model. *Journal of Phonetics* 30(3):511—532.

⑱ STAVNESS, I., J. E. Lloyd, and S. Fels. 2012. Automatic prediction of tongue muscle activations using a finite element model. *Journal of Biomechanics* 45:2841—2848.

⑲ WU, X., J. Dang, and I. Stavness. 2014. Iterative method to estimate muscle activation with a physiological articulatory model. *Acoustical Science and Technology* 35 (4): 201—212.

⑳ Dang,J., and K. Honda. 2004. Construction and control of a physiological articulatory model. *Journal of the Acoustic Society of America* 115:853—870.

㉑ FUJITA, S., J. Dang, N. Suzuki, and K. Honda. 2007. A computational tongue model and its clinical application. *Oral Science International* 4:97—109.

㉒ FUJITA, S., J. Dang, N. Suzuki, and K. Honda. 2007. A computational tongue model and its clinical application. *Oral Science International* 4:97—109.

FANG, Q., and J. Dang. 2009. *Physiological Articulatory Model for Investigating Speech Production Modeling and Control*, 117—118. Saarbrücken: VDM Verlag Dr. Müller.

㉓ Dang,J., and K. Honda. 2004. Construction and control of a physiological articulatory model. *Journal of the Acoustic Society of America* 115:853—870.

㉔ DANG, J., and K. Honda. 2001. A physiological model of a dynamic vocal tract for speech production. *Acoustical Science and Technology* 22:415—425.

㉕ TAKEMOTO, H. 2001. Morphological analysis of the tongue musculature for three dimensional modeling. *Journal Speech, Language, and Hearing Research* 44:95—107.

㉖ BAER, T., J. Alfonso, and K. Honda. 1988. Electromyography of the tongue muscle during vowels in /əpvp/ environment. *Annual Bulletin*, (Research Institute of Logopedics and Phoniatrics University of Tokyo) 7:7—18, http://www.umin.ac.jp/memorial/rilp-tokyo/NO22.htm

㉗ Dang, J., and K. Honda. 2004. Construction and control of a physiological articulatory model. *Journal of the Acoustic Society of America* 115:853—870.

㉘ Dang, J., and K. Honda. 2004. Construction and control of a physiological articulatory model. *Journal of the Acoustic Society of America* 115:853—870.

BUCHAILLARD, S., P. Perrier, and Y. Payan. 2009. A biomechanical model of cardinal vowel production: muscle activations and the impact of gravity on tongue positioning. *Journal of the Acoustic Society of America* 126(4):2033—2051.

㉙ HONDA, K. 2008. Physiological Processes of Speech Production. In *Springer Handbook of Speech Processing*, ed. Jacob Benesty, M Mohan Sondhi, and Yiteng Huang, 7—26. Berlin: Springer-Verlag.

㉚ HONDA, K. 2008. Physiological Processes of Speech Production. In *Springer Handbook of Speech Processing*, ed. Jacob Benesty, M Mohan Sondhi, and Yiteng Huang, 7—26. Berlin: Springer-Verlag.

㉛ WU, X., J. Dang, and I. Stavness. 2014. Iterative method to estimate muscle activation with a physiological articualtory model. *Acoustical Science and Technology* 35(4):201—212.

㉜ MIYAWAKI, K. 1974. A study of the musculature of the human tongue. *Annual Bulletin*, (Research Institute of Logopedics and Phoniatrics, University of Tokyo), 8:23—50, http://www.umin.ac.jp/memorial/rilp-tokyo/NO8.htm

STONE, M. 2001. Modeling the motion of the internal tongue from tagged cine-MRI images. *Journal of the Acoustic Society of America* 109(6):2974—2982.

TAKANO, S., and K. Honda. 2007. An MRI analysis of the extrinsic tongue muscles during vowel production. *Speech Communication* 49(1):49—58.

㉝ Dang, J., and K. Honda. 2004. Construction and control of a physiological articulatory model. *Journal of the Acoustic Society of America* 115:853—870.

㉞ GUENTHER, F. H., M. Hampson, and D. A. Johnson. 1998. Theoretical investigation of reference frames for the planning of speech movements. *Psychological Review* 105(4):611—633.

㉟ LINDBLOM, B., J. Lubker and T. Gay. 1979. Formant frequencies of some fixed-mandible vowels and a model of speech motor programming by predictive simulation. *Journal of Phonetics* 7:147—161.

ABBS, J. H. 1986. Invariance and variability in speech production: A distinction between linguistic intent and its neuromotor implementation. In *Invariance and Variability in Speech Processes*, ed. J. S. Perkell and D. H. Klatt, 202—219. Hillsdale, NJ: Erlbaum.

PERKELL, J., M. L. Matthies, M. A. Svirsky, and M. I. Jordan. 1993. Trading relations between tongue-body raising and lip rounding in production of the vowel /u/: A pilot 'motor equivalence' study. *Journal of the Acoustic Society of America* 93:2948—2961.

㊱ HOUDE, J. F., and M. I. Jordan. 1998. Sensorimotor adaptation in speech production. *Science* 279:1213—1216.

JONES, J. A., and K. G. Munhall. 2000. Perceptual calibration of F0 production: Evidence from feedback perturbation. *Journal of the Acoustic Society of America* 108(3):1246—1251.

㊲ SALTZMAN, E. L., and K. G. Munhall. 1989. A dynamical approach to gestural patterning in speech production. *Ecological Psychology* 1(4)333—382.

BROWMAN, CP., and L. Goldstein. 1992. Articulatory phonology: An overview. *Phonetica* 49(3—4):155—180.

㊳ TREMBLAY, S., D. M. Shiller, and D. J. Ostry. 2003. Somatosensory basis of speech production. *Nature* 423:866—869.

㊴ LAMETTI, D. R., S. M. Nasir, and D. J. Ostry. 2012. Sensory preference in speech production revealed by simultaneous alteration of auditory and somatosensory feedback. *The Journal of neuroscience* 32(27):9351—9358.

㊵ KAWATO, M., K. Furukawa, and R. Susuki. 1987. A hierarchical neural-network model for control and learning of voluntary movement. *Biological Cybernetics* 57:169—185.

㊶ PERRIER, P. 2012. Gesture planning integrating knowledge of the motor plant's dynamics: a literature review from motor control and speech motor control. In *Speech Planning and Dynamics* ed. Susanne Fuchs, Melanie Weirich, Daniel Pape and Pascal Perrier, 191—238. Frankfurt: Peter Lang Publishers.

㊷ WU, X., J. Dang, and I. Stavness. 2014. Iterative method to estimate muscle activation with a physiological articualtory model. *Acoustical Science and Technology* 35(4):201—212.

㊸ LINDBLOM, B. 1963. Spectrographic study of vowel reduction. *Journal of the Acoustic Society of America* 35(11):773—1781.

㊹ BERGEM, DR. V. 1993. Acoustic vowel reduction as a function of sentence accent, word stress and word class. *Speech Communication* 12:1—23.

㊺ PAYAN, Y., and P. Perrier. 1997. Synthesis of VCV sequences with a 2D biomechanical tongue shape in vowel production. *Speech Communication* 22:185—206.

㊻ Dang, J., and K. Honda. 2004. Construction and control of a physiological articulatory model. *Journal of the Acoustic Society of America* 115:853—870.

FANG, Q., and J. Dang. 2009. *Physiological Articulatory Model for Investigating Speech Production Modeling and Control*, 117—118. Saarbrücken: VDM Verlag Dr. Müller.

㊼ BOUCHARD, K. E., N. Mesgarani, K. Johnson, and E. F. Chang. 2013. Functional organization of human sensorimotor cortex for speecharticulation. *Nature* 495:327—332.

㊽ Dang, J., and K. Honda. 2002. Estimation of vocal tract shapes from speech sounds with a physiological articulatory model. *Journal of Phonetics* 30(3):511—532.

Dang, J., and K. Honda. 2004. Construction and control of a physiological articulatory model. *Journal of the Acoustic Society of America* 115:853—870.

㊾ WU, X., J. Dang, and I. Stavness. 2014. Iterative method to estimate muscle activation with a physiological articualtory model. *Acoustical Science and Technology* 35(4):201—212.

㊿ WU, X., J. Dang, and I. Stavness. 2014. Iterative method to estimate muscle activation with a physiological articualtory model. *Acoustical Science and Technology* 35(4):201—212.

(51) WU, X., J. Dang, and I. Stavness. 2014. Iterative method to estimate muscle activation with a physiological articualtory model. *Acoustical Science and Technology* 35(4):201—212.

(52) GUENTHER, F. H., S. S. Ghosh, and J. A. Tourville. 2006. Neural modelıng and imaging of the cortical interactions underlying syllable production. *Brain and Language* 96(3):280—301.

KRÖER, B. J., J. Kannampuzha, and C. Neuschaefer-Rube. 2008. Towards a neurocomputational model of speech production and perception. *Speech Communication* 51(9):793—809.

(53) WU, X., J. Dang, and I. Stavness. 2014. Iterative method to estimate muscle activation

with a physiological articulatory model. *Acoustical Science and Technology* 35（4）: 201—212.

㊵ LU, X., and J. Dang. 2010. Vowel production manifold: Intrinsic factoranalysis of vowel articulation. *IEEE Transactions on Audio, Speech & Language Processing* 18（5）: 1053—1062.

㊶ WU, X., J. Dang, and I. Stavness. 2014. Iterative method to estimate muscle activation with a physiological articualtory model. *Acoustical Science and Technology* 35（4）: 201—212.

# THE ORIGIN AND EVOLUTION OF RETROFLEX FINALS IN NAISH LANGUAGES

Zihe Li

## 1 INTRODUCTION

"Retroflexion" is a phonetically heterogeneous phenomenon when referring to vowels. Catford points out that vowels can show some kind of secondary articulation as "apico-post-alveolarized, advanced velar approximants," with a raising and sometimes drawing back of the tongue tip.[①] He distinguishes between retroflexed and rhotacized vowels, the former affecting only open vowels, and the latter referring to the sound [ɚ] as in the American English word "bird." Trask unites both articulations, referring to both as retroflexed or 'r-coloured,' and defines them as having the distinct acoustic quality of a lowered third formant.[②] In this article, "retroflexion" is used in the wide sense, per Trask's definition.

Retroflex vowels are very unusual cross-linguistically. They occur in less than one percent of the world's languages.[③] However, in varieties of Naxi and its relatives which are referred to as "Naish languages", retroflex vowels are far from rare. In each known Naish language, there is at least one retroflex final, appearing in monosyllabic root words in each language; that is, they are basic finals in Naish languages. The phonotactics concerning retroflex finals differs greatly from one language to another, suggesting that complex historical changes have occurred. As neither synchronic phonology nor historical phonology has been fully studied for Naish languages, the current study presents research findings on the synchronic phonotactics of and historical changes in the retroflex finals of five Naish languages as follows:

-Lijiang Naxi (LJ). Data from Huang 黄 ed. (1992).

-Baoshan Naxi (BS). Data collected during my own fieldwork in Shitou Village, Baoshan Town, Yulong County, Yunnan, in August 2011. The language consultant was Mr. Mu Desheng 木德盛, born in 1952.

-Malimasa (MM). Data collected from January 2011 to February 2012 during my three surveys in Ruke Village, Tacheng Town, Weixi County, Yunnan, where this special sub-branch of Naxi with the autonym "Malimasa" lives. The language consultants were: Mr. He Wenqi 和文骐 (b. 1945), Mr. He Wuchang 和伍昌 (b. 1965), Mr. Huang Qing 黄清 (b. 1963), and Ms. Li Songying 李松英 (b. 1957).

-Ninglang Nahĩ (NL). Data collected during my own fieldwork in Yankouba Village, Ninglang County, Yunnan, from August to September 2011. The languages consultant was Mr. Zhang Youkang 张有康, born in 1939.

-Yongning Na (YN). Data from STEDT database, by Alexis Michaud. Lidz's word list,[④] which was based on the narrative texts she recorded, was difficult to compare with word lists of the other four languages. Therefore, her data is omitted, and a simple comparison with data of STEDT is given instead in 2.5.

The main findings are presented in three sections. Synchronic phonotactics concerning retroflex finals in the 5 languages is outlined in Section 2. Section 3 builds sound correspondences concerning retroflex finals among the 5 languages. With correspondence rules as a base, the origin of retroflex finals and their evolution in each language is traced in Section 4.

Some conventions are followed in this article, which are: 1. when an example is multi-syllabic, the root or "comparable part" is put in parentheses "( )". 2. words not following correspondence rules are indicated by italicization. 3. when v and ɻ appear as finals, a diacritic is put below them, like v̩ and ɻ̍ 4. the symbol " < > " means "correspond to."

## 2 THE PHONOTACTICS CONCERNING RETROFLEX FINALS.

### 2.1 Lijiang Naxi

Lijiang Naxi has one retroflex final -ɚ. The distribution of the retroflex final within Lijiang Naxi is the widest among known Naish languages. It may appear after almost all initials:

Table 1 Distribution of the retroflex final in Lijiang Naxi

| Initials | Examples |
| --- | --- |
| Labials | pɚ21 "to pull up," phɚ21 "untie," bɚ33 "guest," mɚ55 "to close (mouth)" |
| Dental (retroflex) stops, nasals, and laterals | tɚ55 "to close," thɚ55 "to gnaw," dɚ21 "sprout," nɚ55 "to press," lɚ55 "seed" |
| Dental affricates and fricatives | a21tsɚ13 "chick," tshɚ33 "hot," sɚ55 "liver," dzɚ21 "to hate, bothersome," zɚ33 "endure" |
| Retroflex affricates and fricatives | tʂɚ33 "cough," tʂhɚ33 "to wash," dʐɚ33 "wet," ʂɚ55 "full," ʐɚ33 "be afraid" |
| Alveolar-palatals | tɕɚ33pɚ21 "neck," tɕhɚ33 "excrement," dʑɚ55 "sunbathe" |
| Velars | xɚ33 "wind" |
| Zero initial | ɚ33 "bronze" |

Phonetically, dental stops, nasals, and laterals are realized as retroflex initials in Lijiang, which is not the case for other Naish languages. No contrast has been found between the dental series and the retroflex series.

## 2.2 Baoshan Naxi

Baoshan Naxi has one retroflex final -ɚ. The distribution of the retroflex final within Baoshan Naxi is relatively limited. It may appear after labial, retroflex, and alveolar-palatal initials:

Table 2　Distribution of the retroflex final in Baoshan Naxi

| Initials | Examples |
| --- | --- |
| Labials | pɚ11 "to pull up," phɚ11 "white," bɚ11 "rope," mbɚ11 "yak," mɚ53 "blink" |
| Retroflex stops, nasal, and lateral | tɚ53 "to close," thɚ53 "to gnaw," ɖɚ11 "mule," ɳɖɚ33 "short," ɳɚ53 "to press," lɚ53 "seed" |
| Retroflex affricates and fricatives | tʂɚ33 "cough," tʂhɚ33 "to wash," ndʐɚ33 "wet," ʂɚ53 "full," zɚ33 "be afraid" |
| Alveolar-palatals | tɕɚ53 "to dig," tɕhɚ33 "excrement," ndʑɚ53 "sunbathe," ɕɚ11 "lime" |

Besides, in Baoshan Naxi there is a classifier for trees ndzɚ11 whose phonological structure is dental initial + retroflex final. This is an exception of the phonotactics of Baoshan Naxi. This phenomenon can be attributed to residue of historical sound change, which is to be explained later in this article.

## 2.3 Malimasa

Malimasa has one retroflex final -ɚ. The distribution of the retroflex final within Malimasa is severely restricted. It only appears after retroflex initials:

Table 3　Distribution of the retroflex final in Malimasa

| Initials | Examples |
| --- | --- |
| Retroflex stops, nasal, and lateral | tɚ52 "paw," ɖɚ21 "mule," lɚ52 "to laugh" |
| Retroflex affricates and fricatives | tʂɚ24 "to write," tʂhɚ45 "to pick (flower)," ʂɚ24 "to skin," zɚ52 "to buy" |

There is also an exception: lɚ52 "to get," although the reason for this exception remains obscure. The corresponding word in Ninglang Nahĩ is a disyllabic le33 ʁɚ33. Possibly the form in Malimasa is a result of a merging of two syllables.

## 2.4 Ninglang Nahĩ

Ninglang Nahĩ has two retroflex finals: -ɚ and -ur. The phonetic characteristics of -ɚ is similar with that in Lijiang, Baoshan, and Malimasa. In Ninglang Nahĩ, -ɚ may appear after retroflex, uvular, and zero initials:

Table 4  Distribution of the retroflex final -ɚ in Ninglang Nahĩ

| Initials | Examples |
| --- | --- |
| Retroflex stops, nasal, and lateral | ɖɚ11 "to hammer in," ɖɚ33 "to put (something)," ɳɚ33 "few, little" |
| Retroflex affricates and fricatives | tʂɚ11 "to occur," tʂhɚ13 "to pick (flower)," dzʐɚ11 "to write," ʂɚ13 "to skin," zʐɚ33 "to buy" |
| Uvulars | qhɚ33 "excrement," χɚ33 "long" |
| Zero initial | ɚ53 "to laugh" |

Another retroflex final, -ur, has a nucleus, which is more front than [u] and slightly fricative. In Ninglang Nahĩ, it may appear after labial, dental, and retroflex initials:

Table 5  Distribution of the retroflex final -ur in Ninglang Nahĩ

| Initials | Examples |
| --- | --- |
| Labials | pur11 "to pull up," phur11 "white," bur11 "yak" |
| Dental affricates and fricatives | tsur11 "to block," tshur11 "lung," dzur53 "to hate, bothersome," zur53 "a lifetime" |
| Retroflex affricates and fricatives | tʂur33 "to send somebody," tʂhur33 "to dilute," dzʐur33 "burn," ʂur13 "full," zʐur33 "four" |

## 2.5 Yongning Na

Yongning Na has one retroflex final -ɻ̍ which does not display the considerable lowering of the third formant, a typical characteristic of retroflex (rhotic) vowels.[5] The distribution of the retroflex final within Yongning Na is also very limited, only appearing after retroflex and zero initials:

Table 6  Distribution of the retroflex final -ɻ̍ in Yongning Na

| Initials | Examples |
| --- | --- |
| Retroflex affricates and fricatives | tʂɻ̍33 "cough," tʂʰɻ̍35 "lung," ʂɻ̍35 "full" |
| Zero initial | ɻ̍13 "to look towards," bv̩33ɻ̍33 "fly" |

Lidz has also found that -ɻ̍ exists phonetically in Yongning Na,[6] but she generalizes phonemes differently. In her solution -ɻ̍ is a variation of /ɯ/ when appearing with retroflex consonants initials.

## 2.6 Summary

The retroflex final -ɚ is very common in known Naish languages. Besides four of the five languages mentioned above, another three, that is, Fengke Naxi,[7] Naxi in Wenhua Town (hereafter AS Naxi for short),[8] and Ludian Naxi[9] all have such a final. Some other Naish languages have a second retroflex final, but the phonetic characteristics vary from one language to another. Ludian Naxi, similar to Ninglang Nahĩ mentioned in this article, besides -ɚ, also has an -ur. In Fengke Naxi and AS Naxi, however, there are both -ɚ and -wɚ in their final inventories. Up to now, no Naish language has been found to have three retroflex finals.

# 3 CORRESPONDENCE OF RETROFLEX FINALS IN THE FIVE LANGUAGES

In order to probe the historical phonology of Naish languages, sound correspondences among the five language have been established along the lines of the comparative method. In building sound correspondence the following two operating principles are followed[10]:

-Correspondence rules must be built on lexical forms that have corresponding counterparts in all five languages, unless exceptions can be explained.

-Correspondence rules must be built on lexical forms whose initials, finals, and tones are all in correspondence.

Sound correspondences reveal that there are complex changes concerning retroflex finals in the Naish historical phonology. These changes are presented below, grouped by different initial categories:

### 3.1 Labials

Table 7  Examples of cognates with labial initials among the five languages

| Gloss | LJ | BS | MM | NL | YN |
|---|---|---|---|---|---|
| guest | bɚ33 | çi33(vɚ11) | xɿ33(vʐ33) | xɿ33(ʁua33) | hɿ33(ba33) |
| to close (mouth) | mɚ55 | mɚ53 | mvʐ33mvʐ33 | mul1 | ma35 |
| pus | bɚ33 | mbvɚ33 | ba21t ʂvʐ33 | bal1 | bal3 |
| piglet | bɚ33bɚ13 zo33 | val1(vɚ33) zo33 | vɑ21(bo33) | ʁa33(bvʐ33) | ba33(bvʐ55) |
| yak | bɚ21 | mbvɚ11 | bo52 | bur11 | bvʐ13 |
| fly | bɚ33 lɚ55 | mbvɚ11lɚ33 | mbo21lo33 | bɚ13 | bvʐ33ɿ33 |
| to pull up | pɚ21 | pfɚ11 | po24 | pur11 | pvʐ35 |
| white | phɚ21 | pfhɚ11 | pho21sa33 | phur11 | phvʐ13 |

In Ninglang Nahi̋, -ur is realized as $v_l$ in multi-syllabic words, and the initial ʁ- plus the medial -u- as a whole corresponds with b- in other languages. bɚ13 "fly" is irregular possibly because it is a result of a merging of two syllables (counterparts in other languages are disyllabic). In Malimasa, ba21 "pus" is irregular, possibly because of the dissimilation effect from the frequently following morpheme tʂhv̩52 "to go out."

With the condition of labial initials, two sets of sound correspondence can be established, as seen in the table above:

(1) ɚ < > ɚ < > v̩ < > a < > a

(2) ɚ < > ɚ < > o < > ur(v̩) < > v̩

### 3.2 Dental/retroflex Stops, Nasals, and Laterals

**Table 8** Examples of cognates with dental/retroflex initials among the five languages

| Gloss | LJ | BS | MM | NL | YN |
|---|---|---|---|---|---|
| rubbish | dɚ33mɚ55 | dɚ11mu53 | ɖa21ma24 | ɖa11 | ɖa11phɯ33 |
| short | dɚ33 | ndɚ33 | ɖa52 | ɖa33 | ɖa33 |
| horizontal | le33(dɚ21) | le33(ndɚ11) | la21(ɖa33) | ɖa33ɖa55 | ɖa33 |
| to bite | tʰɚ55 | tʰɚ53 | ʈʰa45 | ʈʰa13 | ʈʰa35 |
| to close | tɚ55 | tɚ53 | ʈa21 | ʈa11 | ʈa13 |
| to press | nɚ55 | ɳɚ53 | na24 | na11 | ɳa35 |
| to lead | ʂɚ21 | ʂɚ11 | ʂa52 | ʂa11 | ʂa35 |
| error | dɚ33 | ʂl̩11(ndɚ33) | ɖo24se21 | ɖur33tsɿ33tɕhi11 | ɖv̩11khɯ13 |
| full | ʂɚ55 | ʂɚ53 | ʂa45 | ʂur13 | ʂl̩35 |

In Lijiang Naxi, there is no contrast between dental stops/nasals/laterals and retroflex stops/nasals/laterals. However, the dental series appears as retroflex before -ɚ. Like -ur in Ninglang Nahĩ, -ɭ in Yongning does not appear in non-final position of multi-syllabic words where it appears as -v̩.

With the condition of dental/retroflex stop, nasal, and lateral initials, two sets of sound correspondence can be established, as seen above:

(3) ɚ < > ɚ < > a < > a < > a

(4) ɚ < > ɚ < > o < > ur(v̩) < > ɭ(v̩)

## 3.3 Dental Fricatives

**Table 9** Examples of cognates with retroflex affricate initials among the five languages

| Gloss | LJ | BS | MM | NL | YN |
|---|---|---|---|---|---|
| liver | sɚ55 | sʅ53 | sʅ52 | sʅ33 | sʅ13 |
| wood | sɚ33 | sʅ33 | sʅ52 | sʅ33 | sʅ33 |
| endure | zɚ33 | zʅ33 | the33(zʅ33) | zʅ33 | zʅ33 |
| tree | dzɚ21 | ndzʅ11 | sʅ33(dzʅ33) | sʅ33(dzʅ33) | sʅ33(dzʅ11) |

With the condition of dental fricative initials, one sets of sound correspondence can be established, as seen in the table above:

(5) ɚ < > ʅ < > ʅ < > ʅ < > ʅ

## 3.4 Retroflex Affricates

**Table 10** Examples of cognates with retroflex affricate initials among the five languages

| Gloss | LJ | BS | MM | NL | YN |
|---|---|---|---|---|---|
| medicine | tʂhɚ33 ɣɯ33 | tʂhɚ33ɣɯ33 | tshɯ33xɯ33 | tshɯ33χɯ33 | tʂha33ɯ33 |
| to wash | tʂhɚ33 | tʂhɚ33 | tshɯ52 | tshɯ33 | tʂha33 |
| cough | tʂɚ33 | tʂɚ33 | tso21 | tsur53 | tʂʅ33 |
| lung | tʂhɚ55 | tʂhɚ53 | tsho21 | tshur11 | tʂhʅ35 |

As the table shows, two sets of sound correspondence can be established under the condition of retroflex affricate initials:

(6) ɚ < > ɚ < > ɯ < > ɯ < > a

(7) ɚ < > ɚ < > o < > ur(v̩) < > ʅ

## 3.5 Velars

**Table 11** Examples of cognates with velar initials among the five languages

| Gloss | LJ | BS | MM | NL | YN |
|---|---|---|---|---|---|
| wind | xɚ33 | xa33 | ma21(xã33) | ma21(xã33) | hã33 |
| to cut up | xɚ55 | xa53 | xã21 | xa11 | hã35 |

Only velar fricatives have been found to satisfy strict correspondence. In Malimasa and Yongning Na, there is a/ã contrast after velar fricative initials.

As seen in the table above, with the condition of velar fricative initials, one set of sound correspondence can be established:

(8) ɚ < > a < > ã < > a < > ã

### 3.6 Uvulars

Table 12　Examples of cognates with uvular initials among the five languages

| Gloss | LJ | BS | MM | NL | YN |
|---|---|---|---|---|---|
| excrement | tɕhɚ33 | tɕhɚ33 | khe52 | qhɚ33 | qha33 |
| to break | tɕhɚ33 | tɕhɚ33 | khe52 | qhɚ33 | qha33 |
| resin | tho33 (dʐɚ21) | tho33 (ndʐɚ11) | thõ21(ʁe33) | mi33ɢɚ33 | tho11ʁa13 |
| to be burnt | tɕhɚ55 | tɕhɚ53 | tɑ21(khe21) | qhɚ11le33 | qha35 |

As the table shows, under the condition of uvular initials, one sets of sound correspondence can be established:

(9) ɚ < > ɚ < > e < > ɚ < > a

### 3.7 Generalization of Sound Correspondence Concerning Retroflex Finals

From the tables above, we can see that under the same conditions of initials (and tones), there can be two different sets of sound correspondence among the five Naish languages, even with strict working principles. Since neither intensive contact among the five languages nor lexical diffusion has been proved, two historical phonemes should be temporarily reconstructed into the proto-language (Proto-Naish) of the five languages.

Rule (2) (4) and (7) produce similar reflexes within each language. Therefore, I generalize these three rules with complementary conditions as one historical phoneme. The other six rules can be generalized as another historical phoneme since they also have complementary conditions. The following two tables show the generalization of the two historical phonemes (the order of reflex forms in "corresponding rules" is: LJ-BS-MM-NL-YN):

Table 13  Historical Phoneme 1 concerning retroflex finals in modern languages

| Phoneme | Corresponding rules | Conditions |
|---|---|---|
| *ɚ | (1) ɚ < > ɚ < > v₁ < > a < > a | Labials |
| | (3) ɚ < > ɚ < > a < > a < > a | Retroflex stops/nasals/laterals/fricatives |
| | (5) ɚ < > ɿ < > ɿ < > ɿ < > ɿ | Dental fricatives |
| | (6) ɚ < > ɚ < > ɯ < > ɯ < > a | Retroflex affricates |
| | (8) ɚ < > a < > ã < > a < > ã | Velars |
| | (9) ɚ < > ɚ < > e < > ɚ < > a | Uvulars |

Table 14  Historical Phoneme 2 concerning retroflex finals in modern languages

| Phoneme | Corresponding rules | Conditions |
|---|---|---|
| *or | (2) ɚ < > ɚ < > o < > ur(v₁) < > v₁ | Labials |
| | (4) ɚ < > ɚ < > o < > ur(v₁) < > ʮ(v₁) | Retroflex stops/nasals/fricatives |
| | (7) ɚ < > ɚ < > o < > ur(v₁) < > ʮ | Retroflex affricates |

Reflexes of this phoneme in modern languages are mainly back vowels. For convenience in explaining historical change, I propose that the nucleus should be a back, mid-high vowel.

Other Naish languages also support such a generalization. In AS Naxi[⑪]:

A) 1 reflex of *-ɚ: -ɚ, e. g. bɚ33 "guest," ndɚ33 "short," lɚ55 "grain," tʂhɚ33 "to wash," sɚ55 "liver," tshɚ33 "hot" (no reliable example has been found to illustrate the reflex after velar or uvular initials).

B) 2 reflexes of *-or: -wɚ after retroflex initials, e. g. tʂhwɚ́é "lung," tʂhwɚ̄ "to cough," ʂwɚ́é "full;" - after labial initials, e. g. bɚ11 "yak," phɚ11 "white."

Laze (data from STEDT database, collected by Alexis Michaud) is similar to the case of Malimasa:

A) 5 reflexes of *-ɚ, also controlled by initials. -a after retroflex stops/nasals/ laterals/fricatives, and uvulars, e. g. ʈha35 "to bite," ɖa35 "short," qha33 "excrement;" -i after dental fricatives, e. g. si33 "liver," si33 "wood;" -ɯ after retroflex affricates, e. g. (tshɯ33)fi33 "medicine," tshɯ11 "to wash (clothes);" -ã after velars, e. g. mv33(hã33) "wind," hã11 "to cut." No clear evidence shows what the reflex form is after labial initials.

B) 1 reflex of *-or: -v̩, e. g. wa33bv̩33 "piglet," pv̩33 "hedgehog," tʂv̩11 "sweat," tshv̩11 "lung."

# 4 THE ORIGIN AND EVOLUTION OF RETROFLEX FINALS

## 4.1 The Origin of Retroflex Finals

After generalizing the two proto-finals, two further questions are to be answered, first, whether or not the retroflex element existed in Proto-Naish (here on, PN), and, second, as retroflex finals are typologically rare, where do they come from?

In order to answer these questions, I have further compared Naish languages with extant reconstructions of higher level proto-languages and other related languages, namely, Proto-Burmese-Loloish (hereafter, PBL),[12] Proto-Tibeto-Burman (PTB[13]), Shixing, and Nusu[14]. The result shows that the retroflex element of Proto-Naish *-ɚ may have come from nasal endings in earlier proto-languages:

Table 15  Potential cognates of Proto-Naish *-ɚ words in other Tibeto-Burman languages

| Gloss | PN | PBL | Shixing | Nusu | PTB |
|---|---|---|---|---|---|
| liver | *sɚ7 | *ʃ-siŋ2 | suɛ̃53 | tsɚ̃55 | *m-sin |
| pus | *mbɚ4 | *Nbriŋ1 | bã53 | bɹɚ̃33 | *bren/pren |
| guest | *bɚ6 | / | bã53 | vɹ̃ɚ31 | / |
| tree | *ndzɚ3 | *dzin1 | siɿ55põ33 | si53(dzɚ̃33) | *siŋ |
| wood | *sɚ6 | *sik^HS ⑮ | sɨ53 | si53 | *siŋ |
| short | *ndɚ6 | *s-n-yum1 | a33dɨ33(dɛ55) | du31/dzoŋ55 | / |
| to cut up | *xɚ7 | / | hã53 | nɔ53 | *daˑn |
| to lead | *ʂɚ1 | / | suɛ̃55 | ɡuɛ̃55 | / |
| to press | *nɚ9 | Cɲap^HS | mœ55ȵi55 | zi53 | *nyen |
| to be burnt | *qhɚ7 | / | lɜ33nga55 | tɕhi53 | *kaŋ |

In PBL and PTB, words comparable with PN *-ɚ words have nasal endings. It may be remembered that the two reconstructions above have not included any Naish language data. In the two modern languages, Shixing and Nusu, comparable words have final nasality. Typologically, retroflex finals are rare; therefore, it is difficult to say that retroflex finals have appeared in each Naish language independently. It can be deduced that the retroflex element of *-ɚ existed in the Proto-Naish stage and came from nasal endings of an earlier stage.

PN *-or, however, seems to have nothing to do with nasal endings but may have come from medial -r- or -l- in related languages, especially the labial-initial group. For instance:

Table 16  Potential cognates of Proto-Naish *-ro and labial initial words in other Tibeto-Burman languages

| Gloss | PN | PBL | Shixing | Nusu | PTB |
|---|---|---|---|---|---|
| hedgehog | pro3 | pru2 | pœ53 | bɹu33 | / |
| fly | mbro11 | brutLS | ça55 ʁu53 | ʂɚ55 u31 | (s-)brang |

| Gloss | PN | PBL | Shixing | Nusu | PTB |
|---|---|---|---|---|---|
| white | phro1 | plu1 | phu33tɕi33tɕi55 | ba31 | bok/plu |
| yak | mbro3 | / | ndʐi ɔ53 bœ33/ dʑœ55 wœ53 | si31ŋɯ33 | broŋ |

These words show that the retroflex element in finals may have come from a retroflex medial, probably *-r-, which may be the reflex of *-r- and *-l- in an earlier stage. Therefore, it is better to change the form *-or of these words in Proto-Naish to *-ro, as the table above shows.

Words belonging to the retroflex initial group are obviously affected by the medial *-r-, which is reconstructed from initial correspondence evidence. However, no clear evidence shows that the *Tr- group originates in earlier proto-languages.

Table 17  Potential cognates of Proto-Naish *-ro and retroflex initial words in other Tibeto-Burman languages

| Gloss | PN | PBL | Shixing | Nusu | PTB |
|---|---|---|---|---|---|
| lung | trho7 | papLS | tshʊ55 | tshuɤ̃33 | tsywap/tśwap |
| sweat | tro8 | krwe2 | tɕyœ53 | xɹi55 | krwiy/khrwəy |
| full | sro10 | bling3 | lu35 | bɹɤ̃31 | / |
| four | zro6 | le2 | ʑyœ33(ku53) | vɹi33 khɹu53 | b-liy/b-ləy |
| cough | tro6 | tso2 | tsuœ53 | tsu55mɔ53 | su(w) |

Nevertheless, it is also unnecessary to assume these words have a retroflex element in finals, in fact, their *-r- medial can explain such historical change.

In a word, the tentatively reconstructed *-or actually has no retroflex element in PN. Its reflexes in some languages are retroflex finals owing to the effect of the medial *-r-.

Li 李 holds the viewpoint that retroflex finals in Burmo-Yi ( = Lolo-Burmese) languages have come into being as the result of assimilation from retroflex initials,[16] without discovering that nasal endings may be another source of retroflex finals. In

Jacques and Michaud's list of reconstructed PN words,⑰ words like "guest," "pus," and "short" have the final *-iN, clearly suggesting their origin. Words like "yak," "white," "lungs," and "to cough" have a simple *-u or *-U and a medial *-r- or pre-initial *r-. In principle, my reconstruction agrees with their conclusions but excludes the pre-initial *r-. However, with the abundance of language data provided here, this research is able to fully reveal various changes concerning retroflex finals in each Naish language.

### 4.2 The Evolution of Retroflex Finals in Individual Naish Languages

In Lijiang Naxi, the retroflex final -ɚ comes from the proto-final *-ɚ without any phonemic split. After the medial *-r-, *-o has also become retroflexed and merged with -ɚ.

In Baoshan Naxi, the proto-final *-ɚ has split into three modern finals: -ɿ after dental fricatives (with the exception of ndzɚ11, the classifier for trees, which may be a laggard in sound change); -a after velar initials; and remaining unchanged in other conditions. Like Lijiang, *-o has also become retroflexed after the medial *-r- and merged with -ɚ.

In Malimasa, the proto-final *-ɚ has conditionally split into five modern finals, none of which remain retroflexed: -v̩ after labial initials; -a after retroflex stops, nasals, and velars; -ɿ after dental fricatives; -ɯ after retroflex fricatives and affricates; -e after uvulars (as in Proto-Naish, but becoming velar initials in Malimasa). *-o remains the same in Malimasa, unaffected by the medial *-r-.

From the analysis above, it seems that Malimasa should not have retroflex finals. However, as mentioned in 2.3, some words in Malimasa do in fact contain such finals. It is my conclusion that they are results of later innovation: a new round of retroflexion. Some have become retroflexed from high, back vowels after retroflex initials (as shown by the first three words in the following table); some come with innovated lexical items (as shown by the last two words in the following table. However, I am not sure whether such innovation is caused by the language itself or through borrowing).

There are fewer examples for this new round of retroflexion, since this sound change is most likely a recent development.

Table 18　Examples of a new round of retroflexion in Malimasa

| Gloss | LJ | BS | MM | NL | YN | PN |
|---|---|---|---|---|---|---|
| to look for | ʂɿ21 | çy11 | la33(ʂɚ33) | ʂɚ33 | ʂɚ33 | *ʂɿ2 |
| to skin | ʂɿ55 | ʂɿ53 | ʂɚ24 | ʂɚ11 | ʂɯ13 | *ʂɯ8 |
| to stretch | tʂhu33 | ɭo33 | dzɿɚ52 | tʂhɿ33 | tʂhe33 | *trhɯ6 |
| to snap | phɯ55 | / | tʂhɚ45 | ʁɚ33(tʂhɚ13) | / | / |
| to buy | xa21 | xa11 | zɿɚ52 | zɿɚ33 | hwa33 | / |

In Ninglang Nahĩ, the proto-final *-ɚ has conditionally split into four modern finals: -a after labials, retroflex stops/nasals, and velars; -ɿ after dental fricatives; -ɯ after retroflex fricatives and affricates; remaining as -ɚ only after uvular initials. *-o has been totally retroflexed to -ur after the medial *-r-, but has not merged with any reflex of *-ɚ. -ur contrasts with -u and -o because some words with *Tr- in Proto-Naish have become Ts- in Ninglang (for example, "to cough" and "lungs," see 3.4).

Ninglang Nahĩ also has newly emerged words with -ɚ after retroflex initials. This change is similar to that in Malimasa (also seen in the table above). However, the zero-initial syllable ɚ in Ninglang is related to *ɭ- or *zɿ- in the proto-language. Notably, it corresponds with the syllable ɭo in Malimasa. Such a change may be a change of the syllable as a whole.

Table 19　Examples of a new round of retroflexion in Ninglang Nahĭ

| Gloss | LJ | BS | MM | NL | YN |
|---|---|---|---|---|---|
| mat | zɿ33lv55 | tho33ndzɯ53 | kho33ɭo33 | qhu33ɚ33 | khwa33ɻa33 |
| to look towards | ly21 | ɭy11 | ɭo21 | ɚ11 | ɭ13 |
| to laugh | za21 | zɿa11 | ɭɚ33pu24 | ɚ53 | zɿa33 |
| horse | zɿuɑ33 | zɿuɑ33 | ɭo52 | ɚ33 | zɿwa33 |

The first syllable of "to laugh" may be in the middle of the ʮo > ɚ transition, but further research is needed to confirm this claim. Additionally, the syllable ɚ occasionally merges with the preceding syllable, as shown in the word "fly" in 3.1.

In Yongning Na, the proto-final *-ɚ has conditionally split into two unretroflexed finals: -ʅ after dental fricatives, and -a after other initials. *-o has also split into two finals: where the initial is a labial, it remains unaffected by the medial *-r-; where the initial is a dental, it has become retroflexed to ʮ, and makes up almost all retroflex-final words in Yongning. The zero-initial syllable has only a few examples, such as the word "to look towards" and the word "fly" which correspond with Malimasa ʮo and Ninglang ɚ, see the table above and the table in 3.1.

Locating the five languages on the map, one can find the law of retroflex final evolution, that is, the further east the language is found, the more finals have emerged from split, and the less the words have retroflex elements. However, in Malimasa[⑱] and Ninglang Nahĩ, located on the eastern end, a new round of retroflexion is on the rise.

The following tables arrange the five languages according to their geographic location (from west to east) to illustrate this law.

Table 20　Reflexes of Proto-Naish *-ɚ in modern languages

| *-ɚ | LJ (1 reflex) | BS (3 reflexes) | YN (3 reflexes) | NL (5 reflexes) | MM (6 reflexes) |
|---|---|---|---|---|---|
| Uvulars | ɚ | ɚ | a | ɚ | e |
| Labials | ɚ | ɚ | a | a | v̩ |
| Retroflex stops/nasals /laterals /fricatives | ɚ | ɚ | a | a | a |
| Retroflex affricates | ɚ | ɚ | a | ɯ | ɯ |
| Dental fricatives | ɚ | ʅ | ʅ | ʅ | ʅ |
| Velars | ɚ | a | ã | a | ã |

Table 21  Reflexes of Proto-Naish *-ro in modern languages

| *-ro | LJ (1 reflex) | BS (1 reflex) | YN (2 reflexes) | NL (1 reflex) | MM (1 reflex) |
|---|---|---|---|---|---|
| Labials | ɚ | ɚ | v̩ | ur(v̩) | o |
| Retroflex stops /fricatives | ɚ | ɚ | ʴ(v̩) | ur(v̩) | o |
| Retroflex affricates | ɚ | ɚ | ʴ | ur(v̩) | o |

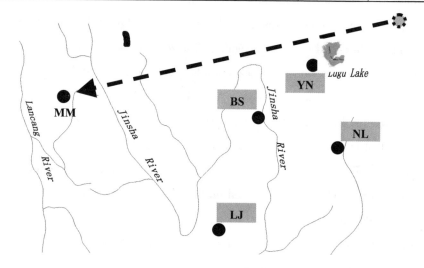

Figure 1  Map showing geographical distribution of the five Naish languages.

## 5  CONCLUSION

Retroflex finals in Naish languages have undergone complex historical changes. Therefore, the distribution of retroflex finals differs from one Naish language to another. The evolution of Proto-Naish *-ɚ is a typical conditional change spreading from the west to the east, and the revival of -ɚ in the two eastern most languages suggests a cyclic change. Furthermore, the evolution of Proto-Naish *-ro illustrates the effect of medial on the change of finals.

Basing on typological and sociocultural grounds, He 和 and Jiang 姜 have divided Naish languages into two major branches: a western branch (Naxi) and an eastern branch (Mosuo).⑲ However, no criterion for historical classification of Naish languages has been proposed. The staged evolution of Proto-Naish *-ɚ opens a window for us to probe into the interrelationship among these languages.

This paper is supported by the following foundations: The Foundation of Key Research Institutes of Humanities & Social Science of Ministry of Education of China, Major Project #11JJD740004; The POSCO TJ Park Foundation.

原载于《中国语言学报》2014 年第 2 期。

**NOTES**

① CATFORD, John C. 1977. *Fundamental Problems in Phonetics*. Edinburgh: University Press. 192.

② TRASK, Robert L. 1996. *A Dictionary of Phonetics and Phonology*. London: Routledge. 310.

③ LADEFOGED, P and I. Maddieson. 1996. *The Sounds of the World's Languages*. Oxford, OX, UK; Cambridge, Mass., USA: Blackwell Publishers. 313.

④ LIDZ, Liberty. 2010. *A Descriptive Grammar of Yongning Na (Mosuo)*. PhD Dissertation, University of Texas.

⑤ MICHAUD, Alexis. 2008. "Phonemic and tonal analysis of Yongning Na". *Cahiers de linguistique-Asie Orientale* 37(2): 159—196.

⑥ LIDZ, Liberty. 2010. *A Descriptive Grammar of Yongning Na (Mosuo)*. PhD Dissertation, University of Texas.

⑦ MICHAUD, Alexis. 2006. Three extreme cases of neutralisation: nasality, retroflexion and lip-rounding in Naxi. *Cahiers de linguistique-Asie Orientale* 35(1): 23—55.

⑧ MICHAUD, Alexis 米可 and Xueguang He 和学光. 2010. Lijiang Shi Gucheng Qu Wenhua Xiang Naxi Yu (Na Yu) yinwei xitong yanjiu 丽江市古城区文化乡纳西语(纳语)音位系统研究 [Research on the phonemic system of Wenhua Na (Naxi)]. In: *Studies on the Ancient Tea-Horse Trail*, Vol. 1, Yunnan University Press.

⑨ LI, Lincan 李霖灿, Kun Zhang 张琨, and Cai He 和才. 2001. *Naxi Zu Xiangxing Biaoyin Wenzi Zidian* 纳西族象形标音文字字典 (Naxi pictographs and transcription characters dictionary). Kunming: Yunnan Nationality Press.

⑩ CHEN, Baoya 陈保亚. 1996. *Lun Yuyan Jiechu Yu Yuyan Lianmeng* 论语言接触与语言

联盟（On language contact and linguistic union）. Beijing: Yuwen Press.

CHEN, Baoya and Feng Wang. 2011. On several principles in reconstructing a proto-language—with the reconstruction of tone and pre-initial *-h and *-ʔ in Proto-Yi. *Journal of Chinese Linguistics*, Vol 39(2): 370—402.

⑪ MICHAILOVSKY, B. and A. Michaud. 2006 Syllabic inventory of a Western Naxi dialect, and correspondence with Joseph F. Rock's transcriptions. *Cahiers de Linguistique-Asie Orientale* 35(1): 3—21.

JACQUES, G. and A. Michaud. 2011. Approaching the historical phonology of three highly eroded Sino-Tibetan languages: Naxi, Na, and Laze. *Diachronica*, 28(4): 468—498.

⑫ BURLING, R. 1967. *Proto-Lolo-Burmese*. Indiana University Press.

⑬ BENEDICT, P. K. 1972. *Sino-Tibetan: A Conspectus*. Cambridge University Press.

⑭ HUANG, Bufan 黄布凡 (ed.). 1992. *Zangmian Yuzu Yuyan Cihui* 藏缅语族语言词汇 (Lexicon of Tibeto-Burman languages). Beijing: Minzu University of China Press.

⑮ Gong 龚 believes that this word has sjiŋ ~ sjik alternation in PTB stage, and it corresponds with xin$^1$ "薪" in Chinese. (GONG, Hwang-cherng 龚煌城. 2000. The change of finals from Proto-Sino-Tibetan to Archaic Chinese and Proto-Tibeto-Burman 从原始汉藏语到上古汉语以及原始藏缅语的韵母演变(Cong yuanshi Hanzangyu dao shangu Hanyu yiji yuanshi Zangmianyu de yunmu yanbian). Papers from the Third International Conference on Sinology, Linguistics Section, Taipei. In: *Collected Papers on Sino-Tibetan Linguistics* (Hanzangyu Yanjiu Lunwenji). Beijing: Peking University Press, 2004.)

⑯ LI, Yongsui 李永燧. 2011. *Mianyi Yu Yinyunxue* 缅彝语音韵学 (Burmo-Yi phonology). Beijing: Social Sciences Academic Press.

⑰ JACQUES, G. and A. Michaud. 2011. Approaching the historical phonology of three highly eroded Sino-Tibetan languages: Naxi, Na, and Laze. *Diachronica*, 28(4): 468—498.

⑱ He 和 and Jiang 姜 believe that the name "Malimasa" is the result of sound change of "Muli Mosuo 木里摩梭" meaning "Mosuo people from Muli," the homeland of Malimasa people is Muli County, Sichuan, northeast of Yongning. Therefore, Malimasa is the eastern most language mentioned in this article. (HE, Jiren 和即仁 and Zhuyi Jiang 姜竹仪. 1985. *Naxi Yu Jianzhi* 纳西语简志(A brief introduction to Naxi). Beijing: Minzu Press.)

⑲ HE, Jiren 和即仁 and Zhuyi Jiang 姜竹仪. 1985. *Naxi Yu Jianzhi* 纳西语简志(A brief introduction to Naxi). Beijing: Minzu Press.

# 图书在版编目(CIP)数据

斯文在兹:北京大学中文系建系110周年纪念论文集·语言与人类复杂系统研究卷/北京大学中文系编.—北京:北京大学出版社,2020.11
　ISBN 978-7-301-31827-0

Ⅰ.①斯… Ⅱ.①北… Ⅲ.①社会科学-文集②语言学-文集　Ⅳ.①C53②H0-53

中国版本图书馆CIP数据核字(2020)第220477号

| | |
|---|---|
| 书　名 | 斯文在兹:北京大学中文系建系110周年纪念论文集·语言与人类复杂系统研究卷<br>SIWENZAIZI:BEIJING DAXUE ZHONGWENXI JIANXI 110 ZHOUNIAN JINIAN LUNWENJI·YUYAN YU RENLEI FUZA XITONG YANJIU JUAN |
| 著作责任者 | 北京大学中文系　编 |
| 责任编辑 | 王　应 |
| 标准书号 | ISBN 978-7-301-31827-0 |
| 出版发行 | 北京大学出版社 |
| 地　　址 | 北京市海淀区成府路205号　100871 |
| 网　　址 | http://www.pup.cn　　新浪微博:@北京大学出版社 |
| 电子信箱 | dianjiwenhua@126.com |
| 电　　话 | 邮购部010-62752015　发行部010-62750672　编辑部010-62756449 |
| 印　刷　者 | 北京九天鸿程印刷有限责任公司 |
| 经　销　者 | 新华书店 |
| | 720mm×1020mm　16开本　53.75印张　821千字<br>2020年11月第1版　2020年11月第1次印刷 |
| 定　　价 | 198.00元 |

未经许可,不得以任何方式复制或抄袭本书之部分或全部内容。
**版权所有,侵权必究**
举报电话: 010-62752024　电子信箱: fd@pup.pku.edu.cn
图书如有印装质量问题,请与出版部联系,电话: 010-62756370